Zugangscode

Nutzungsdauer 24 Monate

2QML2ZH8

https://www.pearson-studium.de/mylab/vwl5e

Grundzüge der Volkswirtschaftslehre

Grundzüge der Volkswirtschaftslehre

Eine Einführung in die Wissenschaft von Märkten

5., aktualisierte Auflage

Peter Bofinger

Pearson

Bibliografische Information der Deutschen Nationalbibliothek

Die Deutsche Nationalbibliothek verzeichnet diese Publikation in der Deutschen Nationalbibliografie; detaillierte bibliografische Daten sind im Internet über *http://dnb.dnb.de* abrufbar.

Der Umwelt zuliebe verzichten wir auf Einschweißfolie.

10 9 8 7 6

27 26 25

ISBN 978-3-86894-368-9 (Buch)
ISBN 978-3-86326-869-5 (E-Book)

Zugangscode einlösbar bis 30.09.2027

St.-Martin-Straße 82, D-81541 München

www.pearson.de
A part of Pearson plc worldwide

Programmleitung: Martin Milbradt
Lektorat: Markus Stahmann, markus.stahmann@pearson.com
Korrektorat: Petra Kienle
Coverbild: © Saipullah Srg., Shutterstock
Herstellung: Philipp Burkart, pburkart@pearson.de
Satz: Gerhard Alfes, mediaService, Siegen (www.mediaservice.tv)
Druck und Verarbeitung: CPI, Leck

Printed in Germany

Inhaltsübersicht

Inhaltsverzeichnis

Verzeichnis der Symbole

a	Prohibitivpreis Autonomer Konsum Autonome Nachfrage
A	Ausgaben der Gesetzlichen Rentenversicherung Konstanter Faktor in einer Produktionsfunktion
AR	Aktueller Rentenwert
AVA	Altersvorsorgeanteil
b	Steigung der Nachfragekurve Marginale Konsumquote Steigung der vom Realzins abhängigen Nachfragekurve Einkommenselastizität der Nachfrage
B	Geldbasis
BAG	Durchschnittliches Bruttoeinkommen
BE	Bruttolohn und -gehaltssumme je durchschnittlich beschäftigten Arbeitnehmer
BS	Beitragssatz zur Gesetzlichen Rentenversicherung Budgetsaldo
c	Grenzkosten Bargeldhaltungskoeffizient
C	Konsum Bargeld
d	Ableitung Elastizität der Nachfrage auf Abweichungen des Preises eines Gutes vom Marktpreis Maximal durchführbares Investitionsvolumen Steigung der Phillipskurve
D	Sichteinlagen
DK	Durchschnittskosten
e	Gewichtungsfaktor für die Inflations-Lücke in einer Taylor-Regel Einzahlung Maximal durchführbares Investitionsvolumen
E	Erlös Einnahmen der Gesetzlichen Rentenversicherung
f	Operator in einer mathematischen Funktion Gewichtungsfaktor für die Output-Lücke in einer Taylor-Regel
G	Gewinn Staatsausgaben
GE	Grenzerlös
GK	Grenzkosten
h	Zinselastizität der Geldnachfrage
h_A	Produktionsfaktor Arbeitsstunden von Aushilfskräften

h_F	Freizeit in Stunden
h_S	Produktionsfaktor Arbeitsstunden des Stammpersonals
i	Nominalzins Diskontierungszinssatz
I	Indifferenzkurve Investitionen
k	Kehrwert der Umlaufsgeschwindigkeit des Geldes
K	Konsum von Kino Kosten Kapital Kreditbetrag Kurs eines festverzinslichen Wertpapiers
K_f	Fixkosten
K_v	Variable Kosten
L	Gesamtwirtschaftlicher Verlust
m	Geldschöpfungsmultiplikator Marginale Importneigung
M	Geldmenge Geldnachfrage Import
n	Anzahl (von Unternehmen, Haushalten, Beitragszahlern etc.) Zinselastizität der Nachfrage
N	Arbeitskräfte
p_i	Preis des Gutes i (*mikroökonomischer Teil*)
$p_{B,Ü,E}$	Wahrscheinlichkeit für Barauszahlung/Überweisung/Überweisung auf eigenes Konto im Geldschöpfungsprozess einer Bank
p_M	Marktpreis
P	Preisniveau (*makroökonomischer Teil*)
$\bar{P}$	Durchschnittspreis
q	Preis des Produktionsfaktors Bier Diskontierungsfaktor
r	Reservesatz Realzins
R	Mindestreserve
RN	Rentenniveau
RQ	Rentnerquotient – Verhältnis von Rentnern zu Beitragszahlern
RVB	Beitragssatz zur Gesetzlichen Rentenversicherung
S	Gesamtwirtschaftliche Ersparnis Wechselkurs in der Mengennotiz
S^P	Wechselkurs in der Preisnotiz
t	Steuersatz
T	Zeitbudget Steuern

U	Nutzen Umsatz Arbeitslosigkeit
v	Umlaufsgeschwindigkeit des Geldes
v_i	Produktionsfaktor i (*mikroökonomischer Teil*)
w	Preis des Produktionsfaktors Arbeit als Stundenlohn
x_i	Menge des Gutes i (*mikroökonomischer Teil*)
x_M	Absatzmenge auf dem Gesamtmarkt
X	Exporte
y	Output-Lücke
Y	Verfügbares Einkommen Arbeitseinkommen Gesamtwirtschaftliches Einkommen/Volkseinkommen/Output (*makroökonomischer Teil*)
ZF	Zuwachsfaktor
α	Wert einer Präferenz für ein Gut Skalenelastizität in der Produktionsfunktion Gewichtungsparameter in Rentenanpassungsformel Steigung der Angebotsfunktion im IS-LM/AS-AD-Modell
β	Maß für den Bedarf an Zentralbankgeld, um einen Kredit auszurechnen
∂	Operator für eine partielle Ableitung
Δ	Differenz
ε	Elastizität
ε_1	Nachfrageschock
ε_2	Angebotsschock
λ	Präferenz der Notenbank für die Stabilisierung des Preisniveaus
Ω	Gesamtheit der Präferenzen eines Konsumenten
π	Inflationsrate
τ	Nicht die Mindestreserve betreffenden Kosten einer Bank im Zusammenhang mit der Kreditvergabe
Σ	Summe
$\equiv$	Identität

Vorwort zur fünften Auflage

Wie schon bei den vorangegangenen Neuauflagen wurde auch bei dieser Auflage das gesamte Buch gründlich überarbeitet und durchgängig aktualisiert.

Zu den wichtigsten Neuerungen zählt ein neues Kapitel (*Kapitel 28*), das sich mit den Fragen der Digitalisierung des Geldwesens befasst. Dazu zählt vor allem die zunehmende Bedeutung von privaten Währungen wie Bitcoin oder die von Facebook geplante Währung Libra. Grundlegend überarbeitet wurde *Kapitel 25*, in dem die unterschiedliche Modellierung des Finanzsystems in der klassischen und keynesianischen Theorie verdeutlicht wird. In *Kapitel 30* wird die Bedeutung der Industriepolitik für das Wirtschaftswachstum dargestellt. In einem neuen abschließenden Kapitel (*Kapitel 32*) wird zusammenfassend herausgearbeitet, dass die Volkswirtschaftslehre trotz mancher Schwächen durchaus in der Lage ist, die fundamentalen ökonomischen Fragen unserer Zeit angemessen zu analysieren, und dass sie dabei zugleich die dafür notwendigen Lösungsansätze bieten kann. Dies gilt insbesondere für den Klimawandel. So wurde bereits in der ersten Auflage dieses Buchs aus dem Jahr 2003 die Bepreisung von CO_2-Emissionen durch eine Pigou-Steuer oder Emissionszertifikate als ökonomische Antwort auf die Probleme der Umweltverschmutzung präsentiert.

Nach wie vor verdanke ich Leserinnen und Lesern dieses Buchs viele wertvolle Anregungen. Auch weiterhin freue ich mich über Kommentare und kritische Bemerkungen. Wichtige Hinweise habe ich zudem von den Kolleginnen und Kollegen erhalten, die dieses Buch in ihren Lehrveranstaltungen einsetzen.

Ein besonderer Dank gilt den Mitarbeiterinnen und Mitarbeitern meines Lehrstuhls, die mich bei dieser Neuauflage sehr engagiert unterstützt haben: Petra Ruoß, Salim Coskun, Daniel Elster, Pascal Frank, Lisa Geißendörfer, Thomas Haas, Laura Konrad, Fabian Mayer und Camilla Simon.

Sehr zu danken habe ich schließlich Herrn Wolfgang Glöckler. Er hat wiederum mit großer Akribie das Buch nach Fehlern aller Art durchforscht und wertvolle inhaltliche Anregungen und stilistische Hinweise gegeben.

Würzburg im September 2019

Peter Bofinger

Fünf erste Pfade durch die Volkswirtschaftslehre

Liebe Leserin, lieber Leser,

dieses Buch ist als ein Führer durch das weite und nicht immer ganz übersichtliche Gebiet der Volkswirtschaftslehre konzipiert. Sie sollen dabei – mit einem gegebenen Zeitbudget – möglichst viele Einsichten in diese spannende Wissenschaft gewinnen. Gleichzeitig soll Ihnen diese Tour aber auch etwas Spaß machen. Deshalb ist das Buch nicht immer todernst gehalten und der Verlag hat beim Layout mit Farben und Bildern nicht gespart. Damit Ihnen das Lernen leichter fällt, ist das Buch als eine „Volkswirtschaftslehre zum Anfassen" konzipiert. Sie werden also nicht wie in einem Bus nur durch die Landschaft gefahren, sondern Sie haben immer auch die Möglichkeit, selbst aktiv zu werden:

- Sie werden viele Fallstudien aus dem Alltagsleben finden, und es wird dabei soweit wie möglich mit Zahlenbeispielen gearbeitet.
- Im begleitenden MyLab | Grundzüge der VWL können Sie die meisten theoretischen Modelle nachspielen und anhand von Simulationen erfahren, wie Märkte im Kleinen und Großen funktionieren.
- Sie werden bei dieser Tour die wichtigsten Pioniere der Ökonomie kennen lernen, d.h. jene Wissenschaftler, die in den vergangenen Jahrhunderten die Fundamente für die heutige Volkswirtschaftslehre gelegt haben.
- Abbildungen und Tabellen mit informativen Daten über die deutsche Wirtschaft und die wirtschaftliche Situation in anderen Ländern sollen Ihnen neben den theoretischen Grundlagen auch das nötige Faktenwissen vermitteln. Bisweilen finden Sie auch historische Rückblicke.
- Im MyLab | Grundzüge der VWL finden Studierende das komplette Lehrbuch in digitaler Form, die Lösungen zu den Aufgaben im Buch, Modellsimulationen, Links zu ausgewählten Institutionen sowie vertiefende Videos zu einzelnen Themen. Darüber hinaus erhalten Dozent*innen Foliensätze zum Einsatz in der Lehre und alle Abbildungen aus dem Buch.

Ein wichtiges Merkmal des Buches ist sein modularer Aufbau. Je nach Ihren Interessen und zeitlichen Möglichkeiten können Sie so Ihren ersten Weg durch die Volkswirtschaftslehre auf fünf unterschiedlichen Routen vornehmen.

- Fast-Track
- Normal-Route
- Spezialpfad „Mikroökonomie und Ordnungspolitik"
- Spezialpfad „Makroökonomie"
- VWL-Marathon

A. Der Fast-Track

Wenn Sie einfach mal in die VWL reinschnuppern möchten, um einen ersten Überblick über diese Wissenschaft zu bekommen, ist das der richtige Weg. Lesen Sie dazu folgende Teile des Buches:

- *Kapitel 1*: „Volkswirtschaftslehre zeigt, wie Märkte funktionieren und warum sie auch immer wieder nicht funktionieren",
- *Kapitel 5*: „Der Markt in Aktion",
- *Kapitel 12*: „Die Rolle des Staates in der Marktwirtschaft",
- *Kapitel 15*: „Ziele der Makroökonomie",
- *Kapitel 31*: „Wirtschaftswachstum und Wohlstand".
- *Kapitel 32*: Es setzt sich mit der Frage auseinander, inwieweit die Volkswirtschaftslehre in der Lage ist, Antworten auf die drängenden wirtschaftspolitischen Fragen der Weltwirtschaft zu geben

Wenn Sie das Buch dann nicht gleich gebraucht weiterverkaufen, können Sie eine der vier folgenden Routen einschlagen.

B. Die Normal-Route

Deutlich mehr Zeit benötigen Sie für diese Route, die sich am besten für eine Erstbesteigung der einfacheren Gipfel der Volkswirtschaftslehre eignet. Sie umfasst in etwa den Stoff, der in einer 2-stündigen Einführungsvorlesung in einem Semester behandelt werden kann:

- Starten Sie wiederum bei *Kapitel 1*, das Ihnen einen ersten Einblick in die Tätigkeiten eines Volkswirts oder einer Volkswirtin gibt.
- Lernen Sie dann in *Kapitel 2* den Aktienmarkt kennen und erfahren Sie dabei bereits die wichtigsten *Prinzipien der Preisbildung* auf Märkten.
- In *Kapitel 3* können Sie sich mit den *Grundprinzipien der Arbeitsteilung* vertraut machen, die für die Aufgabenverteilung in einer Wohngemeinschaft ebenso hilfreich sind wie für das Verständnis der Globalisierung.
- Da eine arbeitsteilig organisierte Wirtschaft nicht ohne Märkte und Handel auskommt, erleben Sie die *Funktionsweise des Marktes* in *Kapitel 5* am Beispiel des Marktes für Bier in Kneipen. Die rein intuitiv hergeleiteten Zusammenhänge können Sie anhand der im **MyLab** bereitgestellten konkreten Zahlenbeispielen nachrechnen.
- In *Kapitel 8* werden Sie mit den Problemen von *Kartellen und Monopolen* konfrontiert. Was passiert, wenn es zu einem Kartell der Bierwirte kommt?
- *Kapitel 10* befasst sich mit dem *Arbeitsmarkt* und es bietet eine erste wichtige Erklärung für Arbeitslosigkeit. Hier werden auch die Rolle der Gewerkschaften und die Auswirkungen eines Mindestlohns diskutiert. Zudem wird beschrieben, wie es möglich war, die hohe Arbeitslosigkeit der 2000er-Jahre weitgehend abzubauen. Auf die komplizierteren Herleitungen in *10.2.2* und *10.3.2* können Sie bei diesem Durchgang verzichten. Auch hier helfen die Simulationen im **MyLab**.

- In *Kapitel 12* erreichen wir einen wichtigen Grenzübergang. Von jetzt an geht es vor allem darum, welche Rolle der *Staat in einer Sozialen Marktwirtschaft* wahrnehmen soll.
- *Kapitel 13* befasst sich mit den Problemen der *zunehmenden Ungleichheit der Einkommensverteilung.* Es wird gezeigt, wie der Staat durch die *Umverteilung der Einkommen* von wirtschaftlich stärkeren zu weniger leistungsfähigen Menschen für einen sozialen Ausgleich sorgen kann. Aus ökonomischer Sicht ist es dabei von großer Bedeutung, dass dafür Verfahren gewählt werden, die den Marktprozess so wenig wie möglich beeinträchtigen.
- In *Kapitel 14* befasst sich mit den Problemen des *Klimawandels.* Es wird gezeigt, warum der Markt nicht in der Lage ist, für eine gute *Umweltqualität* zu sorgen und was der Staat dagegen tun kann. Insbesondere geht es dabei um eine Bepreisung der Umweltverschmutzung durch eine CO_2 Steuer oder der handelbare Verschmutzungszertifikate.
- In *Kapitel 15* verlassen wir das Gebiet der Mikroökonomie, d.h. das Teilgebiet der VWL, das sich überwiegend mit der Funktionsweise einzelner Märkte befasst. Wir treten ein in die Region der *Makroökonomie.* Hier wird das wirtschaftliche Geschehen zu einem großen Gesamtmarkt zusammengefasst, um auf diese Weise die wichtigen gesamtwirtschaftlichen Ziele des Wirtschaftswachstums, der Arbeitslosigkeit und der Preisstabilität analysieren zu können. Die Geschichte der Mark als Währung für Deutschland von 1871 bis 2001 (*Abschnitt 15.4*) ist zwar spannend, bei wenig Zeit kann man sie aber links liegen lassen.
- In *Kapitel 17* wird erklärt, wie es zu einem Gleichgewicht von *gesamtwirtschaftlichem Angebot und gesamtwirtschaftlicher Nachfrage* kommen kann. Dazu wird das Standard-Modell (AS/AD-Modell) kritisch diskutiert, weil es einfach das Prinzip des Kartoffelmarktes auf die Gesamtwirtschaft überträgt. Als Alternative wird ein einfaches keynesianisches Modell präsentiert.
- *Kapitel 18* befasst sich mit den Ursachen und Auswirkungen der *konjunkturellen Arbeitslosigkeit.* Anhand eines einfachen Grundmodells können Sie erkennen, wie es in der Makroökonomie zu einem Gleichgewicht bei Unterbeschäftigung kommen kann, bei dem auch Lohnsenkungen nicht mehr zu Vollbeschäftigung führen. *Abschnitt 18.3* können Sie sich bei diesem Durchgang sparen. Hier und in den folgenden Kapiteln werden Sie wiederum durch Modellsimulationen unterstützt, die Sie im **MyLab** finden.
- Weiter geht es in *Kapitel 19.* Hier lernen Sie mit der *Fiskalpolitik* ein wichtiges Instrument zur Stabilisierung der Konjunktur kennen. Die *Abschnitte 19.3* bis *19.5* können Sie überspringen.
- In *Kapitel 20* begegnen Sie der *Notenbank*, dem zweiten zentralen Akteur in der Makroökonomie. Ihr wichtigster Handlungsparameter ist der Zins, mit dem sie die Investitionsentscheidungen und die Ertragslage der Unternehmen beeinflussen kann.
- Zum Abschluss sollten Sie sich noch kurz mit den *außenwirtschaftlichen Verflechtungen* in der Makroökonomie befassen. Dazu werden Sie in *Kapitel 29* mit wichtigen wirtschaftlichen Verbindungskanälen zwischen dem Inland und dem Rest der Welt vertraut gemacht.

C. Spezialpfad „Mikroökonomie und Ordnungspolitik"

Wenn Sie genau wissen wollen, wie einzelne Märkte funktionieren, wie die Anbieter ihre Produktionsentscheidungen und wie die Nachfrager ihre Konsumentscheidungen treffen, können Sie sich ganz auf die *Kapitel 1* bis *14* konzentrieren. Sie erhalten dann außerdem einen besseren Einblick in die ordnungspolitischen Aufgaben des Staates im Bereich der Sozialen Sicherungssysteme. Diese Kombination eignet sich besonders für eine stark mikroökonomisch ausgerichtete 2-stündige Einführung in die Volkswirtschaftslehre. Im Einzelnen bietet dieser Weg im Vergleich zur Normalroute folgende zusätzliche Einblicke:

- In *Kapitel 4* werden die zentralen *Organisationsprobleme einer arbeitsteiligen Wirtschaft* dargestellt: Warum gibt es überhaupt Unternehmen und warum werden diese nicht zwangsläufig immer größer? Erklärt wird auch, warum die Planwirtschaften in Osteuropa und der ehemaligen Sowjetunion scheitern mussten.
- In *Kapitel 6* werden Sie in Entscheidungsprozesse von fünf Studentinnen und Studenten einbezogen. Wie soll das knappe Freizeitbudget optimal auf Kinobesuche und Kneipenaufenthalte aufgeteilt werden? Anhand dieser Fallstudien können Sie die Nachfragefunktion theoretisch herleiten. Wiederum lässt sich das alles auch mithilfe der Ressourcen im **MyLab** simulieren.
- In *Kapitel 7* schauen Sie einem Kneipenwirt über die Schulter, der mit der Aufgabe konfrontiert ist, sein Angebot richtig zu kalkulieren. Mit diesem Beispiel tasten wir uns an die theoretische Ableitung der *Angebotsfunktion* heran. Auch das lässt sich mit dem **MyLab** nachprüfen.
- *Kapitel 9* führt in die komplexe Welt des *monopolistischen Wettbewerbs* und der *Duopole*. Sie erhalten dabei auch einen ersten Einblick in die interessante Welt der *Spieltheorie*.
- Bei der Lektüre von *Kapitel 10* sollten Sie *Arbeitsangebot und -nachfrage* jetzt auch formal herleiten.
- *Kapitel 13* befasst sich mit den großen Sozialen Sicherungssystemen (Gesetzliche Krankenversicherung, Gesetzliche Rentenversicherung, Arbeitslosenversicherung), deren Reformen seit Jahren intensiv diskutiert werden.
- *Kapitel 25 gibt eine Einführung* in die *Funktionsweise des Finanzsystems*. Hier werden die unterschiedlichen Modellierungen des Finanzsystems in der volkswirtschaftlichen Theorie beschrieben. In der *klassischen Theorie* sind Banken *reine Intermediäre* zwischen Sparern und Investoren. Wenn man die Finanzkrise verstehen will, benötigt man eine *monetäre Theorie* des Finanzsystems (*Kapitel 26*).
- Ganz am Ende dieses Weges sollte man auch noch einen Blick in das *Kapitel 30* werfen, in dem die Ursachen von *Wirtschaftswachstum und Wohlstand* skizziert werden.

D. Spezialpfad „Makroökonomie“

Wenn Sie bereits über Grundkenntnisse in Mikroökonomie verfügen und eine innovative Einführung in die Makroökonomie suchen, können Sie sich nach der allgemeinen Einführung in *Kapitel 1* auf die *Kapitel 16* bis *28* konzentrieren. Diese können – mit Ausnahme von 1 und 11– ohne vorherige Lektüre der *Kapitel 2* bis *14* gelesen werden. Sie decken den Stoff einer 2-stündigen Einführung in die Makroökonomie ab. Neben den in der Normalroute dargestellten makroökonomischen Themen kommen dann noch folgende Schwerpunkte hinzu:

- In *Kapitel 16* geht es vielleicht etwas trocken zu. Aber ohne Grundkenntnisse über *gesamtwirtschaftliche Rechenwerke* (Volkswirtschaftliche Gesamtrechnungen, Finanzierungsrechnung und Zahlungsbilanz) sowie über einige einfache Verfahren der Zeitreihenanalyse wird man kein guter Makroökonom.
- Beim Lesen von *Kapitel 18* sollten Sie sich jetzt auch mit der *Kaufkrafttheorie des Lohnes* befassen. Die Frage, ob es durch Lohnerhöhungen zu mehr Beschäftigung kommt, wird immer wieder kontrovers diskutiert. Für das Verständnis von *Kapitel 18* sollten Sie die *Abschnitte 10.1* bis *10.4* gelesen haben, jedoch ohne die formalen Herleitungen in *10.2.2* und *10.3.2*.
- *Kapitel 19* sollten Sie jetzt vollständig behandeln. Dabei geht es vor allem um die Steuern als Instrument der Fiskalpolitik und um die automatischen Stabilisatoren.
- Das nicht immer einfache *Zusammenspiel von Geld- und Fiskalpolitik*, insbesondere unter den Verhältnissen der Europäischen Währungsunion, ist Gegenstand von *Kapitel 21*.
- In *Kapitel 22* wird dann gezeigt, wie eine Notenbank gleichzeitig Inflation und Output kontrollieren kann, auch wenn die Wirtschaft von Angebots- und Nachfrageschocks beeinträchtigt wird.
- Diese Zusammenhänge werden in *Kapitel 23* im Rahmen eines einfachen *neukeynesianischen Modells* formal hergeleitet. Modelle dieses Typs spielen in der Makroökonomie heute eine zentrale Rolle.
- Damit Ihnen nicht vorenthalten bleibt, was in altmodischeren Lehrbüchern noch immer gelehrt wird, stellt *Kapitel 24* das traditionelle *IS/LM-AS/AD-Modell* der Makroökonomie dar.
- In *Kapitel 25* werden die unterschiedlichen Modellierungen des Finanzsystems in der volkswirtschaftlichen Theorie dargestellt. In diesem Kapitel wird ein klassisches Modell des Finanzsystems präsentiert, bei dem *Banken als Intermediäre* zwischen Sparern und Investoren agieren. Mit diesem in vielen Lehrbüchern verwendeten Ansatz lassen sich zwar wichtige Funktionen von Banken beschreiben, aber es ist insgesamt wenig realitätsnah.
- Deshalb wird in *Kapitel 26* ausführlich ein monetäres Modell des Finanzsystems beschrieben. Es ist dadurch gekennzeichnet, dass *Banken* im Prinzip eigenständig in der Lage sind, *Kredite und damit Einlagen zu schaffen*, ohne dafür auf das Sparen anderer Akteure angewiesen zu sein. Das in *Kapitel 26* präsentierte preistheoretische Geldangebotsmodell lässt zugleich erkennen, wie Notenbanken durch ihre Zinspolitik in der Lage sind, das Finanzsystem zu steuern.
- *Kapitel 27* beschreibt und diskutiert die Ursachen der globalen *Finanzkrise* und der sich daran anschließenden *Eurokrise*. Dabei wird auch die *unkonventionelle Geldpolitik* der wichtigsten Notenbanken erörtert.

- *Kapitel 28* befasst sich mit den Auswirkungen der *Digitalisierung auf das Geldwesen.* Dabei geht es um die Verdrängung des Bargelds durch elektronische Zahlungssysteme, den Wettbewerb zwischen privaten Währungen (Libra, Bitcoin) mit den etablierten staatlichen Währungen und die Möglichkeiten, die sich ergeben, wenn Unternehmen und private Haushalte ihr Konto direkt bei der Notenbank halten könnten.
- *Kapitel 29* führt in die *außenwirtschaftlichen Zusammenhänge* der Makroökonomie ein. Es befasst sich mit dem internationalen Nachfrageverbund, der Zinsparitätentheorie und der Kaufkraftparitätentheorie. Außerdem werden mit festen und flexiblen Kursen die wichtigsten Optionen der Währungspolitik präsentiert. Hierzu wird das traditionelle Mundell-Fleming-Modell verwendet.
- *Kapitel 30* beschäftigt sich mit den *Konjunkturzyklen*, also den eher kurzfristigen Auf- und Abwärtstendenzen des Wirtschaftsgeschehens. Hier erfahren Sie alles über die positiven und negativen Stabilisierungseffekte der wirtschaftlichen Entwicklung.
- *Kapitel 31* nimmt eine längerfristige Perspektive ein. Es beschreibt die *Determinanten von Wirtschaftswachstum und Wohlstand.* Es befasst sich dabei auch mit der Frage, inwieweit der Staat mit einer *Industriepolitik* einen Beitrag für eine erfolgreiche Wachstumsstrategie leisten kann.

E. VWL-Marathon

Wenn Sie über eine gute Kondition und Ausdauer verfügen, können Sie natürlich auch das ganze Buch von vorne bis hinten am Stück durcharbeiten. Sie werden dabei – hoffentlich – sehen, dass die Kapitel einem klaren roten Faden folgen. Sie verfügen am Ende dieser Tour über ein gutes Grundverständnis der Volkswirtschaftslehre, das für eine Studentin und einen Studenten der Wirtschaftswissenschaften ausreichend sein sollte, um im späteren Berufsleben kompetent mit volkswirtschaftlichen Fragestellungen umgehen zu können.

LERNZIELE

- Volkswirtschaftslehre ist eine enorm spannende Wissenschaft, da sie sich mit Fragestellungen befasst, mit denen Sie täglich zu tun haben.
- Die Volkswirtschaftslehre ist die Wissenschaft des Marktes. Sie zeigt, dass Märkte sehr leistungsfähig sind, weil sie den Egoismus des Einzelnen so transformieren können, dass sich für die Gesellschaft insgesamt ein positiver Effekt ergibt. Zugleich kann der Markt dabei eine unglaubliche Vielzahl von Informationen in optimaler Weise verarbeiten und so den Wirtschaftsprozess in sehr effizienter Weise steuern.
- Die Volkswirtschaftslehre setzt sich aber auch mit den Schattenseiten des Marktes auseinander. So wie sich Ärzte mit den Erkrankungen des menschlichen Organismus befassen, ist es die Aufgabe der Volkswirte, die Schwachpunkte des Marktes zu diagnostizieren und dafür erfolgreiche Therapien zu entwickeln. Konkret zeigen Volkswirte, wo und wie der Staat in Märkte eingreifen soll. Die Volkswirtschaftslehre arbeitet aber auch klar heraus, wo sich die Politik aus dem Wirtschaftsprozess heraushalten sollte und wie die institutionellen Rahmenbedingungen beschaffen sein müssten, damit eine Volkswirtschaft möglichst „fit" bleibt.
- Die Mikroökonomie befasst sich mit einzelnen Märkten, zum Beispiel dem Markt für Bananen oder Wohnungen. Die Makroökonomie behandelt das wirtschaftliche Geschehen gleichsam aus der Vogelperspektive. Sie sieht die Ökonomie als einen riesigen Gesamtmarkt, wobei sie sich vor allem mit der Frage auseinandersetzt, ob dabei wichtige gesamtwirtschaftliche Ziele (stetiges und angemessenes Wachstum, Vollbeschäftigung, stabiles Preisniveau) erreicht werden und inwieweit der Staat dabei stabilisierend eingreifen muss.
- Häufig trifft man in der Volkswirtschaftslehre auf Rationalitätenfallen: Sie bestehen darin, dass das, was jeder einzelne aus seinem Eigeninteresse heraus anstrebt, zu entgegengesetzten Effekten führt, wenn sich alle Beteiligten so verhalten.

Volkswirtschaftslehre zeigt, wie Märkte funktionieren und warum sie auch immer wieder nicht funktionieren

1

ÜBERBLICK

1.1 Warum muss man sich eigentlich mit Volkswirtschaftslehre befassen?

Die meisten Studentinnen und Studenten, die ein Studium der Wirtschaftswissenschaften beginnen, haben noch keine klare Vorstellung von ihrer beruflichen Karriere, aber in der Regel wollen sie später einmal in einem Unternehmen tätig werden, vielleicht im Marketing, im Controlling, in der Finanzierung oder der Logistik. Beim Studienbeginn stellen dann die zukünftigen Managerinnen und Manager schnell fest, dass sie sich nicht nur mit betriebswirtschaftlichen Fächern, sondern gerade in den Anfangssemestern recht intensiv mit der Volkswirtschaftslehre auseinandersetzen müssen.

Oft wird man dabei mit vielen Formeln und abstrakten *Modellen* konfrontiert, bei denen nicht immer auf den ersten Blick zu erkennen ist, wofür das in der Wirtschaftspraxis später einmal gut sein soll. Es ist deshalb nicht überraschend, dass volkswirtschaftliche Vorlesungen häufig als bloße Pflichtübung empfunden werden, die man so schnell wie möglich hinter sich bringen will. Der mangelnde Realitätsbezug vieler Einführungsveranstaltungen macht aber auch den Studentinnen und Studenten zu schaffen, die sich besonders für Politik interessieren und gehofft hatten, mittels eines VWL-Studiums hierfür eine gute wissenschaftliche Grundlage zu finden.

Doch früher oder später rächt es sich, wenn man Volkswirtschaftslehre während des Studiums nur als notwendiges Übel betrachtet. Die Wirtschafts- und Finanzkrise des vergangenen Jahrzehnts ist ein deutlicher Beleg dafür, wie gefährlich es ist, wenn Manager in Banken und Unternehmen überhaupt nicht oder nur sehr bedingt in volkswirtschaftlichen Kategorien denken können. Obwohl spätestens im Herbst 2007 deutlich zu erkennen war, dass die Weltwirtschaft in eine schwierige Phase geraten würde, waren die meisten Entscheidungsträger so geblendet vom kurzfristigen Geschäftserfolg, dass sie der massive konjunkturelle Einbruch im vierten Quartal 2008 völlig unvorbereitet traf.

Das Problem einer unzureichenden volkswirtschaftlichen Kompetenz ist leider auch in der Politik weitverbreitet. Besonders deutlich sieht man das an der Politik von Donald Trump. Für ihn ist der Welthandel ein Nullsummenspiel, bei dem es Gewinner und Verlierer gibt. Durch Zölle auf chinesische Produkte glaubt er, seinem Land Vorteile zu Lasten Chinas zu verschaffen. Wer über Basiskenntnisse in der Volkswirtschaftslehre verfügt, weiß jedoch, dass die Globalisierung und damit der Welthandel für alle Beteiligten Vorteile bringen. Wenn man diesen Prozess durch Zölle einschränkt und es zu einem Rückgang der weltwirtschaftlichen Arbeitsteilung kommt, geht das zulasten von Arbeitnehmern, Verbrauchern und Unternehmern in der ganzen Welt.

Ein Unternehmen ist ebenso wenig eine Insel wie eine nationale Volkswirtschaft. Dies gilt insbesondere für Deutschland, dessen Wirtschaft sich seit den 1990er-Jahren besonders aktiv und erfolgreich an den globalen Märkten engagiert hat. Ein weltweiter Handelskrieg oder ein Konjunktureinbruch in China können für ein deutsches Produktionsunternehmen ebenso relevant sein wie Erschütterungen am *Markt* für US-amerikanische Gewerbeimmobilien.

Aber es geht nicht nur darum, dass man Schocks rechtzeitig erkennen und darauf angemessen reagieren kann. Wer in einem Unternehmen erfolgreich sein will, muss auch wissen, wie Märkte funktionieren, nur so kann man sie für sich nutzbar machen. Dieses Wissen wird nur teilweise in betriebswirtschaftlichen Vorlesungen vermittelt und wenn es gelehrt wird, dann kommen die theoretischen Grundlagen in der Regel aus der Volkswirtschaftslehre. In wichtigen Bereichen der BWL, insbesondere der Finanzierungstheorie, dem Marketing, der Theorie der Besteuerung, der Personalwirtschaft und dem neuen Feld des „Entrepreneurship“, sind die Trennungslinien zwischen VWL und BWL ohnehin nur schwer zu ziehen.

Unabhängig von ihrer hohen Relevanz für zukünftige Manager hat die Volkswirtschaftslehre den weiteren Vorteil, dass es sich dabei um eine ungemein spannende Wissenschaft handelt. Ich bin überzeugt, es ist DIE spannendste Sozialwissenschaft. Der beste Beleg hierfür ist die Tatsache, dass sich Talkshows fast ständig mit volkswirtschaftlichen Fragen befassen.

Die Lektüre eines Einführungsbuchs in die Volkswirtschaftslehre lohnt sich deshalb auch für Bürgerinnen und Bürger, die nicht im Bereich der Wirtschaft tätig sind. Wenn man sich ein eigenständiges Urteil über die kontroversen Themen der Wirtschaftspolitik bilden will, kommt man nicht umhin, sich mit den Grundlagen dieses Fachs zu beschäftigen, die sich nun einmal nicht in 3-Minuten-Statements einer Talkshow vermitteln lassen.

1.2 Volkswirtschaftslehre als Markt-Wissenschaft

Im Grunde dreht sich die Volkswirtschaftslehre immer um die Frage, wie Märkte funktionieren.

- Märkte sorgen dafür, dass wir uns für Geld in der Regel jederzeit eine Vielzahl von Gütern beschaffen können, obwohl die Anbieter über unsere individuellen Kaufwünsche zuvor nicht informiert waren.
- Märkte setzen für die Produzenten starke Anreize, immer bessere Güter und Dienstleistungen für die Konsumenten zu entwickeln.
- Märkte begrenzen durch den Wettbewerb wirtschaftliche Macht und tragen so auch dazu bei, dass Verkäufer freundlich und zuvorkommend mit ihren Kunden umgehen, obwohl es sicherlich zahlreiche Ausnahmen gibt, die diese Regel bestätigen.
- Märkte zwingen die Unternehmen, kostengünstig zu produzieren. Sie müssen also in der Güterproduktion sparsam („ökonomisch“) mit den vorhandenen Produktionsmitteln wirtschaften.
- Märkte bewirken, dass Güter vorrangig von den Konsumenten erworben werden, die ihnen den höchsten Wert beimessen.

Da wir diese weitreichenden Koordinations- und Informationsfunktionen von Märkten in der Regel nicht bewusst wahrnehmen, spricht man häufig auch von der *„unsichtbaren Hand“* des Marktes, ein Begriff, der von Adam Smith (1723–1790), einem Urvater der VWL, in seinem Hauptwerk „Der Wohlstand der Nationen“ im Jahr 1776 geprägt wurde. Besonders faszinierend daran ist, dass wir durch diese *unsichtbare Hand* veranlasst werden, Dinge zu tun, die wir so gar nicht beabsichtigt haben. Adam Smith sah darin die wichtigste *ethische Begründung der Marktwirtschaft*:

„Nicht vom Wohlwollen des Metzgers, Brauers und Bäckers erwarten wir das, was wir zum Essen brauchen, sondern davon, dass sie ihre eigenen Interessen wahrnehmen. Wir wenden uns nicht an ihre Menschen-, sondern an ihre Eigenliebe, und wir erwähnen nicht die eigenen Bedürfnisse, sondern sprechen von ihrem Vorteil.“[1]

---

1 *Adam Smith (1974, S. 17).*

Es ist also gerade das Eigeninteresse, das zu gesamtwirtschaftlich positiven Effekten führen kann. Die Fehlentwicklungen, die im vergangenen Jahrzehnt auf den Finanzmärkten aufgetreten sind, verdeutlichen, dass dies jedoch nicht immer so sein muss. Was Adam Smith nicht explizit erwähnt, ist die Tatsache, dass bei den von ihm genannten Beispielen das Eigeninteresse nur deshalb zu gesamtwirtschaftlich positiven Effekten führt, weil der Bäcker, der Brauer und der Metzger *langfristig* denken. Wenn sie dauerhaft erfolgreich sein wollen, bleibt ihnen nichts anderes übrig, als gute Qualität zu liefern und zu ihren Kunden freundlich zu sein. Wenn sie auf die Idee kommen würden, ihre Rendite kurzfristig nach oben zu schrauben, indem sie beispielsweise schlechtere Rohstoffe verwenden, würde das bald ihrer Reputation schaden und sich mittel- und langfristig nachteilig auf ihre Rendite auswirken. Egoismus wirkt sich somit immer dann nachteilig in einer Marktwirtschaft aus, wenn er *kurzfristig* ausgerichtet ist. Das beste Beispiel für die selbstzerstörerischen Effekte einer kurzfristig angelegten Renditemaximierung ist die Finanzkrise der Jahre 2007 und 2008, die in erster Linie auf eine sehr kurzfristig ausgerichtete Gewinnmaximierung von Investmentbanken und Rating-Agenturen zurückzuführen ist. Das Gewinnstreben des Einzelnen wirkt sich also nur dann vorteilhaft für die Gesamtwirtschaft aus, wenn es an einem nachhaltigen Geschäftsmodell orientiert ist (*Kapitel 24*).

Die hohe *Leistungsfähigkeit* einer durch Märkte gesteuerten Wirtschaft zeigte sich besonders deutlich gegen Ende der 1980er-Jahre des letzten Jahrhunderts. Viele Länder in Ost- und Mitteleuropa sowie die damalige Sowjetunion und China hatten bis dahin das Konzept einer weitgehend staatlich organisierten Wirtschaftsplanung verfolgt. Mit dieser *„zentralen Planwirtschaft“* waren sie jedoch massiv gegenüber den marktwirtschaftlich ausgerichteten Ländern in den Rückstand geraten. Es blieb ihnen so Anfang der 1990er-Jahre nichts anderes übrig, als eine grundlegende Umgestaltung ihrer Wirtschaftsordnung durchzuführen. Als Ergebnis dieser *„Wirtschaftstransformation“* ist heute die Planwirtschaft – mit der Ausnahme von Nordkorea – völlig von der Bildfläche verschwunden. Wir werden die Unterschiede zwischen der Plan- und der Marktwirtschaft in *Kapitel 4* noch intensiver diskutieren.

Bei aller Begeisterung für die Leistungsfähigkeit der Märkte befasst sich die Volkswirtschaft aber auch intensiv mit den *Schwachstellen* dieses Steuerungsmechanismus. Teilweise sind diese schon für den Laien offenkundig:

- Im Marktprozess werden Einkommen nach der Leistung der Arbeitnehmer und der Knappheit von Gütern vergeben. Die *Bedürftigkeit der Menschen* spielt dabei keine Rolle. Für Menschen mit einer geringen Leistungsfähigkeit besteht dabei die Gefahr, dass sie nicht genug verdienen, um ihr Existenzminimum abzudecken. Dies gilt auch für ganze Regionen und Länder. So lag das durchschnittliche Pro-Kopf-Einkommen in den Ländern südlich der Sahara im Jahr 2017 bei nur 1.574 US-Dollar – im Südsudan waren es sogar nur 237 US-Dollar –, während es in den Vereinigten Staaten 59.928 US-Dollar und in Deutschland 44.666 US-Dollar betrug.[2]
- Der Marktmechanismus versagt, wenn man es mit Gütern zu tun hat, für die es keine Preise und damit auch keine Märkte gibt. Das beste Beispiel hierfür ist die *Umwelt*, die in vielen Bereichen noch immer verschmutzt wird, ohne dass dafür ein Preis bezahlt werden muss. Der bisher nahezu ungebremste Klimawandel zeigt, wie gefährlich es ist, hier allein auf den Markt zu vertrauen.

2 Daten hierzu findet man in den Welt-Entwicklungsberichten, die von der Weltbank fortlaufend veröffentlicht werden (*www.worldbank.org*).

- Unternehmer haben immer ein starkes Interesse daran, sich dem harten *Wettbewerbsdruck des Marktes* zu entziehen, indem sie Kartellabsprachen treffen oder den Konkurrenten einfach aufkaufen, um sich eine Monopolstellung zu verschaffen. Bei Digitalplattformen haben sich große Monopole herausgebildet. Auf dem Arbeitsmarkt stellt sich das Problem, dass einzelne Arbeitgeber eine regionale Machtposition innehaben und deshalb die Löhne ihrer Mitarbeiter drücken können.
- Die wirtschaftliche Entwicklung verläuft nicht gleichmäßig. Sie ist vielmehr durch ausgeprägte *zyklische Schwankungen* gekennzeichnet. Diese können zu Inflation oder Arbeitslosigkeit und teilweise auch zu beidem gleichzeitig führen. Bisweilen geraten diese Prozesse so sehr aus dem Gleichgewicht, dass es – wie in Deutschland in den Jahren 1920 bis 1923 – zu einem völligen Wertverlust des Geldes kommt oder aber zu einer Massenarbeitslosigkeit und einer *Deflation*, wie sie in der Weltwirtschaftskrise von 1929 bis 1933 beobachtet werden konnte. Während die Wirtschaftsentwicklung nach dem Zweiten Weltkrieg über viele Jahrzehnte hinweg nur vergleichsweise geringe Schwankungen aufwies, kam es in den Jahren 2008 bis 2009 zu einer weltweiten Finanz- und Wirtschaftskrise („Great Recession"), die nur aufgrund einer sehr expansiven Geld- und Fiskalpolitik nicht zu ähnlich schlimmen Folgen führte wie die Große Depression der Jahre 1929 bis 1933 (siehe *Kapitel 21*).

In gewisser Hinsicht befinden sich Volkswirte dabei in einer ähnlichen Rolle wie Ärzte. Sie wissen, dass der Wirtschaftsprozess grundsätzlich über sehr gute *Selbstheilungskräfte* verfügt, sie sind sich aber auch der Tatsache bewusst, dass es zu Störungen kommen kann, in denen die Selbststabilisierungskräfte des Systems überfordert sind, sodass es eine Hilfestellung von außen benötigt. Von wem kann diese Stabilisierung kommen? Letztlich ist es immer der Staat, der mit seiner Wirtschaftspolitik (Geldpolitik und Fiskalpolitik) dafür zu sorgen hat, dass die Marktwirtschaft nach großen Schocks wieder ins Gleichgewicht kommt. Und wie in der Medizin hängt dabei alles von der richtigen Dosierung ab. Ein Zuviel an Staat kann den Patienten genauso schwächen wie eine halbherzige Intervention im Fall einer schweren Erkrankung. Die Analogie zur Medizin ließe sich beliebig fortsetzen. So wie man immer mindestens zwei Ärzte mit unterschiedlichen Diagnosen für einen Patienten finden kann, gibt es auch zu jeder wirtschaftlichen Konstellation mindestens zwei konträre volkswirtschaftliche Therapievorschläge. Die Nähe zur Medizin zeigt sich auch daran, dass François Quesnay (1694–1774), einer der Urväter der Volkswirtschaftslehre, seine Laufbahn als königlicher Chirurg und Leibarzt von Madame Pompadour begonnen hatte. Eine Kurzbiografie von Quesnay finden Sie am Ende dieses Kapitels.

In Deutschland gibt es zahlreiche Volkswirte, die direkt oder indirekt in der *Politikberatung* tätig sind und dabei Diagnosen und Therapien für volkswirtschaftliche Probleme entwickeln. Zu den wichtigsten Beratungsinstitutionen zählen:

- Der *Sachverständigenrat* zur Begutachtung der gesamtwirtschaftlichen Entwicklung mit Sitz in Wiesbaden: Er setzt sich aus fünf Wissenschaftlern („Wirtschaftsweise") zusammen, die von der Bundesregierung ausgewählt und vom Bundespräsidenten für eine fünfjährige Amtsperiode berufen werden. Der Rat ist von der Politik unabhängig. Er erstellt einmal jährlich ein umfassendes Gutachten zur gesamtwirtschaftlichen Lage und deren absehbare Entwicklung (Prognose), das jeweils Mitte November veröffentlicht wird, und bei Bedarf Sondergutachten und Expertisen.
- Die großen *Wirtschaftsforschungsinstitute*: Dazu zählen insbesondere das Deutsche Institut für Wirtschaftsforschung (DIW), Berlin, das ifo-Institut für Wirt-

schaftsforschung, München; das Institut für Weltwirtschaft an der Universität Kiel; das Institut für Wirtschaftsforschung, Halle; das Rheinisch-Westfälische Institut für Wirtschaftsforschung, Essen; Zentrum für Europäische Wirtschaftsforschung, Mannheim (ZEW). Diese Institute erstellen fortlaufend Analysen zu ausgewählten Fragen der Wirtschaftspolitik. Im Frühjahr und Herbst eines jeden Jahres präsentiert ein Konsortium von ausgewählten Forschungsinstituten die sogenannte „*Gemeinschaftsdiagnose*“ mit einer umfassenden Diagnose und Prognose der wirtschaftlichen Entwicklung.

- Das *Institut der Deutschen Wirtschaft* (IW), Köln, finanziert von den Arbeitgebern, sowie die *Hans-Böckler-Stiftung* und das *Institut für Makroökonomie und Konjunkturforschung* (IMK), Düsseldorf, beide finanziert von der Gewerkschaftsbewegung, erstellen ebenfalls interessante Analysen zur wirtschaftlichen Lage und zu aktuellen Problemen der Wirtschaftspolitik.
- Interessante wirtschaftswissenschaftliche Studien werden von der Volkswirtschaftlichen Abteilung der Deutschen Bundesbank, Frankfurt am Main, erstellt. Auch das Statistische Bundesamt, Wiesbaden, veröffentlicht fortlaufend sehr informative Analysen zu Wirtschaftsfragen.

Neben diesen nationalen Forschungs- und Beratungseinrichtungen gibt es wichtige *internationale* Institutionen, die sich mit volkswirtschaftlichen Fragen befassen. Dazu zählen

- der *Internationale Währungsfonds* (International Monetary Fund) mit Sitz in Washington. Er ist vor allem für makroökonomische Probleme zuständig; sehr lesenswert ist der halbjährlich erscheinende „World Economic Outlook“.
- die ebenfalls in Washington ansässige *Weltbank* (World Bank). Sie befasst sich demgegenüber mit strukturellen, d.h. primär mikroökonomischen Entwicklungen.
- die *Organisation for Economic Co-Operation and Development (OECD)* mit Sitz in Paris. Sie erstellt Analysen zu einer Vielzahl volkswirtschaftlicher Themen.
- die *Bank für Internationalen Zahlungsausgleich (BIZ)*, die in Basel residiert. Sie beschäftigt sich schwerpunktmäßig mit der Stabilität der internationalen Finanzmärkte.
- die *Europäische Kommission* in Brüssel und die *Europäische Zentralbank* in Frankfurt am Main. Sie erstellen eine Vielzahl von Studien für den Bereich der Europäischen Union bzw. für „Euroland“, d.h. den Währungsraum der 19 Mitgliedsländer der Europäischen Währungsunion.

Alle diese Institutionen bieten reichhaltige Informationsmaterialien und Datenbanken auf ihren Webseiten an. Bei der Bundesbank finden Sie eine sehr umfassende Datenbank für Deutschland; bei der Europäischen Zentralbank kann man viele Datenreihen für Euroland herunterladen; während die OECD, der IWF und die Weltbank hilfreiche Statistiken über ihre Mitgliedsländer zur Verfügung stellen. Die beste Datenbank für die Vereinigten Staaten findet sich bei der Federal Reserve Bank of St. Louis (FRED).

1.3 Die VWL befasst sich mit ganz unterschiedlichen Märkten und ist in zwei große Hauptgebiete unterteilt

Man kann die Volkswirtschaftslehre in zwei große Teilbereiche untergliedern: die *Mikroökonomie* und die *Makroökonomie*, wobei die Grenzen recht fließend sind. Für die Mikroökonomie steht die Analyse *einzelner Märkte* im Vordergrund. Sie untersucht beispielsweise die Funktionsweise von Immobilienmärkten oder von Energiemärkten. Die Affinität zur Betriebswirtschaftslehre ist hier besonders ausgeprägt. Die Makroökonomie hat eine stark gesamtwirtschaftliche Ausrichtung. Sie interessiert sich vor allem dafür, wie das Wirtschaftswachstum insgesamt ausfällt, wie hoch die Arbeitslosenquote sein wird und wie sich das Preisniveau, also die Gesamtheit aller Einzelpreise, entwickelt.

Was die Makroökonomie von der Mikroökonomie wesentlich unterscheidet, ist die Tatsache, dass einzelwirtschaftliche Entscheidungen häufig zu gesamtwirtschaftlichen Ergebnissen führen, die von den individuellen Entscheidungsträgern überhaupt nicht beabsichtigt worden sind. Man spricht dabei auch von *Rationalitätenfallen*. Das Paradebeispiel hierfür ist die Situation einer Theateraufführung:

- Die *individuelle* Rationalität besteht für einen einzelnen Besucher darin, seine Sicht zu verbessern, indem er aufsteht.
- Die *gesamtwirtschaftliche* Rationalität ergibt sich daraus, dass nun auch andere Besucher aufstehen werden, um ihre Sicht zu verbessern. Am Ende eines solchen Prozesses steht der ganze Saal und keiner sieht besser, als wenn alle wieder säßen. Das Bestreben eines jeden Einzelnen, seine Lage zu verbessern, führt somit dazu, dass sich alle Beteiligten verschlechtern.

Diese logische Grundstruktur, die von dem äußerst innovativen deutschen Ökonom Wolfgang Stützel (1925–1987) auch als *„Konkurrenzparadoxon"* bezeichnet wurde, findet man recht häufig im Wirtschaftsgeschehen:

- Für jeden Ladeninhaber ist es vorteilhaft, seine Öffnungszeit zu verlängern, um so seinen Umsatz zu erhöhen. Ohne *Ladenschlussgesetze* bleibt den anderen Anbietern in der Regel nichts anderes übrig als nachzuziehen. Da die Verbrauchsausgaben der Konsumenten jedoch begrenzt sind, arbeiten alle am Ende länger, ohne dabei mehr abzusetzen. Die oft gähnend leeren Einkaufszentren in den USA, die teilweise 24 Stunden pro Tag geöffnet haben, sind hierfür ein deutliches Beispiel. In Deutschland ist es nach der Liberalisierung der Ladenöffnungszeiten im Jahr 1996 zu keinem spürbaren Anstieg der Einzelhandelsumsätze gekommen, dafür haben sich aber die Kosten des Handels erhöht.
- Aus der Sicht eines einzelnen Unternehmers erscheint es als vorteilhaft, wenn er die *Löhne* seiner Arbeitnehmer senken kann. Seine Wettbewerbsfähigkeit steigt, da er seine Produkte zu geringeren Kosten als seine Konkurrenten anbieten kann. Doch wenn sich alle Unternehmer so verhalten, bleibt ihre Wettbewerbsfähigkeit unverändert. In der Volkswirtschaft insgesamt kann es dadurch aber zu einer *deflationären Entwicklung* kommen, wie sie seit vielen Jahren in Japan zu beobachten ist.
- Für jeden einzelnen Haushalt kann es sinnvoll sein, zu *sparen,* indem er wenig ausgibt. Wenn jedoch alle Haushalte versuchen, zu sparen und so ihr Geldvermögen zu erhöhen, indem sie ihre Ausgaben reduzieren, vermindern sie die Einnahmen der Unternehmen. Kommt es durch die rückläufigen Unternehmensgewinne zu Entlassungen, sinken die Einnahmen der privaten Haushalte. So kann es am Ende dazu kommen, dass sie über ein geringeres Vermögen verfügen als in der Ausgangssituation. Man spricht hierbei auch vom *Spar-Paradoxon.* Besonders problematisch ist diese Rationalitätenfalle, wenn der Staat in einer Rezessionsphase zu sparen versucht. In Deutschland hat Reichskanzler Brüning mit einer solchen Sparpolitik Anfang der 1930er-Jahre des letzten Jahrhunderts den Zusammenbruch der „Weimarer Republik" herbeigeführt und damit den Nationalsozialisten den Weg bereitet.

Die Zweiteilung der Volkswirtschaftslehre in die Mikro- und die Makroökonomie war auch für die Gliederung dieses Buchs ausschlaggebend. Die *Kapitel 2 bis 14* sind mikroökonomischen Themen gewidmet, in den *Kapiteln 15 bis 30* wird die Makroökonomie präsentiert.

Der Medizinmann

1694–1774

François Quesnay wurde am 4. Juni 1694 als achtes von 13 Kindern einer Händler- und Bauernfamilie in Méré geboren. Er starb am 16. Dezember 1774 in Versailles. Quesnay begann seine Laufbahn als Arzt. Ein wichtiges Sprungbrett war dabei der Aufstieg zum Leibarzt von Madame de Pompadour im Jahr 1749. Da diese Quesnay zu einem ihrer engsten Vertrauten machte, konnte er seinen Einfluss am französischen Hof steigern und wurde schnell offizieller Leibarzt des französischen Königs Ludwig XV. und medizinischer Berater am Hof in Versailles. 1752 wurde er vom Monarchen geadelt.

Neben seiner Tätigkeit als Arzt beschäftigte er sich zunehmend mit Ökonomie. Im Alter von 64 Jahren schrieb Quesnay sein Hauptwerk „Tableau Economique". Darin entwickelte er als Erster ein – nicht einfaches – Modell, in dem die Interdependenz des Wirtschaftsprozesses abgebildet wird. Das Denken von Quesnay war geprägt von der Vorstellung, dass allein in der Landwirtschaft eine Wertschöpfung erbracht werde, während er die Industrie als „steril" ansah. Quesnay vertraute stark auf die stabilisierenden Kräfte des Marktes und kritisierte daher den zu seiner Zeit sehr ausgeprägten Staatsinterventionismus der Merkantilisten.

Die von ihm begründete Schule der „Physiokraten" (die griechischen Ausdrücke „physis" und „kratos" stehen für „Natur" und „Kraft") setzte sich daher für freien Wettbewerb im nationalen wie im internationalen Rahmen ein.

Zitat

„Arme Bauern, armes Königreich."
Quelle: Maximes générales du gouvernement économique d´un royaume agricole, maxime XX note

Ausbildung und Beruf

In seiner Jugend versuchte er, sich autodidaktisch zu bilden. Später begann er eine Lehre als Wundarzt. Bevor er das Studium der Chirurgie erfolgreich beendete, absolvierte er eine weitere Ausbildung zum Graveur. 1718 erlangte er den Titel eines Chirurgen. Sein Studium finanzierte er mit dem Stechen anatomischer Tafeln.

Werke

1756 Evidence. Fermiers. Grains. In: Encyclopédie, ou Dictionnaire raisonné des sciences, des arts et des métiers. Vols. 6 und 7. Paris
1758 Tableau Economique, 1. Auflage, (*www.taieb.net/auteurs/Quesnay/t1758.html*)
1765 Hommes. Impôts. In: Encyclopédie, Vol. 8

Schlagwörter

- Konkurrenzparadoxon (S. 7)
- Makroökonomie (S. 6)
- Markt (S. 2)
- Mikroökonomie (S. 6)
- Rationalitätenfalle (S. 7)
- Spar-Paradoxon (S. 7)
- unsichtbare Hand (S. 3)

Aufgaben

Musterlösungen zu den hier gestellten Aufgaben finden Sie im **MyLab** | Grundzüge der VWL.

1. In manchen Klausuren wird nach dem Prinzip des „open book" vorgegangen, d.h., die Studenten können ihre Lehrbücher mit in die Klausur nehmen. Student Hubert findet, das ist eine tolle Sache. Er kann es überhaupt nicht verstehen, dass seine Kommilitonin Sarah es lieber hätte, wenn die Bücher zu Hause gelassen werden müssten. Wer hat Recht?
2. Mikro- und Makroökonomie sind die beiden zentralen Teilgebiete der VWL. Ordnen Sie die folgenden Fragestellungen in das entsprechende Teilgebiet ein:
   - Ist das Zinsniveau in Euroland derzeit zu hoch?
   - Sollte die Deutsche Post wieder vom Staat betrieben werden?
   - Soll sich die Bundesregierung bemühen, weiterhin einen ausgeglichenen Haushalt vorzulegen?
   - Ist es richtig, dass die Europäische Union die Landwirtschaft subventioniert?
   - Sollte die Leiharbeit in Deutschland ausgeweitet werden?
   - Sollte für Studentenwohnungen ein Höchstpreis eingeführt werden?
   - Welche Auswirkungen hat ein Kurseinbruch an den Aktienmärkten?
   - Soll die Ökosteuer noch weiter erhöht werden?
   - Kommt es im nächsten Jahr zu einem kräftigen Wirtschaftswachstum in Deutschland?
   - Soll der Zahnersatz von den Gesetzlichen Krankenkassen vollständig bezahlt werden?
3. Laden Sie sich aus dem Internet (*www.ifw-kiel.de*) die aktuellste Fassung der Gemeinschaftsdiagnose der führenden Wirtschaftsforschungsinstitute herunter und finden Sie heraus, welche Schwachpunkte diese „Ärzte" am „Patienten Deutschland" besonders problematisch finden und welche Therapie sie vorschlagen.
4. Gehen Sie die Internetseite Ihrer Fakultät durch und versuchen Sie – so weit wie möglich –, die Lehrstühle den Gebieten Mikro- und Makroökonomie zuzurechnen.

TEIL I

Mikroökonomie

LERNZIELE

- Märkte führen Anbieter und Nachfrager so zusammen, dass sehr geringe Informations- und Transaktionskosten entstehen.
- Der Preismechanismus sorgt dabei für ein *„Gleichgewicht"* von *Angebot* und *Nachfrage*, d.h., die Pläne von Anbietern und Nachfragern werden in optimaler Weise aufeinander abgestimmt.
- In der Regel ist der Austausch über den Markt für Anbieter *und* Nachfrager mit Vorteilen verbunden. Handel ist eine WinWin-Situation.
- In der Volkswirtschaftslehre gibt es nur einen *subjektiven Wertbegriff*. Der Handel lebt davon, dass die individuellen Wertschätzungen divergieren. Die einzige objektive Größe ist der Marktpreis.
- Die starken Schwankungen von Aktienkursen und Wechselkursen sind darauf zurückzuführen, dass das Marktgeschehen auf Aktien- und Devisenmärkten sehr stark von „Spekulanten" bestimmt wird. Unter „Spekulation" versteht man, dass Menschen ein Gut nur in der Absicht erwerben, es früher oder später mit Gewinn weiterzuverkaufen.

Die „unsichtbare Hand" des Marktes: Wie kommt der Aktienkurs für die Hyper-Tec AG zustande?

2

ÜBERBLICK

2.1 Die Koordinationsfunktion des Marktes

Die Funktion des Preismechanismus versteht man am besten, wenn wir uns einmal einen Markt betrachten, der oft als das Symbol der Marktwirtschaft angesehen wird: den Aktienmarkt. Fortlaufend kann man verfolgen, wie sich die Kurse an den wichtigsten Börsen der Welt entwickeln. Und so stehen wir mit Börsenindizes wie dem DAX (für die wichtigsten Titel an der Frankfurter Börse) oder dem Dow Jones (dem Index für die als „Wall Street" bezeichnete New Yorker Börse) eigentlich schon auf „Du und Du".

Am Beispiel des Aktienmarktes kann man eine der wichtigsten Funktionen eines Marktes verdeutlichen, nämlich die Koordination zwischen den *Anbietern* und *Nachfragern* eines Gutes:

- Märkte bringen die Anbieter und Nachfrager eines bestimmten Gutes zusammen. Dafür gibt es ganz unterschiedliche institutionelle Arrangements, die alle darauf hinauslaufen, den Bedürfnissen von Käufern und Verkäufern so gut wie möglich gerecht zu werden. So ist der Markt bei eBay anders organisiert als der Wochenmarkt. Wenn man besonders gutes Gemüse haben möchte, ist man mit dem Internet nicht optimal bedient, aber wenn man ein ungeliebtes Weihnachtsgeschenk wieder loswerden will, geht das mit eBay einfacher als mit einem Stand auf dem Marktplatz.
- Dabei besteht die Funktion eines *Marktes* darin, dass er die Verkaufspläne der Anbieter und die Kaufpläne der Nachfrager eines Gutes möglichst weitgehend in Deckung bringt. Hier kommt die *„unsichtbare Hand"* ins *Spiel*, konkret: der Preismechanismus. Seine Funktionsweise kann man am besten anhand einer kleinen Fallstudie für den Aktienmarkt verdeutlichen.

2.2 Wir ermitteln den Aktienkurs für die Hyper-Tec AG

Der Aktienmarkt ist davon geprägt, dass die einzelnen Investoren unterschiedliche Einschätzungen über die Entwicklung der Kurse haben. Es gibt also immer eine Reihe von Anlegern, die zum aktuellen Kurs zusätzliche Aktien von einer Gesellschaft erwerben wollen, während sich andere Anleger von diesen Aktien trennen möchten. Die Funktion des Aktienmarktes besteht darin, es beiden Marktseiten zu ermöglichen, ihre Pläne so weit wie möglich zu verwirklichen.

Wir wollen dies anhand eines einfachen Beispiels verdeutlichen, bei dem wir den Aktienkurs für eine hypothetische Gesellschaft, die „Hyper-Tec AG", ermitteln. Die Gesellschaft sei an der Frankfurter Wertpapierbörse notiert. In deren elektronischem Xetra-Handelssystem werden mehrmals am Tag *Auktionen* für Aktien durchgeführt, bei denen der Marktpreis, in diesem Fall ist das der Börsenkurs, ermittelt wird. Zwischen diesen Auktionen findet auch noch ein „fortlaufender Handel" statt, auf den wir hier aber nicht weiter eingehen wollen.[1]

Anhand einer solchen Auktion soll nun gezeigt werden, wie der Preismechanismus funktioniert. Die Auktion beginnt damit, dass alle vorliegenden Verkaufs- und Kau-

1 Wer sich dafür interessiert, findet mehr Informationen unter *www.deutsche-boerse.com*.

faufträge („Orders") in einem *Orderbuch* zusammengestellt werden. Wir unterstellen, dass für die Aktien der Hyper-Tec AG folgende Orders bestehen:

Kurs (Euro)	**Kauforders (Stück)**	**Verkaufsorders (Stück)**
Bestens		26
120	15	2
121	5	6
122	3	16
123	16	4
124	6	7
125	3	10
126	4	
Billigst	25	

Tabelle 2.1: Anzahl der Kauf- und Verkaufsorders für die Hyper-Tec AG

Wenn man an der Börse Aktien kaufen oder verkaufen will, kann man dies in der Form tun, dass man limitierte Aufträge erteilt (*„Limit-Orders"*). Liegt bei einem Kaufauftrag das Limit z.B. bei 121 Euro, dann wird der Kauf nur ausgeführt, wenn der Kurs nicht höher als 121 Euro ist. Bei einem Verkaufsauftrag bedeutet ein Limit von 124 Euro, dass der Verkauf nur vorgenommen werden soll, wenn der Kurs nicht weniger als 124 Euro beträgt. Daneben ist es auch möglich, Orders ohne ein Limit abzugeben (*„Market-Orders"*), d.h., man möchte eine Aktie möglichst billig (*„billigst"*) erwerben bzw. möglichst teuer (*„bestens"*) verkaufen.

Aus den vorliegenden Orders für die Hyper-Tec AG können wir nun für gegebene Kursniveaus ermitteln, wie hoch jeweils die *angebotene* bzw. die *nachgefragte Menge* an Aktien ist. Dabei muss man so vorgehen, dass man bei den Verkaufsorders vom niedrigsten Kurs aufsteigend addiert, während man bei den Kauforders genau umgekehrt verfährt. Konkret würde bei einem Kurs von 122 Euro die *angebotene Menge* 50 Stück betragen: 26 Aktien sind bestens zu verkaufen, dazu kommen die Limit-Orders bei den Kursniveaus 120 (2), 121 (6) und 122 (16) (= 26 + 2 + 6 + 16). Die *nachgefragte Menge* würde sich auf 57 belaufen: 25 Aktien sind billigst zu erwerben, beim Kursniveau 126 werden vier Stück nachgefragt, bei 125 sind es drei usw. Auf diese Weise kann nun für jedes Kursniveau jeweils die angebotene und die nachgefragte Menge ermittelt werden (▶ *Tabelle 2.2*).

Kurs (Euro)	Nachgefragte Menge (Stück)	Angebotene Menge (Stück)	Umsatz (Stück)
Unter 120	77	26	26
120	77	28	28
121	62	34	34
122	57	50	50
123	54	54	54
124	38	61	38
125	32	71	32
126	29	71	29
Über 126	25	71	25

Tabelle 2.2: Das Orderbuch für die Hyper-Tec AG

Grafisch lässt sich dies in einem einfachen Diagramm abbilden (▶*Abbildung 2.1*). Es ordnet jedem Kursniveau die angebotene und die nachgefragte Menge an Aktien zu. Die ansteigende Linie beschreibt die *Angebotskurve* für Aktien der Hyper-Tec AG, die fallende Kurve die *Nachfragekurve*.

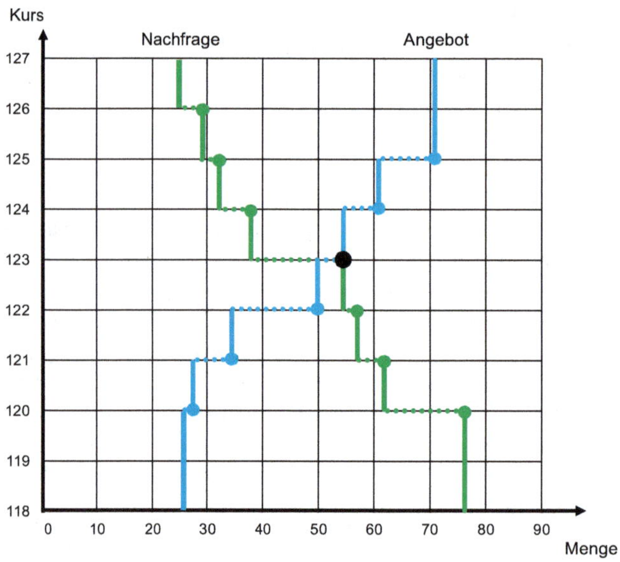

Abbildung 2.1: Angebot und Nachfrage nach Hyper-Tec-Aktien

Welcher Kurs wird nun gewählt? Wie erwähnt, besteht die zentrale Aufgabe eines Marktes darin, Anbieter und Nachfrager zusammenzuführen und ihre Pläne möglichst weitgehend zur Deckung zu bringen. Wir können an der Grafik erkennen, dass dies bei einem Kurs von 123 Euro der Fall ist. ▶*Tabelle 2.2* zeigt, dass dann 54 Aktien umgesetzt werden können. Bei einem höheren Kurs, z.B. 124 Euro, wäre zwar eine höhere angebotene Menge vorhanden (61 Stück), dem stünde aber nur eine nachgefragte Menge von 38 Stück gegenüber. Damit könnte nur ein Umsatz von 38 erreicht werden. Gleiches gilt für einen niedrigeren Kurs, z.B. 122 Euro. Hier wäre die nachgefragte Menge mit 57 höher, in diesem Fall stünde aber nur eine angebotene Menge von 50 zur Verfügung. Wiederum würde der Umsatz durch die „kürzere" Marktseite bestimmt werden. Er würde sich also auf nur 50 Stück belaufen.

Da sich die angebotene und die nachgefragte Menge nur bei einem Kurs von 123 Euro entsprechen, bezeichnet man diesen auch als den *markträumenden Preis*. Zu diesem Kurs ist es für alle Anbieter und Nachfrager möglich, ihre Verkaufs- und Kaufpläne zu realisieren. Man spricht deshalb auch vom *„Gleichgewichtspreis"*, da er dafür sorgt, dass die unabhängig voneinander gebildeten Kauf- und Verkaufspläne einander entsprechen.

2.3 Unsere ersten Einsichten in den Marktprozess

Mit einem Diagramm wie dem *Abbildung 2.1* wird man als Student der Volkswirtschaftslehre ständig konfrontiert. Es steht dabei fast immer eine *Preisgröße* (z.B. der *Preis* eines Gutes oder auch das *Preisniveau* einer Volkswirtschaft, ein Lohnsatz pro Stunde, ein Zinssatz, der Wechselkurs oder auch die Inflationsrate) auf der *y*-Achse und eine *Mengengröße* auf der *x*-Achse (z.B. die Menge eines Gutes, das Bruttoinlandsprodukt einer Volkswirtschaft, eine Beschäftigungsmenge, ein Devisenbetrag oder auch eine Output-Lücke) und man hat es fast immer mit einer ansteigenden Angebots- und einer fallenden Nachfragekurve zu tun (▸*Abbildung 2.2*). Man spricht bei diesen beiden Kurven zur Vereinfachung oft nur von der *Nachfrage* oder dem *Angebot*.

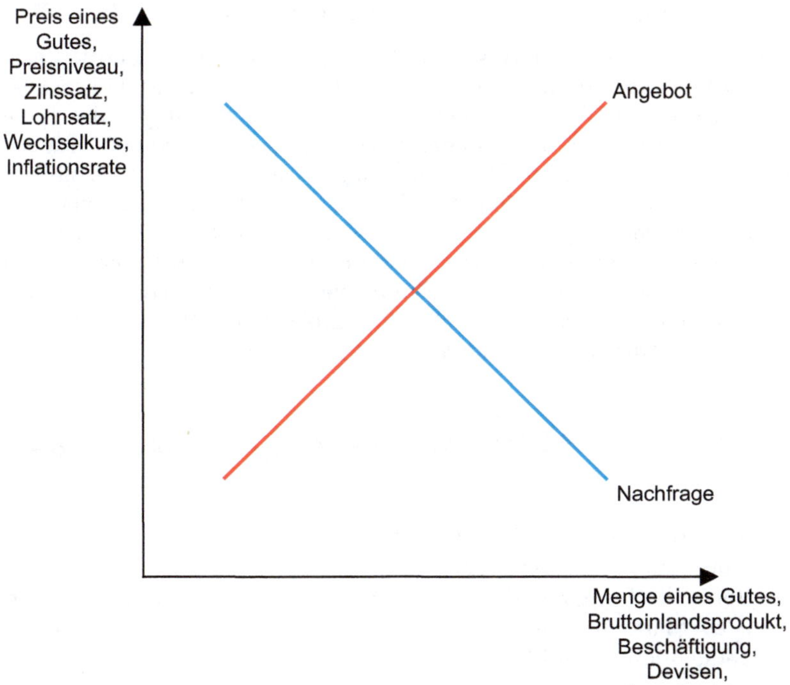

Abbildung 2.2: Das Standarddiagramm der Volkswirtschaftslehre

Wir werden in diesem Buch für unterschiedliche Märkte Angebots- und Nachfragekurven herleiten, vor allem für einzelne Gütermärkte, für den Arbeitsmarkt, aber auch für eine Volkswirtschaft insgesamt.

Das Schöne an unserem einfachen Beispiel für den Aktienmarkt ist, dass wir daraus bereits wichtige Einsichten in den Marktprozess gewinnen können.

1. Der Preismechanismus sorgt dafür, dass sich ein Markt im *Gleichgewicht* befindet. Unter „*Gleichgewicht*" wird dabei in der Volkswirtschaftslehre meist eine Situation verstanden, in der die unabhängig gebildeten *Pläne* von Anbietern und Nachfragern zueinander passen.
2. Der Markt ermöglicht *Handel* und sorgt dafür, dass sich Käufer und Verkäufer besserstellen können als in einer Situation ohne einen Austausch von Gütern. Betrachten wir einen *Verkäufer*, der eine Verkaufsorder zum Kurs von 120 Euro abgegeben hat. Er bringt damit zum Ausdruck, dass er der Aktie einen Wert von 120 Euro beimisst.[2] Wenn er die Aktie zu einem Kurs von 123 Euro verkaufen kann, erzielt er einen *Handelsgewinn* von 3 Euro. Mit umgekehrtem Vorzeichen gilt das auch für einen *Käufer*. Wer eine Kauforder für 126 Euro abgibt, bringt damit zum Ausdruck, dass er der Aktie einen Wert von 126 Euro beimisst und somit maximal einen Preis in dieser Höhe zu zahlen bereit ist. Wenn er die Aktie dann zu 123 Euro erhält, erzielt er einen Handelsvorteil von 3 Euro.
3. Entscheidend für Marktprozesse ist daher, dass Käufer und Verkäufer den *Wert* eines Gutes unterschiedlich einschätzen. Konkret zeigt das Orderbuch, dass Anbieter und Nachfrager den Wert der Aktien der Hyper-Tec AG unterschiedlich beurteilen. Dies ist darauf zurückzuführen, dass Anleger individuelle Einschätzungen darüber haben, wie sich die Geschäftslage eines Unternehmens entwickeln wird.
4. Ganz allgemein gibt es daher in der Volkswirtschaftslehre (wie auch in der Betriebswirtschaftslehre) keinen *objektiven*, sondern einen *subjektiven* Wertbegriff (dazu ausführlicher Stützel 1975). Der Wert eines Gutes oder einer Aktie wird immer durch die subjektive Einschätzung eines Anbieters oder eines Nachfragers bestimmt. In unserem Marktmodell bildet die Angebotskurve deshalb die Wertschätzung der Anbieter und die Nachfragekurve die der Nachfrager ab. Im Fall einer Aktie wie der Hyper-Tec AG ist die höhere Wertschätzung der Nachfrager, die mit ihren Orders zum Zuge gekommen sind, darauf zurückzuführen, dass sie die Entwicklung des Unternehmens deutlich optimistischer beurteilen als diejenigen Anbieter, die ihre Aktien verkaufen wollten und es auch konnten. Die einzige objektive Größe ist der Preis, in dem hier verwendeten Beispiel ist das der Aktienkurs.

2.4 Zur Vertiefung: Warum schwanken die Aktienkurse so stark?

Wir haben unsere Einführung mit einer Beschreibung des Aktienmarktes begonnen, weil sich dort die Angebots- und Nachfragekurven einfach herleiten lassen und weil die Auktion an einer Börse die Funktionsweise eines Marktes gut verdeutlicht. Im Vergleich zu den meisten Märkten einer Volkswirtschaft zeichnen sich die Preise am Aktienmarkt durch eine hohr Instabilität aus (▶*Abbildung 2.3*).

2 Zur Vereinfachung gehen wir hier nur von ganzzahligen Werten aus. Die Möglichkeit, dass der Verkäufer von einem Wert von 119,50 Euro ausgeht, lassen wir also unberücksichtigt.

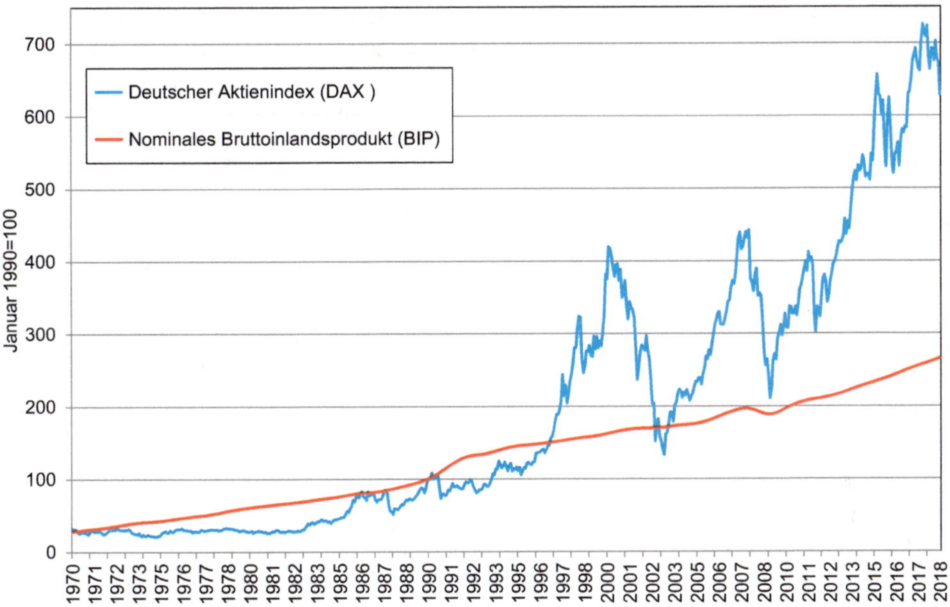

Abbildung 2.3: „What goes up, must come down" (DAX und nominales Bruttoinlandsprodukt für Deutschland von 1970 bis 2018)
Quelle: Sachverständigenrat.

Nach einer jahrzehntelangen Stagnation hatte der deutsche Aktienmarkt in den 1990er-Jahren enorm an Dynamik gewonnen. Das Kursniveau vervierfachte sich von Anfang der 1990er-Jahre bis zum Höchststand im Frühjahr 2000, obwohl sich das nominale *Bruttoinlandsprodukt* in der gleichen Zeit nur um 38 % erhöhte. Der dann einsetzende Kurseinbruch war dramatisch. Im Februar 2003 betrug das Kursniveau nur noch ein Drittel des im April 2000 erreichten Stands. Bis Ende 2007 wurde fast wieder das Niveau des Jahres 2000 erreicht. Dann ging es mit der Finanzkrise wieder rasch bergab und ebenso schnell wieder nach oben. Aufgrund der seit einigen Jahren sehr niedrigen Zinsen haben die Aktienmärkte zuletzt sehr hohe Kursniveaus erreicht. Im Juni 2014 überschritt der DAX erstmals die Marke von 10.000. Im Januar 2018 erreichte er seinen bisherigen Höchststand von 13.559,60.

Typischerweise fallen die Schwankungen der Aktienkurse viel stärker aus als die Veränderungen *„fundamentaler Faktoren"*, wie zum Beispiel die Konjunkturentwicklung oder die Ertragslage einzelner Unternehmen. Man spricht hierbei auch von „excess volatility". Dieses Phänomen lässt sich gut für den US-amerikanischen Aktienmarkt verdeutlichen. Die Kursentwicklung für den Zeitraum von 1871 bis heute wird anhand des „Standard & Poor's"-Aktienindex abgebildet. Zur besseren Vergleichbarkeit werden die Kurse um die allgemeine Preisentwicklung bereinigt. Man spricht dann von „realen" Werten. Als „fundamentaler Faktor" wird das *Kurs-Gewinn-Verhältnis* der im Aktienindex enthaltenen Unternehmen dargestellt. Diese Kenngröße setzt den Kurs einer Aktie ins Verhältnis zum Unternehmensgewinn, was einen gewissen Anhaltspunkt für eine Über- oder Unterbewertung gibt. Man erkennt an dieser Gegenüberstellung, dass es zu starken Schwankungen des Kurs-Gewinn-Verhältnisses kommen kann. Die Aktienkurse schwanken also sehr viel stärker als die Ertragsentwicklung. Allerdings gibt es dafür auch Grenzen. Es zeigt sich, dass es in den Vereinigten Staaten bei einem extrem hohen Kurs-Gewinn-Verhältnis in der Regel zu einem deutlichen Kurseinbruch gekommen ist (insbesondere in den Jahren nach 1929 und 2000[3]).

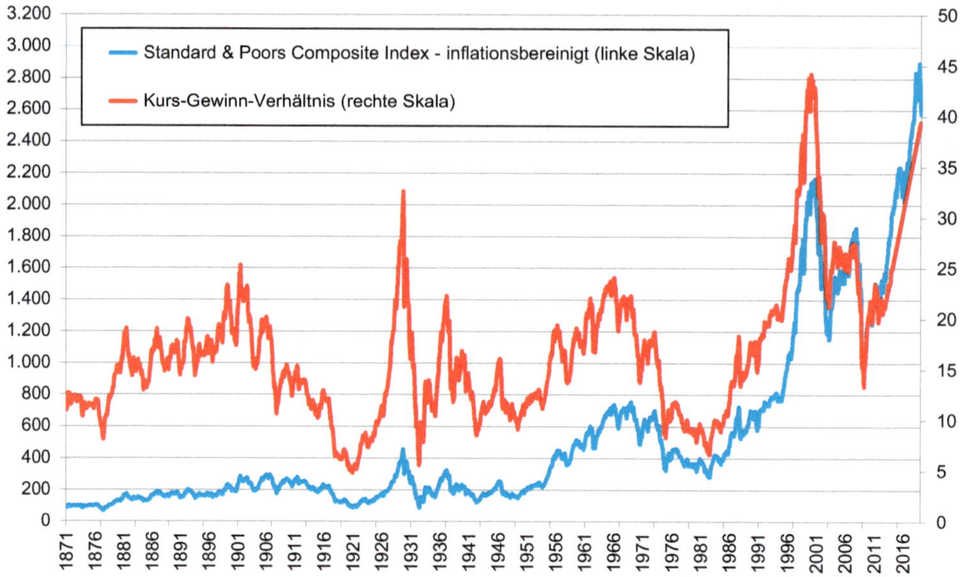

Abbildung 2.4: Aktienkurse und inflationsbereinigtes Kurs-Gewinn-Verhältnis in den Vereinigten Staaten (preisbereinigter Standard & Poor's Index von 1871 bis 2018)
Quelle: Datenbank von Robert Shiller (http://www.econ.yale.edu/~shiller/data.htm).

Aber es gibt hierfür keine zuverlässigen Regeln. Das liegt daran, dass sich der Wert einer Aktie nie objektiv feststellen lässt. So zeigt sich z.B. beim Indikator des *Kurs-Gewinn-Verhältnisses* das Problem, dass Finanzmärkte sehr stark zukunftsorientiert sind. Der aktuelle Unternehmensgewinn ist dabei nur bedingt geeignet, die zukünftigen Unternehmensgewinne zu prognostizieren.

Aktien werden zudem häufig nur deshalb gekauft, um sie nach einer relativ kurzen Zeit wieder – zu einem hoffentlich höheren Kurs – zu verkaufen. Solche Transaktionen bezeichnet man als *„Spekulation"*. Ein Spekulant muss sich beim Erwerb einer Aktie also vor allem darüber Gedanken machen, wie diese in der Zukunft von den anderen Marktteilnehmern beurteilt wird. Die individuelle Werteinschätzung einer Aktie wird dann also allein von Erwartungen über die zukünftigen Kurse bestimmt, die wiederum von den individuellen Werteinschätzungen der anderen Marktteilnehmer abhängig sind. Auf diese Weise kann es am Aktienmarkt (aber auch am Immobilienmarkt) immer wieder zu *„spekulativen Blasen"* kommen, bei denen Aktien nur deshalb gekauft werden, weil die Marktteilnehmer darauf vertrauen, dass sich der Kursanstieg fortsetzt. Wie die Beispiele des *Neuen Marktes* in Deutschland in den Jahren 1998 bis 2002 und der Immobilienkrisen in den Vereinigten Staaten, in Spanien und Irland in den Jahren 2007 bis 2010 plastisch zeigen, platzen solche Blasen früher

3 Die Daten findet man auf der Internetseite des amerikanischen Ökonomen Robert Shiller, der ein faszinierendes Buch über die Psychologie des Aktienmarktes geschrieben hat (Shiller, 2000): *www.econ.yale.edu/~shiller/*.

oder später, wenn allgemein deutlich wird, dass sich die Preise meilenweit von einer einigermaßen realistischen Bewertung eines Unternehmens entfernt haben.
Die Grundstruktur eines spekulativen Marktes hat niemand so gut beschrieben wie der berühmte englische Nationalökonom *John Maynard Keynes* (1883–1946)[4]. Er vergleicht die Spekulation mit einem „Schönheitswettbewerb", wie er früher in Zeitschriften üblich gewesen ist. Dabei sollte man aus 100 Bildern die sechs schönsten Gesichter heraussuchen. Um zu gewinnen, muss die eigene Auswahl zu den Bildern gehören, die insgesamt am meisten genannt werden. Wer sich also an einem solchen Wettbewerb beteiligt, darf sich dann nicht allein von seinem eigenen Geschmack leiten lassen. Vielmehr muss er sich fragen, wie wohl die Schönheitsvorstellungen der anderen Teilnehmer sind. Für alle anderen Teilnehmer gilt jedoch dasselbe. In den Worten von Keynes:

„Es geht nicht darum, diejenigen auszuwählen, die nach dem eigenen Urteil wirklich die Hübschesten sind, oder jene, welche nach der durchschnittlichen Meinung die Hübschesten sind. Wir haben einen dritten Grad erreicht, wo wir unsere Intelligenz dafür einsetzen, das vorherzusehen, von dem die durchschnittliche Meinung erwartet, dass es die durchschnittliche Meinung ist." (Eigene Übersetzung nach Keynes, 1936, S. 156).

Keynes spricht deshalb von „Erwartungen dritten Grades". Das Problem bei solchen spekulativen Prozessen besteht darin, dass es so kollektiv zu Bewertungen von Gütern oder Aktien kommen kann, die der einzelne Marktteilnehmer als völlig unrealistisch ansieht. Die Entwicklung der Telekom-Aktie in den Jahren 1998 bis 2000 ist ein gutes Beispiel für eine solche *„spekulative Blase"*, d.h. eine Situation, in der sich die kollektive Bewertung weit von einer realistischen individuellen Bewertung entfernt. Die berühmteste Spekulationsblase ist die „Tulpen-Manie", die sich in Holland in den Jahren 1636 bis 1637 entfaltete. Im Höhepunkt kostete eine Tulpenzwiebel rund 40.000 US-Dollar in heutiger Kaufkraft. Ein aktuelles Beispiel für eine spekulative Blase ist die Kursentwicklung der Kryptowährung „Bitcoin". Eine Übersicht über *spekulative Blasen* in der Wirtschaftsgeschichte vermittelt das Buch von Peter Garber (2001).
Wenn sich die Preise für die Güter und Dienstleistungen unseres täglichen Bedarfs in der Regel sehr viel stabiler entwickeln als die Aktienkurse, ist das vor allem darauf zurückzuführen, dass wir diese Produkte für uns selbst erwerben und nicht für den Weiterverkauf. Wir werden nicht bereit sein, für ein Kilo Nudeln mehr zu bezahlen, als es uns selbst wert ist. Da unsere Wertschätzung für Nudeln relativ konstant ist, kommt es insofern auch zu einer einigermaßen gleichmäßigen Entwicklung des Preises für ein solches Gut. Die Veränderungen der Einzelpreise fallen naturgemäß sehr viel stärker aus als die Veränderung des Preisniveaus einer Volkswirtschaft (siehe *Kapitel 15, Ziele der Makroökonomie: magische Vierecke und Dreiecke, Zielscheiben und Ziellinien*). In der Zeit von 1999 bis 2018 sind die Preise für Rundfunkgebühren, Kaffee, Tageszeitungen, Kabeljau und Haushaltsstrom weit überdurchschnittlich gestiegen. Gleichzeitig sind Waschmaschinen, Fernsehapparate und Damenkleider deutlich billiger geworden. Worauf sich solche unterschiedlichen Preisentwicklungen bei einzelnen Gütern zurückführen lassen, wird in *Kapitel 5* ausführlich erklärt.

4 Eine Kurzbiografie von John Maynard Keynes finden Sie am Ende dieses Kapitels.

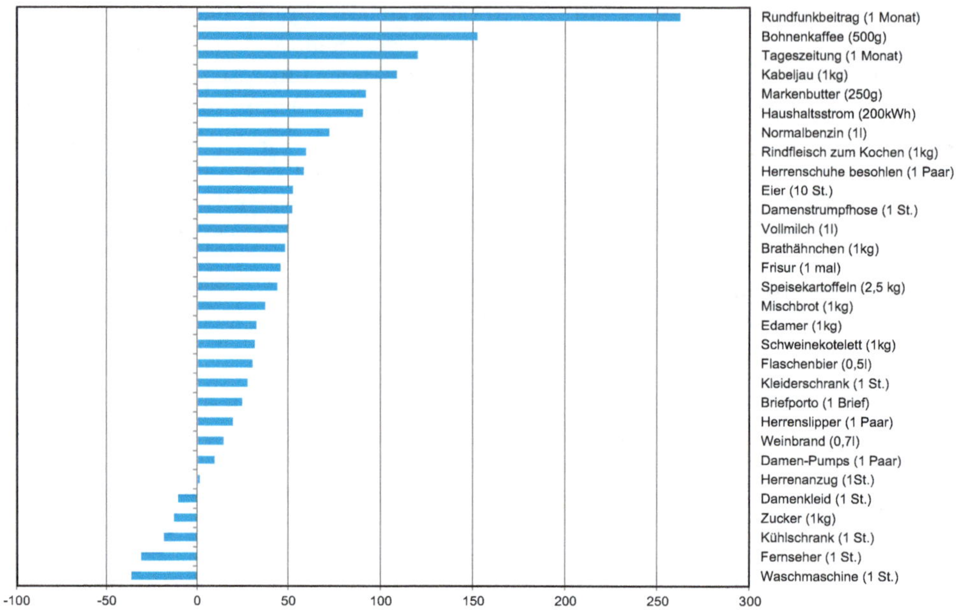

Abbildung 2.5: Veränderungen einzelner Güterpreise von 1999 bis 2018 (in %)
Quelle: Institut der Deutschen Wirtschaft: Deutschland in Zahlen, verschiedene Jahrgänge.

Der Revolutionär

1883–1946
Quelle: dpa.

Der britische Nationalökonom **John Maynard Keynes** wurde am 5.6.1883 in Cambridge geboren, er starb am 21.4.1946 in Tilton Firle, Sussex. Keynes, der schon zu Lebzeiten weltberühmt war, zeichnete sich durch einen bunten, non-konformistischen Lebenswandel aus. Kennzeichnend für seinen Forschungsstil ist eine enge Verzahnung von Theorie und Praxis. So arbeitete er für das britische Finanzministerium als Chefunterhändler für die Friedensverhandlungen in Versailles (1919), war als Versicherungs- und Investmentmanager erfolgreich und lehrte an der Universität von Cambridge. In den 1940er-Jahren des vergangenen Jahrhunderts nahm er für Großbritannien an den Verhandlungen über die Schaffung des Systems von Bretton Woods (*Kapitel 15*) teil. Vor dem Hintergrund der Arbeitslosigkeit in den 1920er- und 1930er-Jahren des letzten Jahrhunderts forderte Keynes staatliche Eingriffe, da sich die Selbstheilungskräfte des Marktes als unzureichend erwiesen. Für Keynes liegt der Hauptgrund der Arbeitslosigkeit in kumulativen Prozessen, die nur durch eine staatliche Nachfragepolitik gestoppt werden können.

Mit seinem Hauptwerk, die „Allgemeine Theorie der Beschäftigung, des Zinses und des Geldes" (1936) – einem leider schwer verständlichen Buch – begründete Keynes die makroökonomische Theorie, indem er das Denken in gesamtwirtschaftlichen Kategorien einführte, die den Umgang mit aggregierten Größen (Investitionen, Konsum, Einkommen und Produktion) ermöglichten. Die „keynesianische Revolution" stellte den größten Paradigmenwechsel in der Geschichte der Volkswirtschaftslehre dar. Die in den *Kapiteln 15* bis *29* dargestellte Makroökonomie ist stark durch die Ideen von Keynes geprägt worden.

Bis heute werden seine Thesen, die u.a. Eingang in die Wirtschaftspolitik von US-Präsident Franklin D. Roosevelt fanden, diskutiert und weiterentwickelt. Während die Vorstellungen von Keynes bei manchen Ökonomen – vor allem in Deutschland – bis zum Ausbruch der Wirtschafts- und Finanzkrise als überholt galten, spielten sie in der US-amerikanischen und der britischen Wirtschaftspolitik stets eine zentrale Rolle.

Zitat

„In the long run we are all dead. Economists set themselves too easy, too useless a task if in tempestuous seasons they can only tell us that when the storm is long past the ocean is flat again."

Quelle: A Tract on Monetary Reform, 1923.

Ausbildung und Beruf

1902 Nach dem Besuch des Eliteinternats Eton beginnt Keynes das Studium der Mathematik in Cambridge
1905 Wirtschaftsvorlesungen bei Marshall und Pigou in Cambridge
1908 Dozent für Volkswirtschaftslehre an der Universität Cambridge
1914–1919 Tätigkeit im Schatzamt
1942 Keynes wird zum Direktor der Bank of England ernannt

Werke

1923 A Tract on Monetary Reform, Collected Writings, Vol. IV, London
1930 A Treatise on Money, Vol. I, The Pure Theory of Money, Collected Writings, Vol. V, London
1930 A Treatise on Money, Vol. II, The Applied Theory of Money, Collected Writings, Vol. VI, London
1936 The General Theory of Employment, Interest and Money, Collected Writings, Vol. VII, London

Schlagwörter

- Angebot (S. 17)
- angebotene Menge (S. 15)
- Gleichgewicht (S. 18)
- Kurs-Gewinn-Verhältnis (S. 19)
- Nachfrage (S. 17)
- nachgefragte Menge (S. 15)
- Orderbuch (S. 15)
- Preis (S. 17)
- Spekulation (S. 20)
- spekulative Blase (S. 21)
- Wert (S. 18)

Aufgaben

Musterlösungen zu den hier gestellten Aufgaben finden Sie im MyLab | Grundzüge der VWL.

1. Ermitteln Sie aus den Angaben eines Online-Automarktes die Angebotskurve für einen gebrauchten VW Golf des Jahrgangs 2012. Sehen Sie dabei von Qualitätsunterschieden ab. Ermitteln Sie dieselbe Kurve für Fahrzeuge mit der Erstzulassung im Jahr 2011. Versuchen Sie, daraus in etwa den Wert abzuschätzen, der von den Anbietern nach einem Jahr weniger Nutzung beigemessen wird.
2. Zu einem der vier Auktionszeitpunkte im Xetra-Handel liegen für die Aktie der Bubble-Tech folgende Orders vor:

	Kauforder Stück/Kurs	**Verkaufsorder Stück/Kurs**
Herr Meier	100 billigst	
Herr Müller		30 zu 6
Frau Schmidt	90 zu 4	
Herr Reibach		80 zu 7
Herr Hinterhuber		75 bestens
Frau Klein	80 zu 5	
Frau Himmeltreu	50 zu 6	
Herr Gehlen		70 zu 5
Frau Becker	40 zu 7	
Herr Frey		30 zu 4

a) Erstellen Sie auf der Grundlage der obigen Aufträge ein Orderbuch!

b) Bestimmen Sie die angebotene und die nachgefragte Menge bei unterschiedlichen Kursniveaus!

c) Ermitteln Sie die zu den einzelnen Kursniveaus gehandelten Stückzahlen sowie die sich jeweils hieraus ergebenden Nachfrage- und Angebotsüberhänge! Wo liegt der markträumende Preis?

d) Stellen Sie die Angebots- und die Nachfragekurve grafisch dar und überprüfen Sie das in c) ermittelte Ergebnis.

e) Berechnen Sie den „Handelsgewinn", den jeder einzelne Marktteilnehmer für sich verbuchen kann! Gehen Sie davon aus, dass der Wert immer um eine Einheit unter dem Verkaufspreis bzw. über dem Kaufpreis liegt. Für Gebote mit billigst oder bestens kann der Gewinn nicht ermittelt werden.

LERNZIELE

- Arbeitsteilung ist eine wesentliche Ursache für wirtschaftlichen Wohlstand, weil sie es allen Beteiligten erlaubt, *Vorteile aus der Spezialisierung* zu nutzen und damit die Produktivität zu steigern. Je intensiver die Arbeitsteilung ausfällt, desto mehr werden Märkte für den Güteraustausch benötigt.
- Arbeitsteilung kann zwischen einzelnen Menschen in einem Unternehmen praktiziert werden, zwischen den Regionen eines Landes und zwischen autonomen Staaten. Das Schlagwort der *Globalisierung* steht für die heute sehr hoch entwickelte internationale Arbeitsteilung.
- Die Vorteile der Arbeitsteilung beruhen zum einen darauf, dass *Lerneffekte* realisiert werden und somit aufgrund einer höheren Produktivität Produktionskosten eingespart werden. Hiervon ist vor allem der Handel zwischen Industrieländern („intra-industry trade") geprägt.
- Arbeitsteilung ist zum anderen auch deshalb vorteilhaft, weil sie es den Beteiligten (Menschen. Unternehmen oder ganzen Ländern) erlaubt, sich auf die Produkte zu spezialisieren, die sie aufgrund ihrer individuellen Fähigkeiten mit den *relativ* geringsten Kosten herstellen können. Im internationalen Bereich kann man mit diesem Prinzip der *„komparativen Kosten"* den Handel zwischen Industrie- und Entwicklungsländern erklären.
- Arbeitsteilung ist also auch zwischen Menschen oder Nationen mit insgesamt *unterschiedlicher Produktivität* möglich. Entscheidend sind nicht die darin zum Ausdruck kommenden *„absoluten Kostenvorteile"*, sondern die *„komparativen Kostenvorteile"*. In der Regel erhöht die Arbeitsteilung den Wohlstand der Nationen.
- Eine wichtige Nebenbedingung für die Arbeitsteilung bei absoluten Kostenunterschieden besteht allerdings darin, dass die Unterschiede in der Produktivität durch entsprechende *Unterschiede in den Lohnniveaus* kompensiert werden.

Die Arbeitsteilung ist die Mutter unseres Wohlstandes

3

ÜBERBLICK

3.1 Märkte sind heute so wichtig, weil die Arbeitsteilung weltweit sehr hoch ist

Woran liegt es, dass *Märkte* eine so große – und bisweilen auch dominante – Rolle in unserem Leben spielen? Dieser ganz offensichtliche Befund ist darauf zurückzuführen, dass unsere Wirtschaft durch ein enormes Maß an *Arbeitsteilung* geprägt ist.[1] Das Schlagwort der *Globalisierung* steht dafür, dass die Arbeitsteilung in zunehmendem Maße weit über die Grenzen eines einzelnen Staates hinausgeht.

Arbeitsteilung bedeutet, dass wir sehr viele Güter und Dienstleistungen konsumieren, die andere für uns erstellt haben. Umgekehrt werden die von uns erstellten Leistungen überwiegend von anderen konsumiert. Das Gegenstück dazu ist der Zustand der Selbstversorgung oder *Autarkie*, wie man ihn heute vielleicht noch bei einigen Aussteigern findet, die auf dem Land leben und auf ihrem Bauernhof möglichst viel für sich selbst produzieren. Menschen, die so leben, brauchen Märkte nur selten, aber ihr Lebensstandard ist dafür nicht sehr hoch.

Das Beispiel der Selbstversorgung zeigt unmittelbar, warum sich die Arbeitsteilung in den letzten Jahrhunderten so stark durchgesetzt hat. Sie bietet Menschen, Unternehmen, Regionen und Nationen die Möglichkeit, sich auf solche Tätigkeiten zu *spezialisieren*, für die sie – relativ zu anderen Aufgaben – am besten qualifiziert sind. Durch die Arbeitsteilung kommt es zu einer erheblichen Steigerung der Produktivität und damit auch des Wohlstands der Nationen. So gesehen ist die Globalisierung positiv zu bewerten, da sie eine intensivere Arbeitsteilung ermöglicht als dies im nationalen oder gar regionalen Rahmen möglich wäre. Wie viele positive Dinge hat sie jedoch manche Schattenseiten. Wir werden diese am Ende des Kapitels ansprechen.

3.2 Adam Smith und die Nadelproduktion

Wie wichtig die Arbeitsteilung für den Wohlstand eines Landes ist, wurde erstmals von *Adam Smith* entdeckt, dessen Bekanntschaft wir schon in *Kapitel 1* gemacht haben. Er hat die Vorteile der Arbeitsteilung am Beispiel der Nadelproduktion so plastisch dargestellt, dass man sie auch heute noch am besten in seinem (ins Deutsche übersetzten) Originaltext (Smith, 1974, S. 9) darstellt:

„Ein Arbeiter, der noch niemals Stecknadeln gemacht hat und auch nicht dazu angelernt ist (...), sodass er auch mit den dazu eingesetzten Maschinen nicht vertraut ist (...), könnte, selbst wenn er fleißig ist, täglich höchstens eine, sicherlich aber keine 20 Nadeln herstellen. Aber so, wie die Herstellung von Stecknadeln heute betrieben wird, ist sie nicht nur als Ganzes ein selbstständiges Gewerbe. Sie zerfällt vielmehr in eine Reihe getrennter Arbeitsgänge, die zumeist zur fachlichen Spezialisierung geführt haben. Der eine Arbeiter zieht Draht, der andere streckt ihn, ein dritter schneidet ihn, ein vierter spitzt ihn zu, ein fünfter schleift das obere Ende, damit der Kopf aufgesetzt werden kann. Auch die Herstellung des Kopfes erfordert zwei oder drei getrennte Arbeitsgänge. Das Ansetzen des Kopfes ist eine eigene Tätigkeit, ebenso das Weißglü-

1 Eine Arbeitsteilung ist im Prinzip auch ohne eine Marktsteuerung möglich. Das Modell der *Zentralverwaltungswirtschaft* versuchte, die Marktsteuerung durch zentrale Pläne und behördliche Anweisungen zu ersetzen. Wir werden in *Kapitel 4* erklären, warum dieses Steuerungsverfahren in allen Ländern gescheitert ist.

hen der Nadel, ja, selbst das Verpacken der Nadeln ist eine Arbeit für sich. Um eine Stecknadel anzufertigen, sind somit etwa 18 verschiedene Arbeitsgänge notwendig, die in einigen Fabriken jeweils verschiedene Arbeiter besorgen, während in anderen ein einzelner zwei oder drei davon ausführt. Ich selbst habe eine kleine Manufaktur dieser Art gesehen, in der nur zehn Leute beschäftigt waren, sodass einige von ihnen zwei oder drei dieser Arbeiten übernehmen mussten. Obwohl sie nun sehr arm und nur recht und schlecht mit dem nötigen Werkzeug ausgerüstet waren, konnten sie zusammen am Tage doch etwa zwölf Pfund Stecknadeln anfertigen, wenn sie sich einigermaßen anstrengten. Rechnet man für ein Pfund über 4.000 Stecknadeln mittlerer Größe, so waren die zehn Arbeiter imstande, täglich etwa 48.000 Nadeln herzustellen, jeder also ungefähr 4.800 Stück. Hätten sie indes alle einzeln und unabhängig voneinander gearbeitet, noch dazu ohne besondere Ausbildung, so hätte der Einzelne gewiss nicht einmal 20, vielleicht sogar keine einzige Nadel am Tag zustande gebracht. Mit anderen Worten, sie hätten mit Sicherheit nicht den zweihundertvierzigsten, vielleicht nicht einmal den vierhundertachtzigsten Teil von dem produziert, was sie nunmehr infolge einer sinnvollen Teilung und Verknüpfung der einzelnen Arbeitsgänge zu erzeugen imstande waren."

Adam Smith (1974, S. 12) fasst dies wie folgt zusammen:
„Die enorme Steigerung der Arbeit, die die gleiche Anzahl Menschen infolge der Arbeitsteilung zu leisten vermag, hängt von drei verschiedenen Faktoren ab:
(1) der größeren Geschicklichkeit jedes einzelnen Arbeiters,
(2) der Ersparnis der Zeit, die gewöhnlich beim Wechsel von einer Tätigkeit zur anderen verloren geht und
(3) der Erfindung einer Reihe von Maschinen, welche die Arbeit erleichtern, die Arbeitszeit verkürzen und den Einzelnen in den Stand versetzen, die Arbeit vieler zu leisten."

Dem ist – auch mehr als 200 Jahre nach seiner Publikation – kaum etwas hinzuzufügen. In heutiger Terminologie würde man von steigenden *„Skalenerträgen"* („economies of scale") sprechen, die durch die Arbeitsteilung ermöglicht werden. Steigende Skalenerträge liegen immer dann vor, wenn eine Verdopplung aller Inputs zu einer Erhöhung des Outputs um mehr als 100 % führt.

Wie von Adam Smith erwähnt, kommt dabei „Lerneffekten" eine wichtige Rolle zu. Je häufiger man eine bestimmte Tätigkeit *wiederholt*, desto geringer wird der Zeitaufwand. Jeder, der einmal Möbel bei IKEA gekauft hat, wird dieses Prinzip unmittelbar einsehen können. Beim ersten Regal benötigt man noch eine Stunde, weil man die Seitenteile zunächst einmal verkehrt montiert hat. Beim zweiten hat man sich schon mit der oft nur schwer verständlichen Aufbauanleitung vertraut gemacht, sodass nur noch 25 Minuten benötigt werden, beim dritten geht es noch schneller.

Die von Adam Smith genannten Effekte sind heute eine wichtige Ursache für die Arbeitsteilung zwischen *Industrieländern*, die über vergleichbare Technologien verfügen. So werden beispielsweise Automobile in Frankreich und Deutschland nicht wesentlich anders produziert. Trotzdem importiert Deutschland französische Automobile und Frankreich deutsche. Das Ausnutzen von „economies of scale" liegt dabei darin begründet, dass sich Frankreich auf Autos spezialisiert, die in den Augen der Konsumenten andere Eigenschaften aufweisen als die deutschen. Ohne Außenhandel müsste die deutsche Automobilindustrie versuchen, ein breiteres Produktspektrum zu produzieren, wobei dann von jedem einzelnen Modell nur geringere Stückzahlen hergestellt würden, was mit höheren Kosten verbunden wäre. Diese Form des Außenhandels, die als *„Intra-industrieller Handel"* („intra-industry trade") bezeichnet wird, macht heute den größten Teil des Außenhandels zwischen Industrieländern aus. Für den Handel zwischen Industrieländern *mit Schwellen- und Entwicklungsländern* eignet sich das im nächsten *Abschnitt 3.3* dargestellte Modell der *komparativen Kosten*, da es unterschiedliche Produktionstechnologien unterstellt.

Lerneffekte bedeuten nichts anderes als eine Erhöhung der *Arbeitsproduktivität*, d.h. des pro Arbeitsstunde erzielten Outputs. Dieser Effekt wurde in der industriellen Fertigung dazu genutzt, Arbeitsabläufe in immer kleinere Einheiten zu zerlegen, um damit die Produktivität der Arbeiter auf ein Maximum zu steigern („Taylorismus"). Dabei zeigen sich jedoch auch Grenzen dieses Vorgehens: Die Reduzierung der Arbeit auf sich stets wiederholende, einförmige Tätigkeiten führt zu einer Abstumpfung der Arbeitnehmer, die wiederum produktivitätsmindernd wirken kann. Aus diesem Grunde wird die industrielle Fertigung verstärkt in Teams organisiert, bei denen größere Arbeitsabläufe gemeinsam verrichtet werden. Gegen die nachteiligen Auswirkungen der Arbeitsteilung richtete sich auch die Kritik von Karl Marx an der industriellen Produktionsweise. Er verwendete hierfür den Begriff der *„Entfremdung"*:

„Alle Mittel zur Entwicklung der Produktion schlagen um in Beherrschungs- und Exploitationsmittel des Produzenten, verstümmeln den Arbeiter in einen Teilmenschen, entwürdigen ihn zum Anhängsel der Maschine, vernichten mit der Qual seiner Arbeit ihren Inhalt, entfremden ihm die geistigen Potenzen des Arbeitsprozesses im selben Maße, worin Letzterem die Wissenschaft als selbstständige Potenz einverleibt wird." (Marx, 1972, S. 674)[2]

Auch heute ist diese Kritik noch zu hören und sie ist in gewisser Weise berechtigt. Allerdings ist es durch den technischen Fortschritt dazu gekommen, dass viele der besonders stumpfsinnigen Tätigkeiten nicht mehr von Menschen, sondern von Maschinen und zunehmend von Robotern übernommen werden. Ein weitgehender Verzicht auf Arbeitsteilung (z.B. in Form sich selbst versorgender Kollektive) wäre jedoch nur mit einem erheblichen Verzicht an materiellem Wohlstand zu erreichen. Dies gilt wiederum nicht nur für die Arbeitsteilung innerhalb eines einzelnen Landes, sondern auch für die Arbeitsteilung in der Weltwirtschaft, die über die Ländergrenzen hinausgeht.

3.3 Die Theorie der Arbeitsteilung und das Prinzip der komparativen Kosten

Adam Smith hat die Vorteile der Arbeitsteilung klar herausgearbeitet. Er hat es jedoch offengelassen, wie man dabei die einzelnen Funktionen in einem Betrieb auf die einzelnen Arbeiter verteilt und wie man die Arbeitsteilung zwischen verschiedenen Ländern am besten organisiert. Die hierzu notwendige Theorie der Arbeitsteilung wurde im Jahr 1817 von *David Ricardo* (1772–1823) entwickelt, einem weiteren berühmten britischen Ökonomen. Seine Kurzbiografie finden Sie am Ende dieses Kapitels. In sei-

2 Siehe dazu auch schon Smith (1974, S. 664).

nem Buch „On the Principles of Political Economy and Taxation“[3] machte er sich für den Freihandel stark. Dazu zeigte er am Beispiel des Außenhandels zwischen Portugal und England, wieso es für England vorteilhaft war, sich auf die Produktion von Tuch zu spezialisieren und Tuch gegen Wein aus Portugal zu exportieren, während Portugal sich auf die Weinproduktion konzentrierte und britisches Tuch gegen Wein importierte.

Da die Prinzipien der Arbeitsteilung unabhängig davon sind, ob man damit die Arbeitsteilung zwischen Nationen, Unternehmen oder Menschen beschreibt, können wir die Theorie von Ricardo anhand eines sehr einfachen *Modells* (siehe dazu *Box 3.1*) betrachten.

Box 3.1 Modelle sind die Landkarten der Volkswirtschaftslehre

Modelle spielen in der Volkswirtschaftslehre, wie in anderen Wissenschaften, eine wichtige Rolle. Vereinfacht gesprochen handelt es sich dabei um *Landkarten*, die es ermöglichen, sich in einer sehr komplexen ökonomischen Realität zurechtzufinden. Und ähnlich wie für Landkarten gilt auch für Modelle, dass keines für alle Bedürfnisse gleichermaßen geeignet ist. So ist es für eine Autoreise von Frankfurt nach Hamburg am besten, wenn man eine gute Autobahnkarte mit einem kleinen Maßstab hat; noch besser ist es natürlich, wenn man über ein Navigationsgerät verfügt. Will man aber dieselbe Strecke mit dem Fahrrad bewältigen, ist man mit einer Wanderkarte mit großem Maßstab sehr viel besser bedient.

Ob ein Modell gut oder schlecht ist, hängt also vor allem davon ab, ob es dem Anwender eine möglichst gute Einsicht in komplexe ökonomische Zusammenhänge vermitteln kann. Dazu ist es unumgänglich, dass Modelle immer nur ein vereinfachtes Abbild der Realität darstellen. In diesem Sinn ist ein Modell dann identisch mit einer Theorie. Vereinfachung ist dabei kein Nachteil, sondern gerade der Zweck eines Modells. Eine mangelnde Realitätsnähe ist deshalb nicht als Nachteil eines Modells oder einer Theorie anzusehen. In der Autobahnkarte sucht man vergeblich nach Wanderwegen, aber das macht gerade ihren Vorteil aus. Albert Einstein soll gesagt haben: „Mach deine Theorie so einfach wie möglich – aber nicht einfacher.“ Problematisch wird es erst, wenn manche Ökonomen Landkarten von Regionen entwickeln, die nur noch in ihren Köpfen existieren und dabei den Anspruch erheben, eine Orientierungshilfe für die reale Welt zu bieten. Leider sind solche „Spiel-Theorien“ in den letzten Jahren stark in Mode gekommen.

3.3.1 Robinson als Einsiedler

Unsere Modellwelt ist eine einsame Insel im Pazifik. Der einzige Bewohner ist Robinson, ein schottischer Seemann, der sich dorthin nach dem Untergang seines Schiffes retten konnte.[4] Auf der Insel wachsen Kokospalmen und im Meer lassen sich relativ leicht Fische fangen. Robinson will nicht mehr als acht Stunden pro Tag arbeiten und

3 Auch dieses Buch ist im Internet vollständig verfügbar: *http://socserv2.socsci.mcmaster.ca/econ/ugcm/3ll3/ricardo/prin/*

4 Das Beispiel orientiert sich sehr frei an dem bekannten Roman *Robinson Crusoe* von Daniel Defoe (1660–1731).

steht vor der Entscheidung, wie viele Fische er fangen und wie viele Nüsse er sammeln soll. Er weiß, dass er pro Woche 20 Fische fangen kann, wenn er sich ganz auf den Fischfang konzentriert, und 40 Nüsse sammeln kann, wenn er ausschließlich auf die Kokospalmen steigt.

Natürlich kann er dann auch Güterkombinationen zwischen diesen beiden Ecklösungen verwirklichen. Er kann zum Beispiel die halbe Woche zehn Fische fangen und die andere Hälfte 20 Nüsse sammeln.

Die für Robinson realisierbaren Produktionsmöglichkeiten lassen sich grafisch einfach herleiten. Wir nehmen dazu ein Diagramm, das auf der *y*-Achse die Menge der Nüsse und auf der *x*-Achse die Menge der Fische abbildet. In Punkt A hat Robinson die ganze Woche nur Fische gefangen, in Punkt B nur Nüsse gesammelt. Durch die Verbindung der beiden Punkte erhalten wir alle für Robinson realisierbaren Kombinationen von Fischen und Nüssen. In der Volkswirtschaftslehre bezeichnet man eine solche Kurve als *Transformationskurve* oder *Produktionsmöglichkeitenkurve* (▸*Abbildung 3.1*).

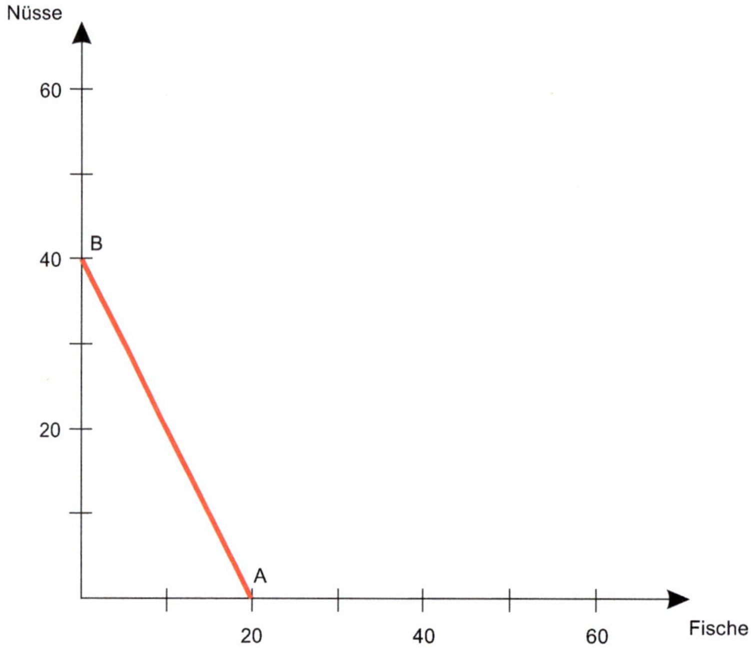

Abbildung 3.1: Transformationskurve von Robinson

Sie gibt allgemein an, wie viele Endprodukte (Fische oder Nüsse) bei einem gegebenen Bestand an Inputs (die wöchentliche Arbeitszeit von Robinson) erzeugt werden können. Eine formale Herleitung findet man in der *Box 3.2*.

Box 3.2 Formale Herleitung der Transformationskurve

Die *Transformationskurve* für Robinson lässt sich formal wie folgt ableiten. Das Verhältnis zwischen dem Output, z.B. an Fisch (Gut x_1) und dem dafür erforderlichen Arbeitseinsatz (A_1) wird durch eine sogenannte *Produktionsfunktion* abgebildet. In unserem Beispiel lautet diese:

$$x_1 = \frac{A_1}{a_1} \qquad (3.1)$$

Bei a_1 handelt es sich um einen *Verbrauchskoeffizienten.* Er gibt an, wie viel Arbeitszeit benötigt wird, um eine Output-Einheit herzustellen. Beim Fisch ist das 1/20 Woche. Der bei einem gegebenem Output von x_1 maximal mögliche Output an Nüssen (Gut x_2) lässt sich dann als Quotient aus dem noch vorhandenen Arbeitszeitinput $\left(\bar{A} - A_1\right)$ durch den Verbrauchskoeffizienten von a_2 errechnen:

$$x_2 = \frac{\bar{A} - A_1}{a_2} \qquad (3.2)$$

Durch Umformung der *Gleichung (3.1)* erhält man für A_1:

$$A_1 = x_1 a_1 \qquad (3.3)$$

Durch Einsetzen von (3.3) in (3.2) erhält man:

$$x_2 = \frac{\bar{A} - x_1 a_1}{a_2} \qquad (3.4)$$

Dies lässt sich umformen zu:

$$x_2 = \frac{\bar{A}}{a_2} - \frac{a_1}{a_2} x_1 \qquad (3.5)$$

Die Transformationskurve ist also eine Gerade mit dem x_2-Achsenabschnitt $\left(\bar{A} / a_2\right)$ und der Steigung $-(a_1/a_2)$ (siehe *Abbildung 3.1*). Die Steigung wird von der Relation der Verbrauchskoeffizienten bestimmt. Sie besagt somit, dass Robinson, wenn er eine Einheit von x_1 zusätzlich produzieren will, einen Verzicht von (a_1/a_2) Einheiten x_2 in Kauf nehmen muss. Die Steigung der Transformationskurve zeigt also die *Opportunitätskosten* der Produktion des Gutes x_1 in Einheiten des Gutes x_2 an. Im konkreten Robinson-Beispiel betragen diese Opportunitätskosten der Herstellung von x_2 dann:

$$\frac{a_1}{a_2} = \frac{\frac{1}{20}}{\frac{1}{40}} = 2 \qquad (3.6)$$

Um zwei zusätzliche Kokosnüsse zu erhalten, muss Robinson also auf einen Fisch verzichten.

Es steht Robinson nun frei, jede auf dieser Kurve liegende Kombination der beiden Güter zu produzieren und dann auch zu konsumieren. Wie er sich dabei konkret entscheidet, hängt von seinen *Präferenzen* für Fische und Nüsse ab, d.h. ob er lieber mehr Nüsse oder mehr Fische verzehren möchte. In der Theorie der Konsumentscheidungen der privaten Haushalte („*Haushaltstheorie*") spielen die Präferenzen eine zentrale Rolle. Wir werden uns in *Kapitel 6* noch ausführlich damit auseinandersetzen. Da es in diesem Abschnitt allein um die Arbeitsteilung geht, nehmen wir einfach an, dass Robinson eine Kombination von zehn Fischen und 20 Nüssen wählt.

3.3.2 Freitag kommt auf Robinsons Insel

Eines Tages landet Freitag, ein Eingeborener, auf der Insel. Robinsons Leben wird dadurch – zumindest aus ökonomischer Sicht – sehr viel interessanter, aber es wird auch komplizierter. Freitag kann ebenfalls Nüsse sammeln und Fische fangen. Da er geschickter und kräftiger als Robinson ist, kann er sich pro Woche mehr Fische und mehr Nüsse beschaffen. Konkret bringt er es maximal entweder auf 60 Fische oder 60 Nüsse. Freitag hat also eine andere Produktionsfunktion als Robinson. Seine Produktivität ist bei beiden Produkten höher. Man spricht bei einer solchen Situation davon, dass Freitag bei beiden Gütern *absolute Kostenvorteile* gegenüber Robinson aufweist. Dies erkennt man auch anhand der *Transformationskurve* von Freitag (▶*Abbildung 3.2*).

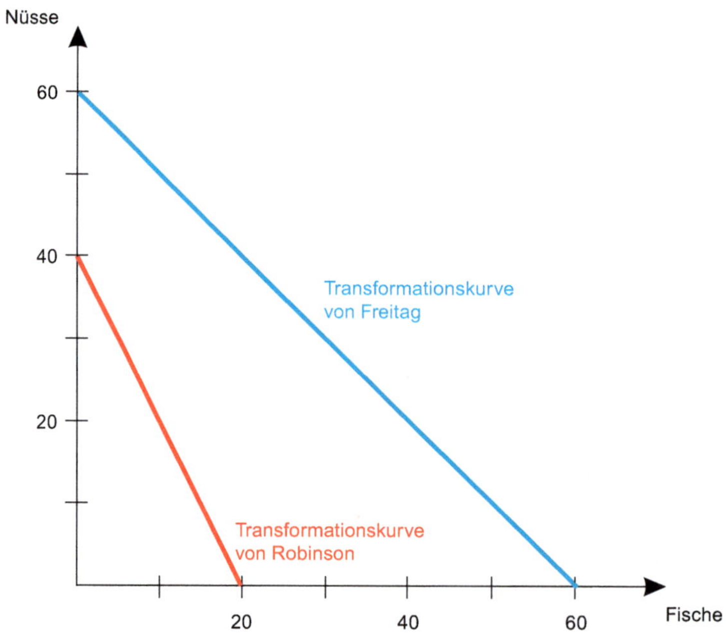

Abbildung 3.2: Transformationskurven von Robinson und Freitag

Sie verläuft weiter vom Ursprung entfernt als die Kurve von Robinson und bringt damit die höhere Produktivität von Freitag bei der Produktion beider Güter zum Ausdruck. Zugleich weist sie eine flachere Steigung auf, weil Robinson und Freitag unterschiedliche Opportunitätskosten bei der Herstellung der beiden Güter haben.

Natürlich könnte jetzt Freitag ganz für sich allein produzieren und sich dann auf seiner *Transformationskurve* einen für ihn optimalen Punkt aussuchen. Die spannende Frage ist jedoch, ob es nicht besser ist, wenn Robinson und Freitag Arbeitsteilung betreiben und sich auf die Herstellung jeweils eines der Güter *spezialisieren*. Doch wer soll was und wie viel von den beiden Gütern produzieren? Die Antwort findet man bei David Ricardo. Er entdeckte, dass man hierfür das Prinzip der *komparativen Kostenvorteile* verwenden muss. Es besagt, dass jeder das Gut herstellen soll, das er *relativ* am billigsten produzieren kann.

Wie hoch sind nun die komparativen Kosten bei Robinson und Freitag? Beginnen wir mit den Kosten des Fischfangs. Um – bei gegebener Gesamtarbeitszeit – einen Fisch *mehr* zu fangen, muss

- Robinson auf zwei Nüsse verzichten,
- Freitag aber nur auf eine Nuss.

Freitag hat also einen komparativen Kostenvorteil beim Fischfang. Umgekehrt belaufen sich die komparativen Kosten für eine zusätzliche Nuss

- bei Robinson auf einen halben Fisch,
- bei Freitag wiederum auf einen Fisch.

Hier besteht also ein komparativer Kostenvorteil für Robinson (▶*Tabelle 3.1*).

Eng verbunden mit dem Prinzip der komparativen Kosten ist das Konzept der *Opportunitätskosten*, das in der Volkswirtschaftslehre eine zentrale Rolle spielt (*Box 3.3*).

	Robinson	**Freitag**
für eine zusätzliche Nuss	1/2 Fisch	1 Fisch
für einen zusätzlichen Fisch	2 Nüsse	1 Nuss

Tabelle 3.1: Komparative Kosten von Robinson und Freitag

Box 3.3 Opportunitätskosten

Das Konzept der Opportunitätskosten basiert auf der Vorstellung, dass die Kosten einer bestimmten Entscheidung immer durch die entgangenen Erträge der nächstbesten Alternative bestimmt werden. Konkret: Für Robinson ergeben sich die Kosten eines zusätzlichen Fischs durch die Anzahl der ihm durch den Fischfang entgangenen Nüsse. Die Logik dieses Konzepts lässt sich an einem einfachen Beispiel verdeutlichen: Herr Müller hat im Urlaub eine teure Flasche Wein gekauft. Zu Hause macht er sie auf und stellt fest, dass der Wein ziemlich korkt.

Soll er den Wein nun trinken oder nicht? Wenn er nicht ökonomisch denkt, wird er daran denken, wie viel Geld der Wein „gekostet“ hat und sich dann doch überwinden, ihn wegzuschütten. Bei einer ökonomischen Denkweise wird er sich fragen, was die nächstbeste Alternative zum Wegschütten ist. Diese besteht darin, einen schlechten Wein zu trinken und sich vielleicht einen dicken Kopf einzuhandeln. Entscheidend ist bei diesem Konzept, dass die Kosten des Weinkaufens nicht mehr entscheidungsrelevant sind. Man spricht daher auch von *„sunk costs“* oder *„versunkenen Kosten“*.

Für die Arbeitsteilung zwischen Robinson und Freitag lautet die Maxime also: Jeder soll das Gut produzieren, bei dem er einen komparativen Kostenvorteil aufweist. Robinson konzentriert sich auf das Sammeln von Nüssen, Freitag auf den Fischfang. Zu klären ist nun noch, wie viele Nüsse und Fische konkret von den beiden Inselbewohnern gesammelt werden sollen. Nehmen wir an, Freitag hat 30 Fische und 30 Kokosnüsse konsumiert, bevor er auf Robinsons Insel kam und möchte dieses Konsumniveau zumindest beibehalten. Auch Robinson möchte zumindest den Konsum von Fischen und Nüssen wie im Autarkiezustand realisieren (10 Fische und 20 Nüssen). *Ohne* Arbeitsteilung würden die beiden also 40 Fische und 50 Nüsse beschaffen und dann auch konsumieren können (▶ *Tabelle 3.2*).

Wir unterstellen, dass sie bei Arbeitsteilung dieses Konsumniveau von beiden Gütern auf jeden Fall erreichen wollen. Wenn sie sich nach dem Prinzip der *komparativen Kostenvorteile* spezialisieren, werden sie so vorgehen, dass Freitag sich auf den Fischfang konzentriert, es werden also alle 40 Fische von ihm gefangen. Er hat dafür aber erst zwei Drittel seiner Wochenarbeitszeit benötigt und deshalb noch Zeit, um 20 Nüsse zu sammeln. Robinson spezialisiert sich ganz auf das Sammeln von Nüssen und kommt so auf 40 Nüsse. Insgesamt haben die beiden durch die Arbeitsteilung also zehn Nüsse mehr als bisher (▶ *Tabelle 3.3*). Denkbar wäre natürlich auch, dass die beiden die mit der Arbeitsteilung erzielte Produktivitätssteigerung dazu einsetzen, mehr Nüsse *und* mehr Fische zu konsumieren. Dies würde erfordern, dass Freitag z.B. 50 Fische fängt und dann noch zehn Nüsse sammelt.

	Robinson	Freitag	Summe
Nüsse	20	30	50
Fische	10	30	40

Tabelle 3.2: Konsum und Produktion von Robinson und Freitag ohne Arbeitsteilung

	Robinson	Freitag	Summe
Nüsse	40	20	60
Fische	0	40	40

Tabelle 3.3: Produktion von Robinson und Freitag bei Arbeitsteilung

Wie dieser Gewinn aus der Arbeitsteilung zwischen den beiden aufgeteilt wird, ist eine Frage, die in dieser Einführung nicht beantwortet werden kann. Nehmen wir an, der Gewinn aus der Arbeitsteilung wird fair geteilt. Beide haben dann fünf Nüsse zusätzlich und können so mehr konsumieren als ohne Arbeitsteilung (▶ *Tabelle 3.4*).

	Robinson	Freitag	Summe
Nüsse	25	35	60
Fische	10	30	40

Tabelle 3.4: Konsum von Robinson und Freitag bei Arbeitsteilung

Am Ende können wir jetzt auch den mit der Arbeitsteilung verbundenen „Handel“ zwischen Robinson und Freitag darstellen. Er ergibt sich als Differenz zwischen den produzierten und den konsumierten Gütermengen. Robinson „exportiert“ 15 Nüsse an Freitag und „importiert“ dafür zehn Fische (▸*Tabelle 3.5*). Bei Freitag ist das natürlich genau umgekehrt.

	Robinson	Freitag
Nüsse	exportiert 15	importiert 15
Fische	importiert 10	exportiert 10

Tabelle 3.5: Handel zwischen Robinson und Freitag bei Arbeitsteilung

Die Effizienzvorteile durch die Arbeitsteilung können grafisch anhand einer Transformationskurve für die Mini-Volkswirtschaft von Robinson und Freitag abgebildet werden (▸*Abbildung 3.3*).

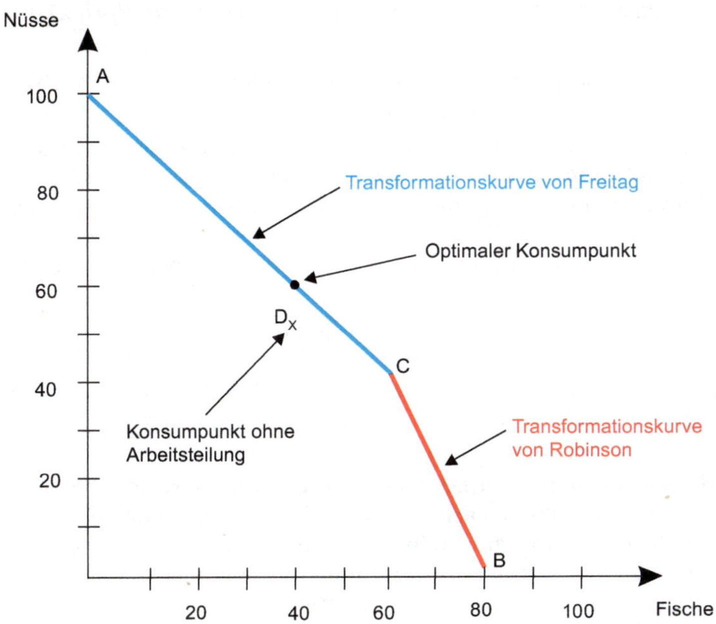

Abbildung 3.3: Transformationskurve bei Arbeitsteilung zwischen Robinson und Freitag

Die Eckpunkte ergeben sich, wenn man eine vollständige *Spezialisierung* von Robinson und Freitag auf jeweils nur ein Gut unterstellen würde. In diesem Fall hätten die beiden einen maximalen Output von 100 Nüssen (Punkt A) oder 80 Fischen (Punkt B). Wenn sich die „Volkswirtschaft" in Punkt A befände, würde das bedeuten, dass Robinson und Freitag nur Nüsse, aber keine Fische konsumieren wollten. Ausgehend von Punkt A würde dann für einen Fischkonsum von bis zu 60 Fischen die gesamte „Produktion" durch Freitag geleistet. Bei genau 60 Fischen könnten dann noch 40 Nüsse durch Robinson gesammelt werden (Punkt C). Bei einem Konsum von mehr als 60 Fischen würde auch Robinson im Fischfang eingesetzt werden. Die Steigung der Kurve zwischen A und C gibt die komparativen Kosten der Fischproduktion von Freitag an (−1), die zwischen C und B die komparativen Kosten von Robinson (−2). Interessant ist auch noch die Güterkombination, die Robinson und Freitag vor der Arbeitsteilung produziert und konsumiert haben. Mit 50 Nüssen und 40 Fischen liegt der Punkt D unterhalb der Transformationskurve. Er ist also nicht effizient.

Wenn Sie Lust haben, können Sie einmal eine Transformationskurve herleiten, bei der sich Robinson und Freitag entgegen ihrer komparativen Kostenvorteile spezialisieren. Die Eckpunkte sind dabei identisch, aber die Kurve verläuft sonst durchweg unter der für die optimale Arbeitsteilung konstruierten Transformationskurve. Man erkennt daran, dass diese Form der Arbeitsteilung nicht effizient wäre.

3.3.3 Die Grundprinzipien der Arbeitsteilung

Das einfache Insel-Modell lässt eine Reihe wichtiger ökonomischer *Grundprinzipien* erkennen:

- Arbeitsteilung zwischen Menschen, Unternehmen oder Ländern ist immer möglich, wenn *komparative Kostenvorteile* bestehen.
- *Absolute Kostenvorteile* spielen im Prinzip keine Rolle für die Arbeitsteilung. Auch absolut weniger leistungsfähige Produzenten profitieren davon, wenn sie sich auf die Produktion solcher Güter spezialisieren, die sie mit den geringsten komparativen Kosten herstellen können. Das gilt für einzelne Menschen ebenso wie für ganze Volkswirtschaften. Arbeitsteilung bringt also auch den Entwicklungsländern Vorteile.
- Arbeitsteilung führt dazu, dass das, was ein Mensch (oder Land) konsumiert, nicht mehr identisch ist mit dem, was von ihm produziert wird. Ein hohes Maß an Arbeitsteilung setzt also eine effiziente *Koordination* der Konsum- und Produktionspläne voraus. Wir werden im Folgenden sehen, dass *Märkte* hierfür besonders gut geeignet sind.
- Wie in *Kapitel 3.2* dargestellt, kann es aufgrund von „economies of scale" aber auch bei weitgehend identischen Produktionstechnologien, d.h. ohne komparative Kostenvorteile, sinnvoll sein, Arbeitsteilung zu betreiben. Dies verdeutlicht ▶*Abbildung 3.4*. Deutschland wickelt den größten Teil seines Handels mit anderen europäischen Staaten ab. Auf die Mitgliedsstaaten des Euroraums entfielen im Jahr 2018 rund 37 % der deutschen Ausfuhren, was die große Bedeutung der Währungsunion für Deutschland verdeutlicht. Nach Frankreich sind die Vereinigten Staaten der wichtigste nationale Absatzmarkt für deutsche Exporteure. China steht an dritter Stelle. Auf das Vereinigte Königreich, das in dieser Statistik noch zur EU-28 gezählt wird,

entfielen im Jahr 2018 rund 6 % der deutschen Ausfuhren. Im Vergleich zu anderen größeren Volkswirtschaften weist Deutschland eine sehr ausgeprägte Exportorientierung auf (siehe *Abbildung 3.4*). Die deutsche Wirtschaft ist daher in besonderer Weise gefährdet, wenn Donald Trump versucht, die Lage seiner heimischen Unternehmen mit Zöllen und anderen Handelshemmnissen durch protektionistische Bestrebungen zu verbessern.

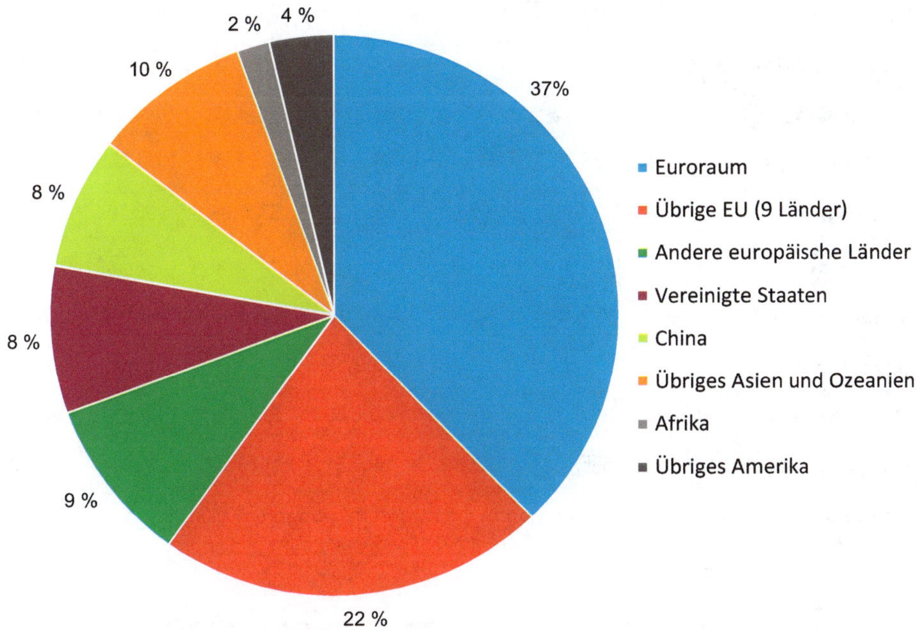

Abbildung 3.4: Ausfuhr Deutschlands in ausgewählte Länder und Regionen im Jahr 2018
Quelle: Deutsche Bundesbank, Monatsbericht März 2019, S. 137.

- Durch die Arbeitsteilung können Menschen, Unternehmen und Länder ihren Wohlstand gegenüber einer Autarkiesituation verbessern. Arbeitsteilung ist also eine *Win-win-Situation*. Diese Wohlstandsverbesserung wird deutlich, wenn man die Veränderung des realen Pro-Kopf-Einkommens in den einzelnen Regionen der Welt betrachtet (▸*Tabelle 3.6*). Man erkennt dabei, wie dynamisch sich die asiatischen Volkswirtschaften und die neuen EU-Mitgliedsländer, d.h. vor allem die früheren sozialistischen Länder in Mittel- und Osteuropa, entwickelt haben. Auch die hoch entwickelten Länder, wie beispielsweise Deutschland und die Vereinigten Staaten konnten ihr Pro-Kopf-Einkommen noch deutlich erhöhen. Unterdurchschnittlich fiel das Wachstum in Afrika sowie in Latein- und Südamerika aus.

	1980	1990	2000	2010	2013	2017
Welt	6322	7214	8267	9663	10137	10845
USA	28734	36231	45018	48304	49915	53086
Lateinamerika	6476	6078	7385	8912	9514	9204
Südamerika	7091,58	6543,83	7482,29	9553,00	10276,61	9568,01
Alte EU-Länder EU-15	24242,63	30150,77	36424,66	39199,30	39250,85	41844,44
Deutschland	26061,29	32358,55	38011,30	41853,36	44080,53	47965,84
Neue EU-Länder	6888,28	7749,10	8634,03	12429,59	13117,49	15233,91
Ostasien	3111,11	4575,05	5945,13	8795,88	9986,69	11639,53
Südostasien	1253,46	1693,47	2266,32	3300,54	3727,24	4300,22
Südasien	410,75	555,69	764,71	1283,44	1466,79	1827,46
Ozeanien	24388,34	28413,48	34083,67	39776,86	41791,51	44209,57
Mittlerer Osten	8049,87	6928,95	8206,60	9985,18	10884,57	11786,71
Afrika	1686,11	1479,48	1455,31	1926,78	1985,45	2020,00

Tabelle 3.6: Reales Pro-Kopf-Einkommen in wichtigen Regionen der Welt in US-Dollar
Quelle: Economic Research Service, US Department of Agriculture.

3.4 Wie können sich Länder mit geringerem wirtschaftlichen Entwicklungsstand in der weltwirtschaftlichen Arbeitsteilung behaupten?

Das hier beschriebene Theorem der komparativen Kosten bietet eine wichtige Erklärung für den Warenaustausch zwischen Ländern mit unterschiedlichem wirtschaftlichen Entwicklungsstand. So bezieht Deutschland im Jahr 2018 rund 20 % seiner Importe aus afrikanischen und asiatischen Ländern. Umgekehrt werden in diesen beiden Regionen insgesamt auch rund 18 % aller deutschen Exporte abgesetzt.

Wie am Beispiel von Robinson und Freitag verdeutlicht, kommt es dabei nicht auf absolute Kostenvorteile an. Entscheidend sind allein die relativen Kostenvorteile. Länder mit geringerem Entwicklungsstand spezialisieren sich also auf diejenigen Güter, die sie relativ am billigsten herstellen können. Dabei handelt es sich vor allem um Güter, zu deren Herstellung relativ wenig Kapital und dafür vor allem weniger qualifizierte Arbeitskräfte eingesetzt werden. Eine wichtige Voraussetzung für den Außenhandel mit weniger entwickelten Ländern darf dabei jedoch nicht unberücksichtigt gelassen werden. Bei der im Ganzen geringeren Produktivität müssen die Löhne in den weniger produktiven Ländern deutlich geringer sein als in den entwickelten Ländern.

Eine entscheidende Rolle für den Handel zwischen Ländern mit unterschiedlichen Entwicklungsniveaus spielen die Unterschiede in den Lohnniveaus, die in etwa die

Unterschiede in der Produktivität widerspiegeln sollten. ▸*Tabelle 3.7* zeigt, dass in der Tat erhebliche Divergenzen in den Lohnkosten je Stunde bestehen.

Deshalb trifft es auch nicht zu, wenn in der Diskussion über die *Europäische Währungsunion* immer wieder behauptet wird, eine gemeinsame Währung sei ungeeignet für Länder mit einer unterschiedlichen wirtschaftlichen Leistungsfähigkeit. Die Tabelle zeigt, dass es erhebliche Unterschiede in den Lohnniveaus der Mitgliedsländer gibt. So betragen die Arbeitskosten in Portugal nur rund ein Drittel der Arbeitskosten in den Hochlohnländern der Währungsunion. Allerdings kommt es zu Spannungen, wenn sich der Anstieg der Löhne nicht an der Entwicklung der Produktivität orientiert. So sind in den Jahren 1999 bis 2008 die Löhne in Deutschland deutlich weniger angestiegen als die Produktivitätsentwicklung zuzüglich eines Ausgleichs für die Preisentwicklung. Umgekehrt kam es in Spanien, Irland und Griechenland zu Lohnerhöhungen, die daran gemessen viel zu hoch ausgefallen sind. Dies wird in *Abschnitt 27.2* ausführlicher diskutiert.

3.5 Schattenseiten der Globalisierung

Es besteht kein Zweifel, dass die Globalisierung, wie von Adam Smith und David Ricardo prognostiziert, zu einem erheblichen Anstieg des Wohlstands in der Welt geführt hat. Der Wohlstand ist in nahezu allen Ländern deutlich gestiegen (*Tabelle 3.6*). Die Anzahl der in absoluter Armut lebenden Menschen ist seit Anfang der 1990er-Jahre um mehr als eine Milliarde gesunken. Diese Effekte der Globalisierung sind für Ökonomen nichts Überraschendes. Diesen eindeutig positiven Effekt der Globalisierung auf den materiellen Wohlstand der Nationen könnte man als ersten Hauptsatz der Globalisierung bezeichnen.

Aber es gibt noch eine zweite grundlegende Entwicklungstendenz der Globalisierung, die leider oft übersehen wird. Das Mehr an Wohlstand, das Volkswirtschaften durch die Globalisierung erzielen, wird innerhalb eines Landes unterschiedlich verteilt. Es gibt Gewinner und Verlierer. In hochentwickelten Ländern sind es die Kapitaleigentümer und qualifizierten Arbeitnehmer, die von der Globalisierung überdurchschnittlich begünstigt werden. Auf der Schattenseite stehen gering qualifizierte Arbeitnehmer, die allenfalls nur wenig oder überhaupt nicht von der Globalisierung profitieren. So ist der Median des Reallohns eines US-amerikanischen Arbeitnehmers heute nicht höher als vor 40 Jahren. Diese negativen Verteilungseffekte könnte man als zweiten Hauptsatz der Globalisierung bezeichnen.

Die Antwort hierauf müsste darin bestehen, die Globalisierungsgewinner so zu besteuern, dass man die Verlierer durch Abgabenentlastungen und ein großzügiges Angebot an öffentlichen Gütern, insbesondere im Bildungs- und Gesundheitsbereich, kompensieren kann. Den Nationalstaaten ist dies in den vergangenen Jahrzehnten jedoch nur bedingt gelungen. Dies ist nicht zuletzt darauf zurückzuführen, dass die Globalisierung den ***internationalen Steuerwettbewerb*** verstärkt hat. Die Spitzensteuersätze bei der Einkommensteuer sind weltweit teilweise dramatisch gesunken. Auch bei der Unternehmensbesteuerung ist eine deutliche Tendenz nach unten zu erkennen. Der Steuerwettbewerb nach unten wirkt für die Globalisierung wie eine Autoimmunstörung. Er führt immer mehr dazu, dass nicht die Gewinner besteuert werden, sondern nur noch die immobilen Produktionsfaktoren, also konkret Grund und Boden sowie die weniger qualifizierten Arbeitnehmer. Wenn die Kompensation der Verlierer unzureichend ist, gefährdet das die gesellschaftliche und politische Legitimation der Globalisierung. Es kommen Politiker wie Donald Trump an die Macht, die den Wählern versprechen, sie durch Protektionismus materiell besser zu stellen.

3.5.1 Zölle und Handelskrieg

Der Versuch, die eigene Volkswirtschaft durch Zölle und andere Handelsbeschränkungen (beispielsweise Quoten für die Einfuhr bestimmter Produkte) zu schützen, führt generell dazu, die internationale Arbeitsteilung zu reduzieren. Es kommt also zu einem Wohlfahrtsverlust. Dieser ist besonders ausgeprägt, wenn protektionistische Maßnahmen eines Landes zu Gegenreaktionen führen. Ein Beispiel hierfür sind die 1930er-Jahre. Als Reaktion auf den starken Konjunktureinbruch erhöhte der damalige US-Präsident Herbert Hoover mit dem Smoot-Hawley-Tariff-Act rund 900 Einfuhrzölle. Die Reaktion der anderen Länder ließ nicht lange auf sich warten. Es kam zu einem drastischen Einbruch des Welthandels, der die weltweite Rezession noch verstärkte. Dies ist ein typisches Beispiel für eine Rationalitätenfalle (*Kapitel 1*). Jedes Land glaubt, sich besser stellen zu können, wenn es seine Anbieter durch Zölle schützt. Wenn sich alle Länder so verhalten, bricht der Welthandel ein und die Vorteile, die die Globalisierung bietet, gehen verloren.

Aufgrund dieser schlechten Erfahrungen waren die Siegermächte des Zweiten Weltkriegs bestrebt, mit dem GATT (General Agreement on Tariffs and Trade) ein weltweites Regelwerk zu schaffen, das den Einsatz von Zöllen unter eine strenge internationale Überwachung stellt. Das im Jahr 1947 beschlossene Welthandelsabkommen wurde im Jahr 1995 in die Welthandelsorganisation (WTO, World Trade Organisation) überführt.

3.5.2 Gravierende Umweltprobleme

Zu den Schattenseiten der Globalisierung zählen die dadurch erheblich gestiegenen Umweltbelastungen (*Abbildung 14.3*). Die jährlichen CO_2-Emissionen haben sich in den vergangenen 30 Jahren in etwa verdoppelt. Das enorm starke Wirtschaftswachstum in China, bei dem über Jahre hinweg keinerlei Rücksichten auf die Umwelt genommen worden waren, hat hierzu wesentlich beigetragen. Immerhin ist China heute das Land, das am meisten in Erneuerbare Energien investiert. Bei den CO_2-Emissionen pro Kopf liegen die Vereinigten Staaten mit 16,5 Tonnen noch immer weit vor China (7,5 Tonnen). Einzig wirksame Lösung für die mit der Globalisierung einhergehende Umweltbelastung ist eine weltweite Besteuerung von CO_2-Emissionen (*Kapitel 14*) verbunden mit massiven Investitionen in Erneuerbare Energien und Speichertechnologien.

Land	Arbeitskosten je Stunde (Euro)	Arbeitslosenrate
Dänemark	43,5	4,95
Belgien	39,7	5,96
Schweden	36,6	6,29
Luxemburg	40,6	5,46
Frankreich	35,8	9,06
Niederlande	35,9	3,84
Österreich	34,0	4,85
Deutschland	34,6	3,40
Finnland	33,6	7,37
Euro-Währungsgebiet	30,6	8,20
Italien	28,2	10,62
Vereinigtes Königreich	27,4	4,08
Spanien	21,4	15,25
Griechenland	16,1	19,29
Portugal	14,2	6,99
Tschechien	12,6	2,24
Slowakei	11,6	6,54
Polen	10,1	3,85
Ungarn	9,2	3,71

Tabelle 3.7: Arbeitskosten je Stunde in Euro und Arbeitslosenquote in ausgewählten Ländern (im Jahr 2018)
Quelle: OECD Economic Outlook 104 Database.

Wenn wir in Deutschland also eine relativ hohe Arbeitslosigkeit bei Menschen mit geringer beruflicher Qualifikation haben, ist dies zumindest teilweise auf solche Einflüsse zurückzuführen.

Zu den schwerwiegenden Nachteilen der Globalisierung zählt auch die zunehmende *Umweltverschmutzung.* Da es keine internationalen Umweltstandards gibt, ist es vor allem für Schwellenländer möglich, sich durch laxe Umweltvorschriften Wettbewerbsvorteile im Welthandel zu verschaffen („Umwelt-Dumping"). Die Probleme, die mit solchen „externen Effekten" verbunden sind, werden in *Kapitel 14* ausführlich diskutiert.

Der praktische Theoretiker

1772–1823

Es gibt nur wenige Ökonomen, die in der Lage sind, ganz abstrakt zu forschen und dabei gleichzeitig auch wirtschaftlich sehr erfolgreich zu sein. Zu den Ausnahmen zählt **David Ricardo**. Er wurde am 19. April 1772 als drittes von 17 Kindern in London geboren und starb am 11. September 1823. Der Sohn eines Börsenmaklers begann bereits mit 14 Jahren unter der Führung seines Vaters die berufliche Karriere an der Börse in London. Nach dem Bruch mit seiner Familie – durch seine Heirat im Jahr 1793 ausgelöst – war er auf sich allein gestellt. Als unabhängiger Broker gelang es ihm innerhalb kurzer Zeit, von namhaften Finanzkonsortien große finanzielle Mittel zu mobilisieren, die er an der Börse in London anlegte. In nur wenigen Jahren hatte er ein Millionenvermögen erworben, sodass er sich 1815 zur Ruhe setzen konnte. Er begann – seinem langjährigen Wunsch entsprechend – Mathematik, Chemie und Mineralogie zu studieren und verbrachte viel Zeit damit, Bücher über verschiedene Themen zu lesen.

Zur Ökonomie kam er eher zufällig. Er stieß auf Adam Smith's „Wohlstand der Nationen" in einer Leihbücherei in Bath. Ricardo war nur 14 Jahre als Wirtschaftswissenschaftler tätig, dabei aber sehr produktiv und vielseitig. Im Mittelpunkt seiner Forschung stand das Verteilungsproblem, d.h. die Frage, wie die Nichtarbeitseinkommen auf die Besitzer des Bodens („Grundrente") und des Kapitals („Profit") aufgeteilt würden. Für die Arbeiter gab es nicht mehr als ein „natürliches Lohnniveau", das gerade ausreichte, um ihre Subsistenz zu sichern. Da der Boden den einzigen knappen Faktor darstellte und bei der Nahrungsmittelproduktion das Gesetz des abnehmenden Grenzertrags gilt, bildeten die Kosten für die Ernährung der Arbeiter eine natürliche Grenze für die Gewinne in der Industrie. Bei steigender Kapitalbildung würde es dabei sogar zu einer fallenden Profitrate kommen. Diese Ideen, die auf einer Arbeitswertlehre basieren, haben später die Arbeiten von Karl Marx stark beeinflusst.

Aus heutiger Sicht ist Ricardo vor allem wegen seiner Außenhandelstheorie (*Kapitel 3*) und seiner finanzwissenschaftlichen Gedanken von Bedeutung. Die Theorie der *ricardianischen Äquivalenz* besagt, dass von einer steigenden Staatsverschuldung keine belebenden Impulse für die Konjunktur ausgehen können. Dies liege daran, dass die Privaten im Gegenzug mehr sparen würden, da sie damit rechnen würden, die zusätzlichen Schulden später über höhere Steuern zurückzahlen zu müssen.

Zitat

„The value of a commodity, or the quantity of any other commodity for which it will exchange, depends on the relative quantity of labour which is necessary for its production, and not on the greater or less compensation which is paid for that labour."

Quelle: On the Principles of Political Economy and Taxation; Kapitel 1. Internet: www.econlib.org/library/Ricardo/ricP.html.

Ausbildung und Beruf

Ricardo bekam Privatunterricht und verbrachte drei Jahre an einer berühmten jüdischen Privatschule in Amsterdam.
1786–1793 Tätigkeit im Geschäft des Vaters
1793–1815 Unabhängiger Börsenmakler
1797 Studien in Mathematik, Chemie und Mineralogie

Werke

1817 Principles of Political Economy and Taxation
(deutsch: Frankfurt am Main, 1971)

Schlagwörter

- absolute Kostenvorteile (S. 34)
- Arbeitsproduktivität (S. 30)
- Intra-industrieller Handel (S. 30)
- komparative Kostenvorteile (S. 38)
- Modelle (S. 31)
- Opportunitätskosten (S. 33)
- Produktionsfunktion (S. 33)
- Skalenerträge (S. 29)
- Spezialisierung (S. 28)
- Transformationskurve (S. 32)

Aufgaben

Musterlösungen zu den hier gestellten Aufgaben finden Sie im MyLab | Grundzüge der VWL.

1. Deutsche Vereinigung von 1990

Durch die deutsche Vereinigung im Jahr 1990 kam es in Ostdeutschland zu einem enormen Zusammenbruch der Industrie, die sich überhaupt nicht gegen die Konkurrenz aus dem Westen behaupten konnte. Demgegenüber konnten sich andere ehemalige sozialistische Länder, z.B. Polen, Tschechien und Ungarn, recht gut auf dem Weltmarkt durchsetzen. Da die ehemalige DDR eine ähnlich geringe Produktivität aufwies wie ihre sozialistischen Nachbarländer, ist diese Entwicklung zumindest für den Laien etwas überraschend. Versuchen Sie zunächst zu erklären, wieso Polen, Tschechien und Ungarn in den 1990er-Jahren relativ erfolgreich gewesen sind. Suchen Sie dann nach einem Grund (oder auch mehreren Gründen), der für die Probleme der Unternehmen in Ostdeutschland verantwortlich zu machen ist.

2. Internationale Arbeitsteilung

In A-Land werden Handys und Hemden produziert. Zur Herstellung eines Handys wird eine Arbeitszeit von 30 Minuten benötigt, für ein Hemd sind es 20 Minuten.

In B-Land werden diese beiden Produkte ebenfalls hergestellt. Hier liegt die Arbeitszeit für ein Hemd und ein Handy bei jeweils 15 Minuten.

a) Erläutern Sie anhand des Beispiels das Konzept der absoluten und der komparativen Kostenvorteile!
b) Welche Effekte ergeben sich für die beiden Länder, wenn sie miteinander Außenhandel betreiben?
c) Nehmen Sie zur Vereinfachung an, die insgesamt verfügbare Arbeitszeit liege in beiden Ländern bei jeweils 100 Stunden. Zeichnen Sie die individuellen Transformationskurven und die Transformationskurve bei effizienter Arbeitsteilung!

3. Schreinerei Hartholz

Meister Hartholz hat zwei Gesellen, den Willi und den Franz. Die Schreinerei hat sich darauf spezialisiert, Fenster und Türen herzustellen. Meister Hartholz steht nun vor der Frage, wie er seine beiden Gesellen in der Herstellung dieser beiden Produkte einsetzen soll. Er hat ermittelt, dass Willi in einer Woche maximal 60 Türen oder aber 100 Fenster herstellen kann. Franz ist bei Weitem nicht so geschickt und bringt es nur auf 50 Türen oder 50 Fenster (▶ *Tabelle 3.8*). Wie es sich für ein Modell gehört, nehmen wir jetzt einfach an, dass es nicht möglich ist, eine Tür oder ein Fenster von Willi und Franz in Gemeinschaftsarbeit herzustellen.

	Türen	Fenster
Willi	60	100
Franz	50	50

Tabelle 3.8: Wöchentlicher Output von Franz und Willi

Nun habe Meister Hartholz einen Auftrag über 55 Türen und 80 Fenster, der in einer Woche erledigt werden muss. Er hat dazu zunächst einmal drei Optionen durchgerechnet.

a) Willi produziert nur Türen, Franz nur Fenster.
b) Willi stellt die Hälfte der Woche Türen her, die andere Fenster. Franz macht das genauso.
c) Willi konzentriert sich auf Fenster, Franz auf Türen.

In seinem Notizbuch hat der Meister dann folgende Tabelle:

	Türen	Fenster
Option A	60	50
Option B	55	75
Option C	50	100

Tabelle 3.9: Auftragsbuch vom Meister Hartholz

Er kommt so zu dem unschönen Ergebnis, dass er mit keiner der Optionen in der Lage ist, den Auftrag fristgerecht zu erfüllen. Sein Sohn, der in der nahegelegenen Universitätsstadt Volkswirtschaftslehre studiert, schlägt ihm jedoch eine Lösung nach dem Prinzip der komparativen Kosten vor, mit der er alles fristgerecht erledigen kann. Wie muss Herr Hartholz dann vorgehen?

LERNZIELE

- Die Arbeitsteilung kann grundsätzlich in der Form von kurzfristigen Kaufverträgen *(„Markt")* oder von längerfristigen Arbeitsverträgen *(„Hierarchie"* oder *„Unternehmen")* organisiert werden. Natürlich sind auch Mischformen denkbar.
- Welche der beiden Grundformen gewählt wird, hängt von den *Transaktions- und Informationskosten* dieser alternativen Vertragstypen ab.
- Die bis Anfang 1990 in vielen Ländern praktizierte zentrale *Planwirtschaft* stellte eine sehr ineffiziente Extremform der hierarchischen Organisation dar, da die gesamte Produktion gleichsam im Rahmen eines einzigen Großkonzerns organisiert war.
- Der Übergang von der Planwirtschaft zur Marktwirtschaft (*„Wirtschaftstransformation"*) war mit großen Problemen verbunden, da es nicht einfach war, die bisher im Staatsbesitz befindlichen *Eigentumsrechte* an den Unternehmen neu zu gestalten.

Wie kann man eine arbeitsteilige Wirtschaft am effizientesten organisieren?

4

ÜBERBLICK

4.1 Die Informations- und Koordinationsprobleme einer arbeitsteiligen Wirtschaft

In der Inselwelt von Robinson und Freitag ist es wahrscheinlich nicht sehr schwierig, sich darauf zu verständigen, wer die Fische fängt und wer die Nüsse sammelt und wie viel von den beiden Gütern insgesamt verfügbar sein soll. In einer Volkswirtschaft wie Deutschland mit mehr als 3,5 Millionen Unternehmen und rund 41 Millionen privaten Haushalten ist es demgegenüber nicht selbstverständlich, dass die Arbeitsteilung gut funktioniert, zumal wir ja auch noch in einem intensiven Güteraustausch mit vielen anderen Ländern stehen. So gesehen erscheint es schon fast wie ein Wunder, dass man jederzeit in ein Geschäft gehen kann und dort eine passende Hose bekommt, die beispielsweise in Korea produziert wurde.

Es ist leicht nachzuvollziehen, dass unter den Verhältnissen einer global angelegten Arbeitsteilung eine unglaubliche Menge an Informationen effizient verarbeitet werden muss:

- Sehr differenzierte und sich stets wandelnde *Bedürfnisse* der Verbraucher – Ökonomen sprechen hier von „Präferenzen" – und deren *Konsummöglichkeiten* müssen an die Produzenten weitergeleitet werden.
- Jeder *einzelne* Produzent muss wissen, auf welches der von den Verbrauchern gewünschten Produkte (oder Teile eines solchen Produkts) er sich mit seiner Produktions- und Investitionsplanung spezialisieren soll.
- Außerdem müssen die Produzenten Informationen darüber besitzen, mit welchen *Inputs* und mit welcher *Technologie* sie die von ihnen produzierten Güter am vorteilhaftesten erstellen sollen.
- Die produzierten Güter müssen so auf die Verbraucher verteilt werden, dass das Verteilungsergebnis von der Mehrheit der Bevölkerung akzeptiert wird.

Vereinfacht geht es bei dem Koordinationsproblem einer arbeitsteiligen Wirtschaft also um die zwei zentralen Funktionen eines Wirtschaftssystems:

- Die Steuerung der *Produktion* von Gütern: Welche Güter sollen produziert werden, durch wen, mit welcher Produktionstechnik und in welcher Menge?
- Die Steuerung der *Zuteilung* von Gütern: Wie sollen die produzierten Güter auf die Verbraucher aufgeteilt werden?

Wir werden in *Kapitel 5* und in den Folgekapiteln sehen, wie diese komplexe Koordinationsaufgabe durch den *Preismechanismus* des Marktes sehr effizient vorgenommen wird. Doch bevor wir uns damit befassen, wollen wir uns mit dem alternativen Verfahren auseinandersetzen: der Koordination durch *Anordnung* im Rahmen einer Hierarchie. Im Extremfall führt dieser Mechanismus zum System der Zentralverwaltungswirtschaft, unter dem viele Länder im vergangenen Jahrhundert gelitten haben.

4.2 Die grundlegenden Lösungsansätze: „Markt" oder „Hierarchie"

Wenn wir uns heute in der Welt der Wirtschaft umsehen, werden wir leicht erkennen, dass es für die Koordination der Produktionsprozesse zwei unterschiedliche Ansätze gibt:

- Innerhalb eines einzelnen *Unternehmens* geben Manager durch *Anweisungen* vor, welcher Mitarbeiter welches Produkt mit welcher Produktionstechnik zu erstellen hat.
- Außerhalb des einzelnen Unternehmens erfolgt diese Steuerung über das Netzwerk der *Märkte*, das heißt durch *Verträge* und den *Preismechanismus*.

Es stellt sich damit die interessante Frage, warum es überhaupt Unternehmen in einer Marktwirtschaft gibt. Es wäre ja immerhin denkbar, dass jeder Erwerbstätige seine eigene „Ich-AG" gründet, die ihre Leistungen ausschließlich im Rahmen von Marktbeziehungen abgibt. Für einen Erwerbstätigen sind im Prinzip mehrere Optionen möglich:

- Er kann sich über einen – in der Regel – längerfristigen Arbeitsvertrag dem hierarchischen System eines Unternehmens anschließen.
- Er kann als Selbstständiger aktiv werden, der die Resultate seiner Arbeit allein über Markttransaktionen anbietet.
- Denkbar ist auch, dass er ein eigenes Unternehmen gründet und seinerseits längerfristige Arbeitsverträge mit anderen Erwerbstätigen abschließt.

Für ein bereits gegründetes Unternehmen stellt sich diese Frage im Prinzip permanent in etwas modifizierter Form:

- Können Güter oder Dienstleistungen, die derzeit über Markttransaktionen beschafft werden, nicht effizienter bezogen werden, wenn diese im eigenen Unternehmen erstellt werden?
- Können Güter oder Dienstleistungen, die derzeit von eigenen Mitarbeitern erstellt werden, nicht effizienter bezogen werden, wenn sie von anderen Unternehmen, d.h. über Markttransaktionen, beschafft werden? Man spricht hierbei auch von *„outsourcing"*.

Mit anderen Worten: Ist das eigene Unternehmen derzeit schon zu groß geworden, ist es noch zu klein oder hat es gerade die richtige Größe?

Auf der Ebene der Volkswirtschaft kann man sich dann sogar fragen, ob man überhaupt Märkte benötigt oder ob es nicht besser wäre, den gesamten Produktionsprozess im Rahmen eines einzigen, hierarchisch strukturierten Großunternehmens zu organisieren. Konkret wurde das im vergangenen Jahrhundert über viele Jahrzehnte unter dem System der Zentralen *Planwirtschaft* praktiziert. Grafisch werden die verschiedenen Optionen in ▸*Abbildung 4.1* dargestellt.

Es war der im Jahr 1910 geborene britische Nobelpreisträger Ronald Coase, der sich im Jahr 1937 in seiner bahnbrechenden Arbeit über „The Nature of the Firm" als Erster intensiv mit diesen Fragestellungen auseinandergesetzt hat:

„Outside the firm, price movements direct production, which is co-ordinated through a series of exchange transactions on the market. Within a firm, these market transactions are eliminated and in place of the complicated market structure with exchange transactions is substituted the entrepreneur-co-ordinator who directs production. It is clear that these are alternative methods of co-ordinating production. Yet, having regard to the fact that if production is regulated by price movements, production could be carried on without any organisation at all, well we might ask, why is there any organisation?" (Coase, 1937)

Eine Kurzbiografie dieses berühmten Wissenschaftlers finden Sie am Ende des Kapitels. Da wir diese beiden Organisationsformen in einer Marktwirtschaft nebeneinander existieren sehen, muss es für den *„Markt"* wie auch für die *„Hierarchie"* gute ökonomische Gründe geben.

Atomistische Arbeitsteilung:
17 Produzenten, die alle ihre eigene Firma darstellen. Organisation nur durch kurzfristige Tausch- oder Werkverträge.

Arbeitsteilung mit größeren und kleineren Unternehmen (A-E): Innerhalb der Unternehmen Organisation durch längerfristige Arbeitsverträge. Zwischen den Unternehmen Organisation durch kurzfristige Tauschverträge.

Zentralverwaltungswirtschaft:
Nur ein riesiges Großunternehmen Organisation nur durch Hierarchie auf der Basis von Arbeitsverträgen mit Lebensstellung.

Abbildung 4.1: Unterschiedliche Organisationsformen einer arbeitsteiligen Wirtschaft

4.3 Vor- und Nachteile der beiden Verfahren

Zum Verständnis der alternativen Organisationsverfahren ist es hilfreich, den *institutionellen Rahmen* für die Steuerung durch den Markt und die Steuerung durch Hierarchien näher zu betrachten.

- Wenn man sich dafür entscheidet, als Arbeitnehmer in einem *Unternehmen* tätig zu werden und auch einen Arbeitsplatz findet, schließt man mit dem Arbeitgeber in der Regel einen *längerfristigen Arbeitsvertrag*. Dieser bildet den Rahmen dafür, dass man bereit ist, den Anordnungen seiner Vorgesetzten Folge zu leisten. Die Bezahlung erfolgt dabei vor allem input-orientiert, d.h. nach der geleisteten Arbeitszeit, auch wenn in gewissem Rahmen erfolgsabhängige Zahlungen geleistet werden. Kennzeichnend für jede hierarchische Organisation ist eine *zentrale Entscheidungsinstanz*, in der alle Informationen zusammenlaufen und dann zu Entscheidungen für die unteren Instanzen verarbeitet werden.

- Bei der Steuerung durch den *Markt* stehen in der Regel *kurzfristig* angelegte und oft auch nur einmalig vorgenommene Kaufverträge oder Werkverträge im Vordergrund. Die Bezahlung richtet sich dabei allein nach der geschuldeten Leistung, sie ist also ausschließlich ergebnisorientiert. Anders als bei der hierarchischen Organisation dominieren hier dezentrale Entscheidungen.
- Das Fehlen eines zentralen Entscheidungsträgers mit einer zentralen Informationsspeicherung und -verarbeitung kann geradezu als das Kennzeichen der Marktsteuerung angesehen werden. Der Nobelpreisträger für Wirtschaft, Friedrich August von Hayek (1899–1992), spricht davon,

„(...), dass die Kenntnis der Umstände, von denen wir Gebrauch machen müssen, niemals zusammengefasst oder als Ganzes existiert, sondern immer nur als zerstreute Stücke unvollkommener und häufig widersprechender Kenntnisse, welche all die verschiedenen Individuen gesondert besitzen."
(Hayek, 1946, S. 103).

Eine Kurzbiografie dieses berühmten Wissenschaftlers finden Sie am Ende des Kapitels. Nach dieser Charakterisierung dürfte deutlich geworden sein, dass sich die beiden Organisationsformen vor allem durch die damit jeweils einhergehenden spezifischen *Transaktionskosten* unterscheiden.

- Der größte Nachteil einer Marktorganisation, die sich auf kurzfristige Verträge stützt, besteht in den hohen *Kosten des Vertragsschlusses*. Es müssen immer wieder neue Vertragspartner gesucht werden und es müssen Verträge ausgehandelt und formuliert werden. Bei der hierarchischen Organisation stehen in der Regel langfristige Arbeitsverträge im Vordergrund. Es werden dabei sehr viel seltener neue Verträge abgeschlossen, sodass die damit verbundenen Kosten erheblich geringer sind.
- Demgegenüber weist die Marktorganisation entscheidende Vorteile bei den *Kosten der Informationsverarbeitung* auf. Wollte man die Weltwirtschaft heute durch eine zentrale Planungsstelle steuern, würde dies zu völlig unlösbaren Problemen der Informationsbeschaffung und -verarbeitung führen. Wir werden dies am Beispiel der Zentralverwaltungswirtschaft ausführlicher beschreiben. Aber auch viele Großunternehmen sind in der Vergangenheit immer wieder daran gescheitert, dass sie nicht mehr in der Lage waren, eine Fülle von Einzelinformationen effizient zu verarbeiten.
- Eng damit verbunden sind die Anreizprobleme einer arbeitsteiligen Wirtschaft. Wir haben in *Kapitel 1* bereits gezeigt, dass es für ein Marktsystem nicht entscheidend ist, ob Wirtschaftssubjekte altruistisch oder egoistisch handeln. Es reicht aus, dass Menschen nachhaltig an ihrem eigenen Gewinn orientiert sind. Demgegenüber stellt sich bei allen hierarchisch strukturierten Organisationen ein sogenanntes *„Principal-Agent-Problem"*. Dabei wird der Arbeitgeber (oder der jeweilige Vorgesetzte) als *Prinzipal* und der Arbeitnehmer (bzw. der jeweilige Untergebene) als *Agent* gesehen. Das *„Principal-Agent-Problem"* resultiert daraus, dass bei dieser Organisationsform die Bezahlung in der Regel von der geleisteten Arbeitszeit und nicht von deren Ergebnis bestimmt wird. Dies schafft für den Agenten einen Anreiz, seinen Arbeitseinsatz möglichst gering zu halten. Spielräume hierfür ergeben sich durch eine *asymmetrische Informationsverteilung*: Der vor Ort tätige Agent ist in der Regel besser über die Gegebenheiten informiert als der ihn überwachende

Prinzipal. Es ist nahe liegend, dass das *„Principal-Agent-Problem"* dann besonders gravierend ist, wenn die Arbeitnehmer über sehr lang laufende Arbeitsverträge verfügen und ihre Bezahlung nicht leistungsorientiert erfolgt. Milgrom und Roberts (1992, S. 29) fassen diese Kosten der Organisation des arbeitsteiligen Wirtschaftens unter dem Begriff der „Motivation Costs" zusammen.

Im Ganzen setzen sich die Transaktionskosten (oder Organisationskosten) einer arbeitsteiligen Wirtschaft aus den Kosten des Vertragsschlusses, den Kosten der Informationsverarbeitung und den Motivationskosten zusammen. Die Summe dieser Kosten entscheidet dann darüber, ob für eine bestimmte Produktion eine hierarchische oder eine Marktlösung gewählt wird. ▶*Tabelle 4.1* fasst die wichtigsten Aspekte noch einmal kurz zusammen.

	Markt	**Hierarchie**
Vorherrschender Vertragstyp	Kurzfristige Verträge, vor allem Kaufverträge oder Werkverträge	Langfristige Verträge, vor allem Arbeitsverträge
Anzahl der Verträge und Kosten der Vertragsabschlüsse	Hoch	Deutlich geringer als bei Marktlösung
Informationsverarbeitung und -transfer	Dezentral, durch Marktpreise	Zentral, durch Anweisungen
Kosten der Informationsverarbeitung	Gering	Hoch, mit Unternehmensgröße ansteigend
Vergütung der Leistung	Kaufpreis, d.h. ergebnisorientiert	Lohn nach der geleisteten Arbeitszeit, d.h. input-orientiert
Kosten durch „Principal-Agent-Problem" (Motivationskosten)	Sehr gering, da ergebnisorientierte Vergütung	Hoch, mit Laufzeit des Arbeitsvertrags ansteigend

Tabelle 4.1: Die wichtigsten Unterschiede zwischen den grundlegenden Organisationsformen „Markt" und „Hierarchie"

Ein einfaches Beispiel soll die Gesamtproblematik noch einmal verdeutlichen. Wenn ein Hausbesitzer seine Innenräume neu streichen lassen will, wird er dafür die Marktlösung wählen. Er wird ein selbstständiges Malergeschäft beauftragen, diese Arbeiten durchzuführen. Für ein Großunternehmen, das ständig Malerleistungen benötigt, kann es demgegenüber sinnvoll sein, einen oder sogar mehrere Maler als Angestellte zu beschäftigen. Gegenüber dem Hausbesitzer hat das Unternehmen dabei den Vorteil, dass es nicht für jede einzelne Leistung immer wieder neu nach einem Vertragspartner suchen, Kostenvoranschläge einholen und dann einen Vertrag aushandeln muss. Das Unternehmen spart also Vertragskosten ein. Bei einem nur einmaligen Bedarf des Hausbesitzers fällt dies nicht ins Gewicht. Bei der Marktlösung hat der Hausbesitzer den Vorteil, dass er den Vertrag so ausgestalten kann, dass er nur für die erbrachte Leistung, unabhängig von der erforderlichen Arbeitszeit, bezahlen muss. Für das Unternehmen stellt sich bei hierarchischen Lösungen jedoch das Problem der Informationsverarbeitung. Je mehr Leistungen intern erstellt werden (eigene Schreinerei, Druckerei, Wäscherei etc.), desto schwerfälliger werden die internen Entscheidungsprozesse. Aus diesem Grund hat es in den vergangenen Jahrzehnten in sehr vielen Unternehmen einen Prozess des „outsourcing" gegeben, bei dem bisher intern erbrachte Leistungen wieder über den *Markt* bezogen werden.

Box 4.1 Neue Institutionenökonomie

In den 1980er-Jahren entwickelte sich mit der *Neuen Institutionenökonomie* (NIE) ein Theorieansatz der Volkswirtschaftslehre, der heute auch in der Betriebswirtschaftslehre eine wichtige Rolle spielt. Die Besonderheit dieser Theorierichtung liegt darin, dass sie sich anders als die in den *Kapiteln 5* bis *8* dargestellte Mikroökonomie nicht mit kurzfristigen Kaufverträgen („Ich bestelle ein Glas Bier"), sondern mit *längerfristigen Kontrakten* befasst („Ein Verlag bestellt eine Druckmaschine, die speziell auf seine Bedürfnisse hin entwickelt wird"). Dabei wird – ebenfalls im Gegensatz zur herkömmlichen Mikroökonomie – davon ausgegangen, dass die Vertragspartner nur unvollständig über die Zukunft informiert sind. Sie müssen also einen *unvollständigen Vertrag* abschließen, der nicht alle denkbaren (und undenkbaren) Entwicklungen abdecken kann. Aus der Logik des langfristigen Vertrags, man spricht dabei auch von „relationalen Verträgen", ergibt sich außerdem, dass einer der Vertragspartner eine *vertragsspezifische Investition* vornehmen muss. Konkret: Die Maschinenfabrik kann bei einer auf die spezifischen Bedürfnisse eines Kunden konstruierten Maschine diese nicht einfach an einen anderen Abnehmer verkaufen. Dies gibt nun dem anderen Vertragspartner die Möglichkeit zu *opportunistischem Verhalten*. Wenn die Maschine fertig ist, kann der Verlag versuchen, den Preis zu drücken. Dies wird ihm durch die Lücken des unvollständigen Vertrags ermöglicht. So kann er z.B. behaupten, die Leistungsfähigkeit sei schlechter als vereinbart. Die NIE geht schließlich auch davon aus, dass die Schlichtung von Streitfällen durch Gerichte wenig effizient ist. Im Mittelpunkt der NIE steht daher die Frage, wie es unter den hier beschriebenen Voraussetzungen überhaupt möglich ist, dass langfristige Verträge zustande kommen. Ein Mechanismus, der in dem hier beschriebenen Beispiel eine Rolle spielt, ist die *Reputation*. Der Verlag kann zwar einmal versuchen, sich opportunistisch zu verhalten, er muss dann aber damit rechnen, dass es ihm in Zukunft schwerfallen wird, einen guten Lieferanten für eine neue Maschine zu finden. Eine andere Lösung der Probleme eines langfristigen Vertrags ist die Fusion. Wenn z.B. ein Kraftwerk speziell in der Nähe einer Kohlenmine angesiedelt wird, kann es sich vor dem *Opportunismus* seines Lieferanten dadurch schützen, dass es ihn einfach aufkauft. Eine gute Darstellung der NIE finden Sie im Buch von Richter und Furubotn (1999).

In der Realität gibt es natürlich zahlreiche Zwischenformen der Koordination. So wird in vielen Betrieben die Vergütung nicht nur nach der geleisteten Arbeitszeit, sondern auch ergebnisorientiert vorgenommen; es werden befristete Arbeitsverträge abgeschlossen und Arbeitskräfte von Leiharbeitsfirmen bezogen. Außerdem hat man es immer auch mit längerfristigen Kaufverträgen zu tun, beispielsweise wenn ein Unternehmen eine komplexe Produktionsanlage bestellt. Die hierbei bestehenden spezifischen Anreizprobleme werden im Rahmen der *Neuen Institutionenökonomie* (*Box 4.1*) diskutiert. Generell muss also jedes Unternehmen versuchen, bei der Gütererstellung einen optimalen Mix aus Markt und Hierarchie zu erreichen.

4.4 Warum die Planwirtschaften gescheitert sind

Noch im Jahr 1980 lebten rund 1.500 Millionen Menschen, vor allem in Osteuropa, in der ehemaligen Sowjetunion und in China, unter dem System einer sehr strikten *Planwirtschaft*. Gegen Ende der 1980er-Jahre kam es dann in diesen Regionen zu einer fundamentalen Umwälzung des Wirtschaftssystems mit dem Ziel, eine funktionsfähige Marktwirtschaft zu etablieren. Die Hauptursache für diese „Wirtschaftstransformation" lag darin, dass die Planwirtschaft mehr und mehr damit überfordert war, Produktionspläne von Millionen von Unternehmen in einer arbeitsteiligen Wirtschaft so zu koordinieren, dass sie mit den individuellen Konsumwünschen der Verbraucher im Einklang standen. Zudem entwickelte sich der wirtschaftliche Wohlstand in diesen Ländern sehr viel ungünstiger als in den Volkswirtschaften mit einer marktwirtschaftlichen Produktionssteuerung.

Die *Planwirtschaft* versuchte, das Koordinationsproblem einer arbeitsteiligen Wirtschaft fast ausschließlich durch den Mechanismus der Hierarchie zu lösen. Die Produktion aller Güter und Dienstleistungen wurde also gleichsam in einem einzigen gigantischen Unternehmen erstellt, an dessen Spitze die zentrale Planungsbehörde stand. Basierend auf allgemeinen politischen Zielvorgaben wurden von dieser Planungsbehörde alle volkswirtschaftlich relevanten Entscheidungen fortlaufend (meist in der Form von Fünfjahresplänen) in einem zentralen Plan festgelegt. Es wurde also bis ins kleinste Detail bestimmt,

- welche Güter für die Konsumenten verfügbar sein sollten,
- welche Unternehmen diese Güter produzieren sollten und
- mit welchen Produktionsfaktoren dies zu erfolgen hatte.

Konkret geschah das in den ehemals sozialistischen Ländern Mittel- und Osteuropas sowie in der ehemaligen Sowjetunion in der Weise, dass diese Informationen von der zentralen Planungsbehörde an Branchenministerien weitergegeben wurden, die die Vorgaben wiederum den ihnen unterstehenden Unternehmen übermittelten. Jedes einzelne Unternehmen hatte somit also eine klare Planvorgabe über die von ihm zu produzierenden Güter und die dafür einzusetzenden Inputs. Auf der Unternehmensebene verblieben somit keine nennenswerten Entscheidungsbefugnisse. Zentrale betriebswirtschaftliche Fragen, wie z.B. die Produktentwicklung, die Finanzierung, Investitionsentscheidungen und Marketing, waren in der Planwirtschaft nicht auf der Unternehmensebene zu entscheiden. Die Unternehmensleiter konnten höchstens der Zentrale zurückmelden, dass sie mit den gegebenen Inputs nicht in der Lage seien, die von ihnen geforderte Output-Menge zu erstellen, um so eine Revision der Planvorgabe nach unten zu erreichen.

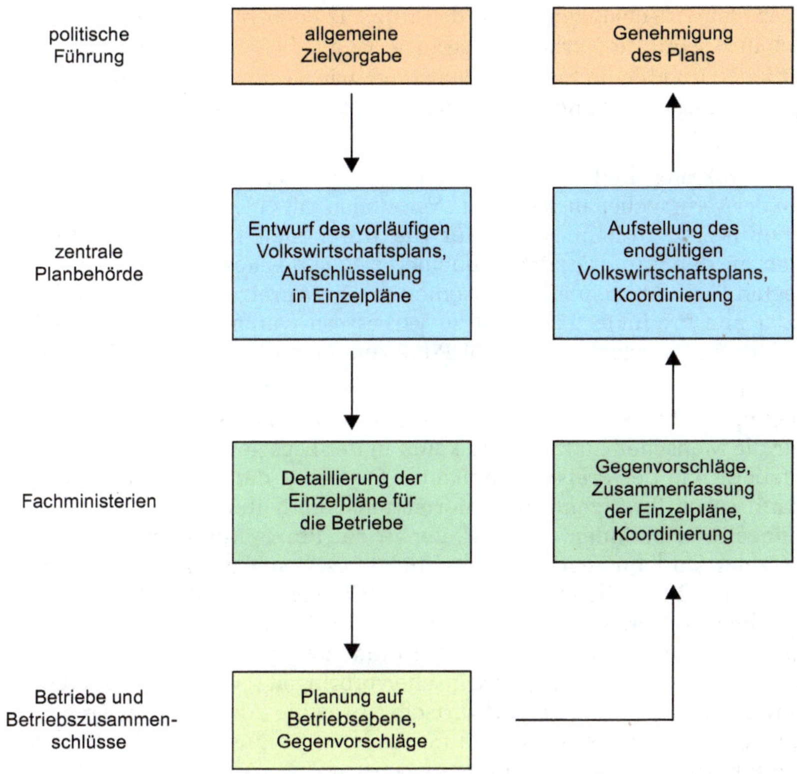

Abbildung 4.2: Schematische Darstellung des Planungsprozesses in einer Zentralverwaltungswirtschaft
Quelle: Siebert, H. (1992, S. 61).

Im Großunternehmen „Planwirtschaft“ wurden somit alle Entscheidungen über die vertikale *Hierarchie* des Planungsprozesses getroffen. Vertragliche Beziehungen zwischen den einzelnen Unternehmen waren grundsätzlich ausgeschlossen. Eine wichtige Voraussetzung für die Planwirtschaft war daher die Abschaffung des Privateigentums an Unternehmen. Denn nur wenn der Großteil der Unternehmen in staatlichem Eigentum steht, ist es für die Planbürokratie möglich, die Volkswirtschaft insgesamt nach ihren Vorstellungen zu steuern.

Die *Verbraucher* hatten bei diesem System ebenfalls keinen direkten Einfluss auf den Produktionsprozess. Sie mussten mit den Gütern vorlieb nehmen, die die Planungsbehörde für sie bei den Unternehmen „bestellt“ hatte. Der *Preis als Signalinstrument* auf der Verteilungsseite wurde dadurch ausgeschaltet, dass alle Einzelpreise durch die Planungsbehörde festgelegt waren. Da diese Preise nicht immer markträumende Preise waren, kam es häufig dazu, dass die *nachgefragte Menge* höher war als die angebotene Menge. Das Ergebnis waren große Ungleichgewichte zwischen Angebot und Nachfrage. Sie spiegelten sich in sehr langen Lieferzeiten oder großen Warteschlangen vor den Geschäften wider. Die Problematik *nicht markträumender Preise* wird ausführlicher in *Kapitel 17* beschrieben.

Das Scheitern der Planwirtschaft zeigt, dass die Effizienz einer rein hierarchisch strukturierten Wirtschaftsorganisation erheblich geringer ist als die eines Mischsystems aus marktwirtschaftlichen und hierarchischen Elementen, wie sie vor 1990 nur in der Wirtschaftsordnung der westlichen Länder zu finden war. Als besonders gravierend erwiesen sich die folgenden Probleme:

- Die Planungsbürokraten hatten nur sehr geringe *Anreize*, die Produktion an den Bedürfnissen der Verbraucher auszurichten. Verbunden mit einem insgesamt undemokratischen politischen System gab es für die Bürokraten keinerlei Sanktionen, wenn sie sich für den grundsätzlich bequemeren Weg des Festhaltens an den einmal festgelegten Produktionsplänen entschieden. Die Anreize, neue Produkte einzuführen oder alte Produkte technisch zu verbessern waren also äußerst gering. Zum Symbol hierfür wurde der in der DDR bis zum Jahr 1990 produzierte „Trabi".
- Die Planungsbürokraten verfügten außerdem über unzureichende *Informationen*, um die Wirtschaft optimal zu steuern. Auch ein Planer, der stets bestrebt gewesen wäre, das Beste für die Menschen zu tun, wäre kaum in der Lage gewesen, die Wirtschaft so gut zu steuern wie der Preismechanismus. Dies liegt daran, dass die zentrale Planwirtschaft wegen ihrer zentralen Informationsverarbeitung einen sehr hohen Bedarf an Einzelinformationen aufweist, der in der Praxis nur schwer zu befriedigen ist. Zudem sind im marktwirtschaftlichen System bessere Informationen verfügbar als in der Planwirtschaft: Wichtige Rückmeldungen, die ein Produzent durch seine Abnehmer erhält, bestehen entweder darin, dass Kunden nicht mehr kommen (*„exit"*)[1], oder – und das ist für den Produzenten noch sehr viel besser – dass sie sich beklagen und Änderungswünsche vorbringen (*„voice"*). Durch die allgemeine Güterknappheit in einer Planwirtschaft war die Abwanderungsmöglichkeit der Konsumenten sehr begrenzt und für Änderungswünsche war in der Planwirtschaft kein Rückmeldesystem im Planungsprozess vorgesehen.
- Ein weiteres Informationsproblem ergab sich aus den „Principal-Agent-Problemen" einer sehr hierarchisch strukturierten Wirtschaft mit einer im Prinzip lebenslangen Anstellung aller Arbeitnehmer. Die Planungsbehörde wusste daher nie genau, wie groß die Produktionsmöglichkeiten eines Unternehmens bei gegebenen Inputs tatsächlich waren. Sie verfügte außerdem über keine guten Informationen über mögliche Einsparungen durch effizientere Produktionsverfahren. Auch die Qualitätsmessung war problematisch. Da die Output-Ziele meist nur in Tonnen oder Stückzahlen fixiert werden können, hatten die Unternehmen die Möglichkeit, durch die Lieferung minderwertiger Produkte ihr Produktions-Soll mit einem geringeren Einsatz an Arbeit oder anderen Inputs zu erreichen. Es wird die Geschichte eines Unternehmens berichtet, das bei einer Produktionsvorgabe von 10.000 kg Nägeln einen einzigen Nagel mit einem Gewicht von 10.000 kg produziert haben soll. Das „Principal-Agent-Problem" setzte sich auch im Verhältnis zwischen der Unternehmensleitung und ihren Mitarbeitern fort. Die Sanktion der Entlassung war in der Regel ebenso unmöglich wie der Anreiz von Gehaltszulagen für besonders gute Leistungen.

Die Überlegenheit der Marktwirtschaft gegenüber der Planwirtschaft hatte Anfang der 1990er-Jahre fast alle früheren sozialistischen Länder veranlasst, eine tiefgreifende Umstrukturierung ihrer Wirtschaftssysteme in Angriff zu nehmen – mit dem Ziel, möglichst bald voll funktionsfähige Marktwirtschaften zu schaffen. Nord-Korea ist heute das einzige Land, in dem noch eine konsequente Planwirtschaft praktiziert wird.

1 Diese Terminologie geht auf Albert Hirschman (1974) zurück.

Nach manch anfänglicher Euphorie hat sich gezeigt, dass dieser *Transformationsprozess* erheblich schwieriger ist, als erhofft. Allgemein ist es zunächst zu einem tiefen Einbruch der Produktion gekommen (▶*Abbildung 4.3*).

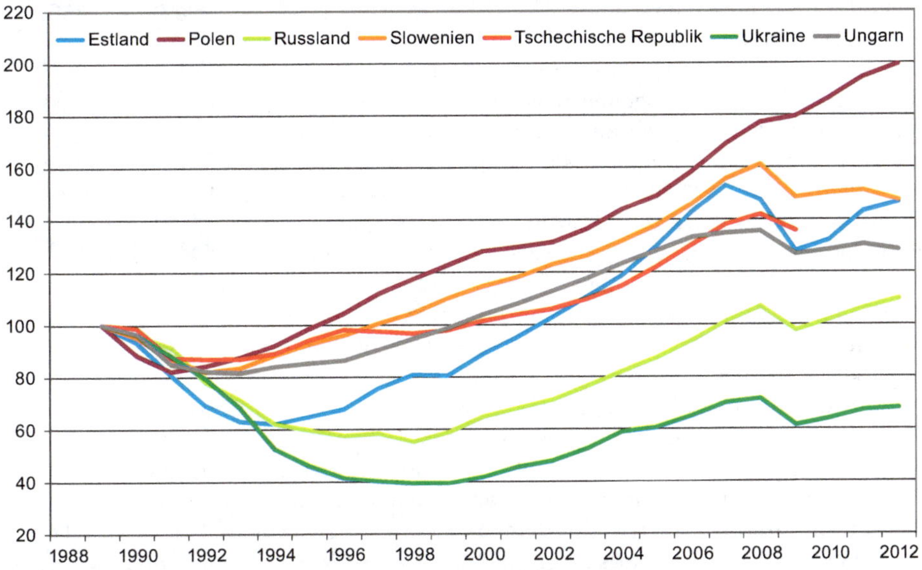

Abbildung 4.3: Entwicklung des realen Bruttoinlandsprodukts in Transformationsländern von 1989 bis 2012, (1989=100)
Quelle: EBRD, Transition Report (2013).

Den Ländern in Mittel- und Osteuropa sowie den ehemaligen Mitgliedstaaten der Sowjetunion ist es jedoch nach diesen Anfangsschwierigkeiten früher oder später gelungen, eine dynamische Wirtschaftsentwicklung zu erreichen. In den Staaten der früheren Sowjetunion haben sich erst gegen Ende der 1990er-Jahre positive Angebotsreaktionen der Unternehmen eingestellt. Die Hauptursache für diese zunächst eher schleppende Entwicklung ist darin zu sehen, dass es in diesen Ländern nicht ganz einfach war, die zuvor staatseigenen Großunternehmen relativ rasch zu privatisieren. Die Schwierigkeit, neue *Eigentumsrechte* (*„property rights“*) an diesen Unternehmen zu definieren, hatte zur Folge, dass weite Teile des Unternehmenssektors ohne jede Kontrolle waren. Während sich der Staat aus seiner Rolle als zentraler Planer zurückgezogen hat, war es nicht einfach, private Eigentümer als neue „Principals“ zu installieren. Die „Agents“ auf der Unternehmensebene konnten daher weitgehend ihre eigenen Interessen verfolgen. Sie versuchten dabei häufig, nicht nur möglichst wenig zu arbeiten, sondern sich zugleich auch die verwertbaren Teile des Unternehmens anzueignen („wilde Privatisierung“). Einen sehr guten Überblick über diese Thematik findet man bei Gros und Steinherr (2004).

Der Praktiker

1910–2013

Ronald Harry Coase wurde am 29.12.1910 in der Nähe von London geboren. Bereits in jungen Jahren entwickelte Coase ein Interesse an der akademischen Wissenschaft. Zunächst entschied er sich für ein Studium der Chemie, welches er jedoch als zu formal empfand und deshalb nach kurzer Zeit ein Wechsel ins Gebiet der Wirtschaftswissenschaften folgte. Im Jahr 1991 erhielt Coase den Alfred-Nobel-Gedächtnispreis für Wirtschaftswissenschaften für seine „Entdeckung und Klarstellung der Bedeutung von Transaktionskosten und Verfügungsrechten für die institutionelle Struktur und das Funktionieren der Wirtschaft“. Im hohen Altern von 102 Jahren starb Coase am 02.09.2013 in Chicago.

Nach seinem Studium an der London School of Economics erhält Coase ein Stipendium und geht in die USA um dort die Struktur amerikanischer Industrien zu untersuchen. Dazu besichtigt und analysiert er einzelne Firmen, u.a. General Motors. Während dieser Zeit entwickelt er das Konzept der Transaktionskosten und legt den Grundstein einer ökonomischen Rechtfertigung für die Existenz von Unternehmen. Der Besuch der amerikanischen Unternehmen stellt somit das Fundament für sein später mit dem Nobelpreis ausgezeichneten Werk „The Nature of the Firm“ dar. Coase stellt sich dabei die Frage, warum Unternehmen existieren, wenn Märkte tatsächlich effizient sind. Den Grund findet Coase in den Transaktionskosten, beispielsweise Vertrags-, Such- oder Informationskosten, die zu Kosten bei der Nutzung des Preismechanismus von Märkten führen. Über Unternehmen können diese Kosten eingespart werden. Gleichzeitig gibt es Grenzen für die unternehmensinterne Abwicklung, da diese ebenfalls Kosten verursacht. Die Nutzung von Unternehmens- oder Marktstrukturen ist deshalb abhängig vom Verhältnis der jeweiligen Kosten. Mit seiner Entdeckung der Transaktionskosten gilt Coase als Begründer der Neuen Institutionenökonomik.

In seinem ebenfalls viel zitierten Werk „Problem of Social Cost“ thematisiert Coase das Problem von externen Effekten des wirtschaftlichen Handelns, die insbesondere durch nicht klar zugewiesene Eigentumsrechte ausgelöst werden. Eine ausführlichere Erklärung des sogenannten Coase-Theorems finden Sie *Kapitel 14* dieses Lehrbuchs in *Box 14.1*.

Zitat

„My contribution to economics has been to urge the inclusion in our analysis of features of the economic system so obvious that, like the postman in G.K. Chesterton's Father Brown tale, The Invisible Man, they have tended to be overlooked.“ (Nobelvorlesung am 09.12.1991 in Stockholm)

Ausbildung und Beruf

1929 – 1931 Studium an der London School of Economics
1935 – 1951 (Assistant) Lecturer an der London School of Economics
1951 – 1958 Professor an der Universität Buffalo
1958 – 1964 Professor an der Universität Virginia
1961 – 2013 Professor an der Universität Chicago

Werke

1937 – The Nature of the Firm, Economica, Vol. 4, No. 16, pp. 386-405.
1960 – The Problem of Social Cost, Journal of Law and Economics, Vol. 3, pp. 1–44.

Schlagwörter

- Agent (S. 53)
- asymmetrische Informationsverteilung (S. 53)
- Eigentumsrechte (S. 59)
- Neue Institutionenökonomie (S. 55)
- Opportunismus (S. 55)
- Planwirtschaft (S. 51)
- Principal-Agent-Problem (S. 53)
- Prinzipal (S. 53)
- Property rights (S. 59)
- vertragsspezifische Investition (S. 55)

Aufgaben

Musterlösungen zu den hier gestellten Aufgaben finden Sie im MyLab | Grundzüge der VWL.

1. Outsourcing

Als Manager stehen Sie vor der Frage, ob Sie die bisher in ihrem Unternehmen angesiedelte Druckerei schließen und die anfallenden Druckarbeiten extern ausführen lassen sollen. Von welchen Faktoren wird Ihre Entscheidung abhängen?

2. Scheinselbstständigkeit

Zur Finanzierung der deutschen Einheit wurde in den 1990er-Jahren das System der sozialen Sicherungssysteme missbraucht. Mit den Sozialabgaben wurden also teilweise verdeckte Steuern erhoben. Gleichzeitig konnte man in dieser Phase beobachten, dass die Anzahl der „Scheinselbstständigen" deutlich anstieg. Dabei handelt es sich um Beschäftigte, die formal als Selbstständige Tätigkeiten wahrnehmen, die bisher in der Form eines Arbeitsvertrags organisiert waren. Erklären Sie diese Entwicklung.

3. „Small is beautiful"

In Deutschland gibt es viele kleine und mittlere Unternehmen, die auf den Weltmärkten sehr erfolgreich sind. Wie kann man erklären, dass Großunternehmen nicht grundsätzlich wettbewerbsfähiger sind als kleine Unternehmen?

LERNZIELE

- Der Markt ist ein perfekter Mechanismus zur Verarbeitung aller relevanten Informationen über die Angebots- und Nachfragebedingungen für ein bestimmtes Produkt. Er ermöglicht eine Koordination der individuell gebildeten Nachfrage- und Angebotspläne.
- In der *Nachfragekurve* spiegeln sich alle marktrelevanten Informationen über die Nachfragebedingungen für ein bestimmtes Gut. In der *Angebotskurve* werden alle marktrelevanten Informationen über die Angebotsseite verdichtet.
- Im Schnittpunkt von Angebot und Nachfrage besteht ein *Gleichgewicht*, bei dem die Pläne der Konsumenten optimal auf die Pläne der Anbieter abgestimmt sind. Man spricht hierbei auch von Plankompatibilität.
- Jede Datenänderung auf der Nachfrageseite führt dazu, dass die Produktion entsprechend angepasst wird (Prinzip der *„Konsumentensouveränität"*). Über den Marktpreis werden gleichzeitig die Konsumenten über neue Angebotsbedingungen informiert, was sie veranlasst, ihr Konsumverhalten entsprechend zu verändern.
- Mit den Konzepten der *Konsumentenrente* und der *Produzentenrente* lässt sich zeigen, welche Vorteile die Anbieter und die Nachfrager aus dem Marktprozess ziehen.
- Alle in diesem Kapitel dargestellten Zusammenhänge können mit dem Modell „Mikro-Gütermarktgleichgewicht" auf der begleitenden Website unter *www.pearson-studium.de* nachgespielt werden.

Der Markt in Aktion

5

ÜBERBLICK

5.1 Die Koordinationsfunktion des Marktes

In diesem Kapitel geht es um die Koordinationsfunktion des *Marktes*, d.h. die wechselseitige Abstimmung einer Vielzahl unabhängig gebildeter individueller Angebots- und Nachfragepläne. Das soll anhand einer einfachen Fallstudie verdeutlicht werden. Sie beschreibt einen Markt, der den meisten recht gut vertraut ist: der Markt für Bier in Studentenkneipen. Wie im vorangegangenen Kapitel dargelegt, sind dabei zwei Fragen von besonderem Interesse:

- Die Steuerung der *Produktion* von Gütern: Woher wissen die Anbieter von Bier, wie viel Bier sie an jedem Abend in ihrer Kneipe vorrätig haben müssen und welchen Preis sie dafür verlangen sollen?
- Die Steuerung der *Zuteilung* von Gütern: Wie kann der vorhandene Bestand an Bier jeden Abend so auf die Studierenden aufgeteilt werden, dass es in der Regel nie zu Problemen beim Biernachschub kommt?

In *Kapitel 2* haben wir mit dem Angebots-/Nachfrage-Diagramm bereits ein wichtiges analytisches Werkzeug der Volkswirtschaftslehre kennengelernt. Die *Angebots-* und die Nachfragekurve im Fall des Aktienmarktes ließ sich recht einfach aus dem Orderbuch ermitteln. Ganz so leicht geht das auf dem Markt für Bier in Kneipen leider nicht.

Dieser Markt eignet sich gut für die Darstellung des Marktmechanismus, da es sich dabei um einen typischen *Wettbewerbsmarkt* handelt. Es gibt dort viele Anbieter, von denen keiner in der Lage ist, einen Einfluss auf den Marktpreis zu nehmen. Man bezeichnet diese Marktform auch als *Polypol*. Dies ist anders auf Märkten mit nur wenigen Anbietern (*Oligopol*) oder nur einem einzigen Produzenten (*Monopol*). Bei diesen Marktformen können die Anbieter aufgrund ihrer Marktmacht den Preis strategisch gestalten und sich so höhere Gewinne verschaffen. Diese beiden Marktformen werden in den *Kapiteln 8* und *9* ausführlich dargestellt.

5.2 Nachfrage- und Angebotskurve am Biermarkt

Für die Analyse eines Marktes benötigt man immer eine Angebots- und eine Nachfragekurve. Beginnen wir mit der *Nachfragekurve* für Bier. Wir wissen bereits aus *Kapitel 2*: Eine Nachfragekurve beschreibt den Zusammenhang zwischen der Menge, die von einem Gut nachgefragt wird, und dem Preis, den die Konsumenten bereit sind, dafür zu bezahlen. Auch ohne Vorkenntnisse der Volkswirtschaftslehre wird man leicht erkennen, dass hier in der Regel ein *negativer* Zusammenhang besteht: Je niedriger der Preis für Bier ist, desto mehr wird davon getrunken. Dies liegt am *Gesetz des abnehmenden Grenznutzens*, das in der Mikroökonomie eine zentrale Rolle spielt. Wenn man sehr durstig ist, stiftet das erste Glas Bier einen enormen Nutzen. Auch das zweite Glas ist nicht schlecht, aber der Nutzen, den man daraus zieht, ist schon etwas geringer. Beim dritten Glas nimmt der zusätzliche Nutzen, den man in der VWL als *Grenznutzen* bezeichnet, noch weiter ab. Mit jedem weiteren Glas geht der Grenznutzen weiter zurück, bis er irgendwann (achtes Glas?) gleich null oder sogar negativ wird.

In *Kapitel 2* wurde schon deutlich, dass die Zahlungsbereitschaft eines Käufers wesentlich davon bestimmt wird, welchen *Wert* er einem Gut beimisst. Es ist naheliegend, dass die Zahlungsbereitschaft für ein Glas Bier vom Grenznutzen abhängt, den man als Konsument daraus erzielt. Je niedriger also der Bierpreis liegt, desto eher ist man bereit, noch ein Glas mehr zu trinken. Die Nachfragekurve für Bier (und für die meisten anderen Güter) hat deshalb eine negative Steigung.[1] Eine exakte Herleitung der Nachfragekurve wird in *Kapitel 6* vorgenommen.

Ebenso ist es unmittelbar einleuchtend, dass es selbst bei Freibier eine Grenze für den Bierkonsum gibt. In der Volkswirtschaftslehre spricht man hier von der *Sättigungsmenge*. Umgekehrt existiert auch für den leidenschaftlichsten Biertrinker ein Preis, bei dem er überhaupt kein Bier mehr trinken würde. Man spricht hier vom *Prohibitivpreis*. Wer einmal in Skandinavien Urlaub gemacht hat, weiß, was damit gemeint ist.

Diese elementaren Zusammenhänge lassen sich in einer Nachfragekurve abbilden. Zur Verdeutlichung wird im Folgenden eine hypothetische Nachfragekurve für eine kleine Universitätsstadt unterstellt, die bei einem *Prohibitivpreis* von 5 Euro beginnt und mit einer Sättigungsmenge von 20.000 Biergläsern endet.

(5.1) $$x^N = 20.000 - 4.000p$$

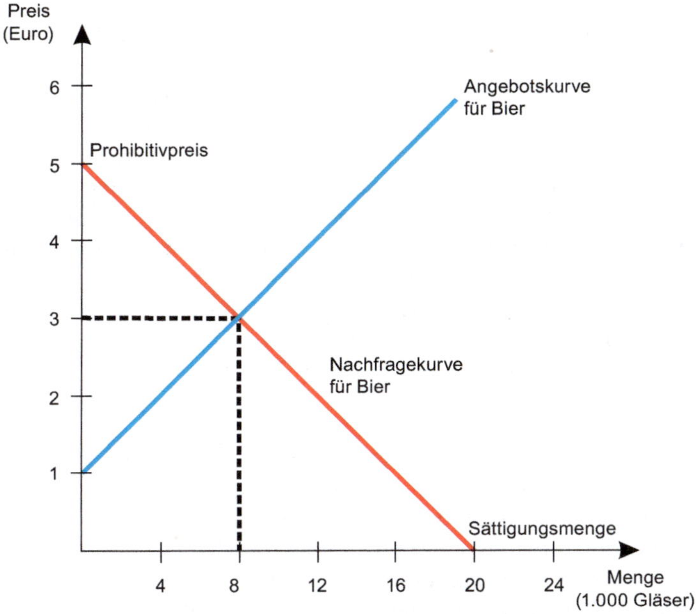

Abbildung 5.1: Nachfragekurve und Angebotskurve für Bier (pro Tag)

Wie sieht es mit der *Angebotskurve* für Bier aus? Ganz allgemein beschreibt eine Angebotskurve den Zusammenhang zwischen dem Preis, den ein Anbieter für ein Gut fordert und der Menge, die er zu diesem Preis anbietet.

1 Es kann auch Güter geben, bei denen die *Nachfrage* zumindest bereichsweise eine positive Steigung aufweist. Dabei handelt es sich um *Luxusgüter*, die – wie z.B. eine Rolex-Uhr – für manche Konsumenten umso attraktiver erscheinen, je teurer sie sind. Man bezeichnet solche Güter auch als *Veblen-Güter*, nach dem amerikanischen Soziologen Thorstein Veblen (1857–1929), der sich in seinem Buch „Theorie der feinen Leute" frühzeitig mit der Bedeutung des „demonstrativen Konsums" befasste: „Um diese flüchtigen Beschauer gebührend zu beeindrucken und um unsere Selbstsicherheit unter ihren kritischen Blicken nicht zu verlieren, muss uns unsere finanzielle Stärke auf der Stirn geschrieben stehen, und zwar in Lettern, die auch der flüchtigste Passant entziffern kann." Veblen (1986, S. 95).

In dem hier unterstellten Beispiel ist zunächst einmal offensichtlich, dass ein Kneipenwirt Bier nur dann abgibt, wenn er dafür einen Preis bekommt, der zumindest seine laufenden Kosten deckt. Das sind insbesondere die Kosten, die ihm die Brauerei für das Bier in Rechnung stellt sowie die Kosten für Aushilfskräfte. Man spricht hierbei auch von den *variablen Kosten*. Wir nehmen an, dass diese Kosten bei 1 Euro pro Glas liegen. Doch wenn ein Wirt nur einen Preis erzielen kann, der gerade diese Kosten deckt, wird er sich nicht den ganzen Abend an die Theke stellen. Bei einem Preis von 1 Euro liegt die angebotene Menge somit bei null. Sie nimmt nun aber mit steigendem Preis kontinuierlich zu. Bei Preisen, die über 1 Euro liegen, erzielt der Wirt einen Deckungsbeitrag für seine fixen Kosten (wie beispielweise die Pacht oder der Lohn für festangestellte Arbeitskräfte). Je höher der Bierpreis ist, desto mehr Bier wird angeboten. Man kann den Zusammenhang aber auch so formulieren: Wenn die Konsumenten mehr Bier konsumieren wollen, müssen sie dafür mehr bezahlen.

Dahinter steht das Gesetz des *abnehmenden Grenzertrags*, das ursprünglich für die Landwirtschaft entwickelt wurde: Wenn man eine gegebene Fläche von Arbeitern bewirtschaften lässt, nimmt der zusätzliche Ertrag, den ein zusätzlicher Arbeiter erzielt, ab. Eine Ausweitung des Angebots ist so mit steigenden *zusätzlichen* Kosten (*Grenzkosten*) verbunden.

Auf die Modellwelt der Studentenkneipe übertragen bedeutet das, dass eine steigende Menge an Bier mit zunehmenden Kosten verbunden ist. Je mehr in der Kneipe verkauft wird, desto mehr Aushilfskräfte müssen eingestellt werden. Diese stehen sich bei steigendem Umsatz immer mehr im Weg, ihre Produktivität nimmt also tendenziell ab. Diese Zusammenhänge werden in *Kapitel 7* ausführlich diskutiert.

Man kann also einen *positiven* Zusammenhang zwischen dem Preis und der *angebotenen Menge* unterstellen. Dementsprechend soll für die kleine Universitätsstadt folgende hypothetische Angebotskurve unterstellt werden:

(5.2) $x^A = -4.000 + 4.000p$

Sie beginnt bei einem Preis von 1 Euro und einer angebotenen Menge von null Gläsern und steigt dann mit jedem Euro um 4.000 Einheiten.

Wenn man beide Kurven in einem Diagramm zusammenführt, lässt sich im Schnittpunkt grafisch der Gleichgewichtspreis (oder „*markträumender Preis*") ermitteln. Bei diesem Preis entspricht die angebotene genau der *nachgefragten Menge*. Der Gleichgewichtspreis beträgt 3 Euro, die Gleichgewichtsmenge liegt bei 8.000 Biergläsern.

Das Gleichgewicht lässt sich wie folgt errechnen.

Die Nachfragefunktion lautet:

(5.1) $$x^N = 20.000 - 4.000p$$

Die Angebotsfunktion lautet:

(5.2) $$x^A = -4.000 + 4.000p$$

Im Gleichgewicht gilt

(5.3) $$x^A = x^N$$

(5.4) $$20.000 - 4.000p = -4.000 + 4.000p$$

$$p = 3$$

$$x = 8.000$$

In der Realität stellt sich das Problem, dass die Anbieter nicht über die genaue Lage dieser beiden Kurven informiert sind und es – anders als an einer Börse – auch keinen Makler gibt, der daraus den *Gleichgewichtspreis* ableiten würde. Die einzelnen Kneipenwirte müssen daher in einem Prozess des *„trial and error"* herausfinden, wo der Gleichgewichtspreis liegt:

- Ein Wirt, der den Preis *zu hoch* festlegt, z.B. bei 4 Euro, wird dann rasch feststellen, dass die Gäste ausbleiben. Die mangelnde Nachfrage zeigt ihm, dass der Preis gesenkt werden muss.
- Ein Wirt, der den Preis mit z.B. 2 Euro *zu niedrig* festlegt, hat zwar jeden Abend ein volles Haus. Er wird aber am Monatsende feststellen, dass die Erlöse nicht ausreichen, um die Kosten zu decken. Als Konsequenz wird er den Preis heraufsetzen.

Durch diese Anpassungsmechanismen kommt es also auf einem *Wettbewerbsmarkt* tendenziell dazu, dass sich ein Gleichgewichtspreis herausbildet. Dieser zeichnet sich, wie schon am Beispiel des Aktienmarktes gezeigt, dadurch aus, dass er die – unabhängig voneinander gebildeten – *Pläne* der Konsumenten und Produzenten in idealer Weise aufeinander *abstimmt*. Zum Gleichgewichtspreis wird von den Kneipenwirten genau die Menge an Bier angeboten, die an einem Abend von den Gästen nachgefragt wird. Das Problem der Koordination der Güterproduktion mit der Güterverteilung wird durch den Marktmechanismus also perfekt gelöst. Die dabei verwendete grafische Art der Abbildung eines Marktes wurde von dem britischen Ökonomen Alfred Marshall (1842–1924) entwickelt. Eine Kurzbiografie finden Sie am Ende dieses Kapitels.

5.3 Das Prinzip der Konsumentensouveränität: Die Produktion wird durch die Nachfrage gesteuert

Die Koordinationsfunktion des *Marktes* lässt sich gut verdeutlichen, wenn man einmal eine Datenänderung auf der Nachfrageseite unterstellt. Das Kindergeld wird erhöht und alle Studenten bekommen von ihren Eltern monatlich 20 Euro mehr überwiesen. Wie wirkt sich das höhere *Einkommen* auf die Nachfrage nach Bier aus? Intuitiv ist die Antwort nicht schwer zu beantworten. Sie wird aller Voraussicht nach steigen. Zu jedem Preis wird also eine höhere Menge nachgefragt.

Wir nehmen an, dass die nachgefragte Menge zu jedem Preis jeweils um 4.000 Bier höher liegt und dass der Prohibitivpreis auf 6 Euro ansteigt. Damit die Kurve keinen Knick bekommt, unterstellen wir, dass die *Sättigungsmenge* gleichzeitig auf 24.000 Gläser ansteigt. Die neue und die alte Nachfragekurve sind in ▸*Abbildung 5.2* abgebildet.

Was bedeutet das nun für den Biermarkt? Zum alten Gleichgewichtspreis von 3 Euro ist jetzt die nachgefragte Menge mit 12.000 Gläsern höher als die Menge von 8.000, die von den Wirten zu diesem Preis angeboten würde. Es besteht ein temporärer *Nachfrageüberschuss* von 4.000 Gläsern. Der Grund dafür liegt darin, dass – wie schon erwähnt – eine Ausweitung des Angebots in der Regel mit zusätzlichen Kosten verbunden ist. Im Fall der Studentenkneipe bestehen diese darin, dass man zusätzliches Personal einstellen oder Überstunden zahlen muss. Die Wirte werden also auf die Überfüllung ihrer Lokale mit einer Preisanhebung reagieren. Das Diagramm zeigt uns, dass sich im Schnittpunkt der unveränderten Angebotskurve mit der neuen Nachfragekurve ein neues Gleichgewicht bei 3,50 Euro ergibt. Zu diesem Preis sind die Wirte bereit, 10.000 Gläser Bier anzubieten; das entspricht wieder genau der von den Studenten nachgefragten Menge. Die Reaktion des Marktpreises sorgt also dafür, dass die angebotene Menge an das höhere Einkommen der Studenten angepasst wird. Es wird damit ein neues *Marktgleichgewicht* hergestellt. Gleichzeitig signalisiert der Preisanstieg den Nachfragern, dass ein höherer Bierkonsum mit höheren Kosten verbunden ist. Während es bei einem unveränderten Preis zu einem Anstieg der nachgefragten Menge auf 12.000 gekommen wäre, beträgt der Bierabsatz beim neuen Gleichgewicht nur 10.000 Gläser.

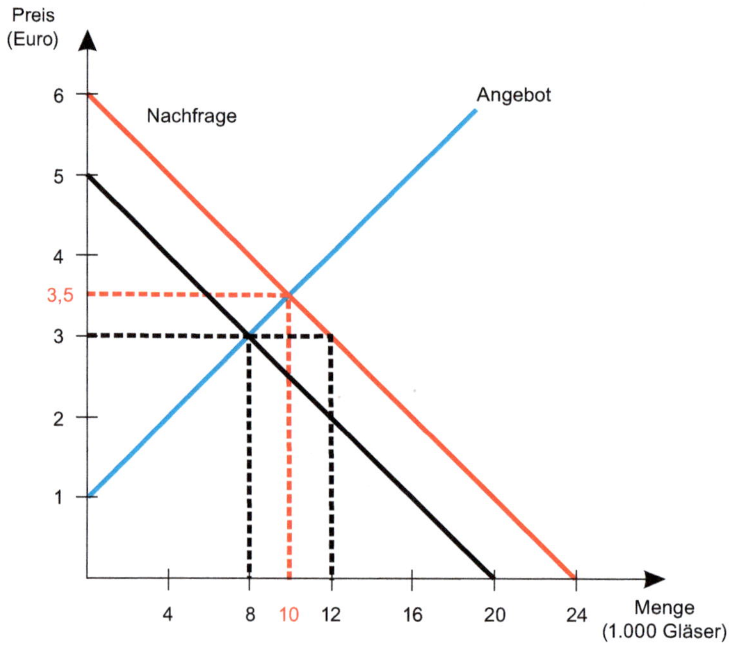

Abbildung 5.2: Die Nachfrage für Bier steigt.

In ähnlicher Weise führen auch andere Änderungen auf der Nachfrageseite zu einer Verschiebung der Nachfragekurve, wodurch sich der Marktpreis und die Gleichgewichtsmenge ändern. Beispiele für solche *„Schocks"*[2] könnten sein:

a) Wissenschaftler finden heraus, dass ein hoher Bierkonsum die Lebenserwartung um sieben Jahre verlängert. Dadurch werden viele Menschen, die bisher lieber Wein getrunken haben, zu Biertrinkern. Die bisherigen Bierkonsumenten erhöhen ihre tägliche Dosis. In der Sprache der Ökonomen handelt es sich hierbei um eine Veränderung der *Präferenzen* zugunsten von Bier. Der Effekt auf die Nachfragekurve ist identisch mit dem eines höheren Einkommens: Zu jedem Preis besteht eine höhere nachgefragte Menge. Die Nachfragekurve würde sich wiederum nach rechts verschieben.

b) Aufgrund einer starken Verbreitung der Reblaus geht die Weinernte in ganz Europa massiv zurück. Der Preis für Wein verdoppelt sich. Dies wird wiederum viele Weintrinker dazu bewegen, vermehrt Gerstensaft zu trinken. Die Nachfragekurve verlagert sich wieder nach rechts und wir haben es mit denselben Anpassungsreaktionen zu tun. In der Fachsprache bezeichnet man diese Schocks als die Ver-

2 Ökonomen haben es sich angewöhnt, Verschiebungen der Angebots- oder der Nachfragekurve als „Schocks" zu bezeichnen, obwohl diese von den Anbietern oder Nachfragern nicht immer als solche empfunden werden.

änderung des Preises eines *substitutiven Gutes*, d.h. eines Gutes, das aus der Sicht des Konsumenten als ein – mehr oder weniger guter – Ersatz für das in der Nachfragekurve abgebildete Gut angesehen wird.

c) Die Nachfrage nach Bier wird auch dadurch beeinflusst, dass sich der Preis eines *komplementären Gutes* verändern würde. Hierbei handelt es sich um ein Gut, das in der Regel zusammen mit Bier konsumiert wird. Das könnte beispielsweise der Preis für Zigaretten oder Schnaps sein. Eine sinkende Tabaksteuer (wenig realistisch) oder ein Preisrückgang für einen „Klaren" würden dann einen Mehrkonsum von Bier auslösen, der wiederum die Nachfrage nach rechts verschiebt.

d) Eine wichtige Rolle spielt auch die Anzahl der Nachfrager. Wenn also in der Universitätsstadt eine neue Fachhochschule eröffnet würde, käme es ebenfalls zu einer (deutlichen) Rechtsverschiebung der Nachfragekurve.

Für alle *entgegengesetzten Veränderungen des Nachfrageverhaltens*, d.h. also für einen Rückgang des Einkommens, eine Veränderung der Präferenzen hin zu Wein oder Cocktails, einen Rückgang des Weinpreises, einen Anstieg des Schnapspreises oder sinkende Studentenzahlen, käme es natürlich zu einer Verschiebung der Nachfragekurve nach links. Nehmen wir einmal an, dass für diese Schocks der Prohibitivpreis auf 4 Euro sinkt und die Sättigungsmenge auf 16.000 Gläser (▶*Abbildung 5.3*).

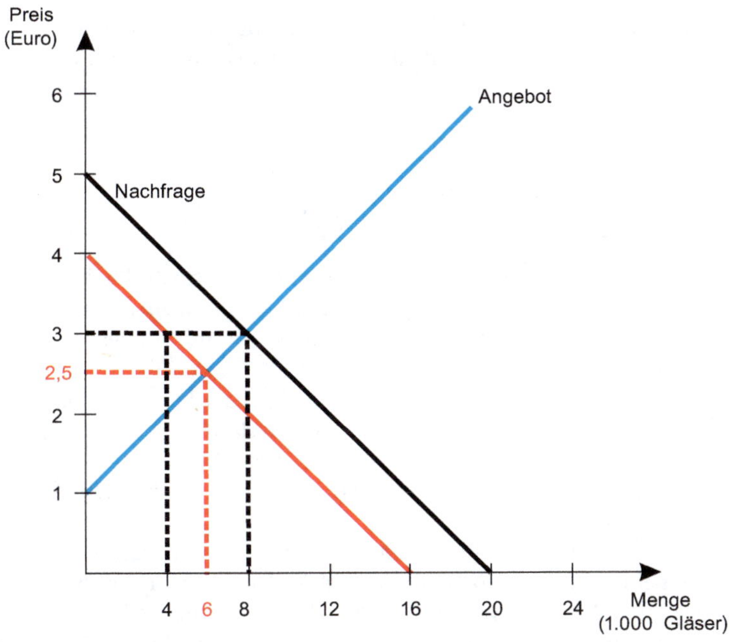

Abbildung 5.3: Die Nachfrage für Bier sinkt.

Zum alten Gleichgewichtspreis von 3 Euro würden sich die Wirte jetzt der Situation gegenübersehen, dass sie ihre Lokale nicht mehr voll bekommen. Es besteht jetzt ein temporärer *Angebotsüberschuss* von 4.000 Gläsern. Die Wirte werden also den Preis absenken müssen und so die nachgefragte Menge wieder erhöhen. Das neue Gleichgewicht stellt sich bei 2,50 Euro und einem Absatz von nur noch 6.000 Gläsern ein. Der *Marktpreis* sorgt in diesem Fall also dafür, dass die geringere Nachfrage zu einer Preissenkung und einem Rückgang der angebotenen Menge führt.

Die Anpassung der angebotenen Menge an veränderte Gegebenheiten auf der Nachfrageseite verdeutlicht ein wichtiges ökonomisches Grundprinzip. In einer Marktwirtschaft wird die Produktion vorrangig über die Nachfrage gesteuert. Man spricht deshalb auch vom Prinzip der *Konsumentensouveränität.* Wenn die Verbraucher mehr als bisher von einem Gut konsumieren möchten, wird dies vom Preismechanismus über eine höhere Nachfrage und einen steigenden Preis so verarbeitet, dass durch eine höhere angebotene Menge weiterhin ein Gleichgewicht zwischen Angebots- und Nachfrageplänen möglich ist.

Wichtig ist dabei allerdings, dass sich nur die Präferenzen derjenigen Konsumenten auf dem Markt auswirken, die dafür auch über die notwendigen Mittel verfügen. In den Worten von Adam Smith (1974, S. 49):

„So kann man in einem gewissen Sinne sagen, ein sehr armer Mann habe eine Nachfrage nach einem Sechsspänner, da er diesen gern haben möchte, doch handelt es sich hier um keine wirksame Nachfrage (...)".

Und natürlich sind auch die Produzenten bestrebt, durch Werbung massiv auf die Präferenzen der Konsumenten einzuwirken, sodass die *Konsumentensouveränität* in der Realität des Wirtschaftslebens weniger ausgeprägt ist als im mikroökonomischen Modell.

Wenn Sie die bisher gewonnenen Erkenntnisse vertiefen wollen, können Sie diese mit dem Modell „Mikro-Gütermarktgleichgewicht" im **MyLab** für unterschiedlichste Datenänderungen durchspielen und dabei deren Effekte auf den Marktpreis und die abgesetzte Menge überprüfen.

5.4 Wie die Verbraucher über Veränderungen auf der Angebotsseite informiert werden

Das Informationssystem des Preismechanismus ist aber keine Einbahnstraße. Es übermittelt nicht nur Informationen über die Nachfrageseite an die Produzenten, es signalisiert umgekehrt den Verbrauchern, wenn sich wesentliche Veränderungen bei der Erstellung eines Gutes ergeben haben.

Dies führt zu möglichen *Schocks auf der Angebotsseite* des Biermarktes. Nehmen wir an, die Hopfenernte war extrem schlecht und die Brauerei verlangt jetzt statt bisher 0,5 Euro 1,50 Euro für die in einem Bierglas enthaltene Biermenge. Man findet jetzt erst zu einem Preis von 2 Euro überhaupt Wirte, die bereit sind, Bier anzubieten. Die Angebotskurve verschiebt sich so um 1 Euro nach oben. Zum alten Gleichgewichtspreis von 3 Euro wollen die Wirte daher nur noch 4.000 Gläser anbieten. Die Nachfrager sind jedoch weiterhin an einem Konsum von 8.000 Gläsern interessiert. Wiederum hat sich ein temporärer *Nachfrageüberschuss* ergeben. Das neue Gleichgewicht ergibt sich grafisch als Schnittpunkt zwischen der unveränderten Nachfragekurve und der nach oben verschobenen Angebotskurve. In unserem Beispiel liegen der neue Gleichgewichtspreis bei 3,50 Euro und die neue Gleichgewichtsmenge bei 6.000 Gläsern (▶*Abbildung 5.4*).

Der Marktmechanismus sorgt somit für eine gute Anpassung an diese Störung. Der Schock erfordert, dass insgesamt weniger Bier als bisher getrunken wird. Durch den Preisanstieg kommt es automatisch dazu, dass sich die nachgefragte Menge an die neue Situation anpasst. Da die in der Nachfragekurve abgebildete Zahlungsbereitschaft der Konsumenten ein Ausdruck ihrer Wertschätzung für ein Gut ist, werden jene Konsumenten verdrängt, denen der Bierkonsum relativ wenig wert ist. Hierin liegt ein wesentlicher Vorteil des Marktmechanismus gegenüber anderen Zuteilungsmechanismen.

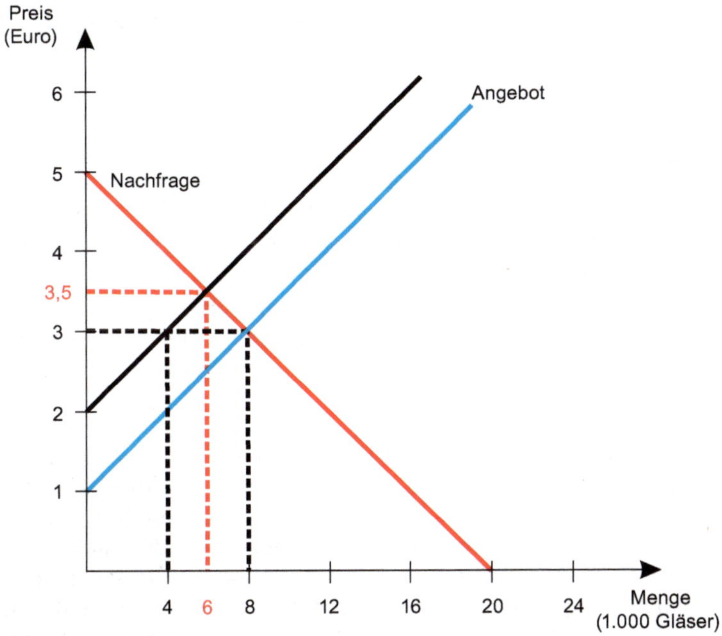

Abbildung 5.4: Die Brauerei verlangt mehr Geld von den Wirten.

Eine zweite wichtige Determinante der Angebotskurve ist die *Produktionstechnik*. Diese spielt in einer Studentenkneipe keine zentrale Rolle. Wir nehmen einmal an, es werde ein Gesetz erlassen, das ein besonders hygienisches und damit besonders aufwendiges Verfahren für das Gläserspülen vorschreibt. Somit wird mehr Personal benötigt. Die Wirte müssen also einen höheren Preis verlangen, um ihre Kosten zu decken. Dies führt wiederum zu einer Verschiebung der Angebotskurve nach links. Zusätzliche *staatliche Regulierungen* haben ähnliche Effekte auf den Markt wie eine negative Veränderung der Produktionstechnologie.

Die *Anzahl der Anbieter* auf einem Markt ist ebenfalls eine wichtige Determinante der Angebotskurve. Kommt es zum Beispiel dazu, dass ein Kneipenwirt beschließt, nach Berlin zu ziehen, verschiebt sich die Angebotskurve ebenfalls nach oben. Die Studenten müssten sich auf die dann noch verbleibenden Lokale verteilen, was zu einem höheren Gleichgewichtspreis führt.

Wie schon bei den Schocks auf der Nachfrageseite, lässt sich auch hier jeweils eine gegenteilige Veränderung darstellen. Die Angebotskurve verschiebt sich also nach rechts, wenn

- ein Inputpreis sinkt,
- sich die Produktionstechnologie verbessert und sich so die Produktivität erhöht („technischer Fortschritt“),
- staatliche Regulierungen abgebaut werden,
- die Anzahl der Anbieter steigt.

Bei diesen Datenänderungen sinkt der Gleichgewichtspreis. Damit erhalten die Verbraucher das Marktsignal, die günstigeren Angebotsbedingungen für sich nutzbar zu machen.

Wiederum bietet Ihnen das Modell „Mikro-Gütermarktgleichgewicht“ im **MyLab** die Möglichkeit, die Datenänderungen für unseren hypothetischen Markt durchzuspielen.

5.5 Was gerne verwechselt wird, was man aber nicht verwechseln sollte

In diesem Kapitel spielen die Begriffe „Angebot“, „angebotene Menge“, „Angebotskurve“ sowie „Nachfrage“, „nachgefragte Menge“ und „Nachfragekurve“ eine wichtige Rolle. Man muss hier gut auf die Terminologie achten.

- Beim „Angebot“ handelt es sich um eine Kurzform für den Begriff „Angebotskurve“, d.h. für den gesamten funktionalen Zusammenhang zwischen dem Preis und der angebotenen Menge.
- Die „angebotene Menge“ ist immer nur ein *Punkt* auf einer Angebotskurve.

Für die Nachfrageseite gelten natürlich die gleichen Definitionen.

Zur Verdeutlichung sehen wir uns noch einmal den *„positiven“ Nachfrageschock*[3] in ▶*Tabelle 5.1* an. Er führte dazu, dass sich die Nachfragekurve (oder „die Nachfrage“) nach rechts verschiebt. Bei einer unveränderten Angebotskurve verändert sich dann nur die *angebotene Menge* von 8.000 auf 10.000. Da im Gleichgewicht die angebotene Menge mit der nachgefragten Menge übereinstimmt, steigt diese in gleichem Maße an.

Ähnliches gilt für einen *„positiven“ Angebotsschock*. Wie *Abbildung 5.4* verdeutlicht, verschiebt er die Angebotskurve nach links. Bei einer unveränderten Nachfrage sinkt jetzt die *nachgefragte Menge* von 8.000 auf 6.000 und natürlich geht auch die angebotene Menge um denselben Betrag zurück.

Schock	Verschiebung nach rechts (positiver Schock)	Verschiebung nach links (negativer Schock)
Präferenzen der Konsumenten für ein bestimmtes Gut	Zugunsten von Bier	Zuungunsten von Bier
Einkommen der Konsumenten	Steigt	Sinkt
Preis eines substitutiven Gutes (Wein)	Steigt	Sinkt
Anzahl der Nachfrager auf einem bestimmten Markt	Steigt	Sinkt
Preis eines komplementären Gutes (Schnaps)	Sinkt	Steigt

Tabelle 5.1: Verschiebungen der Nachfragekurve für Bier

3 Die Bezeichnungen „positiv“ und „negativ“ beziehen sich auf das Vorzeichen, sie beinhalten keine Wertung.

Angebotsschocks verschieben also die Angebotskurve, Nachfrageschocks verschieben die Nachfragekurve. Da sich dabei der Gleichgewichtspreis ändert, kommt es bei beiden Schocks stets zu Veränderungen der angebotenen *und* der nachgefragten Menge.

Schock	Verschiebung nach rechts (negativer Schock)	Verschiebung nach links (positiver Schock)
Preis für die Inputs zur Erstellung eines Guts	Sinkt	Steigt
Produktionstechnik	Verbessert sich	Verschlechtert sich
Anzahl der Anbieter auf einem bestimmten Markt	Steigt	Sinkt
Staatliche Regulierungen	Werden abgebaut	Werden erhöht

Tabelle 5.2: Verschiebungen der Angebotskurve für Bier

5.6 Konsumenten- und Produzentenrente: Wie werden die Vorteile des Marktes auf Anbieter und Nachfrage aufgeteilt

In *Kapitel 2* wurde gezeigt, dass für die einzelnen Marktteilnehmer in der Regel der Wert, den sie einem Gut beimessen, und der Preis, der sich dafür auf dem Markt ergibt, auseinanderfallen. Wenn es über den Markt zu einem Austausch eines Gutes zwischen einem Anbieter und einem Nachfrager kommt, liegt

- für den **Nachfrager** der Wert, den er einem Gut beimisst, über dem Preis, den er dafür bezahlt. Er wird grundsätzlich keinen Preis zu zahlen bereit sein, der höher ist als seine Wertschätzung für ein bestimmtes Gut. Die individuelle Wertschätzung bestimmt somit die Obergrenze für den Beschaffungspreis eines Nachfragers (Beschaffungspreis-Obergrenze);
- für den **Anbieter** der Wert, den er einem Gut beimisst, unter dem Preis, den er dafür fordert: Er wird somit *mindestens* einen Preis fordern, der seiner Wertschätzung des Gutes entspricht (= Abgabepreis-Untergrenze). Man spricht hierbei auch vom *Reservationspreis* des Anbieters.

Da die Angebots- und Nachfragekurven abbilden, welchen Preis die Nachfrager zu zahlen und die Anbieter zu akzeptieren bereit sind, kann man an ihnen also auch die individuellen Wertschätzungen von Anbietern und Nachfragern ablesen.

Wenn wir nun die Nachfragekurve nach Bier betrachten, stellen wir fest, dass es viele Konsumenten gibt, die einem Glas Bier einen Wert von mehr als 3 Euro beimessen. Für einige liegt der Wert bei 5 Euro, für andere bei 4 Euro. Sie erhalten jedoch wie alle anderen Nachfrager ihr Bier zum Gleichgewichtspreis von 3 Euro. Die Differenz zwischen der individuellen Wertschätzung und dem Marktpreis bezeichnet man als *Konsumentenrente*. Dabei hat der Ausdruck „Rente“ nichts mit der Altersvorsorge zu tun, er wurde von Alfred Marshall geprägt und hat sich in der volkswirtschaftlichen Terminologie zur Beschreibung von Divergenzen zwischen Wert und Preis eingeprägt.

Man kann die Konsumentenrente als Differenz zwischen Wert und Preis für einen einzelnen Konsumenten ermitteln, man kann sie aber auch für die Nachfrager auf dem

Markt insgesamt bestimmen. Die gesamte Konsumentenrente ist dann die Fläche zwischen der Nachfragekurve und einer durch den Gleichgewichtspreis verlaufenden waagerechten Linie (▶*Abbildung 5.5*).

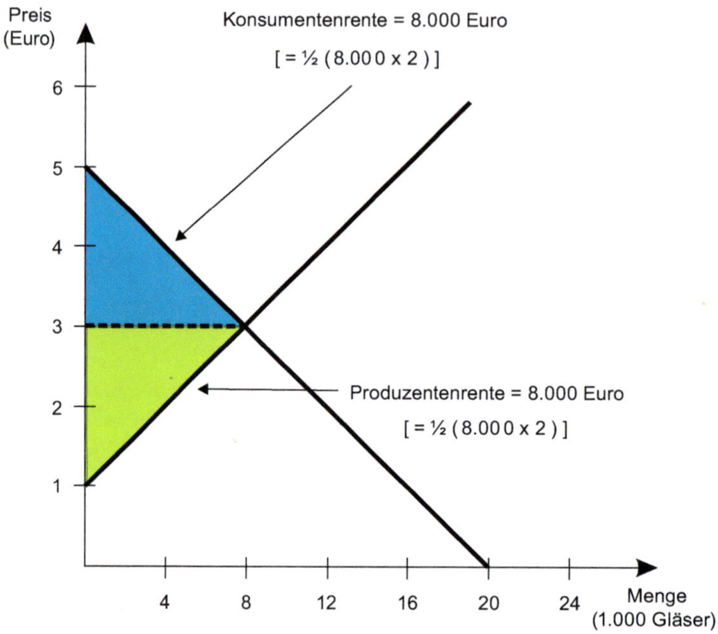

Abbildung 5.5: Die Konsumentenrente und die Produzentenrente am Markt für Bier

Sie beläuft sich bei den hier verwendeten hypothetischen Kurven für das Angebot und die Nachfrage auf 8.000 Euro. Die Fläche dieses Dreiecks kann man ermitteln, indem man 8.000 Gläser mit einer *Konsumentenrente* von 2 Euro multipliziert (Rechteck) und davon die Hälfte nimmt.

Für die Angebotsseite gilt dasselbe Prinzip. Die individuellen Wertschätzungen der Produzenten werden durch die Angebotskurve zum Ausdruck gebracht. In *Kapitel 7* wird gezeigt, dass hierfür die *Grenzkosten* der Produktion entscheidend sind. An einem Wettbewerbsmarkt können alle Anbieter ihr Produkt zu einem einheitlichen Preis absetzen, auch wenn ihre individuellen Kosten unterschiedlich sind. Die Differenz zwischen dem Gleichgewichtspreis und dem, vor allem durch die Kosten bestimmten Wert eines Gutes aus Sicht der Anbieter bezeichnet man als *Produzentenrente*.

Die den Anbietern insgesamt zufallende Produzentenrente lässt sich ebenfalls grafisch abbilden. Sie entspricht der Fläche zwischen der Angebotskurve und wiederum einer durch den Gleichgewichtspreis verlaufenden Horizontalen. Sie beläuft sich in dem hier verwendeten Zahlenbeispiel ebenfalls auf 8.000 Euro.

Die Tatsache, dass nun Anbieter wie Nachfrager auf dem Markt eine positive Rente erhalten, spiegelt den – bereits in *Kapitel 2* angesprochenen – fundamentalen Sachverhalt wider, dass der Austausch von Gütern auf einem Markt in der Regel kein Nullsummenspiel darstellt. Es handelt sich vielmehr in der Regel um eine Win-win-Situation, von der beide Marktseiten gleichermaßen profitieren. Dass gleichzeitig immer wieder Menschen kräftig übers Ohr gehauen werden, ist die Ausnahme, die die Regel bestätigt.

Der Pädagoge

1842–1924

Alfred Marshall wurde am 26. Juli 1842 in London geboren und starb am 12. Juli 1924 in Cambridge. Er ist wohl der erfolgreichste Lehrer in der Geschichte der Nationalökonomie. Zwei seiner Schüler (Keynes und Pigou) wurden selbst weltberühmt. Zudem verdanken wir Marshall die analytischen Instrumente der Mikroökonomie, wie sie in den *Kapiteln 5* bis *8* dargestellt werden, konkret also die Angebots- und Nachfragekurven sowie das Konzept der Elastizität (siehe dazu *Kapitel 8*).

Nach einem anfänglichen Interesse für die Geldtheorie wandte sich Marshall 1877 den Determinanten von Angebot und Nachfrage zu. Der Anstoß hierfür war der Auftrag, ein Lehrbuch der Volkswirtschaftslehre („Industry and Trade") zu schreiben. Sein Hauptwerk, die „Principles of Economics", erschien im Jahr 1890 – Marshall hatte zwei Jahrzehnte daran gearbeitet. Dafür wurde es auch die „Bibel" für viele Ökonomen. Er verarbeitete dabei die Erkenntnisse der Grenznutzentheorie, die von Carl Menger, Leon Walras, Stanley Jevons und Hermann Gossen entwickelt worden war. Dabei wurde der objektive Wertbegriff der Arbeitswertlehre (Ricardo) durch einen subjektiven Wertbegriff abgelöst, wie ihn die Volkswirtschaftslehre auch heute noch verwendet.

Zitat

„Political economy or economics is a study of mankind in the ordinary business of life; it examines that part of individual and social action which is most closely connected with the attainment and with the use of the material requisites of well-being."

Principles of Economics, Chapter 1, Introduction (www.socsci.mcmaster.ca/~econ/ugcm/3ll3/marshall/prin/prinbk1)

Ausbildung und Beruf

1862–1868 Studium der Mathematik am St. John College in Cambridge (auch Studienaufenthalt in Deutschland)
1868–1877 Dozent für „Moral Science" in Cambridge
1877–1883 Direktor des University College in Bristol
1883–1885 Fellow, Universität Oxford
1885–1908 Lehrstuhl für Politische Ökonomie, Universität Cambridge

Werke

1890 Principles of Economics, Bd. 1, London, Macmillan
1919 Industry and Trade, London, Macmillan
1923 Money, Credit and Commerce, London, Macmillan

Schlagwörter

- Angebot (S. 64)
- angebotene Menge (S. 66)
- Angebotskurve (S. 64)
- Gesetz des abnehmenden Grenznutzens (S. 64)
- Konsumentenrente (S. 73)
- Konsumentensouveränität (S. 67)
- Luxusgüter (S. 65)
- Monopol (S. 64)
- Nachfrage (S. 65)
- Nachfragekurve (S. 64)
- nachgefragte Menge (S. 67)
- Oligopol (S. 64)
- Polypol (S. 64)
- Produzentenrente (S. 73)
- Prohibitivpreis (S. 65)
- Reservationspreis (S. 73)
- Sättigungsmenge (S. 65)
- Veblen-Güter (S. 65)

Aufgaben

Musterlösungen zu den hier gestellten Aufgaben finden Sie im MyLab | Grundzüge der VWL.

1. Gleichgewicht am Markt für Speiseeis

Stellen Sie sich vor, dass in einer kleinen deutschen Stadt ein harter Konkurrenzkampf auf dem Markt für italienisches Speiseeis tobt. Das Angebot der zahlreichen Eisdielen ist beschrieben durch folgende Funktion:

$$p^a(x) = 2 + 0{,}1x$$

Die Nachfrage, die vor allem durch die Studierenden der Stadt entfaltet wird, ist gegeben durch:

$$p^n(x) = 12 - 0{,}1x$$

Da Sie selbst häufig Eisdielen besuchen, haben Sie sich vorgenommen, diesen Markt einmal etwas genauer unter die Lupe zu nehmen:

- Berechnen Sie nun zunächst den markträumenden Preis sowie die gleichgewichtige Menge für italienisches Speiseeis.
- Wie hoch sind die Produzentenrente und die Konsumentenrente? Skizzieren Sie die Lösung!

2. Schocks am Markt für Speiseeis

In diesem Jahr haben zahlreiche Ereignisse Einfluss auf den Markt für italienisches Speiseeis genommen:

- Eine neue Fachhochschule wird eröffnet.
- Der Preis für Langnese-Eis sinkt.
- Der Stundenlohn für Eisverkäufer steigt aufgrund gestiegener Krankenkassenbeiträge.
- Die Hygieneanforderungen werden verschärft.
- Die BAföG-Sätze werden gesenkt.

Skizzieren Sie jeweils die Effekte, die hiervon auf die Angebots- und Nachfragekurve ausgehen!

LERNZIELE

- In diesem Kapitel leiten wir die Nachfragekurve formal her. Dazu werden wir uns mit der *Theorie der individuellen Konsumentscheidungen* näher befassen.
- Sie basiert zum einen auf einer *Nutzenfunktion*, mit der ein Konsument ermitteln kann, welchen Nutzen ihm ein Gut stiftet. Diese Funktionen werden in der Regel vom Gesetz des *abnehmenden Grenzertrags* bestimmt. Grafisch kann man Nutzenfunktionen als dreidimensionale Nutzengebirge abbilden. Indifferenzkurven sind die Höhenlinien eines solchen Nutzengebirges. Ihre negative Steigung *(Grenzrate der Substitution)* bildet die Tatsache ab, dass das Nutzenniveau eines Konsumenten nur dann gleich bleibt, wenn der Minderkonsum von einem Gut durch einen Mehrkonsum von einem anderen kompensiert wird.
- Das zweite Element der Konsumentscheidung ist die *Budgetgerade*, die die Konsummöglichkeiten eines privaten Haushalts bei einem gegebenen Einkommen beschreibt. Ihre negative Steigung stellt die Opportunitätskosten bei der Wahl zwischen zwei Gütern dar.
- Der *optimale Konsumplan* zeichnet sich dadurch aus, dass die Budgetgerade eine Indifferenzkurve tangiert. Die *Grenzrate der Substitution* entspricht dann den Opportunitätskosten.
- Steigt der Preis eines Gutes, dreht sich die Budgetgerade nach außen. In der Regel wird dann das Gut mit dem höheren Preis weniger nachgefragt (*Substitutionseffekt*). Das gesamte Nutzenniveau eines Konsumenten sinkt dabei aufgrund des negativen *Einkommenseffekts* einer Preiserhöhung.
- Wenn man den Preis eines Gutes verändert (bei Konstanz aller übrigen Determinanten der Konsumentscheidung), kann man für jeden Konsumenten eine *Nachfragefunktion* für ein Gut herleiten. Die *Marktnachfrage* erhält man durch Addition aller individuellen Nachfragefunktionen.
- Die in diesem Kapitel dargestellten Zusammenhänge können Sie mit dem Modell „Mikro-Nachfrageseite" auf der begleitenden Website unter *www.pearson-studium.de* durchspielen.

Wie alle Informationen über die Nachfrageseite in der Nachfragekurve verdichtet werden

6

ÜBERBLICK

Wir haben uns im vorhergehenden Kapitel vor allem auf unsere Intuition verlassen. Auch wenn wir damit recht gute Einsichten in den Marktprozess gewinnen konnten, soll jetzt die Logik von Angebots- und Nachfragekurven analytisch hergeleitet werden. Dabei wird wiederum deutlich werden, wie im Marktprozess eine Fülle von Informationen über die Angebots- und die Nachfrageseite in sehr effizienter Weise verarbeitet werden. Natürlich handelt es sich dabei wieder um eine vereinfachte Beschreibung der Realität, deren Probleme in der *Box 6.1* ausführlicher diskutiert werden. Wir beginnen in diesem Kapitel mit der Nachfragekurve und orientieren uns wiederum am Markt für Bier in der Kneipe. Die Angebotsseite wird in *Kapitel 7* ausführlicher beleuchtet werden.

Box 6.1 Der „Homo oeconomicus" und die „Behavioural Economics"

In der Mikroökonomie geht es vor allem darum, die wirtschaftlichen Urteile und Entscheidungsprozesse von Menschen zu beschreiben und sie damit auch prognostizierbar zu machen. Um zu den eindeutigen Aussagen zu kommen, wie man sie in den *Kapiteln 5* und *6* vorfindet, muss die Volkswirtschaftslehre relativ enge Annahmen über das menschliche Verhalten treffen. Diese bündeln sich im Konstrukt des *„homo oeconomicus"*. Dieser Idealtyp eines ökonomischen Entscheidungsträgers

- ist jederzeit umfassend über alle entscheidungsrelevanten Faktoren informiert,
- ist nur an seinem eigenen Nutzen interessiert,
- hat keine Schwierigkeiten mit der Verarbeitung auch sehr komplexer Entscheidungsprozesse und
- kann daher bei verschiedenen Handlungsalternativen immer eine konsistente Rangfolge in Bezug auf den Nutzen ermitteln.

Es ist klar, dass die VWL damit keine realistische Beschreibung aller menschlichen Entscheidungsprozesse abgeben möchte. Und Gott sei Dank sind die meisten Menschen keine reinen „homines oeconomici". Kenneth Boulding (1910–1993) hat dies einmal so formuliert:

Niemand im Vollbesitz seiner geistigen Kräfte möchte seine Tochter mit einem homo oeconomicus verheiratet sehen, mit jemandem, der sämtliche Kosten nachrechnet und stets nach dem Gegenwert fragt, der nie von verrückter Großzügigkeit oder nicht berechnender Liebe heimgesucht ist, der nie aus einem Gefühl innerer Identität handelt und der in der Tat keine innere Identität besitzt, auch wenn er gelegentlich von sorgfältig kalkulierten Erwägungen über Wohlwollen und Missgunst bewegt ist. (Boulding, 1973, S. 12)

Richard Thaler, einer der Begründer der „Behavioural Economics", kritisiert am Konstrukt des „homo oeconomicus" vor allem die Annahme einer perfekten Informationsverarbeitung:

„Think of the human brain as a personal computer with a very slow processor and a memory system that is both small and unpredictable. I don't know about you, but the PC I carry between my ears has more disk failures than I care to think about." (Thaler, 1993, S. 3)[1]

In der Tat müssten Studenten nicht so mühsam die Modelle der Mikroökonomie lernen, wenn sie sich in ihrem eigenen Konsumverhalten ständig danach ausrichten würden. Doch wie schon in *Box 3.1* gezeigt, geht es der Volkswirtschaftslehre in ihren Modellen nicht zwingend darum, die Realität umfassend darzustellen. Das Ziel besteht vielmehr darin, wichtige Zusammenhänge mit einer möglichst einfachen Abbildung zu veranschaulichen. Der in der Realität sehr häufig zu beobachtende Sachverhalt, dass sich Menschen bei ihren Konsumentscheidungen von den Preisen der einzelnen Güter leiten lassen, kann mit dem Modell des „homo oeconomicus" recht gut beschrieben werden. Die Frage, ob ich lieber Nudeln oder Kartoffeln zum Abendessen möchte, ist dabei auch nicht so komplex, dass sie nicht von den meisten Konsumenten recht ökonomisch, d.h. unter Berücksichtigung ihrer Präferenzen und des Preises von Nudeln und Kartoffeln, beantwortet werden könnte. Das Motto des „Geiz ist geil" passt daher gut zur Modellfigur des „homo oeconomicus".

Die Grenzen dieses Konstrukts zeigen sich bei komplexeren Fragestellungen, wie zum Beispiel, ob ich meinem Aktien-Portfolio noch Aktien der Deutschen Bank hinzufügen soll, wie ich meine Altersvorsorge gestalte oder welche Berufsausbildung ich wähle.

Solche Entscheidungen beziehen sich auf in der Zukunft liegende und damit sehr unsichere Faktoren. Die Komplexität der Entscheidungsprozesse ist dabei so hoch, dass es für den „normalen" Menschen kaum noch möglich ist, alle relevanten Faktoren in einem umfassenden Modell zu verarbeiten, wie das für den „homo oeconomicus" unterstellt wird. Die noch recht junge, aber bereits im Jahr 2002 mit dem Nobelpreis für Ökonomie bedachte Forschungsrichtung der *Behavioural Economics* zeigt, dass sich Menschen in solchen Situationen in der Regel mit relativ einfachen Daumenregeln (*Heuristiken*) behelfen. Dies hat zur Folge, dass wir vor allem bei Anlageentscheidungen systematische Fehler („biases") begehen. Hiermit hat sich insbesondere der Nobelpreisträger *Daniel Kahneman*[2] befasst. Auf der anderen Seite gibt es eine Reihe sehr hilfreicher *Heuristiken*, die sich dadurch auszeichnen, dass man mit geringem Entscheidungsaufwand in der Regel zu guten Ergebnissen kommt. Dieser Aspekt wurde vor allem durch die Psychologen *Gerd Gigerenzer* und *Daniel G. Goldstein* herausgestellt (Gigerenzer und Goldstein, 2011).

1 Eine ausführlichere Darstellung von Thalers Ideen findet man bei Thaler (2000).

2 Mehr über Kahneman auf der Internetseite des Nobelpreis-Komitees (*www.nobel.se/economics/laureates/2002*).

6.1 Ein schwieriges Entscheidungsproblem: Wie oft soll man ins Kino gehen und wie viele Gläser Bier in der Stammkneipe trinken?

Unsere Modellwelt besteht aus fünf Studenten, die alle gerne Bier trinken und ins Kino gehen. Ein Bier in ihrer Stammkneipe kostet 3 Euro, für einen Kinobesuch müssen sie 6 Euro bezahlen. Wir nehmen an, dass die Studenten von ihrem monatlichen Budget zunächst alle lebensnotwendigen Ausgaben abziehen, sodass sie nur noch vor der Entscheidung stehen, wie das dann noch verbleibende Freizeitbudget auf Kinobesuche und Biertrinken aufgeteilt wird.

- Christiane hat für die Freizeit 120 Euro pro Monat verfügbar. Sie interessiert sich für neue Filme und trifft auch gerne ihre Freundinnen und Freunde in der Kneipe. Sie möchte auf jeden Fall einmal im Monat ins Kino und in die Kneipe gehen. Kinobesuche stellen für sie also keinen vollständigen Ersatz für das Biertrinken dar (und umgekehrt). In der Fachterminologie spricht man dann davon, dass für sie die beiden Güter keine *vollständigen Substitute* sind.
- Jens kann für Kino und Biertrinken ebenfalls 120 Euro ausgeben. Für ihn sind Kneipe und Kino ebenfalls unvollständige Substitute. Im Vergleich zu Christiane bringt es ihm mehr, in die Kneipe zu gehen und Bier zu trinken, als sich einen Film im Kino anzusehen. Seine Präferenzen sind also stärker für Bier ausgeprägt als die von Christiane.
- Heike kann in einem Monat einmal auch ganz auf das Kino oder den Kneipenbesuch verzichten, wenn sie dafür mehr vom jeweils anderen Freizeitgut konsumieren kann. Kino und Biergarten sind für sie *vollständige Substitute*. Ihr Freizeitbudget beläuft sich ebenfalls auf 120 Euro.
- Benjamin hat reiche Eltern und deshalb 150 Euro für Bier und Kino zur Verfügung. Seine Präferenzen sind identisch mit denen von Christiane.
- Xaver wohnt bei seinen Eltern auf dem Land. Er kann ebenfalls 120 Euro für die Freizeit ausgeben. Allerdings fährt er abends nur dann in die 30 km entfernte Universitätsstadt, wenn er gleichzeitig ins Kino geht und danach ein Bier trinkt (mehr geht nicht wegen der 0,5-Promille-Grenze). Bier und Kino werden von ihm also nur in einer festen 1:1-Kombination konsumiert. Man spricht dann davon, dass es sich um *komplementäre Güter* handelt.

Es ist naheliegend, dass alle fünf Studenten einen möglichst großen Nutzen aus ihrem Geld erzielen wollen. Doch wie sollen sie nun konkret herausfinden, wie oft sie ins Kino gehen und wie viel Bier sie in der Kneipe trinken sollen bzw. können? Diese Fragestellung wird in der sogenannten *Haushaltstheorie* der Mikroökonomie ausführlich erörtert, wobei schon zu Beginn gewarnt werden muss: Es geht dabei mehr um die Prinzipien einer solchen Wahlentscheidung als um eine konkrete Lebenshilfe. Wie oft Sie also tatsächlich ins Kino gehen und wie viele Gläser Bier Sie abends trinken sollen (wenn Sie nicht selbst fahren), werden Sie auch in Zukunft nicht exakt bestimmen können.

6.2 Die Budgetrestriktion zeigt, was wir uns leisten können

Für Christiane, Heike, Jens und Xaver beträgt das monatliche Budget für Bier und Kinobesuch 120 Euro. Damit könnten sie pro Monat maximal 40 Gläser Bier in der Kneipe trinken oder aber 20-mal ins Kino gehen. Natürlich könnten sie auch beides kombinieren. Die für sie bei einem gegebenen Einkommen möglichen Konsumkombinationen werden durch eine sogenannte *Budgetgerade* abgebildet:

(6.1) 120 Euro = 3 Euro · Glas + 6 Euro · Kinobesuch

▶*Abbildung 6.1* stellt diese Gerade dar. Die Budgetgerade von Benjamin lautet:

(6.2) 150 Euro = 3 Euro · Glas + 6 Euro · Kinobesuch

Wie *Abbildung 6.1* verdeutlicht, liegt sie rechts von den Budgetgeraden der vier anderen Studenten. Benjamin kann sich also mehr Bier und mehr Kinobesuche leisten.
In allgemeiner Form lautet die Budgetgerade:

(6.3) $$y = p_1 x_1 + p_2 x_2$$

Dabei ist y das verfügbare Einkommen, p_1 ist der Preis von Gut 1, x_1 ist die Menge von Gut 1, p_2 ist der Preis von Gut 2 und x_2 ist die Menge von Gut 2.
Löst man die Gleichung nach x_2 auf, erhält man:

(6.4) $$x_2 = \frac{y}{p_2} - \frac{p_1}{p_2} x_1$$

Die Steigung der Budgetgeraden wird also vom Verhältnis der Preise der beiden Güter bestimmt, der y-Achsenabschnitt vom Einkommen und dem Preis des auf der y-Achse abgebildeten Gutes x_2. Durch ein höheres Einkommen verschiebt sich die Budgetgerade nach oben, bei einer Veränderung des Verhältnisses der Güterpreise dreht sie sich. Wird z.B. das Gut x_2 billiger, dreht sie sich nach oben.

Alle Kombinationen von Kinobesuch und Bierkonsum, die auf der Budgetgeraden liegen, können von den Studenten realisiert werden. Kombinationen, die darüber liegen, sind nicht zu bezahlen und damit auch nicht zu verwirklichen. Die Gerade wird deshalb auch als *Budgetrestriktion* bezeichnet. Von der Möglichkeit, sich bei anderen Studenten zu verschulden oder das Konto zu überziehen, wird in der Haushaltstheorie der Mikroökonomie abgesehen. Kombinationen, die unterhalb dieser Linie liegen, sind nicht effizient, da die vorhandenen Konsummöglichkeiten nicht voll ausgeschöpft werden. Natürlich könnte man dann das verbleibende Geld sparen, aber auch diese Option wird in der einfachen Haushaltstheorie nicht berücksichtigt. Nachdem sich die Studenten ihre Budgetgerade aufgestellt haben, wissen sie immerhin, welche Kombinationen von Kinobesuchen und Bierkonsum sie sich leisten können; aber wie oft sie nun konkret ins Kino gehen und wie viele Gläser Bier sie sich gönnen sollen, muss noch geklärt werden.

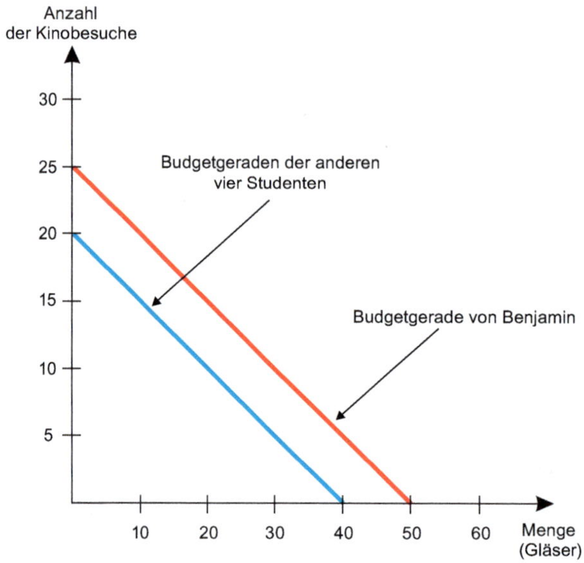

Abbildung 6.1: Die Budgetrestriktion zeigt, was wir uns leisten können.

6.3 Die Nutzenfunktion zeigt, was uns bestimmte Güter wert sind

Schauen wir uns dazu die Entscheidungssituation von Christiane an. Wie schon erwähnt, geht sie gerne ins Kino und ist auch einem Glas Bier nicht abgeneigt, möchte aber auf keines der beiden Produkte ganz verzichten. Damit scheiden die *Ecklösungen* auf der Budgetgeraden von vornherein aus: Christiane würde dabei entweder nur ins Kino gehen (20-mal) oder nur in die Kneipe (40 Gläser Bier), aber sie müsste dann einen Monat lang ganz auf die jeweils andere Freizeitbeschäftigung verzichten.

Fraglich ist aber auch, ob Christiane mit relativ eng benachbarten Lösungen gut bedient wäre, d.h. also

- einem Kinobesuch und 38 Gläsern Bier oder
- 2 Gläsern Bier und 19 Kinobesuchen.

Die intuitive Sicht, dass 19 Kinobesuche im Monat wohl doch etwas viel sind, wird in der Mikroökonomie durch das in *Kapitel 5* schon angesprochene *Gesetz vom abnehmenden Grenznutzen* zum Ausdruck gebracht. Dieses Gesetz, das auch als 1. *Gossen'sches Gesetz* bezeichnet wird, wurde von dem deutschen Ökonomen *Heinrich Hermann Gossen* (1810–1858) in seinem Buch „Entwickelung der Gesetze des menschlichen Verkehrs und der daraus fließenden Regeln für menschliches Verhalten" (Gossen, 1854) entwickelt. Es besagt, dass es für Christiane sicher eine gute Sache ist, wenn sie einmal im Monat ins Kino geht, weil sie dann den für sie interessantesten Film ansehen kann. Beim zweiten Kinobesuch findet sie bestimmt auch noch etwas Spannendes, beim dritten, vierten, fünften oder sogar sechsten Mal dürfte es aber immer schwieriger werden. Grafisch kann man das mit einer Kurve abbilden, die den Nutzen darstellt, den Christiane aus ihren Kinobesuchen erzielt.

▸*Abbildung 6.2* zeigt, dass der Nutzen von Christiane mit jedem Kinobesuch ansteigt, allerdings wird der *zusätzliche* Nutzen, d.h. also der *Grenznutzen* eines Kinobesuchs, immer geringer, am Ende liegt er fast bei null. Von der Möglichkeit, dass sich Christiane entsetzlich langweilt und sie den Kinobesuch nicht mehr nützlich, sondern nur noch als lästig empfindet, sei hier abgesehen. Genau der gleiche Zusammenhang gilt für den Bierkonsum. Im Vergleich zu der Alternative, einen Monat überhaupt nicht in die Stammkneipe zu gehen, ist der Nutzen des ersten Glases Bier in der Kneipe sehr hoch. Jeden Abend dorthin zu gehen, wird jedoch ebenso langweilig wie zu viele Kinobesuche. Somit kann man also für den Bierkonsum in der Kneipe eine Nutzen- und Grenznutzenkurve unterstellen, die denen des Kinobesuchs entsprechen.

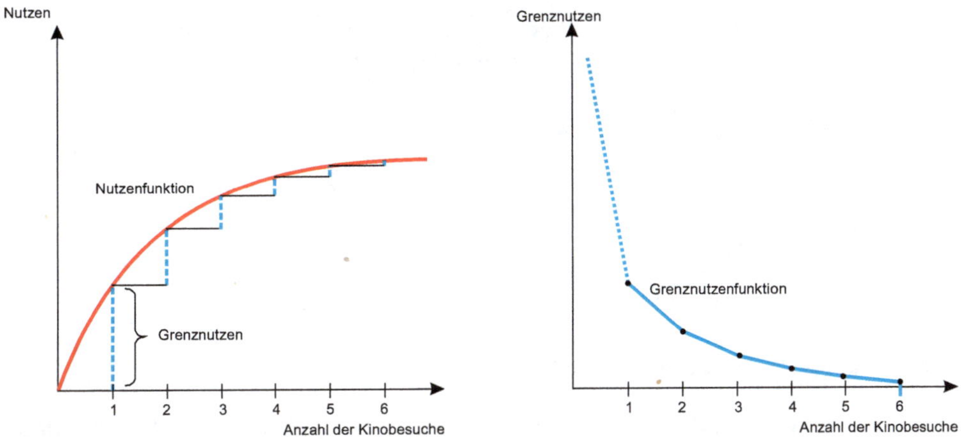

Abbildung 6.2: Der Nutzen eines zusätzlichen Kinobesuchs nimmt ab, je häufiger man ins Kino geht.

Jetzt weiß Christiane also, dass sie sich von extremen Lösungen fernhalten sollte, aber wie findet sie dann das richtige Mischungsverhältnis? Die Budgetgerade sagt ihr, dass sie für jeden zusätzlichen Kinobesuch auf zwei Gläser Bier verzichten muss. Sie beschreibt also die *Opportunitätskosten* (siehe *Kapitel 3*) des Kinobesuchs. Ausgehend von der Ecklösung mit keinem einzigen Kinobesuch bedeutet dies, dass ihr der erste Kinobesuch mindestens so viel wert sein muss wie ein Verzicht auf zwei Gläser Bier. Wenn Christiane dies bejaht, kann sie sich fragen, ob ihr der zweite Kinobesuch ebenfalls noch einen Nutzen stiftet, der höher ist als der Nutzen von zwei Gläsern Bier. Dies wird auch noch der Fall sein, allerdings nimmt der zusätzliche Nutzen des Kinobesuchs ab, während der Verzicht auf Bierkonsum spürbarer wird. So kann sich Christiane dann auf der Budgetgeraden nach oben bewegen, bis sie zu einem Punkt kommt, bei dem ihr der Nutzenverlust von zwei Bier in etwa genauso viel wert ist wie ein zusätzlicher Kinobesuch. Die bei diesem Punkt auf der Budgetgerade liegende Kombination von Bier und Kinobesuch stellt dann den optimalen Konsumplan dar.

Die hier diskutierte Frage, wie viel Bier Christiane bereit ist, für einen zusätzlichen Kinobesuch aufzugeben, wird in der Mikroökonomie durch die sogenannte *Nutzenfunktion* beschrieben. Sie beschreibt einen funktionalen Zusammenhang zwischen der Menge an Gütern, die wir konsumieren, und dem Nutzen, den wir daraus ziehen. Im Fall von Christiane könnte das ganz allgemein so aussehen:

(6.5) $$Nutzen = f(Bier, Kino)$$

Da der Nutzen sowohl vom Bierkonsum als auch vom Kinobesuch abhängt, kann man eine *Nutzenfunktion* nur im dreidimensionalen Raum in der Form eines *Nutzengebirges* abbilden. Es zeigt, dass der Nutzen zunimmt, wenn wir von einem der beiden Güter oder von beiden gleichzeitig mehr konsumieren können.

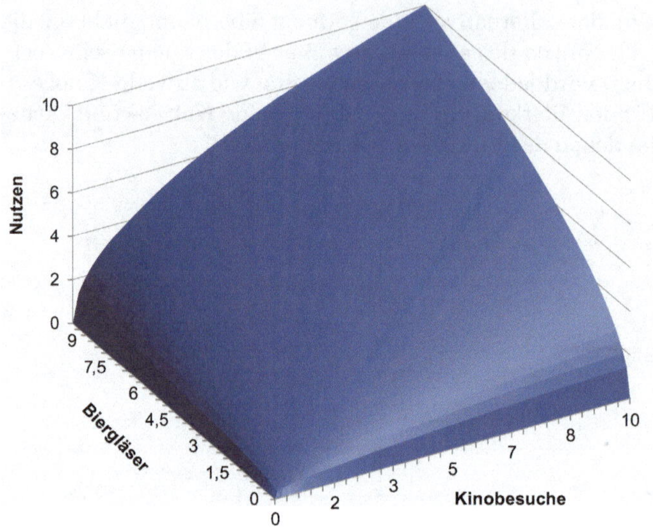

Abbildung 6.3: Das Nutzengebirge von Christiane

Da es schwierig ist, in drei Dimensionen zu denken, beschränkt man sich in der Regel darauf, mit den *Höhenlinien* eines solchen Gebirges zu arbeiten. Wanderer kennen diese Art der Abbildung von Wanderkarten. Diese Linien, die in der Ökonomie als *Indifferenzkurven* bezeichnet werden, beschreiben Orte eines gleichen Nutzens, die mit unterschiedlichen Kombinationen der beiden Güter erreicht werden.

▸*Abbildung 6.4* stellt zwei mögliche *Indifferenzkurven* für Bier und Kinobesuch dar:

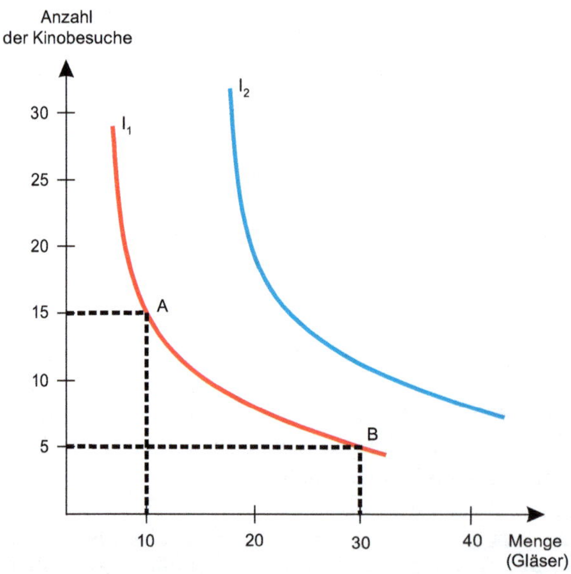

Abbildung 6.4: Verschiedene Höhenlinien („Indifferenzkurven") des Nutzengebirges von Christiane

- Die negative Steigung der Indifferenzkurve zeigt, auf wie viele Kinobesuche Christiane verzichten kann, wenn sie bei *gleichem Nutzenniveau* ihren Bierkonsum erhöht. Dieses Austauschverhältnis bezeichnet man als *Grenzrate der Substitution*. Ihr *konvexer Verlauf* ergibt sich aus dem Grundprinzip des abnehmenden Grenznutzens. Im Punkt A mit 15 Kinobesuchen und zehn Gläsern Bier ist Christiane eher bereit, Kinobesuche durch zusätzlichen Bierkonsum zu substituieren als im Punkt mit fünf Kinobesuchen und etwas mehr als 30 Gläsern Bier.
- Aus der Logik der Höhenlinien ist klar, dass sich Indifferenzkurven *nicht schneiden* dürfen. Wenn sich auf einer Wanderkarte die Höhenlinie für 500 m mit der Höhenlinie für 600 m schneidet, kann mit der Karte etwas nicht stimmen.
- Da für Christiane unterschiedliche Nutzenniveaus denkbar sind, gibt es natürlich viele Indifferenzkurven. Mit I_1 und I_2 werden eine Indifferenzkurve mit niedrigem und eine Indifferenzkurve mit hohem Nutzenniveau abgebildet. Grundsätzlich weisen Indifferenzkurven einen umso höheren Nutzen auf, je weiter sie vom Ursprung entfernt sind. Dies liegt daran, dass in der Mikroökonomie davon ausgegangen wird, dass mehr Güter immer besser sind als weniger Güter.
- Für das Verständnis von *Indifferenzkurven* ist es wichtig, dass die Mikroökonomie stets von einem *ordinalen*, nicht aber einem *kardinalen* Nutzenbegriff ausgeht. Eine weiter rechts liegende Indifferenzkurve bedeutet also nur, dass sie mit einem höheren Nutzen verbunden ist, sie lässt es aber offen, wie hoch die konkrete Nutzendifferenz ist. Letzteres würde einen kardinalen Nutzenbegriff voraussetzen.

Konkret kann man jetzt für Christiane den optimalen Konsumplan grafisch recht einfach herleiten, indem man zunächst noch einmal ihre Budgetgerade in einem 2-Güter-Diagramm abbildet. Dann zeichnet man ihre Indifferenzkurven für unterschiedliche Nutzenniveaus ein. Der Optimalpunkt wird dadurch ermittelt, dass man die höchstmögliche Indifferenzkurve sucht, die gerade noch auf der Budgetgeraden liegt. Dies ist genau im Tangentialpunkt der Fall, bei dem die Indifferenzkurve und die Budgetgerade die gleiche Steigung aufweisen (▶*Abbildung 6.5*).

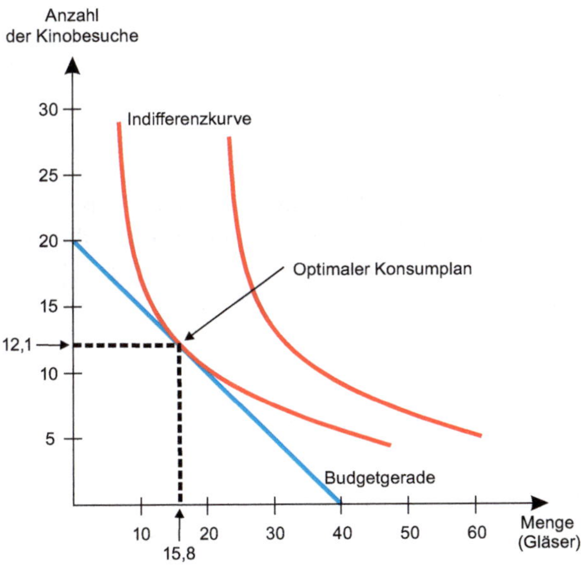

Abbildung 6.5: Der optimale Konsumplan von Christiane

Die Steigung der *Indifferenzkurve* wird folgendermaßen hergeleitet. In allgemeiner Form lautet die *Nutzenfunktion*

(6.6) $$U = U(x_1, x_2)$$

Bildet man hieraus das vollständige Differential, erhält man:

(6.7) $$dU = \frac{\partial U}{\partial x_1} dx_1 + \frac{\partial U}{\partial x_2} dx_2$$

Auf einer Indifferenzkurve bleibt der Nutzen konstant, d.h. $dU = 0$. Für sie gilt also:

(6.8) $$0 = \frac{\partial U}{\partial x_1} dx_1 + \frac{\partial U}{\partial x_2} dx_2$$

Daraus erhält man für die Steigung der Indifferenzkurve:

(6.9) $$\frac{dx_2}{dx_1} = -\frac{\frac{\partial U}{\partial x_1}}{\frac{\partial U}{\partial x_2}}$$

Sie wird also vom Verhältnis der Grenznutzen, d.h. der Grenzrate der Substitution, bestimmt. Die Steigung der Budgetgeraden ergibt sich aus dem Preisverhältnis der beiden Güter:

(6.10) $$-\frac{p_1}{p_2}$$

Im Optimalpunkt, bei dem die Budgetgerade eine Indifferenzkurve tangiert, entspricht also das Verhältnis des Grenznutzens zweier Güter (Grenzrate der Substitution) ihrem Preisverhältnis. Man bezeichnet diesen Zusammenhang auch als Zweites Gossen'sches Gesetz.

(6.11) $$\frac{p_1}{p_2} = \frac{\frac{\partial U}{\partial x_1}}{\frac{\partial U}{\partial x_2}}$$

Im Modell „Mikro-Nachfrageseite", das Sie im **MyLab** finden, können Sie beliebige andere Preise, Einkommen und Präferenzen eingeben und dann die jeweils optimalen Konsummengen bestimmen.

6.4 Für Leserinnen und Leser, die es genauer wissen möchten

Mathematisch exakt haben wir damit das Entscheidungsproblem von Christiane noch nicht gelöst. Um dies konkret zu tun, müssten wir ihre genaue *Nutzenfunktion* kennen. In der Volkswirtschaftslehre wird meist von Funktionen ausgegangen, bei denen sich der Nutzen aus der Multiplikation der beiden Güter Bier (B) und Kinobesuch (K) ergibt:[3]

$$U = B^{\alpha}K^{(1-\alpha)} \tag{6.12}$$

Der Grenznutzen für ein Glas Bier ergibt sich als erste Ableitung dieser Funktion:

$$\frac{\partial U}{\partial B} = \alpha B^{(\alpha-1)}K^{(1-\alpha)} \tag{6.13}$$

Entsprechend gilt für den Grenznutzen für Kinobesuche:

$$\frac{\partial U}{\partial K} = (1-\alpha)K^{-\alpha}B^{\alpha} \tag{6.14}$$

Wie oben dargestellt, ist das Konsumoptimum dadurch gekennzeichnet, dass das Verhältnis der Grenznutzen dem Verhältnis der Preise entspricht:

$$\frac{p_B}{p_K} = \frac{\frac{\partial U}{\partial B}}{\frac{\partial U}{\partial K}} = \frac{\alpha B^{(\alpha-1)}K^{(1-\alpha)}}{(1-\alpha)K^{-\alpha}B^{\alpha}} = \frac{\alpha K}{(1-\alpha)B} \tag{6.15}$$

Leider hat die in vielen Lehrbüchern zu findende *Nutzenfunktion* (*Gleichung 6.6*) den großen Nachteil, dass Änderungen der relativen Preise, d.h. des Bierpreises im Vergleich zum Preis für den Kinobesuch, keinen Effekt auf die nachgefragte Menge an Bier haben. Wir müssen deshalb im Folgenden und für die Simulationen in unseren Dateien für Christiane, Jens und Benjamin eine Nutzenfunktion verwenden, die wie folgt definiert ist:

$$U = (B-1)^{\alpha}(K-1)^{1-\alpha} \tag{6.16}$$

Mittels der Datei „Mikro-Nachfrageseite.xls" im **MyLab** können wir nun für einen hypothetischen Wert für α genau ausrechnen, wie hoch die optimale Konsumkombination für Christiane ausfällt. Das Ergebnis finden Sie in *Abbildung 6.5*. Christiane wird 12,1-mal ins Kino gehen und 15,8 Gläser Bier trinken. Beschränkt man sich auf ganzzahlige Lösungen, kommt man auf 16 Gläser Bier und 12 Kinobesuche.

3 Man bezeichnet solche Funktionen als „Cobb-Douglas-Funktion" – nach den amerikanischen Ökonomen Charles Cobb und Paul Douglas. Dieser Funktionstyp wird auch für Produktionsfunktionen verwendet – siehe *Kapitel 7*. Er zeichnet sich dadurch aus, dass konstante Skalenerträge bei der Produktion bestehen, d.h. eine Verdopplung aller Inputs führt exakt zu einer Verdopplung des Outputs. Die Funktion wurde von Cobb und Douglas entwickelt, um die in den ersten Jahrzehnten des letzten Jahrhunderts zu beobachtende Konstanz der Einkommensverteilung in den USA zu erklären. Siehe dazu Charles W. Cobb und Paul H. Douglas in (Douglas, Cobb und Paul, 1928).

6.5 Die optimale Konsumentscheidung von Heike, Xaver, Benjamin und Jens

In der gleichen Weise können wir nun auch die optimalen Konsumpläne für die übrigen vier Studenten herleiten.

Für Benjamin lässt sich das optimale Freizeitprogramm relativ einfach bestimmen. Im Vergleich zu Christiane liegt seine Budgetgerade weiter rechts, womit er über einen größeren Möglichkeitsspielraum verfügt. Wie ▶*Abbildung 6.6* verdeutlicht, konsumiert er im Optimum mehr Bier als Christiane und kann auch noch häufiger ins Kino gehen. Ob dies tatsächlich besser für Benjamin und seinen Studienerfolg ist, soll hier nicht weiter erörtert werden. Wir gehen einmal einfach davon aus, dass Benjamin wirklich weiß, was gut für ihn ist.

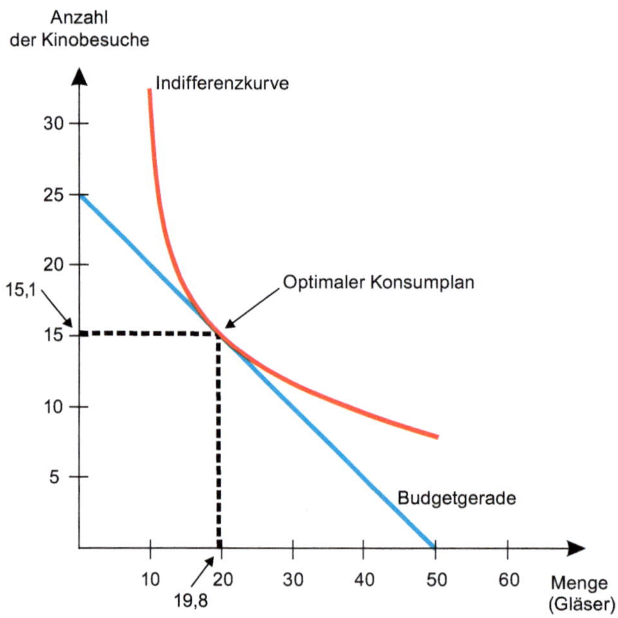

Abbildung 6.6: Der optimale Konsumplan von Benjamin

Jens unterscheidet sich von Christiane dadurch, dass er eine ausgeprägtere Präferenz für Bier aufweist. Sein Freizeit-Budget ist mit dem von Heike identisch. Grafisch drückt sich dies in einer stärkeren Krümmung seiner Indifferenzkurven aus (▶*Abbildung 6.7*). Dementsprechend konsumiert er bei gleichem Freizeitbudget mehr Bier und geht nicht so oft ins Kino wie Christiane.

Für Heike stellen Bier und Kinobesuch vollständige Substitute dar. Wir müssen daher für sie eine andere Nutzenfunktion formulieren als für die drei vorhergehenden Studenten. Ihre Präferenzen kann man relativ einfach mit einer linearen Nutzenfunktion abbilden, bei der α die Präferenz für Bier abbildet:

$$U = \alpha B + (1-\alpha)K \qquad (6.17)$$

Im 2-Güter-Diagramm wird sie damit also immer eine *Ecklösung* wählen. Sie wird ihr ganzes Budget für Bier ausgeben, da der Bierpreis die Hälfte des Kinopreises beträgt, während ihr relativer Nutzen von Bier zu Kino bei eins liegt (▸*Abbildung 6.8*). Sie würde umgekehrt völlig auf Bier verzichten, wenn der Kinopreis unter den Preis für Bier sinken würde.

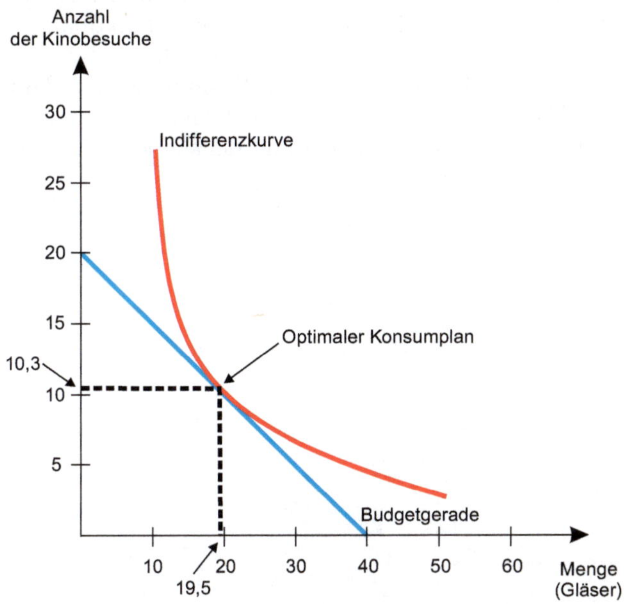

Abbildung 6.7: Der optimale Konsumplan von Jens

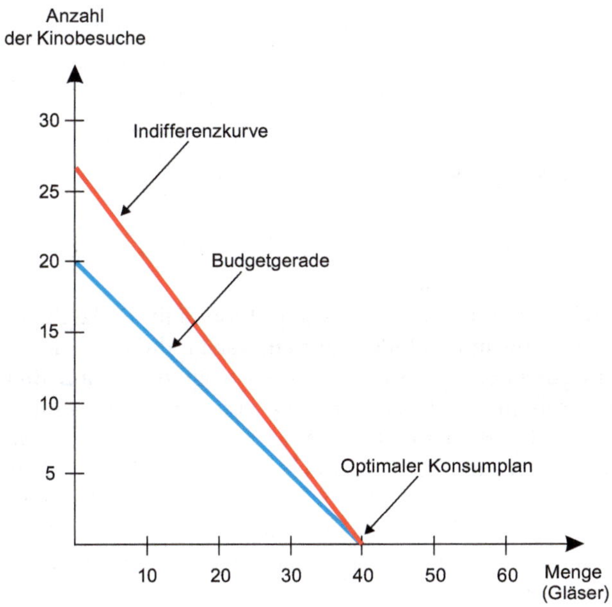

Abbildung 6.8: Der optimale Konsumplan von Heike

Xaver richtet sich nach einer Nutzenfunktion, bei der keinerlei Substitution zwischen den beiden Gütern möglich ist. Da er von einem 30 km entfernten Dorf in die Stadt fahren muss, lohnt sich für ihn der Aufwand nur, wenn er gleichzeitig ins Kino und danach noch in die Kneipe geht. Mehr als ein Bier pro Abend darf er nicht trinken, da die Polizei für ihre strengen Kontrollen bekannt ist. Auf seiner Nutzenfunktion sind also nur Punkte zu finden, auf denen $K = B$ gilt. Grafisch kann man die Präferenzen von Xaver in der Form einer Nutzen-Pyramide darstellen, die Höhenlinien sind dann rechteckige Indifferenzkurven (▸*Abbildung 6.9*). Bei seinem monatlichen Freizeitbudget wird er 13-mal in die Stadt fahren, um ins Kino zu gehen und danach jedes Mal ein Glas Bier zu trinken.

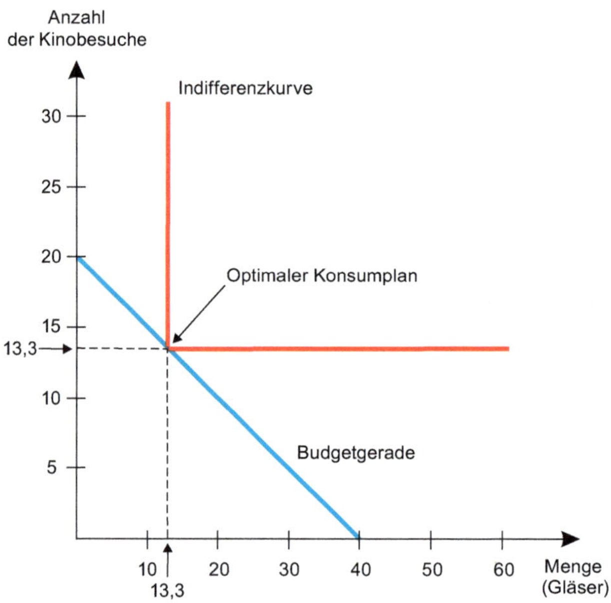

Abbildung 6.9: Der optimale Konsumplan von Xaver

6.6 Bier wird teurer

Wir haben jetzt herausgefunden, wie Christiane und ihre Kommilitonen ihr Freizeitbudget optimal auf Kinobesuche und Bierkonsum aufteilen. Für ein Verständnis des Marktgeschehens ist es nun interessant zu sehen, wie die Studenten reagieren, wenn Bier teurer wird. Nehmen wir an, der Preis für das Glas Bier steigt von 3 Euro auf 4 Euro. Es ist offensichtlich, dass bei unverändertem Budget nur noch weniger Bier konsumiert werden kann. Maximal sind jetzt bei 120 Euro noch 30 Gläser Bier möglich. Benjamin kann sich jetzt mit seinem Budget von 150 Euro höchstens 37,5 Gläser leisten. An der maximal möglichen Anzahl der Kinobesuche ändert sich nichts. Grafisch drückt sich das in einer Drehung der Budgetgeraden im Uhrzeigersinn aus – bei einem unveränderten y-Achsenabschnitt (▸*Abbildung 6.10*).

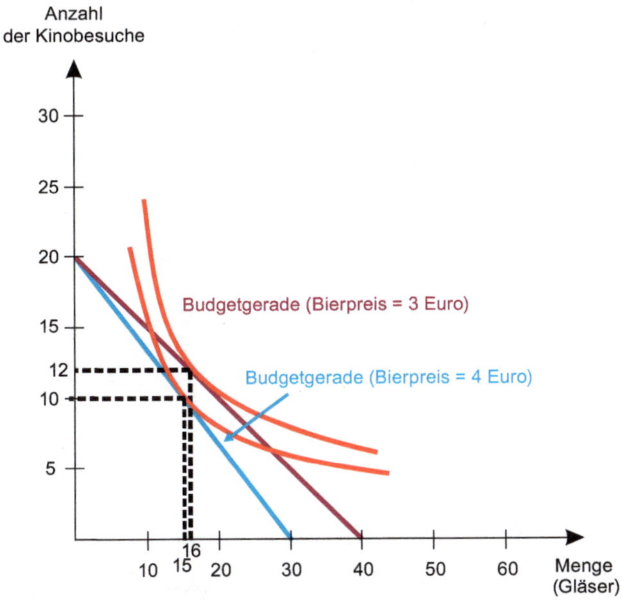

Abbildung 6.10: Bier wird teurer.

Es ist offensichtlich, dass die alte Optimalkombination von Bier und Kinobesuchen nicht mehr zu erreichen ist. Für alle Studenten nimmt das maximal erreichbare Nutzenniveau ab; es kann jetzt nur noch eine Indifferenzkurve unterhalb der alten Indifferenzkurve erreicht werden. Die neuen Optimalkombinationen zeichnen sich dadurch aus, dass weniger Bier getrunken, aber auch weniger ins Kino gegangen wird als bisher. Der höhere Bierpreis hat also zwei unterschiedliche Effekte:

- *Substitutionseffekt:* Der Preisanstieg führt dazu, dass weniger von dem Gut nachgefragt wird, das teurer geworden ist.
- *Einkommenseffekt:* Der höhere Bierpreis wirkt für die Studenten aber auch so, dass sie sich insgesamt weniger leisten können. Sie reduzieren also ebenfalls ihre Kinobesuche.

Eine entgegengesetzte Entwicklung wäre zu beobachten, wenn der Bierpreis von 3 Euro auf z.B. 2 Euro sinken würde. Die Budgetgerade dreht sich jetzt nach außen und alle Studenten können ein höheres Nutzenniveau mit einem größeren Bierkonsum erreichen. Die konkreten Werte, die wir in der ▶ *Tabelle 6.1* für die Preise 2 Euro, 3 Euro und 4 Euro dargestellt haben, lassen sich mit dem Modell „Mikro-Nachfrageseite“, das Sie im MyLab finden, leicht ermitteln.

6.7 Die Marktnachfrage nach Bier

Wir können nun auf diese Weise für alle möglichen Bierpreise ermitteln, wie hoch die von den einzelnen Studenten jeweils nachgefragte Menge ist. Damit erhalten wir für jeden eine individuelle Nachfragekurve für Bier. Für Christiane sieht diese Kurve beispielsweise so aus (▶ *Abbildung 6.11*):

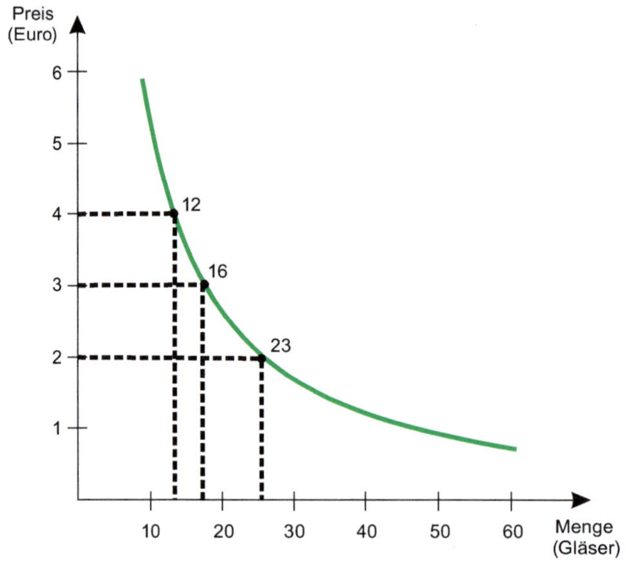

Abbildung 6.11: Christianes Nachfragekurve für Bier

Da wir diese Kurve aus der Konsumentscheidung von Christiane hergeleitet haben, wissen wir, dass sie bestimmt wird von

- ihrem Einkommen,
- ihren Präferenzen, die durch die Nutzenfunktion abgebildet werden, und
- dem Preis des substitutiven Gutes, d.h. des Kinobesuchs.

Allgemein kann man die nachgefragte Menge nach einem Gut x_i also durch folgende funktionale Beziehung beschreiben:

(6.18) $$x_i^n = f(p_i, y, p_s, p_k, \Omega)$$

Die *nachgefragte Menge* eines Gutes i hängt also ab vom Preis dieses Gutes (p_i), vom Budget eines Konsumenten (y), dem Preis eines substitutiven Gutes (p_s), dem Preis eines komplementären Gutes (p_k) sowie den Präferenzen des Konsumenten (Ω). Zur Vereinfachung wird in der Mikroökonomie – wie in *Abbildung 6.11* – die nachgefragte Menge eines Gutes allein in Abhängigkeit von dessen Preis abgebildet, wobei unterstellt wird, dass die übrigen Determinanten der Nachfrage konstant bleiben. Man bezeichnet dies fachwissenschaftlich auch gerne als *„ceteris paribus“*-Annahme. (Für Leserinnen und Leser ohne großes oder kleines Latinum sei noch erwähnt: „ceteris paribus“ heißt, dass alle „übrigen“ („ceteris“) Determinanten „gleich“ („paribus“) geblieben sind).

Für die vier anderen Studenten können wir nun ebenfalls eine individuelle Nachfrage für Bier ermitteln. Zu jedem Preis lässt sich jetzt die insgesamt nachgefragte Biermenge errechnen, indem man die individuellen Mengen addiert (*Tabelle 6.1*). Überträgt man diese Kombinationen in ein Preis-Mengen-Diagramm, erhält man die *aggregierte Bier-Nachfrage* der fünf Studenten.

Bierpreis	**2 Euro**	**3 Euro**	**4 Euro**
Christiane	23	16	12
Jens	29	19	15
Heike	60	40	15
Benjamin	29	20	15
Xaver	15	13	12
Summe	**156**	**108**	**69**

Tabelle 6.1: Individuell nachgefragte Menge und Marktnachfrage in Abhängigkeit vom Bierpreis

Um nun eine Simulation für den Gesamtmarkt vornehmen zu können, unterstellen wir, dass es sich bei Christiane und ihren Freunden um *repräsentative Akteure* handelt. Das heißt, wir nehmen an, dass es in der Stadt viele Studentinnen und Studenten gibt, die ähnliche Präferenzen und ein ähnliches Einkommen haben. Wenn wir einmal davon ausgehen, dass es 460 Gruppen à 5 Studenten gibt, die genau den hier beschriebenen Grundtypen entsprechen, und wenn wir außerdem den monatlichen Konsum auf eine Tagesbasis herunterrechnen, können wir so eine aggregierte tägliche Biernachfrage für die gesamte Modellökonomie der kleinen Universitätsstadt ermitteln (▶*Abbildung 6.12*), die der Kurve aus *Abbildung 5.1* einigermaßen nahekommt.

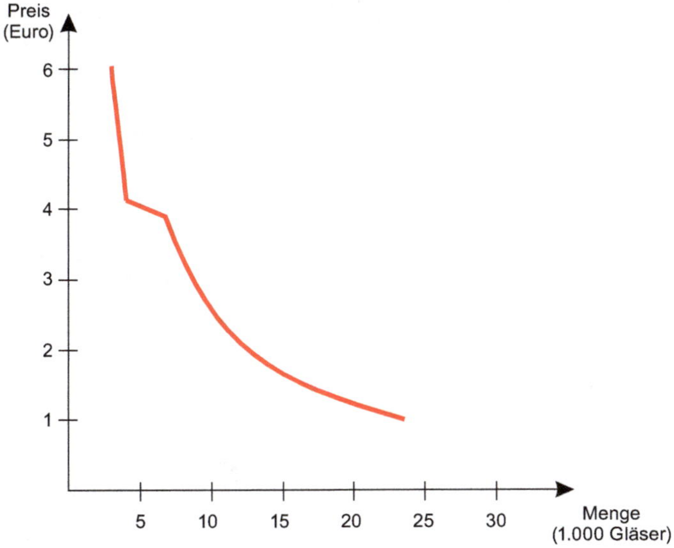

Abbildung 6.12: Die aggregierte (Markt-)Nachfrage für Bier

Dass die aus den Zahlenbeispielen abgeleitete Kurve etwas sprunghaft verläuft, richtet sich nach den Studentinnen vom Typ „Heike“, für die Kinobesuch und Biertrinken vollständige Substitute darstellen.

6.8 In der Nachfragekurve sind alle relevanten Informationen enthalten

Für die Funktionsweise von Märkten ist es wichtig, dass sich in der Nachfragekurve alle relevanten Informationen widerspiegeln. Wir können dies daran erkennen, dass wir die Marktnachfragekurve aus den individuellen Konsumentscheidungen und den dafür maßgeblichen individuellen Daten abgeleitet haben.

Wie schon in *Kapitel 5* dargestellt, führen Änderungen bei den Determinanten der individuellen Konsumentscheidungen (der Präferenzen und des Einkommens der Konsumenten, Preise substitutiver und/oder komplementärer Güter) dazu, dass sich die Nachfrage nach rechts oder links verschiebt. Wir können mit dem Modell „Mikro-Nachfrageseite“ im **MyLab** leicht nachprüfen, was mit dem *Abbildung 6.11* geschieht, wenn sich z.B.

- die Budgets der fünf Studenten erhöhen,
- die Präferenzen von Christiane zugunsten von Bier verändern und damit identisch sind mit denen von Jens, oder sich
- der Preis für Kinokarten verdoppelt.

Wir werden in *Kapitel 7* sehen, dass die Produzenten auf diese Weise alle relevanten Informationen über die Nachfrageseite erhalten und damit in die Lage versetzt werden, ihre Produktionspläne entsprechend auszurichten.

Schlagwörter

- Budgetrestriktion (S. 83)
- ceteris paribus (S. 94)
- Einkommenseffekt (S. 93)
- Gesetz vom abnehmenden Grenznutzen (S. 84)
- Gossen'sches Gesetz (S. 84)
- Grenzrate der Substitution (S. 87)
- Indifferenzkurve (S. 86)
- komplementäre Güter (S. 82)
- Nutzenfunktion (S. 84)
- Nutzengebirge (S. 85)
- Substitutionseffekt (S. 93)

Aufgaben

Musterlösungen zu den hier gestellten Aufgaben finden Sie im MyLab | Grundzüge der VWL.

1. Kartoffeln werden teurer

In A-Land steigt der Preis für Kartoffeln. Zeigen Sie grafisch, wie sich das auf die monatliche Konsumentscheidung von Frau Müller zwischen Kartoffeln und Nudeln auswirkt. Unterstellen Sie dabei, dass die beiden Produkte für Frau Müller keine vollständigen Substitute darstellen.

Gehen Sie nun einmal davon aus, dass Frau Müller vom Staat so viel zusätzliches Einkommen pro Monat erhält, dass sie nach der Preiserhöhung den gleichen Nutzen erzielt wie zuvor. Stellen Sie diese Maßnahme grafisch dar.

Leiten Sie nun den Einkommenseffekt und den Substitutionseffekt der Preiserhöhung isoliert ab.

2. Nachfragekurve

Ermitteln Sie mithilfe des Modells „Mikro-Nachfrageseite" im MyLab die individuellen Nachfragefunktionen und die Marktnachfrage für Bier, wenn die Einkommen aller Studenten um 30 Euro erhöht werden.

3. Nutzenfunktionen

Sie beobachten verschiedene Familien bei ihrer Urlaubsplanung, wobei sie zuvor erfahren haben, dass die Preise in der Schweiz wieder erheblich gestiegen sind.

- Müllers, die bisher jeden Winter zum Skifahren nach Davos gefahren sind, entscheiden sich, nur noch zum Baden nach Mallorca zu fliegen und auf die Schweiz ganz zu verzichten.
- Schmidts, die immer genau zwei Wochen in die Schweiz und zwei Wochen in die Karibik geflogen sind, wollen jetzt diese Urlaube auf jeweils zehn Tage verkürzen.
- Maiers waren im Winter immer für eine Woche in Adelboden und im Sommer für drei Wochen in Südtirol. Jetzt wollen sie nur noch für ein verlängertes Wochenende in die Schweiz und für 17 Tage nach Meran.
- Familie von Schneider, die schon bisher drei Wochen in der Schweiz im Winter und drei Wochen an der Côte d'Azur verbrachte, will jetzt für vier Wochen in die Schweiz und nur noch für eine Woche an das Mittelmeer.

Was können Sie daraus über die Nutzenfunktionen dieser Familien bezüglich des Urlaubs in der Schweiz und des alternativen Urlaubsorts ableiten?

LERNZIELE

- In diesem Kapitel wird die Angebotsseite des Marktes analysiert. Dazu wird die *Angebotskurve* formal hergeleitet. Dies vermittelt erste Einblicke in die Produktions- und Kostentheorie der Volkswirtschaft, die sich im Prinzip mit der betriebswirtschaftlichen Produktions- und Kostentheorie deckt.
- Die optimale Produktionsplanung erfolgt dabei nach ähnlichen Prinzipien wie die optimale Konsumentscheidung. An die Stelle der Nutzenfunktion tritt die *Produktionsfunktion*, die den Zusammenhang zwischen Input und Output beschreibt. Die Höhenlinien einer Produktionsfunktion mit zwei Input-Faktoren bezeichnet man als *Produktionsisoquanten*. An die Stelle der Budgetgeraden tritt die *Isokostenlinie*. Sie zeigt, welche Mengen von zwei Input-Faktoren mit einer gegebenen Kostensumme beschafft werden können. Die optimale Produktionsentscheidung besteht darin, dass man eine gegebene Output-Menge mit minimalen Kosten erstellt (*Minimal-Kostenkombination*). Auf diese Weise wird dann eine Entscheidung über die Einsatzmenge des fixen Produktionsfaktors getroffen.
- Auf dieser Grundlage kann man den Angebotspreis für ein Produkt kalkulieren. Bei der kurzfristigen Angebotsentscheidung eines gewinnmaximierenden Anbieters kann nur ein Produktionsfaktor variiert werden. Die damit verbundenen *Grenzkosten* bilden die Abgabepreisuntergrenze eines Anbieters und stellen somit seine *individuelle Angebotsfunktion* dar.
- Bei den langfristigen Angebotsentscheidungen können alle Produktionsfaktoren frei angepasst werden. Deshalb verläuft die *langfristige Angebotskurve* flacher als die kurzfristige.
- Die in diesem Kapitel dargestellten Zusammenhänge können mit dem Modell „Mikro-Angebotsseite" auf der begleitenden Website unter *www.pearson-studium.de* nachvollzogen werden.

Wie alle Informationen über die Angebotsseite in der Angebotskurve verdichtet werden

7

ÜBERBLICK

Die Nachfragekurve verdichtet alle Informationen über eine Vielzahl von Konsumenten zu einer einfachen funktionalen Beziehung zwischen Preis und nachgefragter Menge. Genau das Gleiche geschieht auf der Angebotsseite durch die Angebotsfunktion. Wir wollen wiederum ein einfaches theoretisches Modell präsentieren, um die in *Kapitel 5* intuitiv entwickelten Zusammenhänge formal herzuleiten. Um das Ganze etwas anschaulich zu gestalten, schauen wir uns die Personalplanung im „Brauereikeller" an, einem hypothetischen Lokal in der ebenfalls hypothetischen kleinen Universitätsstadt.

7.1 Die Personalplanung im Brauereikeller

Wenn das Wintersemester beginnt, steht der Wirt des Brauereikellers immer vor der schwierigen Frage, wie er seinen Bierpreis kalkulieren soll und wie viel Personal er einstellen muss, um seine Gäste bedienen zu können. Der Wirt arbeitet üblicherweise mit einigen Stammkräften und einer Reihe von Hilfskräften. Aus seiner Erfahrung weiß er, dass er zumindest eine erfahrene Bedienung benötigt, dass aber auch ein Minimum an Aushilfskräften erforderlich ist, da seine Stammkräfte bestimmte Arbeiten (z.B. Toiletten putzen) nicht gerne durchführen. Der Vorteil der erfahrenen Mitarbeiter besteht darin, dass sie deutlich mehr Gäste in einer Stunde bedienen können als die Aushilfskräfte, dafür müssen sie aber auch besser bezahlt werden. Die Tochter des Wirts, die Betriebswirtschaftslehre studiert, hat in den letzten beiden Jahren die Anzahl der pro Tag servierten Biergläser (B) und die Arbeitsstunden der dabei jeweils anwesenden Stammkräfte (h_S) und Aushilfskräfte (h_A) erfasst und ist dabei zu folgendem Zusammenhang gekommen:

$$B = 30 \cdot h_S^{0,7} h_A^{0,3} \qquad (7.1)$$

In allgemeiner Form handelt es sich dabei um eine *Produktionsfunktion* des Typs:

$$Output = f\,(Input_1, Input_2) \qquad (7.2)$$

oder

$$x = A \cdot v_1^{\alpha} v_2^{1-\alpha} \qquad (7.3)$$

Man bezeichnet eine Produktionsfunktion dieses Typs als Cobb-Douglas-Produktionsfunktion. Sie beschreibt den Zusammenhang zwischen dem Output eines Gutes (x) und den dafür eingesetzten Input-Faktoren (v_1 und v_2) und ist formal völlig identisch mit der im vorhergehenden Kapitel beschriebenen Nutzenfunktion. Damit kann man also wiederum eine dreidimensionale Darstellung vornehmen, die jetzt ein *Ertragsgebirge* abbildet (▶*Abbildung 7.1*).

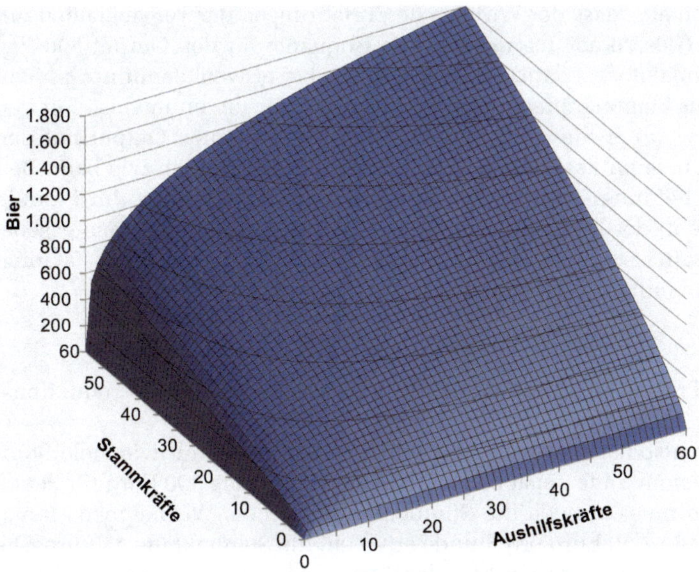

Abbildung 7.1: Das Ertragsgebirge für die Studentenkneipe

Auch hier können wir das Instrument der Höhenlinien verwenden, die nun als *Isoquanten* (oder *Produktionsisoquanten*) Kombinationen der beiden Input-Faktoren darstellen, die mit einem identischen Output-Niveau verbunden sind. An der von seiner Tochter angefertigten ▶*Abbildung 7.2* kann unser Wirt ablesen, wie viel qualifiziertes und unqualifiziertes Personal er benötigt, wenn er eine bestimmte Menge Bier verkaufen möchte.

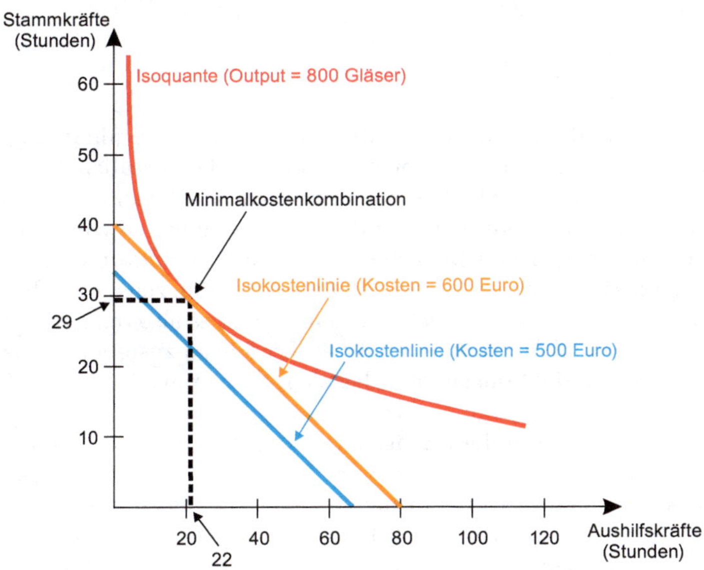

Abbildung 7.2: Die optimale Faktorkombination des Wirts

Gehen wir einmal davon aus, dass der Wirt aus den Erfahrungen der Vergangenheit mit einem Absatz von 800 Gläsern am Tag rechnet. Die Isoquante für den Output 800 sagt ihm nun, welcher Personaleinsatz dafür erforderlich ist, aber er weiß damit noch nicht, welche Kombination aus Stammkräften und Aushilfskräften für ihn optimal ist. Für den Wirt ist es am besten, wenn er diese so wählt, dass er den geplanten Output mit den geringsten Kosten produzieren kann. Diese Information wird – ähnlich wie beim Beispiel der Konsumentscheidung – durch eine lineare *Restriktion* geliefert. Im Produktionsbereich wird diese in der Form einer *Isokostenlinie* dargestellt: Für einen gegebenen Betrag an Kosten wird ermittelt, welche Kombinationen von zwei Input-Faktoren damit realisiert werden können. In allgemeiner Form lautet die Isokostenlinie:

(7.4) $$K = v_1 \cdot p_{v1} + v_2 \cdot p_{v2}$$

Sie wird also von den Preisen (p_{v1}, p_{v2}) und der Einsatzmenge der beiden Produktionsfaktoren bestimmt.

Unser Wirt kann sich also beispielsweise zunächst einmal fragen, für wie viele Stunden er Aushilfs- und Stammkräfte einstellen kann, wenn er pro Tag 500 Euro für Personalkosten ausgibt. Dazu muss er noch die Stundenlöhne kennen. Wir nehmen einmal an, dass die Aushilfskräfte 7,50 Euro pro Stunde erhalten, die Stammkräfte 15 Euro. Die für dieses Beispiel gewählten niedrigen Stundenlöhne erklären sich daraus, dass die erste Auflage des Buches in Jahr 2003 verfasst wurde. Höhere Löhne würden eine Änderung sämtlicher Preise in den Zahlenbeispielen erfordern, was bisher wegen des damit verbundenen hohen Aufwands vom Verfasser unterlassen wurde. Der Betrag von 500 Euro kann dann wie folgt aufgeteilt werden:

(7.5) $$500 \text{ Euro} = 15 \text{ Euro } h_S + 7{,}5 \text{ Euro } h_A$$

Löst man diese Gleichung nach der Stundenzahl der Stammkräfte auf, erhält man eine Isokostenlinie, die wir in *Abbildung 7.2* neben der Isoquante abgebildet haben.

(7.6) $$h_S = \frac{100}{3} \text{Euro} - \frac{1}{2} \text{Euro } h_A$$

Wir sehen unmittelbar, dass es mit Personalaufwendungen von 500 Euro nicht möglich ist, einen Bierumsatz von 800 Gläsern zu erreichen, weil alle damit realisierbaren Kombinationen von Aushilfs- und Stammkräften bei einem Output-Niveau unterhalb der Isoquante 800 liegen. Da der Wirt seine Kosten möglichst gering halten will, wird er eine Isokostenlinie suchen, die die Isoquante von unten tangiert. *Abbildung 7.2*, das aus der Datei „Mikro-Angebotsseite" im **MyLab** abgeleitet werden kann, zeigt, dass dies mit Kosten von knapp 600 Euro zu realisieren ist. Für den Wirt ist es also optimal, für 29 Stunden am Tag Stammkräfte und für 22 Stunden Aushilfskräfte einzustellen. Diese optimale Kombination zweier Produktionsfaktoren bezeichnet man als *Minimalkostenkombination.*

Wir haben damit eine wichtige Formulierung des *ökonomischen Prinzips* kennengelernt: Ein vorgegebener Output, hier 800 Gläser Bier, wird mit möglichst geringen Kosten erzielt. Alternativ kann man dieses Prinzip auch für ein gegebenes Kostenniveau formulieren: Mit gegebenen Kosten (z.B. von 600 Euro) soll ein maximaler Output erreicht werden. Was gut klingt, aber ökonomisch keinen Sinn ergibt, ist die manchmal zu hörende Forderung, einen möglichst großen Output mit möglichst geringen Kosten zu erstellen.

Formal kann man die Minimalkostenkombination ganz ähnlich herleiten wie das Verbrauchsoptimum eines Konsumenten. Das Optimum ist dadurch gekennzeichnet, dass die Isokostenlinie und die Isoquante die gleiche Steigung aufweisen. Aus *Gleichung (7.6)* können wir ablesen, dass die Steigung der Isokostenlinie vom Verhältnis der Preise der beiden Produktionsfaktoren abhängt. Die Steigung der Isoquante wird aus der Produktionsfunktion ermittelt. Dazu errechnen wir das totale Differential der *Funktion (7.3)*:

$$(7.7) \qquad dx = \frac{\partial x}{\partial v_1} dv_1 + \frac{\partial x}{\partial v_2} dv_2$$

Für eine Isoquante gilt, dass auf ihr der Output konstant bleibt, d.h. $dx = 0$. Es gilt also:

$$(7.8) \qquad 0 = \frac{\partial x}{\partial v_1} dv_1 + \frac{\partial x}{\partial v_2} dv_2$$

Damit lässt sich *Gleichung (7.8)* auflösen nach:

$$(7.9) \qquad \frac{dv_2}{dv_1} = -\frac{\frac{\partial x}{\partial v_1}}{\frac{\partial x}{\partial v_2}}$$

Diese negative Steigung der Isoquante bezeichnet man auch als *Grenzrate der technischen Substitution* (GRTS). Sie zeigt, wie viele Einheiten des Inputs 1 – bei unverändertem Output – eingespart werden können, wenn man den Input 2 erhöht. Die Steigung der Isokostenlinie erhält man, wenn man *Gleichung (7.4)* nach v_2 auflöst:

$$(7.10) \qquad v_2 = \frac{K}{p_{v2}} - \frac{p_{v1}}{p_{v2}} \cdot v_1$$

Der optimale Faktoreinsatz ist also dadurch gekennzeichnet, dass das Preisverhältnis zweier Einsatzfaktoren ihrer *Grenzrate der technischen Substitution* entspricht:

$$(7.11) \qquad \frac{p_{v1}}{p_{v2}} = \frac{\frac{\partial x}{\partial v_1}}{\frac{\partial x}{\partial v_2}}$$

Unser Wirt verfügt damit über einen wichtigen Orientierungspunkt für seine Personalplanung in der anstehenden Wintersaison. Bei einem täglichen erwarteten Bierumsatz von 800 Gläsern ist es für ihn optimal, für 29 Stunden am Tag Stammkräfte fest einzustellen. Als vorsichtiger Mensch, im letzten Winter lief das Geschäft nicht so gut, entscheidet er sich dann für 24 Stunden, d.h. drei Kräfte mit jeweils Acht-Stunden-Schichten.

7.2 Wie viel Bier soll der Wirt anbieten und macht er dabei einen Gewinn?

Nun kann der Winter kommen. Jetzt muss der Wirt sich nur noch darüber Gedanken machen, wie viel Bier er anbieten soll und ob er bei dem gegenwärtigen Marktpreis von 3 Euro damit auch einen Gewinn erzielen wird. Seine Tochter erklärt ihm, dass er dazu seine Kosten genauer analysieren muss.

Ein wichtiger Ausgangspunkt ist die Aufteilung der *Gesamtkosten* (K) in *fixe Kosten* (K_f) und *variable Kosten* (K_v). Es gilt also

(7.12) $$K(x) = K_f + K_v(x)$$

Die *fixen Kosten* zeichnen sich dadurch aus, dass sie von der laufenden Output-Menge unabhängig sind. Im Brauereikeller sind das vor allem die Kosten für die Pacht, die Lohnkosten für die fest angestellten Bedienungen, der Unternehmerlohn des Wirts und Abschreibungen. Es wird dabei unmittelbar deutlich, dass es fixe Kosten nur dann gibt, wenn man einen zeitlich begrenzten Planungshorizont, z.B. ein Jahr, unterstellt. Auf längere Sicht kann sich der Wirt dafür entscheiden, ein kleineres Lokal zu pachten oder etwas ganz anderes zu machen, auch die Personalkosten für die Stammkräfte sind dann frei variierbar.

In unserem Beispiel nehmen wir an, dass die Fixkosten aus den Lohnkosten für die fest angestellten Kräfte in Höhe von 360 Euro pro Tag (24 Stunden à 15 Euro) sowie aus weiteren Fixkosten (Pacht, Strom, Unternehmerlohn etc.) in Höhe von 140 Euro bestehen. Insgesamt belaufen sich die Fixkosten auf 500 Euro pro Tag.

Bei den *variablen Kosten* handelt es sich um Kosten, die von der Ausbringung abhängig sind. Im Beispiel der Studentenkneipe zählen dazu vor allem die Kosten für die Aushilfskräfte und die Kosten für den Biereinkauf.

Eine weitere wichtige Größe für die Kalkulation eines Unternehmers sind die *Durchschnittskosten*, d.h. die Kosten je produzierter Einheit. Dabei wird zwischen den gesamten Durchschnittskosten (DK), den fixen Durchschnittskosten (DFK) und den variablen Durchschnittskosten (DVK) unterschieden:

(7.13) $$DK = \frac{K(x)}{x}$$

(7.14) $$DFK = \frac{K_f}{x}$$

(7.15) $$DVK = \frac{K_v(x)}{x}$$

Mit den Durchschnittskosten hat der Wirt schon einmal einige wichtige Anhaltspunkte für seine Kalkulation.

- Wenn er *auf Dauer* keine Verluste machen will, muss er einen Bierpreis erzielen, der über den *gesamten* Durchschnittskosten liegt.
- *Kurzfristig* kann es für ihn sinnvoll sein, zu einem Preis anzubieten, der unter den *gesamten* Durchschnittskosten, aber über den *variablen Durchschnittskosten* liegt. Er erzielt dann immer noch einen *Deckungsbeitrag* für seine Fixkosten. Auf Dauer würde er jedoch den Betrieb einstellen, da ihm so keine vollständige Deckung der Fixkosten möglich ist.

- Wenn er das Bier zu einem Preis anbieten muss, der *unter* den *variablen Durchschnittskosten* liegt, wird er seinen Laden sofort dicht machen.

Die Tochter kann für ihren Vater noch eine genauere Kalkulation vornehmen. Die Basis hierfür ist die simple Einsicht, dass der Wirt alle Parameter in seinem Betrieb so bestimmen sollte, dass er seinen Gewinn (G) maximiert. Der Gewinn ergibt sich als Differenz aus dem Umsatz – man spricht hier auch vom Erlös (E) – und den gesamten Kosten:

(7.16) $$G(x) = E(x) - K(x)$$

Der maximale Gewinn lässt sich ermitteln, wenn man diese Gleichung nach x ableitet:

(7.17) $$\frac{dG}{dx} = \frac{dE}{dx} - \frac{dK}{dx}$$

Für den maximalen Gewinn ($dG/dx = 0$) gilt dann:

(7.18) $$\frac{dE}{dx} = \frac{dK}{dx}$$

Der Grenzerlös (dE/dx) entspricht im Optimum den *Grenzkosten* (dK/dx). Da der Preis auf einem Wettbewerbsmarkt unabhängig von der Absatzmenge eines individuellen Anbieters ist, beträgt der Erlös

(7.19) $$E = px$$

sodass der Grenzerlös gleich dem Preis ist. Im Gewinnmaximum entsprechen dann die Grenzkosten dem Preis:

(7.20) $$p = \frac{dK}{dx}$$

Das bedeutet, dass der Wirt ein *zusätzliches* Glas Bier nur dann anbieten soll, wenn er dafür einen Preis erzielt, der mindestens den Grenzkosten entspricht. Liegt der Preis darunter, ist dies nicht mehr lukrativ. Die *Grenzkostenkurve* gibt also an, welchen Preis der Wirt *mindestens* fordern muss, damit er sein Bier gewinnbringend verkaufen kann. Ähnlich wie bei unserem Börsenbeispiel in *Kapitel 2* beschreibt die Grenzkostenkurve den *Wert*, den der Wirt einem *zusätzlichen* Glas Bier beimisst. Und wie ein zum Verkauf entschlossener Aktionär wird er das Bier nur dann abgeben, wenn er dafür einen Preis erzielt, der zumindest dem über die Grenzkostenkurve ermittelten Wert entspricht. Die Grenzkostenkurve stellt also die *Abgabepreisuntergrenze („Reservationspreis")* des Wirts für Bier dar.

Der Wirt muss jetzt herausfinden, wie seine Grenzkosten verlaufen, d.h. wie hoch die Kosten eines zusätzlich verkauften Biers bei unterschiedlichen Output-Niveaus sind. In unserem Beispiel ergeben sich die Grenzkosten aus

- den Lohnkosten für die zusätzlich erforderlichen Aushilfskräfte und
- den Kosten für das von der Brauerei bezogene Bier.

Während bei den Grenzkosten für das Bier vereinfachend unterstellt werden kann, dass diese pro Glas Bier konstant sind, ist es bei den Grenzkosten der Aushilfskräfte etwas schwieriger. Man muss dazu errechnen, wie viele Aushilfskräfte für eine zusätzliche Einheit Bier benötigt werden. Da die Anzahl der Stammkräfte für den Winter konstant ist, könnte man die Anzahl der Aushilfskräfte grafisch dadurch ermitteln, dass man sich im Isoquantenschema (*Abbildung 7.2*) horizontal nach rechts bewegt und für jede höhere Isoquante feststellt, wie hoch der erforderliche Arbeitseinsatz an Aushilfskräften ist. Formal muss man so vorgehen, dass man eine *Umkehrfunktion* der *Produktionsfunktion* (*Gleichung 7.1*) bildet, d.h., man löst sie nach der Anzahl der Aushilfskräfte auf:

(7.21) $$h_A = \left\{ \frac{B}{30(h_S)^{0,7}} \right\}^{\frac{10}{3}}$$

Man kann dann für jedes Output-Niveau die erforderliche Stundenanzahl an Aushilfskräften ermitteln und durch Multiplikation mit dem Stundenlohn (w) auch die erforderlichen Lohnkosten.

Die gesamten variablen Kosten sind also die Summe der Lohnkosten und der Kosten für das Bier von der Brauerei (q):

(7.22) $$K_v = wh_A(x) + qx$$

Die Grenzkosten, d.h. die Kosten für eine zusätzliche Einheit, ermittelt man als die Ableitung dieser Funktion:

(7.23) $$\frac{dK_v}{dx} = w\frac{dh_A}{dx} + q$$

Die ▶*Abbildung 7.3* zeigt den Verlauf der Gesamtkosten und ihrer beiden Komponenten, den gesamten variablen und den fixen Kosten. In ▶*Abbildung 7.4* werden die durchschnittlichen variablen Kosten, die durchschnittlichen Fixkosten, die gesamten *Durchschnittskosten* und die Grenzkosten des Bierkellers abgebildet.

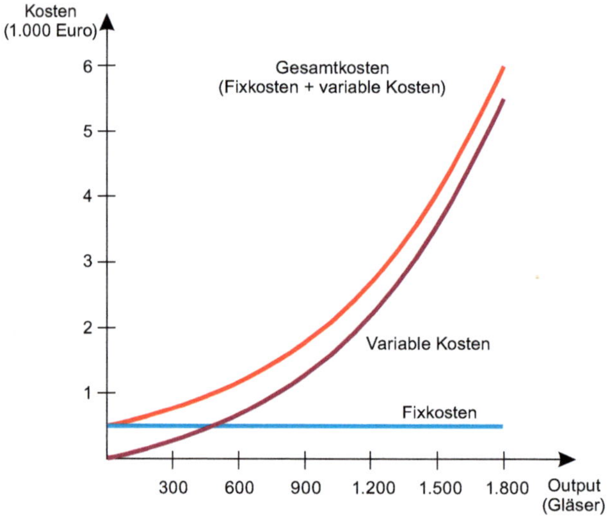

Abbildung 7.3: Die Gesamtkosten, Fixkosten und variablen Kosten für Bier

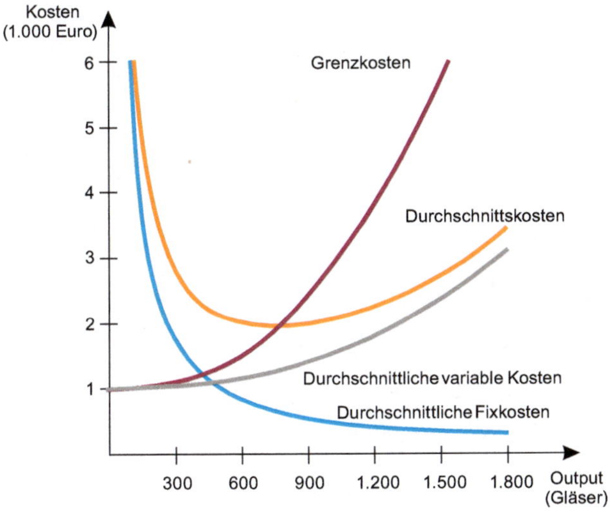

Abbildung 7.4: Die Grenz- und Durchschnittskosten für Bier

Die Gesamtkosten und die gesamten variablen Kosten weisen einen steigenden Verlauf auf. Die Grenzkostenkurve zeigt, dass die Kosten für eine zusätzliche Einheit Bier kontinuierlich steigen. Dies gilt auch für die durchschnittlichen variablen Kosten. Die Durchschnittskosten hingegen sinken bis zu einem Output-Niveau von rund 770 Gläsern. Dieses Minimum liegt genau im Schnittpunkt mit der Grenzkostenkurve. Dies ergibt sich daraus, dass die Durchschnittskosten so lange sinken, wie die Grenzkosten – d.h. also die Kosten einer zusätzlich produzierten Einheit – noch unter den Durchschnittskosten liegen.

Dieser Kostenverlauf resultiert vor allem aus der konkreten *Produktionsfunktion*, die wir für den Bierkeller unterstellt haben. Sie ist so konstruiert, dass die Grenzproduktivität der Aushilfskräfte, d.h. ihr zusätzlicher Output, mit jeder zusätzlichen Arbeitsstunde abnimmt. Bei einem festen Kontingent an Stammkräften mit einem Soll von 24 Stunden pro Tag lautet die Produktionsfunktion:

$$B = 30 \cdot 24^{0,7} \cdot h_A^{0,3} \qquad (7.24)$$

Die Grenzproduktivität der Aushilfskräfte ergibt sich als Ableitung nach der Anzahl der Arbeitsstunden der Aushilfskräfte:

$$\frac{dB}{dh_A} = 30 \cdot 24^{0,7} \cdot 0,3 h_A^{-0,7} \qquad (7.25)$$

▸*Abbildung 7.5* zeigt die Grenzproduktivität der Aushilfskräfte unseres Bierkellers. Ökonomisch kann man diesen abnehmenden Verlauf damit erklären, dass sich mehr und mehr Bedienungen zunehmend im Wege stehen und zu einem Durcheinander an der Kasse führen, sodass die Anzahl der *zusätzlich* servierten Biergläser mit jeder zusätzlich eingestellten Kraft abnimmt.

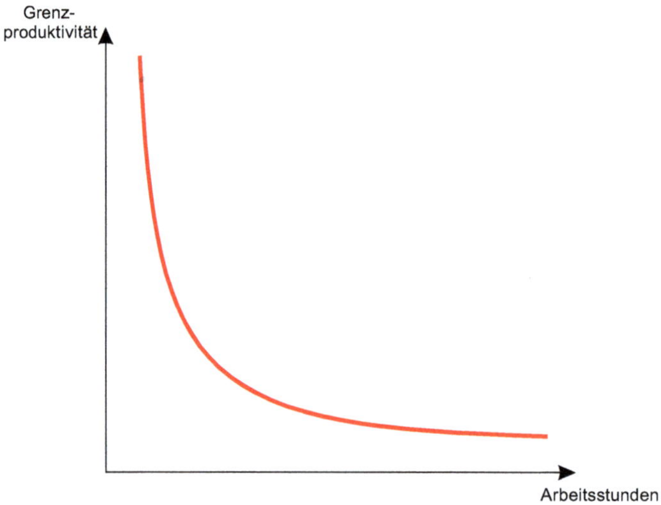

Abbildung 7.5: Die Grenzproduktivität der Aushilfskräfte

Damit können wir jetzt die zu Beginn dieses Abschnitts gestellten Fragen beantworten. Bei einem Marktpreis von 3 Euro je Bier ist es für den Wirt sinnvoll, so viel Bier anzubieten, bis seine Grenzkosten auch gerade bei 3 Euro liegen. Wie ▶*Abbildung 7.6* verdeutlicht, tritt dies bei einem Absatz von 1.050 Gläsern ein. Der Gewinn beläuft sich dabei auf rund 970 Euro. Dieses Ergebnis können Sie selbst auch anhand der *Simulation* in der Datei „Mikro-Angebotsseite" im MyLab nachvollziehen.

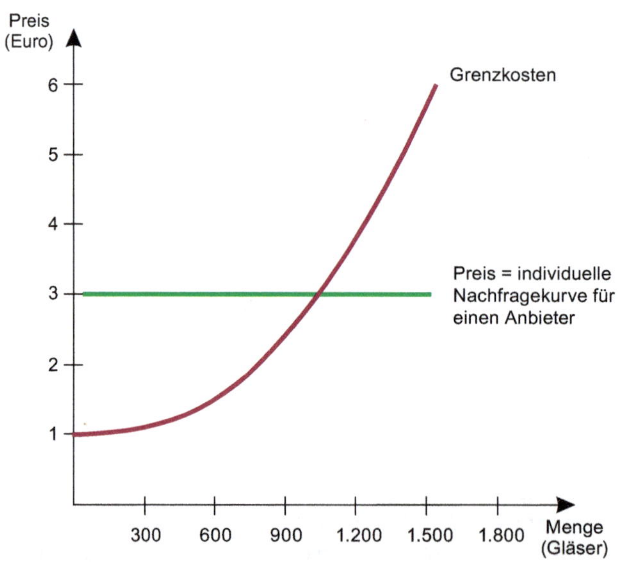

Abbildung 7.6: Die individuelle Angebotskurve für Bier

7.3 Von der individuellen Angebotskurve zur Angebotskurve für den Biermarkt in der kleinen Universitätsstadt

Damit können wir jetzt die *Angebotskurve* des Wirts bestimmen. Sie ist weitgehend identisch mit der *Grenzkostenkurve*. Da der Wirt – wie schon erwähnt – nur Bier anbietet, wenn der Preis die variablen *Durchschnittskosten* deckt, gehört nur der Teil der Grenzkostenkurve zur Angebotskurve, der *über* den variablen Durchschnittskosten liegt. Bei dem hier konstruierten Zahlenbeispiel ist dies durchgängig der Fall.

Die Angebotskurve beschreibt somit eine funktionale Beziehung zwischen der von einem Anbieter angebotenen Menge und dem am *Markt* für ein Produkt bestehenden Preis. Wir haben bisher nur die Angebotskurve für einen einzelnen Anbieter beleuchtet. Da wir im Folgenden zunächst einen *Wettbewerbsmarkt* untersuchen wollen, müssen wir noch weitere Anbieter in unser Modell einführen. Nehmen wir an, es gibt neben dem „Brauereikeller" noch sieben weitere Studentenkneipen. Um das Ganze einfach zu halten, unterstellen wir, dass alle Lokale über dieselbe Kostenstruktur verfügen wie der „Brauereikeller". Dieser wird wiederum als *„repräsentativer Agent"* betrachtet. Die gesamte Angebotskurve für den Bierlokalmarkt lässt sich dann sehr einfach ermitteln, indem für jeden Preis die angebotene Menge mit dem Faktor 8 multipliziert wird. Sie deckt sich in etwa mit der in *Kapitel 5* dargestellten Kurve. Aufgrund der *Produktionsfunktion* ist der Verlauf hier jedoch nicht linear.

Wie schon bei der Nachfragekurve können wir nun auch für die Angebotskurve feststellen, dass sie alle einzelwirtschaftlichen Informationen zu einer einfachen funktionalen Beziehung verdichtet:

- die Produktionstechnologie, d.h. die Produktivität der beiden Einsatzfaktoren,
- die Kosten für die eingesetzten Produktionsfaktoren,
- die Anzahl der Anbieter.

7.4 Der Markt für Bier in der Universitätsstadt

Im nächsten Schritt können wir die so hergeleitete Angebotskurve mit der aggregierten Nachfragekurve aus *Kapitel 6* zusammenführen. Wir erhalten im Schnittpunkt der beiden Kurven den *Gleichgewichtspreis* und die Gleichgewichtsmenge, die mit 3 Euro und 8.300 Gläsern in etwa dem stilisierten Bild von *Kapitel 5* entsprechen.

Mit dem Modell „Mikro-Gütermarktgleichgewicht" im **MyLab** können Sie nun selbst ausprobieren, wie sich Änderungen in den individuellen Parametern auf der Angebotsseite und/oder der Nachfrageseite auf den Marktpreis und die Gleichgewichtsmenge auswirken. Sie können mit diesem Modell also mit konkreten Werten alle Datenänderungen durchspielen, die bereits in *Kapitel 5* genannt wurden.

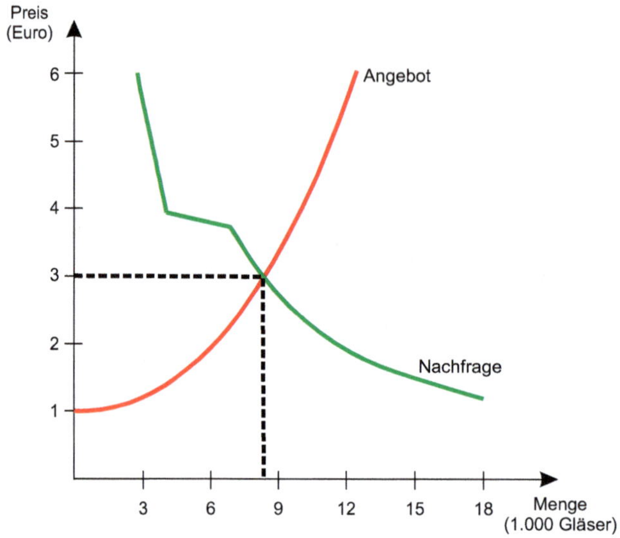

Abbildung 7.7: Das Marktgleichgewicht für Bier

7.5 Die langfristige Angebotskurve

Wie die Herleitung der Angebotskurve verdeutlicht, haben wir jetzt eine *kurzfristige Angebotskurve* ermittelt. Wir haben dabei unterstellt, dass es eine Reihe von Input-Faktoren gibt, die über die nächsten Monate unverändert bleiben (Anzahl der fest eingestellten Kräfte, Größe des gepachteten Bierlokals, Entscheidung des Wirts, überhaupt ein Bierlokal zu führen).

Da es auf längere Sicht überhaupt keine fixen Einsatzfaktoren und damit auch keine fixen Kosten gibt, steht ein Anbieter vor der Frage, welche *Betriebsgröße* er wählen soll. In unserem Beispiel müsste sich der Wirt also insbesondere entscheiden, wie groß das Bierlokal sein soll, das er pachten möchte. Jede Betriebsgröße ist mit einem bestimmten Fixkostenblock verbunden. Diesem entspricht dann wiederum eine bestimmte Durchschnittskostenkurve. Konkret würde der Wirt so vorgehen, dass er sich zunächst fragt, welche Angebotsmenge er mittelfristig auf den Markt bringen will. Er sucht sich dann die Kapazität aus, bei der er diese Menge mit den geringsten *Durchschnittskosten* anbieten kann.

Im ▶*Abbildung 7.8* werden die Durchschnittskosten für vier verschiedene Betriebsgrößen dargestellt. Man sieht daran, dass der Wirt bei der Menge 800 die richtige Kapazität gewählt hat. Wenn er sich vergrößern will, weil er erwartet, täglich eine Menge von 1.100 Gläsern abzusetzen, wäre es sinnvoll, die Betriebsgröße IV zu wählen, da sie mit geringeren Durchschnittskosten einhergeht. Wie die Abbildung verdeutlicht, kann man die langfristige Angebotskurve somit als eine *Umhüllende* der kurzfristigen Durchschnittkostenkurven darstellen. Sie gibt also für jede Output-Menge an, welche Betriebsgröße erforderlich ist, um mit den geringsten Durchschnittskosten produzieren zu können.

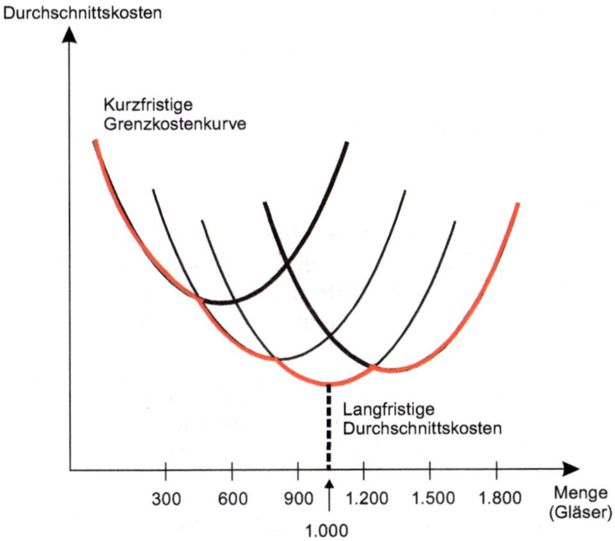

Abbildung 7.8: Durchschnittskosten in Abhängigkeit von der Betriebsgröße

Am Verlauf der langfristigen Angebotskurve kann man zudem ablesen, ob bei der Produktion eines Gutes steigende, konstante oder sinkende *Skalenerträge* vorliegen. Wie in *Kapitel 6.4* dargestellt, spricht man von steigenden Skalenerträgen, wenn es bei einer Verdopplung aller Inputs zu einem Anstieg des Outputs von mehr als 100 % kommt. In *Abbildung 7.8* ist das der Bereich, in dem die langfristige Durchschnittskostenkurve sinkt. Sinkende Skalenerträge liegen vor, wenn eine Verdopplung der Inputs zu einem Anstieg des Outputs von weniger als 100 % führt. Das ist der Bereich, in dem die langfristigen Durchschnittskosten ansteigen. Er liegt bei diesem Zahlenbeispiel bei einer Ausbringungsmenge von mehr als 1.000 Gläsern.

Schlagwörter

- Durchschnittskosten (S. 104)
- Ertragsgebirge (S. 100)
- fixe Kosten (S. 104)
- Grenzrate der technischen Substitution (S. 103)
- Isokostenlinie (S. 102)
- Produktionsfunktion (S. 100)
- Produktionsisoquanten (S. 101)
- variable Durchschnittskosten (S. 104)

Aufgaben

Musterlösungen zu den hier gestellten Aufgaben finden Sie im MyLab | Grundzüge der VWL.

1. Minimalkostenkombination

Die Gewerkschaft setzt eine Erhöhung des Stundenlohns für fest angestellte Bedienungen von 15 auf 20 Euro durch. Zeigen Sie grafisch, wie sich das auf die Produktionsplanung des Bierkellers auswirkt. Ermitteln Sie dann die genauen Werte aus dem Modell „Mikro-Angebotsseite“, das Sie im MyLab finden.

2. Angebotskurve

Die Grenzproduktivität der Aushilfskräfte erhöht sich merklich. Wie wirkt sich das auf die Angebotskurve aus? Überprüfen Sie das Ergebnis anhand des Modells „Mikro-Angebotsseite“, unter der Annahme, dass α in *Gleichung (7.1)* von 0,7 auf 0,6 sinkt.

3. Der Markt für Eis

Die Eisdiele Rialto hat eine Grenzkostenkurve für eine Kugel Eis von:

$$GK_1 = \frac{2}{10} + \frac{1}{50}x_1$$

Die Eisdiele Dolomiti hat Grenzkosten von:

$$GK_2 = \frac{2}{10} + \frac{1}{100}x_2$$

Die variablen Durchschnittskosten liegen bei beiden Eisdielen unter den Grenzkosten. Die Marktnachfrage beträgt:

$$P = 2{,}20 - \frac{1}{100}x^n$$

a) Errechnen Sie zunächst das Marktangebot.

b) Errechnen Sie den Gleichgewichtspreis und die gleichgewichtige Menge.

c) Wie viele Kugeln Eis setzt jede Eisdiele ab?

[Hinweis: Die Werte sind nicht besonders realitätsnah. Dafür kann man jedoch leichter mit ihnen rechnen.]

LERNZIELE

- Für die Anbieter besteht stets ein großer Anreiz, sich den Zwängen des vollständigen Wettbewerbs zu entziehen, um sich so einen Teil der Konsumentenrente anzueignen.
- Im Fall eines *Kartells* einigen sich die Anbieter auf einen Preis, der über dem markträumenden Preis bei Wettbewerb liegt. Da dann die angebotene Menge höher ist als die nachgefragte Menge, muss ein Kartell für seine Mitglieder Produktionsquoten festlegen.
- Im Fall des *Monopols* wird das gesamte Angebot von einem einzigen Anbieter bereitgestellt. Er kann die für ihn optimale Kombination von Preis und Menge bestimmen. Die optimale Absatzmenge ergibt sich nach der Regel *Grenzerlös = Grenzkosten*. Setzt man diese Menge in die Preis-Absatzfunktion ein, erhält man den *Cournot' schen Punkt* mit der für den Monopolisten gewinnmaximierenden Preis-Mengen-Kombination.
- Das Konzept der *Preiselastizität der Nachfrage* beschreibt den für Anbieter grundsätzlich wichtigen Zusammenhang zwischen Änderungen des Preises und der nachgefragten Menge.
- Da sich durch Kartelle und Monopole ein gesellschaftlicher Wohlfahrtsverlust ergibt, existiert in allen Staaten eine staatliche *Wettbewerbspolitik*, die darauf abzielt, den Markt vor einem solchen Verhalten der Anbieter zu schützen.

Anbieter sind am Wettbewerb nicht sehr interessiert: die Welt von Monopolen und Kartellen

8

ÜBERBLICK

8.1 Bei vollständigem Wettbewerb ist der Preis kein Handlungsparameter eines Unternehmens

Wir haben bisher unterstellt, dass zwischen den Bierwirtschaften eine *vollständige Konkurrenz* besteht. Von einer solchen Situation spricht man immer dann, wenn jeder Versuch eines einzelnen Anbieters, einen höheren Preis als den *Gleichgewichtspreis* zu verlangen, durch niedrigere Preise der übrigen Anbieter unterlaufen wird. In unserer Modellwelt ist das gut nachvollziehbar. Wollte einer der Wirte einen Preis von 3,50 Euro für ein Glas Bier verlangen, während die anderen weiterhin 3 Euro fordern, würde er rasch seine Gäste verlieren. Durch den Wettbewerbsdruck wird er also gezwungen, sich an den Gleichgewichtspreis anzupassen. Auf einem Wettbewerbsmarkt ist der Preis also kein echter Handlungsparameter für die Anbieter. Man spricht daher davon, dass sich die Anbieter bei vollständigem Wettbewerb als *„Preisnehmer"* verhalten. Aus der Sicht eines einzelnen Anbieters verläuft die Nachfragefunktion für sein Produkt daher als eine Horizontale (▶*Abbildung 8.1*).

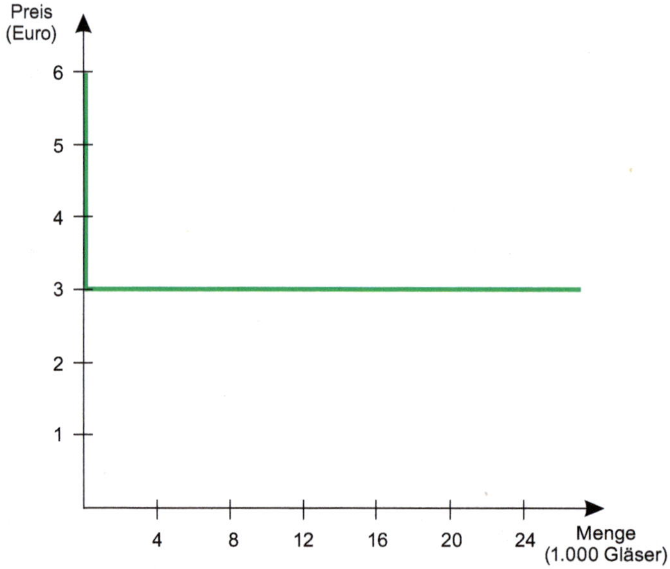

Abbildung 8.1: Die Nachfragekurve für einen Preisnehmer bei vollständigem Wettbewerb

- Zum *Gleichgewichtspreis* (und natürlich auch darunter) ist die nachgefragte Menge für den einzelnen Anbieter im Prinzip nahezu unbegrenzt, da sein Absatz im Vergleich zum Gesamtmarkt relativ klein ist.
- Zu jedem Preis *oberhalb* des Gleichgewichtspreises ist die nachgefragte Menge gleich null. Dies ergibt sich wiederum aus den hier getroffenen Annahmen. Realistischere Fälle werden wir im Folgenden noch diskutieren.

Auf der Nachfrageseite setzt die „vollständige Konkurrenz“ voraus, dass die Nachfrager

- vollständig über die Bierpreise in der Stadt informiert sind und
- ihnen ein Lokal so lieb ist wie das andere; sie haben also keine besonderen Präferenzen für eine bestimmte Kneipe.

8.2 Durch ein Kartell oder ein Monopol können die Gäste in den Bierlokalen geschröpft werden

8.2.1 Die Wirte bilden ein Kartell

Die vollständige Konkurrenz ist für die Anbieter kein Idealzustand. Wie die *Abbildung 5.5* verdeutlicht, wird dabei die gesamte Kooperationsrente relativ gleichmäßig auf Nachfrager und Produzenten aufgeteilt.[1] Für die Anbieter besteht deshalb stets ein Anreiz, sich einen Teil der *Konsumentenrente* anzueignen. Dazu müssen sie jedoch in der Lage sein, sich den Zwängen des vollständigen Wettbewerbs zu entziehen.

Am Beispiel unseres lokalen Biermarktes könnten das die Wirte der acht Bierlokale relativ einfach erreichen, wenn sie sich untereinander absprechen und einen Preis von z.B. 4 Euro je Bier fixieren (▸*Abbildung 8.2*).

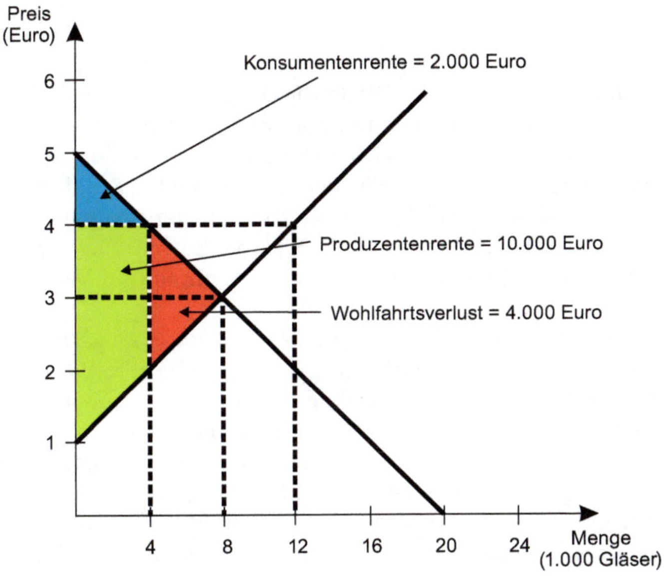

Abbildung 8.2: Ein Kartell der Bierwirte

1 Wie die Aufteilung genau stattfindet, hängt vom konkreten Verlauf der Angebots- und der Nachfragefunktion ab.

Damit würde die nachgefragte Menge von 8.000 auf 4.000 Gläser sinken und der Umsatz würde von 24.000 Euro auf 16.000 Euro zurückgehen. Die Kosten würden sich noch stärker, konkret von 16.000 auf 6.000 Euro vermindern.[2] Insgesamt würde die *Produzentenrente* also von 8.000 Euro (= 24.000 − 16.000) auf 10.000 Euro (= 16.000 − 6.000) steigen. Im Gegenzug würde die *Konsumentenrente* sinken. Sie belief sich vor der Absprache auf 8.000 Euro. Beim neuen Preis beträgt sie nur noch 2.000 Euro. Wir sehen also, dass es durch die Preisabsprache dazu kommt,

- dass die Rente der Produzenten zulasten der Rente der Konsumenten zunimmt,
- dass sich dabei die aus dem *Markt* insgesamt erzielten Vorteile (gemessen als Summe aus Produzenten- und Konsumentenrente) vermindern. Man spricht daher auch davon, dass sich die „Wohlfahrt" einer Gesellschaft durch Einschränkungen des Wettbewerbs vermindert. Konkret sinkt sie hier von 16.000 Euro auf 12.000 Euro. Dieser Wohlfahrtsverlust wird in *Abbildung 8.2* durch das rote Dreieck abgebildet.

Preisabsprachen dieser Art bezeichnet man als *Kollusion*, eine Gruppe von Unternehmen, die solche Absprachen trifft, nennt man *Kartell*. Kartelle treten häufig dann auf, wenn die Anzahl der Anbieter auf einem Markt relativ gering ist. Das in der Öffentlichkeit bekannteste Kartell ist das der ölproduzierenden Staaten, die sich in der OPEC zusammengeschlossen haben (*Box 8.1*).

Box 8.1 Das OPEC-Kartell

Ein sehr bekanntes Beispiel für ein Kartell ist die OPEC, die „Organization of Petrol Exporting Countries"[3] mit Sitz in Wien. Dieses im Jahr 1960 von Erdöl exportierenden Staaten gegründete Kartell setzt für seine Mitglieder mindestens zweimal pro Jahr individuelle Förderquoten fest, um so den Weltmarktpreis für Erdöl zu stabilisieren. Derzeit (Stand 2019) hat die OPEC 14 Mitgliedsstaaten: Algerien, Angola, Äquatorialguinea, Gabun, Ecuador, Iran, Irak, Kuwait, Libyen, Nigeria, Republik Kongo, Saudi-Arabien, die Vereinigten Arabischen Emirate und Venezuela.

Den größten Coup landete dieses Kartell in den Jahren 1973/74, als es ihm gelang, den Ölpreis, der Anfang der 1970er-Jahre noch bei rund 2,20 US-Dollar pro Barrel (d.h. ein Fass mit 159 Litern) lag, auf über 13 US-Dollar Anfang 1974 zu erhöhen (▶*Abbildung 8.3*). Ende der 1970er-Jahre konnte von der OPEC erneut eine massive Verteuerung des Öls durchgesetzt werden. Heute ist der Einfluss der OPEC auf den Weltmarkt für Erdöl begrenzt, da seine Mitglieder nur etwa 40 % der Weltproduktion fördern, wobei allerdings die in den OPEC-Ländern vorhandenen Ölreserven mehr als drei Viertel der Weltreserven betragen. Der nur noch recht eingeschränkte Preissetzungsspielraum der OPEC wurde vor allem im Jahr 1998 deutlich, als es zu einem Preisverfall auf bis zu 10 US-Dollar pro Barrel kam.

2 Sie können diese Werte leicht aus den Flächen unterhalb der Angebotskurve in *Abbildung 8.2* selbst errechnen.

3 Mehr über die OPEC finden Sie unter: *www.Opec.org*.

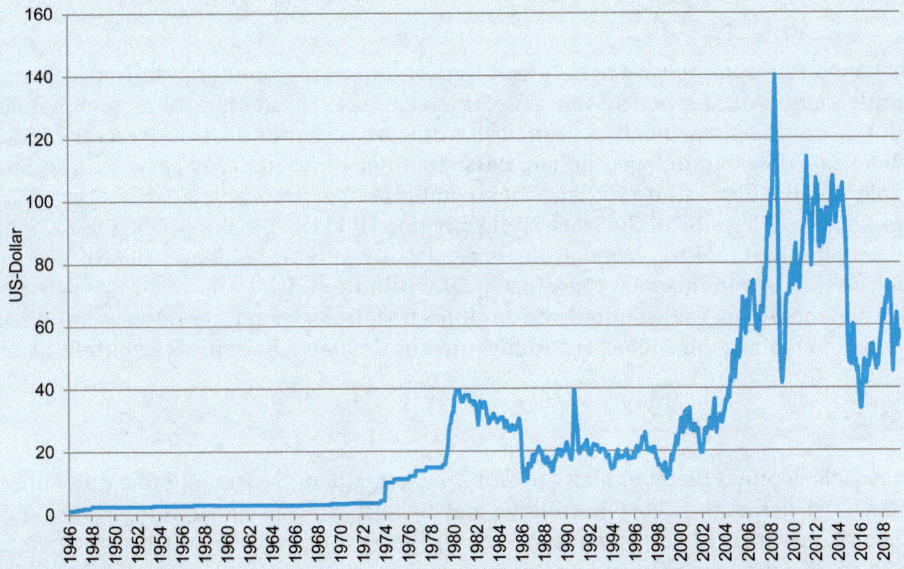

Abbildung 8.3: Preis der Ölsorte „Brent" von 1946 bis 2019 in US-Dollar pro Barrel
Quelle: IMF, International Financial Statistics bis 2005, ab 2005 Sachverständigenrat zur Begutachtung der gesamtwirtschaftlichen Entwicklung, Zeitreihendatenbank.

In *Kapitel 21* wird gezeigt, welche großen makroökonomischen Probleme sich aus einer solchen schockartigen Verteuerung des Öls für die Weltwirtschaft ergeben können.

Bei dem hier dargestellten Beispiel erkennen wir zwei Grundprobleme eines *Kartells*:

- Bei einem Preis von 4 Euro würde die angebotene Menge bei 12.000 Gläsern liegen. Das *Kartell* darf jedoch nur 4.000 Gläser absetzen, wenn es den Preis von 4 Euro am *Markt* etablieren möchte. Ein funktionsfähiges *Kartell* setzt somit voraus, dass für jeden einzelnen Anbieter eine individuelle *Absatzquote* festgelegt wird.
- Für jeden einzelnen Anbieter besteht dabei immer ein Anreiz, doch mehr anzubieten als die ihm zugeteilte Quote, da er damit seine individuelle *Produzentenrente* erhöhen kann. Ein *Kartell* erfordert also eine Überwachung der individuellen Absatzmengen und Preise sowie entsprechende Sanktionen im Übertretungsfall.

Wenn es auf einem *Markt* nur wenige Anbieter gibt, spricht man auch von einem *Oligopol*. Es wird deutlich, dass sich unser – aus Gründen der Übersichtlichkeit gewähltes – Modell eines Biermarktes mit nur acht Anbietern schon im Grenzbereich zwischen einem *Oligopol* und einem *Polypol* befindet. Für die ökonomische Theorie ist das *Oligopol* eine recht komplexe Marktform. Dies gilt insbesondere dann, wenn sich die Anbieter nicht auf eine gemeinsame Preisabsprache einigen können. Sie müssen dann ihren eigenen Preis unter Berücksichtigung der Reaktion der anderen Anbieter festlegen. Da diese sich in derselben Situation befinden, ist das Ergebnis eines solchen *strategischen Spiels* nicht ganz einfach zu prognostizieren. Diese Fragen werden im nächsten Kapitel ausführlich diskutiert.

8.2.2 Der Biermarkt wird zum Monopol und der Absatzpreis wird optimiert

Wir haben mit dem hier beschriebenen Kartell eine Situation dargestellt, die sich im Grunde kaum von der eines Monopols unterscheidet. Diese Marktform zeichnet sich dadurch aus, dass nur noch ein einziger Anbieter vorhanden ist. In unserer Modellwelt könnte dies dadurch geschehen, dass einer der Wirte in der Lage ist, alle anderen Lokale aufzukaufen, und sie dann unter einheitlicher Führung betreibt. Gegenüber dem Kartell entfällt dabei die Notwendigkeit einer Preisabsprache sowie einer Koordination der Absatzpolitik. Wiederum ist der Preis der entscheidende Handlungsparameter. Wir haben in unserem Kartellbeispiel willkürlich den Preis von 4 Euro als Zielpreis angenommen. Im Monopol wie im Kartell stellt sich nun die interessante Frage, wie man einen aus der Sicht der Produzenten optimalen Absatzpreis ermitteln kann.

Der Zusammenhang zwischen Umsatz und Preis

Als Ausgangspunkt bietet es sich an, den Zusammenhang zwischen Preis und Umsatz genauer zu betrachten. Am Kartellbeispiel haben wir gesehen, dass ein steigender Preis mit einem rückläufigen Umsatz einhergehen kann. Dies ist jedoch nicht zwangsläufig so. Für die hier verwendete, linear verlaufende Nachfragekurve (*Abbildung 5.1*) lässt sich dieser Zusammenhang recht einfach ermitteln (▶ *Tabelle 8.1*):

Preis in Euro	Menge	Umsatz
5,00	0	0
4,50	2.000	9.000
4,00	4.000	16.000
3,50	6.000	21.000
3.00	8.000	24.000
2,50	10.000	25.000
2,00	12.000	24.000
1,50	14.000	21.000
1.00	16.000	16.000
0,50	18.000	9.000
0,00	20.000	0

Tabelle 8.1: Der Zusammenhang zwischen Preis, Menge und Umsatz

- Beim *Prohibitivpreis* von 5 Euro ist der Preis zwar hoch, die nachgefragte Menge ist aber null und damit auch der Umsatz.
- Bei der *Sättigungsmenge* ist die nachgefragte Menge maximal, jetzt ist aber der Preis gleich null, also hat man wiederum einen Umsatz von null.
- Dazwischen verläuft der Umsatz in der Form einer *Parabel*. Er steigt ausgehend vom Prohibitivpreis an, erreicht sein Maximum genau bei der halben *Sättigungsmenge* und fällt dann wieder auf null (*Tabelle 8.1*).

Grafisch wird die Erlös- oder Umsatzkurve in ▶*Abbildung 8.4* dargestellt.

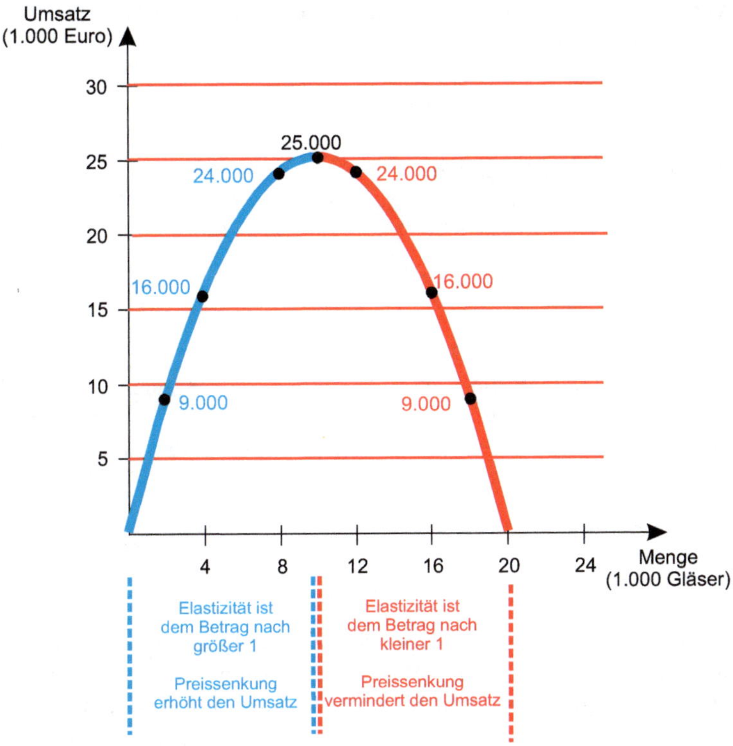

Abbildung 8.4: Umsatzkurve

Box 8.2 Herleitung von Erlöskurve und Grenzerlös

Formal lässt sich der Zusammenhang zwischen Preis und Umsatz wie folgt herleiten. Der Umsatz ergibt sich als das Produkt aus Menge und Preis, wobei der Preis von der nachgefragten Menge abhängt:

(8.1) $$U = p(x)x$$

Wir unterstellen eine lineare Nachfragefunktion

(8.2) $$p = a - bx$$

mit dem Achsenabschnitt a als Prohibitivpreis, mit x als Menge und p als Preis.

Der Umsatz ergibt sich dann durch Einsetzen von (*8.2*) in (*8.1*) als eine Parabel mit:

(8.3) $$U = ax - bx^2$$

Den maximalen Umsatz bekommen wir, wenn wir die *Gleichung 8.3* nach x ableiten:

(8.4) $$\frac{dU}{dx} = a - 2bx = 0$$

Gleichung 8.4 beschreibt den Grenzerlös, d.h. die Veränderung des Umsatzes bei einer marginalen Veränderung der Menge. Der maximale Umsatz ergibt sich bei einem Grenzerlös von null, d.h. also bei:

$$(8.5) \qquad x = \frac{a}{2b}$$

Die *Sättigungsmenge* ermitteln wir für $p = 0$:

$$(8.6) \qquad 0 = a - bx$$

Sie beträgt somit

$$(8.7) \qquad x = \frac{a}{b}$$

und ist genau das Doppelte der Menge, die nach (*8.5*) mit einem maximalen Umsatz einhergeht. Wir können das Maximum der Umsatzkurve grafisch also immer ganz leicht feststellen, da es genau bei der Hälfte des x-Achsenabschnitts der Nachfragekurve liegt.

Das Konzept der Preiselastizität der Nachfrage

Der Zusammenhang zwischen Umsatz und Preis wird von einem wichtigen ökonomischen Konzept verdeutlicht: der *Elastizität der Nachfrage*. Diese definiert die prozentuale Veränderung der nachgefragten Menge in Relation zu einer prozentualen Veränderung des Preises:

$$(8.8) \qquad \varepsilon_{x,p} = \left| \frac{\frac{\Delta x^n}{x^n}}{\frac{\Delta p}{p}} \right|$$

Bei einer Bewegung entlang der Nachfragekurve von oben nach unten steigt die nachgefragte Menge, während der Preis sinkt. Die Elastizität wäre damit stets negativ. Deshalb wird sie in der Regel als Betrag definiert.

Für die hier verwendete Nachfragekurve lässt sich das wie folgt verdeutlichen. Bei einem Rückgang des Preises von 3,50 auf 3 Euro steigt die nachgefragte Menge von 6.000 auf 8.000 Gläser. Der prozentuale Preisrückgang beträgt also 14 %, die Zunahme der Menge beläuft sich auf 33 %. Für 33 % geteilt durch 14 % ergibt sich eine Elastizität von rund 2,3. Bei einer Reduktion des Preises von 2 auf 1,50 Euro (25 %) ergibt sich ein Anstieg der nachgefragten Menge von 12.000 auf 14.000 Gläser (+17 %). Die Elastizität beträgt jetzt nur noch 0,68.

Wenn wir uns die Umsatzkurve ansehen, erkennen wir, dass eine Bewegung vom Ursprung zum Maximum dadurch gekennzeichnet ist, dass der Preis sinkt, während gleichzeitig die nachgefragte Menge zunimmt. Aus der Tatsache, dass der Umsatz steigt, können wir ablesen, dass der prozentuale Anstieg der nachgefragten Menge höher ist als der prozentuale Rückgang des Preises. Die Elastizität ist also im Bereich links vom Umsatzmaximum größer als eins. Rechts vom Umsatzmaximum gilt das Gegenteil. Eine Preissenkung reduziert den Umsatz. Der prozentuale Preisrückgang ist in diesem Bereich stets größer als der prozentuale Mengenanstieg, die Elastizität ist hier also kleiner als eins. Beim maximalen Umsatz ist sie genau eins.

Das Konzept der Elastizität kann man grundsätzlich zur Beschreibung von Angebots- und Nachfragekurven verwenden. Wie wir gesehen haben, verändert sich die Elastizität bei einer Bewegung auf einer solchen Kurve. Wenn man also davon spricht, dass zum Beispiel die Nachfrage nach Benzin sehr unelastisch ist ($\varepsilon_{x,p} < 1$), und damit zum Ausdruck bringt, dass der Umsatz der Tankstellen bei einer Erhöhung des Benzinpreises steigt, gilt diese Aussage immer nur für den jeweils relevanten Bereich einer Nachfragefunktion. Bei einem Benzinpreis von 4 Euro pro Liter wäre die Nachfrageelastizität sicherlich deutlich höher.

Der für den Monopol-Wirt optimale Bierpreis

Unser Monopol-Gastwirt ist jetzt über den Zusammenhang zwischen Preis und Umsatz informiert. Da er seinen Gewinn maximieren möchte, hält er sich an die folgende Gleichung:

(8.9) $$G(x) = p(x)x - K(x)$$

Sie beschreibt den Gewinn als Differenz zwischen Umsatz und Kosten. Entscheidend ist hierbei, dass der Preis nun anders als bei vollständigem Wettbewerb von der abgesetzten Menge abhängig ist. Die Gewinnmaximierung ist im Monopol also grundsätzlich anders als beim vollständigen Wettbewerb, bei dem der Preis für den einzelnen Anbieter eine *exogene Größe* darstellt (vergleiche *Kapitel 7*).

Um den optimalen Gewinn zu ermitteln, nehmen wir wieder unsere einfache Nachfragefunktion aus *Gleichung 8.2* und substituieren diese in *Gleichung 8.9* für $p(x)$:

(8.10) $$G(x) = (a - bx)x - K(x)$$

Die Ableitung von (*8.10*) nach x ergibt die Optimalitätsbedingung:

(8.11) $$\frac{dG}{dx} = a - 2bx - \frac{dK}{dx} = 0$$

$$a - 2bx = \frac{dK}{dx}$$

Der Grenzerlös ($= a - 2bx$) entspricht den Grenzkosten (dK/dx), das heißt, der Veränderung der Kosten, die sich durch eine Ausweitung der Menge ergibt. Grafisch kann man die Gewinnmaximierung eines Monopolisten wie folgt abbilden (▶*Abbildung 8.5*).

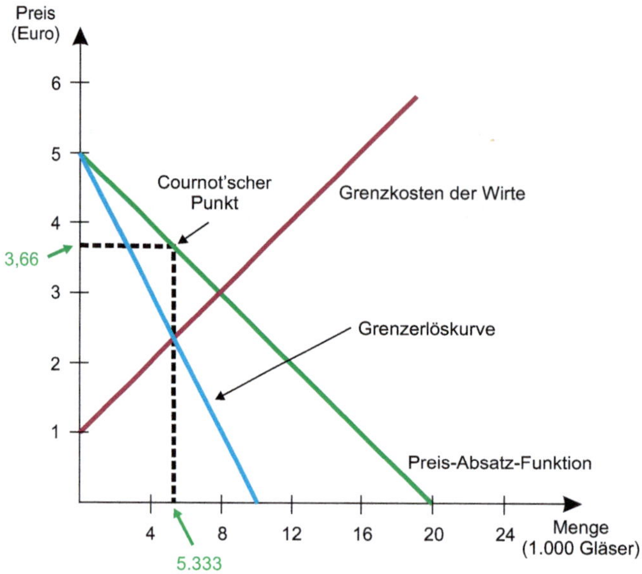

Abbildung 8.5: Der Cournot'sche Punkt im Monopol

Die in *Gleichung 8.11* abgeleitete Grenzerlöskurve verläuft wie folgt: Sie beginnt, wie die Nachfragefunktion, beim Prohibitivpreis und schneidet die *x*-Achse bei der Hälfte der Sättigungsmenge, d.h. beim maximalen Umsatz. Der Schnittpunkt der Grenzerlöskurve mit der *Grenzkostenkurve* ergibt die gewinnoptimale Menge. In unserem Zahlenbeispiel sind das 5.333 Gläser (leider ergibt sich hier ein etwas krummer Wert). Auf der Nachfragefunktion können wir den dazu passenden Preis ablesen. Er beträgt 3,66 Euro. Der Monopolist erzielt also einen Preis, der höher ist als bei vollständigem Wettbewerb. Er bietet dabei eine Menge an, die geringer ist als bei vollständigem Wettbewerb.

Anders als beim vollständigen Wettbewerb benötigen wir im Monopolfall keine eigenständige Angebotskurve zur Herleitung des Marktgleichgewichts. Die Nachfragekurve beschreibt hier alle relevanten Optionen des Anbieters. Man bezeichnet sie im Monopolfall als „*Preis-Absatz-Funktion*". Die gewinnoptimale Preis-Mengen-Kombination wird nach dem französischen Ökonomen Antoine Augustine Cournot (1801–1877) als *Cournot'scher Punkt* bezeichnet. Wir verdanken Cournot neben der Herleitung dieses Zusammenhangs viele weitere formale Einsichten in die Mikroökonomie. Eine Kurzbiografie finden Sie am Ende dieses Kapitels.

Die optimale Preis-Mengen-Kombination des Monopolisten kann man für unser konkretes Bierlokal-Beispiel wie folgt errechnen. Die nach dem Preis aufgelöste Nachfragefunktion lautet:

$$(8.12) \qquad p = 5 - \frac{1}{4.000}x$$

Der Umsatz ($x\,p(x)$) ist also:

$$(8.13) \qquad U = 5x - \frac{1}{4.000}x^2$$

und der Grenzerlös ist:

$$(8.14) \qquad \frac{dU}{dx} = GE = 5 - \frac{1}{2.000}x$$

Die Grenzkosten sind identisch mit der Angebotskurve der Wirte und belaufen sich auf:

$$(8.15) \qquad GK = 1 + \frac{1}{4.000}x$$

Damit ergibt sich die für den Monopolisten optimale Menge aus $GE = GK$ oder

$$(8.16) \qquad 5 - \frac{1}{2.000}x = 1 + \frac{1}{4.000}x$$

und liegt also bei

$$(8.17) \qquad x = \frac{16.000}{3}$$

Wird *Gleichung 8.17* in die nach dem Preis aufgelöste Nachfragefunktion eingesetzt, bekommt man dann einen Preis von

$$(8.18) \qquad p = 5 - \frac{1}{4.000} \cdot \frac{16.000}{3} = 3\frac{2}{3}$$

Damit liegt der optimale Preis etwas unter dem Preis, den wir in *Abschnitt 8.2.1* für das Kartell unterstellt haben. Die Auswirkungen auf die Konsumenten und die Wohlfahrt der Gesellschaft sind im Prinzip identisch mit denen, die wir bereits am Beispiel des Kartells dargestellt haben. Da sich bei den für den Cournot'schen Punkt errechneten Preisen und Mengen „krumme“ Zahlen ergeben, wollen wir auf eine genaue Berechnung der Wohlfahrtseffekte verzichten.

Die Logik des Cournot'schen Punkts lässt sich auch dadurch verdeutlichen, dass man die gesamten Erlöse mit den gesamten Kosten des Monopolisten vergleicht. Für den Erlös gilt die *Gleichung 8.13*. Die gesamten Kosten kann man aus den Grenzkosten ermitteln, die – wie in *Gleichung 7.20* dargestellt – die erste Ableitung der Gesamtkosten darstellen. Man muss dazu die Grenzkosten über x integrieren und noch eine Annahme über die Fixkosten treffen. Zur Vereinfachung setzen wir diese gleich null, dann ergibt sich für die Kosten

$$(8.19) \qquad K = x\left(1 + \frac{x}{8.000}\right)$$

Beide Kurven und der verbleibende Gewinn werden in ▶*Abbildung 8.6* abgebildet. Der Cournot'sche Punkt ist gekennzeichnet durch den maximalen Gewinn, d.h. den größten Abstand zwischen beiden Kurven. Dies ist genau dann gegeben, wenn beide Kurven die gleiche Steigung aufweisen, d.h. wenn der Grenzerlös gleich den Grenzkosten ist.

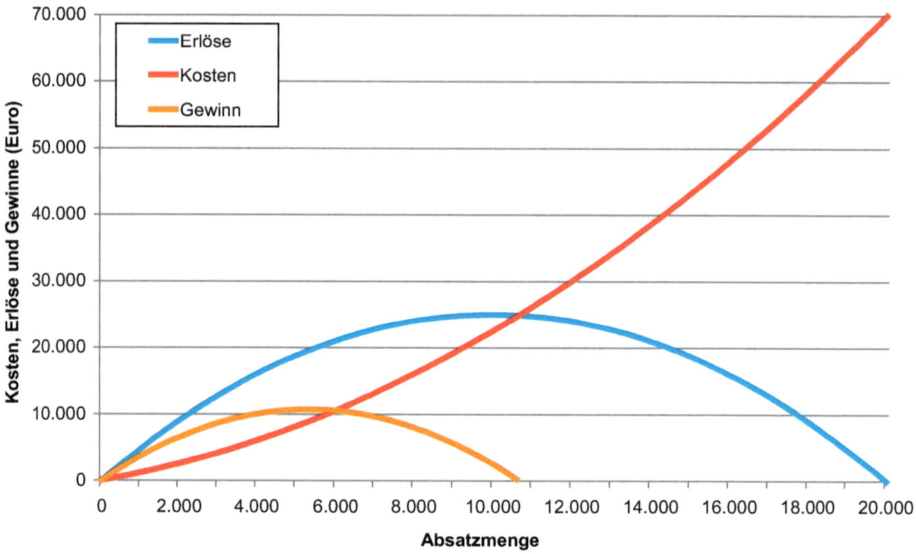

Abbildung 8.6: Kosten und Absatzmenge des Monopolisten

Neben dem unmittelbaren Verlust an Konsumentenrente zeigen sich die negativen Wohlfahrtseffekte eines Monopols (wie auch eines Kartells) in der Realität häufig daran, dass der Service oder die Qualität der Produkte schlechter ist als bei einem Wettbewerbsmarkt. Auch geht bei fehlendem Wettbewerbsdruck die unternehmerische Dynamik insgesamt verloren, sodass keine neuen Produkte entwickelt werden. *Harvey Leibenstein* (1966) hat hierfür den Begriff der *X-Ineffizienz* eingeführt, den John Hicks (1935, S. 8) wie folgt beschreibt:

„The best of all monopoly gains is a quiet life."

In Deutschland konnte man das besonders bei der Liberalisierung des Telekommunikationsmarktes in den 1990er-Jahren erleben. Der ehemalige Monopolist „Deutsche Bundespost" musste nicht nur die Preise für Ferngespräche drastisch senken, auch der Service wurde merklich verbessert: Wartezeiten für neue Telefonanschlüsse gingen deutlich zurück, die Mitarbeiter wurden allgemein freundlicher und kundenorientierter.

8.2.3 Durch Produktdifferenzierung und Preisdiskriminierung kann man die Nachfrager noch besser schröpfen

Im Fall des hier dargestellten Kartells (mit einem Preis von 4 Euro) wie auch beim Monopol (mit dem optimalen Preis im „Cournot'schen Punkt") verbleibt den Nachfragern noch immer eine nicht unerhebliche *Konsumentenrente*. Dies ist darauf zurückzuführen, dass die in der Nachfragekurve zum Ausdruck kommenden Wertschätzung der Konsumenten in der Regel erheblich divergieren. Für einen findigen Anbieter liegt es nahe, nach Möglichkeiten zu suchen, wie sich auch hiervon noch ein Stück abschneiden lässt. Die Lösung liegt in der *Produktdifferenzierung*. Bei dieser sehr beliebten Marketing-Strategie gehen Anbieter so vor, dass sie nahezu identische Produkte in einer Weise „verwandeln", dass sie in den Augen zumindest einiger Nachfrager nicht mehr als vollständige Substitute angesehen werden. Dies ermöglicht es dann, für das als höherwertig herausgestellte Produkt einen Preis zu fordern, der über dem Wettbewerbspreis liegt. Dieser wird weiterhin für das weniger herausgestellte Produkt gefordert.

Im Fall unseres monopolisierten Biermarktes wäre es beispielsweise denkbar, dass sich die Hälfte der Kneipen zu Edel-Lokalen herausputzen. Das ist zwar mit etwas höheren Kosten verbunden, die *Produktdifferenzierung* erlaubt es jedoch, einen deutlich darüber hinausgehenden Zuschlag auf den Bierpreis zu erheben. Wir bleiben, der einfacheren Zahlen wegen, im Beispiel des Kartells. Wir unterstellen, dass die Konsumenten die Edel-Lokale jetzt als ein differenziertes Produkt ansehen und dass dort daher ein Bierpreis von 4,50 Euro verlangt werden kann. Wie die ▶*Abbildung 8.7* verdeutlicht, verbleibt den Konsumenten nur noch eine *Konsumentenrente* von 1.000 Euro. Die *Produzentenrente* steigt auf 11.000 Euro, wovon allerdings noch die Kosten des Herausputzens der Edel-Lokale abgezogen werden müssen, die wir der Vereinfachung halber vernachlässigen.

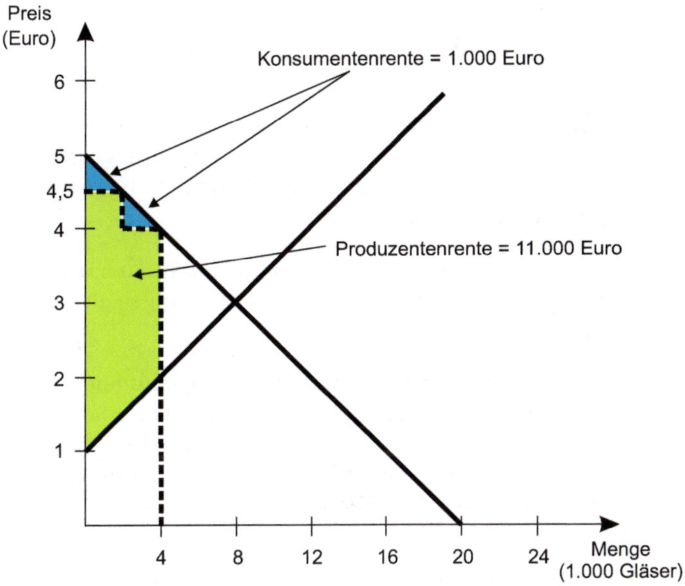

Abbildung 8.7: Wie man die Konsumenten durch Preisdifferenzierung noch besser schröpfen kann.

Im Extremfall könnte ein Monopolist für jede zusätzlich angebotene Einheit eines Gutes einen individuellen Preis verlangen. Auf diese Weise würde er von jedem Nachfrager genau den Preis erhalten, der dessen individueller Wertschätzung und Zahlungsbereitschaft entspricht, und so in den Besitz der gesamten Konsumentenrente gelangen.

Ein gutes Beispiel für Preisdiskriminierung mit dem Ziel der Abschöpfung von Konsumentenrenten ist die Preispolitik von Fluggesellschaften. Je nachdem, ob man Business Class oder Economy fliegt, ob man ein flexibles oder nicht mehr umbuchbares Ticket kauft, wird man mit erheblichen Preisunterschieden konfrontiert. Dabei sitzt man bei Flügen innerhalb Europas in der Business Class auf denselben engen Stühlen wie in der Economy Class.

8.3 Bei der Wettbewerbspolitik ist der Staat gefragt

Wir haben in diesem Buch schon mehrfach darauf hingewiesen, dass der Markt ein sehr effizienter Koordinationsmechanismus für eine arbeitsteilige Wirtschaft ist, da er eine Fülle dezentral gespeicherter Informationen in optimaler Weise verarbeiten kann. Deshalb sind Volkswirte sehr zurückhaltend, wenn von Politikern oder bestimmten Interessengruppen staatliche Eingriffe in den Marktmechanismus gefordert werden. Wir werden dies in *Kapitel 11* noch ausführlicher diskutieren.

Monopole wie auch Kartelle gehören zu den wichtigen Ausnahmen von dieser allgemeinen Regel. Sie beschränken den Wettbewerb, was einer Volkswirtschaft schadet. Die gesamtwirtschaftliche Wohlfahrt, die durch die Summe aus Konsumenten- und Produzentenrente abgebildet wird, ist geringer als bei vollständigem Wettbewerb. Zugleich fehlt es der Wirtschaft an Dynamik, da der Wettbewerb einen großen Anreiz setzt, neue oder bessere Produkte anzubieten. Vom Markt selbst, d.h. allein durch private Initiativen der Nachfrager, ist keine Abhilfe gegen Wettbewerbsbeschränkungen zu erwarten. Wirksame Gesetze gegen Monopole und Kartelle gehören deshalb zum festen Bestandteil des rechtlichen Rahmens für eine Marktwirtschaft.

In Deutschland wird dies im *Gesetz gegen Wettbewerbsbeschränkungen* (GWB) geregelt. § 1 dieses Gesetzes lautet wie folgt:

„Kartellverbot: Vereinbarungen zwischen miteinander im Wettbewerb stehenden Unternehmen, Beschlüsse von Unternehmensvereinigungen und aufeinander abgestimmte Verhaltensweisen, die eine Verhinderung, Einschränkung oder Verfälschung des Wettbewerbs bezwecken oder bewirken, sind verboten."

Ein Bierpreis-Kartell der Wirte würde dieser Vorschrift also zuwiderlaufen. Auch ein Monopol durch den Ankauf aller Kneipen wäre nach den Bestimmungen des GWB nicht zulässig. In § 36 heißt es dazu:

„Grundsätze für die Beurteilung von Zusammenschlüssen: (1) Ein Zusammenschluss, von dem zu erwarten ist, dass er eine marktbeherrschende Stellung begründet oder verstärkt, ist vom Bundeskartellamt zu untersagen, es sei denn, die beteiligten Unternehmen weisen nach, dass durch den Zusammenschluss auch Verbesserungen der Wettbewerbsbedingungen eintreten und dass diese Verbesserungen die Nachteile der Marktbeherrschung überwiegen."

Eine *„marktbeherrschende Stellung"* wird im Gesetz in § 19 (3) definiert:

„Es wird vermutet, dass ein Unternehmen marktbeherrschend ist, wenn es einen Marktanteil von mindestens einem Drittel hat. Eine Gesamtheit von Unternehmen gilt als marktbeherrschend, wenn sie

1. aus drei oder weniger Unternehmen besteht, die zusammen einen Marktanteil von 50 von Hundert erreichen, oder

2. aus fünf oder weniger Unternehmen besteht, die zusammen einen Marktanteil von zwei Dritteln erreichen."

Bei Zusammenschlüssen, die für die Europäische Union relevant sind, greift die Wettbewerbskontrolle durch die *Europäische Kommission* (Artikel 101 bis 106 des AEU-Vertrags) ein.

Der Mathematiker

1801–1877

Wie kein anderer hat sich **Antoine Augustin Cournot** um die Formalisierung der Ökonomie bemüht. Er wurde am 28. August 1801 in Gray (Haute-Saône) geboren und starb am 30. März 1877 in Paris.

Der französische Ökonom, Mathematiker und Philosoph entwickelte u.a. die Konzeption der Angebots- und Nachfragekurve und untersuchte die Preisbildung im Monopol („*Cournot'scher Punkt*") und im Oligopol (siehe dazu *Kapitel 9*) sowie die Wirkung von Steuern und Subventionen auf Produktion, Verteilung und Wohlstand. Mit seinem Werk hat er Alfred Marshall stark beeinflusst. In seinen philosophischen Werken beschäftigte sich Cournot mit dem erkenntnistheoretischen Spannungsverhältnis zwischen Geschichte und Wissenschaft. Mithilfe von Statistik und Wahrscheinlichkeitsrechnung sollen Gesetzmäßigkeiten, Zusammenhänge und Strukturen erkannt und von auf Zufällen beruhenden Verzerrungen bereinigt werden. Diesen Gradmesser für Wissenschaftlichkeit wandte er u.a. auf die Geschichts- und Wirtschaftswissenschaft an. Somit gilt er auch als einer der ersten Vertreter der Ökonometrie.

Zitat

„Systems have their fanatics. But the science which succeeds to them never has them. Finally, even if the theories relating to social organization do not guide the doings of the day, they at last throw a light on the history of accomplished facts." (Principles, 1863)

Ausbildung und Beruf

1806–1816 Schule in Gray
1816–1820 Selbststudium naturwissenschaftlicher und philosophischer Literatur neben einem Volontariat
1821 wurde er zur naturwissenschaftlichen Abteilung der École normale in Paris zugelassen
1823 Abschluss als Lizentiat der Naturwissenschaften
1834 Professor in Lyon
1838 Generalinspekteur der französischen Universitäten mit Sitz in Paris
1854–1862 Rektor der Académie de Grenoble

Werke

1838 Recherches sur les principes mathématiques de la théorie des richesses (Principles into the Mathematical Principles of the Theory of Wealth, New York, Macmillan, 1929)
1863 Principes de la théorie des richesses, Paris Hachette

Schlagwörter

- Cournot'scher Punkt (S. 124)
- Gesetz gegen Wettbewerbsbeschränkungen (S. 128)
- Grenzerlös (S. 121)
- Kartell (S. 117)
- marktbeherrschende Stellung (S. 128)
- Monopol (S. 117)
- Oligopol (S. 119)
- Preis-Absatz-Funktion (S. 124)
- Preisdifferenzierung (S. 127)
- Preisdiskriminierung (S. 126)
- Produktdifferenzierung (S. 126)
- Wettbewerbspolitik (S. 128)

Aufgaben

Musterlösungen zu den hier gestellten Aufgaben finden Sie im MyLab | Grundzüge der VWL.

1. Monopol

Die Eisdiele Rialto kauft die Eisdiele Dolomiti (siehe *Aufgabe 3* in *Kapitel 7*) auf und hat sich damit eine Monopolstellung in der Stadt verschafft. Die Grenzkosten für beide Eisdielen lauten jetzt:

$$GK = \frac{2}{10} + \frac{1}{50}x$$

Die Nachfrage lautet weiterhin:

$$p = 2{,}20 - \frac{1}{100}x^n$$

Berechnen Sie den „Cournot'schen Punkt". Wie hat sich die Situation gegenüber der *Aufgabe 3* in *Kapitel 7* verändert?

2. Preiselastizität der Nachfrage

a) Ein Kartell der Lehrbuchautoren für VWL-Einführungsbücher beschließt einen einheitlichen Preis von 100 Euro. Der Gesamtumsatz geht dadurch deutlich zurück.

b) Der Benzinpreis steigt durch die Ökosteuer. Der Umsatz steigt.

c) Der Bierpreis auf dem Oktoberfest wird wieder einmal erhöht. Am Ende stellen die Wirte fest, dass der Umsatz konstant geblieben ist.

Was lässt sich in diesen Fällen über die *Preiselastizität der Nachfrage* sagen? Haben die Autoren in a) einen Fehler gemacht?

3. Preisdifferenzierung

Die Deutsche Bahn bietet für Jugendliche und Senioren Fahrkarten zu einem vergünstigten Preis an. Eine von ihr beauftragte Beratungsgesellschaft schlägt vor, einen solchen „Sozialkram" abzuschaffen. Zeigen Sie grafisch, warum sich eine solche Strategie für die Bahn als nachteilig auswirken könnte.

LERNZIELE

- Wenn sich auf einem Markt für ein homogenes Gut nur zwei Anbieter befinden, spricht man von einem *Duopol*. Die Angebotsmengen und Preise auf solch einem Markt lassen sich mit dem Instrumentarium der *Spieltheorie* modellieren.
- Sind beide Anbieter identisch, ergibt sich im Ergebnis ein Cournot-Gleichgewicht. Falls ein Anbieter dominiert, zieht man das Stackelberg-Modell zur Analyse heran.
- Unternehmen bieten nicht nur in einer Periode an, sondern es werden in den folgenden Perioden wiederum die Preise und Mengen neu festgelegt. Die Strategie „Wie du mir, so ich dir" ist eine sehr erfolgreiche Strategie in diesem *mehrperiodigen Spiel*.
- Eine völlig legale Möglichkeit, eine monopolartige Stellung zu erreichen, ist das Angebot von differenzierten (Marken-)Produkten. Durch diese „Monopolistische Konkurrenz" vergrößert sich die Produzentenrente und verringert sich die Konsumentenrente gegenüber dem vollständigen Wettbewerb. Dafür profitieren die Konsumenten von einer höheren Produktvielfalt.

Die komplexen Welten des Duopols und des monopolistischen Wettbewerbs

9

ÜBERBLICK

9.1 Überblick

Der Monopolist hat es insgesamt gesehen recht einfach: Er kann seine Preispolitik optimal auf die Marktbedingungen ausrichten und so den für ihn optimalen Gewinn einfahren. Sehr viel schwieriger wird die Preisgestaltung, wenn es auf einem Markt zwei Wettbewerber gibt, die auch noch ähnlich groß sind. Man spricht dann von einem *Duopol*. Ein anschauliches Beispiel hierfür ist der Markt für Passagierflugzeuge, der von den beiden großen Unternehmen Boeing und Airbus weitgehend beherrscht wird. Aufgrund der hohen Fixkosten bei der Flugzeugproduktion ist es für neue Anbieter nahezu unmöglich, in diesen Markt einzudringen.

Wenn auf einem Markt mehr als zwei, aber trotzdem nur sehr wenige Anbieter aktiv sind, spricht man von einem *Oligopol*; die in *Abschnitt 8.1* dargestellte Marktform mit vielen Anbietern wird dementsprechend als *Polypol* bezeichnet.

Natürlich ist das Leben für die Anbieter eines *Duopols* oder *Oligopols* noch immer sehr viel angenehmer als unter dem scharfen Wind des vollständigen Wettbewerbs. Aber die Preisgestaltung ist zugleich wesentlich komplexer als in der Welt eines Monopols. Das liegt daran, dass jeder der Anbieter damit rechnen muss, dass seine eigene Preissetzung durch das Verhalten seiner Konkurrenten unterlaufen wird.

Bleiben wir beim Beispiel der Studentenkneipen und nehmen an, dass es in der Stadt zwei Betreiber gibt, denen jeweils die Hälfte der Lokale gehört. Wenn sich nun einer der beiden dafür entscheidet, den Monopolpreis von 3,66 Euro zu fordern, muss er damit rechnen, dass sein Gegenspieler ihn mit einem Preis von z.B. 3,50 Euro unterbietet, womit dieser den größten Teil der Nachfrage auf sich ziehen würde und immer noch einen besseren Preis als bei vollständigem Wettbewerb erzielen könnte. Das kann dann leicht zu einer Preisschlacht führen, die für beide Anbieter nachteilige Effekte hat.

9.2 Das Duopol

Die strategische Interdependenz in einem *Duopol* kann man mit unterschiedlichen Modellen beschreiben. Wir beschränken uns hier auf die zwei wichtigsten Ansätze:

- Das Modell von *Cournot*, das durch eine gleichberechtigte Stellung der beiden Anbieter und einen *simultanen Entscheidungsprozess* gekennzeichnet ist.
- Das Modell von *Stackelberg*, bei dem *sequenziell* entschieden wird, sodass einer der beiden Anbieter als „Führer" fungiert und der andere die Position eines „Nachfolgers" einnimmt.

9.2.1 Das Cournot-Modell

Auch für diese Fragestellung verdanken wir Augustin Cournot einen eleganten Lösungsansatz. Sein Modell geht davon aus, dass es auf einem Markt zwei gleichberechtigte Anbieter gibt, die ihre Angebotsentscheidung gleichzeitig treffen müssen. Jeder Anbieter versucht nun, die für ihn optimale Absatzstrategie zu entwickeln, wobei er sich bemüht, das Verhalten seines Konkurrenten so weit wie möglich zu antizipieren. Der Ausgangspunkt hierfür ist eine sogenannte *Reaktionsfunktion*. Sie basiert auf der Überlegung des Anbieters A, der sich fragt, welche Menge er anbietet bei einer gegebenen Angebotsmenge seines Konkurrenten B.

Um das herleiten zu können, müssen wir unser Modell etwas vereinfachen. Anders als in den bisherigen Berechnungen unterstellt, nehmen wir an, dass die Grenzkosten eines zusätzlich angebotenen Bierglases konstant bei 1 Euro liegen.

Für den Fall des *vollkommenen Wettbewerbs*, bei dem die Regel

$$p = GK \tag{9.1}$$

gilt, ergäbe sich dann ein Preis von 1 Euro und eine Angebotsmenge von insgesamt 16.000 Gläsern. Jeder der beiden Anbieter würde also jeweils 8.000 Gläser bereitstellen. Man kann dieses Ergebnis leicht nachvollziehen, wenn man in *Abbildung 8.5* die zum Preis von 1 Euro passende nachgefragte Menge abträgt.

In der Situation des *Monopols* würde die Regel

$$GK = GE \tag{9.2}$$

angewandt werden, was bei konstanten Grenzkosten von 1 Euro zu einer Angebotsmenge von insgesamt 8.000 Gläsern führen würde. Auf jeden Anbieter würde ein Absatz von 4.000 Gläsern entfallen. Dieses Ergebnis kann man nachrechnen, wenn man in der *Gleichung 8.16* auf der rechten Seite den Wert von 1 Euro setzt und dann nach x auflöst.

Im *Duopol-Modell* von Cournot versetzen wir uns nun zunächst in die Situation des Anbieters A. Er möchte wie ein Monopolist seinen Gewinn maximieren, sodass er eine Angebotsmenge realisiert, bei der sein Grenzerlös den Grenzkosten entspricht. In allgemeiner Form lässt sich das wie folgt herleiten.

Für den Gesamtmarkt gilt eine Preisabsatzfunktion, wie sie in *Abschnitt 8.2* dargestellt wurde:

$$p = a - bx \tag{9.3}$$

Für den Umsatz des Anbieters A gilt:

$$U_A = x_A(a - bx) \tag{9.4}$$

Da sich x zusammensetzt aus der Angebotsmenge von A (x_A) und der von B (x_B), kann man diese Gleichung auch formulieren als:

$$U_A = x_A(a - b(x_A + x_B)) = ax_A - bx_A^2 - bx_Ax_B \tag{9.5}$$

Der Grenzerlös für den Anbieter A ergibt sich durch Ableiten nach x_A:

$$GE = \frac{\partial U_A}{\partial x_A} = a - 2bx_A - bx_B \tag{9.6}$$

Der Anbieter A erzielt den maximalen Gewinn, wenn der Grenzerlös mit den Grenzkosten übereinstimmt, die annahmegemäß gleich 1 gesetzt werden:

$$a - 2bx_A - bx_B = 1 \tag{9.7}$$

Damit beträgt die für den Anbieter A optimale Absatzmenge:

$$x_A = \frac{a}{2b} - \frac{x_B}{2} - \frac{1}{2b} \tag{9.8}$$

Man erkennt daran das Grundprinzip einer *Reaktionsfunktion*. Die für den Anbieter A optimale Strategie hängt unmittelbar davon ab, wie sich der Anbieter B entscheidet, da dessen Angebotsmenge x_B in der Reaktionsfunktion des Anbieters A enthalten ist.

Die hier für den Anbieter A abgeleitete Reaktionsfunktion kann auf die gleiche Weise für den Anbieter B ermittelt werden, sodass für ihn gilt:

$$(9.9) \qquad x_B = \frac{a}{2b} - \frac{x_A}{2} - \frac{1}{2b}$$

Nimmt man die konkreten Werte $a = 5$ und $b = 1/4.000$, die in den Beispielrechnungen bisher verwendet wurden, erhält man folgende Reaktionsfunktionen für die beiden Anbieter:

$$(9.10) \qquad x_A = 10.000 - \frac{x_B}{2} - 2.000 = 8.000 - \frac{x_B}{2}$$

$$(9.11) \qquad x_B = 10.000 - \frac{x_A}{2} - 2.000 = 8.000 - \frac{x_A}{2}$$

Setzt man *Gleichung 9.11* in *Gleichung 9.10* ein, lässt sich das für beide Anbieter optimale Angebot von

$$(9.12) \qquad x_A = x_B = \frac{16.000}{3}$$

errechnen.

Die Reaktionsfunktionen lassen sich grafisch wie folgt abbilden (▸*Abbildung 9.1*):

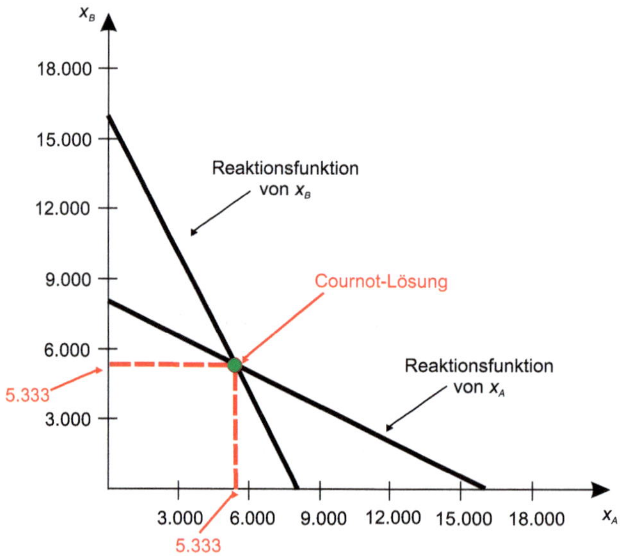

Abbildung 9.1: Reaktionsfunktionen und Cournot-Lösung im Duopol

Es zeigt sich, dass der Schnittpunkt der Reaktionsfunktionen dem formal hergeleiteten Ergebnis entspricht. Diese Lösung bezeichnet man auch als *Nash-Gleichgewicht*, das nach dem Nobelpreisträger John Nash benannt ist. Ein solches Gleichgewicht ist dadurch gekennzeichnet, dass jeder der beiden Akteure das für ihn optimale Ergebnis ermittelt, wobei er berücksichtigt, dass sich sein Gegenspieler ebenfalls nach dieser

Strategie verhält. Damit können wir das Angebotsverhalten der beiden Anbieter für die unterschiedlichen Marktformen vergleichen (▶*Tabelle 9.1*).

	Vollkommener Wettbewerb	Duopol (Cournot-Lösung)	Monopol
x_A	8.000	5.333	4.000
x_B	8.000	5.333	4.000

Tabelle 9.1: Absatzmenge bei unterschiedlichen Marktformen

9.3 Das Gefangenendilemma (oder: eine erste Einführung in die Spieltheorie)

Dies führt zu einer spannenden Frage: Kann es dazu kommen, dass die beiden Anbieter die Monopollösung realisieren, die für sie offensichtlich den größten Gewinn bedeutet? Oder werden sie sich so verhalten, dass sich die „second-best"-Lösung des Cournot-Modells einstellt?

9.3.1 Warum es sich lohnt zu gestehen

Diese nicht ganz einfachen Interaktionen zwischen zwei Akteuren werden üblicherweise mit dem Instrumentarium der *Spieltheorie* beschrieben. Das bekannteste Spiel ist dabei das sogenannte *„Gefangenendilemma"*. Es stellt die Situation von zwei von der Polizei gefassten Verbrechern dar, die gestohlene Güter mit sich führen. Sie werden getrennt verhört und können deshalb nicht mehr miteinander kooperieren. Die Polizei hat keine Indizien, mit denen sie die Gefangenen des Einbruchs überführen kann. Ohne ein Geständnis würden die Gefangenen also nur wegen des Besitzes gestohlener Güter verurteilt werden, was mit sechs Monaten Gefängnis weniger streng bestraft wird als ein Einbruch. Wenn beide den Einbruch gestehen, würden sie jeweils zu zwei Jahren Haft verurteilt werden. Wenn nur einer gesteht, würde er als Kronzeuge freigelassen werden, dafür würde der nichtgeständige Komplize zu fünf Jahren verurteilt werden.

Wie sollen sich die Gefangenen in dieser Dilemma-Situation entscheiden? Jeder der beiden steht vor der Alternative, das Verbrechen zuzugeben oder es aber zu leugnen. Insgesamt sind deshalb vier mögliche Ergebnisse des Spiels denkbar, die in ▶*Tabelle 9.2* abgebildet werden. Diese stellt gleichsam die „Auszahlungsmatrix" für das Spiel dar.

Versetzen wir uns in die Position des Gefangenen A. Er muss sich überlegen, wie er bei den alternativen Entscheidungsmöglichkeiten des B jeweils am besten fährt. Für den Fall, dass B das Verbrechen gesteht, ist es für A deutlich besser, ebenfalls zu gestehen. Wenn B das Verbrechen nicht gesteht, ist es für A ebenfalls besser, die Alternative „Gestehen" zu wählen, da er dann sogar freikommt. Somit ist die Alternative „Gestehen" für A die dominante Strategie. Da für B dieselbe Entscheidungsstruktur besteht, ergibt sich als Lösung, dass beide gestehen und somit zu zwei Jahren Gefängnis verurteilt werden. Das Gefangenen-Dilemma führt also dazu, dass das rationale Verhalten beider zu einem für sie ungünstigen Resultat führt. Die individuelle Rationalität erzeugt ein für die Gesamtheit ungünstiges Ergebnis. Wir haben es hier wiederum mit der Form einer Rationalitätenfalle (siehe dazu *Kapitel 1*) zu tun.

		Verbrecher B	
		Gestehen	**Nicht gestehen**
Verbrecher A	**Gestehen**	2 Jahre für A und B	A kommt frei, 5 Jahre für B
	Nicht gestehen	B kommt frei, 5 Jahre für A	Beide erhalten 6 Monate

Tabelle 9.2: „Auszahlungsmatrix" im Gefangenenspiel

Das Beispiel verdeutlicht die wichtigsten Voraussetzungen für das Auftreten eines „Gefangenen-Dilemmas":

- Die Akteure können nicht miteinander kommunizieren, was jede Form der Kooperation ausschließt.
- Das Spiel wird nicht wiederholt. Bei einem *wiederholten Spiel*, d.h. wenn die Gefangenen wieder aus der Haft entlassen werden und danach erneut als Einbrecher aktiv werden, muss der Akteur, der gesteht, mit der Gefahr rechnen, dass keine Kooperation mehr mit ihm stattfindet oder dass er sogar von seinem „Kollegen" unmittelbar sanktioniert wird. Mit anderen Worten: Bei wiederholten Spielen kommt der „Reputation" der Akteure eine große Rolle zu. Wer seine „Räuberehre" wegen eines einmaligen Gewinns aufs Spiel setzt, muss damit rechnen, dass sich das langfristig nachteilig für ihn auswirkt.

9.3.2 Das Gefangenendilemma im Duopol

Diese Einschränkungen sind zu bedenken, wenn man ein *Duopol* aus der spieltheoretischen Sicht diskutieren will. Grundsätzlich kann man die Entscheidungssituation der beiden Anbieter in das Schema des Gefangenendilemmas übertragen. Konkret geht es um die Entscheidung eines Anbieters, die zum Monopolmodell passende Menge anzubieten und darauf zu setzen, dass sich sein Konkurrent ebenso verhält. Aber wie im Gefangenen-Modell ist auch hier ein nichtkooperatives Verhalten möglich. Es besteht darin, anstelle der Monopolmenge die Menge anzubieten, die sich aus der Reaktionsfunktion des Cournot-Ansatzes ergibt. Damit sind wiederum vier Ergebnisse des Spiels denkbar, die in der ▸*Tabelle 9.3* abgebildet werden.

		Anbieter B	
		Nichtkooperative Lösung	**Kooperative Lösung**
Anbieter A	**Nichtkooperative Lösung**	Beide bieten jeweils 5.333 an	A bietet 5.333 an, B bietet 4.000 an
	Kooperative Lösung	A bietet 4.000 an, B bietet 5.333 an	Beide bieten jeweils 4.000 an

Tabelle 9.3: Angebotsmengen der beiden Anbieter im Duopol-Spiel

Aus der ▸*Tabelle 9.4* kann man diesen Ergebnissen die konkreten Renten zuordnen, die in den vier Konstellationen auf die beiden Anbieter entfallen.

Die Cournot-Lösung entspricht ihrer logischen Struktur nach somit der Standardlösung für das Gefangenen-Dilemma. Für den Spieler A ist es immer besser, sich nichtkooperativ zu verhalten, d.h. auf die Cournot-Lösung zu setzen, unabhängig davon, wie sich B verhält. Für B gilt dasselbe. Somit landen beide in der Lösung, die durch das Cournot-Modell beschrieben wird. Die für sie eigentlich optimale Lösung eines gemeinschaftlich betriebenen Monopols kann aufgrund der Spielstruktur nicht realisiert werden.

Marktform bzw. Verhalten der Anbieter	Absatzmenge Anbieter A	Absatzmenge Anbieter B	Gesamtmenge	Preis	Rente pro Einheit bei GK = 1	Rente von Anbieter A	Rente von Anbieter B
Vollkommener Wettbewerb	8.000	8.000	16.000	1	0	0	0
Beide kooperieren	4.000	4.000	8.000	3	2	8.000	8.000
Beide kooperieren nicht	5.333	5.333	10.666	7/3	4/3	7.111	7.111
A kooperativ B nicht kooperativ	4.000	5.333	9.333	8/3	5/3	6.666	8.888
A nicht kooperativ B kooperativ	5.333	4.000	9.333	2	5/3	8.888	6.666

Tabelle 9.4: Preise und Renten bei unterschiedlichen Strategien

Dieses Spiel verdeutlicht allerdings wiederum, dass es sich um eine sehr künstliche Konstellation handelt. Insbesondere wird unterstellt, dass die beiden Akteure nur einmal miteinander spielen, während sie es in der Realität mit einem anhaltenden Interaktionsverhältnis zu tun haben. Das würde interessante strategische Aktionen ermöglichen, die beim einmaligen Spiel nicht berücksichtigt werden können. Bei einem wiederholten Spiel kann ein Anbieter z.B. seinen Konkurrenten bestrafen, wenn sich dieser in einem Spiel unkooperativ verhalten hat. Er kann also zum Beispiel die Wettbewerbsmenge von 8.000 anbieten, was dazu führt, dass der Konkurrent erhebliche Einbußen erfährt, unabhängig davon, ob er die Cournot- oder die Monopolmenge anbietet.

9.3.3 „Wie du mir, so ich dir" (Tit for Tat) ist die erfolgreichste Strategie bei wiederholten Spielen

Bei wiederholten Spielen stellt sich die Frage, wie man mit seinem Gegenspieler am besten umgehen soll. In der Spieltheorie besteht ein großer Konsens, dass die Strategie des „*Tit for Tat*" oder auf Deutsch „Wie du mir, so ich dir" in der Regel am erfolgreichsten ist. Sie wurde von dem Ökonomen Robert Axelrod (1984) als Lösung für ein wiederholtes Gefangenen-Dilemma-Spiel entwickelt und erwies sich im Vergleich zu allen anderen Strategien als besonders erfolgreich. Das Vorgehen besteht darin, dass man sich in seinem Verhalten beim ersten Zug kooperativ verhält und sich dann bei jedem weiteren Zug am Verhalten des Konkurrenten orientiert. Konkret: Wenn sich der Gegner in einem Duopol-Spiel beim ersten Zug kooperativ verhalten hat und die Menge von 4.000 anbietet, ist es optimal, sich im nächsten Spiel wiederum kooperativ zu verhalten. Wenn sich der Gegenspieler im nächsten Zug nichtkooperativ verhalten hat, ist es sinnvoll, sich für das folgende Spiel ebenfalls unkooperativ zu verhalten und entweder die Cournot- oder sogar die Wettbewerbsmenge anzubieten. Im darauf folgenden Zug sollte man es dann wieder mit kooperativem Verhalten versuchen, um das Spiel wieder in eine positive Bahn zu lenken.

Dies kann an einem einfachen Zahlenbeispiel verdeutlicht werden, das auf folgender Auszahlungsmatrix basiert:

Gespielt wird ein wiederholtes Spiel mit 20 Runden, bei dem jeder Spieler jedes Mal vor der Entscheidung steht, ob er sich kooperativ oder nichtkooperativ verhalten soll. Wenn beide Spieler stets *unkooperativ* sind, erhalten sie 20 Mal eine Auszahlung von 1, in der Summe also eine Auszahlung von 20. Wenn sich beide Spieler stets kooperativ verhalten, erhalten beide eine Auszahlung von 80.

Unterstellen wir jetzt, dass sich A an der Strategie „*Tit for Tat*" orientiert, während sich B stets unkooperativ verhält.

		Spieler B	
		Nichtkooperative Lösung	**Kooperative Lösung**
Spieler A	**Nichtkooperative Lösung**	1 für beide	A: 5 B: 0
	Kooperative Lösung	A: 0 B: 5	4 für beide

Tabelle 9.5: Auszahlungsmatrix bei „Tit for Tat"-Spiel

	A	**B**
Spiel 1	K: 0	N: 5
Spiel 2	N: 1	N: 1
Spiel 3	N: 1	N: 1
…..	….	…
Spiel 20	N: 1	N: 1
Summe	19	24

Tabelle 9.6: Spielergebnisse bei wiederholtem Spiel (A orientiert sich an „Tit for Tat", B ist unkooperativ)

Spieler A stellt sich also etwas schlechter als bei einem völlig unkooperativen Spiel, der unkooperative Spieler B kann sich geringfügig verbessern. Wie sieht das Spiel aus, wenn beide die Strategie des „*Tit for Tat*" verfolgen?

	A	B
Spiel 1	K: 4	K: 4
Spiel 2	K: 4	K: 4
Spiel 3	K: 4	K: 4
.....	....	...
Spiel 20	K: 4	K: 4
Summe	80	80

Tabelle 9.7: Spielergebnisse bei wiederholtem Spiel (A und B orientieren sich an „Tit for Tat")

Jetzt erzielen beide Spieler ein deutlich besseres Ergebnis als bei den beiden vorhergehenden Strategiekombinationen. Dies entspricht übrigens der Kombination, in der sich ein Spieler stets kooperativ verhält und der Gegenspieler sich an „*Tit for Tat*" orientiert. Denkbar ist nun noch, dass A stets kooperiert und dass B stets unkooperativ ist. Das führt zu folgenden Ergebnissen:

	A	B
Spiel 1	K: 0	N: 5
Spiel 2	K: 0	N: 5
Spiel 3	K: 0	N: 5
.....	....	...
Spiel 20	K: 0	N: 5
Summe	0	100

Tabelle 9.8: Spielergebnisse bei wiederholtem Spiel (A kooperiert stets und B ist stets unkooperativ)

Wenn man das Ganze ausschließlich aus der Sicht von A sieht, dann sind folgende Auszahlungen in Abhängigkeit von der gewählten Strategiekombination möglich:

		B			
		Nichtkooperativ	**Kooperativ**	**TFT**	**Summe**
A	**Nichtkooperativ**	20	100	24	144
	Kooperativ	0	80	80	160
	TFT	19	80	80	179

Tabelle 9.9: Spielergebnisse bei wiederholtem Spiel aus der Sicht von A

Wenn A nicht weiß, wie sich B verhält, d.h., wenn alle drei Strategien des B für ihn gleich wahrscheinlich sind, ist es für ihn also am besten, die Strategie des „*Tit for Tat*" zu spielen, da sie ihm die höchste erwartete Auszahlung bietet. Dies erkennt man an der Summe von 179, die in der rechten Spalte angegeben ist. Da das Spiel symmetrisch ist, gilt für den Spieler B dasselbe. Auch er fährt mit „*Tit for Tat*" am besten.

Worauf ist es zurückzuführen, dass „*Tit for Tat*" so erfolgreich ist? Vier Gründe lassen sich hierfür anführen:

- Es ist eine *freundliche* Strategie. Freundlich heißt, dass man das Spiel kooperativ beginnt und damit seinen Gegenspieler einlädt, ebenfalls kooperativ zu sein.
- Es enthält ein Element der *Vergeltung*. Wenn ich mich bei diesem Spiel unkooperativ verhalte, muss ich damit rechnen, dass ich in der nächsten Runde durch eine unkooperative Reaktion bestraft werde.
- Schlechtes Verhalten wird *vergeben*. Ich kann jederzeit durch kooperatives Verhalten wieder dafür sorgen, dass sich auch mein Partner kooperativ verhält.
- Das Spiel ist *einfach*.

9.4 Das Stackelberg-Modell

Der Vollständigkeit halber soll noch eine alternative Lösung für das Duopol-Modell präsentiert werden, die von dem deutschen Ökonomen Heinrich von Stackelberg (1905–1946) entwickelt wurde. Sie vereinfacht die komplexe Interaktion des *Duopols*, die wir bisher dargestellt haben, dadurch, dass nicht mehr eine simultane Entscheidung der beiden Anbieter unterstellt wird. Das Stackelberg-Modell geht von einem sequenziellen Vorgehen aus, bei dem einer der Anbieter den ersten Schritt tut, sodass der zweite sich erst dann festlegen muss, wenn er die Angebotsmenge des „Führers" kennt. Wie im Cournot-Modell hält sich der „Nachfolger", hier der Anbieter B, an die oben bereits hergeleitete Reaktionsfunktion. Für ihn gilt also:

$$(9.13) \qquad x_B = 8.000 - \frac{x_A}{2}$$

Der Anbieter A kennt diese Reaktionsfunktion und kann jetzt in einem ersten Schritt die für ihn optimale Strategie ableiten. Für seinen Umsatz gilt wiederum:

$$(9.14) \qquad U_A = ax_A - bx_A^2 - bx_Ax_B$$

Setzt man die konkreten Werte ein, erhält man die Erlösfunktion von A:

$$(9.15) \qquad U_A = 5x_A - \frac{x_A^2}{4.000} - \frac{x_Ax_B}{4.000}$$

Da sich Anbieter B an die Reaktionsfunktion hält, kann der Anbieter A in seine Erlösfunktion für x_B den Wert aus der *Gleichung 9.13* einsetzen:

$$(9.16) \qquad U_A = 5x_A - \frac{x_A^2}{4.000} - 2x_A + \frac{x_A^2}{8.000} = 3x_A - \frac{x_A^2}{8.000}$$

Der Grenzerlös errechnet sich dann als erste Ableitung des Umsatzes:

$$GE = 3 - \frac{2x_A}{8.000} = 3 - \frac{x_A}{4.000} \quad (9.17)$$

Den optimalen Gewinn erzielt der Anbieter A wiederum bei Gleichheit von Grenzerlös und Grenzkosten, die annahmegemäß gleich 1 sind:

$$3 - \frac{1}{4.000} x_A = 1 \quad (9.18)$$

Der „Führer“ bietet somit folgende Menge an:

$$x_A = 8.000 \quad (9.19)$$

Der „Nachfolger“ setzt diese in seine Reaktionsfunktion ein, woraus sich die für ihn optimale Menge von

$$x_B = 4.000 \quad (9.20)$$

ergibt.

In der Summe resultiert daraus eine Absatzmenge von 12.000, die etwas höher liegt als bei der Cournot-Lösung, aber immer noch geringer ist als in einer Welt des vollständigen Wettbewerbs. Die Logik des Stackelberg-Modells besteht darin, dass es für den Nachfolger keine bessere Lösung als die Monopolmenge von 4.000 gibt, wenn er weiß, dass sich sein Gegenspieler definitiv auf die Menge von 8.000 festgelegt hat. Dies wird durch ▸*Tabelle 9.10* verdeutlicht, die aus den Zahlen der *Tabelle 9.4* abgeleitet wurde.

Absatzmenge des Nachfolgers	**Rente Führer**	**Rente „Nachfolger“**
8.000 (entspricht dem vollkommenen Wettbewerb)	0	0
5.333 (entspricht der Cournot-Menge)	5.333	3.555
4.000 (entspricht der Monopol-Menge)	8.000	4.000

Tabelle 9.10: Renten der beiden Anbieter, wenn sich der „Führer“ auf die Menge 8.000 festgelegt hat.

Das Stackelberg-Modell verdeutlicht also, dass es für einen Spieler bei einem strategischen Spiel vorteilhaft sein kann, sich in einem ersten Schritt glaubhaft auf eine Entscheidung festzulegen. Man spricht dabei auch vom *„first-mover advantage“*. Aus der Sicht des Nachfolgers kann diese Lösung auch ihre Vorteile haben, wenn sich dieser von der Komplexität des simultanen Entscheidens überfordert fühlt. Immerhin geht er dabei das Risiko ein, die Menge von 5.333 oder 8.000 anzubieten, bei der er im Ergebnis sehr viel ungünstigere Resultate erzielen kann, als bei der „sicheren“ Lösung von 4.000, die er in der Rolle des Nachfolgers realisieren kann.

Abschließend werden die unterschiedlichen Lösungen noch einmal in ▶*Abbildung 9.2* dargestellt:

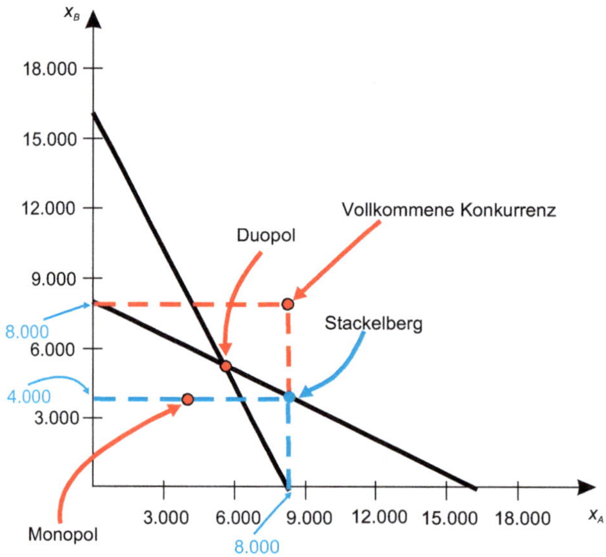

Abbildung 9.2: Angebotsmengen bei unterschiedlichen Marktformen

9.5 Das Modell der Monopolistischen Konkurrenz

Wir haben bisher drei Grundformen eines Marktes kennengelernt:

- Bei *vollkommenem Wettbewerb* stehen viele Anbieter in Konkurrenz zueinander. Sie produzieren alle ein identisches Produkt und haben deshalb keine Möglichkeit, eine eigenständige Preispolitik zu betreiben. Als „Preisnehmer" sind sie vielmehr gezwungen, sich an den vorgegebenen Marktpreis anzupassen und dabei ihre Angebotsmenge so weit auszudehnen, bis ihre Grenzkosten gerade dem Marktpreis entsprechen.
- Im *Monopol* gibt es nur einen einzigen Anbieter, der über einen großen Gestaltungsspielraum bei der Preispolitik verfügt. Er maximiert seinen Gewinn, indem er die Menge anbietet, bei der der Preis gleich dem Grenzerlös ist. Diese Menge ist deutlich geringer als im Fall des vollkommenen Wettbewerbs.
- Im *Duopol* existieren zwei Anbieter nebeneinander, die ebenfalls eine eigenständige Preispolitik betreiben können. Da sich der von einem Anbieter geforderte Preis auf die Absatzmenge seines Konkurrenten auswirkt, besteht hier eine Interdependenz der Preispolitik. Im Modell von Cournot orientiert sich jeder Anbieter an einer Reaktionsfunktion, die er in der Weise ableitet, dass er sich für jede gegebene Absatzmenge seiner Konkurrenten die für ihn dann jeweils optimale Absatzmenge bestimmt. Da sich beide Anbieter an diese Strategie halten, gibt es zwei Reaktionsfunktionen, aus deren Schnittpunkt man dann die für beide Konkurrenten optimale Absatzmenge bestimmen kann. Die Summe beider Angebotsmengen ist größer als im Monopol, aber geringer als unter einem Wettbewerbsmarkt. Im Stackelberg-Modell agiert einer der beiden Wettbewerber als „Führer", d.h., er leitet die für ihn

optimale Absatzmenge ab, unter der Annahme, dass sich sein Konkurrent an einer Reaktionsfunktion wie im Fall des Cournot-Modells orientiert. Die auf die Weise vom „Führer" bestimmte Absatzmenge wird vom „Nachfolger" dann in die Reaktionsfunktion eingesetzt. Als Ergebnis produziert der Führer eine deutlich größere Menge als der Nachfolger.

Natürlich handelt es sich bei allen drei Marktformen um „Modelle", d.h. um sehr vereinfachte Abbildungen einer komplexen Realität; siehe dazu auch die *Box 3.1*. Eine interessante Zwischenlösung zwischen den Extremlösungen des Monopols und des vollkommenen Wettbewerbs ist das Modell des *monopolistischen Wettbewerbs*. Wie der Name dieses Ansatzes verdeutlicht, handelt es sich dabei um eine Mischform von Monopol und Wettbewerb. Sie beruht auf der Beobachtung, dass es auch in einem Wettbewerbsmarkt einen gewissen Preissetzungsspielraum für die einzelnen Anbieter gibt. Dies lässt sich wiederum am Beispiel der Kneipen beschreiben. Natürlich wird in jedem Lokal das identische Produkt „Bier" angeboten; entscheidend ist, dass sich die Atmosphäre teilweise erheblich unterscheidet. Das gibt den einzelnen Wirten die Möglichkeit, einen Preis zu fordern, der höher liegt als der Marktpreis. Niemand wird sofort seiner Lieblingskneipe den Rücken kehren, nur weil der Bierpreis um 10 oder 20 Cent erhöht wird. Trotz eines hohen Wettbewerbs besteht also ein Spielraum für eine eigenständige Preispolitik.

9.5.1 „Just Do It" – Oder: Wie man sich mit einem Markennamen eine monopolähnliche Stellung verschaffen kann

Da Monopole schwer zu etablieren und zudem auch wettbewerbsrechtlich untersagt sind (siehe dazu *Kapitel 8*), bietet die Produktdifferenzierung den Unternehmen eine relativ einfache Möglichkeit, sich eine nahezu monopolistische Stellung zu verschaffen. Nehmen wir den Markt für T-Shirts. Es gibt dafür in der Welt eine sehr große Menge an Anbietern mit vergleichsweise geringen Qualitätsunterschieden. Wenn es nach unserem Modell der vollständigen Konkurrenz ginge, hätten wir es mit einem nahezu einheitlichen Preis für T-Shirts zu tun und die Anbieter dieses Produkts könnten nur sehr geringe Erträge erzielen. In der Realität stellt man jedoch eine große *Preisdifferenzierung* fest. Es werden T-Shirts zu 5 Euro, aber auch zu 70 Euro angeboten. Zum Teil spielen hier Qualitätsunterschiede und ein spezifisches Design eine Rolle, aber es ist schwer nachzuvollziehen, dass solch große Preisspannen allein darauf zurückzuführen sind.

Der Grund für die hohen Preise mancher Anbieter liegt darin, dass es ihnen gelungen ist, eine Marketingstrategie zu verfolgen, die ihnen bei vielen Konsumenten eine monopolartige Stellung einräumt. Wer kennt nicht Kommilitonen, die nur Hemden der Marke Ralph Lauren tragen. Entscheidend für den Marketingerfolg ist dabei die „Marke" und damit verbunden das „Label" oder „Logo" eines Produkts. Ein Hemd von Ralph Lauren, gekennzeichnet durch das Logo des Polospielers, ist eben nicht mehr ein homogenes Gut, sondern aus der Sicht vieler Konsumenten ein Produkt, für das es kein Substitut gibt. Ein Anbieter kann sich so eine monopolähnliche Stellung verschaffen und seine Preise entsprechend gestalten. Ein großer Vorteil besteht dabei darin, dass ein auf diese Weise geschaffenes Monopol nicht gegen die Wettbewerbsregeln verstößt, da der Marktanteil solcher Produzenten, d.h. beispielsweise von Ralph Lauren, am gesamten Markt für Hemden, in der Regel sehr gering ist. Natürlich fällt eine solche Stellung nicht vom Himmel, sie muss vielmehr durch aufwendige Marketingstrategien geschaffen werden. In den Worten von Scott Bedbury, Marketingvorstand der Kaffee-Kette Starbucks und davor bei Nike:

„Nike zum Beispiel nutzt die tiefe emotionale Bindung, die die Leute zu Sport und Fitness haben. Bei Starbucks erfährt man, wie der Kaffee sich mit Lebensmustern der Menschen verwoben hat, und da liegen die Emotionen, die wir nutzen können ... Eine große Marke erhöht die Herausforderung – sie gibt einer Erfahrung größere Bedeutung, gleichgültig, ob es darum geht, in Sport oder Fitness sein Bestes zu geben, oder darum, dass die Tasse Kaffee, die man trinkt, wirklich wichtig ist.“[1]

Aus der Sicht der Konsumenten bedeutet eine solche Marketingstrategie, dass sie eine geringere Konsumentenrente erhalten als bei vollständigem Wettbewerb. Trotzdem muss es für einen Nachfrager nicht grundsätzlich nachteilig sein, ein in der Regel relativ teures Markenprodukt zu kaufen oder zum Beispiel bei Starbucks einen Espresso zu trinken. Anders als in der von uns diskutierten Entscheidungssituation der fünf Studenten, die über alle relevanten Informationen verfügt haben und diese auch optimal verarbeiten konnten (*Kapitel 5*), sehen sich Konsumenten in der Realität oft sehr komplexen Entscheidungsproblemen gegenüber. Woher weiß ich beispielsweise, ob ein sehr billiges „No Name“-Hemd tatsächlich auch nach dem achten Waschen noch eine gute Qualität aufweist? Durch den Kauf eines Markenprodukts kann ich davon ausgehen, dass der Hersteller in der Vergangenheit sehr viel in seinen Markennamen investiert hat. Er wird es sich daher gut überlegen, plötzlich Hemden minderer Qualität auf den Markt zu werfen, da er dadurch schnell seine gesamte Reputation verlieren könnte. Wer ein Markenprodukt kauft, verwendet daher eine sehr einfache – allerdings auch nicht ganz billige – Daumenregel (in der Fachterminologie auch *„Heuristik“* genannt), die es ihm erlaubt, in einer komplexen Entscheidungssituation in der Regel ein qualitativ gutes Produkt zu finden.

Trotz der in der Realität häufig zu findenden „Markentreue“ von Konsumenten, wachsen auch für Anbieter von Markenprodukten die Bäume nicht in den Himmel. Mit anderen Worten: Es wird wahrscheinlich nur wenige Konsumgüter geben, bei denen auf der Nachfrageseite eine perfekte Monopolsituation gegeben ist. Genau diese Konstellation wird theoretisch durch das Modell der monopolistischen Konkurrenz abgebildet.

9.5.2 Monopolistische Konkurrenz: eine Mischform aus vollkommenem Wettbewerb und Monopol

Beim Modell der Monopolistischen Konkurrenz handelt es sich, wie der Name schon sagt, um eine Mischform aus vollkommenem Wettbewerb und Monopol:

- Es wird unterstellt, dass sich jeder Anbieter bei seiner Absatzentscheidung wie ein Monopolist entscheidet, d.h., er setzt den Preis so, dass seine *Grenzerlöse* den Grenzkosten entsprechen. Das ist die Monopolkomponente in diesem Modell.
- Es wird aber zugleich davon ausgegangen, dass hohe Gewinne der existierenden Unternehmen neue Anbieter anziehen. Hierin besteht der entscheidende Unterschied zu einem *Monopol*, das sich annahmegemäß dadurch auszeichnet, dass kein Marktzutritt für neue Anbieter möglich ist. Das ist die Wettbewerbskomponente des Modells.

1 Zitiert nach Naomi Klein (2001), S. 91.

Aus dem Zusammenwirken der beiden Komponenten ergibt sich nun folgende Dynamik, die wiederum am Beispiel der Studentenkneipen beschrieben werden soll. In der Ausgangssituation hat man es mit einer gegebenen Anzahl von Lokalen zu tun, die von den Konsumenten alle als differenzierte Anbieter wahrgenommen werden, sodass sie sich in ihrer Preispolitik an der Regel „Grenzerlös = Grenzkosten" orientieren können. Wenn es dabei zu hohen Gewinnen kommt, werden neue Anbieter in den Markt drängen. Bei einer gegebenen Gesamtabsatzmenge hat das zur Folge, dass die Absatzmenge, die auf jeden einzelnen Anbieter entfällt, zurückgeht. Dies vermindert die Gewinne, da jedes Lokal mit einem bestimmten Betrag an festen Kosten konfrontiert ist. Dazu zählen vor allem die Pacht, die Kosten für Energie und auch die Notwendigkeit, zumindest eine Bedienung in der Wirtschaft präsent zu haben. Mehr dazu finden Sie in *Kapitel 7*. Mit einer zunehmenden Anzahl von Anbietern steigen also die durchschnittlichen Kosten je Ausbringungsmenge. Gleichzeitig kann man davon ausgehen, dass es auch zu einem Preisrückgang kommt, wenn sich immer mehr Anbieter auf einem Markt aufhalten. Der auf dem Markt vorherrschende Preis sinkt also mit der Anzahl der Anbieter. Diese Zusammenhänge kann man grafisch wie folgt darstellen:

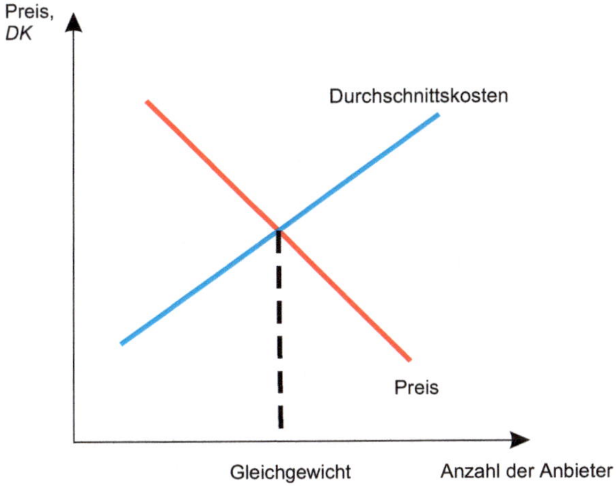

Abbildung 9.3: Durchschnittskosten und Anzahl der Anbieter bei Monopolistischer Konkurrenz

Im Modell kommt es so zu einem Gleichgewicht, das dadurch gekennzeichnet ist, dass der Preis gleich den *Durchschnittskosten* ist. Mit anderen Worten: Die Anzahl der Anbieter ist so groß, dass von jedem einzelnen gerade kein Gewinn mehr gemacht werden kann. Es gilt also

(9.21) $p = DK$

d.h., der Preis entspricht den Durchschnittskosten.

Gleichzeitig orientieren sich die Anbieter aber an der für einen Monopolisten charakteristischen Regel

(9.22) $GE = GK$

Aus den *Gleichungen 8.2* und *8.4* wissen wir, dass bei einer gegebenen Absatzmenge der Grenzerlös immer unter dem Preis liegt. Damit kommt es im Gleichgewicht der Monopolistischen Konkurrenz dazu, dass der Preis höher ist als die Grenzkosten:

(9.23) $p > GE = GK$

Hierin besteht der entscheidende Unterschied zum vollständigen Wettbewerb, bei dem stets gilt:

(9.24) $p = GK$

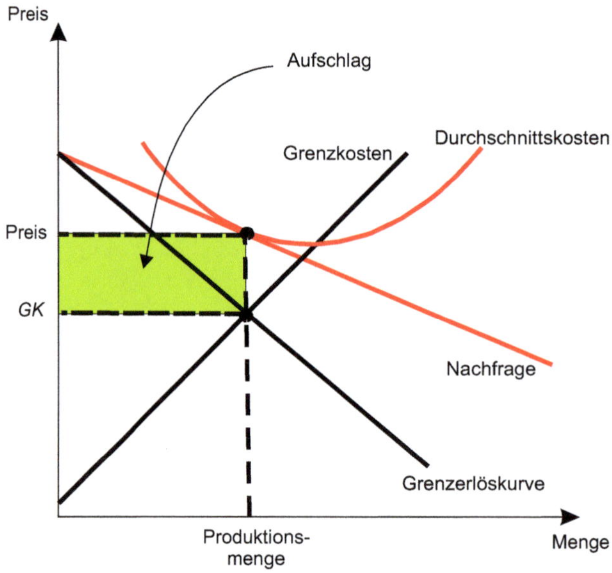

Abbildung 9.4: Das langfristige Gleichgewicht bei Monopolistischer Konkurrenz

Wie ▶*Abbildung 9.4* verdeutlicht, fällt die Ausbringungsmenge bei der Monopolistischen Konkurrenz somit niedriger aus als unter den Verhältnissen des vollständigen Wettbewerbs. Dementsprechend kommt es auch zu einem höheren Preis und die *Konsumentenrente* wie auch die Produzentenrente sind insgesamt geringer als in der Situation der vollständigen Konkurrenz. Bei dieser gesellschaftlichen Wohlfahrtseinbuße ist jedoch zu berücksichtigen, dass es in der Welt der Monopolistischen Konkurrenz eine größere Produktvielfalt gibt. Konsumenten, die keine Einheitsprodukte wollen, müssen dafür die Kröte schlucken, dass sie einen Preis bezahlen, der über den Grenzkosten liegt.

Box 9.1 Formale Herleitung[2]

Das *Gleichgewicht* in der Welt der Monopolistischen Konkurrenz kann man anhand eines einfachen Modells herleiten, das dem Lehrbuch von Krugman, Obstfeld und Melitz entnommen wurde. Eine entscheidende Annahme besteht darin, dass die Absatzmenge des Gesamtmarktes gegeben ist (x_M). Auch der durchschnittliche Preis aller Anbieter $\overline{p}$ wird als eine vorgegebene Größe behandelt. Für die Absatzmenge, die auf ein einzelnes Unternehmen entfällt, wird davon ausgegangen, dass sie wie folgt bestimmt wird:

$$(9.25) \qquad x_i = x_M \left[\frac{1}{n} - d(p_i - \overline{p}) \right]$$

Ein Unternehmen kann also umso mehr von der Gesamtnachfrage auf sich ziehen, je niedriger sein Preis im Vergleich zum Durchschnittspreis liegt. Der Parameter d beschreibt, wie stark die individuelle Nachfrage durch Abweichungen vom Durchschnittspreis bestimmt wird; n ist die Anzahl der am Markt insgesamt aktiven Unternehmen. Wenn ein Unternehmen genau den durchschnittlichen Preis fordert, erhält es eine Nachfrage, die seinem Anteil am Gesamtabsatz entspricht.

Die *Gleichung 9.25* lässt sich nun wie folgt umstellen:

$$(9.26) \qquad x_i = \left(\frac{x_M}{n} + x_M \cdot d \cdot \overline{p} \right) - x_M \cdot d \cdot p_i$$

Nach p_i aufgelöst erhält man

$$(9.27) \qquad p_i = \frac{1}{nd} + \overline{p} - x_i \frac{1}{x_M d}$$

Ihrer Struktur nach ähnelt sie einer Preisabsatzfunktion (*Gleichung 9.28*), bei der die beiden ersten Terme auf der rechten Seite dem Absolutglied (a) entsprechen und bei der man $1/x_M d$ als das Steigungsmaß (b) betrachten kann.

Wenn man von dieser Gleichung auf den *Grenzerlös* kommen will, der für die *Monopolistische Konkurrenz* eine zentrale Rolle spielt, muss man einen kleinen Kniff anwenden. Für die allgemeine Preisabsatzfunktion

$$(9.28) \qquad p = a - b \cdot x$$

haben wir gezeigt, dass der Grenzerlös

$$(9.29) \qquad GE = a - 2bx$$

beträgt. Wenn wir die Preisabsatzfunktion in die Gleichung für den Grenzerlös einsetzen, erhalten wir:

$$(9.30) \qquad GE = p - bx$$

2 Die Herleitung hält sich an die Darstellung von Krugman, Obstfeld und Melitz (2011), Kapitel 8.2.

Gehen wir damit zurück zur *Gleichung 9.27* und stellen sie entsprechend dar. Das b können wir jetzt aus der *Gleichung 9.27* entnehmen, sodass wir $p_i = a - bx_i$ für den Grenzerlös erhalten:

(9.31) $GE = p_i - x_i/(x_M d)$

Da sich die Unternehmen an der Regel $GE = GK$ orientieren, gilt im Optimum, wenn man für $GK = c$ unterstellt:

(9.32) $p_i - x_i/(x_M d) = c$

Nach p_i aufgelöst erhält man:

(9.33) $p_i = c + x_i/(x_M d)$

Für die Situation, dass alle Unternehmen den Preis $\overline{p}$ verlangen, ergibt sich:

(9.34) $x_i = x_M/n$

Setzt man das in die *Gleichung 9.33* ein, erhält man:

(9.35) $p_i = c + 1/(nd)$

Damit lässt sich also zeigen, dass der Preis, den die Unternehmen in einem Modell der Monopolistischen Konkurrenz verlangen, umso geringer ist, je mehr Unternehmen auf dem Markt tätig sind. Das erklärt den fallenden Verlauf des Preises in Abhängigkeit von der Anzahl der Marktteilnehmer, wie in *Abbildung 9.3* dargestellt wurde.

Wenn man nun den Einfluss der Anzahl der Marktteilnehmer auf die *Durchschnittskosten* herleiten will, muss man wie folgt vorgehen. Für die Durchschnittskosten der Unternehmen wird in diesem Modell angenommen, dass sie von den Fixkosten (F) und vom Output des einzelnen Unternehmens abhängen sowie von den variablen Kosten:

(9.36) $DK = F/x_i + c$

Wie in *Gleichung 9.34* schon dargestellt, gilt für die Absatzmenge des individuellen Anbieters bei $p_i = \overline{p}$ der Zusammenhang $x_i = x_M/n$. Das führt zu

(9.37) $DK = nF/x_M + c$

Daraus ergibt sich der steigende Verlauf der *Durchschnittskosten* in Abhängigkeit von der Anzahl der am Markt agierenden Unternehmen, der in *Abbildung 9.3* unterstellt wird.

Im Gleichgewicht entsprechen in dieser Marktform die Preise den Grenzkosten. Die zum Gleichgewicht passende Anzahl der Anbieter kann man errechnen, indem man die *Gleichungen 9.35* und *9.37* gleichsetzt. Man erhält dann:

(9.38) $nF/x_M + c = c + 1/(n \cdot d)$

Durch Umformen erhält man:

(9.39) $n = \sqrt{(x_M/dF)}$

Die Anzahl der Unternehmen ist also umso größer, je höher der Gesamtabsatz ist, und umso geringer, je höher die Fixkosten und die Reaktion der nachgefragten Menge auf individuelle Preisänderungen ist.

Schlagwörter

- Cournot-Modell (S. 134)
- Duopol (S. 134)
- Durchschnittskosten (S. 147)
- first-mover advantage (S. 143)
- Gefangenendilemma (S. 137)
- Monopolistische Konkurrenz (S. 146)
- Nash-Gleichgewicht (S. 136)
- Spieltheorie (S. 137)
- Stackelberg-Modell (S. 142)
- Tit for Tat (S. 139)

Aufgaben

Musterlösungen zu den hier gestellten Aufgaben finden Sie im MyLab | Grundzüge der VWL.

1. Auf einem Markt herrsche ein Duopol. Die Nachfragekurve für den Gesamtmarkt lautet: $p = 60 - x$. Die Grenzkosten betragen $c = 1$.
   a) Bestimmen Sie für diesen Markt das Nash-Gleichgewicht! Wie lauten die Absatzmengen und Gewinne der einzelnen Anbieter?
   b) Skizzieren Sie die unter a) bestimmten Lösungen!
   c) Nehmen Sie nun an, dass einer der beiden Anbieter als Stackelberg-Führer auftritt. Bestimmen Sie nun wiederum die abgesetzten Mengen für die beiden Anbieter sowie die jeweils erzielten Gewinne!
   d) Skizzieren Sie die unter c) bestimmten Lösungen!
   e) Vergleichen Sie die unter a) und c) berechneten Lösungen!

LERNZIELE

- Auf dem Arbeitsmarkt gelten auf den ersten Blick die gleichen Gesetze wie auf dem Gütermarkt. Aber da man es mit einem Markt für die gesamte Volkswirtschaft zu tun hat, spielen dabei wichtige gesamtwirtschaftliche Faktoren eine Rolle.
- Die *Nachfrage* nach Arbeitskräften geht von den Unternehmen aus. Sie weist einen fallenden Verlauf auf. Wegen des abnehmenden Grenzertrags der Arbeit sind die Unternehmen umso eher bereit, zusätzliche Arbeitskräfte einzustellen, je niedriger ihr Lohnsatz ist.
- Das *Angebot* von Arbeit geht von den Arbeitnehmern aus. In der Volkswirtschaftslehre wird in der Regel ein steigender Verlauf des Arbeitsangebots unterstellt. Dahinter steht die Intuition, dass sich Menschen einem steigenden Grenzleid der Arbeit gegenübersehen. Um sie also zu einer immer längeren Arbeitszeit zu veranlassen, muss man ihnen einen immer höheren Stundenlohn anbieten.
- Die in einigen Ländern und in bestimmten Phasen immer wieder sehr hohen Arbeitslosenquoten zeigen, dass der Arbeitsmarkt nicht perfekt funktioniert. Eine mögliche Erklärung für Arbeitslosigkeit sind zu hohe Löhne, Tarifverträge oder Mindestlöhne (*„klassische Arbeitslosigkeit"*). Arbeitslosigkeit kann aber auch durch eine zu geringe gesamtwirtschaftliche Nachfrage hervorgerufen werden (*„keynesianische Arbeitslosigkeit"*).
- Ein *Mindestlohn* muss nicht zu Arbeitslosigkeit führen. Wenn es bei der Arbeitsnachfrage keinen vollständigen Wettbewerb gibt, kann es durch einen Mindestlohn sogar zu einem Anstieg der Beschäftigung kommen.
- *Gewerkschaften* stärken die Verhandlungsposition des einzelnen Arbeitnehmers gegenüber der Unternehmensleitung. Außerdem kommt es durch *Flächentarifverträge*, die zwischen Gewerkschaften und Arbeitgeberverbänden abgeschlossen werden, zu einer Einsparung von Transaktions- und Informationskosten sowie zu einem hohen Maß an „sozialem Frieden".
- Sie können die in diesem Kapitel dargestellten Zusammenhänge auch mit dem Modell „Mikro-Arbeitsmarktgleichgewicht" nachvollziehen. Sie finden das Modell im **MyLab** | Grundzüge der VWL.

Auch auf dem Arbeitsmarkt gelten die Prinzipien von Angebot und Nachfrage ...

10

ÜBERBLICK

10.1 ... aber man darf den Arbeitsmarkt nicht mit dem Kartoffelmarkt gleichsetzen

Die Mechanismen, die auf dem Aktienmarkt und dem Gütermarkt vorherrschen, kann man im Prinzip auch auf andere Bereiche des Wirtschaftslebens übertragen. Ein Markt, der in der öffentlichen Diskussion besonders große Beachtung findet, ist der *Arbeitsmarkt.* Anhand der hohen Arbeitslosigkeit in Ländern wie Spanien oder Griechenland kann man erkennen, dass auf diesem Markt gravierende Ungleichgewichte auftreten können. Es kommt offensichtlich nicht immer dazu, dass die Pläne der Nachfrager uneingeschränkt zu den Plänen der Anbieter passen. Wie die *Abbildung 15.4* zeigt, gab es in der deutschen Geschichte immer wieder längere Phasen mit hoher und – in den 1930er-Jahren – sogar extrem hoher Arbeitslosigkeit.

Die wissenschaftliche Diskussion über die Ursachen von Arbeitslosigkeit wird häufig kontrovers geführt. Im Grunde geht es dabei vor allem um die Frage, ob Arbeitslosigkeit verursacht wird durch

- einen zu hohen Preis für Arbeit, d.h. zu hohe Löhne, und/oder zu großzügige Sozialleistungen für Menschen, die nicht arbeiten, sowie einen zu hohen Kündigungsschutz und andere Regulierungen (*mikroökonomische* oder *„klassische“* Erklärung von Arbeitslosigkeit) oder
- eine zu geringe gesamtwirtschaftliche Nachfrage (*makroökonomische* oder „keynesianische“ Erklärung von Arbeitslosigkeit).

In diesem Teil des Buches stehen die mikroökonomischen Aspekte der Arbeitslosigkeit im Vordergrund. Dabei wird der Arbeitsmarkt so behandelt, als sei er von seiner Funktionsweise vergleichbar mit dem Kartoffelmarkt. Man unterstellt dabei implizit, dass die Unternehmen uneingeschränkt in der Lage sind, die von ihnen produzierten Güter am Markt abzusetzen. Viele Ökonomen halten diese Art der Modellierung in allen arbeitsmarktpolitischen Fragestellungen für angemessen. Sie greift jedoch zu kurz, da die Nachfrage nach Arbeitskräften wesentlich von den Absatzerwartungen der Unternehmen bestimmt wird. Darin besteht ein wesentlicher Unterschied zum Kartoffelmarkt. Während ein Rückgang des Kartoffelpreises die Einkommen der Nachfrager nach Kartoffeln unverändert lässt, ist dies anders bei einer Lohnsenkung. Bei geringeren Arbeitseinkommen können die privaten Haushalte weniger Güter nachfragen und damit reduzieren sie die Einkommen der Unternehmen, die als Nachfrager von Arbeit fungieren. Diese makroökonomischen Ursachen von Unterbeschäftigung werden ausführlich im *Kapitel 17* erörtert.

10.2 Die Nachfrage nach Arbeit geht von den Unternehmen aus

In der Volkswirtschaftslehre wird der Arbeitsmarkt so modelliert, dass die Arbeit von den Arbeitnehmern *angeboten* und von den Unternehmen *nachgefragt* wird.

Die *Nachfrage* eines Unternehmens nach Arbeit verläuft ähnlich wie die Güternachfrage eines Konsumenten: Die nachgefragte Menge nimmt mit dem Preis, d.h. hier dem Lohnsatz, ab. Dieser fallende Verlauf der Nachfrage nach Arbeit ist wieder auf das *Gesetz des abnehmenden Grenzertrags* zurückzuführen. Für das in diesem Buch verwendete Beispiel einer Studentenkneipe bedeutet das, die erste Aushilfskraft bringt eine enorme Steigerung des Umsatzes, die zweite erhöht diesen ebenfalls, aber schon nicht mehr ganz so stark. Bei der vierten, fünften oder sechsten Aushilfskraft kann die *zusätzliche* Ausweitung schon gegen null gehen – oder sogar schon negativ sein, wenn die Bedienungen sich gegenseitig im Wege stehen oder zu viel miteinander tratschen.

Der Wirt wird sich bei seiner Personalplanung also fragen, wie hoch der *zusätzliche* Umsatz ist, den er mit einer weiteren Arbeitskraft erzielen kann, und diesen mit den Lohnkosten und den sonstigen variablen Kosten vergleichen, die er dafür zahlen muss. Die Nachfrage eines Unternehmens nach Arbeit ist dabei umso höher, je niedriger die Lohnkosten sind. So wird der Wirt bei sehr niedrigen Löhnen auch einen Studenten beschäftigen, der relativ langsam arbeitet. Insgesamt ergibt sich daraus eine Nachfrage der Unternehmen nach Arbeit, die einen negativen Verlauf aufweist.

Formal lässt sich dieser Zusammenhang für das Beispiel der Bierkneipen wie folgt herleiten. Wir unterstellen dazu vollständige Konkurrenz zwischen den Wirten (*Kapitel 6*). Ausgangspunkt ist der Einfluss der Anzahl von Arbeitsstunden von unqualifizierten Arbeitskräften (h_A) auf den Gewinn. Der Gewinn eines Wirts ergibt sich als

(10.1) $$G(h_A) = px(h_A) - qx(h_A) - wh_A - K_f$$

d.h. als Differenz zwischen dem Erlös (px), den Kosten für das Bier (qx), den Kosten für die Aushilfskräfte (wh_A) und den fixen Kosten (K_f). Die zentralen Größen, d.h. Gewinn und Output, werden davon bestimmt, wie viele Arbeitsstunden von den Wirten nachgefragt werden. Ein Wirt fragt sich also, wie sich eine zusätzliche Arbeitsstunde einer Aushilfskraft auf seinen Gewinn auswirkt. Dazu leitet man die Gewinngleichung nach der Anzahl der Arbeitsstunden der unqualifizierten Arbeitskräfte ab:

(10.2) $$\frac{dG}{dh_A} = p\frac{dx}{dh_A} - q\frac{dx}{dh_A} - w$$

Der Gewinn ist maximal, wenn

(10.3) $$\frac{dG}{dh_A} = 0$$

Daraus ergibt sich dann:

(10.4) $$(p-q)\frac{dx}{dh_A} = w$$

Ein Wirt wird zusätzliche Arbeitsstunden nur dann nachfragen, wenn der damit geschaffene zusätzliche Output – bewertet mit dem Preis (abzüglich der Kosten für das Bier) – größer ist als der Lohnsatz. Mit jeder zusätzlichen Arbeitsstunde sinkt jedoch annahmegemäß (*Kapitel 7*) die *Grenzproduktivität*. Somit kommt es früher oder später zu dem Punkt, bei dem der bewertete zusätzliche Output gerade gleich dem Lohnsatz ist. Über diesen Punkt hinaus wäre es nicht optimal, Arbeitskräfte nachzufragen.

Zur Vereinfachung wird bei der Ableitung der *Arbeitsnachfrage* davon ausgegangen, dass die Arbeit der einzige variable Faktor ist; die Kosten für andere Inputs, wie hier das Bier, werden also vernachlässigt. Außerdem werden für die Arbeitsstunden (*ha*) die Beschäftigungsmenge (*N*) gesetzt. Dies vereinfacht *Gleichung 10.4* zu:

(10.5) $$p = \frac{dx}{dN} = w$$

oder

$$(10.6) \qquad \frac{w}{p} = \frac{dx}{dN}$$

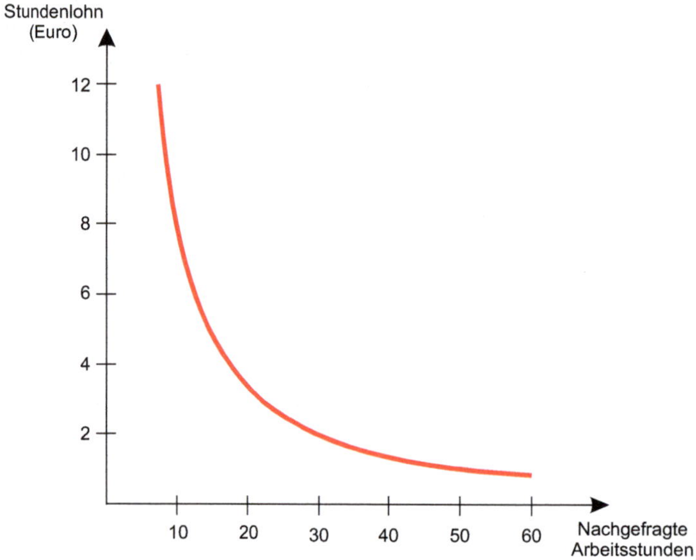

Abbildung 10.1: Die Nachfrage eines einzelnen Wirts nach Aushilfskräften

Im Optimum ist der „Reallohn", d.h. der Nominallohn geteilt durch den Preis des produzierten Gutes (w/p), gleich der Grenzproduktivität der Arbeit (dx/dN). Aus diesem Zusammenhang kann man die Arbeitsnachfrage der Unternehmen herleiten. ▶*Abbildung 10.1*, die wieder aus den Daten für die Studentenkneipe ermittelt wurde, zeigt, dass die Nachfrage eines Unternehmens nach Arbeit umso größer ist, je niedriger der Lohnsatz ist. Auf die Unterscheidung zwischen Real- und Nominallohn wird bei diesen Zahlenbeispielen verzichtet. Wie in *Kapitel 6* nehmen wir an, dass für alle acht Wirte dieselben Zusammenhänge gelten. Wir können daher wiederum durch einfache Addition der acht individuellen Nachfragekurven die *gesamte Nachfrage* am Markt für Aushilfskräfte errechnen. Diese wird in ▶*Abbildung 10.7* abgebildet.

10.3 Das Arbeitsangebot für Aushilfskräfte im Biergarten

Zur Herleitung des Angebots an Arbeit können wir ebenfalls die Modellwelt der Bierkneipen heranziehen. Studentin Heike fragt sich, wie viele Stunden sie täglich im Biergarten arbeiten soll. Heike bekommt von ihren Eltern nicht sehr viel Geld, sie geht gerne „shoppen", sie fährt gerne ans Meer und in die Berge. Aus *Kapitel 5* wissen wir, dass sie auch im Kino und im Biergarten anzutreffen ist. Es ist naheliegend, dass sich Heike nach einem Nebenjob umsieht. Der Wirt des „Bierkellers" möchte sie sofort einstellen, wobei sie frei wählen kann, wie viele Stunden sie pro Tag arbeitet. Der Stundenlohn beträgt 7,50 Euro. Wenn er in diesem Beispiel weit unter einem realistischen

Wert liegt, ist das darauf zurückzuführen, dass die gesamten Zahlenbeispiele für dieses Buch im Jahr 2003 gewählt wurden und es enorm aufwendig wäre, das gesamte Zahlengerüst entsprechend anzupassen.

Wie viele Stunden wird Heike arbeiten? Es liegt nahe, dass Heike umso mehr zu arbeiten bereit ist, je mehr Geld ihr für die Stunde bezahlt wird. Dies liegt daran, dass für den Arbeitseinsatz das Gesetz eines zunehmenden *„Grenzleids"* gilt. Wenn Heike nur eine Stunde am Tag „jobbt", beeinträchtigt das ihr Wohlergehen nicht allzu sehr. Wenn sie sich aber fragt, ob sie vier oder fünf Stunden am Tag einem Nebenjob nachgehen soll, dann ist das Grenzleid der vierten Stunde schon recht hoch und sie wird nur bereit sein, so viel zu arbeiten, wenn der Job sehr gut bezahlt ist. Auf dieser Grundannahme basiert die in der Volkswirtschaftslehre üblicherweise verwendete Kurve für das *Arbeitsangebot*. Sie weist einen steigenden Verlauf auf – genauso wie das Angebot an Kartoffeln.

Allerdings soll nicht unerwähnt bleiben, dass man sich auch einen anderen Verlauf des Arbeitsangebots vorstellen kann. Nehmen wir einmal an, Heike hat viel Glück und findet einen Job, bei dem für eine Stunde am Tag 50 Euro bezahlt werden. In dieser Situation wäre es durchaus denkbar, dass sie ihr Angebot auf eine Stunde beschränkt, da dies schon weit mehr ist als das von ihr für erforderlich erachtete Zusatzeinkommen. Ein steigender Lohnsatz kann also auch zu einem Rückgang des Arbeitsangebots führen. In diesem Fall ist der *Einkommenseffekt* der Lohnerhöhung so stark, dass er den *Substitutionseffekt* (Arbeit wird im Vergleich zu Freizeit in finanzieller Hinsicht attraktiver) überwiegt.[1]

Wenn man das Arbeitsangebot genauer herleiten will, muss man etwas grundsätzlicher an die Sache herangehen. Der Ausgangspunkt hierfür ist das pro Tag insgesamt verfügbare Zeitbudget. Heike muss sich also zunächst einmal fragen, wie viele Stunden pro Tag sie *maximal* im Biergarten jobben kann. Nehmen wir an, sie kommt zu dem Ergebnis, dass sie auf jeden Fall sieben Stunden Schlaf benötigt. Für das Studium, Besorgungen und Tätigkeiten im Haushalt sind weitere fünf Stunden erforderlich. Es bleiben also maximal zwölf Stunden, die sie entweder für den Job im Biergarten oder für ihre Freizeit einsetzen kann. Damit kann sich Heike nun eine Budgetgerade herleiten (▶*Abbildung 10.2*). Diese ist der Budgetgeraden auf dem Gütermarkt (*Kapitel 6*) sehr ähnlich.

1 Max Weber (1920, S. 44) hat diesen Effekt bei der Einführung des Akkordlohns in der Landwirtschaft im 19. Jahrhundert beobachtet: „Die Heraufsetzung der Akkordsätze bewirkte auffallend oft nicht etwa, dass mehr, sondern dass weniger an Arbeitsleistung in der gleichen Zeitspanne erzielt wurde, weil die Arbeiter die Akkorderhöhung nicht mit Herauf-, sondern mit Herabsetzung der Tagesleistung beantworteten. Der Mann, der z.B. bei 1 Mark für den Morgen Getreidemähen bisher 2½ Morgen täglich gemäht und so 2½ Mark am Tag verdient hatte, mähte nach Erhöhung des Akkordsatzes für den Morgen um 25 Pfg. nicht wie gehofft wurde, angesichts der hohen Verdienstgelegenheit etwa 3 Morgen, um so 3,75 Mark zu verdienen – wie dies sehr wohl möglich gewesen wäre –, sondern nur noch 2 Morgen am Tag, weil er so ebenfalls 2½ Mark, wie bisher, verdiente und ihm damit, im biblischen Sinne ‚genügen' ließ. Der Mehrverdienst reizte ihn weniger als die Minderarbeit; er fragte nicht: ‚Wie viel kann ich am Tag verdienen, wenn ich das mögliche Maximum an Arbeit leiste?', sondern: ‚Wie viel muss ich arbeiten, um denjenigen Betrag – 2½ Mark – zu verdienen, den ich bisher einnahm und der meine traditionellen Bedürfnisse deckt?'"

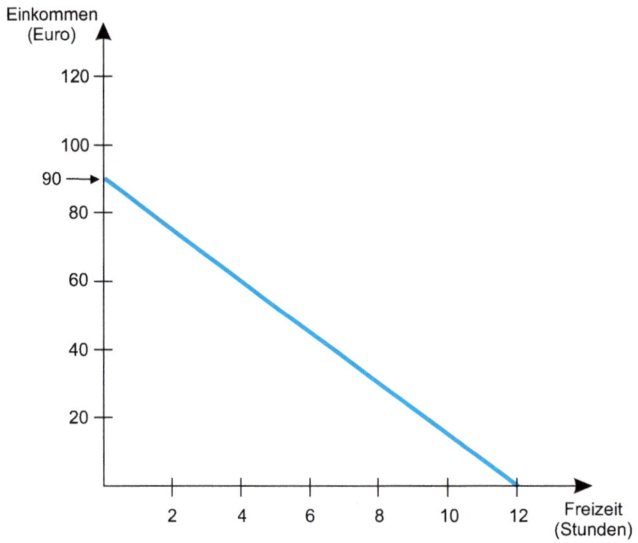

Abbildung 10.2: Wie viele Stunden kann Heike im Bierkeller jobben und was verdient sie dabei?

Bei einem Stundenlohn von 7,50 Euro zeigt ihr die Budgetgerade alle Kombinationen von Freizeit und Einkommen, die sie bei zwölf verfügbaren Stunden am Tag realisieren kann. Wenn sie zwölf Stunden jeden Tag arbeitet, erhält sie ein Tageseinkommen von 90 Euro; ihre Freizeit ist gleich null. Arbeitet sie überhaupt nicht, ist ihr Einkommen gleich null, dafür hat sie jedoch jeden Tag zwölf Stunden Freizeit. Verbindet man beide Punkte, erhält man eine Gerade, an der Heike alle von ihr erzielbaren Kombinationen von Freizeit und Einkommen ablesen kann. Ähnlich wie bei der Konsumentscheidung wird sie durch die Budgetgerade über ihren Möglichkeitsraum informiert. Um herauszufinden, welcher der möglichen Punkte optimal ist, benötigt Heike eine Nutzenfunktion. In diesem Fall ergibt sich Heikes Nutzen aus den von ihr realisierten Kombinationen von Freizeit (h_F) und Einkommen (Y):

$$(10.7) \qquad U = U(h_F\ , Y)$$

Um die optimale Kombination aus Einkommen und Freizeit zu finden, kann Heike nun ganz ähnlich vorgehen wie bei der Wahl zwischen Bier und Kino. Sie versucht, die *Indifferenzkurve* mit dem höchsten Nutzenniveau zu erreichen. Diese wird erreicht, wenn die „Budgetgerade“, d.h. die von ihr realisierbaren Kombinationen von Freizeit und Arbeit, die Indifferenzkurve tangiert (▶*Abbildung 10.3*). Die Indifferenzkurve wurde für eine Nutzenfunktion des folgenden Typs erstellt:

$$(10.8) \qquad U = 2 \cdot T \cdot h_F + h_F \cdot Y - h_F{}^2$$

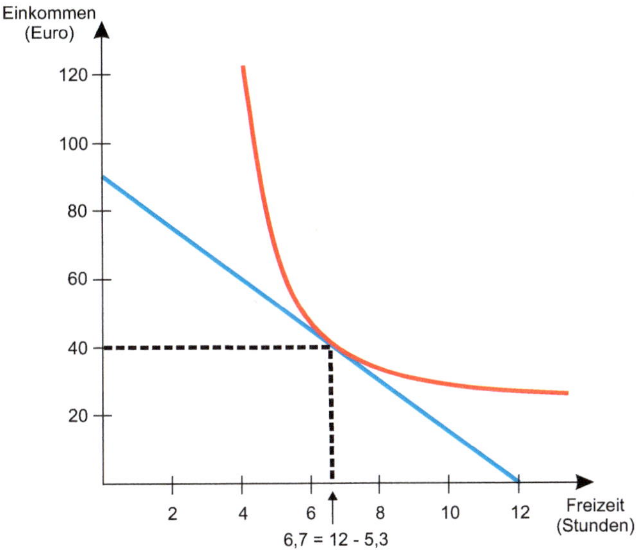

Abbildung 10.3: Heikes optimale Kombination von Arbeit und Freizeit bei einem Stundenlohn von 7,50 Euro

Der Nutzen wird bestimmt von der Anzahl der Freizeitstunden (h_F) und dem Einkommen (Y). T gibt die Anzahl der maximal für die Arbeit verfügbaren Stunden an. *Abbildung 10.3* zeigt, dass für Heike bei einem Stundenlohn von 7,50 Euro eine tägliche Arbeitszeit von 5,3 Stunden optimal wäre. Sie würde dabei ein Einkommen von 39,75 Euro erzielen und hätte noch 6,7 Stunden verfügbare Zeit übrig.

Mit dem Modell „Mikro-Arbeitsmarktgleichgewicht", das Sie im **MyLab** | Grundzüge der VWL finden, können Sie diese Werte selbst errechnen und auch andere Kurvenverläufe entwickeln.

Das *Arbeitsangebot* von Heike lässt sich bestimmen, indem man die für sie optimale Arbeitszeit für unterschiedliche Stundenlöhne ermittelt. Ein höherer Stundenlohn führt dazu, dass sich die Budgetgerade nach oben dreht. So kann bei einem Stundenlohn von 10 Euro und einer maximalen Arbeitszeit von zwölf Stunden ein Einkommen von 120 Euro anstelle von bisher 90 Euro erzielt werden. Wenn der Stundenlohn sinkt, dreht sich die Budgetgerade nach unten. ▶*Abbildung 10.4,* die wiederum auf dem Modell „Mikro-Arbeitsmarktgleichgewicht" aus dem **MyLab** | Grundzüge der VWL basiert, verdeutlicht, dass Heike ...

- bei einem Stundenlohn von 10 Euro zu einer Arbeitszeit von 5,5 Stunden bereit wäre,
- bei einem Stundenlohn von 5 Euro mehr Freizeit wählen und nur noch für fünf Stunden am Tag in der Studentenkneipe arbeiten würde.

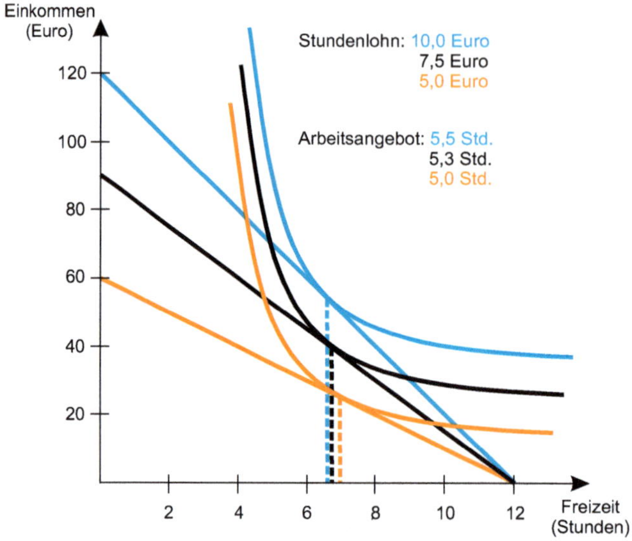

Abbildung 10.4: Heikes optimale Kombination von Arbeit und Freizeit bei unterschiedlichen Lohnsätzen

- Bei der hier verwendeten Nutzenfunktion dominiert der Substitutionseffekt den Einkommenseffekt: Ein höherer Lohn führt dazu, dass insgesamt Arbeit gegen weniger Freizeit substituiert wird. Überträgt man die Punkte in ▸*Abbildung 10.5*, erhält man ein mit dem Lohnsatz ansteigendes Arbeitsangebot von Heike.

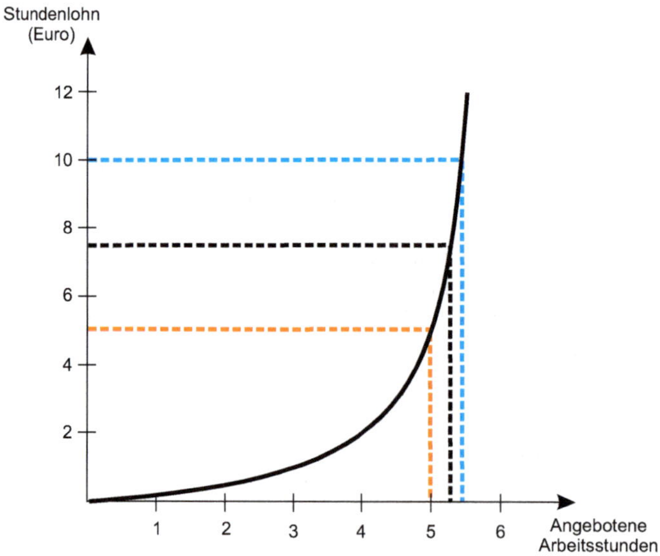

Abbildung 10.5: Das Arbeitsangebot von Heike

Der Unterschied zwischen Nominallohn und Reallohn wird hierbei vernachlässigt. Es wird zur Vereinfachung ein konstantes Preisniveau unterstellt, sodass der Nominallohn mit dem Reallohn identisch ist.

Aus der individuellen Arbeitsangebotskurve von Heike lässt sich eine aggregierte Angebotskurve für Aushilfskräfte ermitteln. Wir nehmen dafür einfach an, dass Heike repräsentativ für alle Aushilfskräfte ist und dass es an diesem regionalen Arbeitsmarkt insgesamt 16 potenzielle Aushilfskräfte gibt. Die aggregierte Arbeitsangebotsfunktion wird in ▶*Abbildung 10.6* abgebildet.

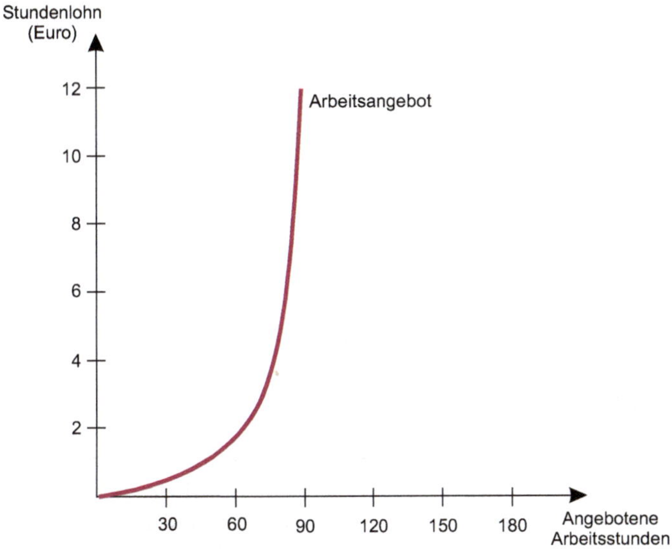

Abbildung 10.6: Das aggregierte Arbeitsangebot

10.4 Der Arbeitsmarkt für Aushilfskräfte

Jetzt kann der Arbeitsmarkt für Aushilfskräfte vollständig dargestellt werden, indem das *Arbeitsangebot* der Arbeitnehmer und die *Arbeitsnachfrage* der Kneipenwirte zusammengeführt werden (▶*Abbildung 10.7*). Im Schnittpunkt der beiden Kurven ergibt sich der Lohnsatz, bei dem die von den Arbeitnehmern geplante angebotene Arbeitsmenge (in Stunden) der von den Unternehmern geplanten nachgefragten Arbeitsmenge entspricht. In dem hier gewählten Beispiel liegt der Gleichgewichtslohn bei 7,70 Euro.

Der Unterschied zum Markt für ein Konsumgut besteht darin, dass man es jetzt mit einem Markt zu tun hat, auf dem ein Produktionsfaktor (Arbeit) gehandelt wird, der zur Erstellung des Outputs (Bier) eingesetzt wird. Man spricht deshalb von einem *Faktormarkt.* Wiederum spiegeln sich im Gleichgewichtspreis alle Informationen, die für diesen Markt relevant sind:

- der Preis des Endprodukts, d.h. der Preis pro Bierglas in der Studentenkneipe, abzüglich der Kosten für das Bier von der Brauerei.
- die Produktionstechnologie der Studentenkneipe; in diesem einfachen Beispiel ergibt sie sich einfach aus der Anzahl der Biergläser, die von einer Aushilfskraft pro Stunde serviert werden kann.
- die Präferenzen der Arbeitnehmer für Einkommen auf der einen und Freizeit auf der anderen Seite.

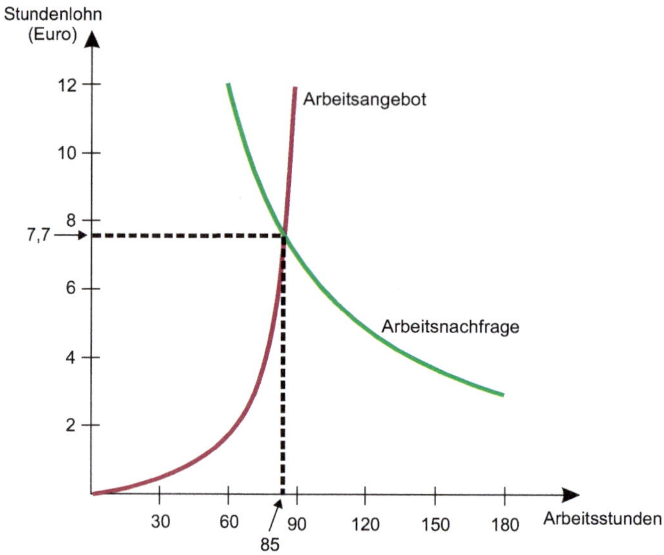

Abbildung 10.7: Der Arbeitsmarkt für Aushilfskräfte

Da im Preis für das Endprodukt wiederum alle relevanten Daten über die Nachfrager und Anbieter von Bier enthalten sind, kommt es so zu einer Übermittlung dieser Informationen auf den Faktormarkt. So würde beispielsweise eine größere Präferenz der Studierenden für Bier zu einem steigenden Bierpreis und damit dann auch zu einem höheren Lohnsatz und zu einem höheren Beschäftigungsniveau für Aushilfskräfte führen.

10.5 Wie es durch zu hohe Löhne zu Arbeitslosigkeit kommen kann

Wie ist es nun möglich, dass es auf dem Arbeitsmarkt zu Arbeitslosigkeit kommen kann? Offensichtlich handelt es sich dabei um eine Störung des Preismechanismus, da dieser normalerweise zu einem perfekten Ausgleich der Pläne von Anbietern und Nachfragern führt. Hierbei gilt es zu unterscheiden zwischen der *klassischen* und der *keynesianischen Arbeitslosigkeit.*

Bei der *klassischen Arbeitslosigkeit* wird der Arbeitsmarkt analytisch nicht anders behandelt als der Kartoffelmarkt. Arbeitslosigkeit bedeutet dabei ein Überschussangebot an Arbeit, zu dem es durch zu hohe Löhne (oder zu hohe Ersatzleistungen bei Arbeitslosigkeit) kommen kann. Der Ausdruck „klassische Arbeitslosigkeit" stammt daher, dass Keynes alle vor ihm lehrenden Ökonomen als „Klassiker" bezeichnete. Er dachte dabei hauptsächlich an seinen Cambridge-Kollegen Arthur Pigou (siehe dazu die Kurzbiografie am Ende des 14. Kapitels).

Bei der *keynesianischen Arbeitslosigkeit,* die in *Kapitel 18* ausführlich diskutiert wird, liegt die Ursache in einer unzureichenden Nachfrage am Gütermarkt, durch die die Nachfrage der Unternehmen nach Arbeit rationiert wird. Bei dieser Betrachtungsweise sind Lohnsenkungen nicht in der Lage, Vollbeschäftigung herbeizuführen.

In der Realität kann man beide Formen von Arbeitslosigkeit antreffen. Die Schwierigkeit besteht darin, die richtige Diagnose zu treffen.

Eine mögliche Ursache für die klassische Arbeitslosigkeit kann in einem zu hohen *Mindestlohn* bestehen. Nehmen wir für unsere Modellwelt einmal einen Mindestlohn von 9 Euro an. Zu diesem Lohn würden weniger Arbeitskräfte nachgefragt als beim Gleichgewichtslohn (▶*Abbildung 10.8*). Gleichzeitig steigt jedoch die von den Arbeitnehmern angebotene Menge an Arbeit. Zum Mindestlohn liegt die angebotene Menge über der nachgefragten. Es besteht ein Angebotsüberschuss. Jetzt können nicht mehr alle potenziellen Aushilfskräfte eine Anstellung finden. So könnte es dann Heike passieren, dass sie arbeitslos wird.

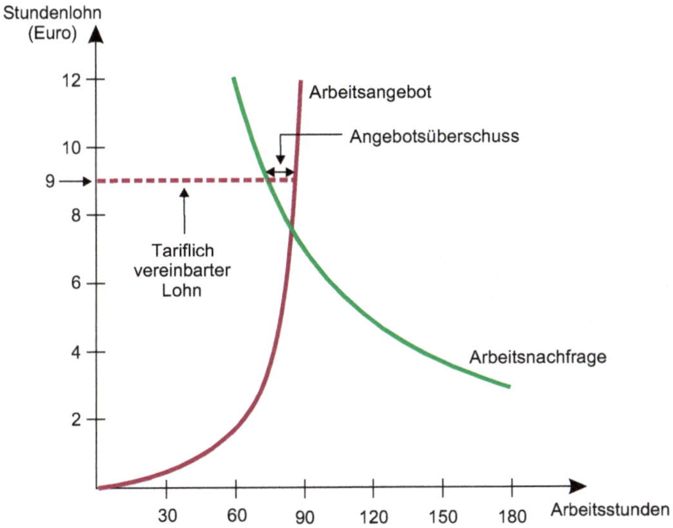

Abbildung 10.8: Zu hohe Löhne können zu Arbeitslosigkeit führen.

Für viele Ökonomen sind daher staatlich fixierte Mindestlöhne, aber auch die durch *Gewerkschaften* und *Arbeitgeberverbände* in Tarifverträgen festgelegten Löhne eine zentrale Ursache von Arbeitslosigkeit. Aufgrund dieser einfachen, mikroökonomischen Zusammenhänge haben sich vor allem in Deutschland viele Ökonomen gegen *staatliche Mindestlöhne* ausgesprochen (Sachverständigenrat 2013).

Grundsätzlich kann der Staat auf unterschiedliche Weise in den Lohnbildungsprozess eingreifen:

- Durch einen *allgemeinen Mindestlohn*, der eine einheitliche Lohnuntergrenze für die gesamte Volkswirtschaft vorgibt. Diesen Ansatz findet man seit 2015 in Deutschland. Er wird aber auch in Frankreich, im Vereinigten Königreich und in den Vereinigten Staaten[2] praktiziert (▶*Abbildung 10.9*).
- Lohnuntergrenzen können auch dadurch fixiert werden, dass der Staat die Tarifverträge einzelner Branchen für *allgemeinverbindlich* erklärt. Sie sind dann für alle Arbeitgeber verbindlich und nicht nur für die Unternehmen, die einem Arbeit-

2 Hier können die einzelnen Bundesstaaten zusätzlich einen eigenen Mindestlohn festlegen, sofern dieser über dem Mindestlohn des gesamten Landes liegt.

geberverband angehören. Diese Lösung findet man unter anderem in Österreich, Italien und den skandinavischen Ländern.

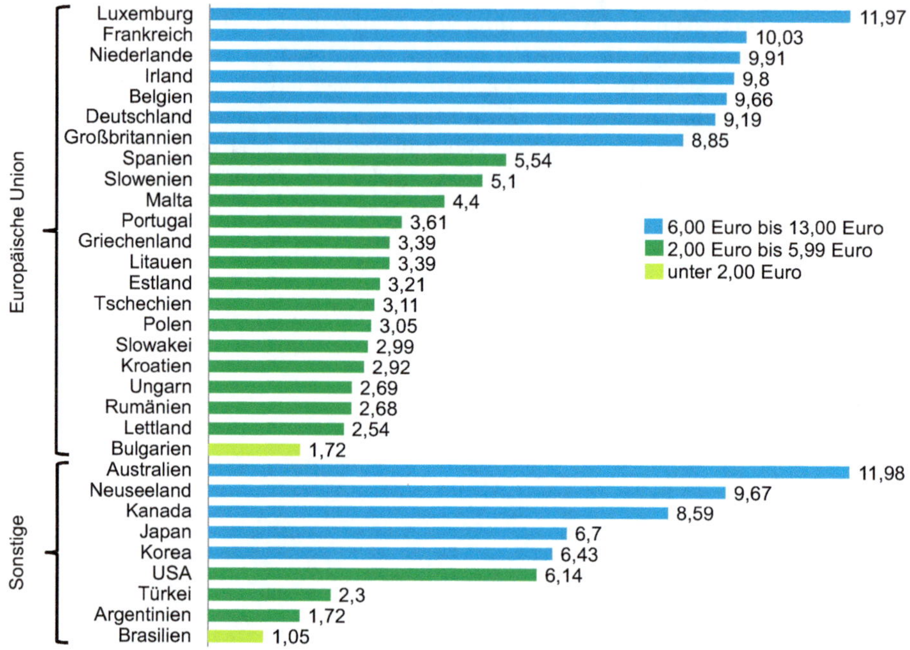

Abbildung 10.9: Gesetzliche Mindestlöhne im Januar 2019
Quelle: WSI-Mindestlohndatenbank (2019).

In Deutschland gibt es einen *allgemeinen Mindestlohn* erst seit 2015.[3] Zuvor wurden jedoch für eine Reihe wichtiger Branchen die dafür geltenden Tarifverträge für *allgemeinverbindlich erklärt* (Bergbau, Elektrohandwerk, Baugewerbe, Maler- und Lackiererhandwerk, Dachdeckerhandwerk, Briefdienstleistung, Gebäudereinigung, Wäschereidienstleistungen und die Abfallwirtschaft).[4]

In der Ökonomie-Literatur gibt es *keinen eindeutigen Befund* zur Frage des Einflusses von Mindestlöhnen auf die Beschäftigung. Zahlreiche Studien kommen zu nachteiligen Beschäftigungseffekten von Mindestlöhnen, mindestens ebenso viele bezweifeln einen solchen Zusammenhang. Eine umfassende Übersicht über die theoretische und empirische Debatte findet man bei Bosch und Weinkopf (2014). Insgesamt sprechen Metastudien, die eine Fülle von Einzelstudien auswerten (Schmitt 2013 und Belman/Wolfson 2014), dafür, dass es überwiegend keine negativen Beschäftigungseffekte von Mindestlöhnen gibt.

3 Langzeitarbeitslose haben gemäß des „Tarifautonomiestärkungsgesetzes" in den ersten sechs Monaten einer Beschäftigung keinen Anspruch auf den Mindestlohn. Ebenso sind Pflichtpraktika vom Mindestlohn ausgenommen. Für freiwillige Praktika zu Orientierungszwecken gilt der Mindestlohn erst nach einem Ablauf von drei Monaten.

4 Siehe dazu Bundesministerium für Arbeit und Soziales, Verzeichnis der für allgemeinverbindlich erklärten Tarifverträge, Stand: 1. Juli 2017. Internet: *https://www.bmas.de/DE/Themen/Arbeitsrecht/Tarifvertraege/allgemeinverbindliche-tarifvertraege.html*

- Für Deutschland zeigen Studien, die im Jahr 2011 von renommierten Forschungsinstituten zu den Beschäftigungswirkungen *branchenspezifischer Mindestlöhne* für acht Branchen in Deutschland erstellt wurden, durchweg keine signifikanten negativen Beschäftigungseffekte (Bosch und Weinkopf, 2012).
- Für das *Vereinigte Königreich* stellte die „Low Pay Commission" im Jahr 2012 fest, dass der flächendeckende Mindestlohn seit seiner Einführung im Jahr 2001 keine signifikanten negativen Beschäftigungseffekte gehabt habe (Department for Business, Innovation and Skills 2013). Manning (2012) spricht sogar von einem „durchschlagenden Erfolg".
- Für Deutschland lassen sich seit der Einführung des Mindestlohns im Jahr 2015 ebenfalls keine negativen Beschäftigungseffekte erkennen. Vielmehr hat sich die Beschäftigung in Branchen, die wie das Gastgewerbe hiervon in besonderer Weise betroffen waren, sogar äußerst dynamisch entwickelt (Sachverständigenrat 2015, Textziffer 580).

Wie kann man erklären, dass Mindestlöhne – anders als im einfachen Modell beschrieben – nicht zu Arbeitslosigkeit führen? Dazu muss man wissen, dass das in *Abbildung 10.7* abgebildete Basismodell von vollständigem Wettbewerb zwischen den Arbeitgebern als Nachfragern von Arbeit ausgeht. In der Realität gibt es jedoch zumindest auf lokalen Arbeitsmärkten häufig einen oder nur wenige Arbeitgeber. Man spricht bei nur einem Nachfrager auf einem Markt von einem Monopson. Das ermöglicht es einem Nachfrager nach Arbeit, einen Lohn w^{Mon} zu bezahlen, der unter dem Gleichgewichtslohn w^* liegt. Der für einen Monopsonisten optimale Lohn ergibt sich aus dem Schnittpunkt einer Kurve, die die Grenzausgaben für Löhne beschreibt, mit der Nachfragekurve. Die Logik besteht darin, dass der Monopsonist für die Einstellung eines zusätzlichen Arbeiters einen höheren Lohn bezahlen muss, den er dann auch für alle bereits von ihm beschäftigten Arbeitnehmer bezahlen muss. Die Grenzausgabenkurve verläuft daher steiler als die Arbeitsangebotskurve. Bei dem so ermittelten Lohn ist die von den Arbeitgebern angebotene Beschäftigungsmenge geringer als im Gleichgewicht. Wie bei einem Monopol auf dem Gütermarkt führt die Marktmacht der Unternehmen dazu, dass sie eine höhere Rente erzielen als bei vollständigem Wettbewerb. Dies geht zu Lasten der Rente der Arbeitnehmer und der gesamtwirtschaftlichen Wohlfahrt. Ein Mindestlohn, der den Lohn der Arbeitnehmer erhöht (w^{ML}), führt in diesem Modellrahmen zu mehr Beschäftigung. Zugleich werden Renten von den Arbeitsnachfragern auf die Arbeitsanbieter übertragen und die gesamtwirtschaftliche Wohlfahrt steigt insgesamt (▶*Abbildung 10.10*).

Die Theorie der *„Effizienzlöhne"* bietet eine andere Erklärung für das Ausbleiben negativer Beschäftigungseffekte eines Mindestlohns. Sie geht anders als das Basismodell davon aus, dass die Qualität des Faktors Arbeit nicht homogen ist. Insbesondere unterstellt sie, dass Arbeitnehmer, die besser bezahlt werden, leistungsbereiter sind. Der Industrielle Robert Bosch (1861–1942) soll gesagt haben: „Ich zahle nicht gute Löhne, weil ich viel Geld habe, sondern ich habe viel Geld, weil ich gute Löhne zahle." Durch Mindestlöhne kann es somit zu einer höheren Produktivität kommen, was sich in einer Verschiebung der Arbeitsnachfrage nach oben niederschlägt. Der Schnittpunkt zwischen der Arbeitsnachfrage und dem Mindestlohn kann daher mit einer höheren Beschäftigung einhergehen als das *Gleichgewicht* ohne Mindestlohn.

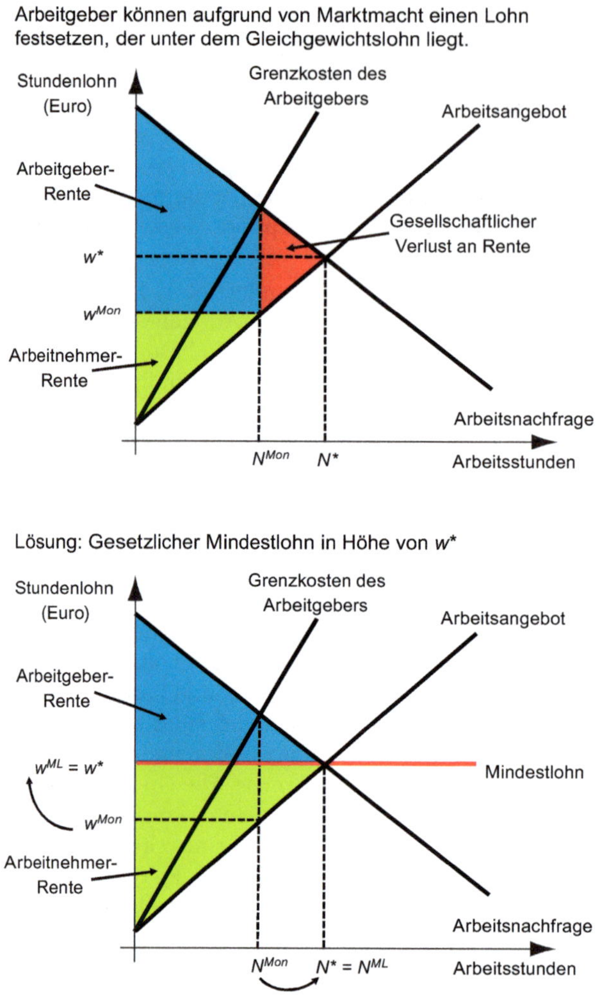

Abbildung 10.10: Effekte des Mindestlohns bei Marktmacht der Arbeitgeber

Wenn es durch einen Mindestlohn nicht zu Arbeitslosigkeit kommt, so kann man das auch darauf zurückführen, dass die *Arbeitsangebotskurve* zumindest bereichsweise eine *negative Steigung* aufweisen kann. Das Basismodell geht von einer durchgängig positiven Steigung der Arbeitsangebotskurve aus. Es unterstellt, dass bei einer Lohnerhöhung der *Substitutionseffekt* (mehr Arbeit versus weniger Freizeit) gegenüber dem *Einkommenseffekt* (weniger Arbeit und mehr Freizeit) dominiert. Im Niedriglohnbereich muss jedoch mit der Möglichkeit gerechnet werden, dass der *Einkommenseffekt* bei einer Lohnsenkung im Vordergrund steht. Weil der Stundenlohn sinkt, muss ein Arbeitnehmer sein *Arbeitsangebot* erhöhen, um noch seine Existenz finanzieren zu können. Es kann also zu einer Arbeitsangebotskurve kommen, die einen S-förmigen Verlauf aufweist.[5] Sie verfügt über ein instabiles und zwei stabile Gleichgewichte. Das instabile Gleichgewicht befindet sich in Punkt C. Bei einer Störung, die

5 Vergleiche dazu Robert E. Prasch (2000).

den Lohn reduziert, ist das Arbeitsangebot höher als die Nachfrage. Der Lohn sinkt dann so lange, bis der Punkt A erreicht wird. Dies ist ein stabiles Gleichgewicht. Käme es beispielsweise zu einer erneuten Störung, die den Lohn weiter reduziert, wäre das Arbeitsangebot geringer als die Arbeitsnachfrage. Der Lohn würde wieder steigen. Punkt B ist ebenfalls ein stabiles Gleichgewicht. Kommt es hier zu einer temporären Lohnsenkung, ist das Arbeitsangebot niedriger als die Arbeitsnachfrage. Der Lohn steigt wieder.

Man kann die Funktion des Mindestlohns bei einem solchen Verlauf des Arbeitsangebots darin sehen, ein Abgleiten in das stabile Niedriglohn-Gleichgewicht A zu verhindern. Dazu sollte er oberhalb von C dort festgelegt werden, wo die Arbeitsangebotskurve wieder eine positive Steigung aufweist. Allerdings ist die Beschäftigung bei Punkt B etwas geringer als bei Punkt A. Aber es tritt auch in Punkt B keine Arbeitslosigkeit auf, da sich die angebotene und die nachgefragte Menge entsprechen (▶*Abbildung 10.11*).

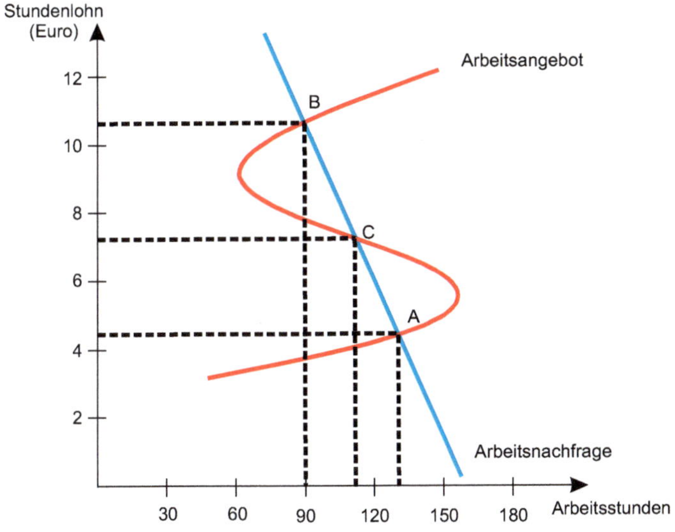

Abbildung 10.11: Arbeitsmarkt mit S-förmigem Verlauf der Arbeitsangebotskurve

10.6 Zur Bedeutung von Gewerkschaften und Tarifverträgen

Die Rolle von Gewerkschaften wird häufig mit der eines Kartells verglichen. Wie ein Kartell am Gütermarkt funktioniert, wurde in *Kapitel 8* ausführlich dargestellt. Durch eine Preisabsprache zwischen den Anbietern konnte ein Preis am Markt durchgesetzt werden, der über dem Gleichgewichtspreis liegt, d.h. dem Preis, der sich bei vollständiger Konkurrenz eingestellt hätte. Indem eine Gewerkschaft für ihre Mitglieder kollektiv die Löhne mit einem Arbeitgeberverband aushandelt, können höhere Löhne durchgesetzt werden als bei individuellen Lohnverhandlungen der einzelnen Arbeitnehmer. Wie bei jedem Kartell kommt es auch hier darauf an, dass die Tariflöhne nicht durch einzelne Arbeitsanbieter unterlaufen werden.

Auf diese Weise kann ein Teil der *„Konsumentenrente“* der Nachfrager nach Arbeit, d.h. in diesem Fall der Unternehmer, in eine *„Produzentenrente“* der Anbieter von Arbeit, d.h. in diesem Fall der Arbeitnehmer, umgeleitet werden (▶*Abbildung 10.12*). Die Konsumentenrente kann man auf dem Arbeitsmarkt auch als *Arbeitgeberrente* bezeichnen und die Produzentenrente als *Arbeitnehmerrente*.

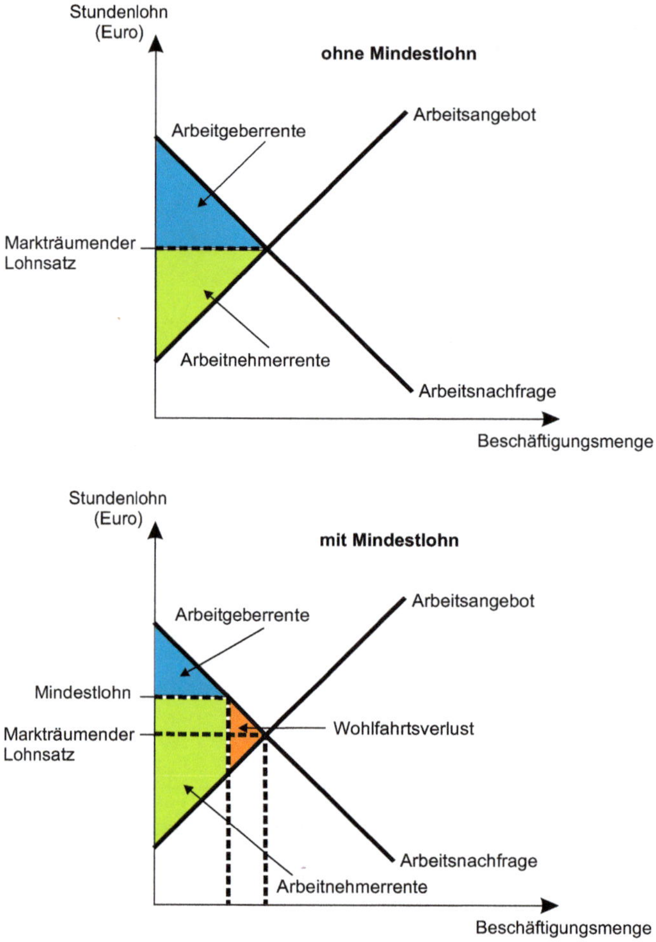

Abbildung 10.12: Die Verteilungswirkungen von Tariflöhnen

Allerdings stellt sich dabei das schon erwähnte Problem der Arbeitslosigkeit für einen Teil der bisher Beschäftigten. Durch eine derartige Lohnpolitik der *Gewerkschaften* wird ein sogenanntes *„Insider-Outsider-Problem“* geschaffen.

- Die *Insider*, d.h. die beim höheren Lohn noch beschäftigten Arbeitnehmer, profitieren von der Lohnpolitik der Gewerkschaften, da sie so mehr verdienen als bei einem freien Wettbewerb am Arbeitsmarkt.
- Die *Outsider* zahlen die Zeche einer solchen Lohnpolitik, da sie jetzt keinen Arbeitsplatz mehr finden können.

Häufig wird dieses Modell damit begründet, dass sich *Gewerkschaften* nur an den Interessen der Beschäftigten (d.h. der Insider) orientierten und dabei die Situation der Arbeitslosen unberücksichtigt ließen.

Dies würde jedoch voraussetzen, dass man es in einer Volkswirtschaft mit einer sehr stabilen Gruppe von Beschäftigten und Arbeitslosen zu tun hat. Die Statistik zeigt jedoch, dass es starke Bewegungen auf dem Arbeitsmarkt gibt. So konnten im Jahr 2018 bei jahresdurchschnittlich 2,34 Millionen Arbeitslosen 7,39 Millionen Menschen ihre Arbeitslosigkeit beenden, gleichzeitig haben 7,21 Millionen Arbeitnehmer ihren Arbeitsplatz verloren.[6] Da die meisten Gewerkschaftsmitglieder dem Risiko des Arbeitsplatzverlustes ausgesetzt sind, verfolgen die Gewerkschaften eine Lohnpolitik, die sich sehr stark am Ziel der Beschäftigungssicherung orientiert. Die entscheidende Funktion der Gewerkschaften besteht somit vor allem darin, ein Gegengewicht zur Marktmacht der Arbeitgeber zu bilden und dabei gute Arbeitsbedingungen für die Arbeitnehmer zu sichern.

Wir haben bereits darauf hingewiesen, dass es auf vielen Märkten gar nicht so einfach ist, den Gleichgewichtspreis zu finden. Anders als auf dem Aktienmarkt (*Kapitel 2*), bei dem man mit dem *Orderbuch* sehr einfach den Gleichgewichtskurs bestimmen kann, müssen die Anbieter auf den Gütermärkten über einen „trial and error"-Prozess herausfinden, wie hoch der Gleichgewichtspreis für ihr Produkt ist. Auch auf den Arbeitsmärkten ist es nicht ganz einfach, die Gleichgewichtslöhne zu bestimmen. Ohne Gewerkschaften wäre es erforderlich, dass das Management eines jeden Unternehmens individuell gestaltete Arbeitsverträge mit seinen Mitarbeitern schließt. Aus der Sicht eines einzelnen Arbeitnehmers wäre dies mit hohen Informationskosten verbunden, da er sich gegenüber der Firmenleitung in einer Situation mit *„asymmetrischer Information"* befände:

- Während das *Management* sehr häufig Arbeitsverträge schließt und über die Vertragsbedingungen aller anderen Arbeitnehmer gut informiert ist,
- kommt ein *Arbeitnehmer* nur relativ selten in eine Situation, in der er einen Arbeitsvertrag abschließt, wobei dann seine Informationen über die am Markt vorherrschenden Bedingungen sehr begrenzt sind.

Es ist daher naheliegend, dass sich Arbeitnehmer zu Gewerkschaften zusammenschließen, um über einen vergleichbaren Informationsstand wie das Management zu verfügen. In Deutschland ist diese *Koalitionsfreiheit* durch das Grundgesetz abgesichert.[7]

Dabei ist es möglich, dass für jedes Unternehmen eine eigene Gewerkschaft gegründet wird oder dass Gewerkschaften für bestimmte Branchen bestehen, die dann auch eine größere Region abdecken. Während das erste Modell vor allem in den Vereinigten Staaten zu finden ist, dominiert in Deutschland das zweite Modell. Allerdings gibt es in einer Reihe großer Unternehmen auch *Firmentarifverträge* (▶*Tabelle 10.1*).

6 Siehe dazu Arbeitsmarktbericht 2018 der Bundesagentur für Arbeit. Internet: *https://www.arbeitsagentur.de/datei/arbeitsmarktbericht-12-18_ba030160.pdf*

7 In Art. 9 Abs. 3 Grundgesetz ist das Recht verankert, „zur Wahrung und Förderung der Arbeits- und Wirtschaftsbedingungen Vereinigungen zu bilden". Dieses Recht darf nicht eingeschränkt werden. Das Grundrecht der Koalitionsfreiheit kann sowohl die Gewerkschaft als auch der einzelne Arbeitnehmer für sich in Anspruch nehmen. Die Koalitionsfreiheit beinhaltet das Recht, zur Regelung der Arbeits- und Wirtschaftsbedingungen Tarifverträge abzuschließen.

	Branchentarifvertrag		Firmentarifvertrag		Kein Tarifvertrag	
	West	Ost	West	Ost	West	Ost
Anteil der Betriebe in %	27	17	2	3	71	80
Anteil der Beschäftigten in %	49	35	8	11	44	55

Tabelle 10.1: Tarifbindung in Deutschland im Jahr 2018
Quelle: IAB-Betriebspanel 2018.

Da in Deutschland die *Gewerkschaften* überregional organisiert sind, ist es naheliegend, dass sich auch die Unternehmen in überregionalen *Arbeitgeberverbänden* zusammengeschlossen haben. Damit wird es nun möglich, zwischen beiden Seiten Tarifverträge abzuschließen, die für eine gesamte Branche in einer bestimmten Region Geltung haben. Man bezeichnet solche Verträge als *Flächentarifverträge*. Aus der Sicht eines einzelnen Unternehmens hat der Flächentarifvertrag den Vorteil, dass damit eine erhebliche Einsparung von Transaktionskosten verbunden ist (Fitzenberger und Franz, 2000). Anstelle einer Vielzahl individueller Tarifverhandlungen auf Firmenebene findet nur eine zentrale Verhandlung statt. Wichtig ist auch, dass die mit Tarifauseinandersetzungen tendenziell einhergehenden Irritationen zwischen dem Management und der Belegschaft so gering wie möglich gehalten werden (*„sozialer Friede"*). Der Nachteil von Flächentarifverträgen liegt darin, dass sie nicht den spezifischen Verhältnissen eines einzelnen Unternehmens gerecht werden können. Allerdings sind bei gravierenden wirtschaftlichen Problemen eines Unternehmens Abweichungen nach unten möglich.

Die zwischen Gewerkschaften und Arbeitgeberverbänden getroffenen Abmachungen gelten für alle Unternehmen, die Mitglied eines Arbeitgeberverbands sind, und für alle Arbeitnehmer, die gewerkschaftlich organisiert sind. Ein Unternehmen kann sich also dem Flächentarifvertrag dadurch entziehen, dass es aus einem Arbeitgeberverband ausscheidet; man spricht dabei von der *„Tarifflucht"*. Im Jahr 2017 waren in den neuen Bundesländern 79% aller Unternehmen und 56 % aller Beschäftigten ohne Tarifvertrag. In Westdeutschland waren es 68 % der Unternehmen und 44 % der Beschäftigten.

In den vergangenen Jahrzehnten ist der Einfluss der Gewerkschaften zurückgegangen. Hierin spiegelt sich der wirtschaftliche *Strukturwandel* (siehe dazu *Abschnitt 17.2.1*). Er führt dazu, dass an die Stelle der traditionell gewerkschaftsnahen Industriearbeiter immer mehr Beschäftigte im Dienstleistungssektor getreten sind. Da sie meist nicht mehr in großen Fabriken tätig sind, ist es sehr viel schwieriger, sie zu organisieren als die Arbeitnehmer in einem Industrieunternehmen. Dies hat auch dazu beigetragen, dass der Flächentarifvertrag an Bindungswirkung verloren hat.

Exkurs

Hartz IV und der Rückgang der Arbeitslosigkeit in Deutschland

Nachdem die Arbeitslosigkeit in Deutschland über Jahrzehnte hinweg angestiegen war, ist es seit Mitte der 2000er-Jahre zu einem eindrucksvollen Rückgang der Unterbeschäftigung gekommen. Die Ursache dieser Entwicklung wird kontrovers diskutiert. Auf den ersten Blick kann man sich dieser Diagnose kaum entziehen. Die Anzahl der Arbeitslosen, die im Jahr 2005 einen Rekordstand von fast 5 Millionen erreicht hatte, ist mit der Einführung der Hartz-Reformen eindrucksvoll zurückgegangen: In Deutschland insgesamt belief sich der Rückgang auf rund 2,5 Millionen, in Westdeutschland waren es rund 1,5 Millionen und in Ostdeutschland rund eine Million. Aber zeitliche Koinzidenz ist ja aus wissenschaftlicher Sicht noch kein Beweis für Kausalität. In der Wissenschaftstheorie wurde deshalb schon in der Scholastik vor dem Fehlschluss *„Post hoc, ergo propter hoc“* gewarnt, also vor der Logik, weil ein Ereignis auf ein anderes folge, sei es auch dessen Ursache.

Für die Beurteilung einer arbeitsmarktpolitischen Reformmaßnahme bietet es sich zunächst an, die Effekte konjunktureller Schwankungen auszublenden. Man sollte also Zeitpunkte vergleichen, die eine vergleichbare gesamtwirtschaftliche Kapazitätsauslastung („Output-Lücke“) aufweisen. In dieser Hinsicht stellt das Jahr 2005 eine wenig geeignete Vergleichsbasis dar, da es – nach Schätzung der OECD – durch eine ausgesprochen negative Output-Lücke (–1,7%) gekennzeichnet ist. Zwei in dieser Hinsicht recht vergleichbare Jahre sind demgegenüber das Jahr 2001 und das Jahr 2016 mit einer Output-Lücke von 0,4 % beziehungsweise 0,5 %.

Bei einer Analyse der deutschen Arbeitsmarktentwicklung in den 2000er-Jahren ist zusätzlich zu berücksichtigen, dass Ostdeutschland damals noch immer unter dem wirtschaftlichen Schock der deutschen Einheit stand. Vor allem der Einbruch der ostdeutschen Industrie hatte zu einer hohen transformationsbedingten Arbeitslosigkeit geführt. Wenn man die damit einhergehenden Sondereffekte ausschließen möchte, liegt es nahe, sich auf die Entwicklungen in Westdeutschland zu konzentrieren.

Beim Vergleich der Arbeitslosigkeit in Westdeutschland im Jahr 2001 mit der Situation im Jahr 2016 zeigt sich ein interessanter Befund (▶*Abbildung 10.13*). Die Anzahl der arbeitslos Gemeldeten ist lediglich um rund 342.000 gesunken, die Unterbeschäftigung, die arbeitsmarktpolitische Maßnahmen miteinbezieht, um 265.000. Bei den Langzeitarbeitslosen, auf die die Hartz-Reformen in erster Linie zielten, beträgt der Rückgang sogar nur noch rund 90.000. Besonders bemerkenswert ist die Entwicklung der Anzahl von Arbeitslosen, die auch einen Anspruch auf Leistungen durch die Arbeitsagentur aufweisen. Hier sollte man erwarten, dass die Einschränkung der Leistungen, die Hartz IV vor allem für qualifiziertere Langzeitarbeitslose mit sich brachte, besonders starke Effekte aufweist. Tatsächlich wiesen im Jahr 2016 mehr Arbeitslose einen Leistungsanspruch auf als in der Phase vor der Einführung der Hartz-Reformen. Von einem durch die Hartz-Reformen ausgelösten Arbeitsmarktwunder ist also nicht viel zu erkennen.

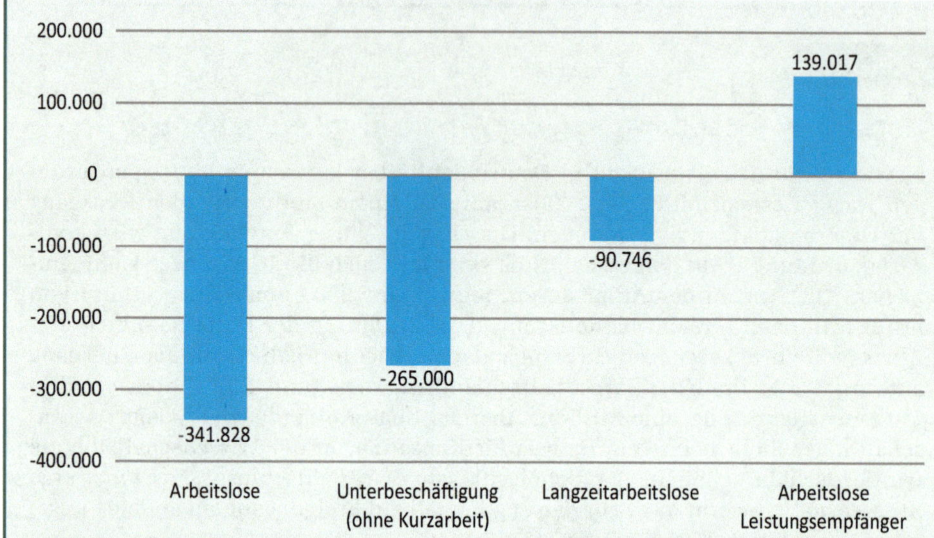

Abbildung 10.13: Entwicklung der Unterbeschäftigung auf dem westdeutschen Arbeitsmarkt von 2001 bis 2016
Quelle: Eigene Berechnungen, Bundesagentur für Arbeit.

Ein ähnlich ernüchterndes Bild zeigt sich, wenn man die **Ströme auf dem Arbeitsmarkt** in der Zeit nach dem Jahr 2005 betrachtet. Für die meisten Ökonomen ist der Rückgang der Arbeitslosigkeit vor allem in der zweiten Hälfte der 2000er-Jahre darauf zurückzuführen, dass Arbeitslose unter dem Druck verminderter Ansprüche auf Arbeitslosengeld eher bereit gewesen sind, einen Job anzunehmen. Die Stromgrößen zeigen jedoch ein völlig anderes Bild (▶*Abbildung 10.14*). Der in der Phase von 2005 bis 2010 besonders ausgeprägte Rückgang der Arbeitslosigkeit in Westdeutschland ist in erster Linie auf das Ausscheiden von Arbeitnehmern aus der Erwerbstätigkeit oder aus der Arbeitslosenstatistik (Saldo Sonstige) zurückzuführen. Letzteres dürfte nicht zuletzt damit zusammenhängen, dass für viele arbeitslos Gemeldete nach Einführung von Hartz IV kein Leistungsanspruch mehr gegeben war, weil in ihrer Bedarfsgemeinschaft ein ausreichendes Haushaltseinkommen vorhanden war. Der Saldo der Erwerbstätigkeit, also der Menschen, die von Erwerbstätigkeit in die Arbeitslosigkeit wechselten, und der Menschen, die von Arbeitslosigkeit in die Erwerbstätigkeit wechselten, weist durchgängig ein positives Vorzeichen auf. Das bedeutet, dass es von diesen Strömen per Saldo sogar zu einem Anstieg der Arbeitslosigkeit gekommen ist.

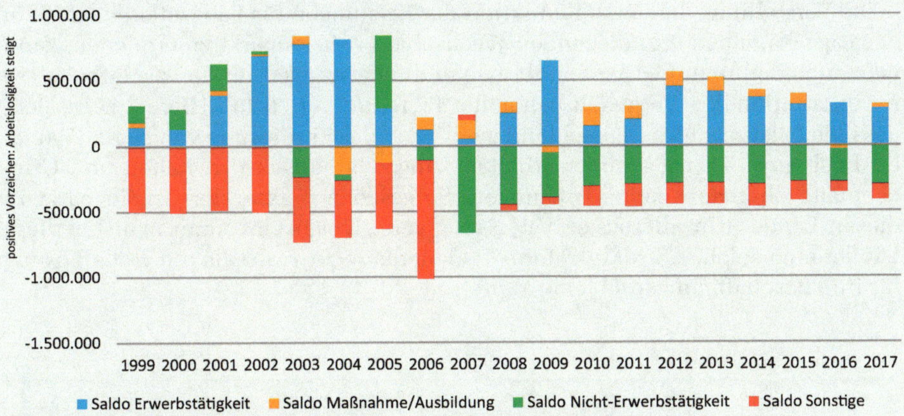

Abbildung 10.14: Ströme am deutschen Arbeitsmarkt (1999–2017)
Quelle: Eigene Berechnungen auf Basis der Daten der Bundesagentur für Arbeit.

Der Befund, dass von den Hartz-Reformen keine erkennbaren Effekte auf den westdeutschen Arbeitsmarkt ausgegangen sind, ist nicht erstaunlich, wenn man sich einmal die **Diagnose** vor Augen hält, von der sich Anhänger dieser Maßnahme haben leiten lassen. Wenn man glaubt, dass man mit einer Reduktion der Unterstützungsleistungen einen erheblichen Teil der Arbeitslosigkeit abbauen konnte, unterstellt man damit implizit, dass sich der größte Teil der Arbeitslosen des Jahres 2005 letztlich freiwillig für die Arbeitslosigkeit entschieden hat. Man unterstellt, dass von ihnen die Nicht-Erwerbstätigkeit attraktiver eingeschätzt wurde als die Erwerbstätigkeit. Dass diese Einschätzung eine grobe Fehldiagnose darstellte, kann man unmittelbar erkennen, wenn man die damalige Anzahl der Arbeitssuchenden und der Offenen Stellen gegenüberstellt. Im März 2005, dem Höhepunkt der Beschäftigungskrise, standen für rund 5,3 Millionen arbeitslos Gemeldete gerade einmal rund 200.000 offene Stellen zur Verfügung.

Es spiegelt das verzerrte Menschenbild der Ökonomie, wenn viele Wissenschaftler ernsthaft glauben, eine Massenarbeitslosigkeit, wie sie vor allem in den Jahren 2004 und 2005 zu beobachten war, sei überwiegend freiwilliger Natur.[8] Aber es ist auch nicht völlig überraschend, da in den Standard-Lehrbüchern der Makroökonomie das Phänomen der konjunkturellen Arbeitslosigkeit nicht analytisch behandelt wird. In den komplexeren DSGE-Modellen ist Arbeitslosigkeit ebenfalls immer nur freiwilliger Natur.

8 So kommt die Analyse von Hartung, Jung und Kuhn (2018) zu dem Schluss, dass die Hartz-IV-Reform ursächlich für einen Rückgang der Arbeitslosenquote im Jahrzehnt nach den Reformen war und darüber hinaus auch den sehr geringen Anstieg der deutschen Arbeitslosenquote während der Finanzkrise erklären könne.

Die Vorstellung, dass eine Reduktion der Leistungen für Langzeitarbeitslose in der Lage sei, einen grundlegenden Wechsel am Arbeitsmarkt zu erreichen, kann man auch dadurch relativieren, dass man die Leistungen für Langzeitarbeitslose im **internationalen Vergleich** betrachtet (▶*Abbildung 10.15*). Hierbei zeigt sich, dass die Leistungen in Deutschland auch nach der Einführung von Hartz IV relativ hoch sind. Demgegenüber erhalten Langzeitarbeitslose in Italien und Griechenland überhaupt keine Leistungen. So gesehen müsste der Arbeitsmarkt in diesen Ländern in allerbester Verfassung sein. Umgekehrt kann man für diese Länder eine solche „Strukturreform" jedenfalls nicht mehr als die große Lösung für ihre Beschäftigungsprobleme anpreisen.

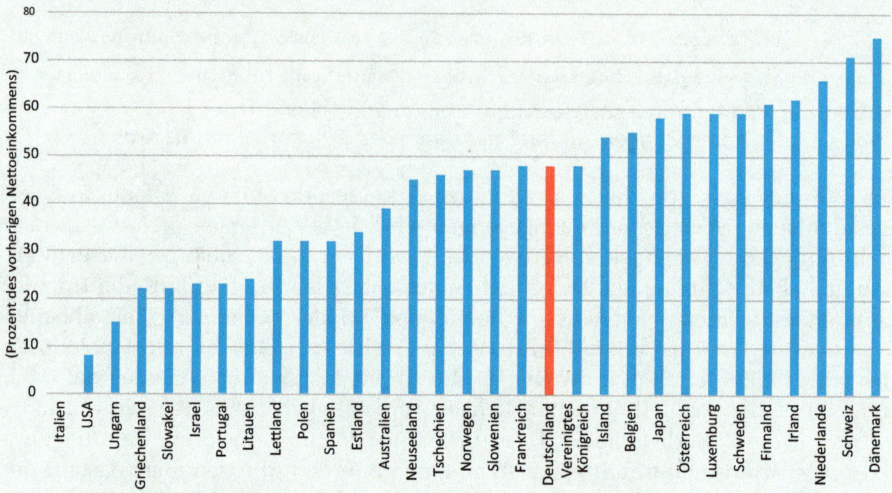

Abbildung 10.15: Leistungsanspruch nach fünf Jahren Arbeitslosigkeit (Lediger ohne Kind mit 67% des Durchschnittseinkommens)
Quelle: OECD, Going for Growth Statistics, 2019.

Wie lässt sich dann die **Wunderheilung** Deutschlands in der zweiten Hälfte der 2000er-Jahre erklären? Eine einfache Antwort besteht darin, dass die Diagnose des „kranken Mannes" unzutreffend gewesen war. Viele Beobachter hatten damals ein verzerrtes Bild der wirtschaftlichen Situation des Landes, weil sie die temporären negativen Effekte der deutschen Einheit auf die Arbeitslosigkeit und die sozialen Sicherungssysteme für dauerhaft einschätzten. Dass man zu der damaligen Zeit auch zu einer anderen Diagnose hätte kommen können, verdeutlicht mein im Jahr 2004 erschienenes Buch mit dem Titel „Wir sind besser als wir glauben" (Bofinger, 2004), das bewusst als Antithese zu dem Untergangsszenario in Hans-Werner Sinns Buch „Ist Deutschland noch zu retten?" (Sinn, 2003) geschrieben wurde.

Bei der rezessiven Entwicklung der deutschen Wirtschaft in der ersten Hälfte der 2000er-Jahre ist zudem eine **ausgeprägte Lohnzurückhaltung** in dieser Phase zu berücksichtigen. Sie hat dazu geführt, dass die Binnennachfrage preisbereinigt von 2000 bis 2005 um knapp 2 Prozent geschrumpft ist, was wesentlich zu der hohen negativen Output-Lücke im Jahr 2005 beigetragen hat. Damit unterschied sich die gesamtwirtschaftliche Entwicklung Deutschlands fundamental von der Situation vergleichbarer Volkswirtschaften (▶*Abbildung 10.16*). Die Lohnzurückhaltung hat damit zunächst einmal die wirtschaftliche Dynamik in Deutschland ausgebremst. Mit der Abkehr von der Lohnzurückhaltung in der zweiten Hälfte der 2000er und positiven außenwirtschaftlichen Impulsen ist es dann wieder zu einer stabileren Wachstumsentwicklung in Deutschland gekommen.

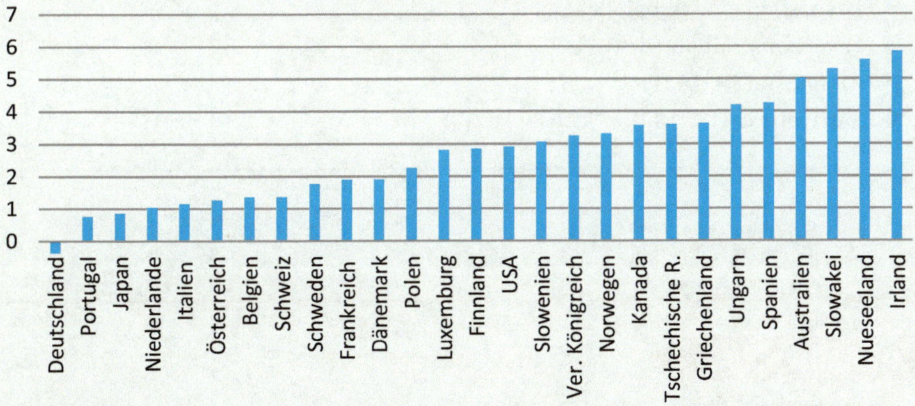

Abbildung 10.16: Veränderung der Inlandsnachfrage im Zeitraum 2000 bis 2005 (Jahresdurchschnitt)
Quelle: AMECO-Database, Europäische Kommission.

Was folgt aus dieser Analyse? Zum einen zeigt sich, dass sich bei der Geschichte von der Wunderheilung Deutschlands durch Gerhard Schröders Agenda-Politik eine ähnliche Suggestivkraft entfaltet hat wie bei Hans-Christian Andersens Märchen „Des Kaisers neue Kleider". Wirtschaftspolitisch ergibt sich daraus zum anderen, dass es keinen Grund gibt, Arbeitslose, die nach einem Jahr keinen neuen Arbeitsplatz finden, direkt in den Status eines „Hartz IV" abgleiten zu lassen.

Schlagwörter

- Arbeitgeberverbände (S. 167)
- Arbeitsangebot (S. 153)
- Arbeitsmarkt (S. 150)
- Arbeitsnachfrage (S. 152)
- Gewerkschaften (S. 160)
- Grenzleid (S. 153)
- Insider-Outsider-Problem (S. 165)
- keynesianische Arbeitslosigkeit (S. 148)
- Koalitionsfreiheit (S. 167)
- Monopson (S. 162)
- Tarifverträge (S. 159)

Aufgaben

Musterlösungen zu den hier gestellten Aufgaben finden Sie im MyLab | Grundzüge der VWL.

1. Hans kann während des Semesters maximal fünf Stunden am Tag jobben. Er arbeitet bei der Firma Infotec, die ihm einen Stundenlohn von 10 Euro bezahlt. Er findet es optimal, drei Stunden täglich dafür zu arbeiten. Zeichnen Sie diese für ihn optimale Kombination von Arbeit und Freizeit und bilden Sie die Präferenzen von Hans ab.
2. Der Chef von Hans möchte, dass dieser länger für die Firma arbeitet, und bietet ihm einen Lohn von 15 Euro an. Zeichnen Sie nun das neue Entscheidungsfeld für Hans. Hans will jedoch nur noch zwei Stunden arbeiten. Wie kann man diese Entscheidung erklären? Versuchen Sie, grafisch hierfür eine Rechtfertigung zu liefern.
3. Viele Unternehmen halten die Lohnpolitik der Gewerkschaften für eine zentrale Ursache der Arbeitslosigkeit. Zeigen Sie grafisch, wie der Arbeitsmarkt beschaffen sein muss, damit diese Argumentation zutrifft. Wie ließe es sich dann erklären, dass die Gewerkschaften eine Politik betreiben, die zu Arbeitslosigkeit führt?
4. Manche Ökonomen sehen im Flächentarifvertrag ein großes Problem. Trotzdem ziehen viele Unternehmen diese Lösung einer Lohnpolitik auf der Betriebsebene vor. Welche Vorteile versprechen sie sich davon?

LERNZIELE

- In der Volkswirtschaftslehre wird die Effizienz der Marktprozesse anhand des *Pareto-Kriteriums* beurteilt. Effizienz bedeutet dabei zum einen, dass keine Tauschmöglichkeiten mehr bestehen, die zumindest einen der beiden Tauschpartner besser stellen, ohne den anderen schlechter zu stellen. Zum anderen zeichnet sich eine effiziente Wirtschaft dadurch aus, dass sie sich auf der Transformationskurve befindet. Bei dieser Effizienzbetrachtung bleibt die Verteilung der Güter auf die Konsumenten unberücksichtigt.
- Ökonomen sind gegenüber Staatseingriffen grundsätzlich skeptisch eingestellt. Sie begründen dies damit, dass Politiker oft dem Druck von Interessengruppen ausgesetzt sind, in der Regel kurzfristig denken und oft auch mit der Lösung komplexer Probleme überfordert sind.
- Gleichwohl kann eine Marktwirtschaft nicht ohne umfassende staatliche Eingriffe funktionieren. Es gibt drei wichtige Aufgaben des Staates in einer Marktwirtschaft: die *Distributionsfunktion* (d.h. die Umverteilung von Einkommen), die *Allokationsfunktion* (d.h. das Setzen von Rahmenbedingungen für den Markt und korrigierende Eingriffe bei einem Marktversagen) und die *Stabilisierungsfunktion* (d.h. eine makroökonomische Politik, um die Ziele des stetigen und angemessenen Wachstums, der Preisniveaustabilität und eines hohen Beschäftigungsstands zu realisieren).
- Die von Ludwig Erhard wesentlich geprägte *Soziale Marktwirtschaft* ist das Modell, mit dem Deutschland in der Nachkriegszeit sehr erfolgreich war. Es basiert auf einer umfassenden sozialen Absicherung bei einer gleichzeitig hohen Leistungsbereitschaft der Arbeitnehmer. Durch die deutsche Einheit ist diese Konzeption zeitweise erheblichen Spannungen ausgesetzt gewesen.

Trotz der hohen Effizienz des Marktes geht es nicht ohne den Staat

11

ÜBERBLICK

11.1 Das Pareto-Kriterium zeigt, ob mikroökonomisch effiziente Lösungen vorliegen, interessiert sich aber nicht für die Verteilung

Die vorangegangenen Kapitel haben verdeutlicht, dass der Markt einen effizienten Koordinationsmechanismus für eine hoch arbeitsteilig organisierte Wirtschaft darstellt. Vertiefende Darstellungen zur Mikroökonomie leiten formal ab, dass die in einem idealtypischen Wettbewerbsprozess erzielten Marktergebnisse in der Regel nicht mehr verbesserungsfähig sind. Das hierfür maßgebliche Kriterium ist das *„Pareto-Kriterium"*. Es ist nach dem Ökonom und Soziologen Vilfredo Pareto (1848–1923) benannt, der diesen Effizienzbeweis als Erster theoretisch herleiten konnte. Dieses Kriterium wurde sowohl für die Effizienz des Tausches wie auch die Effizienz der Produktion formuliert.

Nach dem *Pareto-Kriterium* für den *Tausch* wird eine Situation dann als effizient angesehen, wenn es zwei Menschen durch Tausch nicht mehr möglich ist, ihre Lage zu verbessern, ohne dass einer der beiden schlechter gestellt wird. Oder umgekehrt: Eine Situation ist noch *nicht* pareto-effizient, wenn es durch Tausch möglich ist, die Situation zumindest eines Beteiligten zu verbessern, ohne die des anderen zu verschlechtern. Wichtig ist dabei, dass es für diese spezielle Form der Effizienz ohne jede Bedeutung ist, wie die vorhandenen Güter auf zwei oder mehr Menschen *verteilt* sind.

Wenn es in unserem Biermarkt-Beispiel (*Kapitel 6*) einzelnen Studierenden aus finanziellen Gründen überhaupt nicht möglich wäre, ins Bierlokal zu gehen, während andere jeden Abend im Übermaß Bier trinken, wäre das sehr wohl mit dem Pareto-Kriterium vereinbar.

Unterstellen wir aber nun einmal, dass Heike einen Gutschein für drei Glas Bier im Bierkeller geschenkt bekommt und Benjamin einen Gutschein für einen Kinobesuch. Wir nehmen außerdem an, dass Heike bei ihren bereits bestehenden Konsumplänen einem zusätzlichen Kinobesuch einen Wert von vier Gläsern Bier beimisst, Benjamin aber einen Wert von drei Gläsern. Bei dieser Konstellation wäre es pareto-effizient, die Gutscheine zu tauschen. Benjamin würde sich dadurch nicht verschlechtern, da er zwischen drei Glas Bier und einem Kinobesuch indifferent ist, aber Heike würde sich verbessern, da ihr der Kinobesuch vier Gläser wert ist, sie dafür aber nur drei Gläser „bezahlen" muss.

Eine zweite Ausprägung des *Pareto-Kriteriums* bezieht sich auf die Effizienz der *Produktion*. Sie besagt, dass sich eine Ökonomie bei Wettbewerb und damit einer freien Preisbildung immer *auf* einer konkav zum Ursprung verlaufenden *Transformationskurve* (siehe *Kapitel 3*) befindet. Ineffiziente Lösungen, die *unterhalb* dieser Kurve liegen, werden verhindert. Durch den Wettbewerb auf den Güter- und Faktormärkten werden die vorhandenen Ressourcen also stets effizient genutzt. Diese Zusammenhänge sind theoretisch nicht so ganz einfach darzustellen und gehen daher über den Rahmen dieser Einführung hinaus.

11.2 Weshalb Ökonomen vor Markteingriffen durch Politiker eher abraten

Bei der hohen Effizienz einer Marktwirtschaft ist es nicht überraschend, dass Ökonomen staatlichen Eingriffen in den Wirtschaftsprozess eher skeptisch gegenüberstehen. Es stellt sich dabei das grundsätzliche Problem, dass Politiker und die von ihnen geleiteten Behörden nie über die Fülle an *Informationen* verfügen können, die im Marktprozess dezentral verarbeitet werden. Wir haben diese Problematik bereits im Zusammenhang mit der Zentralverwaltungswirtschaft (*Kapitel 4*) diskutiert.

Es ist zudem zu befürchten, dass Politiker bei Markteingriffen nicht notwendigerweise an Lösungen interessiert sind, die die gesamtwirtschaftliche Wohlfahrt verbessern. Ein Teilbereich der Volkswirtschaftslehre, die *„Politische Ökonomie"*, erklärt dies damit, dass Politiker und Bürokraten keine *„wohlmeinenden Diktatoren"* sind, sondern Menschen wie du und ich. Sie sind also vor allem an ihrem eigenen Nutzen interessiert, der durch Machterhalt und Privilegien aller Art (Dienstwagen, Dienstwohnungen, Flugbereitschaft) bestimmt wird. Hin und wieder können sogar direkte Bestechungsgelder eine Rolle spielen, die wiederum für teure Wahlkämpfe benötigt werden. Politiker können so leicht in die Abhängigkeit von zahlungsfähigen Interessengruppen (*„Lobbies"*) geraten, die sich dann politische Entscheidungen beispielsweise durch großzügige Wahlkampfspenden erkaufen. Man spricht dabei auch vom *„rent seeking"* der Interessengruppen. Damit ist gemeint, dass diese bestrebt sind, die staatlichen Entscheidungsträger so zu beeinflussen, dass sie einer Lobby eine monopolähnliche Stellung und damit verbundene Renten einräumen.

Walter Eucken (1891–1950) hat die Gesamtproblematik für das Beispiel *Geldpolitik* wie folgt formuliert:

„(...) die Erfahrung zeigt, dass eine Währungsverfassung, die den Leitern der Geldpolitik freie Hand lässt, diesen mehr zutraut, als ihnen im Allgemeinen zugetraut werden kann. Unkenntnis, Schwäche gegen Interessengruppen und der öffentlichen Meinung, falsche Theorien, all das beeinflusst diese Leiter sehr zum Schaden der ihnen anvertrauten Aufgabe."[1]

Aufgrund des Interesses vieler Politiker, wiedergewählt zu werden, besteht bei politischen Entscheidungen zudem das Risiko eines *Kurzfristdenkens*. Es werden tendenziell Lösungen vorgezogen, die auf kurze Sicht Erfolge versprechen, selbst wenn damit auf längere Sicht erhebliche Nachteile verbunden sind. Die Theorie der *„Wahlzyklen"* („political business cycles"), die vor allem von Nordhaus (1975) geprägt wurde, versucht sogar, konjunkturelle Schwankungen mit den durch die Legislaturperiode bestimmten politischen Zyklen zu erklären.

Die Erfahrung mit der Deutschen Bundesbank wie auch seit 1999 mit der Europäischen Zentralbank hat jedoch gezeigt, dass Eucken übertrieben pessimistisch war. Wie *Box 20.2* verdeutlicht, ist es durch eine gute *Notenbank-Verfassung* durchaus möglich, die geldpolitischen Entscheidungsträger weitgehend vor äußerer Einflussnahme abzuschirmen. Hierzu ist es erforderlich, dass die Notenbank Manager unabhängig von direkten Weisungen durch gewählte Politiker sind und dass sie für relativ lange Amtszeiten (im Falle des Direktoriums der Europäischen Zentralbank sind es acht Jahre) berufen werden.

11.3 Warum es aber ohne den Staat nicht geht

Trotz der hier angesprochenen Probleme von Staatseingriffen in den Wirtschaftsprozess und der grundsätzlichen Überlegenheit des Marktes bei der Steuerung der Produktion

---

1 Eucken (1952, S. 257).

und Verteilung von Gütern ist es unstrittig, dass ein Wirtschaftssystem nicht funktionsfähig wäre, wenn man es gänzlich der privatwirtschaftlichen Initiative überließe.

- So kann der Marktmechanismus nicht ohne eine vom Staat bereitgestellte und überwachte *Rechtsordnung* funktionieren: Die *Eigentumsrechte* an den im Marktprozess getauschten Gütern müssen durch den Staat definiert und verteidigt werden. Niemand würde ein Grundstück kaufen, wenn er nicht mit Sicherheit davon ausgehen kann, dass der Verkäufer tatsächlich der rechtmäßige Eigentümer ist. Und niemand würde ein Gut am Markt erwerben, wenn er es sich ungestraft durch Gewalt aneignen kann. Niemand würde ein Gut verkaufen, wenn er nicht sicher sein könnte, dass er die damit erworbene Forderung im Notfall auch gerichtlich durchsetzen kann. Allgemeiner formuliert besteht also eine zentrale Funktion des Staates darin, die Rechtsordnung und damit die *innere Sicherheit* zu gewährleisten.
- Da ein Staat in der Regel auch eine Reihe von Nachbarn hat, ist es zugleich erforderlich, das eigene Land gegenüber Angriffen aus dem Ausland zu sichern. Die Gewährleistung der *äußeren Sicherheit* ist somit eine zweite zentrale Staatsfunktion.
- Das für den Gütertausch enorm hilfreiche Instrument des Geldes, d.h. eines allgemein anerkannten Zahlungsmittels (siehe *Kapitel 25*) wäre unter heutigen Verhältnissen ohne den Staat kaum denkbar. Die Währungsordnung gehört also ebenfalls zu den *„konstituierenden Prinzipien“* (Eucken), die vom Staat für den Wirtschaftsprozess bereitgestellt werden müssen. Wie das Beispiel des Euro verdeutlicht, muss es sich dabei nicht um den Nationalstaat handeln. Es ist durchaus möglich, dass eine Währung von einer europäischen oder sogar einer internationalen öffentlichen Institution in den Umlauf gebracht wird.

Neben diesen fundamentalen Staatsfunktionen, die man auch schon im Modell des *Nachtwächterstaats* des 19. oder 18. Jahrhunderts antreffen konnte, wird heute in den meisten Ländern ein sehr viel breiteres Spektrum an Leistungen durch die öffentliche Hand erbracht. Zu ihrer Klassifikation hat der Finanzwissenschaftler Richard A. Musgrave (1910–2007) eine sehr hilfreiche Dreiteilung entwickelt. Danach lassen sich die ökonomischen Staatsfunktionen in drei große Bereiche unterteilen:

- die *Distributionsfunktion*,
- die *Allokationsfunktion* und
- die *Stabilisierungsfunktion*.

Mit der *Distributionsfunktion* greift der Staat unmittelbar in die Verteilung der Einkommen ein. Wie in *Kapitel 10* verdeutlicht wurde, verteilt der Markt Einkommen nach der Leistungsfähigkeit der Anbieter und den Preisen, die mit den produzierten Gütern erzielt werden können. Das kann dazu führen, dass zahlreiche Arbeitnehmer nicht in der Lage sind, mit ihrem am Markt erzielten Einkommen ihren Lebensunterhalt zu bestreiten. Sie erhalten deshalb ergänzende staatliche Leistungen oder sie werden vollständig durch Transfers – zum Beispiel in der Form des Arbeitslosengelds II – unterstützt.

Gleichzeitig sind die meisten Staaten bestrebt, bei der Finanzierung ihrer Aufgaben nach dem Prinzip der Leistungsfähigkeit vorzugehen. Durch eine progressive Einkommensteuer müssen Bezieher höherer Einkommen mehr Steuern (absolut wie auch in Relation zu ihrem Bruttoeinkommen) bezahlen als Steuerpflichtige mit niedrigen Einkommen. Durch die Distributionsfunktion wird somit die am Markt erzeugte Primärverteilung der Einkommen so korrigiert, dass sie den ethischen und sozialpolitischen Zielsetzungen einer Gesellschaft entspricht. Bei der normativen Frage, was eine gerechte Einkommensverteilung ist, kann die Volkswirtschaftslehre keine wissenschaftliche Unterstützung bieten. Sie kann jedoch aufzeigen, wie eine politisch angestrebte Umverteilung so organisiert werden kann, dass die damit zwangsläufig einhergehenden ökonomischen Verwerfungen möglichst gering gehalten werden. Zudem kann sie untersuchen, wie sich eine wachsende Ungleichheit der Einkommen auf das Wirtschaftswachstum auswirkt. Ein wichtiger Bestandteil der *Distributionsfunktion* ist die Bildungspolitik. Sie sorgt dafür, dass auch Kindern aus einem Elternhaus mit geringem Einkommen die Möglichkeit einer guten Ausbildung und eines hoch qualifizierten Arbeitsplatzes eröffnet wird.

Man kann die Bildungspolitik aber auch als Teil der Allokationsfunktion des Staates begreifen. Bei der *Allokationsfunktion* geht es darum, unterschiedliche Störungen und Defekte des Marktprozesses durch staatliche Eingriffe zu korrigieren. Während die Distributionsfunktion also bewusst darauf abzielt, ein anderes Resultat als das Marktergebnis zu erreichen, soll mit der Allokationsfunktion dafür gesorgt werden, dass dieses auch dann zustande kommt, wenn der Marktprozess gestört ist.

- So soll mit der *Wettbewerbspolitik* (*Kapitel 8*) verhindert werden, dass die Anbieter den vollständigen Wettbewerb in ein Monopol, ein Oligopol oder ein Kartell überführen. Der Staat sorgt also dafür, dass möglichst die Marktergebnisse des vollkommenen Wettbewerbs realisiert werden, die für die Gesellschaft einen maximalen Wohlstand herbeiführen.
- Für eine Reihe von Gütern wäre es schwierig, im Marktprozess einen positiven Preis zu erzielen, obwohl sie für die Nachfrager durchaus von großem Wert sind. Dies gilt insbesondere für das schon genannte Gut „Rechtssicherheit". Es wäre jedoch technisch kaum realisierbar, dafür von jedem einzelnen „Konsumenten" einen Preis zu verlangen. Insbesondere wäre es nicht möglich, nicht zahlende Konsumenten vom Genuss eines solchen Gutes auszuschließen. Ähnliche Probleme würden sich bei den Gütern „innere und äußere Sicherheit" stellen. Ohne den Staat als Anbieter bestünde bei solchen Gütern die Gefahr, dass sie überhaupt nicht angeboten werden. Ein privater Unternehmer wäre nicht in der Lage, hierfür einen positiven Deckungsbeitrag zu erzielen. Güter dieser Art werden deshalb als *öffentliche Güter* bezeichnet.
- Ein besonders wichtiger Bereich der Allokationspolitik ist die *Umweltpolitik*. Ohne staatliche Eingriffe kommt es zu massiven Umweltschäden. Wenn es für die Nutzung der Umwelt keinen Preis gibt, wird ihr „Konsum" bis zur Sättigungsgrenze ausgeweitet. Deshalb sorgt der Staat in vielen Ländern durch Instrumente der Umweltpolitik dafür, dass Produzenten und Konsumenten bei ihren wirtschaftlichen Entscheidungen auch die Kosten berücksichtigen, die mit der Umweltverschmutzung verbunden sind. Diese Thematik wird in *Kapitel 14* ausführlicher dargestellt.

Im Schnittpunkt von *Allokations-* und *Distributionsfunktion* stehen die großen sozialen Versicherungssysteme (*Gesetzliche Kranken- und Rentenversicherung*, *Arbeitslosenversicherung* und *Soziale Pflegeversicherung*). Das Distributionselement besteht darin, dass mit diesen Systemen eine nicht unerhebliche Umverteilung zwischen den Mitgliedern stattfindet. In seinem Jahresgutachten 2005/06 hat der Sachverständigenrat zur Begutachtung der gesamtwirtschaftlichen Entwicklung die sogenannten versicherungsfremden Leistungen und damit die versicherungsfremde Umverteilung dieser Systeme auf rund 65 Mrd. Euro pro Jahr beziffert.[2] Dem Großteil der Beitragszahlun-

2 Vergleiche dazu Sachverständigenrat zur Begutachtung der gesamtwirtschaftlichen Entwicklung, 2005, S. 331. Bedauerlicherweise gibt es hierzu keine aktuelleren Berechnungen.

gen stehen jedoch äquivalente Versicherungsleistungen gegenüber. Insoweit kann man die sozialen Versicherungssysteme als ein Element der staatlichen Allokationspolitik ansehen. Der staatliche Zwang zum Abschluss einer Versicherung lässt sich damit rechtfertigen, dass die Privaten diese aufgrund eines Kurzfristdenkens (Altersvorsorge) oder aber der Erwartung späterer staatlicher Unterstützungen (schwerer Krankheitsfall) nicht abschließen würden. Wir werden diesen Teilbereich der Allokationspolitik in *Kapitel 13* diskutieren.

Die *Stabilisierungsfunktion* des Staates ergibt sich daraus, dass marktwirtschaftlich organisierte Wirtschaftssysteme immer wieder zu größeren konjunkturellen Schwankungen neigen. Diese können, wie die *„Große Depression* (1929–1933) und die Finanz- und Wirtschaftskrise der Jahre 2008 und 2009 („Great Recession") verdeutlicht haben, sehr stark ausfallen und dabei auch zu einer erheblichen politischen Instabilität führen. Zum Verständnis dieser Staatsfunktion muss man sich ausführlich mit den Prozessen auf der gesamtwirtschaftlichen Ebene auseinandersetzen. Dies führt in das Feld der *Makroökonomie*, das in den *Kapiteln 15* bis *30* dargestellt wird. Dabei wird deutlich werden, dass der Staat mit der Geldpolitik und der Fiskalpolitik stabilisierend in den Wirtschaftsprozess eingreifen kann. Auf diese Weise können wirtschaftliche Schwankungen vermindert werden, die z.B. durch einen Einbruch der Weltwirtschaft oder das Platzen einer spekulativen Blase am Immobilienmarkt (siehe *Kapitel 27*) ausgelöst wurden.

11.4 Wie viel Staat braucht die Wirtschaft?

So unstrittig es unter Ökonomen ist, dass der Markt nicht ohne den Staat auskommt, so kontrovers wird im Einzelnen diskutiert, welche Funktionen der Staat konkret wahrnehmen soll und wie intensiv sein Einfluss ausfallen soll. Dies verdeutlichen die in ▸*Tabelle 11.1* dargestellten *Staatsquoten* ausgewählter Länder; diese Größe bildet – gleichsam als „Body-Maß-Index" – die Staatsausgaben in Relation zum Bruttoinlandsprodukt eines Landes ab. Man erkennt daran, dass es ganz unterschiedliche Modelle für die Rolle des Staates in einer Marktwirtschaft gibt. Einen sehr schlanken Staat mit einer Staatsquote von bis zu 40 % findet man in den meisten angelsächsischen Staaten aber auch in der Schweiz und in Japan. Über einen sehr umfangreichen Staatssektor mit Staatsquoten von mehr als 50 % verfügen Frankreich, Finnland, Dänemark und Belgien. Deutschland lag im Jahr 2018 mit einer Staatsquote von 43,9 % deutlich unter dem Durchschnittswert des Euroraums (46,8 %).

Durch die Finanz- und Wirtschaftskrise ist es in fast allen Ländern dazu gekommen, dass die Staatsausgaben höher sind als die Staatseinnahmen. Darin spiegelt sich zum einen, dass ein Konjunktureinbruch die Staatseinnahmen negativ beeinflusst, da die Steuereinnahmen zurückgehen und die Ausgaben für die Arbeitslosenunterstützung steigen. Zum anderen haben sich viele Staaten bemüht, den negativen Nachfrageschock durch zusätzliche Ausgaben und Steuersenkungen zu kompensieren. Obwohl sich die wirtschaftliche Lage inzwischen wieder deutlich stabilisiert hat, weisen viele Staaten noch immer vergleichsweise hohe Haushaltsdefizite auf. Mit einem Überschuss von 1,8 % im Jahr 2018 stellt Deutschland unter den großen Volkswirtschaften eine Ausnahme dar.

	Staatsquote in % des BIP	Einnahmequote in % des BIP	Defizitquote in % des BIP
Irland	25,8	25,8	0,0
Korea	33,5	36,1	–2,5
Schweiz	33,6	35,3	–1,6
Australien	35,5	35,5	0,0
Vereinigte Staaten	37,8	31,3	6,6
Japan	37,9	35,4	2,5
Neuseeland	38,1	38,2	–0,1
Lettland	38,5	37,5	1,0
Estland	39,6	39,0	0,6
Israel	40,0	37,0	3,0
OECD	40,2	37,4	2,8
Kanada	40,6	40,1	0,4
Slowakei	40,6	39,9	0,7
Tschechien	40,7	41,6	–0,9
Vereinigtes Königreich	40,8	39,2	1,6
Spanien	41,3	38,9	2,5
Polen	41,5	41,2	0,4
Island	41,7	42,8	–1,1
Niederlande	42,1	43,6	–1,5
Slowenien	42,4	43,1	–0,7
Luxemburg	43,1	45,5	–2,4
Deutschland	43,8	45,5	–1,7
Portugal	44,0	43,5	0,5
Ungarn	46,5	44,2	2,2
Griechenland	46,9	48,0	–1,1
Österreich	48,4	48,6	–0,1
Italien	48,6	46,5	2,1
Norwegen	48,7	55,9	–7,2
Schweden	49,8	50,7	-0,9
Dänemark	51,4	51,9	–0,5
Belgien	52,4	51,7	0,7
Finnland	53,1	52,5	0,7
Frankreich	56,1	53,5	2,5

Tabelle 11.1: Indikatoren der staatlichen Aktivität im Jahr 2018
Quelle: OECD Economic Outlook 105 Database, eigene Berechnungen.

Für viele Ökonomen ist es offensichtlich, dass sich die Wirtschaft umso dynamischer entwickelt, je geringer der Staatsanteil ist. Doch wie die ▶*Abbildung 11.1* verdeutlicht, ist die Gleichsetzung „schlanker Staat = dynamischer Staat“ in der Realität nicht ganz so eindeutig. So findet man unter den „Magerstaaten“, d.h. Staaten mit einer niedrigen Staatsquote, in der Tat über längere Zeit hinweg sehr dynamische Volkswirtschaften wie Australien und Irland, zugleich aber auch ausgesprochen wachstumsschwache Länder wie Japan. Umgekehrt können Länder wie die Österreich oder Schweden mit Staatsquoten von über 50 % ordentliche Zuwachsraten beim *realen Bruttoinlandsprodukt* aufweisen.

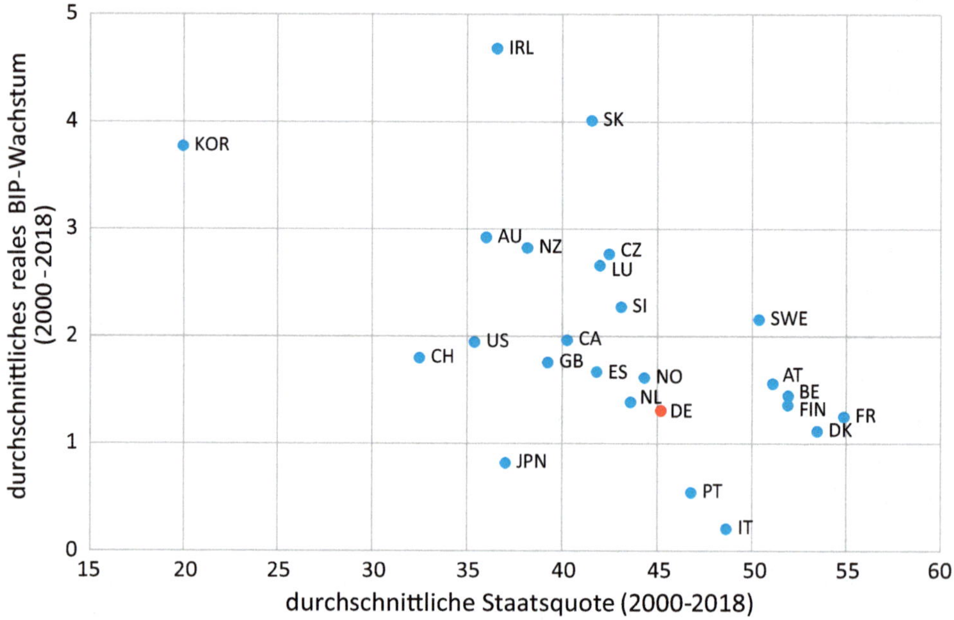

Abbildung 11.1: Wirtschaftswachstum und Staatsquote
Quelle: World Economic Outlook Database, IWF.

Es gibt daher keine Formel für die optimale Staatstätigkeit, die für alle Länder gleichermaßen gilt. Entscheidend ist, dass staatliche Mittel effizient eingesetzt werden müssen. Das Beispiel der skandinavischen Länder verdeutlicht zugleich, dass von der Globalisierung keinesfalls ein Zwang zu einem mageren Staat ausgeht. Vielmehr ist es den OECD-Ländern in den beiden vergangenen Jahrzehnten insgesamt trotz einer zunehmenden Integration von Güter- und Finanzmärkten gelungen, die Staatsquote sowie die Relation der Einnahmen zur Wirtschaftsleistung nahezu konstant zu halten (▶*Abbildung 11.2*).

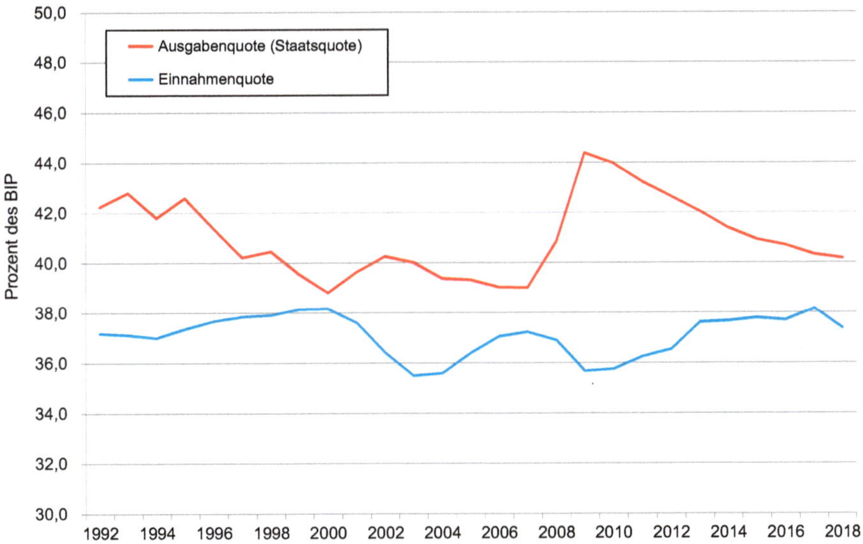

Abbildung 11.2: Staatseinnahmen- und Staatsausgaben der OECD-Länder im Verhältnis zum nominalen Bruttoinlandsprodukt (in %)
Quelle: OECD Economic Outlook 105 Database.

Box 11.1 Staaten im Wettbewerb (Tiebout-Modell)

Die großen Unterschiede in den Einnahmequoten der einzelnen Länder zeigen, dass es durch die Globalisierung nicht zwangsläufig zu einer Angleichung der Steuersätze kommen muss. Die Erklärung hierfür wurde im Jahr 1956 von Charles Tiebout in seinem berühmten Artikel „A Pure Theory of Local Expenditures" gefunden. Für Tiebout konkurrieren öffentliche Gemeinwesen um Bürger, die frei zwischen Standorten wählen können. Ähnlich wie beim Wettbewerb zwischen Hotels gibt es dann Staaten, die ein sehr umfassendes Angebot an öffentlichen Gütern bieten und dafür aber auch hohe Steuern einfordern. Daneben existieren Gemeinwesen, die bei einer niedrigen Abgabenbelastung einen eher bescheidenen Standard an Infrastruktur und sonstigen öffentlichen Ausgaben (z.B. Bildung) bieten. Im Modell von Tiebout entscheiden sich die Menschen aufgrund ihrer Präferenzen für einen bestimmten Typ eines Gemeinwesens. Eine stabile Koexistenz zwischen Gemeinwesen mit einer hohen Abgaben- und Staatsquote und Staaten mit geringen Steuern und Ausgaben ist damit durchaus möglich. Natürlich ist es in der Realität für den Bürger eines Landes nicht ganz so einfach, ins Ausland abzuwandern, wenn er das Preis-Leistungs-Verhältnis seines Heimatlandes nicht im Einklang mit den eigenen Präferenzen sieht. Gleichwohl bietet das Tiebout-Modell eine wichtige Erklärung dafür, dass die skandinavischen Länder trotz einer sehr hohen Abgabenbelastung als sehr wettbewerbsfähige Standorte angesehen werden. Das Modell stößt jedoch an Grenzen, wenn es Unternehmen, wie beispielsweise den großen Internet-Plattformen möglich ist, die Infrastruktur eines Landes zu nutzen, ohne dafür Steuern entrichten zu müssen.

11.5 Zur Vertiefung: Ludwig Erhard – der Vater des deutschen Wirtschaftswunders

Für die Wirtschaftsordnung in Deutschland, die oft auch als *„Soziale Marktwirtschaft"* bezeichnet wird, kommt Ludwig Erhard eine wichtige Rolle zu. Seine wichtigsten biografischen Daten finden Sie am Ende dieses Kapitels. Schon vor dem Ende des Zweiten Weltkriegs dachte Erhard an die Zeit danach und arbeitete intensiv an Plänen für eine Wirtschaftsordnung, die die von Hitler für die Kriegswirtschaft eingeführte Planwirtschaft ersetzen sollte. Diese Konzeption konnte Erhard dann als Direktor der Verwaltung für Wirtschaft der amerikanischen und der britischen Zone („Bizone") im Jahr 1948 umsetzen. Er legte damit das Fundament der Wirtschaftsordnung der „Sozialen Marktwirtschaft". Die geniale Synthese aus Markt und sozialer Absicherung war wesentlich für das *Wirtschaftswunder* verantwortlich, das es Westdeutschland ermöglichte, sich in kaum mehr als einem Jahrzehnt aus den Ruinen des Zweiten Weltkriegs zu einem wirtschaftlich starken und auch politisch wieder weltweit anerkannten Staat zu entwickeln.

Ludwig Erhard war von 1949 bis 1963 Bundeswirtschaftsminister unter Konrad Adenauer, wobei es zwischen diesen beiden unterschiedlichen Charakteren ständig Konflikte gab: Adenauer war trotz seiner rheinländischen Herkunft ein sehr akribischer Workaholic, Erhard war eher an den großen Linien als an der Detailarbeit interessiert. Er liebte das angenehme Leben und das Reisen mehr als die trockene Verwaltungsarbeit. Diese anhaltenden Spannungen waren auch ein entscheidender Grund dafür, dass sich Adenauer erst mit 87 Jahren gleichsam als Methusalem aus dem politischen Geschäft zurückzog, sodass Erhard schließlich im Jahr 1963 Bundeskanzler werden konnte. Diese letzte politische Phase Erhards stand unter keinem guten Stern. Obwohl die wirtschaftliche Dynamik mit 5 % realem Wachstum (1964–1966) aus heutiger Sicht geradezu phänomenal erscheint und die Arbeitslosenquote bei nur 0,7 % lag, diagnostizierte man damals eine „Wirtschaftskrise", weil die Wirtschaft im Lauf des Jahres 1966 etwas an Fahrt verlor. Erhard wurde im Jahr 1966 von der eigenen Partei zum Rücktritt gedrängt und verließ die politische Bühne als „lame duck".

Das Interesse an der Person Ludwig Erhard und an seinen Ideen ist nach wie vor hoch – nicht nur in Deutschland, sondern auch im Ausland. Dies verdeutlicht die sehr lesenswerte Biografie, die von Alfred Mierzejewski, einem Professor an der University of North Texas, im Jahr 2004 veröffentlicht wurde und auch in deutscher Übersetzung auf dem Markt ist (Mierzejewski, 2005).

Im Folgenden sollen die wichtigsten Einsichten von Ludwig Erhard anhand von sechs Lektionen dargestellt werden, in denen teilweise Zusammenhänge aufgegriffen werden, die bereits angesprochen worden sind. Die Grundlage für das Verständnis von Erhard ist sein Buch „Wohlstand für alle" aus dem Jahr 1957.[3]

Erste Lektion: Der Markt ist das überlegene Organisationsprinzip für eine arbeitsteilige Wirtschaft

Die größte geschichtliche Leistung Erhards bestand darin, dass er sich im Jahr 1948 vehement und gegen den großen Widerstand der meisten deutschen Politiker – und auch teilweise der Besatzungsmächte – für das Ordnungsprinzip der Marktwirtschaft eingesetzt hat. Wie schwierig diese Aufgabe war, wird daran deutlich, dass sogar die

3 Vergleiche dazu die Erstauflage des Buches (Erhard, 1964).

CDU 1947 in ihrem „Ahlener Programm" eine „Vergesellschaftung der Schwerindustrie und eine staatliche Planung der Wirtschaft" gefordert hatte. Es ist Erhards Verdienst, dass er für Westdeutschland nicht nur eine marktwirtschaftliche Ordnung etabliert hat, sondern dass er an diesem Ordnungsprinzip auch gegen viele Widrigkeiten unbeirrt festgehalten hat. Denn es gab in den Anfangsjahren nicht unerhebliche wirtschaftliche Probleme in Westdeutschland: Die Arbeitslosigkeit und die Preise stiegen nach 1948 zunächst deutlich an. Es kam am 12. November 1948 sogar zu einem Generalstreik gegen seine Politik. Es dauerte bis zum Frühjahr 1951, bis erstmals klar und deutlich erkennbar war, dass es sich bei der Marktwirtschaft tatsächlich um eine Erfolgsgeschichte handelt.

Die fundamentalen Unterschiede zwischen der Planwirtschaft und der Marktwirtschaft wurden in Kapital 4 bereits ausführlich dargestellt. In den Worten von Ludwig Erhard:

„Auf dem Wege über den Wettbewerb wird – im besten Sinne des Wortes – eine Sozialisierung des Fortschrittes und des Gewinns bewirkt und dazu noch das persönliche Leistungsstreben wachgehalten." (Erhard, 1964, S. 8).

Zweite Lektion: Wie das System des Straßenverkehrs benötigt auch das System der Marktwirtschaft „kluge Regeln"

Wir alle schätzen den Individualverkehr, weil er uns eine große Bewegungsfreiheit ermöglicht. Aber es ist uns auch bewusst, dass ein solches System nur dann funktionieren kann, wenn es verbindliche Regeln gibt, an die sich alle Verkehrsteilnehmer halten müssen. Und es ist offensichtlich, dass diese Regeln nicht auf einer freiwilligen Basis entstehen werden; man benötigt hierfür die ordnende Hand des Staates. Nicht anders ist es bei dem System der Marktwirtschaft. Ludwig Erhard hat das wie folgt formuliert:

„Es ist darum eine der wichtigsten Aufgaben des Staates, die Erhaltung des freien Wettbewerbs sicherzustellen." (Erhard, 1964, S. 9).

Dabei kommt es ähnlich wie beim Straßenverkehr darauf an, nicht alles und jedes zu regeln, da sonst dem System seine Dynamik genommen wird. Mit seiner Abneigung gegen eine überbordende Bürokratie würde Erhard auch heute noch „Standing Ovations" bekommen.

Zu den Regeln, die erforderlich sind, damit das System der Marktwirtschaft nicht zum Selbstzweck wird, sondern möglichst vielen Menschen dient, zählen natürlich auch die vielfältigen Mechanismen der sozialen Sicherung und Umverteilung. Erhard war sich dessen voll bewusst, wenn er feststellte, „dass auch eine noch so gute Wirtschaftspolitik der Ergänzung durch sozialpolitische Maßnahmen bedarf." (Erhard, 1964, S. 246). So gab es unter Erhard eine ausgesprochen progressiv ausgestaltete Einkommensteuer. Das Wirtschaftswunder begann mit einem Spitzensteuersatz von 80 Prozent, 1954 wurde er auf 70 Prozent und ab 1958 auf 53 Prozent gesenkt.[4] Der westdeutsche Staat benötigte in der Nachkriegszeit viel Geld:

- für die Millionen von Flüchtlingen aus dem Osten,
- für den Lastenausgleich zwischen denen, die im Krieg ihr Eigentum verloren hatten, und denen, die es behalten konnten, und vor allem auch

4 Siehe dazu Bach (2013).

- für die Förderung des Wohnungsbaus, um die kriegsbedingte Wohnungsknappheit zu überwinden.

Erhard war jedoch kein Anhänger einer umfassenden staatlichen Umverteilung. Im Gegenteil: Seiner Meinung nach ergab sich das Soziale an der Marktwirtschaft vor allem daraus, dass diese Wirtschaftsordnung zu einem deutlichen Wachstum des Bruttoinlandsprodukts führen würde, womit sich dann auch die Lage der sozial Schwächeren bessern ließe, ohne die Einkommen der „Reichen" zu reduzieren. Er betonte deshalb,

„dass die gerade von mir angestrebte Erhöhung des Lebensstandards nicht so sehr Verteilungs- als vielmehr Produktions- bzw. Produktivitätsprobleme berührt. Die Lösung liegt nicht in der Division, sondern in der Multiplikation des Sozialprodukts." (Erhard, 1964, S. 216).

Erhard als ein früher Verfechter der heute in so vielen Sonntagsreden eingeforderten „Eigenverantwortung" angesehen werden, wenn er feststellte:

„Eine freiheitliche Wirtschaftsordnung kann auf die Dauer nur bestehen, wenn und solange auch im sozialen Leben der Nation ein Höchstmaß an Freiheit, an privater Initiative und Selbstversorgung gewährleistet ist." (Erhard, 1964, S. 246).

Erhard schwebte ein Menschenbild vor, bei dem der Einzelne sagt:

„Ich will mich aus eigener Kraft bewähren, ich will das Risiko des Lebens selbst tragen, will für mein Schicksal selbst verantwortlich sein. Sorge du, Staat, dafür, dass ich dazu in der Lage bin." (Erhard, 1964, S. 251).

Der Ruf dürfe deshalb nicht lauten:

„Du, Staat, komm mir zu Hilfe, schütze mich und hilf mir." (Erhard, 1964, S. 252).

Auf der anderen Seite war Erhard wohl auch kein Anhänger eines Kapitalismus angelsächsischer Prägung, der sich durch einen sehr mageren Staat mit nur gering ausgeprägten kollektiven Sicherungsmechanismen auszeichnet. Erhard war der Auffassung, dass soziale Sicherheit in „hohem Maße wünschenswert" sei und er sah ein zentrales Ziel seiner Wirtschaftspolitik darin,

„Millionen von Menschen, die noch immer mit den Sorgen des Alltags belastet sind, endgültig von diesen Kümmernissen zu befreien." (Erhard, 1964, S. 234).

Ludwig Erhards Modell der Sozialen Marktwirtschaft zielte also darauf ab, das Soziale in erster Linie auf dem Wege einer allgemeinen Wohlstandsmehrung und damit durch die Leistungsbereitschaft eines jeden einzelnen zu erreichen. Zugleich sollte das Ganze aber auch durch eine staatliche *Sozialpolitik* abgesichert werden, die so beschaffen sein muss, dass sie den Schwachen hilft, ohne die Leistungsanreize zu beschädigen.

Das ist eine schwierige Gratwanderung. Es gibt dabei keine von vornherein optimale Lösung, und wie bei den Verkehrsregeln und anderen staatlichen Eingriffen wird man auch bei der staatlichen Regelung des Wirtschaftssystems Lösungen finden müssen, die zu den kulturellen und gesellschaftlichen Verhältnissen eines Landes passen. So sind wir in Deutschland im Vergleich zu den Vereinigten Staaten sehr liberal, was die Höchstgeschwindigkeit auf Autobahnen angeht, dafür sind dort die Regelungen über den Besitz von Waffen ausgesprochen freizügig.

Dritte Lektion: Die Lösung der meisten wirtschaftlichen Probleme kann durch ein nachhaltiges Wirtschaftswachstum erreicht werden

Diese Lektion hat Ludwig Erhard besonders plakativ formuliert:

„Der Erfolg unserer Wirtschaftspolitik hat immer darin bestanden, dass wir vor Spannungen niemals zurückgewichen sind, sondern die Lösung immer im dynamischen Durchbruch nach vorn, d.h. also in der Expansion, gesucht und gefunden haben." (Erhard, 1964, S. 225).

Ein solcher uneingeschränkter Wachstumsglaube wird heute kaum noch geteilt. So fragen sich viele:

- Kann denn eine Volkswirtschaft einfach immer weiterwachsen?
- Sind denn die Bedürfnisse der meisten Menschen nicht schon weitgehend gedeckt?
- Und: Kann man der Umwelt ein ungebremstes wirtschaftliches Wachstum zumuten?

Die Frage nach der Begrenztheit unserer Nachfragekapazitäten wird häufig von Menschen gestellt, die über ein überdurchschnittlich hohes Einkommen verfügen und sich deshalb ihre Bedürfnisse weitgehend erfüllen können. Dabei vergessen sie, dass es in jeder Gesellschaft viele Bürgerinnen und Bürger gibt, die sich mit deutlich geringeren Einkommen durchs Leben bringen und dabei auf viele Annehmlichkeiten verzichten müssen. Erhard hielt es dabei für sehr viel besser,

„die Wohlstandsmehrung durch die Expansion zu vollziehen, als Wohlstand aus einem unfruchtbaren Streit über eine andere Verteilung des Sozialprodukts erhoffen zu wollen." (Erhard, 1964, S. 10).

Die Wachstumspessimisten oder -skeptiker sind häufig auch Menschen mit einer geringen Fantasie. Versetzen wir uns einmal in die Situation des Jahres 1965 oder 1975. Damals waren die meisten Menschen davon überzeugt, dass sie mit den modernen Automobilen, dem Fernsehen und sogar dem Farbfernsehen und den Düsenflugzeugen über alles verfügten, was technologisch machbar ist. Wer hätte sich damals die enormen technischen Revolutionen auf dem Gebiet der Informations- und Telekommunikationstechnologie träumen lassen? Und wer kann heute wissen, welche neuen Umwälzungen noch anstehen, vielleicht in der Bio-Medizin, vielleicht in der Energietechnologie?

Besonders wichtig ist die Frage, wie sich ein anhaltendes Wirtschaftswachstum auf die Umwelt auswirken wird. Auch hier hat Ludwig Erhard ein wichtiges Grundprinzip erkannt. Wenn man will, dass in einer Gesellschaft auch andere Werte als die des Materialismus zur Geltung kommen, ist es wichtig, dass man zunächst einmal den allgemeinen Wohlstand der Menschen anhebt. Erhard formulierte das wie folgt:

„Kein Einwand wird mich davon abbringen, daran zu glauben, dass Armut das sicherste Mittel ist, um die Menschen in den kleinen materiellen Sorgen des Alltags verkümmern zu lassen." (Erhard, 1964, S. 228).

Und es folgte für ihn daraus:

„Mit der Sicherung des sozialen Seins wird es gewiss zu einer stärkeren Besinnung kommen, die Gut und Böse, Wert und Unwert besser zu unterscheiden vermag.“ (Erhard, 1964, S. 227).

Und genau so ist es in Westdeutschland in der Nachkriegszeit gekommen. Nachdem die „Fresswelle“, die „Autowelle“ und die „Reisewelle“ über das Land hinweggegangen waren, fingen viele Menschen an, sich auch auf andere Werte zu besinnen und es kam in den 1970er-Jahren zur Ökobewegung, die wesentlich dazu beigetragen hat, dass unsere Umwelt in vielen Bereichen in einer besseren Verfassung ist als vor drei oder vier Jahrzehnten. Eine angemessene materielle Absicherung der Menschen ist daher nicht nur in Deutschland, sondern auch weltweit eine wichtige Voraussetzung dafür, dass der Umweltschutz die erforderliche politische Unterstützung findet. Dies zeigt sich bei der Entwicklung in China. Nach einem mit hohen Umweltkosten verbundenen Wachstumsprozess versucht die Regierung nun zunehmend auf weniger umweltbelastende Technologien (insbesondere Elektromobilität und Erneuerbare Energien) umzusteigen.

Aber es besteht kein Zweifel, dass Wirtschaftswachstum auf Dauer nur in dem Maße möglich sein wird, indem es zu einer weitgehenden Entkopplung des Wachstums von den Umweltbelastungen kommen kann,

Vierte Lektion: Nachhaltiges Wirtschaftswachstum erfordert einen Anstieg der Reallöhne, der dem Produktivitätsfortschritt entspricht

In Deutschland ist die wirtschaftspolitische Diskussion traditionell durch eine angebotsseitige Sichtweise geprägt.[5] Wie in *Kapitel 30* ausführlich gezeigt wird, gibt es keinen Zweifel, dass eine größere Verfügbarkeit von Gütern nur möglich ist, wenn die Menschen mehr oder produktiver arbeiten. Aber für ein nachhaltiges Wirtschaftswachstum kommt es gleichzeitig immer auch darauf an, dass die zusätzlich produzierten Güter auch auf eine wachsende Nachfrage stoßen. Dem Automobilfabrikanten Henry Ford (1863–1947) wird der Ausspruch zugeschrieben:

„Cars don’t buy cars.“

Die Einsicht, dass es nicht nur auf das Angebot, sondern immer auch auf die Nachfrage ankommt, wird in Ludwig Erhards Schriften sehr deutlich zum Ausdruck gebracht. Als Sohn eines Einzelhändlers, seine Eltern betrieben in Fürth ein Wäschegeschäft, und als studierter und promovierter Volkswirt wusste er, wie wichtig der private Verbrauch für die wirtschaftliche Dynamik ist. Unter der Überschrift „Der Wille zum Verbrauch“ schrieb er:

„Der Zustand einer in Permanenz optimal ausgelasteten Wirtschaft, die zugleich die Wachstumskräfte lebendig halten und im Fortschritt bleiben will, setzt allerdings eine dynamische und im Grunde konsumfreudige Bevölkerung voraus. Erst dieser von mir oft angeschnittene Wille zum Verbrauch gestattet es, dass sich die Produktion ohne

5 Siehe dazu Bofinger: The long shadow of Walter Eucken. *https://voxeu.org/article/german-macroeconomics-long-shadow-walter-eucken*

Störung fortentwickeln kann und dass das Streben nach Rationalisierung und Leistungsverbesserung lebendig bleibt. Nur wenn vom Verbrauch her (selbstverständlich auch dem produktiven) ein fortdauernder Druck auf die Wirtschaft ausgeübt wird, bleibt auch in der Produktionssphäre die Kraft lebendig, sich einer gesteigerten Nachfrage beweglich anpassen zu wollen und entsprechende Risiken zu tragen.“ (Erhard, 1964, S. 222).

Fünfte Lektion: Zur Marktwirtschaft gehört eine „freizügige Lohnentwicklung"

Wie kann es nun dazu kommen, dass sich der private Verbrauch in einer Volkswirtschaft dynamisch entwickelt? Für Ludwig Erhard setzte das eine „freizügige Lohnentwicklung voraus:

„Wer meine Auffassung kennt, weiß, dass zu dieser Konzeption als wesentliches Element eine freizügige Lohnentwicklung gehört. Zum wiederholten Male habe ich darum erklärt, dass der oft geübte Widerstand der Arbeitgeber gegenüber Lohnerhöhungen (...) nicht in das System der Marktwirtschaft passt. Ein solcher Widerstand missachtet die Zielsetzung der Marktwirtschaft, so wie ich sie verstehe, sogar gröblich. Es scheint mir misslich, wenn die Arbeitgeber niemals von sich aus eine Aktivität zugunsten einer an sich möglichen Lohnerhöhung ergreifen, sondern immer erst dann tätig werden, wenn die Gewerkschaften darauf drängen.“ (Erhard, 1964, S. 211).

Konkret war er der Überzeugung, dass der Wohlstand am besten gemehrt wird, indem man

„allen arbeitenden Menschen nach Maßgabe der fortschreitenden Produktivität auch einen ständig wachsenden Lohn zukommen ließe.“ (Erhard, 1964, S. 8).

Dies entspricht vom Prinzip her dem Konzept der „kostenniveau-neutralen Lohnpolitik“, das vom Sachverständigenrat zur Begutachtung der gesamtwirtschaftlichen Entwicklung in seinem ersten Jahresgutachten (1964/65) entwickelt wurde. Man spricht auch von einer „produktivitätsorientierten Lohnpolitik“. Wenn die Löhne nach Maßgabe der Produktivität steigen, bleiben die Lohnstückkosten konstant. Wenn dann bei den Tarifverträgen zusätzlich eine Kompensation für die Inflationsentwicklung vereinbart wird, die sich am Zielwert der Notenbank ausrichtet, ergibt sich eine Inflationsrate, die genau diesem Zielwert entspricht.

Die Einsicht, dass ein nachhaltiges Wirtschaftswachstum nur möglich ist, wenn davon die Breite der Bevölkerung profitiert und somit eine wachsende Ungleichheit der Einkommen vermieden wird, ist in den vergangenen Jahren von Ökonomen des Internationalen Währungsfonds auch empirisch gestützt worden:

"Growth and inequality-reducing policies are likely to reinforce one another and help to establish the foundations for a sustainable expansion." [6]

Eine Wirtschaft kann allerdings auch bei stagnierenden Reallöhnen wachsen. So sind die Reallöhne in Deutschland von 2000 bis 2007 um 2 % gesunken (Bruttolöhne je Arbeitnehmer), die Wirtschaft ist jedoch um 10,4 % gewachsen. Dies war nur möglich, weil in der gleichen Zeit die deutschen Exporte um 65 % (preisbereinigt) zugelegt

6 Vergleiche dazu Berg und Ostry (2011).

haben. Ein solches exportorientiertes *Wachstumsmodell*, das in dieser Phase auch von China praktiziert wurde, kann jedoch immer nur von einigen wenigen Ländern verfolgt werden. Wenn alle Länder gleichzeitig versuchen, über eine Politik der Lohnzurückhaltung, ihre Exporte anzukurbeln, kommt es zu einer globalen Deflation.

Ein anderes Wachstumsmodell wurde in der Phase bis zum Ausbruch der Wirtschafts- und Finanzkrise in den Vereinigten Staaten und in Ländern wie Spanien und Irland verfolgt. Die Nachfrage wurde hier in hohem Maße durch eine steigende *Verschuldung der privaten Haushalte* alimentiert. Doch wie der dann einsetzende „Crash" verdeutlicht, ist es auf diese Weise nicht dauerhaft möglich, eine Wirtschaft nachfrageseitig zu stimulieren. Interessant ist auch die Entwicklung in Japan. Hier wird das Wirtschaftswachstum seit fast zwei Jahrzehnten durch eine ungewöhnlich *hohe Staatsverschuldung* getragen. Durch die Umverteilung der Einkommen von den Arbeitnehmern zum Unternehmenssektor fehlt es hier seit langem an privater Konsumnachfrage. Die Unternehmen sind ihrerseits nicht bereit, ihre Gewinne zu investieren, da sie dafür keine Absatzchancen im Inland sehen.[7]

Erhard war weit davon entfernt, ein einseitiger Nachfragetheoretiker zu sein. Er wusste, wie jeder gute Ökonom, dass beides, das Angebot und die Nachfrage, untrennbar miteinander verwoben sind. Deshalb stellte er ganz klar fest:

„Wir dürfen über dem sich ausweitenden Konsum die Mehrung der Produktivität der Wirtschaft nicht vergessen." (Erhard, 1964, S. 8).

Sechste Lektion: Marktwirtschaft ist zu 50 % Psychologie

In der etablierten Ökonomie hat es lange gedauert, bis auch die Rolle psychologischer Faktoren wissenschaftlich anerkannt wurde. Den Durchbruch hat nicht zuletzt gebracht, dass der Nobelpreis für Ökonomie im Jahr 2002 an den Psychologen Daniel Kahneman verliehen wurde. Die „Behavioural Economics", sind Grenzgebiet zwischen Ökonomie und Psychologie (siehe dazu *Box 6.1*). Erhard kann durchaus als ein früher Vorläufer dieser wissenschaftlichen Bewegung angesehen werden. So schrieb er schon in den 1950er-Jahren:

„Gelingt es mit psychologischen Mitteln, ein verändertes wirtschaftliches Verhalten der Bevölkerung zu bewirken, dann werden diese psychologischen Einwirkungen zu einer ökonomischen Realität und erfüllen den gleichen Zweck wie andere Maßnahmen der hergebrachten Konjunkturpolitik." (Erhard, 1964, S. 235).

Und:

„Für den Ablauf der Wirtschaft ist es von entscheidender Bedeutung, wie wir uns selbst verhalten, wie wir handeln. Ob wir optimistisch oder pessimistisch sind, ob wir à la Hausse oder à la Baisse spekulieren, ob wir sparen oder verbrauchen wollen – das alles schlägt sich in den wirtschaftlichen Daten nieder." (Erhard, 1964, S. 236).

---

7 Eine gute Übersicht über unterschiedliche Wachstumsmodelle findet man bei Stockhammer (2012) und im Trade and Development Report 2013 der United Nations Conference on Trade and Development (UNCTAD), S. 47 ff.

Der Vater des Wirtschaftswunders

1897–1977

Ludwig Erhard wurde am 4. Februar 1897 in Fürth geboren, am 5. Mai 1977 starb er in Bonn. Erhard gilt als Begründer der Sozialen Marktwirtschaft und „Vater des deutschen *Wirtschaftswunders*“. Erhard tat sich erstmals 1944 mit einer wirtschaftspolitischen Denkschrift zur Neuordnung Deutschlands nach dem Kriege hervor. Dies führte nach dem Ende des Krieges zu seiner Ernennung als Wirtschaftsberater der amerikanischen Militärbehörden in Nürnberg. Erhard war nun für den wirtschaftlichen Wiederaufbau in Franken verantwortlich und wurde noch im Herbst 1945 als Staatsminister für Handel und Gewerbe in die bayerische Landesregierung aufgenommen. Im Jahr 1947 wurde er Leiter der „Sonderstelle Geld und Kredit“, die von deutscher Seite aus für die Durchführung der Währungsreform des Jahres 1948 zuständig war. Im März 1948 wurde er Wirtschaftsdirektor der Zweizonenverwaltung („Bizone“) und stand damit vor der Aufgabe, die Neuordnung des Geldwesens durch eine Reform der allgemeinen Wirtschaftsordnung zu ergänzen. Erhards besonderes Verdienst besteht darin, dass er den Mut hatte, die noch von der Kriegszeit stammende Planwirtschaft nahezu schlagartig auf eine Marktwirtschaft umzustellen. Der Erfolg gab ihm Recht. Nach Einführung der D-Mark am 20. Juni 1948 kam es in Westdeutschland zu einem überraschend starken Wirtschaftsaufschwung. In den 1950er-Jahren hat sich Erhard für eine effiziente Wettbewerbspolitik eingesetzt, die 1957 zur Verabschiedung des Gesetzes gegen Wettbewerbsbeschränkung führte. Erhard scheiterte Ende 1966 als Bundeskanzler an der ersten größeren Konjunkturschwäche der Nachkriegszeit.

Zitat

Wohlstand für alle.

Ausbildung und Beruf

1919–1922 Studium an der Handelshochschule Nürnberg
1922–1925 Studium der Betriebswirtschaft, Nationalökonomie und Soziologie an der Universität Frankfurt/Main und Promotion
1928–1942 Assistent und später stellvertretender Leiter des „Instituts für Wirtschaftsbeobachtung der deutschen Fertigware“ in Nürnberg
1945/46 bayerischer Wirtschaftsminister
1947 Honorarprofessor in München, 1950 in Bonn
1948 Direktor der Verwaltung für Wirtschaft des Vereinigten Wirtschaftsgebiets
1949–1963 Bundeswirtschaftsminister, Vizekanzler
1963–1966 Bundeskanzler

Werke

1953 Deutschlands Rückkehr zum Weltmarkt, Düsseldorf
1957 Wohlstand für alle, Düsseldorf
1962 Deutsche Wirtschaftspolitik. Der Weg der Sozialen Marktwirtschaft, Düsseldorf, Wien, Frankfurt am Main

Schlagwörter

- Allokationsfunktion (S. 182)
- Distributionsfunktion (S. 182)
- Geldpolitik (S. 181)
- Lobbies (S. 181)
- Pareto-Kriterium (S. 180)
- Politische Ökonomie (S. 181)
- Rent-seeking (S. 181)
- Soziale Marktwirtschaft (S. 188)
- Staatsquote (S. 184)
- Stabilisierungsfunktion (S. 184)

Aufgaben

Musterlösungen zu den hier gestellten Aufgaben finden Sie im MyLab | Grundzüge der VWL.

1. Auf der Internetseite der Deutschen Bundesbank finden Sie eine Studie, in der „Wege aus der Krise“ aufgezeigt werden. Diskutieren Sie die dort vorgenommene Diagnose und leiten Sie deren Implikationen für die drei zentralen Funktionen des Staates in einer Marktwirtschaft ab.
2. Fritz findet, dass sein Kommilitone Tom viel zu viel Geld hat. „Wenn mir Tom jeden Monat 50 Euro abgeben würde, wäre das viel effizienter“, argumentiert er, „denn Tom merkt das fast nicht und für mich würde es eine große Verbesserung bedeuten.“ Was kann man als Volkswirt dazu sagen?

LERNZIELE

Lernziele

- Der Markt verteilt Einkommen allein nach dem Kriterium der *Leistungsfähigkeit*. Ohne eine staatliche Umverteilung wären daher viele Menschen nicht in der Lage, ihre Grundbedürfnisse zu sichern.
- Eine in der Regel wenig effiziente Form der Umverteilung sind *Höchstpreise* (zugunsten von Konsumenten) und *Mindestpreise* (zugunsten von Produzenten). Die Wohlfahrtsverluste sind bei solchen direkten Markteingriffen sehr hoch.
- Die gängigen Formen der Umverteilung durch *indirekte* und *direkte* Steuern haben aber ebenfalls nachteilige Effekte auf die gesellschaftliche Wohlfahrt.
- Sozialer Ausgleich ist daher stets eine schwierige Gratwanderung. Ein zu weitgehender Ausgleich der Markteinkommen durch Transfers reduziert die Leistungsanreize und verringert damit den insgesamt für die Verteilung vorhandenen Kuchen. Ein zu geringer sozialer Ausgleich geht insbesondere zulasten der Bildung und führt zu sozialen Spannungen, die sich insbesondere in einer hohen Kriminalität niederschlagen. Eine hohe Einkommensungleichheit kann sich zudem nachteilig auf die wirtschaftliche Dynamik auswirken.

Die Distributionsfunktion des Staates sorgt für den „sozialen Ausgleich“ in einer Marktwirtschaft

12

ÜBERBLICK

Die *Distributionsfunktion* des Staates ergibt sich daraus, dass die Einkommen im Marktprozess vorrangig nach der Leistung, nicht aber nach den Bedürfnissen der Menschen verteilt werden. Ohne staatlich organisierte *Umverteilung* würden viele Menschen im Marktprozess überhaupt keine Einkommen erzielen oder aber ein Einkommen, das nicht einmal das Existenzminimum deckt. Wie schon erwähnt, gehört es zum Wesen einer *Sozialen Marktwirtschaft*, dass sie über staatlich organisierte Transfers für einen sozialen Ausgleich sorgt.

In den vergangenen Jahren hat die Entwicklung der Einkommens- und Vermögensverteilung eine zunehmende Beachtung in der wirtschaftspolitischen Diskussion gefunden. Das im Jahr 2014 in englischer und dann auch in deutscher Sprache erschienene Buch von Thomas Piketty mit dem Titel „Das Kapital im 21. Jahrhundert", das sich intensiv mit dieser Thematik befasst, wurde zum Bestseller. Weltweit hat sich gezeigt, dass die Globalisierung, wie von Adam Smith schon 1776 prognostiziert (*Kapitel 3*), zwar den Wohlstand der Nationen erhöht, dass aber der Zugewinn an Wohlstand innerhalb der Staaten sehr unterschiedlich verteilt wird. Für Ökonomen ist das letztlich nicht überraschend. Schon in der ersten Hälfte des 20. Jahrhunderts hatten bedeutende Ökonomen (Eli Heckscher (1919), Bertil Ohlin (1933) und Paul Samuelson (1948)) erkannt, dass in hochentwickelten Volkswirtschaften die Eigentümer von Kapital und die qualifizierten Arbeitskräfte von der Globalisierung besonders begünstigt würden. Demgegenüber würde sich die Situation der Geringqualifizierten relativ oder sogar absolut verschlechtern.

Hier kommt dann die Distributionsfunktion des Staates in Spiel. Andere renommierte Ökonomen – John Hicks (1939) und Nicolas Kaldor (1939) – haben gezeigt, dass die Gewinner solcher Prozesse in der Lage sind, die Verlierer zu kompensieren, so dass Letztere zumindest nicht schlechter gestellt werden. Wenn dies nicht oder nur unzureichend gelingt, besteht die Gefahr, dass die Globalisierung ihre Legitimation verliert und dann Politiker wie Donald Trump an die Macht kommen, die ihre nationalen Märkte mit Zollmauern abschotten.

12.1 Für den Markt zählen die Leistungsfähigkeit und die Nachfrage nach dem mit der Arbeit erstellten Endprodukt

Einen ersten Einblick in die Grundprinzipien der Einkommensverteilung durch den Markt haben wir bereits in *Kapitel 10* erhalten. Wir haben gesehen, dass für einen Unternehmer, der einen neuen Arbeitnehmer einstellen möchte, vor allem zwei Größen zu beachten sind:

- der von dem Arbeitnehmer geforderte Lohn,
- der mit der Mehrbeschäftigung mögliche zusätzliche Erlös; dieser errechnet sich aus dem erwarteten Output-Zuwachs, bewertet mit dem Marktpreis des hergestellten Guts (bei weiteren variablen Faktoren sind deren Kosten noch davon abzuziehen).

Für den Lohn, den ein Arbeitnehmer fordern kann, gilt demnach:

$$w \leq \frac{dx}{dN} p \quad (12.1)$$

Seine Entlohnung hängt also zum einen davon ab, wie *leistungsfähig* er ist. In der Volkswirtschaftslehre spricht man in diesem Fall von der Grenzproduktivität (dx/dN) eines Arbeiters. Das Arbeitsentgelt wird aber auch davon bestimmt, wie hoch der Preis für das Produkt ist, das mit der Arbeitskraft hergestellt wird. Trotz einer hohen Leistungsbereitschaft kann die Entlohnung eines Arbeiters gering ausfallen, wenn er in einer Branche arbeitet, deren Produkte nicht sehr hoch in der Gunst der Konsumenten stehen. Umgekehrt können manche Fußballspieler weit überdurchschnittliche Einkommen erzielen (das Jahreseinkommen von Spielern in der Bundesliga lag in der Saison 2017/18 im Durchschnitt bei 1,4 Millionen Euro), obwohl sie in der Regel nicht mehr arbeiten als die übrigen vollzeitbeschäftigten Arbeitnehmer, die in Deutschland im Jahr 2017 auf ein durchschnittliches Bruttojahresgehalt von rund 45.240 Euro kamen.[1] Ein Spitzenfußballspieler bringt jedoch seinem Verein enorm hohe Werbeeinnahmen, Eintrittsgelder und Mitgliederbeiträge, sodass der Preis, den das Unternehmen mit dem so erstellten „Gut" erzielen kann, weit über dem Preis der Güter liegt, die von einem „normalen" Arbeitnehmer produziert werden.

12.2 Ohne die Distributionsfunktion würden viele Menschen überhaupt kein Einkommen erzielen

Würde man ganz auf eine *Distributionsfunktion* des Staates verzichten, könnten viele Menschen entweder überhaupt kein Einkommen erzielen oder sie würden so geringe Löhne erhalten, dass sie davon ihre Existenz nicht bestreiten könnten.

Dem Datenreport 2018 (Sozialbericht für die Bundesrepublik Deutschland) ist zu entnehmen, dass in Deutschland im Jahr 2016 rund 7,9 Millionen Menschen, d.h. fast 10 % der Bevölkerung, auf Leistungen der sozialen Mindestsicherung angewiesen waren. Der größte Teil davon entfällt auf Bezieher des Arbeitslosengelds II und des Sozialgelds. Arbeitslosengeld II erhalten erwerbsfähige Personen im Alter von 15 bis 65 Jahren, die ihren Lebensunterhalt nicht aus eigenen Mitteln bestreiten können. Mehr als die Hälfte davon wird jedoch in der Statistik als nicht arbeitslos gezählt, u.a. weil sie Kleinkinder erziehen, krank sind, die Schule besuchen, im Vorruhestand sind oder an Maßnahmen der Arbeitsmarktpolitik (1-Euro-Jobs) teilnehmen. Sozialgeld erhalten vor allem Kinder, die im Haushalt eines Arbeitslosengeld-II-Beziehers leben. Eine recht große Gruppe von Leistungsempfängern der sozialen Mindestsicherung (rund 1 Million) sind alte Menschen, deren Rente zu gering ist, um ihren Lebensunterhalt zu sichern, und Menschen mit eingeschränkter Erwerbsfähigkeit. Sie beziehen die Grundsicherung im Alter. Außerdem sind rund 728.000 Asylbewerber auf die staatliche Mindestsicherung angewiesen.

1 Vergleiche dazu die Übersicht der durchschnittlichen Bruttomonatsverdienste des Statistischen Bundesamts (*https://www.destatis.de/DE/Themen/Arbeit/Verdienste/Verdienste-Verdienstunterschiede/Tabellen/liste-bruttomonatsverdienste.html*)

12.3 Indikatoren der Einkommensverteilung

Zur Messung der Einkommensverteilung gibt es eine Reihe von Indikatoren. Man unterscheidet dabei zwischen

- der *personellen Einkommensverteilung*, die die Verteilung der Einkommen zwischen den privaten Haushalten abbildet, und
- der *funktionalen Einkommensverteilung*, die die Verteilung der Einkommen zwischen dem Produktionsfaktor Kapital und dem Produktionsfaktor Arbeit beschreibt.

12.3.1 Indikatoren zur personellen Einkommensverteilung

Wichtige Indikatoren zur Beschreibung der personellen Einkommensverteilung sind

- der Gini-Index,
- der Anteil der Top-Einkommensbezieher (1 oder sogar 0,1 Prozent) an den gesamten Haushaltseinkommen,
- die Armutsgefährdungsquote; man spricht hierbei oft auch von der Armutsquote.

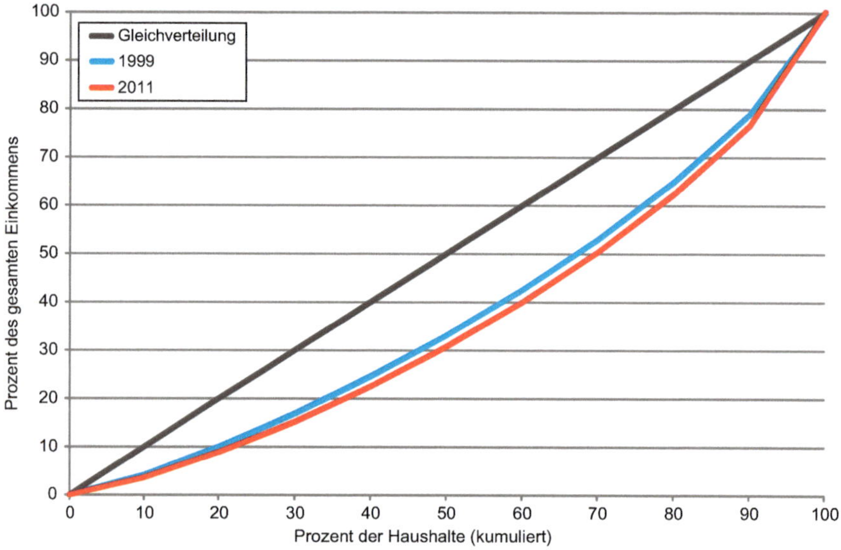

Abbildung 12.1: Lorenzkurve für Deutschland
Quelle: Sachverständigenrat, Jahresgutachten 2011/12.

Der *Gini-Koeffizient* wird häufig zur Abbildung der Einkommensverteilung herangezogen. Er wird wie folgt ermittelt: Man erstellt zunächst die sogenannte *Lorenz-Kurve.* Sie kumuliert dazu – beginnend von den geringsten Einkommen – über die Dezile der Haushalte deren Anteil am gesamten Einkommen. So zeigt ▸*Abbildung 12.1*, dass im Jahr 2011 beispielsweise auf die 40 % der Einkommensbezieher mit den niedrigsten Einkommen 22,5 % der gesamten Nettoeinkommen entfallen.[2] Üblicherweise wird in

2 Die Daten für diesen Abschnitt stammen aus dem Jahresgutachten 2011/12 des Sachverständigenrats zur Begutachtung der gesamtwirtschaftlichen Entwicklung, Analyse zur Einkommens- und Vermögensverteilung (Tz. 482 ff.).

einer solchen Grafik auch die 45°-Linie eingezeichnet, sie entspricht dem hypothetischen Fall einer völligen Gleichverteilung der Einkommen. Man kann nun die Fläche zwischen der Lorenzkurve und der Gleichverteilungskurve ins Verhältnis zu der gesamten Fläche unter der Gleichverteilungskurve setzen. Die so ermittelte Relation ist der *Gini-Koeffizient*. Diese Größe kann Werte zwischen 0 (völlige Gleichverteilung) und 1 (extreme Ungleichheit) annehmen. Man unterscheidet dabei zwischen dem Gini-Koeffizienten für die Markteinkommen, also die Bruttoeinkommen, und dem Gini-Koeffizienten für die Haushaltseinkommen, also nach gezahlten Steuern und empfangenen Transfers.

Für Deutschland ist der Gini-Koeffizient bei den Bruttoeinkommen von 0,41 im Jahr 1991 auf 0,49 im Jahr 2015 angestiegen (▶*Abbildung 12.2*). Bei den Nettoeinkommen war die Zunahme von 0,25 auf 0,29 weniger ausgeprägt.

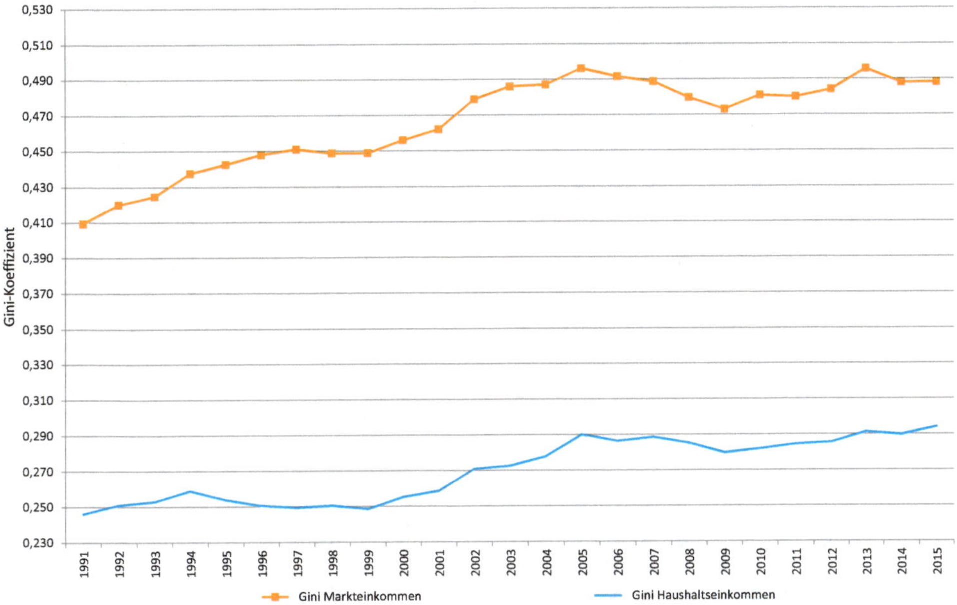

Abbildung 12.2: Gini-Koeffizient der Markteinkommen und Haushaltseinkommen (1991–2005).
Quelle: SOEP v34, Berechnungen des DIW Berlin.

Im internationalen Vergleich gehört Deutschland zu den Ländern mit einer besonders hohen Ungleichheit der Markteinkommen (*Abbildung 12.3*). Das relativ umfassende Transfersystem sorgt in Deutschland jedoch dafür, dass der Gini-Koeffizient bei den Nettoeinkommen dem OECD-Durchschnitt entspricht. Besonders ausgeprägt ist die Ungleichheit der Nettoeinkommen in den Vereinigten Staaten. Das dazu entgegengesetzte Staatsmodell findet man in den skandinavischen Ländern, in denen sowohl die Bruttoeinkommen als auch die Nettoeinkommen vergleichsweise gleichmäßig verteilt sind.

Der Anteil der Top-Einkommensbezieher am Volkseinkommen (▶*Abbildung 12.4*) hat vor allem durch das Buch von Thomas Piketty eine größere Beachtung gefunden. Hierbei sticht vor allem die Entwicklung in den Vereinigten Staaten ins Auge. Hier hat sich der Anteil der Spitzenverdiener seit Mitte der 1970er-Jahre von rund 10 % auf fast 20 % nahezu verdoppelt. Damit wurde der zuvor seit 1913 zu beobachtende Rückgang wieder vollständig ausgeglichen. In anderen Ländern ist seit den 1980er-Jahren ein ähnlicher Trend zu beobachten. Er ist aber (mit Ausnahme Chinas) deutlich weniger ausgeprägt. In Deutschland hat sich der Anteil der Topeinkommen von 8,7 % (1980) auf zuletzt 11,1 % erhöht.

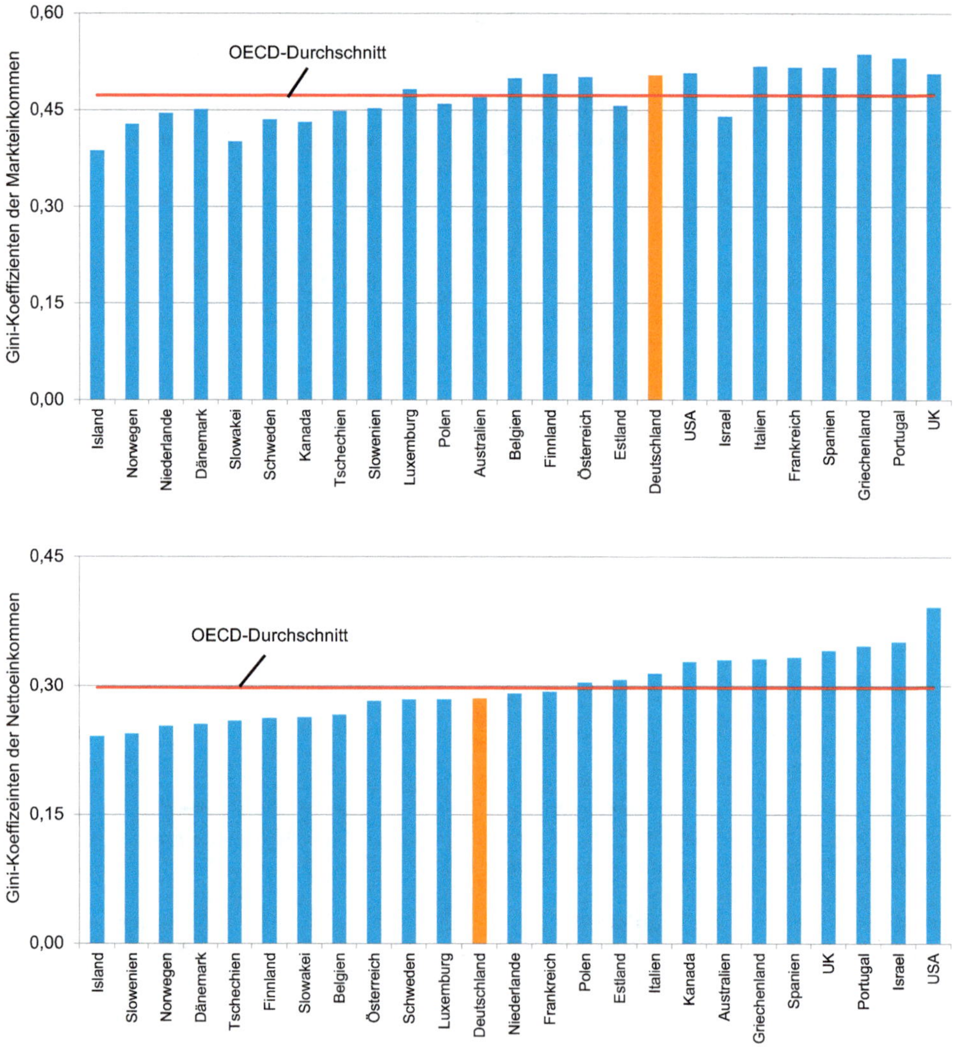

Abbildung 12.3: Gini-Koeffizient der Einkommensverteilung im Jahr 2016
Quelle: OECD Income Database.

Die *Armutsgefährdungsquote*, auch Armutsquote genannt, spielt ebenfalls eine wichtige Rolle in der Diskussion über die Einkommensentwicklung. Sie wird als ein relatives Konzept ermittelt. Üblicherweise wird eine Abgrenzung verwendet, bei der die Schwelle zur Armutsgefährdung bei einem Einkommen von weniger als 60 % des Median-Einkommens (d.h. des Einkommens, bei dem 50 % der Bevölkerung darüber und 50 % darunter liegen) festgelegt wurde. Der relative Charakter eines solchen Indikators von „Armut“ zeigt sich daran, dass sich bei einer Verdopplung aller Einkommen nichts an der so gemessenen relativen Armut ändern würde. Man kann daher am Anteil der Menschen, die unterhalb einer so definierten Armutsgrenze leben, ebenfalls die Ungleichheit innerhalb einer Gesellschaft ablesen.

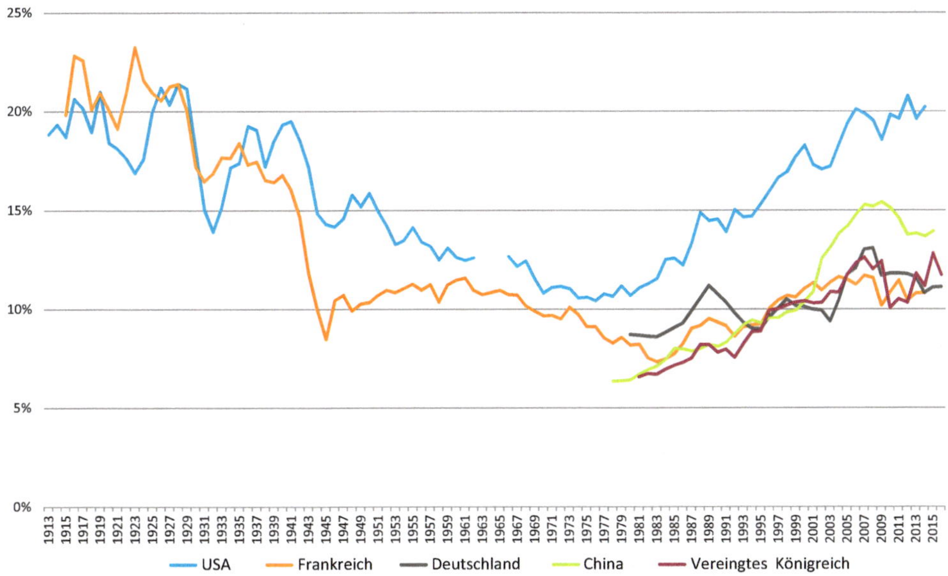

Abbildung 12.4: Anteil der Top-1% der Einkommensbezieher am Volkseinkommen (1913–2016)
Quelle: World Inequality Database (WID.world).

In Deutschland hat dieser Anteil vor allem in den vergangenen Jahrzehnten deutlich zugenommen. Im Jahr 2017 belief er sich auf 16,6 % nach 11,2 % im Jahr 1991. Besonders hoch war im Jahr 2016 die Armutsgefährdung bei Arbeitslosen (70,6 %), bei Personen im Haushalt von Alleinerziehenden (33,2 %) und bei Alleinlebenden (32,1 %). Bei Menschen im Ruhestand liegt die Armutsgefährdung mit einem Wert von 17,5 % nur leicht über dem Durchschnittswert.

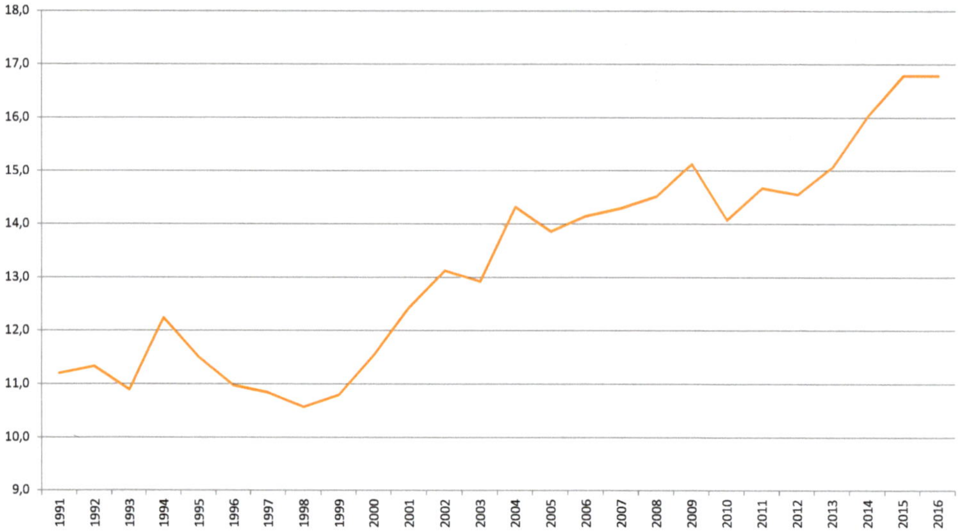

Abbildung 12.5: Armutsrisikoquote (1991–2016)
Quelle: SOEP v34, Berechnungen des DIW Berlin.

12.3.2 Funktionale Einkommensverteilung

Eine weitere Perspektive für die Analyse der Einkommensverteilung ergibt sich, wenn man den Anteil der Produktionsfaktoren Kapital und Arbeit am Volkseinkommen betrachtet. Den Anteil des Faktors Arbeit bezeichnet man häufig auch als *Lohnquote.*

In den vergangenen Jahrzehnten ist die Lohnquote in den hochentwickelten Volkswirtschaften im Trend leicht gesunken (▸*Abbildung 12.6*). In Deutschland ist sie von Anfang der 1970er-Jahre bis Mitte der 1980er-Jahre leicht gestiegen. Im Zuge der sogenannten Lohnmoderation, die Ende der 1990er-Jahre einsetzte, ging sie deutlich zurück. Dieser Rückgang ist in der Folgezeit wieder etwas kompensiert worden. Der weltweit zu beobachtende Rückgang der Lohnquote wird vor allem auf die Globalisierung und den technischen Fortschritt zurückgeführt.

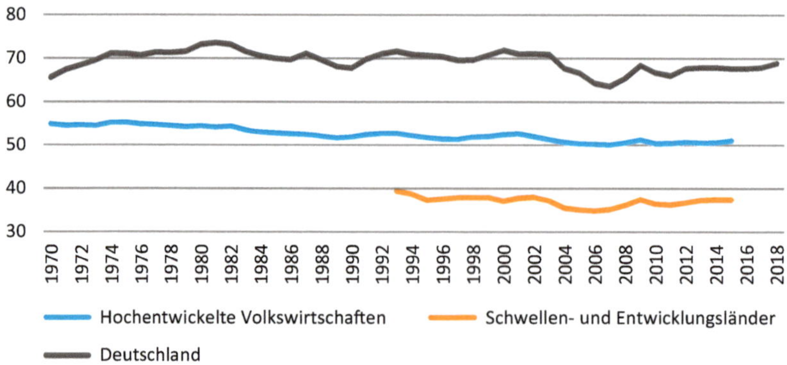

Abbildung 12.6: Lohnquoten im internationalen Vergleich
Quelle: Internationaler Währungsfonds, World Economic Outlook, April 2017 und Statistisches Bundesamt.

12.4 Wie soll der Staat die Umverteilung vornehmen?

Aus der Sicht der Ökonomie ist es nicht möglich, das für eine Gesellschaft optimale Maß der Umverteilung zu bestimmen. Wie wir schon am Pareto-Kriterium (*Kapitel 11*) gesehen haben, geht es bei der Volkswirtschaftslehre immer nur darum, ob die Güter bei einer *gegebenen* Verteilung effizient verteilt sind, d.h., sie befasst sich eigentlich nur mit der Frage, ob es nicht noch Verbesserungsmöglichkeiten durch Tausch (oder durch eine Umstrukturierung der Produktionsverfahren) gibt. Welche Einkommensverteilung als „gerecht" oder als „fair" anzusehen ist, kann mit dem Instrumentarium der Volkswirtschaftslehre nicht bestimmt werden. Das heißt jedoch nicht, dass Volkswirte nichts zur *Distributionsfunktion* zu sagen hätten. Auf ihren Ratschlag sollte immer dann gehört werden, nachdem die fundamentalen politischen Entscheidungen über das in einer Gesellschaft anzustrebende Maß an Umverteilung getroffen worden sind.

Aus volkswirtschaftlicher Sicht stellt sich bei der Umverteilung von Einkommen das grundsätzliche Problem, dass es dabei zwangsläufig zu einer Beeinträchtigung der Marktprozesse kommt. Gesucht sind also Formen der Distributionspolitik, bei denen diese Nebenwirkungen möglichst gering sind.

- Die Effizienzeinbußen der Umverteilungspolitik sind vergleichsweise hoch, wenn dafür *direkte Eingriffe* in den Marktprozess in Form von *Höchst- oder Mindestpreisen* für bestimmte Güter vorgenommen werden. Dies spricht auf den ersten Blick auch gegen Mindestlöhne. Bei genauerem Hinsehen lässt sich ein solcher Eingriff jedoch durchaus rechtfertigen (vergleiche hierzu *Kapitel 10*).
- Die Umverteilung wird deshalb vor allem mittels *direkter Transfers* durch das Steuersystem vorgenommen. Allerdings sind auch hier nachteilige Anreizeffekte unvermeidlich.

Wir werden im Folgenden beide Formen ausführlicher diskutieren. In *Kapitel 13* sehen wir außerdem, dass der Staat auch im Rahmen der Allokationspolitik verteilungspolitische Ziele verfolgt. Dies gilt insbesondere für das System der Gesetzlichen Krankenversicherung, das sich dem sogenannten *„Solidarprinzip"* verpflichtet fühlt. Da auf diese Weise das Prinzip von Leistung und Gegenleistung (*„Äquivalenzprinzip"*) verletzt wird, versuchen Versicherte, sich diesen Systemen zu entziehen, womit die primäre allokationspolitische Zielsetzung gefährdet wird.

12.5 Direkte Eingriffe in den Preismechanismus

Wir haben in *Kapitel 5* gesehen, dass das Budget eines Verbrauchers darüber bestimmt, welche Zahlungsbereitschaft er auf einem Markt entfalten kann. Man kann dies noch einmal verdeutlichen, wenn wir die Nachfragesituation von Paul, einem „armen Studenten" mit einem Freizeitbudget von 30 Euro, mit der von Christiane (Budget von 120 Euro) vergleichen, wobei wir unterstellen, dass beide dieselben Präferenzen für Bier und Kino aufweisen. Beim Marktpreis von 3 Euro kann sich Paul gerade 10 Bier pro Monat leisten, während Christiane auf 40 Gläser kommt.

Wenn man die Situation von Paul als ungerecht empfindet, könnte man auf die Idee kommen, ihm dadurch zu helfen, dass man einen *Höchstpreis* für Bier von beispielsweise 2 Euro je Glas festlegt. Paul könnte dann immerhin 15 Gläser pro Monat nachfragen; Christiane würde es auf 60 Gläser bringen.

Die Grundidee, sozial Schwachen dadurch zu helfen, dass man für lebensnotwendige Güter staatliche Höchstpreise festlegt, war in der zweiten Hälfte des letzten Jahrhunderts weitverbreitet. Preisbindungen gab es vor allem für Mietwohnungen, um die Mieter in der Nachkriegsphase vor überhöhten Mietforderungen zu schützen. Die in den vergangenen Jahren vor allem in Großstädten stark gestiegenen Mieten haben dazu geführt, dass am 1. Januar 2015 die sogenannte *Mietpreisbremse* eingeführt wurde. In Gebieten mit einem angespannten Wohnungsmarkt darf die Miete bei Wiedervermietung von Wohnungen die ortsübliche Vergleichsmiete maximal um 10 Prozent überschreiten.

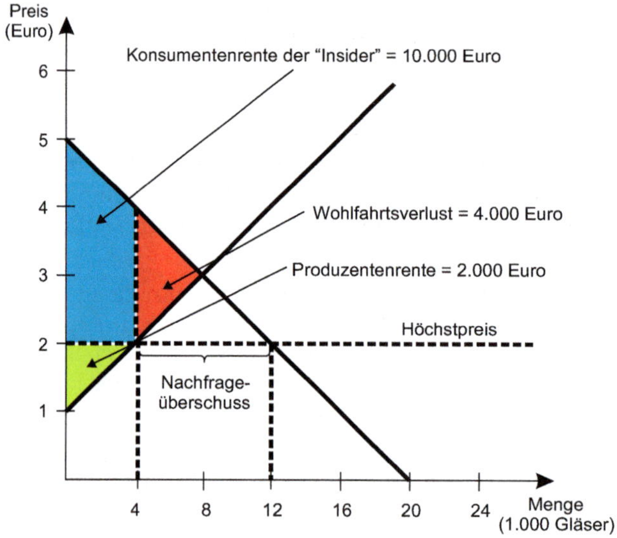

Abbildung 12.7: Umverteilung durch Höchstpreise für Bier

Die Auswirkungen von Höchstpreisen lassen sich gut am Beispiel unseres hypothetischen Biermarkts verdeutlichen (▶*Abbildung 12.7*). Bei einem Preis von 2 Euro pro Glas wäre die nachgefragte Menge mit 12.000 Gläsern natürlich recht hoch. Auf der anderen Seite können wir an der Angebotsfunktion ablesen, dass die Kneipenwirte bei diesem Preis nur noch 4.000 Gläser pro Abend anzubieten bereit wären. Nur bis zu dieser Menge liegen ihre Grenzkosten unter dem Preis von 2 Euro. Mit dem Höchstpreis käme es jetzt also dazu, dass die von den Studenten geplante nachgefragte Menge deutlich höher wäre als die von den Wirten geplante angebotene Menge. Der Biermarkt, der bisher durch ein Gleichgewicht gekennzeichnet war, kommt durch den Höchstpreis also in die Situation eines *Ungleichgewichts.*

Konkret bedeutet das, dass nun jeden Abend sehr viel mehr Studenten sehr viel mehr Bier trinken möchten, als die Wirte anzubieten bereit sind. Während bisher der Preismechanismus die Zuteilung der knappen Ressource Bier auf die Nachfrager perfekt steuerte, ist das bei einem Höchstpreis also nicht mehr der Fall. Damit stellt sich nun das Problem, dass andere *Zuteilungsverfahren* benötigt werden. Hierfür sind unterschiedliche Formen denkbar:

- Beim „*Windhund-Verfahren*" geht es nach dem Prinzip: „*First come, first served*" – oder auf Deutsch: „Wer zuerst kommt, mahlt zuerst." Damit würden irgendwann im Laufe des Abends keine Gäste mehr in die Lokale gelassen werden oder es würde sogar das Servieren von Bier eingestellt werden. Wer früh in die Studentenkneipe kommt, hat gute Karten, wer länger arbeiten muss, kann dann des Öfteren auch leer ausgehen.

- Beim „*Türsteher-Verfahren*“ würden die Wirte einen Türsteher einstellen, der sich die Gäste aussucht, die nach der Auffassung des Wirts am besten in den Biergarten passen und die ihm das höchste Bestechungsgeld zahlen.
- Denkbar wäre auch eine *Rationierung* durch den Staat: Jeder erwachsene Bürger erhält durch eine Rationierungsbehörde eine bestimmte Menge von Biermarken, die ihn zum Bezug eines Glases Bier berechtigen.

In der Zeit vor und kurz nach dem Zweiten Weltkrieg herrschte in Deutschland eine *Planwirtschaft*, die sehr stark mit dem Instrument der Preiskontrollen operierte. In der *DDR* bestand die Planwirtschaft bis zur Einführung der D-Mark im Juli 1990. Unter solchen Verhältnissen spielen immer alle drei Zuteilungsverfahren eine Rolle. Das „Türsteher-Verfahren“ hieß damals noch nicht so, aber das Grundprinzip, dass bei Preiskontrollen die Verkäufer in eine *Machtposition* gegenüber den Käufern kommen, galt auch schon damals. Man spricht deshalb auch davon, dass es dann zu einem *Verkäufer-Markt* kommt. Dieser steht in diametralem Gegensatz zum *Käufer-Markt* einer funktionsfähigen Marktwirtschaft. Charakteristisch für einen Käufer-Markt ist die Frage des Verkäufers „Darf es ein bisschen mehr sein?“. Charakteristisch für Verkäufer-Märkte sind Warteschlangen, unfreundliche Bedienungen und ein wenig ansprechendes Ambiente des Verkaufsraums. Häufig kommt es dabei auch dazu, dass die Verkäufer durch die Käufer bestochen werden.

Die Umverteilung durch Preiskontrollen lässt sich anhand der Produzentenrente und der Konsumentenrente darstellen (*Abbildung 12.7*). Der *Höchstpreis* führt dazu, dass die Wirte einen Verlust an Produzentenrente erfahren. In diesem Fall geht sie auf 2.000 Euro zurück. Die Umverteilung (4.000 Euro) kommt denjenigen Konsumenten zugute, denen es beim Höchstpreis möglich ist, in den Genuss von Bier zu kommen. Auf der anderen Seite ergibt sich für die Konsumenten jedoch auch eine gewisse Einbuße, da die insgesamt zur Verfügung stehende Biermenge zurückgegangen ist. Ein Teil der bisherigen Biertrinker geht leer aus.

Wir sehen hier – ganz ähnlich wie auf dem Arbeitsmarkt in *Kapitel 10* – wieder ein *„Insider-Outsider-Problem“*. Den Insidern geht es besser als ohne Preiskontrolle, den Outsidern geht es schlechter. Ob sich die Konsumenten *insgesamt* verbessern, hängt davon ab, ob der Gewinn der Insider größer ist als der Verlust der Outsider. In unserem Beispiel steigt die Konsumentenrente um 2.000 Euro. Die Outsider „zahlen“ für die Insider.

Für den Markt insgesamt führt der Höchstpreis zu einem Effizienzverlust. Dieser wird durch das rote Dreieck abgebildet, das einem Wohlfahrtsverlust von 4.000 Euro entspricht. Damit ist die Geschichte jedoch nicht zu Ende. Das Marktdiagramm kann nur die *kurzfristigen* Auswirkungen abbilden. Auf längere Sicht werden sich die Wirte nun überlegen, ob sie in dieser Situation überhaupt noch ein Bierlokal eröffnen oder zumindest, ob sie ihre Studentenkneipen nicht kleiner dimensionieren. Auf diese Weise verschiebt sich die langfristige Angebotskurve nach links, womit in der nächsten Saison die kurzfristige Angebotskurve ebenfalls links von der bisherigen Angebotskurve verlaufen wird. Damit fallen die Wohlfahrtsverluste noch höher aus.

Ähnliche Effekte ergeben sich durch staatliche *Begrenzungen für Wohnungsmieten wie die Mietpreisbremse.*[3] Es kommt dazu, dass diejenigen, die in einer Wohnung woh-

3 Wie Paul Krugman (2000) feststellt, gibt es unter Ökonomen bei diesen Effekten wenig Dissens. Paul Krugman (2000), Reckonings; A Rent Affair, New York Times, 7. Juni 2000.

nen, vor Mieterhöhungen geschützt werden („Insider"). Wer aber eine Wohnung sucht („Outsider"), wird es auf dem Wohnungsmarkt noch schwerer haben als zuvor. Wohnungseigentümer werden es sich überlegen, ob sie die Wohnung dann vielleicht nicht als Zweitwohnung nutzen. Denkbar ist auch, dass sie die Wohnung verkaufen, um ihr Geld in anderer Form zu investieren. Es gibt dann mehr Wohnungen zu kaufen, aber weniger Wohnungen zu mieten. Zudem wird mit einer Mietpreisbremse das Marktsignal steigender Preise außer Kraft gesetzt. Es werden also mehr Nachfrager am Markt sein als ohne eine solche Regulierung. Längerfristig kommt es zu weniger Investitionen im Mietwohnungsbereich, so dass sich die Knappheitssituation verschärft. Nachteilig wirkt sich zudem aus, dass die „Insider", die in einer günstigen Wohnung leben, versuchen werden, einen Umzug möglichst zu vermeiden, selbst wenn ihnen die Wohnung zu groß geworden ist. Sie würden sonst in die ungünstige Position eines „Outsider" geraten.

Wenn man sozial schwachen Mietern in einem Umfeld mit steigenden Mieten helfen will, bieten sich deshalb vor allem direkte Transfers in der Form des *Wohngelds* an. Zudem kann der Staat durch den *Sozialen Wohnungsbau* dafür sorgen, dass auch Haushalte mit geringeren Einkommen in Großstädten wohnen können. Beispielhaft ist hierfür die Wohnungspolitik der Stadt Wien.[4]

12.6 Ein konkretes Anwendungsbeispiel für Eingriffe in den Preismechanismus: der europäische Agrarmarkt

Aufgrund ihrer hohen Wohlfahrtsverluste werden direkte Preiskontrollen heute kaum noch als Instrument der Distributionspolitik eingesetzt. Ein Bereich, in dem dieses Instrument eine wichtige verteilungspolitische Rolle spielte, ist die europäische Agrarpolitik. Bis zum Jahr 1992 versuchte die Europäische Gemeinschaft, den Bauern ein bestimmtes Einkommen in der Weise zu sichern, dass für bestimmte Produkte staatliche *Mindestpreise* (in der Terminologie der EU auch: Interventionspreise) festgelegt werden. Da mit diesem Instrument die Verteilung zugunsten der Anbieter verbessert werden soll, werden Mindestpreise in der Regel so festgelegt, dass sie *über* dem markträumenden Preis liegen.

Zur Vereinfachung behalten wir die bisher verwendeten Diagramme bei und bilden damit jetzt den Markt für Kartoffeln ab. Der Preis sei dazu in Euro/kg definiert. Wir unterstellen, dass der staatlich fixierte Mindestpreis bei 4 Euro pro kg festgelegt wird. Grafisch können wir das in ▸*Abbildung 12.8* nachvollziehen.

Wiederum ist jetzt der Preismechanismus nicht in der Lage, das Zuteilungsproblem perfekt zu lösen. Anders als im Fall des Höchstpreises besteht jetzt das Problem eines *Angebotsüberschusses:* Die angebotene Menge ist zum Mindestpreis mit 12.000 kg erheblich größer als die nachgefragte Menge von 4.000 kg. Das ungelöste Zuteilungsproblem kann in diesem Fall nur durch einen direkten staatlichen Eingriff gelöst werden. Damit sich der Mindestpreis auch durchsetzt, ist es erforderlich, dass eine Interventionsstelle den Angebotsüberschuss von den Produzenten abkauft. Konkret muss der Staat 8.000 kg Kartoffeln zum Mindestpreis von 4 Euro aufkaufen, wozu er Steuermittel in Höhe von 32.000 Euro benötigt. Als Ergebnis einer solchen Politik bildeten sich große Lagerbe-

4 Siehe dazu Sachverständigenrat zur Begutachtung der gesamtwirtschaftlichen Entwicklung (Jahresgutachten 2018/19, Ziffern 715 ff.)

stände der subventionierten Produkte. Diese können nicht mehr dem Markt zugeführt werden, da ansonsten das System der Mindestpreise beeinträchtigt würde.

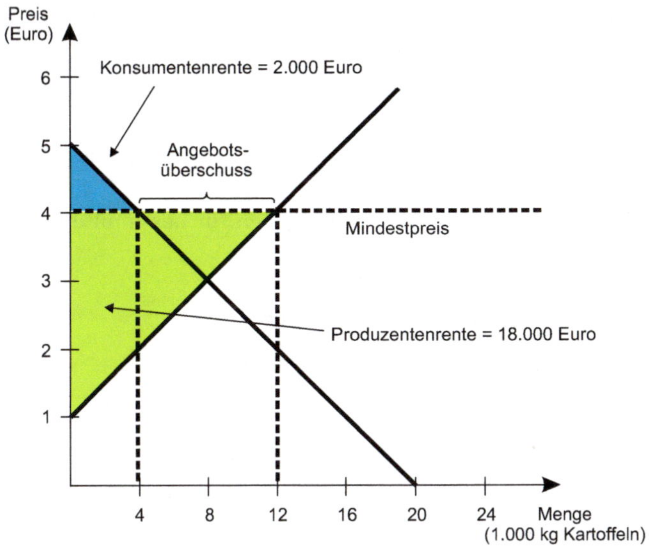

Abbildung 12.8: Umverteilung durch Mindestpreise für Kartoffeln

Wiederum entstehen durch eine solche Politik erhebliche Wohlfahrtseinbußen. Das primäre Ziel einer Unterstützung der Produzenten wird zwar erreicht. Deren Rente steigt von 8.000 Euro auf 18.000 Euro (48.000 Euro Umsatz – Kosten von 30.000 Euro). Massive Wohlfahrtsverluste ergeben sich für die Konsumenten, die durch den künstlich hoch gehaltenen Preis einen großen Teil ihrer Konsumentenrente verlieren. Von 8.000 Euro verbleiben gerade noch 2.000 Euro. Am gravierendsten ist die Tatsache, dass der Staat die für die Intervention erforderlichen Mittel durch von Konsumenten und Unternehmen gezahlte Steuern aufbringen muss, wodurch deren Wohlfahrt entsprechend gemindert wird. Bei den hier gewählten Zahlen ergäbe sich sogar eine negative Gesamtwohlfahrt (20.000 Euro Produzenten- und Konsumentenrente abzüglich 32.000 Euro Steuern) durch den Kartoffelmarkt. Außerdem müssen Kosten für die Lagerhaltung und gegebenenfalls auch für die Beseitigung der Überschüsse berücksichtigt werden.

Besonders problematisch war diese Politik für viele *Entwicklungsländer*, die häufig komparative Kostenvorteile (*Kapitel 3*) bei der Produktion von Agrarprodukten aufweisen. Damit das System der Mindestpreise funktioniert, musste der EU-Agrarmarkt gegenüber dem Ausland durch Zölle abgeschottet werden. Diese waren jeweils so hoch, dass der Preis der ausländischen Güter nicht unter dem Mindestpreis lag.

Die Agrarpolitik der EU ist heute so ausgestaltet, dass Bauern flächenbezogene Prämien erhalten, die keine bestimmten Produkte fördern. Damit entfällt der Anreiz zur Überproduktion. Auf die Agrarpolitik der EU entfallen seit 2014 rund 38 % aller Ausgaben der Gemeinschaft, was einem jährlichen Betrag von rund 60 Milliarden Euro entspricht.[5]

5 Vergleiche dazu die Angaben des Bundesministeriums der Finanzen zur Gemeinsamen Agrarpolitik der Europäischen Union (GAP). Im Internet verfügbar unter: *https://www.bundesfinanzministerium.de/Web/DE/Themen/Europa/Die_EU_auf_einen_Blick/Politikbereiche_der_EU/EU_Agrarpolitik/eu_agrarpolitik.html*

12.7 Eine Umverteilung durch Steuern ist sinnvoller, aber auch nicht ohne Nebenwirkungen

Aufgrund der hohen Effizienzeinbußen, die mit einer Umverteilung durch den Preismechanismus verbunden sind, findet die Distributionspolitik heute vor allem in Form direkter Transfers statt, die durch das Steuersystem finanziert werden. Man unterscheidet dabei zwischen

- **direkten Steuern**, d.h. Steuern, die auf das Einkommen oder den Ertrag eines Wirtschaftssubjekts erhoben werden, und
- **indirekten Steuern**, d.h. Abgaben, die sich auf die Ausgaben für bestimmte Güter beziehen.

Steuer	Aufkommen	Art der Steuer
Mehrwertsteuer	229.800	Umsatzsteuer/gemeinschaftlich
Lohnsteuer	204.600	Einkommensteuer/gemeinschaftlich
Einfuhrumsatzsteuer	57.450	Umsatzsteuer/gemeinschaftlich
Veranlagte Einkommensteuer	52.200	Einkommensteuer/gemeinschaftlich
Gewerbesteuer	50.900	Gemeindesteuer
Mineralölsteuer	38.850	Bundessteuer
Körperschaftsteuer	25.450	Einkommensteuer/gemeinschaftlich
Kapitalertragsteuer	20.415	Einkommensteuer/gemeinschaftlich
Tabaksteuer	13.830	Bundessteuer
Versicherungssteuer	12.105	Bundessteuer
Kraftfahrzeugsteuer	8.305	Ländersteuer
Stromsteuer	7.160	Ländersteuer
Erbschaftsteuer	4.809	Ländersteuer

Tabelle 12.1: Das Aufkommen wichtiger Steuern in Deutschland im Jahr 2018 in Mio. Euro
Quelle: Bundesministerium der Finanzen.

Die ergiebigsten Steuern in Deutschland sind die *Lohnsteuer* (direkte Steuer) und die *Mehrwertsteuer (indirekte Steuer).* ▶*Tabelle 12.1* bietet einen Überblick über das Aufkommen der wichtigsten Steuern in Deutschland. Man sieht, dass es Steuern gibt, die dem Bund und den Ländern gemeinsam zukommen (*Gemeinschaftliche Steuern*), ebenso wie Steuern, die nur dem Bund, den Ländern oder den Gemeinden zufließen. Beim internationalen Vergleich der Steuer- und Abgabenbelastung zeigt sich (▶*Abbildung 12.9)*, dass Steuerbelastung, gemessen an der Steuerquote, d.h. der Steuereinnahmen bezogen auf das nominale Bruttoinlandsprodukt, in Deutschland vergleichsweise ausgesprochen gering ist. Demgegenüber ist die Belastung mit Sozialabgaben extrem hoch (siehe *Kapitel 13*). Insgesamt liegt die gesamte Abgabenbelastung, die sich aus der Belastung mit Steuern und Sozialabgaben zusammensetzt, in Deutschland etwas über dem Durchschnitt der OECD-Länder.

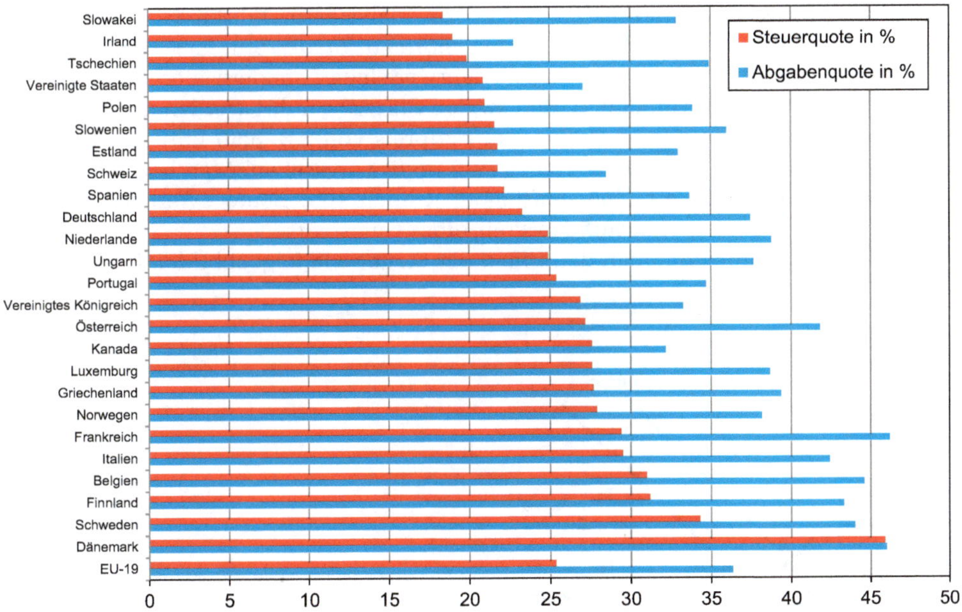

Abbildung 12.9: Steuer- und Abgabenquoten im internationalen Vergleich im Jahr 2017
Quelle: OECD Revenue Statistics, Paris 2018.

12.7.1 Die Umverteilung durch eine indirekte Steuer beeinträchtigt Konsumenten und Produzenten

Das Grundproblem einer Umverteilung durch Steuern besteht darin, dass im Prinzip jede Form der Besteuerung mit gesamtwirtschaftlichen Wohlfahrtseinbußen verbunden ist. Diese Effekte lassen sich mit den in den *Kapiteln 7* und *10* hergeleiteten Diagrammen für den Güter- und den Arbeitsmarkt recht einfach abbilden.

Die *Mehrwertsteuer* ist die wichtigste indirekte Steuer in Deutschland. Sie beträgt in der Regel 19 %; für bestimmte Güter des lebensnotwendigen Bedarfs und für bestimmte Dienstleistungen im Sozial- und Kulturbereich gilt ein ermäßigter Satz von 7 %. Diese Steuer muss vom Verkäufer an den Staat abgeführt werden. Da der Verkäufer die Mehrwertsteuer, die in den von ihm bezogenen Inputs enthalten ist, als *Vorsteuer* abziehen kann, wird somit nur der in seinem Betrieb erwirtschaftete „Mehrwert“ (i. S. der Wertschöpfung; siehe dazu *Kapitel 16*) besteuert.

Dies soll an einem Beispiel verdeutlicht werden: Der Mode-Markt Müller hat in einem Monat Waren im Wert von 130.900 Euro (einschließlich der Umsatzsteuer) verkauft. Netto, d.h. ohne Mehrwertsteuer, beträgt der Umsatz also 110.000 Euro. Im gleichen Monat hat der Markt Waren im Wert von 59.500 Euro (einschließlich Mehrwertsteuer) bezogen. Ohne Mehrwertsteuer beträgt der Wert der bezogenen Produkte 50.000 Euro. Der vom Modemarkt erzeugte Mehrwert beträgt also 110.000 Euro abzüglich 50.000 Euro, d.h. 60.000 Euro. Hierauf ist die Mehrwertsteuer von 19 % zu entrichten, was einem Betrag von 11.400 Euro entspricht. Dieser Wert kommt auch zustande, wenn man von den 19 % Mehrwertsteuer auf die verkauften Produkte die in den Vorleistungen enthaltene *Vorsteuer* von 9.500 Euro abzieht.

Um die Effekte einer indirekten Steuer zu analysieren, führen wir jetzt in die Modellwirtschaft der *Kapitel 5* bis *8* eine *indirekte Steuer* ein. Zur Vereinfachung unterstellen wir nicht eine prozentuale Mehrwertsteuer, sondern eine Steuer von 1 Euro pro Glas Bier, die von den Wirten an den Staat abgeführt werden muss. Für die Wirte bedeutet das, dass ihnen bei einem Endpreis von z.B. 3,50 Euro pro Glas nur 2,50 Euro verbleiben. Ein Vorsteuerabzug sei nicht vorgesehen. Man bezeichnet eine solche indirekte Steuer als „Mengensteuer". Üblich sind heute „Wertsteuern", die eine prozentuale Besteuerung auf den Preis eines Gutes vorsehen.

Im Marktdiagramm kann man den Effekt der Steuer wie folgt abbilden (▶*Abbildung 12.10*).

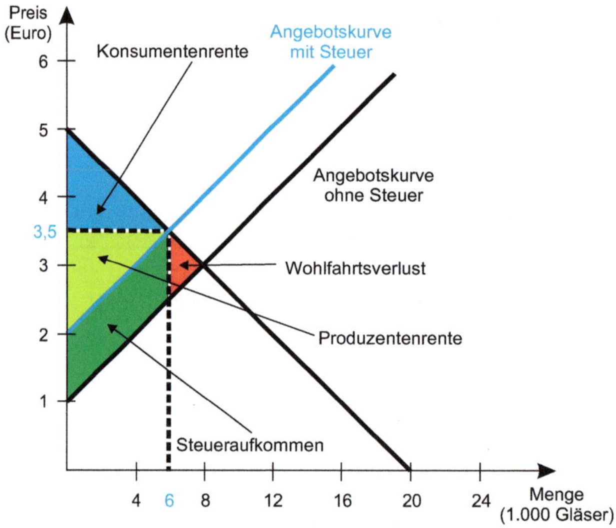

Abbildung 12.10: Auswirkungen einer indirekten Steuer

Bei einem Marktpreis von z.B. 3 Euro werden die Wirte nur noch die Menge abgeben, die sie zuvor bei einem Preis von 2 Euro angeboten hatten. Die Angebotskurve verschiebt sich somit um 1 Euro nach oben. Damit steigt der Gleichgewichtspreis auf 3,50 Euro und die markträumende Menge geht von 8.000 Gläsern auf 6.000 Gläser zurück. Wiederum kann man den Effizienzverlust mit dem Instrumentarium der *Konsumenten-* und der *Produzentenrente* abbilden. Die Konsumenten verlieren einen Teil ihrer Konsumentenrente und kommen deshalb nur noch auf eine Rente von 4.500 Euro; davor waren es 8.000 Euro gewesen. Auch die Situation der Anbieter verschlechtert sich. Sie kommen nun ebenfalls auf eine Rente von 4.500 Euro nach bisher 8.000 Euro. Der Verlust an Konsumenten- und Produzentenrente beläuft sich somit auf 7.000 Euro. Das Steueraufkommen ergibt sich als das Produkt aus der Mengensteuer von 1 Euro und der neuen Gleichgewichtsmenge von 6.000 Gläsern; das sind 6.000 Euro. Wenn man unterstellt, dass die Steuereinnahmen für Ausgaben verwendet werden, die den gleichen gesellschaftlichen Nutzen stiften wie die zuvor erzielten Konsumenten- und Produzentenrenten, kann man den gesamten Wohlfahrtseffekt der Steuer ermitteln. Er beläuft sich auf die Differenz zwischen den Steuereinnahmen (6.000

Euro) und dem Gesamtverlust an Renten (7.000 Euro). Insgesamt vermindert sich die Wohlfahrt durch die Steuer um 1.000 Euro.

Ein wichtiges Ergebnis dieser Untersuchung besteht darin, dass die *indirekte Steuer*, obwohl sie von den Produzenten an den Staat abgeführt werden muss, auch zu einer Wohlfahrtseinbuße der Konsumenten geführt hat. Sie wird also zumindest teilweise auf die Nachfrager überwälzt. Wie die Aufteilung konkret ausfällt, hängt vom Verlauf (genauer: der Elastizität; siehe dazu *Kapitel 8*) der Angebots- und Nachfragekurven ab. Ganz allgemein kann man sagen, dass der Wohlfahrtsverlust der Verbraucher umso stärker ausfällt, je unelastischer ihre Nachfrage nach einem Produkt ist. Im Extremfall einer vertikal verlaufenden Nachfragekurve würden die Anbieter überhaupt keinen Verlust an Produzentenrente erfahren.

12.7.2 Auch die Umverteilung über die Einkommensteuer ist nicht ohne Probleme

Neben der *Mehrwertsteuer* ist die *Einkommensteuer* die wichtigste Einnahmequelle der öffentlichen Hand. Wie wir in *Tabelle 12.1* gesehen haben, wird die Einkommensteuer in Form der Lohnsteuer (für unselbstständige Einkünfte), der Kapitalertragsteuer (Kapitaleinkünfte) und der veranlagten Einkommensteuer (Einkünfte der Selbstständigen) erhoben. Wir wollen uns hier mit den Auswirkungen einer Einkommensteuer auf das Arbeitsangebot befassen (▸*Abbildung 12.11*).

Zur Vereinfachung unterstellen wir, dass der Staat eine Einkommensteuer von 1 Euro je Arbeitsstunde erhebt. Damit liegt der Nettostundenlohn eines Arbeitnehmers um 1 Euro unter dem Bruttolohn. Mit anderen Worten: Bei einem Bruttolohn von beispielsweise 10 Euro bietet er somit nur noch eine Arbeitsmenge an, die einem Lohnsatz von 9 Euro entspricht. Damit verlagert sich also die Arbeitsangebotskurve nach oben.

Die Auswirkungen auf die gesamtwirtschaftliche Effizienz sind damit ganz ähnlich wie im Fall der Mehrwertsteuer. Es kommt wiederum zu einem Verlust an der „Konsumentenrente“ (Arbeitgeberrente).

Jetzt ist das ein Verlust für die Unternehmen, die weniger Arbeitnehmer einstellen als in einer Situation ohne Steuer. Ebenso ergibt sich eine geringere „Produzentenrente" (Arbeitnehmerrente), die am Arbeitsmarkt den Arbeitsanbietern, d.h. den Arbeitnehmern, zufällt. Wiederum geht man davon aus, dass der Staat mit den Steuereinnahmen eine *gesamtwirtschaftliche Wohlfahrt* stiftet, die den gesamten Verlust an Konsumenten- und Produzentenrente jedoch nur teilweise ausgleicht. Somit ergibt sich auch bei der *Einkommensteuer* ein gesamtwirtschaftlicher Effizienzverlust.

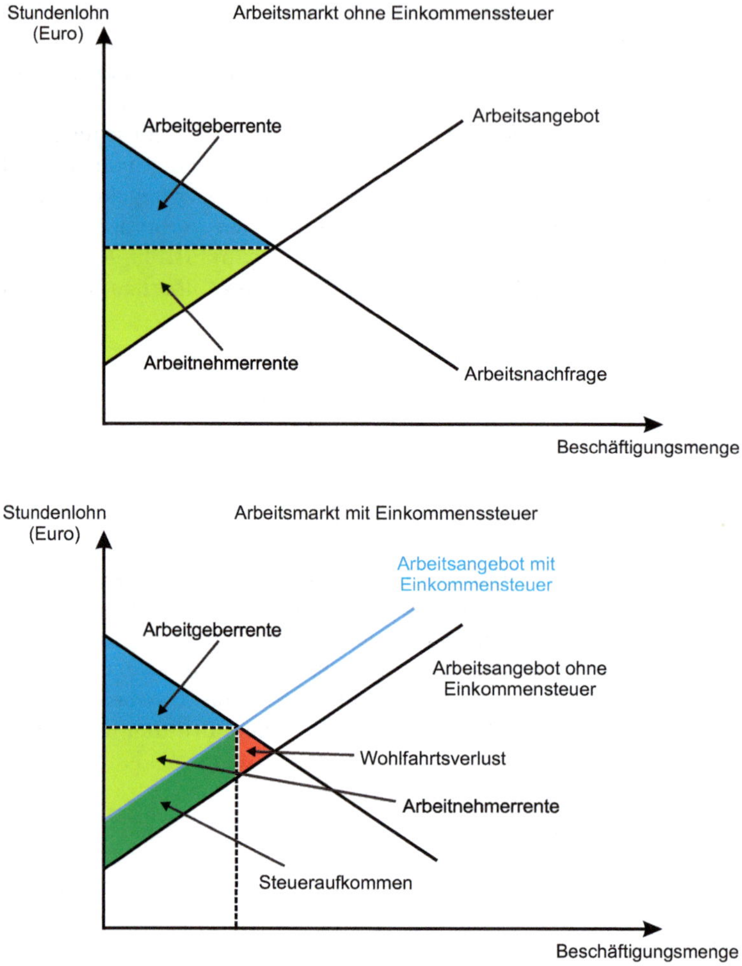

Abbildung 12.11: Auswirkungen einer Einkommensteuer

Erneut wird deutlich, dass sich eine Steuer, die formal von einem der beiden Marktpartner gezahlt werden muss, auf beide Marktseiten auswirkt. Bei diesem Beispiel ist unterstellt worden, dass sich die Steuer auf einen festen Betrag pro Arbeitsstunde beläuft. Damit würde die *prozentuale* Steuerbelastung umso geringer, je höher das Einkommen wird. Man bezeichnet eine solche Steuer als *degressiv*. Alternativ könnte man sich eine Besteuerung des Einkommens vorstellen, bei dem ein konstanter Prozentsatz auf den Lohn gefordert wird (*proportionale* Besteuerung oder „flat-tax"). In der Regel sind Einkommensteuertarife so ausgestaltet, dass der Steuersatz – zumindest bis zu einer bestimmten Einkommenshöhe – mit dem Einkommen steigt (*progressive* Besteuerung).

Der *Einkommensteuertarif* (▶*Abbildung 12.12*) in Deutschland für das Jahr 2019 zeichnet sich für einen Alleinstehenden (Grundtarif) durch folgende Elemente aus:

- einem steuerfreien *Grundfreibetrag* von 9.168 Euro,
- eine sich daran anschließende *Progressionszone* mit einem Eingangssteuersatz von 14 % und

- ab einem zu versteuernden Einkommen von 55.961 Euro einem *proportionalen* Satz von 42 %.
- Für zu versteuernde Einkommen von über 265.327 Euro beträgt der Steuersatz 45 % („Reichensteuer").

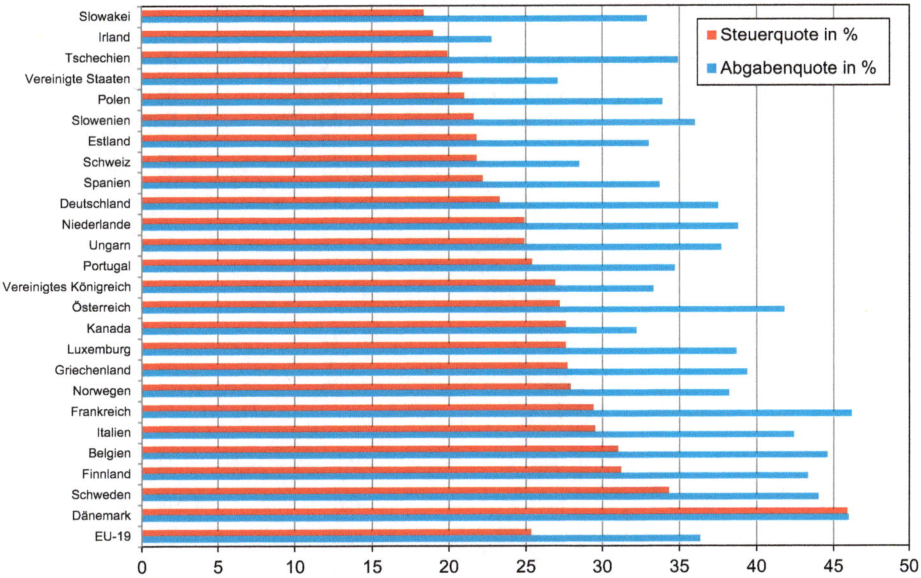

Abbildung 12.12: Der Einkommensteuertarif in Deutschland 2019
Quelle: Bundesministerium der Finanzen.

Auf die Einkommensteuerschuld muss noch der Solidaritätszuschlag in Höhe von 5,5 % gezahlt werden. Für Ehepaare wird ein sogenanntes *Splitting* vorgenommen. Ihre Steuerschuld wird so ermittelt, dass ihr gemeinsames Einkommen halbiert wird und auf diesen Betrag dann der Steuertarif angewendet wird. Auf diese Weise wird für sie die Progression deutlich abgemildert.

Vom *Grenzsteuersatz*, d.h. der Steuerbelastung auf einen *zusätzlich* verdienten Euro, muss man den *Durchschnittssteuersatz* unterscheiden, d.h. den Steuersatz, der sich ergibt, wenn man seine *gesamte Einkommensteuer* auf sein *gesamtes* zu versteuerndes Einkommen bezieht. Bei einem progressiv angelegten Steuertarif ist der Durchschnittssteuersatz immer niedriger als der Grenzsteuersatz. So beträgt der Grenzsteuersatz für einen Alleinstehenden bei einem zu versteuernden Einkommen von 56.000 Euro 42 %, der Durchschnittssteuersatz jedoch nur 27 %.

Ein wichtiger Unterschied zwischen der Einkommensteuer und der Mehrwertsteuer besteht darin, dass Letztere eine *regressive Steuer* darstellt. Menschen mit höherem Einkommen zahlen also prozentual auf ihr Einkommen weniger Mehrwertsteuer als Menschen mit geringem Einkommen. Dies liegt daran, dass die Konsumquote, d.h. der Anteil des Konsums am Einkommen, mit zunehmendem Einkommen abnimmt. Die regressiven Wirkungen der Mehrwertsteuer werden teilweise dadurch abgemildert, dass Mieten davon ausgenommen sind und dass für Grundnahrungsmittel ein ermäßigter Steuersatz von 7 % gilt.

Der progressive Charakter der Einkommensteuer wird deutlich, wenn man die Verteilung des Steueraufkommens betrachtet (▶*Tabelle 12.2*). Die 1 % der am besten verdienenden Steuerpflichtigen erzielen 11,7 % der steuerpflichtigen Einkünfte, sie bringen 22,0 % des gesamten Aufkommens der Einkommensteuer auf. Von den obersten 10 % wird mehr als die Hälfte des Steueraufkommens bezahlt. Die unteren 50 % der Steuerpflichtigen erzielen 17,2 % der Einkünfte, sie tragen dabei nur 6,4 % der Steuerlast.

Die oberen ... Prozent der Steuerpflichtigen haben folgenden Anteil	**an der Einkommensteuer**	**am Gesamtbetrag der Einkünfte**	**Einkunftsgrenzen in Euro/Jahr**
1	22,0	11,7	233.730
5	41,8	25,4	115.729
10	54,8	36,6	86.445
15	63,8	45,4	71.396
20	70,8	52,9	61.206
25	76,5	59,4	53.670
30	81,2	65,1	47.788
35	85,1	70,2	42.877
40	88,5	74,8	38.749
45	91,3	79,0	35.158
50	93,6	82,8	31.723
Die unteren ... Prozent der Steuerpflichtigen haben folgenden Anteil	**an der Einkommensteuer**	**am Gesamtbetrag der Einkünfte**	**Einkunftsgrenzen in Euro/Jahr**
20	0,2	2,4	12.041
25	0,5	4,0	15.304
30	1,1	5,9	18.501
35	1,9	8,2	21.685
40	3,0	10,8	25.007
45	4,5	13,8	28.302
50	6,4	17,2	31.723

Tabelle 12.2: Verteilung des Steueraufkommens nach Einkommensgruppen für das Jahr 2018. *Quelle: Bundesministerium der Finanzen.*

12.7.3 Sozialer Ausgleich: eine schwierige Gratwanderung

Es ist heute in Deutschland unstrittig, dass der Staat durch Transfers von den Gut- und Besserverdienenden zu den sozial Schwächeren für einen Ausgleich zu sorgen hat. Es besteht auch Einigkeit darüber, dass diese Transfers am besten durch direkte oder durch *indirekte Steuern* zu finanzieren sind, nicht jedoch durch direkte Eingriffe in den Preismechanismus.

Die international stark divergierenden Steuer- und Abgabenquoten verdeutlichen, dass es unterschiedliche Wirtschaftsmodelle gibt. Während in den Vereinigten Staaten und anderen angelsächsischen Ländern die Distributionsfunktion des Staates vergleichsweise gering ist, weisen die skandinavischen Länder eine überdurchschnittliche Abgaben- und Staatsquote auf.

Der Einfluss des Transfersystems auf die wirtschaftliche Leistungsfähigkeit ist dabei nicht eindeutig. Auf den ersten Blick könnte man davon ausgehen, dass hohe Steuern und großzügige Transfers sich nachteilig auf die Leistungsbereitschaft und damit die Produktivität einer Volkswirtschaft auswirken.

Studien von Wissenschaftlern des Internationalen Währungsfonds (Ostry et al. 2014) kommen zu dem Ergebnis, dass von der Einkommensumverteilung keine negativen Auswirkungen auf das Wirtschaftswachstum ausgehen, sofern extreme Lösungen vermieden werden. Zugleich wird gezeigt, dass eine geringere Einkommensungleichheit positive Wachstumseffekte hat. Die Autoren schließen daraus:

„Thus the combined direct and indirect effects of redistribution – including the growth effects of the resulting lower inequality – are on average pro-growth.“ (Ostry et al. 2014, S. 4)

Die Erfahrungen der Vereinigten Staaten zeigen zudem, dass es bei einem zu geringen sozialen Ausgleich zu erheblichen gesellschaftlichen Problemen kommen kann. So ist dort die Anzahl der Gefängnisinsassen relativ zur Einwohnerzahl siebenmal so hoch wie in Deutschland. Auch lässt ▶*Abbildung 12.13* erkennen, dass in den angelsächsischen Ländern tendenziell mehr Menschen ins Gefängnis müssen als in den skandinavischen Ländern, die sich durch einen höheren sozialen Ausgleich auszeichnen.

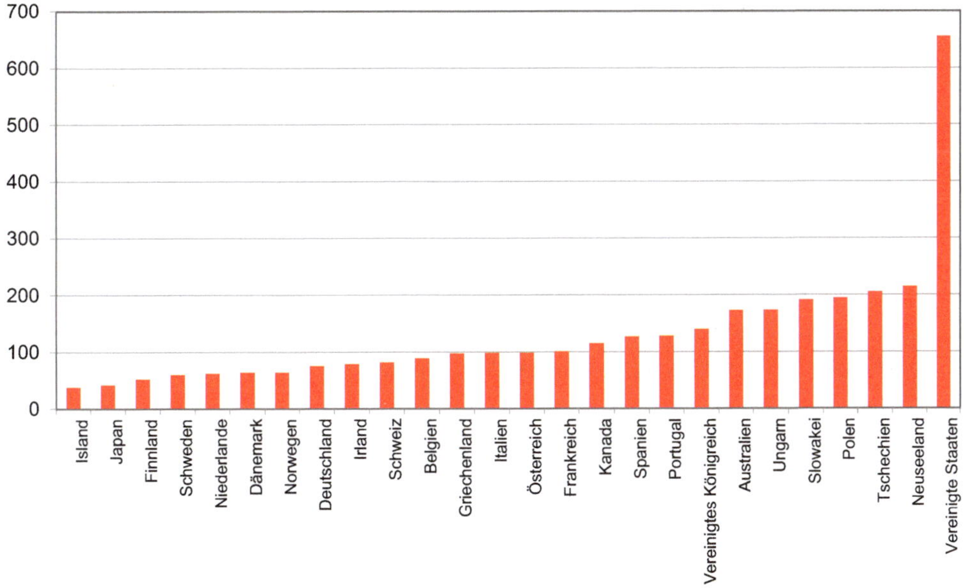

Abbildung 12.13: Gefängnisinsassen je 100.000 Einwohner im Jahr 2018
Quelle: World Prison Brief, Institute for Criminal Policy Research.

Schlagwörter

- Äquivalenzprinzip (S. 207)
- Armut (S. 205)
- Distributionsfunktion (S. 207)
- Durchschnittssteuersatz (S. 217)
- Einkommensteuer (S. 216)
- Gemeinschaftliche Steuern (S. 212)
- Grenzsteuersatz (S. 217)
- Höchstpreis (S. 207)
- indirekte Steuer (S. 215)
- Mehrwertsteuer (S. 214)
- Mindestpreise (S. 210)
- Rationierung (S. 209)
- Solidarprinzip (S. 207)
- Umverteilung (S. 200)
- Windhund-Verfahren (S. 208)

Aufgaben

Musterlösungen zu den hier gestellten Aufgaben finden Sie im MyLab | Grundzüge der VWL.

1. Um die Preise für Studentenappartements und -zimmer auf einem sozial verträglichen Niveau zu halten, wird vom Staat ein Höchstpreis von 5 Euro pro Quadratmeter für die Vermietungen an Studenten fixiert.
   a) Zeigen Sie grafisch, wie sich diese Maßnahme auf den Markt für Studentenzimmer auswirkt. Stellen Sie insbesondere den gesellschaftlichen Wohlfahrtsverlust dar.
   b) Was verändert sich dadurch am Verhältnis zwischen Mietern und Vermietern?
   c) Wie beurteilen Sie die längerfristigen Auswirkungen einer solchen Maßnahme?
2. Diskutieren Sie die Tatsache, dass in Deutschland Studienplätze kostenlos bereitgestellt werden.
3. Die in *Abbildung 12.10* abgebildete Mengensteuer soll durch eine Wertsteuer in Höhe von 25 % abgelöst werden. Zeichnen Sie dafür die Angebotskurve und leiten Sie das Marktgleichgewicht grafisch und rechnerisch her.

LERNZIELE

- Die Gesetzliche Rentenversicherung, die Gesetzliche Krankenversicherung, die Arbeitslosenversicherung und die Soziale Pflegeversicherung stellen die wichtigsten *sozialen Sicherungssysteme* in Deutschland dar.
- Die zentrale Funktion einer *Versicherung* besteht in der *Transformation von Risiken*. Der Versicherte kann ein unsicheres Ereignis, das mit kleiner Wahrscheinlichkeit zu hohen Verlusten führt, in eine sichere und relativ geringe laufende Zahlung an die Versicherung transformieren.
- Die Gesetzliche Rentenversicherung ist nach dem *Umlagesystem* konzipiert. Dieses beruht auf einem *Generationenvertrag* zwischen den Erwerbstätigen und den Rentnern sowie zwischen den Erwerbstätigen und der nachfolgenden Generation. Bei einer zunehmenden Überalterung kommt dieses System ins Ungleichgewicht und es müssen die Leistungen für die Rentner reduziert werden.
- Die Gesetzliche Krankenversicherung nimmt neben ihrer Versicherungsfunktion auch eine ausgeprägte Umverteilung („*Solidarprinzip*") vor. Im Vergleich zur Umverteilung über das Steuersystem ist diese Distributionspolitik wenig effizient und zudem intransparent.
- Bei der *Arbeitslosenversicherung* handelt es sich um einen wichtigen *„automatischen Stabilisator"*, der dafür sorgt, dass der Einfluss konjunktureller Schocks auf die gesamtwirtschaftliche Nachfrage gedämpft wird.

Sozialversicherungssysteme und die Allokationsfunktion des Staates

13

ÜBERBLICK

Die großen sozialen Sicherungssysteme, die Gesetzliche Rentenversicherung, die Gesetzliche Krankenversicherung, die *Arbeitslosenversicherung* und die Soziale Pflegeversicherung, spielen im Leben fast aller Menschen eine wichtige Rolle. Wir werden zunächst kurz erklären, wie diese Systeme funktionieren, um dann zu diskutieren, warum diese Leistungen überhaupt durch den Staat angeboten werden.

13.1 Überblick

Die ▸*Tabelle 13.1* zeigt zunächst, welche hohe gesamtwirtschaftliche Bedeutung den großen sozialen Sicherungssystemen zukommt. Insgesamt belaufen sich ihre Ausgaben (wie auch die Einnahmen) auf knapp ein Fünftel des Bruttoinlandsprodukts. Die meisten Mittel werden von der Gesetzlichen *Rentenversicherung* beansprucht. Ihre Einnahmen stammen im Jahr 2018 zum einen aus den Beitragszahlungen der Arbeitnehmer (222 Mrd. Euro) und zum anderen einem Bundeszuschuss in Höhe von 90 Mrd. Euro. Der Bundeszuschuss wird aus allgemeinen Steuermitteln finanziert und trägt der Tatsache Rechnung, dass mit der *Rentenversicherung* auch Leistungen finanziert werden (Hinterbliebenenrenten, Frühverrentung, Erziehungszeiten für Kinder, die vor 1992 geboren wurden), die nicht durch Beitragszahlungen begründet sind.[1]

Versicherung	Einnahmen in Mrd. Euro (2018)	Ausgaben in Mrd. Euro (2018)	Ausgaben in % des nominellen BIP (2018)	Beitrags satz in % (2019)	Beitragsbemessungsgrenze (2019)
Gesetzliche Rentenversicherung	317,1	313,1	9,2	18,60	6.700 (West) 6.150 (Ost)
Gesetzliche Krankenversicherung	247,0	242,7	7,2	14,60	4.537,50 (West und Ost)
Arbeitslosenversicherung	42,0	33,3	1,0	2,50	6.700 (West) 6.150 (Ost)
Pflegeversicherung	37,1	40,1	1,2	3,05	4.537,50 (West und Ost)
Summe	643,3	629,2	18,6	38,75	

Tabelle 13.1: Überblick zu den sozialen Sicherungssystemen
Quelle: Deutsche Bundesbank, Statistisches Bundesamt.

Wer in Deutschland als Arbeitnehmer tätig ist, wird im Prinzip zur Mitgliedschaft in diesen Systemen verpflichtet. Dies ist auf die *Bismarck'sche Sozialgesetzgebung* aus dem 19. Jahrhundert zurückzuführen, die davon ausging, dass sich der Staat nur um die „Arbeiter" kümmern muss, nicht aber um die Selbstständigen. Heute ist die Trennungslinie zwischen Selbstständigen und Angestellten jedoch oft nur schwer zu

1 Eine ausführliche Übersicht über die versicherungsfremden Leistungen und die versicherungsfremde Umverteilung in den sozialen Sicherungssystemen findet man in Kapitel V des Jahresgutachtens 2005/06 des Sachverständigenrates.

ziehen, weshalb manche Ökonomen und Politiker Modelle einer *Bürgerversicherung* propagieren, bei der jeder Bürger und jede Bürgerin verpflichtet sind, eine Absicherung für Alter, Krankheit, Pflege und Arbeitslosigkeit vorzunehmen – unabhängig davon, in welcher Form er seiner Arbeit nachgeht. Bei der Rentenversicherung und der Arbeitslosenversicherung gibt es nach wie vor keine Versicherungspflicht für Selbstständige.[2]

Die wichtigsten Eckdaten lauten wie folgt (Stand 2019):

- Bei der *Rentenversicherung* beträgt der Beitragssatz 18,6 % des Bruttoeinkommens, bei der *Arbeitslosenversicherung* sind es 2,5 %. Die Beiträge sind in Westdeutschland bis zu einer Einkommenshöhe von monatlich derzeit 6.700 Euro (West) bzw. 6.150 Euro (Ost) zu zahlen (*Tabelle 13.1*). Man spricht hierbei von der *Beitragsbemessungsgrenze*. Wer ein höheres Bruttoeinkommen erzielt, z.B. in Höhe von 7.000 Euro, muss dann keinen höheren Beitrag zahlen als ein Arbeitnehmer mit einem Einkommen, das gerade der Beitragsbemessungsgrenze entspricht. Die Versicherungspflicht bleibt auch dann bestehen, wenn ein Arbeitseinkommen oberhalb der Beitragsbemessungsgrenze erzielt wird.
- Bei der *Gesetzlichen Krankenversicherung* und der *Sozialen Pflegeversicherung* gibt es ebenfalls eine *Beitragsbemessungsgrenze*. Sie liegt einheitlich in Deutschland mit 4.537,50 Euro deutlich niedriger. Die Beitragssätze belaufen sich auf durchschnittlich 15,5 % (durchschnittlicher Beitragssatz von 14,6 % plus Zusatzbeitrag von 0,9 %). Für Kinderlose gibt es bei der Pflegeversicherung noch einen Aufschlag von 0,25 Prozentpunkten. Bei diesen beiden Versicherungen besteht die Versicherungspflicht aber nur dann, wenn das Bruttoeinkommen unter der *Versicherungspflichtgrenze* von derzeit monatlich 5.062,50 Euro liegt. Wer ein höheres Einkommen erzielt, kann sich bei einer privaten Krankenversicherung versichern oder auch auf eine solche Absicherung ganz verzichten.

Für ein Arbeitseinkommen unterhalb der beiden Bemessungsgrenzen wird somit ein Beitrag für die Sozialversicherungen von fast 40 % erhoben. Bei diesen Abgaben spricht man auch von sogenannten *Lohnnebenkosten*. Vielen Erwerbstätigen wird die volle Höhe dieser Abgaben nicht bewusst, da die Sozialleistungen so abgerechnet werden, dass für das im Arbeitsvertrag vereinbarte Bruttoeinkommen die Sozialversicherungsbeiträge rund zur Hälfte vom Arbeitnehmer und vom Arbeitgeber zu tragen sind. Insgesamt belaufen sich die Sozialabgaben somit jeweils auf fast 20 % des Bruttolohns für den Arbeitgeber und den Arbeitnehmer. Bei einem Bruttoeinkommen von beispielsweise 2.000 Euro zahlt der Arbeitgeber also neben dem Bruttolohn noch Sozialabgaben in Höhe von rund 400 Euro direkt an die Sozialkassen (*Arbeitgeberanteil*). Der Arbeitnehmer muss denselben Betrag als *Arbeitnehmeranteil* abführen. Im Gegensatz zum Arbeitgeberanteil unterliegt der Arbeitnehmeranteil teilweise der *Einkommensteuer*. Durch die Sozialabgaben und die zusätzlich zu entrichtende Lohnsteuer wird also ein deutlicher „Keil“ zwischen den Arbeitskosten des Unternehmens und dem Nettolohn des Arbeitnehmers geschaffen. In den 1990er-Jahren ist es zu einem starken Anstieg der Sozialabgaben gekommen, durch die dieser Keil lange Zeit deutlich vergrößert wurde (▸*Abbildung 13.1*). Die Ursache hierfür ist vor allem auf die teilweise Finanzierung der deutschen Einheit über diese Systeme zurückzuführen. Im letzten Jahrzehnt sind die Sozialabgaben jedoch deutlich gesenkt worden.

2 Eine ausführliche Diskussion der Vor- und Nachteile beider Modelle findet man bei Bofinger (2005).

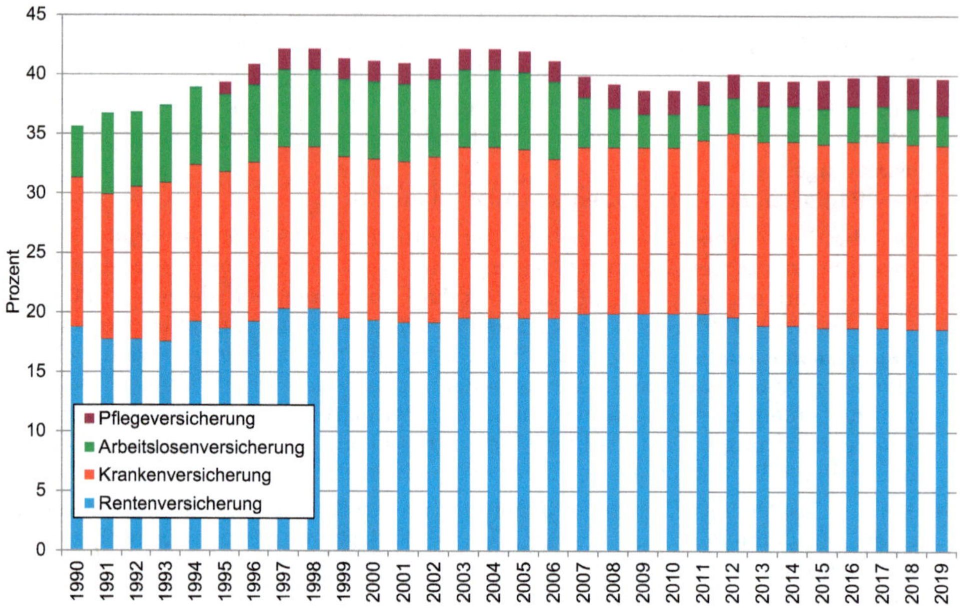

Abbildung 13.1: Sozialabgaben in % des versicherungspflichtigen Einkommens
Quelle: Bundesministerium für Arbeit und Soziales, Statistisches Landesamt Baden-Württemberg.

13.2 Wozu braucht man Versicherungen?

Stellen wir uns eine Situation vor, in der alle Lebensrisiken von dem einzelnen Arbeitnehmer individuell getragen werden müssten. Im Fall einer sehr schweren Erkrankung würde er mit enorm hohen Kosten konfrontiert, die dann möglicherweise sein gesamtes Vermögen aufzehren würden. Ohne ausreichende *Ersparnisse* wäre er überhaupt nicht in der Lage, eine lebensnotwendige Therapie zu bekommen. Als Mitglied einer Krankenversicherung erwirbt der Arbeitnehmer durch einen laufenden monatlichen Beitrag einen Anspruch darauf, dass in einem solchen „worst case" alle Kosten von der Versicherung übernommen werden. Da nun viele Menschen alt werden, ohne eine schwere Erkrankung zu erfahren, können mit deren Beiträgen die Aufwendungen für die Versicherten finanziert werden, die sehr teure medizinische Therapien benötigen.

Das Grundprinzip einer jeden **Versicherung** besteht also darin, dass sie eine *Risikotransformation* vornimmt:

- Für den einzelnen Versicherten wird das relativ geringe Risiko eines sehr hohen Vermögensverlusts im Krankheitsfall in eine sichere Situation transformiert, die sich dadurch auszeichnet, dass er einen vergleichsweise geringeren, festen monatlichen Verlust in Höhe seiner Versicherungsbeiträge erleidet und alle Zahlungen im Krankheitsfall erstattet bekommt.
- Da eine Versicherungsgesellschaft sehr viele Verträge abschließt, kann sie eine *Risikodiversifikation* erreichen. Für den Gesamtbestand ihrer Versicherten gilt dann das „*Gesetz der großen Zahl*", d.h., die laufenden Ausgaben der Versicherung für schwere Erkrankungen entsprechen genau dem – relativ geringen – statistischen Risiko eines Individuums, eine solche Krankheit zu erleiden, multipliziert

mit dem Versichertenbestand. Wichtig ist bei der Risikodiversifikation (oder Risikostreuung), dass die individuellen Wahrscheinlichkeiten *unverbunden* sind. Das bedeutet, die Erkrankung von Herrn Müller erhöht nicht die Wahrscheinlichkeit einer Erkrankung von Frau Mayer. Eine *verbundene* Wahrscheinlichkeit würde im Fall einer Seuche vorliegen. Wenn diese zu Erkrankungen mit hohem Therapieaufwand führte, würden die Krankenversicherungen zusammenbrechen.

13.3 Die Gesetzliche Rentenversicherung

Wohl jeder Mensch wünscht sich, lange zu leben. Dabei stellt sich allerdings zwangsläufig das Problem, dass mit höherem Lebensalter die körperliche und teilweise auch die geistige Leistungsfähigkeit abnehmen. Für einen älteren Menschen wäre es daher schwierig, sich am Markt ein angemessenes Einkommen zu verschaffen. Da all dies gut vorhersehbar ist, liegt es nahe, dass man in jüngeren Jahren für das Alter vorsorgt. In der Geschichte wurde diese Vorsorge meist in der Form betrieben, dass Menschen Kinder in die Welt gesetzt haben, in der Hoffnung von diesen dann im Alter unterstützt zu werden. Alleinstehende oder kinderlose Paare mussten stattdessen versuchen, einen Kapitalstock (Ersparnisse, Immobilien) aufzubauen, um diesen im Alter aufbrauchen zu können. Eine gewisse Kapitalbildung war aber auch für Eltern mit Kindern sinnvoll, da die Einkünfte der Kinder (und die von diesen zu leistenden Unterstützungszahlungen) umso höher ausfallen, je größer und je besser der ihnen zur Verfügung stehende Kapitalstock ist. So war es zum Beispiel für einen Bauern immer sinnvoll, seinem Sohn einen gut geführten Bauernhof zu überlassen.

In vielen Entwicklungsländern ist eine Altersvorsorge auch heute noch nur in der Form möglich, dass man Kinder hat, die einen im Alter versorgen. Bei der hohen Kindersterblichkeit in diesen Ländern bleibt den Menschen dann nichts anderes übrig, als möglichst viele Nachkommen in die Welt zu setzen. Das Resultat sind enorm hohe Geburtenraten und eine daraus resultierende Überbevölkerung. So lag im Jahr 2010 die Geburtenrate in der besonders armen Region südlich der Sahara mit rund 40 Geburten je 1.000 Einwohner fünfmal so hoch wie in Deutschland, das es nur auf 8 Geburten je 1.000 Einwohner gebracht hat.

13.3.1 Warum nicht alle Menschen freiwillig für ihr Alter vorsorgen

Wie bei jedem Staatseingriff kann man sich auch bei der Altersvorsorge fragen, wieso es überhaupt einer Gesetzlichen Rentenversicherung bedarf. Warum sollten mündige Bürger nicht von sich aus in der Lage sein, eine ausreichende Vorsorge für ihr Alter zu treffen?

Zu klären ist dabei zunächst, worin der Versicherungsfall liegt, d.h., also welches Risiko konkret mit einer Rentenversicherung abgedeckt ist. Der Sachverhalt ist hier etwas anders als bei einer Krankenversicherung. Der Versicherungsfall ist eigentlich kein Unglück, sondern das, was wir uns alle wünschen: ein möglichst hohes Lebensalter. Ohne eine Versicherung könnte man im Fall eines sehr langen Lebens in die Situation geraten, dass man seine Ersparnisse aufgebraucht hat, bevor man stirbt. Man spricht dabei auch vom *Langlebigkeitsrisiko*. Und wenn wir die Ersparnis auf eine sehr hohe Lebenserwartung ausgerichtet hätten und sehr früh sterben, hätten wir uns zu Lebzeiten vieles nicht geleistet, nur damit sich die Erben darauf freuen können.

Aber warum muss dann der Staat seine Bürger zu einer solchen Versicherung zwingen? Da ist zunächst einmal das Problem, dass einige Menschen in ihrer Jugend überhaupt nicht an das Alter denken. Vielfach unterschätzt man dabei die Dynamik des exponentiellen Wachstums von Vermögensanlagen. Um eine wirklich gute Absicherung im Alter zu erreichen, muss man früh anfangen, dafür zu sparen. Ein solches „Kurzfristdenken" könnte dann noch gepaart sein mit der Vorstellung, dass man im Notfall immer noch in das Netz der Grundsicherung im Alter (siehe *Kapitel 12*) fällt. Für ein solches Verhalten verwendet die Volkswirtschaftslehre den Ausdruck des *„moral hazard"* (moralisches Risiko). Ganz allgemein versteht man darunter Handlungen von Menschen, die besonders riskante Strategien verfolgen, weil sie damit rechnen können, dass sie die Konsequenzen im Fall des Misslingens nur teilweise oder überhaupt nicht tragen müssen. Ein Beispiel dafür wäre eine Kfz-Haftpflicht, die für alle Versicherten den gleichen Tarif fordert. Unvorsichtige Fahrer würden dann nicht durch höhere Prämien bestraft und defensives Fahren würde nicht durch Schadenfreiheitsrabatte belohnt. Man kann im Fall des „moral hazard" auch davon sprechen, dass ein *negativer externer Effekt* vorliegt. Dies ist immer dann der Fall, wenn die gesellschaftlichen Kosten einer wirtschaftlichen Aktion höher sind als die privaten:

(13.1) *Negativer externer Effekt = soziale Kosten – private Kosten*

Wenn also ein junger Mensch überhaupt nicht für das Alter vorsorgt, sein ganzes Gehalt während des Arbeitslebens vollständig ausgibt und dann vom 67. Geburtstag dem Staat auf der Tasche liegt, entsprechen die sozialen Kosten seiner Altersvorsorge den für ihn im Alter erforderlichen Zahlungen. Seine privaten Kosten sind gleich null. Der negative externe Effekt ist dann mit den sozialen Kosten identisch.

Die gesetzliche Rentenversicherung lässt sich also mit dem *„Subsidiaritätsprinzip"* rechtfertigen, wonach der Staat nur dann in den Markt eingreifen soll, wenn die Privaten aus eigener Kraft nicht in der Lage oder bereit sind bestimmte Leistungen zu erbringen (*Box 13.1*). Der Staatseingriff unterliegt also einem Rechtfertigungszwang. Doch selbst wenn man damit eine staatlich vorgeschriebene *Versicherungspflicht* begründen kann, bleibt zu klären, wieso der Staat selbst als Anbieter einer Gesetzlichen Rentenversicherung aktiv wird, anstelle es den Menschen – wie z.B. bei der Kfz-Haftpflicht – selbst zu überlassen, sich eine private Versicherungsgesellschaft zu wählen.

Box 13.1 Subsidiaritätsprinzip

Das Subsidiaritätsprinzip hat seine Wurzeln in der katholischen Soziallehre. Es wurde erstmals in der Enzyklika Quadragesimo Anno (1931) von Papst Pius XI. fixiert. Worum es dabei geht, kann man am besten in den Worten des Nestors dieser Lehre, *Oswald von Nell-Breuning* (1890–1991), ausdrücken:

Für dieses Prinzip hat der Volksmund eine zwar scherzhaft klingende, dafür aber sehr anschauliche Wendung: die Kirche im Dorf lassen. Was im Dorf geleistet werden kann, das trage man nicht an das große öffentliche Gemeinwesen Staat heran; was im Kreis der Familie erledigt werden kann, damit befasse man nicht die Öffentlichkeit; was man selbst tun kann, damit behellige man nicht andere.

Konkret heißt das also, dass man sich bei sämtlichen staatlichen Regelungen im Bereich der sozialen Sicherungssysteme zu fragen hat, ob nicht die Privaten von sich aus in der Lage wären, bestimmte Leistungen von selbst zu erbringen. Das Subsidiaritätsprinzip entspricht dem grundlegenden Vertrauen der Ökonomen, dass privatwirtschaftliche Aktivitäten *in der Regel* perfekt über den Marktmechanismus gesteuert und koordiniert werden können. Staatliche Eingriffe in den Markt sind also nicht die Regel, sondern die Ausnahme. Sie unterliegen deshalb stets einem Rechtfertigungszwang.

In der Verfassung der *Europäischen Union* ist das Subsidiaritätsprinzip explizit verankert worden. In Artikel 5 des EG-Vertrags heißt es: „In den Bereichen, die nicht in ihre ausschließliche Zuständigkeit fallen, wird die Gemeinschaft nach dem Subsidiaritätsprinzip nur tätig, sofern und soweit die Ziele der in Betracht gezogenen Maßnahmen auf der Ebene der Mitgliedstaaten nicht ausreichend erreicht werden können und daher wegen ihres Umfangs oder ihrer Wirkungen besser auf Gemeinschaftsebene erreicht werden können."

13.3.2 Das Umlagesystem: eine Beteiligung am Humankapital der Zukunft

Dies führt zur speziellen Ausgestaltung des Systems der Gesetzlichen Rentenversicherung. Es wird – wie in vielen anderen Ländern – nach dem Prinzip eines *Umlagesystems* organisiert. Dies bedeutet, dass die jeweils Erwerbstätigen mit ihren Beiträgen zur Rentenversicherung die laufenden Zahlungen für die Rentner bestreiten. Gleichzeitig erwirbt ein heute Erwerbstätiger mit seinen Beiträgen einen Anspruch darauf, später als Rentner von den dann Aktiven ein bestimmtes Einkommen zu erhalten. Man spricht deshalb auch vom *Generationenvertrag*. Dieser – nirgends schriftlich festgehaltene – Vertrag enthält folgende Elemente:

- Die heute aktive Generation verpflichtet sich, die im Ruhestand lebende Generation durch Beitragszahlungen zur Gesetzlichen Rentenversicherung zu unterstützen.
- Die heute aktive Generation setzt außerdem Kinder in die Welt und sorgt dafür, dass diese eine möglichst gute Ausbildung bekommen. Technisch gesprochen investiert sie damit in *Humankapital*. Zudem nimmt sie Sachinvestitionen im privaten und öffentlichen Bereich vor. Ein hoher Kapitalstock erlaubt es ihren Nachkommen, produktiv zu sein und entsprechende Einkommen zu erzielen.
- Die heute aktive Generation erhält dafür einen Anspruch auf ein Renteneinkommen in Abhängigkeit von den Arbeitseinkommen der Zukunft, wenn sie selbst in die Ruhestandsphase eintritt.

Dies verdeutlicht ein wichtiges Grundprinzip des *Umlagesystems*. Wie hoch die spätere Rente der heute Aktiven ausfällt, hängt vor allem davon ab, wie die *Erwerbseinkommen in der Zukunft* ausfallen. Man kann ein Umlagesystem also als eine Form der Beteiligung am *Humankapital* der Zukunft ansehen. Wenn sich eine Volkswirtschaft dynamisch entwickelt und ihre Erwerbstätigen steigende Einkommen erzielen, profitieren auch die Rentner davon. Damit wird auch deutlich, worin das zentrale Problem des Umlagesystems besteht. Um über hohe Arbeitseinkommen in der Zukunft zu verfügen, muss die aktive Generation möglichst viele Kinder in die Welt setzen. Doch dieser Teil des *Generationenvertrags* ist nicht verpflichtend. Ein Ehepaar bekommt dieselbe Rente, unabhängig davon, ob es kein Kind oder aber fünf Kinder hat. Wir haben es also wieder mit einer Externalität zu tun. Die Kosten der Kinder sind rein privater Natur, die Erträge haben jedoch eine ausgeprägt soziale Komponente.

13.3.3 Wie wird die Rente errechnet?

Zum Verständnis des Umlagesystems ist es hilfreich, sich genauer mit der Frage auseinanderzusetzen, wie der Rentenanspruch eines Versicherten errechnet wird. Die Grundlage hierfür ist die *Rentenformel,* mit der man die monatliche Rente eines Rentners errechnet:

(13.2) *Monatsbetrag der Rente = Zugangsfaktor × Entgeltpunkte × Rentenartfaktor × aktueller Rentenwert*

Der *Zugangsfaktor* beträgt grundsätzlich 1,0. Er ist größer als 1,0, wenn eine Rente wegen Alters trotz erfüllter Wartezeit erst nach Vollendung des Renteneintrittsalters in Anspruch genommen wird. Das Renteneintrittsalter wird seit dem Jahr 2012 in jährlichen Schritten bis zum Jahr 2029 auf 67 Jahre angehoben. Der Zugangsfaktor ist kleiner als 1,0, wenn eine Rente vorzeitig in Anspruch genommen wird.
Die *Entgeltpunkte* werden für jedes Versicherungsjahr in der Weise errechnet, dass man das jährliche individuelle Einkommen (bis zur Höhe der Bemessungsgrenze) durch das Durchschnittseinkommen aller Versicherten dividiert. Dieser Wert wird dann für alle Versicherungsjahre aufsummiert. Dabei werden auch beitragsfreie Zeiten, zum Beispiel für die Berufsausbildung, berücksichtigt.
Der *Rentenartfaktor* unterscheidet danach, um welche Form einer Rente es sich handelt. Für eine normale Altersrente ist er 1. Er ist geringer bei Hinterbliebenenrenten und bei Renten wegen Erwerbsunfähigkeit.
Diese drei Determinanten führen zum Konstrukt des *„Eckrentners“*. Dies ist ein Arbeitnehmer, der 45 Jahre lang jedes Jahr das Durchschnittseinkommen erzielt hat. Das Produkt aus Rentenartfaktor, Entgeltpunkten und Zugangsfaktor beläuft sich bei ihm auf genau 45.
Jetzt kommt der schwierigste Teil: die Ermittlung des *aktuellen Rentenwerts.* Dieser wird nach einer ungemein komplizierten Formel (siehe dazu *Box 13.2*) errechnet, die im Prinzip folgenden Aspekten Rechnung zu tragen versucht:

- der Anpassung der Renten an die allgemeine *Lohnentwicklung*, die in der Formel durch die allgemeine Beitragsentwicklung abgebildet wird,
- der Tatsache, dass die Versicherten im Rahmen der „Riester-Rente“ verstärkt *privat Kapital bilden* müssen, um sich gegen die geringeren Leistungen der Gesetzlichen Rentenversicherung abzusichern („Riester-Treppe“),
- der Notwendigkeit, die *Beiträge* zu erhöhen, um der Überalterung der Bevölkerung Rechnung zu tragen,
- dem Rückgang der Bevölkerung und damit auch der Beitragszahler (*„demografischer Faktor“*).

Box 13.2 Die Rentenanpassungsformel: einfach erklärt, was kompliziert aussieht

Zusammen mit der steigenden Lebenserwartung hat die seit Jahrzehnten sehr schwache Geburtenrate in Deutschland die Gesetzliche *Rentenversicherung* erheblich unter Druck gebracht. Eine moderate Lohnentwicklung und eine Verlagerung von sozialversicherungspflichtigen Arbeitsplätzen in den beitragsbefreiten Minijobsektor und den weitgehend befreiten Niedriglohnsektor haben im vergangenen Jahrzehnt zusätzlich dafür gesorgt, dass die Einnahmen der Gesetzlichen Rentenversicherung weggebrochen sind. Deswegen wurde im Jahr 2004 das *Rentenversicherungs-Nachhaltigkeitsgesetz* beschlossen. Das Gesetz wird umgesetzt, indem die Rente nach Maßgabe der folgenden Formel angepasst wird:

Passt die Renten an die Entwicklung der beitragspflichtigen Bruttoentgelte an

Riester-Faktor: Abschlag für die staatliche Förderung der privaten Altersvorsorge

Dämpft den Rentenanstieg, wenn die Beitragssätze steigen

Nachhaltigkeitsfaktor: Dämpft Rentenanstieg, wenn sich das Verhältnis von Beitragszahlern zu Rentnern verschlechtert

$$AR_t = AR_{t-1} \frac{BE_{t-1}}{BE_{t-2}} \frac{100 - AVA_{t-1} - RVB_{t-1}}{100 - AVA_{t-2} - RVB_{t-2}} \left(\left(1 - \frac{RQ_{t-1}}{RQ_{t-2}} \right) \alpha + 1 \right)$$

AR_t: Aktueller Rentenwert

BE_{t-1}: Bruttolohn und -gehaltssumme je durchschnittlich beschäftigtem Arbeitnehmer im vergangenen Kalenderjahr gemäß der Volkswirtschaftlichen Gesamtrechnungen.

BE_{t-2}: Bruttolohn und -gehaltssumme je durchschnittlich beschäftigtem Arbeitnehmer im vergangenen Kalenderjahr unter Berücksichtigung der Veränderung der beitragspflichtigen Bruttolohn- und -gehaltssumme je durchschnittlich beschäftigtem Arbeitnehmer ohne Beamte einschließlich der Bezieher von Arbeitslosengeld (die Definition weicht damit von BE_{t-1} ab).

AVA_t: Altersvorsorgeanteil in % – dieser betrug 2 % im Jahr 2006 und stieg bis zum Jahr 2010 in Schritten von je 0,5 %-Punkten auf 4 („Riester-Treppe"). Seit 2013 geht er nicht mehr in die Berechnung ein.

RVB_t: Beitragssatz zur Gesetzlichen Rentenversicherung in %, im Jahr 2019 beträgt er 18,6 %.

RQ: Rentnerquotient, also das Verhältnis von Rentnern zu den beitragspflichtig Beschäftigten.

α: Gewichtsparameter, er beträgt 0,25.

Quelle: Bundesministerium für Arbeit und Soziales.

Im Jahr 2019 lag der Rentenwert bei 33,05 Euro (West) und 31,89 Euro (Ost). Der „Eckrentner" erhielt damit eine monatliche Rente von 1.487,25 Euro (West) und 1435,05 Euro (Ost). Das *Sicherungsniveau vor Steuern*, das die Relation der Rente des Eckrentners (abzüglich seiner Beiträge zur Gesetzlichen Rentenversicherung) zu dem Bruttoeinkommen eines Durchschnittsverdieners (abzüglich der Sozialabgaben und der geförderten freiwilligen Altersvorsorge) beschreibt, beträgt damit 48,16 %.

13.3.4 Das Rentenniveau und das Problem der Überalterung

Die im Jahr 2004 durch das Rentenversicherungs-Nachhaltigkeitsgesetz angestrebte, langfristige Stabilisierung der Leistungen und Finanzierung der Gesetzlichen Rentenversicherung kann man am besten verstehen, wenn man sich einmal die Einnahmen und die Ausgaben der Rentenversicherung ansieht. Die Einnahmen (E) ergeben sich vereinfacht als:

$$E = n_A \cdot BAG \cdot BS \tag{13.3}$$

Sie errechnen sich also aus der Anzahl der Beitragspflichtigen (n_A) multipliziert mit dem durchschnittlichen Bruttoeinkommen (BAG) und dem Beitragssatz (BS).

Unterstellen wir, dass es nur „Eckrentner" gibt, dann werden die Ausgaben (A) vereinfacht bestimmt durch die Anzahl der Rentner (n_R) und das Rentenniveau (RN), d.h. die Relation der „*Eckrente*" zum Durchschnittseinkommen.

$$A = n_R \cdot BAG \cdot RN \tag{13.4}$$

Da die Einnahmen und Ausgaben der Rentenversicherung im Prinzip ausgeglichen sein sollten, gilt $E = A$. Damit kann man die beiden Gleichungen gleichsetzen und nach RN auflösen:

$$RN = \frac{n_A}{n_R} BS \tag{13.5}$$

Man sieht daran, dass die Relation von Aktiven und Rentnern eine wichtige Rolle für das Verhältnis zwischen dem Rentenniveau und dem Beitragssatz spielt. Nun stellt sich in allen Industrieländern das große Problem einer zunehmenden *Überalterung* der Bevölkerung. Die ungünstige demografische Entwicklung führt dazu, dass sich die Relation von jungen zu alten Menschen rapide verändert. Damit ergibt sich ein gravierendes Problem für die Rentenversicherung. Wenn sie weiterhin ihre Einnahmen und Ausgaben im Gleichgewicht halten will, muss sie im Prinzip entweder das Rentenniveau deutlich reduzieren und/oder den Beitragssatz erheblich erhöhen. Zudem kann mit einem höheren Renteneintrittsalter die Relation von Aktiven zu Rentnern verringert werden.

Dies stellt die Politik vor schwierige Herausforderungen:

- Zu hohe Beitragssätze mindern die Leistungsanreize (siehe *Abschnitt 12.7.3*).
- Ein zu niedriges Rentenniveau führt dazu, dass viele Menschen, die ein Leben lang gearbeitet haben, nur noch eine Rente in der Nähe der Grundsicherung beziehen.
- Ein später Renteneintritt führt dazu, dass viele ältere Menschen einer zu hohen Arbeitsbelastung ausgesetzt sind und bei einem vorzeitigen Ausscheiden aus dem Erwerbsleben mit erheblichen Kürzungen zu rechnen haben.

Aus diesem Grund haben mehrere Regierungen schon frühzeitig Reformen des deutschen Rentensystems in die Wege geleitet. Mit dem Rentenreformgesetz von 1992 wurden die Anrechnungszeiten für beitragsfreie Jahre (Ausbildungszeiten) reduziert und die Altersgrenze für Frauen wurde schrittweise von 60 auf 65 Jahre erhöht. Mit der Rentenreform 2001 wurde eine allmähliche Absenkung des Rentenniveaus bis zum Jahr 2030 beschlossen. Ziel dieser Reform war es insbesondere, den Beitragssatz langfristig unter 22 % zu halten. Durch das *Rentenversicherungs-Nachhaltigkeitsgesetz* wurde im Jahr 2004 eine weitere Absenkung beschlossen, die zu der in *Box 13.2* dargestellten Rentenformel geführt hat. Die im Jahr 2007 beschlossene stufenweise Anhebung des Renteneintrittsalters auf 67 Jahre hat erheblich zur Entlastung des Systems beigetragen. Zugleich hat sich seither die Beschäftigung deutlich besser entwickelt als erwartet. Im Jahr 2018 hat die Bundesregierung die „doppelte Haltelinie" beschlossen. Sie sieht bis zum Jahr 2025 ein Mindestsicherungsniveau von 48 % und einen maximalen Beitragssatz von 20 % vor. Unklar ist, wie es danach mit dem Rentenniveau weitergehen wird. Aufgrund der Demografie, die sich in der Rentenformel niederschlägt, wird es zu einem weiteren Absinken des Sicherungsniveaus kommen, gleichzeitig werden höhere Beitragssätze erforderlich. Wenn dies verhindert werden soll, sind hohe Zuschüsse aus Steuermitteln erforderlich.

Eine große Herausforderung für das Rentensystem ergibt sich außerdem daraus, dass bei einem sinkenden Rentenniveau viele Arbeitnehmer nach einem langen Erwerbsleben keine höhere Rente bekommen werden als Menschen, die nie gearbeitet haben und deshalb auf die Grundsicherung im Alter angewiesen sind. Diese orientiert sich an den bescheidenen Leistungen des Arbeitslosengelds II. Der Versuch, solchen Geringverdienern eine höhere Rente als die Grundsicherung zu gewährleisten, ist daher naheliegend. Allerdings ist dabei immer zu berücksichtigen, dass die Gesetzliche Rentenversicherung nach dem Äquivalenzprinzip konstruiert ist, so dass bisher die Rentenansprüche weitgehend mit den Beitragsleistungen und den dafür maßgeblichen Erwerbseinkommen korrespondieren. Alle Formen einer „Grundrente" beeinträchtigen dieses Prinzip und gefährden somit die Legitimation des Rentensystems.

13.3.5 Zur Zukunft der Gesetzlichen Rentenversicherung

Mit der Rentenreform von 2001 wurde zudem erstmals das Prinzip der *Kapitaldeckung* in die gesetzliche Altersvorsorge einbezogen. Um die Minderung des Rentenniveaus zu kompensieren, können alle Versicherungspflichtigen einen Betrag von bis zu 4 % ihres Bruttoeinkommens (bis zur Beitragsbemessungsgrenze) für die Alterssicherung insbesondere bei privaten Versicherungen oder bei Banken anlegen, wenn daraus später Rentenzahlungen vorgenommen werden („Riester-Rente"). Diese Beträge können als Sonderausgaben bei der Einkommensteuererklärung geltend gemacht werden. Für Bezieher mit geringen Einkommen werden direkte Zulagen gezahlt.

Darüber hinaus erhalten Arbeitnehmer im Rahmen der Betrieblichen Altersvorsorge eine erhebliche steuerliche Förderung, wenn sie einen Teil ihres Lohns für die Altersvorsorge sparen. Zugleich sind für die hierbei eingesetzten Mittel keine Sozialabgaben zu leisten. Da dazu auch die Beiträge für die Gesetzliche Rentenversicherung zählen, hat diese Förderung einen negativen Nebeneffekt für die Arbeitnehmer.

Trotzdem wird das Umlagesystem für die nächsten Jahrzehnte das Herzstück der gesetzlichen Alterssicherung bilden. In einem Land mit einer allgemeinen Grundsicherung im Alter ist es wichtig, eine allgemeine Versicherungspflicht für das Alter vorzuschreiben, da sich ansonsten zu viele Menschen auf die „soziale Hängematte" im Alter verlassen würden. Schwieriger zu beantworten ist die Frage, ob man dafür ein staatlich organisiertes Umlagesystem benötigt. Der besondere Vorzug eines solchen Systems besteht – wie erwähnt – darin, dass es eine Beteiligung am *Humankapital* der Zukunft bietet, wobei es durch den großen Kreis der gesetzlich Versicherten zu einem starken Diversifikationseffekt kommt. Eine solche Beteiligung kann nur der Staat anbieten, da er als einziger in der Lage ist, Ansprüche auf die Einkommen von Menschen geltend zu machen, die überhaupt noch nicht geboren sind. Ohne ein staatlich organisiertes Umlagesystem wären die Menschen ganz auf ein System der *Kapitaldeckung* angewiesen. Dieses kann sicherlich auch eine hohe Diversifikation anbieten (Aktienfonds, Rentenfonds). Die Erfahrung hat jedoch gezeigt, dass kapitalgedeckte Systeme bei großen wirtschaftlichen Schocks (Hyperinflation, Finanzkrise) nicht vollständig krisenfest sind und dass die Aktienmärkte zu enormen Schwankungen tendieren. Zudem kann eine anhaltende Niedrigzinsphase, wie wir sie seit einigen Jahren beobachten, dazu führen, dass die Kapitaldeckung nicht ausreicht, um die durch die Rentenreform entstandenen Lücken zu schließen. Es spricht daher vieles dafür, dass ein staatliches Umlagesystem als wichtigstes Element der Alterssicherung dient, auf das dann eine überwiegend freiwillige private Kapitaldeckung aufgebaut wird. Für die Zukunft des Umlagesystems ist es entscheidend, dass sich möglichst alle Bürger eines Landes daran beteiligen, da nur so die erforderliche Diversifikation gewährleistet ist. Bisher leidet die Gesetzliche Rentenversicherung daran, dass sie nur für abhängig Beschäftigte obligatorisch ist. Im Zuge der fortschreitenden Digitalisierung wird die Grenze zwischen abhängiger und selbstständiger Arbeit jedoch zunehmend verschwimmen. Ohne eine umfassende Versicherungspflicht besteht somit die Gefahr, dass die Basis des Umlagesystems erodiert.

13.4 Die Gesetzliche Krankenversicherung

Bei der *Krankenversicherung* handelt es sich um ein besonders komplexes System, da es nicht nur um die reine Versicherungsleistung im Fall der Krankheit geht, sondern um das gesamte System der Erstellung und Finanzierung von Gesundheitsleistungen. Das System steht in besonderer Weise im Schnittpunkt von Allokations- und Distributionsfunktion.

Die **Allokationsfunktion** resultiert, wie bei der Gesetzlichen Rentenversicherung, daraus, dass es ohne ein staatliches Eingreifen dazu kommen würde, dass viele Menschen überhaupt keine Krankenversicherung abschließen würden. Dies kann zum einen auf ein kurzfristiges (myopisches Denken) zurückgeführt werden. Gesunde, junge Menschen unterschätzen das Krankheitsrisiko. Sie könnten zudem darauf setzen, dass ihnen im Krankheitsfall am Ende doch vom Staat die notwendigen medizinischen Leistungen geboten werden, dass also kein Ausschluss praktiziert wird. Es besteht hier also eine negative Externalität, die durch eine Versicherungspflicht internalisiert werden kann.

Hinzu kommt, dass im Gesundheitsmarkt das für die Funktionsfähigkeit des Marktes zentrale Prinzip der *Konsumentensouveränität* nicht gewährleistet ist. Für einen Patienten ist es, insbesondere bei einem Notfall, nur schwer abschätzbar, welche Leistungen er tatsächlich benötigt. Es besteht also eine asymmetrische Informationsverteilung zwischen Anbieter (Arzt) und Nachfrager (Patient), die tendenziell zu einer Überversorgung führt.

Die **Distributionsfunktion** ergibt sich daraus, dass der Zugang zu guter medizinischer Versorgung möglichst unabhängig vom Einkommen gewährleistet werden soll. In Deutschland haben Kassenpatienten Anspruch auf Behandlung, „wenn sie notwendig ist, um eine Krankheit zu erkennen, zu heilen, eine Verschlimmerung zu verhindern oder Krankheitsbeschwerden zu lindern" (§ 27 Abs. 1 SGB V).

13.4.1 Unsystematische Umverteilung durch das Solidarprinzip

Die Distributionsfunktion wird im Rahmen des Solidarprinzips der GKV praktiziert. Sie ergibt sich daraus,

- dass die Beiträge bei der GKV abhängig vom Einkommen sind,
- dass Kinder und nicht erwerbstätige Familienangehörige kostenlos mitversichert sind,
- dass die Prämien unabhängig vom Gesundheitszustand und vom Alter der Versicherten sind.

Daraus resultiert eine Umverteilung von Beziehern höherer Einkommen zu Einkommensschwächeren, von Ledigen zu Familien, von Gesunden zu Kranken und von Alten zu Jungen.

Das Problem bei dieser Form der Umverteilung besteht darin, dass Arbeitnehmer mit einem Einkommen oberhalb der Versicherungspflichtgrenze von einem Jahresgehalt von 60.750 Euro (Stand 2019) sich privat versichern können. Sie können sich also dem Solidarprinzip der GKV entziehen. Besonders attraktiv ist das für gesunde, junge und alleinstehende Menschen.

Ein solches Nebeneinander von allokations- und distributionspolitischen Zielen ist problematisch:

- Da sich Arbeitnehmer mit einem Einkommen oberhalb der Versicherungspflichtgrenze aus der Gesetzlichen Krankenversicherung verabschieden können, ergibt sich eine Umverteilung von mittleren auf niedrigere Einkommen. Besonders problematisch ist dabei, dass sich nur die gesunden Gutverdienenden aus der Gesetzlichen Krankenversicherung verabschieden. Gesundheitlich beeinträchtigte Menschen bleiben tendenziell bei der gesetzlichen Kasse, da sie bei einer privaten Versicherung einen Risikozuschlag bezahlen müssen.
- Durch die Vermengung von beiden Funktionen wird das System der sozialen Sicherung sehr *intransparent*. Es ist für Politiker wie für die Öffentlichkeit daher schwer zu erkennen, wie die Umverteilung vorgenommen wird und ob sie sich tatsächlich an dem Prinzip der Leistungsfähigkeit orientiert.

Aus diesen Gründen wird seit Jahren intensiv über eine grundsätzliche Reform des Systems der Krankenversicherung diskutiert. Im Mittelpunkt stehen dabei zwei diametral entgegengesetzte Modelle:

- Das Modell der **Bürgerversicherung** zielt darauf ab, die Krankenversicherungspflicht für alle Bürger obligatorisch zu machen, sodass es am Ende für die Grundversorgung nur noch gesetzliche Krankenkassen geben würde. Durch die Einbeziehung von Beamten und Selbstständigen sowie Arbeitnehmern mit Einkommen oberhalb der *Versicherungspflichtgrenze* würde die im derzeitigen System vorgenommene Umverteilung sehr viel umfassender und systematischer organisiert werden. Dazu würde auch beitragen, dass nicht nur Arbeitseinkommen, sondern auch Kapitalerträge bei der Berechnung der Beiträge berücksichtigt würden. Allerdings müssten sich dann die Krankenversicherungsbeiträge letztlich am steuerpflichtigen Einkommen orientieren. Es käme zu einer Finanzierung der Krankenversicherung.

- Im Modell der **Bürgerpauschale**[3] soll die Umverteilung vollständig aus dem Bereich der Krankenversicherung herausgenommen werden. Somit soll für alle Bürger ein einheitlicher Beitrag gelten, bei dem allerdings nicht nach dem Gesundheitszustand differenziert werden soll. Kinder sollen kostenlos versichert, ihre Beiträge aus Steuern finanziert werden. Diese Lösung würde dazu führen, dass Bezieher niedriger Einkommen mit deutlich höheren Beiträgen für die Krankenversicherung konfrontiert würden. Aus diesem Grund sehen die Modelle zur Bürgerpauschale einen *sozialen Ausgleich* für Bürger mit geringem Einkommen vor. Hierfür wäre ein sehr großes Finanzierungsvolumen erforderlich, das dann über höhere Steuern (Einkommensteuer oder Mehrwertsteuer) aufgebracht werden müsste. Hierin schlägt sich nieder, dass mit diesem Modell die Umverteilung aus dem Krankenversicherungssystem in das Steuersystem transferiert wird. Auf diese Weise würde aus der bisher praktizierten verdeckten und unsystematischen Umverteilung eine transparente und systematische Umverteilung.

Die Politik hat sich bisher für keines dieser beiden Modelle entscheiden können.

13.4.2 Allokation in der Welt des „second best"

Die Allokation im Gesundheitssystem ist erheblicher komplexer als in anderen Bereichen der Wirtschaft. Dies ergibt sich, wie schon erwähnt, zum einen daraus, dass die Nachfrager gegenüber den Anbietern über eine asymmetrische Information verfügen. Die Frage, welche Therapie für eine Krankheit angemessen ist, unterscheidet sich fundamental vom Entscheidungsproblem beim Kauf von Schuhen. Zugleich sollen kranken Menschen alle erforderlichen Therapien zur Verfügung stehen, unabhängig von ihrem Einkommen. Das ansonsten für die Marktwirtschaft fundamentale Ausschlussprinzip soll also nicht zum Zuge kommen.

Diese Besonderheiten des Gesundheitssystems bringen es mit sich, dass der Preis als Allokationsmechanismus ausgeschaltet ist. Ärzte und Krankenhäuser erhalten eine feste Vergütung für ihre Leistungen. Die Vergütungen ergeben sich dabei aus den Mitteln, die den Krankenkassen aus den Beitragseinnahmen zur Verfügung stehen.

Damit ist der Wettbewerb im Gesundheitswesen stark eingeschränkt, was viele Ökonomen seit Jahren immer wieder dazu veranlasst, für „mehr Markt" zu plädieren. In Anbetracht der spezifischen Rahmenbedingungen ist es jedoch nicht einfach, wettbewerbliche Elemente in das Gesundheitswesen einzuführen.

Im internationalen Vergleich ist das deutsche Gesundheitssystem relativ teuer. Bei den Ausgaben pro Kopf lag Deutschland im Jahr 2017 an fünfter Stelle der OECD-Länder (*Abbildung 13.2*). Allerdings ist nicht zu erkennen, dass es bisher zu einer „Kostenexplosion" gekommen ist, wie sie in den Medien schon seit Jahrzehnten prognostiziert wird. Die Ausgaben der GKV sind relativ zur Wirtschaftsleistung von 5,8 % im Jahr 1991 auf 6,5 % im Jahr 2017 gestiegen.

3 Siehe dazu Sachverständigenrat, Jahresgutachten 2005/06, Ziffern 377 ff.

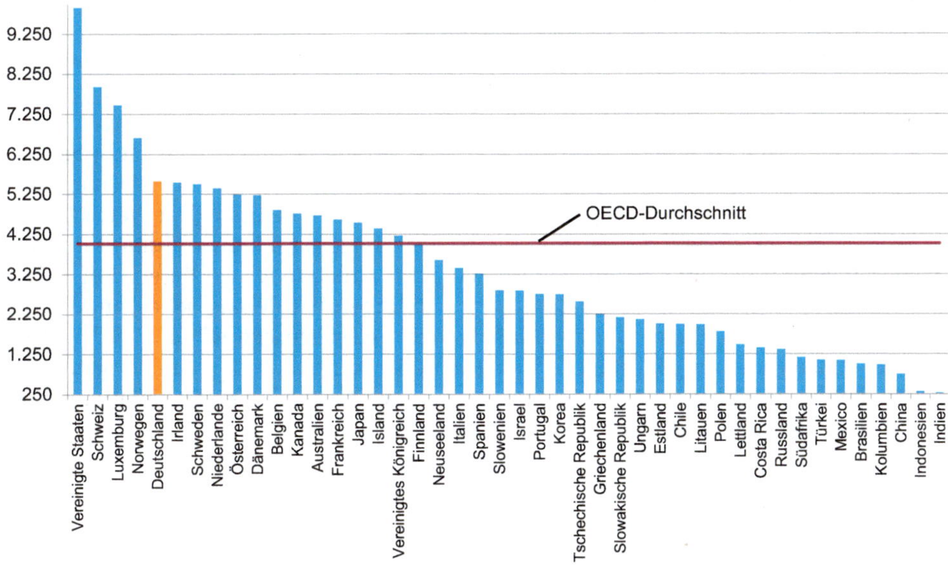

Abbildung 13.2: Pro-Kopf Gesundheitsausgaben in US-Dollar (kaufkraftbereinigt)
Quelle: OECD Health Statistics 2017 und WHO Global Health Expenditure Database.

13.5 Die Arbeitslosenversicherung

Der dritte große Pfeiler der sozialen Sicherungssysteme ist die *Arbeitslosenversicherung*. Sie sorgt dafür, dass Menschen, die ihren Arbeitsplatz verlieren, nicht unvermittelt ohne Einkommen dastehen. Auch hier kann man eine allgemeine Versicherungspflicht mit dem Argument des „moral hazard“ rechtfertigen. Darüber hinaus spielt die Arbeitslosenversicherung eine wichtige Rolle als *„gesamtwirtschaftlicher Stabilisator“*. Wir werden die Rolle dieses und anderer Stabilisatoren in *Kapitel 18* noch ausführlich diskutieren.

Der Beitragssatz zur Arbeitslosenversicherung beträgt im Jahr 2019 2,5 % des Bruttolohns, die *Beitragsbemessungsgrenze* liegt bei 6.700 Euro (West) und 6.150 Euro (Ost). Ein Arbeitsloser hat einen Anspruch auf *Arbeitslosengeld I*, wenn er vor Eintritt des Versicherungsfalls innerhalb der letzten zwei Jahre 360 Kalendertage versicherungspflichtig beschäftigt war. Das Arbeitslosengeld I beläuft sich auf 60 % des zuletzt verdienten Nettoeinkommens. Arbeitslose, die mindestens ein Kind haben, erhalten einen Leistungssatz von 67 %. Das Arbeitslosengeld wird für maximal zwölf Monate gezahlt; ältere Arbeitslose (ab dem 50. Lebensjahr) können für einen längeren Zeitraum bis zu 24 Monate Arbeitslosengeld I (nach Vollendung des 58. Lebensjahrs) beziehen.

Arbeitslose, die nach der Bezugsdauer des Arbeitslosengelds I keine neue Beschäftigung finden konnten, werden nach dem *Arbeitslosengeld II* unterstützt, das im Volksmund als „Hartz IV“ bezeichnet wird. Dieses wird nicht von der Bundesagentur für Arbeit finanziert, sondern vom Bund und von den Kommunen. Das Arbeitslosengeld II orientiert sich nicht mehr am früheren Arbeitseinkommen des Arbeitssuchenden. Entscheidend ist hier die Bedürftigkeit, sodass jeder Arbeitssuchende denselben

Regelsatz zuzüglich des Wohngelds erhält. Zudem muss ein Arbeitslosengeld-II-Bezieher auch Teile seines eigenen Vermögens einsetzen.

Bei der Arbeitslosenversicherung ist es relativ offensichtlich, dass diese Versicherung nur vom Staat angeboten werden kann. In *Abschnitt 13.2* haben wir gesehen, dass Risiken nur dann versichert werden können, wenn sie statistisch unverbunden sind. Bei der Arbeitslosigkeit ist diese wichtige Voraussetzung jedoch nicht gewährleistet, da die Arbeitslosenzahlen durch einen gravierenden gesamtwirtschaftlichen Einbruch insgesamt stark nach oben getrieben werden können. Der Verlust eines Arbeitsplatzes ist, anders als beispielsweise das Risiko, krank zu werden, sehr stark davon abhängig, ob auch andere Menschen ihren Arbeitsplatz verlieren. Für privatwirtschaftlich organisierte Arbeitslosenversicherungen würde das bedeuten, dass sie in Rezessionsphasen einem massiven Insolvenzrisiko ausgesetzt wären, bei dem dann doch der Staat einspringen müsste. Demgegenüber kann sich die Bundesagentur für Arbeit darauf verlassen, dass sie bei einem gesamtwirtschaftlichen Beschäftigungseinbruch einen Zuschuss des Bundes erhält.

Schlagwörter

Aufgaben

Musterlösungen zu den hier gestellten Aufgaben finden Sie im MyLab | Grundzüge der VWL.

1. In der Diskussion über die Gesetzliche Rentenversicherung wird von der SPD der Vorschlag einer Grundrente eingebracht. Danach sollen niedrige Renten bei einer Beitragsdauer von über 35 Jahren erheblich aufgestockt werden. Diskutieren Sie diesen Vorschlag.
2. In der Diskussion über die Gesetzliche Krankenversicherung wird seit einiger Zeit darüber nachgedacht, die Versicherungsprämien unabhängig vom Einkommen zu gestalten, sodass für Frauen und Männer jeweils nur noch eine feste Prämie besteht. Diskutieren Sie diesen Vorschlag.
3. Herr Müller glaubt, dass sein monatlicher Beitrag zur Rentenversicherung zu seiner späteren Altersversorgung beiträgt. Erklären Sie ihm, warum er damit überwiegend falschliegt, und beschreiben Sie ihm, worin der Beitrag einer aktiven Generation zu ihrem Lebensstandard im Alter besteht. Erklären Sie Herrn Müller aber auch, warum er mit seiner Aussage nicht ganz falschliegt.

LERNZIELE

- Der Marktmechanismus versagt bei Gütern, die einen Preis von null aufweisen. Diese werden entweder zu intensiv genutzt (natürliche Ressourcen) bzw. überhaupt nicht oder in zu geringer Menge produziert.
- Wenn bestimmte Güter einen Preis von null haben, liegt das daran, dass es nur mit hohen Kosten oder grundsätzlich nicht möglich ist, nicht zahlende Nutzer auszuschließen. Solche Güter werden als *öffentliche Güter* bezeichnet.
- Im Fall von *positiven externen Effekten* sind die gesellschaftlichen Erträge höher als die privaten Erträge. Es besteht dabei das Problem, dass ein öffentliches Gut nicht erstellt wird, weil ein Anbieter dafür keinen angemessenen Deckungsbeitrag erzielen kann. Im Fall von *negativen externen Effekten* sind die gesellschaftlichen Kosten höher als die privaten Kosten. Das führt dazu, dass ein öffentliches Gut zu intensiv genutzt wird.
- Solche Externalitäten können nur durch staatliche Eingriffe beseitigt werden. Der Staat wird zum Anbieter öffentlicher Güter (z.B. Landesverteidigung). Über Steuern, Subventionen oder Auflagen sorgt er dafür, dass negative Externalitäten vor allem im Umweltbereich begrenzt werden.

Umweltpolitik und die Allokationsfunktion des Staates

14

ÜBERBLICK

14.1 Öffentliche Güter und die ökonomische Lösung für den Klimawandel

In den bisherigen Ausführungen wurde von einer Prämisse ausgegangen, die so zentral ist, dass sie nicht explizit erwähnt werden musste: Jedes Gut hat einen Preis, egal, ob es ein Endprodukt oder ein Vorprodukt für den Produktionsprozess ist. Nur mit dem Signalmechanismus des Preissystems ist es möglich, dass der Markt die von ihm wahrzunehmenden Steuerungsfunktionen angemessen wahrnimmt. Deshalb versagt dieses Steuerungssystem, wenn es Güter gibt, für die sich kein positiver Preis durchsetzen lässt. Ein wichtiges Beispiel ist die Nutzung natürlicher Ressourcen, d.h. der Luft, des Wassers und des Bodens. Nach wie vor kann man diese weitgehend kostenlos nutzen. Wer nach Mallorca in den Urlaub fliegt und damit die Umwelt belastet, muss für diese Verschmutzung nichts bezahlen. Das Gleiche gilt noch immer in vielen Ländern für Unternehmen, die Abgase in die Luft und Abwässer in die Flüsse und Meere leiten können, ohne dafür einen Preis bezahlen zu müssen.

Was geschieht mit Gütern, die keinen Preis haben?

- Aus der *Nachfragefunktion* ist zu erkennen: Der Konsum wird bis zur *Sättigungsmenge* ausgedehnt, er ist also auf jeden Fall höher, als wenn für das betreffende Gut ein Preis existieren würde. Hier besteht also das Problem einer zu hohen Nutzung eines Gutes.
- Aus der *Angebotsfunktion* lässt sich ableiten: Wenn der Preis gleich null ist, erhalten die Anbieter keinen Deckungsbeitrag, sie werden ein solches Gut also nicht erstellen. Hier besteht das Problem, dass ein Gut, für das sich kein Preis durchsetzen lässt, überhaupt nicht angeboten wird, auch wenn es der Gesellschaft einen Nutzen stiftet, der höher ist als die Produktionskosten.

Aus der Analyse dieser Zusammenhänge lässt sich auch eine entscheidende ökonomische Antwort auf den Klimawandel ableiten. Wenn wir wollen, dass Unternehmen und Private schonender mit Umwelt umgehen, muss ihnen die Umweltbelastung über den Preismechanismus signalisiert werden. Hierfür sind eine Steuer auf den CO_2-Verbrauch oder aber handelbare Zertifikate für die Emission von CO_2 die beste Lösung.

14.2 Warum haben manche Güter keinen Preis?

Worauf ist es zurückzuführen, dass manche Güter keinen Preis haben? Wichtige Beispiele für solche Güter sind die innere und äußere Sicherheit, der Seuchenschutz und die Nutzung natürlicher Ressourcen. Die zentrale Voraussetzung für die kostenlose Nutzung von Gütern besteht darin, dass das *Ausschlussprinzip* nicht praktiziert wird. Dieses Prinzip besagt, dass nicht zahlende Nachfrager daran gehindert werden können, ein Gut zu konsumieren. Wer beim Bäcker für das Brötchen nicht bezahlen will, wird vom Konsum des Gutes ausgeschlossen. Wenn dieses Prinzip bei manchen Gütern nicht zur Anwendung kommt, liegt das meist an den Kosten, die für die Durchsetzung des Ausschlusses erforderlich wären:

- Bei der Landesverteidigung, dem Seuchenschutz oder der inneren Sicherheit leuchtet es unmittelbar ein, dass ein Ausschluss grundsätzlich nicht zu praktizieren ist. Wenn Herr Müller nichts für die Leistungen der Bundeswehr oder der Polizei bezahlen wollte, müsste man ihn schon des Landes verweisen, um ihn von der Nutzung dieser öffentlichen Güter wirksam auszuschließen.

- Daneben gibt es Güter, bei denen der Ausschluss zwar grundsätzlich möglich, aber mit hohen Kosten verbunden ist. Lange Zeit galten das Straßennetz und insbesondere die Autobahnen hierfür als Musterbeispiel. Die Diskussion über die Autobahnmaut in Deutschland und entsprechende Gebühren in anderen Ländern zeigt, dass sich die Vorstellungen über tolerierbare Ausschlusskosten im Zeitablauf durchaus wandeln können. Hierbei spielt natürlich auch der technische Fortschritt eine wichtige Rolle. Das heute durch „Toll Collect" praktizierte Ausschlussverfahren für LKWs, die auf deutschen Autobahnen keine Maut zahlen, wäre vor einem Jahrzehnt schon rein technisch nicht möglich gewesen. Auch die Umweltnutzung wurde in der Vergangenheit als Beispiel dafür angeführt, dass ein Ausschluss nicht möglich ist. Wie das System des Emissionshandels für CO_2-Zertifikate in der EU verdeutlicht (siehe *Kapitel 14.4*) ist es jedoch mittlerweile auch hier möglich, nicht zahlende Nutzer (oder besser: Verschmutzer) auszuschließen.

Entscheidend dafür, dass ein Gut keinen Preis hat, ist also die Tatsache, dass kein Ausschluss praktiziert wird – unabhängig davon, ob dies technisch möglich ist oder nicht. Man bezeichnet solche Güter als *öffentliche Güter.*

In der Literatur wird häufig die *Nicht-Rivalität in der Nutzung von Gütern* als ein weiteres konstitutives Merkmal eines öffentlichen Gutes angesehen. Darunter versteht man, dass ein Gut von zusätzlichen Konsumenten genutzt werden kann, ohne dass damit weitere Kosten anfallen. Man kann hier auch von Skalierbarkeit sprechen. Das Paradebeispiel hierfür ist eine Rundfunk- oder Fernsehsendung, für deren Produktionskosten es völlig irrelevant ist, wie viele Menschen ein solches Gut konsumieren. Auch bei vielen anderen Gütern ist es zumindest bereichsweise möglich, die Anzahl der Konsumenten zu erhöhen, ohne damit zusätzliche Kosten hervorzurufen:

- In ein Fußballstadion oder eine Konzerthalle passen häufig mehr Zuschauer als die tatsächlich anwesenden.
- Das Telefonnetz kann, zumindest zu bestimmten Tageszeiten und in bestimmten Gebieten, von zusätzlichen Menschen benutzt werden, ohne dass die Kosten der Bereitstellung steigen.
- Skalierbarkeit spielt auch bei vielen digitalen Plattformen eine wichtige Rolle.

Diese Beispiele zeigen jedoch, dass der Marktmechanismus auch dann funktionieren kann, wenn eine Nicht-Rivalität in der Nutzung von Gütern besteht. Entscheidend ist dafür, dass das Ausschlussprinzip erfolgreich angewendet werden kann, sodass es grundsätzlich jederzeit möglich ist, nicht zahlungsbereite Nutzer am Konsum dieser Güter zu hindern. Umgekehrt ist im Fall der Umweltnutzung oft ein rivalisierender Konsum gegeben. Wer an einer befahrenen Straße wohnt, kann die Umwelt nicht mehr uneingeschränkt nutzen. Wenn eine Fabrik giftige Stoffe in einen Fluss gibt, leiden darunter die Fische und die Fischer (siehe *Box 14.1*).

Es sind daher zwei Definitionen von öffentlichen Gütern möglich (▶*Tabelle 14.1*). Bei einer engen Definition kann man ein *öffentliches Gut* dadurch definieren, dass gleichzeitig die Kriterien des nichtrivalisierenden Konsums als auch der Nicht-Ausschließbarkeit vorliegen. In diesem Fall zählen dazu nur sehr umfassende staatliche Leistungen wie die Gewährleistung der inneren und äußeren Sicherheit sowie des Seuchenschutzes. Bei einer weitergefassten Definition kann man ein öffentliches Gut dadurch definieren, dass es keinen Preis hat, weil kein Ausschluss praktiziert wird, unabhängig davon, ob ein rivalisierender Konsum vorliegt. In diesem Fall sind auch die natürlichen Ressourcen als ein öffentliches Gut anzusehen.

		Ausschlussprinzip	
		Ja	**Nein**
Konsum	**Rivalisierend**	Bier Wohnung Straßenbenutzung bei Maut (mit Stau)	*Öffentliche Güter bei weitergefasster Definition:* Umweltnutzung durch Straßenverkehr Straßenbenutzung ohne Maut (mit Stau)
	Nichtrivalisierend	Telekommunikationsnetze Straßenbenutzung bei Maut (ohne Stau) Theater mit freien Plätzen	*Öffentliche Güter im engeren Sinne:* Innere Sicherheit Seuchenschutz Straßenbenutzung ohne Maut (ohne Stau)

Tabelle 14.1: Öffentliche Güter

14.3 Negative und positive externe Effekte

Bei der Darstellung des Marktmechanismus sind wir in den vorhergehenden Kapiteln davon ausgegangen,

- dass jeder Produzent für die von ihm beanspruchten Inputs einen Preis bezahlen muss und dass er für die von ihm produzierten Güter einen Preis erzielen kann,
- dass damit auch jeder Konsument für die von ihm konsumierten Güter einen Preis bezahlen muss.

Im Fall von Externalitäten sind diese fundamentalen Annahmen nicht mehr erfüllt.

Wer von Frankfurt nach New York fliegt, wird nicht mit den Kosten belastet, die dadurch für die Umwelt entstehen. Die *privaten Kosten,* die sich aus den Kosten der Fluggesellschaft ergeben, sind also geringer als die insgesamt anfallenden Kosten, die auch die mit dem Flug verbundenen Umweltbelastungen beinhalten. Die gesamten Kosten, die mit wirtschaftlichem Handeln verbunden sind, werden als *soziale Kosten* bezeichnet. Wenn die sozialen Kosten höher sind als die privaten Kosten, spricht man davon, dass *negative externe Effekte (NEE)* bestehen. Probleme mit negativen externen Effekten treten vor allem bei der Nutzung natürlicher Ressourcen auf, für die (noch) kein Ausschluss praktiziert wird.

Zu *positiven externen Effekten (PEE)* kommt es, wenn die privaten Erträge geringer sind als die sozialen Erträge. Ein Beispiel hierfür ist die innerbetriebliche Ausbildung, die einem Lehrling kostenlos angeboten wird. Ein Unternehmer erzielt dadurch private Erträge, da sein Mitarbeiter auf diese Weise produktiver wird. Es besteht jedoch das Risiko, dass dieser nach der Ausbildung früher oder später zu einem anderen Arbeitgeber wechselt. In diesem Fall kann das ausbildende Unternehmen nur teilweise oder überhaupt nicht von seinen Ausbildungskosten profitieren. Die sozialen Erträge sind dann höher als die privaten Erträge. Dem ausbildenden Unternehmen ist es dabei nicht möglich, von seinem Mitarbeiter die Kosten für die Ausbildung zurückzufordern. Das Ausschlussprinzip kann also nicht angewendet werden. Tendenziell fällt deshalb die Lehrlingsausbildung durch Betriebe geringer aus, als dies ohne diesen Effekt der Fall wäre. In Deutschland trägt man dieser Externalität zumindest insoweit Rechnung, als durch die Berufsschulen ein Teil der Ausbildung durch den Staat kostenlos bereitgestellt wird („duales System"). Allerdings müssen die ausbildenden Unternehmen den Lehrling hierfür von der Arbeit freistellen. Bei positiven externen Effekten stellt sich somit das Problem, dass von einem Gut zu wenig angeboten wird oder aber, dass es überhaupt nicht erstellt wird, obwohl die sozialen Kosten geringer sind als die sozialen Erträge.

Negative und positive externe Effekte beruhen also auf der Tatsache, dass für bestimmte Güter (Inputs oder Outputs) kein Preis gefordert werden kann. Sie sind allgemein wie folgt definiert:

negative externe Effekte = soziale Kosten − private Kosten,

positive externe Effekte = soziale Erträge − private Erträge.

Diese Terminologie geht auf den britischen Nationalökonomen Arthur Cecil Pigou (1877–1959) zurück, dessen Kurzbiografie Sie am Ende dieses Kapitels finden.

„Externe Effekte" stellen somit einen fundamentalen Organisationsdefekt des Marktes dar, der nur durch Eingriffe des Staates im Rahmen der Allokationspolitik korrigiert werden kann. Dies soll im Folgenden am Beispiel der Produktion eines umweltbelastenden Gutes verdeutlicht werden. ▶*Abbildung 14.1* zeigt, dass in diesem Fall die sozialen Grenzkosten der Produktion des Gutes höher liegen als die privaten Grenzkosten. Die Unternehmen richten ihr Angebot allein an ihren privaten Grenzkosten aus, sodass sich im Gleichgewicht die Menge x_0 und der Preis p_0 ergeben. Es entsteht somit ein negativer externer Effekt, der sich als Differenz zwischen den aggregierten sozialen Grenzkosten und dem Marktpreis ergibt. Gesamtwirtschaftlich ist dies deshalb von Nachteil, weil zum Preis von p_0 Konsumenten das Gut konsumieren, die diesem einen Wert beimessen, der geringer ist als seine (sozialen) Kosten.

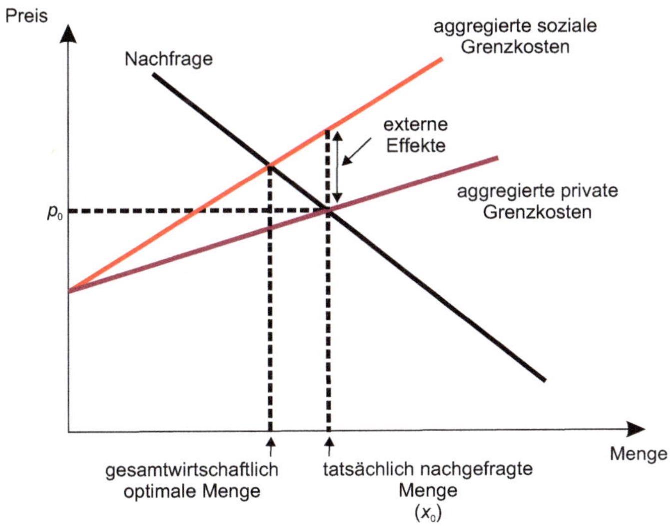

Abbildung 14.1: Externe Effekte im Marktprozess

Im Fall *positiver externer Effekte* besteht häufig das Problem, dass ein Gut überhaupt nicht hergestellt wird, weil keiner der Nachfrager bereit ist, den dafür erforderlichen Deckungsbeitrag zu leisten. Dies lässt sich am Beispiel der Landesverteidigung gut verdeutlichen. Wollte man die Bundeswehr privatisieren, ergäbe sich das Problem, die dafür erforderlichen Deckungsbeiträge von den Bürgern zu erhalten. Für jeden einzelnen Bürger wäre es dann optimal, ein möglichst geringes Interesse an der Landesverteidigung zu offenbaren (*Verhüllung der Präferenzen*), da er davon ausgehen kann, dass er von der Bundeswehr auch dann profitieren wird, wenn er dazu keinen Deckungsbeitrag leistet. Jeder Einzelne würde also darauf hoffen, in den Genuss eines positiven externen Effekts zu kommen. Infolge der *Nicht-Ausschließbarkeit* wäre es kaum möglich, die Kosten der Bundeswehr über den Markt zu decken.

Positive externe Effekte verleiten die Menschen also zu einem *„Trittbrettfahrer-Verhalten"*: Man hofft, dass andere das Gut erstellen und dass man dann kostenlos davon profitieren kann. Ein geschickter Trittbrettfahrer zeichnet sich dadurch aus, dass er seine Präferenzen möglichst gut verhüllt. Wir kennen alle sicher einen oder mehrere Trittbrettfahrer in unserem Bekannten- oder Freundeskreis. Wenn man abends mit Freunden zusammensitzt und das Bier alle ist, wer geht dann schon gerne – vor allem im Winter – zum Bierholen zur Tankstelle? In einer solchen Situation ist es strategisch sehr wichtig, ein möglichst geringes Interesse an Bier zum Ausdruck zu bringen („Ich will morgen ganz früh in die Vorlesung"). Vielleicht hat man dann Glück und jemand anderes tritt den Weg in die Kälte an, und man bekommt trotzdem noch ein Bier. Die Problematik positiver externer Effekte und des damit verbundenen *Trittbrettfahrer-Verhaltens* ist auch gut beim Abspülen und Putzen in Wohngemeinschaften beobachtbar.

Sowohl bei positiven wie bei negativen externen Effekten kommt es also zu einem *Marktversagen*. Während im Fall negativer externer Effekte ein übermäßig hoher Verbrauch öffentlicher Güter stattfindet, kommt es im Fall positiver externer Effekte dazu, dass das Angebot eines öffentlichen Gutes völlig unterbleibt (oder zu gering ausfällt), obwohl es allen Beteiligten mehr wert ist als die zu seiner Erstellung erforderlichen Kosten.

Externe Effekte sind eine wichtige Rechtfertigung dafür, dass sich der Staat auch in einer Marktwirtschaft nicht völlig aus dem Marktprozess zurückziehen kann. Er hat

- bei *positiven* externen Effekten die Aufgabe, die Produktion öffentlicher Güter in ausreichendem Umfang sicherzustellen, neben den bereits genannten Staatsaufgaben zählen hierzu insbesondere auch die Bildungspolitik und das Bereitstellen der öffentlichen Infrastruktur;
- bei *negativen* externen Effekten dafür zu sorgen, dass ein Raubbau an den davon betroffenen öffentlichen Gütern verhindert wird.

14.4 Umweltpolitik

An der bedrohlichen Entwicklung des globalen Klimas zeigen sich die Probleme eines negativen externen Effekts in besonders deutlicher Weise: Beim Umweltverbrauch werden Unternehmen und Konsumenten in der Regel weder mit den Kosten belastet, die sie *unmittelbar* hervorrufen (schlechte Luft, Lärm, Stauprobleme), noch mit den Kosten, die sie für *spätere Generationen* hervorrufen (Treibhauseffekt, Ozonloch). Bedrohlich ist der massive Anstieg der CO_2-Emissonen in einer vergleichsweise kurzen Zeitpanne. In der Wirtschaftswissenschaft gibt es seit Längerem eine intensive Diskussion darüber, mit welchen Instrumenten die staatliche Umweltpolitik am besten zur Beseitigung dieses Marktversagens beitragen kann. Diese sollen hier in knapper Form angesprochen werden.

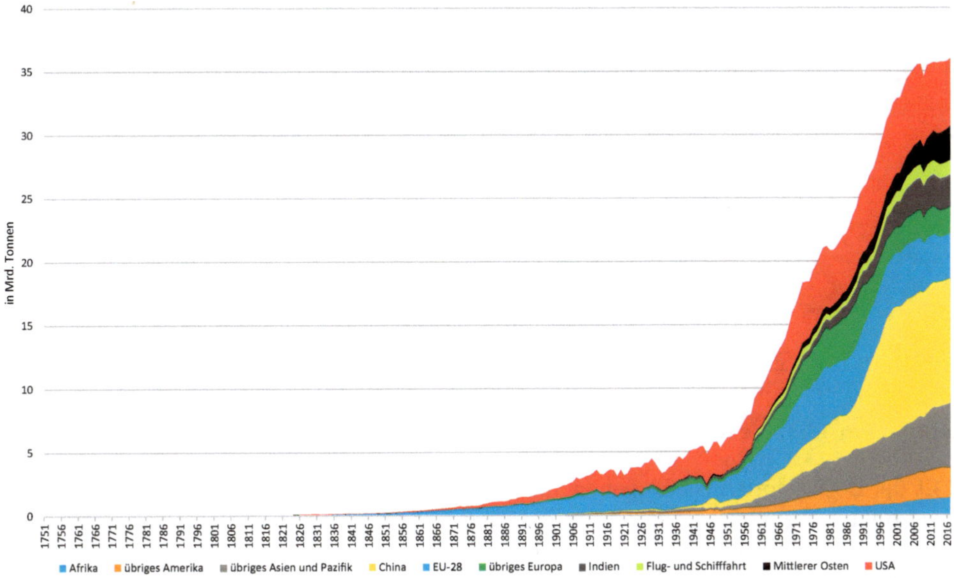

Abbildung 14.2: Emissionen von CO_2 und anderen Treibhausgasen
Quelle: Our World in Data *https://ourworldindata.org/co2-and-other-greenhouse-gas-emissions.*

Für das Verständnis der ökonomischen Sichtweise zur Umweltpolitik ist es wichtig, dass es dabei nicht darum geht, die Umweltverschmutzung auf null zu reduzieren. Ziel einer auf Vermeidung externer Effekte ausgerichteten Umweltpolitik ist es, dafür zu sorgen, dass nicht nur die privaten, sondern auch die externen Kosten von den Verursachern übernommen werden müssen und damit in ihren Entscheidungsprozessen berücksichtigt werden. Man bezeichnet dies als *„Internalisierung externer Effekte"*.

Die so gesehene „optimale" Umweltbelastung kann wie folgt ermittelt werden: Zunächst lässt sich eine Nachfrage der Unternehmen nach Umweltverschmutzung ableiten (▸*Abbildung 14.3*). Dabei unterstellt man, dass ein Unternehmen grundsätzlich bereit wäre, einen Preis für die Verschmutzung der Umwelt zu bezahlen. Konkret ist es für Unternehmen vorteilhaft, wenn es Schadstoffe direkt in einen benachbarten Fluss einleiten kann und nicht stattdessen eine kostspielige Entsorgung vornehmen muss.

Man kann daher eine Nachfrage nach Umweltverschmutzung analog zur Nachfrage nach Produktionsfaktoren darstellen, wie sie in *Abschnitt 7.1* abgeleitet wurde. Die privaten Grenzerträge der Schadstoffemission nehmen dementsprechend mit jeder zusätzlich emittierten Einheit ab. Ohne Umweltpolitik ist der Preis der Schadstoffemission gleich null, die Nachfrage wird bis zur *Sättigungsmenge* x^* ausgeweitet. Ausgehend von der Sättigungsmenge entspricht eine Bewegung entlang dieser Kurve zugleich den privaten Grenzkosten der Schadstoffvermeidung.

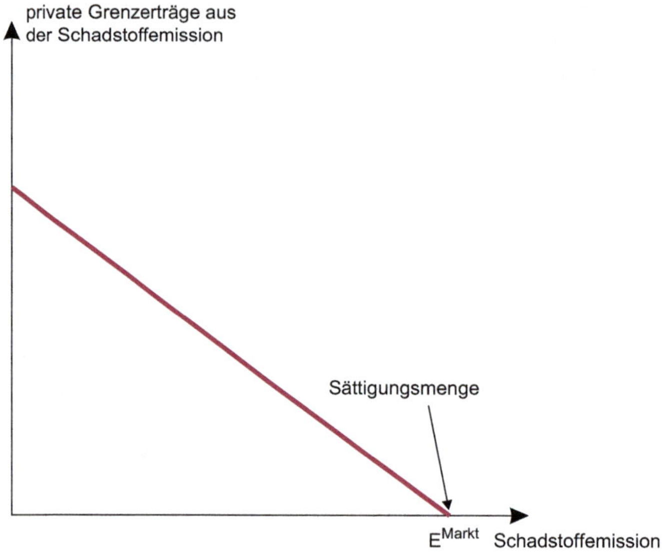

Abbildung 14.3: Die Nachfrage der Unternehmen nach Umweltverschmutzung

Mit der Schadstoffemission gehen *soziale Kosten* in Form der Umweltbelastung einher, die mit der Intensität der Emission überproportional zunehmen. Die *Grenzkosten* der Schadstoffemission steigen also mit dem Niveau der Emission an. Überträgt man diesen Zusammenhang in das Diagramm, ergibt sich folgendes Bild:

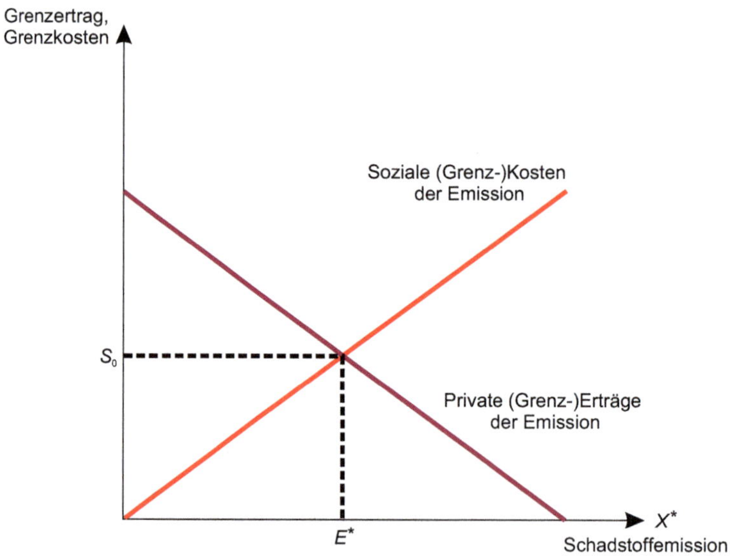

Abbildung 14.4: Grenzerträge und -kosten der Umweltverschmutzung

Die gesamtwirtschaftlich „optimale" Schadstoffmenge ergibt sich als Schnittpunkt der beiden Kurven: Die privaten Erträge aus der Umweltbelastung (= *private Grenzkosten* der Emissionsvermeidung) entsprechen dann den *sozialen Grenzkosten*. Rechts von

E^* werden zu viele Schadstoffe emittiert; links von E^* sind die privaten Kosten der Schadstoffvermeidung höher als die Kosten der Emission. *Gesamtwirtschaftlich* optimal ist also ein erheblich geringeres Emissionsniveau als das *einzelwirtschaftlich* optimale, das der Sättigungsmenge entspricht.

Ziel der Umweltpolitik muss es sein, das so definierte optimale Niveau E^* zu erreichen. In dem hier beschriebenen Modell bestünde die einfachste Lösung darin, die Unternehmen mit einer Schadstoffsteuer in Höhe von S_0 zu belasten. Bei den einzelwirtschaftlichen Produktionsentscheidungen würden damit automatisch nicht nur die privaten, sondern auch die externen Kosten der Produktion berücksichtigt. Diese nach ihrem Entdecker, dem britischen Ökonomen Arthur Cecil Pigou, als *Pigou-Steuer* bezeichnete Abgabe schafft somit einen wirksamen Ersatz für den Marktpreis der Umweltnutzung.

Eine alternative Lösung besteht in der Versteigerung von *Umweltverschmutzungszertifikaten*. Man könnte also für die Schadstoffmenge E^* eine Versteigerung durchführen. Damit hätte man eine starre Angebotskurve, die von der Nachfragekurve der Unternehmen bei einem Preis geschnitten würde, der S_0 entspricht.

Der Unterschied zwischen diesen beiden Vorgehensweisen liegt darin, dass in der Realität die in den Abbildungen dargestellten Nachfragekurven nicht bekannt sind. Der Vorteil der Zertifikatslösung besteht dann darin, dass sie mit Sicherheit gewährleistet, dass nicht mehr als die Menge E^* verschmutzt wird.

Eine direkte Anwendung dieses theoretischen Ansatzes ist das System des *Emissionshandels für CO_2-Zertifikate* in der Europäischen Union (EU Emission Trade System, EU ETS). Dieses System wird seit dem Jahr 2005 praktiziert. Es setzt für einen mehrjährigen Zeitraum eine Obergrenze für CO_2-Emissionen („cap"), die so beschaffen ist, dass es zu einer Reduktion der CO_2-Emissionen kommt. Für die dritte Handelsperiode 2013 bis 2020 wurde eine EU-weite Obergrenze festgelegt, die von Jahr zu Jahr um 1,74 Prozent sinkt. Damit soll bis zum Jahr 2020 eine Reduktion um 21 Prozent gegenüber 2005 erreicht werden. Bis zum Jahr 2030 soll die Reduktion auf 43 % gesteigert werden. In Höhe des „cap" werden CO_2-Zertifikate bereitgestellt, die zunächst auf die einzelnen Mitgliedsländer verteilt werden. In einer zweiten Stufe werden die Zertifikate im nationalen Rahmen auf die Unternehmen verteilt. Dies geschieht bisher überwiegend kostenlos, insbesondere für Unternehmen des Verarbeitenden Gewerbes. Für Unternehmen im Energiesektor werden die Zertifikate nur noch über Auktionen zugeteilt. Die Zuteilung auf die Unternehmen berücksichtigt deren spezifische CO_2-Emissionen. Die Zertifikate sind handelbar („trade"). Man spricht vom ETS deshalb auch als „cap and trade system". Ein Unternehmen, das weniger CO_2 emittiert als es dem Volumen der ihm zugeteilten Zertifikate entspricht, kann diese an der Börse verkaufen. Als Käufer treten Unternehmen auf, die mehr CO_2 emittieren möchten, als es ihnen aufgrund der zugeteilten Zertifikate möglich wäre. Die Unternehmen müssen auf jährlicher Basis nachweisen, dass sie über Zertifikate in Höhe ihres CO_2-Ausstoßes verfügen, andernfalls werden Strafzahlungen fällig. Zertifikate können nur einmal eingesetzt werden.

Auf den ersten Blick erscheint der Zertifikatehandel als eine Lösung, die dem hier dargestellten theoretischen Modellrahmen weitgehend entspricht. Idealtypisch würde die Menge der Zertifikate so festgelegt, dass sie der Menge E^* entspricht. Durch eine Versteigerung der Zertifikate würde sich der Preis S_0 einstellen, so dass die angestrebte Reduzierung der Umweltverschmutzung punktgenau erreicht wird.

Die Realität deckt sich jedoch nur teilweise mit diesem Modell. Zunächst stellt sich das Problem, dass der Zertifikatehandel nicht weltweit gilt, sondern nur für den Rahmen der EU. Und auch in der EU deckt er nach Angaben der EU nur 45 % der Emissionen von Treibhausgasen ab.[1] So werden Flüge zu Destinationen außerhalb der EU trotz intensiver Bemühungen der Europäischen Kommission nach wie vor nicht in das ETS einbezogen. Problematisch ist dabei auch, dass die Zielwerte nicht von einem „wohlmeinenden Diktator“ vergeben, sondern in einem politischen Prozess bestimmt werden, der sehr stark dem Einfluss von Interessengruppen ausgesetzt ist (Helm 2010). Die Ziele werden also großzügiger festgelegt als es technisch und ökonomisch möglich wäre. Man hat es hier also mit einem guten Anwendungsbeispiel der „politischen Ökonomie“ zu tun.

Für die Hypothese, dass die Obergrenze sehr großzügig bemessen wurde, spricht die Tatsache, dass der Preis der Umweltschutzzertifikate über Jahre hinweg verfallen ist und dann auf einem sehr niedrigen Niveau verharrte. Der Anreiz für Unternehmen, umweltschonender zu produzieren, hat sich so deutlich vermindert. Für diese Entwicklung ist allerdings auch die sehr schwache wirtschaftliche Entwicklung in Europa verantwortlich, die dazu geführt hat, dass die Unternehmen weniger Zertifikate benötigten und sich somit ein wachsender Bestand an ungenutzten Zertifikaten aufgebaut hat. Dies hat sich seit 2017 massiv verändert, da die Kommission Zertifkate aus dem Markt genommen hat („backloading“). Seitdem ist der Preis deutlich gestiegen und übt somit erstmals eine spürbare Lenkungswirkung aus (▶*Abbildung 14.5*).

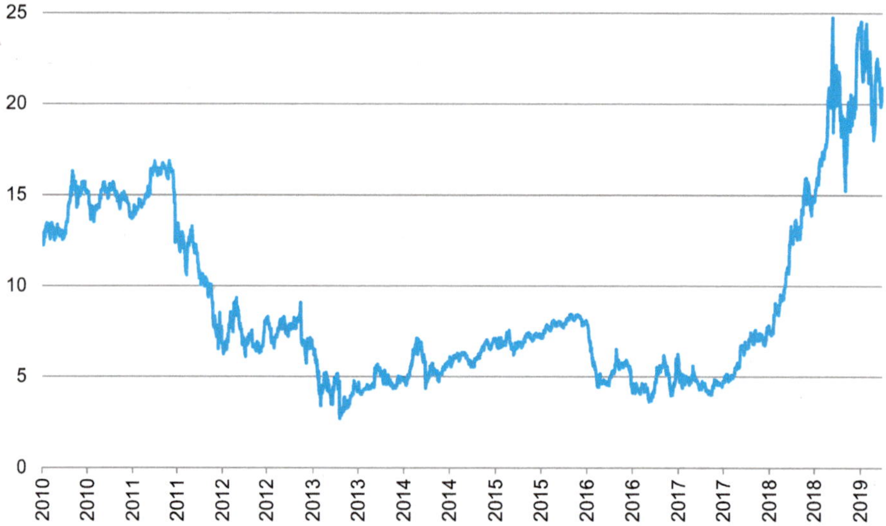

Abbildung 14.5: Börsenpreis der CO_2-Zertifikate in Euro
Quelle: Thomson Reuters, Datastream.

Neben dem System des Emissionshandels gibt es in vielen Ländern jedoch zusätzlich eine direkte Förderung von Investitionen in Erneuerbare Energien, wie beispielsweise die Windkraft, die Photovoltaik oder die Biomasse. Solche Energieträger wären zu den vor-

1 Vergleiche dazu den Bericht der Europäischen Kommission zum EU Emissions Trading System (EU ETS) von 2016. Internet: *https://ec.europa.eu/clima/sites/clima/files/factsheet_ets_en.pdf*

herrschenden Marktpreisen nicht wettbewerbsfähig. Deshalb subventioniert der Staat die Investoren. In Deutschland geschieht dies im Rahmen des *Erneuerbare-Energien-Gesetzes (EEG)* überwiegend in der Form einer Einspeisevergütung. Ein Investor hat dadurch die Möglichkeit, über einen Zeitraum von 20 Jahren den von ihm produzierten Strom zu einem im Voraus festgelegten Preis zu verkaufen. Die Differenz zwischen dem Markpreis und dem garantierten Preis wird über die EEG-Umlage finanziert. Diese wird auf den Strompreis aufgeschlagen und muss also von den Endverbrauchern getragen werden.

In Deutschland hat das EEG zu einem starken Anstieg der Stromproduktion aus Erneuerbaren Energien geführt. Ihr Anteil am Brutto-Stromverbrauch lag im Jahr 2018 bei 38 %. Hohe Investitionen in Erneuerbare Energien und eine sehr starke staatliche Förderung in China haben zu einem deutlichen Preisverfall geführt. So beträgt der Preis für eine Solaranlage heute rund 75 % des Preises von 2006.[2] Es konnten also erhebliche Lerneffekte realisiert werden.

Die Förderung der Erneuerbaren Energien wird allerdings auch heftig kritisiert. Zum einen wird argumentiert, dass es zusätzlich zum Emissionshandel keiner weiteren staatlichen Eingriffe bedürfe. Durch die Förderung Erneuerbarer Energien komme es sogar dazu, dass der Preis der CO_2-Zertifikate sinkt, wodurch der Anreiz zu einer umweltverträglichen Produktion reduziert werde.
Gawel et al. (2013) halten diese Argumentation für zutreffend, aber nur wenn man es mit einer idealen Welt zu tun hat, in der die Obergrenze für die CO_2-Zertifkate von einem „wohlmeinenden Diktator“ festgelegt wird. Da dies jedoch nicht der Fall ist, sei es durchaus sinnvoll, gezielt Erneuerbare Energien zu fördern. Sinkende Kosten für diese Energieträger erleichterten es der Politik, in dem fortlaufenden Prozess der Neufestlegung der Obergrenze ambitioniertere Ziele durchzusetzen. Zudem ist zu berücksichtigen, dass für neue Technologien eine staatliche Förderung sinnvoll sein kann, um die notwendigen Skaleneffekte zu mobilisieren, die dann zu sinkenden Preisen führen (Bergek und Jacobsson, 2010).

Die Kosten der Förderung Erneuerbarer Energien konnten mit der Einführung von Ausschreibungen (Bofinger, 2013) zur Bestimmung der Förderhöhe für große Solaranlagen, Windenergie an Land, Windenergie auf See und Biomasse deutlich reduziert werden. Dies markierte einen grundsätzlichen Systemwechsel innerhalb der Fördersystematik des EEG. Die bisherigen Erfahrungen mit Ausschreibungen sind insgesamt positiv zu beurteilen (BMWi, 2018). Bei Ausschreibungen für Windenergie auf See wurden sogar drei Zuschläge zu 0 ct/kWh erteilt. Es musste also keine Subvention mehr gezahlt werden.[3]

Daneben wurde und wird in der Umweltpolitik auch mit den Instrumenten der *staatlichen Auflagen* operiert:

- *Emissionsauflagen* wie zum Beispiel die TA-Luft („Technische Anleitung zur Reinhaltung der Luft“) legen Grenzwerte für die maximal zulässige Menge an emittierten Schadstoffen fest; im Extremfall können bestimmte Emissionen ganz untersagt werden.
- *Produktionsauflagen* können die Produktion bestimmter umweltschädigender Güter quantitativ begrenzen oder völlig verbieten.

2 Aktuelle Fakten zur Photovoltaik in Deutschland, Fraunhofer ISE, Download von *www.pv-fakten.de*, Fassung vom 29.5.2019

3 BMWi 2018 Erfahrungsbericht nach § 97 EEG (EEG-Erfahrungsbericht)

- *Prozessauflagen* geben qualitative Vorgaben für Produktionsverfahren, d.h., sie schreiben bestimmte Technologien oder die Verwendung bestimmter Inputfaktoren vor. Ein Beispiel für eine solche Auflage ist die „Großfeuerungsanlagen-Verordnung".

Grafisch kann man Auflagen ähnlich darstellen wie die Auktionslösung in ▸*Abbildung 14.6*. Durch die Auflage wird dann eine maximal zulässige Emissionsmenge E_0 vorgegeben. Der Vorteil von Auflagen besteht darin, dass sie bestimmte Emissionsstandards mit großer Sicherheit gewährleisten. In der Praxis stellt sich dabei allerdings das Problem, dass die zuständigen Behörden Überschreitungen zulassen können oder die Anforderungen an einem (veralteten) Stand der Technik festmachen.

Aus ökonomischer Sicht liegt der Nachteil von Auflagen (wie auch einer pauschalen Steuerlösung) darin, dass jeder einzelne Produzent über spezifische Grenzkosten der Emissionsvermeidung verfügt. Eine für alle Unternehmen identische Emissionsgrenze garantiert also nicht, dass bei jedem einzelnen Unternehmen die sozialen und privaten Grenzkosten übereinstimmen. Bei Auflagen stellt sich außerdem das Problem, dass für die Unternehmen kein Anreiz besteht, die Verschmutzung zu reduzieren, wenn sie neuere Produktionsverfahren einführen könnten, mit denen die Grenzkosten der Emissionsvermeidung sinken. Bei der Abgabenlösung werden sie demgegenüber bestrebt sein, die Steuerzahlung durch eine Verminderung der Emission zu reduzieren. Dies ist bei der Auflagenlösung nur gewährleistet, wenn der Staat die Auflagen ständig an den Stand des technischen Wissens anpasst.

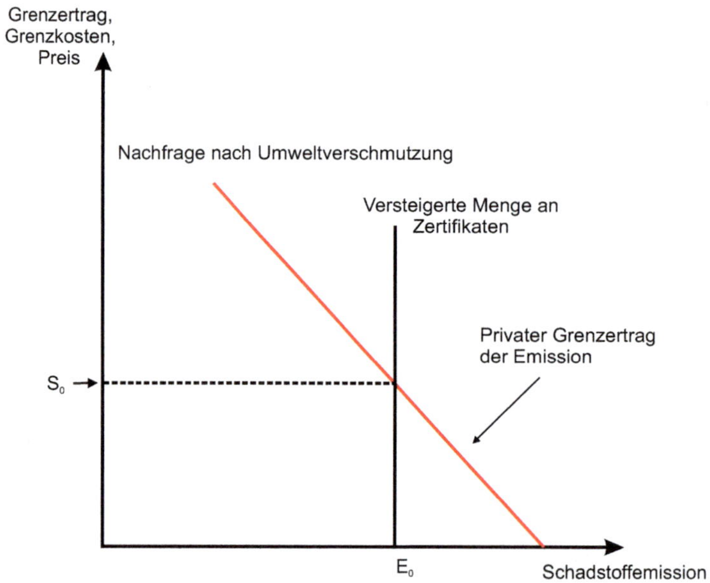

Abbildung 14.6: Auktion von Umweltverschmutzungszertifikaten

Die ▸*Abbildung 14.7* unterstellt, dass es durch technischen Fortschritt zu einer Drehung der Nachfrage nach Umweltverschmutzung nach links gekommen ist. Bei der Steuerlösung sinkt die Belastung automatisch von E_0 auf E_1. Bei der Auflagenlösung bleibt die Schadstoffbelastung konstant, es sei denn, der Staat erkennt die technische Entwicklung, und der festgelegte Grenzwert wird von E_0 auf E_1 reduziert.

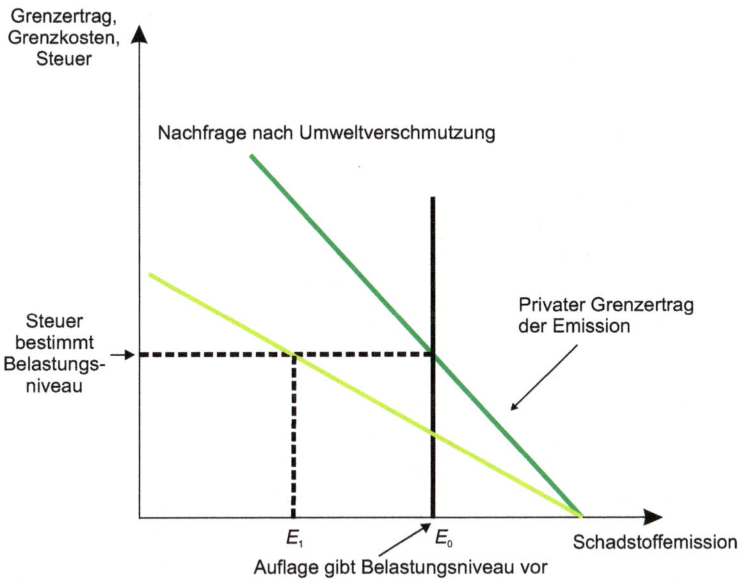

Abbildung 14.7: Vergleich von Pigou-Steuer und Auflage bei technischem Fortschritt

Box 14.1 Coase-Theorem

In diesem Kapitel wurde deutlich, dass es einer staatlichen Allokationspolitik bedarf, um die Bereitstellung des Gutes „Umwelt" in einer Marktwirtschaft zu gewährleisten. Von Ronald Coase (1960), den wir bereits in *Kapitel 4* kennengelernt haben, wurde demgegenüber theoretisch hergeleitet, dass es auch durch rein privatwirtschaftliche Initiativen zu einer sauberen Umwelt kommen könne. Sehen wir uns dazu folgendes Beispiel an: Ein Unternehmen leitet bei seiner Produktion Schadstoffe in einen Fluss, die für Fische schädlich sind. Weiter unten am Fluss befinden sich Fischer, die dadurch einem typischen negativen externen Effekt ausgesetzt sind. Für Coase ist es nun denkbar, dass die Fischer bereit sind, dem Unternehmen Geld anzubieten, um es so zu einer umweltfreundlicheren Produktion zu veranlassen. Die Externalität würde auf diese Weise internalisiert werden. Der gleiche Effekt könnte natürlich auch erreicht werden, wenn der Staat die Unternehmen verpflichtet, die Fischer zu entschädigen. Für Coase ist allein entscheidend, dass die Verminderung der Umweltbelastung, d.h. also die Verbesserung der Allokation im Sinne des Pareto-Kriteriums (*Kapitel 11*), auch ohne den Staat erreicht werden könnte. Die beiden Lösungen unterscheiden sich allerdings erheblich in ihren Verteilungseffekten. Hier sieht man die bereits angesprochene Problematik, dass es für ökonomische Effizienz, wie sie durch das Pareto-Kriterium ausgedrückt wird, ohne Bedeutung ist, welche Einkommensverteilung damit einhergeht.

In der Realität würde sich bei der Coase-Lösung insbesondere das Problem der *Transaktionskosten* stellen. Für die Anwohner einer belebten Durchgangsstraße wäre es relativ schwierig, Verhandlungen mit allen vorbeikommenden Autofahrern aufzunehmen, um sie zum Fahren umweltfreundlicher Automobile oder einer ökonomischeren Fahrweise zugunsten der Ökologie zu veranlassen.

Der frühe Grüne

1877–1959

Arthur Cecil Pigou war der Lieblingsschüler von *Alfred Marshall* (siehe Kurzbiografie am Ende von *Kapitel 5*) und übernahm im Jahr 1908 auch dessen Lehrstuhl. Der britische Nationalökonom wurde am 18. November 1877 auf der Isle of Wight geboren und starb am 7. März 1959 in Cambridge. Er war ein sehr kauziger Mensch und stand Zeit seines Lebens im Schatten des weltgewandten John Maynard Keynes, der ebenfalls in Cambridge lehrte und Pigou gerne als Prototyp der aus seiner Sicht überkommenen Neoklassik darstellte. Pigous große Liebe galt dem Bergsteigen.

Die Volkswirtschaftslehre verdankt Pigou vor allem seine Erkenntnis, dass eine Marktwirtschaft nicht ohne Staatseingriffe auskommt. In seinem Werk „Wealth and Welfare" hat er die auch heute noch wichtige Unterscheidung zwischen privaten und sozialen Kosten entwickelt und die dafür angemessene Therapie einer Steuer vorgeschlagen. Die im Jahr 1999 in Deutschland eingeführte Ökosteuer ist eine direkte Anwendung einer solchen „Pigou-Steuer".

In seiner „Theory of Unemployment" führt er die Arbeitslosigkeit vor allem auf starre Löhne und regulierte Arbeitsmärkte zurück. So modern das heute klingt, für Keynes war dieses Phänomen geradezu symptomatisch für die theoretischen Defizite der Neoklassik. In den *Kapiteln 10* und *17* dieses Buches können Sie die theoretischen Grundlagen für beide Positionen nachlesen.

Zitat

Die komplizierten Analysemethoden der Ökonomie sind nicht nur bloße Gymnastik. Sie sind Werkzeuge, um das Leben der Menschen zu verbessern."[4]

Ausbildung und Beruf

1897–1901 Studium der Geschichte und Ökonomie in Cambridge
1901–1908 Lehrtätigkeit in Cambridge
1908–1943 Lehrstuhl in Cambridge

Werke

1912 Wealth and Welfare, London, Macmillan
1933 The Theory of Unemployment, London, Macmillan
1952 Essays in Economics, London, Macmillan

4 A. C. Pigou zitiert nach A. Hoffmann: Im Zeichen des Krebses, in: N. Piper (Hrsg.): Die großen Ökonomen: Leben und Werk der wirtschaftswissenschaftlichen Vordenker, 2. überarbeitete Auflage, Stuttgart 1996, S. 82–87.

Schlagwörter

- Ausschlussprinzip (S. 242)
- Coase-Theorem (S. 254)
- Internalisierung (S. 247)
- negative externe Effekte (S. 244)
- öffentliches Gut (S. 243)
- Pigou-Steuer (S. 249)
- positive externe Effekte (S. 245)
- Trittbrettfahrer-Verhalten (S. 246)
- Umweltpolitik (S. 246)
- Umweltverschmutzungszertifikate (S. 249)

Aufgaben

Musterlösungen zu den hier gestellten Aufgaben finden Sie im MyLab | Grundzüge der VWL.

1. In seiner Regierungserklärung vom 14. März 2003 stellte der frühere Bundeskanzler Gerhard Schröder fest: „Jeder, der einen Ausbildungsplatz sucht und ausbildungsfähig ist, muss einen Ausbildungsplatz bekommen! Davon können wir nicht abweichen. Ebenso wie ich die Forderung an die Tarifparteien gerichtet habe, Öffnungsklauseln zu schaffen, damit betriebliche Bündnisse entstehen können, muss ich die Forderung an die Wirtschaft richten, die gegebene Zusage einzuhalten. Wenn nicht, werden wir auch in diesem Bereich zu einer gesetzlichen Regelung kommen müssen.“ Diskutieren Sie die Notwendigkeit einer solchen Regelung. Wie würde man sie am effizientesten ausgestalten?
2. Unter Studenten ist es nicht üblich, einen Preis für das Überlassen guter Vorlesungsmitschriften zu bezahlen. Welche Probleme können daraus resultieren?
3. Von einigen Vertretern der CDU wird das Konzept einer CO_2-Steuer kritisch betrachtet. Sie schlagen stattdessen eine Ausweitung des Emissionshandels vor. Diskutieren Sie die Unterschiede und die Vor- und Nachteile beider Vorgehensweisen.
4. Die Pollution AG produziert einen Kunststoff und gibt dabei eine hohe Menge an Schadstoffen in einen Fluss.
   a) Erklären Sie anhand des Beispiels verbal, was man unter einem „negativen externen Effekt“ und der „Internalisierung“ eines solchen Effekts versteht.
   b) Beschreiben Sie grafisch, wie es mittels einer Pigou-Steuer zu einer Internalisierung der negativen externen Effekte kommen kann.
   c) Unter welchen Voraussetzungen könnte es auch ohne den Staat zu einer Internalisierung kommen?

TEIL II

Makroökonomie

LERNZIELE

- Die Makroökonomie betrachtet die Volkswirtschaft gleichsam aus der Vogelperspektive. Sie fasst die vielen einzelnen Märkte für Güter und Dienstleistungen zu einem großen Markt zusammen. Die Vielzahl der in einer bestimmten Periode erstellten Dienstleistungen und Produkte wird zum *Bruttoinlandsprodukt* aggregiert.
- In der Makroökonomie geht es vor allem um gesamtwirtschaftliche *Zielgrößen*. Hierzu zählen: stetiges und angemessenes Wirtschaftswachstum, stabiles Preisniveau, hoher Beschäftigungsstand und außenwirtschaftliches Gleichgewicht.
- Das folgende Kapitel gibt einen Überblick über die makroökonomische Entwicklung in Deutschland seit 1876. Es wird deutlich, dass ein marktwirtschaftliches System zu erheblichen Störungen mit sehr hoher Arbeitslosigkeit oder aber mit starker Geldentwertung – bis hin zur *Hyperinflation* – tendieren kann. Die Selbstheilungskräfte des Marktes können also von Zeit zu Zeit unzureichend sein, so dass staatliche Stabilisierungspolitik zur Wiederherstellung des Gleichgewichts notwendig wird.
- Zur Vereinfachung arbeitet die Makroökonomie häufig mit zweidimensionalen Zielkatalogen. In der makroökonomischen Theorie sind heute „Zielscheiben" am gebräuchlichsten, auf denen eine Inflationslücke und die Output-Lücke abgebildet werden, d.h. Abweichungen der Inflation und des Outputs von einem als optimal angesehenen Wert.

Ziele der Makroökonomie: magische Vierecke und Dreiecke, Zielscheiben und Ziellinien

15

ÜBERBLICK

15.1 Von der Mikroökonomie zur Makroökonomie

Die zentrale Aussage der Mikroökonomie ist eindeutig: Der Markt ist das beste Organisationsprinzip für eine arbeitsteilige Wirtschaft. Der Preismechanismus sorgt auf den Märkten für Güter, Dienstleistungen, Arbeit und Kapital dafür, dass dezentral gebildete Pläne von Anbietern und Nachfragern in optimaler Weise aufeinander abgestimmt werden. *Direkte Eingriffe* des Staates in den Marktmechanismus müssen durch ein Marktversagen begründet werden.

Im Rahmen der Allokations- und Distributionsaufgabe des Staates konnten wir sehen, dass es wichtige Aufgaben für die Wirtschaftspolitik gibt, die sich neben der Bereitstellung eines allgemeinen rechtlichen *Rahmens* vor allem auf die Bereiche der sozialen Sicherung, der Wettbewerbsordnung, der Bildungspolitik und des Umweltschutzes erstrecken.

In der *Makroökonomie* geht es jetzt um die spannende Frage, ob die auf *einzelnen Märkten* zu beobachtende Effizienz des Preismechanismus auch für die *Wirtschaft im Ganzen* gilt. Vereinfacht gesprochen kann man also fragen, ob der Preismechanismus in der Lage ist, die Summe *aller* Angebotspläne (man spricht dann vom *gesamtwirtschaftlichen Angebot*) mit der Summe *aller* Nachfragepläne (*gesamtwirtschaftliche Nachfrage*) in optimaler Weise in Übereinstimmung zu bringen. Die Antwort hierauf ist entscheidend dafür, wie man die *Stabilisierungsfunktion* des Staates in einer Marktwirtschaft definiert: Soll er für die Steuerung der gesamtwirtschaftlichen Prozesse zuständig oder zumindest mitverantwortlich sein und wenn ja mit welchen Instrumenten?

In diesem Kapitel geht es zunächst darum, die Ziele in der Makroökonomie zu definieren. Wir beginnen mit dem sehr umfassenden Zielkatalog des „magischen Vierecks", von dem wir dann sukzessive auf eine dreidimensionale Zieldefinition, auf eine zweidimensionale „Zielscheibe" und am Ende eine eindimensionale „Ziellinie" übergehen. Jede dieser Abbildungen der gesamtwirtschaftlichen Ziele hat ihre Berechtigung. Bei den sehr rudimentären „Ziellinien" geht es vor allem darum, die Makroökonomie in einer möglichst einfachen Form zu präsentieren.

15.2 Das magische Viereck

Die Makroökonomie dreht sich um vier wichtige Zielgrößen, die in Deutschland durch das *Stabilitäts- und Wachstumsgesetz* aus dem Jahr 1967 sogar gesetzlich fixiert sind:[1]

- stetiges und angemessenes Wirtschaftswachstum,
- hoher Beschäftigungsstand,
- stabiles Preisniveau und
- außenwirtschaftliches Gleichgewicht.

---

1 § 1 des Gesetzes zur Förderung der Stabilität und des Wachstums der Wirtschaft lautet wie folgt: „Bund und Länder haben bei ihren wirtschafts- und finanzpolitischen Maßnahmen die Erfordernisse des gesamtwirtschaftlichen Gleichgewichts zu beachten. Die Maßnahmen sind so zu treffen, dass sie im Rahmen der marktwirtschaftlichen Ordnung gleichzeitig zur Stabilität des Preisniveaus, zu einem hohen Beschäftigungsstand und außenwirtschaftlichem Gleichgewicht bei stetigem und angemessenem Wirtschaftswachstum beitragen." Dieser Zielkatalog wurde erstmals in § 2 des Gesetzes über die Bildung eines Sachverständigenrates zur Begutachtung der gesamtwirtschaftlichen Entwicklung vom 14. August 1963 genannt.

Da es ziemlich schwierig und oft nahezu unmöglich ist, diese vier Ziele gleichzeitig zu erreichen, spricht man hierbei auch vom *„magischen Viereck“*. Das Stabilitäts- und Wachstumsgesetz geht wesentlich auf die Initiative des früheren Wirtschafts- und Finanzministers *Karl Schiller* (1911–1994) zurück. Sie finden eine Kurzbiografie am Ende dieses Kapitels.

Zum Einstieg in die *Makroökonomie* wollen wir zunächst einmal die Entwicklung dieser Zielgrößen über die Zeit hinweg ansehen. Wir werden an diesen „Fieberkurven“ der Wirtschaftsentwicklung recht klar erkennen können, dass es immer wieder zu Schocks kommen kann, mit denen die Selbstheilungskräfte des Marktsystems überfordert sind.

15.2.1 Stetiges und angemessenes Wirtschaftswachstum

Mit „stetigem und angemessenem Wirtschaftswachstum“ werden gleich zwei fundamentale wirtschaftspolitische Ziele beschrieben:

- Durch ein *angemessenes* Wachstum soll der materielle Wohlstand eines Landes allgemein erhöht werden. Da es sich beim Wirtschaftswachstum um einen exponentiellen Verlauf handelt, kann man mittel- und langfristig schon mit relativ geringen Zuwachsraten starke Veränderungen erzielen: Wenn die Wirtschaft jährlich um 2 % wächst, verdoppelt sich der Wohlstand bereits nach 35 Jahren. Wirtschaftswachstum ist insbesondere für die weniger wohlhabenden Schichten eines Landes von Bedeutung. Es gibt ihnen die Chance, ihre Lage zu verbessern, ohne dass dadurch den „Reichen“ mehr abgenommen werden muss. Die mit einer verstärkten Umverteilung einhergehenden negativen Anreizeffekte (siehe *Kapitel 12*) können so vermieden werden.
- Durch ein *stetiges* Wachstum sollen starke Ausschläge in der wirtschaftlichen Entwicklung vermieden werden. Diese können im Abschwung zu einem Anstieg der Arbeitslosigkeit und im Boom zu hohen Inflationsraten führen.

Als Indikator für wirtschaftliches Wachstum wird heute weltweit das *Bruttoinlandsprodukt (BIP)* verwendet. Es bildet den gesamtwirtschaftlichen Output ab, der in einer Periode von den Unternehmen produziert (= gesamtwirtschaftliches Angebot) und dann auch von den Konsumenten und Investoren nachgefragt wurde (= gesamtwirtschaftliche Nachfrage). Wir werden uns mit der genauen Definition des BIP und den Problemen dieser Messgröße im nächsten Kapitel ausführlicher auseinandersetzen. Wenn man die wirtschaftliche Entwicklung anhand des BIP betrachten will, muss man berücksichtigen, dass die Preise der Güter und Dienstleistungen im Durchschnitt nicht konstant sind, sondern in der Regel ständig ansteigen. Deshalb wird seine Entwicklung in der Regel „real“ beschrieben, d.h., es wird die rein inflationsbedingte Zunahme des Wertes von Gütern und Dienstleistungen herausgerechnet.

Bei der langfristigen Entwicklung des realen Bruttoinlandsprodukts in den letzten 140 Jahren ist ein eindrucksvoller Prozess des Wirtschaftswachstums in Deutschland zu erkennen (▸*Abbildung 15.1*).

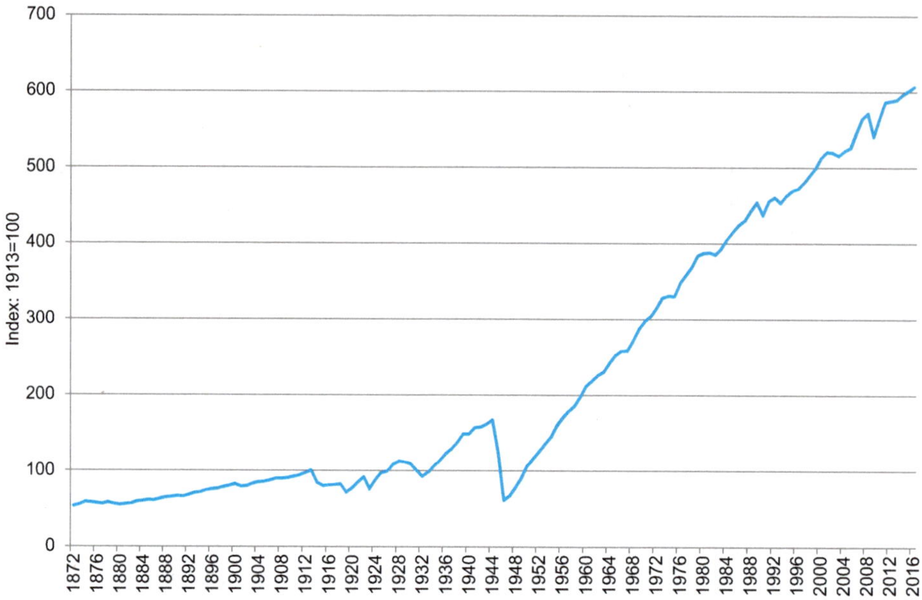

Abbildung 15.1: Die langfristige Entwicklung des realen Bruttoinlandsprodukts von 1872–2016 in Deutschland; Indexdarstellung: 1913=100
Quellen: Maddison Project Database (2018).

Im Jahr 2018 war die Menge der in Deutschland produzierten Güter und Dienstleistungen rund 25-mal so hoch wie im Jahr 1870. In dieser Zeit hat sich die Bevölkerung in etwa verdoppelt, aber es verbleibt noch immer eine Erhöhung der realen Einkommen *pro Kopf* um einen Faktor von etwa 12,5. Der Wohlstand hat sich in Deutschland also enorm erhöht. Besonders dynamische Phasen waren die Jahre von 1871 bis 1914, die sogenannte *Gründerzeit*, und die 1950er-Jahre, die als Zeit des *„deutschen Wirtschaftswunders“* bezeichnet werden. Worauf langfristige Wachstumsprozesse zurückzuführen sind, wird in der Volkswirtschaft im Teilgebiet der *Wachstumstheorie* diskutiert (*Kapitel 30* und *31*).

Es gibt in Deutschland wie in anderen Ländern keine Definition für „angemessenes“ Wirtschaftswachstum. Das jahresdurchschnittliche Wachstum des realen Bruttoinlandsprodukts belief sich von 2000 bis 2018 auf 1,3 %. Von 2010 bis 2018 betrug die Wachstumsrate sogar 1,8 %. Es ist schwierig zu sagen, ob das jeweils ein angemessenes Wachstum war.

Unstrittig ist, dass für das Erreichen des Ziels eines angemessenen Wirtschaftswachstums alle Bereiche des staatlichen Handels verantwortlich sind. Es geht dabei insbesondere darum, dass von der Angebotsseite die richtigen Rahmenbedingungen für Wirtschaftswachstum gesetzt werden. Hier ist vor allem die Allokationsfunktion des Staates gefordert, insbesondere die Bildungspolitik. In diesem Zusammenhang kann auch die Distributionspolitik einen Beitrag zum Wirtschaftswachstum leisten, wenn sie Kindern aus sozial schwachen Schichten eine gute Ausbildung ermöglicht.

Beim Ziel des *stetigen Wirtschaftswachstums* geht es vor allem um die Stabilisierungsfunktion des Staates. Sie zielt darauf ab, extreme Schwankungen der Wirtschaftsentwicklung um ihren Trend zu vermeiden. In der Vergangenheit ist das nicht immer geglückt. So sind für die erste Hälfte des vergangenen Jahrhunderts eine Reihe besonders ausgeprägter Zacken zu erkennen (*Abbildung 15.1*). Ursachen hierfür sind die beiden Weltkriege und die *Große Depression* (1929–1933). Diese weltweite und bisher gravierendste Wirtschaftskrise war für viele Ökonomen ein klares Zeichen dafür, dass die Selbstheilungskräfte eines Marktsystems bei sehr großen Störungen völlig überfordert sein können. Es ist kein Zufall, dass der Urvater der *Makroökonomie, John Maynard Keynes* (1883–1946), sein Hauptwerk *„The General Theory of Employment, Interest and Money"* im Jahr 1936 veröffentlichte. Er verdeutlichte darin, dass derartige Schocks nur mit einem staatlichen Eingreifen in Form einer expansiven Geld- und Fiskalpolitik bewältigt werden können.[2]

In der Nachkriegszeit sind auf der Wachstumskurve zunächst nur sehr geringe Dellen erkennbar. Allerdings verlief diese Phase auch nicht ohne gesamtwirtschaftliche Probleme. Bei einer genaueren Betrachtung (▸*Abbildung 15.2*) zeigt sich, dass es in der Phase von 1950 bis heute immerhin sechsmal zu einer Rezession gekommen ist. Von einer Rezession spricht man üblicherweise, wenn das reale Bruttoinlandsprodukt über zwei Quartale hinweg zurückgeht.

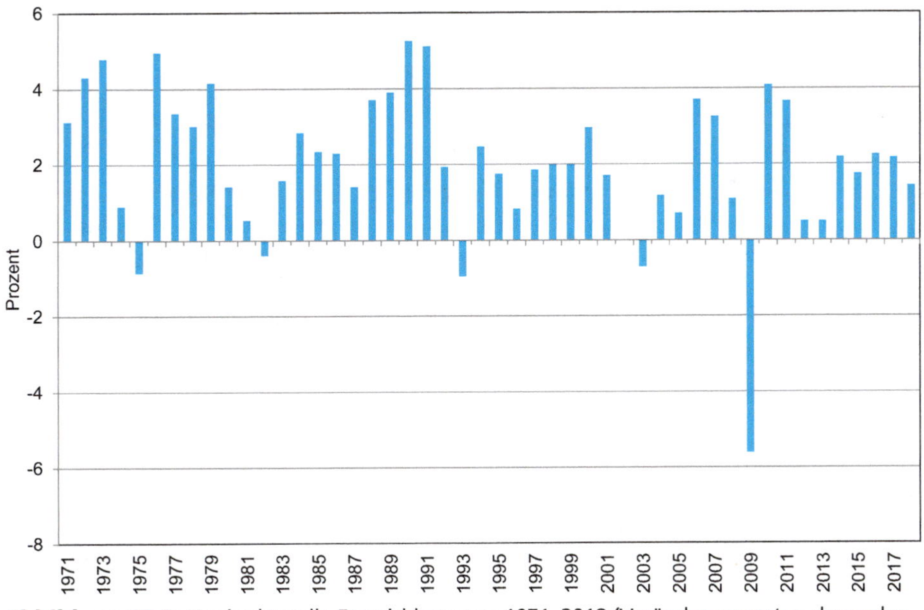

Abbildung 15.2: Konjunkturelle Entwicklung von 1971–2018 (Veränderungsraten des realen Bruttoinlandsprodukts in Deutschland; bis 1991 Westdeutschland
Quelle: Statistisches Bundesamt.

2 Siehe dazu die Fallstudie in *Kapitel 21*.

- Die erste konjunkturelle Schwächephase in der deutschen Nachkriegsgeschichte fand in den Jahren *1966/1967* statt. Im Rückblick erwies sich die zunächst als Rezession eingestufte Entwicklung nur noch als eine Stagnation. Nach den Wachstumserfolgen des „*Wirtschaftswunders*" in den 1950er und frühen 1960er Jahren führte diese wirtschaftliche Abkühlungsphase gleichwohl zum Rücktritt Ludwig Erhards vom Amt des Bundeskanzlers.
- Die erste größere Rezession trat in den Jahren *1974/1975* als Folge der Ölkrise von 1973/1974 auf. Sie stellte zugleich den ersten weltweiten Konjunkturabschwung in der Nachkriegszeit dar. In Deutschland ging das reale BIP im Jahr 1975 um 0,9 % zurück.
- Auch die Rezession von *1981/1982* wurde von einer starken Ölverteuerung ausgelöst. Das reale BIP sank dabei im Jahr 1982 um 0,4 %.
- Die vierte Rezession trat im Jahr *1993* ein. Hier belief sich der Rückgang auf 1,0 %. Der Einbruch folgte dem sehr starken wirtschaftlichen Aufschwung, der vom Nachfrageboom der deutschen Vereinigung des Jahres 1990 ausgelöst worden war.
- Im Jahr 2003 kam es mit −0,4 % zu einem leichten Rückgang des *Bruttoinlandsprodukts*. Die gesamte Phase von 2001 bis 2005 war dabei durch ein schwaches Wachstum und eine stagnierende Binnennachfrage (privater Verbrauch, Staatsverbrauch, private und öffentliche Investitionen) gekennzeichnet.
- Nach Jahrzehnten mit vergleichsweise geringen wirtschaftlichen Einbrüchen kam es mit der Finanz- und Wirtschaftskrise der Jahre 2007 bis 2009 zu einer schweren Erschütterung der Weltwirtschaft („Great Recession"), die nur aufgrund der sehr expansiven Geld- und Fiskalpolitik nicht zu einem ähnlich starken Rückgang des globalen Bruttoinlandsprodukts führte wie die *Große Depression*. In Deutschland ging das Bruttoinlandsprodukt im Jahr 2009 um 5,6 % zurück.

Beim Ziel des stetigen Wirtschaftswachstums geht es darum, die Schwankungen des *Bruttoinlandsprodukts* um seinen Trend möglichst gering zu halten. Dies lässt sich noch deutlicher als in *Abbildung 15.2* abbilden, wenn man das Konzept der *Output-Lücke* verwendet. Diese Größe ist definiert als Abweichung des Bruttoinlandsprodukts einer Periode (Y) von einem bei Vollauslastung aller Kapazitäten möglichen Output, den man auch als *Produktionspotenzial* (Y^V) bezeichnet. Die relative *Output-Lücke* wird dabei als prozentuale Abweichung des aktuellen realen Bruttoinlandsprodukts vom *Produktionspotenzial* definiert:

$$(15.1) \qquad \textit{relative Output-Lücke} = \frac{Y - Y^V}{Y^V}$$

Dabei lässt sich das *Produktionspotenzial* einer Volkswirtschaft nicht exakt ermitteln. Dazu müsste man zum Beispiel wissen, wie stark der Output ansteigen würde, wenn man alle Arbeitslosen in Deutschland beschäftigen könnte. Es werden daher unterschiedliche Schätzverfahren verwendet, die dementsprechend zu divergierenden Ergebnissen führen (▸*Abbildung 15.3*).

Für das Ziel des stetigen Wirtschaftswachstums gibt es keine quantitativen *Zielwerte*. Es ist daher offen, ob bei einer Output-Lücke von zum Beispiel 1 % bereits eine Verletzung vorliegt oder nicht. Dass es insgesamt für eine Volkswirtschaft vorteilhaft ist, starke Schwankungen des gesamtwirtschaftlichen Outputs zu vermeiden, ergibt sich daraus, dass diese in der Regel mit einer inflationären Überhitzung (positive Output-Lücke) oder aber steigender Arbeitslosigkeit (negative Output-Lücke) einhergehen. Es besteht also eine deutliche Interdependenz zwischen den gesamtwirtschaftlichen Zielgrößen.

Abbildung 15.3: Output-Lücken in Deutschland nach unterschiedlichen Berechnungsverfahren (1991–2018)
Quellen: IWF, World Economic Database, März 2019 und OECD, Economic Outlook 104 Database.

15.2.2 Hoher Beschäftigungsstand

In der öffentlichen Diskussion wird der Arbeitslosigkeit mindestens eine ebenso hohe Bedeutung beigemessen wie dem Wirtschaftswachstum. Dies ist leicht nachzuvollziehen, da eine hohe Unterbeschäftigung sehr viele Menschen existenziell ganz unmittelbar berührt. Selbst wenn man seinen Arbeitsplatz noch nicht verloren hat, kann die Sorge, plötzlich ohne Job dazustehen, eine große persönliche Belastung darstellen.

Die Arbeitslosigkeit wird in Deutschland anhand der Statistik der Bundesagentur für Arbeit abgebildet. Als arbeitslos wird nach § 16 Abs. 2 Sozialgesetzbuch III gezählt,

- wer vorübergehend nicht in einem Beschäftigungsverhältnis steht,
- ein versicherungspflichtiges Beschäftigungsverhältnis sucht und dabei den Vermittlungsbemühungen der Agentur für Arbeit zur Verfügung steht,
- sich bei der Agentur für Arbeit arbeitslos gemeldet hat.

Die Arbeitslosigkeit wird nicht nur mit der tatsächlichen Anzahl der Arbeitslosen abgebildet, sondern auch in Form der *Arbeitslosenquote*. Diese ist in Deutschland wie folgt definiert:

$$\text{(15.2)} \qquad Arbeitslosenquote = \frac{Anzahl\ der\ Arbeitslosen}{Anzahl\ der\ zivilen\ Erwerbspersonen}$$

Das Ziel eines hohen Beschäftigungsstandes wurde ebenfalls nie genau quantifiziert, aber es besteht ein Konsens darüber, dass man bereits bei einer Arbeitslosenquote von etwa 4 % im Bereich der Vollbeschäftigung liegt. Dies ist damit zu erklären, dass es auch bei einer sehr guten Konjunkturlage Arbeitslosigkeit gibt, weil

- Beschäftigte von einem Job zum anderen wechseln und dabei nicht immer einen lückenlosen Übergang finden (*friktionelle Arbeitslosigkeit*),
- in manchen Branchen – wie z.B. der Bauwirtschaft – im Winter nicht gearbeitet werden kann (*saisonale Arbeitslosigkeit*) und
- es immer auch Menschen gibt, die sich arbeitslos melden, ohne wirklich an einer Beschäftigung interessiert zu sein (*freiwillige Arbeitslosigkeit*).

Noch deutlicher als bei den Schwankungen des Wirtschaftswachstums kann man bei der längerfristigen Entwicklung der Arbeitslosigkeit erkennen, dass die Selbstheilungskräfte des Marktes auf der gesamtwirtschaftlichen Ebene nur bedingt wirksam sind (▶*Abbildung 15.4*).

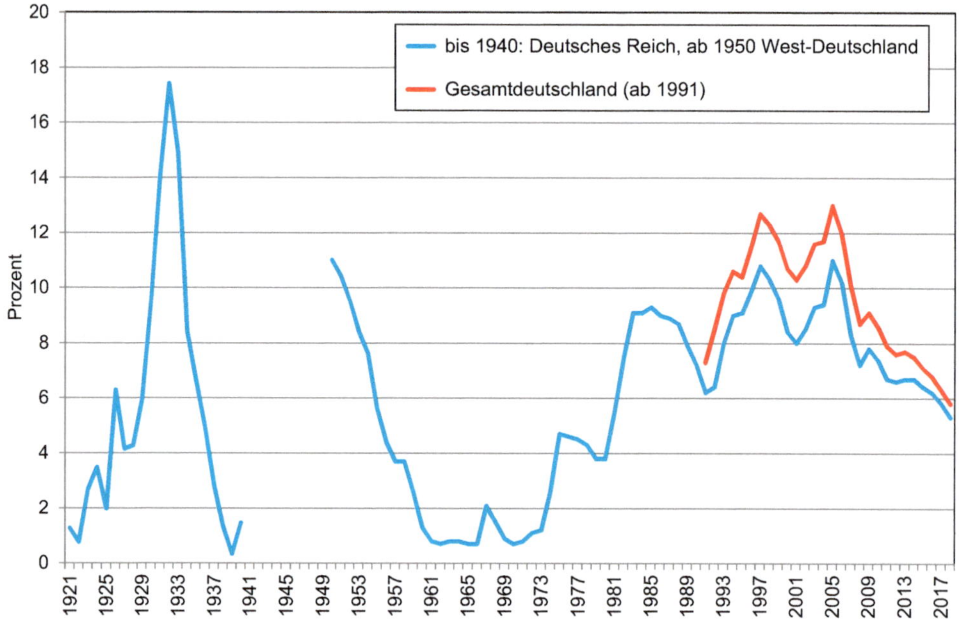

Abbildung 15.4: Langfristige Entwicklung der Arbeitslosenquote in Deutschland (1921–2018)
Quelle: Bundesagentur für Arbeit.

Zu einem besonders drastischen Beschäftigungseinbruch kam es in Deutschland Anfang der 1930er-Jahre in der Phase der *Großen Depression* mit fast sechs Millionen Arbeitslosen, was einer Arbeitslosenquote von 18 % entsprach. Die dadurch geschaffene politische Instabilität bereitete den Boden für den Nationalsozialismus. In der Zeit *nach dem Zweiten Weltkrieg* war die Arbeitslosigkeit in Westdeutschland zunächst noch sehr hoch, da sehr viele Flüchtlinge aus dem Osten Deutschlands in den Arbeitsmarkt integriert werden mussten. Durch das *Wirtschaftswunder* konnten diese Menschen aber rasch Jobs finden. Die 1960er-Jahre waren durch einen „leergefegten Arbeitsmarkt" gekennzeichnet. Um die sehr hohe Nachfrage nach Arbeitnehmern decken zu können, wurden in dieser Zeit erstmals „Gastarbeiter" aus Italien und anderen Ländern angeworben. Mit den Rezessionen von 1974/75 und 1981/82 endete die Zeit der Vollbeschäftigung. Man sieht daran, dass schon ein relativ geringer Rückgang des realen Bruttoinlandsprodukts zu einem deutlichen Anstieg der Arbeitslosigkeit führen kann. Dies ist darauf zurückzuführen, dass die Produktivität in der Regel mit einer Rate von rund 1 % steigt. Eine Zunahme des realen BIP um diesen Betrag kann also mit einem konstanten Beschäftigungsvolumen erwirtschaftet werden. Bleibt der Anstieg des BIP unter dieser Marke, nimmt die Beschäftigung ab.

Durch die deutsche Vereinigung im Jahr 1990 kamen auf einen recht hohen Sockel westdeutscher Arbeitsloser noch einmal rund eine Million ostdeutsche Beschäftigungssuchende hinzu, die durch die Wirtschaftstransformation (*Kapitel 4*) ihren Arbeitsplatz verloren hatten. Bei dem seit 1993 recht geringen Wirtschaftswachstum ist es der Wirtschaftspolitik nicht mehr gelungen, die Arbeitslosigkeit auch nur annähernd in den Griff zu bekommen. Die Arbeitslosigkeit stieg in den 1990er-Jahren auf bis zu vier Millionen, sie ging in den Jahren 1999 bis Anfang 2001 etwas zurück. Bei einer nahezu stagnierenden Wirtschaft stieg sie anschließend wieder merklich an. Durch die Hartz-IV-Reform wurden zudem Sozialhilfeempfänger, die arbeitsfähig sind und bis 2004 nicht in der Arbeitslosenstatistik verzeichnet waren, als „arbeitslos" definiert, womit es im Jahr 2005 zu einem weiteren, allerdings nur statistisch bedingten Anstieg der Arbeitslosigkeit über die 5-Millionen-Grenze kam. Mit dem Wirtschaftsaufschwung der Jahre 2006 bis 2008 ging die Arbeitslosigkeit in Deutschland deutlich zurück. Zur Überraschung der meisten Ökonomen führte der drastische Einbruch der Wirtschaftstätigkeit im Jahr 2009 nicht dazu, dass die Arbeitslosigkeit merklich anstieg. Das ist vor allem auf die intensive Inanspruchnahme des Instruments der *Kurzarbeit* und auf die auf tarifvertraglicher Ebene vereinbarten Formen der Arbeitszeitverkürzung zurückzuführen. Eine Erklärung des Rückgangs der Arbeitslosigkeit seit dem Jahr 2005 findet man im Exkurs am Ende von *Kapitel 10*.

15.2.3 Stabiles Preisniveau

So wie eine Unterbeschäftigung und ein geringes Wachstum (oder gar eine *Rezession*) mit volkswirtschaftlichen Kosten verbunden sind, ergeben sich auch aus einer hohen *Inflationsrate* nachteilige Effekte für eine Marktwirtschaft. Diese resultieren daraus, dass Geld nur dann seine *Funktionen* erfüllen kann, wenn sein Wert über die Zeit hinweg stabil ist. Konkret geht es dabei um drei *Geldfunktionen*:

- Die Funktion des *Tauschmittels*: Die Erfahrung mit der *Hyperinflation* von 1923 zeigt, dass Geld nur dann als Tauschmittel akzeptiert wird, wenn sein Wert einigermaßen stabil ist. Ist dies nicht mehr der Fall, fällt die Wirtschaft in den Zustand des Naturaltauschs zurück, womit es sehr aufwendig wird, den Gütertausch in einer hoch arbeitsteiligen Wirtschaft zu organisieren. Der Naturaltausch setzt im Prinzip eine wechselseitige Übereinstimmung der Bedürfnisse voraus. Man spricht hierbei auch von der *doppelten Koinzidenz der Bedürfnisse*. In einer reinen Tauschwirtschaft müsste beispielsweise ein hungriger Schneider nach einem frierenden Bäcker suchen, der gerade einen neuen Mantel benötigt. Und wenn der Schneider damit erfolgreich ist, erhält er für den Mantel so viele Brötchen, dass er dafür noch nach weiteren Abnehmern suchen muss. Im Gegensatz zu einer Wirtschaft mit einem funktionsfähigen Geldwesen ist eine Tauschwirtschaft also mit hohen Such- und Transaktionskosten verbunden.
- Die Funktion des *Wertspeichers*: Ohne stabiles Geld ist es für die Menschen nicht möglich, ihre *Ersparnisse* in „sicheren Anlagen" wie Bankguthaben oder Staatsanleihen anzulegen bei einer Bank oder in Anleihen anzulegen. Es bleibt ihnen dann nur die „Flucht ins Sachvermögen".

- Die Funktion der *Recheneinheit*: Der Preismechanismus ist das zentrale Signalsystem einer Marktwirtschaft. Bei einer hohen Inflation können die Konsumenten nur noch schwer erkennen, ob ein einzelnes Gut gegenüber anderen Produkten teurer geworden ist (man spricht hier von einer Veränderung der *relativen Preise*) oder ob das *Preisniveau* insgesamt schon wieder gestiegen ist. Diese Problematik stellt sich vor allem bei sehr hohen *Inflationsraten*, wie man sie u.a. in Lateinamerika in den 1990er-Jahren immer wieder beobachten konnte. Wenn sich in einem Jahr das Preisniveau beispielsweise verdoppelt oder verdreifacht, muss man bei jedem einzelnen Preis erst einmal nachdenken, ob ein Produkt im Vergleich zu anderen Gütern teurer oder billiger wurde oder ob es sich im Einklang mit dem allgemeinen Preisauftrieb verändert hat.

In der Regel betrachtet man bei diesem makroökonomischen Ziel nicht das absolute Preisniveau, sondern dessen Veränderung über die Zeit, die *Inflationsrate*. Diese wird üblicherweise als die Veränderung eines Preisindex über einen bestimmten Zeitraum hinweg gemessen. In der öffentlichen Diskussion wird dem Verbraucherpreisindex die größte Beachtung beigemessen. Er spiegelt die Verbrauchsgewohnheiten der Bürgerinnen und Bürger in Deutschland. Seine wichtigsten Komponenten (Güter des Warenkorbes) werden in ▶*Abbildung 15.5* abgebildet:

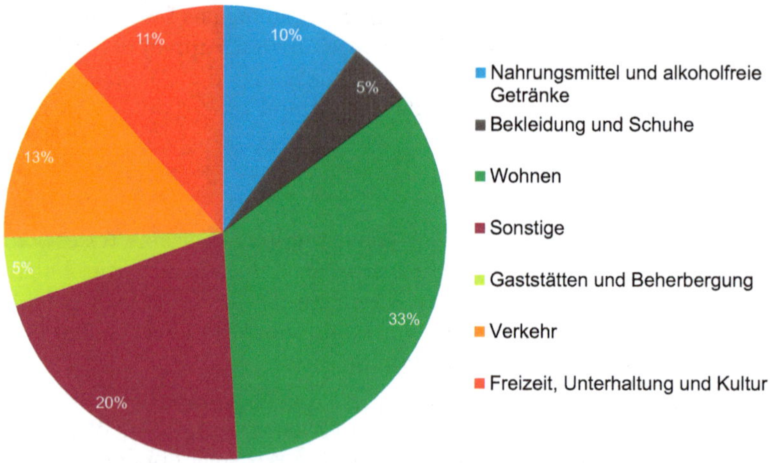

Abbildung 15.5: Komponenten des Verbraucherpreisindex (Basisjahr 2015)
Quelle: Statistisches Bundesamt.

Beim *Verbraucherpreisindex* handelt es sich um einen sogenannten Laspeyres-Index, der wie folgt definiert ist:

$$(15.3) \qquad \text{Preisindex März 2019} = \frac{\sum p_i^{\text{März 2019}} x_i^{2015}}{\sum p_i^{2015} x_i^{2015}} \cdot 100$$

Wie die Gleichung verdeutlicht, wird dabei zunächst für ein Basisjahr ermittelt, welche Güter (x_i) in den Index eingehen. Für jedes Gut wird im Basisjahr ermittelt, wie hoch sein Preis (p_i) ist. Summiert man das Ganze auf, erhält man die Ausgabensumme, die man im Jahr 2015 benötigte, um den Warenkorb zu kaufen. Wenn man den Indexwert für den März 2019 ermitteln will, muss man für dieselben Güter im März 2019 herausfinden, wie ihr Preis ist. Aufsummiert ergibt das dann die Ausgabensumme für den

März 2019. Dividiert man diese durch die Ausgabensumme des Basisjahres und multipliziert das Ergebnis mit 100, dann erhält man den Indexwert für den März 2019.
Um die *Inflationsrate* zu errechnen, muss man die Indexwerte für verschiedene Zeitpunkte vergleichen. Üblicherweise wird die Inflationsrate im Vorjahresvergleich errechnet, um auf diese Weise saisonale Schwankungen in der Preisentwicklung auszuschließen (siehe dazu auch *Kapitel 16.5*). Die Inflationsrate für den März 2019 wird also wie folgt errechnet:

$$\text{(15.4)} \qquad \text{Inflationsrate März 2019} = \left(\frac{\text{Preisindex März 2019}}{\text{Preisindex März 2018}} - 1\right) \cdot 100$$

Der konkrete Wert für die Inflationsrate im März 2019 ergibt sich dann wie folgt:

$$\text{(15.5)} \qquad \text{Inflationsrate März 2019} = \left(\frac{104{,}2}{102{,}9} - 1\right) \cdot 100 = 1{,}26\ \%$$

Bei einem längerfristigen Rückblick sieht man, welche starken Schwankungen die Inflationsrate in Deutschland aufgewiesen hat. Dies gilt zunächst schon für die bereits erwähnten *Gründerjahre*, d.h. die Zeit von 1871 bis 1914, die sich durch eine sehr hohe wirtschaftliche Dynamik auszeichnete. Im Vergleich zu heutigen Verhältnissen ist dabei bemerkenswert, dass es immer wieder auch zu einem ausgeprägten Rückgang des Preisniveaus kam. Man spricht dann von einer *Deflation*. Die Preise waren in dieser Phase nach unten hin also sehr viel flexibler als heute (▸*Abbildung 15.6*).

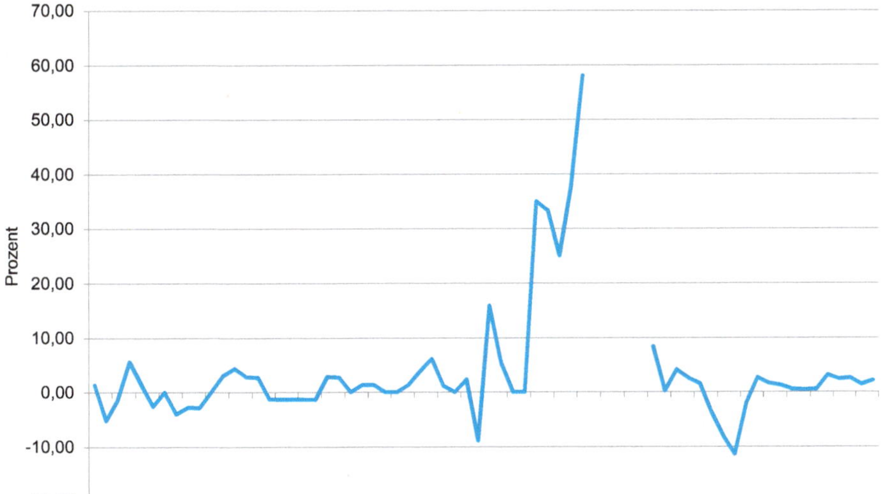

Abbildung 15.6: Jährliche Inflationsraten in Deutschland von 1876 bis 1942. Werte aus der Hyperinflationsphase von 1922 bis 1924 wurden nicht dargestellt.
Quelle: Deutsche Bundesbank: Deutsches Geld und Bankwesen in Zahlen 1876–1975, S. 6 f.

Mit dem Ersten Weltkrieg hob die Preisniveauentwicklung dann völlig ab und mündete in eine *Hyperinflation:* Eine Mark des Jahres 1919 hatte dieselbe Kaufkraft wie eine Trillion Mark im Oktober 1923. Die Ursache hierfür war eine exzessive Staatsverschuldung, die über die Notenpresse finanziert wurde, wodurch die *Geldmenge* erheblich stärker ausgeweitet wurde als die vorhandene Gütermenge. Wir werden diese Zusammenhänge in *Kapitel 26* noch ausführlicher diskutieren. Die Hyperinflation konnte erst durch eine umfassende *Währungsreform* im November 1923 gestoppt werden. Viele Menschen haben dabei ihre gesamten Ersparnisse verloren.

Dies wiederholte sich mit dem Zweiten Weltkrieg. Wiederum war eine unkontrollierte, kriegsbedingte Staatsverschuldung die Hauptursache. Aufgrund umfassender staatlicher *Preiskontrollen* blieben dabei die Preiserhöhungen eng begrenzt. So lag die durchschnittliche Inflationsrate in den Kriegsjahren lediglich bei 2,3 %. Am Ende des Krieges war das Geld jedoch erneut nahezu wertlos. Da es überall Bargeld im Überfluss gab, konnte man dafür keine Waren mehr bekommen. Das Geld hatte seine *Kaufmacht* verloren. Um den so entstandenen *Geldüberhang* abzubauen, musste am 21. Juni 1948 erneut eine *Währungsreform* vorgenommen werden. Die D-Mark wurde als Währung für die damaligen drei Westzonen eingeführt und reduzierte alle Bankguthaben im Verhältnis 100 Reichsmark : 10 D-Mark; für größere Anlagen kam es sogar zu einer Reduktion im Verhältnis 100 : 6,5. Mehr zur Geschichte der Mark als Währung für Deutschland finden Sie im letzten Abschnitt dieses Kapitels.

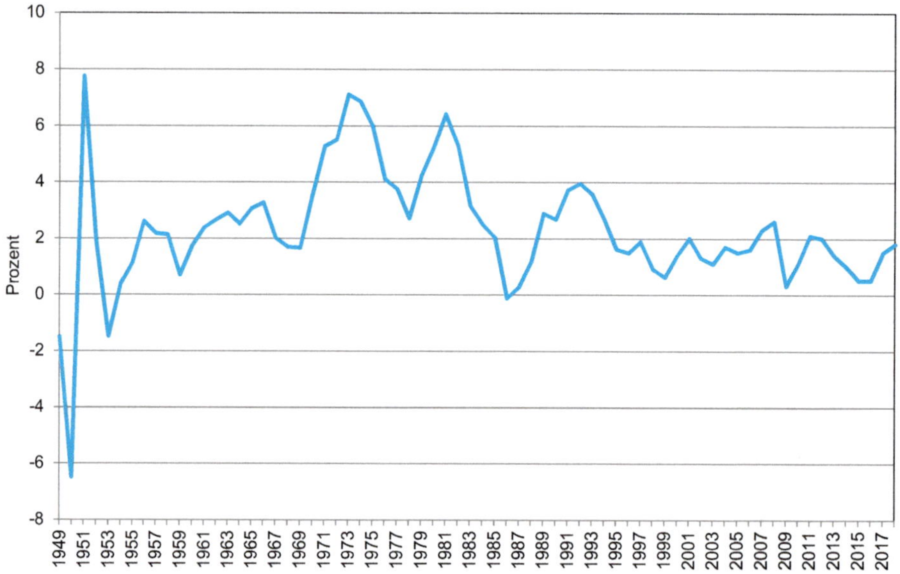

Abbildung 15.7: Inflationsraten in Deutschland von 1949 bis 2018
Quelle: Deutsche Bundesbank: Deutsches Geld und Bankwesen in Zahlen 1876–1975, S. 6 f. und Statistisches Bundesamt.

Wie die ▶*Abbildung 15.7* verdeutlicht, blieben Deutschland in der Zeit nach 1949 derart unruhige Entwicklungen erspart. Die Verbraucherpreisentwicklung verlief bis Mitte der 1960er-Jahre recht moderat. Sie nahm dann jedoch Fahrt auf und erreichte im Zuge der ersten Ölkrise eine Spitze von 7,8 % im Jahre 1974. Bei der zweiten Ölverteuerung erhöhte sich der Preisauftrieb auf bis zu 7,5 % im Jahre 1982. Eine dritte Inflationswelle trat mit der deutschen Einheit in den Jahren 1991/92 ein. Bei diesen Zahlen muss man jedoch berücksichtigen, dass alle anderen westlichen Länder (mit der Ausnahme der Schweiz) in der Zeit von 1950 bis 2000 teilweise erheblich höhere *Inflationsraten* als Deutschland zu verzeichnen hatten. Die für die deutsche Geldpolitik bis 1998 verantwortliche Notenbank, die *Deutsche Bundesbank*, konnte sich deshalb weltweit einen sehr guten Ruf verschaffen. Aus diesem Grund wurde auch die Verfassung der Europäischen Zentralbank weitgehend nach dem Modell der Bundesbank gestaltet (*Kapitel 26*). Die Preisniveauentwicklung blieb in Deutschland auch nach dem Eintritt in die Europäische Währungsunion im Jahr 1999 und der Bargeldeinführung des Euro im Jahr 2002 sehr moderat. Die Inflationsrate lag zwischen 2002 und 2018 sogar fast durchweg niedriger als im Durchschnitt der Jahre, in denen die Geldpolitik unter der Regie der Deutschen Bundesbank betrieben wurde.

Das Erfolgsrezept der deutschen Geldpolitik in den Jahren 1949 bis 1998 lässt sich zumindest in Umrissen ganz gut erkennen. Die ▶*Abbildung 15.8* zeigt, dass die Bundesbank mit ihrer Zinspolitik sehr rasch und massiv reagierte, wenn sich Inflationsgefahren abzeichneten; alle Phasen mit einer Inflationsrate von mehr als 4 % sind in der Abbildung grau schraffiert. Diese wichtige Rolle der Zinspolitik wird in den *Kapiteln 20* bis *22* ausführlich diskutiert.

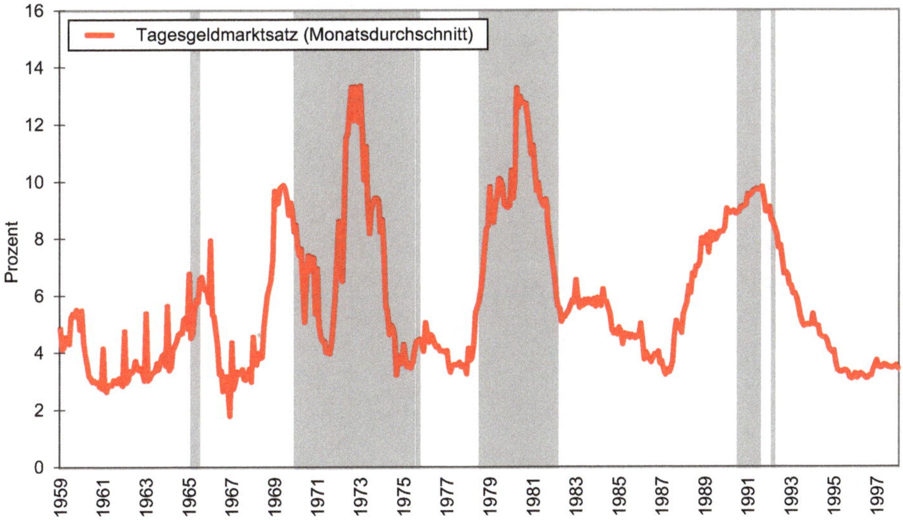

Abbildung 15.8: Kurzfristige Zinsen in Deutschland und Phasen mit einer Inflationsrate von über 4 % (im Zeitraum 1960 bis 1998)
Quelle: Deutsche Bundesbank und Statistisches Bundesamt.

Wie kann man nun das Ziel eines stabilen Preisniveaus definieren? Bei einer rein formalen Sichtweise ist dieses Ziel dann erreicht, wenn die *Inflationsrate* gleich null ist, sodass der Preisindex über die Zeit hinweg konstant bleibt. Ein solcher Zustand schließt nicht aus, dass einzelne Preise steigen, andere jedoch fallen und einige konstant bleiben. Entscheidend ist, dass sich die Effekte von Gütern, die teurer werden, und Produkten, die billiger werden, die Waage halten.

In der Geldpolitik wird das Ziel des stabilen Preisniveaus in der Regel mit einer jährlichen Inflationsrate von 2 % gleichgesetzt. Die meisten Notenbanken, die in ihrer Geldpolitik ein sogenanntes „*inflation targeting*" betreiben, orientieren sich an diesem Zielwert. Die *Europäische Zentralbank* definierte „Preisstabilität" als anfänglich „Anstieg des Harmonisierten Verbraucherpreisindex (HVPI) für das Euro-Währungsgebiet von unter 2 % gegenüber dem Vorjahr." Nach einer Überprüfung seiner geldpolitischen Strategie im Jahr 2003 stellte der EZB-Rat klar, dass er im Rahmen der Definition darauf abziele, mittelfristig eine Preissteigerungsrate von „unter, aber nahe der 2 %" beizubehalten.

Wenn die Europäische Zentralbank im Einklang mit anderen Notenbanken „Preisniveaustabilität" nicht mit einer Inflationsrate von null gleichsetzt, liegt das daran, dass die statistisch ermittelten Inflationsraten die tatsächliche Geldentwertung tendenziell etwas überzeichnen. Ursachen hierfür sind Qualitätsverbesserungen von Produkten, die nur bedingt bei der Indexberechnung berücksichtigt werden können, und die Tatsache, dass viele Produkte als „Schnäppchen", d.h. unter dem regulären Ladenverkaufspreis, erstanden werden.

Seit der Einführung des Euro ist es der Europäischen Zentralbank recht gut gelungen, die Preisentwicklung des Euroraums gemäß ihres Zielwerts zu steuern. In Deutschland verlief die Inflationsentwicklung sogar etwas unterhalb des Durchschnitts des Euroraums. In der jüngeren Vergangenheit stellte sich das Problem, dass die Inflationsrate des Euroraums unter den Zielwert abgesackt ist.

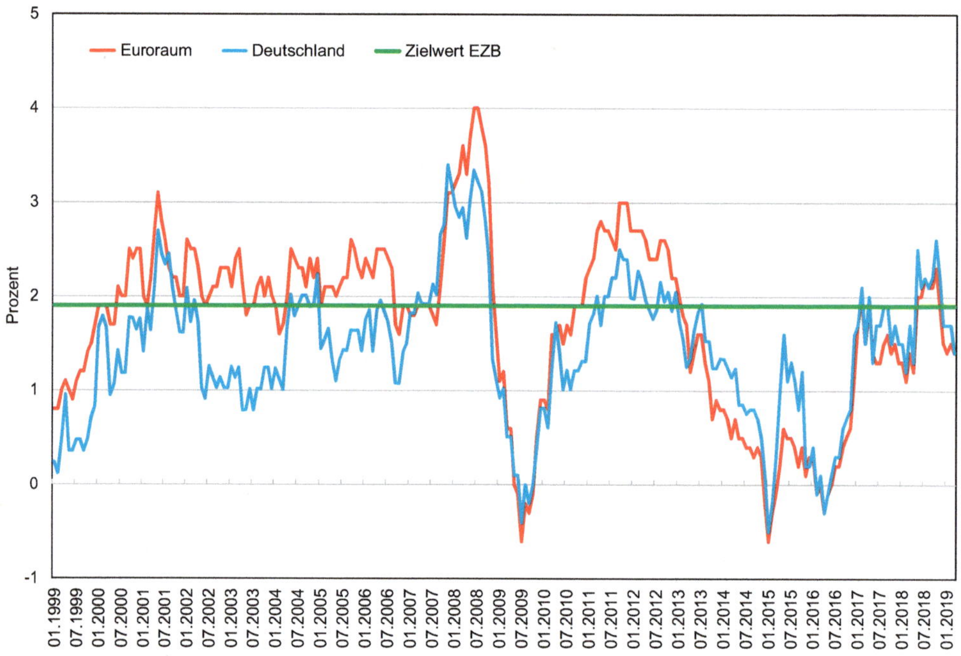

Abbildung 15.9: Inflationsentwicklung in Deutschland und im Euroraum (im Zeitraum 1999 bis 2019)
Quelle: EZB.

15.2.4 Außenwirtschaftliches Gleichgewicht

Während die Bedeutung der ersten drei Eckpunkte des magischen Vierecks relativ einfach zu vermitteln ist, tut man sich bei der Einordnung des „Außenwirtschaftlichen Gleichgewichts" recht schwer. Um seine Rolle im Zielkatalog des *Stabilitäts- und Wachstumsgesetzes* im Jahr 1967 zu verstehen, muss man sich vor Augen halten, dass Deutschland damals in ein weltweites *System fester Wechselkurse* gegenüber dem US-Dollar eingebunden war. Die Notenbanken waren dabei verpflichtet, den Wechselkurs ihrer Währung gegenüber dem US-Dollar innerhalb enger Bandbreiten zu halten. Nach seinem Gründungsort bezeichnet man dieses System, das von 1946 bis 1973 Bestand hatte, als *Bretton-Woods-System*.

Mit dem Ziel „*außenwirtschaftliches Gleichgewicht*" war daher primär gemeint, dass wirtschaftliche Entwicklungen vermieden werden sollten, die die Teilnahme an diesem System gefährdet hätten. Wie eng die Spielräume einer Notenbank in einem System fester Wechselkurse sind, wird in *Kapitel 29* beschrieben.

Ausgelöst durch eine inflationäre Politik in den Vereinigten Staaten kam es Anfang der 1970er-Jahre zu massiven Währungskrisen. Im März 1973 brach das *System von Bretton Woods* zusammen. Es folgte ein Übergang zu einem *System flexibler Wechselkurse*. Der Wechselkurs für die Währungen der großen Währungsräume (US-Dollar, Pfund Sterling, Yen, D-Mark und seit 1999 Euro) wurde weitestgehend dem freien Spiel der Märkte überlassen. Charakteristisch für flexible Wechselkurse sind lange Auf- und Abwertungstrends (▶*Abbildung 15.10*).

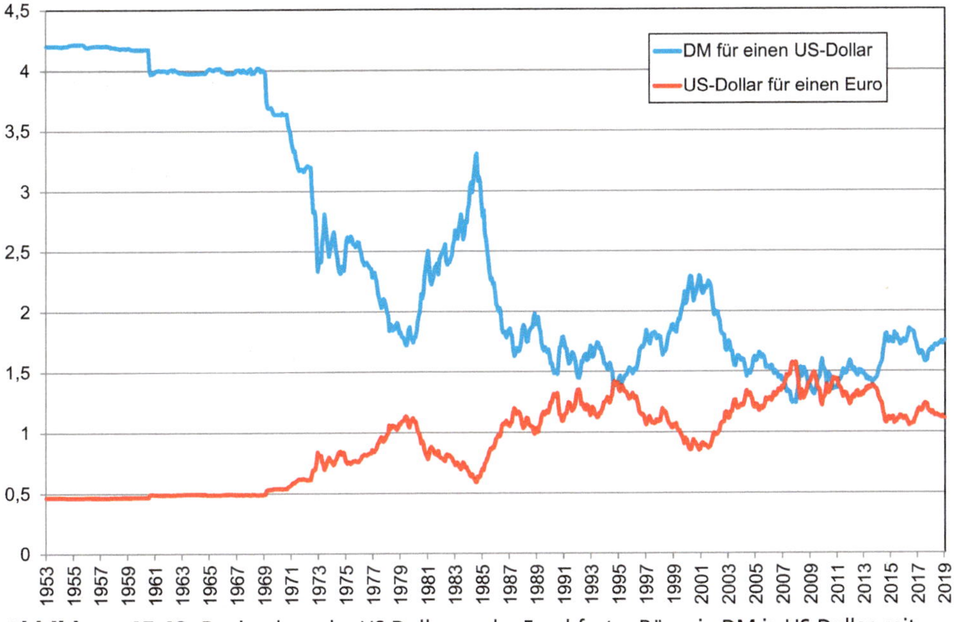

Abbildung 15.10: Devisenkurs des US-Dollar an der Frankfurter Börse in DM je US-Dollar, seit 1999 umgerechnet über den Euro. Die untere Kurve bildet den Euro-Kurs gegenüber dem US-Dollar ab. Werte vor 1999 wurden über die D-Mark errechnet.
Quelle: Zeitreihendatenbank der Deutschen Bundesbank.

Herausragend im wahrsten Sinne des Wortes waren die Jahre 1980 bis 1985, in denen der US-Dollar massiv aufwertete. Diese *spekulative Blase* endete bei einem Kurs von 3,30 DM für einen US-Dollar im März 1985, was beim Umrechnungskurs von 1,95583 DM je Euro einem hypothetischen Euro-Kurs von 0,59 US-Dollar je Euro entsprochen hätte. Danach ging es für den US-Dollar unter Schwankungen bergab. Ein erstes Rekordtief markierte er im April 1995 mit einem Kurs von nur noch 1,38 DM (= 1,42 US-Dollar je Euro). Mit der Einführung des Euro im Januar 1999 gewann der US-Dollar zunächst massiv an Wert und erreichte im November 2000 einen Höchststand von 0,85 US-Dollar je Euro (dies entspricht einem Kurs von 2,29 DM für einen US-Dollar). Seit Anfang 2002 hat sich ein Abwertungstrend für den US-Dollar entwickelt, der mit einigen Schwankungen im Juli 2008 mit fast 1,60 US-Dollar für einen Euro seinen Tiefststand erreichte. In den darauffolgenden Jahren hat sich der Euro-Dollar zunächst relativ stabil zwischen 1,20 und 1,40 US-Dollar je Euro bewegt. Seit Januar 2015 bewegt sich der Kurs im Bereich zwischen 1,05 und 1,25 US-Dollar je Euro.

Das für feste Kurse definierte Ziel des außenwirtschaftlichen Gleichgewichts ist für die Verhältnisse unter *flexiblen Wechselkursen* nie neu justiert worden. Darin spiegelt sich vor allem die Tatsache, dass es unter einer solchen Währungsordnung deutlich an Gewicht verloren hat. Allerdings stellt sich für Länder, die über Jahre hinweg hohe Defizite in ihrer *Leistungsbilanz* aufweisen, das Problem, dass sie anhaltend über ihre Verhältnisse leben (siehe dazu ausführlicher *Abschnitt 16.4*). Dies gilt vor allem für die Vereinigten Staaten, die als Volkswirtschaft seit vielen Jahren erheblich mehr ausgeben, als sie einnehmen. Eine Volkswirtschaft, die hohe außenwirtschaftliche Ungleichgewichte aufweist, muss in der Zukunft einen wachsenden Anteil ihres Bruttoinlandsprodukts als Zinszahlungen an ausländische Gläubiger leisten. Sie belastet damit in erheblichem Maße ihre zukünftigen Generationen und sie riskiert dabei, dass sie ihre internationale Kreditwürdigkeit gefährdet. Diese Erfahrungen mussten Länder wie Griechenland, Irland und Spanien machen, die bis zum Jahr 2008 sehr hohe Leistungbilanzdefizite aufgebaut hatten und dann plötzlich keine weitere Finanzierung durch Banken und internationale Anleger bekamen (*Kapitel 27*). Die deutsche Volkswirtschaft weist demgegenüber seit Längerem einen sehr hohen Überschuss in ihrer Leistungsbilanz auf. Wir leben als Gesellschaft also insgesamt nicht über, sondern unter unseren Verhältnissen. In den vergangenen Jahren hat der Leistungsbilanzüberschuss sehr hohe Werte angenommen (in den Jahren von 2012 bis 2019 in einer Größenordnung zwischen 7 % und 9 % in Relation zum Bruttoinlandsprodukt). Da ein Leistungsbilanzüberschuss zum Ausdruck bringt, dass ein Land, von den Einnahmen, die es im Ausland erzielt, nur einen Teil wieder dort ausgibt, ist es nicht überraschend, dass der sehr hohe deutsche Überschuss seit Jahren von anderen Ländern massiv kritisiert wird. Die Ursachen und die Auswirkungen des deutschen Leistungsbilanzüberschusses werden kontrovers diskutiert.

15.2.5 Zweidimensionale Zielscheiben und eindimensionale Ziellinien

Für Ökonomen ist es schwierig, mit allen gesamtwirtschaftlichen Zielen gleichzeitig zu jonglieren. Deshalb konzentriert man sich in der Regel auf einen bestimmten Ausschnitt des magischen Vier-(oder sogar Fünf-)ecks. So kann man bei der Diskussion der eher kurzfristig angelegten Stabilisierungsaufgabe des Staates das eher mittel- und langfristig angelegte Ziel des angemessenen Wachstums vernachlässigen. Zur Vereinfachung kann man zunächst auch von den außenwirtschaftlichen Verflechtungen absehen. Somit wird es möglich, sich auf ein Zieldreieck mit den folgenden Zielen zu beschränken:

- stetiges Wirtschaftswachstum,
- hoher Beschäftigungsstand und
- stabiles Preisniveau.

Aus Gründen der Vereinfachung wird der Zielkatalog häufig noch weiter reduziert. Da die Entwicklung der Arbeitslosenquote in der Regel relativ eng an die Schwankungen des Bruttoinlandsprodukts gekoppelt ist, kann man sich auf nur noch zwei Ziele konzentrieren. Mit *gesellschaftlichen Verlustfunktionen* („social loss functions"), die heute in der makroökonomischen Theorie eine große Rolle spielen, lassen sich makroökonomische „Zielscheiben" erstellen, auf denen die relative Output-Lücke und die Inflationslücke dargestellt sind. Es handelt sich bei ihnen um makroökonomische Zielfunktionen, die sich auf zwei Ziele beziehen:

- die *Inflationslücke*, d.h. die Abweichung der aktuellen Inflationsrate (π) von einem Zielwert (π_0), der – wie erwähnt – üblicherweise bei etwa 2 % fixiert wird,
- die relative *Output-Lücke*, d.h. die Abweichung des Bruttoinlandsprodukts (Y) von einem bei Vollauslastung aller Kapazitäten möglichen Output, den man auch als *Produktionspotenzial* (Y^V) bezeichnet (*Gleichung 15.1*).

Makroökonomische Zielfunktionen werden als *Verlustfunktionen* modelliert. Sie versuchen, die Kosten zu beschreiben, die der Gesellschaft durch das Nichterreichen gesamtwirtschaftlicher Ziele entstehen. Üblicherweise werden solche Verlustfunktionen wie folgt formuliert:

$$L = (\pi - \pi_0)^2 + \lambda\left[\frac{(Y - Y^V)}{Y^V}\right]^2 \qquad (15.6)$$

Durch das Quadrieren werden positive und negative Abweichungen gleich bewertet, außerdem erhalten größere Abweichungen eine stärkere Gewichtung als kleinere. Der Koeffizient λ erlaubt eine Gewichtung der beiden Ziele. So gehen zum Beispiel manche Ökonomen davon aus, dass für die Zielfunktion einer Notenbank $\lambda = 0$ sein sollte, sodass die Geldpolitik ganz auf das Ziel der Geldwertstabilität verpflichtet wird.

Für einen Wert von $\lambda = 1$ kann man diese Funktion geometrisch als Kreis, d.h. wie eine Zielscheibe abbilden (▸*Abbildung 15.11*). Im Mittelpunkt liegen eine Output-Lücke von null und eine dem Zielwert für Preisstabilität (π_0) entsprechende Inflationsrate. Je weiter ein Zielkreis vom Mittelpunkt entfernt ist, desto höher sind die Kosten für die Gesellschaft.

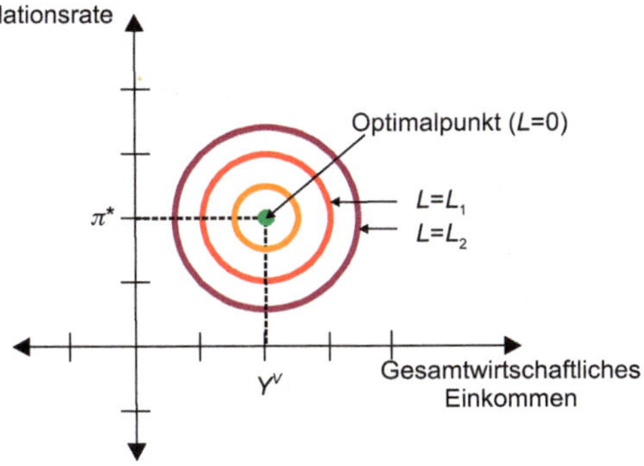

Abbildung 15.11: Makroökonomische Zielscheibe für eine Zielinflationsrate von 2 % und eine identische Gewichtung der beiden Ziele. Die Kreise L_1 und L_2, die weiter außerhalb liegen, sind mit höheren Verlusten für eine Gesellschaft verbunden.

Bei dieser zweidimensionalen Zielvorgabe wird die Zielerreichung auf dem Arbeitsmarkt nicht explizit berücksichtigt. Es wird dabei unterstellt, dass es über den Konjunkturzyklus hinweg einen einigermaßen stabilen Zusammenhang zwischen der Output-Lücke und der Veränderung der Arbeitslosigkeit gibt. ▸*Abbildung 15.12* zeigt, dass dieser Zusammenhang nicht sehr eng ist, dass es aber bei einer negativen Output-Lücke in der Regel zu einem Anstieg der Arbeitslosigkeit kommt und vice versa.[3]

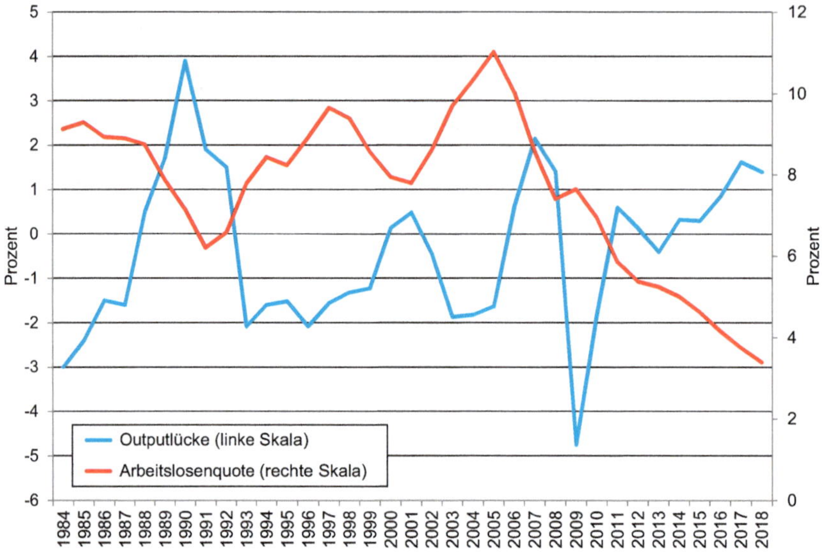

Abbildung 15.12: Der Zusammenhang zwischen Arbeitslosigkeit und Output-Lücke für Deutschland
Quelle: Bundesagentur für Arbeit und OECD Economic Outlook 95 und 105 Database.

Wenn es der Wirtschaftspolitik möglich ist, eine negative Output-Lücke zu vermeiden, leistet sie zugleich einen wichtigen Beitrag zur Vollbeschäftigung. Allerdings spielen die Lohnpolitik (*Kapitel 10*) und die sozialen Sicherungssysteme (*Kapitel 14*) bei der Entwicklung der Arbeitslosigkeit eine nicht unwichtige Rolle, die bei dieser verkürzten Betrachtungsweise nicht berücksichtigt werden kann.

In ▶*Abbildung 15.13* werden die Werte der makroökonomischen Verlustfunktion für Deutschland und den Euroraum gezeigt. Als Zielinflationsrate wird dafür ein Wert von 2 % angesetzt, für λ ein Wert von 1. Es wird dabei deutlich, dass es Anfang der 1990er-Jahre zu hohen Zielabweichungen gekommen ist. Eine wichtige Ursache hierfür war die deutsche Wiedervereinigung, die zu einem starken inflatorischen Impuls in Deutschland und seinen Nachbarländern geführt hatte. Interessant ist auch, dass Deutschland von 1997 an nahezu ständig höhere Verluste zu verzeichnen hatte als die anderen Länder des Euroraums. Die Wirtschafts- und Finanzmarktkrise der Jahre 2008/09 hat ebenfalls zu hohen Werten der *gesamtwirtschaftlichen Verlustfunktion* geführt.

Die einfachste Abbildung der makroökonomischen Ziele besteht darin, dass man sich nur noch auf die Output-Lücke konzentriert. Bei einer solchen *„Ziellinie“* wird also die Optimalität der makroökonomischen Politik nur noch daran gemessen, ob eine (positive oder negative) Output-Lücke vorliegt oder nicht. Die einzige Rechtfertigung für ein solch eindimensionales Vorgehen ist die Didaktik. Wenn man sich nur auf den Output konzentriert, kann man die Preisentwicklung vernachlässigen, was die

3 Eine wichtige Ausnahme von dieser Regel ist die deutsche Arbeitsmarktentwicklung in der Wirtschaftskrise des Jahres 2009. Hier ist es durch eine breit angelegte Arbeitszeitverkürzung (Kurzarbeit) dazu gekommen, dass die Arbeitslosenquote nur geringfügig angestiegen ist.

Modelle erheblich vereinfacht. Wir werden uns in den *Kapiteln 18* bis *21* mit einer solchen stark vereinfachten Zielfunktion begnügen und erst in *Kapitel 22* die Inflationsrate mit ins Bild bringen. Trotz seiner enormen Vereinfachung ist dieses Vorgehen für eine erste Diskussion von Nachfrageschocks völlig ausreichend.

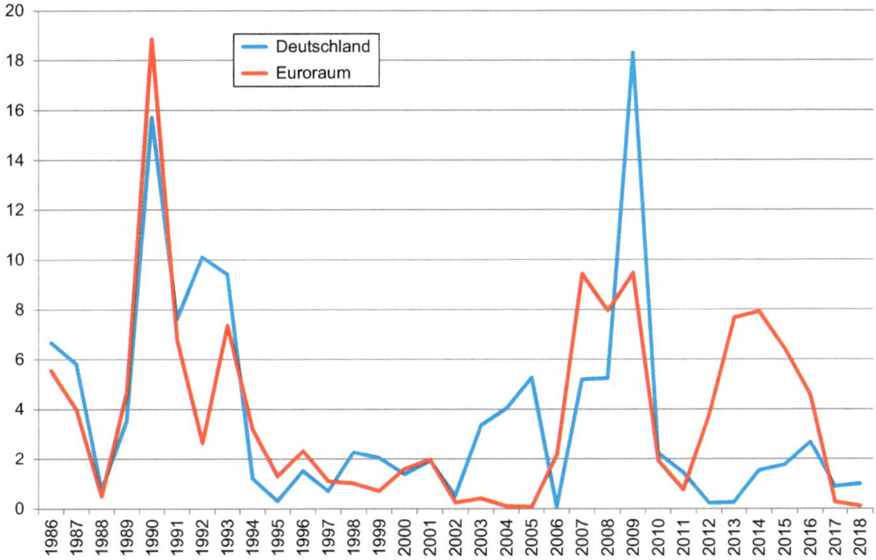

Abbildung 15.13: Werte der makroökonomischen Verlustfunktion für Deutschland und den Euroraum

Quelle: Internationaler Währungsfonds, World Economic Outlook Database (2019).

15.3 Die Akteure in der Makroökonomie

Nachdem wir die Ziele der *Makroökonomie* diskutiert haben, müssen wir uns fragen, wie diese erreicht werden sollen. Konkret geht es darum, welcher wirtschaftspolitische Akteur für ein bestimmtes Ziel verantwortlich sein soll. Diese wirtschaftspolitische Rollenzuweisung („*assignment*“) ist schwieriger als man denkt, da sich hinter dem von uns bisher pauschal verwendeten Begriff „Staat“ ganz unterschiedliche *Entscheidungsträger* verbergen. Grob gesprochen kann man unterscheiden zwischen:

- der *Fiskalpolitik*, für die in Deutschland Gebietskörperschaften (Bund, Länder, Gemeinden und teilweise auch die Europäische Gemeinschaft) zuständig sind (*Kapitel 19* und *21*),
- der *Geld- und Währungspolitik*, die für die Mitgliedsländer der Europäischen Währungsunion ganz in der Verantwortung der Europäischen Zentralbank liegt (*Kapitel 20* bis *24*), und
- der *Lohnpolitik*, die von den nationalen *Gewerkschaften* und *Arbeitgeberverbänden* bestimmt wird (*Kapitel 10*).

Es wird in den folgenden Kapiteln darum gehen, für unterschiedliche Störungen herauszufinden, wie jeweils die optimale Rollenverteilung für diese Akteure aussieht. Wir werden uns mit der Rollenverteilung zwischen der Geld- und der Fiskalpolitik vor allem in *Kapitel 21* befassen.

15.4 Zur Vertiefung: die Geschichte der Mark als Währung für Deutschland (1871–2001)

Nach genau 130 Jahren und 27 Tagen ging in der Neujahrsnacht 2001/2002 die Ära der Mark als Währung für Deutschland zu Ende. In dieser Zeit hat diese Währung wohl alle Höhen und Tiefen erfahren, die einem Geldwesen zustoßen können. Nichts macht dies deutlicher als die Tatsache, dass die Mark während ihres Daseins immerhin fünf verschiedene Bezeichnungen geführt hat.

Als „*Mark*" und mit sonst keinem anderen Zusatz hat sie am 4. Dezember 1871 ihre Laufbahn begonnen. Mit dem unscheinbar klingenden „Gesetz betreffend die Ausprägung von Reichsgoldmünzen" wurde eine 10-Mark-Münze in den Umlauf gebracht, die aus reinem Gold (mit einem Gewicht von 3,6 g) bestand und vor allem dazu dienen sollte, dem im neuen Deutschen Reich bestehenden Münz-Wirrwarr ein Ende zu setzen. Verglichen mit der Einführung des Euro waren die Startbedingungen der Mark-Währung äußerst ungewöhnlich. Es gab damals noch keine deutsche Notenbank; die Reichsbank wurde erst 1876 gegründet. Banknoten wurden also weiterhin von zahlreichen regionalen Notenbanken emittiert. Aus heutiger Sicht ist auch überraschend, dass für die neuen Mark-Münzen eine ganz ähnliche Lösung gewählt wurde, wie wir sie für die Euro-Münzen finden: Durch einen persönlichen Appell Bismarcks an den Reichstag wurde dafür gesorgt, dass die Rückseite der neuen Reichsmünze individuell gestaltet werden konnte, sodass dort weiterhin die Köpfe der Landesherren und die hanseatischen Wappen vertreten waren.

Die ersten vier Jahrzehnte der Mark-Währung verliefen ausgesprochen erfolgreich. Da sich die meisten anderen Nationen ebenfalls für eine auf Gold basierende Währungsordnung entschieden hatten, konnte so ein globales Währungs- und Finanzsystem etabliert werden. Dieser „Internationale Goldstandard" war eine wichtige Voraussetzung für die große wirtschaftliche Dynamik der sogenannten Gründerjahre. All dies änderte sich rasch, als mit dem Kriegsausbruch im Jahr 1914 die Goldbindung der Mark aufgegeben wurde, um eine ungehemmte Kriegsfinanzierung über die Notenpresse zu ermöglichen. Es war unausweichlich, dass dieser Weg zunächst langsam aber dann immer schneller in die Katastrophe der Hyperinflation führte.

Zum Kurs von 1 Billion : 1 wurde die Mark dann am 20. November 1923 in die sogenannte *Rentenmark* überführt. Bereits ein Jahr später wurde dieses – im Prinzip durch Grund- und Bodenwerte gesicherte – Geld durch eine Währung mit dem Namen *„Reichsmark"* ersetzt, die wiederum eine Goldeinlösung aufwies. Der zunächst hoffnungsvolle Neuanfang geriet bald in den Sog der „großen Depression", von dem die gesamte Weltwirtschaft erfasst wurde. Anfang der 1930er-Jahre zeigte sich schon sehr früh, welche Gefahren von einem System zu starrer Wechselkursbindungen ausgehen können. Von dort war es dann auch nicht mehr weit bis zum zweiten großen Debakel in der deutschen Währungsgeschichte, die Kriegsfinanzierung Hitlers. Wiederum war es also eine exzessive Notenbankfinanzierung des Staates, durch die der Geldwert fast völlig zerstört wurde. Ein letzter, dramatischer Versuch zur Rettung der Reichsmark wurde im Januar 1939 vom Reichsbank-Direktorium unternommen. In einem unter Leitung von Hjalmar Schacht verfassten Memorandum wurde Hitler klipp und klar mitgeteilt: „Am Ende des Jahres 1938 ist die Währungs- und Finanzlage an einem Gefahrenpunkt angelangt, der es uns zur Pflicht macht, Entschließungen zu erbitten, die es ermöglichen, der drohenden Inflationsgefahr Herr zu werden." Insbesondere sollte die Rüstungsfinanzierung durch die Notenpresse abgestellt werden. Dass diese mutige Kritik an der – wie es in dem

Memorandum hieß – „hemmungslosen Ausgabenpolitik" mit der sofortigen Entlassung der Direktoriumsmitglieder durch Hitler endete, ist wohl kaum überraschend.

Nach dem Ende des Zweiten Weltkrieges musste die deutsche Bevölkerung drei Jahre lang ausharren, bis sie im Westen mit der *Deutschen Mark*, im Osten mit der *Mark der DDR* wieder neues Geld erhielt. Die neue D-Mark war ein echtes Besatzungskind. Die zentralen Elemente der neuen Währungsordnung wurden von den westlichen Militärregierungen, vor allem den Amerikanern, bestimmt. Deutsche Experten wurden erst spät und unter fast abenteuerlichen Verhältnissen in die Planungen einbezogen. Ein mit undurchsichtigen Scheiben verglaster Bus brachte sie am 20. April 1948 zum Konklave nach Rothwesen, wo sie dann ihre Arbeits- und Schlafräume in einem mit Stacheldraht abgetrennten Kasernengebäude vorfanden. Aus juristischer Sicht hat die D-Mark ihren präkonstitutionellen Status immer beibehalten, da das für sie maßgebliche „Währungsgesetz" nie in ein Bundesgesetz überführt wurde.

Ein Glücksfall für die neue Währung war die mutige Entscheidung Ludwig Erhards, das neue Währungssystem mit einer marktwirtschaftlichen Ordnung zu verbinden. So konnte die D-Mark dann in den 1950er-Jahren – nach einigen Kinderkrankheiten (Devisenkrise im Winter 1950/51) – zu ihrer großen Karriere ansetzen, die sie bald zum „Weltstar" machte (so Hans Roeper in seinem Buch: „Vom Besatzungskind zum Weltstar").[4] Sicherlich nicht geschadet hat ihr dabei die sehr selbstbewusste und autonome Politik der *Bank deutscher Länder*, so wurde die deutsche Notenbank bis zum Inkrafttreten des Bundesbankgesetzes im Jahr 1957 bezeichnet. Für Konrad Adenauer war es offensichtlich nicht immer leicht gewesen, die gesetzlich abgesicherte Unabhängigkeit der Geldpolitik mit seinem patriarchalischen Führungsstil zu vereinbaren. Berühmt wurde seine „Gürzenich-Rede" aus dem Jahr 1956, in der er eine vom Zentralbankrat unter der Ägide des Geheimrat Vocke beschlossene Zinserhöhung massiv kritisierte. In einem Schüttelreim aus dieser Zeit heißt es:

„Des Kanzlers Hand zum Stocke fuhr:
‚Verdammt, ist dieser Vocke stur!'
Ganz unbeirrt hielt Vocke stand,
der arg das mit dem Stocke fand.
Ich lobe mir des Vockes Stil,
der nie aufs Knie vorm Stocke fiel."

Es ist bis heute nicht ganz klar, ob diese Sturheit der Grund dafür gewesen war, dass Vocke ein Jahr später mit der Errichtung der Bundesbank in den Ruhestand treten musste.

In der Folgezeit wurde dann immer deutlicher, dass eine international begehrte Währung auch ihre Schattenseiten haben kann. Von Anfang der 1960er-Jahre bis zum definitiven Zusammenbruch des Weltwährungssystems von Bretton Woods sah sich die Bundesbank der schwierigen und oft fast unmöglichen Aufgabe gegenüber, binnenwirtschaftliche Stabilität mit einem außenwirtschaftlichen Gleichgewicht zu vereinbaren. Dies lag vor allem daran, dass die Vereinigten Staaten in dieser Phase immer weniger bereit waren, eine an ihrer globalen Leitwährungsrolle orientierte Geld- und Währungspolitik zu betreiben. In bilateralen Vereinbarungen wurde die Bundesbank im Jahr 1967 genötigt, auf die ihr zustehende Goldeinlösung ihrer US-Dollar-Guthaben zu verzichten, womit der letzte Stabilitätsanker dieses Währungssystems gekappt wurde. Der Versuch der deutschen Notenbank, unter diesen Verhältnissen immer wieder eine binnenwirt-

4 Siehe dazu Roeper (1978).

schaftlich orientierte Zinspolitik zu fahren, musste zwangsläufig zu massiven Währungskrisen führen. Auch sehr weitreichende Kapitalverkehrskontrollen halfen wenig. Am 19. März 1973 stellte die Bundesbank koordiniert mit anderen wichtigen Notenbanken die Interventionen zugunsten des US-Dollar ein, jetzt war die D-Mark wirklich erwachsen geworden.

Der Bundesbank gelang es überraschend schnell, sich auf die völlig neue Situation einzustellen. Wie keine andere Notenbank in der Welt verfolgte sie im inflationären Umfeld der 1970er- und 1980er-Jahre eine konsequent stabilitätsorientierte Zinspolitik. Ablesbar ist dies vor allem an der Tatsache, dass sich die kurzfristigen Realzinsen, d.h. die Nominalzinsen abzüglich der Inflationsrate, in Deutschland fast immer im positiven Bereich bewegten, während sonst beinahe überall die Inflationsraten deutlich höher lagen als die Notenbankzinsen. Der Erfolg dieser Politik zeigte sich in einer im internationalen Vergleich beeindruckenden Kombination von relativ niedrigen Inflations- und Arbeitslosenquoten. Damit wurde die Reputation der Mark noch weiter gestärkt. Zu den großen Mysterien des monetären Marketings gehört das von der Bundesbank im Jahr 1975 erstmals implementierte Geldmengenkonzept, bei dem jedes Jahr Zielwerte für die Zuwachsrate der Geldmenge formuliert wurden. Obwohl die Entwicklung der Geldmenge in fast jedem zweiten Jahr über die Zielmarke hinausging, sind nach wie vor viele Betrachter der Auffassung, dass dies eine besonders wichtige Basis für die Glaubwürdigkeit der Bundesbank dargestellt habe.

Nachdem sich die Mark lange Zeit als Satellit um den US-Dollar gedreht hatte, wurde sie mit dem 1979 ins Leben gerufenen *Europäischen Währungssystem (EWS)* selbst zum Zentrum eines Festkurssystems. Die anhaltende Stabilitätsorientierung der Bundesbank sorgte im Verbund mit einem gut konzipierten Regelwerk dafür, dass die D-Mark für viele europäische Länder zum Stabilitätsanker werden konnte. Im Laufe der 1980er-Jahre zeigte sich dabei aber auch, dass die Möglichkeiten der währungspolitischen Kooperation im Rahmen eines solchen Festkurssystems zwangsläufig begrenzt sind. Es war das große Verdienst von Hans-Dietrich Genscher, im Jahr 1988 darauf hingewiesen zu haben, dass es nur mit einer Währungsunion möglich sein würde, einen effizienten monetären Rahmen für den europäischen Binnenmarkt zu schaffen. Ob er sich damals wohl der Tatsache bewusst gewesen war, dass er mit seinem knappen Memorandum einen Stein ins Rollen bringen würde, der 14 Jahre später in der Bargeldeinführung des Euro kulminieren würde?

Die letzte große Herausforderung für die D-Mark war die *deutsche Währungsunion* von 1990. Gleichsam über Nacht und ohne die Bundesbank vorher einzuweihen beschloss Helmut Kohl am 7. Februar 1990 die Einführung der D-Mark in der DDR. Für die Menschen in Ostdeutschland, die mit der Mark der DDR immer eine wenig kaufmächtige und deshalb auch sehr unbeliebte Währung besessen hatten, übte die D-Mark eine geradezu magische Anziehungskraft aus. Deshalb zogen sie durch die Straßen und skandierten: „Entweder kommt die D-Mark zu uns, oder wir kommen zu ihr." Technisch war diese Währungsunion ein großer Erfolg, insbesondere wenn man berücksichtigt, dass sie mit einer Vorbereitungszeit von weniger als fünf Monaten realisiert werden musste. Im Rückblick werden viele der Probleme Ostdeutschlands auf den großzügigen 1:1-Umrechnungssatz für die Löhne zurückgeführt. Dabei wird jedoch übersehen, dass die eigentlichen Schwierigkeiten aus der viel zu raschen Lohnangleichung nach der Umstellung resultierten.[5]

5 Siehe dazu die ausführliche Analyse von Gerlinde Sinn und Hans-Werner Sinn (1993).

Sehr undramatisch verlief dann der Übergang zum Euro, dessen volkswirtschaftlich relevante Teile bereits zum 1. Januar 1999 erfolgten. Eine von manchen befürchtete letzte Krise blieb aus, und die *Europäische Zentralbank* konnte nahtlos an die Tätigkeit der Bundesbank und der anderen europäischen Notenbanken anknüpfen. Dass dieser Regimewechsel so glatt verlief, liegt sicherlich an der Kompetenz der EZB und den sorgfältigen Vorbereitungsarbeiten durch ihre Vorgängerinstitution, das Europäische Währungsinstitut. Es hat aber auch sehr viel damit zu tun, dass der Euro in wesentlichen Punkten nach dem Modell der D-Mark konzipiert wurde. Der Übergang zur Währungsunion stellte also keinen Bruch mit der Vergangenheit dar. Er sorgte vielmehr dafür, dass die in Deutschland bewährten Prinzipien einer unabhängigen und dem Ziel der Geldwertstabilität verpflichteten Geldpolitik nun in den europäischen Ländern Geltung haben. Auch die Bargeldeinführung des Euro zum 1. Januar 2002 verlief völlig komplikationslos.

So gesehen war die lange, von Höhen und Tiefen geprägte Geschichte der Mark nicht umsonst gewesen. Mit dem Euro verfügt Europa heute über eine Währung, deren Konstrukteure die guten wie die schlechten Erfahrungen aus der Mark-Ära sehr sorgfältig bedacht haben.

Der Interventionist

1911–1994

Karl Schiller wurde am 24.4.1911 in Breslau geboren und starb am 26.12.1994 in Hamburg. Der Professor für Volkswirtschaft in Hamburg war seit 1946 Mitglied der SPD, von 1965 bis 1972 auch Mitglied des Deutschen Bundestages. Er prägte die Wirtschaftspolitik der Großen Koalition (1966–1969) und die ersten Jahre der sozialliberalen Koalition als Bundeswirtschaftsminister (seit 1966) bzw. „Super-Minister" für Wirtschaft und Finanzen (1971/1972).

Aufgrund der relativ hohen Inflationsraten des Jahres 1972 und der Kritik an seinen Sparmaßnahmen trat Schiller im Jahr 1972 von seinen Ämtern zurück, zog sich wenig später aus dem Bundestag zurück und trat schließlich aus der SPD aus; 1980 schloss er sich dieser Partei wieder an.

Schiller hat maßgeblich zum Stabilitäts- und Wachstumsgesetz beigetragen, das im Jahr 1967 verabschiedet wurde. Das Ziel des Gesetzes bestand darin, die keynesianische Theorie in die praktische Wirtschaftspolitik zu implementieren. Wichtige Elemente dieser „Globalsteuerung" sind die „Konzertierte Aktion" von Gewerkschaften und Arbeitgebern, Mechanismen zur schnelleren Umsetzung expansiver wie restriktiver fiskalpolitischer Maßnahmen, die mittelfristige Finanzplanung und der Jahreswirtschaftsbericht. Trotz großer Erwartungen ist die wirtschaftspolitische Bedeutung dieses Gesetzes sehr gering geblieben.

Zitat

„So viel Wettbewerb wie möglich, so viel Planung wie nötig."[6]

Ausbildung und Beruf

1931–1935 Studium der Volkswirtschaft und der Rechtswissenschaften in Kiel, Frankfurt am Main, Berlin und Heidelberg. Abschluss als Diplom-Volkswirt.
1935 Promotion in Heidelberg
1935–1941 Leitung einer Forschungsgruppe am Institut für Weltwirtschaft in Kiel
1939 Habilitation
1946 Gastprofessor an der Universität Kiel
1947 Ordentlicher Professor an der Universität Hamburg
1961–1965 Wirtschaftssenator in Berlin
1966–1972 Bundeswirtschaftsminister
1971–1972 Bundeswirtschaftsminister und Bundesfinanzminister
1972 Rücktritt

Werke

1964 Der Ökonom und die Gesellschaft. Das freiheitliche und soziale Element in der modernen Wirtschaftspolitik, Stuttgart.
1994 Der schwierige Weg in die offene Gesellschaft, Berlin.

Schlagwörter

- Arbeitslosenquote (S. 267)
- Außenwirtschaftliches Gleichgewicht (S. 274)
- Geldfunktionen (S. 269)
- Geldüberhang (S. 272)
- Große Depression (S. 265)
- Hyperinflation (S. 269)
- Laspeyres-Index (S. 270)
- Output-Lücke (S. 277)
- Rechnungseinheit (S. 270)
- Rezession (S. 265)
- System von Bretton Woods (S. 275)
- Tauschmittelfunktion (S. 269)
- Währungsreform (S. 272)
- Wertspeicherfunktion (S. 269)
- Wirtschaftswunder (S. 264)

6 Karl Schiller prägte diesen Ausdruck auf dem Berliner Parteitag der SPD im Juli 1954.

Aufgaben

Musterlösungen zu den hier gestellten Aufgaben finden Sie im MyLab | Grundzüge der VWL.

1. Zielrealisierung in der Realität

Ermitteln Sie anhand der Daten aus dem aktuellsten World Economic Outlook des International Monetary Fund (*www.imf.org*), inwieweit die großen Industrieländer die makroökonomischen Ziele Wachstum, hoher Beschäftigungsstand und stabiles Preisniveau erreichen konnten. Errechnen Sie dazu auch makroökonomische Verlustfunktionen. Versuchen Sie selbst, eine Rangfolge zu erstellen.

2. Multiple Choice (bis zu vier richtige Antworten sind möglich)

a) Stabilitäts- und Wachstumsgesetz

- Das Stabilitäts- und Wachstumsgesetz verpflichtet Bund und Länder, das gesamtwirtschaftliche Gleichgewicht zu beachten.
- Das Stabilitäts- und Wachstumsgesetz verpflichtet Bund und Länder, ihr Defizit unter 3 % des BIP zu halten.
- Das Stabilitäts- und Wachstumsgesetz wurde eingeführt, um die Stabilität des Euro zu sichern.
- Das Stabilitäts- und Wachstumsgesetz definiert die Ziele der makroökonomischen Politik in Deutschland.

b) Inflation

- In der Zeit vor dem Ersten Weltkrieg gab es eine Hyperinflation.
- In den Jahren von 1929 bis 1933 kam es in Deutschland zu einem starken Rückgang des Preisniveaus.
- Die Währungsreform von 1948 war notwendig, um die überhöhten Geldbestände abzubauen, die durch die Kriegsfinanzierung von Hitler entstanden waren.
- In der Zeit nach 1950 kam es in Deutschland immer wieder zu Inflationsraten von über 9 %.

c) Ziele in der Makroökonomie
   - Das Ziel des außenwirtschaftlichen Gleichgewichts hat nach 1973 zunehmend an Bedeutung gewonnen.
   - Die gesamtwirtschaftliche Verlustfunktion bezieht Arbeitslosenquote und Leistungsbilanzsaldo mit ein.
   - In der gesamtwirtschaftlichen Verlustfunktion wird der Output-Lücke und der Inflationslücke das gleiche Gewicht beigemessen.
   - Das Ziel der niedrigen Arbeitslosigkeit ist in der Regel weitgehend identisch mit dem Ziel des stetigen Wachstums.

3. Makroökonomische Verlustfunktionen

Unterstellen Sie, dass die makroökonomische Stabilisierungspolitik eines Landes durch folgende Verlustfunktion abgebildet wird:

$$L = (\pi - \pi_0)^2 + \lambda\left[\frac{(Y - Y^V)}{Y^V}\right]^2$$

a) Welche makroökonomischen Zielsetzungen verfolgen dann die Träger der Wirtschaftspolitik?
b) Erläutern Sie das Quadrieren der Abweichungen von den jeweiligen Zielgrößen!
c) Was bedeutet es, wenn $\lambda = 0$ ist? Wie kann man $\lambda = 1$ interpretieren?
d) Vergleichen Sie diese Zielvorgabe mit der des Stabilitäts- und Wachstumsgesetzes.

LERNZIELE

- Das wichtigste volkswirtschaftliche Rechenwerk sind die *Volkswirtschaftlichen Gesamtrechnungen*. Sie ermitteln ex-post, wie hoch das gesamtwirtschaftliche Angebot bzw. die gesamtwirtschaftliche Nachfrage in einer Periode war. Da bei einer ex-post Betrachtung Angebot und Nachfrage identisch sein müssen, kann man den Gleichgewichtswert, den man als *Bruttoinlandsprodukt* bezeichnet, über die Angebotsseite (*Entstehungsrechnung*) wie über die Nachfrageseite (*Verwendungsrechnung*) ermitteln. Außerdem wird über die *Verteilungsrechnung* gezeigt, wie das dabei entstandene Einkommen auf die Arbeitnehmerentgelte und die Unternehmens- bzw. Vermögenseinkommen aufgeteilt wurde.
- Die *gesamtwirtschaftliche Finanzierungsrechnung* zeigt auf, wie die volkswirtschaftliche Ersparnis verwendet worden ist und wie die Investitionen finanziert wurden. Sie bietet außerdem wichtige Denkkategorien für die Analyse betriebs- und volkswirtschaftlicher Sachverhalte.
- Die *Zahlungsbilanz* ist – trotz ihres Namens – eine Stromrechnung. Sie bildet die außenwirtschaftlichen Verflechtungen eines Landes ab. In der Leistungsbilanz werden alle Leistungstransaktionen erfasst. Die Kapitalbilanz stellt dar, wie diese finanziert wurden. Außerdem werden dort auch alle reinen Finanztransaktionen aufgeführt. Häufig werden Finanztransaktionen, bei denen die Notenbank beteiligt ist, noch einmal getrennt in der Devisenbilanz abgebildet.
- Mit der Saisonbereinigung, der Umrechnung unterjähriger Änderungen auf Jahresraten und der logarithmischen Darstellung werden einige *elementare Techniken* für das Arbeiten mit volkswirtschaftlichen Zeitreihen vermittelt.

Volkswirtschaftliche Daten und Rechenwerke

16

ÜBERBLICK

16.1 Überblick

Die Mikroökonomie hat es relativ einfach. Da sie sich mit einzelnen Märkten befasst, fällt es ihr nicht schwer, die zum Gleichgewichtspreis umgesetzte Gütermenge zu bestimmen. Es genügt im Prinzip eine reine Mengenbetrachtung. Die Makroökonomie, die in der Regel die Wirtschaft insgesamt betrachtet, muss sich dagegen mit dem Problem der *Aggregation* auseinandersetzen, d.h. der Frage, wie man z.B. Äpfel, Birnen und erstellte Software-Programme addieren soll, um so für eine bestimmte Periode das gesamtwirtschaftliche Angebot und die gesamtwirtschaftliche Nachfrage zu ermitteln. Hierfür wurde das Rechenwerk der *Volkswirtschaftlichen Gesamtrechnungen* entwickelt. Für eine gesamtwirtschaftliche Analyse ist es außerdem von Interesse, wie Investitionen finanziert wurden und welche Ersparnisse in der Bevölkerung vorhanden sind. Diese Zusammenhänge werden in der *Geldvermögensrechnung* dargestellt. Schließlich spielen in Deutschland wie in vielen anderen Ländern Güter-, Dienstleistungs- und Finanztransaktionen mit dem Ausland eine immer wichtigere Rolle. Das hierfür maßgebliche Rechenwerk ist die *Zahlungsbilanz.*

Für viele wirtschaftspolitische Fragestellungen ist es zweckmäßig, die mit solchen Rechenwerken gewonnenen Daten analytisch weiterzubearbeiten. Wir werden einige elementare Techniken, insbesondere das Verfahren der *Saisonbereinigung*, der *logarithmischen Abbildung* und der Umrechnung auf *Jahresraten* am Ende dieses Kapitels vorstellen.

16.2 Die Volkswirtschaftlichen Gesamtrechnungen

Bei den *Volkswirtschaftlichen Gesamtrechnungen* (VGR) handelt es sich (wie bei allen volkswirtschaftlichen Statistiken) um eine rückblickende Betrachtung des wirtschaftlichen Geschehens. Man spricht deshalb auch von einer *Ex-post-Betrachtung.* Sie zeichnet sich dadurch aus, dass sich z.B. auf einem Markt am Ende des Tages die angebotene und die nachgefragte Menge immer entsprechen müssen. Dies ist anders bei einer *Ex-ante-Betrachtung* des Wirtschaftsprozesses, die sich damit befasst, ob die *Pläne* von Anbietern und Nachfragern zusammenpassen. Wir werden solche Analysen in den folgenden Kapiteln vornehmen. Aufgrund der Ex-post-Identität der beiden Marktseiten spricht man in der VGR nicht mehr vom gesamtwirtschaftlichen Angebot oder der gesamtwirtschaftlichen Nachfrage, sondern vom *Bruttoinlandsprodukt.* So gesehen könnte man sich darauf beschränken, entweder nur die Angebotsseite (Entstehungsseite) oder nur die Nachfrageseite (Verwendungsseite) zu berechnen und dann auf die jeweils andere Seite zu schließen. Da jedoch alle Versuche, die Gesamtwirtschaft statistisch zu erfassen, mit größeren methodischen Schwierigkeiten verbunden und nicht alle Daten vollständig verfügbar sind, versuchen die Mitarbeiterinnen und Mitarbeiter des Statistischen Bundesamtes, die die VGR für Deutschland errechnen, stets beide Seiten getrennt zu erfassen und zu berechnen. Am Ende muss bei beiden Verfahren das Gleiche herauskommen. Auftretende Divergenzen bei der Berechnung der beiden Seiten sind dann ein Zeichen dafür, dass bei den Berechnungen Differenzen aufgetreten sind und eine Korrektur erforderlich ist. Am Ende sind die Volkswirtschaftlichen Gesamtrechnungen stets ausgeglichen.

Das in einer Periode erstellte Angebot an Gütern führt stets in voller Höhe zu Einkommen entweder der Arbeitnehmer oder der Unternehmer und der Vermögenseigentümer. Da also das Periodenangebot mit dem Einkommen identisch ist, könnte man das gesamtwirtschaftliche Angebot im Prinzip auch über die in einer Periode erzielten Einkommen errechnen. Allerdings stellt sich dabei das Problem, dass die Unternehmensgewinne statistisch nur unvollständig erfasst werden können. Sie werden deshalb als Restgröße („*Residuum*") der VGR errechnet.

Somit gibt es drei interdependente Verfahren zur Berechnung des *Bruttoinlandsprodukts*:

- Die *Entstehungsrechnung* ermittelt aus den verfügbaren Daten über die Produktion von Gütern und Dienstleistungen (Unternehmenserhebungen, Umsatzsteuerstatistiken, Kostenstrukturstatistiken), wie hoch das gesamtwirtschaftliche Angebot in einer Periode war.
- Die *Verwendungsrechnung* nimmt die vorhandenen Informationen über die einzelnen Nachfragekomponenten (Unternehmenserhebungen, Einzelhandelsumsätze, Umsätze der Industrie, Kfz-Zulassungen, Außenhandelsstatistik) und aggregiert diese zu der gesamtwirtschaftlichen Nachfrage.
- Die *Verteilungsrechnung* errechnet den Wert der produzierten Güter aus den Informationen über die bei der Produktion entstandenen Einkommen, die sich auf das Arbeitnehmerentgelt sowie die Unternehmens- und Vermögenseinkommen aufteilen.

Einen ersten Überblick vermittelt die ▸*Abbildung 16.1*, durch das die drei Berechnungsformen etwas ausführlicher beschrieben werden.

16.2.1 Die Berechnung des Bruttoinlandsprodukts über die Angebotsseite

Ausgangspunkt der *Entstehungsrechnung* ist der *Produktionswert* der Unternehmen. Dieser wird wie folgt errechnet:

(16.1) Verkäufe von Waren und Dienstleistungen (aus eigener Produktion sowie von Handelsware)[1]

\+ Wert der Bestandsveränderung an Halb- und Fertigwaren aus eigener Produktion

\+ Wert der selbst erstellten Anlagen

= Produktionswert

1 Zu den Verkäufen zählen auch die Vermietung von Wohnungen und gewerblichen Anlagen sowie der Eigenkonsum der Unternehmer.

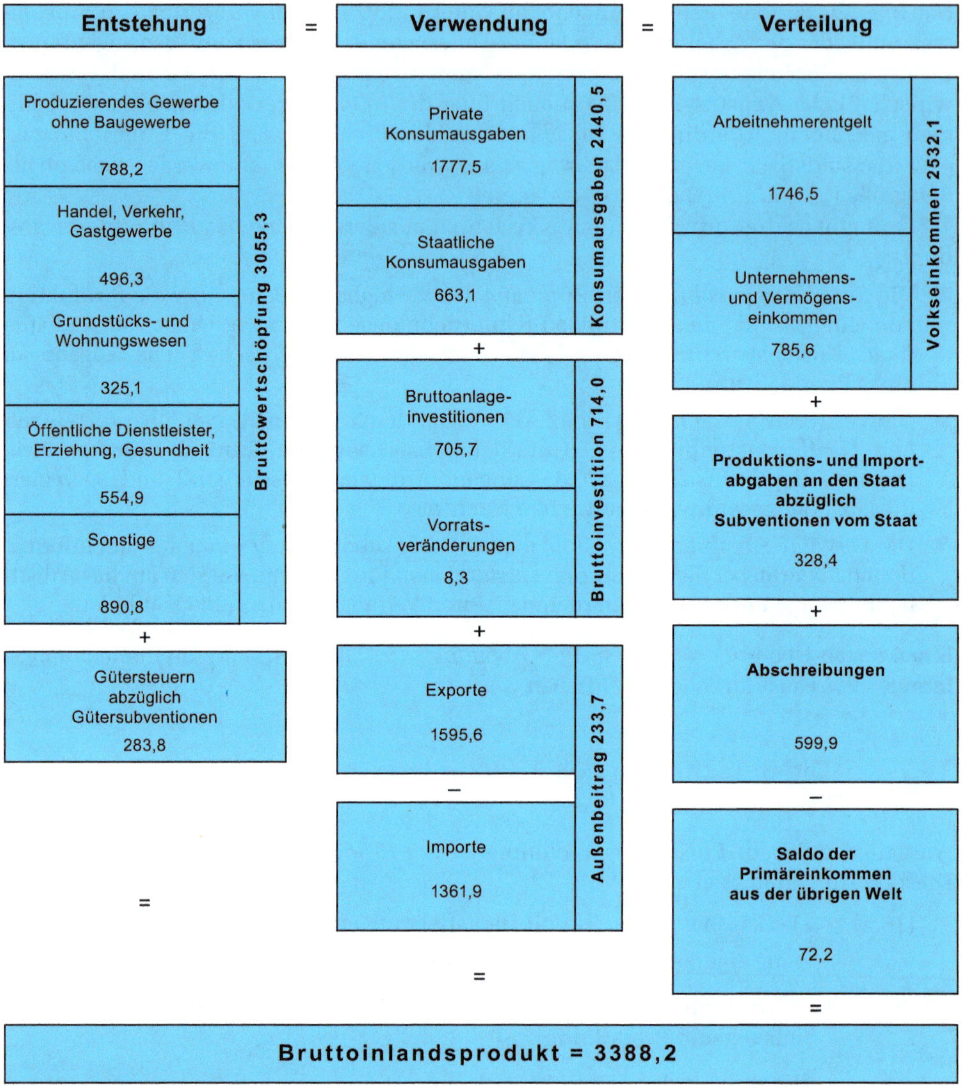

Abbildung 16.1: Entstehung, Verwendung und Verteilung des nominalen Bruttoinlandsproduktes im Jahr 2018 in Mrd. Euro
Quelle: Statistisches Bundesamt (2019).

Wichtig ist dabei, dass die in den Umsätzen enthaltene Mehrwertsteuer zunächst nicht berücksichtigt wird. Da im Produktionswert eines Unternehmens auch alle für die Produktion erforderlichen Inputs an Gütern und Dienstleistungen enthalten sind, würde es zu Mehrfachzählungen führen, wenn man nun einfach diese Größe für alle Unternehmen aufaddieren wollte. Deshalb muss man nun vom Produktionswert die *Vorleistungen* abziehen, die ein Unternehmen von anderen (in- und ausländischen) Unternehmen in einer Periode bezogen hat. Dazu zählen u.a. Rohstoffe, Vorprodukte, Bauleistungen, Transportkosten und Mieten. Vorleistungen sind allgemein Güter, die in der betreffenden Periode wieder in die Produktion eingehen oder verbraucht werden. Auf diese Weise erhält man die *Bruttowertschöpfung* eines Unternehmens. Es gilt also:

(16.2) Produktionswert

– Vorleistungen

= Bruttowertschöpfung

Wir können dies wieder gut am konkreten Beispiel einer Studentenkneipe verdeutlichen. Der Produktionswert ist der gesamte Umsatz (ohne Mehrwertsteuer), den die Studentenkneipe erzielt (plus das Bier, das der Wirt selbst trinkt und dann als ehrlicher Steuerzahler auch dem Finanzamt als Eigenverbrauch angibt). Zieht man davon die Vorleistungen, also das von der Brauerei bezogene Bier, die Pacht sowie die Kosten für Strom und Wasser ab, so erhält man die Bruttowertschöpfung des Biergartens, die vom Wirt und seinen Mitarbeiterinnen und Mitarbeitern erbracht wurde. Wichtig ist dabei, dass die Lohnkosten in der Bruttowertschöpfung enthalten sind; sie stellen also keine Vorleistungen dar.

Jetzt muss noch berücksichtigt werden, dass bisher alle Outputs ohne die Mehrwertsteuer, d.h. zu *Faktorkosten*, bewertet wurden. Die Marktpreise hingegen enthalten diese und andere *indirekte Steuern*, teilweise wurden sie auch durch Subventionen künstlich gesenkt. Da jeder Anbieter für die von ihm bezogenen Inputs Mehrwertsteuer bezahlt hat, kann er diese von der Steuerzahlung für seine Verkäufe als „Vorsteuer" abziehen. Der verbleibende Saldo wird nun abzüglich der Subventionen auf die Bruttowertschöpfung addiert. Summiert über alle Unternehmen, erhält man das gesamtwirtschaftliche Angebot zu Marktpreisen, das als *Bruttoinlandsprodukt* bezeichnet wird:

(16.3) Bruttowertschöpfung

+ Gütersteuern

– Gütersubventionen

= Bruttoinlandsprodukt

In der amtlichen Statistik wird die Bruttowertschöpfung differenziert dargestellt, sodass der Anteil der wichtigsten Wirtschaftsbereiche deutlich wird. Dies ermöglicht es, u.a. den wirtschaftlichen *Strukturwandel* abzubilden (▶*Abbildung 16.2*).

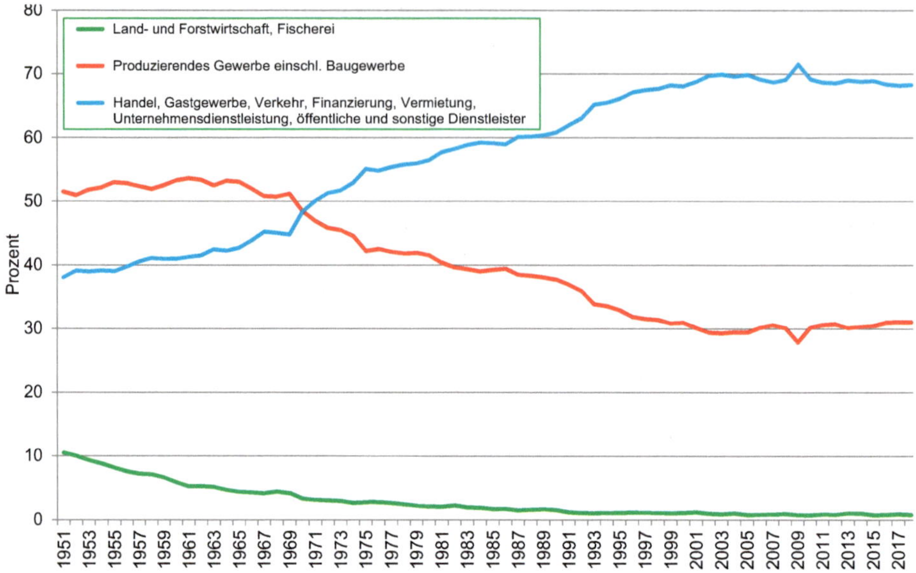

Abbildung 16.2: Anteil unterschiedlicher Sektoren an der Bruttowertschöpfung in Deutschland (1951–2018)
Quelle: Statistisches Bundesamt.

Dazu unterteilt man die Gesamtwirtschaft in drei Sektoren:

- den primären Sektor, d.h. die Land- und Forstwirtschaft sowie die Fischerei,
- den sekundären Sektor, d.h. die Industrie und das Baugewerbe, und
- den tertiären Sektor, d.h. die Dienstleistungsbereiche.

Seit Mitte der 1960er-Jahre hat in Deutschland die relative Bedeutung des Produzierenden Gewerbes (einschließlich des Baugewerbes) kontinuierlich abgenommen. Sein Anteil an der Bruttowertschöpfung, der Anfang der 1960er-Jahre noch bei rund 50 % lag, beläuft sich heute auf nur noch rund 30 %. Ein Rückgang des Anteils der Industrie an der volkswirtschaftlichen Wertschöpfung ist in allen hoch entwickelten Volkswirtschaften zu beobachten. Auch der primäre Sektor hat deutlich an Bedeutung verloren. Der Strukturwandel hat aus Deutschland also überwiegend eine Dienstleistungsgesellschaft gemacht. Allerdings ist bei uns der Anteil der Industrie an der gesamten Wertschöpfung in der jüngeren Vergangenheit nicht weiter zurückgegangen und es ist noch deutlich höher als in anderen hoch entwickelten Ländern.

16.2.2 Die Berechnung des Bruttoinlandsprodukts über die Nachfrageseite

Da bei der Ex-post-Betrachtung Angebot und Nachfrage übereinstimmen müssen, können wir das BIP auch über die Nachfrageseite ermitteln. Dazu addiert man alle Komponenten der gesamtwirtschaftlichen Nachfrage:

a) Die *privaten Konsumausgaben:* Hierbei handelt es sich vor allem um die Konsumausgaben der privaten Haushalte. In der VGR betrachtet man auch alle Käufe von langlebigen Gütern wie Automobilen oder Möbeln als Konsum. Unter dieser Kategorie wird auch der Eigenverbrauch der Unternehmer erfasst, ebenso wie die *Ausgaben* von privaten Organisationen ohne Erwerbszweck (Kirchen, Gewerkschaften, Parteien). Käufe von Grundstücken und Gebäuden werden den Bruttoanlageinvestitionen zugerechnet.

b) Die *Konsumausgaben des Staates:* Hierbei handelt es sich um den Wert der Güter, die vom Staat selbst produziert werden. Da sich der Wert staatlicher Leistungen (z.B. der Wert einer Vorlesung) nicht über Marktpreise erfassen lässt, unterstellt man, dass der Wert den „Erstellungskosten“ entspricht, also den dafür erforderlichen Lohnkosten und den sonstigen notwendigen Inputkosten. Insbesondere werden auch alle laufenden Ausgaben des Staates als „Konsum“ gebucht, d.h. also seine gesamten Zahlungen für Löhne und Gehälter. Dies gilt auch dann, wenn damit Professoren und Lehrer bezahlt werden, deren Leistungen (meistens) als Investitionen in das sogenannte *Humankapital* (siehe *Kapitel 31*) einer Volkswirtschaft betrachtet werden können. Güter, die der Staat erstellt und an die Privaten verkauft, werden unter den anderen Nachfragekomponenten, wie etwa den Bruttoanlageinvestitionen, erfasst.

c) Die *Brutto-Anlageinvestitionen:* Diese werden untergliedert in Ausrüstungen (Maschinen, Geräte, Fahrzeuge), Bauten (Wohnbauten, Nichtwohnbauten) und sonstige Anlagen (unter anderem Computersoftware, Urheberrechte).[2]

d) *Vorratsveränderungen:* Bei dieser Größe werden die Veränderungen der Vorratsbestände erfasst, wobei die Statistik rein preisbedingte Veränderungen des Bestands auszuschalten versucht. Die Vorratsbestände werden deshalb mit ihren jahresdurchschnittlichen Preisen bewertet, sodass Preisanstiege oder Preisrückgänge dieser noch nicht verkauften Güter nicht zu Gewinnen oder Verlusten führen. Da bei einem Konjunktureinbruch Vorratsveränderungen auch unfreiwillig auftreten können, hat diese Größe eine gewisse Pufferfunktion.

e) *Exporte:* Hierzu zählen alle im Inland produzierten Waren und Dienstleistungen, die vom Ausland nachgefragt werden.

Die Summe der Komponenten a) bis d) bezeichnet man als *„letzte inländische Verwendung“*, zuzüglich der Exporte kommt man dann zur *„letzten Verwendung“*. Bei dieser Größe stellt sich das Problem, dass die darin enthaltenen Güter und Dienstleistungen nicht ausschließlich im Inland erstellt wurden, sondern zumindest teilweise aus dem Ausland stammen. Um die Nachfrage nach den im Inland produzierten Gütern zu ermitteln, muss man also von der letzten Verwendung die *Importe* abziehen. Die Differenz zwischen Exporten und Importen führt zum Außenbeitrag der Volkswirtschaft. Auf diese Weise gelangt man dann auch über die Verwendungsrechnung zum Bruttoinlandsprodukt. Die Verwendungsseite kann also zusammenfassend durch folgende Identität beschrieben werden:

$$(16.4) \qquad Y^{brutto}_{Marktpreise} = C^{Privat} + C^{Staat} + I^{Brutto} + (Ex - Im)$$

2 Bei den Käufen von Bauten oder gebrauchten Anlagen werden die Verkäufe abgezogen, sodass sich diese Positionen weitgehend saldieren.

16.2.3 Die Berechnung des Volkseinkommens über die Verteilungsrechnung

Die Volkswirtschaftslehre geht davon aus, dass bei jeder Produktion eines Gutes in der Regel eine Bruttowertschöpfung stattfindet.[3] Die Produktion ist also unmittelbar mit der Schaffung von Einkommen verbunden, die den dabei eingesetzten Produktionsfaktoren, d.h. der Arbeit und dem Kapital, zufließen. Ausgehend vom bereits ermittelten *Bruttoinlandsprodukt* versucht die *Verteilungsrechnung* zu ermitteln, wie die in einem Jahr entstandenen Einkommen auf diese beiden Faktoren verteilt wurden.

Dabei stellt sich zunächst das Problem, dass sich das BIP auf die in einem Land erwirtschaftete Wertschöpfung bezieht, ohne dabei zu berücksichtigen, welcher Anteil davon auf Ausländer entfällt. Umgekehrt können Inländer Einkommen aus einer im Ausland vorgenommenen Wertschöpfung erhalten haben. Beides wird im Saldo der Primäreinkommen mit der übrigen Welt berücksichtigt. Zieht man diesen vom BIP ab, erhält man das *Bruttonationaleinkommen*:

(16.5) Bruttoinlandsprodukt

− Saldo der Primäreinkommen

= Bruttonationaleinkommen

Für die Einkommensermittlung hat man außerdem zu berücksichtigen, dass ein Teil der in einem Jahr produzierten Güter allein dafür verwendet wurde, Maschinen zu ersetzen, die in dieser Zeit abgeschrieben wurden. Da dieser Teil der Produktion also lediglich zum Erhalt des Status quo dient, steht er nicht als Einkommen zur Verfügung. Deshalb zieht man die Abschreibungen vom Bruttonationaleinkommen ab und gelangt so zum *Nettonationaleinkommen*:

(16.6) Bruttonationaleinkommen

− Abschreibungen

= Nettonationaleinkommen

Jetzt kommt auch noch der Staat mit ins Spiel. Als wir bei der *Entstehungsrechnung* das BIP ermittelten, wurden die indirekten Steuern zur Bruttowertschöpfung addiert und die Subventionen abgezogen. Für die *Verteilungsrechnung* müssen wir diese nun wieder subtrahieren bzw. addieren und sind dann endlich beim *Volkseinkommen* angelangt:

(16.7) Nettonationaleinkommen

− Produktions- und Importabgaben an den Staat

+ Subventionen vom Staat

= Volkseinkommen

3 Es kann natürlich auch sein, dass bei einer Produktion überhaupt keine Wertschöpfung erfolgt, sondern eine Wertvernichtung eintritt. Dies ist dann der Fall, wenn der Wert des Endprodukts unter dem der dafür erforderlichen Inputs liegt. Bis Ende der 1980er-Jahre wurde für Länder in Osteuropa und in der ehemaligen Sowjetunion immer wieder von Unternehmen berichtet, die eine *negative Wertschöpfung* aufwiesen. Einem ungeschickten Heimwerker kann das bisweilen auch passieren.

Das Volkseinkommen fließt den Arbeitnehmern, Unternehmern und Vermögensbesitzern zu. Da die Arbeitnehmerentgelte statistisch recht gut zu erfassen sind, zieht man diese vom Volkseinkommen ab und gelangt so zu den Unternehmens- und Vermögenseinkommen. Diese stellen also eine Residualgröße der Volkswirtschaftlichen Gesamtrechnungen dar.

(16.8) Volkseinkommen

– Arbeitnehmerentgelte

= Unternehmens- und Vermögenseinkommen

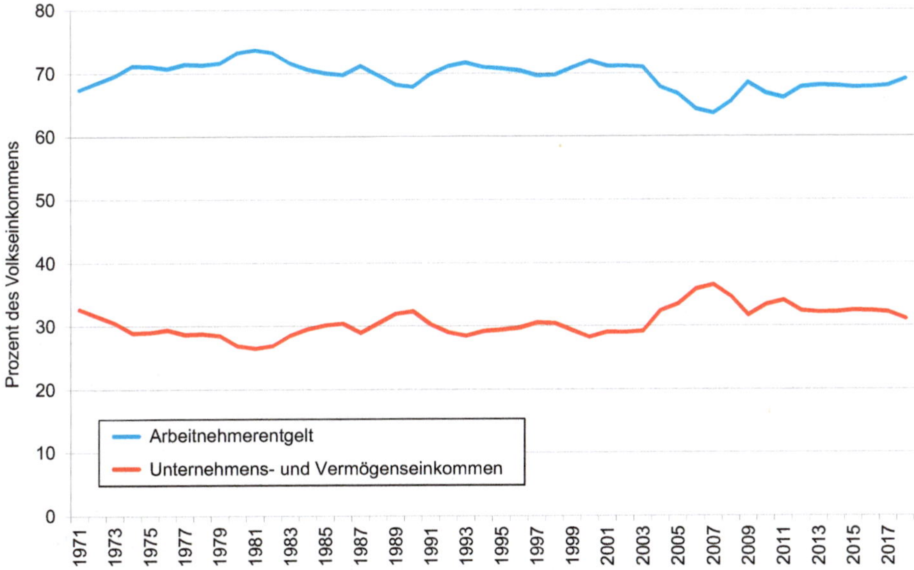

Abbildung 16.3: Einkommensverteilung von 1971 bis 2018 (Anteil der Arbeitnehmerentgelte und der Unternehmens- und Vermögenseinkommen am Volkseinkommen)
Quelle: Statistisches Bundesamt.

▸*Abbildung 16.3* zeigt, dass die Arbeitnehmer ihre Verteilungsposition in den 1970er-Jahren deutlich verbessern konnten. Ein Teil dieser Umverteilung ging in den Folgejahren jedoch wieder verloren. In den 1990er-Jahren hat sich die Einkommensverteilung insgesamt nicht nennenswert geändert: Rund 30 % des Volkseinkommens entfallen auf die Unternehmer- und Vermögenseinkommen, 70 % auf die Arbeitnehmerentgelte. In den 2000er-Jahren hat sich die Verteilung durch die Lohnzurückhaltung der Arbeitnehmer merklich zugunsten der Unternehmer verbessert. Ihr Anteil am Volkseinkommen war in den Jahren vor der Wirtschafts- und Finanzkrise sogar noch höher als zu Beginn der 1970er-Jahre. Dieser Befund deckt sich mit der Abbildung einer größeren Ungleichheit der Einkommensverteilung durch die *Lorenzkurve* in *Kapitel 12*. Seit dem Jahr 2007 hat sich die Verteilung wieder etwas zugunsten der Arbeitseinkommen verbessert, ohne jedoch die Umverteilung der Jahre 2000 bis 2007 voll zu kompensieren.

16.3 Die gesamtwirtschaftliche Finanzierungsrechnung

Die VGR wird von einer rein güterwirtschaftlichen Betrachtungsweise bestimmt. Für viele volkswirtschaftliche Fragestellungen ist aber auch die *Finanzierungsseite* von Interesse: Wie wurden das gesamtwirtschaftliche Angebot und die gesamtwirtschaftliche Nachfrage finanziert? Wie hoch war die Ersparnis und wie wurde diese auf unterschiedliche Anlageformen aufgeteilt? Antworten hierauf findet man in der gesamtwirtschaftlichen Finanzierungsrechnung, die für Deutschland von der Deutschen Bundesbank erstellt und jährlich in ihren Monatsberichten veröffentlicht wird.

16.3.1 Der Zusammenhang zwischen Strom- und Bestandsrechnungen

Als Ausgangspunkt ist es hilfreich, ganz allgemein zwischen Strom- und Bestandsgrößen zu unterscheiden. Dabei gilt stets folgender Zusammenhang:

(16.9) Bestand zu Beginn einer Periode

\+ Zufluss in einer Periode

– Abfluss in einer Periode

= Bestand am Ende einer Periode

So ist zum Beispiel der Bestand an Automobilen am Ende eines Jahres gleich dem Anfangsbestand zu Beginn des Jahres plus der Neuzulassungen während des Jahres minus der Abmeldungen während des Jahres. Wichtig ist dabei, dass *Stromgrößen* immer für eine *Periode* (z.B. das Jahr 2018) definiert sind, während sich *Bestandsgrößen* immer auf einen *Zeitpunkt* (z.B. den 31. Dezember 2018) beziehen. Gemäß dieser Unterscheidung kann man auch bei Rechenwerken zwischen Strom- und Bestandsrechnungen unterscheiden. So ist die Bilanz eines Unternehmens eine Bestandsrechnung, die Gewinn- und Verlustrechnung eine Stromrechnung. Die Volkswirtschaftlichen Gesamtrechnungen sind eine typische Stromrechnung, da sie keinerlei Bestände (z.B. den Kapitalstock oder den Bestand der verfügbaren langlebigen Konsumgüter) erfasst.

Eine gute Übersicht über die wichtigsten wirtschaftlichen Strom- und Bestandsgrößen vermittelt die ▸*Abbildung 16.4*.

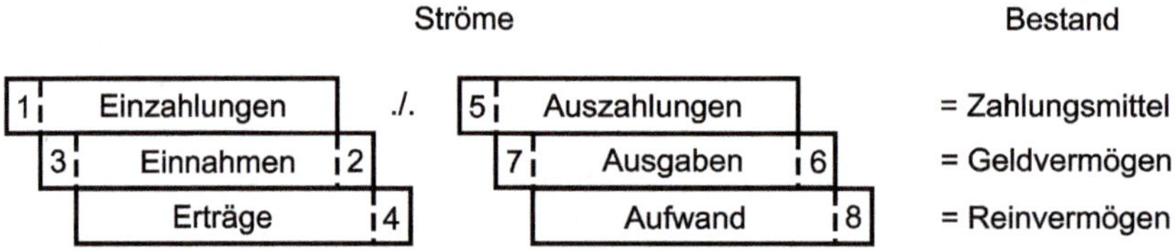

Abbildung 16.4: Der Zusammenhang zwischen wirtschaftlichen Strömen und Beständen

Sie unterscheidet zwischen drei Bestandsgrößen, die sowohl bei einer einzelwirtschaftlichen (= betriebswirtschaftlichen) als auch bei einer gesamtwirtschaftlichen (= volkswirtschaftlichen) Betrachtungsweise eine Rolle spielen:

- dem Bestand an *Zahlungsmitteln* d.h. der Summe aus Bargeld und Sichteinlagen
- dem Bestand an *Geldvermögen*, d.h. der Differenz zwischen den gesamten Forderungen und den Verbindlichkeiten,

- dem Vermögensbestand insgesamt, d.h. dem *Reinvermögen*, das sich aus dem Geldvermögen und dem Sachvermögen zusammensetzt

Die ▶*Abbildung 16.5* bildet diese Bestände in einer vereinfachten Bilanz ab.

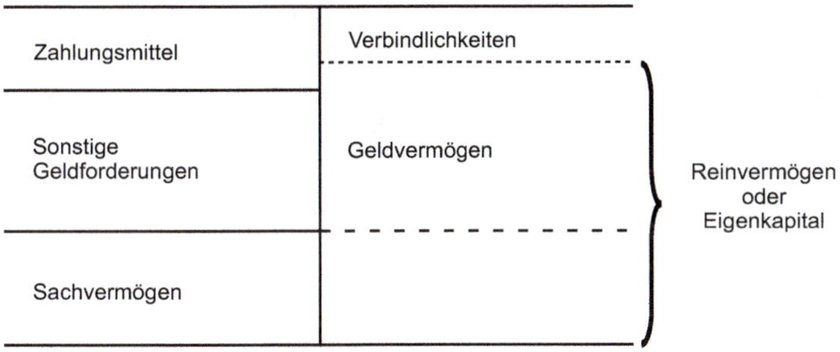

Abbildung 16.5: Vereinfachte Bilanz eines Wirtschaftssubjekts

Man kann aus dieser Bilanz folgende Zusammenhänge in Gleichungsform ableiten:

(16.10) Zahlungsmittelbestand
\+ sonstige Geldforderungen
− Verbindlichkeiten
= Geldvermögen

(16.11) Geldvermögen
\+ Sachvermögen
= Reinvermögen

16.3.2 Einzelwirtschaftliche Betrachtungsweise

Anhand des *Abbildung 16.4* lässt sich verdeutlichen, durch welche Stromgrößen es zu Veränderungen der entsprechenden Bestandsgrößen kommen kann:

- Der *Zahlungsmittelbestand* von Herrn Maier (wie auch der Siemens AG) verändert sich dadurch, dass *Einzahlungen* oder *Auszahlungen* auf dem Bankkonto stattfinden oder dass Bareinzahlungen eingehen oder Barauszahlungen vorgenommen werden.
- Das *Geldvermögen* von Herrn Maier (wie auch der Siemens AG) verändert sich durch die von ihm vorgenommenen *Einnahmen* und *Ausgaben*. In der Regel sind das Transaktionen, die mit bestimmten wirtschaftlichen Leistungen verbunden sind (Käufe, Vermietungen, Arbeitsleistungen). Deshalb spricht man auch von *Leistungstransaktionen*. Wichtig ist, dass jeder Einnahme eines Wirtschaftssubjekts stets eine Ausgabe eines anderen Wirtschaftssubjekts gegenübersteht. Dementsprechend gibt es auch keine Forderung ohne eine Verbindlichkeit.
- Eine Veränderung des *Reinvermögens* von Herrn Maier ergibt sich als Differenz zwischen seinem Einkommen und seinem Konsum. Man spricht dann auch von der *Ersparnis*. Das *Reinvermögen* der Siemens AG verändert sich durch die laufenden *Erträge* und *Aufwendungen* des Unternehmens. In der Betriebswirtschaftslehre spricht man dabei nicht vom Reinvermögen, sondern vom Eigenkapital.

Wenn man Konfusionen vermeiden will, ist man gut beraten, in der Betriebswirtschaftslehre wie in der Volkswirtschaftslehre sorgfältig zwischen diesen drei Ebenen zu unterscheiden. Dies gilt für die Bestandsgrößen wie auch für Stromgrößen, d.h. Einzahlungen, Einnahmen und Erträgen auf der einen und Auszahlungen, Ausgaben und Aufwendungen auf der anderen Seite. Zur Einübung in diese Kategorien ist es hilfreich, sich mit den Kästen 1 bis 8 in *Abbildung 16.4* auseinanderzusetzen:

Feld 1: *Einzahlungen, die keine Einnahmen* sind: Dies ist dann der Fall, wenn einem Unternehmen von einem Kunden eine ausstehende Rechnung beglichen wird. Das *Geldvermögen* des Unternehmens bleibt unverändert, aber sein Zahlungsmittelbestand steigt. Den gleichen Effekt hätte es, wenn das Unternehmen bei seiner Bank einen Kredit aufnimmt, der ihm auf das Girokonto gutgeschrieben wird. Wiederum bleibt das Geldvermögen unverändert, da dem höheren Bestand an Forderungen (Giroguthaben) auch ein höherer Bestand an Verbindlichkeiten (Bankkredit) gegenübersteht. Transaktionen, die nur die Struktur des Geldvermögens verändern, dessen Niveau aber unverändert lassen, bezeichnet man als *reine Finanztransaktionen*. Kennzeichnend für solche Transaktionen ist das Zusammentreffen von zwei Finanzströmen.

Feld 2: *Einnahmen, die keine Einzahlungen* sind: Wenn ein Unternehmen ein Produkt „auf Ziel" verkauft, d.h. die Bezahlung erfolgt später, entsteht durch den Verkauf unmittelbar eine Forderung gegenüber dem Abnehmer. Der Zahlungsmittelbestand verändert sich dabei jedoch nicht. Transaktionen, die das Niveau des Geldvermögens verändern, bezeichnet man als *Leistungstransaktionen*. Sieht man einmal von einem reinen Gütertausch ab, bei dem zwei Güter- bzw. Leistungsströme einander entgegenlaufen, dann ist jede Leistungstransaktion mit einer Finanztransaktion gekoppelt. Einem Güter- oder Leistungsstrom steht ein Finanzstrom gegenüber. Im Fall der Lieferung auf Ziel besteht die Finanztransaktion in einer Kreditgewährung an das andere Unternehmen, womit sich die Struktur des Geldvermögens verändert: Relativ zum Zahlungsmittelbestand erhöhen sich die Lieferantenkredite.

Feld 3: *Einnahmen*, die *keine Erträge* sind: Dabei erhöht sich das Geldvermögen eines Wirtschaftssubjekts, sein Reinvermögen bleibt unverändert. Damit muss also das Sachvermögen gesunken sein. Ein Beispiel hierfür ist der Verkauf eines im Vorjahr auf Lager produzierten und in der Bilanz aktivierten Gutes an einen Kunden.

Feld 4: *Erträge*, die *keine Einnahmen* sind: Hier steigt das Reinvermögen bei einem konstanten Geldvermögen, also muss das *Sachvermögen* gestiegen sein. Dieses Feld ist das genaue Gegenstück von Feld 3. Ein Unternehmen produziert ein Gut, das im Lager landet. Es wird in der Bilanz als Bestandsveränderung und in der Gewinn- und Verlustrechnung als Ertrag gebucht. Unter diese Rubrik fallen aber auch alle selbst erstellten Anlagen und alle Güter, die für den Eigenverbrauch eines Unternehmens erstellt werden.

Versuchen Sie nun selbst, konkrete Beispiele für die Fälle 5 bis 8 zu konstruieren.

16.3.3 Gesamtwirtschaftliche Betrachtungsweise

Wir haben bisher auf einer rein *einzelwirtschaftlichen* Ebene argumentiert. Für die Volkswirtschaft *insgesamt* kann man nun ebenfalls einen Zahlungsmittelbestand (Geldmenge), einen Geldvermögensbestand und einen Reinvermögensbestand ermitteln. Wir werden hier nicht näher auf die Veränderungen des volkswirtschaftlichen Zahlungsmittelbestands eingehen, da wir uns dazu erst ausführlicher mit dem Prozess der Kreditschöpfung auseinandersetzen müssen (*Kapitel 26*).

Für die Analyse des gesamtwirtschaftlichen Geldvermögens ist es wichtig, zwischen einer offenen und einer geschlossenen Volkswirtschaft zu unterscheiden. Man spricht von einer *„geschlossenen Volkswirtschaft"*, wenn ein Land keinerlei Wirtschaftsbeziehungen mit dem Ausland unterhält. Eine solche Wirtschaft ist heute – vielleicht mit der Ausnahme von Nord-Korea – kaum noch zu finden. Als eine Modellvorstellung ist sie jedoch hilfreich. In einem Land ohne außenwirtschaftliche Beziehungen gilt für alle Wirtschaftssubjekte:

(16.12) Σ Forderungen

– Σ Verbindlichkeiten

= Σ Geldvermögen geschlossene VWS = 0

Da in der *geschlossenen Volkswirtschaft* jeder Forderung eine betragsgleiche Verbindlichkeit gegenübersteht, ist ihr gesamtwirtschaftlicher Geldvermögensbestand also gleich null. Dabei sind dann die Zahlungsmittel als Verbindlichkeiten der Banken bzw. im Fall des Bargelds als Verbindlichkeiten des Staates als Eigentümer der Notenbank zu betrachten. Man kann diese Modellvorstellung übrigens gut auf die *Welt insgesamt* übertragen: Da diese wiederum eine geschlossene Volkswirtschaft darstellt, solange jedenfalls keine extra-terrestrischen Handelsbeziehungen aufgenommen werden, ist das globale Geldvermögen also auch gleich null.

Im realistischeren Fall einer *„offenen Volkswirtschaft"* kann nun das gesamtwirtschaftliche Geldvermögen größer oder kleiner als null sein. Da sich wiederum die Forderungen und Verbindlichkeiten zwischen den Inländern wegsaldieren, entspricht das Geldvermögen des Inlands der Summe aller Forderungen gegenüber dem Ausland abzüglich aller Verbindlichkeiten gegenüber dem Ausland:

(16.13) Σ Forderungen der Inländer gegenüber Ausländern

– Σ Verbindlichkeiten der Inländer gegenüber Ausländern

= Σ Geldvermögen offene VWS

Zu einer Veränderung des Geldvermögens einer offenen Volkswirtschaft kann es also nur dann kommen, wenn sich etwas an den Forderungen und Verbindlichkeiten gegenüber dem Ausland ändert. Wie schon bei der einzelwirtschaftlichen Betrachtung setzt dies voraus, dass *Leistungstransaktionen mit dem Ausland* stattfinden. Diese werden in der Zahlungsbilanz (*Kapitel 16.4*) unter der Rubrik der *Leistungsbilanz* aufgeführt.

Es gilt somit in einer offenen Volkswirtschaft:

(16.14) Einnahmen aus dem Ausland

– Ausgaben an das Ausland

= Δ Geldvermögen

= Saldo der Leistungsbilanz

Die Veränderung des Geldvermögens stellt eine wichtige Komponente der gesamtwirtschaftlichen *Ersparnis*, d.h. der *Veränderung des Reinvermögens* einer Volkswirtschaft, dar. Diese Bestandsveränderung wird auch als *Ersparnis* (*S*) bezeichnet.

Für ein einzelnes Wirtschaftssubjekt wie für eine Volkswirtschaft im Ganzen gilt der in *Abbildung 16.5* dargestellte Zusammenhang:

(16.15) Δ *Sachvermögen*

+ Δ Geldvermögen

= Δ Reinvermögen

Die Ersparnis setzt sich also zusammen aus der Vermögensbildung in Form von Sachvermögen und in Form von Geldvermögen. Unter Berücksichtigung von *Gleichung 16.15* kann man dies für die gesamtwirtschaftliche Ebene wie folgt formulieren:

(16.16) Δ Sachvermögen

+ Δ Saldo der Leistungsbilanz

= Δ Reinvermögen

Für die Modellwelt einer „geschlossenen Volkswirtschaft", bei der der Leistungsbilanzsaldo per Definition gleich null ist, kann man daraus unmittelbar herleiten:

(16.17) Δ Reinvermögen = Δ Sachvermögen

Mit anderen Worten, wenn man von den Beziehungen zum Ausland absieht, kann eine Volkswirtschaft nur dadurch sparen, d.h. ihr Reinvermögen erhöhen oder ganz einfach „reicher" werden, indem sie zusätzliches Sachvermögen bildet. Es gilt also $S = \Delta RV$. Die Ersparnis kann nur über Investitionen (I) geschehen:

(16.18) $I \equiv \Delta$ Sachvermögen

Dieser Zusammenhang wird häufig auch in der Identitätsgleichung

(16.19) $S \equiv I$

dargestellt. Diese besagt, dass in einer geschlossenen Volkswirtschaft die Ersparnis (S) ex-post zwangsläufig identisch mit der Sachvermögensbildung, d.h. den Investitionen (I), ist. Siehe dazu auch die *Box 16.1* zur Mehrdeutigkeit des Ausdrucks „Sparen".

Box 16.1 Bitte nicht verwechseln: Sparen, Ersparnis und Ersparnisse

Es führt in vielen volkswirtschaftlichen Darstellungen zu großer Verwirrung, dass die Ausdrücke „Sparen", „Ersparnis" und „Ersparnisse" als Synonyme verwendet werden. Das gilt auch für englischsprachige Texte wo „saving" und „savings" ebenfalls häufig als Synonyme betrachtet werden. Dabei werden jedoch Strom- und Bestandsgrößen durcheinander geworfen.

- „Sparen" und „Ersparnis" sind tatsächlich Synonyme. Diese Ausdrücke beschreiben die Veränderung des Reinvermögens in einer Periode. Es geht dabei also um eine Stromgröße. Das Statistische Bundesamt verwendet nur den Ausdruck „Sparen".

- „Ersparnisse“ ist überhaupt kein statistisch korrekter volkswirtschaftlicher Term. Umgangssprachlich beschreibt man damit in der Regel die Geldbestände, die man auf dem Bankkonto oder einem Sparbuch hält. Damit handelt es sich jedenfalls um eine Bestandsgröße, die man auf keinen Fall mit der Stromgröße „Sparen“ gleichsetzen sollte. Am besten vermeidet man den Ausdruck „Ersparnisse“ ganz und spricht stattdessen von Geldbeständen im Sinne der gängigen Geldmengenabgrenzungen (*Box 26.1*)

Einen Überblick über das Nettogeldvermögen der einzelnen Sektoren in Deutschland am Jahresende 2018 gibt die ▶*Tabelle 16.1*.

	Private Haushalte	**Nicht finanzielle Kapitalgesellschaften**	**Staat**	**Inländische finanzielle Sektoren**	**Inland insgesamt**
Forderungen, Aktien und Ansprüche gegenüber Versicherungen	6.202,4	3.602,7	1.177,8	13.429,8	24.412,7
Verbindlichkeiten	1.808,7	5.133,6	2.312,4	13.242,1	22.496,8
(Netto-) Geldvermögen	4.393,7	–1.530,9	–1.134,6	187,7	1.915,9

Tabelle 16.1: Das Geldvermögen in Deutschland im Jahr 2018 in Mrd. Euro
Quelle: Deutsche Bundesbank.

Die Tabelle verdeutlicht, dass sich die privaten Haushalte in Deutschland in einer hohen Nettogläubigerposition gegenüber den Unternehmen (nichtfinanzielle Kapitalgesellschaften) und dem Staat befinden. Die in der Spalte „inländische finanzielle Sektoren“ zusammengefassten Banken und Versicherungen haben netto einen leicht positiven Geldvermögenssaldo. Deutschland insgesamt hat eine Nettogläubigerposition gegenüber dem Rest der Welt in Höhe von rund 1.920 Mrd. Euro. Hierin schlagen sich die deutschen Leistungsbilanzüberschüsse nieder. An dieser Stelle soll darauf hingewiesen werden, dass die Bundesbank in ihrer Finanzierungsrechnung eine etwas andere Terminologie verwendet als dies hier geschieht. Die Bundesbank verwendet für den Ausdruck „Geldvermögen“ die Bezeichnung „Netto-Geldvermögen“. Sie bezeichnet die Geldforderungen, zu denen sie auch Aktien und Ansprüche gegenüber Versicherungen rechnet, als „Geldvermögen“.

Die in diesem Abschnitt dargestellten „saldenmechanischen“[4] Zusammenhänge wurden von dem deutschen Ökonomen *Wolfgang Stützel* mitentwickelt. Eine Kurzbiografie dieses kreativen Wissenschaftlers finden Sie am Ende dieses Kapitels.

4 Stützel (1958).

16.4 Die Zahlungsbilanz

Ein drittes wichtiges volkswirtschaftliches Rechnungswerk ist die Zahlungsbilanz. Sie zeichnet alle Leistungs- und Finanztransaktionen auf, die in einem Zeitraum zwischen Inland und dem Ausland stattgefunden haben. Da dieses Rechenwerk ausschließlich volkswirtschaftliche *Stromgrößen* abbildet, ist es eigentlich irreführend, von einer „Bilanz“ zu sprechen. Bekanntlich werden in der Bilanz eines Unternehmens nur *Bestandsgrößen* aufgeführt. Allerdings werden in der Zahlungsbilanz nach dem Prinzip der doppelten Buchführung alle Transaktionen stets in zwei Teilbilanzen verbucht.

Stark vereinfacht kann man die Zahlungsbilanz, wie sie von der Bundesbank für Deutschland aufgestellt wird, in zwei Teile aufgliedern:

- Die *Leistungsbilanz* zeichnet alle *Leistungstransaktionen* auf, die zwischen dem Inland und dem Ausland in einem bestimmten Zeitraum vorgenommen wurden.
- In der *Kapitalbilanz* wird zum einen abgebildet, wie die Leistungstransaktionen finanziert wurden. Zum anderen kann man in den Teilbilanzen der *Kapitalbilanz* auch ablesen, welche reinen *Finanztransaktionen* zwischen Inländern und Ausländern stattgefunden haben. Dabei werden Transaktionen, an denen die inländische Notenbank beteiligt ist, in der Regel gesondert abgebildet.

16.4.1 Die Leistungsbilanz

Die *Leistungsbilanz* setzt sich aus fünf Teilbilanzen zusammen:

- Die *Handelsbilanz* erfasst die Ein- und Ausfuhr von Waren. Sie ist mit Abstand die größte Teilbilanz der *Zahlungsbilanz*. Für die „Exportnation“ Deutschland weist sie traditionell einen hohen Handelsbilanzüberschuss aus.[5]
- Die *Dienstleistungsbilanz* bildet alle Leistungstransaktionen ab, die sich aus dem Reiseverkehr, Transporten, Finanzdienstleistungen sowie aus Patenten und Lizenzen ergeben. Die deutsche Dienstleistungsbilanz ist traditionell defizitär. Dies liegt im Wesentlichen an unserer großen Reiselust.
- In der Bilanz der *Erwerbs- und Vermögenseinkommen* werden vor allem Kapitalerträge und -aufwendungen (Zinszahlungen aus dem Ausland und in das Ausland) sowie Einkommen aus unselbstständiger Arbeit aufgeführt.
- In der Bilanz der *laufenden Übertragungen* werden alle unentgeltlichen Leistungen an das Ausland (sowie vom Ausland erhaltene, unentgeltliche Leistungen) aufgeführt. Hierbei handelt es sich in Deutschland vor allem um Transfers der öffentlichen Hand an die Europäische Gemeinschaft und an andere internationale Institutionen sowie um Überweisungen von Gastarbeitern an ihre Herkunftsländer. Bei den Übertragungen machen sich die deutschen Nettozahlungen an die Europäische Gemeinschaft im Jahr 2017 in Höhe von rund 20 Mrd. Euro bemerkbar.
- *Einmalige Vermögensübertragungen* (Erbschaften, Schenkungen, Schuldenerlasse) werden in einer gesonderten Bilanz aufgeführt, die man im Prinzip aber noch zur *Leistungsbilanz* rechnen könnte, sofern es dabei zu Veränderungen des Geldvermögens gegenüber dem Ausland kommt. Hier werden auch die Käufe oder Verkäufe von immateriellen nichtproduzierten Vermögensgütern ausgewiesen.

---

5 Es gelten dabei folgende Konventionen: Der Warenexport wird fob (free on board), also zum Marktwert an der Zollgrenze des exportierenden Landes, verrechnet, der Warenimport gemäß der Konvention cif (cost, insurance, freight), d.h. einschließlich der Kosten für Transport und Fracht.

	Warenhandel	Dienstleistungen	Erwerbs- und Vermögenseinkommen	Laufende Übertragungen	Leistungsbilanzsaldo	Vermögensänderungsbilanz
1991	35.280	–50.423	30.017	–58.980	–44.105	–4960
1999	68.017	–53.298	–17.237	–26.702	–29.220	–937
2005	156.563	–37.924	19.644	–31.341	106.942	–2.334
2010	160.829	–24.476	50.527	–39.582	147.298	1.219
2011	162.970	–29.004	68.161	–34.787	167.340	419
2012	199.531	–30.056	64.940	–38.703	195.712	–413
2013	203.802	–38.848	62.733	–43.413	184.274	–563
2014	219.629	–25.029	57.014	–40.880	210.734	2.936
2015	248.394	–18.296	68.316	–38.494	259.920	–48
2016	252.581	–20.967	74.743	–40.868	265.489	2.138
2017	253.111	–21.938	80.276	–49.554	261.895	–1.947
2018	221.740	–19.551	91.666	–47.619	246.236	1.858

Tabelle 16.2: Teilbilanzen der Leistungsbilanz in Mio. Euro
Quelle: Deutsche Bundesbank.

16.4.2 Die Bilanz des Kapitalverkehrs

Die *Kapitalverkehrsbilanz* ist in folgende vier Unterbilanzen aufgeteilt:

- Die Bilanz der *Direktinvestitionen* zeigt, in welchem Umfang sich Inländer an ausländischen Unternehmen beteiligt haben (und umgekehrt).
- Die Bilanz der *Wertpapieranlagen* umfasst alle Käufe und Verkäufe von Aktien, festverzinslichen Anleihen und Geldmarktpapiere durch Inländer im Ausland und von Ausländern im Inland.
- Grenzüberschreitende Transaktionen mit *Derivaten*, also etwa Optionen sowie Finanztermingeschäfte (siehe hierzu *Kapitel 25*), werden in einer dritten Teilbilanz separat ausgewiesen.
- In einer vierten Teilbilanz werden direkte *Kredite* durch Banken, den Staat sowie Unternehmen und Privatpersonen dargestellt.

Außerdem wird in der Kapitalbilanz aufgeführt, wie sich die Nettoauslandsaktiva der Notenbank (d.h. insbesondere deren Währungsreserven) verändert haben.

16.4.3 Die doppelte Buchführung in der Zahlungsbilanz

Wie schon erwähnt, ist die *Zahlungsbilanz* nach dem Prinzip der doppelten Buchführung aufgebaut. Jede Transaktion muss also doppelt gebucht werden. Dies lässt sich an einigen Beispielen verdeutlichen:

- *Leistungstransaktion:* Wenn Porsche ein Fahrzeug in die Vereinigten Staaten exportiert, wird das in der Leistungsbilanz unter der Teilbilanz „Handel“ als Export gebucht. Nehmen wir an, die Lieferung an den US-Importeur erfolgt auf Kredit. Damit erhöhen sich in der Kapitalbilanz unter der Position „Kredite" die (kurzfristigen) Kredite deutscher Unternehmen an das Ausland. Es kommt zu einem kurzfristigen Kapitalexport.

- *Reine Finanztransaktion I:* Ein deutsches Unternehmen finanziert den Erwerb eines ausländischen Unternehmens durch eine langfristige Kreditaufnahme bei einer amerikanischen Bank. Davon wird zum einen die Teilbilanz „Direktinvestitionen" berührt. Hier findet ein langfristiger Kapitalexport statt. Die Finanzierung läuft über die Position „Kredite". Hier wird ein langfristiger Kapitalimport ausgewiesen.
- *Reine Finanztransaktion II:* Die Bundesbank verkauft ein Dollar-Sichtguthaben, das sie bei einer amerikanischen Bank hält, an eine deutsche Bank. Die deutsche Bank erhält dafür ein Euro-Sichtguthaben bei der Bundesbank. Bei dieser Transaktion handelt es sich um ein *Devisenhandelsgeschäft,* da es zu einem Austausch zwischen Sichtguthaben kommt, die auf unterschiedliche Währungen lauten. Wenn eine Notenbank an einem solchen Geschäft beteiligt ist, spricht man auch von einer *Intervention* am Devisenmarkt. Bei dieser Transaktion erhöhen sich die kurzfristigen Forderungen der deutschen Bank an das Ausland, die Devisenreserven der Bundesbank nehmen um den gleichen Betrag ab.

Wir erkennen daran zugleich den entscheidenden Unterschied zwischen Leistungstransaktionen und reinen Finanztransaktionen. Während bei Leistungstransaktionen immer die Leistungs- und die Kapitalbilanz berührt werden, findet die Buchung reiner Finanztransaktionen ausschließlich in der Kapitalbilanz statt. Als gedankliche Unterstützung zum Erstellen der Buchungssätze ist es hilfreich, sich vor Augen zu halten, dass alle Transaktionen, die mit einem Zufluss von Mitteln ins Inland verbunden sind, auf der linken Seite der Zahlungsbilanz stehen; Transaktionen, die einen Mittelabfluss bedeuten, werden auf der rechten Seite gebucht.

Einen vereinfachten Überblick über die deutsche Zahlungsbilanz im Jahr 2018 gibt die ▶*Tabelle 16.3.* Für Deutschland erkennt man den bereits erwähnten, traditionell sehr hohen Überschuss im Außenhandel und das – vor allem durch unsere Reisefreudigkeit bedingte – Defizit im Dienstleistungsverkehr.

Teilbilanz	**Betrag**
Leistungsbilanz	**246.236**
Warenhandel (einschließlich Lagerverkehr)	221.740
Dienstleistungen	–19.551
Erwerbs- und Vermögenseinkommen	91.666
Laufende Übertragungen	–47.619
Vermögensübertragungen	**1.858**
Kapitalbilanz (netto)	**225.597**
Direktinvestitionen (netto)	43.521
Wertpapieranlagen und Derivate (netto)	136.332

Tabelle 16.3: Vereinfachte Zahlungsbilanz der Bundesrepublik Deutschland (Mio. Euro) im Jahr 2018
Quelle: Deutsche Bundesbank.

Übriger Kapitalverkehr (netto)	45.352
Veränderung der Währungsreserven der Bundesbank zu Transaktionswerten	392
Nicht aufgliederbare Positionen	**-22.497**

Tabelle 16.3: Vereinfachte Zahlungsbilanz der Bundesrepublik Deutschland (Mio. Euro) im Jahr 2018 *(Forts.)*
Quelle: Deutsche Bundesbank.

Da die Zahlungsbilanz gemäß dem Prinzip der doppelten Buchführung erstellt wird, muss sie insgesamt zwangsläufig ausgeglichen sein. Die Summe der Salden aller Teilbilanzen (Leistungsbilanz, Vermögensübertragungen, Kapitalbilanz, Devisenbilanz) muss also immer gleich null sein. Lässt man die Vermögensübertragungen unberücksichtigt, gilt also:

(16.20) Saldo Leistungsbilanz

\+ Saldo Kapitalverkehrsbilanz

= 0

Wie man der *Tabelle 16.3* entnehmen kann, gilt dieser Zusammenhang in der Realität nicht uneingeschränkt. Es ist für die Zahlungsbilanz charakteristisch, dass sie einen hohen Betrag als Saldo der *statistisch nicht aufgliederbaren Transaktionen* ausweist. Dies liegt daran, dass häufig Finanztransaktionen vorgenommen werden, die aus steuerlichen und anderen Gründen (Kapitalflucht) nicht gemeldet werden und deshalb von der Statistik nur unvollständig erfasst werden können.

16.5 Einige Besonderheiten bei der Analyse volkswirtschaftlicher Zeitreihen

16.5.1 Saisonbereinigung

Kalender- und Witterungseinflüsse spielen eine wichtige Rolle für die Wirtschaftsentwicklung. So ist in der Bauwirtschaft die Produktion in den Wintermonaten grundsätzlich geringer als im Frühjahr und Herbst. In den Sommermonaten wird wegen der Ferien weniger gearbeitet. Neben den Produktionsdaten und den Zahlen aus der VGR ist auch die Arbeitslosenstatistik starken saisonalen Einflüssen ausgesetzt. In der Preisentwicklung schlägt sich zudem die Erntezeit nieder, da dann die agrarischen Produkte besonders billig sind. Im Winter werden Früchte und Gemüse aus wärmeren Regionen importiert oder sie kommen aus dem Treibhaus. Das macht sie dann vergleichsweise teuer.

Bei der Beurteilung und Analyse volkswirtschaftlicher Zeitreihen sind Saisoneinflüsse vor allem dann störend, wenn man die allerjüngste Vergangenheit diagnostizieren möchte – z.B. wenn man wissen will, ob die deutsche Wirtschaft im Herbst eines Jahres besser oder schlechter dasteht als noch im Frühjahr oder im vorhergehenden Winter. Wir können diese Problematik ganz gut am Beispiel der Arbeitslosenzahlen erkennen (▶*Abbildung 16.6*).

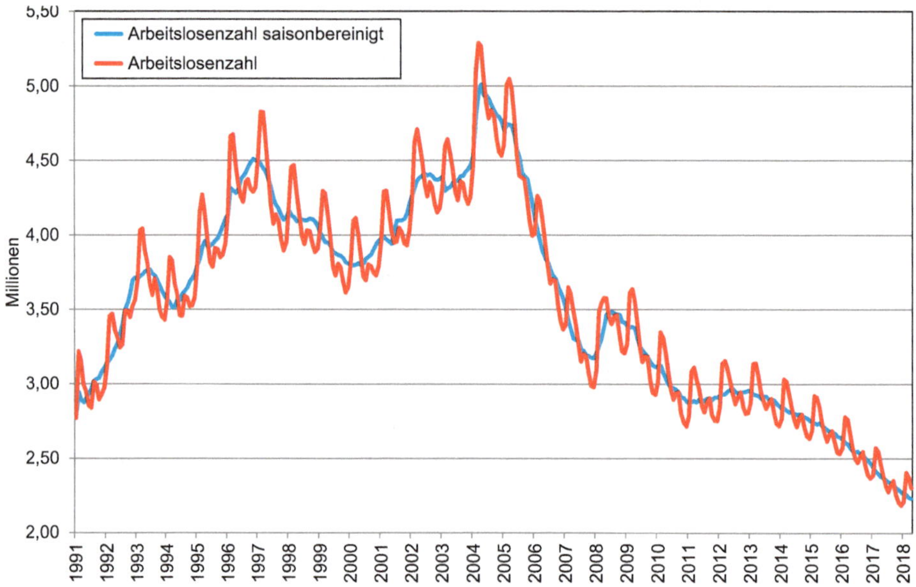

Abbildung 16.6: Saisonbereinigte und nichtsaisonbereinigte Arbeitslosenzahlen (1991–2018)
Quelle: Zeitreihendatenbank der Deutschen Bundesbank.

In Deutschland weist die Arbeitslosigkeit ein ausgeprägtes saisonales Muster auf. Die Arbeitslosenzahlen sind im Januar und Februar sehr hoch, im Juni, kurz vor den Sommerferien, sind sie am niedrigsten. Wenn man nur die Originalwerte betrachtet, kann es relativ schwierig sein, daraus die rein konjunkturelle Entwicklung abzulesen, da sich konjunkturelle und saisonale Faktoren überlagern.

Statistisch lässt sich nun mithilfe des Verfahrens der *Saisonbereinigung* eine „saisonbereinigte" Zeitreihe ermitteln. Vereinfacht gesprochen ermittelt dieses Verfahren für jeden Monat einen „Saisonfaktor", d.h. eine Größe, die angibt, um wie viel der Wert für einen bestimmten Monat im langfristigen Durchschnitt über oder unter dem Jahresdurchschnitt liegt.

Die saisonbereinigte Entwicklung der Arbeitslosigkeit in Deutschland erlaubt es nun relativ einfach, die konjunkturelle Entwicklung des Arbeitsmarktes abzulesen. Man sieht beispielsweise, dass die Arbeitslosigkeit bis zum Jahresanfang 2001 kontinuierlich zurückgegangen und anschließend bis Ende 2004 wieder angestiegen ist. Seit dem Jahr 2005 ist die Arbeitslosigkeit deutlich zurückgegangen. Diese Entwicklung wird im Exkurs am Ende von *Kapitel 10* ausführlich diskutiert.

Das einfachste Verfahren der *Saisonbereinigung* haben wir in *Abschnitt 15.2.3* bereits bei der *Inflationsrate* kennengelernt. Es besteht darin, dass man für eine Zeitreihe *die prozentuale Veränderung gegenüber demselben Vorjahresmonat* ermittelt. Dann fallen die saisonalen Einflüsse automatisch weg. Der Nachteil der einfacheren

Handhabung besteht bei diesem Verfahren darin, dass es – wegen seines Bezugs auf die letzten zwölf Monate – nicht für eine Analyse ganz kurzfristiger Entwicklungen am „aktuellen Rand" einer Zeitreihe geeignet ist.

Während in den Vereinigten Staaten grundsätzlich alle makroökonomischen Ergebnisse in saisonbereinigter Form veröffentlicht werden, werden in Deutschland häufig die – unbereinigten – Originalwerte publiziert. Man muss also bei Zahlen zur Konjunkturentwicklung, wie sie in den Medien veröffentlicht werden, stets darauf achten, ob sie saisonbereinigt sind oder nicht.

16.5.2 Umrechnen auf Jahresraten

Wenn man mit saisonbereinigten Daten arbeitet, kann man sich bei kurzfristigen Analysen dafür entscheiden, eine eingetretene prozentuale Veränderung auf eine *Jahresrate* umzurechnen. Worum es hier geht, lässt sich am einfachsten an den saisonbereinigten Quartalsdaten für das reale Bruttoinlandsprodukt in Deutschland nachvollziehen.

Die zweite Spalte der ▶*Tabelle 16.4* bildet die saisonbereinigten vierteljährlichen Werte des realen Bruttoinlandsprodukts ab. Die einfachste Form der Ermittlung einer Veränderung als *Jahresrate* ist der Vergleich mit dem Wert des entsprechenden *Vorjahresquartals*. Das Ergebnis wird in der dritten Spalte ausgewiesen. Für das 1. Quartal 2019 wird so eine Zunahme um 0,7 % ausgewiesen. Für eine Analyse der ganz aktuellen Entwicklung hat dieses Verfahren den Nachteil, dass es nicht nur von der Entwicklung im jeweils letzten Quartal, sondern in den drei davor liegenden Perioden bestimmt ist. Deshalb kann man auch nur die Veränderung des aktuellen Quartals gegenüber dem unmittelbar vorhergehenden Quartal ermitteln. Die Ergebnisse dieser Berechnung finden Sie in Spalte 4. Mit einer Veränderung von 0,4 % ergibt sich für das 1. Quartal 2019 auf diese Weise eine positive Entwicklung. Da man sich in der wirtschaftspolitischen Diskussion jedoch üblicherweise nicht auf die Veränderung von Quartal zu Quartal, sondern auf Jahresraten konzentriert, kann man diese Zuwachsrate auf eine „Jahresrate" umrechnen. Man geht dabei so vor, dass man den Zuwachsfaktor für das 1. Quartal 2019 (115,96 : 115,47) mit 4 potenziert, davon den Wert 1 abzieht und das Ganze mit 100 multipliziert. Man erhält dann auf das Jahr gerechnet eine Zunahme von 1,7 %.

Durch die Verwendung von Jahresraten können Entwicklungen, die in unterschiedlichen Zeiträumen beobachtet werden, kompatibel gemacht werden. Das Problem bei diesem Vorgehen besteht darin, dass es nur dann sinnvoll ist, wenn man unterstellen kann, dass sich die in einem Quartal beobachtete Veränderung auch in den Folgequartalen fortsetzen wird. Das Verfahren ist also recht anfällig für temporäre Schocks, wie z.B. einen extrem kalten Winter, da es diese im Prinzip für die nächsten drei Quartale fortschreibt.

In den Vereinigten Staaten werden Quartalsveränderungen meistens annualisiert angegeben, wobei ein bestimmtes Verfahren zur Saisonbereinigung angewendet wird. Man erkennt dies meist an der Abkürzung (s.a.a.r = seasonally adjusted annual rate). In Deutschland ist man hier viel zurückhaltender. Es ist wichtig, diese Unterscheidung zu kennen, da man sonst leicht den Fehler begeht, eine Jahresrate des BIP in den USA, mit einer nicht entsprechend umgerechneten Veränderung (vorletzte Spalte) in Deutschland zu vergleichen.

Periode	BIP (preisbereinigt, 2010=100)	Veränderung gegenüber dem Vorjahresquartal in %	Veränderung gegenüber dem Vorquartal in %	Veränderung gegenüber dem Vorquartal in % auf Jahresrate umgerechnet
I/2017	112,84			
II/2017	113,46		0,5	2,2
III/2017	114,12		0,6	2,3
IV/2017	114,73		0,5	2,2
I/2018	115,16	2,1	0,4	1,5
II/2018	115,68	2,0	0,5	1,8
III/2018	115,45	1,2	−0,2	−0,8
IV/2018	115,47	0,6	0,0	0,1
I/2019	115,96	0,7	0,4	1,7

Tabelle 16.4: Berechnung von Jahresraten am Beispiel saisonbereinigter Quartalswerte für das preisbereinigte Bruttoinlandsprodukt
Quelle: Deutsche Bundesbank.

16.5.3 Verwendung logarithmischer Werte

Ein weiteres, ebenso einfaches wie hilfreiches Verfahren für die Analyse von Zeitreihen ist die *logarithmische Darstellung*. Dieses Verfahren hat vor allem bei längerfristigen Betrachtungen den Vorteil, dass *konstante Zuwachsraten* einer Größe optisch durch eine *lineare* Entwicklung einer Zeitreihe abgebildet werden. Nehmen wir an, in einem Land steige das reale Bruttoinlandsprodukt jährlich um 10 %.

Die ▶*Tabelle 16.5* zeigt, wie hoch dann in einem Zehnjahreszeitraum die konkreten Werte ausfallen würden. Bildet man dies in einem Diagramm (▶*Abbildung 16.7*) mit einer normalen Größenachse ab, erhält man eine exponentiell verlaufende Kurve. Dies kann leicht den Eindruck vermitteln, in dem betreffenden Land sei ein sich beschleunigender Wachstumsprozess am Werk. Logarithmiert man nun die Werte – wie in der Spalte 3 der Tabelle dargestellt –, erhält man eine Reihe, die linear verläuft. Optisch vermittelt diese nun das zutreffende Bild eines stetigen Wachstumsprozesses.

Periode	Reales BIP (stilisierte Werte)	ln(Reales BIP)
1	100,00	4,61
2	110,00	4,70
3	121,00	4,80
4	133,10	4,89
5	146,41	4,99
6	161,05	5,08
7	177,16	5,18
8	194,87	5,27
usw.		

Tabelle 16.5: Wachstumsprozess einer Größe in nichtlogarithmischer und logarithmischer Form

Die *Tabelle 16.5* verdeutlicht außerdem einen weiteren Vorteil einer logarithmischen Darstellung. Wenn wir die logarithmierten Werte voneinander abziehen, entspricht die Differenz in etwa der *prozentualen* Veränderung zwischen diesen Größen. Konkret auf die Veränderung zwischen der Periode 1 und 2 bezogen, ergibt sich also: 4,70 – 4,61 = 0,09. Dies entspricht einem Wert von 9 % und deckt sich annäherungsweise mit der tatsächlichen Veränderung von 10 %.

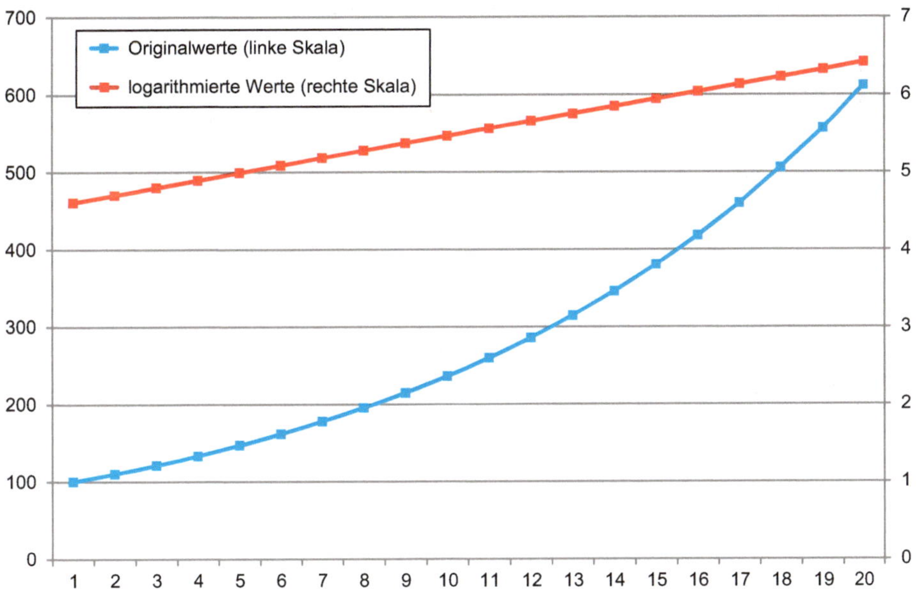

Abbildung 16.7: Stilisierter Wachstumsprozess in logarithmischer und nichtlogarithmischer Darstellung

Der Wirtschaftswissenschaftler

1925–1987

Wolfgang Stützel war einer der kreativsten, vielseitigsten und auch umstrittensten deutschen Ökonomen des 20. Jahrhunderts. Er wurde am 23. Januar 1925 in Aalen geboren und starb am 1. März 1987 in Saarbrücken.

Obwohl er als Volkswirt ausgebildet wurde, hat sich Stützel stets mit der ganzen Breite der Wirtschaftswissenschaft auseinandergesetzt. In der Betriebswirtschaftslehre entwickelte er wichtige Beiträge zur Bankenaufsicht, zur Bilanztheorie, zur Körperschaftsteuer und zum Aktienrecht. Unter anderem setzte er sich früh für die Stückaktie und das Anrechnungsverfahren bei der Körperschaftsteuer ein. In der Volkswirtschaftslehre galt sein Interesse vor allem dem Verhältnis zwischen wirtschaftlicher Macht und der Marktorganisation (siehe dazu *Kapitel 4.3*), der Dynamik von „Rationalitätenfallen" (siehe *Kapitel 1.3*), der *Geldvermögensrechnung* und der dabei existierenden „Saldenmechanik" (*Kapitel 16.3*) sowie der Debatte über „feste versus flexible Wechselkurse".

Stützel hat sich dabei in den 1960er-Jahren vehement gegen die Pläne für flexible Wechselkurse eingesetzt. Als Mitglied des Sachverständigenrates war es ihm nicht möglich, seine Vorstellungen dort durchzusetzen. Er schied deshalb im Jahr 1968 vorzeitig aus dem Rat aus. Im Rückblick zeigt sich, dass Stützel mit seiner skeptischen Beurteilung der flexiblen Kurse völlig Recht hatte.

Zitat

„Gilt es, in unserem Berufsstande, der schlichten Idee mehr Ansehen zu verschaffen, dass die Hauptaufgabe eines Wirtschaftswissenschaftlers nach wie vor darin besteht, etwas von der Wirtschaft zu wissen."
(Rede anlässlich der Übergabe des Ludwig-Erhard-Preises für Wirtschaftspublizistik am 3. Februar 1978)

Ausbildung und Beruf

1947–1952 Studium in Tübingen und Freiburg mit anschließender Promotion
1957 Habilitation
1958–1987 Professor für Wirtschaftswissenschaft an der Universität des Saarlandes
1966–1968 Mitglied des Sachverständigenrates zur Begutachtung der gesamtwirtschaftlichen Entwicklung

Werke

1957 Volkswirtschaftliche Saldenmechanik, 2. Auflage, Tübingen 1978
1973 Währung in weltoffener Wirtschaft, Frankfurt
1981 Marktpreis und Menschenwürde, Stuttgart

Schlagwörter

Aufgaben

Musterlösungen zu den hier gestellten Aufgaben finden Sie im MyLab | Grundzüge der VWL.

1. Errechnen Sie die Jahresrate des realen saisonbereinigten Bruttoinlandsprodukts anhand des aktuellsten Werts. Sie finden die Daten in der Zeitreihendatenbank der Deutschen Bundesbank (Zeitreihe BBNZ1.Q.DE.Y.G.0000.A) unter „Deutschland", „Gesamtwirtschaftliche Übersicht", „Bruttoinlandsprodukt", „In jeweiligen Preisen", und dann unter „kalender- und saisonbereinigt".
2. Errechnen Sie die Inflationsrate (Verbraucherpreisindex) für den zuletzt verfügbaren Wert. Auch hier können Sie auf die Zeitreihendatenbank der Bundesbank (Zeitreihe BBDP1.M.DE.Y.HVPI.C.A00000.I15.A) zurückgreifen. Die Daten finden Sie jetzt unter „Harmonisierter Verbraucherpreisindex", „Deutschland", „kalender- und saisonbereinigt", „Insgesamt" und dort unter „Angepasst an die Jahresmittel der kalenderbereinigten Reihe". In der Datenbank ist der Wert bereits verfügbar, aber Sie sollten ihn einmal aus dem Index selbst berechnen.
3. Vergleichen Sie die saisonbereinigte und die nicht saisonbereinigte Entwicklung der Arbeitslosigkeit in Deutschland. Beide Zeitreihen finden Sie in der Bundesbankdatenbank (Zeitreihe BBDL1.M.DE.N.UNE.UBA000.A0000.A01.D00.0.ABA.A bzw. BBDL1.M.DE.Y.UNE.UBA000.A0000.A01.D00.0.ABA.A) unter „Konjunktur und Preise", „Beschäftigung und Arbeitsmarkt", und dann unter „Arbeitslose und Arbeitslosenquote", die erste unter den saisonbereinigten Zahlen, die zweite unter „Ursprungswerte". Sie können sich die Daten leicht in ein Excel-Sheet herunterladen. Vergleichen Sie den Informationsgehalt der beiden Charts.
4. Gehen Sie in dieser Datenbank auf „Banken", „Bilanzpositionen", „Aktiva und Passiva der Banken in Deutschland (ohne Deutsche Bundesbank und Geldmarktfonds)", „Wichtige Aktiva und Passiva der Banken (MFIs)", „Aktiva", „Kredite an Nichtbanken (Nicht-MFIs)", dann auf „insgesamt". Laden Sie sich die gesamte Zeitreihe (BBK01.OU0083) von 1948 bis heute auf ein Excel-Sheet und erstellen Sie grafisch eine Zeitreihe. Dann nehmen Sie den Logarithmus dieser Zeitreihe mit der Funktion log (...) und erstellen wiederum eine Zeitreihe. Vergleichen Sie den Informationsgehalt der beiden Charts.
5. Bilden Sie für die folgenden Transaktionen die zugehörigen Buchungssätze in der Zahlungsbilanz:
   - Ein deutsches Mobilfunkunternehmen wird für 100 Mrd. Euro durch seinen englischen Konkurrenten TRAZOM im Rahmen einer feindlichen Übernahme übernommen. Die Transaktion wird über langfristige Kredite finanziert.
   - Ein deutscher Pkw im Wert von 20.000 Euro wird in die USA exportiert. Die Lieferung erfolgt auf Ziel.
   - Familie Becker tritt die alljährliche Mallorca-Reise an. Die „all-inclusive"-Reise kostet 3.000 Euro.
   - Deutschland leistet Entwicklungshilfe in Form von zehn Unimog-Fahrzeugen in einem Gesamtvolumen von 2.500.000 Euro.

6. Füllen Sie die leeren Felder in der folgenden Tabelle zum Geldvermögen einer hypothetischen Volkswirtschaft aus:

	Private Haushalte	Nichtfinanzielle Kapitalgesellschaften	Staat	Inländische finanzielle Sektoren	Inland insgesamt
Forderungen, Aktien und Ansprüche gegenüber Versicherungen		2.100	300		13.400
Verbindlichkeiten	1.500			7.300	
(Netto-) Geldvermögen	2.100	−1.200			100

7. Die Bundesbank weist in ihrem Monatsbericht Juli 2019 folgende nominale Werte für das Jahr 2018 aus:

Verwendung des Inlandsprodukts	
Private Konsumausgaben	1.775,9 Mrd. Euro
Konsumausgaben des Staates	661,2 Mrd. Euro
Ausrüstungen	225,7 Mrd. Euro
Bauten	350,6 Mrd. Euro
Sonstige Anlagen	127,1 Mrd. Euro
Vorratsveränderungen	16,3 Mrd. Euro
Exporte	1.590,2 Mrd. Euro
Importe	1.361,0 Mrd. Euro
Verteilung des Volkseinkommens	
Unternehmens- und Vermögenseinkünfte	785,9 Mrd. Euro
Volkseinkommen	2.532,0 Mrd. Euro

a) Ermitteln Sie den Außenbeitrag und das Bruttoinlandsprodukt zu Marktpreisen.

b) Für das Jahr 2018 betrug das Bruttonationaleinkommen 3.458,5 Mrd. Euro. Berechnen Sie den Saldo der Primäreinkommen mit der übrigen Welt. Erläutern Sie vor diesem Hintergrund das Inlands- und das Inländerkonzept.

c) Wie hoch waren die Arbeitnehmerentgelte im Jahr 2018?

LERNZIELE

- Auch in der Makroökonomie geht es um Angebot und Nachfrage. Dazu werden eine *gesamtwirtschaftliche Angebotskurve* und eine *gesamtwirtschaftliche Nachfragekurve* hergeleitet.
- In vielen Lehrbüchern werden diese Kurven wie die *Angebots- und die Nachfragekurve für ein einzelnes Gut* abgebildet. Demensprechend wird die Gesamtwirtschaft als ein ähnlich selbststabilisierendes System präsentiert wie der Kartoffelmarkt. Eine weitreichende, aber meist nicht explizit erwähnte, Implikation des sogenannten AS-AD-Modells besteht darin, dass von einer Deflation stabilisierende Effekte ausgehen. Dies lässt sich nicht mit der Realität vereinbaren.
- Das (langfristige) *Vollbeschäftigungsangebot* wird in der vereinfachten Modelldarstellung rein mikroökonomisch bestimmt. Das *kurzfristige Angebot* hängt demgegenüber weitgehend von der aktuellen Nachfragesituation ab.
- Die *gesamtwirtschaftliche Nachfrage* wird vor allem vom privaten Konsum und den Investitionen bestimmt.
- Der private Konsum hängt sehr stark vom laufenden Einkommen ab, das wiederum mit dem gesamtwirtschaftlichen Angebot identisch ist.
- In dem in diesem Kapitel präsentierten Modellrahmen wird das Gleichgewicht auf dem Gütermarkt allein von den Determinanten der Konsumfunktion und dem Investitionsvolumen bestimmt. Von diesen Größen hängt es ab, ob in einer Volkswirtschaft eine *deflationäre* oder *inflationäre Lücke* vorherrscht oder ob es zu Vollbeschäftigung kommt.
- Die zentrale Erkenntnis von Keynes besteht darin, dass es zu einem Unterbeschäftigungsgleichgewicht kommen kann, das eine Beharrungstendenz aufweist. Es ist dann eine staatliche Nachfragepolitik erforderlich, um das Ziel der Vollbeschäftigung wieder zu erreichen.
- Bei einer *Rationierung des Arbeitsmarktes* durch eine deflationäre Lücke ist eine Reallohnsenkung nicht hilfreich, um die Beschäftigung zu erhöhen. Die *Kaufkrafttheorie der Löhne* zeigt, dass es unter bestimmten Voraussetzungen sogar möglich ist, die Arbeitslosigkeit durch höhere Reallöhne zu senken.
- Die in diesem Kapitel diskutierten Zusammenhänge können Sie mit dem Modell *„Makro Kapitel 17"* nachspielen. Sie finden das Modell im **MyLab** | Grundzüge der VWL.

Wie kommen das gesamtwirtschaftliche Angebot und die gesamtwirtschaftliche Nachfrage ins Gleichgewicht?

17

ÜBERBLICK

17.1 Überblick

In *Kapitel 5* haben wir für den Biermarkt recht intuitiv eine Angebots- und eine Nachfragekurve herleiten können. Damit ließ sich zeigen, wie es durch den Preismechanismus zu einer wechselseitigen Abstimmung der Pläne von Anbietern und Nachfragern kommt. Wir wollen nun in diesem Kapitel eine Angebots- und eine Nachfragekurve für die gesamte Volkswirtschaft bestimmen.

Leider ist das nicht ganz so einfach. Der Hauptunterschied besteht darin, dass wir es bei der Mikroökonomie mit einem Markt für ein einzelnes Gut zu tun haben, bei dem das Einkommen der Nachfrager festliegt. Die Marktprozesse haben hierauf also keine Rückwirkungen. In der Sprache der Ökonomie handelt es sich dabei um eine *exogene Größe*. In der *Makroökonomie* sehen wir uns nun mit dem Problem konfrontiert, dass die Einkommen der Verbraucher im Marktprozess selbst bestimmt werden. Das Einkommen ist also eine *endogene Größe*. Wir müssen deshalb die gesamtwirtschaftliche Nachfrage und das gesamtwirtschaftliche Angebot in anderer Weise herleiten, als wir das in der Mikroökonomie getan haben. Im Unterschied zur Mikroökonomie müssen wir bei der gesamtwirtschaftlichen Betrachtungsweise außerdem immer auch den *Arbeitsmarkt* mit im Blick haben. Wir werden also stets prüfen, was ein bestimmtes Gleichgewicht am Gütermarkt für das *Ziel der Vollbeschäftigung* bedeutet.

Dabei gehen wir von einem sehr einfachen Modell aus, das eine reine Mengenbetrachtung vornimmt. Konkret werden dabei die gesamtwirtschaftliche Nachfrage vom Einkommen und das gesamtwirtschaftliche Angebot von der Nachfrage bestimmt. Zinsen, Preisniveau oder Inflationsrate bleiben als Determinanten von Angebot und Nachfrage unberücksichtigt. Trotz seiner vereinfachenden Annahmen kann das Modell zentrale Einsichten in die Makroökonomie vermitteln. Komplexere Modelle werden in den *Kapiteln 22*, *24* und *29* präsentiert.

Aufbauend auf *Kapitel 10* werden zunächst das „gesamtwirtschaftliche Angebot bei Vollbeschäftigung" und das „kurzfristige Angebot" hergeleitet. Anschließend wird dann in *Abschnitt 17.3* ein sehr einfacher Ansatz für die Erklärung der gesamtwirtschaftlichen Nachfrage vorgestellt. In *Abschnitt 17.4* werden die Mechanismen untersucht, mit denen ein Gleichgewicht zwischen Angebot und Nachfrage herbeigeführt wird.

Doch zuvor soll zunächst ein scheinbar sehr einfacher Ansatz kritisch diskutiert werden, der häufig in vielen Einführungsbüchern zur Beschreibung von gesamtwirtschaftlichem Angebot und gesamtwirtschaftlicher Nachfrage verwendet wird.

17.2 Ist die Gesamtwirtschaft nichts anderes als ein großer Kartoffelmarkt?

In vielen Einführungsbüchern der Volkswirtschaftslehre werden die gesamtwirtschaftliche Angebotskurve und die gesamtwirtschaftliche Nachfragekurve genauso dargestellt wie die Angebots- und die Nachfragekurven, die in der Mikroökonomie für die Analyse eines einzelnen Marktes wie beispielsweise des Kartoffelmarktes verwendet werden. An der Stelle des Preises für ein einzelnes Gut steht dann auf der Ordinate das gesamtwirtschaftliche Preisniveau. Auf der Abszisse wird nicht die Menge eines einzelnen Guts, sondern der gesamtwirtschaftliche Output abgebildet (▸*Abbildung 17.1*).

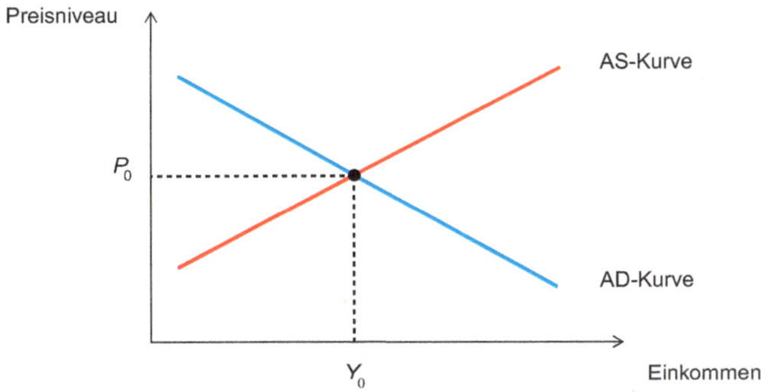

Abbildung 17.1: Das AS-AD-Modell

In diesem Modellrahmen weist die gesamtwirtschaftliche Nachfragekurve, die häufig auch als *AD-Kurve* (*Aggregate Demand*) bezeichnet wird, eine negative Steigung auf. Die gesamtwirtschaftliche Angebotskurve, die entsprechend als *AS-Kurve* (*Aggregate Supply*) bezeichnet wird, weist eine positive Steigung auf. Die scheinbar unproblematische Übertragung der Mikroökonomie auf die Makroökonomie erklärt die große Beliebtheit dieses Modellrahmens in Einführungsbüchern.

Für Studierende entsteht so der Eindruck, der Marktmechanismus funktioniere auf der Ebene der Gesamtwirtschaft genauso wie auf einem Einzelmarkt, wie beispielsweise der Kartoffelmarkt. Es komme also bei Schocks allein durch den Preismechanismus zu einem neuen gesamtwirtschaftlichen Gleichgewicht, bei dem sich Angebotspläne und Nachfragepläne dann wieder perfekt entsprechen. Die Möglichkeit, dass auf der gesamtwirtschaftlichen Ebene zumindest temporär ein Ungleichgewicht auftreten kann, das zu unfreiwilliger Arbeitslosigkeit führt, wird damit von vornherein ausgeschlossen.[1]

Das lässt sich am Beispiel eines *negativen gesamtwirtschaftlichen Nachfrageschocks* verdeutlichen. Er verschiebt in diesem Modellrahmen die AD-Kurve nach unten. Es kommt dann zu einem neuen Gleichgewicht bei einem niedrigeren Preisniveau P_1. Und damit nicht genug. Die Anbieter reagieren auf das sinkende Preisniveau, indem sie ihre Produkte billiger anbieten, so dass sich die AS-Kurve ebenfalls nach unten verschiebt. Am Ende kommt es zu einem neuen Gleichgewicht, bei dem wieder das Output-Niveau vor Eintreten des Schocks erreicht wird. Allerdings ist das Preisniveau von P_0 auf P_2 gesunken (▸*Abbildung 17.2*).

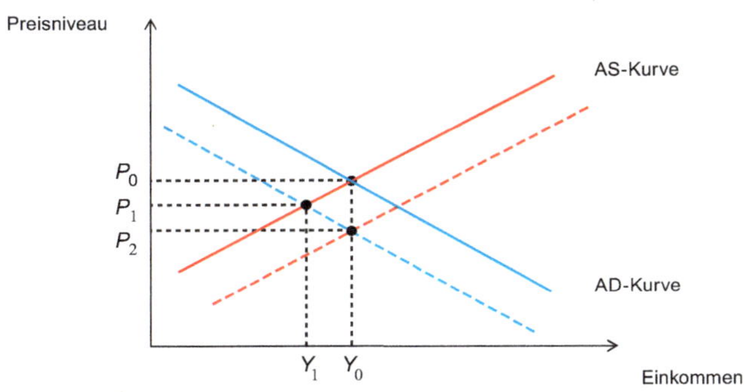

Abbildung 17.2: Ein Nachfrageschock im AS-AD-Modell

1 Dementsprechend bleibt im Lehrbuch von Mankiw und Taylor (2018) das Problem der konjunkturellen Arbeitslosigkeit völlig unerwähnt.

Ohne dass von außen eingegriffen werden muss, wird das System allein durch den Preismechanismus stabilisiert. Die Marktwirtschaft wird so als ein sich selbst stabilisierender Mechanismus dargestellt, bei dem es keine Notwendigkeit für eine staatliche Konjunkturpolitik gibt.

In den Worten des Einführungsbuchs von Mankiw und Taylor (2018, S. 989):

„Aber auch ohne einen wirtschaftspolitischen Eingriff wird sich die wirtschaftliche Lage im Lauf der Zeit verbessern."

Das klingt ebenso einfach wie überzeugend, aber leider hat es wenig mit der Realität zu tun. Das wird unmittelbar deutlich, wenn man sich der Tatsache bewusst wird, dass die Stabilisierung der Wirtschaft in diesem Modell auf dem *Rückgang des Preisniveaus* beruht. Man spricht dabei auch von einer *Deflation*. Die historische Erfahrung zeigt, dass eine Deflation jedoch alles andere als einen Selbstheilungsmechanismus einer Marktwirtschaft darstellt. In der Wirtschaftsgeschichte war eine sehr ausgeprägte Deflation in der Phase der Weltwirtschaftskrise der Jahre 1929 bis 1933 zu beobachten. Dabei kam es in Deutschland zu einem Rückgang des Preisniveaus um 22 %. Doch anstelle des positiven Output-Effekts, den das AS-AD-Modell bei einer solchen Entwicklung erwarten würde, ergab sich ein Rückgang des Bruttoinlandsprodukts um 16 %. Die Anzahl der Arbeitslosen stieg von 1,9 Millionen im Jahr 1929 auf 5,6 Millionen im Jahr 1932. Ähnlich verheerende Effekte der Deflation sind in dieser Phase für alle Industrieländer zu beobachten. Und im Gegensatz zum AS-AD-Modell konnte die Weltwirtschaft nicht durch Selbstheilungskräfte des Marktes, sondern nur durch eine sehr expansive Fiskalpolitik mit umfangreichen Arbeitsbeschaffungsmaßnahmen wieder stabilisiert werden.

Woran liegt es, dass die Deflation im AS-AD-Modell völlig andere Wirkungen hat als in der Realität? Eine wichtige Erklärung ist die in diesem Modell verwendete gesamtwirtschaftliche Nachfragekurve. Sie unterstellt, dass es mit einem sinkenden Preisniveau zu einer höheren gesamtwirtschaftlichen Nachfrage kommt. Das deckt sich mit der Logik der einzelwirtschaftlichen Nachfragekurve. Bei der Nachfrage für Kartoffeln führt ein sinkender Kartoffelpreis zu einer höheren nachgefragten Kartoffelmenge: Wenn Kartoffeln billiger werden, kaufen die Leute mehr Kartoffeln. Aber werden insgesamt mehr Güter in der Volkswirtschaft verkauft, wenn das Preisniveau verfällt? Ein fundamentaler Unterschied zwischen dem Markt für ein einzelnes Gut und der Gesamtwirtschaft besteht in der Entwicklung der Einkommen. Ein sinkender Kartoffelpreis lässt die Einkommen der Nachfrager unverändert, sodass sie bei gegebenem Einkommen mehr Kartoffeln kaufen können. Bei einem gesamtwirtschaftlichen Nachfrageschock, der zu einem Rückgang des Preisniveaus führt, ist das jedoch völlig anders. Zum einen ist davon auszugehen, dass dabei die Löhne sinken, sodass die Einkommen der Nachfrager zurückgehen. Zum anderen steigt durch einen solchen Schock die Arbeitslosigkeit, sodass die gesamtwirtschaftliche Nachfrage zusätzlich zurückgeht.

In der Lehrbuchdarstellung der AD-Kurve wird der negative Verlauf der AD-Kurve meist mit drei Effekten begründet (Mankiw und Taylor, 2018, S. 970ff):

a) „Ein Preisrückgang erhöht demnach den realen Wert des Geldes und macht die Konsumenten wohlhabender, was sie zu höheren Ausgaben ermutigt." Dabei wird aber nicht bedacht, dass es bei einem sinkenden Preisniveau auch zu negativen Effekten für die Schuldner in einer Volkswirtschaft kommt. Ihre Schuldenlast nimmt bei einem sinkenden Preisniveau im Vergleich zu ihren Einkommen zu. Dies führt zu negativen Nachfrageeffekten, insbesondere, wenn eine Deflation nach einer Phase mit einer stark gestiegenen Verschuldung einsetzt. Irving Fisher (1867–1947) spricht hierbei vom Problem der „debt deflation".
b) „Ein niedrigeres Preisniveau senkt demnach die Zinsen, was zu einem Anstieg der Investitionsausgaben führt und auf diese Weise die nachgefragte Gütermenge erhöht." Es trifft zwar zu, dass bei einer rückläufigen Inflationsrate die Zinsen sinken. Die Erfahrung der vergangenen Jahre zeigt jedoch, dass die Notenbanken damit an die *Nullzinsgrenze* geraten können. Wenn das Preisniveau dann tatsächlich sinkt, kann der Nominalzins nicht weiter reduziert werden. Es kommt sogar zu einem negativen Effekt, da bei einem Nominalzins (i) von null der Realzins steigt, wenn sich die Deflationsrate erhöht.

   Der Realzins (r) ist gemäß der Fisher-Gleichung wie folgt definiert:

   $$r = i - \pi^e.$$

   Er ergibt sich also aus der Differenz zwischen dem Nominalzins und der erwarteten Inflationsrate (π^e). Je mehr das Preisniveau verfällt, desto stärker werden die Deflationserwartungen: π^e nimmt also einen immer größeren negativen Wert an. Der Realzins steigt bei einer sich verstärkenden Deflation, was einen negativen Effekt auf die Investitionsnachfrage hat.
c) Schließlich geht Mankiw davon aus, dass niedrigere Zinsen zu einer Abwertung der inländischen Währung führen, so dass sich die Wettbewerbsfähigkeit des Landes verbessert. Dieser Effekt ist aber nicht immer zu beobachten. Zumindest mittelfristig ist es überwiegend so, dass Währungen mit einer niedrigen Inflationsrate im Vergleich zu Währungen mit einer höheren Inflationsrate *aufwerten* (siehe dazu die Ausführungen zur Kaufkraftparitätentheorie in *Kapitel 29*). Der Wettbewerbsvorteil durch die geringere Inflationsrate wird dann durch die Aufwertung zunichte gemacht. Die japanische Wirtschaft hat eine solche Entwicklung in den Jahren 2007 bis 2012 erfahren müssen.

Alles in allem führt die Darstellung der Makroökonomie mittels des AS-AD-Modells zu einer verzerrten Sicht gesamtwirtschaftlicher Zusammenhänge. Die Marktwirtschaft wird als ein sich selbst stabilisierender Mechanismus präsentiert, der ohne jegliche staatliche Eingriffe immer wieder von selbst in ein Vollbeschäftigungsgleichgewicht zurückfindet. Das widerspricht allen Erfahrungen mit größeren Rezessionen, nicht zuletzt mit der weltweiten Rezession der Jahre 2008 und 2009 („Great Recession"), die nur mit einer weltweit sehr expansiven Geld- und Fiskalpolitik therapiert werden konnte.

Es wird im Folgenden gezeigt werden, dass die AD-Kurve durchaus für makroökonomische Betrachtungen verwendet werden kann. Aber man muss sich dabei zum einen bewusst sein, dass es sich dabei um keine allgemein gesamtwirtschaftliche Nachfragekurve handelt. Vielmehr beschreibt die AD-Kurve den Zusammenhang zwischen möglichen Gleichgewichten am Gütermarkt und dem Preisniveau unter der besonderen Annahme, dass die Notenbank eine ganz bestimmte *geldpolitische Strategie* verfolgt. Im Rahmen des AS-AD-Modells wird üblicherweise eine Politik der Geldmengensteuerung unterstellt, bei der die Notenbank einfach die Geldmenge konstant hält. Dies wird in *Kapitel 24* ausführlicher beschrieben. Zudem muss man unterstellen, dass der Zinssatz nicht an die Nullzinsgrenze stößt.

Nebenbei sei bemerkt, dass auch die AS-Kurve keine echte gesamtwirtschaftliche Angebotskurve ist. Sie unterstellt, dass ein steigendes Preisniveau zu mehr Angebot führt. Doch auch hier passt die Analogie zur Mikroökonomie nicht. Warum sollte ein Unternehmen sein Angebot ausweiten, weil das Preisniveau steigt? Dazu findet man in manchen Lehrbüchern ebenfalls teilweise abenteuerliche Erklärungen.

- Die Anbieter hätten „Wahrnehmungsstörungen" (Mankiw und Taylor 2018, S. 984) bezüglich des Preisniveaus. Sie stellten fest, dass sie höhere Preise durchsetzen können, würden dabei aber nicht erkennen, dass das allgemeine Preisniveau gestiegen ist. Dieses Argument muss aus der Steinzeit der Informationstechnologie stammen. Da Informationen über die Inflationsrate zeitnah und prominent in allen Medien zu finden sind, ist es schwer vorstellbar, dass es viele Unternehmen mit solche „Wahrnehmungsstörungen" gibt.
- Die Unternehmen passten ihre Preise bei einem Anstieg des Preisniveaus nur verzögert an. Das würde zusätzliche Kunden anziehen, sodass die Unternehmen ihre Produktion ausdehnen könnten (Mankiw und Taylor, 2018, S. 981 f). Dieses Argument vermischt die Angebotsseite mit der Nachfrageseite und ist deshalb als Erklärung für eine gesamtwirtschaftliche Angebotsfunktion völlig ungeeignet.
- Da die Nominallöhne aufgrund von Tarifverträgen temporär starr seien, führe ein Anstieg des Preisniveaus zu einer Absenkung des Reallohns. Dadurch werde es für Unternehmen attraktiv, zusätzliche Arbeitnehmer einzustellen und mehr zu produzieren (Mankiw und Taylor, 2018, S. 982). Dieses Argument ist noch am ehesten überzeugend. Es stellt sich dabei aber die Frage, wieso die Arbeitnehmer bereit sind, bei sinkenden Reallöhnen mehr zu arbeiten. Dies wäre nur dann der Fall, wenn man auch bei den Arbeitnehmern „Wahrnehmungsstörungen" in Bezug auf die Preisentwicklung unterstellte, was aber ebenso wenig plausibel erscheint. Alternativ könnte man unterstellen, dass die Arbeitnehmer aufgrund von Tarifverträgen verpflichtet sind, ohne Überstundenzuschläge zumindest temporär länger zu arbeiten. Aber es gäbe dann immer noch die Möglichkeit, dass Arbeitnehmer ganz aus dem Arbeitsprozess ausscheiden oder auf eine Arbeitsaufnahme verzichten, weil der Reallohn für sie zu gering ist.

Die zutreffende Interpretation der AS-Kurve geht von einer umgekehrten Kausalität aus. Es ist nicht das steigende Preisniveau, das zu einer höheren Produktion führt. Der steigende gesamtwirtschaftliche Output führt vielmehr zu einem höheren Preisniveau. Je besser die Unternehmen ausgelastet sind, desto eher können die Gewerkschaften höhere Löhne durchsetzen, was sich dann in steigenden Kosten und Preisen niederschlägt. Es handelt bei der AS-Kurve also um eine Phillips-Kurve (siehe *Kapitel 22*) für das Preisniveau.

Das Grundproblem der scheinbar so einfachen Abbildung der Gesamtwirtschaft mit dem AS-AD-Modell besteht darin, dass es Teil eines umfassenderen Modellrahmens ist, in dem die gesamtwirtschaftliche Angebots- und Nachfragekurve völlig anders abgeleitet werden (▶*Abbildung 17.3*). Erstaunlicherweise wird das bei Mankiw und Taylor (2018) überhaupt nicht erwähnt. Wir werden uns im Folgenden diese Landkarte der Makroökonomie erarbeiten.

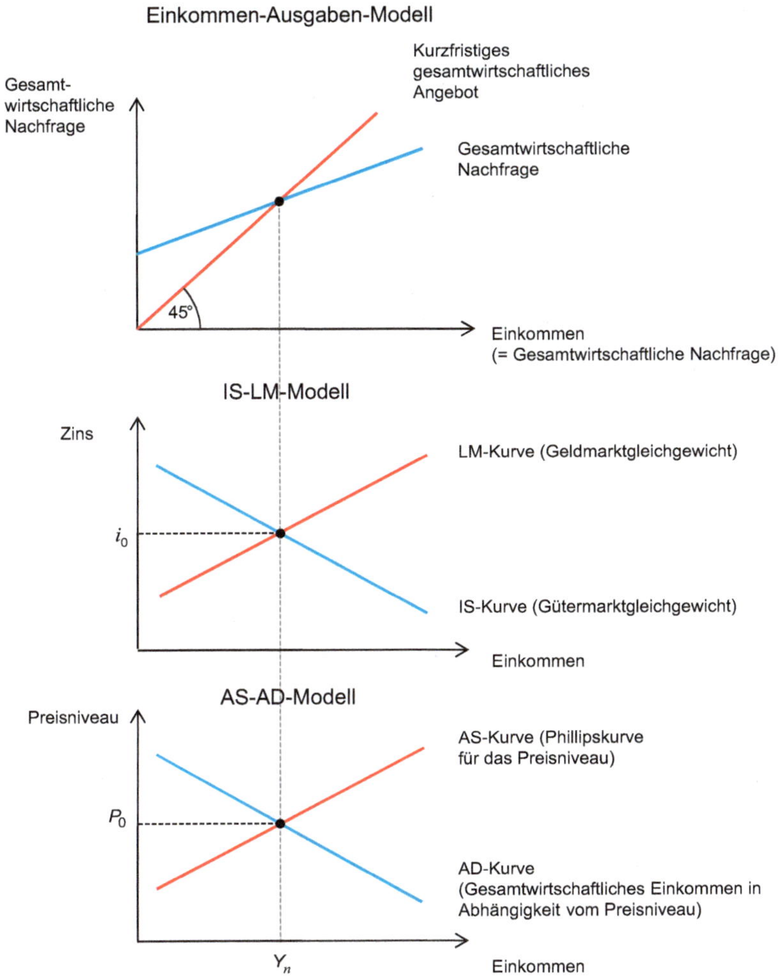

Abbildung 17.3: Die Landkarte der Makroökonomie

Wir beginnen in diesem Kapitel mit dem sogenannten „*Einnahmen-Ausgaben-Modell*". Es bildet die *gesamtwirtschaftliche Nachfrage* ab, die vor allem vom Einkommen der privaten Haushalte abhängt. Zugleich wird dort auch das gesamtwirtschaftliche Angebot abgebildet. Das Modell unterstellt, dass die Unternehmen ihr *kurzfristiges Angebot* vollständig an der Nachfrage ausrichten. Dementsprechend wird es als 45°-Linie abgebildet. Das *langfristige Angebot* ist unabhängig vom Einkommen und verläuft deshalb als Vertikale.

Für eine erste Einführung genügt es, wenn man dann die sogenannte IS-Kurve für unterschiedliche Zinssätze aus den Gleichgewichtspunkten des Einkommen-Ausgaben-Modells ableitet. Dies erfolgt in *Kapitel 24*. Die IS-Kurve beschreibt die Orte des Gütermarktgleichgewichts. Man kann vereinfachend unterstellen, dass die Notenbank den Zinssatz so festlegt, dass die Volkswirtschaft nach Schocks stets wieder zu einem Vollbeschäftigungsgleichgewicht zurückfindet (*Kapitel 20*). Alternativ kann die Fiskalpolitik diese Stabilisierungsaufgabe übernehmen (*Kapitel 19*).

Üblicherweise wird die IS-Kurve im Rahmen des „IS-LM-Modells" diskutiert (*Kapitel 24, Abschnitt 7*). Es kann damit ein simultanes Gleichgewicht bestimmt werden, bei dem ein Gütermarktgleichgewicht und ein Geldmarktgleichgewicht herrschen. Die LM-Kurve wird unter der Annahme abgeleitet, dass die Notenbank die Strategie der Geldmengensteuerung verfolgt. Konkret wird unterstellt, dass sie die Geldmenge konstant hält. Bei einem steigenden Output führt das dazu, dass die Zinsen in der Volkswirtschaft steigen.
Aus dem IS-LM-Modell wird schließlich das AS-AD-Modell abgeleitet (*Kapitel 24*). Die AD-Kurve wird für unterschiedliche Preisniveaus aus den Gleichgewichtswerten des IS-LM-Modells abgeleitet. Dabei führt ein höheres Preisniveau zu einer sinkenden realen Geldmenge. Das führt zu steigenden Zinsen, was wiederum die gesamtwirtschaftliche Nachfrage und das darauf perfekt abgestimmte Angebot der Unternehmen reduziert. Wenn man diese Herleitung der AD-Kurve kennt, dürfte man eigentlich kaum auf die Idee kommen, dass es sich dabei um eine gesamtwirtschaftliche Nachfragekurve handelt. Schließlich wird sie neben der LM-Kurve aus der IS-Kurve ermittelt, die explizit als eine Kurve des Gütermarktgleichgewichts beschrieben wird. Und bei dieser Vorgeschichte ist auch klar, dass die AS-Kurve keine gesamtwirtschaftliche Angebotskurve sein kann. Wenn die IS-Kurve bereits das Gütermarktgleichgewicht beschreibt, ist für eine zusätzliche Angebotskurve kein Platz mehr im Modell. Die wahre Angebotskurve ist vielmehr die 45°-Linie des Einkommen-Ausgaben-Modells.

Bei dieser integrierten Betrachtung der drei Modellbausteine wird unmittelbar deutlich, dass es wenig sinnvoll ist, das IS-LM-Modell der kurzen Frist und Modelle, die die Preis- oder Inflationsentwicklung berücksichtigen, der mittleren Frist zuzuordnen, wie das im Lehrbuch von Blanchard und Illing (2017) geschieht. Jede Änderung in einem der drei Teilmodule muss sich unmittelbar in den beiden anderen niederschlagen.

In *Kapitel 23* werden wir als Alternative zu dem schon ziemlich in die Jahre gekommenen AS-AD-Modell ein Modell präsentieren, das als IS-PC-MP-Modell bezeichnet wird. Es enthält neben der IS-Kurve und einer Phillips-Kurve, die dann für die Inflationsrate verwendet wird, eine Gleichung, die die Strategie der Notenbank beschreibt. Dabei wird deutlich werden, dass die AD-Kurve bei einer optimalen Politik der Notenbank ersatzlos wegfällt.

17.3 Die gesamtwirtschaftlichen Angebotspläne

Nach dieser knappen Beschreibung und Kritik des Standardansatzes, sollen im Folgenden gesamtwirtschaftliches Angebot und gesamtwirtschaftliche Nachfrage systematisch hergeleitet werden.

Für das gesamtwirtschaftliche Angebot, das von den Unternehmen bereitgestellt wird, gibt es in der Makroökonomie zwei divergierende Erklärungsansätze:

- Man kann sich zum einen fragen, wie hoch das Angebot bei den gegebenen technischen Möglichkeiten und bei Vollbeschäftigung am Arbeitsmarkt ausfallen würde. Man bezeichnet das so hergeleitete Angebot als *Vollbeschäftigungsangebot* oder auch als *Produktionspotenzial*.
- Alternativ kann man davon ausgehen, dass sich die Unternehmen bei ihren Angebotsentscheidungen vor allem an der aktuellen Nachfragesituation ausrichten, das heißt, sie werden bestrebt sein, nicht mehr Güter anzubieten als von den Nachfragern voraussichtlich gekauft werden. Man kann das so hergeleitete Angebot als *kurzfristiges Angebot* bezeichnen.

17.3.1 Das gesamtwirtschaftliche Angebot bei Vollbeschäftigung

Wenn man wissen will, wie hoch das gesamtwirtschaftliche Angebot bei Vollbeschäftigung ausfällt, findet man eine gute Ausgangsbasis in dem Modell für den *Arbeitsmarkt*, das in *Kapitel 10* dargestellt wurde. Hier können wir uns auf dessen zentrale Aussagen beschränken. Sie lauten wie folgt: Mit einem steigenden Reallohn

- nimmt die von den Arbeitnehmern angebotene Beschäftigungsmenge zu,
- geht die von den Unternehmern nachgefragte Beschäftigungsmenge zurück.

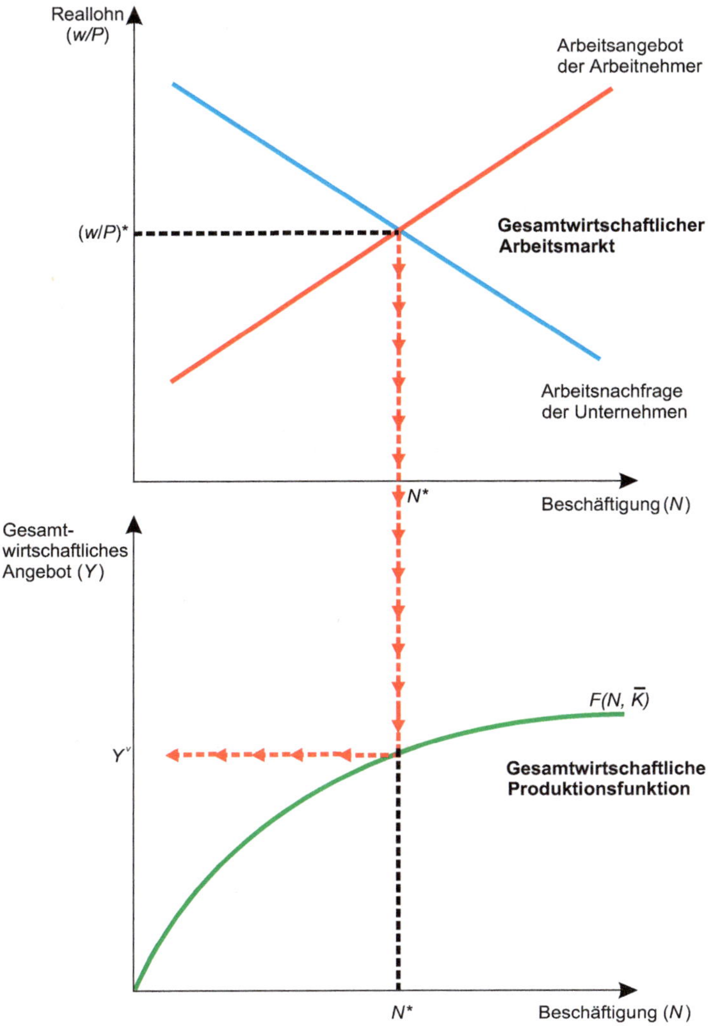

Abbildung 17.4: Gesamtwirtschaftliches Angebot bei Vollbeschäftigung

Grafisch können wir damit in ▶*Abbildung 17.4* (obere Hälfte) eine Angebots- und Nachfragekurve in Abhängigkeit vom Reallohn abbilden.

Das Gleichgewicht auf dem Arbeitsmarkt ergibt sich bei einem Gleichgewichtsreallohn $(w/P)^*$ und einer Beschäftigungsmenge N^*. Entscheidend ist, dass im Gleichgewicht *Vollbeschäftigung* herrscht. Zum gleichgewichtigen Reallohn findet jeder, der arbeiten will, auch eine Anstellung.

In einem zweiten Schritt können wir jetzt ermitteln, wie hoch das mit der Beschäftigungsmenge N^* produzierte gesamtwirtschaftliche Angebot ist. Dazu brauchen wir eine *gesamtwirtschaftliche Produktionsfunktion.* Wie bei der in *Kapitel 7* dargestellten einzelwirtschaftlichen Produktionsfunktion unterstellen wir auch hier eine Produktionsfunktion, die durch einen variablen und einen fixen Inputfaktor gekennzeichnet ist. Bei dieser Betrachtung wird das gesamte Arbeitsvolumen als variabler Faktor betrachtet. Die in der Volkswirtschaft vorhandenen Maschinen, Bauten und die Infrastruktur werden als *Kapitalstock* bezeichnet und als konstant angenommen. Dann lautet die gesamtwirtschaftliche *Produktionsfunktion* wie folgt:

$$Y = F(N, \overline{K}) \tag{17.1}$$

Wir nehmen außerdem wieder an, dass für den Arbeitseinsatz *das Gesetz des abnehmenden Grenzertrags* gilt. Es besagt, dass mit jeder *zusätzlich* eingesetzten Arbeitsstunde der damit *zusätzlich* erbrachte Output zurückgeht. Wir erhalten dann eine Produktionsfunktion, wie sie in der unteren Hälfte von *Abbildung 17.1* abgebildet ist.

Verknüpft man diese Darstellung der Produktionsfunktion mit der Abbildung für den Arbeitsmarkt, kann man das gesamtwirtschaftliche Angebot bei Vollbeschäftigung recht einfach grafisch bestimmen. Dabei ist so vorzugehen, dass zunächst auf dem Arbeitsmarkt die gleichgewichtige Beschäftigungsmenge ermittelt wird. Der auf diese Weise hergeleitete Wert (N^*) muss in die Produktionsfunktion eingesetzt werden und man kann dann ablesen, wie hoch das gesamtwirtschaftliche Angebot bei Vollbeschäftigung (Y^V) ist.

Wie die ausführliche Herleitung in *Kapitel 10* verdeutlicht, sind es drei Faktoren, von denen das Angebot bei Vollbeschäftigung bestimmt wird:

- die *Produktionstechnologie*, die sowohl die Arbeitsnachfrage der Unternehmen als auch die gesamtwirtschaftliche Produktionsfunktion bestimmt,
- die Präferenzen der Erwerbsfähigen für Freizeit- und Güterkonsum, die den Verlauf des Arbeitsangebots bestimmen,
- der – hier als konstant unterstellte – Kapitalstock.

Ein wichtiges Ergebnis dieser Herleitung besteht darin, dass in der makroökonomischen Theorie das langfristige Angebot bei Vollbeschäftigung allein *mikroökonomisch* determiniert wird. Es bleibt daher völlig unbeeinflusst von zentralen *makroökonomischen* Größen wie z.B. dem Zinssatz, dem Preisniveau oder der Nachfragesituation.

Diese Modellstruktur ist kennzeichnend für die Sichtweise der als *Angebotstheoretiker* bezeichneten Ökonomen. Für sie kommt es vor allem dadurch zu mehr Wachstum in einer Volkswirtschaft, dass man die Determinanten des langfristigen Angebots entsprechend beeinflusst. Es muss also dafür gesorgt werden, dass der Kapitalstock durch zusätzliche Investitionen ausgeweitet wird, dass die Arbeitsanreize verstärkt werden und dass die Produktivität durch neue Technologien sowie durch eine bessere Bildung und Ausbildung der Beschäftigten verbessert wird.

17.3.2 Das kurzfristige Angebot

Das langfristige Angebot stellt ein wichtiges theoretisches Konzept dar. Gleichzeitig ist in der Realität jedoch festzustellen, dass sich die Unternehmen bei ihrer Investitions- und Produktionsplanung sehr stark von der aktuellen Absatzsituation leiten lassen. So schreibt der Sachverständigenrat in seinem Jahresgutachten 2004/05:

„Die Zuwachsrate des Bruttoinlandsprodukts ist eine bedeutsame Einflussgröße der Ausrüstungsinvestitionen: Höhere Zuwachsraten des Bruttoinlandsprodukts induzieren höhere Ausrüstungsinvestitionen."

Die Erwartungen der Unternehmen über die zukünftige Nachfrage werden also stark von der momentanen Situation geprägt. Man spricht hierbei auch von *extrapolativen Erwartungen*. Dieses Konzept wird durch ▸*Abbildung 17.5* gestützt. Sie zeigt die Ergebnisse des „ifo-Tests", dem wichtigsten Frühindikator für die Wirtschaftsentwicklung in Deutschland, der monatlich vom ifo-Institut in München veröffentlicht wird. Dabei zeigt sich ein zeitweise recht enger Zusammenhang zwischen der Beurteilung der aktuellen Geschäftslage und den Geschäftserwartungen.

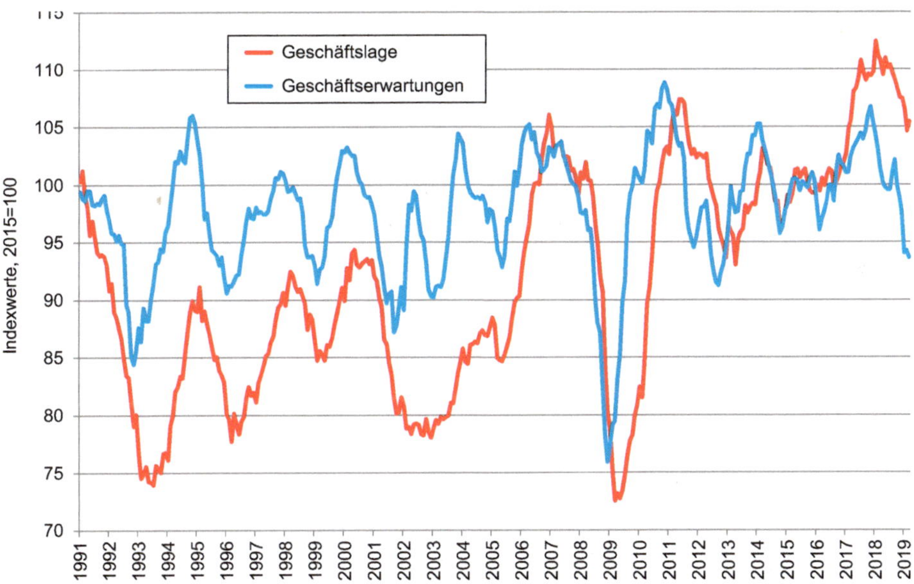

Abbildung 17.5: Beurteilung der Geschäftslage und Geschäftserwartungen der Unternehmen im ifo-Test
Quelle: www.ifo.de.

Der starke Einfluss der aktuellen wirtschaftlichen Entwicklung auf die Erwartungen über die Zukunft wurde bereits von Keynes (1936, S. 148) sehr deutlich herausgestrichen:

„Es wäre dumm, wenn wir uns bei unserer Erwartungsbildung sehr stark von Dingen leiten ließen, die sehr unsicher sind. Es ist deshalb vernünftig, sich im Wesentlichen an Fakten zu orientieren, über die wir uns einigermaßen sicher fühlen, selbst wenn sie weniger relevant sind als andere Fakten, über die wir nur ungenau und unzureichend informiert sind. Deshalb haben die Fakten über die aktuelle Situation einen überproportional hohen Einfluss auf unsere langfristige Erwartungsbildung. Wir gehen also üblicherweise so vor, dass wir die aktuelle Situation einfach in die Zukunft projizieren und sie nur in dem Maße anpassen, in dem wir mehr oder weniger gute Gründe haben, eine Änderung zu erwarten." (eigene Übersetzung, P. B.)

Sehr vereinfacht kann man also für das *kurzfristige Angebot* unterstellen, dass es genauso hoch ist wie die von den Unternehmen erwartete gesamtwirtschaftliche Nachfrage. Dabei wollen wir außerdem annehmen, dass diese Erwartungen zutreffend sind. Das kurzfristige Angebot der Unternehmen ist dann identisch mit der gesamtwirtschaftlichen Nachfrage.

Grafisch kann man diesen Sachverhalt in einem Diagramm darstellen, das die Nachfrage auf der *y*-Achse und das Angebot auf der *x*-Achse abbildet (▸*Abbildung 17.6*).

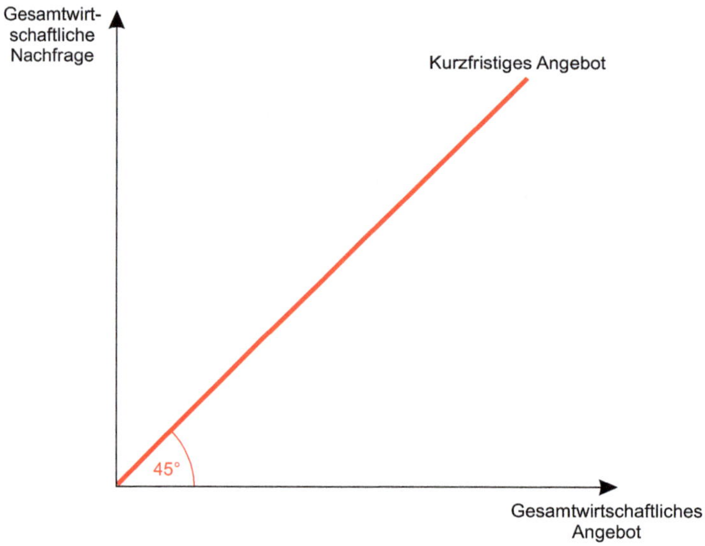

Abbildung 17.6: Das kurzfristige Angebot der Unternehmen

Wenn man also als Verhaltensannahme der Unternehmen unterstellt, dass sie das *kurzfristige Angebot* exakt an die gesamtwirtschaftliche Nachfrage anpassen, kann man das kurzfristige Angebot einfach als 45°-Linie darstellen.[2] Diese Gerade ist der Ort aller Kombinationen von Angebot und Nachfrage, bei denen diese identisch sind.

2 Es ist erstaunlich, wie konfus dieser simple Zusammenhang in den meisten Lehrbüchern präsentiert wird. So erklären Blanchard und Illing (2017, S. 96) die 45°-Linie mit der Identität von Produktion und Einkommen, ohne dabei überhaupt vom Angebot zu sprechen. Generell fehlt ihrer Darstellung der Hinweis, dass es beim Gütermarktgleichgewicht um Angebot und Nachfrage geht: „Ein Gleichgewicht auf dem Gütermarkt stellt sich dann ein, wenn die Güterproduktion Y gleich der Güternachfrage Z ist." Blanchard und Illing (2017, S. 94).

17.3.3 Kurzfristiges Angebot und Vollbeschäftigungsangebot

In welchem Verhältnis stehen nun das Vollbeschäftigungsangebot und das kurzfristige Angebot? Da das *Vollbeschäftigungsangebot* unter der Annahme der Ausnutzung aller Produktionsfaktoren hergeleitet wurde, kann man es als eine Obergrenze für das kurzfristige Angebot betrachten. In dem hier verwendeten Diagramm ist das Vollbeschäftigungsangebot eine *Vertikale*, da es – wie erwähnt – völlig unabhängig von der Nachfragesituation ist. Kombiniert man das kurzfristige Angebot mit dem Vollbeschäftigungsangebot, erhält man eine mit der 45°-Linie identische Gerade, die beim Vollbeschäftigungsoutput nach oben abknickt (▶*Abbildung 17.7*).

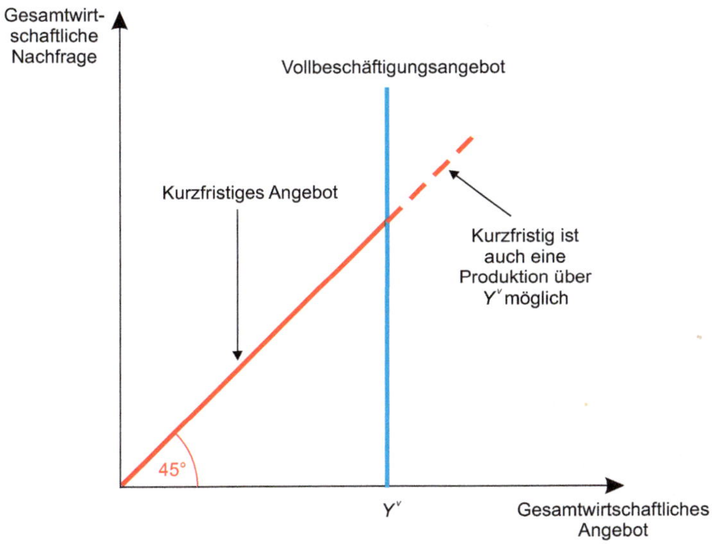

Abbildung 17.7: Das kurzfristige Angebot und das Vollbeschäftigungsangebot der Unternehmen

Für das *kurzfristige Angebot* ist eine solch starre Obergrenze jedoch wenig realistisch. Bei einer sehr guten Nachfragesituation verfügen die Unternehmen stets über die Möglichkeit, das Angebot zusätzlich auszuweiten, insbesondere durch Überstunden und zusätzliche Maschinenlaufzeiten. Wir werden daher im Folgenden für das kurzfristige Angebot annehmen, dass es sich der Nachfrage auch über Y^V hinaus anpassen kann. Allerdings resultiert daraus in der Regel eine konjunkturelle Überhitzung, die mit inflationären Spannungen verbunden ist (*Kapitel 23*).

17.4 Die gesamtwirtschaftlichen Nachfragepläne

Damit können wir uns der Nachfrageseite der Volkswirtschaft zuwenden, insbesondere der Frage nach den Bestimmungsgrößen der gesamtwirtschaftlichen Nachfragepläne. In *Kapitel 16* haben wir gesehen, dass sich die gesamtwirtschaftliche Nachfrage (Y^n) aus folgenden Komponenten zusammensetzt:

(17.2) private Konsumausgaben

\+ staatliche Konsumausgaben

\+ Investitionen

\+ Vorratsveränderungen

\+ Exporte

− Importe

= Y^n

Um die Darstellung möglichst einfach zu halten, verwenden wir zunächst ein Modell ohne Staat Vorratsveränderungen und Ausland. Die gesamtwirtschaftliche Nachfrage reduziert sich damit auf zwei Komponenten:

(17.3) private Konsumausgaben

\+ Investitionen

= Y^n

Von welchen Faktoren werden der Konsum und die Investitionen bestimmt? Wichtig ist dabei, dass es jetzt und in allen folgenden Kapiteln um *geplante* Größen geht. Wir betreiben also eine *Ex-ante-Analyse*, während wir in der VGR (*Kapitel 16*) eine Ex-post-Betrachtung angestellt haben.

Wenn man wissen will, wovon die geplanten *Konsumausgaben* in einer Volkswirtschaft abhängen, kann man sich ganz gut mit der Intuition oder dem mikroökonomischen Modell aus *Kapitel 6* behelfen. Es liegt nahe, dass das laufende Einkommen (Y) der Haushalte eine entscheidende Determinante ihres Konsums darstellt. Aus der Darstellung der Volkswirtschaftlichen Gesamtrechnung (*Kapitel 16*) wissen wir, dass die in einer Volkswirtschaft erzielten Einkommen identisch sind mit dem in einer Periode erstellten gesamtwirtschaftlichen Angebot (Y^a). Es gilt also $Y^a = Y$. Anstelle von Y^a werden wir deshalb im Folgenden überwiegend das Symbol Y verwenden. Es besteht also ein funktionaler Zusammenhang zwischen dem laufenden Einkommen und dem Konsum in einer Periode.

(17.4) $C_t = f(Y_t)$

Konkret kann man diesen Zusammenhang in der Form einer linearen *Konsumfunktion* wie folgt abbilden:

(17.5) $C_t = a + bY_t$

Die Größe b bezeichnet man als marginale Konsumquote. Sie gibt an, welchen Anteil des Einkommens die Haushalte für Konsumausgaben einsetzen. Die marginale Konsumquote liegt in der Regel unter 1. Außerdem kann man davon ausgehen, dass es auch eine vom laufenden Einkommen unabhängige oder *„autonome"* Komponente des Konsums (a) gibt. In ▶*Abbildung 17.8* können wir damit die Konsumausgaben in Abhängigkeit vom gesamtwirtschaftlichen Angebot beziehungsweise vom gesamtwirtschaftlichen Einkommen abbilden. Wir nehmen dazu für a einen Wert von 2 an und für b einen Wert von 0,5. Beide Werte sind rein hypothetischer Natur.

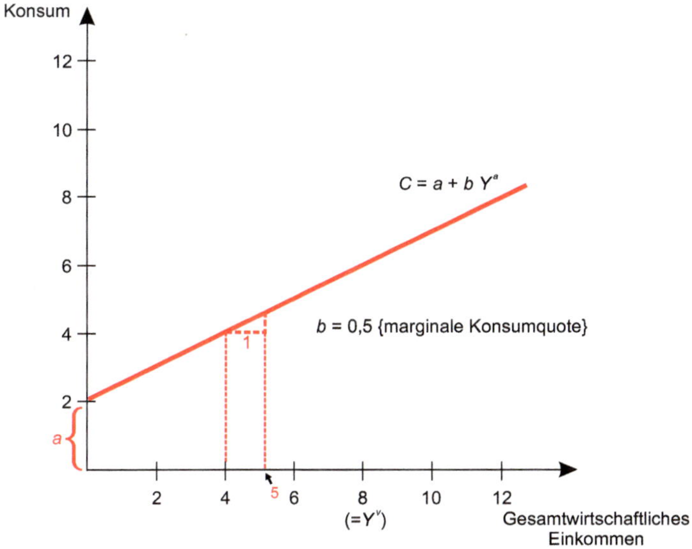

Abbildung 17.8: Die Konsumfunktion

Die hier unterstellte Abhängigkeit des Konsums vom laufenden Einkommen bezeichnet man als *„absolute Einkommenshypothese"*. Eine konkurrierende Hypothese ist die *„permanente Einkommenshypothese"*, die von Milton Friedman entwickelt wurde. Sie geht davon aus, dass der aktuelle Konsum vom Barwert aller erwarteten zukünftigen Einkommensströme eines Wirtschaftssubjekts abhängt. Damit kann erklärt werden, dass jüngere Erwerbstätige in der Regel einen bestimmten Betrag für ihre Alterssicherung sparen und deshalb weniger konsumieren, um den im Alter zu erwartenden Einkommensrückgang ausgleichen zu können. Man spricht hierbei von „Konsumglättung" oder der „*Lebenszyklus-Hypothese* des Konsums"; sie wurde von Franco Modigliani (1918–2003) entwickelt. Für die hier im Vordergrund stehende kurzfristig ausgerichtete Analyse ist die *permanente Einkommenshypothese* jedoch kein geeigneter Modellrahmen.

Ein Spiegelbild der privaten Konsumpläne ist das *Sparverhalten* der Haushalte. Dieses ergibt sich aus dem einfachen Zusammenhang (siehe *Kapitel 16*), dass die Ersparnis eines privaten Haushalts die Differenz zwischen seinem Einkommen und seinem Konsum darstellt:

(17.7) $$S_t = Y_t - C_t$$

Setzt man die Konsumfunktion in diese Gleichung ein, erhält man die spiegelbildliche *Sparfunktion*:

(17.8) $$S_t = -a + (1-b)Y_t$$

Nachdem wir nun die Konsumnachfrage kennen, müssen wir noch die *Investitionsnachfrage* ermitteln, um dann über eine erste einfache Beschreibung der gesamtwirtschaftlichen Nachfrage zu verfügen. Wir werden in *Kapitel 20* sehen, wie man eine *Investitionsfunktion* formal herleiten kann. Für einen ersten Einblick in das Wechselspiel von gesamtwirtschaftlichem Angebot und gesamtwirtschaftlicher Nachfrage reicht es aber aus, wenn man hier unterstellt, dass die Investitionen einen konstanten Wert aufweisen:

$$(17.9) \qquad I_t = \bar{I}$$

Zusammen mit der Konsumfunktion verfügen wir jetzt über eine einfache gesamtwirtschaftliche Nachfragefunktion:

$$(17.10) \qquad Y_t^n = a + bY_t + \bar{I}$$

Für beispielhaft gewählte Werte von $a = 2$, $b = 0{,}5$ und $I = 1$ lässt sich diese Funktion grafisch wie folgt abbilden (▸*Abbildung 17.9*):

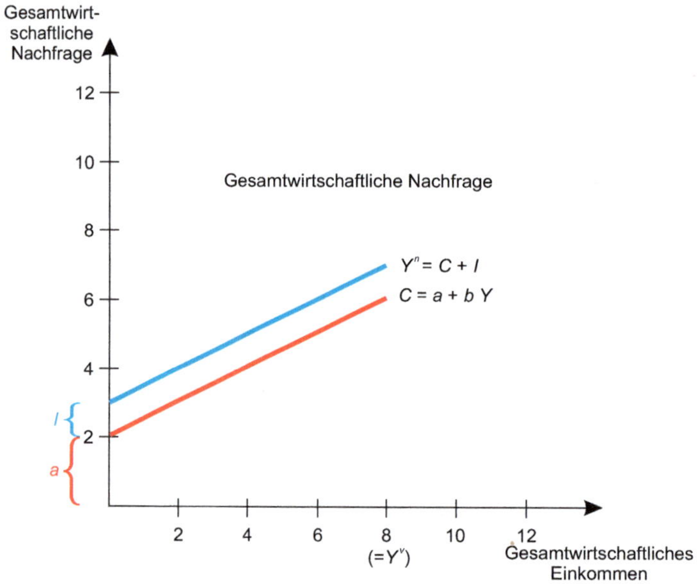

Abbildung 17.9: Die gesamtwirtschaftliche Nachfrage in Abhängigkeit vom Einkommen

17.5 Das gesamtwirtschaftliche Gleichgewicht

Im Prinzip geht es auch in der *Makroökonomie* vor allem darum, ob und wie die unabhängig voneinander gebildeten Pläne der Nachfrager und Anbieter ins Gleichgewicht gebracht werden können. Unter einem *Gleichgewicht* versteht man dabei immer eine Situation, in der die Pläne von Anbietern und Nachfragern so zusammenpassen, dass weder ein Angebots- noch ein Nachfrageüberschuss bestehen.

17.5.1 Grafische und formale Herleitung des gesamtwirtschaftlichen Gleichgewichts

Für die im vorhergehenden Abschnitt bestimmte gesamtwirtschaftliche Nachfragefunktion können wir den Gleichgewichtswert *grafisch* wie auch *formal* herleiten. Für die grafische Darstellung muss man dazu in *Abbildung 17.9* das kurzfristige gesamtwirtschaftliche Angebot als 45°-Linie einfügen (▸*Abbildung 17.10*).

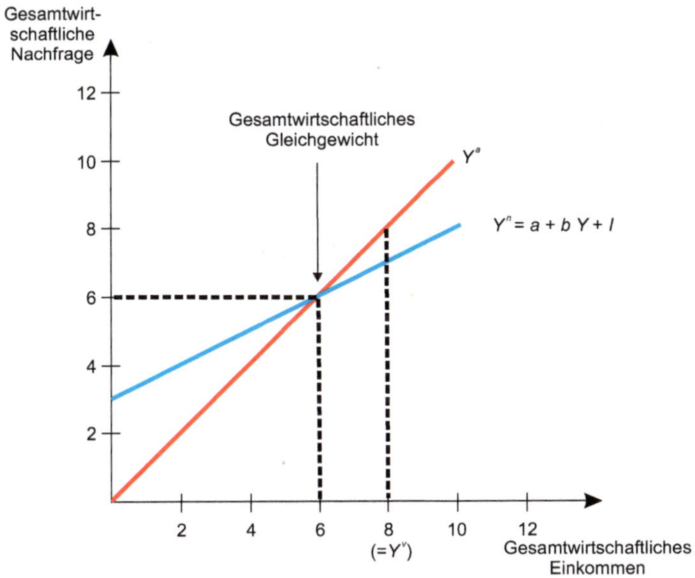

Abbildung 17.10: Gleichgewicht bei Unterbeschäftigung

Das Gleichgewicht liegt im Schnittpunkt des kurzfristigen gesamtwirtschaftlichen Angebots mit der gesamtwirtschaftlichen Nachfrage. Bei den hier unterstellten konkreten Werten für *a*, *b* und *I* ist das der Fall bei einem Volkseinkommen von 6. Wie *Abbildung 17.10* verdeutlicht, wird für das Vollbeschäftigungseinkommen ein willkürlich gegriffener Wert von acht Einheiten unterstellt. Bei der gegebenen Datenkonstellation hat man es also mit einer Situation zu tun, in der das Gleichgewicht von Nachfrage und kurzfristigem Angebot unter dem Vollbeschäftigungsniveau liegt. Es besteht eine negative Output-Lücke, die mit Arbeitslosigkeit einhergeht. Die genauen Auswirkungen auf den Arbeitsmarkt werden in *Kapitel 18* dargestellt.

Eine zentrale Aussage dieses einfachen Modells besteht darin, dass ein solches „*Gleichgewicht bei Unterbeschäftigung*“ eine Beharrungstendenz aufweist. Es kommt also allein über Marktprozesse nicht dazu, dass die Output-Lücke geschlossen wird. Der Optimalpunkt Y^V auf der *Ziellinie*, die durch die *x*-Achse von *Abbildung 17.10* abgebildet wird, kann unter den Modellannahmen nur durch eine staatlich organisierte expansive Nachfragepolitik erreicht werden. In den *Kapiteln 19* und *20* wird dies ausführlich beschrieben.

Das grafisch ermittelte Ergebnis kann nun auch formal hergeleitet werden. Unsere sehr einfache Modellwirtschaft wird durch folgende Gleichungen beschrieben:

(17.11) $Y^n = a + bY + I$ *(gesamtwirtschaftliche Nachfrage)*

(17.12) $Y^a = Y$ *(kurzfristiges gesamtwirtschaftliches Angebot)*

(17.13) $Y^a = Y^n$ *(Gleichgewichtsbedingung)*

Bei diesem Gleichungssystem ist ein wichtiges Grundprinzip ökonomischer Modelle zu erkennen. Wir wollen damit zwei Größen errechnen, das gesamtwirtschaftliche Angebot und die gesamtwirtschaftliche Nachfrage. Durch das Modell zu bestimmende Größen bezeichnet man als *endogene Größen*. Diese unterscheiden sich von den *exo-*

genen Größen, deren Werte für die Berechnung gleichsam von außen vorgegeben werden. Dazu gehören hier die autonomen Konsumausgaben, die Investitionen, die Konsumneigung und der Vollbeschäftigungsoutput.

Mit den zwei unabhängigen *Gleichungen 17.11* und *17.12* können wir nun exakt die zwei *endogenen Größen* des Systems bestimmen. Den Gleichgewichtswert (Y) von Angebot und Nachfrage errechnet man durch Gleichsetzen von *17.11* und *17.12*:

(17.14) $$Y = a + bY + I$$

Man löst nach Y auf und erhält für das Gleichgewichtseinkommen (Y_0):

(17.15) $$Y_0 = \frac{a}{1-b} + \frac{I}{1-b}$$

Für die konkreten Werte von $a = 2$, $b = 0{,}5$ und $I = 1$ erhalten wir:

(17.16) $$Y_0 = \frac{2+1}{1-0{,}5} = 6$$

17.5.2 Alternative Lösungen

Da die Werte für a, b und I völlig willkürlich gewählt wurden, kann man sich fragen, unter welchen Bedingungen das Vollbeschäftigungsniveau von $Y^V = 8$ erreicht wird. Dazu setzen wir $Y = 8$ und erhalten dann:

(17.17) $$8 = \frac{a+I}{1-b}$$

Bei der hier beschriebenen Konsumfunktion mit $a = 2$ und $b = 0{,}5$ wäre zum Erreichen von Vollbeschäftigung ein Investitionsniveau von 2 erforderlich (▶*Abbildung 17.11*). Eine Ausweitung der Investitionen um eine Einheit würde also zu einer Zunahme des Gleichgewichtseinkommens um zwei Einheiten führen.

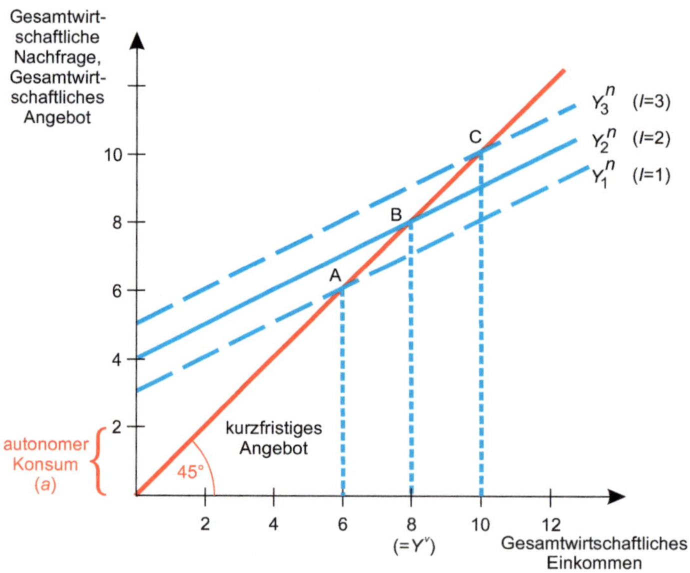

Abbildung 17.11: Drei Konstellationen für ein Gleichgewicht

Schließlich können wir die Parameter auf der Nachfrageseite auch so bestimmen, dass wir eine *Überhitzung* der Wirtschaft erhalten. Dazu müssen wir nur die Investitionen um eine weitere Einheit, d.h. von zwei auf drei Einheiten, erhöhen. Wie *Abbildung 17.11* verdeutlicht, liegt Y dann mit zehn Einheiten über dem Vollbeschäftigungsniveau von acht Einheiten.

Diese Zahlenbeispiele, die man mit der Datei „*Makro Kapitel 17*" nachrechnen kann, verdeutlichen ein wichtiges Grundprinzip der makroökonomischen Gleichgewichtsanalyse. Da die Determinanten des Vollbeschäftigungsoutputs, wie in *Abschnitt 17.2.1* gezeigt, vollständig unabhängig von den Bestimmungsgründen der gesamtwirtschaftlichen Nachfrage sind, hängt es weitgehend vom Konsum und von den Investitionen (und in komplexeren Modellen auch vom Export; siehe dazu *Kapitel 28*) ab, in welcher der drei denkbaren Situationen sich eine Volkswirtschaft befindet:

- In einem *Unterbeschäftigungsgleichgewicht* (man spricht dabei auch von einer *deflationären Lücke*) ist die Nachfrage zu gering, um die vorhandenen Kapazitäten und insbesondere das vorhandene Arbeitsangebot voll auszulasten.
- In einem *Überhitzungsgleichgewicht (inflationäre Lücke)* ist genau das Gegenteil der Fall. Es werden von den Konsumenten, Investoren oder dem Ausland mehr Güter nachgefragt, als von den inländischen Produzenten ohne inflationäre Spannungen angeboten werden können.
- Nur im *Vollbeschäftigungsgleichgewicht* passt alles zusammen, aber dies erfordert eine ganz spezielle Parameterkonstellation auf der Nachfrageseite.

Der starke Einfluss der gesamtwirtschaftlichen Nachfrage auf den Zustand einer Volkswirtschaft bietet damit auch eine erste Erklärung dafür, dass wir über längere Zeiten hinweg bestimmte Schwankungsmuster des Wirtschaftsprozesses erkennen können. Leider ist unser Modell hierfür zu einfach, sodass wir nur eine recht grobe Schilderung des konjunkturellen Auf und Ab geben können. Eine zentrale Rolle kann man dabei den Investitionen zurechnen (siehe dazu *Kapitel 20*). Es ist deutlich geworden, dass Veränderungen des Investitionsvolumens einen überproportionalen Einfluss auf das Gleichgewichtseinkommen ausüben. Man spricht deshalb vom *Multiplikatoreffekt*. Dieser wird aus der *Gleichung 17.15* deutlich. Leitet man sie nach den Investitionen ab, erhält man:

$$\frac{dY}{dI} = \frac{1}{1-b} \tag{17.18}$$

Für $b = 0{,}5$ gilt also, dass eine Erhöhung der Investitionen um eine Einheit zu einer Zunahme des Einkommens um zwei Einheiten führt. Der *Multiplikatoreffekt* lässt sich damit erklären, dass die Unternehmen bei der Produktion von zusätzlichen Investitionen auch zusätzliche Einkommen schaffen, die wiederum teilweise zu zusätzlichem Konsum verwendet werden. Bei der Herstellung dieser Güter entstehen wiederum Einkommen, die zum Konsum verwendet werden usw. Diese Effekte werden in ▸*Tabelle 17.1* dargestellt. In der ersten Runde steigt das Einkommen der Haushalte um eine Einheit, da in diesem Umfang zusätzliche Investitionsgüter produziert wurden. In der zweiten Runde erhöhen die Haushalte ihre Konsumausgaben um 0,5 Einheiten, womit erneut zusätzliche Einkommen generiert werden. In der dritten Runde entsteht daraus ein zusätzlicher Konsum von 0,25 Einheiten usw.

	Zusätzlicher Konsum	Zusätzliches Einkommen
Primärimpuls		1
1. Runde	0,5	0,5
2. Runde	0,25	0,25
3. Runde	0,125	0,125
4. Runde	0,0625	0,0625
5. Runde	0,03125	0,03125
...	...	...
Summe für $n \to \infty$	1	2

Tabelle 17.1: Multiplikatoreffekt einer Ausweitung der Investitionen um eine Einheit

Wie kommt es nun zu zyklischen Schwankungen der Investitionen? In einer Situation mit einer guten wirtschaftlichen Entwicklung werden die Unternehmen auch die Zukunft positiv einschätzen und hohe Investitionen vornehmen. Dies erhöht das Einkommen und bestätigt die vorgenommene Investitionsentscheidung. Die Investitionen erhöhen aber nun gleichzeitig den Kapitalstock und damit den Vollbeschäftigungsoutput. Dabei besteht die Gefahr, dass ein Investitionsboom allmählich zu Überkapazitäten führt und sich so eine deflationäre Lücke aufbaut. Als Folge nimmt die Investitionsneigung drastisch ab und es ergeben sich daraus negative Effekte auf die Nachfrage. Auch hier kommt es irgendwann wieder zu einer Korrektur, da bei zu geringen Investitionen der Kapitalstock schrumpft und somit auch der Vollbeschäftigungsoutput (mehr dazu in *Kapitel 30*). Die ausgeprägte Volatilität der Investitionen lässt sich in der deutschen Wirtschaftsentwicklung sehr gut erkennen (▸*Abbildung 17.12*).

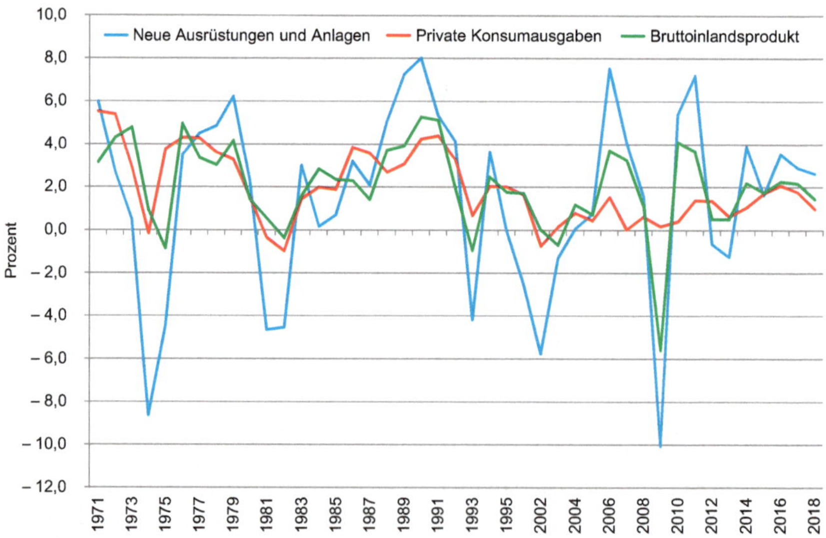

Abbildung 17.12: Investitionen sind besonders volatil (Veränderungsraten wichtiger Nachfragekomponenten gegenüber dem Vorjahr, 1971–2018)
Quelle: Statistisches Bundesamt.

Die Fragestellung, ob eine Wirtschaft von sich aus zu einem Vollbeschäftigungsgleichgewicht tendiert, ist von zentraler Bedeutung für die *Makroökonomie*. Im 18. und 19. Jahrhundert gingen die meisten Ökonomen davon aus, dass die Nachfrage immer ausreichend groß sei, um das gesamte vorhandene Angebot auch abzusetzen. Am deutlichsten wurde dies durch den französischen Ökonomen Jean Baptiste Say (1826–1896) zum Ausdruck gebracht, der der Auffassung war, dass sich das Angebot immer auch seine Nachfrage schaffe. Es könne also nie zu einer Output-Lücke kommen. Man spricht in diesem Zusammenhang deshalb auch von *„Say's Law"*. Eine Kurzbiografie von Say finden Sie am Ende dieses Kapitels.

Nach den weltweiten Erfahrungen mit der *Großen Depression* in den Jahren 1929 bis 1933 war es offensichtlich, dass ein solcher Automatismus nicht unter allen Umständen gewährleistet ist. John Maynard Keynes war der erste Ökonom, der hierfür eine umfassende Theorie entwickelte. Vieles, was wir im Folgenden diskutieren, geht auf seine Arbeiten zurück.

Wir werden anschließend darstellen, dass man sowohl die Position von Say als auch die von Keynes erklären kann. Allerdings lässt sich schon jetzt festhalten, dass die heutige Realität nur schwer mit den Vorstellungen von Say vereinbar ist.

17.5.3 Die Welt von Keynes: Wie es zu einem Gleichgewicht bei Unterbeschäftigung kommen kann

Sehen wir uns die Situation eines Gleichgewichts bei Unterbeschäftigung einmal genauer an. Im Zahlenbeispiel beläuft sich das Gleichgewicht von kurzfristigem Angebot und gesamtwirtschaftlicher Nachfrage auf sechs Einheiten. Es liegt damit unter dem Vollbeschäftigungsangebot von acht Einheiten. Damit stellt sich die Frage, wieso es den Unternehmen nicht – im Sinne von Say – möglich ist, die Nachfrage durch ein höheres Angebot auf Vollbeschäftigungsniveau zu steigern.

Nehmen wir einmal an, der Unternehmerverband glaube an Say. Er empfiehlt seinen Mitgliedern, die Vollbeschäftigungsmenge zu produzieren. Dadurch erhalten die Haushalte ein Einkommen in der Höhe von acht Einheiten. Wie hoch ist dann die gesamtwirtschaftliche Nachfrage? Aus *Gleichung 17.11* ergibt sich, dass eine Menge von sieben Einheiten nachgefragt wird, also nicht genug, um das Angebot der Unternehmen vollständig am Markt absetzen zu können. Es besteht ein Ungleichgewicht auf dem Gütermarkt. Woran liegt das?

Sehen wir uns dazu die Konsumfunktion an. Bei einem Einkommen von acht Einheiten möchten die Haushalte nur sechs Einheiten konsumieren. Was machen sie mit dem Rest von zwei Einheiten? Sie möchten ihn in Form von Geldvermögen sparen. Die Sparpläne *Ersparnisse* der Haushalte sind damit größer als die geplanten Investitionen der Unternehmen, von denen wir annahmen, dass sie sich auf eine Einheit belaufen. Das Ungleichgewicht auf dem Gütermarkt macht sich also auch als Ungleichgewicht in der finanziellen Sphäre bemerkbar. Es gilt also

(17.19) $S_{ex\ ante} > I_{ex\ ante}$

Der Versuch der Unternehmen, die Nachfrage über den Punkt A hinaus zu stimulieren, würde somit scheitern. Sie würden auf einem *ungeplanten Lagerbestand* von einer Einheit sitzen bleiben und damit in der nächsten Periode ihr Angebot deutlich reduzieren.

Ein Gleichgewicht von kurzfristigem Angebot und gesamtwirtschaftlicher Nachfrage ist daher durch ein Gleichgewicht von Spar- und Investitionsplänen gekennzeichnet:

(17.20) $S_{ex\ ante} = I_{ex\ ante}$

So beläuft sich bei unserem *Unterbeschäftigungsgleichgewicht* mit $Y = 6$ die Ersparnis auf $Y - a - bY = 6 - 2 - 3 = 1$ und entspricht damit genau den geplanten Investitionen in Höhe von einer Einheit.

Der im Punkt A bestehende Nachfragemangel kann damit also auch als das Problem einer zu hohen *Sparneigung* der Haushalte (bzw. einer zu geringen Konsumneigung) diagnostiziert werden. Die mit Vollbeschäftigung einhergehende gesamtwirtschaftliche Nachfrage könnte somit dadurch erreicht werden, dass die marginale Konsumquote von 1/2 auf 5/8 steigt. Die Sparpläne gingen auf eine Einheit zurück und würden somit den Investitionsplänen entsprechen. Wiederum war es Keynes (1936, S. 210), der als Erster erkannt hat, dass das Sparen, obwohl es vom volkswirtschaftlichen Laien (und oft ebenso laienhaften Finanzpolitikern) immer als Tugend angesehen wird, gesamtwirtschaftlich sehr nachteilige Folgen haben kann:

„Eine individuelle Sparentscheidung bedeutet beispielsweise, dass man heute darauf verzichtet, in ein Restaurant zu gehen. Aber es ergibt sich daraus keine Notwendigkeit, in einer Woche oder einem Jahr essen zu gehen oder ein Paar Stiefel zu kaufen oder irgendetwas anderes zu einem bestimmten Zeitpunkt zu tun. Also beeinträchtigt das Sparen das Geschäft derjenigen, die das Essen für heute vorbereiten, ohne dass es das Geschäft derjenigen belebt, die Konsumgüter in der Zukunft anbieten. Es bedeutet also nicht, dass die gegenwärtige Konsumnachfrage durch eine zukünftige Konsumnachfrage substituiert wird. Es stellt insgesamt eine Verminderung dieser Nachfrage dar.“ (eigene Übersetzung, P. B.)

In einer Situation mit starren Preisen und Zinsen kann es also dazu kommen, dass sich in der Volkswirtschaft ein Gleichgewichtszustand herausbildet, bei dem die geplante gesamtwirtschaftliche Nachfrage dem *kurzfristigen* geplanten gesamtwirtschaftlichen Angebot entspricht, wobei der Gleichgewichtswert des Bruttoinlandsprodukts geringer ist als das *langfristige* gesamtwirtschaftliche Angebot. Wichtig ist dabei, dass es in dieser einfachen Modellwelt keinen Selbstheilungsmechanismus gibt, durch den die Output-Lücke wieder geschlossen werden könnte. Wir werden in *Kapitel 19* zeigen, dass die Fiskalpolitik in einer solchen Situation sehr wirksam sein kann.

17.5.4 Die Welt von Say: Nur die Unternehmerhaushalte sparen

Wie konnte Say das alles übersehen? Die Antwort ist einfach. Er lebte ein ganzes Jahrhundert vor Keynes. Im 19. Jahrhundert war der größte Teil der Bevölkerung so arm, dass er überhaupt nicht daran denken konnte, einen nennenswerten Teil ihres Einkommens zu sparen. Dies blieb allein den wohlhabenden Unternehmerhaushalten vorbehalten. Deren Ersparnis war nun im Wesentlichen für Investitionen im eigenen oder in befreundeten Unternehmen bestimmt. Das für ein Gleichgewicht bei Unterbeschäftigung entscheidende Auseinanderfallen von Spar- und Investitionsplänen war unter den Verhältnissen des 19. Jahrhunderts also nicht sehr wahrscheinlich.

Wenn die Unternehmer also einen Output von acht Einheiten planten, konnten sie relativ sicher sein, dass die Investitionspläne zu den Sparplänen passten. So sah es auch Adam Smith in seinem „Wohlstand der Nationen“:

„Die Ersparnis in einem Jahr wird regelmäßig, wie die jährlichen Konsumausgaben, beinahe in der gleichen Zeit verbraucht, allerdings von anderen Personen. So wird der Teil des Einkommens, den ein Wohlhabender im Jahr hindurch ausgibt, in den meisten Fällen von Gästen und Dienstpersonal verbraucht, die für ihren Konsum nicht die geringste Gegenleistung bieten. Der Teil aber, den er jährlich spart, und unmittelbar (meine Hervorhebung; P. B.) als Kapital investiert, um einen Gewinn zu erzielen, wird zwar auf die gleiche Art und auch beinahe in der gleichen Zeit verbraucht, doch von ganz anderen Leuten, nämlich von Arbeitern, Fabrikanten und Handwerkern (...)" (Smith, 1776, S. 279).

Der Optimist

1767–1832

Der französische Nationalökonom **Jean Baptiste Say** wurde in Lyon am 5. Januar 1767 geboren und ist am 15. November 1832 in Paris gestorben. Say war zunächst Journalist und von 1794 bis 1799 Chefredakteur einer Zeitschrift für Philosophie, Literatur und Politik. Unter Napoleon I war er für kurze Zeit im Staatsdienst tätig. Von 1806 bis 1813 war er Inhaber einer Baumwollspinnerei und wurde enorm reich damit. 1812 verkaufte er das Unternehmen und lebte von da an als Spekulant.

Say gilt als Begründer der klassischen Nationalökonomie in Frankreich und machte besonders die Lehren von A. Smith, die er verfeinerte und weiterentwickelte, allgemein bekannt. Say ist heute vor allem als „Vater der Angebotstheorie" bekannt. So hat er sich in seiner „Traité d'Économie Politique" (1807) mit den Folgen einer falschen Steuerpolitik befasst. Wer zu hoch belastet werde, könne weniger Geld ausgeben. Sinke die Nachfrage, sinke auch die Produktion – und das lasse die Steuereinnahmen der Regierung schrumpfen. Umgekehrt heißt das: Senkt der Staat den Steuersatz, steigen Produktionsvolumen und Steuereinnahmen. Das nach ihm benannte „Say's Law" besagt, dass sich das Angebot stets seine Nachfrage schaffe. Eine nachfragebedingte Arbeitslosigkeit könne es – abgesehen von sehr kurzfristigen Störungen – deshalb nicht geben. Näheres dazu in den *Kapiteln 18* und *19* dieses Buches.

Zitat

„It is better to stick to the facts and their consequences than to syllogisms."

Ausbildung und Beruf

1785–1787 Lehre in England
1787–1794 Tätigkeit bei einer Versicherung in Paris
1819–1831 Professor am Conservatoire National des Arts et Metiers, Paris
1831–1832 Professor am Collège de France, Paris

Werke

1803 Traité d'économie politique, Vol. I. Paris, Chez Rapilly, 1826
1805 A Treatise on Political Economy (englische Übersetzung im Internet unter *www.econlib.org* erhältlich)

Schlagwörter

- deflationäre Lücke (S. 335)
- endogene Größe (S. 318)
- exogene Größe (S. 318)
- extrapolative Erwartungen (S. 327)
- Kaufkrafttheorie der Löhne (S. 316)
- Konsumfunktion (S. 330)
- kurzfristiges Angebot (S. 324)
- permanente Einkommenshypothese (S. 331)
- Rationierung (S. 316)
- Say's Law (S. 337)
- Sparfunktion (S. 331)
- Vollbeschäftigungsangebot (S. 324)

Aufgaben

Musterlösungen zu den hier gestellten Aufgaben finden Sie im MyLab | Grundzüge der VWL.

1. In A-Land beträgt die Konsumfunktion:

   $C(Y) = 5 + 0{,}75Y$

   Die Investitionen liegen bei $I = 4$.

   a) Wie hoch ist das Gleichgewichtseinkommen?

   b) Nehmen Sie an, dass die Unternehmen sich bei der Produktionsplanung am Vollbeschäftigungsoutput von $Y^V = 40$ orientieren!

      – Was ergibt sich durch diese spezielle Angebotsentscheidung für die Volkswirtschaft?

      – Zeigen Sie daran insbesondere, wie sich „Sparen" aus makroökonomischer Sicht nachteilig auswirken kann!

2. Stellen Sie grafisch den Unterschied zwischen klassischer und keynesianischer Arbeitslosigkeit dar. Welche Therapien sind bei diesen beiden divergierenden Diagnosen angemessen?

3. In B-Land sparen die Haushalte 20 % ihres Einkommens. Wie wirkt es sich auf das Gleichgewichtseinkommen aus, wenn die Investitionen aufgrund eines allgemein steigenden Optimismus der Unternehmer um 1 Mio. Euro zunehmen?

4. In C-Land ist die Arbeitslosigkeit seit einiger Zeit sehr hoch. Die größte Gewerkschaft des Landes fordert deshalb starke Lohnerhöhungen, da nur so die notwendige Ausweitung der gesamtwirtschaftlichen Nachfrage erreicht werden kann. Unter welchen Voraussetzungen ist das die richtige Therapie und welche Risiken und Nebenwirkungen sind dabei zu beachten?

LERNZIELE

- Die Finanz- und Wirtschaftskrise der Jahre 2008/2009 hat gezeigt, dass es in relativ kurzer Zeit zu einem starken Anstieg der Arbeitslosigkeit kommen kann. Die Ursachen hierfür lassen sich nicht mikroökonomisch erklären, da in dieser Phase keine gravierenden Änderungen im mikroökonomischen Bereich zu erkennen waren. Man hat es hierbei vielmehr mit einer *konjunkturellen Arbeitslosigkeit* zu tun, die durch einen Mangel an gesamtwirtschaftlicher Nachfrage verursacht wird.
- Die konjunkturelle Arbeitslosigkeit resultiert aus einem kurzfristigen Gütermarktgleichgewicht, bei dem das Gleichgewichtseinkommen geringer ist als das Vollbeschäftigungseinkommen (*Unterbeschäftigungsgleichgewicht*).
- Die Rationierung am Gütermarkt wirkt sich so auf den Arbeitsmarkt aus, dass die Unternehmen grundsätzlich nicht mehr Arbeitnehmer einstellen als zur Produktion der Gütermenge im Unterbeschäftigungsgleichgewicht erforderlich ist. Ihre Arbeitsnachfrage knickt daher bei der dazu erforderlichen Beschäftigungsmenge ab und verläuft dann als Vertikale (*„effektive Arbeitsnachfrage“*).
- In einer solchen Konstellation kann selbst ein völlig flexibler Reallohn nicht ohne Weiteres zu Vollbeschäftigung führen. Vielmehr bedarf es einer expansiven Geld- und/oder Fiskalpolitik.
- Veränderungen des Reallohns haben jedoch einen Einfluss auf die *Einkommensverteilung*. Eine Lohnsenkung erhöht das Einkommen der Arbeitgeber und senkt das Einkommen der Arbeitnehmer. Entscheidend sind die Rückwirkungen der Verteilungseffekte auf die gesamtwirtschaftliche Nachfrage. Wenn die Sparquote der Arbeitgeber höher ist als die der Arbeitnehmer, erhöht sich die Arbeitslosigkeit. In diesem Fall könnte eine Lohnerhöhung dazu beitragen, die Rationierung durch die Nachfrage zu überwinden (Kaufkrafttheorie des Lohns).

Konjunkturelle Arbeitslosigkeit

18

ÜBERBLICK

18.1 Überblick

Die Wirtschafts- und Finanzkrise der Jahre 2008/2009 hat deutlich gemacht, dass es bei größeren Konjunktureinbrüchen zu einem starken Anstieg der Arbeitslosigkeit kommen kann. Während die Arbeitslosenquote in den Vereinigten Staaten in den Folgejahren wieder deutlich gesunken ist, dauerte es im Euroraum sehr viel länger, bis sich die Unterbeschäftigung wieder zurückbildete. (▶*Abbildung 18.1*).

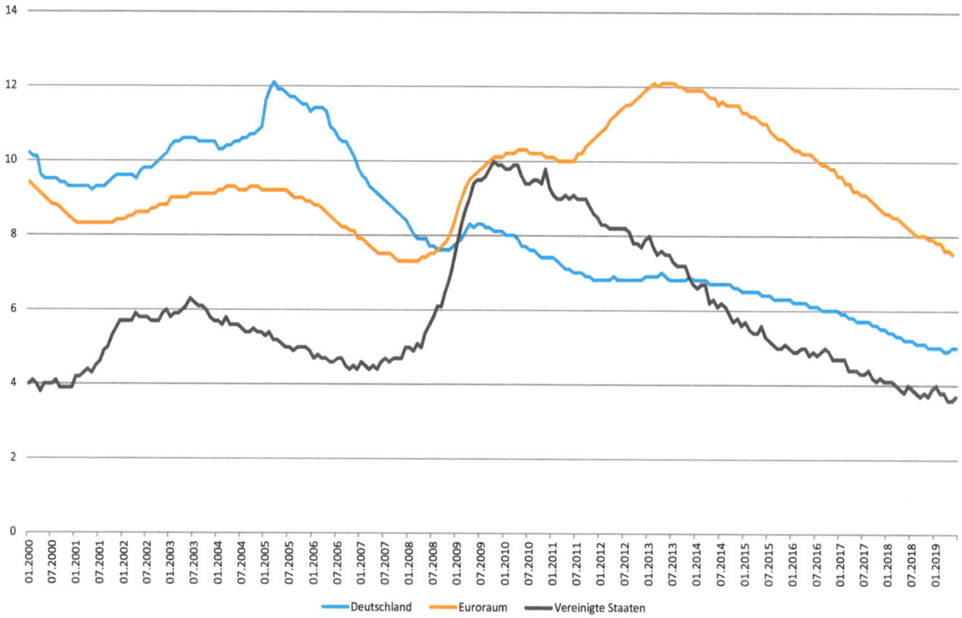

Abbildung 18.1: Arbeitslosenquote in den Vereinigten Staaten, im Euroraum und in Deutschland im Zeitraum von 2000 bis 2019 (saisonbereinigt)
Quelle: Deutsche Bundesbank.

Der deutsche Arbeitsmarkt hat sich demgegenüber in der Krise als sehr robust erwiesen. Dies ist in erster Linie auf die flexible Anpassung der Beschäftigung durch das *Kurzarbeitergeld* zurückzuführen. Bei der Kurzarbeit kann ein Unternehmen seine Beschäftigung temporär um einen bestimmten Prozentsatz reduzieren und damit auch seine Lohnkosten. Die Arbeitnehmer erhalten durch das Kurzarbeitergeld rund 60 % des Nettoeinkommensverlusts durch das Arbeitsamt erstattet.

Der in in dieser Krise weltweit zu beobachtende sprunghafte Anstieg der Arbeitslosigkeit lässt sich mikroökonomisch nur schwer erklären. Es gibt keine Indizien dafür, dass es in den betreffenden Regionen zu gravierenden Änderungen bei den Mindestlöhnen oder anderen Faktoren gekommen ist, die aus mikroökonomischer Sicht zu Arbeitslosigkeit hätten führen können.[1]

1 Im Lehrbuch von Blanchard und Illing (2017, S. 229ff.) wird Arbeitslosigkeit allein mikroökonomisch, also mit der Marktmacht der Unternehmen der Unternehmen und der Stärke der Gewerkschaften erklärt.

Man hat es also mit dem Phänomen einer rein makroökonomisch ausgelösten Arbeitslosigkeit zu tun, die in erster Linie durch Schocks ausgelöst wird, die zu einem Rückgang der gesamtwirtschaftlichen Nachfrage führen. Man spricht dabei auch von der „konjunkturellen Arbeitslosigkeit". Im Fall der Krise von 2007 bis 2009 war der Auslöser ein Einbruch der Immobiliennachfrage, die durch das Platzen der zuvor in vielen Ländern entstandenen Blase am Immobilienmarkt verursacht worden war.

Trotz seiner großen gesamtwirtschaftlichen und zudem gesellschaftspolitischen Bedeutung wird dieses Phänomen in den üblichen Einführungen zur Volkswirtschaftslehre eher stiefmütterlich behandelt. Bei Mankiw und Taylor (2017, S. 713) wird es in dem Abschnitt „Warum gibt es überhaupt Arbeitslosigkeit?" nicht einmal erwähnt. Blanchard und Illing (2017) benennen zwar knapp das Problem der konjunkturellen Arbeitslosigkeit, aber in ihrer analytischen Herleitung wird die Arbeitslosigkeit ausschließlich mit mikroökonomischen Faktoren erklärt.

18.2 Theorie der konjunkturellen Arbeitslosigkeit

Wenn man *konjunkturelle Arbeitslosigkeit* erklären will, muss man ein gesamtwirtschaftliches Modell verwenden, bei dem zumindest temporär ein kurzfristiges Gütermarktgleichgewicht möglich ist, das mit Arbeitslosigkeit einhergeht. Man spricht dabei auch von einem *Gleichgewicht bei Unterbeschäftigung*. Mit dem hier präsentierten „Einkommen-Ausgaben-Modell" lässt sich eine solche Konstellation recht einfach darstellen.

Wie im vorangegangenen Kapitel bereits gezeigt wurde, kann es in diesem Modell immer wieder dazu kommen, dass die gesamtwirtschaftliche Nachfrage aufgrund von Schocks zu gering ist, um ein Gleichgewicht bei Vollbeschäftigung zu gewährleisten (Punkt A in *Abbildung 17.11*). Wenn man Auswirkungen auf den Arbeitsmarkt genauer beschreiben will, muss man das Einkommen-Ausgaben-Modell mit dem Modell des Arbeitsmarkts kombinieren, das in *Kapitel 10* präsentiert wurde.

Die Nachfrage der Unternehmen nach Arbeitskräften wurde dort unter der Annahme abgeleitet, dass jeder Unternehmer als Preisnehmer jederzeit ausreichend Absatz für die von ihm hergestellten Produkte findet. Dies ist jedoch nicht mehr gewährleistet, wenn sich eine Volkswirtschaft in einer Situation mit einer negativen Output-Lücke befindet, wie das durch den Punkt A in *Abbildung 17.11* beschrieben wird. Die Unternehmen müssen jetzt bei ihrer Nachfrage nach Arbeit berücksichtigen, dass sie mit ihrem Güterangebot an die starre Schranke der gesamtwirtschaftlichen Nachfrage stoßen. Bei einer solchen *Rationierung durch den Gütermarkt* werden sie deshalb auf keinen Fall mehr Arbeitskräfte einstellen, als sie zu der Produktion von Y^n benötigen. Diese Beschäftigungsmenge stellt also eine *Obergrenze* für ihre Nachfrage nach Arbeit dar. Auf dem Arbeitsmarkt wird somit die Beschäftigung von der Nachfrageseite bestimmt. Die auf dem Gütermarkt bestehende Beschränkung des Güterangebots führt zu einer *Rationierung* auf dem Arbeitsmarkt. Grafisch lässt sich dies durch ein Vier-Quadranten-Schema abbilden (▶*Abbildung 18.2*).

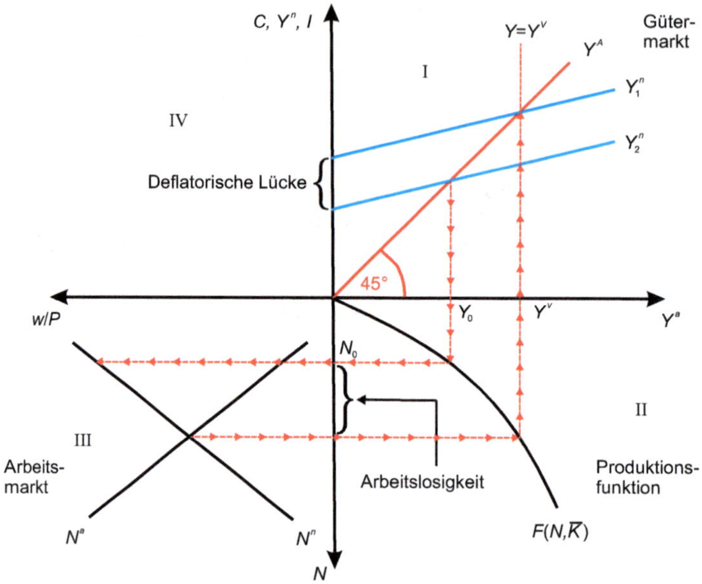

Abbildung 18.2: Rationierung auf dem Arbeitsmarkt

Ausgangspunkt ist eine Situation, in der sich die Wirtschaft in einem Vollbeschäftigungsgleichgewicht befindet ($Y=Y^V$). In Feld I, das das Einkommen-Ausgaben-Modell abbildet, ist die gesamtwirtschaftliche Nachfrage so hoch, dass ein gesamtwirtschaftliches Angebot generiert wird, das auf dem Arbeitsmarkt (Feld III) zum herrschenden Reallohn mit Vollbeschäftigung einhergeht. Der Zusammenhang zwischen dem Gütermarkt und dem Arbeitsmarkt wird über die gesamtwirtschaftliche Produktionsfunktion (Feld II) hergestellt, der schon in *Abbildung 17.4* beschrieben wurde.

Nun tritt ein negativer Nachfrageschock auf. Er verschiebt die gesamtwirtschaftliche Nachfragekurve nach unten. Im Einkommen-Ausgabe-Modell resultiert daraus ein geringeres Gleichgewichtseinkommen am Gütermarkt (Y_0). Überträgt man das mithilfe der Produktionsfunktion auf den Arbeitsmarkt, kommt es jetzt zu Arbeitslosigkeit. Der von den Unternehmen am Gütermarkt absetzbare Output erfordert nur noch eine Beschäftigungsmenge von N_0.

Entscheidend ist dabei, dass die Unternehmen in einer solchen Situation auch dann keine zusätzlichen Arbeitnehmer einstellen würden, wenn der Reallohn sinken würde. Der Arbeitsmarkt wird also durch den Gütermarkt *rationiert*. Dies wird dadurch abbildet, dass die Nachfrage der Unternehmen nach Arbeit bei der Beschäftigungsmenge N_0 nach unten abknickt.

Zum besseren Verständnis stellen wir den Quadranten III noch einmal separat dar (▶*Abbildung 18.3*). Wir erkennen, dass man im Fall einer deflatorischen Lücke zwischen zwei unterschiedlichen Kurven der Arbeitsnachfrage unterscheiden muss.

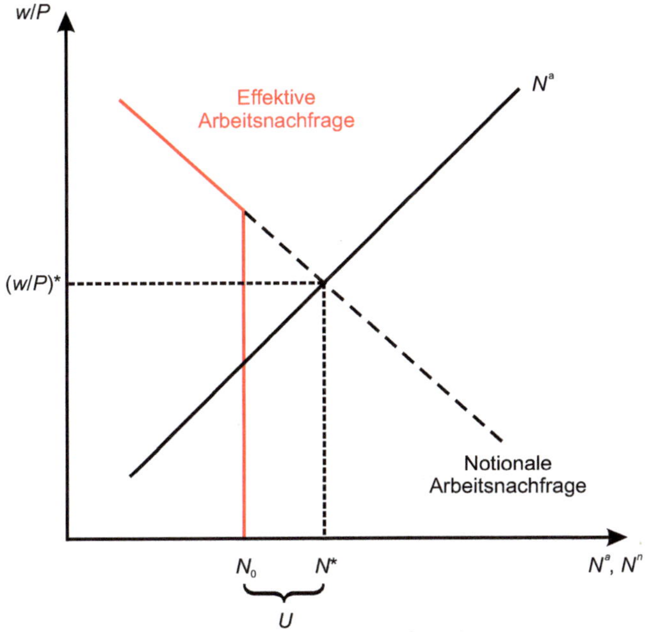

Abbildung 18.3: Der Arbeitsmarkt bei Rationierung (isolierte Betrachtung)

- Die sogenannte *notionale Nachfragekurve* beschreibt die *Arbeitsnachfrage* der Unternehmen in einer Situation *ohne* eine Rationierung durch den Gütermarkt.
- Die sogenannte *effektive Nachfragekurve* zeigt die Arbeitsnachfrage für eine Konstellation mit einer *Rationierung* durch eine negative Output-Lücke.[2]

Die konjunkturelle Arbeitslosigkeit lässt sich dann wie folgt bestimmen. Bei einem *Vollbeschäftigungsgleichgewicht* und dem Reallohn $(w/P)^*$ besteht bei den Arbeitnehmern ein *geplantes Angebot* an Arbeit von N^*. In der Situation der Rationierung aufgrund der deflatorischen Lücke fragen die Unternehmen aber nur die Beschäftigung in Höhe von N_0 nach. Es kommt somit zu konjunktureller Arbeitslosigkeit (U) in Höhe von

(18.1) $$U = N^* - N_0$$

Damit lässt sich die Arbeitslosigkeit jetzt auch *makroökonomisch* erklären. Anders als bei einem Angebotsüberschuss am Kartoffelmarkt ist jetzt der Reallohn nicht in der Lage, Vollbeschäftigung herbeizuführen. Ein Rückgang des Reallohns würde lediglich eine Bewegung auf der vertikal verlaufenden effektiven Arbeitsmarktnachfrage bedeuten, ohne die Beschäftigung auszuweiten. Die auf diese Weise entstandene Arbeitslosigkeit bezeichnet man deshalb als konjunkturelle oder als *keynesianische Arbeits-*

2 Die Terminologie geht zurück auf Clower (1965). Er sprach hierbei von der dualen Entscheidungshypothese.

losigkeit. Sie kann selbst bei völlig flexiblen Löhnen nicht beseitigt werden. Das Gegenstück hierzu ist die *klassische Arbeitslosigkeit*, die man auch als *Mindestlohn-Arbeitslosigkeit* bezeichnet. Wie wir in *Kapitel 10* gesehen haben, ist sie dadurch definiert, dass sie wegen eines zu hohen Lohnniveaus auch dann auftritt, wenn auf dem Gütermarkt keine *deflatorische Lücke* besteht (▶*Abbildung 18.4*). Hier wäre eine Lohnsenkung die adäquate Therapie.

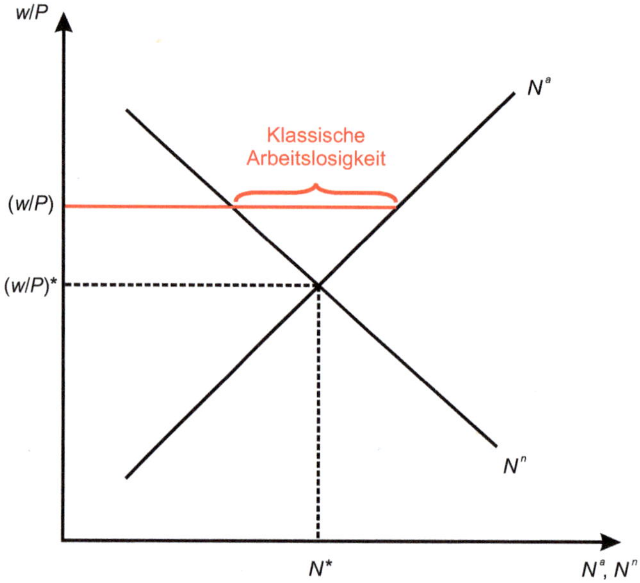

Abbildung 18.4: Klassische Arbeitslosigkeit

Während es theoretisch nicht schwerfällt, zwischen einer konjunkturellen und einer mikroökonomischen Arbeitslosigkeit zu unterscheiden, stellt sich in der praktischen Wirtschaftspolitik oft das Problem, zyklische und strukturelle Komponenten der Arbeitslosigkeit zu unterscheiden. So ist beispielweise in Spanien und Griechenland die Arbeitslosenquote im Zuge der Großen Rezession und der Eurokrise dramatisch angestiegen (▶*Abbildung 18.5*). Dies dürfte vor allem Konjunktureinbruch zurückzuführen sein, den beide Länder seit dem Jahr 2007 erfahren mussten. Zum anderen spiegeln sich darin aber auch tieferliegende strukturelle Probleme, wie die zu starke Ausweitung des Bausektors in den Boomjahren und Probleme der internationalen Wettbewerbsfähigkeit aufgrund überhöhter Lohnkosten. In Griechenland hat auch die überzogene Sparpolitik, die dem Land im Rahmen der Rettungsprogramme vorgegeben wurde, zum Anstieg der Arbeitslosigkeit beigetragen.

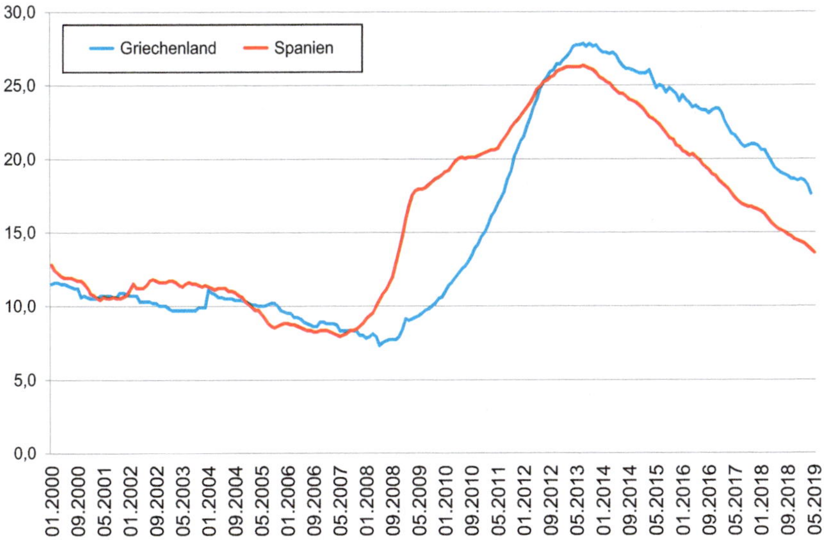

Abbildung 18.5: Arbeitslosenquote in Griechenland und Spanien
Quelle: Eurostat.

18.3 Die Kaufkrafttheorie der Löhne

Kennzeichnend für die *keynesianische Arbeitslosigkeit* ist die Tatsache, dass es im Rahmen dieses einfachen Modells keinen eingebauten Stabilisierungsmechanismus gibt, mittels dessen man wieder zur Vollbeschäftigung gelangen könnte. Das Modell bietet also eine wichtige theoretische Rechtfertigung für eine staatliche Steuerung der gesamtwirtschaftlichen Nachfrage, vor allem mit den Instrumenten der Fiskal- und Geldpolitik. Wir werden uns damit im Folgenden noch ausführlich auseinandersetzen.

Immer wieder hört man in einer Situation der Arbeitslosigkeit das Argument, höhere Löhne führten zu einer höheren Konsumnachfrage. Damit verschwinde die Output-Lücke und die Arbeitslosigkeit werde abgebaut. Es ist naheliegend, dass solche Vorschläge vor allem von den *Gewerkschaftsvertretern* kommen. Von den *Arbeitgebern* wird stattdessen genau das Gegenteil vorgeschlagen: Eine Unterbeschäftigung sei ein klares Indiz dafür, dass die Löhne gesenkt werden müssten.

Mit unserem einfachen Modell können wir etwas Licht in diese Auseinandersetzung bringen. Wir nehmen wiederum an, dass sich die Wirtschaft in einer deflatorischen Lücke befindet. Wenn man jetzt den Reallohn der Arbeitnehmer von $(w/P)^*$ auf $(w/P)^K$, K steht für *Kaufkrafttheorie*, erhöht, hat dies zunächst keinen Einfluss auf die Nachfragebeschränkung am Arbeitsmarkt (▶*Abbildung 18.6*). Was sich jedoch ändert, ist die Einkommensverteilung zwischen den Arbeitnehmer- und den Unternehmerhaushalten.

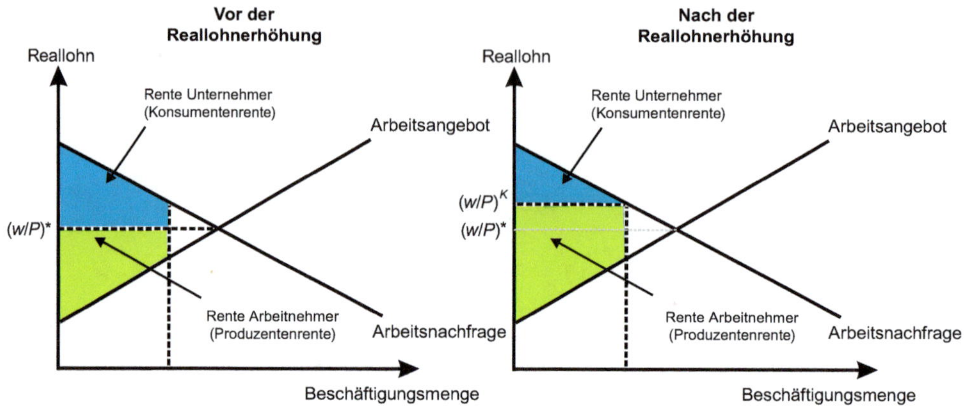

Abbildung 18.6: Auswirkungen einer Erhöhung des Reallohns auf die Einkommen der Unternehmerhaushalte und der Arbeitnehmerhaushalte

Das Einkommen der *Arbeitnehmerhaushalte* ergibt sich aus der Beschäftigungsmenge, die mit dem Reallohn multipliziert wird. Das Einkommen der *Unternehmerhaushalte* entspricht dem *Gewinn* der Unternehmen. Dieser beläuft sich auf die Fläche zwischen der Nachfragekurve, die den realen Ertrag pro zusätzlicher Einheit an Beschäftigung angibt, und einer horizontal durch den Reallohn verlaufenden Geraden, die die realen Kosten für eine Beschäftigungseinheit abbildet.

Wenn nun der Reallohn von $(w/P)^*$ auf $(w/P)^K$ erhöht wird, steigt das Einkommen der Arbeitnehmerhaushalte um den Betrag:

$$(18.2) \qquad N_0\left[\left(\frac{w}{P}\right)^K - \left(\frac{w}{P}\right)^*\right]$$

Um genau diesen Betrag sinkt das Einkommen der Unternehmerhaushalte.

Die Anhänger der Kaufkrafttheorie des Lohnes argumentieren nun, dass die *marginale Konsumneigung* (b_A) der Arbeitnehmerhaushalte höher ist als die der Unternehmerhaushalte (b_U).

Die Konsumnachfrage lässt sich aufteilen in die der Unternehmer und die der Arbeitnehmer:

$$(18.3) \qquad C = a_A + a_U + b_A Y_A + b_U Y_U$$

Da

$$(18.4) \qquad Y_U = Y - Y_A$$

folgt:

$$(18.5) \qquad C = a_A + a_U + (b_A - b_U)\, Y_A + b_U Y$$

Für einen Anstieg des Arbeitnehmereinkommens, der identisch ist mit einem Rückgang des Unternehmereinkommens, gilt dann:

$$(18.6) \qquad \frac{dC}{dY_A} = b_A - b_U$$

Eine *Erhöhung* des Reallohns hat demnach einen positiven Effekt auf den gesamten Konsum und damit die gesamtwirtschaftliche Nachfrage, wenn die *marginale Konsumneigung* der Arbeitnehmerhaushalte höher ist als die der Unternehmerhaushalte. Unter dieser Bedingung führt eine Reallohnerhöhung dazu, dass die gesamtwirtschaftliche Nachfragekurve steiler verläuft und das Gleichgewichtseinkommen steigt, womit auch die Mengenbeschränkung am Arbeitsmarkt nach rechts verschoben wird. Die Arbeitslosigkeit geht also zurück (▸*Abbildung 18.7*).

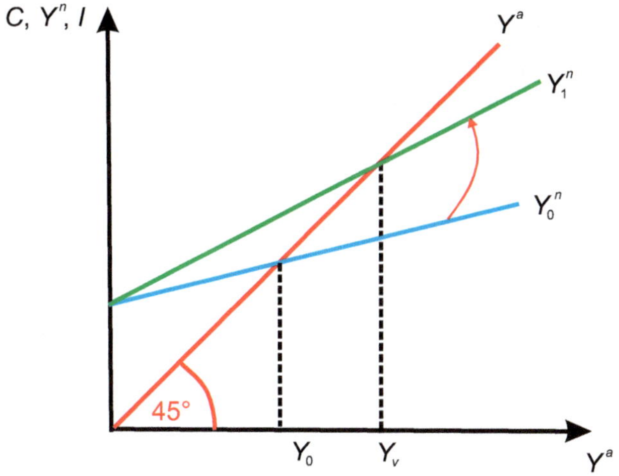

Abbildung 18.7: Eine Erhöhung des Reallohns kann eine negative Output-Lücke schließen.

Genau das Gegenteil würde bei einer *Verminderung* der Reallöhne eintreten. Es fände eine Umverteilung zugunsten der Unternehmer statt. Bei einer geringeren Konsumneigung der Unternehmerhaushalte würde so der Nachfragemangel noch verstärkt werden.

Wie bei vielen wirksamen Therapien in der Medizin ist auch bei der Ökonomie zu beachten, dass es eine Reihe von Risiken und Nebenwirkungen geben kann. Bei der Kaufkrafttheorie des Lohnes ist hier vor allem an folgende Probleme zu denken:

- Grundsätzlich ist es schwierig, zwischen einer keynesianischen und einer klassischen Arbeitslosigkeit genau zu unterscheiden. Ist die Diagnose einer keynesianischen Arbeitslosigkeit falsch, wird das Beschäftigungsproblem durch eine Reallohnerhöhung noch zusätzlich verschärft.
- Unklar sind auch die Effekte einer aggressiven Lohnpolitik auf die Investitionen. Wenn es dadurch zu einer sinkenden Investitionsneigung der Unternehmen kommt, sodass $\bar{I}$ zurückgeht, kann die gesamtwirtschaftliche Nachfrage insgesamt vermindert werden. Umgekehrt könnte sich eine zurückhaltende Lohnpolitik positiv auf die Investitionsneigung auswirken.
- Problematisch ist auch, dass eine solche nachfragebedingte Lohnerhöhung nur schwer reversibel ist. Sollte die *deflatorische Lücke* wieder zurückgehen, z.B. wegen einer größeren Investitionsfreude der Unternehmen ($\bar{I}$), müssten die Löhne sinken, was jedoch nur schwer durchzusetzen ist. Es besteht also das Risiko, dass sich eine *keynesianische Arbeitslosigkeit* in eine *klassische Arbeitslosigkeit* verwandelt.
- In offenen Volkswirtschaften müssen zudem die Effekte der Lohnpolitik auf die internationale Wettbewerbsfähigkeit berücksichtigt werden. Für Deutschland als Mitgliedsland in der Europäischen Währungsunion sind zudem die Rückwirkungen auf die Zinspolitik der Europäischen Zentralbank in Rechnung zu stellen.[3]

3 Siehe dazu mein Minderheitsvotum: Sachverständigenrat zur Begutachtung der gesamtwirtschaftlichen Entwicklung (2004, S. 507 ff.).

Schlagwörter

- deflatorische Lücke (S. 348)
- effektive Arbeitsnachfrage (S. 342)
- Gleichgewicht bei Unterbeschäftigung (S. 345)
- Kaufkrafttheorie der Löhne (S. 349)
- keynesianische Arbeitslosigkeit (S. 347)
- konjunkturelle Arbeitslosigkeit (S. 345)
- marginale Konsumneigung (S. 350)
- notionale Arbeitsnachfrage (S. 347)
- Rationierung (S. 345)
- Vollbeschäftigungsgleichgewicht (S. 347)

Aufgaben

Musterlösungen zu den hier gestellten Aufgaben finden Sie im MyLab | Grundzüge der VWL.

1. ▶*Abbildung 18.8* zeigt die Entwicklung der Arbeitslosenquote in den USA im Zeitraum von 2004 bis 2019. Diskutieren Sie den drastischen Anstieg der Arbeitslosenquote in den Jahren 2007 bis 2010.
2. In A-Land werden deutliche Reallohnsenkungen durchgesetzt, um dem Problem der Arbeitslosigkeit zu begegnen. Dennoch verharrt die Arbeitslosigkeit auf hohem Niveau. Wie kann dies erklärt werden?
3. In B-Land werden ähnliche Reallohnsenkungen praktiziert. Hier kommt es allerdings zu einem Rückgang der Arbeitslosigkeit. Wie kann dies erklärt werden?
4. C-Land geht einen ganz anderen Weg: Hier werden die Reallöhne sogar angehoben. In Folge dieser Lohnerhöhung kommt es zu rückläufigen Arbeitslosenzahlen. Wie ist das zu erklären?

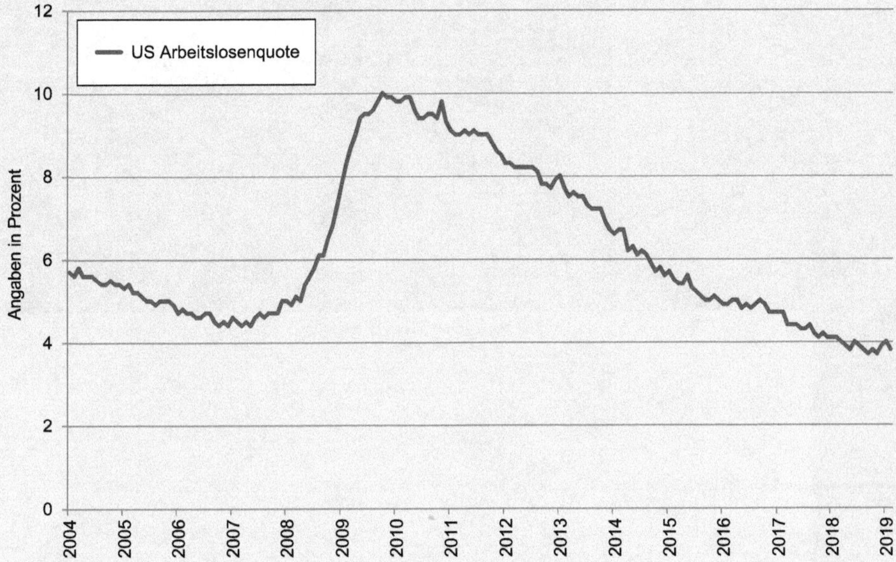

Abbildung 18.8: Entwicklung der Arbeitslosenquote in den Vereinigten Staaten (2004 bis 2019)
Quelle: Federal Reserve Bank of St. Louis.

LERNZIELE

- Die Fiskalpolitik kann mit Änderungen der *Staatsausgaben* und/oder der *Steuern* zu einer Stabilisierung der gesamtwirtschaftlichen Entwicklung beitragen.
- Ein Anstieg der Staatsausgaben hat einen größeren *(Multiplikator-)Effekt* als eine betragsgleiche Verminderung der Steuern. Dies liegt daran, dass die Privaten einen Teil der ihnen gewährten Steuervergünstigungen sparen.
- Das Problem der *antizyklischen Fiskalpolitik* besteht darin, dass sie in Rezessionsphasen leichter realisiert werden kann als in Boomperioden. Dies hat in vielen Ländern dazu geführt, dass die Staatsverschuldung in den vergangenen Jahrzehnten deutlich angestiegen ist. Allerdings gibt es auch Länder, denen es gelungen ist, über Jahre hinweg eine antizyklische Fiskalpolitik zu betreiben, ohne die Verschuldung auszuweiten.
- Der *strukturelle Budgetsaldo* ist ein wichtiger Indikator für die Fiskalpolitik. Es zeigt, inwieweit die Regierung mit ihren fiskalpolitischen Instrumenten aktiv in den Wirtschaftsprozess eingreift.

Die Stabilisierungsaufgabe des Staates

19

ÜBERBLICK

19.1 Die Selbstheilungskräfte des Marktes können unzureichend sein

Mit dem einfachen makroökonomischen Modell lässt sich ein zentraler Schwachpunkt einer Marktwirtschaft identifizieren. Es kann zu konjunktureller („keynesianischer") Arbeitslosigkeit kommen, wenn die gesamtwirtschaftliche Nachfrage geringer ist als das Vollbeschäftigungsangebot. Da insbesondere die Investitionen im Zeitablauf stark schwanken, ist es nicht überraschend, dass man in allen Ländern immer wieder Situationen mit einem Unterbeschäftigungsgleichgewicht beobachten kann.

Eine weitere wichtige Einsicht, die man aus dem in *Kapitel 18* dargestellten makroökonomischen Modell ableiten kann, besteht darin, dass die so entstandene *keynesianische Arbeitslosigkeit* nicht einfach durch eine Verminderung des Reallohns aus der Welt geschafft werden kann. Anders als bei einer *klassischen Arbeitslosigkeit* sind die Selbstheilungskräfte des Marktes also nicht jederzeit in der Lage, die Arbeitslosigkeit zu reduzieren.

Dies führt auf die Stabilisierungsfunktion des Staates, die bereits in *Kapitel 11* angesprochen wurde. Da eine hohe Arbeitslosigkeit mit politischen, sozialen und fiskalischen Kosten verbunden ist, muss sich der Staat fragen, ob und wie er auf eine solche Störung reagieren soll. Natürlich gilt diese Stabilisierungsaufgabe auch für den entgegengesetzten Störfall einer *positiven Output-Lücke*, die, wie gezeigt, zu Inflation führt und auf diese Weise soziale Kosten hervorruft. In den Vereinigten Staaten hat sich in den 1960er-Jahren vor allem *James Tobin* (1918–2002) für eine solche *antizyklische Fiskalpolitik* eingesetzt. Eine Kurzbiografie des wegen der *„Tobin Tax"* populär gewordenen Nobelpreisträgers findet man am Ende des *20. Kapitels.*

Da wir uns noch in einer Modellwelt ohne Zinsen befinden, wird in diesem Kapitel dargestellt, wie der Staat durch die *Fiskalpolitik* dazu beitragen kann, dass Output-Lücken möglichst gering bleiben, um so inflatorische wie deflatorische Prozesse zu verhindern. In Deutschland besteht hierzu durch das *Stabilitäts- und Wachstumsgesetz* ein klarer gesetzlicher Auftrag. In § 1 des Gesetzes heißt es:

„Bund und Länder haben bei ihren wirtschafts- und finanzpolitischen Maßnahmen die Erfordernisse des gesamtwirtschaftlichen Gleichgewichts zu beachten."

Für diese Aufgabe verfügt der Staat über zwei wichtige Handlungsparameter:

- die Staatsausgaben und
- die Steuersätze.

19.2 Wie man mit Staatsausgaben für Vollbeschäftigung sorgen kann

Zur Beschreibung der Stabilisierungsfunktion des Staates durch Staatsausgaben führen wir die Staatsausgaben in die gesamtwirtschaftliche Nachfragefunktion ein.

(19.1) $$Y^n = a + bY + I + G$$

Als Ausgangssituation verwenden wir wieder die in *Kapitel 17* beschriebene Situation einer negativen Output-Lücke in Punkt A mit einem Gleichgewichts-Output von sechs Einheiten, der unter dem Vollbeschäftigungs-Output von acht Einheiten liegt

(▶*Abbildung 19.1*). Wie hoch müssen nun die Staatsausgaben sein, wenn man den Vollbeschäftigungs-Output von acht Einheiten erreichen will? Die Lösung kann wiederum grafisch und formal durchgeführt werden.

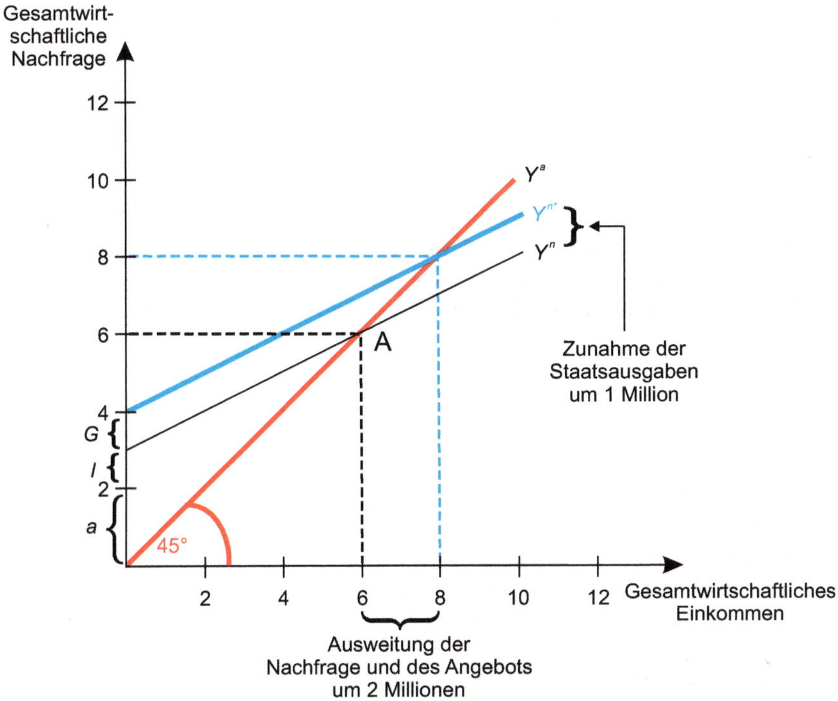

Abbildung 19.1: Expansive Fiskalpolitik durch höhere Staatsausgaben

Bei der *grafischen* Darstellung muss die gesamtwirtschaftliche Nachfrage so weit nach oben verschoben werden, bis sie die 45°-Linie beim Vollbeschäftigungseinkommen (Y^V) von 8 Einheiten schneidet. Aus der Gleichung sehen wir, dass sich die Staatsausgaben als Lageparameter auf den *y*-Achsenabschnitt der gesamtwirtschaftlichen Nachfrage auswirken. Durch erhöhte Staatsausgaben wird diese Kurve also nach oben verschoben. Aus *Abbildung 19.1* ist zu erkennen, dass es genügt, Staatsausgaben in Höhe von einer Einheit vorzunehmen, um den Output um zwei Einheiten auszuweiten.

Hierbei macht sich wiederum das bereits in *Kapitel 18* angesprochene Prinzip des *Multiplikators* bemerkbar. Die Staatsausgaben haben unter den hier gewählten Annahmen ebenfalls einen Multiplikator von 2. Dies liegt – wie bei einer Ausweitung der Investitionen – daran, dass es durch die Zunahme des Angebots von sechs auf acht Einheiten auch zu einem um zwei Einheiten höheren Einkommen der Haushalte gekommen ist. Bei einer Konsumneigung von 0,5 ergibt sich dabei ein um eine Einheit höherer Konsum.

Für die formale Lösung errechnen wir zunächst das Gleichgewichtseinkommen Y für eine Modellwelt mit Staatsausgaben (G). Mit

(19.2) $Y^n = a + bY + I + G$ *(gesamtwirtschaftliche Nachfrage)*

(19.3) $Y^a = Y$ *(gesamtwirtschaftliches Angebot)*

(19.4) $Y^a = Y^n$ *(Gleichgewichtsbedingung)*

ergibt sich für den Gleichgewichtswert (Y_0)

(19.5) $$Y_0 = \frac{1}{1-b}(a + I + G)$$

Für die konkreten Werte von $a = 2$, $b = 0{,}5$ und $I = 1$ benötigen wir also Staatsausgaben in Höhe von einer Einheit, um das Vollbeschäftigungseinkommen von acht Einheiten zu realisieren. Wenn wir herausfinden wollen, wie eine Erhöhung der Staatsausgaben auf den Gleichgewichtswert wirkt, müssen wir diese Gleichung nach G ableiten und erhalten dann:

(19.6) $$\frac{\partial Y}{\partial G} = \frac{1}{1-b}$$

Bei $b = 0{,}5$ beträgt der Multiplikator 2.

Wie kann der Staat seine Ausgaben *finanzieren*? Beim Vollbeschäftigungseinkommen von acht Einheiten geben die Privaten zwei Einheiten für den autonomen Konsum und vier Einheiten für den einkommensabhängigen Konsum aus. Sie wollen also zwei Einheiten sparen. Die Unternehmen führen Investitionen in Höhe von einer Einheit durch, die sie durch Kredite bei den Privaten finanzieren. Damit ist noch eine Einheit an privater Geldvermögensersparnis verfügbar, die für den Kauf von Staatsanleihen verwendet werden kann. Durch die Staatsausgaben kommt es also dazu, dass beim Vollbeschäftigungseinkommen die Sparpläne von privaten Haushalten (+2) *und* Staat (–1) in der Summe den Investitionsplänen der Unternehmen (+1) entsprechen.

Das Zahlenbeispiel verdeutlicht, dass es für den stimulierenden Effekt der Staatsausgaben im Prinzip ohne Bedeutung ist, welche Güter damit gekauft werden. Keynes (1936, S. 129) hat das im zehnten Kapitel seiner General Theory etwas überspitzt wie folgt formuliert:

„Wenn sich das Finanzministerium entscheiden würde, alte Flaschen mit Banknoten zu füllen, diese in ausreichender Tiefe in nicht mehr benutzten Kohlenminen vergraben ließe, das Ganze mit Müll auffüllte und dann ein privates Unternehmen beauftragte, die Banknoten wieder auszugraben, bräuchte es keine Arbeitslosigkeit mehr zu geben. Durch die damit ausgelösten Effekte wären das Realeinkommen der Menschen und auch ihr Vermögen um einiges höher, als es derzeit ist. Es wäre natürlich sehr viel sinnvoller, Häuser und Ähnliches zu bauen. Aber wenn es dabei politische oder praktische Hindernisse gäbe, wäre die oben genannte Lösung besser als nichts." (eigene Übersetzung; P. B.)

19.3 Auch mit Steuersenkungen kann man die Wirtschaft beleben

Wenn wir jetzt in das Modell auch Steuern einführen, müssen wir uns überlegen, ob wir eine direkte Steuer (z.B. *Einkommensteuer*) oder eine *indirekte Steuer* (z.B. Mehrwertsteuer) untersuchen möchten (siehe dazu auch *Kapitel 12*). Wir entscheiden uns für die Einkommensteuer, da ihre makroökonomischen Wirkungen relativ einfach zu beschreiben sind. Wir nehmen zunächst an, dass es sich bei der Steuer um einen festen Betrag (T) handelt, der nicht von der Höhe des Volkseinkommens bestimmt wird. In einer Welt mit Steuern müssen die Haushalte bei ihrer Konsumentscheidung nicht mehr von ihrem Bruttoeinkommen (Y), sondern von ihrem Nettoeinkommen (Y_N) ausgehen:

$$(19.7) \qquad Y_N = Y - T$$

Die Konsumfunktion lautet dann in allgemeiner Form

$$(19.8) \qquad C = C(Y_N)$$

oder konkret:

$$(19.9) \qquad C = a + b(Y - T)$$

Auf der Nachfrageseite haben wir bereits den Konsum des Staates angesprochen (G). Auch hier wird unterstellt, dass diese Größe nicht vom Volkseinkommen abhängt. Die gesamtwirtschaftliche Nachfrage lautet dann:

$$(19.10) \qquad Y^n = a + b(Y - T) + G + I$$

Es gilt weiterhin:

$$(19.11) \qquad Y_a = Y \text{ (gesamtwirtschaftliches Angebot)}$$

$$(19.12) \qquad Y^a = Y^n \text{ (Gleichgewichtsbedingung)}$$

Als Gleichgewichtswert (Y_0) ergibt sich dann:

$$(19.13) \qquad Y_0 = \frac{1}{1-b}(a - bT + G + I)$$

Auch beim finanzpolitischen Instrument der Steuern ist es wichtig, dass man seinen Einfluss auf die gesamtwirtschaftliche Nachfrage bestimmt. Dazu muss man die *Gleichung 19.13* nach T ableiten. Man erhält dann:

$$(19.14) \qquad \frac{\partial Y}{\partial T} = -\frac{b}{1-b}$$

Da sich b zwischen 0 und 1 bewegt, ist der *Multiplikator* einer Steueränderung also immer geringer als der von einer Veränderung der Staatsausgaben ausgehende Impuls. Dies liegt daran, dass zusätzliche Staatsausgaben stets zu 100 % nachfragewirksam sind, während die Haushalte bei einer Steuersenkung stets einen Teil des so verfügbar gemachten Einkommens sparen. Der Multiplikator von Steueränderungen ist daher umso geringer, je höher die Sparquote ist.

Nehmen wir wiederum an, dass die autonomen Investitionen bei einer Einheit und der autonome Konsum bei zwei Einheiten liegen, b sei wieder 0,5. Die Steuern und die Staatsausgaben sollen ebenfalls eine Einheit betragen. Über die *Gleichung 19.13* erhalten wir dann einen Gleichgewichts-Output von:

$$(19.15) \qquad 7 = \frac{1}{1-0{,}5}\,(2 - 0{,}5 \cdot 1 + 1 + 1)$$

Bei einem Vollbeschäftigungs-Output von acht Einheiten würde bei den hier gewählten, hypothetischen Werten also wiederum eine deflatorische Lücke bestehen (▶*Abbildung 19.2*).

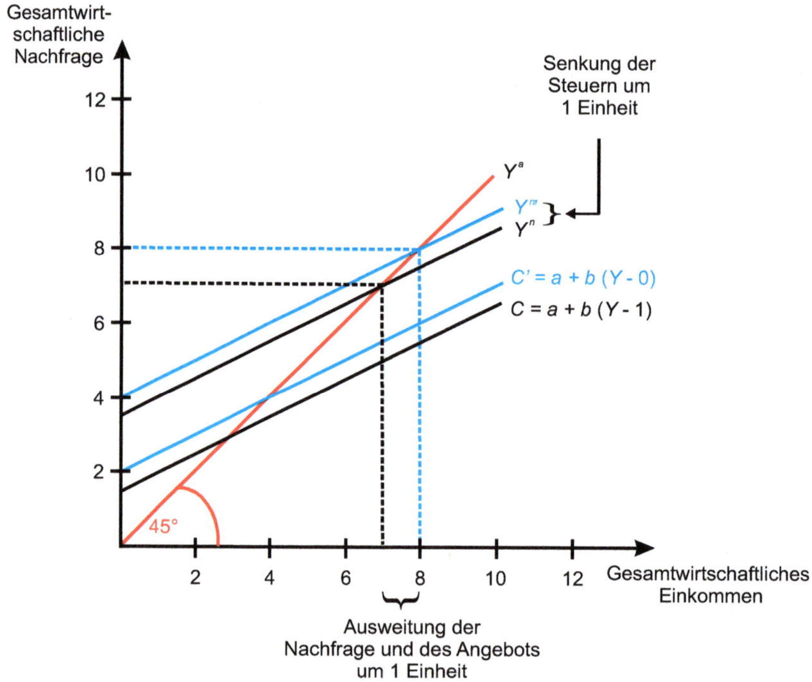

Abbildung 19.2: Expansive Fiskalpolitik durch Steuersenkung

Gleichung 19.14 zeigt, dass die Arbeitslosigkeit beseitigt werden kann, wenn der Staat die Steuern um eine Einheit senkt. Der Multiplikator der Steuersenkung ist also genau 1. Dies kann man für $b = 0{,}5$ aus *Gleichung 19.14* leicht nachvollziehen.

Empirische Studien zur Höhe der Multiplikatoren von Steuersenkungen und zusätzlichen Staatsausgaben kommen zu unterschiedlichen Ergebnissen, je nachdem, welche Modelltypen für die Schätzungen verwendet werden. Die Wirkungen sind besonders gering bei den sogenannten DSGE-Modellen (Dynamic Stochastic General Equilibrium). Diese gehen davon aus, dass die privaten Haushalte ewig leben und dabei die gesamte Zukunft perfekt antizipieren können. Die Modelle unterstellen dabei in der Regel, dass die privaten Haushalte bei ihren Konsumentscheidungen sehr stark vorausschauend agieren und dabei auch keinerlei Kreditbeschränkungen unterliegen.

Eine Analyse des Internationalen Währungsfonds (Baum et al. 2012) zeigt, dass es zum einen große Unterschiede zwischen dem Ausgaben- und dem Steuermultiplikator gibt. Zum anderen hängt die Höhe der Multiplikatoren vom Zustand einer Wirtschaft ab. Bei einer negativen Output-Lücke sind die Multiplikatoren grundsätzlich höher als bei einer positiven Output-Lücke. Dies ist darauf zurückzuführen, dass eine expansive Fiskalpolitik bei einer positiven Output-Lücke die bestehende Überhitzung noch verstärkt. Dadurch wird die Notenbank zu einer restriktiven Geldpolitik veranlasst, die dem positiven Nachfrageeffekt der Fiskalpolitik entgegenwirkt. In den vergangenen Jahren ist auch die Bedeutung der *„Null-Zins-Grenze"* für die Multiplikatoren untersucht worden. Dabei zeigt sich, dass die Effekte der Fiskalpolitik sehr viel höher ausfallen, wenn die Notenbank an dieser Grenze ihrer Handlungsmöglichkeiten angelangt ist. (Christiano et al. 2011)

19.4 Antizyklische Fiskalpolitik und ihre Probleme

Mit der Steuer- und Ausgabenpolitik verfügt der Staat über wirksame Instrumente zur Stabilisierung des Konjunkturverlaufs. Er ist damit in der Lage, ausgleichend zu wirken, wenn die Wirtschaft von positiven oder negativen Nachfrageschocks betroffen wird. Nehmen wir dazu an, dass die Investitionen starke Schwankungen aufweisen: In jedem geraden Jahr liegen sie bei 0,5 Einheiten, in jedem ungeraden bei 1,5 Einheiten. Die Wirtschaft würde sich dann stets in einer deflatorischen oder einer inflatorischen Lücke befinden (▸*Abbildung 19.3*). Wie oben gezeigt, kann der Staat dem entgegenwirken, wenn er in einem ungeraden Jahr eine Einheit Steuern fordert und in einem geraden Jahr den Privaten eine negative Steuer (d.h. Transfers) von einer Einheit zukommen lässt (▸*Abbildung 19.4*). Alternativ könnte er in den ungeraden Jahren die Ausgaben auf 0,5 Einheiten senken und sie in den geraden Jahren auf 1,5 Einheiten erhöhen (▸*Abbildung 19.5*). Mit diesen beiden Strategien wäre es möglich, die Wirtschaft stets in einem Gleichgewicht bei Vollbeschäftigung und ohne inflationäre Spannungen zu halten.

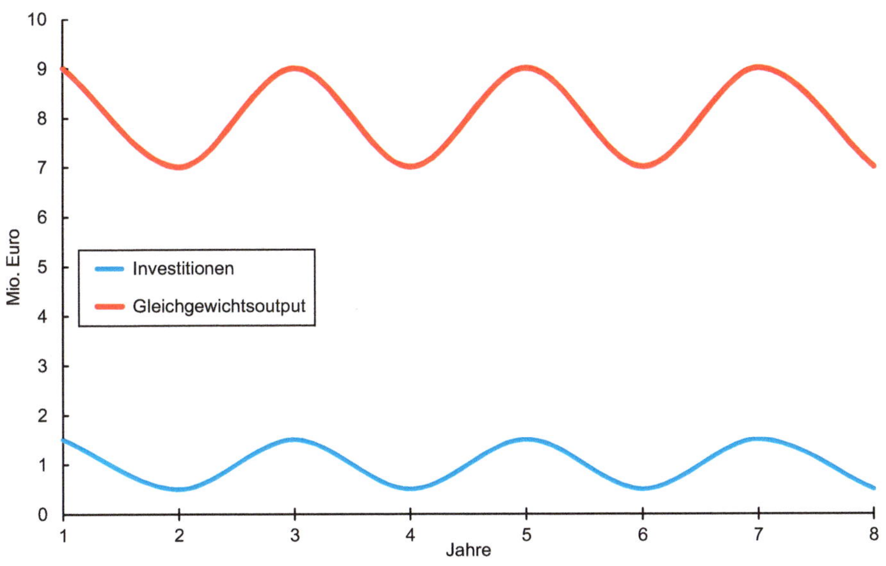

Abbildung 19.3: Passive Fiskalpolitik

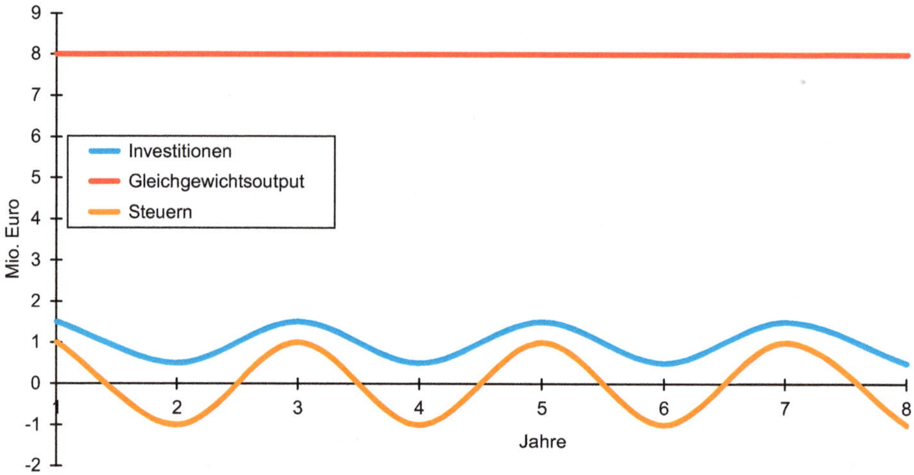

Abbildung 19.4: Stabilisierung durch Steuern

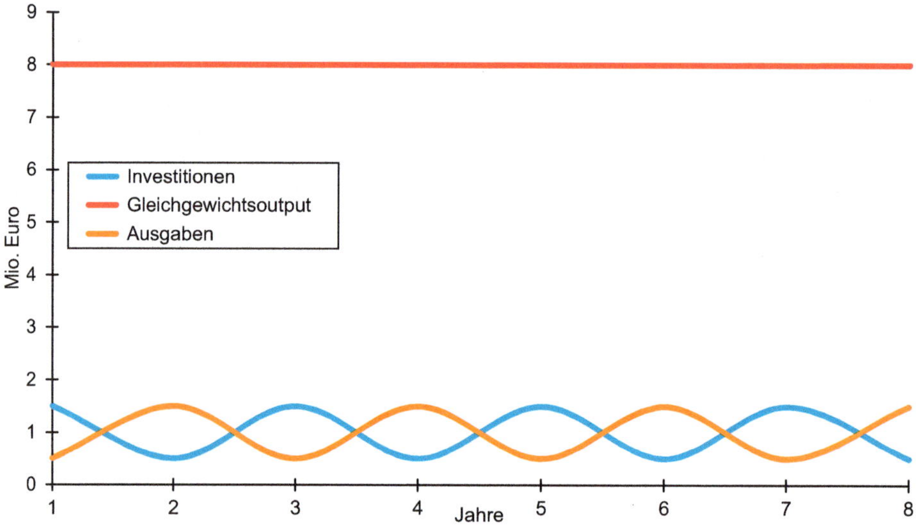

Abbildung 19.5: Stabilisierung durch Staatsausgaben

In den 1960er-Jahren glaubten viele Ökonomen an eine solche *Verstetigung* der Wirtschaftsentwicklung durch die Fiskalpolitik. Dieses Denken hat seinen deutlichsten Ausdruck in dem in *Kapitel 15* angesprochenen *Stabilitäts- und Wachstumsgesetz* gefunden. ▶*Abbildung 19.6* zeigt, dass in Deutschland in der Nachkriegszeit zunächst eine staatliche Ausgabenpolitik betrieben wurde, die vom Bestreben geprägt war, eine Verstetigung der gesamtwirtschaftlichen Entwicklung zu erreichen.

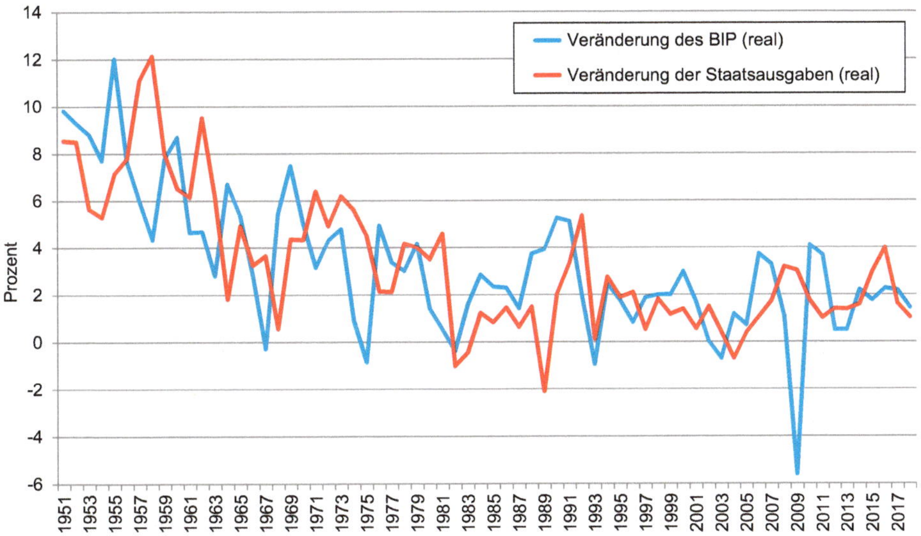

Abbildung 19.6: Antizyklische Fiskalpolitik in der Praxis (1951–2018)
Quelle: Deutsche Bundesbank.

Dies änderte sich jedoch Anfang der 1980er-Jahre. Von nun an entwickelten sich die Konsumausgaben des Staates mehr oder weniger parallel zur Wirtschaftsentwicklung. Eine Ausnahme ist das Jahr 2009, wo die Staatsausgaben deutlich erhöht wurden, um die gravierende Rezession zu stoppen.

In Deutschland ist seit den 70 Jahren des letzten Jahrhunderts ein deutlicher Anstieg der Staatsverschuldung zu beobachten. Aus ökonomischer Sicht ist es dabei zweckmäßig, die Staatsverschuldung nicht in Euro zu betrachten, sondern sie ins Verhältnis zum Bruttoinlandsprodukt zu setzen, diese Relation bezeichnet man als *Schuldenstandsquote*. In der Nachkriegszeit bewegte sich diese Größe lange Zeit im Bereich von rund 20 %. Dies änderte sich Mitte der 1970er-Jahre. Anhaltend hohe Defizite in den öffentlichen Haushalten, die auch in wirtschaftlich guten Jahren nicht reduziert wurden, führten bis Mitte der 1980er-Jahre zu einem Anstieg der *Schuldenstandsquote* auf rund 40 %. Die Finanzierung der deutschen Einheit durch staatliche Kredite ließ diese Größe weiter ansteigen. Mitte der 1990er-Jahre lag die Schuldenstandsquote somit bei rund 60 %. Im vergangenen Jahrzehnt gelang es nicht, die öffentliche Verschuldung im Verhältnis zur Wirtschaftsleistung zurückzuführen. Umfassende Steuersenkungen im Rahmen der „Steuerreform 2000" schwächten die Einnahmebasis. Die wenig dynamische wirtschaftliche Entwicklung der Jahre 2001 bis 2005 führte nicht nur zu steigenden finanziellen Belastungen im Bereich der Arbeitslosenversicherung, sie ließ auch das nominale Bruttoinlandsprodukt, das im Nenner der Schuldenstandsquote steht, nur sehr verhalten ansteigen. Die Finanz- und Wirtschaftskrise der Jahre 2008/09 und die Notwendigkeit zur Stützung notleidender Banken brachten einen weiteren Schub bei der Schuldenstandsquote auf fast 80 % im Jahr 2010. Bei der anhaltend positiven Wirtschaftsentwicklung in den Jahren nach der Großen Rezession ging die Schuldenstandsquote deutlich zurück. Sie lag zuletzt sogar unter der 60%-Grenze des Vertrags von Maastricht.

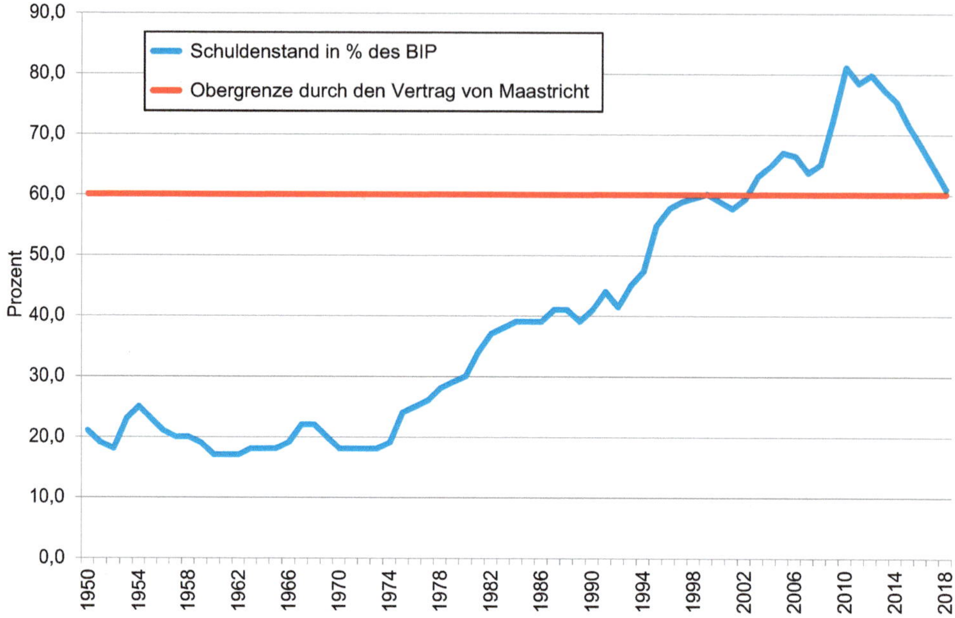

Abbildung 19.7: Staatsverschuldung in % des Bruttoinlandsprodukts (1950–2018)
Quelle: Statistisches Bundesamt.

Ein Problem für die *antizyklische Fiskalpolitik* besteht darin, dass es im Voraus oft sehr schwierig ist, eine konjunkturelle Abschwächung zu prognostizieren. Dies wird durch ▸*Tabelle 19.1* verdeutlicht. Sie zeigt die *Prognosen* für das reale Bruttoinlandsprodukt in Deutschland, die in der Gemeinschaftsprognose der führenden Wirtschaftsforschungsinstitute (*Kapitel 1*) im Frühjahr (FP) und im Herbst (HP) erstellt wurden und vergleicht sie mit den tatsächlichen Werten. Daran sieht man insbesondere, dass der schwere Konjunktureinbruch des Jahres 2009 selbst im Frühjahr 2008 nicht einmal in Umrissen zu erkennen war.

	2007	2008	2009	2010	2011	2012
FP 2008	2,5	1,8	1,4			
HP 2008	2,5	1,8	0,2			
FP 2009	2,5	1,3	–6			
HP 2009	2,5	1,3	–5			
FP 2010		1,3	–5	1,2	1,8	
HP 2010				3,5	2	
FP 2011					4,3	3,9
HP 2011					2,8	0,8
FP 2012						1,3
HP 2012						1
Endgültiger Wert	3,4	0,8	–5,6	3,9	3,7	0,7

Tabelle 19.1: Frühjahrsprognose (FP) und Herbstprognose (HP) für das reale Bruttoinlandsprodukt und tatsächliche Werte
Quelle: Destatis, Gemeinschaftsdiagnose.

Ein weiterer, häufig zu hörender Kritikpunkt gegen eine antizyklische Fiskalpolitik ist die *„Ricardianische Äquivalenz"*. Der frühere Präsident der Europäischen Zentralbank, Jean-Claude Trichet, hat diesen Zusammenhang wie folgt formuliert:

„Je höher die Budgetdefizite, desto mehr sinkt das Vertrauen der Investoren und Konsumenten in die Zukunft. Sie fürchten höhere Zinsen oder höhere Steuern als Konsequenzen, zögern mit Investitionen und sparen, statt zu konsumieren. Als Folge schwächt sich die Wirtschaft ab, und die Beschäftigung sinkt. Je umfangreicher die Haushaltslöcher, desto mehr bekommen die Argumente von Ricardo Gewicht im Vergleich zu den keynesianischen."[1]

Bei dieser Sichtweise ist die antizyklische Fiskalpolitik wirkungslos, da das, was der Staat durch höhere Defizite an zusätzlicher Nachfrage generiert, in gleicher Höhe durch eine steigende *Geldersparnis* des privaten Sektors kompensiert wird. Das Problem bei dieser Argumentation liegt darin, dass die Ricardianische Äquivalenz in der Realität nur selten beobachtet wird. Dies verdeutlichen insbesondere die Erfahrungen der Vereinigten Staaten. In den Jahren 2008 bis 2012 hat dort der Staat seine Defizite massiv ausgeweitet. Nach der Theorie der Ricardianischen Äquivalenz hätte dies zu einer steigenden Ersparnis des privaten Sektors führen müssen. Wie ▶*Abbildung 19.8* verdeutlicht, blieb der Anstieg der Sparquote weit hinter der Zunahme des Haushaltsdefizits zurück.

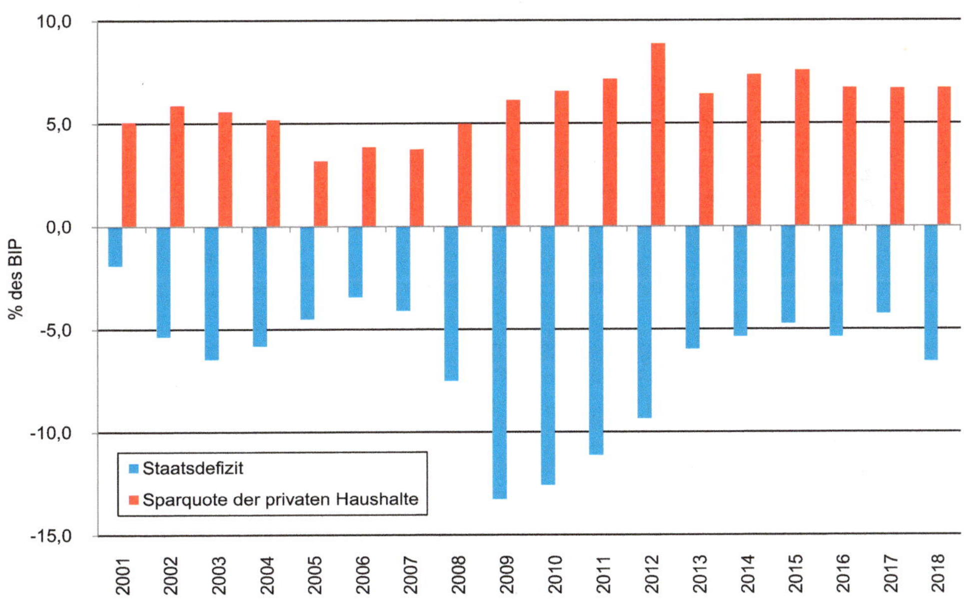

Abbildung 19.8: Ersparnis der privaten Haushalte (ohne dauerhafte Konsumgüter) in % des verfügbaren Einkommens und Haushaltsdefizit in % des Bruttoinlandsprodukts in den Vereinigten Staaten
Quelle: OECD Economic Outlook 104 Database.

1 Interview in der Süddeutschen Zeitung vom 15. März 2006.

19.5 Die automatischen Stabilisatoren

Ein wichtiger stabilisierender Einfluss geht neben der *aktiven* Steuerung von Staatsausgaben und Steuern auch von den sogenannten *automatischen Stabilisatoren* aus. Um diese zu verstehen, müssen wir das Modell so umformen, dass die Steuern abhängig vom Einkommen gezahlt werden, wobei t den Steuersatz bezeichnet. Es gilt also:

(19.16) $T = tY$

Das verfügbare Einkommen beläuft sich dann auf:

(19.17) $Y_N = Y - tY$

Der Konsum beträgt:

(19.18) $C = a + b(Y - tY)$

Die gesamtwirtschaftliche Nachfrage lautet:

(19.19) $Y^n = a + b(Y - tY) + I + G$

Im Gleichgewicht mit $Y^n = Y^a = Y$ gilt:

(19.20) $$Y_0 = \frac{1}{1-b+bt}(a + I + G)$$

Für einen Steuersatz von 0,25 und Staatsausgaben in Höhe von 2 Einheiten ergibt sich ein Gleichgewichtswert von:

(19.21) $$8 = \frac{1}{1-0,5+0,5\cdot 0,25}(2 + 1 + 2)$$

Die Wirtschaft würde sich also im Zustand der Vollbeschäftigung befinden. Mit Steuereinnahmen und Staatsausgaben in Höhe von jeweils zwei Einheiten wäre der Staatshaushalt im Gleichgewicht.

Was geschieht nun im Fall eines Nachfrageschocks, z.B. wenn die Investitionen auf null zurückgehen? Aus *Gleichung 19.20* können wir errechnen, dass das Gleichgewichtseinkommen auf 6,4 Einheiten sinkt. Die Steuereinnahmen betragen dann nur noch 0,25 mal 6,4 Einheiten, d.h. 1,6 Einheiten. Bei unveränderten Ausgaben ergibt sich ein Defizit von 0,4 Einheiten. Umgekehrt würde bei einem Anstieg der Investitionen auf zwei Einheiten das Gleichgewichtseinkommen auf 9,6 Einheiten ansteigen, die Steuereinnahmen beliefen sich dann auf 2,4 Einheiten. Jetzt käme es zu einem Überschuss im Staatshaushalt von 0,4 Einheiten.

Wie ▸*Abbildung 19.9* verdeutlicht, kommt es also durch konjunkturelle Schocks zu Schwankungen der Neuverschuldung des Staates, ohne dass dazu durch politische Entscheidungen die Staatsausgaben oder Steuersätze verändert werden müssen.

Da in diesem Fall die Verschuldung antizyklisch variiert wird, ohne dass staatliche Entscheidungen getroffen werden müssen, spricht man von „automatischen Stabilisatoren". In der Realität zählen hierzu nicht nur die Steuereinnahmen, sondern auch die Staatsausgaben. Vor allem die Ausgaben für die Arbeitslosigkeit schwanken konjunkturell sehr stark. Es würde also gelten $G = G(Y)$. Aus Gründen der Vereinfachung haben wir diese Effekte nicht in der *Gleichung 19.19* berücksichtigt.

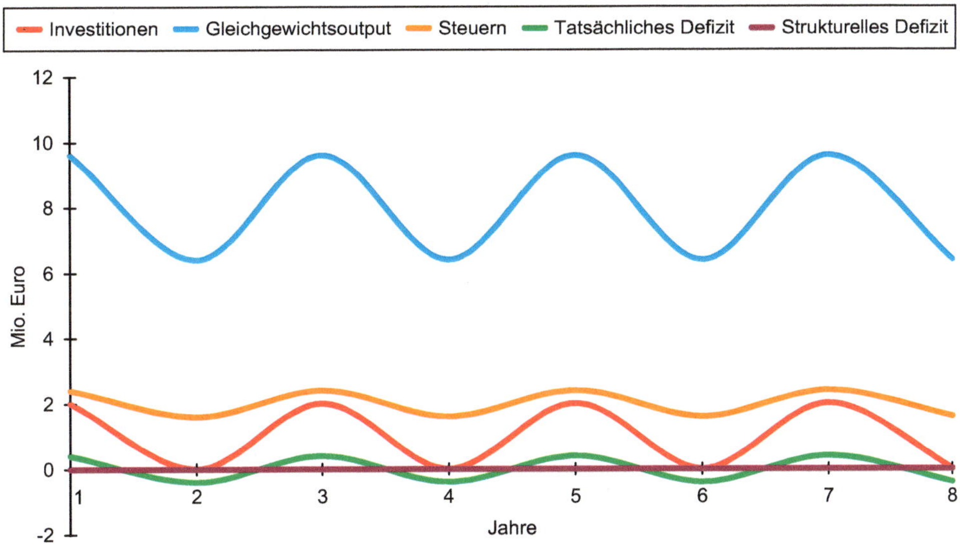

Abbildung 19.9: Automatische Stabilisatoren (schematisch)

Für die Analyse der Finanzpolitik ist es wichtig, die Auswirkungen von Politikänderungen und automatischen Stabilisatoren auseinanderzuhalten. Man verwendet dazu das Messkonzept des *„strukturellen Budgetsaldos (B^S)"*. Dabei handelt es sich um einen hypothetischen Budgetsaldo, der unter der Annahme der Vollbeschäftigung, d.h. einer relativen Output-Lücke von null, errechnet wird:

$$(19.22) \qquad B^S = tY^v - G$$

Demgegenüber geht der (unbereinigte) Budgetsaldo von den tatsächlichen Einnahmen aus:

$$(19.23) \qquad B = tY - G$$

Der Vorteil des strukturellen Saldos besteht darin, dass er nur von Politikänderungen (*t* bzw. *G*) beeinflusst wird, nicht von der Wirtschaftslage. Man kann daran also ablesen, in welchem Umfang eine Regierung *aktiv* auf die Wirtschaftslage Einfluss nimmt. In ▶*Abbildung 19.10* erkennen wir an der blauen Linie die Schwankungen des tatsächlichen Budgetsaldos.

Bei den konkreten Werten für den tatsächlichen und strukturellen Budgetsaldo Deutschlands zeigt sich für die letzten drei Jahrzehnte, dass die Schwankungen des tatsächlichen Saldos in der Regel größer sind als die des strukturellen Saldos, was sich damit erklärt, dass dieser – wie erwähnt – unter Annahme einer relativen Output-Lücke von null errechnet wird. Die stärker ausgeprägten Schwankungen des tatsächlichen Defizits im Vergleich zum strukturellen Defizit lassen darauf schließen, dass die Veränderungen des tatsächlichen Defizits weniger auf diskretionäre wirtschaftspolitische Maßnahmen, sondern vor allem auf die Effekte der automatischen Stabilisatoren zurückzuführen sind. Man erkennt auch, dass die öffentlichen Haushalte in den den Jahren 1991 bis 2011 überwiegend ein strukturelles Defizit aufgewiesen haben, d.h., es bestand ein anhaltendes Missverhältnis von Ausgaben und Einnahmen. Dies hat sich in den vergangenen Jahren geändert. Die öffentlichen Haushalte weisen seit 2012 strukturelle Überschüsse auf.

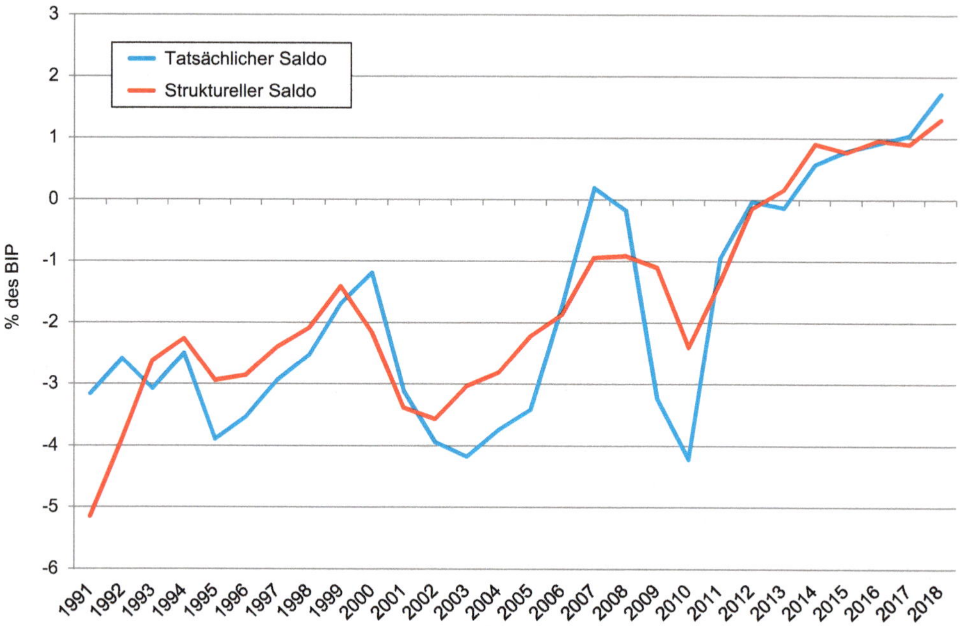

Abbildung 19.10: Struktureller und tatsächlicher Budgetsaldo Deutschlands (1991–2018)
Quelle: IMF World Economic Outlook (2019).

Aufgrund der im Jahr 2009 im Grundgesetz (Artikel 115) festgelegten *Schuldenbremse* müssen in Deutschland mittelfristig nahezu ausgeglichene öffentliche Haushalte erreicht werden. Für den Bund wird die strukturelle Nettokreditaufnahme auf maximal 0,35 % in Relation zum nominalen Bruttoinlandsprodukt beschränkt. Die Länder müssen ab dem Jahr 2020 ausgeglichene Haushalte aufweisen. Da sich die Schuldenbremse auf das strukturelle Defizit bezieht, ist es nach wie vor möglich, dass die automatischen Stabilisatoren zyklisch um den Wert von 0,35 % (Bund) beziehungsweise null (Länder) schwanken. Eine diskretionäre expansive Fiskalpolitik ist im Prinzip auch unter dem Regime der Schuldenbremse möglich. Allerdings werden diese Defizite in einem Kontrollkonto verzeichnet, das bei Überschreiten eines Schwellenwerts von 1,5 % in Relation zum nominalen Bruttoinlandsprodukts „konjunkturgerecht" abzubauen ist (Art. 115). Es bleibt abzuwarten, wie sich die Schuldenbremse auf die Reaktion der Fiskalpolitik im Fall einer schweren Rezession auswirken wird.

Schon jetzt ist allerdings festzustellen, dass die Schuldenbremse die Handlungsmöglichkeiten der Fiskalpolitik deutlich verringert hat. Die bis August 2009 geltende Fassung von Artikel 115 Grundgesetz sah folgende Regelung vor:

„Die Einnahmen aus Krediten dürfen die Summe der im Haushaltsplan veranschlagten Ausgaben für Investitionen nicht überschreiten; Ausnahmen sind nur zulässig zur Abwehr einer Störung des gesamtwirtschaftlichen Gleichgewichts."

Demnach war es dem Staat grundsätzlich möglich, Investitionen durch Kredite zu finanzieren. Dies entsprach der sogenannten *„Goldenen Regel der Fiskalpolitik“*. Diese trägt der Tatsache Rechnung, dass staatliche Investitionen über einen längeren Zeitraum öffentliche Leistungen erbringen. Aus diesem Grund kann auch ihre Finanzierung über die Zeit hinweg erfolgen. Obwohl sich der Sachverständigenrat in einer Expertise[2] dafür ausgesprochen hat, die Schuldenbremse mit einer solchen Goldenen Regel zu versehen, hat sich die Politik für ein weitgehendes Verschuldungsverbot der öffentlichen Hand entschieden. Dies hat den Nachteil, dass es für den Staat nicht möglich ist, das sehr niedrige langfristige Zinsniveau für ein für kreditfinanzierte öffentliche Investitionsprogramme zu nutzen.

19.6 Die fiskalpolitischen Regelungen für die Mitgliedsländer der Europäischen Währungsunion

Neben der nationalen Schuldenbegrenzung durch die Schuldenbremse muss Deutschland wie alle anderen Mitgliedsländer der Europäischen Währungsunion die fiskalpolitischen Vorgaben durch den Vertrag über die Arbeitsweise der Europäischen Union sowie den *Stabilitäts- und Wachstumspakt* beachten.

Die fiskalpolitischen Bestimmungen des Vertrags über die Arbeitsweise der Europäischen Union (Artikel 125 und 126) gehen zurück auf den *Vertrag von Maastricht* aus dem Jahr 1992, der die rechtliche Grundlage für die Europäische Währungsunion bildete. Unter dem Eindruck der Anfang der 1990er-Jahre teilweise sehr hohen Staatsverschuldung zahlreicher europäischer Länder hatten sich die Regierungen damals darauf verständigt, dass für die Mitgliedsländer relativ strikte Obergrenzen für die Neuverschuldung und den Schuldenstand gelten sollen. Diese fanden durch den Vertrag von Maastricht Eingang in den EG-Vertrag.

In Artikel 126 AEUV verpflichten sich die Staaten, *übermäßige Defizite* zu vermeiden. Dafür wurde ein Referenzwert für die Neuverschuldung in Höhe von 3 % des Bruttoinlandsprodukts und für den Schuldenstand eine Höhe von 60 % des Bruttoinlandsprodukts festgelegt. Beide Referenzwerte wurden rein pragmatisch bestimmt. Der Wert von 60 % für die Schuldenstandsquote entsprach dem damaligen Durchschnitt der EU-Länder. Der Wert von 3 % wurde abgeleitet unter der Annahme eines nominalen Wachstums des Bruttoinlandsprodukts von 5 %. Bei einem Defizit in dieser Höhe ist es dann möglich, eine Schuldenstandsquote von 60 % konstant zu halten. Allgemein lässt sich die Defizitquote (d), bei der eine gegebene Schuldenstandsquote (S) bei einem vorgegebenen nominalen Wachstum (n) konstant gehalten wird, wie folgt berechnen:

$$d = S \times n \quad (19.24)$$

In Artikel 125 AEUV wird das Verfahren festgelegt, das zur Anwendung kommt, wenn ein Land ein *übermäßiges Defizit* aufweist. Es sieht zunächst Empfehlungen an das betreffende Mitgliedsland vor, aber es besteht auch die Möglichkeit, Sanktionen in Form von Geldbußen zu erheben.

2 Sachverständigenrat (2007), Staatsverschuldung wirksam begrenzen. Expertise im Auftrag des damaligen Bundesministers für Wirtschaft und Technologie.

Mit dem *Stabilitäts- und Wachstumspakt* wurden im Jahr 1997 noch engere Grenzen für die Staatsverschuldung gezogen.

- Der „*präventive Arm*" soll dafür sorgen, dass es möglichst nicht zu Situationen mit einem „exzessiven Defizit" kommt.
- Der „*korrektive Arm*" beschreibt die Prozeduren und Sanktionen, die im Fall eines „exzessiven Defizits" ergriffen werden.

19.6.1 Der „präventive Arm"[3]

Zur Vermeidung von Situationen mit einem „exzessiven Defizit" verpflichtet der Stabilitäts- und Wachstumspakt die Mitgliedsstaaten auf das „mittelfristige Ziel eines nahezu ausgeglichenen Haushalts". Jedes Mitgliedsland ist durch den „präventiven Arm" gehalten, einmal im Jahr ein Stabilitäts- und Konvergenzprogramm für seine kurz- und mittelfristige Finanzpolitik vorzulegen. Darin muss es sein mittelfristiges Haushaltsziel festlegen und den Pfad beschreiben, auf dem es dieses erreichen will. Hierzu sind auch die Annahmen darzustellen, die eine Regierung für die wirtschaftliche Entwicklung ihres Landes unterstellt. Das Programm wird im Herbst an die EU übermittelt, sodass sich Anfang des jeweils darauffolgenden Jahres die relevanten Gremien der EU damit befassen können.

Der Rat der Wirtschafts- und Finanzminister (ECOFIN-Rat) prüft zum einen, ob die Programme hinreichend anspruchsvoll formuliert sind, zum anderen, ob die tatsächliche Haushaltslage eines Landes dem im *Stabilitätsprogramm* vorgesehenen mittelfristigen Haushaltsziel entspricht. Stellt er eine erhebliche Abweichung fest, so richtet er eine „frühzeitige Warnung" an das entsprechende Land. Bei massiven Abweichungen spricht er eine Empfehlung nach Artikel 121 Abs. 4 AEUV aus, die er auch veröffentlichen kann.

Die nationalen *Stabilitätsprogramme* geben eine gute Übersicht über die mittelfristigen Zielsetzungen der Finanzpolitik eines Landes, da sie Zielwerte für alle wichtigen Eckpunkte der Haushaltspolitik formulieren (▶ *Tabelle 19.2*).

	2018	2019	2020	2021	2022	2023
Budgetsaldo	1,7	0,75	0,75	0,5	0,5	0,5
Staatseinnahmen	43,9	44,5	44,5	44,5	44,5	44,5
Staatsausgaben	45,6	45,5	45,25	45	45	45,25
Schuldenstand	60,9	58,75	56,5	54,75	53	51,25

Tabelle 19.2: Das deutsche Stabilitätsprogramm 2019 (alle Werte in % des Bruttoinlandsprodukts)
Quelle: Bundesministerium der Finanzen.

3 Verordnung Nr. 1466/97 des Rates vom 7. Juli 1997 in der Fassung vom 27. Juli 2005.

19.6.2 Der „korrektive Arm“[4]

Im korrektiven Arm werden die Verfahrensschritte beschrieben, die zur Anwendung kommen, wenn ein Land ein „übermäßiges Defizit“ aufweist. Die ursprünglichen Bestimmungen aus dem Jahr 1997 wurden durch eine Reform des Paktes im Jahr 2005 an einigen Stellen etwas aufgeweicht. Durch die „Six-Pack-Regelungen“ wurde der Pakt im Jahr 2011 jedoch wieder verschärft.[5] Insbesondere wurde dabei dem Schuldenstandskriterium ein größeres Gewicht beigemessen. Zudem wurde der Kommission die Möglichkeit gegeben, frühzeitiger Sanktionen festzulegen, die zudem vom Rat der Wirtschafts- und Finanzminister und nur mit qualifizierter Mehrheit abgelehnt werden können. Insgesamt ist das Verfahren äußerst komplex. Es läuft in etwa wie folgt ab (▶*Abbildung 19.11*):

1. Stufe: Die Kommission stellt fest, dass ein übermäßiges Defizit besteht, und erstellt einen Bericht, in dem sie die Hintergründe für die Einleitung des Defizitverfahrens erläutert (Art. 126 Abs. 3).

2. Stufe: Der ECOFIN-Rat entscheidet innerhalb von vier Monaten mit qualifizierter Mehrheit über das Bestehen eines übermäßigen Defizits (Art. 104 Abs. 6).

3. Stufe: Hält er ein übermäßiges Defizit für gegeben, richtet er gleichzeitig Empfehlungen an den betreffenden Mitgliedsstaat (Art. 126 Abs.7) und setzt ihm eine Frist von höchstens sechs Monaten für das Ergreifen wirksamer Maßnahmen (Art. 3 Abs. 4 der VO 1467/97). Diese Frist kann um ein Jahr verlängert werden.

4. Stufe: Kommt der Rat zu dem Ergebnis, dass keine wirksamen Maßnahmen ergriffen wurden, kann er das feststellen und hat die Möglichkeit, Empfehlungen zu veröffentlichen.

5. Stufe: Innerhalb von zwei Monaten nach der Feststellung kann der Rat den Mitgliedsstaat mit der Maßgabe in Verzug setzen, innerhalb einer weiteren Frist von vier Monaten Maßnahmen zum Defizitabbau zu treffen (Art. 126 Abs. 9).

6. Stufe + 7. Stufe: Falls das betreffende Land diesem Beschluss nicht Folge leistet, so kann der Rat wahlweise oder kumulativ folgende Sanktionen ergreifen (Art. 126 Abs. 11):

- von dem Mitgliedsstaat kann verlangt werden, vor der Emission von Schuldverschreibungen und sonstigen Wertpapieren vom Rat näher zu bezeichnende zusätzliche Angaben zu veröffentlichen,
- die Europäische Investitionsbank kann ersucht werden, ihre Darlehenspolitik gegenüber dem Land zu überprüfen,
- von dem Mitgliedsstaat kann verlangt werden, eine unverzinsliche Einlage bis zur Korrektur des übermäßigen Defizits zu hinterlegen,
- es können Geldbußen in angemessener Höhe verhängt werden.

4 Verordnung Nr. 1467/97 des Rates vom 7. Juli 1997 in der Fassung vom 27. Juli 2005.

5 Siehe dazu die zusammenfassende Darstellung im Jahresgutachten 2012/13 des Sachverständigenrates (2012, S. 117–149).

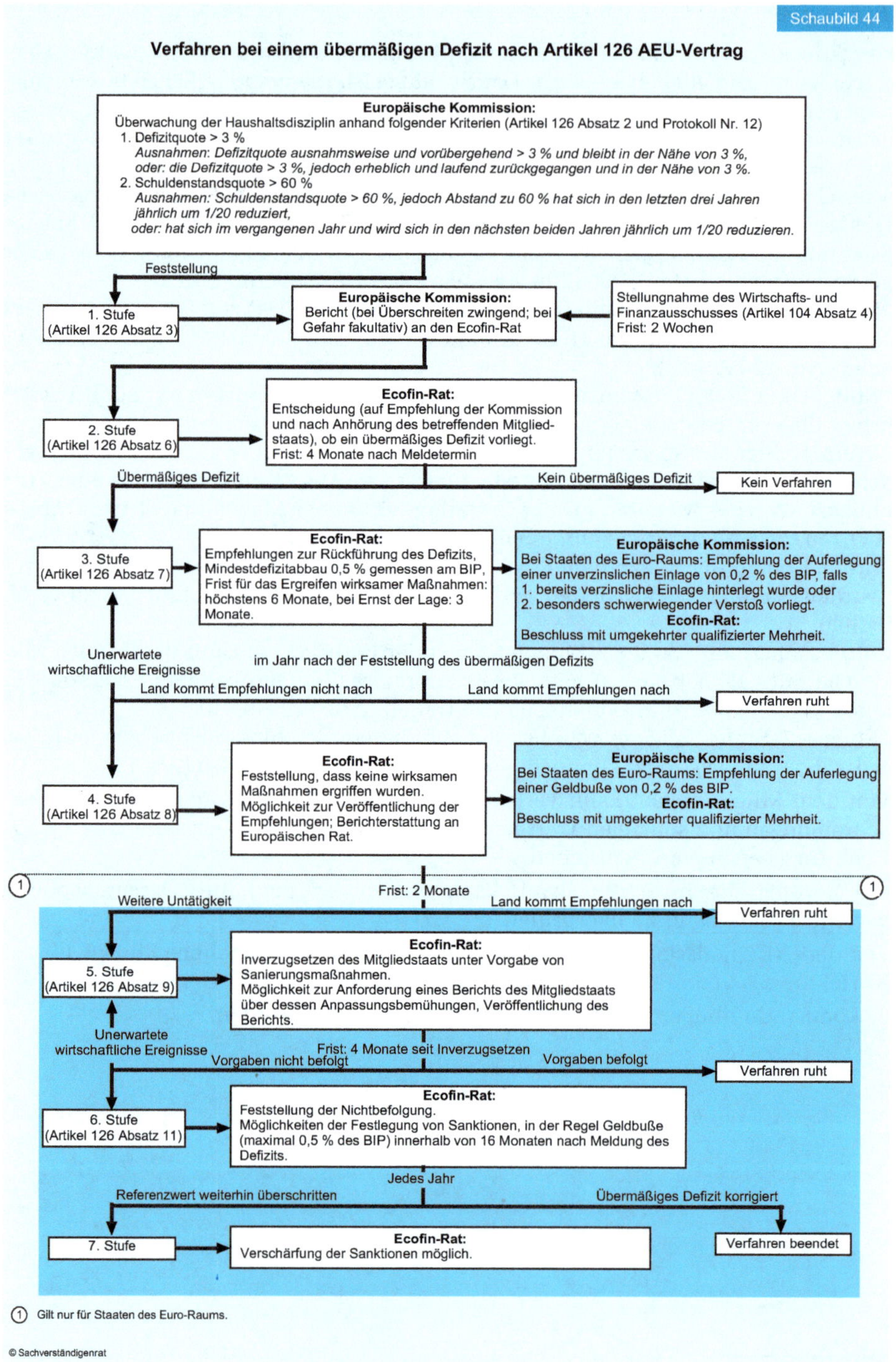

Abbildung 19.11: Das Verfahren bei einem übermäßigen Defizit nach Artikel 104 AEU-Vertrag
Quelle: Sachverständigenrat (2012), Jahresgutachten 2012/13.

19.6.3 Erfahrungen mit dem fiskalischen Regelwerk

Seit dem Inkrafttreten der Europäischen Währungsunion wurden zahlreiche Defizitverfahren eröffnet, die jedoch nie so weit gingen, dass gegen ein Land Sanktionen ergriffen wurden.[6] Gleichwohl dürfte der *Stabilitäts- und Wachstumspakt* dazu geführt haben, dass die Fiskalpolitik im Euroraum insgesamt weniger expansiv ausgerichtet war als anderen großen Währungsräumen. Dass es in der Phase der Wirtschafts- und Finanzkrise des Jahres 2008 und 2009 und auch in den Folgejahren kaum möglich war, die 3-%-Grenze einzuhalten, zeigt sich im Vergleich mit anderen großen Volkswirtschaften, die bis heute erheblich höhere Defizite aufwiesen als der Euroraum.

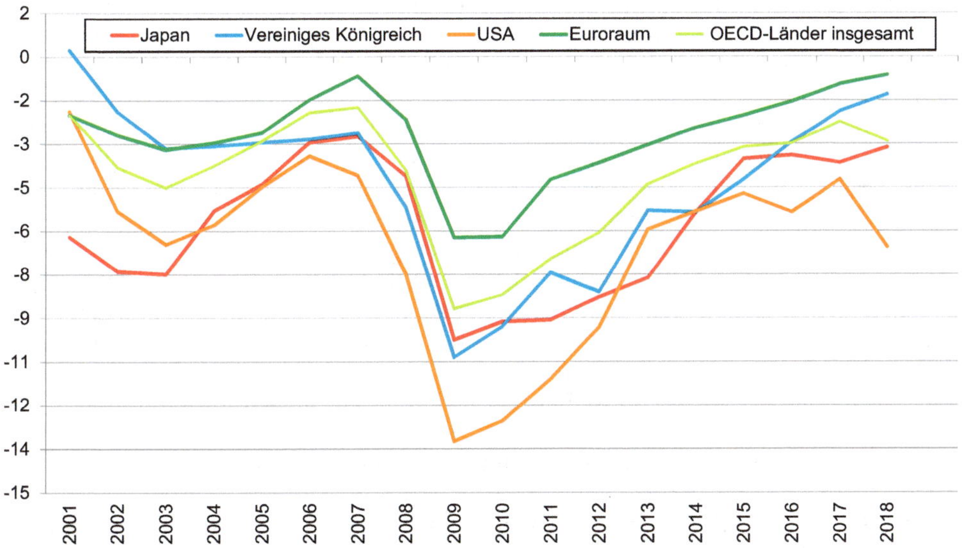

Abbildung 19.12: Budgetsalden der Staaten großer Währungsräume (in % des Bruttoinlandsprodukts)
Quelle: OECD Economic Outlook 95 Database.

Während man also für den Euroraum insgesamt einen dämpfenden Effekt des Stabilitäts- und Wachstumspakts erkennen kann, ist im Fall einzelner Länder nur eine schwache Disziplinierungswirkung festzustellen. Dies gilt insbesondere für Griechenland, das im vergangenen Jahrzehnt – trotz einer überwiegend sehr dynamischen Wirtschaftsentwicklung – durchweg ein Defizit von mehr als 3 % aufwies. Zwar wurde gegen das Land im Jahr 2004 ein Defizitverfahren eingeleitet, es wurde dann aber im Jahr 2007 wieder eingestellt, nachdem es Griechenland gelungen war, kurzfristig ein Defizit von weniger als 3 % zu melden, was sich im Nachhinein jedoch als

6 Siehe dazu die Zusammenstellung im Jahresgutachten 2009/10 des Sachverständigenrats, Tabelle 12.

zu niedrig erwies. Neben dem Problem unzureichender oder auch manipulierter Daten bestand ein Problem des Paktes darin, dass das Verfahren über kein „Gedächtnis“ verfügte. Ein Land konnte also über Jahre hinweg die 3 %-Grenze überschreiten, ohne sanktioniert zu werden, wenn es rechtzeitig sein Defizit wieder unter dieses Limit führen konnte. Dieser Schwachpunkt ist durch die stärkere Beachtung des Schuldenstandes beim exzessiven Defizitverfahren mittlerweile behoben worden.

Problematisch am Stabilitäts- und Wachstumspakt ist allerdings auch, dass er lediglich auf die fiskalische Situation in den *einzelnen* Mitgliedsländern abstellt, ohne dabei zu prüfen, ob daraus für den Euroraum ein angemessener fiskalpolitischer Kurs resultiert. So wurde gegen Deutschland im Jahr 2003 ein Defizitverfahren eingeleitet, obwohl die Wirtschaftslage nicht nur in Deutschland, sondern im Euroraum damals äußerst schwach war. Während die Vereinigten Staaten und das Vereinigte Königreich in dieser Phase mit einer expansiven Fiskalpolitik die Wirtschaft belebten (▶*Abbildung 19.12*), verhielt sich der Euroraum insgesamt nahezu passiv. Das Ziel einer stärkeren Koordinierung der nationalen Wirtschaftspolitiken soll mit dem sogenannten *„Europäischen Semester“* erreicht werden, das seit dem Jahr 2011 praktiziert wird. Dabei geht es darum, dass die Mitgliedsstaaten – in der ersten Hälfte eines Kalenderjahres – aufbauend auf dem Jahreswirtschaftsbericht der Kommission nationale Reformen und Stabilisierungsprogramme entwickeln, die dann von der Kommission und dem Rat beurteilt werden. Jedes Land erhält dabei *„länderspezifische Empfehlungen“*, die dann in der nationalen Haushaltsumsetzung berücksichtigt werden sollen. Im Prinzip handelt es sich dabei um ein wichtiges Instrument für die Währungsunion, in der es bisher an einer politischen Integration fehlt. In der bisherigen Umsetzung beschränkte sich das Europäische Semester jedoch auf eine reine Überwachung der nationalen Konsolidierungsprogramme, ohne dabei die Notwendigkeit einer angemessenen Fiskalpolitik für den Währungsraum insgesamt zu berücksichtigen.

Neben dem Stabilitäts- und Wachstumspakt haben die Länder des Euroraums zusammen mit weiteren Mitgliedsstaaten der Europäischen Union im Jahr 2012 den „Vertrag über Stabilität, Koordinierung und Steuerung in der Wirtschafts- und Währungsunion“ (*Fiskalvertrag*) als völkerrechtlichen Vertrag vereinbart. Dieser zielt im Prinzip darauf ab, das deutsche Modell der Schuldenbremse auf andere europäische Länder zu übertragen. Dazu gehört insbesondere die verfassungsrechtliche Verankerung einer Obergrenze für das strukturelle Defizit in Höhe von 0,5 % gemessen am nominalen Bruttoinlandsprodukt. Diese Grenze ist in der Regel restriktiver als die 3 %-Grenze des Vertrags des Stabilitäts- und Wachstumspakts, die für das tatsächliche Defizit gilt. Überschreitungen müssen außerdem im Rahmen eines Korrekturkontos wieder ausgeglichen werden. Zudem stärkt der Fiskalvertrag die Rolle der Kommission bei Sanktionen im Rahmen des exzessiven Defizitverfahrens.

Bisher sind von dieser Regelung jedoch keine substantiellen Auswirkungen auf die Fiskalpolitik der Mitgliedstaaten ausgegangen.

Schlagwörter

- antizyklische Fiskalpolitik (S. 356)
- Automatische Stabilisatoren (S. 367)
- Multiplikator (S. 357)
- Staatsausgaben (S. 356)
- Stabilitäts- und Wachstumspakt (S. 369)
- Stabilitätsprogramm (S. 370)
- Steuern (S. 359)
- strukturelles Defizit (S. 367)
- übermäßiges Defizit (S. 369)
- Vertrag von Maastricht (S. 369)

Aufgaben

Musterlösungen zu den hier gestellten Aufgaben finden Sie im **MyLab** | Grundzüge der VWL.

1. In A-Land beträgt die Konsumfunktion:

$$C(Y) = 5 + 0{,}75Y$$

Die Investitionen liegen bei $I = 4$, das Vollbeschäftigungseinkommen betrage $Y^V = 40$.

a) Wie hoch müssen die Staatsausgaben sein, damit es zur Vollbeschäftigung kommt?

b) Wie hoch müssten staatliche Transfers an die Bürger von A-Land sein, um dasselbe Ziel zu erreichen?

c) Woran liegt es, dass die staatlichen Aufwendungen bei b) höher ausfallen als bei a)?

2. Die Volkswirtschaft von B-Land wird durch folgendes Gleichungssystem beschrieben:

a) $C(Y) = 200 + 0{,}8\,Y^N$ (Konsumfunktion)

b) $Y_N = Y - T$ (verfügbares Einkommen)

c) $T = 0{,}25\,Y$ (Steuern)

d) $Y = C(Y_N) + I + G$ (gesamtwirtschaftliche Nachfrage)

Die autonomen Staatsausgaben betragen $G = 150$; die autonomen Investitionen betragen $I = 50$.

a) Berechnen Sie das gleichgewichtige Einkommen!

b) Unterstellen Sie ein Unterbeschäftigungsgleichgewicht! Im Rahmen des Einkommen-Ausgaben-Modells führen sowohl Erhöhungen von G als auch von I zu Erhöhungen des Einkommens. Leiten Sie den Investitions- und Staatsmultiplikator formal her!

c) Erläutern Sie unter Verwendung einer geometrischen Reihe den Multiplikatorprozess!

d) Unterstellen Sie, dass das gleichgewichtige Einkommen bei $Y = 1.000 < Y^V = 1.020$ liegt!

e) Skizzieren Sie die in d) beschriebene deflatorische Lücke in einem 4-Quadranten-Schema bestehend aus Arbeitsmarkt, gesamtwirtschaftlicher Produktionsfunktion und Gütermarkt! Benennen Sie den Entstehungsgrund einer deflatorischen Lücke im Rahmen des Einkommen-Ausgaben-Modells!

f) Berechnen Sie die Output-Lücke, unterstellen Sie hierbei, dass das Gleichgewichtseinkommen Y bei 1.000 liegt. Um wie viel muss die Staatsnachfrage G steigen, damit wieder das Vollbeschäftigungseinkommen von $Y^V = 1.020$ erreicht wird?

g) Welche Effekte gehen von einer Erhöhung der Staatsausgaben um acht Geldeinheiten auf den staatlichen Budgetsaldo aus? Berechnen Sie ebenfalls den konjunkturbereinigten Budgetsaldo! Zeigen Sie, dass es hierbei teilweise zu Selbstfinanzierungseffekten kommen kann! Bestimmen Sie ebenfalls die Höhe des Budgetsaldos, sowohl vor als auch nach der Erhöhung der Staatsausgaben!

3. Diskutieren Sie die Vor- und Nachteile des Stabilitäts- und Wachstumspaktes für die Mitgliedsländer der Europäischen Union. Vergleichen Sie den Stabilitäts- und Wachstumspakt mit der Intention des Stabilitäts- und Wachstumsgesetzes.

LERNZIELE

- Die Geldpolitik ist das zweite große Aktionsfeld der Makroökonomie. Die Notenbank kann das Zinsniveau steuern und übt damit einen starken Einfluss auf die Ertragslage und das Investitionsverhalten der Unternehmen aus.
- Dieser Einfluss der Zinspolitik resultiert zum einen daraus, dass die Investitionsnachfrage wesentlich vom Zinsniveau beeinflusst wird. Außerdem kommt es aufgrund des *„Leverage-Effekts"* dazu, dass sich Änderungen der kurzfristigen Zinsen unmittelbar auf die Eigenkapitalrendite der Unternehmen auswirken.
- Damit lässt sich in diesem Kapitel eine vom Zinssatz abhängige gesamtwirtschaftliche Nachfragekurve herleiten. Aufgrund der Determination des kurzfristigen Angebots von der Nachfrage kann man diese Kurve auch als den Ort der Gütermarktgleichgewichte bei unterschiedlichen Zinsniveaus beschreiben (IS-Kurve). Diese bildet den Handlungsspielraum der Notenbank ab.
- Die Notenbank kann mit ihren Instrumenten das Zinsniveau bestimmen. Sehr vereinfacht kann man die Zinspolitik grafisch als eine horizontale Zinslinie abbilden. Die optimale Zinspolitik sorgt dafür, dass die Output-Lücke gleich null ist.
- In der Realität ist das Geschäft der Geldpolitik erheblich schwieriger als in diesem sehr vereinfachten Modellrahmen. Insbesondere muss die Notenbank auch die Auswirkungen auf die *Inflationsrate* berücksichtigen (*Kapitel 22*).
- Sie können die in diesem Kapitel beschriebenen Zusammenhänge auch mit dem Modell *„Makro Kapitel 20"* nachvollziehen, das Sie auf der begleitenden Website unter *www.pearson-studium.de* finden.

Wie der Wirtschaftsprozess durch die Notenbank stabilisiert werden kann

20

ÜBERBLICK

20.1 Überblick

Um uns im nicht ganz übersichtlichen Terrain der Makroökonomie zurechtzufinden, haben wir in den drei vorangegangenen Kapiteln eine sehr einfache Landkarte entwickelt. Mit Ausnahme des Reallohns bildete sie nur *Mengengrößen* (Beschäftigung, Volkseinkommen, Investitionen, Staatsausgaben, gesamtwirtschaftliches Angebot und gesamtwirtschaftliche Nachfrage) ab. Trotz dieser starken Vereinfachung kann man damit bereits wichtige volkswirtschaftliche Zusammenhänge verdeutlichen. So ließ sich zeigen, dass es in einer Marktwirtschaft zu Arbeitslosigkeit oder inflationären Spannungen kommen kann, wenn sich die Unternehmen bei ihren Angebotsentscheidungen ausschließlich an der aktuellen Nachfragesituation ausrichten. Da die Selbstheilungskräfte des Marktes hier überfordert sind, braucht man eine staatliche Nachfragepolitik, um eine *deflatorische* oder *inflatorische Lücke* zu schließen.

In diesem Kapitel werden wir mit dem *Zins* eine wichtige Steuerungsgröße für makroökonomische Prozesse kennenlernen. Wir werden dabei wie folgt vorgehen:

- *Abschnitt 20.2* beschreibt zunächst zwei zentrale Wirkungskanäle, über die sich Zinsänderungen auf die gesamtwirtschaftliche Nachfrage auswirken. Auf diese Weise lässt sich dann eine vom Zinssatz abhängige gesamtwirtschaftliche Nachfragekurve herleiten. Aufgrund der Annahme, dass das kurzfristige gesamtwirtschaftliche Angebot vollständig von der gesamtwirtschaftlichen Nachfrage bestimmt wird, ist diese identisch mit einer Kurve, die Gleichgewichte am Gütermarkt in Abhängigkeit vom Zinsniveau beschreibt (IS-Kurve). Man bezeichnet die Wirkungskanäle, über die sich zinspolitische Impulse auf die Volkswirtschaft auswirken, als *Transmissionsmechanismus* der Geldpolitik.
- In *Abschnitt 20.3* wird dann die Notenbank als Akteur in das makroökonomische Geschehen eingeführt. Mit ihrer Zinspolitik kann sie die gesamtwirtschaftliche Nachfrage steuern und so – ähnlich wie die Fiskalpolitik – zu einer Stabilisierung des Wirtschaftsprozesses beitragen.

Zur Vereinfachung gehen wir in diesem Kapitel einfach davon aus, dass der Zins perfekt von der Notenbank gesteuert werden kann. *Wie* dies konkret geschieht und um welchen Zinssatz es sich dabei handelt, wird im nächsten Kapitel erläutert.

20.2 Das Zinsniveau ist eine wichtige Determinante der gesamtwirtschaftlichen Nachfrage

Wenn man die Entwicklung des realen BIP in Deutschland betrachtet, lässt sich erkennen, dass fast jede Rezession von einem deutlichen Anstieg der kurzfristigen Zinsen ausgelöst wurde (siehe *Abbildung 15.8*). Dieser starke Einfluss der Zinsen auf die wirtschaftliche Aktivität kann mit zwei unterschiedlichen Theorieansätzen erklärt werden:

- der traditionellen Theorie der Investitionsnachfrage und
- der neueren Theorie des *Bilanzkanals* („Balance sheet channel“).

20.2.1 Die traditionelle Theorie der Investitionsnachfrage

In der Investitionsplanung eines Unternehmens spielt der Zinssatz eine zentrale Rolle. Nehmen wir an, ein Wirt unserer hypothetischen Modellökonomie (*Kapitel 5* bis *Kapitel 10*) plant eine Ausweitung seines Bierkellers, die ihn 500.000 Euro kostet. Er erwartet, dass er dadurch in den nächsten zehn Jahren zusätzliche Einzahlungen in Höhe von 120.000 Euro pro Jahr tätigen kann, seine zusätzlichen Auszahlungen belaufen sich auf 30.000 Euro. Das Projekt bringt ihm also einen jährlichen Einzahlungsüberschuss von 90.000 Euro. Soll er die Investition durchführen? Aus der betriebswirtschaftlichen Finanzierungsrechnung wissen wir, dass man dazu den *Kapitalwert* ermitteln muss. Dazu subtrahiert man die Anfangsauszahlung von der Summe der Barwerte der erwarteten jährlichen Einzelüberschüsse, wie in *Gleichung 20.1* dargestellt. Dieses Verfahren erlaubt es, die in verschiedenen Perioden anfallenden Zahlungen vergleichbar zu machen, indem sie auf die Gegenwart abgezinst („abdiskontiert") werden. Wenn der Wirt für seine Investition einen Kredit aufnehmen muss, der zu 8 % verzinst wird, kann er den Kapitalwert seiner Investition wie folgt errechnen:

$$(20.1) \qquad Kapitalwert = -500.000 + 90.000\frac{1}{1{,}08} + 90.000\frac{1}{1{,}08^2} + \ldots + 90.000\frac{1}{1{,}08^{10}} \approx 103.907$$

Der Kapitalwert ist also positiv, d.h. es lohnt sich für den Wirt, den Bierkeller zu erweitern. Auch bei einem Zinssatz von 10 % ist der Kapitalwert mit 53.000 Euro noch deutlich positiv. Bei 12 % ist er mit 8.000 Euro schon nicht mehr berauschend, und bei 14 % mit einem negativen Kapitalwert von 31.000 Euro lässt der Wirt am besten alles beim Alten.

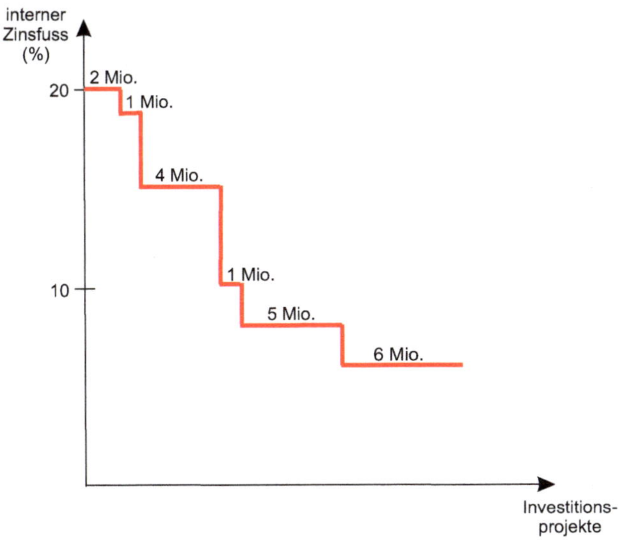

Abbildung 20.1: Investitionsprojekte in Abhängigkeit vom internen Zinsfuß

Es gibt in einer Volkswirtschaft stets viele Unternehmen, die vor einer Investitionsentscheidung stehen. Sie werden – hoffentlich – nach demselben Verfahren ermitteln, ob ein geplantes Projekt rentabel ist oder nicht. Man könnte nun für alle diese Vorhaben den Zinssatz ermitteln, bei dem der *Barwert* gerade noch der Anfangsauszahlung entspricht. Den so ermittelten Wert bezeichnet man in der Betriebswirtschaftslehre als *internen Zinsfuß*, in der Volkswirtschaft spricht man von der *„Grenzleistungsfähigkeit des Kapitals"*. Bei unserem Wirt ist das übrigens ein Zinssatz von genau 12,4 %. In einem zweiten Schritt könnte man diese Investitionsprojekte nach ihrem internen Zinsfuß sortieren und sie dann wie in ▸*Abbildung 20.1* darstellen.

Es wird bei dieser Abbildung unterstellt, dass es in der Volkswirtschaft bei einem Zinssatz von 20 % rentable Projekte in Höhe von 2 Millionen Euro gibt, bei 19 % sind es 3 Millionen Euro und so weiter. Wenn man davon ausgeht, dass alle Projekte kreditfinanziert werden, hängt die tatsächliche Investitionsaktivität allein vom Kreditzins ab.

Aber auch bei einer Finanzierung von Investitionen aus eigenen Mitteln spielt die Zinsen eine Rolle, da man ja diese auch für andere Projekte einsetzen kann.

Das in einer Volkswirtschaft vorherrschende Zinsniveau hat also einen wichtigen Einfluss auf die Investitionstätigkeit. Dabei geht es nicht nur um Investitionen im Unternehmenssektor, sondern auch um den *Immobilienerwerb privater Haushalte*. Hier ist der Einfluss der langfristigen Zinsen auf die Kaufentscheidung besonders eng, da sich aus den Zinsen – zusammen mit der Tilgung – die laufenden monatlichen Aufwendungen für den „Häuslebauer" ergeben. Die Immobilienkrise in Spanien und Irland ist wesentlich durch sehr niedrige Zinsen in den Jahren 2000 bis 2007 ausgelöst worden (*Kapitel 27*).

Die Volkswirtschaftslehre bildet den hier beispielhaft beschriebenen Zusammenhang mit der *Investitionsfunktion* ab, bei der die Investitionstätigkeit einen negativen Zusammenhang zum Kreditzinssatz aufweist. Vereinfacht kann man dies mit folgender Gleichung beschreiben:

$$(20.2) \qquad I = d - n \cdot i$$

Ähnlich wie die Nachfragefunktion (*Kapitel 5*) unterstellt die Investitionsfunktion, dass es bei einem Zinssatz von null „eine Sättigungsmenge" gibt, d.h. ein maximal durchführbares Investitionsvolumen in Höhe von *d*. Mit einem steigenden Zinssatz geht dann die Investitionsmenge kontinuierlich zurück.

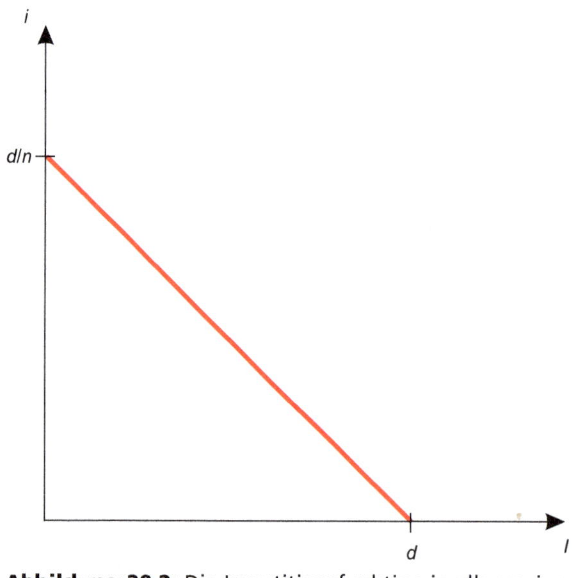

Abbildung 20.2: Die Investitionsfunktion in allgemeiner Form

Allerdings ist es für Investoren keinesfalls zwingend, bei temporär höheren Zinsen auf ein an sich rentables Investitionsprojekt zu verzichten. Solange sich ihnen die Möglichkeit einer kurzfristigen Finanzierung bietet, sind sie grundsätzlich in der Lage, eine zeitweilige Hochzinsphase einfach zu „untertunneln". So wäre es für unseren Wirt rentabel, die ersten drei Jahre einen Zinssatz von 15 % zu zahlen, wenn er in den folgenden Jahren nur noch mit Zinsen von 8 % rechnen muss; der Kapitalwert beliefe sich dabei auf 77.500 Euro. Zudem ist die Unsicherheit der meisten Investitionsprojekte sehr hoch. Unser Wirt wird sich also ohnehin nur für die Erweiterung begeistern, wenn sie ihm eine Mindestrendite von etwa 10 % bringt. Diese Probleme werden deutlich, wenn man den Versuch unternimmt, eine *Investitionsfunktion* für Deutschland zu ermitteln. Der Zusammenhang zwischen der jährlichen Veränderung der Bruttoinvestitionen (preisbereinigt) und dem langfristigen Realzins (Umlaufsrendite festverzinslicher Wertpapiere abzüglich der Inflationsrate) ist nicht sehr eng.

Dies deckt sich mit empirischen Studien, wonach neben den Zinsen vor allem die Zuwachsrate des Bruttoinlandsprodukts für die Investitionstätigkeit entscheidend ist.[1]

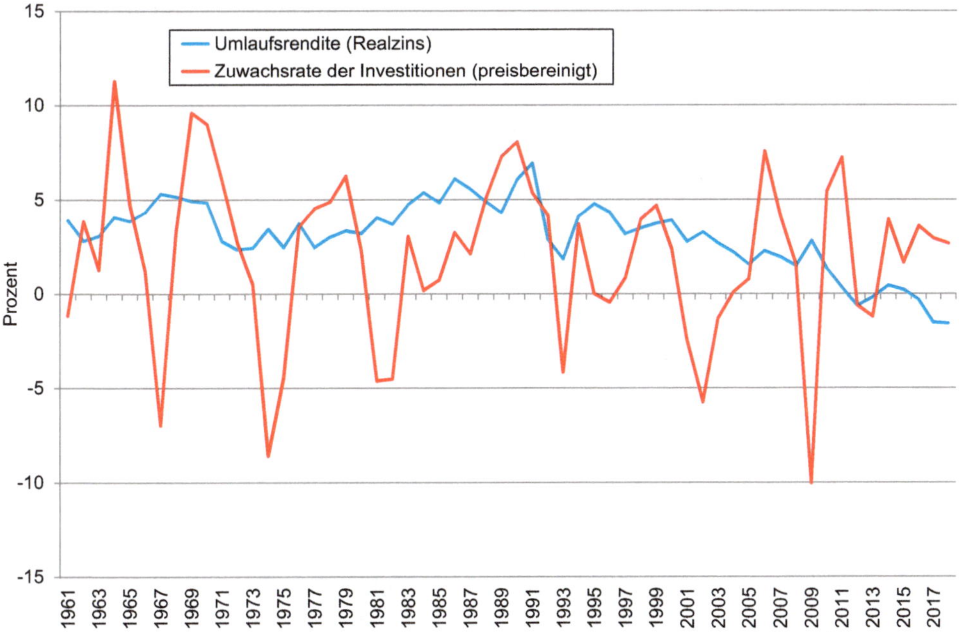

Abbildung 20.3: Veränderung der Bruttoanlageinvestitionen (preisbereinigt) und Realzins (Umlaufsrendite festverzinslicher Wertpapiere abzüglich Veränderungsrate des Index der Verbraucherpreise)
Quelle: Deutsche Bundesbank und eigene Berechnungen.

1 Siehe dazu Sachverständigenrat, Jahresgutachten 2004/05, Kasten 10, S. 139 ff.

20.2.2 Der Einfluss der Zinsen auf die Unternehmensbilanzen

Aufgrund dieses Defizits des traditionellen Ansatzes wurde in den letzten Jahren mit dem *„Bilanzkanal“* („balance sheet channel“) ein weiterer zinspolitischer Transmissionskanal entwickelt. Die Grundlage hierfür bietet der aus der betriebswirtschaftlichen Literatur vertraute *„Leverage-Effekt“*. Er besagt, dass es einem Unternehmen möglich ist, immer dann seine Eigenkapitalrendite durch die Aufnahme von Fremdkapital zu verbessern, wenn die Fremdkapitalrendite geringer ist als die Rendite des Gesamtkapitals.[2] Entscheidend ist hierfür der allgemeine Zusammenhang zwischen Gesamt-, Fremd- und Eigenkapitalrendite:

$$(20.3) \qquad r_{GK} = r_{EK}\frac{EK}{GK} + r_{FK}\frac{FK}{GK}$$

Die Gesamtkapitalrendite (r_{GK}) kann demnach als gewogenes arithmetisches Mittel aus der Eigenkapitalrendite (r_{EK}) und der Fremdkapitalrendite (r_{FK}) dargestellt werden, wobei diese jeweils mit dem Anteil des Eigen- bzw. des Fremdkapitals am Gesamtkapital gewichtet werden.

Man kann obige Gleichung nach der Eigenkapitalrendite auflösen und erhält:

$$(20.4) \qquad r_{EK} = r_{GK}\frac{GK}{EK} - r_{FK}\frac{FK}{EK}$$

Da sich das Gesamtkapital aus dem Eigen- und dem Fremdkapital zusammensetzt, kann man den Term $r_{GK}(GK/EK)$ auch darstellen als:

$$(20.5) \qquad r_{GK}\frac{GK}{EK} = r_{GK}\frac{EK}{EK} + r_{GK}\frac{FK}{EK}$$

Setzt man dies in *Gleichung 20.4* ein, erhält man:

$$(20.6) \qquad r_{EK} = r_{GK} + (r_{GK} - r_{FK})\frac{FK}{EK}$$

Der „Leverage-Effekt“ zeigt sich also daran, dass ein Unternehmen bei $r_{GK} > r_{FK}$ die Möglichkeit hat, die Eigenkapitalrendite durch eine Ausweitung der Fremdfinanzierung, d.h. FK/EK steigt, „hochzuhebeln“.

Box 20.1 Ein Beispiel für den „Leverage-Effekt“

Ein Wirt hat ein Lokal, das er mit eigenen Mitteln finanziert hat. Der Wert des Lokals betrage 1 Million Euro. Der jährliche Gewinn liegt bei 100.000 Euro. Die Gesamtkapitalrendite liegt also bei 10 %. Da kein Fremdkapital eingesetzt wird, ist das Gesamtkapital mit dem Eigenkapital identisch. Die Eigenkapitalrendite liegt also ebenfalls bei 10 %.

2 Für die makroökonomische Diskussion mag es offenbleiben, ob eine solche Verbesserung tatsächlich zu erreichen ist. In der betriebswirtschaftlichen Literatur wird diese Fragestellung im Rahmen des *„Modigliani-Miller-Theorems“* analysiert.

Nehmen wir an, dass der Wirt Fremdkapital zu 7 % erhalten kann. Es besteht für ihn damit die Möglichkeit, ein zusätzliches Lokal für 1 Million Euro zu kaufen, von dem wir annehmen, dass es dieselbe Gesamtkapitalrendite erzielt.

Für das jetzt aus zwei Lokalen bestehende „Unternehmen" beträgt die Gesamtkapitalrendite ebenfalls 10 % (d.h. 200.000 Euro Gewinn auf 2 Millionen Euro Kapital). Die Fremdkapitalrendite beläuft sich auf 7 % (d.h. 70.000 Euro auf 1 Million Euro). Um die Eigenkapitalrendite zu errechnen, muss man jetzt die Fremdkapitalzinsen vom Gewinn abziehen. Es verbleiben dann noch 130.000 Euro. Bezogen auf das unveränderte Eigenkapital von 1 Million Euro ergibt sich nun eine Eigenkapitalrendite von 13 %. Dieses „Hochhebeln" der Eigenkapitalrendite bezeichnet man als „Leverage-Effekt". Der Effekt spielt eine große Rolle bei *„Hedge-Fonds"*, deren überdurchschnittliche Renditeversprechen durch eine sehr hohe Fremdfinanzierung erreicht werden sollen.

Unterstellen wir nun einmal vereinfachend, dass die Notenbank „den" Kreditzins perfekt steuern kann. Gehen wir weiterhin davon aus, dass sie, um eine überhitzte Konjunktur zu dämpfen, diesen Zins von 7 % auf 11 % erhöht. Für unseren Wirt kehrt sich jetzt der „Leverage-Effekt" in sein Gegenteil um. Für das Fremdkapital muss er nun 110.000 Euro bezahlen. Von seinem Gewinn verbleiben ihm also nur noch 90.000 Euro, womit seine Eigenkapitalrendite von 13 % auf 9 % sinkt. Der Einfluss von Zinsänderungen auf Unternehmen ist also umso größer, je stärker sie vom „Leverage-Effekt" Gebrauch machen. Wer seinen Anlegern hohe Renditen über den „Leverage-Effekt" zusagt, verschweigt dabei oft, dass dies im Fall steigender Zinsen mit entsprechend großen Risiken verbunden ist. Auch in der Finanzmarktkrise hat der „Leverage-Effekt" vor allem bei den amerikanischen Investment-Banken eine wichtige Rolle gespielt (*Kapitel 27*).[3]

Für die Geldpolitik ist dieser Zusammenhang vor allem deshalb interessant, weil die Fremdkapitalrendite den Kreditzinsen entspricht, die von der Notenbank einigermaßen gut gesteuert werden können. Eine Hochzinspolitik hat in diesem Modellrahmen also den entscheidenden Effekt, dass r_{FK} nach oben getrieben wird, wodurch die Eigenkapitalrendite vermindert wird. Bei sehr hohen Zinsen kann es auch dazu kommen, dass an sich profitable Unternehmen eine negative Eigenkapitalrendite ausweisen; sie machen also Verluste. Es ist naheliegend, dass eine Notenbank über den Bilanzkanal vor allem dann starke Effekte auf die Unternehmen ausüben kann, wenn

- diese einen hohen Verschuldungsgrad (*FK/EK*) aufweisen; ▸*Tabelle 20.1* zeigt, dass die Eigenkapitalquote der deutschen Unternehmen mit 30 % relativ gering ist, und
- die Verschuldung vor allem kurzfristig ist, sodass sich eine restriktive Zinspolitik auf einen sehr hohen Teil des Fremdkapitals auswirkt.

3 Siehe dazu Shin und Adrian (2008).

Aktiva		**Passiva**	
Immaterielle Vermögensgegenstände	2,1	Eigenmittel	30,2
Sachanlagen	22,8	Verbindlichkeiten	53,2
Vorräte	15,9	kurzfristige	38,8
Kasse und Bankguthaben	6,7	langfristige	14,7
Forderungen	32,2	Rückstellungen	15,5
kurzfristige	29,0	Sonstiges	0,8
langfristige	3,1		
Wertpapiere	2,4		
Beteiligungen	17,4		
Sonstiges	0,5		
Aktiva	100,0	Passiva	100,0

Tabelle 20.1: Bilanz der Unternehmen in Deutschland im Jahr 2017 (in % der Bilanzsumme)
Quelle: Deutsche Bundesbank.

Die Auswirkungen des *Bilanzkanals* auf die Unternehmenspolitik sind direkter und umfassender als die der traditionellen Theorie der Investitionsnachfrage. Wenn ein Unternehmen Verluste ausweisen muss (oder einen stark sinkenden Jahresüberschuss), wird es ihm schwerer fallen, überhaupt neue Kredite von den Banken zu bekommen, die sich bei ihrer Kreditvergabe sehr stark an solchen Bilanzkennzahlen ausrichten.

Formal kann man den Einfluss des Bilanzkanals in gleicher Weise abbilden wie die traditionelle Theorie der Investitionsnachfrage. Wenn die Zinsen steigen, kommt es wiederum dazu, dass die Investitionstätigkeit abnimmt. Der Einfluss der Zinsen auf das Investitionsverhalten wird dadurch jedoch verstärkt. Man spricht deshalb auch vom *„financial accelerator"* (Bernanke et al. 1996). Eine Hochzinspolitik reduziert die Eigenkapitalrendite, sodass diese auch negativ werden kann. Dies wirkt sich nicht nur auf neue Investitionsprojekte aus, sondern auch auf die gesamte Unternehmenspolitik. In einer Situation mit Verlusten ist das Management bestrebt, seine Kosten zu reduzieren. Dies führt zu Entlassungen, zur Stornierung von Aufträgen und zu einem geringeren Unternehmenskonsum (z.B. Spesen für Geschäftsessen). Da damit die Einnahmen anderer Unternehmen vermindert werden, sinkt so auch die Gesamtkapitalrendite in der Volkswirtschaft. Die Hochzinspolitik erfasst somit das wirtschaftliche Geschehen auf breiter Front.

20.2.3 Wir können jetzt die gesamtwirtschaftliche Nachfrage in Abhängigkeit vom Zinssatz bestimmen

Wir können nun die gesamtwirtschaftliche Nachfragefunktion um die zinsabhängigen Investitionen ergänzen. Zur Vereinfachung halten wir uns an eine *Modellwelt ohne den Staat*, wie wir sie in *Kapitel 17* dargestellt haben. Dazu setzen wir anstelle eines konstanten Investitionsvolumens von I eine zinsabhängige Investitionsfunktion mit den konkreten Werten:

(20.7) $$I = 10 - 2i$$

Das bisher unterstellte Investitionsvolumen in Höhe von einer Einheit entspricht dabei einem Zinssatz von 4,5 % (▶*Abbildung 20.4*). Veränderungen des Investitionsvolumens haben einen direkten Einfluss auf das Gleichgewichtseinkommen. Wenn die Investitionen um eine Einheit zunehmen, führt der Investitionsmultiplikator dazu, dass das Gleichgewichtseinkommen um einen höheren Betrag zunimmt. Bei den hier gewählten Zahlen, beläuft sich der Anstieg auf zwei Einheiten. Grafisch lässt sich dies in der Weise herleiten, dass man die gesamtwirtschaftliche Nachfragekurve für unterschiedliche Investitionsbeträge (y-Achsenabschnitt) ermittelt. Das Gleichgewichtseinkommen ergibt sich dann als Schnittpunkt mit dem kurzfristigen Angebot (45°-Linie). Dieser Zusammenhang wird in *Abbildung 20.4* abgebildet.

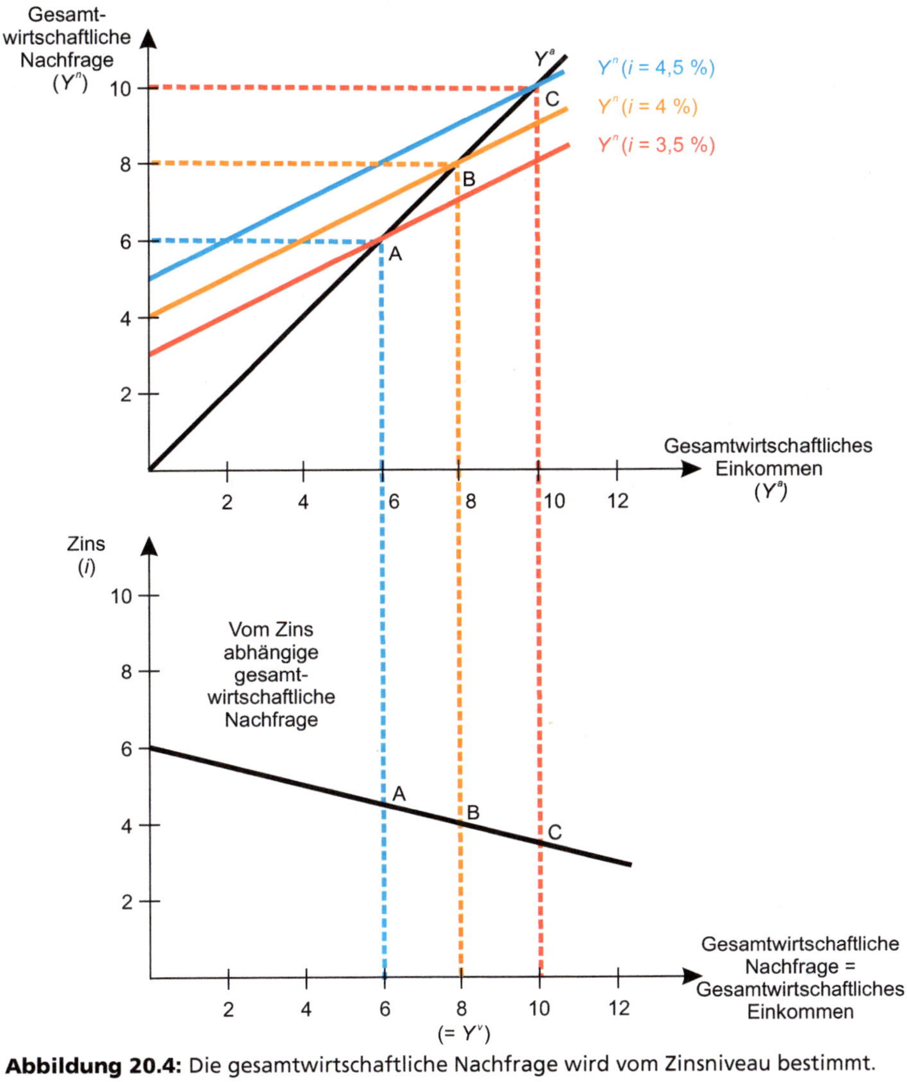

Abbildung 20.4: Die gesamtwirtschaftliche Nachfrage wird vom Zinsniveau bestimmt.

Es wird deutlich, dass die gesamtwirtschaftliche Nachfrage steigt, wenn das Zinsniveau abnimmt. Diesen Zusammenhang können wir nun ebenfalls grafisch abbilden (*Abbildung 20.4*). Man muss dazu die bereits ermittelten Kombinationen für den Zins und die gesamtwirtschaftliche Nachfrage in ein Diagramm übertragen, das auf der *y*-Achse den Zins und auf der *x*-Achse die gesamtwirtschaftliche Nachfrage abbildet. Für ein Zinsniveau von 4,5 % erhält man einen Gleichgewichts-Output von sechs Einheiten. Wir können dies als Punkt A im *i*/*Y*-Diagramm abbilden. Punkt B entspricht der Kombination von 4 % Zins und einem Output von acht Einheiten. Punkt C ergibt sich bei 3,5 % Zinsen und einem Output von zehn Einheiten. Wenn wir diese Punkte verbinden, erhalten wir eine vom Zins abhängige gesamtwirtschaftliche Nachfrage.

Da hier weiterhin unterstellt wird, dass sich das kurzfristige gesamtwirtschaftliche Angebot stets an die gesamtwirtschaftliche Nachfrage anpasst, entspricht jedem Wert für die gesamtwirtschaftliche Nachfrage auf der vom Zins abhängigen Nachfragekurve auch ein Wert für das gesamtwirtschaftliche Angebot, das wiederum mit dem Volkseinkommen identisch ist. Man spricht deshalb auch von der IS-Kurve (Investition gleich Sparen). Man will damit zum Ausdruck bringen, dass alle Punkte auf der Kurve ein Gleichgewicht auf dem Gütermarkt darstellen. Aus *Abschnitt 17.4.2* wissen wir, dass eine solche Situation auch dadurch gekennzeichnet ist, dass die Investitionspläne (I) den Sparplänen (S) entsprechen.

Formal kann man das Gleichgewichtseinkommen wie folgt herleiten (zur Vereinfachung sehen wir hierbei vom Staat ab). Die gesamtwirtschaftliche Nachfrage lautet:

$$(20.8) \qquad Y^n = a + bY + (d - ni)$$

Das kurzfristige gesamtwirtschaftliche Angebot ist wie bisher:

$$(20.9) \qquad Y^a = Y$$

Für den Gleichgewichts-Output $Y = Y^a = Y^n$ erhalten wir dann eine vom Zinssatz abhängige gesamtwirtschaftliche Nachfrage:

$$(20.10) \qquad Y_0 = \frac{1}{(1-b)} [a + (d - ni)]$$

Die im *i*/*Y*-Diagramm abgebildete, vom Zinssatz abhängige gesamtwirtschaftliche Nachfrage erhält man, wenn wir diese Gleichung nach i auflösen:

$$(20.11) \qquad i = \frac{1}{n}(a+d) - \left[\frac{(1-b)}{n}\right] Y$$

Sie besitzt eine negative Steigung, da die gesamtwirtschaftliche Nachfrage abnimmt, wenn der Zinssatz steigt. Die Kurve verläuft umso steiler, d.h., der Einfluss von Zinsänderungen auf die gesamtwirtschaftliche Nachfrage ist umso stärker,

- je geringer die marginale Konsumquote (b) ist, d.h., der *Multiplikator* ist größer, und
- je höher der Einfluss von Zinsänderungen auf die Investitionen (n) ausfällt.

20.3 Die Notenbank kann die gesamtwirtschaftliche Nachfrage mit ihrer Zinspolitik steuern

Da die gesamtwirtschaftliche Nachfrage vom Zinsniveau bestimmt wird, kommt der Geldpolitik eine entscheidende Rolle in der Makroökonomie zu. Wie wir in *Kapitel 26* sehen werden, kann die Notenbank mit ihren Instrumenten die Kreditzinsen der Banken recht gut beeinflussen und somit also das Niveau der zinsabhängigen Investitionen und das der Gesamtnachfrage insgesamt steuern. Sehr vereinfacht kann man die Zinspolitik der Notenbank als eine horizontale Linie in das *i*/*Y*-Diagramm einzeichnen (▶*Abbildung 20.5*).

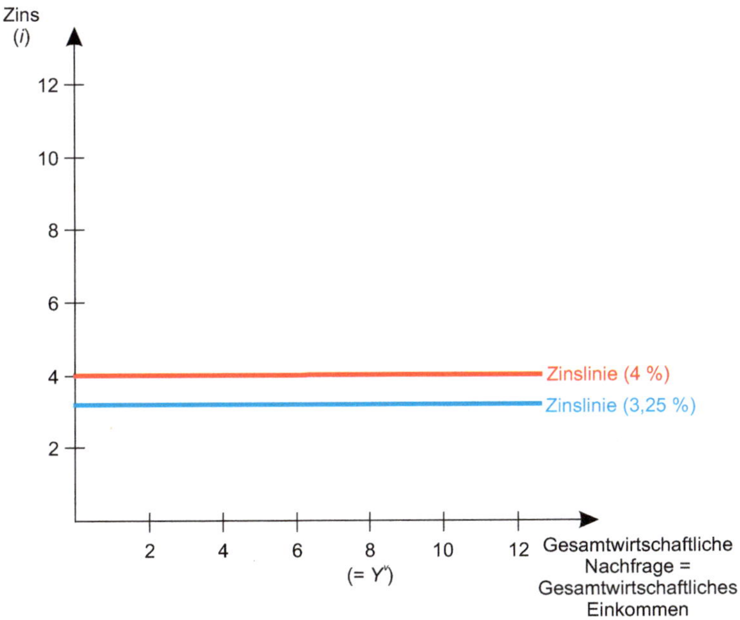

Abbildung 20.5: Die Zinslinie der Notenbank

Die Zinsniveaus, die die *Europäische Zentralbank* seit Beginn ihrer Tätigkeit angesteuert hat, werden in ▶*Abbildung 20.6* abgebildet. Bis zum Ausbruch der Finanzkrise war der Zinssatz für Refinanzierungskredite der EZB an Banken im Rahmen der sogenannten Hauptrefinanzierungsgeschäfte (*Kapitel 26*) der Leitzins der EZB. Dies erkennt man daran, dass er weitgehend dem Zinssatz entsprach, zu dem sich Banken am Geldmarkt untereinander kurzfristig Geld ausleihen (EONIA=Euro Overnight Index Average). Man erkennt daran, dass die Zinsen in der Regel sehr behutsam angepasst werden; dieses Vorgehen wird auch als *„interest rate smoothing“* bezeichnet. Die EZB hatte im Jahr 1999 zunächst die Zinsen gesenkt, um die Konjunktur zu beleben. Sie leitete dann bald – gegen Ende 1999 – eine Zinswende ein, da sich die Weltwirtschaft deutlich belebte. Der Zinshöhepunkt von 4,75 % wurde im Oktober 2000 erreicht. Auf die im Jahr 2001 einsetzende Abkühlung der Konjunktur reagierte die EZB mit einer Zinssenkungsphase, die zu einem recht niedrigen Zinsniveau von 2 % führte. Eine erneute Zinswende wurde im Dezember 2005 eingeleitet. Dieser Zinszyklus erreichte im Juli 2008 seinen Höhepunkt. Nach der Lehman-Insolvenz im September 2008 senkte die EZB ihren Leitzins auf 1 % und hielt dieses Niveau auch nach Abklingen der Krise zunächst bei. In Anbetracht der immer weiter rückläufigen Inflationsrate des Euroraums hat die EZB den Zinssatz für ihr Hauptrefinanzierungsgeschäft sukzessive auf Null gesenkt. Seit 2009 ist die Funktion des Leitzinssatzes auf den Zinssatz der Einlagenfazilität übergegangen. Diesen Zins erhalten Banken, wenn sie bei der EZB Guthaben halten. Seit Juni 2014 ist dieser Zins im negativen Bereich. Die Banken müssen der EZB also dafür Zinsen bezahlen, dass sie bei ihr Mittel anlegen. Die Grenzen, die sich für die EZB bei der traditionellen Zinspolitik durch die „Nullzins-Schranke“ stellen, haben dazu geführt, dass die EZB zunehmend "unkonventionelle" Maßnahmen ergriffen hat (*Kapitel 21*)

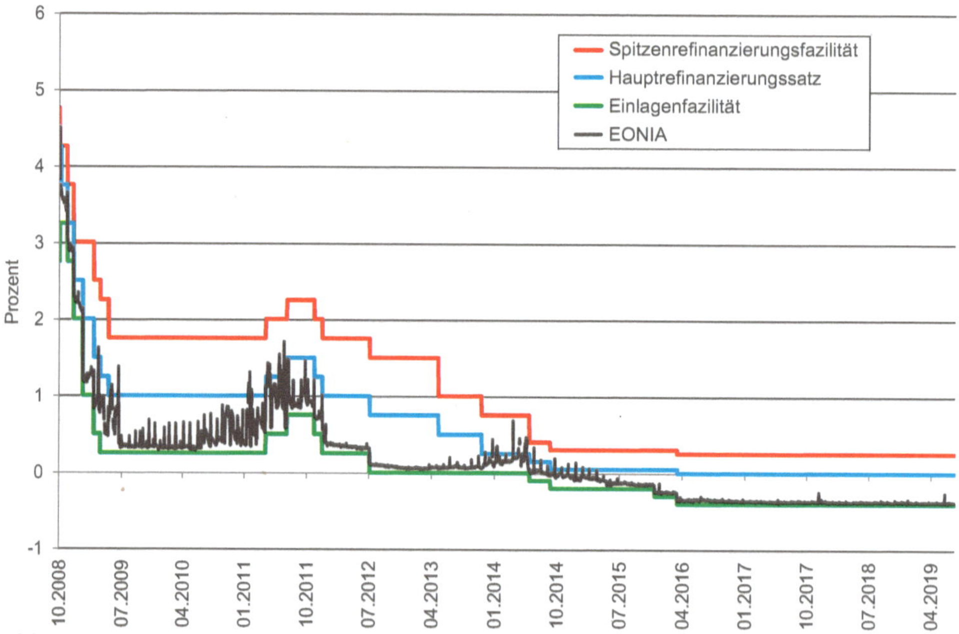

Abbildung 20.6: Die Leitzinsen der EZB seit 2008
Quelle: Zeitreihendatenbank der EZB.

Dies soll nun anhand eines einfachen theoretischen Modells verdeutlicht werden. Da unsere Modellökonomie bisher nur das Ziel der Vollbeschäftigung, d.h. eines Outputs in Höhe des Produktionspotenzials, und damit implizit das Ziel eines stetigen Wachstums enthält, kann die Aufgabe der Geldpolitik lediglich in der Weise formuliert werden, dass sie sich darum bemühen soll, den Output mit ihrer Zinspolitik möglichst nahe am Produktionspotenzial zu halten. Eine Darstellung, in der das für die Geldpolitik zentrale Ziel der Geldwertstabilität berücksichtigt wird, folgt in *Kapitel 22*.

Unter den bisher verwendeten hypothetischen Daten besteht die optimale Politik dann darin, dass die Notenbank einen Zinssatz von 4 % ansteuert. Wie wir bereits gesehen haben, ergibt sich dabei ein Investitionsvolumen von zwei Einheiten und es wird der Vollbeschäftigungs-Output erreicht (▶*Abbildung 20.7*).

Ganz ähnlich wie die Fiskalpolitik ist also auch die Geldpolitik grundsätzlich in der Lage, mit ihrem Handlungsparameter, dem Zins, die gesamtwirtschaftliche Entwicklung zu steuern und sie damit bei auftretenden Schocks zu stabilisieren. Wir können uns das bei einem *Schock*, z.B. beim privaten Verbrauch, näher ansehen. Beginnen wir mit einer *negativen* Störung, bei der z.B. der autonome Konsum von zwei Einheiten auf eine Einheit zurückgeht (▶*Abbildung 20.8*).

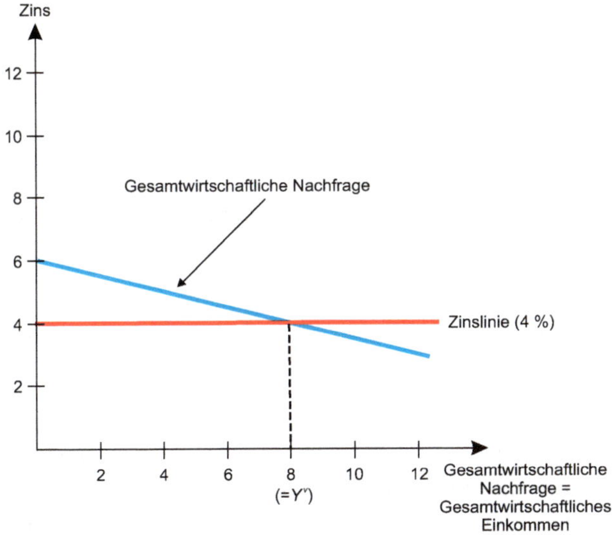

Abbildung 20.7: Die optimale Zinspolitik

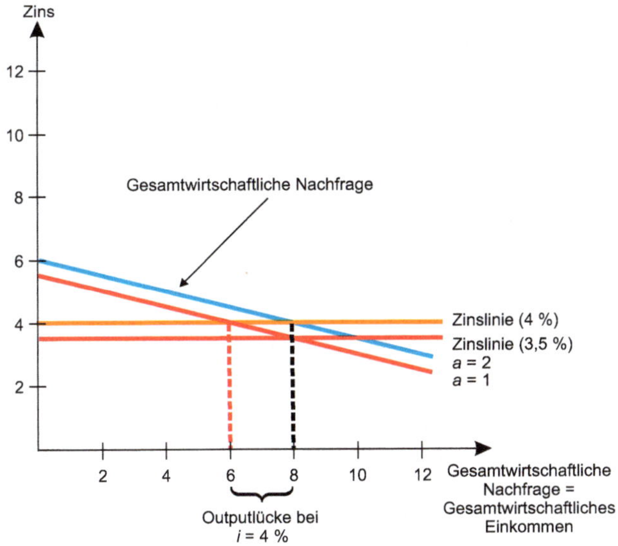

Abbildung 20.8: Die optimale Zinspolitik bei einem Nachfrageschock

Bei einem unveränderten Zinssatz von 4 % würde sich ein Gleichgewichtseinkommen von sechs Einheiten einstellen. Aufgrund der deflationären Lücke käme es zu Arbeitslosigkeit, das Ziel der Vollbeschäftigung würde verletzt. Die Notenbank kann auf diesen Schock reagieren, indem sie den Zinssatz auf 3,5 % reduziert. Die zinsabhängigen Investitionen steigen um eine Einheit und kompensieren so den Nachfrageschock.

Bei einem positiven Nachfrageschock, z.B. einem Anstieg des autonomen Konsums von zwei auf drei Einheiten, käme es bei einem konstanten Zinssatz von 4 % zu einer *inflationären Lücke*. Das Gleichgewichtseinkommen ist jetzt mit zehn Einheiten um zwei Einheiten zu hoch. In diesem Fall besteht die optimale Geldpolitik darin, dass die Notenbank das Zinsniveau auf 4,5 % anhebt. Aus Gründen der Übersichtlichkeit haben wir diesen Schock nicht in *Abbildung 20.8* dargestellt.

20.4 Die Praxis der Geldpolitik ist sehr viel komplexer als unser Modell

Wir können mit diesem einfachen Modell erste grundlegende Wirkungszusammenhänge der Geldpolitik beschreiben. Es sollte dabei aber nicht der Eindruck entstehen, dass sich die Aufgabe einer Notenbank darauf beschränkt, auf einer Nachfragekurve die Zins-Output-Kombination zu wählen, die mit Vollbeschäftigung einhergeht. Es ist vor allem zu berücksichtigen, dass für die Europäische Zentralbank das Ziel der Geldwertstabilität deutlich wichtiger ist als das der Vollbeschäftigung. Wir werden dafür ein komplexeres Modell in *Kapitel 22* diskutieren.

Schon jetzt sei darauf hingewiesen, dass sich in der Praxis der Geldpolitik eine Reihe schwieriger Probleme stellen, die vor allem daraus resultieren, dass die Geldtheorie nur begrenzt über den *Transmissionsprozess* der Geldpolitik informiert ist, d.h. also über den Mechanismus, der für das Durchwirken zinspolitischer Impulse auf den Output, das Preisniveau und die Beschäftigung verantwortlich ist:[4]

- Es ist nicht sicher, ob es neben dem in der zinsabhängigen Nachfragekurve beschriebenen Zusammenhang nicht auch noch andere theoretische Wirkungszusammenhänge für die Geldpolitik gibt. Die *Europäische Zentralbank* stützt sich in ihrer geldpolitischen Strategie zum einen auf die Entwicklungen in der Realwirtschaft und zum anderen auf Veränderungen im monetären Bereich (EZB, 2004). Auch wurde in den vergangenen Jahren ein Wirkungskanal der Zinspolitik über die Aktienmärkte diskutiert. Man bezeichnet dies als *Modellunsicherheit.*
- Es stellt sich für die Notenbank die Schwierigkeit, dass sie die genaue Lage der zinsabhängigen Nachfragekurve ebenso wenig kennt wie ihre Steigung. Sie kann also den Effekt von Zinsänderungen auf die Nachfrage nicht genau ermitteln. Man spricht hier von *Diagnoseunsicherheit.* Diese bezieht sich auch auf die *Wirkungsverzögerungen* („time-lags") der Geldpolitik. In unserem einfachen Modell haben wir angenommen, dass die Zinspolitik unmittelbar auf die Nachfrage wirkt, d.h. ohne jede Zeitverzögerung. Studien, die der Nobelpreisträger Milton Friedman für die Vereinigten Staaten in den 1950er- und 1960er-Jahren angestellt hat, kamen zu dem Ergebnis, dass man es in der Geldpolitik mit *„langen und variablen Wirkungsverzögerungen"* zu tun hat; eine Kurzbiografie von Milton Friedman finden Sie am Ende des *21. Kapitels.* Der Befund eines sehr variablen Transmissionsprozesses hat sich auch für den Euroraum bestätigt. Die *Europäische Zentralbank* (2004, S. 49 f.) ist zu dem Ergebnis gekommen, dass zinspolitische Maßnahmen ihre maximalen Effekte auf das reale Wirtschaftswachstum und die Inflationsrate erst nach rund zwei Jahren erzielen. Dabei fallen die Schätzergebnisse je nach dem gewählten Modelltyp recht unterschiedlich aus.

Viele Ökonomen raten daher ganz von einer aktivistischen Geldpolitik ab. Hierzu zählen vor allem jene Geldtheoretiker, die sich als *Monetaristen* bezeichnen und die

4 Eine ausführliche Diskussion des geldpolitischen Transmissionsprozesses findet man in Bofinger (2001).

anstelle einer Zinssteuerung eine Steuerung der *Geldmenge* empfehlen. Dieses von *Milton Friedman* entwickelte Konzept war Anfang der 1970er-Jahre weltweit stark in Mode gekommen. Es hat sich jedoch in keinem Land wirklich bewährt. Deshalb verfolgen heute fast alle Notenbanken eine Politik der Zinssteuerung, wie wir sie hier in sehr vereinfachter Form beschrieben haben.

Die *Europäische Zentralbank* legt ihrer Geldpolitik eine „Zwei-Säulen-Strategie" zugrunde (▶*Abbildung 20.9*).

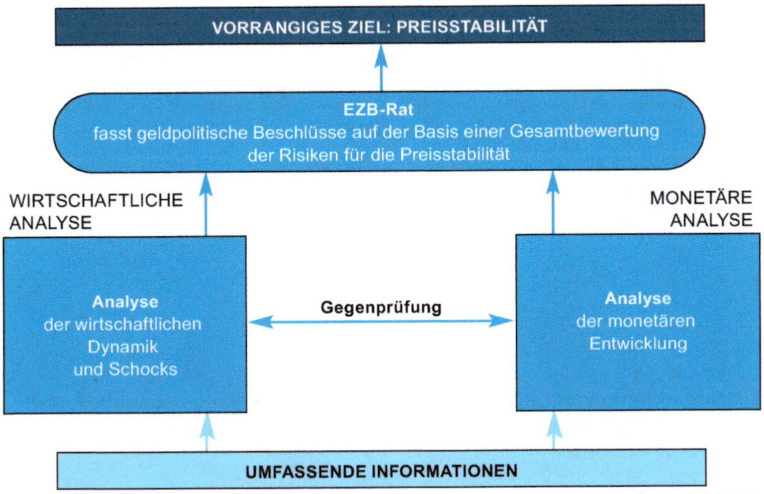

Abbildung 20.9: Die stabilitätsorientierte geldpolitische Strategie der EZB
Quelle: Europäische Zentralbank (2004), Geldpolitik der EZB, S. 70.

In der Säule der *„wirtschaftlichen Analyse"* geht es vor allem um die Beurteilung der kurz- bis mittelfristigen Bestimmungsfaktoren der Preisentwicklung, wobei die EZB den Schwerpunkt auf die realwirtschaftliche Entwicklung und die Finanzierungsbedingungen der Wirtschaft legt. Im Rahmen dieser Säule spielen vierteljährliche Prognosen der Preisentwicklung, die die EZB als „Projektionen" bezeichnet, eine zentrale Rolle. Auch in den geldpolitischen Konzeptionen anderer Notenbanken wird Inflationsprognosen eine zentrale Rolle beigemessen. Man spricht hierbei auch vom Konzept des *„inflation targeting"*.

Die Säule der *„monetären Analyse"* weist einen längerfristigen Zeithorizont auf. Dabei soll vor allem der vom *Monetarismus* betonte, langfristige Zusammenhang zwischen Geldmenge und Preisen genutzt werden. Dazu hat die EZB einen Referenzwert für eine stabilitätsgerechte Entwicklung der Geldmenge M3 von 4½ % pro Jahr formuliert.
In der Praxis hat die Geldmengenentwicklung jedoch keine entscheidende Rolle in den zinspolitischen Beschlüssen der EZB gespielt. Die Zunahme der Geldmenge M3 entwickelte sich im vergangenen Jahrzehnt überwiegend weit oberhalb des Zielkorridors, ohne dass sich die EZB deshalb immer wieder von Zinssenkungen hätte abhalten lassen (▶*Abbildung 20.10*). Ein Zusammenhang zwischen der Geldmengenentwicklung und der Inflationsrate im Euroraum ist kaum zu erkennen. Obwohl die Zuwachsrate von M3 überwiegend oberhalb des Referenzwertes verlief, hielt sich die Preisentwicklung im Euroraum weitgehend im Bereich des Zielwertes von rund 2 %. Der einzige „Ausreißer" bei der *Inflation* im Jahr 2008 war eindeutig auf einen temporären extremen Anstieg bei den Ölpreisen zurückzuführen, der sich dann auch wieder rasch zurückbildete.

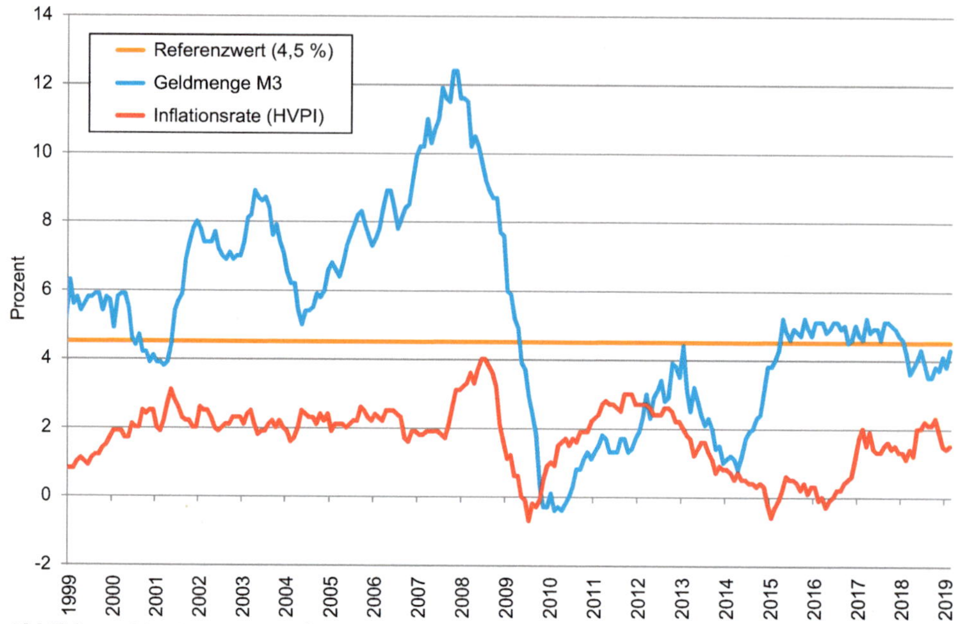

Abbildung 20.10: Zusammenhang von Geldmengenwachstum und Anstieg des Verbraucherpreisindex (1999–2019)
Quelle: EZB, Statistical Data Warehouse.

Betrachtet man die Zinspolitik der EZB und die Schwankungen der Industrieproduktion des Euroraumes (Veränderungsraten gegenüber dem Vorjahr), lässt sich eine leicht verzögerte antizyklische Ausrichtung erkennen (▶*Abbildung 20.11*).

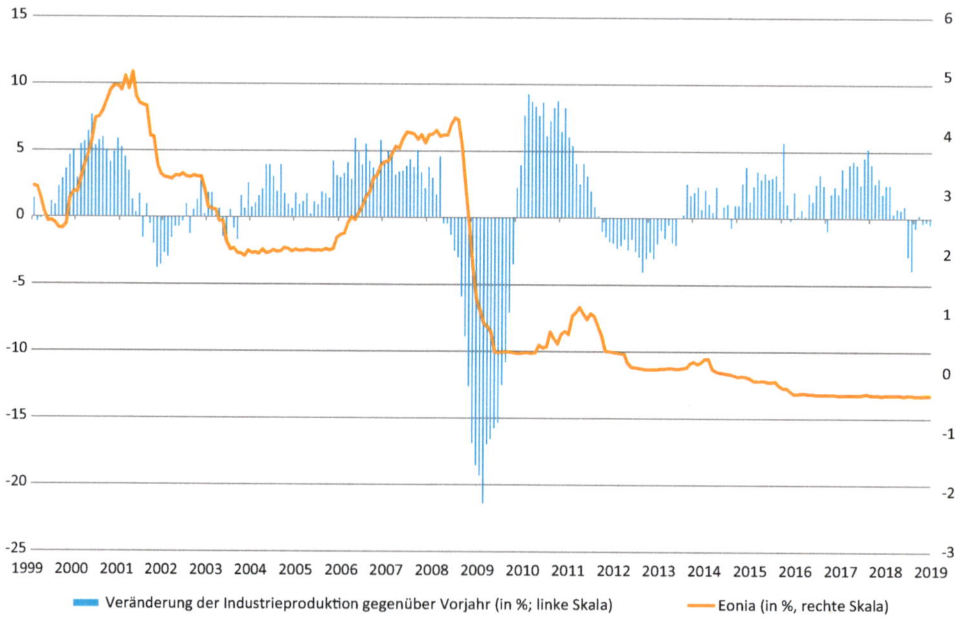

Abbildung 20.11: Antizyklische Zinspolitik im Euroraum (1999–2019)
Quelle: EZB, Statistical Data Warehouse.

Abbildung 20.8 zeigt, dass es für Notenbanken keine Alternative zu einer aktiven Steuerung des Zinses gibt. Würde sich eine Notenbank für eine Politik des konstanten Zinssatzes entscheiden, würde dies bei Nachfrageschocks zu destabilisierenden Effekten führen. In unserem Zahlenbeispiel würde der Output bei einem konstanten Zinsniveau von 4 % und bei Auftreten positiver wie negativer Nachfrageschocks zwischen sechs und zehn Einheiten schwanken.

Box 20.2 Die Europäische Zentralbank

Während die Fiskalpolitik weitgehend in den Händen der Bundesregierung und der Landesregierungen liegt, wird die Geldpolitik für Deutschland ausschließlich auf der europäischen Ebene betrieben. Dies liegt daran, dass sich Deutschland Anfang 1999 an der Europäischen Währungsunion beteiligt hat. Ein solches Arrangement ist dadurch gekennzeichnet, dass die teilnehmenden Staaten:

- über eine gemeinsame Währung verfügen und
- alle geldpolitischen Befugnisse auf eine supranationale Institution übertragen werden.

Damit gibt es innerhalb der Währungsunion einheitliche Zinssätze (sofern die Schuldner über eine vergleichbare Bonität verfügen).

Für den institutionellen Rahmen der Europäischen Währungsunion ist das *Europäische System der Zentralbanken* (ESZB) zuständig. Es setzt sich zusammen aus:

- der Europäischen Zentralbank (EZB), die in Frankfurt am Main ansässig ist, und
- den nationalen Zentralbanken (NZBen) aller 28 EU-Mitgliedsstaaten.

Für die Geldpolitik zuständig ist jedoch das enger abgegrenzte *„Eurosystem"*, in dem neben der EZB nur die Notenbanken vertreten sind, die sich aktiv an der Währungsunion beteiligen und den Euro als ihre Währung verwenden. Dänemark, Großbritannien und Schweden sind also Mitglieder des ESZB, sie nehmen jedoch nicht am Eurosystem teil. Wenn man also häufig salopp von der „Europäischen Zentralbank" spricht, meint man in der Regel das Eurosystem.

Für die geldpolitischen Entscheidungen des Eurosystems ist der *EZB-Rat* zuständig. Er besteht aus den sechs Mitgliedern des Direktoriums der EZB und den 19 Notenbank-Präsidenten der an der Währungsunion teilnehmenden EU-Notenbanken. Dieses Gremium beschließt also insbesondere über:

- die allgemeine geldpolitische Strategie,
- die dazu einzusetzenden Instrumente,
- die Höhe der Leitzinsen (*Kapitel 26*) und
- über unkonventionelle Maßnahmen der Geldpolitik, insbesondere den Ankauf von Anleihen.

Zur Kommunikation mit der Öffentlichkeit wird insbesondere alle sechs Wochen im Anschluss an die geldpolitischen Sitzungen des EZB-Rates eine Pressekonferenz abgehalten, bei der die geldpolitische Beschlüsse erklärt und diskutiert werden.

Das in Frankfurt am Main residierende *Direktorium* besteht aus dem Präsidenten, dem Vizepräsidenten und vier weiteren Mitgliedern, die alle aus dem Kreis von in Währungs- oder Bankfragen anerkannten und erfahrenen Persönlichkeiten ausgewählt wurden. Sie werden einvernehmlich durch die Regierungen der Mitgliedsstaaten auf der Ebene der Staats- und Regierungschefs auf Empfehlung des EU-Rats, der hierzu das Europäische Parlament und den EZB-Rat anhört, ernannt. Dieses Gremium hat die Aufgabe, die Geldpolitik gemäß den Leitlinien und Entscheidungen des EZB-Rats auszuführen. Deutschland war dort von Januar 2014 bis Ende Oktober 2019 durch Sabine Lautenschläger vertreten.

Neben diesen beiden Organen existiert auch noch der Erweiterte Rat. Dieser setzt sich aus dem Präsidenten und dem Vizepräsidenten der EZB sowie den Präsidenten der NZBen aller 28 EU-Mitgliedsstaaten zusammen. Er wirkt nur bei Entscheidungen mit, die keine geldpolitische Relevanz haben, z.B. der Gewinnverteilung der EZB oder der Festlegung der Beschäftigungsbedingungen für das Personal der EZB.

Entscheidend für die stabilitätsorientierte Ausrichtung der Europäischen Geldpolitik ist die *politische Unabhängigkeit* des Eurosystems. Sie ist in Artikel 130 des Vertrags über die Arbeitsweise der Europäischen Union verankert. Danach dürfen bei geldpolitischen Entscheidungen weder die EZB (oder eine nationale Notenbank) noch ihre Repräsentanten Weisungen von dritter Seite einholen oder entgegennehmen. Die Organe und Einrichtungen der Gemeinschaft sowie die Regierungen der Mitgliedsstaaten dürfen nicht versuchen, die Mitglieder der Beschlussorgane der EZB oder der NZBen bei der Wahrnehmung ihrer Aufgaben zu beeinflussen. Ein wichtiges Element der Unabhängigkeit sind die langen Amtszeiten der Zentralbankpräsidenten sowie der Mitglieder des Direktoriums, konkret:

- eine mindestens fünfjährige Amtszeit für die Präsidenten der NZB; eine Wiederwahl ist zulässig;
- eine Amtszeit von mindestens acht Jahren für die Mitglieder des Direktoriums; eine Wiederwahl ist nicht zulässig; eine Amtsenthebung ist nur möglich, wenn die Voraussetzungen für die Ausübung des Amtes nicht mehr erfüllt werden oder eine schwere Verfehlung vorliegt.

Das Kapital der EZB beträgt derzeit 10,825 Milliarden Euro. Es ist ganz im Besitz der nationalen Notenbanken der 28 EU-Mitgliedsstaaten. Die Kapitalanteile wurden nach einem Schlüssel festgelegt, dem der Anteil des jeweiligen EU-Mitgliedsstaats am BIP und an der Bevölkerung der Gemeinschaft zugrunde liegt.

Der Makroökonom

1918–2002

In den 1960er-Jahren war **James Tobin** einer der bekanntesten Vertreter der keynesianischen Wirtschaftspolitik. Tobin wurde am 5. März 1918 im amerikanischen Bundesstaat Illinois geboren und starb am 11. März 2002.

Tobin geriet während seines Studiums früh in den Bann des keynesianischen Denkens. Nach dem Krieg, wo er es bis zum stellvertretenden Schiffskommandanten brachte, entwickelte er zusammen mit Harry Markowitz die moderne Portfolio-Theorie. Neben seinen Arbeiten zum Geldangebot ist heute vor allem „Tobin's q" bekannt. Dabei handelt es sich um einen Konjunkturindikator, der den Marktwert eines Unternehmens ins Verhältnis zu seinem Wiederbeschaffungswert setzt.

Seine große öffentliche Bekanntheit verdankt Tobin, neben dem Nobelpreis, den er im Jahr 1981 erhielt, einem zunächst wenig beachteten Vorschlag zur Einführung einer Steuer auf internationale Kapitalverkehrstransaktionen. Dieser aus dem Jahr 1972 stammende Vorschlag hat in den 1990er-Jahren eine zunehmende internationale Beachtung gefunden und die „Tobin Tax" ist gleichsam zum Symbol der Globalisierungsgegner geworden.

Der Name von ATTAC geht auf diese Steuer zurück (Association pour une Taxation des Transactions financières pour l'Aide aux Citoyens et Citoyennes; wörtlich übersetzt: Vereinigung für eine Besteuerung von Finanztransaktionen zum Wohle der BürgerInnen).

Zitat

„I studied economics and made it my career for two reasons. The subject was and is intellectually fascinating and challenging, particularly to someone with taste and talent for theoretical reasoning and quantitative analysis. At the same time it offered the hope, as it still does, that improved understanding could better the lot of mankind."

Ausbildung und Beruf

1939 Abschluss des Studiums in Harvard
1947 Promotion in Harvard
1947–1950 Junior Fellow in Harvard
1950–1988 Professor an der Yale University

Werke

1978 Grundsätze der Geld- und Staatsschuldenpolitik, Baden-Baden
1981 Vermögensakkumulation und wirtschaftliche Aktivität, München
1991 International Currency Regimes, Capital Mobility, and Macroeconomic Policy, Cowles Foundation Discussion Paper No. 993, New Haven, Yale University

Schlagwörter

- Barwert (S. 381)
- Bilanzkanal (S. 384)
- Diagnoseunsicherheit (S. 392)
- financial accelerator (S. 386)
- Grenzleistungsfähigkeit des Kapitals (S. 382)
- interner Zinsfuß (S. 382)
- Investitionsfunktion (S. 382)
- Kapitalwert (S. 381)
- Leverage-Effekt (S. 384)
- Modellunsicherheit (S. 392)
- Monetarismus (S. 392)
- Transmissionsmechanismus (S. 380)
- Wirkungsverzögerungen (S. 392)

Aufgaben

Musterlösungen zu den hier gestellten Aufgaben finden Sie im MyLab | Grundzüge der VWL.

1. In A-Land beträgt die Konsumfunktion:

$C(Y) = 5 + 0{,}75Y$

Die Investitionsfunktion lautet:

$I(i) = 15 - 2i$

a) Wie hoch muss die Notenbank den Zins fixieren, wenn das Vollbeschäftigungseinkommen von 32 erreicht werden soll?

b) Die Sparneigung der Haushalte nimmt zu, da sie durch den Rückgang der Aktienkurse sehr viel Vermögen verloren haben! Geben Sie ein selbst gewähltes Zahlenbeispiel an, wie die Geldpolitik darauf reagieren sollte.

2. Die Hyperfinance-AG hat eine Bilanzsumme von 1 Million Euro und eine Gesamtkapitalrendite von 8 %. Die Fremdkapitalquote beträgt 90 % und der Fremdkapitalzins liegt bei 5 %.

a) Wie hoch ist die Eigenkapitalrendite?

b) Die Notenbank erhöht den kurzfristigen Zins auf 10 %. Das Unternehmen hat sich ausschließlich mit sehr kurzfristigen Krediten finanziert. Wie hoch ist nun die Eigenkapitalrendite?

3. Ein Investor hat die Möglichkeit, in ein Projekt mit einem Volumen von I = 265.000 Euro zu investieren! In den beiden Folgejahren erwartet er Rückflüsse von jeweils 140.000 Euro.

a) Unterstellen Sie, dass der aktuelle und der für die nächste Periode erwartete Zinssatz bei 5 % liegen. Wird der Investor das Investitionsprojekt durchführen? Sein Planungshorizont beschränke sich auf diese beiden Jahre.

b) Unterstellen Sie, dass die Notenbank durch eine expansive Geldpolitik den Zinssatz für die nächsten beiden Jahre auf 3 % absenkt. Wird der Investor das Investitionsprojekt durchführen?

c) Berechnen Sie die Grenzleistungsfähigkeit für dieses Projekt. Ab welchem Zinssatz wird der Investor die Investition durchführen?

LERNZIELE

- Grundsätzlich sind die Geldpolitik und die Fiskalpolitik in gleicher Weise zur makroökonomischen Stabilisierung geeignet.
- Die Fiskalpolitik ist vor allem dann gefordert, wenn eine Nachfrageschwäche so stark ausfällt, dass die Notenbank mit ihrer Zinspolitik an die Untergrenze von null gelangt („*Nominalzinsfalle*") oder wenn die Investitionsneigung nicht mehr auf Zinsänderungen reagiert („*Investitionsfalle*").
- In der Europäischen Währungsunion ist es zweckmäßig, dass die EZB auf europaweite Nachfrageschocks reagiert und die nationalen Fiskalpolitiken bei Störungen eingreifen, die sich auf einzelne Staaten beschränken.
- Die Geldpolitik hat gegenüber der Fiskalpolitik den Vorteil, dass sie sehr schnell eingesetzt werden kann und auch jederzeit reversibel ist. Die Fiskalpolitik kann vor allem durch Steuersenkungen oder -erhöhungen sehr direkt auf die gesamtwirtschaftliche Nachfrage einwirken, während die Geldpolitik durch lange und variable Wirkungsverzögerungen gekennzeichnet ist.
- Eine Fallstudie zur makroökonomischen Politik in den Vereinigten Staaten zeigt, dass eine antizyklische Wirtschaftspolitik erfolgreich zur Stabilisierung der gesamtwirtschaftlichen Nachfrage eingesetzt werden kann.
- Die in diesem Kapitel diskutierten Zusammenhänge können Sie mit dem Modell „*Makro Kapitel 21*" auf der begleitenden Website unter *www.pearson-studium.de* nachspielen.

Das makroökonomische Zusammenspiel zwischen Geld- und Fiskalpolitik

21

ÜBERBLICK

In den *Kapiteln 19* und *20* haben wir gesehen, dass die Geld- und die Fiskalpolitik bei Nachfrageschocks gleichermaßen in der Lage sind, den Wirtschaftsprozess zu stabilisieren. Damit stellt sich die Frage nach der konkreten wirtschaftspolitischen Rollenverteilung („*assignment*"). Wann soll die Notenbank aktiv werden und wann ist es besser, dass die Regierung steuer- oder ausgabenpolitisch in den Konjunkturverlauf eingreift? Wichtig sind hierbei vor allem:

- die Intensität eines Nachfrageschocks und
- die institutionellen und polit-ökonomischen Gegebenheiten einer Volkswirtschaft.

Am Ende des Kapitels wird in einer Fallstudie ein Vergleich der Großen Depression der Jahre 1929 bis 1933 mit der Finanz- und Wirtschaftskrise der Jahre 2008 bis 2009 vorgenommen.

21.1 Extreme Verläufe der IS-Kurve

Eine gute Ausgangsbasis für die Diskussion über die *makroökonomische Rollenverteilung* kann man dadurch erhalten, dass man sich extreme Verläufe der IS-Kurve ansieht, die man auch als gesamtwirtschaftliche Nachfragekurve interpretieren kann.

21.1.1 Investitionsfalle

Die Situation einer *Investitionsfalle* kann man stark vereinfacht mit einer vertikal verlaufenden IS-Kurve beschreiben (▸*Abbildung 21.1*). Bei einem solchen Verlauf haben Zinsänderungen keinen Einfluss auf die gesamtwirtschaftliche Nachfrage. Die Geldpolitik ist dann nicht mehr in der Lage, die Wirtschaft durch niedrigere Zinsen zu stimulieren. Dazu kann es nach einem sehr starken Konjunktureinbruch kommen, der zu hohen Überkapazitäten und zu einer hohen Unsicherheit der wirtschaftlichen Entscheidungsträger führt. Unternehmer verzichten dann auf Erweiterungsinvestitionen und beschränken sich darauf, Ersatzinvestitionen durchzuführen. Man spricht in diesem Zusammenhang bisweilen davon, dass man die Pferde zwar zur Tränke führen, aber sie nicht zum Trinken bringen kann.

Nehmen wir an, dass es ausgehend von einem Vollbeschäftigungsgleichgewicht zu einem negativen Nachfrageschock kommt, durch den die vertikal verlaufende IS-Kurve nach links verschoben wird. Beim Schnittpunkt mit der Zinslinie besteht kein Vollbeschäftigungsgleichgewicht. Doch eine Zinssenkung auf beispielsweise 2 % würde nichts helfen. Das gesamtwirtschaftliche Einkommen bliebe unverändert.

Bei einer solchen Störung liegt die Aufgabe der Konjunkturstimulierung allein bei der Fiskalpolitik. Sie kann durch eine Erhöhung der Staatsausgaben (oder eine Steuersenkung) – in unserem Beispiel um zwei Einheiten – dazu beitragen, dass sich die gesamtwirtschaftliche Nachfragekurve wieder in die Ausgangsposition verschiebt und somit Vollbeschäftigung erreicht wird.

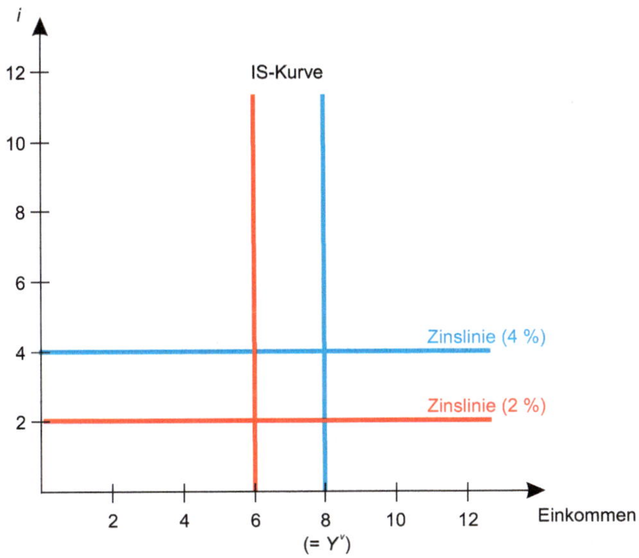

Abbildung 21.1: Die Investitionsfalle

21.1.2 Nominalzinsfalle

Die Handlungsmöglichkeiten der Geldpolitik können bei einem sehr starken Nachfrageschock auch dadurch beschränkt sein, dass der Nominalzins keine negativen Werte annehmen kann. Man spricht dabei auch von der *„zero lower bound"* bzw. Nullzinsgrenze der Zinspolitik. Nehmen wir an, dass sich die IS-Kurve aufgrund eines Einbruchs der Nachfrage so weit nach unten verschiebt, dass sie die *x*-Achse links von Y^V schneidet (▶*Abbildung 21.2*).

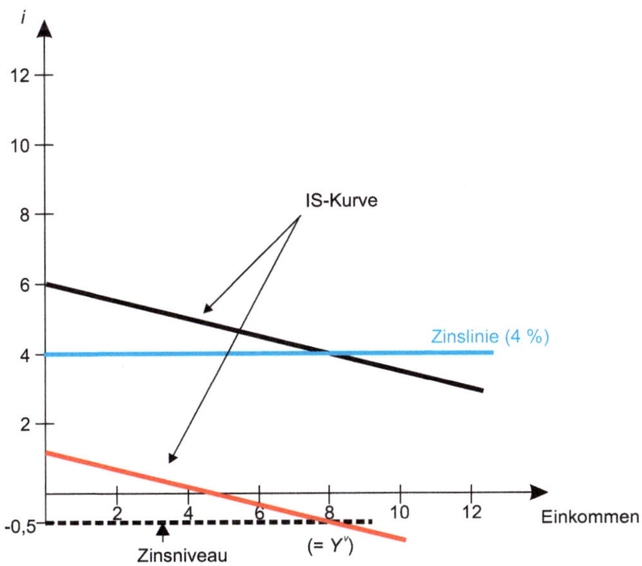

Abbildung 21.2: Die Nominalzinsfalle

Wenn Vollbeschäftigung allein durch die Geldpolitik erreicht werden sollte, wäre dies rein rechnerisch nur mit einem Zinsniveau von –0,5 % möglich. Da dann das Halten von Bankguthaben mit einem jährlichen Verlust in Höhe des Negativzinssatzes verbunden wäre, ist eine solche Politik in der Praxis nur sehr begrenzt möglich. Die Anleger können sich dem Negativzins dadurch entziehen, dass sie zur Bargeldhaltung übergehen. Die Europäische Zentralbank hat im Juni 2014 erstmals das Terrain der negativen Zinsen beschritten, indem sie den Zinssatz für die Einlagenfazilität (*Kapitel 26*) auf –0,10 % senkte. Mittlerweile liegt er mit -0,5% in einem Bereich, der kaum noch nennenswert unterschritten werden kann.

In dem hier verwendeten Zahlenbeispiel kann die Notenbank mit ihrer Zinspolitik ein maximales Output-Niveau von 4,5 Einheiten erreichen, das aber immer noch unter dem Vollbeschäftigungsniveau liegt. Wiederum muss die Fiskalpolitik eingreifen und mit niedrigeren Steuern und/oder höheren Ausgaben dafür sorgen, dass die Arbeitslosigkeit beseitigt wird.

Eine diesen beiden Extremfällen entsprechende Situation kann man seit vielen Jahren in *Japan* beobachten (▶*Abbildung 21.3*).

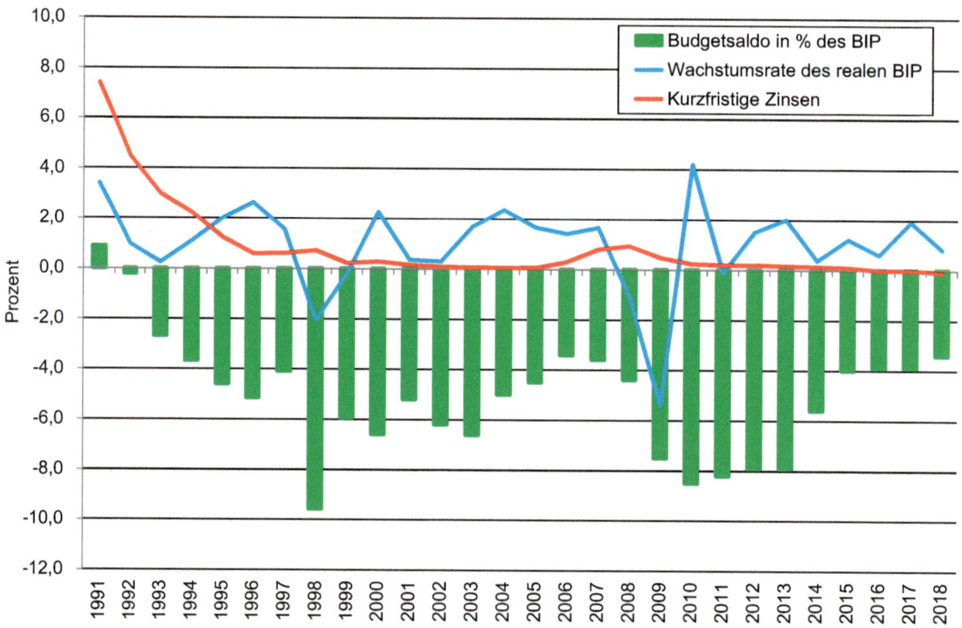

Abbildung 21.3: Nominalzinsen, Haushaltsdefizite und Wirtschaftswachstum in Japan
Quelle: OECD Economic Outlook 95 Database.

Seit Mitte der 1990er-Jahre befindet sich die japanische Wirtschaft am Rande der Deflation. Der Versuch der Bank von Japan, diese Situation durch eine anhaltende Nullzinspolitik und zeitweise sehr umfangreiche Käufe von Staatsanleihen („quantitative easing“) zu beenden, ist bis zuletzt ohne nachhaltigen Erfolg geblieben. Gleichzeitig ist in Japan eine sehr expansive Fiskalpolitik zu beobachten. Sie hat dazu geführt, dass Japan heute mit 238 % (2018) die höchste Schuldenstandsquote aller OECD-Länder aufweist. Die anhaltende Wachstumsschwäche Japans ist auf gravierende Strukturprobleme im Finanzsektor und eine enorme Überbewertung des

Yen in der ersten Hälfte der 1990er-Jahre zurückzuführen. Aufgrund kaum steigender und immer wieder sinkender Nominallöhne ist es der japanischen Wirtschaft in den zurückliegenden Jahrzehnten nicht gelungen, aus dieser deflationären Entwicklung herauszukommen (▶*Abbildung 21.4*).

Im Zuge der Wirtschaftskrise der Jahre 2008/09 gerieten auch die US-amerikanische Notenbank und die Bank of England an die Nullzinsschranke. Dementsprechend haben diese Regierungen in den Jahren 2008 und 2009 ungewöhnlich umfangreiche fiskalpolitische Stabilisierungsprogramme beschlossen. Bis heute bewegen sich die Notenbankzinsen in den großen Industrieländern auf einem im historischen Vergleich niedrigen Niveau. Die Europäische Zentralbank hat sich erst vergleichsweise spät, im November 2013, dazu durchringen können, ihre Leitzinsen weitgehend an die Nulllinie heranzuführen.

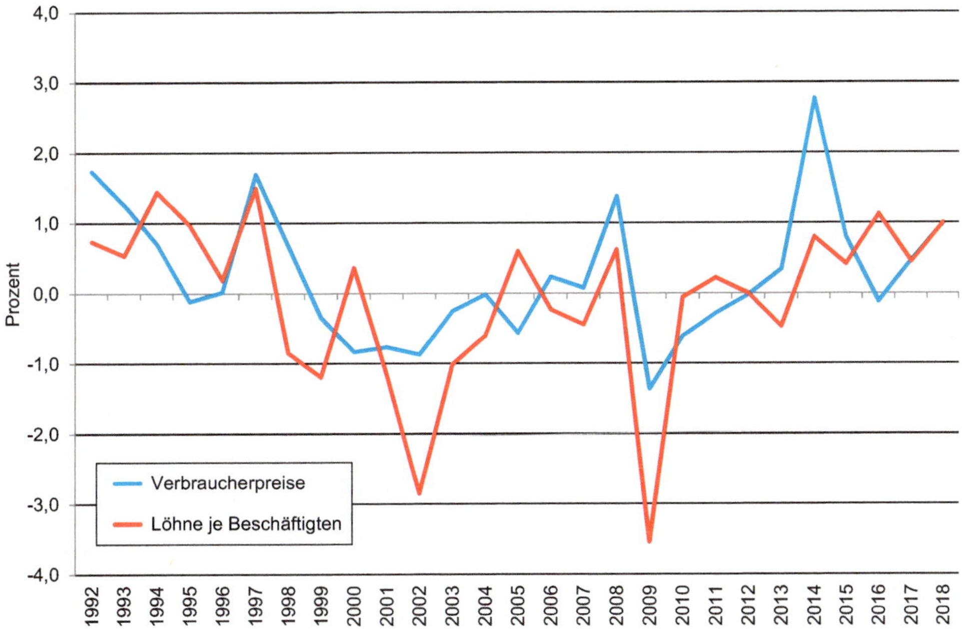

Abbildung 21.4: Deflation in Japan (Veränderung der Verbraucherpreise und der Löhne je Beschäftigtem gegenüber dem Vorjahr)
Quelle: OECD Economic Outlook 95 Database.

21.2 Institutionelle und politökonomische Faktoren

21.2.1 Europäische Währungsunion: Rollenverteilung für die nationale Fiskalpolitik und europäische Geldpolitik

Für die wirtschaftspolitische Rollenverteilung in Deutschland spielt die Mitgliedschaft in der Europäischen Währungsunion eine zentrale Rolle. Der damit verbundene Verzicht auf eine autonome Geldpolitik hat zur Folge, dass es in Deutschland – wie in den anderen 18 Mitgliedsländern der Europäischen Währungsunion – keine Möglichkeit mehr gibt, auf *nationale* konjunkturelle Schocks zinspolitisch zu reagieren. Das in Deutschland vorherrschende Zinsniveau wird von der Europäischen Zentralbank einheitlich für den gesamten Euroraum bestimmt. Das bringt es mit sich, dass die Geldpolitik der EZB den wirtschaftspolitischen Erfordernissen des gesamten Euroraums Rechnung tragen muss. Sie kann also nicht gezielt auf Schocks reagieren, die auf Deutschland beschränkt sind. Diese gehen nur mit dem wirtschaftspolitischen Gewicht Deutschlands (anhand von rund 29 % des *Bruttoinlandsprodukts* des Euroraums) in die makroökonomische Zielinflation der EZB ein. Bei einem nationalen Nachfrageschock verbleiben somit allein die Instrumente der Fiskalpolitik. Hier sind jedoch die schon erwähnten Restriktionen durch den *Stabilitäts- und Wachstumspakt* und den Fiskalpakt (*Kapitel 19*) zu berücksichtigen. Nach dem Stabilitäts- und Wachstumspakt darf das Budgetdefizit eines Landes nicht höher als 3 % in Relation zum Bruttoinlandsprodukt ausfallen. Um dabei das Wirken der automatischen Stabilisatoren in Rezessionen zu ermöglichen, muss in wirtschaftlichen Normaljahren ein fast ausgeglichenes Budget erreicht werden. Der im Jahr 2012 beschlossenen Fiskalpakt (oft auch als Fiskalvertrag bezeichnet) erlaubt sogar nur ein strukturelles Defizit von 0,5 %[1]. Für *expansive* fiskalpolitische Maßnahmen besteht somit nur ein eingeschränkter Handlungsspielraum. Demgegenüber ist es im Fall einer konjunkturellen Überhitzung auch im nationalen Alleingang relativ gut möglich, eine *restriktive* Politik zu verwirklichen. Der institutionelle Rahmen der EWU ist also vor allem für eine eigenständige Finanzpolitik zur Nachfragebelebung recht eng geschneidert. Dies ist insbesondere für ein großes Land wie Deutschland problematisch, während es bei der engen wirtschaftlichen Verzahnung innerhalb des Euroraums für kleinere Länder weniger wahrscheinlich ist, dass sie isoliert in eine schwere Rezession geraten.

Bei *europaweiten* Schocks sprechen die engen Spielräume der nationalen Fiskalpolitiken ebenso wie die Probleme einer Koordination der 19 Mitgliedsländer eindeutig dafür, dass die EZB mit ihrer Geldpolitik eine Führungsrolle übernimmt. Dies gilt umso mehr, als die Europäische Union über keine eigenständigen fiskalpolitischen Instrumente verfügt. Bisher hat sich gezeigt, dass die EZB mit ihrer Zinspolitik weitgehend bereit ist, eine solche stabilisierende Funktion bei europaweiten Schocks wahrzunehmen, wobei sie sich allerdings bis Anfang der 2010-Jahre sehr expansiv verhielt als die US-amerikanische Notenbank, die Bank of England oder die Bank of Japan.

---

1 Es ist davon auszugehen, dass die Grenze des Fiskalpakts, die sich auf das strukturelle Defizit bezieht, strenger ist als die des Stabilitäts- und Wachstumspakts, der sich auf das tatsächliche Defizit bezieht. Ein strukturelles, d.h. um konjunkturelle Schwankungen bereinigtes Defizit, dürfte bei einer Rezession in der Regel zu einem tatsächlichen Defizit führen, das geringer ist als 3 %.

Unmittelbar nach dem Start der Währungsunion hat die Europäische Zentralbank im April 1999 die Zinsen gesenkt, um die schwache Konjunktur des Euroraums zu beleben. Mit der deutlichen konjunkturellen Belebung im Jahr 2000 hat sie dann die zinspolitischen Zügel angezogen, um sie nach dem 11. September 2001 wieder spürbar zu lockern (*Abbildung 20.6*). Im Zuge der starken Belebung der Wirtschaft des Euroraums wurde der Leitzins kontinuierlich auf bis zu 4,25 % (Juni 2007) angehoben. In den Jahren der Wirtschafts- und Finanzkrise senkte die EZB ihren Leitzins auf 1,0 %. Trotz der sich verschärfenden Eurokrise erhöhte die EZB den Leitzins in der ersten Hälfte des Jahres 2011 auf bis zu 1,5 %. Seit November 2011 wurden die Zinsen dann schrittweise auf die Nullzinsgrenze abgesenkt. Seit Juni 2014 bewegt sich der Leitzins der EZB im negativen Bereich. Zudem wurden in hohem Maße unkonventionelle Maßnahmen, insbesondere umfangreiche Anleihekäufe, durchgeführt.

Eine Übersicht über die Rollenverteilung von Geld- und Fiskalpolitik im Euroraum gibt die ▸*Tabelle 21.1*.

Im Rückblick zeigt sich, dass die Fiskalpolitik des Euroraums im Ganzen gesehen deutlich weniger antizyklisch eingesetzt wurde, als dies in den meisten anderen Ländern der Fall war. Das strukturelle Defizit reagierte auf die weltwirtschaftlichen Schocks der Jahre 2001 und 2008/09 deutlich schwächer als in der Gruppe der OECD-Länder (▸*Abbildung 21.5*).

	Nachfrageschock	
	Euroraum	**National**
Geldpolitik	EZB kann direkt und rasch reagieren	Indirekte Reaktion der EZB gemäß des wirtschaftspolitischen Gewichts eines Landes
Fiskalpolitik	Keine gemeinschaftliche Fiskalpolitik auf der EU-Ebene Problem der Koordination von 19 nationalen Fiskalpolitiken	Nationale Fiskalpolitik kann gezielt reagieren Im Fall eines negativen Nachfrageschocks aber eingeschränkte Handlungsspielräume durch den Stabilitäts- und Wachstumspakt sowie den Fiskalpakt

Tabelle 21.1: Rollenverteilung von Geld- und Fiskalpolitik im Euroraum

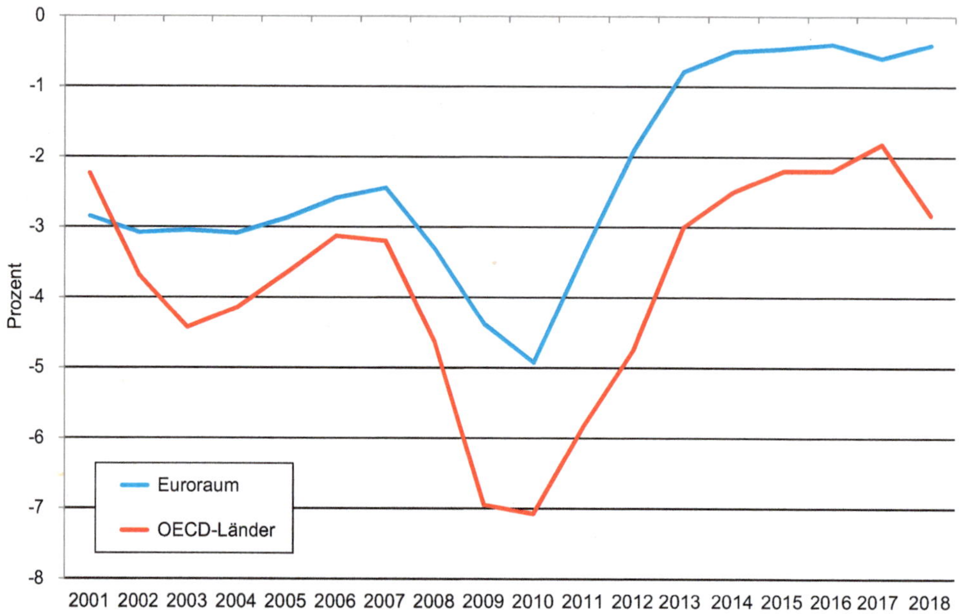

Abbildung 21.5: Struktureller Budgetsaldo im Euroraum und in den OECD-Ländern in % des Bruttoinlandsprodukts
Quelle: OECD Economic Outlook 95 Database.

21.2.2 Zur Effizienz von Geld- und Fiskalpolitik

Neben den spezifischen institutionellen Gegebenheiten einer Währungsunion gibt es eine Reihe weiterer Aspekte, die für die Anwendbarkeit und Effizienz geld- und fiskalpolitischer Maßnahmen von Bedeutung sind:

- der Zeitbedarf der Entscheidungsprozesse,
- die mit wirtschaftspolitischen Maßnahmen verbundenen Wirkungsverzögerungen und
- die Reversibilität von expansiven Maßnahmen.

Zeitbedarf der Entscheidungsprozesse: In diesem Punkt ist die Geldpolitik der Fiskalpolitik eindeutig überlegen. Während fiskalpolitische Maßnahmen in der Regel einen zeitraubenden Abstimmungsprozess erfordern (Bundesregierung, Bundestag, Bundesrat), sind die geldpolitischen Entscheidungsprozesse recht kurz. Der EZB-Rat kann seine Entscheidungen zeitnah fällen und sie dann unmittelbar umsetzen. Zwar wurden durch das *Stabilitäts- und Wachstumsgesetz* von 1967 für Deutschland institutionelle Mechanismen geschaffen, die den „decision lag" in der Fiskalpolitik erheblich reduzieren, in der Praxis sind diese Maßnahmen jedoch nie angewendet worden.

Dieser Vorteil der Geldpolitik gegenüber der Fiskalpolitik gilt natürlich in besonderem Maße auf der europäischen Ebene. Die *Europäische Zentralbank* kann mit einfacher Mehrheit Zinsänderungen beschließen, die unmittelbar wirksam werden. Für die europäischen Finanzminister wäre es demgegenüber sehr viel schwieriger, sich z.B. auf ein koordiniertes, fiskalpolitisches Ausgabenprogramm zu verständigen und dies dann in ihren Ländern auch politisch durchzusetzen.

Wirkungsverzögerungen: Wie schon erwähnt, sind sich die Wissenschaftler einig, dass geldpolitische Maßnahmen indirekt wirken und daher durch „lange und variable Wirkungsverzögerungen" gekennzeichnet sind. Dies liegt daran, dass eine Leitzinssenkung zunächst über das Bankensystem und dann über die Investitionen wirken muss. Bei einer allgemein unsicheren Wirtschaftslage – mit einer zumindest recht wenig zinselastischen IS-Kurve – kann es dabei durchaus dauern, bis die Unternehmen dies zum Anlass für zusätzliche Investitionen nehmen. Die Fiskalpolitik hat demgegenüber direkte Nachfrageeffekte. Dies gilt vor allem für eine Senkung der *Einkommensteuer*, die über ein höheres verfügbares Einkommen unmittelbar auf den privaten Konsum wirkt. Ausgabenprogramme, z.B. im Straßenbau, wirken demgegenüber eher verzögert, da dafür in der Regel erst entsprechende Planungen und Genehmigungen erforderlich sind. Sie weisen jedoch einen deutlich höheren *Multiplikator* auf als Steuersenkungen.

Reversibilität: Wenn man von einem zyklischen Konjunkturmuster ausgeht, müssen die konjunkturpolitischen Maßnahmen in gleichem Maße expansiv und restriktiv eingesetzt werden können. Hier liegt wiederum ein entscheidender Vorteil der Geldpolitik, insbesondere dann, wenn die geldpolitischen Entscheidungsträger – wie im Fall der EZB – politisch unabhängig sind (siehe dazu *Box 20.2*). Bei der Fiskalpolitik besteht demgegenüber das Problem, dass es politisch relativ einfach ist, in der Rezession zusätzliche Staatsausgaben oder Steuersenkungen zu beschließen. Im Vergleich dazu fällt es aber den politischen Entscheidungsträgern im Boom schwer, das Gegenteil zu tun. Oft wird bei staatlichen Ausgabenprogrammen auch nicht hinreichend berücksichtigt, welche Folgekosten damit verbunden sind. Wie die Erfahrung der 1970er-Jahre in Deutschland und vielen anderen europäischen Ländern gezeigt hat, läuft eine antizyklische Fiskalpolitik also immer Gefahr, über die Zeit hinweg zu steigenden Staatsausgaben und einer wachsenden Staatsverschuldung zu führen. In den 1990er-Jahren ist es jedoch einer Reihe von Ländern (skandinavische Länder, Großbritannien und Vereinigte Staaten) durchaus gelungen, nach hohen Defiziten auch wieder einen Überschuss in den öffentlichen Haushalten zu realisieren.

21.3 Fallstudie: Makroökonomische Politik in Krisenphasen

Die Bedeutung der makroökonomischen Stabilisierungspolitik lässt sich verdeutlichen, wenn man zwei große globale Wirtschaftskrisen miteinander vergleicht:

- der als *„Große Depression"* bezeichnete Einbruch der Weltwirtschaft in den Jahren 1929 bis 1932,
- die Finanz- und Wirtschaftskrise der Jahre 2007 bis 2009, die vor allem durch den Zusammenbruch der Investmentbank Lehman Brothers im September 2008 eine gefährliche Abwärtsdynamik entwickelte.

Beide Krisen haben gemeinsam, dass ihnen Jahre mit einer überhitzten Wirtschaftsentwicklung und einem starken Anstieg von Vermögenspreisen vorausgingen (siehe dazu *Kapitel 30*), die dann zu erheblichen Problemen im Finanzsystem und zu einem abrupten Rückgang des Welthandels und der Weltproduktion führten (▸*Abbildung 21.6*).

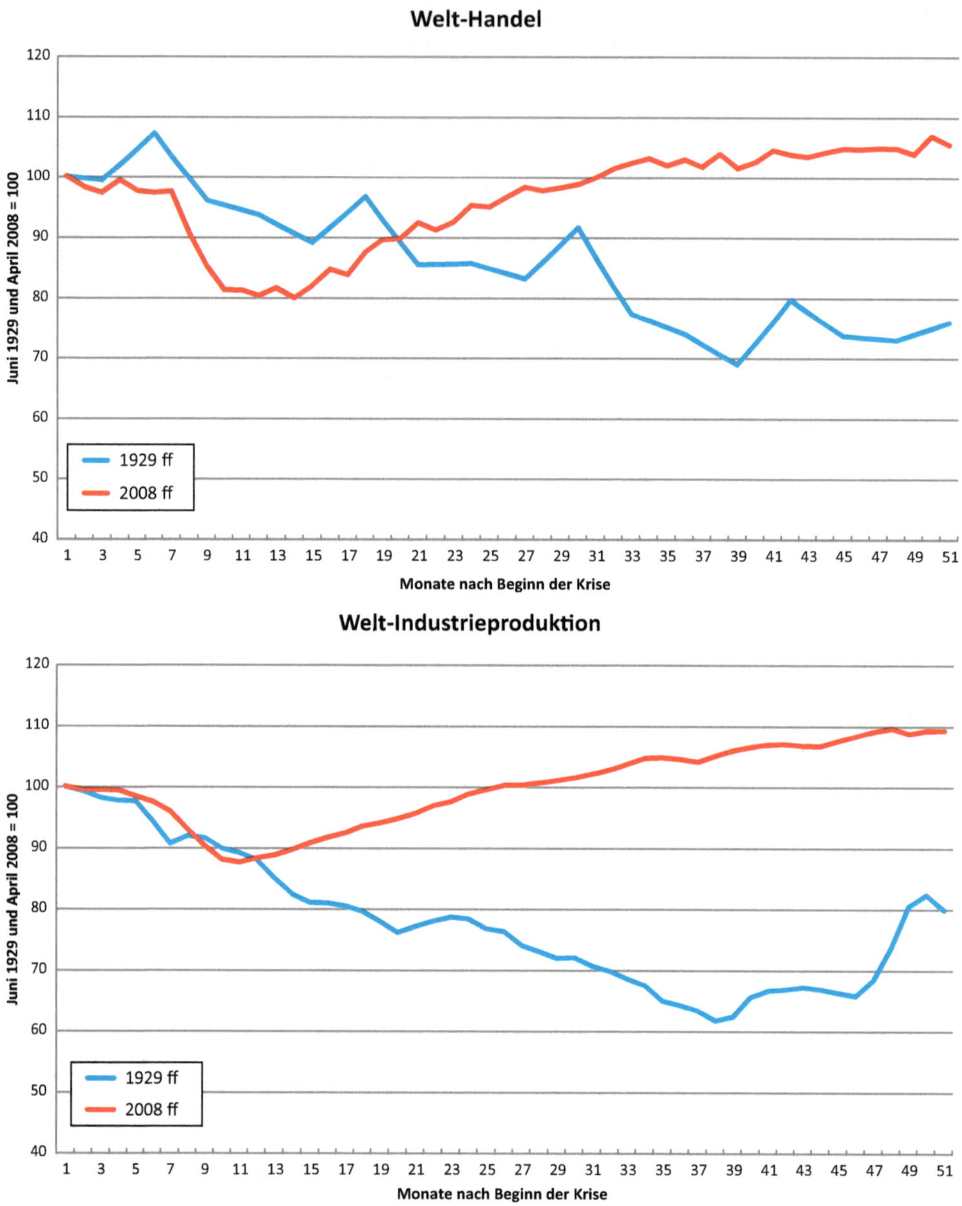

Abbildung 21.6: Entwicklung der Weltproduktion und des Handels in den beiden großen Wirtschaftskrisen
Quelle: Eichengreen und O'Rourke (2010) und CPB Netherlands Bureau for Economic Policy Analysis.

Da die Weltwirtschaft bei der Krise 2008/09 zunächst bei der Industrieproduktion ähnlich stark und beim Welthandel sogar noch stärker in die Knie ging als bei der Großen Depression (*Abbildung 21.6*), stellte sich im Herbst 2008 die Frage, ob es erneut zu einem so tiefen und lang anhaltenden Rückgang der Wirtschaftstätigkeit kommen würde wie damals. Im Rückblick weiß man, dass sich die Geschichte nicht wiederholt hat. Vielmehr ist es bereits im Frühjahr 2009 gelungen, den Abwärtsprozess erfolgreich zu stoppen, so dass im Jahr 2010 in den meisten Ländern bereits wieder ein Anstieg des realen Bruttoinlandsprodukts verzeichnet werden konnte. Wie die Daten für die Vereinigten Staaten und Deutschland verdeutlichen, stellt das einen deutlichen Unterschied zur Großen Depression dar, in der sich der Rückgang der Wirtschaftsleistung zunächst noch verstärkte und über mehr als vier Jahre anhielt.

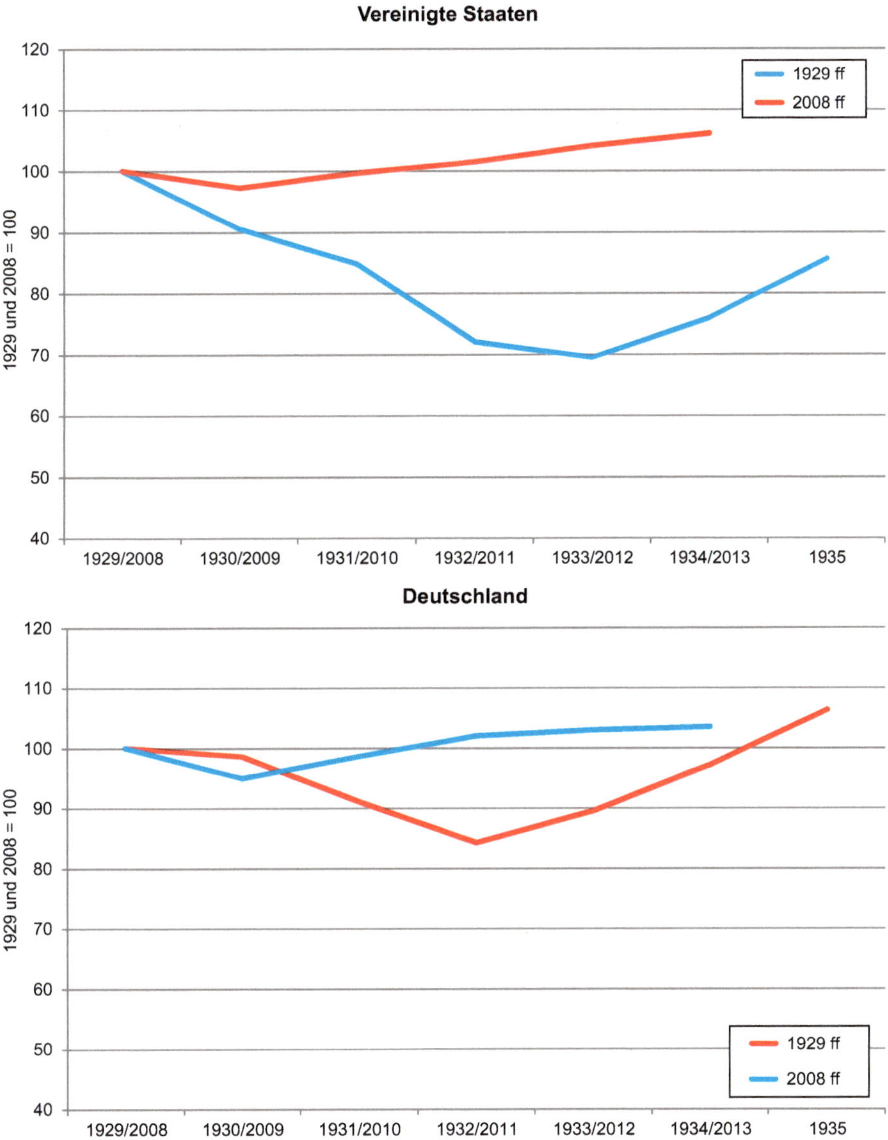

Abbildung 21.7: Entwicklung des realen Bruttoinlandsprodukts in den beiden großen Wirtschaftskrisen

Quelle: Council of Economic Advisers (ALFRED-Database), OECD (Economic Outlook 95 Database) und Deutsche Bundesbank (1976).

Die entscheidende Erklärung für die divergierenden Entwicklungen im Verlauf der beiden großen Wirtschaftskrisen ist in der makroökonomischen Politik zu sehen (siehe ▶*Abbildung 21.8*).

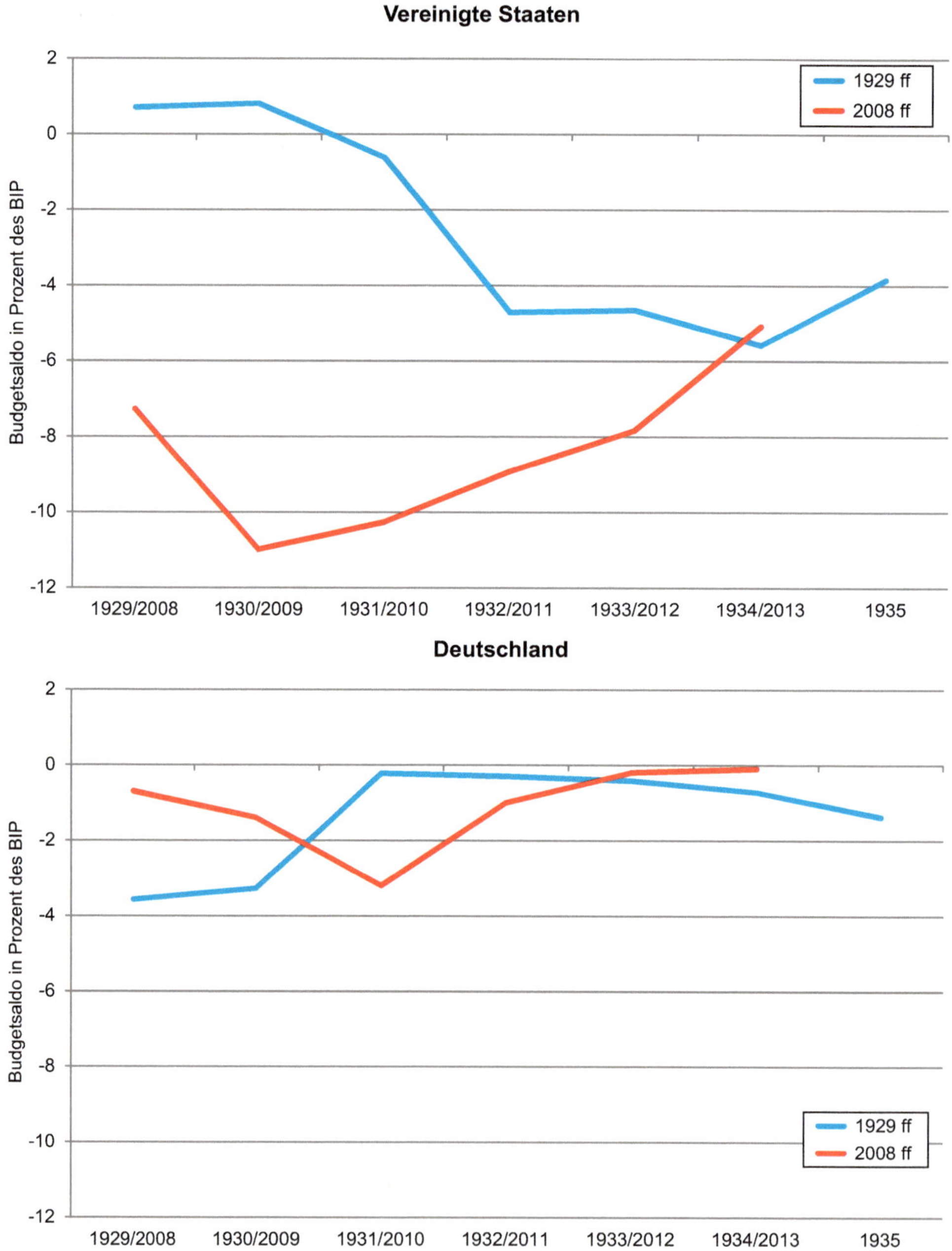

Abbildung 21.8: Fiskalpolitische Reaktion in den Vereinigten Staaten und Deutschland; Budgetsaldo in % des Bruttoinlandsprodukts
Quelle: Council of Economic Advisers (ALFRED-Database), OECD (Economic Outlook 95 Database) und Deutsche Bundesbank (1976).

In der Krise der 1930er-Jahre sahen sich die Regierungen noch nicht in der Verantwortung, aktiv zu einer Stabilisierung der gesamtwirtschaftlichen Nachfrage beizutragen. Sie konnten sich dabei nicht zuletzt auf den damaligen Wissensstand der Volkswirtschaftslehre berufen.[2] Er war von der Vorstellung geprägt, die Marktwirtschaft sei ein System, das durch flexible Preise, Löhne und Zinsen über kraftvolle Selbststabilisierungsmechanismen im Fall von exogenen Schocks verfügt. Dementsprechend verhielten sich die Finanzminister nach Ausbruch der Krise nicht anders als private Haushalte. Sie versuchten also, die deutlich sinkenden Steuereinnahmen durch entsprechende Ausgabenkürzungen zu vermeiden, um so möglichst keine Schulden aufnehmen zu müssen. So hat der deutsche Reichskanzler Heinrich Brüning (1885–1970) in vier Notverordnungen die Beamtenbezüge und Pensionen massiv gekürzt und darüberhinaus insgesamt die Löhne in der Wirtschaft um rund 25 % gesenkt. Es gelang ihm damit tatsächlich, in den Krisenjahren 1931 und 1932 einen nahezu ausgeglichenen Haushalt zu realisieren. Aber er verstärkte durch seine Politik den Abschwung, anstatt ihm entgegenzutreten. Anstelle einer antizyklischen betrieb er somit eine *prozyklische Fiskalpolitik*. Die Daten für die Finanzpolitik der Vereinigten Staaten zeigen, dass dort damals ganz ähnlich verfahren wurde, auch hier stand zunächst der Haushaltsausgleich im Zentrum der Politik. Erst ab dem Jahr 1933 wurde dort ein konsequentes „deficit spending" betrieben.

Dass der Staat bei gravierenden Nachfrageschocks eine aktive Rolle bei der Stabilisierung der gesamtwirtschaftlichen Nachfrage einnehmen muss, wurde theoretisch erst nach der Krise umfassend herausgearbeitet. Die Grundlagen hierfür wurden von John Maynard Keynes in seinem im Jahr 1936 erschienenen Buch „General Theory of Employment, Interest and Money" gelegt. Daraus wurde dann in den Folgejahren die auch heute noch an allen Universitäten gelehrte Makroökonomie, insbesondere das IS/LM-Modell (siehe *Kapitel 24*), entwickelt.

Für seine Stabilisierungsfunktion stehen dem Staat neben der Fiskalpolitik auch die Instrumente der Geldpolitik zur Verfügung. Auch hier werden erhebliche Unterschiede beim Vergleich der beiden Krisen deutlich (siehe *Abbildung 21.9*). Während im Verlauf des Jahres 2008 die Europäische Zentralbank und die US-Notenbank relativ schnell die kurzfristigen Zinsen auf Werte von 1 % und darunter absenkten, verhielten sich die Zentralbanker Anfang der 1930er-Jahre sehr viel zurückhaltender. In den Vereinigten Staaten zog sich der Zinssenkungsprozess über mehrere Jahre hin. In Deutschland erhöhte die Reichsbank im Jahr 1931 sogar die Zinsen, weil sie den massiven Abfluss von ausländischen Investoren fürchtete. Da Deutschland damals im Rahmen des internationalen Goldstandards einen festen Wechselkurs zum Dollar hatte und diesen auch in der Krise nicht aufgeben wollte, musste die Notenbank versuchen, auf diese Weise eine Kapitalflucht zu vermeiden, die zur Abkehr von der Festkursbindung geführt hätte.

Insgesamt zeigt der Vergleich der beiden großen Krisen, wie wichtig es ist, dass der Staat mit den Instrumenten der Fiskal- und der Geldpolitik in der Lage ist, die gefährliche Abwärtsspirale aus realwirtschaftlicher Kontraktion und Bankinsolvenzen möglichst rasch zu stoppen. Dabei ist es unvermeidlich, dass es zu hohen Defiziten und

2 Es gab allerdings auch damals Ökonomen, die wie der im Reichswirtschaftsministerium tätige *Wilhelm Lautenbach* (1891–1948) Konzepte für eine antizyklische Fiskalpolitik entwickelten. Der im Jahr 1931 vorgelegte sogenannte Lautenbach-Plan sah kreditfinanzierte öffentliche Arbeitsbeschaffungsmaßnahmen vor, er wurde jedoch von der Regierung nicht aufgegriffen. Siehe dazu Lautenbach (1952).

einer zunehmenden Staatsverschuldung kommt. Die Schwierigkeit besteht dann darin, den Rückzug des Staates als Konjunkturlokomotive („Exit“) so zu organisieren, dass er weder zu früh kommt, was eine erneute konjunkturelle Abschwächung mit sich bringen würde, noch zu spät, was mit der Gefahr inflationärer Tendenzen verbunden wäre.

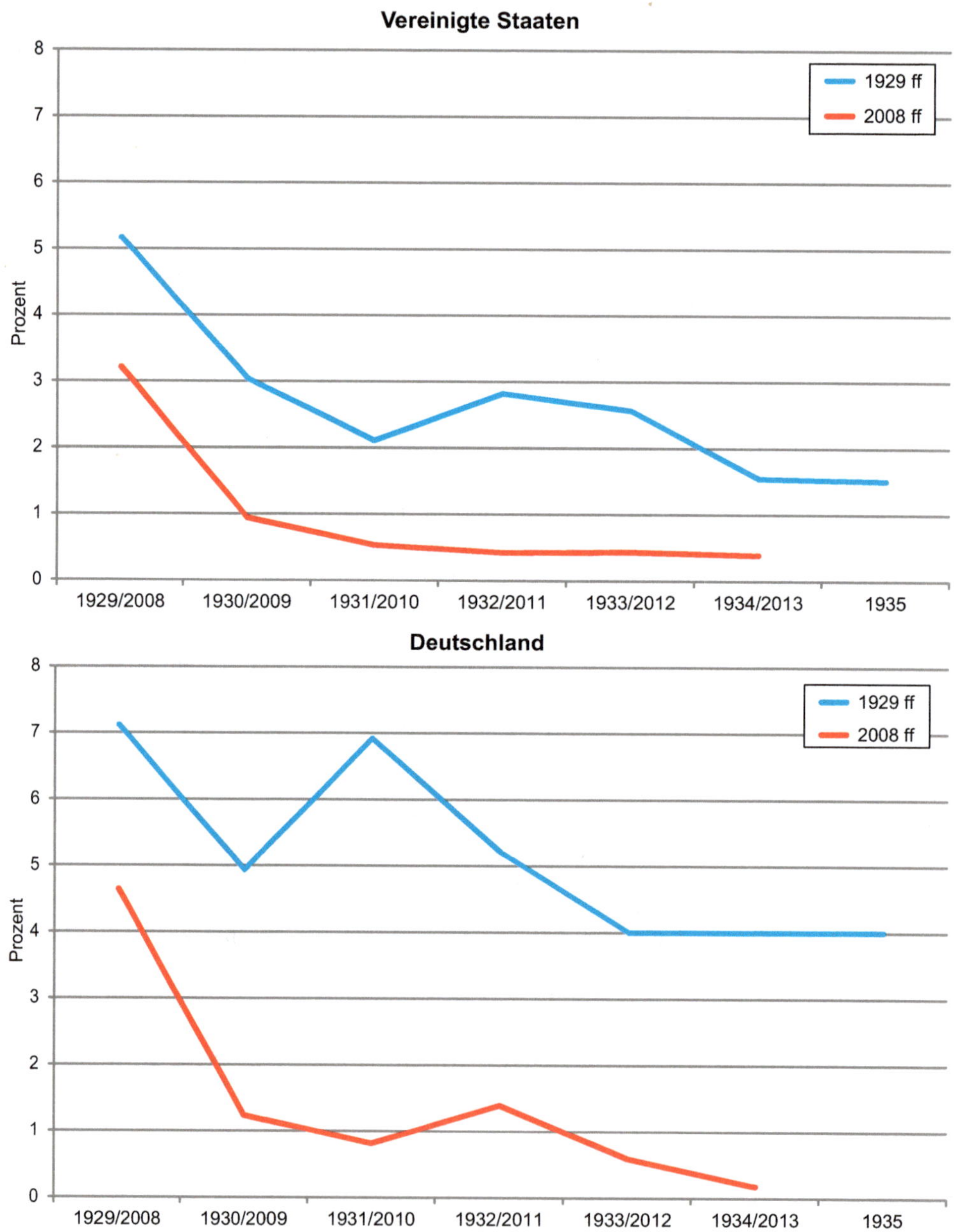

Abbildung 21.9: Geldmarktzinssätze (zinspolitische Reaktion) in den Vereinigten Staaten und Deutschland
Quelle: Council of Economic Advisers (ALFRED-Database), OECD (Economic Outlook 95 Database) und Deutsche Bundesbank (1976).

Der Monetarist

© Corbis-Bettmann, New York, 1912–2006

Milton Friedman wurde am 31.7.1912 in New York geboren und starb am 16.12.2006 in San Francisco. Er war einer der einflussreichsten Ökonomen des vergangenen Jahrhunderts.

Seine wissenschaftlichen Arbeiten setzen sich vor allem mit Fragen der Geld- und Währungstheorie auseinander. Seine Studien zur Geldpolitik führten ihn zu dem Ergebnis, dass eine aktivistische Zinssteuerung, wie sie in den *Kapiteln 20* und *23* dieses Buches dargestellt wird, destabilisierend wirke. Stattdessen solle sich die Geldpolitik darauf beschränken, die Geldmenge mittelfristig auf einem stabilen – aus der *Quantitätstheorie* abgeleiteten – Pfad zu halten. Die Erfahrungen mit einer solchen „monetaristischen" Politik waren jedoch enttäuschend. Viele Notenbanken, die in den 1970er-Jahren damit experimentiert hatten, gingen bald wieder zur Zinssteuerung über. In der Strategie der Europäischen Zentralbank findet sich mit einem „Referenzwert" für die Geldmenge noch ein Rest des Monetarismus, der sich jedoch nicht bewährt hat: Seit Jahren zeigt dieser Indikator hohe inflatorische Risiken an, die sich jedoch bisher nicht manifestiert haben. Dementsprechend findet er in der Kommunikation der EZB kaum noch Beachtung.

Einen größeren Bestand hat demgegenüber Friedmans Konzeption für die Währungspolitik. Schon 1953 hatte er dem damaligen Festkurssystem von Bretton Woods die Alternative der flexiblen Wechselkurse gegenübergestellt. Im Jahr 1973 wurde diese Realität und sie bestimmt bis heute die Beziehungen zwischen den großen Währungen der Welt (Dollar, Euro, Yen, Pfund Sterling).

Darüber hinaus ist Friedman ein wortgewaltiger Kritiker des modernen Wohlfahrtsstaats. Sein Plädoyer für ein möglichst ungehindertes Spiel der Marktkräfte sowie einen Abbau von staatlichen Regulierungen und Steuersenkungen fanden in der Wirtschaftspolitik des amerikanischen Präsidenten Ronald Reagan und der britischen Premierministerin Margaret Thatcher ihren Niederschlag. Auch die von Bundeskanzler Gerhard Schröder im Jahr 2003 beschlossene Agenda 2010 war vom Geist Milton Friedmans geprägt. 1976 erhielt Friedman den Nobelpreis für Wirtschaftswissenschaften.

Zitat

„My views on government spending can be summarized by the following parable: If you spend your own money on yourself, you are very concerned about how much is spent and how it is spent. If you spend your own money on someone else, you are still very much concerned about how much is spent, but somewhat less concerned about how it is spent. If you spend someone else's money on yourself, you are not too concerned about how much is spent, but you are very concerned about how it is spent. However, if you spend someone else's money on someone else, you are not very concerned about how much is spent, or how it is spent."[3]

3 Siehe dazu Friedmans Bemerkungen im Rahmen der Feierlichkeiten zu seinem 90. Geburtstag (Friedman, 2002).

Ausbildung und Beruf

1928–1933 Studium der Mathematik und Wirtschaftswissenschaften, u.a. an der New Yorker Columbia-Universität und an der University of Chicago
1934–1935 Research Assistant, Columbia University
1937 Tätigkeit am National Bureau of Economic Research
1946–1976 Professor an der University of Chicago

Werke

1953 Essays in Positive Economics, Chicago, University of Chicago Press
1959 A Program for Monetary Stability, New York, Fordham Press
1962 Capitalism and Freedom, Chicago, University of Chicago Press
1963 (mit Anna Schwartz): A Monetary History of the United States, Princeton, Princeton University Press
1969 The Optimum Quantity of Money and Other Essays, Chicago, Aldine Publishing Co.

Schlagwörter

- Assignment (S. 402)
- Investitionsfalle (S. 402)
- makroökonomische Rollenverteilung (S. 402)
- Nominalzinsfalle (S. 403)
- Stabilitäts- und Wachstumsgesetz (S. 408)
- Stabilitäts- und Wachstumspakt (S. 406)

Aufgaben

Musterlösungen zu den hier gestellten Aufgaben finden Sie im MyLab | Grundzüge der VWL.

1. A-Land befindet sich in der Situation eines Vollbeschäftigungsgleichgewichts. Der autonome Konsum beträgt fünf Einheiten, die Konsumquote liegt bei 0,5, die Staatsausgaben belaufen sich auf eine Einheit. Das Vollbeschäftigungseinkommen beträgt 14. Die Investitionsfunktion lautet:

   $I = 4 - 1{,}5i$

   a) Durch einen Kurseinbruch am Aktienmarkt geht der autonome Konsum auf eine Einheit zurück. Beschreiben Sie eine sinnvolle Politikreaktion, um das Vollbeschäftigungsgleichgewicht wieder zu erreichen.

   b) Durch den Kurseinbruch gehe der autonome Konsum auf nur zwei Einheiten zurück. Die Fiskalpolitik stehe jedoch unter der Verpflichtung eines Konsolidierungspaktes, wonach sie nicht mehr als zwei Einheiten an Staatsausgaben vornehmen darf. Welche Politikmöglichkeiten gibt es, wenn die Notenbank bestrebt ist, die Zinsen so wenig wie möglich zu variieren?

2. Laden Sie sich von der Internetseite der Federal Reserve of St. Louis (*https://fred.stlouisfed.org/*) Daten für die vierteljährliche saisonbereinigte Entwicklung des realen Bruttoinlandsproduktes in den USA herunter, sowie für die von der Fed kontrollierten kurzfristigen Zinsen. Beurteilen Sie anhand dieser Daten, inwieweit die Fed mit ihrer Zinspolitik auf die Nachfrageentwicklungen in den USA reagiert hat.

LERNZIELE

- Wenn man erklären will, wie eine Notenbank die Inflationsrate steuert, muss man das Grundmodell erweitern, indem man zwischen dem Nominalzins und dem *Realzins* differenziert. Die Investitionsnachfrage und damit auch die gesamtwirtschaftliche Nachfrage werden dann vom *Realzins* bestimmt.
- Die Notenbank kann den Realzins steuern, indem sie den Nominalzins steuert und von diesem wiederum die erwartete Inflationsrate subtrahiert.
- Die Inflationsrate wird durch die *Phillips-Kurve* bestimmt. Deren Grundannahme besteht darin, dass die Lage am Arbeitsmarkt und die erwartete Inflationsrate eine wesentliche Rolle für die Lohnverhandlungen spielen. Während die „ursprüngliche *Phillips-Kurve*" diesen Zusammenhang für die Nominallöhne entwickelt hat, zeigt die *„um Erwartungen modifizierte Phillips-Kurve"*, dass sich dieser auf die Reallöhne beziehen muss.
- Verbindet man die *Phillips-Kurve* mit einer vom *Realzins* abhängigen IS-Kurve, kann man zeigen, wie die Notenbank die Inflationsrate steuern kann.
- Bei *Nachfrageschocks* führt eine am Ziel der Geldwertstabilität orientierte Zinspolitik automatisch dazu, dass auch Output-Lücken vermieden werden.
- Bei *Angebotsschocks* steht die Notenbank vor einem „trade-off" zwischen dem Ziel der Geldwertstabilität und dem Ziel der Output-Stabilisierung. In der Regel versuchen die Notenbanken, hier eine Kompromisslösung anzusteuern.
- Die in diesem Kapitel dargestellten Zusammenhänge können Sie mit dem Modell *„Makro Kapitel 22"* auf der begleitenden Webseite unter *www.pearson-studium.de* simulieren.

22 Wie es zu Inflation kommt und was die Notenbank dagegen tun kann

ÜBERBLICK

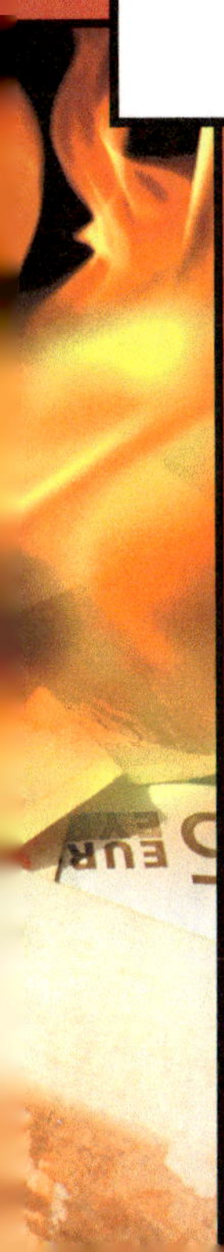

22.1 Überblick

Wir haben in den *Kapiteln 17* und *20* zwei wichtige Modelle für die Diskussion gesamtwirtschaftlicher Fragen kennengelernt.

- Die Landkarte, mit der wir in *Kapitel 17* gearbeitet haben, war extrem einfach aufgebaut. Sie bildete nur *Mengengrößen* ab, wie z.B. die gesamtwirtschaftliche Nachfrage, den privaten Verbrauch oder das Einkommen. Dieses simple Modell war aber immerhin ausreichend, um eine erste Orientierung im Gebiet der Makroökonomie zu ermöglichen. So konnten wir damit auf die Problematik deflationärer oder inflationärer Lücken eingehen und es ließ sich zeigen, wie Arbeitslosigkeit entsteht. Zusätzlich konnte die makroökonomische Rolle der Fiskalpolitik beleuchtet werden.
- In *Kapitel 20* wurde die Darstellung verfeinert, indem neben Mengengrößen auch der *Zins* mit ins Spiel gebracht wurde. Mit dieser Abbildung konnten wir beschreiben, wie unternehmerische Investitionsentscheidungen getroffen werden und wie der Wirtschaftsprozess durch die Zinspolitik einer Notenbank gesteuert werden kann.

Wenn wir uns an den in *Kapitel 15* beschriebenen Zielkatalog erinnern, fehlt somit eine wichtige Zielgröße: die *Inflationsrate*. Um nun auch die Preisentwicklung theoretisch beschreiben zu können, muss das in *Kapitel 20* verwendete Modell angepasst und erweitert werden. Wir werden dazu in *Abschnitt 22.2* den Unterschied zwischen dem Nominal- und dem *Realzins* verdeutlichen und in *Abschnitt 22.3* wird mit der *Phillips-Kurve* eine Theorie dargestellt, die den Zusammenhang zwischen der Arbeitslosigkeit bzw. der Output-Lücke und der Inflationsrate beschreibt. In *Abschnitt 22.4* lässt sich dann zeigen, wie die Notenbank beide Ziele gleichzeitig steuern kann. Abschließend werden wir in *Abschnitt 22.5* mit den *Angebotsschocks* eine weitere makroökonomische Störquelle kennenlernen, die in den letzten Jahrzehnten immer wieder zu Inflation und Arbeitslosigkeit geführt hat.

22.2 Der Realzins als Steuerungsgröße der Notenbank

In *Kapitel 20* wurde die Investitionsplanung eines Wirts dargestellt, der davon ausgeht, dass er bei einer Anfangsinvestition von 500.000 Euro jährliche Einzahlungsüberschüsse von 90.000 Euro erzielt. Der interne Zinsfuß, d.h. der Zinssatz, bei dem der Kapitalwert aller mit der Investition verbundenen Zahlungsströme gleich null ist, belief sich auf 12,4 %. Dabei wird stillschweigend unterstellt, dass es während der Laufzeit der Investition keine Preissteigerungen gibt.
Nehmen wir jetzt einmal an, dass für die zehnjährige Laufzeit mit einer jährlichen *Inflationsrate* von 2 % zu rechnen ist und dass deshalb auch die Einzahlungsüberschüsse entsprechend zunehmen. Wie ▸*Tabelle 22.1* verdeutlicht, erhält der Wirt dann schon im ersten Jahr einen Zufluss von 91.800 Euro (= 90.000 Euro · 1,02). Im zweiten Jahr sind es bereits 93.636 Euro usw. Wenn er sich jetzt wieder fragt, bei welcher Rendite er gerade seine Anschaffungsauszahlung hereinbekommt, ergibt sich ein *interner Zinsfuß* von 14,7 %.

Jahr	Einzahlungsüberschuss	abdiskontierter Überschuss mit i = 14,66 %
Anfangsauszahlung		−500.000,00
1	91.800,00	80.060,63
2	93.636,00	71.218,94
3	95.508,72	63.353,70
4	97.418,89	56.357,08
5	99.367,27	50.133,15
6	101.354,62	44.596,57
7	103.381,71	39.671,44
8	105.449,34	35.290,23
9	107.558,33	31.392,86
10	109.709,50	27.925,92
Kapitalwert		0

Tabelle 22.1: Kapitalwertberechnung bei Inflation

In einer Welt mit *Inflation* muss man also zwischen dem *Realzins* und dem Nominalzins unterscheiden. In unserem Beispiel ist der Zins von 14,7 % der *Nominalzins* (i), bei dem der Investor gerade indifferent ist. Der Zins von 12,4 % ist der *Realzins* (r), d.h. der Zins, der entscheidungsrelevant ist, wenn es keine Inflation gibt oder wenn man die Inflation bei den zukünftigen Zahlungen herausrechnet. Das Verhältnis von Realzins zu Nominalzins ergibt sich aus:

$$\frac{1+i}{1+\pi} = 1 + r \tag{22.1}$$

Wenn man das ausmultipliziert, erhält man:

$$1 + i = 1 + r + r\pi + \pi \tag{22.2}$$

Für relativ kleine Werte von r und π kann man die *Gleichung 22.2* vereinfachen zu:

$$i = r + \pi \tag{22.3}$$

Der Nominalzins lässt sich also vereinfacht darstellen als Summe aus Realzins und *Inflationsrate*. Man bezeichnet diesen Zusammenhang auch als *Fisher-Gleichung* – nach dem bekannten amerikanischen Ökonomen Irving Fisher (1867–1947); eine Kurzbiografie finden Sie am Ende dieses Kapitels.

Genau genommen handelt es sich bei der Inflationsrate in dieser Gleichung um eine Erwartungsgröße, da die Preisentwicklung für den Entscheidungszeitraum eines Investitionsprojekts nicht im Vorhinein bekannt ist. Die Gleichung lautet dann:

$$i = r + \pi^e \tag{22.4}$$

mit π^e als der erwarteten Inflationsrate. Zur Vereinfachung kann man unterstellen, dass die erwartete Inflationsrate mit der tatsächlichen Inflationsrate identisch ist.

Wir könnten in unserem Beispiel nun auch eine Entwicklung mit einer Inflationsrate von 3 % oder 30 % rechnen. Entsprechend würde der Nominalzins, bei dem der Investor indifferent ist, d.h. der *nominale* interne Zinsfuß, nach oben gehen. Der *reale* interne Zinsfuß bleibt dabei aber stets unverändert bei 12,4 %.

Man kann deshalb die in *Kapitel 20* beschriebene *Investitionsfunktion* in Abhängigkeit vom Realzins abbilden. Es besteht dabei zwischen dem Investitionsvolumen und dem Realzins ein negativer Zusammenhang. In allgemeiner Form lautet die Investitionsfunktion dann:

(22.5) $I = e - nr$

Nehmen wir die konkrete Investitionsfunktion aus *Kapitel 20* mit

(22.6) $I = 10 - 2i$

so können wir diese in eine Investitionsfunktion in Abhängigkeit vom Realzins transformieren, wenn wir für i die vereinfachte *Fisher-Gleichung* einsetzen. Für eine (erwartete) Inflationsrate von 2 % erhalten wir dann also:

(22.7) $I = 10 - 2(r + 2)$

oder

(22.8) $I = 6 - 2r$

▸*Abbildung 22.1* verdeutlicht, dass das Investitionsvolumen von 10, das bei einem Nominalzins von null erreicht wird, einem Realzins von −2 % entspricht. Dies ist genau dann der Fall, wenn die Investoren mit einer Inflationsrate von 2 % rechnen.

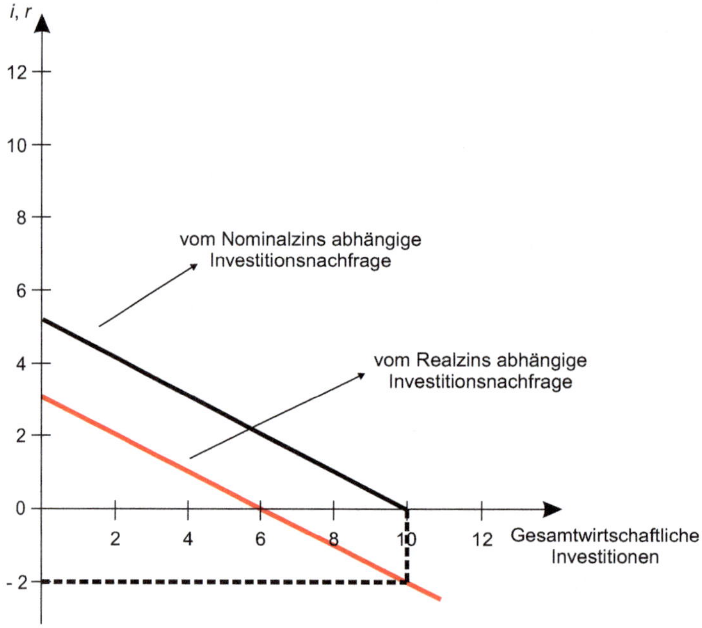

Abbildung 22.1: Die Investitionen in Abhängigkeit vom Realzins

In einem zweiten Schritt lässt sich dann die IS-Kurve – analog zu *Abbildung 20.4* – in Abhängigkeit vom Realzins bestimmen (▶*Abbildung 22.2*). Wiederum bleibt der Verlauf der Kurve unverändert; nach Maßgabe der erwarteten Inflationsrate liegt sie unterhalb der für den Nominalzins abgeleiteten Nachfragekurve.

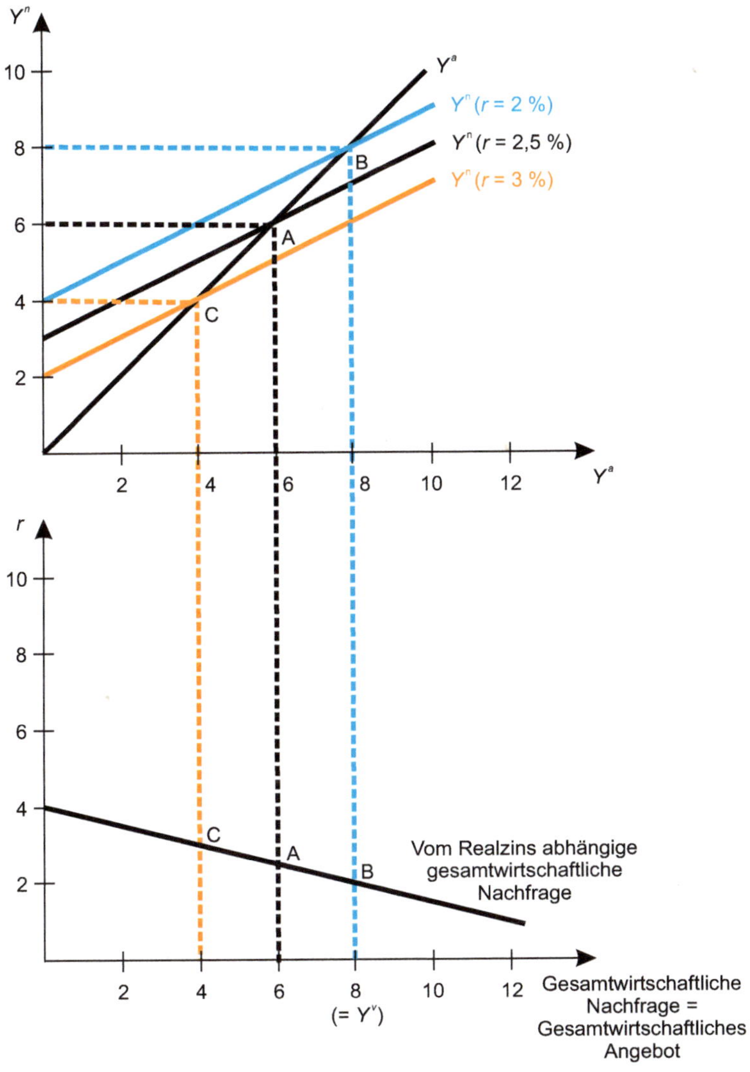

Abbildung 22.2: Die gesamtwirtschaftliche Nachfrage in Abhängigkeit vom Realzins

Formal kann man das Gleichgewichtseinkommen völlig analog zu *Abschnitt 20.2.3* herleiten. Die gesamtwirtschaftliche Nachfrage lautet:

(22.09) $Y^n = a + bY + (e - nr)$

Das kurzfristige gesamtwirtschaftliche Angebot ist wie bisher:

(22.10) $Y^a = Y$

Im Gleichgewicht, d.h. bei $Y^a = Y^n$, erhalten wir dann:

$$(22.11) \qquad Y = \left(\frac{1}{1-b}\right)[a + (e - nr)]$$

Die im r/Y-Diagramm abgebildete, vom Zinssatz abhängige IS-Kurve, die für unterschiedliche Zinsniveaus alle Orte des Gleichgewichts von gesamtwirtschaftlichem Angebot und gesamtwirtschaftlicher Nachfrage abbildet, erhalten wir, wenn wir diese Gleichung nach r auflösen:

$$(22.12) \qquad r = \frac{1}{n}(a+e) - \left(\frac{1-b}{n}\right)Y$$

Die IS-Kurve weist also ebenfalls eine negative Steigung auf.

22.3 Die Phillips-Kurve

Der zweite Theoriebaustein, den man benötigt, um die Inflationsentwicklung theoretisch erfassen zu können, ist die *Phillips-Kurve*. Sie wurde im Jahr 1958 von dem britischen Ökonom Alban Phillips (1914–1975) „entdeckt".

22.3.1 Ursprüngliche Phillips-Kurve und modifizierte Phillips-Kurve

Phillips stellte fest, dass es in den Jahren von 1948 bis 1957 und von 1861 bis 1913 in Großbritannien einen recht stabilen negativen Zusammenhang zwischen der Entwicklung der Nominallöhne und der Arbeitslosenquote gab (▸*Abbildung 22.3*).

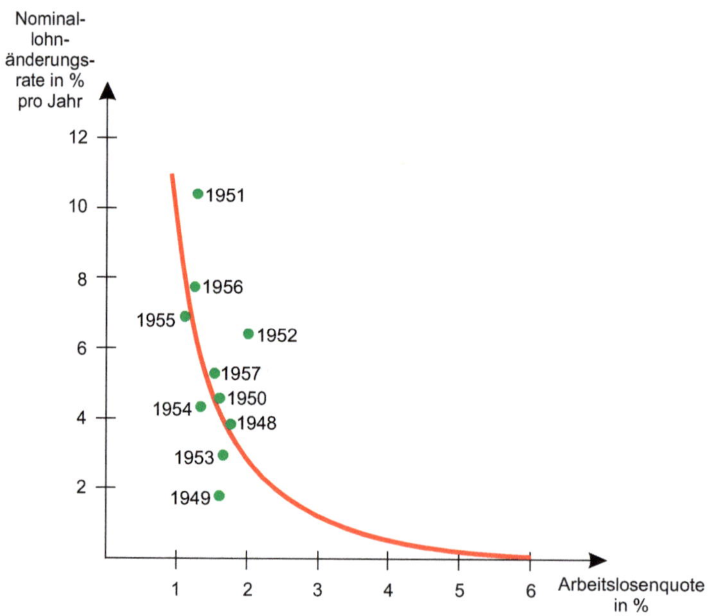

Abbildung 22.3: Empirische, ursprüngliche Phillips-Kurve (Vereinigtes Königreich 1948–1957)
Quelle: Phillips (1958, S. 297).

Dieser Zusammenhang ist recht einleuchtend: Bei hoher Arbeitslosigkeit sind die Gewerkschaften in einer schlechten Verhandlungsposition, sie können – wie in den Jahren 2000 bis 2007 in Deutschland – nur geringe Lohnerhöhungen durchsetzen. Bei einer guten Konjunktur- und Beschäftigungslage fällt es den Gewerkschaften relativ leicht, bei den Unternehmern stärkere Einkommensverbesserungen zu erreichen. Allgemein lautet der von Phillips entdeckte Zusammenhang:

$$\Delta w = f(U) \qquad (22.13)$$

Die prozentuale Veränderung des Nominallohns (Δw) wird also durch die Arbeitslosenquote (U) bestimmt. Man spricht hierbei auch von der *„ursprünglichen Phillips-Kurve"*.

Wie kommt man jetzt von der Lohnentwicklung zur Inflationsrate? Wie in *Kapitel 7* dargestellt, spielen Löhne und Produktivität eine wichtige Rolle in der Preiskalkulation der Unternehmen. Vereinfacht kann man also annehmen, dass die Unternehmen ihre Preise an die Lohnentwicklung anpassen, dabei aber einen Abschlag für den Produktivitätsfortschritt (λ) vornehmen. Dies wird auch als Aufschlagskalkulation oder „*mark-up-pricing*" bezeichnet. Man erhält so die folgende Gleichung:

$$\pi = \Delta w - \lambda \qquad (22.14)$$

Wenn also beispielsweise die Löhne um 5 % steigen und der Produktivitätsanstieg 2 % beträgt, erhöhen die Unternehmen ihre Preise um 3 %. Mit *Gleichung 22.14* kann man also den Nominallohnanstieg in *Gleichung 22.13* durch die *Inflationsrate* ersetzen und erhält die sogenannte „*modifizierte Phillips-Kurve*":

$$\pi = f(U) - \lambda \qquad (22.15)$$

Grafisch lassen sich die beiden Phillips-Kurven wie folgt abbilden (▶*Abbildung 22.4*):

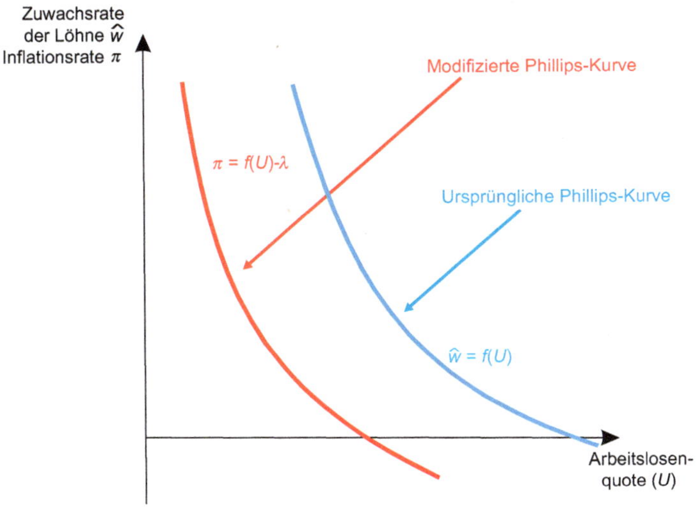

Abbildung 22.4: Stilisierte ursprüngliche und modifizierte Phillips-Kurve

Vor allem von Politikern wurde dieser Zusammenhang oft missverstanden. Sie gingen in den 1970er-Jahren häufig davon aus, dass man die *modifizierte Phillips-Kurve* auch in umgekehrter Kausalität verwenden könne: Mit einer hohen Inflationsrate sei also eine niedrige Arbeitslosenquote zu erreichen. Doch solche Umkehrschlüsse führen in der Regel in die Irre. So kommt es zwar häufig zu einer Krebserkrankung, wenn Menschen rauchen, aber ein Mensch, der an Krebs erkrankt, muss deshalb kein Raucher werden.

Für Deutschland zeigt sich in der Phase 1969 bis 2017 eine recht deutlich ausgeprägte *modifizierte Phillips-Kurve* (▶*Abbildung 22.5*). Die vor allem in den 2000er Jahren sehr hohe Arbeitslosigkeit hat dazu geführt, dass die Lohnsteigerungen nur noch sehr gering ausfielen. Gleichzeitig ist es wegen der geringen Lohnerhöhungen zu geringem Wachstum und damit einem Anstieg der Arbeitslosigkeit gekommen, was sich wiederum dämpfend auf die Preisentwicklung ausgewirkt hat.

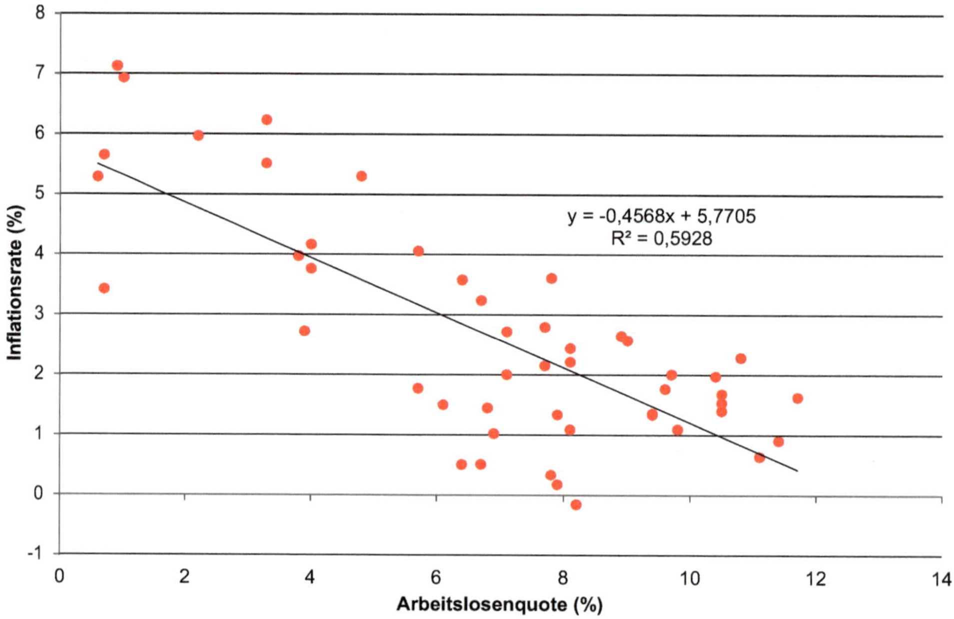

Abbildung 22.5: Modifizierte Phillips-Kurve für Deutschland von 1969 bis 2017. Daten bis 1994 für Westdeutschland.
Quelle: Statistisches Bundesamt.

22.3.2 Die Inflationserwartungen sind eine wichtige Determinante der zukünftigen Preisentwicklung („um Erwartungen erweiterte Phillips-Kurve")

Bei dieser ursprünglichen Interpretation der *Phillips-Kurve* stellte sich jedoch zusätzlich das Problem, dass der von Phillips untersuchte Zusammenhang zwischen *Nominallöhnen* und Beschäftigung nicht zutreffend ist. Wenn man sich fragt, welche Faktoren bei Tarifverhandlungen von Bedeutung sind, dann spielt die Arbeitsmarktlage sicher eine zentrale Rolle. Nicht minder bedeutsam ist aber die von Arbeitnehmern wie Arbeitgebern *erwartete Inflationsentwicklung*. Diese Größe ist in der ursprünglichen Phillips-Gleichung völlig unberücksichtigt geblieben. Streng genommen gilt der von

Phillips entdeckte Zusammenhang also nur für Phasen, in denen die Inflationserwartungen gleich null sind. Man spricht dann auch davon, dass bei den Arbeitnehmern *Geldillusion* vorherrscht, d.h., sie glauben, ein Euro heute sei genauso viel wert wie ein Euro morgen. Zur Verteidigung von Phillips muss gesagt werden, dass er seine Theorie für die 1950er-Jahre entwickelt hatte, in denen das Preisniveau vergleichsweise stabil geblieben ist.

Für eine realitätsnahe Beschreibung der Nominallohnentwicklung muss man deshalb die ursprüngliche Phillips-Gleichung (*22.13*) um die erwartete Inflationsrate erweitern. Man erhält dann:

$$(22.16) \quad \Delta w = f(U) + \pi^e$$

Ersetzt man jetzt wieder die Lohnentwicklung durch *Gleichung 22.14*, erhält man die *„um Erwartungen erweiterte Phillips-Kurve"* („expectations augmented Phillips curve"):

$$(22.17) \quad \pi = f(U) + \pi^e - \lambda$$

Die Inflationsrate wird also maßgeblich bestimmt von:

- der Arbeitsmarktsituation,
- der Produktivitätsentwicklung sowie von
- den Inflationserwartungen, die vor allem von den Tarifpartnern bei ihren Tarifabschlüssen gebildet wurden.

Letzteres erklärt, warum es für eine Notenbank so wichtig ist, welche Inflationsentwicklung die Menschen erwarten: In dem Maße, in dem niedrige Inflationserwartungen in Tarifverträge eingehen, ergibt sich so schon fast automatisch eine niedrige Inflationsrate. Aus diesem Grund verkünden heute viele Notenbanken Zielwerte für die Inflation und versuchen durch eine intensive Kommunikation mit der Öffentlichkeit darauf hinzuwirken, dass die Inflationserwartungen sich daran orientieren. Man bezeichnet eine solche Strategie als *„inflation targeting"*. Wenn sich die von den Privaten erwartete Inflationsrate mit der Zielrate der Notenbank deckt, spricht man davon, dass die Geldpolitik *„glaubwürdig"* ist.

Wie wir in *Kapitel 18* gesehen haben, besteht ein enger Zusammenhang zwischen der Arbeitslosigkeit und der Output-Lücke, d.h. der Differenz zwischen dem tatsächlichen Output und dem Output bei Vollbeschäftigung. Deshalb wird die *Phillips-Kurve* häufig auch in der Form verwendet, dass man die Arbeitslosigkeit durch die relative Output-Lücke ersetzt. Wenn wir zur Vereinfachung außerdem annehmen, dass

- der Produktivitätsfortschritt λ gleich null ist, was der kurzfristig angelegten und damit statischen Perspektive des hier verwendeten Modells entspricht, und
- dass die Geldpolitik „glaubwürdig" ist, sodass die Wirtschaftssubjekte eine Inflationsrate erwarten, die dem Inflationsziel der Notenbank (π_0) entspricht, sodass $\pi^e = \pi_0$,

  erhält man die folgende Form einer *Phillips-Kurve*:

$$(22.18) \quad \pi = \pi_0 + \alpha\left(\frac{Y - Y^V}{Y^V}\right) \text{ mit } \alpha > 0$$

Grafisch kann man diesen Zusammenhang durch eine mit dem Output-Niveau ansteigende *Phillips-Kurve* abbilden (▸*Abbildung 22.6*). Die Inflationsrate entspricht dabei genau dem Zielwert der Notenbank, wenn das Gleichgewichtseinkommen dem Vollbeschäftigungseinkommen Y^V entspricht, d.h. bei einer relativen Output-Lücke von null.

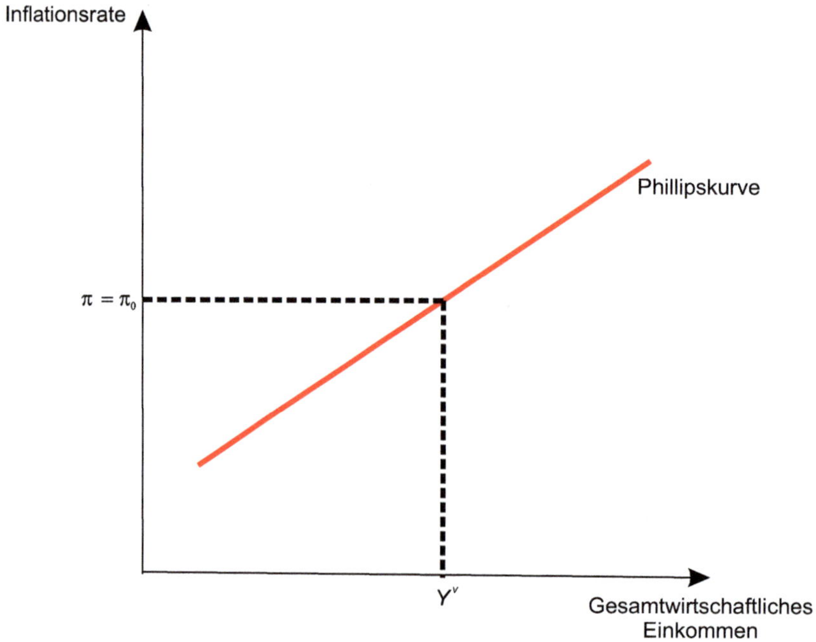

Abbildung 22.6: Die Phillips-Kurve im π-Y-Diagramm

22.4 Wie die Notenbank die Inflationsrate steuern kann

Mit der *Phillips-Kurve* und der in *Abbildung 22.2* dargestellten IS-Kurve können wir ein einfaches gesamtwirtschaftliches Modell entwickeln, das jetzt neben dem Volkseinkommen und dem Zinssatz auch noch die Inflationsrate berücksichtigt. Man muss dazu nur *Abbildung 22.1* mit *Abbildung 22.6* kombinieren, wie das in ▸*Abbildung 22.7* vorgenommen wird.

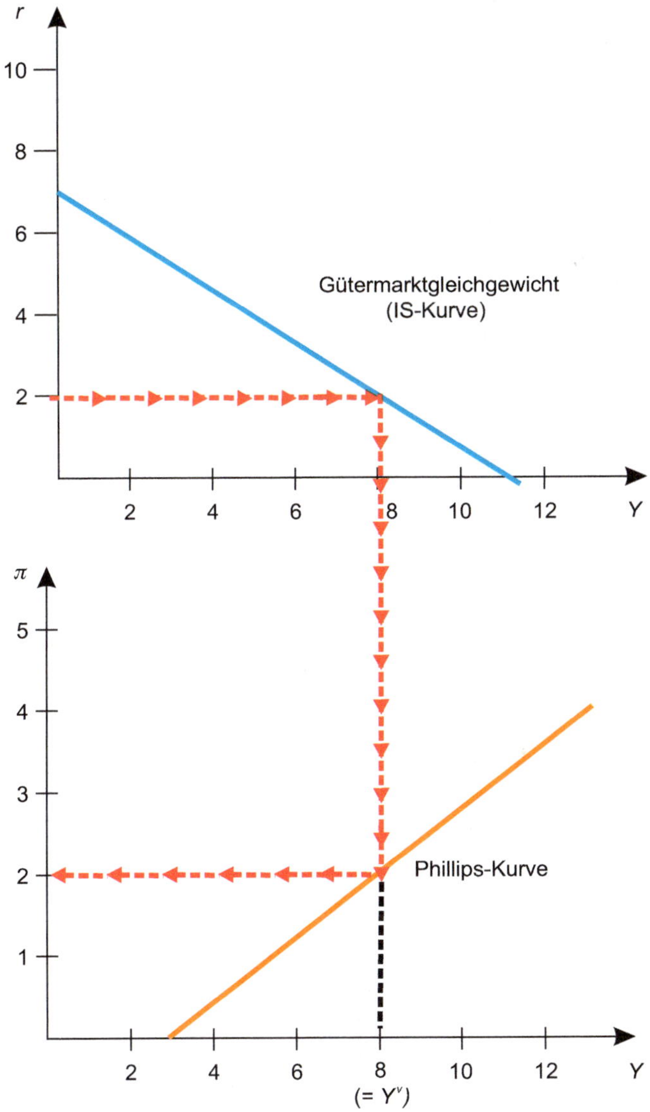

Abbildung 22.7: Die Inflationsrate wird über die Output-Lücke gesteuert.

Dabei unterstellen wir für die Phillips-Kurve, dass α gleich 0,4 ist und dass die Output-Lücke – vereinfacht – als Differenz zwischen dem tatsächlichen und dem Vollbeschäftigungs-Output bestimmt wird.[1] Es gilt also:

(22.19) $\pi = 2 + 0{,}4(Y - Y^V)$

1 Wenn man den Output in Millionen angibt, müsste α den Wert 0,4/1 Millionen annehmen.

Der Vollbeschäftigungs-Output von acht Einheiten wird bei einem Realzins von 2 % erreicht. Die Output-Lücke ist dann gleich null. Setzt man diesen Wert in die Phillips-Kurve ein, erhält man eine Inflationsrate von 2 %, die gerade der Zielinflationsrate entspricht. Eine Inflationsrate von null würde bei einem Realzins von 5 % erreicht werden, was jedoch mit einer negativen Output-Lücke von fünf Einheiten einhergehen würde.

Bei dieser Konstellation besteht die optimale Geldpolitik in einem Realzins von 2 %. Die Output-Lücke ist dann gleich null und die Inflationsrate entspricht dem Inflationsziel der Notenbank. Wenn sich die Notenbank an einer Verlustfunktion des in *Abschnitt 15.2.5* beschriebenen Typs orientiert,

$$(22.20) \qquad L = (\pi - \pi_0)^2 + \lambda\left[\frac{(Y - Y^V)}{Y^V}\right]^2$$

erreicht sie den minimalen Verlust von null. Für den am Geldmarkt anzusteuernden *Nominal*zins muss die Notenbank jetzt noch – gemäß *Gleichung 22.4* – den optimalen Realzins von 2 % und die von den Privaten erwartete Inflationsrate von 2 % addieren. Es ergibt sich daraus ein Nominalzins von 4 %.

22.5 Die Rolle der Geldpolitik

Wie soll sich die Notenbank in einem solchen Modellrahmen bei auftretenden *Schocks* verhalten? Ausgangspunkt hierfür ist die Tatsache, dass heute fast alle Notenbanken ihr Hauptziel darin sehen, den Geldwert stabil zu halten. Für die EZB ist dies ausdrücklich im Vertrag über die Arbeitsweise der Europäischen Union festgehalten. Dort heißt es in Artikel 127:

„Das vorrangige Ziel des Europäischen Systems der Zentralbanken (im Folgenden ‚ESZB') ist es, die Preisstabilität zu gewährleisten. Soweit dies ohne Beeinträchtigung des Zieles der Preisstabilität möglich ist, unterstützt das ESZB die allgemeine Wirtschaftspolitik in der Union (...).“

Die EZB interpretiert diesen Auftrag so, dass sie *„mittelfristig“* einen Anstieg der *Inflationsrate* – gemessen am Harmonisierten Verbraucherpreisindex des Euroraums – anstreben soll von *„unter, aber nahe bei 2 %“*. Ein Blick auf die deutschen Inflationsraten nach 1949 (*Abbildung 16.7*) zeigt, dass sich die EZB damit ein sehr ambitioniertes Ziel gesetzt hat. Sie hat dieses seit 1999 jedoch weitgehend, wenn auch nicht ganz exakt, einhalten können (▶*Abbildung 22.8*). Eine Erklärung dafür, dass die EZB für das Ziel der Geldwertstabilität nicht konsequenterweise eine Inflationsrate von null erreichen will, gibt die *Box 22.1*.

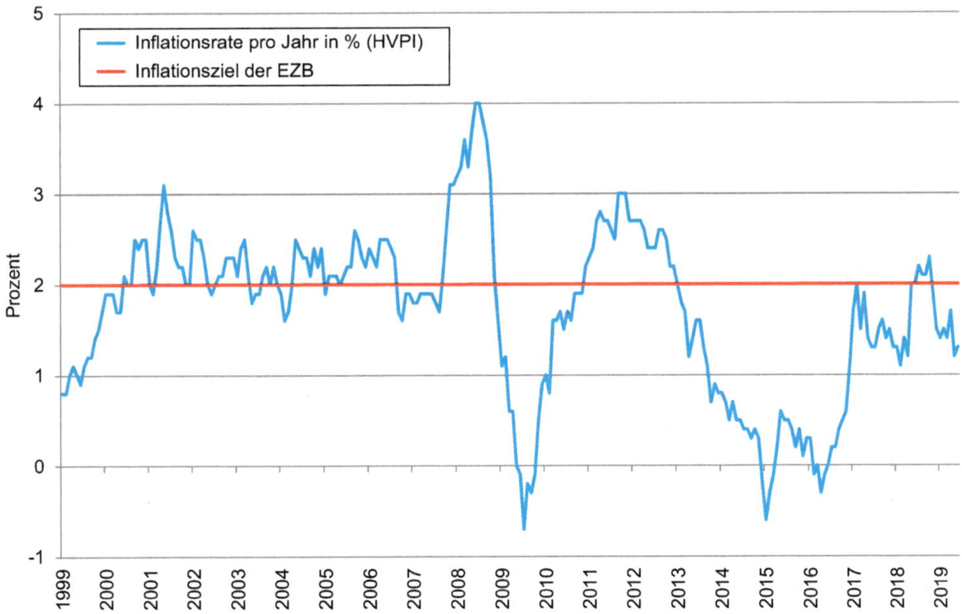

Abbildung 22.8: Inflationsziel der EZB und Inflationsrate im Euroraum seit Januar 1999 (Harmonisierter Verbraucherpreis-Index).
Quelle: Zeitreihendatenbank der EZB.

Box 22.1 Warum Notenbanken eine positive Inflationsrate anstreben?

Es hat sich in vielen Ländern gezeigt, dass die statistisch erfasste Inflationsrate den tatsächlichen Preisauftrieb aus einer Reihe von Gründen *über*zeichnet:

- Es ist für die Statistiker in der Regel schwierig, *Qualitätsverbesserungen* angemessen zu berücksichtigen. Zum Beispiel: Um wie viel Prozent ist ein Smartphone des Jahres 2019 leistungsfähiger als ein Handy aus dem Jahr 2009?
- Durch die *Einführung völlig neuer Produkte* (z.B. das Handy in den 1990er-Jahren), die zunächst exorbitante Preise und dann mit der Massenproduktion einen starken Preisverfall aufwiesen, wird der Preisauftrieb tendenziell unterzeichnet, da diese Güter in der Anfangsphase überhaupt nicht im Preisindex enthalten sind.
- Da der *Preisindex für die Lebenshaltung* als ein *Laspeyres-Index* (siehe *Abschnitt 15.2.3*) mit einem über viele Jahre *konstanten Wägungsschema* arbeitet, kann er Änderungen der Verbrauchsstruktur, die sich nicht zuletzt durch Änderungen der relativen Preise ergeben, nicht zeitnah berücksichtigen.
- Viele Konsumenten kaufen Güter zu reduzierten Preisen („*Sonderangebote*"). Diese lassen sich von den im Auftrag der Statistischen Ämter tätigen „Preiserhebern" nur unvollständig erfassen.

Es ist schwierig, die auf diese Weise entstehenden Verzerrungen bei der Preismessung exakt zu bestimmen. Es besteht jedoch ein gewisses Einvernehmen, dass es sich dabei insgesamt um einen Betrag von etwa 0,5 bis 2 Prozentpunkten handelt, um die der Preisindex die tatsächliche Teuerung *über*zeichnet.

Die meisten Notenbanken, die im Rahmen der Strategie des „Inflation targeting" quantifizierte Ziele für die Inflationsrate angeben, streben deshalb einen Wert von 2 % an, wobei in der Regel eine Bandbreite von ± einem Prozentpunkt festgelegt wird. Ein Zielwert von 2 % hat den zusätzlichen Vorteil, dass dann – gemäß der *Fisher-Gleichung* und bei einem Realzins von 2 % – der Nominalzins in Jahren ohne konjunkturelle Störungen bei rund 4 % liegt. Für die Zinspolitik bleibt im Fall negativer Nachfrageschocks so ein Spielraum von vier bis fünf Punkten bis zur Nulllinie (siehe *Kapitel 21*). Bei einer Zielinflationsrate von null beträgt dieser Abstand, und damit der zinspolitische Handlungsspielraum einer Notenbank, nur zwei Prozentpunkte.

Die Entscheidungsprozesse der Notenbank werden deutlich, wenn man diese Modellwelt mit makroökonomischen Schocks konfrontiert. Neben einem Nachfrageschock, den wir in den vorangegangenen Kapiteln diskutiert haben, können wir in diesen erweiterten Modellrahmen auch *Angebotsschocks* diskutieren. Dabei handelt es sich um Störungen, die beispielsweise von einem massiven Anstieg der Ölpreise oder einer überzogenen Lohnpolitik ausgehen können.

Beginnen wir mit einem *negativen Nachfrageschock*, der z.B. durch einen Kurseinbruch auf den Aktienmärkten oder das Ende eines Immobilienbooms ausgelöst werden kann. Die IS-Kurve, die man vereinfacht auch als gesamtwirtschaftliche Nachfrage interpretieren kann, wird dadurch nach links verschoben (▶*Abbildung 22.9*).

Wiederum gehen wir davon aus, dass der autonome Konsum um eine Einheit zurückgeht. Bei einem zunächst unveränderten Realzins stellt sich eine Output-Lücke in Höhe von 0,8 Einheiten ein, das Gleichgewichtseinkommen beläuft sich nur noch auf 7,2 Einheiten. Die schlechte Konjunktur- und Beschäftigungslage führt nun zu einem Rückgang der Inflationsrate. Im Phillips-Kurven-Diagramm können wir sehen, dass diese von 2 % auf 1,7 % zurückgeht und damit unter dem Zielwert der Notenbank liegt. Wenn die Notenbank in einer solchen Situation untätig bleibt, verletzt sie gleich mehrere *makroökonomische Ziele*:

- Es besteht eine negative Output-Lücke, d.h., es ist kein „*stetiges Wirtschaftswachstum*" gegeben,
- der Arbeitsmarkt ist im Ungleichgewicht; wie wir an *Abbildung 18.2* erkennen können, führt eine negative Output-Lücke zur Rationierung am Arbeitsmarkt und damit zu *Arbeitslosigkeit* und
- die Wirtschaft befindet sich de facto in einer *Deflation*, da die Preisentwicklung unterhalb der Zielrate für Preisstabilität von 2 % liegt.

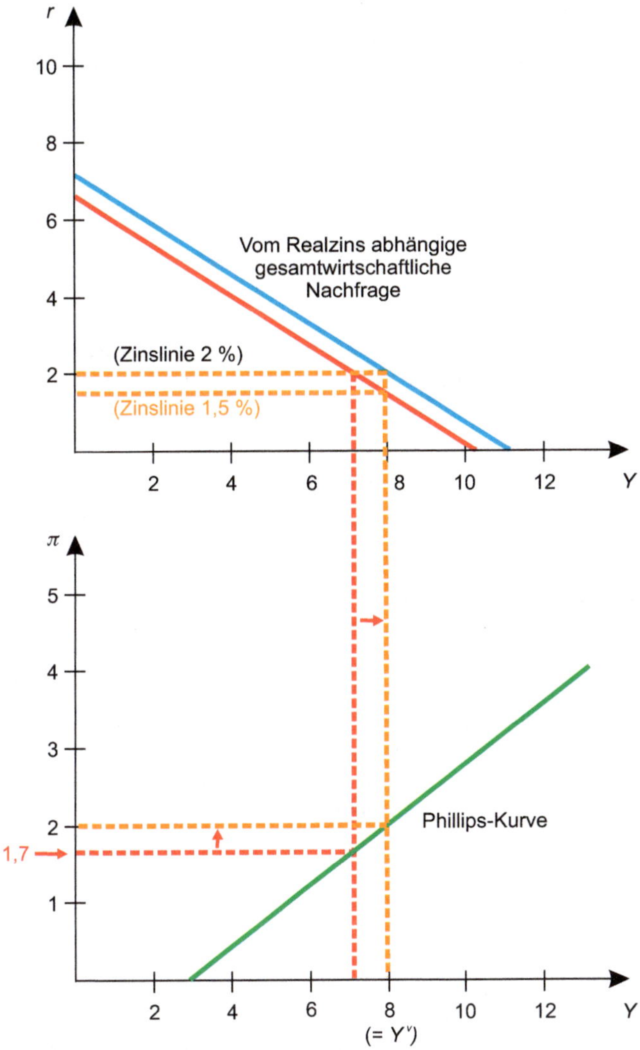

Abbildung 22.9: Optimale Reaktion der Geldpolitik auf einen negativen Nachfrageschock

Die Notenbank kann die Situation stabilisieren, wenn sie den Realzins von 2 % auf 1,5 % senkt. Dadurch steigen die zinsabhängigen Investitionen um 0,4 Einheiten, womit sich wieder ein Vollbeschäftigungs-Output ergibt. Über diese Stabilisierung des Outputs wird gleichzeitig die Inflationsrate wieder auf ihren Zielwert (π_0) angehoben.

Für einen *Nachfrageschock* kann man also festhalten, dass die Notenbank nicht vor der Frage steht, welches der makroökonomischen Ziele ihr wichtiger ist. Es besteht also *kein genereller Zielkonflikt* („trade-off") zwischen Vollbeschäftigung und Preisstabilität.[2] Wenn sich die EZB ganz am Ziel der Preisstabilität orientiert, verfolgt sie daher bei einem Nachfrageschock zugleich die optimale Politik zur Stabilisierung des Outputs.

22.6 Angebotsschocks machen der Notenbank das Leben schwer

Mit den *Angebotsschocks* gibt es eine zweite Kategorie von volkswirtschaftlichen Störungen, von denen ungünstige Auswirkungen auf die makroökonomischen Endziele ausgehen können. Von einem positiven Angebotsschock[3] spricht man in der Regel dann, wenn es in einer Volkswirtschaft zu

- einer massiven Verteuerung der zentralen Inputfaktoren Öl und Erdgas kommt oder
- wenn in Tarifverträgen – im Vergleich zur Produktivitätsentwicklung und der Preisentwicklung – überhöhte Lohnabschlüsse vereinbart werden.

Zu einem negativen Angebotsschock kommt es, wenn Rohstoffpreise abrupt einbrechen oder wenn Lohnerhöhungen geringer ausfallen als der Produktivitätsanstieg zuzüglich eines Ausgleichs für die Preisentwicklung.

Abbildung 8.3 zeigt, wie stark sich die Ölpreise in kurzer Zeit verteuern können. Mit der *Phillips-Kurve* kann man die Auswirkungen solcher Schocks recht gut beschreiben. Man muss dazu in der *Gleichung 22.18* noch berücksichtigen, dass die *Inflation* – neben den bereits genannten Argumenten – auch noch von derartigen Störungen beeinflusst werden kann. Formal muss man dazu die Phillips-Kurve um einen sogenannten Störterm (ε) ergänzen. Sie lautet dann:

$$\pi = \pi_0 + \alpha\left(\frac{Y - Y^V}{Y^V}\right) + \varepsilon \qquad (22.21)$$

Nehmen wir an, der Schock führe dazu, dass der Störterm einen Wert von 1 annimmt. Die *Phillips-Kurve* verschiebt sich dann entsprechend nach oben. Bei einem unveränderten Realzins besteht weiterhin Vollbeschäftigung. Die Inflationsrate steigt aber von 2 % auf 3 % (▶*Abbildung 22.10*):

2 Mankiw und Taylor (2018, S. 16) haben also nicht recht, wenn sie in ihrem Einführungsbuch als Regel Nr. 10 postulieren, dass es kurzfristig generell einen solchen „trade-off" gebe.

3 Positiv bedeutet dabei, dass der Störterm in *Gleichung 22.21* einen positiven Wert annimmt.

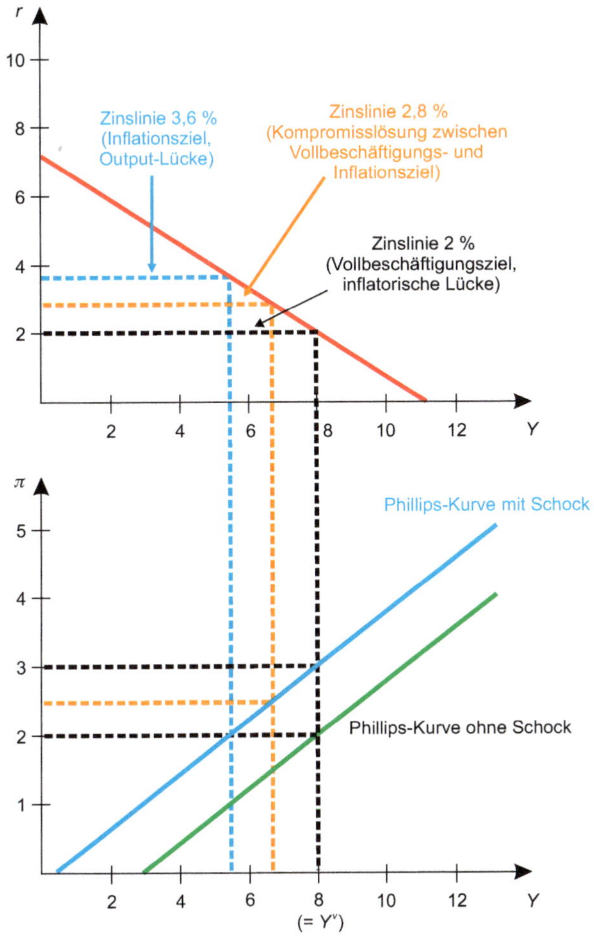

Abbildung 22.10: Reaktion der Geldpolitik auf einen positiven Angebotsschock

Wie soll nun die Notenbank auf eine solche Störung reagieren? Eine denkbare Reaktion könnte darin bestehen, den *Realzins konstant* zu halten. In der Wirtschaft herrscht dann zwar weiterhin Vollbeschäftigung, aber die Notenbank sieht sich mit dem Problem konfrontiert, dass ihr Inflationsziel verletzt ist. Wichtig ist hierbei, dass die Politik eines konstanten *Real*zinses nach dem Schock eine Erhöhung des *Nominal*zinses erfordert. In der Ausgangssituation belief sich der Realzins auf 2 %, die Inflationsrate betrug 2 %, somit ergab sich ein Nominalzins von 4 %. Wenn der Realzins nach dem Schock weiterhin bei 2 % liegen soll, muss der Nominalzins bei einer Inflationsrate von 3 % auf 5 % angehoben werden.

Bei einer Politik konstanter Realzinsen besteht für die Notenbank das Risiko, dass die Privaten ihre Inflationserwartungen in der nächsten Periode nach oben anpassen, sodass $\pi^e > \pi_0$ gilt. Wenn dann der Schock nicht verschwindet, würde sich die Phillips-Kurve noch weiter nach oben verlagern, sodass die Gefahr einer *„Lohn-Preis-Spirale"* besteht.

Für die Notenbank bestünde auch die Möglichkeit, die Realzinsen so weit zu erhöhen, dass die *Inflationsrate* auf ihrem Zielwert von 2 % bleibt. Dies wird mit einem Realzins von 3,6 % erreicht, der jedoch zu einem Rückgang des Outputs von acht Einheiten auf 5,5 Einheiten führt. Mit dieser Politik wird also das Ziel der Geldwertstabilität erreicht, die Ziele der Vollbeschäftigung und des stetigen Wachstums werden jedoch verletzt.

Anders als bei den Nachfrageschocks werden die geldpolitischen Entscheidungsträger bei einem Angebotsschock vor einen schwierigen Konflikt gestellt. Ist es besser, das Ziel der Geldwertstabilität oder das der Vollbeschäftigung einzuhalten? Wie diese Entscheidung ausfällt, hängt vor allem davon ab,

- wie eine Notenbank die Ziele Geldwertstabilität und Beschäftigung (bzw. Vermeiden einer Output-Lücke) in ihrer Zielfunktion (siehe *Abschnitt 15.2.5*) gewichtet und
- wie sie die Reaktion der *Tarifpartner* einschätzt; kommt es bei einer einmaligen Verletzung des Stabilitätsziels dazu, dass die Notenbank ihre „Glaubwürdigkeit" verliert, d.h., dass die Inflationserwartungen in der Zukunft über dem Zielwert der Notenbank liegen?

In der Vergangenheit hat sich gezeigt, dass Notenbanken bei solchen Störungen in der Regel eine *Kompromisslösung* anstreben. Sie versuchen also, bei beiden Zielen eine gewisse Abweichung vom Zielwert zu akzeptieren, um so eine starke Verletzung des Stabilitätsziels wie des Beschäftigungsziels zu vermeiden. In unserem Beispiel würde dies mit einem Realzins von 2,8 % erreicht. Die Inflationsrate würde dann bei 2,5 % liegen, die Output-Lücke wäre mit 1,25 Einheiten nur noch halb so groß wie im Fall einer konstanten Inflationsrate.

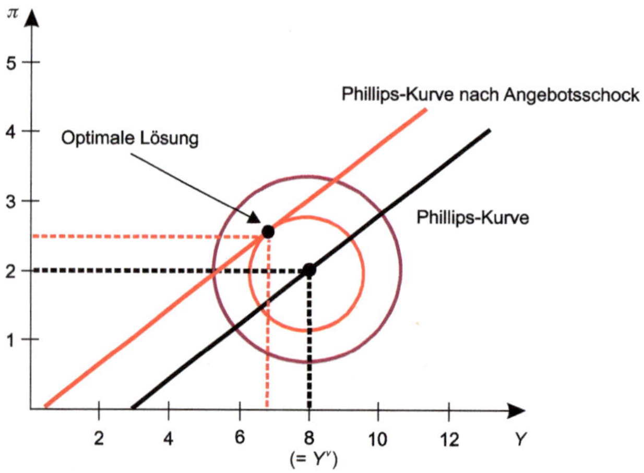

Abbildung 22.11: Die Kompromisslösung bei einem Angebotsschock

Aus der Tatsache, dass die EZB bei den Ölpreisschocks der letzten Jahre immer wieder eine gewisse Überschreitung ihres Inflationsziels zugelassen hat (*Abbildung 22.8*), kann man schließen, dass auch im EZB-Rat eine Präferenz für eine solche Kompromisslösung besteht. Dies wurde von der EZB von Anfang an dadurch deutlich gemacht, dass sie ihr Inflationsziel nur *„mittelfristig"* erreichen will, womit sie sich einen Spielraum für ein temporäres Überschießen in Situationen mit Angebotsschocks geschaffen hat. Ein solches Vorgehen kann mit einer zweidimensionalen Zielfunktion, wie wir sie in *Kapitel 15* dargestellt haben, erklärt werden (▶*Abbildung 22.11*). Die Notenbank versucht, bei der nach oben verschobenen *Phillips-Kurve* eine Lösung zu erreichen, die den niedrigsten Zielring trifft.

Diese hier für ein konkretes Zahlenbeispiel hergeleiteten Zusammenhänge werden im nächsten Kapitel im Rahmen eines einfachen theoretischen Modells ausführlicher diskutiert.

Der Vielseitige

1867–1947

Irving Fisher war der erste amerikanische Ökonom, der zu Weltruhm gelangte. Er wurde am 27. Februar 1867 in Saugerties, New York, geboren und starb am 29. April 1947 in New York City. Fisher war ungemein produktiv und vielseitig, dabei aber auch ziemlich schrullig. Er verdiente ein Vermögen mit einem Indexkarten-System[4] und verlor es im Crash von 1929, wobei auch seine Reputation beschädigt wurde, da er kurz zuvor eine solche Entwicklung ausgeschlossen hatte. Fisher setzte sich auch für vegetarische Ernährung und die Prohibition ein sowie für eine internationale Organisation zur Schaffung des Friedens.

Kennzeichnend für sein Werk ist eine starke mathematische Ausrichtung, die wesentlich zur Formalisierung in der Wirtschaftswissenschaft beigetragen hat. Aus der Vielzahl seiner Ideen, die auch heute noch Verwendung finden, seien genannt: Die Erfindung der *Indifferenzkurven*, die Unterscheidung zwischen Strom- und Bestandsgrößen, die Formalisierung der *Quantitätstheorie*, die Unterscheidung zwischen Nominal- und Realzinsen, die Theorie der *Deflation* durch steigende Schulden, das Modell der intertemporalen Wahlentscheidung und wichtige Beiträge zur Indextheorie.

Wirtschaftspolitisch hat sich Fisher für eine 100 %-Mindestreserve ausgesprochen und Anfang der 1930er-Jahre für eine „Reflation" der amerikanischen Wirtschaft.

Zitat

„Stock prices have reached what looks like a permanently high plateau."
Am 16. Oktober 1929, 13 Tage vor dem großen Crash an der Wall Street.

Ausbildung und Beruf

1884–1891 Studium der Mathematik und Soziologie in Yale
1891–1897 Lehrtätigkeit in Yale, dazwischen ein Wanderjahr (1894/1895) in Europa
1898–1935 Full Professor in Yale

Werke

1906 The Nature of Capital and Income, New York, Macmillan
1907 The Rate of Interest, New York, Macmillan
1911 The Purchasing Power of Money, New York, Macmillan
1930 The Theory of Interest, New York, Macmillan
1932 Booms and Depressions, New York, Adelphi

4 Er entwickelte Indexkarten, die mit Hilfe eines Schlitzes so auf einer Schiene angeordnet werden konnten, dass nur die erste Zeile zu lesen war. Sie werden in dieser Form heute beispielsweise noch in Hotels genutzt.

Schlagwörter

- Angebotsschock (S. 432)
- Fisher-Gleichung (S. 421)
- modifizierte Phillips-Kurve (S. 425)
- Phillips-Kurve (S. 424)
- Realzins (S. 421)
- um Erwartungen erweiterte Phillips-Kurve (S. 427)
- ursprüngliche Phillips-Kurve (S. 425)

Aufgaben

Musterlösungen zu den hier gestellten Aufgaben finden Sie im MyLab | Grundzüge der VWL.

1. Aufgabe

In der Öffentlichkeit wird oft ein Widerspruch zwischen dem Ziel der Geldwertstabilität und dem Ziel der Beschäftigung gesehen.

a) Beschreiben Sie grafisch anhand eines einfachen Modells eine Störung, bei der die Notenbank in der Lage ist, sowohl die Inflationsrate auf ihrem Zielwert zu halten als auch nachteilige Beschäftigungseffekte zu vermeiden. Erklären Sie dabei kurz die Verläufe der verwendeten Kurven.

b) Bei welcher Störung besteht ein Zielkonflikt? Stellen Sie diesen grafisch dar und diskutieren Sie die Handlungsmöglichkeiten der Notenbank. Wovon hängt es ab, für welche Option sich eine Notenbank entscheidet?

2. Aufgabe

Viele Notenbanken sind bestrebt, in der Öffentlichkeit als „glaubwürdig" angesehen zu werden. Zeigen Sie grafisch die Situation einer glaubwürdigen und einer unglaubwürdigen Notenbank und verdeutlichen Sie so die Vorteile von Glaubwürdigkeit.

3. Aufgabe

Die EZB hat Preisstabilität wie folgt definiert:

„Preisstabilität wird definiert als Anstieg des Harmonisierten Verbraucherpreisindex (HVPI) für das Euro-Währungsgebiet von unter, aber nahe bei 2 % gegenüber dem Vorjahr." In Einklang mit dieser Definition „muss Preisstabilität mittelfristig beibehalten werden." Die Formulierung „unter 2 %" gibt unzweideutig die Obergrenze für die am HVPI gemessene Inflationsrate an, die mit Preisstabilität vereinbar ist. Gleichzeitig macht die Verwendung des Wortes „Anstieg" in der Definition klar, dass Deflation, d.h. anhaltende Rückgänge des HVPI-Index, nicht als mit Preisstabilität vereinbar angesehen würden.

Begründen Sie die wichtigsten Elemente dieser Definition theoretisch und empirisch.

LERNZIELE

- In diesem Kapitel soll ein umfassendes makroökonomisches Modell präsentiert werden, das die in den vorangegangenen Kapiteln präsentierten Modellbausteine kombiniert. Es handelt sich dabei um ein *Neu-keynesianisches Modell,* das sich vom AS-AD-Modell vor allem dadurch unterscheidet, dass es sich auf die Inflationsrate und nicht auf das Preisniveau bezieht. Zudem wird die Geldpolitik als Zinspolitik und nicht als Geldmengenpolitik abgebildet.
- Das Modell besteht aus drei Grundbausteinen: einer vom Realzins abhängigen IS-Kurve, einer um Erwartungen erweiterten Phillips-Kurve sowie zur Beschreibung der Geldpolitik entweder einer gesamtwirtschaftlichen Verlustfunktion oder einer geldpolitischen Regel. Aufgrund der Kombination aus IS-Kurve, Phillips-Kurve (englisch: Phillips Curve) und Geldpolitik (englisch: Monetary Policy) spricht man auch vom IS/PC/MP-Modell.
- Wenn die Notenbank über perfekte Informationen verfügt, Glaubwürdigkeit bei den privaten Haushalten genießt und die „Privaten" ihre Inflationserwartung rational bilden, kann die Notenbank auf Schocks optimal reagieren. Ihre Reaktion hängt davon ab, ob es sich um einen Angebotsschock oder einen Nachfrageschock handelt sowie von den Präferenzen der Notenbank für die Stabilisierung des Outputs und das Erreichen des Inflationsziels.
- In der Realität besteht das größte Problem darin, Schocks statistisch korrekt zu erfassen. Oftmals ist nicht einmal klar, ob ein Angebotsschock oder ein Nachfrageschock vorliegt. In diesem Fall kann die Notenbank der *Taylor-Regel* folgen – einer einfachen Heuristik, die weniger Informationsaufwand erfordert.
- Wenn die Notenbank nicht unabhängig ist, sondern politischem Druck ausgesetzt wird, schießt sie möglicherweise über das Ziel einer Output-Lücke von null zu Lasten einer ungünstigen Inflationsentwicklung hinaus. Eine solche Politik der „Überraschungsinflation" kann man durch eine modifizierte Verlustfunktion modellieren.

Die neu-keynesianische Makroökonomie

23

ÜBERBLICK

23.1 Überblick

In den vorangegangenen Kapiteln haben wir wichtige Theoriebausteine der *Makroökonomie* beschrieben. Um die Darstellung möglichst einfach zu halten, haben wir überwiegend die grafische Darstellung gewählt und bei den Berechnungen mit konkreten Zahlenbeispielen gearbeitet. In diesem Kapitel sollen die Theoriebausteine in einer abstrakten Weise miteinander verknüpft werden.

Der im Folgenden beschriebene Modelltyp wird als *„neu-keynesianisch"* bezeichnet. Das traditionelle keynesianische Element besteht darin, dass eine gewisse Preisstarrheit unterstellt wird, die es der Notenbank erlaubt, über den Nominalzins den Realzins zu steuern. „Neu" ist daran, dass sich Wissenschaftler darum bemühen, die Grundgleichungen, d.h. in erster Linie die Phillips-Kurve und die IS-Kurve, aus einem einzelwirtschaftlichen Optimierungskalkül von Unternehmen und privaten Haushalten abzuleiten (Clarida et al., 1999). Die dabei verwendeten Verfahren gehen deutlich über den Anspruch eines Einführungsbuchs hinaus. Sie sind für das Gesamtverständnis dieses Modelltyps jedoch nicht von grundlegender Bedeutung.

Das in diesem Kapitel beschriebene makroökonomische Grundmodell wird zunehmend in Lehrbüchern verwendet, allerdings meist in einer dynamischen Version, die es erschwert, konkrete Werte zu berechnen. In der Lehre wird zudem immer noch das sogenannte AS/AD-Modell eingesetzt. Um die Vergleichbarkeit mit diesem „Trabi" der Volkswirtschaftslehre zu ermöglichen, wird dieses Konzept im folgenden Kapitel in seinen Grundzügen ebenfalls dargestellt.

23.2 Die drei Grundbausteine des neu-keynesianischen Modells

Die neu-keynesianischen Modelle bestehen in der Regel aus drei Modellbausteinen, die zumindest in Grundzügen schon in den vorhergehenden Kapiteln präsentiert wurden:

a) Eine vom Realzins abhängige IS-Kurve (*Gleichung 22.12*).

b) Eine um Erwartungen erweiterte Phillips-Kurve (*Gleichung 22.18*).

c) Zur Beschreibung der Geldpolitik verwendet man entweder eine gesamtwirtschaftliche Verlustfunktion, die von der Inflationsrate und der Output-Lücke bestimmt wird (*Gleichung 15.6*) oder aber eine geldpolitische Regel.

In *Kapitel 20* wurde gezeigt, dass die *gesamtwirtschaftliche Nachfrage* negativ vom *Realzins* abhängt. In *Gleichung 20.10* haben wir dazu eine zinsabhängige IS-Kurve formuliert. Für eine Modellwelt, in der die Inflation berücksichtig wird, wurde in *Gleichung 22.12* eine vom Realzins abhängige IS-Kurve abgeleitet. Um das Rechnen zu erleichtern, verwenden wir im Folgenden eine etwas modifizierte IS-Kurve:

$$(23.1) \qquad y = a - br + \varepsilon_1$$

- Sie ist dadurch gekennzeichnet, dass die *Output-Lücke (y)* anstelle des gesamtwirtschaftlichen Outputs als abhängige Variable verwendet wird. Das dient lediglich der Vereinfachung. Bei einem gegebenen Vollbeschäftigungs-Output sind Veränderungen der Output-Lücke identisch mit Veränderungen des Outputs.
- Zwischen der Output-Lücke und dem Realzins r wird ein einfacher funktionaler Zusammenhang unterstellt, der durch den Parameter b beschrieben wird. Achtung: Dieser ist nicht identisch mit dem b, das wir in den vorangegangenen Kapiteln verwendet haben.
- Vom Einfluss der Finanzpolitik auf den gesamtwirtschaftlichen Output wird aus Gründen der Vereinfachung abgesehen. Das Modell konzentriert sich also ganz auf die Geldpolitik.
- Um die Analyse von Schocks, die bisher nur in grafischer Form dargestellt wurde, auch mathematisch berücksichtigen zu können, wird für *Nachfrageschocks* die Variable ε_1 und für *Angebotsschocks* die Variable ε_2 verwendet. Für diese „Störterme" wird unterstellt, dass sie normalverteilt sind und eine gegebene Standardabweichung aufweisen.

Dies führt zu einer IS-Kurve, die die Output-Lücke y in Abhängigkeit setzt zu den autonomen Nachfragekomponenten a, dem kurzfristigen Realzins r und einem Nachfrageschock ε_1.

Wenn keine Nachfragestörungen auftreten, d.h. wenn $\varepsilon_1 = 0$ ist, ergibt sich eine Output-Lücke von null, wenn der Realzins folgenden Wert annimmt:

$$(23.2) \qquad r_0 = \frac{a}{b}$$

Diesen *Realzins* kann man als *neutralen kurzfristigen Realzins* (r_0) bezeichnen (vgl. Blinder, 1998, S. 31).

Der zweite Baustein des Modells ist die *um Erwartungen erweiterte Phillips-Kurve*, die bereits in *Kapitel 22.3* beschrieben wurde:

$$(23.3) \qquad \pi = \pi^e + dy + \varepsilon_2$$

Demnach wird die Inflationsrate durch die Inflationserwartungen π^e, die Output-Lücke y und einen Angebotsschock ε_2 determiniert. Angebotsschocks werden zum Beispiel verursacht durch eine Abweichung des Reallohnanstiegs vom Produktivitätszuwachs oder durch eine unerwartete Veränderung der Ölpreise. Der Einfachheit halber wird – wie bisher schon – zunächst angenommen, dass die Notenbank glaubwürdig ist. Deshalb entsprechen die Inflationserwartungen π^e dem Inflationsziel der Notenbank π_0, und die Phillips-Kurve kann vereinfacht folgendermaßen dargestellt werden:

$$(23.4) \qquad \pi = \pi_0 + dy + \varepsilon_2$$

Der dritte Modellbaustein beschreibt das *Verhalten der Notenbank*. In den grafischen Darstellungen haben wir gezeigt, wie die Notenbank mit ihrer Zinspolitik bei Angebots- oder Nachfrageschocks dafür sorgen kann, dass die Output-Lücke geschlossen werden kann oder dass ihre Zielinflationsrate erreicht wird. Im Fall von Angebotsschocks wurde dabei deutlich, dass die Geldpolitik vor einem „trade-off" zwischen dem Erreichen ihres Inflationszieles und dem Ziel einer Output-Lücke von null steht. Dabei wurde offengelassen, wie sich eine Notenbank tatsächlich entscheidet. Sie kann sich dabei an eine *einfache geldpolitische Regel halten* oder aber versuchen, eine *optimale Politik* zu verfolgen. Für Letzteres muss man eine Annahme über die Präferenzen der Notenbank bezüglich dieser beiden wichtigen Ziele treffen. Formal kann man dies mit dem Instrument der makroökonomischen Verlustfunktion abbilden:

$$(23.5) \qquad L = (\pi - \pi_0)^2 + \lambda y^2 \quad \text{mit } \lambda \geq 0.$$

Die Notenbank, die sich an einer solchen Verlustfunktion orientiert, versucht die quadratischen Abweichungen der aktuellen *Inflationsrate* vom Inflationsziel möglichst gering zu halten. Man bezeichnet eine Geldpolitik, die sich an einer solchen Verlustfunktion orientiert, auch als *„inflation targeting"*. Bei einem $\lambda > 0$ achtet die Notenbank aber auch darauf, dass die Output-Lücke möglichst gering ausfällt; eine solche Strategie wird als *„flexible inflation targeting"* bezeichnet. Wenn einer Notenbank die Stabilisierung des Outputs völlig gleichgültig ist, d.h. $\lambda = 0$, spricht man von *„strict inflation targeting"*. Svensson (1999) hat dafür auch den Ausdruck des „inflation nutter", d.h. eines auf die Preisstabilität Besessenen, geprägt. Wie schon erwähnt, werden die jeweiligen Abweichungen von ihrem Zielwert quadriert, damit positive und negative Abweichungen gleichermaßen ins Gewicht fallen und damit hohe Abweichungen stärker gewichtet werden als geringe.

23.3 Die optimale Geldpolitik bei Angebots- und Nachfrageschocks

Mit den drei Gleichungen kann man nun die *optimale Geldpolitik* ermitteln. In einem ersten Schritt wird für die beiden Schocks errechnet, wie hoch die mit einem minimalen Verlust einhergehende Output-Lücke und Inflationslücke ausfallen. In einem zweiten Schritt wird dann der Realzins ermittelt, der erforderlich ist, um diese Werte der beiden Lücken zu realisieren. Der Realzins ist – wie schon in *Kapitel 22* dargestellt – auch in diesem formalen Rahmen das einzige Instrument der Notenbank.

Zur Ermittlung der optimalen Output- und Inflationslücke bei Auftreten der beiden Schocks geht man folgendermaßen vor. Man setzt die Phillips-Kurve (*23.4*) in die Verlustfunktion (*23.5*) ein und erhält dann:

$$(23.6) \qquad L = (dy + \varepsilon_2)^2 + \lambda y^2$$

Diese Gleichung leitet man nach *y* ab, denn man will die Output-Lücke ermitteln, für die der gesamtwirtschaftliche Verlust am geringsten ist, und erhält:

$$(dy + \varepsilon_2)d + \lambda y = 0 \tag{23.7}$$

Löst man dann die Ableitung nach *y* auf, so ergibt sich die optimale Output-Lücke:

$$y = y_{opt} = -\frac{d}{(d^2 + \lambda)}\varepsilon_2 \tag{23.8}$$

Wenn man nun *Gleichung 23.8* in die Phillips-Kurve einsetzt, kann man die *Inflationsrate* bestimmen, die mit einem minimalen gesamtwirtschaftlichen Verlust einhergeht:

$$\pi_{opt} = \frac{\lambda}{d^2 + \lambda}\varepsilon_2 + \pi_0 \tag{23.9}$$

Die beiden Gleichungen verdeutlichen, was wir schon in *Abschnitt 22.5* dargestellt haben: Im Fall eines *Nachfrageschocks* ist es der Notenbank möglich, diese Störung so zu kompensieren, dass eine Output- und Inflationslücke von null auftritt. Es wird also der „Bliss-Point", d.h. die Mitte der gesamtwirtschaftlichen Zielscheibe, erreicht. In den *Gleichungen 23.8* und *23.9* sieht man das daran, dass der Ausdruck für Nachfrageschocks ε_1 dort überhaupt nicht auftaucht. Er hat also keinen Einfluss auf die optimale Output-Lücke oder die optimale *Inflationslücke*. Bei einem Wert von $\varepsilon_2 = 0$ ist die Output-Lücke stets null und die *Inflationsrate* entspricht der Zielinflationsrate der Notenbank.

Das ist anders im Fall eines *Angebotsschocks* ε_2. Bei Werten von $\lambda > 0$ führt er dazu, dass für beide Zielgrößen eine Lücke auftritt. Auch dieses Ergebnis deckt sich wiederum mit der vereinfachten grafischen Darstellung in *Kapitel 22*. Man erkennt dabei, dass eine allein auf das Ziel der Geldwertstabilität fixierte Notenbank (mit $\lambda = 0$) ihr Inflationsziel auch bei einem Angebotsschock erreichen kann. Diese Politik geht allerdings mit einem sehr hohen Output-Verlust einher, da λ im Nenner der *Gleichung 23.8* steht.

Nachdem die Notenbank die verlustminimierenden Werte der Output- und der Inflationslücke ermittelt hat, kann sie ausrechnen, welchen *Realzins* sie dazu ansteuern muss. Das Ergebnis von *Gleichung 23.8* wird dazu in die *Gleichung 23.1* eingesetzt. Das führt zu:

$$-\frac{d}{(d^2 + \lambda)}\varepsilon_2 = a - br + \varepsilon_1 \tag{23.10}$$

Löst man diese Gleichung nach dem Realzins auf, erhält man den optimalen Realzins:

$$r^{opt} = \frac{a}{b} + \frac{1}{b}\varepsilon_1 + \frac{d}{b(d^2 + \lambda)}\varepsilon_2 \tag{23.11}$$

Gleichung 23.11 kann man in Anlehnung an Svensson und Woodford (2003) als *Instrumentenregel* („instrument rule") bezeichnen, da sie das geldpolitische Instrument der Notenbank in Abhängigkeit aller ihr im Zeitpunkt t zur Verfügung stehenden Informationen darstellt.

Es zeigt sich, dass die optimale Reaktion auf einen Nachfrageschock ε_1 nicht von den Präferenzen λ der Notenbank abhängt. Das liegt, wie schon erwähnt, daran, dass ein Nachfrageschock, auf den zinspolitisch richtig reagiert wird, keine sozialen Kosten im Sinne der Verlustfunktion (*Gleichung 23.5*) erzeugt. Das ist anders bei einem Angebotsschock (ε_2). Eine Notenbank, die ausschließlich eine Präferenz für das Erreichen des Inflationsziels hat ($\lambda = 0$), wird den Realzins stark anpassen. Mit zunehmendem λ fällt die Reaktion auf einen Angebotsschock schwächer aus. Bei Abwesenheit von Schocks ($\varepsilon_1 = \varepsilon_2 = 0$) ist der optimale Realzins gleich dem neutralen Realzins:

$$(23.12) \qquad r_0 = \frac{a}{b}$$

Grafisch kann man diese Zusammenhänge in ähnlicher Weise darstellen, wie in den *Abbildungen 22.9* und *22.11*. Der horizontalen „Zinslinie" im r-Y-Raum entspricht jetzt die *Instrumentenregel*: Bei Abwesenheit von Schocks weist sie den neutralen Wert a/b auf. Wenn Angebots- oder Nachfrageschocks auftreten, wird sie entsprechend der *Gleichung 23.11* nach oben oder unten angepasst. Die *Verlustfunktion* der Notenbank kann, unter der Annahme von $\lambda = 1$, grafisch beschrieben werden durch konzentrische Kreise um den Optimalpunkt im π-y-Raum. Die Gleichung für einen Kreis mit dem Mittelpunkt $(x_M \,|\, y_M)$ lautet:

$$(23.13) \qquad r^2 = (x - x_M)^2 + (y - y_M)^2$$

Um den Optimalpunkt mit einer Output-Lücke ($y = 0$) und einer *Inflationsrate*, die dem Inflationsziel entspricht ($\pi = \pi^{opt}$), lässt sich dann die Verlustfunktion als Kreis mit dem Radius $\sqrt{L}$ darstellen,

$$(23.14) \qquad \left(\sqrt{L}\right)^2 = \left(\pi - \pi_0\right)^2 + \left(y - 0\right)^2\Big|_{\lambda=1}$$

wobei $(0; \pi_0)$ der Mittelpunkt des Kreises ist.

Beginnen wir wieder mit einem negativen *Nachfrageschock*. Er führt dazu, dass sich die gesamtwirtschaftliche Nachfragefunktion nach unten verschiebt. Dabei ist zu bedenken, dass es bei einem Schock von $\varepsilon_1 = -1$ zu einer Verschiebung von $-\varepsilon_1/b$ kommt. Dies wird deutlich, wenn man die gesamtwirtschaftliche Nachfragefunktion (*Gleichung 23.1*) nach r auflöst:

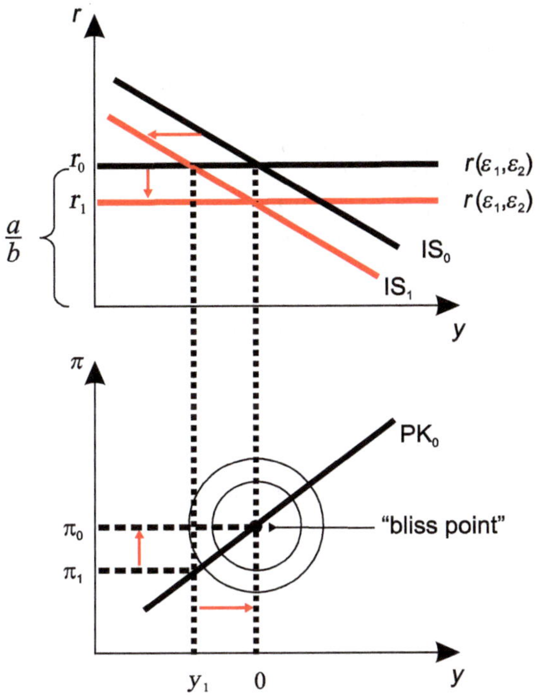

Abbildung 23.1: Nachfrageschock und optimale geldpolitische Reaktion der Notenbank

$$(23.15) \qquad r = \frac{a}{b} - \frac{y}{b} - \frac{\varepsilon_1}{b}$$

Die optimale Reaktion der Notenbank besteht darin, dass sie gemäß der Instrumentenregel den Realzins ebenfalls um ε_1/b vermindert. Die Zinslinie und die gesamtwirtschaftliche Nachfragefunktion schneiden sich dann wieder bei einer Output-Lücke von $y = 0$. Bei unveränderter Output-Lücke kommt es im unteren Phillips-Kurven-Diagramm der Abbildung zu keinerlei Änderung. Die Wirtschaft bleibt unverändert in ihrem Optimalpunkt, der durch eine Output-Lücke von null und eine dem Zielwert der Notenbank entsprechende Inflationsrate gekennzeichnet ist.

Wenn ein *Angebotsschock* auftritt verschiebt sich die Phillips-Kurve. Jetzt muss die Notenbank zunächst anhand der Verlustfunktion die für sie optimale Kombination von π und y herausfinden (▸*Abbildung 23.2*). Wie Svensson (2005) gezeigt hat, befindet sich die Notenbank in einer Situation, die dem Entscheidungskalkül eines Haushalts (siehe dazu *Kapitel 6*) sehr ähnlich ist:

- Die Phillips-Kurve stellt – analog zur *Budgetgeraden* – die Restriktion dar, die den Möglichkeitsraum des Entscheidungsträgers beschreibt.
- Der Zielkreis bildet – wie die *Indifferenzkurven* – die Präferenzen des Entscheidungsträgers für die beiden Handlungsoptionen ab.
- Das Optimum wird bestimmt durch einen *Tangentialpunkt*, bei dem die Restriktionslinie die Indifferenzkurven tangiert. Für den Haushalt entspricht dabei die *Grenzrate der Substitution* dem negativen Preisverhältnis (siehe *Abschnitt 6.4*). Für die Notenbank ist der Optimalpunkt dadurch gekennzeichnet, dass die Phillips-Kurve eine Kreislinie tangiert. Die Phillips-Kurve beschreibt dabei die Kosten für das Ziel der Inflation, die mit einem Mehr an Output einhergehen. Der Kreis bildet ab, welche zusätzliche Inflation die Notenbank in Kauf zu nehmen bereit ist, wenn sie einen zusätzlichen Output realisieren kann.

Wenn die Notenbank auf diese Weise die für sie optimale Kombination von Output- und Inflationslücke ermittelt hat, muss sie im oberen Diagramm von *Abbildung 23.2* den Realzins so anpassen, d.h. gemäß ihrer Instrumentenregel die Zinslinie so verschieben, dass die angestrebte Output-Lücke über die gesamtwirtschaftliche Nachfragefunktion realisiert wird.

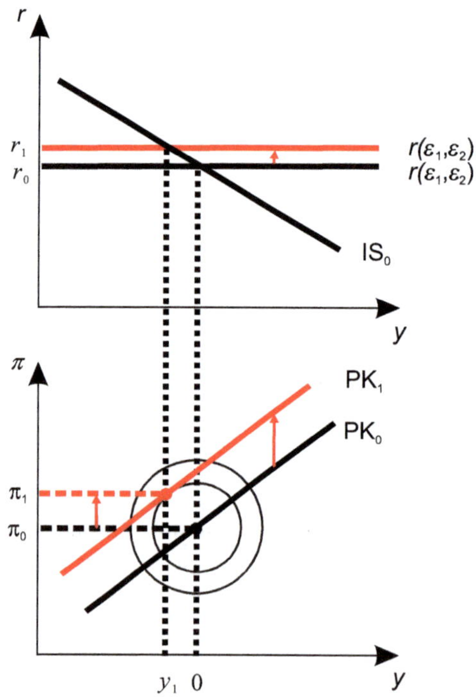

Abbildung 23.2: Angebotsschock und optimale geldpolitische Reaktion der Notenbank

In den neu-keynesianischen Modellen besteht also folgende Abfolge der geldpolitischen Wirkungsmechanismen:

- Die Notenbank steuert unmittelbar den *Realzins.*
- Der Realzins bestimmt die *Output-Lücke.*
- Die Output-Lücke determiniert die *Inflationsrate.*

Die hier für einen bestimmten Angebotsschock hergeleitete Lösung kann man nun noch verallgemeinern, indem man für beliebige Werte von ε_2 die jeweils aus der Sicht der Notenbank optimalen Kombinationen von y und π bestimmt. Diese lassen sich errechnen, indem man die *Gleichungen 23.8* und *23.9* nach dem Schockterm ε_2 auflöst und sie dann gleichsetzt:

$$(23.16) \qquad \pi = \pi_0 - \frac{\lambda}{d} y$$

Gleichung 23.16 beschreibt die *Reaktionsfunktion* der Notenbank im Fall beliebiger Angebotsschocks. Svensson und Woodford (2003) bezeichnen die Reaktionsfunktion (RF) auch als „targeting rule", da sie eine Linearkombination zwischen den beiden Zielgrößen der Geldpolitik darstellt (Inflation und Output-Lücke), die bei optimaler Geldpolitik erfüllt sein muss. *Gleichung 23.16* zeigt, dass ein steigendes λ zu einer steileren Reaktionsfunktion führt. Grafisch kann man die Reaktionsfunktion herleiten, indem man für unterschiedliche Parallelverschiebungen der Phillips-Kurve jeweils den Tangentialpunkt mit den Zielkreisen bestimmt. In der grafischen Lösung beschreibt der Schnittpunkt der Phillips-Kurve PK_1 mit der Reaktionsfunktion der Notenbank den optimalen Output (vgl. ▶*Abbildung 23.3*).

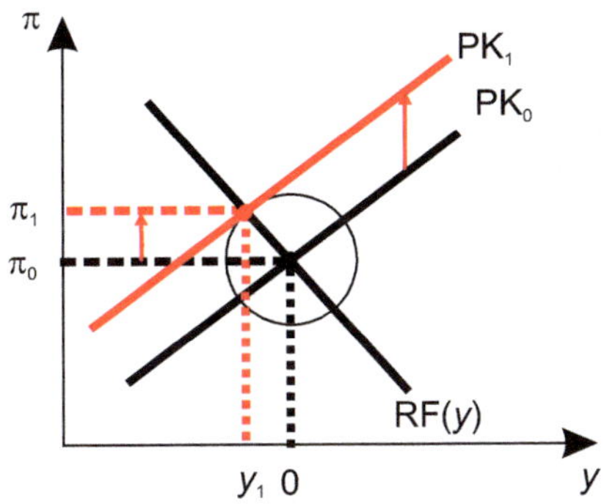

Abbildung 23.3: Zielpunkt der Notenbank und geldpolitische Reaktionsfunktion

Die Realität ist leider nicht so einfach, dass sich eine Notenbank an einer so schematischen Konzeption ausrichten kann. Dies liegt – wie schon erwähnt – erstens daran, dass das hier dargestellte Modell keinerlei *Wirkungsverzögerungen* aufweist, während es die praktische Geldpolitik mit langen und variablen Wirkungsverzögerungen zu tun hat. Zweitens ist die Struktur der Volkswirtschaft erheblich komplexer, als es in den beiden Gleichungen zum Ausdruck gebracht werden kann. So fehlt zum Beispiel die gesamte Interaktion mit dem Ausland und es wurde auch von dem Einfluss des Staates abstrahiert. Außerdem ist es unsicher, ob die Modellstruktur die monetären Zusammenhänge angemessen abbildet. Manche Ökonomen stören sich zum Beispiel daran, dass in diesen zinstheoretisch angelegten Modellen der Geldmenge keine aktive Rolle mehr beigemessen wird. Drittens ist das Wissen einer Notenbank über die konkreten Werte der beiden Schocks sehr begrenzt. Sie kann also den optimalen Zins nicht ohne Weiteres anhand der Instrumentenregel ermitteln.

23.4 Die Taylor-Regel: Geldpolitik anhand einer einfachen Regel

Wie soll man eine optimale Zinspolitik formulieren, wenn man sich unsicher über die konkreten Werte von Angebots- oder Nachfrageschocks ist? Eine sehr pragmatische Antwort hierauf hat der amerikanische Ökonom John Taylor im Jahr 1993 „entdeckt". Beim Versuch, die Zinspolitik der amerikanischen Notenbank in den Jahren 1987 bis 1992 anhand einiger weniger Variablen zu erklären, stieß Taylor (1993) auf einen sehr einfachen Zusammenhang,

$$r = 2 + 0{,}5(\pi - \pi_0) + 0{,}5y \qquad (23.17)$$

wobei die Zielinflationsrate 2 % betrug. Taylor interpretierte diesen Zusammenhang wie folgt: Der (kurzfristige) Realzins ergibt sich als Summe aus einem neutralen Realzins von 2 % und der jeweils mit 0,5 gewichteten Output- und Inflationslücke.

Es stellte sich heraus, dass auch für andere Notenbanken ähnliche Verhaltensmuster zu erkennen waren. In allgemeiner Form kann man eine Zinspolitik, die in dieser Weise bestimmt wird, durch folgende Gleichung abbilden:

$$r = r_0 + e(\pi - \pi_0) + fy \quad \text{mit } e, f > 0 \qquad (23.18)$$

Man spricht dabei von einer *Taylor-Regel.* Ihr liegt das wichtige Grundprinzip zugrunde, dass der *Real*zins erhöht wird, wenn die Inflationsrate steigt. Auf diese Weise kommt es zu einer Dämpfung der wirtschaftlichen Aktivität, durch die inflationäre Tendenzen vermindert werden. Man bezeichnet diesen stabilisierenden Zusammenhang zwischen *Inflationsrate* und Realzins auch als *„Taylor-Prinzip"* (Taylor, 1993).

Worin besteht der Unterschied zu einer Zinspolitik, die sich an einer Verlustfunktion orientiert? Wie die *Gleichung 23.11* verdeutlicht, wird der Zins bei der optimalen Politik von den Werten der Schocks bestimmt. Bei der Taylor-Regel richtet sich die Zinspolitik demgegenüber an den konkreten Werten der *Inflationsrate* und der Output-Lücke aus. Man bezeichnet die Taylor-Regel auch als „einfache Regel", da sich die Notenbank dabei an einigen wenigen Größen orientiert, die sie *direkt* beobachten kann. Sie erfordert also im Prinzip weniger Informationsaufwand als die „optimale Politik", die die statistisch nicht direkt erfassten Werte der Schocks kennen muss.

Grafisch lässt sich eine an der Taylor-Regel ausgerichtete Geldpolitik wie folgt darstellen: *Gleichung 23.18* beschreibt im *r*-*y*-Raum eine Zinslinie (TZ) mit positiver Steigung (vgl. den oberen Teil von ▶*Abbildung 23.4*). Ein zunehmender Output, der sich in Veränderungen der Output-Lücke niederschlägt, erfordert einen höheren Realzins durch die Bewegung auf der TZ-Linie. Kommt es zu einer höheren Inflationsrate bei unveränderter Output-Lücke, verschiebt sich die Zinslinie nach oben. Die *Inflationsrate* ist also ein Lageparameter.

Bei einer unveränderten IS-Kurve kommt es bei steigender Inflationsrate also dazu, dass der Realzins steigt, womit der gesamtwirtschaftliche Output zurückgeht. Wenn sich eine Notenbank an der Taylor-Regel orientiert, ergibt sich ein negativer Zusammenhang zwischen der Inflationsrate und dem gesamtwirtschaftlichen Output (vgl. den unteren Teil von *Abbildung 23.4*). Diese Kurve wird auch – allerdings nicht ganz korrekt – als eine von der Inflationsrate abhängige gesamtwirtschaftliche Nachfragekurve (AD = Aggregate Demand) interpretiert.[1] Genau genommen handelt es sich dabei um eine Politikregelkurve, die den Zusammenhang zwischen dem gesamtwirtschaftlichen Output und der Inflationsrate beschreibt, wenn sich die Notenbank an eine Taylor-Regel hält. Zur Vereinfachung soll im Folgenden von der AD-Kurve gesprochen werden.

Analytisch kann diese hergeleitet werden, indem man die Taylor-Regel (*Gleichung 23.18*) in die IS-Kurve (*Gleichung 23.1*) einsetzt, r_0 durch a/b ersetzt und nach π auflöst:

$$(23.19) \qquad \pi = \pi_0 + \frac{\varepsilon_1}{be} - \frac{1+bf}{be} y$$

Für die grafische Herleitung beginnt man im Gleichgewicht, d.h. mit der TZ(π_0)-Linie und einer Output-Lücke von null (vgl. *Abbildung 23.4*). Aus dieser Kombination von Output und Inflation ergibt sich der Punkt A im unteren Teil von *Abbildung 23.4*. Anschließend zeichnet man eine zweite TZ-Linie für eine höhere Inflationsrate ($\pi_1 > \pi_0$) ein. Sie liegt gemäß dem „Taylor-Prinzip" oberhalb der TZ-Linie (vergleiche *Gleichung 23.19*). Das neue Gleichgewicht ist mit einer negativen Output-Lücke in Höhe von y_1 verbunden. Aus der Kombination von y_1 und π_1 ergibt sich der Punkt B im π-y-Raum. Verbindet man die beiden Punkte A und B miteinander, erhält man die AD-Kurve (AD_0) im π-y-Raum.

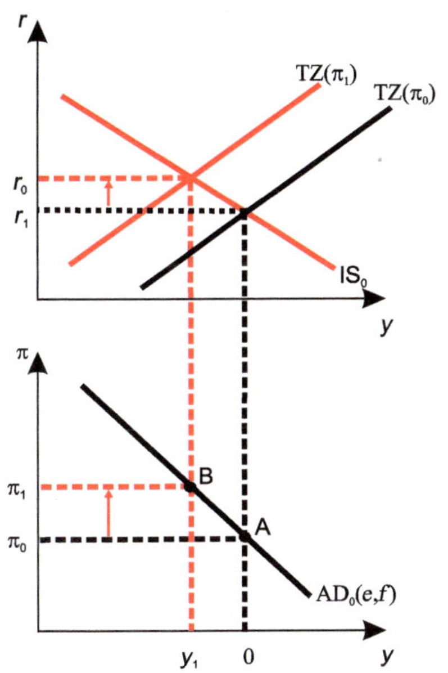

Abbildung 23.4: Ableitung der AD-Kurve bei einer Taylor-Regel

1 Wie in *Kapitel 17* gezeigt, wird die gesamtwirtschaftliche Nachfrage im „Einkommen-Ausgaben-Modell" abgebildet, wo sie mit dem gesamtwirtschaftlichen Angebot zusammengeführt wird. Die im IS-LM-Modell und im AS-AD-Modell verwendete Mengengröße ist immer der gleichgewichtige Output, der aus dem Einkommen-Ausgaben-Modell abgeleitet wird.

Durch die AD-Kurve wird die grafische Analyse geldpolitischer Maßnahmen etwas komplizierter als im Fall einer optimalen Geldpolitik. Beginnen wir wieder mit dem Fall eines negativen *Nachfrageschocks* (▶*Abbildung 23.5*), der die IS-Kurve im *r-y*-Raum nach unten verschiebt. Auf die daraus resultierende Output-Lücke (y_1) reagiert die Notenbank, indem sie den Realzins senkt. Grafisch entspricht das einer Bewegung auf der TZ(π_0)-Linie von r_0 nach r_1. Im unteren Teil von *Abbildung 23.5* verschiebt sich deshalb auch die AD-Kurve nach unten, denn sie muss durch den Punkt A verlaufen, der sich aus dem Schnittpunkt der zunächst unveränderten Inflationsrate und einer Output-Lücke von y_1 ergibt. Das neue Gleichgewicht ergibt sich im Punkt B aus dem Schnittpunkt der verschobenen AD-Kurve und der unveränderten Phillips-Kurve. Im Punkt B ist die Output-Lücke mit y_2 nicht ganz geschlossen, aber sie ist kleiner als y_1 und die Inflationsrate liegt mit π_1 durch die Zinssenkung der Notenbank wieder näher an ihrem Zielwert. Das liegt daran, dass die Notenbank den Realzins zusätzlich wegen der gesunkenen Inflationsrate (π_0 auf π_1) anpassen musste (*Abbildung 23.5*) – jetzt von r_1 auf r_2. Im oberen Teil von *Abbildung 23.5* wird dies durch die Verschiebung der TZ-Kurve zum Ausdruck gebracht, sodass sie die IS_1-Kurve im Punkt $r_2;y_1$ schneidet. Im folgenden Kapitel wird deutlich werden, dass die Mechanik der Kurvenverschiebungen identisch ist mit den Effekten, die sich im IS/LM-AS/AD-Modell im Fall eines Nachfrageschocks ergeben.

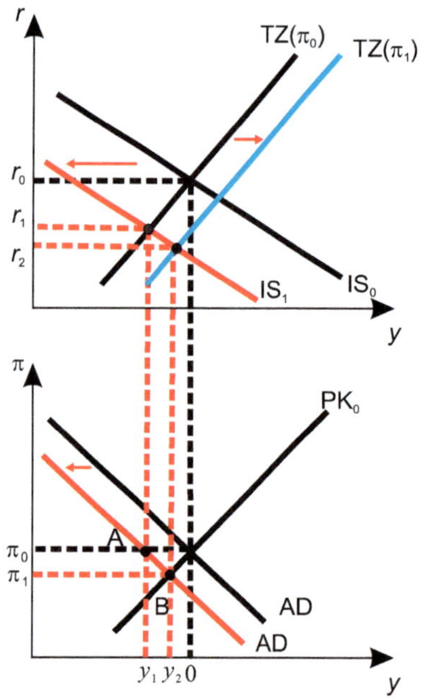

Abbildung 23.5: Nachfrageschocks und Taylor-Regel

Für die grafische Analyse geldpolitischer Maßnahmen bei einem *Angebotsschock* genügt es, wenn man ausschließlich den *π-y*-Raum betrachtet (▶*Abbildung 23.6*). Dem Angebotsschock entspricht eine Verschiebung der Phillips-Kurve nach oben. Dadurch steigt die *Inflationsrate*. Die Taylor-Regel verlangt nun eine Erhöhung des Realzinses, wodurch eine negative Output-Lücke entsteht. Die negative Output-Lücke wiederum dämpft leicht den Anstieg der Inflationsrate auf π_1.

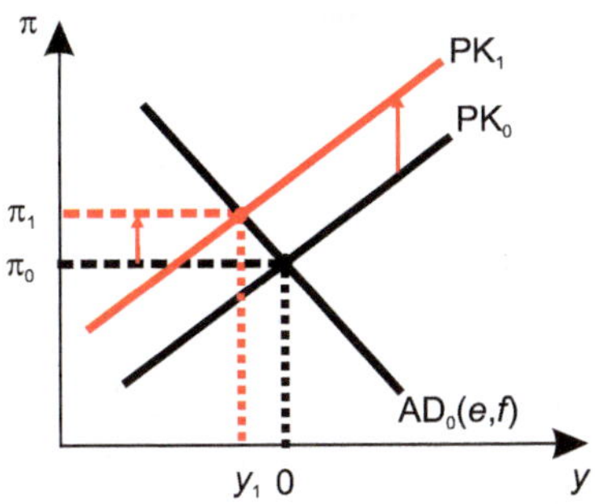

Abbildung 23.6: Angebotsschocks und Taylor-Regel

23.5 Warum die Taylor-Regel nicht so gut sein kann wie eine „optimale Politik"

Vergleicht man die wirtschaftspolitischen Ergebnisse bei einer an der *Taylor-Regel* ausgerichteten Notenbank mit einer optimalen, das heißt von einer gesamtwirtschaftlichen Zielfunktion bestimmten Zinspolitik, erweist sich die Taylor-Regel eindeutig als unterlegen.

Dies liegt vor allem daran, dass sie bei *Nachfrageschocks* zwar eine Zinsanpassung auslöst, die in die richtige Richtung geht, die Reaktion jedoch nie so stark ausfällt, dass wieder der Optimalpunkt mit einer Output-Lücke von null und einer dem Zielwert entsprechenden Inflationsrate erreicht wird. Demgegenüber können Nachfrageschocks jederzeit perfekt kompensiert werden, wenn sich die Notenbank an einer gesamtwirtschaftlichen Zielfunktion orientiert.

Bei *Angebotsschocks* ist das Urteil weniger eindeutig. Bei beiden Politikstrategien ist es im Fall solcher Störungen nicht möglich, wieder den Ausgangspunkt zu realisieren. In Abhängigkeit von den konkreten Werten der Parameter d, e, f und λ ist es möglich, dass die Taylor-Regel zu Ergebnissen führt, die denen der optimalen Politik entsprechen. Allerdings ist diese Strategie nie schlechter als die Taylor-Regel.

Wenn das so ist, muss man sich fragen, wieso sich die Taylor-Regel in der praktischen Geldpolitik immer wieder einer gewissen Beliebtheit erfreut. Die Antwort ergibt sich – wie schon erwähnt – daraus, dass das Geschäft der Notenbanken in der Praxis eben nicht so einfach ist, wie es durch die Modellstruktur für eine optimale Politik unterstellt wird. Aufgrund ihres deutlich geringeren Bedarfs an Informationen kann sich die Taylor-Regel daher als eine „*Heuristik*" oder „Daumenregel" erweisen. In der Theorie der *Behavioral Economics* wird gezeigt, dass sich Entscheidungsträger in komplexen Situationen häufig auf relativ einfache Rezepte verlassen und dabei nicht unbedingt schlechter fahren als bei sehr viel aufwendigeren Entscheidungsprozeduren (Gigerenzer und Todd, 2000).

Bei der *praktischen Anwendung der Taylor-Regel* stellt sich das Problem, dass der von Taylor für die Phase von 1987 bis 1992 entdeckte Zusammenhang und die daraus entwickelte Regel in der jüngeren Vergangenheit erhebliche Probleme aufwerfen. ▸*Abbildung 23.7* zeigt für die *Vereinigten Staaten*, dass sich die Zinspolitik der US-amerikanischen Notenbank bis Ende 1990er-Jahre noch ganz gut mit der Taylor-Regel in Einklang bringen lässt. In den 2000er-Jahren war die Zinspolitik dann, gemessen an der Regel, zu expansiv. Das passt insoweit, als es in dieser Phase zu einer Überhitzung am US-Immobilienmarkt gekommen ist, der dann in die weltweite Finanzkrise mündete (*Kapitel 27*). Probleme stellen sich jedoch für die 2010er-Jahre. Hier wird von der

Taylor-Regel weiterhin eine deutlich zu expansive Geldpolitik angezeigt. Tatsächlich sind aber bisher weder inflationäre Prozesse noch gravierende Fehlentwicklungen auf den US-Finanzmärkten zu beobachten.

Ähnlich ist es im *Euroraum*. Hier liegt der „Taylor-Zins" ebenfalls seit Jahren über dem Leitzins der EZB. Zudem wurde der Expansionsgrad der Geldpolitik durch umfangreiche Anleihekäufe noch verstärkt. Tatsächlich bewegt sich die Inflationsrate des Euroraums jedoch seit Jahren unterhalb des Zielbereichs der EZB. Die Kreditentwicklung verläuft zudem in vergleichsweisen ruhigen Bahnen.

Eine mögliche Ursache für diese Probleme könnte darin zu sehen sein, dass in der Taylor-Regel mit einem neutralen Realzins, also einem Gleichgewichtszins, von 2 % gerechnet wird. Denkbar ist, dass dieser heute niedriger liegt als Anfang der 1990er-Jahre (Sachverständigenrat, 2017, Tz. 330 ff.).

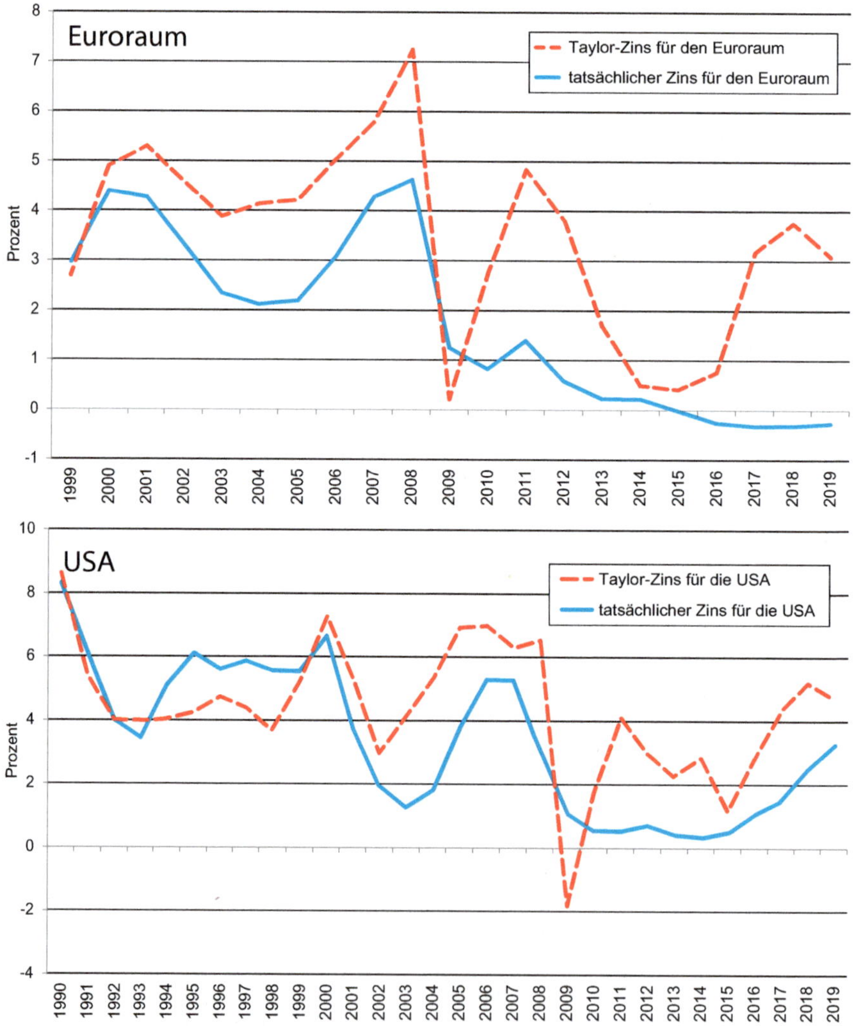

Abbildung 23.7: Taylor-Regel für den Euroraum und die Vereinigten Staaten
Quelle: IMF World Economic Outlook Database April 2019 und eigene Berechnungen.

23.6 Rationale Erwartungen

Bisher wurde angenommen, dass die Inflationserwartungen einfach nach Maßgabe des Inflationsziels der Notenbank gebildet werden. Das ist jedoch nicht zwingend.

Wie kann man nun die Erwartungsbildung der Privaten formal beschreiben? Die Wirtschaftstheorie hat hierfür das Konzept der „*rationalen Erwartungen*“ entwickelt. Dabei wird davon ausgegangen, dass jedes Wirtschaftssubjekt über die gesamte Struktur der Wirtschaft perfekt informiert ist. In unserer Modellwelt würde das bedeuten, dass es die *Gleichungen 23.1, 23.3* und *23.5* kennt und zugleich über die konkreten Werte der Parameter informiert ist. Herr Müller oder Frau Schneider wissen also insbesondere, dass sich die Notenbank bei ihrer Zinspolitik an einer gesamtwirtschaftlichen Verlustfunktion orientiert. Sie werden sich dann fragen, welche Inflationsrate für die Notenbank optimal ist.

Dazu muss die Phillips-Kurve in allgemeiner Form

$$(23.20) \qquad \pi = \pi^e + dy + \varepsilon_2$$

in die Verlustfunktion eingesetzt werden. Wiederum muss diese nach y abgeleitet werden, sodass man die optimale Output-Lücke erhält:

$$(23.21) \qquad y = -\frac{d}{d^2+\lambda}(\pi^e - \pi_0) - \frac{d}{d^2+\lambda}\varepsilon_2$$

Anders als bei *Gleichung 23.8* sind jetzt die Inflationserwartungen noch in dieser Gleichung enthalten. Durch Einsetzen von *Gleichung 23.21* in die Phillips-Kurve lässt sich die optimale Inflationsrate der Notenbank als eine Funktion der Inflationserwartungen des privaten Sektors darstellen:

$$(23.22) \qquad \pi(\pi^e) = \frac{\lambda}{d^2+\lambda}\pi^e + \frac{d^2}{d^2+\lambda}\pi_0 + \frac{\lambda}{d^2+\lambda}\varepsilon_2$$

Diese Gleichung kann man wiederum als *Reaktionsfunktion* der Notenbank betrachten, denn sie gibt an, welche Inflationsrate geldpolitisch angesteuert wird, wenn die Privaten bestimmte Inflationserwartungen aufweisen.

Die Privaten sind bestrebt, ihre Erwartungen korrekt zu bilden; sie zielen also darauf ab, die Abweichungen der tatsächlichen Inflationsrate von der erwarteten zu minimieren. Das Optimum wird aus ihrer Sicht erreicht, wenn die von der Notenbank angesteuerte Inflationsrate identisch mit der von ihnen erwarteten Inflationsrate ist:

$$(23.23) \qquad \pi^{opt}(\pi^e) = \pi^e$$

Diese Beziehung beschreibt die Reaktionsfunktion der Privaten. Das Gleichgewicht beider Reaktionsfunktionen erhält man durch Gleichsetzen, d.h. indem man π^{opt} in *Gleichung 23.22* durch π^e ersetzt. Man erhält dann:

$$(23.24) \qquad \pi^e = \frac{\lambda}{d^2+\lambda}\pi^e + \frac{d^2}{d^2+\lambda}\pi_0 + \frac{\lambda}{d^2+\lambda}\varepsilon_2$$

Löst man diese Gleichung nach π^e auf, und unterstellt für $\varepsilon_2 = 0$ ergibt sich

$$(23.25) \qquad \pi^e = \pi_0$$

Das Ergebnis beruht auf der Annahme, dass der Angebotsschock ε_2 zu Beginn der betrachteten Periode noch nicht aufgetreten ist. Da die Privaten nicht wissen, wie hoch der Schock ausfällt, gehen sie wegen der Annahme der Normalverteilung und des Mittelwerts von 0 davon aus, dass $\varepsilon_2 = 0$ ist.

Das führt zu dem für eine Notenbank schönen Ergebnis, dass die Privaten bei „rationalen Erwartungen" davon ausgehen, dass eine Inflationsrate angesteuert wird, die dem Inflationsziel entspricht. Natürlich wissen die Privaten, dass es im Falle von Angebotsschocks zu Abweichungen kommen kann, da sich diese Störungen aber nicht vorhersehen lassen, werden sie bei der Bildung der Inflationserwartungen mit einem Erwartungswert von null berücksichtigt. Da Notenbanken, wie die *Europäische Zentralbank*, dem Ziel der Geldwertstabilität verpflichtet sind, ist auch in der Realität zu beobachten, dass sich die Inflationserwartungen bisher sehr eng am Inflationsziel von knapp 2 % orientierten. Bei einer solchen Übereinstimmung von Inflationsziel und Inflationserwartungen spricht man von einer *glaubwürdigen* Geldpolitik. An der hohen Glaubwürdigkeit der Europäischen Zentralbank hat sich selbst durch den massiven Angebotsschock der Ölpreisverteuerung von 50 US-Dollar je Barrel (Januar 2007) auf fast 150 US-Dollar (Juli 2008) nichts geändert.

Allerdings muss es nicht immer dazu kommen, dass die Inflationserwartungen der Privaten dem Inflationsziel der Notenbank entsprechen. Abweichungen sind vor allem dann zu erwarten, wenn die Geldpolitik nicht politisch unabhängig ist, sondern sehr stark von der allgemeinen Politik bestimmt wird. Eine um ihre Wiederwahl bestrebte Regierung kann dann versucht sein, durch eine expansive Zinspolitik die Konjunktur zu stimulieren, auch wenn das mit einer ungünstigen Inflationsentwicklung einhergeht.

Dies kann man in der Verlustfunktion wie folgt abbilden:

$$L = (\pi - \pi_0)^2 + \lambda(y - k)^2 \quad \text{mit } k > 0 \tag{23.26}$$

Durch die Einführung des k-Faktors lässt sich eine überambitionierte Notenbank abbilden, die eine Output-Lücke größer als null erreichen will. Im Vergleich zu unserer ursprünglich angenommenen Verlustfunktion (*Gleichung 23.5*) hat sich der Zielpunkt der Notenbank im π-y-Raum nach rechts verschoben. Es lässt sich zeigen (Bofinger et al., 2006), dass es unter diesen Voraussetzungen zu rationalen Erwartungen für die Inflationsrate kommt, die über dem Inflationsziel der Notenbank liegen. Die Grundstruktur dieser Interaktion zwischen Notenbank und Privaten wurde in einem viel beachteten Modell von Barro und Gordon (1983) entwickelt.

Schlagwörter

- geldpolitische Reaktionsfunktion (S. 449)
- Inflation Targeting (S. 444)
- neu-keynesianische Makroökonomie (S. 441)
- optimale Geldpolitik (S. 444)
- rationale Erwartungen (S. 455)
- Taylor-Regel (S. 450)

Aufgaben

Musterlösungen zu den hier gestellten Aufgaben finden Sie im MyLab | Grundzüge der VWL.

1. In A-Land gelten folgende Zusammenhänge:

$y = 1{,}2 - 0{,}25r + \varepsilon_1$

$\pi = 2 + 0{,}1y + \varepsilon_2$

Es trete ein Nachfrageschock in Höhe von $\varepsilon_1 = 4$ auf.

a) Was ist das Politikergebnis bei optimaler Geldpolitik, wenn die Notenbank sich an folgender Zielfunktion orientiert: $L = (\pi - 2)^2 + y^2$?

b) Wie lautet das Politikergebnis, wenn die Notenbank sich an einer Taylor-Regel orientiert: $r = 2 + 0{,}5(\pi - 2) + 0{,}5y$?

c) Skizzieren Sie die von Ihnen bestimmten Ergebnisse im $(y;r)$ und $(\pi;y)$-Raum!

2. In einer Ökonomie gelte:

$y = 1{,}2 - 0{,}25r$

$\pi = 2 + 0{,}1y$

a) Bestimmen Sie die Reaktionsfunktion der Notenbank, wenn die Zielfunktion lautet: $L = (\pi - 2)^2 + \lambda y^2$, mit $\lambda = 1$.

b) Wie verändert sich die Reaktionsfunktion der Notenbank, wenn λ auf $\lambda = 2$ steigt?

3. In A-Land betreibt die Notenbank optimale Geldpolitik. In B-Land hingegen wird die Geldpolitik an einer Taylor-Regel ausgerichtet.

a) Stellen Sie die Politikergebnisse für den Fall eines Nachfrageschocks für optimale und einfache Geldpolitik grafisch dar und vergleichen Sie Ihre Ergebnisse!

b) Stellen Sie die Politikergebnisse für den Fall eines Angebotsschocks grafisch dar und vergleichen Sie Ihre Ergebnisse!

LERNZIELE

- In vielen Lehrbüchern wurde Makroökonomie anhand des IS-LM/AS-AD-Modells präsentiert. Manchmal wird dabei auf das AS/AD-Modul verzichtet. Dieser Modellrahmen ist weniger leistungsfähig als in der Lehre das im vorangegangenen Kapitel präsentierte neu-keynesianische Modell. Wegen seiner großen Popularität soll er hier gleichwohl präsentiert werden.
- Im IS-LM-Modell wird unterstellt, dass die Notenbank als geldpolitische Regel eine Geldmengensteuerung praktiziert. Der Zinssatz ergibt sich dabei aus dem Gleichgewicht am (makroökonomischen) Geldmarkt. Diese Modellierung ist sehr realitätsfremd, da Notenbanken heute durchweg den Refinanzierungszins der Banken steuern und sich dabei tendenziell an einer Taylor-Regel orientieren.
- Im AS-AD-Modell wird das Preisniveau erklärt, nicht aber wie im neu-keynesianischen Modell die Inflationsrate. Die wirtschaftspolitischen Implikationen aus Modellen, die eine Veränderung des Preisniveaus erklären und denjenigen, die eine Veränderung der Inflationsrate berücksichtigen, sind weitgehend identisch. Allerdings führt im AS-AD-Modell jeder negative Nachfrageschock zu einer *Deflation*, was in der Realität kaum zu beobachten ist.
- Problematisch ist die aus dem AS-AD-Modell abgeleitete *Selbststabilisierung* einer Marktwirtschaft bei negativen Nachfrageschocks. Dabei wird das Problem der *„Nullzins-Grenze"* der Geldpolitik nicht berücksichtigt.

Makroökonomie, wie sie schon die Großväter lehrten

24

ÜBERBLICK

24.1 Überblick

Das in *Kapitel 23* beschriebene IS/PC/MP-Modell hat den großen Vorteil, dass man damit sehr gut die Grundstruktur der Geldpolitik beschreiben kann, wie sie heute von den meisten Notenbanken in der Welt betrieben wird. Stark vereinfacht besteht ihre Ratio darin, dass eine Notenbank versucht, die von ihr steuerbaren Zinsen so festzulegen, dass sie ihr Inflationsziel einhält, ohne dabei eine allzu große Output-Lücke in Kauf nehmen zu müssen.

Wie schon erwähnt ist dieses neu-keynesianische Modell zwar in der wissenschaftlichen Diskussion schon seit einiger Zeit weitverbreitet, aber es dauert, bis sich solche Innovationen auch in Lehre an Universitäten und Hochschulen niederschlagen. Dort findet man unter der Bezeichnung „IS-LM-Modell" oder auch „AS-AD-Modell" in der Regel eine veraltete Modellstruktur, die in den 1960er- und frühen 1970er-Jahren entwickelt wurde. Deshalb soll dieser Modellansatz im Folgenden ausführlicher beschrieben werden.

Die Grundidee dieses Modelltyps besteht darin, dass die Notenbank die Geldmenge steuert, das heißt, sie hält die Geldmenge ganz einfach konstant. Sie kann diese allerdings ändern, wenn Schocks auftreten, die das Preisniveau verändern. Wie diese Anpassung konkret erfolgt, wird in diesem Modell nicht genauer spezifiziert, da es keine explizite Zielfunktion der Notenbank enthält. Man erkennt daran sofort das Problem: Wenn man die Politik der Europäischen Zentralbank studiert, weiß man, dass sie den Zinssatz und nicht die Geldmenge als Steuerungsgröße verwendet, und man sieht außerdem, dass sie nicht das Preisniveau, sondern die Inflationsrate kontrollieren will.

Während die Geldpolitik in diesen beiden Ansätzen also sehr unterschiedlich modelliert wird, besteht bei der Darstellung der gesamtwirtschaftlichen Nachfrage kein nennenswerter Unterschied. Es wird in beiden Modelltypen davon ausgegangen, dass die Nachfrage negativ vom Zinsniveau beeinflusst wird, wie das z.B. in der *Gleichung 23.1* dargestellt wird. Allerdings basiert das neu-keynesianische Modell durchgängig auf dem Realzins, während das IS-LM-Modell keine Unterscheidung zwischen Nominal- und Realzins trifft. Dies liegt daran, dass es eine Inflationsrate von null unterstellt, womit beide Größen identisch sind. Wir werden darauf noch ausführlicher eingehen.

24.2 Die LM-Kurve beschreibt das Gleichgewicht am Geldmarkt

Das neu-keynesianische Modell macht es sich bei der Modellierung der Geldpolitik relativ einfach. Es unterstellt, dass die Notenbank in der Lage ist, den für die Ausgabeentscheidungen der Privaten relevanten Realzins zu steuern. Um das Grundmodell zu verstehen, muss man dabei nicht wissen, wie die Zinssteuerung genau vor sich geht (siehe dazu *Kapitel 20*). Beim IS-LM-Modell ist das alles sehr viel komplizierter. Es geht nämlich davon aus, dass die Notenbank den Zins nicht unmittelbar steuert, sondern *indirekt* über die Geldmenge. Der Zinssatz ergibt sich dann als Gleichgewichtspreis, der das *Geldangebot* und die *Geldnachfrage* ins Gleichgewicht bringt. Die LM-Kurve, die wir im Folgenden ableiten, beschreibt alle Kombinationen von i und Y, bei denen ein solches Gleichgewicht von Geldnachfrage (L wie Liquidity) und Geldangebot (M wie Money) besteht.

24.3 Theorie der Geldnachfrage

Dazu müssen wir uns etwas ausführlicher mit der Theorie der *Geldnachfrage* auseinandersetzen.

Ausgangspunkt für die gesamte Steuerung des Wirtschaftsprozesses durch die Notenbank ist die Tatsache, dass Unternehmen und Haushalte für ihre Transaktionen „Geld“ benötigen. Wenn sich Herr Müller ein Auto kaufen will, braucht er dazu Bargeld oder ein Guthaben auf seinem Girokonto. Letzteres bezeichnet man als Sichtguthaben, da jederzeit, also „auf Sicht“, darüber verfügt werden kann.

Die einfachste Erklärung der Geldnachfrage bietet die *Quantitätstheorie*. Sie beruht im Prinzip auf einer Tautologie: Die nominelle Geldmenge (M) mal der Umlaufgeschwindigkeit (v) ist gleich dem *Preisniveau* (P) mal dem realen Volkseinkommen (Y).

$$(24.1) \qquad M \cdot v \equiv P \cdot Y$$

Der tautologische Charakter resultiert daraus, dass die Umlaufgeschwindigkeit nicht unabhängig ermittelt werden kann. Es ist nicht möglich, für jeden einzelnen Geldschein zu bestimmen, wie oft er im Laufe eines Jahres für Zahlungen verwendet wurde. Deshalb wird v einfach aus den statistisch verfügbaren Werten von M, P und Y errechnet. Zu einer Theorie der *Geldnachfrage* wird die Quantitätsgleichung, wenn man die Annahme einer konstanten Umlaufgeschwindigkeit einführt ($\overline{v}$). Dieses Vorgehen lässt sich damit begründen, dass es in jeder Volkswirtschaft eine bestimmte Technologie des Zahlungsverkehrs und des Finanzsystems gibt, welche dafür maßgeblich ist, wie viele Zahlungsmittel zur Abwicklung eines bestimmten realen Volkseinkommens erforderlich sind.

Auf diese Weise kann man aus der Quantitätsgleichung eine sehr einfache *Geldnachfragefunktion* ableiten:

$$(24.2) \qquad M^n = \frac{1}{\overline{v}} \cdot P \cdot Y$$

In der Regel formuliert man die Geldnachfrage als eine *reale Geldnachfrage*, d.h. man dividiert obige Gleichung durch P.

Die zentrale Aussage dieser Theorie besteht darin, dass die reale Geldnachfrage in einem proportionalen Verhältnis zum realen Transaktionsvolumen – beziehungsweise dem realen Sozialprodukt – steht.

Box 24.1 Die Quantitätstheorie als Inflationstheorie

Die Quantitätsgleichung bietet eine sehr einfache Erklärung für Inflationsprozesse. Dazu muss man davon ausgehen, dass die gesamtwirtschaftliche Nachfrage ausschließlich von der in einer Volkswirtschaft umlaufenden Geldmenge bestimmt wird:

$$(24.3) \qquad Y^n = f(M)$$

Löst man Gleichung nach Y auf, erhält man

$$(24.4) \qquad Y^n = (M^n/P) \cdot v$$

Die Quantitätstheorie unterstellt, dass die Notenbank das *Geldangebot* perfekt kontrolliert, sodass

$$(24.5) \qquad M^a = M$$

Geht man von einem Gleichgewicht auf dem Geldmarkt aus, sodass die *Geldnachfrage* M^n dem Geldangebot M^a entspricht:

$$(24.6) \qquad M^a = M^n$$

Unterstellt wird außerdem, dass das gesamtwirtschaftliche Angebot Y^a konstant ist und ein Gleichgewicht am Gütermarkt besteht:

$$(24.7) \qquad Y^a = Y^n = Y$$

Setzt man (*24.6*) und (*24.7*) in Gleichung (*24.4*) ein, erhält man nach dem Preisniveau aufgelöst:

$$(24.8) \qquad P = \frac{M \cdot \overline{v}}{Y}$$

Bei einem konstanten realen Einkommen und einer konstanten Umlaufgeschwindigkeit führt eine Zunahme der *Geldmenge* somit zu einem proportionalen Anstieg des Preisniveaus. Diese Theorie eignet sich besonders gut zur Erklärung von Hochinflationsphasen. Der Ausgangspunkt ist dabei in der Regel eine stark steigende Staatsverschuldung, die weitgehend über die Notenpresse gedeckt wird. Da sich bei steigender Geldmenge nichts an den vorhandenen Gütern ändert, ist das einzige Ventil die Inflation. Zu einem sich verstärkenden Prozess kann es dabei dann kommen, wenn die Wirtschaftssubjekte die Geldentwertung erkennen und sich deshalb bemühen, ihre Kassenbestände möglichst gering zu halten, indem sie ihr Geld so schnell wie möglich ausgeben. Damit steigt auch die Umlaufgeschwindigkeit und der Inflationsprozess wird beschleunigt. Dies trägt wiederum zu einer höheren Umlaufgeschwindigkeit bei und das Rad dreht sich immer schneller. Die deutsche *Hyperinflation* der Jahre 1920 bis 1923 ist hierfür ein ebenso imposantes wie abschreckendes Beispiel (siehe auch *Abschnitt 15.2.3*).

Bei niedrigeren Wachstumsraten der Geldmenge ist der Zusammenhang zwischen der monetären Expansion und der Inflationsrate jedoch nicht sehr eng. Die ▸*Abbildung 24.1* verdeutlicht dies anhand der Daten des Internationalen Währungsfonds und der Weltbank für den Zeitraum von 1982 bis 2012, wobei die obere Grafik den Zusammenhang weltweit darstellt und die untere Grafik nur die Werte für Länder berücksichtigt, deren durchschnittliche jährliche Wachstumsrate der Geldmenge unter 10 % liegt. Zwischen der durchschnittlichen Wachstumsrate der Geldmenge und der durchschnittlichen Inflationsrate dieser Länder besteht kein systematischer Zusammenhang.

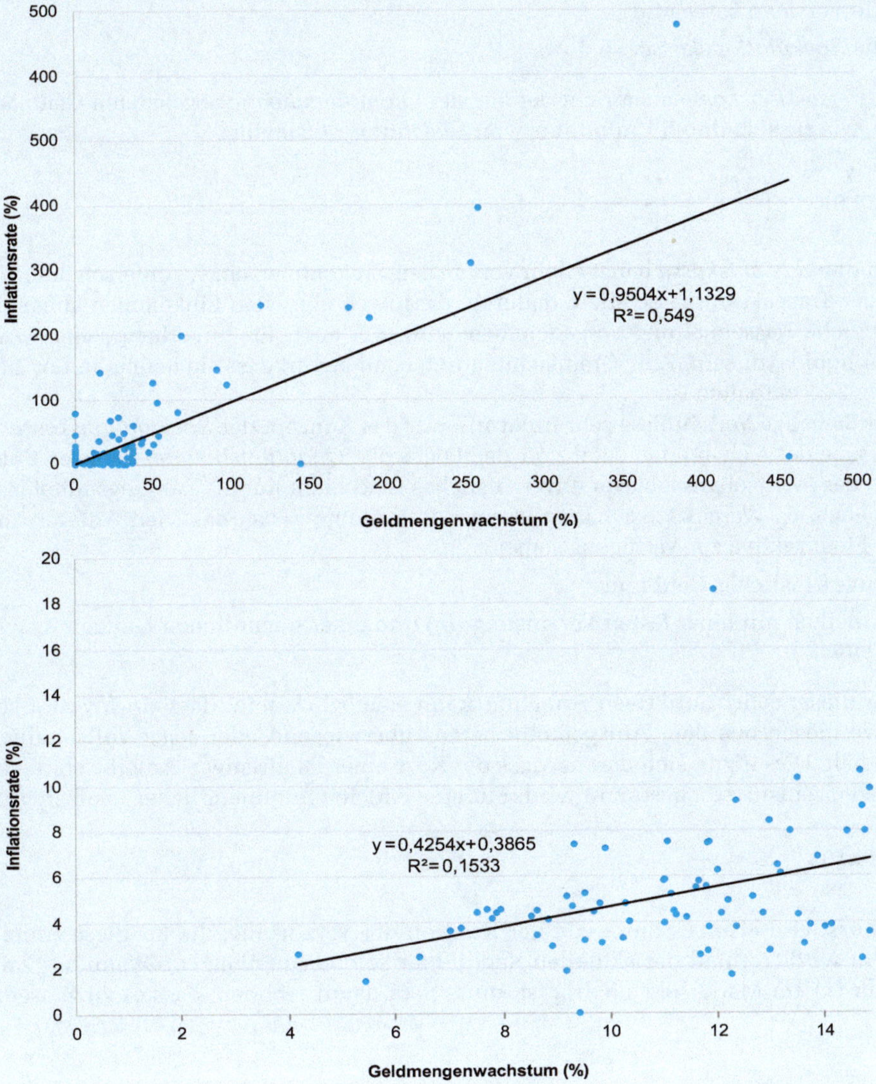

Abbildung 24.1: Empirischer Zusammenhang zwischen dem durchschnittlichen jährlichen Geldmengenwachstum und der Inflationsrate von 1982 bis 2012 weltweit (obere Grafik) und nur für Länder mit einem durchschnittlichen jährlichen Geldmengenwachstum von weniger als 10 % (untere Grafik)
Quelle: Internationaler Währungsfonds/Weltbank.

Das wesentliche Defizit der Quantitätstheorie ist darin zu sehen, dass sie die Nachfrage nach (unverzinslichem) Geld unabhängig vom Zinssatz beschreibt. Dieses Problem wurde von Keynes vor allem in seinem Hauptwerk *„General Theory of Employment, Interest and Money"* aus dem Jahr 1936 aufgegriffen. In seiner Theorie der *Liquiditätspräferenz* unterscheidet er drei Motive der Geldhaltung:

- die *Transaktionskasse*,
- die *Vorsichtskasse* und
- die *Spekulationskasse*.

Die *Transaktionskasse* entspricht der aus der *Quantitätstheorie* abgeleiteten Geldnachfrage, wie sie sich durch Umformung von *Gleichung 24.2* ergibt:

$$(24.9) \qquad \left(\frac{M}{P}\right)^n = \frac{Y}{\overline{V}}$$

Auch die *Vorsichtskasse* hängt allein vom realen Einkommen ab; sie unterscheidet sich von der Transaktionskasse allein dadurch, dass noch eine vom Einkommen abhängige zusätzliche Kassenhaltung vorgenommen wird, um auch für unvorhergesehene Ausgaben liquide zu sein. Zur Vereinfachung unterstellen wir, dass sie bereits in der *Gleichung 24.9* enthalten ist.

Für damalige Verhältnisse sehr innovativ war das Konzept der *Spekulationskasse*. Es unterscheidet sich fundamental von der Logik der *Quantitätstheorie*, denn es unterstellt, dass Wirtschaftssubjekte unverzinsliches Geld nicht nur als Zahlungsmittel, sondern auch als Wertspeicher halten. Keynes unterstellte dabei, dass den Anlegern nur zwei Finanzaktiva zur Verfügung stehen:

- unverzinsliches Geld und
- Anleihen mit einer festen Verzinsung (i_N) und einer unendlichen Laufzeit („ewige Renten").

Unter dieser sehr restriktiven Annahme kann es möglich sein, dass ein Investor sein Geldvermögen aus dem Anlagemotiv heraus überwiegend oder sogar vollständig in Geld hält. Dies ergibt sich daraus, dass der Kurs einer langfristigen Anleihe stark vom aktuellen Zinsniveau bestimmt wird. Für eine Anleihe mit unendlicher Laufzeit gilt:[1]

$$(24.10) \qquad K_t = \frac{i_N}{i_t}$$

Der Kurs wird also bestimmt von der Relation der Verzinsung, die für diese Anleihe gezahlt wird (i_N) und der aktuellen Rendite für solche Anleihen (i_t). Wenn das Zinsniveau (i_t) am Markt sehr niedrig ist, muss man damit rechnen, dass es zu Zinserhö-

1 Der *Barwert (B)* einer Anleihe mit einer festen jährlichen Verzinsung in Höhe von i_N kann mit dem Rentenbarwertfaktor bestimmt werden. Die Größe q errechnet sich als $q = 1 + i$
$B = i_N \{(q^n - 1)/[q^n(q - 1)]\}$
Für $n \rightarrow \infty$ wird der Barwert zu
$B = i_N/(q - 1) = i_N/i$

hungen kommt. Dadurch sinken die Kurse der umlaufenden Anleihen. Bei sehr niedrigen langfristigen Renditen kann es für einen Anleger also sinnvoll sein, sein Geldvermögen in unverzinslichem Geld und nicht in Anleihen zu halten, da damit Kursverluste vermieden werden. Solange also die erwarteten Kursverluste aus einer Anleihe höher sind als der damit zu erzielende Zins, ist es für einen Investor lukrativ, sein Geldvermögen in unverzinslichem Geld zu halten. Allgemein gilt für die Nachfrage nach *Spekulationskasse*:

$$(24.11) \qquad M_S = M_S(i) \quad \text{mit} \quad \frac{dM_S}{di} \leq 0$$

Grafisch lässt sich dies wie folgt darstellen:

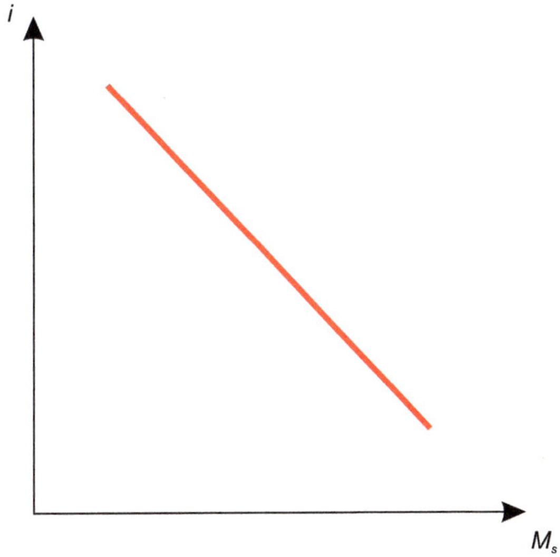

Abbildung 24.2: Die zinsabhängige Geldnachfrage aus dem Spekulationsmotiv

Das Phänomen der *Spekulationskasse* ist im aktuellen Niedrigzinsumfeld besonders ausgeprägt. Bei den langfristigen Zinsen ist ein so tiefes Niveau erreicht, dass nur noch steigende Zinsen möglich sind. Aber es kann möglicherweise noch einige Zeit dauern, bis es bei den Anleiherenditen wieder nach oben geht.

Neben der Spekulationskasse gibt es Modelle, die eine zinsabhängige Geldnachfrage auf *Opportunitätskosten* der Kassenhaltung zurückführen. Dieser Zusammenhang wird im Modell von *Baumol* und *Tobin* ausführlich hergeleitet.[2] Es basiert auf dem Grundgedanken, dass der Tausch von verzinslichen Anlageformen in unverzinsliches Geld stets mit Transaktionskosten verbunden ist. Es ist also für die Wirtschaftssubjekte sinnvoll, immer über einen gewissen Bestand an (Bar-)Geld zu verfügen. Allerdings entstehen durch die Geldhaltung *Opportunitätskosten*, da man stattdessen auch eine verzinsliche Anlageform hätte wählen können. Die optimale Geldhaltung wird also bestimmt von den

- Transaktionskosten des Umtauschs von verzinslichen Aktiva in Geld und den
- Opportunitätskosten der Geldhaltung, die durch das Zinsniveau bestimmt werden.

Es ist dabei naheliegend, dass es durch einen Anstieg des Zinsniveaus – ceteris paribus – zu einem Rückgang der realen Geldhaltung kommt.

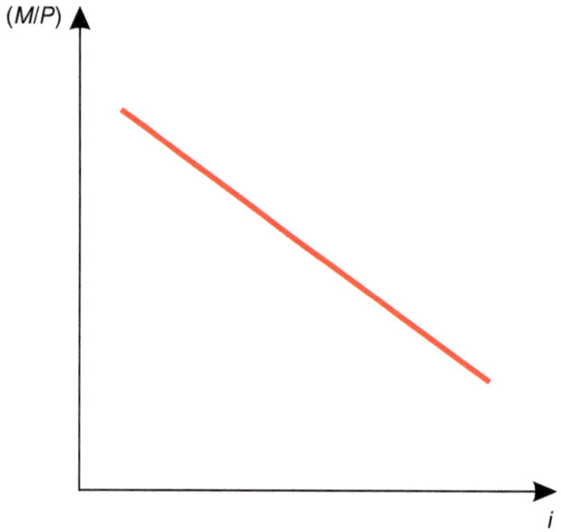

Abbildung 24.3: Die Geldnachfrage in Abhängigkeit vom Zins.

In sehr vereinfachter Form führt dies (ebenso wie die Spekulationskasse) zu einer Geldnachfragefunktion des Typs:

$$\left(\frac{M}{P}\right)^n = f(i, Y) \quad (24.12)$$

Daraus kann man die folgende lineare Nachfragefunktion konstruieren:

$$\left(\frac{M}{P}\right)^n = k \cdot Y - h \cdot i \quad (24.13)$$

2 Vergleiche dazu Baumol (1952) und Tobin (1956).

Der Parameter *h* beschreibt dabei die Zinsabhängigkeit der *Geldnachfrage*. Der Einfluss der gesamtwirtschaftlichen Transaktionen auf die reale *Geldnachfrage* wird durch den Parameter *k* abgebildet.

Empirisch lässt sich der negative Zusammenhang zwischen dem Zins und der Geldhaltung deutlich erkennen. Allerdings gilt dies vor allem für den kurzfristigen Zins und für die Nachfrage nach dem engen Geldmengenaggregat M1 (▶*Abbildung 24.4*).

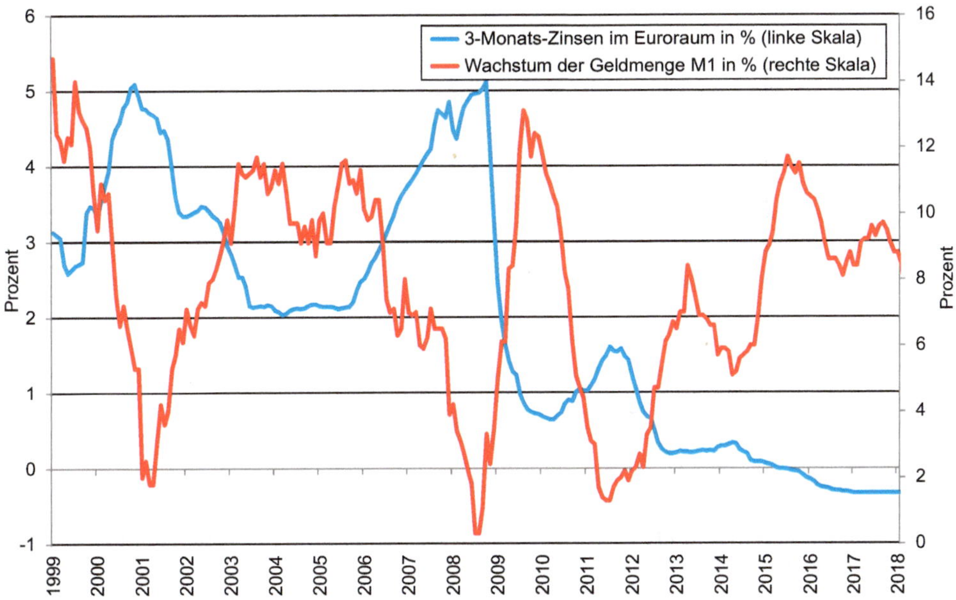

Abbildung 24.4: Zinssatz für 3-Monatsgeld und Veränderung des Geldmengenaggregats M1 gegenüber dem Vorjahresniveau im Euroraum
Quelle: Deutsche Bundesbank.

24.4 Eine sehr mechanistische Theorie des Geldangebots

Für das IS-LM-Modell wird das *Geldangebot* über den sogenannnten Geldschöpfungsmultiplikator abgeleitet. Dieser Mechanismus wird in *Kapitel 26* ausführlicher erörtert. Die Grundidee besteht darin, dass die Geldmenge (M) in einer Volkswirtschaft ein Vielfaches der verfügbaren Geldbasis (B) ausmacht. Die Geldbasis setzt sich zusammen aus dem Bargeldumlauf und den Guthaben (Reserven), die die Banken bei der Notenbank halten. Es wird dazu unterstellt, dass die Notenbank eine direkte Steuerung der *Geldbasis* vornimmt.

$$B = \overline{B} \tag{24.14}$$

Bei einem gegebenen Multiplikator (m) ergibt sich dann das Geldangebot:

$$M^A = \overline{B} \cdot m \quad (24.15)$$

Grafisch kann man das wie folgt darstellen:

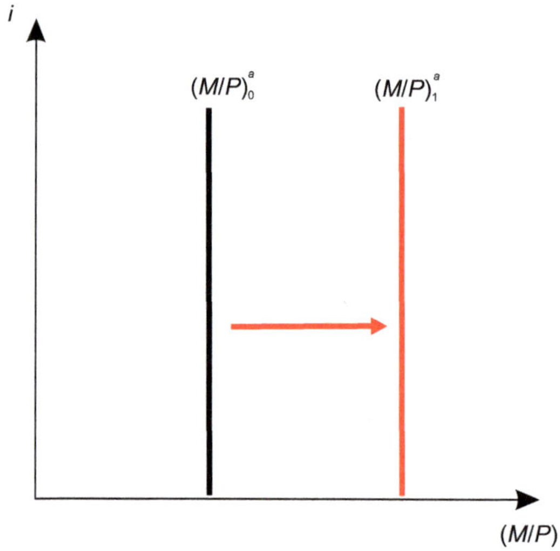

Abbildung 24.5: Mechanistische Theorie des Geldangebots

▶*Abbildung 24.5* zeigt auch, dass die Notenbank durch eine einfache Ausweitung der Geldbasis die Geldmenge nach rechts verschieben kann. Der gleiche Effekt könnte durch eine Senkung des Reservesatzes erreicht werden, da sich dann der Multiplikator (siehe *Kapitel 26*) erhöhen würde. In diesem Modell kann die Notenbank also mit den Politikparametern

- Geldbasis und
- Reservesatz

die Geldmenge steuern.

Nachdem Geldangebot und Geldnachfrage hergeleitet worden sind, kann man den Zins als den markträumenden Preis bestimmen, der zu einem Gleichgewicht auf dem sogenannten *Geldmarkt* führt. Dabei muss man jedoch sorgfältig unterscheiden zwischen zwei Formen des „Geldmarktes":

- Der „Geldmarkt", von dem in der Presse und in der Bankenpraxis gesprochen wird, ist ein Markt für *Geldbasis*. Die wichtigsten Marktteilnehmer sind die Geschäftsbanken und die Notenbank. Dieser Markt wird in *Kapitel 26* ausführlicher beschrieben.
- Der „Geldmarkt", von dem makroökonomische Lehrbücher sprechen, ist ein Markt für die *Geldmenge M1*. Die Teilnehmer sind die Geschäftsbanken auf der einen und die Nichtbanken (Unternehmen, Staat und private Haushalte) auf der anderen Seite. Aufgrund der Identität von Geld und Kredit handelt es sich dabei eigentlich um einen Kreditmarkt, auf dem Banken Kredite anbieten (= Geldangebot) und die Unternehmen und Haushalte Kredite (= Geldnachfrage) nachfragen.

In diesem Abschnitt werden wir uns nur mit dieser zweiten Form eines Geldmarktes befassen, den man auch als *makroökonomischen Geldmarkt* bezeichnen kann.

Das Gleichgewicht auf diesem Geldmarkt lässt sich grafisch herleiten, indem man die Geldnachfrage und das Geldangebot in einem Zins/Geldmengen-Diagramm abbildet:

- Die Geldnachfragekurve weist eine negative Steigung auf. Mit einem sinkenden Zinssatz nehmen die Opportunitätskosten der Geldhaltung ab; es wird also attraktiver, größere Geldbestände zu halten. Kredittheoretisch könnte man das auch so formulieren, dass die Kreditnachfrage mit einem sinkenden Zinssatz steigt.
- Das mechanistisch über den Multiplikator abgeleitete *Geldangebot* verläuft als Vertikale; es ist also völlig unabhängig vom Zinssatz.

Der für die gesamtwirtschaftliche Nachfrage entscheidende Zinssatz (i^0) ergibt sich dann im Gleichgewicht, d.h. im Schnittpunkt von Geldangebot und Geldnachfrage (▶*Abbildung 24.6*).

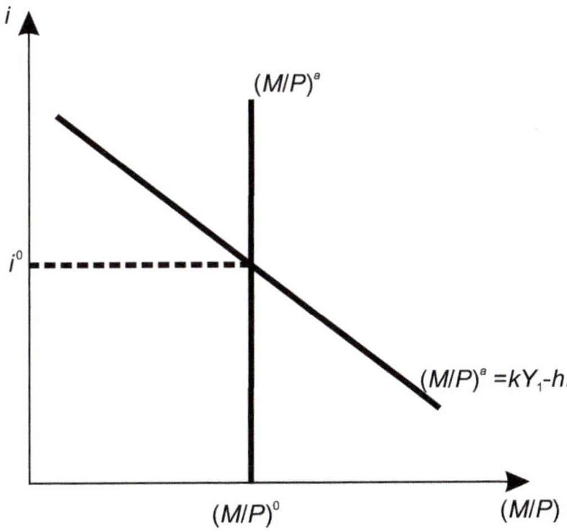

Abbildung 24.6: Das Geldmarktgleichgewicht

Wie wirken sich Veränderungen des Volkseinkommens auf diesen Markt aus? Dazu unterstellen wir, dass das Einkommen von Y_1 auf Y_2 steigt. Es erhöht sich damit der transaktionsbedingte Geldbedarf. Die Wirtschaftssubjekte fragen jetzt mehr Kredite bei den Banken nach. Die Geldnachfragekurve verschiebt sich nach oben. Da die Notenbank aber die Geldbasis unverändert lässt, kommt es lediglich zu einem Zinsanstieg – bei unverändertem Geldbestand bzw. Kreditvolumen.

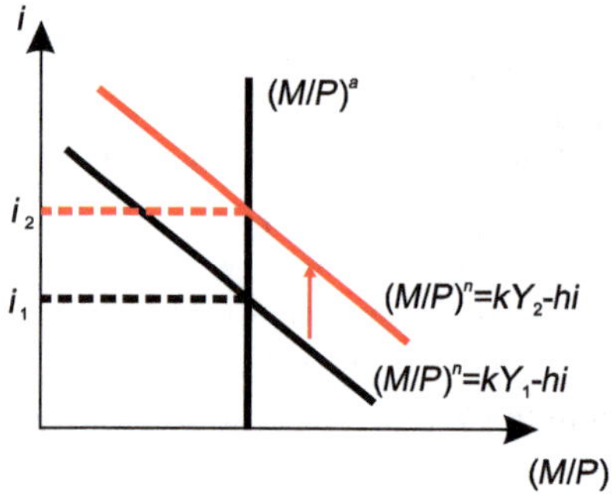

Abbildung 24.7: Wenn das Einkommen steigt, erhöht sich der Zinssatz.

Es gilt also: Je höher das Volkseinkommen ist, desto höher ist bei gegebenem *Geldangebot* das Zinsniveau.

Überträgt man diesen Zusammenhang in ein i-Y-Diagramm, erhält man den Ort der Geldmarktgleichgewichte bei unterschiedlichen Kombinationen von i und Y.

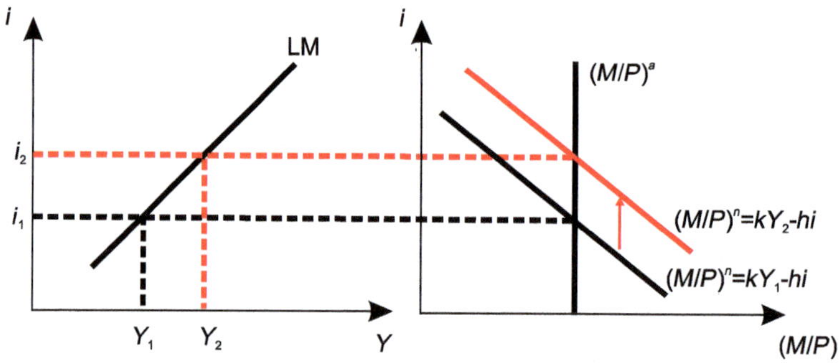

Abbildung 24.8: Wenn das Einkommen steigt, erhöht sich der Zinssatz.

Diese Kurve bezeichnet man als *LM-Kurve*, da sie ein Gleichgewicht von Geldnachfrage (oft mit dem Symbol L = Liquidity belegt) und Geldangebot (vereinfacht als M = Money) abbildet. Man kann die LM-Kurve auch als eine Politikregel interpretieren, da sie unter der Annahme einer konstanten Geldmenge abgeleitet wird. Die LM-Kurve beschreibt daher den Zusammenhang zwischen Zins und Volkseinkommen, wenn die Notenbank die Politikregel einer konstanten Geldmenge verfolgt.

Formal lässt sich die LM-Kurve ableiten, indem man das Geldangebot

$$(24.16) \quad \left(\frac{M}{P}\right)^a = \frac{M}{P} \quad \text{(Geldangebot)}$$

mit der Geldnachfrage

$$(24.17) \quad \left(\frac{M}{P}\right)^n = k \cdot Y - h \cdot i \quad \text{(Geldnachfrage)}$$

gleichsetzt. Man erhält dann:

$$(24.18) \quad \frac{M}{P} = k \cdot Y - h \cdot i \quad \text{(Geldmarktgleichgewicht)}$$

Nach i aufgelöst ergibt sich daraus die LM-Kurve:

$$i = \frac{1}{h}\left(k \cdot Y - \frac{M}{P}\right) \qquad (24.19)$$

Man sieht daraus, dass die Steigung der Kurve bestimmt wird durch

- die Zinsabhängigkeit der Geldnachfrage (h)
- und die Umlaufgeschwindigkeit des Geldes bzw. die Einkommensabhängigkeit der Geldnachfrage (k).

Die Lage der Kurve ergibt sich aus der realen Geldmenge (M/P). Die Notenbank kann also durch eine Ausweitung der Geldmenge von M_0 nach M_1 die LM-Kurve verschieben. Auf diese indirekte Weise kann sie dann auch den für die Steuerung der gesamtwirtschaftlichen Nachfrage entscheidenden Zinssatz kontrollieren.

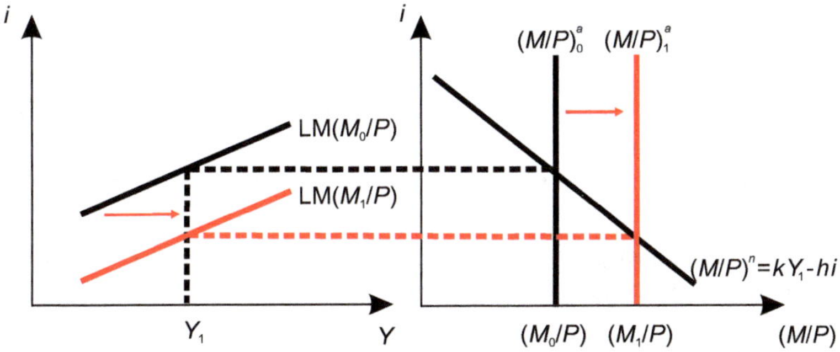

Abbildung 24.9: Durch eine Veränderung der Geldmenge kann der Zins gesteuert werden.

24.5 Das IS-LM-Modell in Aktion

Die LM-Kurve können wir jetzt mit der schon hergeleiteten IS-Kurve kombinieren und erhalten so das IS-LM-Modell. Es beschreibt ein simultanes Gleichgewicht auf dem Gütermarkt und dem *Geldmarkt*, wobei absolut starre Preise unterstellt werden. Damit ist also das Preisniveau konstant und natürlich die Inflationsrate gleich null.

(24.20) $Y^n = a + b \cdot Y + d - n \cdot i$ (gesamtwirtschaftliche Nachfrage)

(24.21) $Y^a = min(Y_V, Y^n)$ (gesamtwirtschaftliches Angebot)

(24.22) $(M/P) = \overline{M}/P$ (Steuerung der Geldmenge durch die Notenbank)

(24.23) $(M/P)^n = k \cdot Y - h \cdot i$ (Geldnachfrage)

(24.24) $N^n = min[N^n(w/P), N(Y^n)]$ (Arbeitsnachfrage)

(24.25) $N^a = N^a(w/P)$ (Arbeitsangebot)

(24.26) $(M/P)^a = (M/P)^n$ (Gleichgewichtsbedingung am Geldmarkt)

(24.27) $Y^a = Y^n$ (Gleichgewichtsbedingung am Gütermarkt)

Wir bilden dieses Modell nun in ▸*Abbildung 24.10* zunächst für die Situation eines umfassenden Gleichgewichtszustands ab:

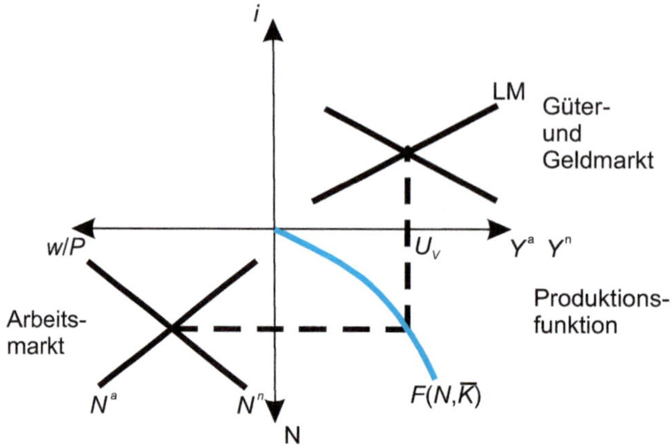

Abbildung 24.10: Gesamtwirtschaftliches Gleichgewicht bei flexiblen Preisen

- Auf dem *Geldmarkt* besteht ein Gleichgewicht, denn die Volkswirtschaft befindet sich auf einem Punkt der LM-Kurve,
- auf dem *Gütermarkt* besteht ein Gleichgewicht, denn die Volkswirtschaft befindet sich auf einem Punkt der IS-Kurve,
- es besteht deshalb ein simultanes Gleichgewicht auf dem Güter- und Geldmarkt, da der Gleichgewichtspunkt auf dem Schnittpunkt von IS- und LM-Kurve liegt,
- es besteht ein Gleichgewicht auf dem *Arbeitsmarkt*, da das kurzfristige Gleichgewichtseinkommen auch dem langfristigen Angebot der Volkswirtschaft (Y_V) entspricht.

Wie wirkt sich nun ein *Nachfrageschock* auf dieses System aus? Nehmen wir an, es komme zu einem Investitionseinbruch aufgrund einer allgemeinen Verschlechterung der Weltkonjunktur. Dies wird in ▸*Abbildung 24.11* dargestellt: Durch den Nachfragerückgang verschiebt sich die gesamtwirtschaftliche Nachfragekurve nach unten. Bei unverändertem Zinssatz würde sich das Einkommen Y_1 einstellen. Das neue Gleichgewichtseinkommen ergibt sich jedoch als Schnittpunkt mit der LM-Kurve bei Y_2 und einem geringeren Zinssatz i_1. Der Zinsrückgang beruht darauf, dass bei einem niedrigen Einkommen eine geringere Nachfrage nach Transaktionskasse besteht.

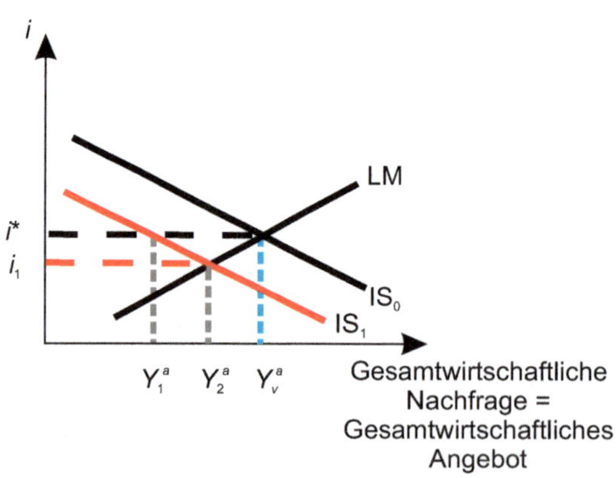

Abbildung 24.11: Abbildung eines Nachfrageschocks im IS-LM-Modell

Entscheidend ist dabei, dass durch den Zinsmechanismus der Nachfrageeinbruch zwar abgemildert werden kann; es kommt jedoch nicht zu einer vollständigen Kompensation.

Im Ganzen gesehen lässt sich also auch auf dieser Analyseebene das grundsätzliche Anliegen von Keynes verdeutlichen: Schwankungen der gesamtwirtschaftlichen Nachfrage haben – auch bei völlig flexiblen Löhnen – Einfluss auf den Output und die Beschäftigung. Es besteht dabei insbesondere die Gefahr, dass sich auf der IS-Kurve ein Gütermarktgleichgewicht bei Unterbeschäftigung einstellt, aus dem die Wirtschaft aus eigener Kraft nicht mehr herausfindet. Der Zinsmechanismus sorgt zwar für eine gewisse Kompensation, ist aber nicht ausreichend, um Vollbeschäftigung herbeizuführen. In einer solchen Situation sind dann entweder die Fiskalpolitik oder die Geldpolitik (oder beide Politikbereiche) gefordert.

- Die Notenbank kann durch eine Ausweitung der Geldmenge (= Verschiebung der LM-Kurve nach unten) das Zinsniveau so weit absenken, dass wieder das Vollbeschäftigungseinkommen Y_V erreicht wird.
- Die Regierung kann durch eine Erhöhung der Staatsausgaben oder eine Steuersenkung die gesamtwirtschaftliche Nachfrage so vergrößern, dass sich die IS-Kurve wieder nach oben verschiebt. Sie schneidet im *i*/*Y*-Diagramm die LM-Kurve wieder bei Y_V.

24.6 Vom IS-LM-Modell zum AS-AD-Modell

Das bisher dargestellte IS-LM-Modell dominierte die volkswirtschaftlichen Lehrbücher bis weit in die 1970er-Jahre. Es hatte den gravierenden Nachteil, dass es unter der Annahme absolut fester Preise abgeleitet wurde und somit nicht in der Lage war, das Phänomen der Inflation zu erklären. Dies war in den 1970er- und 1980er-Jahren besonders problematisch, da die Weltwirtschaft in dieser Phase mit sehr hohen Preissteigerungsraten konfrontiert war. Der Ausweg war das AS-AD-Modell, das Anfang der 1980er-Jahre in Mode kam. Es führte das Preisniveau in das IS-LM-Modell ein, ohne jedoch die Inflationsrate erklären zu können (siehe *Box 24.2*).

24.6.1 Die gesamtwirtschaftliche Nachfrage wird vom Preisniveau bestimmt

Wie wirkt sich ein variables *Preisniveau* auf die gesamtwirtschaftliche Nachfrage aus? Beginnen wir mit der IS-Kurve. Wie in *Abschnitt 22.2* gezeigt, werden die Investitionen vom Realzins, d.h. der Differenz zwischen Nominalzins und Inflationsrate, bestimmt. Wie in *Box 24.2* dargestellt wird, haben Veränderungen des Preisniveaus im AS-AD-Modell keinen Einfluss auf die Inflationsrate. Der Realzins wird davon also nicht beeinflusst. Damit hat die Berücksichtigung eines variablen Preisniveaus keine Auswirkungen auf die für die Steigung und die Lage der IS-Kurve entscheidenden Parameter. Wir können also die IS-Kurve wie bisher verwenden.

Box 24.2 Die komparativ-statische Analyse

Die meisten einfachen Modelle der Volkswirtschaftslehre arbeiten mit dem Kunstgriff der *komparativ-statischen Analyse*. Diese besteht darin, dass man Gleichgewichtszustände zu einem Zeitpunkt t_1 und einem Zeitpunkt t_2 vergleicht, ohne jedoch den Anpassungsprozess zwischen diesen Gleichgewichten zu modellieren. Sehen wir uns das am Beispiel des AS-AD-Modells an: Es betrachtet zunächst einen Gleichgewichtszustand mit einem Preisniveau P_1. In diesem Zustand ist das Preisniveau konstant, die Inflationsrate also gleich null. Dann tritt ein Schock auf, der zu einem neuen Gleichgewichtszustand mit einem Preisniveau P_2 führt. In diesem Gleichgewichtszustand ist die Inflationsrate wiederum gleich null. Das Preisniveau kann sich also ändern; es wird jedoch unterstellt, dass es im Gleichgewicht vor und nach dem Schock wieder stabil ist. In jedem Gleichgewichtszustand ist die Inflationsrate also gleich null. Sie ist ungleich null im Sprung von einem Gleichgewicht zum anderen; doch genau diese Anpassung bleibt in der komparativ-statischen Analyse unberücksichtigt. Daher kann man im AS-AD-Modell also auch bei flexiblen Preisen auf die Unterscheidung zwischen Nominal- und Realzinsen verzichten. Allerdings ist es mit diesem Modell nicht möglich, Veränderungen der Inflationsrate zu erklären. Man muss sich ganz darauf beschränken, einmalige Veränderungen des Preisniveaus zu beschreiben.

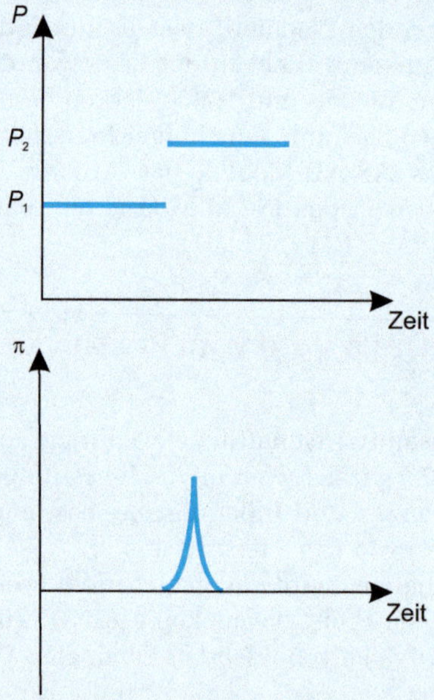

Abbildung 24.12: Komparative Statik: Inflation (π) und Preisniveau (P)

Dies ist anders bei der LM-Kurve: Um den Einfluss des Preisniveaus zu verstehen, müssen wir uns daran erinnern, dass *Geldangebot* und Geldnachfrage im IS-LM-Modell als reale Größen behandelt werden. Für die Geldnachfrage bedeutet das, dass sie durch Veränderungen des Preisniveaus nicht beeinflusst wird, sie hängt allein vom realen Volkseinkommen und vom Nominalzins ab:

(24.28) $(M/P)^n = k \cdot Y - h \cdot i$

Das reale Geldangebot wird bestimmt durch die Relation des nominalen Geldangebots zum Preisniveau:

(24.29) $(M/P)^a = M/P$

Bei unveränderter *Geldbasis* und damit unveränderter nominaler Geldmenge führt ein Rückgang des Preisniveaus dazu, dass die *reale Geldmenge* steigt. Veränderungen des Preisniveaus wirken in diesem Modellrahmen also wie eine expansive Geldpolitik (sinkendes Preisniveau) oder eine restriktive Geldpolitik (steigendes Preisniveau).

Damit lässt sich der Zusammenhang zwischen dem Preisniveau und dem gesamtwirtschaftlichen Output bestimmen. Bei sonst gleichen Bedingungen führt ein Rückgang des Preisniveaus dazu, dass der gesamtwirtschaftliche Output steigt. Es besteht also ein negativer Zusammenhang. Dies ergibt sich daraus, dass das sinkende Preisniveau die reale Geldmenge erhöht. Bei unveränderter Geldnachfrage sinkt dadurch der Zinssatz am Geldmarkt. Das erhöht die zinsabhängigen Investitionen, wodurch die gesamtwirtschaftliche Nachfrage steigt.

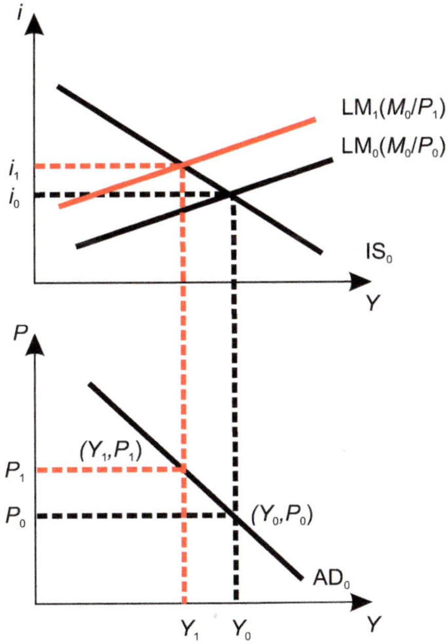

Abbildung 24.13: Ableitung der AD-Kurve aus dem IS-LM-Modell

Grafisch kann man das wie folgt herleiten (▶*Abbildung 24.13*). Wir unterstellen dazu zunächst eine Situation, in der sich die IS- und die LM-Kurve bei Y_0 schneiden. Die LM-Kurve ergibt sich für die Geldmenge M_0 und das Preisniveau P_0. Wir können diese

Koordinaten Y_0 und P_0 in ein P-Y-Diagramm übertragen. Wir unterstellen nun, dass das Preisniveau von P_0 auf P_1 ansteigt. Dadurch sinkt die reale Geldmenge; im IS-LM-Diagramm kommt es zu einem Einkommensrückgang von Y_0 auf Y_1. Die Koordinaten P_1 und Y_1 können wir wiederum in das P/Y-Diagramm übertragen, womit wir den Punkt (Y_1, P_1) erhalten. Die Verbindung der beiden Punkte ergibt eine vom Preisniveau negativ abhängigen gesamtwirtschaftlichen Output.

Dieser Zusammenhang wird üblicherweise – aber leider unkorrekt (siehe *Kapitel 17*) – als gesamtwirtschaftliche Nachfragekurve bezeichnet (AD-Kurve). Diese Bezeichnung ist insoweit problematisch, als diese Kurve aus der IS-Kurve abgeleitet wird, die bereits ein Gleichgewicht von gesamtwirtschaftlichem Angebot und gesamtwirtschaftlicher Nachfrage beschreibt. Deshalb wäre es besser, diese Kurve als eine *Politikregelkurve* zu bezeichnen, da sie aus der LM-Kurve abgeleitet wird. Diese ergibt sich aus der Politikregel einer konstanten Geldmenge. Im Folgenden soll – der allgemeinen Konvention folgend – gleichwohl von der AD-Kurve gesprochen werden.

24.6.2 Der Einfluss der Wirtschaftspolitik auf die gesamtwirtschaftliche Nachfragekurve

Im IS-LM-Modell kann die *Notenbank* die gesamtwirtschaftliche Nachfrage dadurch beeinflussen, dass sie die Geldmenge verändert. Dies wirkt sich in einer Verschiebung der AD-Kurve aus (▸*Abbildung 24.14*). Wenn im IS-LM-Modell die Geldmenge von M_0 auf M_1 erhöht wird, verschiebt sich die LM-Kurve nach unten: Der Zinssatz sinkt von i_0 auf i_1, das Einkommen steigt von Y_0 auf Y_1. Überträgt man diese expansive Geldpolitik auf das P/Y-Diagramm, kommt es bei einem zunächst unveränderten Preisniveau (P_0) zu einem höheren Einkommen (Y_1). Es ergibt sich dadurch eine Rechtsverschiebung der AD-Kurve.

Hierin besteht ein wesentlicher Unterschied zum *Modell der Zinssteuerung*. Dort hat die Notenbank grundsätzlich die Möglichkeit, das Volkseinkommen unabhängig von einer Politikregel zu steuern, sodass man – wie in *Abschnitt 24.6* gezeigt – überhaupt keine AD-Kurve benötigt. Eine solche Kurve ergibt sich in diesem Modellrahmen nur dann, wenn sich die Notenbank an eine *Taylor-Regel* hält.

Natürlich kann die AD-Kurve auch von der *Fiskalpolitik* gesteuert werden. Wir unterstellen dazu, dass die Regierung die Staatsausgaben erhöht, womit sich im IS-LM-Modell die IS-Kurve nach rechts verschiebt (von IS_0 auf IS_1). In diesem Fall steigt der Zinssatz von i_0 auf i_1, das Volkseinkommen erhöht sich von Y_0 auf Y_1. Wiederum kann man nun das höhere Volkseinkommen beim Preisniveau P_0 in das P/Y-Diagramm übertragen. Es kommt also ebenfalls zu einer Rechtsverschiebung der AD-Kurve.

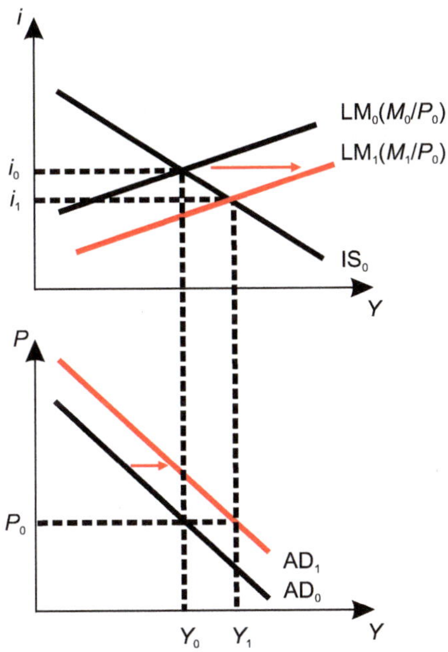

Abbildung 24.14: Expansive Geldpolitik im AS-AD-Modell

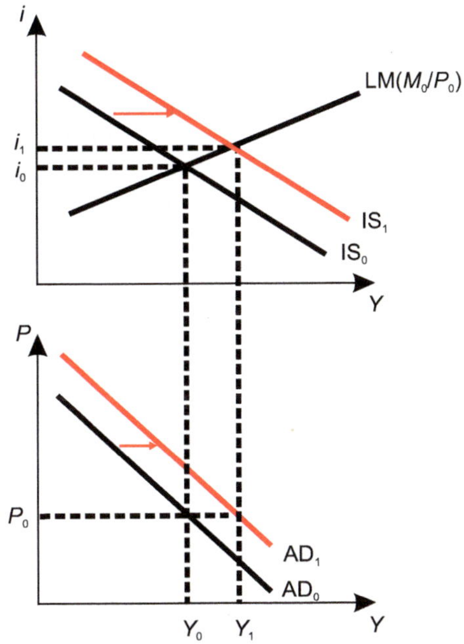

Abbildung 24.15: Expansive Fiskalpolitik im AS-AD-Modell

24.6.3 Das sogenannte gesamtwirtschaftliche Angebot im AS-AD-Modell

Um im *P*/*Y*-Diagramm das Preisniveau und das Gleichgewichtseinkommen bestimmen zu können, muss man neben der AD-Kurve auch eine Phillips-Kurve herleiten. Diese wird üblicherweise als aggregierte Angebotskurve bezeichnet. Wie bereits erwähnt, wird dabei jedoch die Kausalität verkehrt (*Kapitel 17.2*). Die Phillips-Kurve erklärt das Preisniveau in Abhängigkeit vom gesamtwirtschaftlichen Einkommen. Die sogenannte gesamtwirtschaftliche Angebotskurve unterstellt, dass das gesamtwirtschaftliche Angebot steigt, wenn das Preisniveau steigt.

Als Grundlage dient die Phillips-Kurve, die in *Abschnitt 22.3* dargestellt wurde. Anstelle der Inflationsrate muss in diesem Modellrahmen jedoch das Preisniveau verwendet werden. Das führt zu:

$$P = P^e + \alpha \frac{(Y - Y_V)}{Y_V} \qquad (24.30)$$

Diese Relation unterstellt, dass die Arbeitnehmer und Arbeitgeber in den Tarifverträgen nicht eine Lohn*erhöhung*, sondern ein bestimmtes Lohn*niveau* aushandeln. Dafür maßgeblich sind – neben der Output-Lücke – ihre Erwartungen für das Preisniveau (P^e). Zur Vereinfachung kann man unterstellen, dass die Notenbank ein Ziel-Preisniveau P_0 anstrebt, das die Privaten als glaubwürdig ansehen. Überträgt man diesen Zusammenhang in ein *P*/*Y*-Diagramm, erhält man den gleichen Verlauf wie für die auf Inflationsraten basierende Phillips-Kurve.

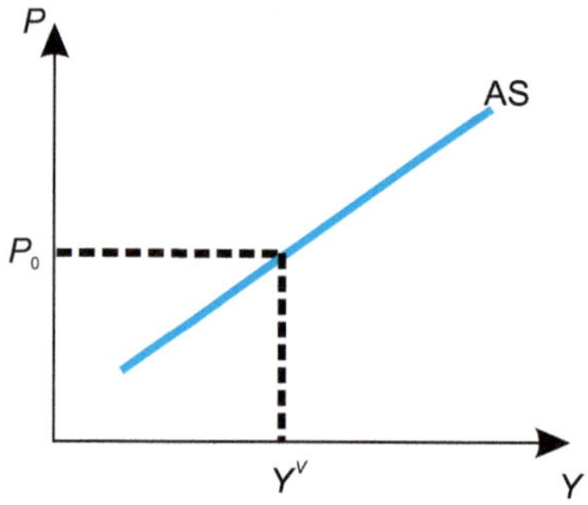

Abbildung 24.16: Die gesamtwirtschaftliche Angebotskurve (besser: eine auf dem Preisniveau basierende Phillips-Kurve)

Damit kann man nun das AS-AD-Modell im Gesamtzusammenhang darstellen. Optisch sieht es genauso aus wie das Modell der Zinssteuerung im Fall einer Taylor-Regel (*Kapitel 23*). Das gesamtwirtschaftliche Gleichgewicht und das Preisniveau werden bestimmt durch den Schnittpunkt der AS- und der AD-Kurve. Aufgrund der Herleitung der AD-Kurve ist damit immer auch gewährleistet, dass man es mit einem Gleichgewicht der IS- und der LM-Kurve zu tun hat.

Wie funktioniert dieses Modell, wenn die Volkswirtschaft mit einem *Nachfrageschock* konfrontiert wird? Die Mechanik ist etwas kompliziert. Sie folgt aber den identischen Kurvenverschiebungen wie im Fall eines Nachfrageschocks bei einer Geldpolitik, die sich an einer Taylor-Regel ausrichtet (siehe *Abschnitt 23.4*).

Gehen wir von einem *negativen Nachfrageschock* aus: Dadurch verschiebt sich im *i*-*Y*-Diagramm die IS-Kurve nach links. Es ergibt sich ein Rückgang des Einkommens von Y_0 auf Y_1. Wir können nun diesen Wert in das *P*/*Y*-Diagramm übertragen und erhalten für das zunächst unveränderte Preisniveau P_0 einen Punkt (Y_1, P_0). Dieser Punkt bestimmt die Verschiebung der AD-Kurve durch den Nachfrageschock. Die neue AD-Kurve (AD_1) verläuft also durch diesen Punkt. Der Schnittpunkt dieser Kurve mit der unveränderten AS-Kurve ergibt das neue Gleichgewicht (Y_2, P_2).

Wie erhalten wir nun auch auf der IS-LM-Ebene ein Gleichgewicht mit Einkommensniveau Y_2? Das neue Gleichgewichtspreisniveau (P_2) liegt unter dem Ausgangsniveau P_0. Die LM-Kurve LM_0 gilt für die reale Geldmenge M_0/P_0. Bei dem gesunkenen Preisniveau ergibt sich eine höhere reale Geldmenge (M_0/P_2). Dies bedeutet eine Verschiebung der LM-Kurve nach unten, wodurch es zu einem Zinsrückgang kommt. Im Schnittpunkt von IS_1 und LM_1 erhält man das Gleichgewicht (Y_2, i_2).

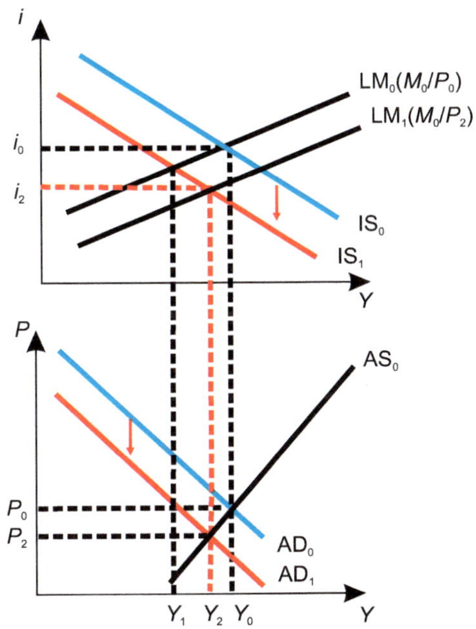

Abbildung 24.17: Ein Nachfrageschock im AS-AD-Modell

Durch einen *negativen* Nachfrageschock kommt es in diesem Modell dazu, dass sich ein Gleichwicht einstellt, das mit einer Output-Lücke und mit Unterbeschäftigung am Arbeitsmarkt einhergeht. Anders als im neu-keynesianischen Modell führt dies nicht zu einem Rückgang der *Inflationsrate*, sondern zu einem Rückgang des *Preisniveaus*. Hieran erkennt man einen zentralen Unterschied zwischen beiden Ansätzen. Im neu-keynesianischen Modell führt eine Nachfrageschwäche zu einer geringeren Inflationsrate; im AS-AD-Modell gerät eine Volkswirtschaft in die Deflation. Die Erfahrung der letzten 60 Jahre hat gezeigt, dass es selbst bei einer starken Rezession, wie der „Great Recession" in den Jahren 2008/09 auch bei hohen Arbeitslosenquoten nur sehr selten zu einer Deflation kommt, wohl aber in der Regel zu einer Verlangsamung des Preisanstieg.

Die *Wirtschaftspolitik*, konkret die Geldpolitik wie auch die Fiskalpolitik, ist in der Lage, bei einer solchen Störung dafür zu sorgen, dass die Output-Lücke geschlossen und die konjunkturell bedingte Arbeitslosigkeit abgebaut wird. Gleichzeitig wird damit im AS-AD-Modell eine Deflation verhindert. Selbstverständlich ist eine expansive Geld- oder Fiskalpolitik nur dann sinnvoll, wenn die Wirtschaft zuvor von einem negativen Nachfrageschock betroffen wurde.

Wenn eine expansive Geldpolitik durchgeführt wird, obwohl sich eine Wirtschaft in einem *Vollbeschäftigungs-Gleichgewicht* befindet, führt das zu einer Überhitzung, die mit unnötigen volkswirtschaftlichen Kosten verbunden ist. Erstaunlicherweise wird in vielen Lehrbüchern der *Makroökonomie* nur diese Konstellation verwendet, um die Auswirkungen einer antizyklischen Wirtschaftspolitik zu verdeutlichen.[3] Und es ist dann nicht überraschend, dass das Urteil über eine solche Politik nicht positiv aus-

3 So zum Beispiel bei Blanchard und Illing (2017, S. 156 f.)

fällt. Das wäre so ähnlich wie wenn man in einem Lehrbuch der Medizin die Wirkungsweise von Antibiotika anhand völlig gesunder Menschen beschreiben würde und dann zu dem Ergebnis käme, dass die Therapie im Grunde nur negative Nebenwirkungen hat.

24.6.4 Die sich selbststabilisierende Welt der Neoklassik

Das Grundproblem des AS-AD-Modells besteht darin, dass man damit eine Selbststabilisierung der gesamtwirtschaftlichen Prozesse darstellen kann, die wirtschaftspolitische Stabilisierungsmaßnahmen völlig entbehrlich macht. Dies wurde bereits in *Kapitel 17* kurz angesprochen und soll nun ausführlicher beschrieben werden.

Als Ausgangspunkt unterstellen wir einen negativen Nachfrageschock, der die AD-Kurve nach unten verschiebt (▶*Abbildung 24.18*).

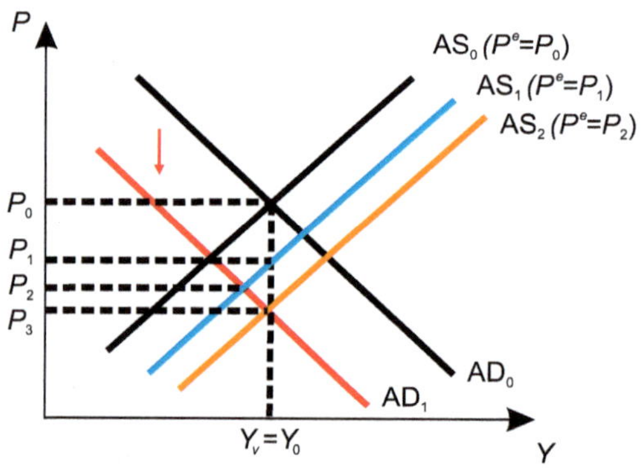

Abbildung 24.18: Selbststabilisierung bei Nachfrageschock im AS-AD-Modell

Es kommt zu einem neuen Gleichgewicht mit einem niedrigeren Preisniveau und einem Output, der unter dem Vollbeschäftigungseinkommen liegt. Dieses Gleichgewicht ist jedoch nur temporär, da es jetzt auch zu einer Verschiebung der AS-Kurve kommt. Dazu muss man berücksichtigen, dass die AS-Kurve als Phillips-Kurve für das Preisniveau immer für eine bestimmte Preisniveauerwartung gebildet wird (*Gleichung 24.30*). Im Ausgangspunkt war die Erwartung des Preisniveaus P_0. Nach dem Schock stellen die Akteure fest, dass das Preisniveau auf P_1 gesunken ist. Bei extrapolativen Erwartungen werden sie für die nächste Periode das Preisniveau P_1 erwarten. Dadurch verschiebt sich die AS-Kurve nach unten. Sie verläuft dann durch den Punkt (Y_0, P_1). Es kommt zu einem neuen Gleichgewichtspunkt mit der AD-Kurve und einem noch niedrigeren Preisniveau (P_2). Die AS-Kurve verschiebt sich erneut nach unten. Dieser Prozess, der hier nicht weiter grafisch abgebildet wird, kommt zum Stillstand, wenn die AS-Kurve für die Preisniveauerwartung (P_3) die AD-Kurve in Y_V schneidet. Dann hat das System wieder das Vollbeschäftigungsniveau erreicht, allerdings bei einem niedrigeren Preisniveau (P_3).

Diese wundersame Selbstheilung durch eine Deflation ist in den letzten 100 Jahren nicht zu beobachten gewesen. Eine wichtige Erklärung hierfür ist die in diesem Buch schon häufiger erwähnte *Nullzinsgrenze*, die bei der Darstellung des AS-AD-Modells in der Regel unerwähnt bleibt. Dieses Problem lässt sich wie folgt beschreiben.

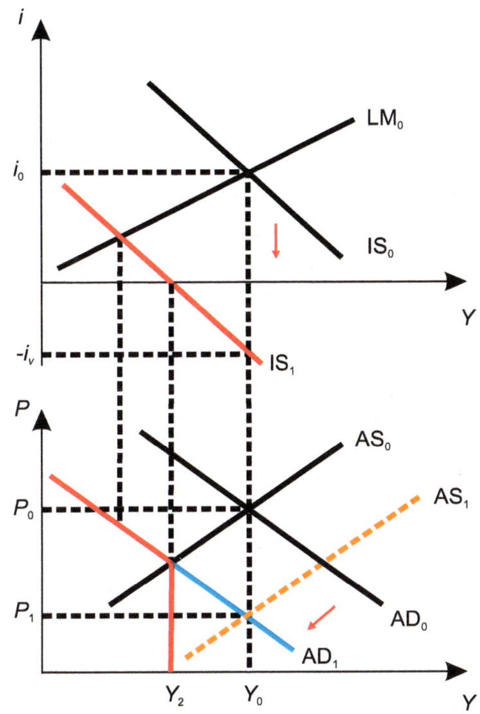

Abbildung 24.19: Das Problem der Nullzinsgrenze bei einem Nachfrageschock im AS-AD-Modell

Wir gehen wiederum von einem negativen Nachfrageschock aus. Das Vollbeschäftigungsgleichgewicht würde nach dem zuvor beschriebenen iterativen Prozess durch Verschiebungen von AD- und AS-Kurve beim Preisniveau (P_1) und dem Vollbeschäftigungseinkommen (Y_V) erreicht werden. Dabei muss aber berücksichtigt werden, wie sich dieser Prozess im IS-LM-Modell niederschlägt. Hier führt der Nachfrageschock zu einer Verschiebung der IS-Kurve. Dabei wird eine Konstellation unterstellt, bei der die IS-Kurve sich in den Bereich negativer Zinsen verschiebt. Beim Vollbeschäftigungs-Output Y_V wäre ein Negativzins von $-i_V$ erforderlich. Trotz einer Verschiebung der LM-Kurve nach unten, die hier nicht abgebildet wird, können die Zinsen jedoch nicht unter Null sinken. Dieses Zinsniveau geht einher mit einem Output von Y_2. Für die AD-Kurve bedeutet das, dass es trotz eines weiter sinkenden Preisniveaus und einer steigenden realen Geldmenge zu keinem weiteren Zinsrückgang kommt. Sie knickt also bei Y_2 ab. Das Vollbeschäftigungseinkommen kann nicht mehr erreicht werden.

24.7 Das AS-AD-Modell gehört eigentlich ins Museum für ökonomische Modelle

Verglichen mit dem neu-keynesianischen Modell der Zinssteuerung, das in *Kapitel 23* beschrieben wurde, erweist sich das AS-AD-Modell als ein Modell-Oldtimer, der eigentlich ins Museum für ökonomische Modelle gehört. Die wichtigsten Schwachpunkte noch einmal in Kürze:

- Die Notenbank verfolgt im AS-AD-Modell eine *Geldbasis-* und *Geldmengensteuerung,* obwohl alle Zentralbanken den Zinssatz als Steuerungsgröße verwenden.

- Das AS-AD-Modell kann nur Veränderungen des Preisniveaus, nicht aber Veränderungen der Inflationsrate erklären. Negative Nachfrageschocks müssen also stets zu einer *Deflation* führen, was in der Realität jedoch nur sehr selten zu beobachten ist.
- Das AS-AD-Modell verwendet zur Herleitung der AS-Kurve eine ad-hoc formulierte *Phillips-Kurve*, die auf dem Preisniveau basiert. Dies führt in vielen Lehrbüchern dazu, dass erst einmal ausführlich die AS-Kurve erläutert wird und erst viele Seiten später die Phillips-Kurve, ohne dass ein Zusammenhang zwischen beiden hergestellt wird.
- Die im AS-AD-Modell unterstellte klassische und keynesianische Angebotskurve ist inkompatibel mit der Modellierung des Angebots auf der Einkommen-Ausgaben- und der IS-LM-Ebene, bei der der keynesianischen Logik entsprechend eine Determination des kurzfristigen Angebots durch die Nachfrage unterstellt wird.
- Für eine Modellwelt mit flexiblen Preisen kann das AS-AD-Modell keine Erklärung der Arbeitslosigkeit bieten. Wie in *Kapitel 18* dargestellt, kann es bei einem Nachfrageschock durchaus zu einer Mengenbeschränkung am Arbeitsmarkt kommen, die auch durch eine Reallohnsenkung nicht zu beheben ist.
- Die im AS-AD-Modell postulierte Selbststabilisierung nach einem negativen Nachfrageschock lässt das Problem der *Nullzinsgrenze* unberücksichtigt.

Schlagwörter

- AS-AD-Modell (S. 460)
- IS-LM-Modell (S. 460)
- komparativ-statische Analyse (S. 474)
- Liquiditätspräferenz (S. 464)
- Spekulationskasse (S. 464)
- Transaktionskasse (S. 464)
- Vorsichtskasse (S. 464)

Aufgaben

Musterlösungen zu den hier gestellten Aufgaben finden Sie im MyLab | Grundzüge der VWL.

1. Eine Volkswirtschaft sei durch folgendes Gleichungssystem gegeben:

$S = -50 + 0{,}25Y$

$I = 175 - 50i$

a) Skizzieren Sie die Spar- und Investitionsfunktion!

b) Bestimmen Sie die IS-Kurve!

2. Gegeben sei eine Ökonomie, die durch folgendes Gleichungssystem beschrieben ist:

$I = 0{,}4Y - 25i$

$\left(\frac{M}{P}\right) = 800$

a) Skizzieren Sie das Geldmarktgleichgewicht!

b) Bestimmen Sie die LM-Kurve!

3. Eine Volkswirtschaft sei durch folgendes Gleichungssystem beschrieben:

$Y = 250 + 0{,}6Y - 20i$

$\left(\frac{M}{P}\right) = 400 = 500 - 50i + 0{,}4Y$

a) Bestimmen Sie das gleichgewichtige Einkommen Y^* und i!

b) Wie verändern sich die Gleichgewichtswerte, wenn sich die Geldmenge verdoppelt?

c) Skizzieren Sie die unter a) und b) berechneten Lösungen!

LERNZIELE

- Das Finanzsystem spielt in einer Marktwirtschaft eine zentrale Rolle. Es erlaubt eine *intertemporale Allokation*. Akteure können also sparen und damit ihren Konsum in die Zukunft verlagern. Zugleich wird es für Konsumenten und Investoren möglich, in der Gegenwart Ausgaben zu tätigen, ohne dafür über entsprechende Einnahmen zu verfügen.
- In diesem Buch sind dem Finanzsystem drei Kapitel gewidmet. In diesem Kapitel werden zunächst die beiden grundlegenden theoretischen Modelle zur Abbildung des Finanzsystems präsentiert: das güterwirtschaftliche („klassische") Modell und das geldwirtschaftliche („keynesianische") Modell. Anders als oft dargestellt, sind die beiden Modelle völlig inkompatibel. In *Kapitel 26* wird das geldwirtschaftliche Modell ausführlich beschrieben. *Kapitel 27* ist der Finanzkrise und der Eurokrise gewidmet.
- Im *güterwirtschaftlichen Modell* gibt es nur ein „Allzweckgut" („Korn"). Es kann gleichzeitig als Konsumgut und Investitionsgut verwendet werden und es ist zugleich das einzige Finanzaktivum in dieser Modellwelt. Der Zins wird bestimmt durch die Spar- und Investitionspläne. Sparen ist identisch mit dem Angebot an Finanzmitteln („funds"), Investieren mit der Nachfrage nach Finanzmitteln. Es gibt daher keine von realwirtschaftlichen Transaktionen unabhängige Finanztransaktionen. Der Finanzmarkt ist ein Spiegelbild des Gütermarktes. Banken und andere Finanzintermediäre sind reine Zwischenhändler für das Allzweckgut.
- Das *geldwirtschaftliche Modell* wurde bereits anhand des IS/LM-Modells ausführlich beschrieben. Der Finanzmarkt (LM-Kurve) ist hier unabhängig vom Gütermarkt (IS-Kurve). Der Zins wird nicht mehr durch Sparen und Investieren allein, sondern durch die Interaktion von Finanzmarkt und Gütermarkt bestimmt. In diesem Modell können Banken eigenständig Geld schaffen und es gibt reine Finanztransaktionen (Anlage von Geldbeständen am Kapitalmarkt). Sparen ist hier nicht die Voraussetzung für Investitionen. Investitionen generieren vielmehr über höhere Einkommen mehr Sparen. Einlagen sind auch nicht die Voraussetzung für Kredite. Kredite schaffen Einlagen.

Finanzsystem I: Zwei grundverschiedene Modelle des Finanzsystems

25

ÜBERBLICK

Trotz der gravierenden Auswirkungen, die von der Finanzkrise der Jahre 2007/2008 ausgingen, kommt dem Finanzsystem in den meisten Lehrbüchern der Volkswirtschaftslehre und der Makroökonomie nach wie vor eine eher stiefmütterliche Rolle zu. Besonders problematisch ist insofern, dass dabei häufig ein *güterwirtschaftliches Modell* des Finanzsystems präsentiert wird. Dieser Ansatz hat wenig mit der Realität zu tun, in der Finanzströme keine Güterströme sind, sondern Geldströme. In diesem Kapitel sollen die fundamentalen Unterschiede zwischen diesen alternativen Modellierungen des Finanzsystems herausgearbeitet werden. Im folgenden Kapitel werden die Funktionsmechanismen des geldwirtschaftlichen Modells im Einzelnen dargestellt. Dabei geht es insbesondere darum, wie es der Notenbank möglich ist, den Kreditschöpfungsprozess der Banken, der zugleich ein Geldschöpfungsprozess ist, mit ihren Instrumenten zu steuern. In *Kapitel 27* werden die Ursachen der globalen Finanzkrise und der Eurokrise der Jahre 2010 bis 2012 untersucht.

25.1 Die realwirtschaftliche („klassische") Theorie des Finanzsystems

Das von vielen Ökonomen verwendete Modell zur Abbildung des Finanzsystems und der Funktion von Banken[1] bewegt sich im gedanklichen Rahmen einer Welt einer reinen Warenwährung. Wir können es daher recht gut mit der Modellwelt von Robinson und Freitag beschreiben, die zur Analyse der Arbeitsteilung in *Kapitel 3* verwendet wurde.

Wir versetzen uns dabei in die Situation, in der Robinson noch völlig allein auf seiner Insel lebt und sich ganz dem Fischfang und dem Sammeln von Nüssen widmet. Während Robinson in *Kapitel 3* gleichsam von der Hand in den Mund gelebt hat, entdeckt er jetzt die Zukunft: Eines Tages landet Mittwoch, ein Eingeborener von einer Nachbarinsel, an Robinsons Strand. Er macht Robinson das Angebot, dass er für jede Nuss, auf die er heute verzichtet, in einem Jahr 1½ Nüsse zurückbekommt. Umgekehrt kann Robinson auch von Mittwoch heute Nüsse bekommen, dann muss ihm Robinson in einem Jahr dafür 1½ Nüsse zurückzahlen. Robinson wundert sich, wieso Mittwoch ihm in der Zukunft mehr Nüsse zurückgeben kann, als er heute dafür erhält. „Das ist leicht zu erklären", erwidert ihm Mittwoch, „wir haben auf unserer Insel einen sehr fruchtbaren Boden. Wenn wir Kokosnüsse einpflanzen, wachsen darauf schnell neue Bäume, sodass uns dann mehr Nüsse zur Verfügung stehen."[2]

25.1.1 Intertemporaler Handel

Jetzt steht Robinson vor einem interessanten Optimierungsproblem. Soll er in der aktuellen und der nächsten Periode weiterhin 40 Nüsse konsumieren oder soll er auf das Angebot von Mittwoch eingehen, entweder in der Gegenwart auf den Konsum von Nüssen teilweise zu verzichten, um dann in der nächsten Periode deutlich mehr Nüsse konsumieren zu können. Oder soll er vielleicht in der Gegenwart mehr als 40

1 So beispielsweise in Freixas und Rochet (2008).

2 Dies ist das Prinzip der „Mehrergiebigkeit von Produktionsumwegen". Es wurde von dem österreichischen Ökonomen Eugen Böhm von Bawerk (1851–1914) formuliert.

Nüsse konsumieren, um sich dann in der nächsten Periode etwas einzuschränken (▶*Abbildung 25.1*)?

Das Optimierungsproblem weist im Prinzip die gleiche Struktur auf wie die Entscheidung eines Konsumenten, sein laufendes Einkommen auf zwei unterschiedliche Güter aufzuteilen, die wir in *Kapitel 6* analysiert haben. Das wird deutlich, wenn wir die Entscheidungssituation Robinsons grafisch in einem Diagramm abbilden, das auf der x-Achse den Gegenwartskonsum und auf der y-Achse den Zukunftskonsum abbildet. Die Ausgangssituation der Autarkie ist für Robinson durch die Punktkombination von jeweils 40 Nüssen in der Gegenwart und in der Folgeperiode gekennzeichnet (Punkt A). Aufgrund des Angebots von Mittwoch kann Robinson nun einen *intertemporalen Handel* betreiben und dadurch auch andere Kombinationen realisieren. Wenn Robinson hypothetisch in der Gegenwart ganz auf den Konsum von Nüssen verzichten würde, erhielte er in der Folgeperiode 60 Nüsse von Mittwoch zurück; zusätzlich zu den 40 Nüssen, die er dann selbst in der Folgeperiode erntet, kommt er somit auf 100 Nüsse (Punkt B). Würde er demgegenüber einen maximalen Nusskonsum in der Gegenwart anstreben, könnte er 40/1,5 = 26,66 Nüsse zusätzlich konsumieren, sodass er mit den selbst gesammelten Nüssen insgesamt auf 66,66 Nüsse käme (Punkt C). Die Linie, die diese Punkte verbindet, beschreibt den Möglichkeitsraum von Robinson, nachdem er Mittwoch getroffen hat. Man bezeichnet sie als *intertemporale Budgetbeschränkung.* Sie entspricht der Budgetgeraden im Entscheidungsproblem zwischen zwei Gütern in der Gegenwart.

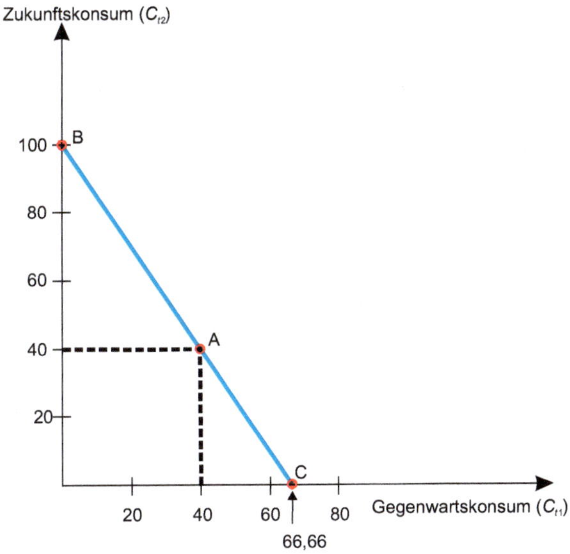

Abbildung 25.1: Die intertemporale Budgetrestriktion von Robinson

Für welchen Punkt sich Robinson auf dieser Gerade entscheidet, hängt davon ab, welchen Nutzen er dem Konsum in der Gegenwart und in der Zukunft beimisst. Dies lässt sich mit einer Nutzenfunktion darstellen, die den Nutzen Robinsons (U) in Abhängigkeit vom Gegenwartskonsum (C_{t1}) und vom Zukunftskonsum (C_{t2}) beschreibt:

$$U = f\left(C_{t1}, C_{t2}\right),$$

Diese Nutzenfunktion kann man wiederum mit Indifferenzkurven abbilden, wie wir sie bereits in *Abschnitt 6.3*, bei der Wahlentscheidung zwischen zwei Gütern in der Gegenwart, kennengelernt haben. Die Indifferenzkurven bilden Kombinationen aus Gegenwarts- und Zukunftskonsum ab, die für Robinson den gleichen Nutzen stiften. Die Steigung der Indifferenzkurve bildet die *Zeitpräferenzrate* Robinsons ab. Sie gibt an, wie viele Gütereinheiten ein Individuum in der Zukunft beansprucht, wenn es in der Gegenwart auf eine Gütereinheit verzichten soll.

Robinsons optimale Entscheidung zwischen Gegenwarts- und Zukunftskonsum lässt sich grafisch einfach ermitteln. Er wird sich für die Kombination entscheiden, die ihm den höchsten Nutzen bringt. Diese zeichnet sich dadurch aus, dass die *intertemporale Budgetrestriktion* eine Indifferenzkurve tangiert. Wir sehen, dass die optimale Lösung für Robinson in der Mengenkombination von 30 Nüssen heute und 55 Nüssen morgen besteht (Punkt D). Indem Robinson also in der Gegenwart spart, erhöht er seinen Konsum in der Zukunft (▸*Abbildung 25.2*).

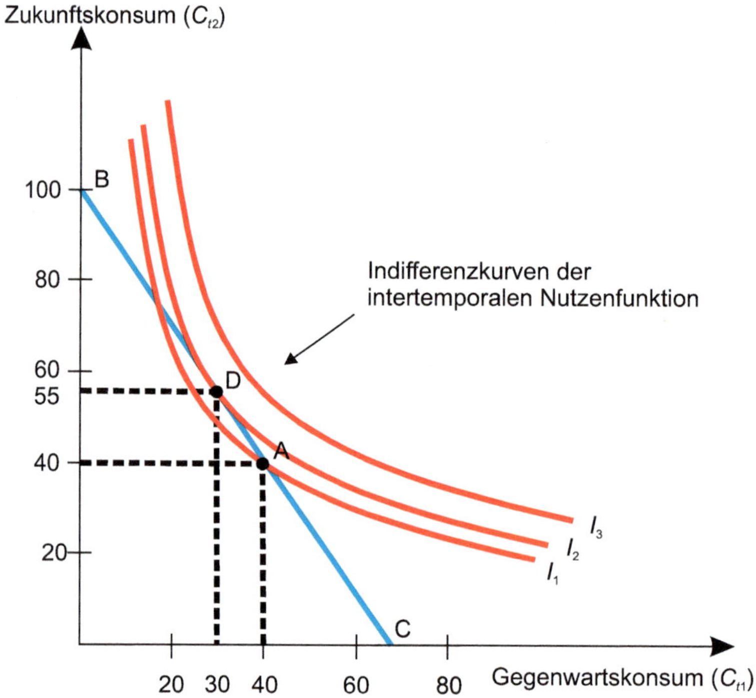

Abbildung 25.2: Der optimale intertemporale Konsum von Robinson

25.1.2 Die Mechanismen des güterwirtschaftlichen Modells

Mit diesem einfachen Beispiel lassen sich die grundlegenden Mechanismen des güterwirtschaftlichen Modells zur Abbildung des Finanzsystems verdeutlichen. Dabei ist es wichtig, dass man sich stets der Tatsache bewusst ist, dass es sich um eine Modellwelt handelt, in der nur ein einziges Gut verfügbar ist, dass gleichsam als *Allzweckgut* zu verstehen ist. Es kann konsumiert werden (Konsumgut). Wenn es nicht konsumiert wird, kann es investiert werden (Investitionsgut). Es ist zugleich das einzige Finanzaktivum, das am Finanzmarkt gehandelt wird (Finanzierungsmittel). Der Zins ist dabei immer als *Realzins* zu verstehen, da er angibt, wie viele Einheiten des Einheitsguts man morgen für eine Einheit heute erhält. Am ehesten könnte man sich diese Modellwelt als eine agrarische Wirtschaft vorstellen, in der Korn als Einheitsgut verwendet wird.

1. In dieser Welt erhöht intertemporaler Handel, das heißt die Möglichkeit, in der Gegenwart Konsumverzicht betreiben und damit sparen (oder auch sich verschulden) zu können, den Nutzen eines Wirtschaftssubjekts. Der für Robinson ohne den Austausch mit Mittwoch allein mögliche Konsumpunkt von jeweils 40 Nüssen in beiden Perioden liegt auf einer niedrigeren *Indifferenzkurve*.
2. Der Nutzengewinn ergibt sich aus dem Zins, den Robinson für sein Sparen erhält. Da er für jede Nuss in der Gegenwart 1½ Nüsse in der Folgeperiode zurückbekommt, liegt dieser bei 50 %. Ohne eine Verzinsung wäre der intertemporale Handel für Robinson sinnlos, da er weiterhin nur die Kombination von jeweils 40 Nüssen realisieren könnte. Der Zins kann dabei als Entgelt für den Konsumverzicht („Preis des Wartens") oder aber auch als Preis für einen besonders hohen Gegenwartskonsum angesehen werden.
3. Die Zinszahlung durch Mittwoch ist nur möglich, weil die Nüsse auf dessen Insel investiert werden, indem aus ihnen neue Bäume gezüchtet werden. Sie hängt also davon ab, wie hoch die Rendite der Investition ausfällt. Der österreichische Nationalökonom Eugen von Böhm-Bawerk (1851–1914) hat hierfür den Ausdruck der *„Mehrergiebigkeit von Produktionsumwegen"* geprägt: Die investierte Nuss bietet auf mittlere Sicht mehr Konsummöglichkeiten als die unmittelbar konsumierte Nuss.
4. Sparen, das identisch ist mit Konsumverzicht, ist in dieser Modellwelt die Quelle von Finanzmitteln. Sparen ist die Voraussetzung für Investitionen. Finanzmittel werden nur für neue Investitionen verwendet.

Grafisch kann man diese Modellwelt mit einem Diagramm abbilden, bei dem das Angebot an „Finanzmitteln" (Sparen) mit dem Realzins steigt und die Nachfrage nach Finanzmitteln (Investitionen) mit dem Realzins zurückgeht, wie wir das bereits bei der Darstellung der Investitionsfunktion (*Kapitel 20.2.1*) beschrieben haben.

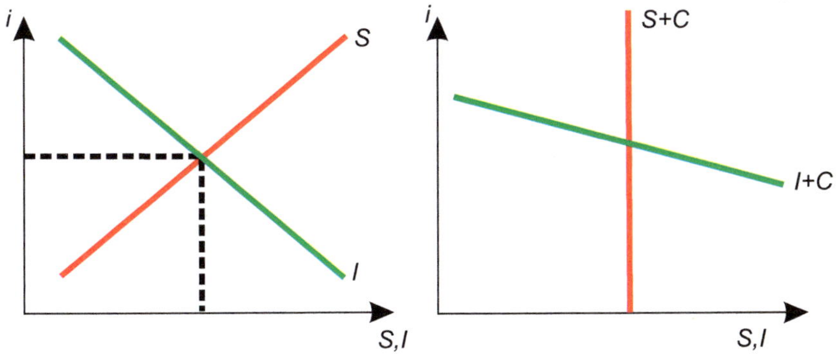

Abbildung 25.3: Gleichgewichte auf dem güterwirtschaftlichen Finanzmarkt und dem Gütermarkt

Die güterwirtschaftliche Prägung des Modells wird deutlich, wenn man erkennt, dass

- das *Angebot* an *„Finanzmitteln"* identisch ist mit der Sparentscheidung, die das Spiegelbild der Konsumentscheidung darstellt
- die *Nachfrage* nach *„Finanzmitteln"* identisch ist mit einer Investitionsentscheidung.

Es gibt in diesem Modell also keine von güterwirtschaftlichen Transaktionen unabhängige Finanztransaktionen im Sinne von reinen Finanztransaktionen, wie wir sie in *Kapitel 16.3* beschrieben haben.
Dies lässt sich auch dadurch verdeutlichen, indem man die Angebotskurve (Sparen) und die Nachfragekurve (Investieren) des güterwirtschaftlichen Finanzmarktmodells jeweils um den Konsum ergänzt. Man erhält dann das aggregierte Angebot und die aggregierte Nachfrage:

$$S_{\text{ex ante}} + C_{\text{ex ante}} = \text{Aggregiertes Angebot}$$

$$I_{\text{ex ante}} + C_{\text{ex ante}} = \text{Aggregierte Nachfrage}$$

Grafisch wird das in ▸*Abbildung 25.3* dargestellt. Man sieht dann, dass der Finanzmarkt des güterwirtschaftlichen Modells nichts anderes ist als ein Spiegelbild des Gütermarktes. Der vertikale Verlauf der Angebotskurve ergibt sich daraus, dass ein Anstieg des Sparens identisch ist mit einem Rückgang des Konsums. Der fallende Verlauf der Nachfragekurve resultiert aus dem negativen Zusammenhang zwischen Realzins und Investition sowie dem Konsum. Der flachere Verlauf der aggregierten Nachfrage gegenüber der Investitionsfunktion spiegelt den zusätzlichen Einfluss der Zinsen auf den Konsum. Insgesamt wird der Gütermarkt in dieser Modellwelt durch den Realzins ins Gleichgewicht gebracht.

25.1.3 Banken (und andere Finanzinstitutionen) als reine Intermediäre

Für Banken und den Kapitalmarkt gibt es in der güterwirtschaftlichen Modellweit nur die Funktion der Intermediation zwischen Sparern und Investoren. Dies liegt daran, dass Banken und andere Finanzinstitutionen nicht in der Lage sind, die in der Volkswirtschaft verfügbare Menge des Allzweckgutes zu beeinflussen. Sie agieren damit sozusagen als Zwischenhändler zwischen den Sparern und den Investoren.[3] Bei perfekter Information wären solche Institutionen völlig überflüssig. Wichtig ist dabei auch, dass es in dieser Modellwelt keinen fundamentalen Unterschied zwischen Banken und anderen Finanzintermediären gibt.

Eine Rechtfertigung für solche Institutionen gibt es in diesem Modellrahmen nur, wenn man von **asymmetrischer Information** ausgeht. Dann können Banken und andere Finanzinstitutionen Transaktions- und Informationskosten für die Sparer reduzieren, die sich nicht mehr selbst auf die Suche nach kreditwürdigen Investoren machen müssen. So hat Robinson in unserem Beispiel einfach Glück gehabt, dass bei ihm ein Kreditnehmer aufgetaucht ist. Ansonsten hätte er sich selbst auf die Suche nach einem potenziellen Investor machen müssen. Allerdings weiß Robinson nicht, ob Mittwoch wirklich ein zuverlässiger Schuldner ist. Möglicherweise konsumiert

3 Für diese schlichte Sichtweise siehe beispielsweise das Lehrbuch von Acemoglu et al. (2016, S 602): „Banks play the role of middlemen, matching savers and borrowers"

dieser einfach die Nüsse und kommt nie mehr zu Robinson zurück, um seine Verbindlichkeiten zu begleichen. Es kann auch sein, dass Mittwoch kein „grünes Händchen" hat und die Nüsse bei ihm im Boden vertrocknen.

All diese Probleme könnten durch eine *Insel-Bank* reduziert werden, die sich zwischen Sparer wie Robinson und Kreditnehmer wie Mittwoch schaltet. Sie nimmt von allen Bewohnern der umliegenden Inseln Nüsse entgegen und bietet dafür einen Zinssatz von 40 %. Sie verleiht diese mit einem Zinssatz von 50 % an potenzielle Investoren. Robinson erhält somit etwas weniger Rendite auf seine Ersparnis, aber dafür übernimmt die Bank für ihn die Suche nach guten Schuldnern. Da sie professionell ständig mit vielen Kreditnehmern zu tun hat, kann sie mit geringeren *Informationskosten* herausfinden, welche Schuldner kreditwürdig sind und welche nicht. Da sie ständig Kreditverträge abschließt und zahlreiche Kreditnehmer während der Vertragslaufzeit überwacht, sind auch ihre *Transaktionskosten* geringer als die von Robinson. Man spricht deshalb davon, dass Banken als *„delegated monitors"* für ihre Einleger tätig sind.

Die Einschaltung einer Bank hat für Robinson weiterhin den Vorteil, dass sie ihre Kredite auf viele unterschiedliche Schuldner verteilt. Durch die *Diversifikation* ist der Ausfall eines einzelnen Kreditnehmers für die Bank weitaus weniger problematisch, als dies der Ausfall von Mittwoch für Robinson wäre. Man spricht hierbei von einer *Risikotransformation*: Die Diversifikation erlaubt es, aus einer großen Anzahl unsicherer Kredite relativ sichere Einlagen zu generieren.

Man kann sich auch vorstellen, dass die Anpflanzung von Kokosnüssen zentral auf einer Insel mit einer großen Plantage stattfindet. Robinson könnte nun wieder direkt seine Nüsse an die Plantage verleihen. Das könnte jedoch aus der Sicht der Plantage wenig effektiv sein, da sie mit einer Vielzahl von Anlieferern verhandeln muss. Umgekehrt besteht für diese das Problem, dass sie sich jeweils fortlaufend über die finanzielle Situation der Plantage informieren müssen, um nicht einen Ausfall ihrer Forderung zu riskieren. Wiederum bietet die Zwischenschaltung einer Bank Vorteile. Indem sie die kleinen Sparbeträge einsammelt und dann der Plantage einen großen Betrag zur Verfügung stellt, betreibt sie eine *Losgrößentransformation*, die die Transaktionskosten großer Kreditnehmer reduziert. Gleichzeitig reduziert sie die Informationskosten der kleinen Sparer, da sie für sie die Überwachung des Kreditnehmers übernimmt. Geht man von fixen Überwachungskosten in Höhe von k aus, dann sinken diese bei n Kreditnehmern von nk auf k.[4]

Die monetäre („keynesianische") Modellierung des Finanzsystems unterscheidet sich fundamental von der güterwirtschaftlichen. Der Unterschied in den Bewegungsgesetzen ist ähnlich groß wie zwischen dem ptolemäischen und dem kopernikanischen Weltbild. In den meisten Lehrbüchern wird das so nicht dargestellt. Vielmehr wird die güterwirtschaftliche Modellierung als eine Beschreibung der „langen Sicht" präsentiert, während die geldwirtschaftliche Modellierung als Beschreibung der kurzen und mittleren Frist dargestellt wird. Das ist so ähnlich, wie wenn man behaupten würde, kurzfristig drehe sich die Erde um die Sonne, langfristig sei es aber umgekehrt.

4 Siehe dazu Diamond (1996).

25.1.4 Das IS/LM-Modell als Basismodell der monetären Modellierung

Bei der Beschreibung der monetären Modellierung des Finanzsystems haben wir den großen Vorteil, dass es sich bei dem in *Kapitel 24* präsentierten IS/LM-Modell um ein im Prinzip konsequent monetär konstruiertes Modell handelt. Man kann daher die Funktionsweise eines monetären Modells im Vergleich zum güterwirtschaftlichen Modell relativ einfach herausarbeiten.

Auf den ersten Blick fällt dabei auf, dass der Finanzmarkt, der durch die LM-Kurve abgebildet wird, völlig unabhängig vom Gütermarkt ist, der durch die IS-Kurve abgebildet wird. Hierin besteht ein wesentlicher Unterschied zum güterwirtschaftlichen Modell, bei dem der Finanzmarkt ein bloßes Spiegelbild des Gütermarktes darstellt (*Abbildung 25.3*).

Die IS-Kurve, die alle Gütermarktgleichgewichte in Abhängigkeit vom Zins abbildet, bringt zum Ausdruck, dass man den Zins nicht mehr allein durch Spar- und Investitionsentscheidungen bestimmen kann. Vielmehr sind alle Punkte auf der IS-Kurve Gleichgewichte von Sparen und Investieren in Anhängigkeit vom Zinsniveau.

Für die LM-Kurve, die in diesem Modell den Finanzmarkt abbildet, sind Spar- und Investitionsentscheidungen völlig irrelevant. Wie in *Kapitel 24* beschrieben wird der Finanzmarkt allein bestimmt vom Verhalten der Banken und den Entscheidungen der Kapitalanleger. Im Gegensatz zum güterwirtschaftlichen Modell können Banken hier eigenständig „Finanzmittel", d.h. Geldbestände schaffen, wenn sie dafür Reserven von der Notenbank bereitgestellt bekommen. Der in diesem Modell verwendete *Multiplikator-Ansatz* ist zwar alles andere als ideal (mehr dazu in *Kapitel 26*), aber es kommt darin schon das Grundprinzip des monetären Modells zum Ausdruck, wonach Banken nicht auf Einlagen von Nichtbanken warten müssen, wenn sie zusätzliche Kredite vergeben möchten. Einlagen entstehen durch Kredite.

Wie die Spekulationskasse verdeutlicht, stehen die Anleger in diesem Modell vor der Frage, wie sie ihr Geldvermögen anlegen. Sollen sie es in der Form von unverzinslichem Geld halten oder in der Form von ewigen Anleihen? Zinsen bekommen sie nur wenn sie bereit sind, ihre Mittel längerfristig zu binden. Anders als im güterwirtschaftlichen Modell gibt es also eigenständige Finanztransaktionen, die völlig unabhängig sind von Spar- und Investitionsentscheidungen.

Der Zins ist dabei kein *Realzins*, der angibt wie viele Einheiten des Allzweckguts ich in der Zukunft bekomme, wenn ich heute auf eine Einheit verzichte, indem ich sie spare. Vielmehr ist es ein *Geldzins*, der angibt, wie viele Einheiten an Geld ich erhalte, wenn ich heute eine Einheit Geld längerfristig anbiete, indem ich eine Anleihe mit ewiger Laufzeit erwerbe.

25.1.5 Die Mechanismen des keynesianischen Modells

Viele Ökonomen glauben, dass eine Synthese („neoklassische Synthese") zwischen den beiden Modellwelten möglich ist. Wenn man jedoch die grundlegenden Bewegungsgesetze der beiden Ansätze vergleicht erkennt man, dass das völlig unmöglich ist. Das beginnt schon damit, dass im güterwirtschaftlichen Modell das Allzweckgut als Finanzaktivum verwendet wird, während im geldwirtschaftlichen Modell Geld im Sinne von Bankguthaben diese Rolle wahrnimmt. Im güterwirtschaftlichen Modell besteht der Finanzstrom („flow funds") also aus dem Allzweckgut, im geldwirtschaftlichen aus Bankguthaben. Beide können nicht gleichzeitig nebeneinander fließen. Die Unvereinbarkeit wird auch deutlich beim Zinssatz, der im güterwirtschaftlichen Modell ein Realzins ist und im geldwirtschaftlichen ein Geldzins.

Im keynesianischen Modell führt die Entscheidung mehr zu investieren über den Investitionsmultiplikator (*Kapitel 20.2.3*) dazu, dass das gesamtwirtschaftliche Einkommen steigt. Durch das höhere Einkommen kommt es bei gegebener Konsumquote, die das Spiegelbild der Sparquote darstellt, zu einem höheren Sparen in der Volkswirtschaft. Im geldwirtschaftlichen Modell generieren Investitionen somit das Sparen. Dies ist anders im güterwirtschaftlichen Modell. Hier ist das Sparen die Voraussetzung für Investitionen. Nur wenn die Haushalte bereit sind, das Allzweckgut nicht zu konsumieren, also es zu sparen, wird es verfügbar für Investitionen. Sparen generiert hier also die Investitionen.

Im keynesianischen Modell wirkt sich Sparen demgegenüber negativ auf den Wirtschaftsprozess aus. Eine höhere Sparneigung führt zu einem flacheren Verlauf der gesamtwirtschaftlichen Nachfrage im Einkommen-/Ausgabenmodell, wodurch die gesamtwirtschaftliche Nachfrage zurückgeht (*Abbildung 17.8*). Dieser Zusammenhang wird häufig als *„Sparparadoxon"* bezeichnet. Paradox ist das jedoch nur im Denkgebäude des güterwirtschaftlichen Ansatzes. Für das keynesianische Modell wäre es paradox, wenn es bei verminderter Konsumausgaben zu einem Anstieg der gesamtwirtschaftlichen Nachfrage kommen würde.

Der zweite fundamentale Unterschied betrifft die *Funktionsweise von Banken*. Im güterwirtschaftlichen Modell müssen sich die Banken Einlagen verschaffen, um Kredite vergeben zu können. Da sie das Allzweckgut nicht selbst schaffen können, müssen sie es sich bei den Sparern beschaffen, um es dann an die Investoren ausleihen zu können. Im geldwirtschaftlichen Modell ist das genau umgekehrt. Die Banken schaffen Einlagen, indem sie Kredite vergeben. Die Fähigkeit zur Kreditvergabe ist völlig unabhängig von dem in einer Periode stattfindenden Sparen. Wir werden den Mechanismus im nächsten Kapitel noch ausführlich beschreiben.

Zudem unterscheiden sich **Banken** im keynesianischen Modell fundamental von *anderen Finanzintermediären*. Nur Banken sind in der Lage über die Kreditvergabe Geld (konkret: Bankeinlagen) zu schaffen, die das „Finanzmittel" für die Volkswirtschaft bilden. Der Kapitalmarkt dient demgegenüber dazu, die von den Banken geschaffenen Geldbestände umzuverteilen. Wer eine Anleihe erwirbt, bezahlt dafür mit einem Bankguthaben, das auf den Verkäufer der Anleihe transferiert wird. Im güterwirtschaftlichen Modell fungiert der Kapitalmarkt in genau gleicher Weise als Zwischenhändel des Allzweckgutes wie das Bankensystem.

Ein weiterer fundamentaler Unterschied betrifft die Notenbank. Im klassischen Modell ist sie für das Zinsniveau völlig irrelevant, da sie wie die Banken das Allzweckgut nicht eigenständig herstellen kann und es auch nicht vernichtet. In diesem Modell kann sie lediglich das Preisniveau im Rahmen der Quantitätstheorie (*Box 24.1*) bestimmen. Allerdings ist das in einer Welt mit nur einem Allzweckgut auch höchst problematisch. Bei nur einem einzigen Gut ist wenig sinnvoll von Preisen oder gar einem Preisniveau zu sprechen. Im keynesianischen Modell ist die Geldpolitik der Notenbanken zentral für das Zinsniveau. Indem die Notenbank die Lage der LM-Kurve mit ihren Instrumenten beeinflusst, kann sie in diesem das Zinsniveau perfekt kontrollieren.

▸*Tabelle 25.1* fasst die Unterscheide zwischen den beiden Modelltypen noch einmal zusammen.

	Realwirtschaftliches (klassisches Modell)	Monetäres („keynesianisches Modell")
Finanzaktivum („funds")	Allzweckgut („Korn")	Geld (liquide Bankguthaben)
Zinssatz (definiert als Zinsfaktor q=1+r beziehungsweise q=1+1)	Realzins: Einheiten Korn morgen für eine Einheit Korn heute	Geldzins: Einheiten Geld morgen für eine Einheit Geld heute
Sparen und Investieren	Sparen ist die Voraussetzung für Investitionen	Investitionen generieren Sparen
Banken	Reine Intermediäre: Einlagen schaffen Kredite	Originatoren von Geld: Kredite schaffen Einlagen
Andere Finanzintermediäre (Kapitalmarkt)	Im Prinzip nicht anders zu sehen als Banken	Kapitalmarkt bewirkt eine Umverteilung der von Banken geschaffenen Geldbestände
Notenbank	Irrelevant für Zinsniveau. Bestimmung des Preisniveaus über Quantitätsgleichung	Steuerung des Zinsniveaus über LM-Kurve

Tabelle 25.1: Vergleich realwirtschaftliches Modell und monetäres Modell

25.1.6 Die Notenbank als „lender of last resort" im Krisenfall

Allerdings ist die Fristentransformation auch eine wichtige Ursache für die Krisenanfälligkeit von Banken. Wenn es zu einer Vertrauenskrise in das Bankensystem kommt, wie man sie vor allem nach der Lehman-Pleite im Oktober 2008 beobachten konnte, sind die Einleger bestrebt, ihre kurzfristig verfügbaren Guthaben abzuziehen, d.h. sie möglichst schnell in Bargeld zu tauschen. Da die Banken aber ihren Kreditnehmern nicht einfach die Kredite kündigen können, sind sie nicht in der Lage, einem solchen allgemeinen *„run"* aus eigener Kraft standzuhalten.[5]

Deshalb gehört es zu einer der wichtigsten Aufgaben von Notenbanken, bei einer allgemeinen Vertrauenskrise in das Bankensystem als *„lender of last resort"* bereitzustehen. Diese von Walter Bagehot (1826–1877) in seinem berühmten Buch „Lombard Street" aus dem Jahre 1873 beschriebene Funktion einer Notenbank besteht darin, die Banken dann großzügig gegen gute Sicherheiten mit Refinanzierungskrediten („lend freely") zu versorgen, sodass sie jederzeit in der Lage sind, den Auszahlungswünschen ihrer Einleger nachkommen zu können:

"Theory suggests, and experience proves, that in a panic the holders of the ultimate Bank reserve (whether one bank or many) should lend to all that bring good securities quickly, freely, and readily. By that policy they allay a panic; by every other policy they intensify it."[6]

In der Finanzkrise der Jahre 2007/08 haben sich die Notenbanken an diese Regel gehalten und die Refinanzierungskredite an das Bankensystem massiv ausgeweitet, sodass mit ganz wenigen Ausnahmen, wie der britischen Northern Rock Bank im September 2007, ein „run" auf das Finanzsystem verhindert werden konnte. Ein promi-

5 Das wird in dem Modell von Diamond und Dybvig (1983) beschrieben.

6 Walter Bagehot (1873, Kapitel 7, Absatz 23).

nentes Opfer einer überzogenen *Fristentransformation* wurde die deutsche *Hypo Real Estate* (HRE), die auf ihrer Aktivseite überwiegend langfristige Anleihen öffentlicher Emittenten hielt, die sie mit kurzfristigen Krediten von anderen Banken finanzierte. Der weitgehende wechselseitige Vertrauensverlust zwischen Banken, die durch die Lehman-Pleite ausgelöst worden war, führte dazu, dass es der HRE von September 2008 an nicht mehr möglich war, kurzfristige Mittel von anderen Banken zu erhalten. Die HRE konnte nur durch massive staatliche Hilfen und eine anschließende Verstaatlichung über Wasser gehalten werden.

25.2 Der Kapitalmarkt als Alternative zur Finanzierung über Banken

Als Intermediär zwischen Sparer und Kreditnehmer nehmen Banken somit eine wichtige Funktion auf den Finanzmärkten ein. Dies gilt vor allem für den Euroraum und die Europäische Union. Der Umfang der ausstehenden Bankkredite liegt mit 167 % beziehungsweise 161 % in Relation zum Bruttoinlandsprodukt deutlich höher als in den Vereinigten Staaten (▶*Abbildung 25.4*). Demgegenüber spielt dort der Kapitalmarkt eine wesentlich bedeutsamere Rolle. Der Umlauf der ausstehenden Schuldverschreibungen und auch die Aktienmarktkapitalisierung gehen relativ zur Wirtschaftsleistung weit über die Werte des Euroraums und der Europäischen Union hinaus. Allerdings weist Japan bei der Finanzierung durch Banken wie über den Kapitalmarkt die höchsten Relationen auf.

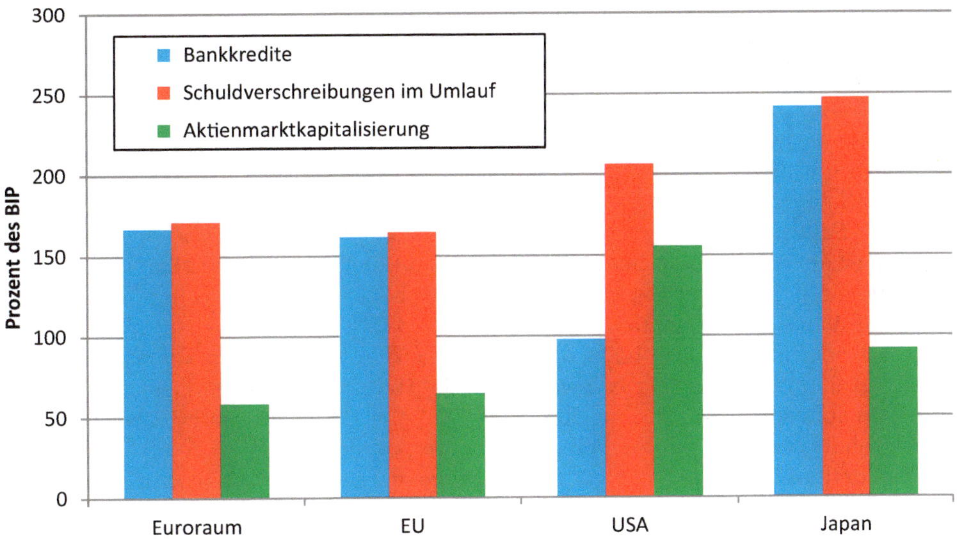

Abbildung 25.4: Indikatoren zur Größe der Banken und der Finanzmärkte im Jahr 2013 (in Relation zum Bruttoinlandsprodukt)
Quelle: ECB, Statistical Pocket Book und eigene Berechnungen.

25.2.1 Kapitalmarktbasierte Finanzierung als Alternative zu Banken

Ein großes und international sehr renommiertes Unternehmen wie beispielsweise BMW kann seine Investitionen über direkte Kredite von Banken finanzieren. Es kann aber auch versuchen, sich über Anleihen oder Aktien zu finanzieren, die an Börsen gehandelt werden. Durch die jederzeitige Handelbarkeit und eine in der Regel kleine Stückelung von Aktien und Anleihen kann der Kapitalmarkt ähnliche Funktionen wie die Banken wahrnehmen.

- Funktion der *Losgrößentransformation*: Indem vielen kleineren Anlegern die Möglichkeit eröffnet wird, Aktien oder Anleihen von BMW am Kapitalmarkt zu erwerben, kann das Unternehmen relativ einfach große Beträge für seine Finanzierung aufbringen.
- Funktion der *Risikotransformation*: Durch die kleine Stückelung sowie die Möglichkeit, Anteile an Investmentfonds zu erwerben, oder sich auch an einem gesamten Aktienindex (exchange traded funds) zu beteiligen, kann der Anleger am Kapitalmarkt ein hohes Maß an Risikodiversifikation erzielen.
- Funktion der *Fristentransformation*: Am Kapitalmarkt handelbare Titel zeichnen sich in der Regel durch eine hohe *Liquidität* (*Box 25.1*) aus. Ein Anleger, der kurzfristig mit einem unerwarteten Liquiditätsbedürfnis konfrontiert wird, kann Aktien oder Anleihen in der Regel jederzeit abstoßen. Allerdings besteht hier gegenüber einer Bankeinlage der Nachteil, dass man dann Anlagen möglicherweise zu einem Zeitpunkt veräußern muss, an dem sie sehr niedrige Kurse aufweisen.

Box 25.1 Liquidität: ein vielschichtiges Phänomen

Für eine Definition von Liquidität bietet es sich an, zwischen der Liquidität von Vermögensgegenständen und der Liquidität von Wirtschaftssubjekten zu unterscheiden (Stützel, 1974). Die Liquidität eines Vermögensgegenstands hängt von zwei Dimensionen ab:

Der *Selbstliquidationsperiode*, das heißt der Frist, die verstreicht, bis ein Gegenstand in Bargeld oder ein Bankguthaben transformiert wird. Bei Forderungen handelt es sich dabei um die Restlaufzeit, bei Lagerbeständen um die durchschnittliche Umschlagdauer.

Der *Abtretbarkeit*, das heißt der Möglichkeit, eine Forderung vor Ablauf der Fälligkeit an einen Akteur zu verkaufen. Die Abtretbarkeit hängt dabei vor allem davon ab, welche Auswirkungen der Verkauf eines Aktivums auf dessen Marktpreis hat. Man spricht hierbei von der „Markttiefe", die von der Anzahl der Marktteilnehmer und dem täglichen Handelsvolumen bestimmt wird. Aktiva mit hoher Liquidität zeichnen sich durch eine sehr elastische Preisabsatzfunktion aus, das heißt, selbst beim Verkauf von großen Beständen kommt es nur zu einer geringen Preisänderung.

Während die erste Dimension der Liquidität gut zu bestimmen ist – ein Sichtguthaben ist liquider als eine Termineinlage – weist die zweite Dimension eine stark subjektive Qualität auf. Der Internationale Währungsfonds (IMF, 2006) spricht daher von einer Perceived Liquidity. Indikatoren zur Liquidität von Märkten beziehen sich in der Regel auf diese Dimension von Liquidität, indem sie beispielsweise den Einfluss von Umsätzen auf Kurse (Amihud, 2002) oder die Relation der Volatilität von Anleihekursen auf Tages- und 5-Tagesbasis vergleichen (Market Efficiency Ratio von Hasbrouck und Schwartz (1988)).

Während diese drei Funktionen somit im Prinzip sowohl von Banken wie auch vom Kapitalmarkt wahrgenommen werden können, lässt sich die Funktion der Banken als *„delegated monitor"* nicht ohne Weiteres ersetzen. Der einzelne Anleger ist am Kapitalmarkt wieder auf sich selbst gestellt, wenn es darum geht, die Bonität eines Unternehmens oder auch eines öffentlichen Kreditnehmers zu bestimmen. Deshalb spielen die *Rating-Agenturen* eine zentrale Rolle für die kapitalmarktbasierte Finanzierung. Ihre Bewertungen von Unternehmen und öffentlichen Emittenten sollen es privaten Investoren im Prinzip ermöglichen, aus der Vielzahl von Anleihen diejenigen herauszufinden, die den eigenen Risikovorstellungen entsprechen. Die Ratings sind somit das Substitut für die Kreditwürdigkeitsprüfung der Banken in einem bankbasierten Modell.

25.2.2 Rating-Agenturen: Schwachstelle der Kapitalmarktfinanzierung

Die Finanzkrise hat verdeutlicht, dass hier eine große Schwachstelle der Kapitalmarktfinanzierung liegt.

- Beim traditionellen Modell der Bankfinanzierung vergibt eine Bank einen Kredit und hält diesen auch bis zur Endfälligkeit. Man spricht hierbei auch vom Modell des *„buy and hold"*. Bei diesem Vorgehen ist die Bank aus ihrem Eigeninteresse heraus bestrebt, einen Kreditnehmer sehr sorgfältig unter die Lupe zu nehmen, da sie mit ihm eine langfristige Vertragsbeziehung eingehen wird.
- Bei der Finanzierung über den Kapitalmarkt werden Kredite nach der Kreditvergabe verbrieft, sodass sie an andere Investoren übertragen werden können, die dann in die Rolle des Kreditgebers schlüpfen. Man spricht hierbei vom Modell des *„originate to distribute"*. Für die Bank sind dabei die Anreize für eine sorgfältige Kreditwürdigkeitsprüfung deutlich geringer, da sie nach dem Verkauf der Titel keine Haftung mehr übernimmt. Es bleibt jetzt nur die Kreditwürdigkeitsprüfung durch die Rating-Agenturen. Hierbei fehlt es jedoch an einer direkten Haftung für die Beurteilung von Unternehmen. Da sich die Agenturen als „Journalisten" ansehen, denen nach der amerikanischen Verfassung das Recht auf freie Meinungsäußerung zusteht, haften sie grundsätzlich nicht für ihre Bewertungen. Zudem werden sie nicht von den Anlegern, sondern von den Emittenten bezahlt. Das ist so ähnlich, wie wenn bei einem Restaurantführer die Lokale bezahlen müssten, während die Kunden das Buch kostenlos erhielten. Schließlich besteht zwischen den Agenturen kaum Wettbewerb, da es seit Jahren nur drei große international angesehene Agenturen gibt. Die durch einen möglichen Reputationsverlust ausgehenden

Disziplinierungseffekte sind dabei vergleichsweise gering. Die Finanzkrisen der letzten 20 Jahre (zum Beispiel die Asienkrise des Jahres 1997, der Zusammenbruch des US-Energieunternehmens Enron im Jahre 2002, der Ausbruch der Finanzkrise im Juli 2007 sowie die Insolvenz von *Lehman Brothers* im September 2008) belegen, dass Rating-Agenturen Probleme meist erst dann erkennen, wenn das „Kind in den Brunnen gefallen" ist. Insgesamt haben die drei großen Rating-Agenturen (Standard & Poor's, Moody's und Fitch) trotz massiver Fehleinschätzungen alle Finanzkrisen der beiden letzten Jahrzehnte völlig unbeschadet überstanden.

In ▶*Tabelle 25.2* werden die wichtigsten Unterschiede zwischen dem bankenbasierten und dem kapitalmarktbasierten Modell noch einmal kurz zusammengefasst.

Problem	**Bankbasiertes Modell**	**Kapitalmarktbasiertes Modell**
Kreditgeber muss passenden Schuldner finden: Informations- und Transaktionskosten	Bank übernimmt die Suche nach guten Schuldnern	Organisierter Markt bringt Anbieter und Nachfrager zusammen
Kreditgeber kann die Qualität des Schuldners nicht oder nur mit hohen Informationskosten beurteilen	Bank übernimmt Kreditwürdigkeitsprüfung	Rating-Agenturen bewerten Schuldner
Kreditnehmer möchte möglichst sichere Anlage	Risikotransformation durch Diversifikation	Gläubiger/Anleger muss Diversifikation selbst vornehmen oder sein Geld in Fonds investieren
Kreditgeber kann nur relativ kleinen Betrag anlegen	Losgrößentransformation durch Bank	Kleine Stückelung einer Anleihenemission
Kreditgeber bevorzugt kürzere Kapitalbindung als Kreditnehmer	Fristentransformation durch Bank	Liquidität durch jederzeitige Verkaufsmöglichkeit einer Anleihe am Kapitalmarkt. Risiko eines Wertverlusts bei vorzeitigem Verkauf.

Tabelle 25.2: Vergleich bankbasiertes versus kapitalmarktbasiertes Finanzierungsmodell

25.3 Derivate als Absicherungs- und Spekulationsinstrument

Die Funktion von Finanzmärkten beschränkt sich jedoch nicht allein darauf, Finanzmittel von Sparern zu Investoren zu leiten und Wirtschaftssubjekten einen intertemporalen Handel zu ermöglichen. Nehmen wir einmal an, auf den Inseln gäbe es eine eigene Währung, den Inseltaler. Robinson konzentriere sich ganz auf das Sammeln von Nüssen, die er dann auf dem Inselmarkt verkauft, der einmal jährlich am 31. Dezember stattfindet. Mit dem Verkaufserlös kann er dann viele andere Güter erwerben und muss nicht länger nur Fische und Nüsse konsumieren. Leider schwankt der Preis für Nüsse im Zeitablauf stark. So kann es Robinson passieren, dass an dem von ihm geplanten Verkaufstag der Nusspreis zufällig sehr niedrig ausfällt und er dann ein Jahr nur über vergleichsweise wenige andere Güter verfügen kann.

Dieses Risiko kann Robinson dadurch ausschalten, dass er ein *Termingeschäft* abschließt. Ganz allgemein zeichnet sich ein Termingeschäft dadurch aus, dass man in einem Vertrag vereinbart, ein Gut zu einem zukünftigem Zeitpunkt zu einem in der Gegenwart vereinbarten Preis (Terminpreis, Terminkurs oder „Forward Rate") zu kaufen oder zu verkaufen. Konkret könnte Robinson mit der Inselbank bereits im Frühjahr einen Vertrag abschließen, in dem sich die Inselbank verpflichtet, ihm seine voraussichtliche Nussernte am Jahresende zu einem festen Preis abzunehmen. Robinson hat sich damit gegenüber den Schwankungen des Nusspreises abgesichert („*Hedge*") und weiß dann schon im Frühjahr, wie viel Geld er mit seiner Nussernte erzielt und wie viele andere Güter er sich dafür kaufen kann. Die Inselbank, die nun von Robinson das Risiko eines schwankenden Nusspreises übernommen hat, kann ihrerseits versuchen, eine Gegenposition zu finden. Denkbar wäre, dass sie mit einem Schokoladenriegelhersteller, der Kokosnüsse verwendet, ebenfalls ein Termingeschäft abschließt, in dem sie diesem verspricht, am Jahresende Nüsse zu einem im Voraus vereinbarten Preis zu verkaufen.

Man spricht bei solchen Geschäften auch von *Derivaten*, da sie im Grunde völlig losgelöst von der realwirtschaftlichen Transaktion durchgeführt werden können. Im konkreten Beispiel wäre es nicht notwendig, dass die Bank tatsächlich Robinsons Nüsse kauft. Es würde ausreichen, dass sie ihm, bei einem Marktpreis (Kassakurs oder Spotrate), der am 31. Dezember unter dem Terminpreis liegt, eine Zahlung leistet, die dieser Differenz entspricht. Im umgekehrten Fall müsste Robinson eine Ausgleichzahlung an die Bank leisten.

Derivate können somit auch völlig unabhängig von realwirtschaftlichen Transaktionen existieren. So könnte Montag, der auf einer Insel lebt, auf der es überhaupt keine Kokospalmen gibt, mit der Inselbank ebenfalls ein Termingeschäft abschließen, bei dem er der Bank für den 31. Dezember eine bestimmte Menge Nüsse (z.B. 100 kg) zu einem im Voraus festgelegten Preis (10 Inseltaler je Kilo) verkauft. Je nachdem, ob dann der tatsächliche Preis unter oder über dem Terminpreis liegt, bekommt Montag von der Bank eine Zahlung oder er muss einen bestimmten Betrag an die Bank bezahlen. Liegt der Nusspreis am 31. Dezember beispielsweise bei 8 Inseltalern, erhält Mittwoch von der Bank 200 Taler. Bei einem Nusspreis von 13 Talern muss Mittwoch 300 Taler an die Bank bezahlen. Das Beispiel zeigt, dass Derivate, die losgelöst von realwirtschaftlichen Transaktionen vereinbart werden, im Grunde nichts anderes als eine *Wette* sind. Wenn Mittwoch das hier beschriebene Geschäft abschließt, setzt er darauf, dass der Nusspreis bis zur Fälligkeit unter den Terminpreis fällt. Umgekehrt muss die Inselbank darauf wetten, dass der Nusspreis sich in die entgegengesetzte Richtung entwickelt.

In der Vergangenheit sind Derivate zunächst vor allem in der Landwirtschaft eingesetzt worden, weil sich Bauern ebenso wie die Abnehmer von landwirtschaftlichen Produkten vor den oft starken Preisschwankungen solcher Produkte absichern wollten. In den Jahren bis zum Ausbruch der Finanzkrise haben Derivate ein extrem starkes Wachstum erfahren, wobei die Wetten nicht nur auf die Preise von Rohstoffen, sondern auch auf Veränderungen von Wechselkursen, Aktien oder Zinssätzen lauten.

Derivate können außerdem dazu verwendet werden, die Risiken eines Kredits abzusichern, man spricht dann von *Credit Default Swaps (CDS)*. Wiederum entstand dieses Produkt zunächst aus dem Bestreben, Risiken abzusichern. So kann es für eine Bank, die sehr stark in einer Branche oder einer Region engagiert und somit nicht optimal diversifiziert ist, sinnvoll sein, diese Risiken von einer anderen Bank versichern zu lassen, die in anderen Sektoren engagiert ist. Beide Seiten können damit eine bessere Diversifikation von Risiken herbeiführen. Die Bank, die die Versicherung bereitstellt, erhält dafür von der anderen eine Versicherungsprämie und kann sich damit indirekt an Kreditportfolios beteiligen, die außerhalb ihres eigenen Geschäftsfelds liegen. In den Jahren vor der Krise ist es auch bei den CDS zu einem enormen Wachstum gekommen. Dabei wurden wiederum viele Geschäfte abgeschlossen, bei denen es nicht mehr um die Absicherung eines Kreditrisikos ging, sondern um eine bloße Wette. Zudem wurden von manchen Instituten Versicherungen vergeben, die weit über ihre eigenen Kapazitäten hinausgingen. Das prominenteste Beispiel ist der US-Versicherer AIG, der im September 2008 nur durch staatliche Stützungsmaßnahmen in Höhe von 50 Mrd. US-Dollar über Wasser gehalten werden konnte.

Das enorme Wachstum, das dieses Segment des Finanzmarkts in den Jahren vor dem Ausbruch der Finanzkrise erfahren hat, wird in ▶*Abbildung 25.5* deutlich. Man erkennt daran auch, dass der weitaus größte Teil der Derivate auf Zinsderivate entfällt. An zweiter Stelle folgen die Devisenkontrakte gefolgt von den Credit Default Swaps.

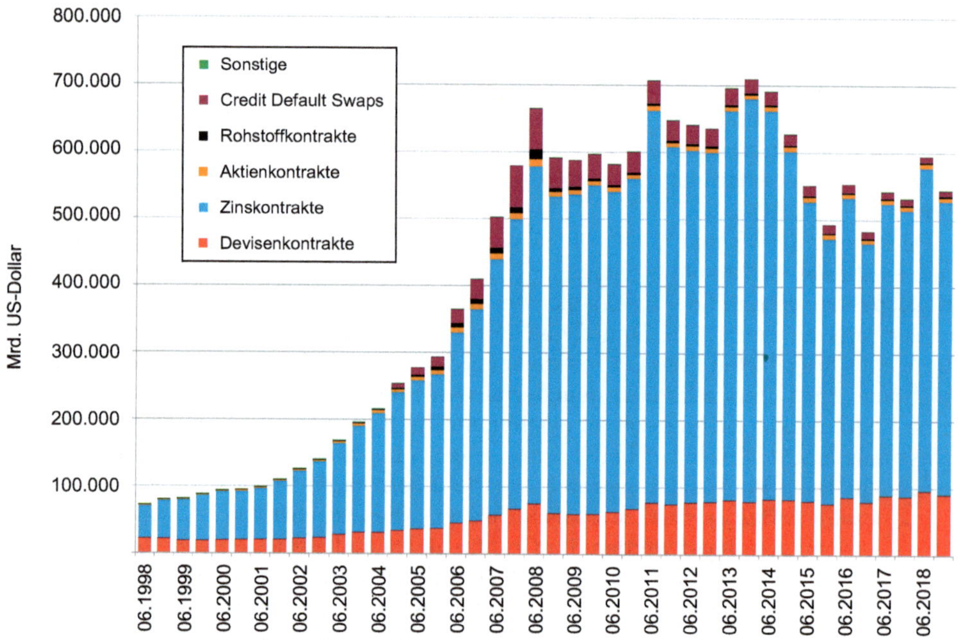

Abbildung 25.5: Entwicklung der Märkte für derivative Finanzinstrumente (in Mrd. US-Dollar) *Quelle: Bank for International Settlements, http://www.bis.org/statistics/derstats.html.*

Schlagwörter

- Abtretbarkeit (S. 496)
- buy and hold (S. 497)
- delegated monitor (S. 497)
- Derivate (S. 498)
- Hypo Real Estate (S. 495)
- Informationskosten (S. 490)
- Insel-Bank (S. 499)
- intertemporale Budgetbeschränkung (S. 487)
- intertemporaler Handel (S. 487)
- Kapitalmarkt (S. 495)
- Kapitalmarktbasierte Finanzierung (S. 496)
- Lehman Brothers (S. 498)
- lender of last resort (S. 494)
- Liquidität (S. 496)
- Losgrößentransformation (S. 491)
- Mehrergiebigkeit von Produktionsumwegen (S. 489)
- originate to distribute (S. 497)
- Rating-Agenturen (S. 497)
- Risikotransformation (S. 496)
- run (S. 494)
- Selbstliquidationsperiode (S. 496)
- Transaktionskosten (S. 491)
- Wette (S. 499)
- Zeitpräferenzrate (S. 488)

Aufgaben

Musterlösungen zu den hier gestellten Aufgaben finden Sie im MyLab | Grundzüge der VWL.

1. Hans verdient 40 Euro in Periode 1 und 20 Euro in Periode 2. Nun steht er vor der Entscheidung, wie er optimalerweise seinen Konsum aufteilen sollte, und entscheidet sich gemäß seiner Nutzenfunktion für 30 Euro Konsum in Periode 1 und 30,50 Euro in Periode 2. Gehen Sie von einem Zins von 5 % aus!
   a) Stellen Sie die intertemporale Budgetgerade sowie die Entscheidung gemäß der Konsumfunktion von Hans grafisch dar!
   b) Nun ändert sich das Zinsniveau auf 2,5 %. Wie wirkt sich dies auf die intertemporale Entscheidung von Hans aus? Gehen Sie davon aus, dass er auf jeden Fall 30 Euro in Periode 1 konsumieren möchte.

   Aufgrund der verlockenden Konditionen seiner Hausbank „Verleih-Viel" entschließt sich Hans jetzt doch in Periode 1 mehr zu konsumieren. Seine Konsumentscheidung verändert sich nun auf 50 Euro in Periode 1 und 9,52 Euro in Periode 2. Dieser Berechnung liegt wieder ein Zinssatz von 5 % zu Grunde.

   c) Stellen Sie die oben beschriebene Situation im intertemporalen Kontext grafisch dar. Beachten Sie ebenfalls, dass sich die Nutzenfunktion von Hans geändert hat!
   d) Hans Hausbank „Verleih-Viel" stellt nun fest, dass Hans Kreditrisiko erheblich angestiegen ist, und erhöht die Zinsen für seinen Kredit auf 20 %. Stellen Sie diese Situation grafisch dar und gehen Sie wieder davon aus, dass Hans weiter 50 Euro in Periode 1 verkonsumieren möchte!
2. Robinson geht mit großer Sicherheit davon aus, dass der Preis für Kokosnüsse von heute 2 Inseltaler in einem Jahr auf 4 Inseltaler steigen wird. Auf der Terminbörse beträgt der Preis für Kokosnüsse, die in einem Jahr geliefert werden, 3 Taler. Wie kann sich Robinson diese Konstellation zu Nutze machen?
3. Robinson hat für seine Altersvorsorge einen hohen Betrag in Anleihen des Inselstaates investiert. Nachdem er den Vortrag eines Wirtschaftsexperten besucht hat, muss er davon ausgehen, dass der Inselstaat in eine so schwere Wirtschaftskrise steuert, dass er in fünf Jahren nicht mehr in der Lage ist, seine Anleihen zurückzuzahlen.
   a) Wie kann er sich dagegen schützen?
   b) Nehmen Sie an, Robinson verfügt über keine Anleihen. Unter welchen Voraussetzungen kann er von der von ihm erwarteten Entwicklung trotzdem profitieren?

4. Vor Ausbruch der Finanzkrise im Juli 2007 glaubten viele Ökonomen, dass die Finanzierung über Kapitalmärkte zu mehr Stabilität führen würde als die Finanzierung über Banken. Wie kann man die unerwartet hohe Instabilität der kapitalmarktbasierten Finanzierung erklären?
5. Die Notenbank der Inselwirtschaft hat den Leitzins bei 3 % festgelegt. Der Inselwirtschaftsweise erklärt in einem Interview, der Zins sei zu niedrig. Die Notenbank stellt dazu fest, dass das Zinsniveau völlig korrekt sei, weil die Inflationsrate genau der Zielinflationsrate von 2 % entspreche und weder eine positive noch eine negative Output-Lücke vorläge. Unter welchen Annahmen hat die Notenbank recht?

LERNZIELE

- In diesem Kapitel wird das Finanzsystem im Rahmen des geldwirtschaftlichen Modells ausführlicher diskutiert. Banken sind in diesem Modell nicht nur Intermediäre, sie sind vielmehr zugleich *Originatoren* von Geld- und Kreditschöpfungsprozessen. Die Finanzkrise der Jahre 2007/08 zeigt, dass hieraus eine erhebliche Instabilität für das Finanzsystem und für die gesamte Volkswirtschaft resultieren kann.
- Die Kredit- und Geldschöpfungsprozesse erzeugen stets einen *Bedarf an Zentralbankgeld* (Bargeld und Reserven bei der Notenbank), das von der Notenbank als monopolistischem Anbieter bereitgestellt wird. Das *Notenemissionsmonopol* sichert der Notenbank die Kontrolle über diesen zentralen Inputfaktor für die Geld- und Kreditschöpfung des Bankensystems.
- Der *Geldschöpfungsmultiplikator* ermittelt den Zentralbankgeldbedarf des gesamten Bankensystems. Er kann jedoch nicht als eine eigenständige Theorie des Geldangebots verwendet werden.
- Da Zentralbankgeld den Input für das Kreditgeschäft der Banken darstellt, kann die EZB die Kreditzinsen der Banken beeinflussen, indem sie den Preis für diesen Input-Faktor mit ihren *geldpolitischen Instrumenten* steuert. Ein wichtiges Instrument hierfür sind die *Refinanzierungsgeschäfte* der EZB. Durch die umfangreichen Ankäufe von Staatsanleihen kommt heute dem Zinssatz für die Einlagenfazilität der EZB die Funktion des Leitzinssatzes zu.
- Mit den *unkonventionellen Instrumenten* der Geldpolitik versuchen Notenbanken, die mit ihren konventionellen Instrumenten an der Nullzins-Grenze angelangt sind, die längerfristigen Zinsen in direkter oder indirekter Form zu steuern.
- Der *Kapitalmarkt* unterscheidet sich im geldwirtschaftlichen Modell fundamental von den Banken. Banken schaffen neue Geldbestände. Der Kapitalmarkt leistet eine Umverteilung der bestehenden Geldbestände von Anlegern, die bereit sind, diese Mittel längerfristig zu binden zu Investoren, die neue Investitionen planen oder aber bestehende Aktiva (Immobilien, Unternehmen) kaufen.

Finanzsystem II: Geld- und Kreditschöpfung durch Banken

26

ÜBERBLICK

26.1 Einleitung

Im vorhergehenden Kapitel wurden die beiden grundlegenden Modelle präsentiert, die in der Volkswirtschaftslehre zur Abbildung des Finanzsystems verwendet werden. Trotz seiner großen Beliebtheit, gerade in Einführungsbüchern und grundlegenden Texten[1] ist das *güterwirtschaftliche Modell* völlig ungeeignet zur Darstellung der Prozesse in einem modernen Finanzsystem. Das Denken in den Kategorien dieses Modells ist eine wichtige Erklärung dafür, dass die meisten Ökonomen (auch der Verfasser dieses Buchs) nicht in der Lage waren, die Prozesse zu erkennen, die zur Finanzkrise der Jahre 2007/08 geführt haben. Im güterwirtschaftlichen Modell ist die Kreditvergabe der Banken eng beschränkt durch die Bereitschaft der Haushalte, einen Teil des Einkommens zu sparen. Im *geldwirtschaftlichen Modell* können Banken im Prinzip unbegrenzt Kredite und neues Geld schaffen, wenn sie dabei nicht durch die Zinspolitik der Notenbank oder bankaufsichtsrechtliche Maßnahmen gehindert werden.

Ein eindrucksvolles Beispiel hierfür ist die Kreditentwicklung in Irland, Griechenland und Spanien in den Jahren von 1999 bis 2008. In dieser vergleichsweisen kurzen Phase erhöhten sich die Bankkredite an private Nichtbanken um fast 510 % in Irland, 470 % in Griechenland und 450 % in Spanien. Damit wurden im großen Stil Immobilieninvestitionen finanziert, die weit über die vorhandene Nachfrage nach Wohnungen und Häusern hinausgingen (*Kapitel 27*).

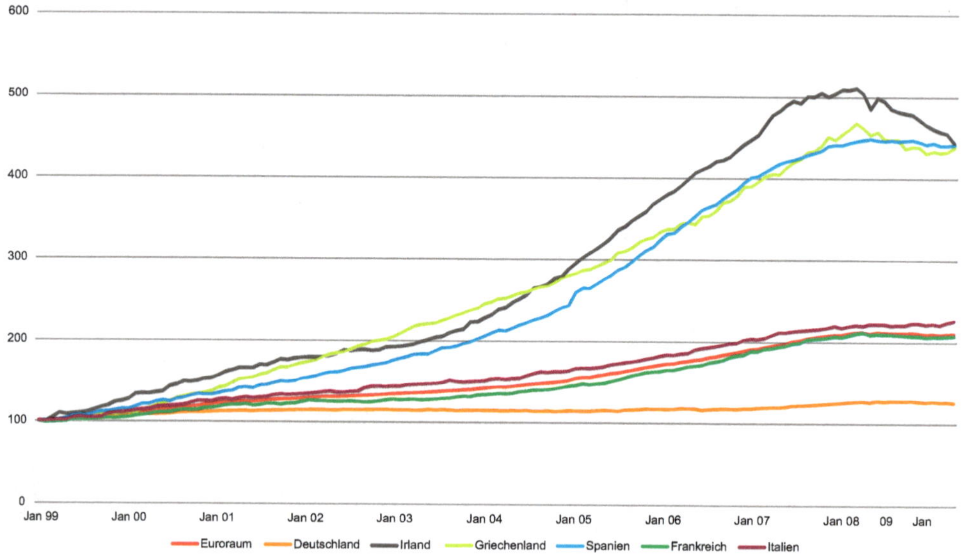

Abbildung 26.1: Entwicklung der Bankkredite an private Nichtbanken im Euroraum von 1999 bis 2009 (Januar 1999=100)
Quelle: Deutsche Bundesbank.

In diesem Kapitel wird zunächst der Prozess der Geld- und Kreditschöpfung durch Banken beschrieben, wobei aufgezeigt wird, wie er durch die Zinspolitik der Notenbank gesteuert werden kann. Dieser Mechanismus wird anhand eines preistheoretischen Modells für den Kreditmarkt beschrieben. Neben den traditionellen Instrumen-

1 Siehe dazu beispielsweise Woodford (2010), Freixas und Rochet (2008) oder Mankiw (2017).

ten der Geldpolitik werden auch die unkonventionellen Maßnahmen präsentiert, die von der Europäischen Zentralbank und anderen Notenbanken eingesetzt wurden, nachdem die kurzfristigen Zinsen an die Nullzins-Grenze gelangt waren. Schließlich werden die Rolle des Kapitalmarktes und die Möglichkeiten und Probleme dieser Finanzinstitution diskutiert.

26.2 Wie eine einzelne Bank mit ihrer Kreditvergabe Geld schöpfen kann

Ausgangspunkt für die gesamte Steuerung des Wirtschaftsprozesses durch die Notenbank ist die Tatsache, dass Unternehmen und Haushalte für ihre Transaktionen „Geld" benötigen. Wenn sich Herr Müller ein Auto kaufen will, das 25.000 Euro kostet, braucht er dazu Bargeld oder ein Guthaben auf seinem Girokonto; Letztere bezeichnet man als Sichtguthaben, da jederzeit, also „auf Sicht", darüber verfügt werden kann. Bargeld und Sichtguthaben werden in der Statistik als *Geldmenge M1* zusammengefasst. Am einfachsten ist es, wenn Herr Müller bereits über einen entsprechenden Geldbestand verfügt.

Box 26.1 Geldmengenabgrenzungen

Bei Definitionen von „Geld" ist grundsätzlich zwischen der *Geldbasis* (auch Zentralbankgeldmenge genannt) und der *Geldmenge* (M1, M2 oder M3) zu unterscheiden. Die Geldbasis kann man als Inputfaktor des Geldschöpfungsprozesses bezeichnen. Sie setzt sich wie folgt zusammen:

Geldbasis = Banknotenumlauf + Guthaben der Banken bei der Notenbank (Reserven)

Wie in diesem Kapitel gezeigt wird, resultiert aus dem Geldschöpfungsprozess einer Bank stets ein Bedarf an Geldbasis. Kennzeichnend für die Geldbasis ist das Fehlen einer jeglichen *Einlösungsverpflichtung* der Notenbank gegenüber den Inhabern von Banknoten oder Notenbankguthaben.

Die Geldmengenaggregate unterscheiden sich nach dem Liquiditätsgrad der darin eingeschlossenen Aktiva. Die höchste Liquidität weist die *Geldmenge M1* auf. Sie wird von der EZB wie folgt definiert:

Geldmenge $M1$ = Bargeld + Sichtguthaben bei Banken

Die *Geldmenge M2* enthält zudem Aktiva, die nicht sofort für Zahlungen eingesetzt werden können:

(26.1) Geldmenge $M2$ = Geldmenge $M1$ + Einlagen mit einer vereinbarten Kündigungsfrist von bis zu drei Monaten + Einlagen mit einer vereinbarten Laufzeit von bis zu zwei Jahren

Die *Geldmenge M3* ist noch breiter abgegrenzt. Sie enthält neben Bankeinlagen auch verbriefte Aktiva und sogenannte Repo-Geschäfte („repurchase agreements"). Dabei handelt es sich um eine besicherte Form einer Termineinlage, bei der der Kunde für beispielsweise einen Monat Geld an die Bank gibt und dafür als Sicherheit von ihr ein Wertpapier erhält, das nach dem Monat wieder an die Bank zu einem von vornherein festgelegten Kurs zurückgekauft wird.

(26.2) Geldmenge *M3* = Geldmenge *M2* + Repo-Geschäfte + Geldmarktfondsanteile und Geldmarktpapiere + Schuldverschreibungen mit einer Laufzeit von bis zu zwei Jahren

Die EZB war in ihrer Anfangsphase der Auffassung, dass sich die Geldmenge M3 in besonderer Weise für die Prognose inflationärer Entwicklungen eigne. Sie hat daher im Dezember 1998 einen Referenzwert für eine mit Geldwertstabilität vereinbare Ausweitung der Geldmenge M3 definiert.[2] Seit längerem spielt die Geldmengenentwicklung in der Politik der EZB allenfalls eine untergeordnete Rolle.

Interessanter der Fall, bei dem sich Herr Müller das Geld erst beschaffen muss. Wie kann er diese Nachfrage nach Geld befriedigen? Die Antwort ist einfach: Er muss einen Kredit bei seiner Bank beantragen. Aber woher nimmt die Bank das Geld, das sie Herrn Müller zur Verfügung stellt. Nach der güterwirtschaftlichen Theorie der Bank, die in *Kapitel 25* dargestellt wurde, müsste die Bank darauf warten, dass sie von einem Sparer eine Einlage in Höhe von 25.000 Euro zur Verfügung gestellt bekommt. Doch das ist gar nicht nötig. Die Bank schafft sich die Einlage selbst, indem sie einfach dem Girokonto von Herrn Müller den Betrag von 25.000 Euro gutschreibt.
Man erkennt an diesem Beispiel ein wichtiges Grundprinzip: *Die Nachfrage nach Geld ist identisch mit einer Nachfrage nach Kredit.* Wenn Herr Müller einen Kredit nachfragt, fragt er eigentlich den ihm auf diese Weise zur Verfügung gestellten Geldbetrag nach. Gleiches gilt für die Angebotsseite. Wenn die Bank Herrn Müller einen Kredit anbietet, bietet sie ihm zugleich einen Geldbestand an. *Das Angebot an Geld ist damit im Prinzip identisch mit dem Angebot an Kredit.* Und es wird dabei deutlich, dass eine Bank mit ihrer Kreditschöpfung unmittelbar Geld im Sinne der Geldmenge M1 schaffen kann, da die Einlagen in der Volkswirtschaft um 25.000 Euro gestiegen sind.

Aber bedeutet das jetzt, dass eine Bank unbegrenzt Kredite vergeben und damit Einlagen und letztlich unkontrolliert Geld schaffen kann? Dazu muss man sich einmal näher ansehen, was Herr Müller mit dem durch den Kredit bereitgestellten Sichtguthaben tun kann. Es gibt hierfür grundsätzlich drei Möglichkeiten:

a) Er kann sich den Betrag in bar auszahlen lassen und damit sein Auto bar bezahlen.
b) Er kann damit eine Überweisung auf das Konto des Autohauses vornehmen. Dieses hat sein Konto bei einer anderen Bank.
c) Wie b), aber das Autohaus hat sein Konto bei der Bank von Herrn Müller.

Im *ersten Fall* benötigt die Bank 25.000 Euro *Bargeld*, das sie Herrn Müller zur Verfügung stellen muss. Dieses kann sie selbst nicht schaffen, da wir im Euroraum – wie überall in der Welt – ein *Emissionsmonopol* der Notenbank besitzen. Für die Bank

2 EZB (2013a)

besteht also ein *Liquiditätsproblem* in Bezug auf Bargeld (*Box 26.2*). Um an das Bargeld zu kommen, benötigt sie ein Guthaben bei der Bundesbank, die im Eurosystem alle Transaktionen mit Banken in Deutschland durchführt. Solche Guthaben (die man als *Reserven* der Banken bezeichnet) kann die Bank nun ihrerseits erhalten, indem sie einen Refinazierungs-Kredit bei der EZB aufnimmt.

Box 26.2 Liquiditätsprobleme auf drei Ebenen

Ganz allgemein liegt für ein Wirtschaftssubjekt immer dann ein *Liquiditätsproblem* vor, wenn es Aktiva bereitstellen muss, die es selbst nicht schaffen kann.

Für *Unternehmen, Privatpersonen* und *öffentliche Haushalte* kann sich ein Liquiditätsproblem in Bezug auf *Bargeld* und *Sichteinlagen (Geldmenge M1)* stellen.

Für *Banken* resultieren Liquiditätsprobleme daraus, dass sie selbst keine Banknoten und auch keine Guthaben bei der Notenbank schaffen können. Sie haben also ein Liquiditätsproblem in Bezug auf *Zentralbankgeld.*

Für eine *Notenbank* ist die Bereitstellung von Zentralbankgeld kein Problem, sie kann aber mit einem Liquiditätsproblem konfrontiert werden, wenn Anleger aus der Landeswährung in eine fremde Währung, z.B. den Dollar, flüchten („*Kapitalflucht*"). Fremde Währungen kann die inländische Notenbank jedoch nicht selbst produzieren. Der für eine Notenbank beschränkte Bestand an *Währungsreserven* kann zu einem gefährlichen Kursverfall der eigenen Währung führen. In einer solchen *Währungskrise* gibt es dann möglicherweise noch Hilfen durch den *Internationalen Währungsfonds,* der über verschiedene, teilweise sehr umfangreiche Kreditfazilitäten für Länder mit makroökonomischen Problemen verfügt.

Der *zweite Fall* ist aus der Sicht der Bank ganz ähnlich wie der erste. Wenn eine Überweisung von einer Bank A auf eine Bank B stattfindet, muss zwischen den beiden Banken eine Zahlung erfolgen. Die Bank B ist dabei jedoch nicht bereit, ein Guthaben der Bank A als Zahlung zu akzeptieren. Vielmehr fordert sie dafür eine Überweisung von 25.000 Euro auf ihr Guthaben bei der Notenbank. Wiederum kommt es also dazu, dass für die Kredit gewährende Bank ein *Liquiditätsproblem* in Bezug auf Zentralbankgeld auftritt. Aufgrund des Kredits sinkt ihr Guthaben bei der Zentralbank. Bei der heutigen Struktur der Kreditwirtschaft in Deutschland sind selbst die Marktanteile der großen Banken recht begrenzt. Für eine einzelne Bank ist die Wahrscheinlichkeit also relativ groß, dass ein Kredit in voller Höhe zu einer Verminderung ihres Guthabens bei der Bundesbank führt.

Im *dritten Fall* ist das *Liquiditätsproblem* immer noch präsent, aber nur noch in stark abgemilderter Form. Wenn Herr Müller den Kaufbetrag auf ein Konto bei der Bank A überweist, erhöht sich das Guthaben des Autohauses bei der Bank A um 25.000 Euro. Zusätzliche Guthaben bei sich selbst kann die Bank im Prinzip unbegrenzt schaffen. Es besteht hierbei kein Liquiditätsproblem. Allerdings sind alle Banken in Euroraum durch die *Mindestreservebestimmungen* gezwungen, für ihre Sichtguthaben (sowie für alle Einlagen mit einer Befristung von bis zu zwei Jahren) ein Guthaben bei der EZB in Höhe von 1 % des Einlagenbetrags zu halten. In Höhe der

Mindestreserve von 250 Euro besteht also auch im dritten Fall ein Liquiditätsproblem. Dies würde nur dann entfallen, wenn das Autohaus mit seinem Konto im Soll steht und auch nach der Überweisung nicht über einen positiven Saldo verfügt.

Eine Kreditvergabe (*K*) geht für eine einzelne Bank also in der Regel mit einem zusätzlichen Bedarf an Zentralbankgeld (*B*) einher. Dies ergibt sich aus der Wahrscheinlichkeit für

- einen Bargeldabzug,
- eine Überweisung an eine andere Bank,
- eine Überweisung auf ein eigenes Konto multipliziert mit dem Reservesatz.

Die autonomen Kreditschöpfungsmöglichkeiten einer einzelnen Bank werden also davon bestimmt, inwieweit es ihr möglich ist, den durch die Kreditvergabe entstandenen Abfluss an Zentralbankgeld zu kompensieren. Dazu kann sie zum einen einen zusätzlichen Kredit bei der Zentralbank aufnehmen. Zum anderen kann sie einen Kredit bei einer anderen Bank am sogenannten Geldmarkt aufnehmen.

In der Phase bis zum Ausbruch der Finanzkrise war beides relativ leicht möglich. Die Europäische Zentralbank stellte den Banken über ihr Hauptrefinanzierungsgeschäft großzügig immer höhere Refinanzierungskredite zu einem teilweise sehr niedrigen Zinssatz zur Verfügung. In den Jahren 2003 bis 2007 stieg die Geldbasis durchweg mit zweistelligen Zuwachsraten. Zudem war das wechselseitige Vertrauen der Banken untereinander sehr hoch, so dass es auch kein Problem war, zusätzliche Interbankkredite zu erhalten. Der Interbankenmarkt funktioniert dann wie ein System kommunizierender Röhren. Die B-Bank hat durch die Überweisung ein um 25.000 Euro höheres Notenbankguthaben. Geht man davon aus, dass sie vor der Überweisung über einen aus ihrer Sicht optimalen Bestand an Notenbankguthaben verfügte, ist sie gerne bereit, diesen Betrag als Interbankkredit an die A-Bank zu verleihen. Dementsprechend sinkt ihr Notenbankguthaben um 25.000 Euro, das der A-Bank steigt um 25.000 Euro.

26.3 Fristentransformation, Bank-Runs und die Notenbank als "Lender of last resort"

Im güterwirtschaftlichen Modell konnten bereits grundlegende Funktionen einer Bank dargestellt werden: die Transformation von Risiken und Losgrößen sowie die Funktion als „delegated monitor". Mit dem geldwirtschaftlichen Modell lässt sich nun eine weitere wichtige Aufgabe ableiten: die Fristentransformation. Der hier beschriebene Kreditschöpfungsprozess bringt es mit sich, dass die Laufzeit der Kredite immer länger sein muss als die der dabei geschaffenen Einlagen. Niemand würde einen Kredit aufnehmen, bei dem er täglich mit der Rückzahlung rechnen müsste.

Die Fristentransformation bringt es mit sich, dass die Banken in der Regel einen hohen Anteil an täglich fälligen Einlagen (Sichteinlagen) auf der Passivseite ihrer Bilanz aufweisen. Aber dem stehen keine entsprechend hohen Reserven bei der Notenbank gegenüber. So wiesen die deutschen Banken im Mai 2019 täglich fällige Einlagen in Höhe von 2.197 Mrd. Euro auf. Ihr Kassenbestand an Banknoten belief sich aber nur auf 37,9 Mrd. Ihre Reserven bei der Bundesbank waren mit 694 Mrd. Euro immer noch bei weitem sehr viel geringer als ihre täglich fälligen Verbindlichkeiten.

In der Regel ist das kein Problem, da sich die Einleger immer nur einen geringen Teil ihrer Sichtguthaben in bar auszahlen lassen. Dieser Zusammenhang wird von der sogenannten *Bodensatz-Theorie* beschrieben, die von *Adolf Wagner* (1835-1917) in seinem 1857 veröffentlichten Buch „Beiträge zu Lehre von den Banken“ entwickelt wurde. Er widersprach der damals vorherrschenden auf *Otto Hübner* (1818-1877) in seinem in seinem zweibändigen Werk „Die Banken“ (1854) formulierten „Goldenen Bankregel“, die eine völlige Fristenkongruenz von Aktiva und Passiva forderte. Wagner hielt demgegenüber eine gewisse Fristentransformation für zulässig, da von den Einlegern immer nur ein geringer Prozentsatz („Bodensatz“) der täglich fälligen Einlagen auch tatsächlich in bar abgehoben wird.

Das Problem bei dieser Betrachtungsweise besteht darin, dass der von Wagner beobachtete Zusammenhang nur in normalen Zeiten gilt. Die Wahrscheinlichkeit der individuellen Einlagenabzüge ist dann statistisch *unverbunden*. Sobald aber eine *allgemeine Vertrauenskrise* in das Bankensystem aufkommt, wie das beispielsweise Anfang Oktober 2008 in Deutschland zu beobachten war, gilt das nicht mehr. Wenn Einleger sehen, dass andere Einleger zur Bank laufen, um ihr „Erspartes“ zu sichern, rennen sie ebenfalls los, um zu retten, was zu retten ist. In einem solchen „Bank-run“ sind die Wahrscheinlichkeiten für den individuellen Einlagenabzug dann statistisch verbunden.

Wenn die Banken Fristentransformation betrieben hätten, wäre das Bankensystem aus eigener Kraft nicht in der Lage, den „Run“ zu stoppen. Es käme zu Bankzusammenbrüchen und einer schwerwiegenden Finanzkrise.[3] Deshalb wird es als eine der wichtigsten Aufgaben von Notenbanken angesehen, bei einer allgemeinen Vertrauenskrise als *„lender of last resort“* für das Bankensystem bereitzustehen. Diese von Walter Bagehot (1826–1877) in seinem Buch „Lombard Street“ aus dem Jahre 1873 beschriebene Funktion einer Notenbank besteht darin, die Banken dann großzügig gegen gute Sicherheiten mit Refinanzierungskrediten („lend freely“) zu versorgen, sodass sie jederzeit in der Lage sind, den Auszahlungswünschen ihrer Einleger nachkommen zu können:

"Theory suggests, and experience proves, that in a panic the holders of the ultimate Bank reserve (whether one bank or many) should lend to all that bring good securities quickly, freely, and readily. By that policy they allay a panic; by every other policy they intensify it."[4]

Das Grundproblem bei der Anwendung dieser Regel besteht darin, dass es im Krisenfall schwer ist, zwischen „guten Banken“, die lediglich ein Liquiditätsproblem aufweisen, und „schlechten Banken“ zu unterscheiden, die nicht nur mit einem Liquiditätsproblem, sondern zugleich mit gravierenden Verlusten auf ihrer Aktivseite („Solvenzproblem“) konfrontiert sind.

---

3 Diese Zusammenhänge werden im Modell von Diamond und Dybvig (1983) beschrieben. Dieses bewegt sich jedoch in der Gedankenwelt des güterwirtschaftlichen Modellrahmens. Bei der reinen Intermediation des Allzweckguts durch Banken kann es im Prinzip keine Fristentransformation und damit auch keinen „Bank-Run“ geben. Deshalb verwenden Diamond und Dybvig die merkwürdige Annahme, dass das Allzweckgut erst nach zwei Perioden einen Ertrag abwirft, die Banken den Einlegern aber eine Verzinsung bereits für die erste Periode verspricht. Die Bank ist also nach der ersten Periode grundsätzlich insolvent und müsste auf jeden Fall geschlossen werden.

4 Walter Bagehot (1873, *Kapitel 7*, Absatz 23).

In der Finanzkrise der Jahre 2007/08 haben sich die Notenbanken an diese Regel gehalten und die Refinanzierungskredite an das Bankensystem massiv ausgeweitet, sodass mit ganz wenigen Ausnahmen, wie der britischen Northern Rock Bank im September 2007, ein „run" auf das Finanzsystem verhindert werden konnte. Ein prominentes Opfer einer überzogenen *Fristentransformation* wurde die deutsche *Hypo Real Estate* (HRE), die auf ihrer Aktivseite überwiegend langfristige Anleihen öffentlicher Emittenten hielt, die sie mit kurzfristigen Krediten von anderen Banken finanzierte. Der weitgehende wechselseitige Vertrauensverlust zwischen Banken, der durch die Lehman-Pleite ausgelöst worden war, führte dazu, dass es der HRE von September 2008 an nicht mehr möglich war, kurzfristige Mittel von anderen Banken zu erhalten. Die HRE erhielt massive staatliche Hilfen und wurde 2009 verstaatlicht.

26.4 Zentralbankgeldbedarf des Bankensystems als Bremse für die Kreditvergabe

Die Fähigkeit des Banksystems, Geld über die Kreditschöpfung gleichsam aus dem Nichts zu schaffen, bedeutet nicht, dass sich diese Prozesse jeglicher Kontrolle entziehen. Der wichtigste Hebel hierfür resultiert daraus, dass für eine *einzelne* Bank jede Kreditvergabe an einen Kunden in der Regel mit einem zusätzlichen Bedarf an Zentralbankgeld einhergeht. Der aus einer zusätzlichen Kreditvergabe resultierende Bedarf des Bankensystems insgesamt ist jedoch deutlich geringer. Dies liegt daran, dass es bei Überweisungen zwischen Banken (Fall b) zwar zu einer Verminderung der Notenbankguthaben der Bank A kommt, sich aber gleichzeitig das Guthaben der Bank B erhöht. Für das Bankensystem insgesamt bleiben die Zentralbankguthaben bei dieser Form der Zahlung unverändert. Es kommt hierbei lediglich zu höheren *Mindestreserven* der Bank B, während die Mindestreserven der Bank A zurückgehen.

26.4.1 Der Geldschöpfungsmultiplikator

Der Gesamtbedarf des Bankensystems an Zentralbankgeld lässt sich mithilfe des sogenannten *Geldschöpfungsmultiplikators* (oder auch Kreditschöpfungsmultiplikators) ermitteln, der bereits in *Kapitel 24.4* angesprochen wurde.

Hierzu ist es hilfreich, wenn man sich einmal eine (sehr vereinfachte) *konsolidierte Bilanz* des gesamten Bankensystems (einschließlich der Notenbank) ansieht. Dabei werden zunächst die Bilanzen aller Banken, einschließlich die der Notenbank, aggregiert. Durch die *Konsolidierung* entfallen alle Beziehungen zwischen den einzelnen Banken wie auch zwischen den Banken und der Notenbank. In der konsolidierten Bilanz werden also nur noch Forderungen und Verbindlichkeiten des Bankensystems insgesamt gegenüber „Nicht-Banken" dargestellt.

Zur Vereinfachung abstrahieren wir im Folgenden von allen Beziehungen zum Ausland, ebenso unterstellen wir, dass es neben den Sichteinlagen keine weiteren Anlagemöglichkeiten bei den Banken gibt.

Aktiva	Passiva	
Kredite an Nichtbanken	Bargeld	Geldmenge M1
	Sichteinlagen	
Sonstige Aktiva	Sonstige Passiva	

Tabelle 26.1: Konsolidierte Bilanz des Bankensystems (vereinfacht)

Auf der *Passivseite* der konsolidierten Bilanz (*Tabelle 26.1*) steht dann nur die Geldmenge M1, die sich zusammensetzt aus den Bargeldbeständen, die durch die Notenbank emittiert werden, und den Sichteinlagen, die die Wirtschaftssubjekte bei den Banken halten. Auf der *Aktivseite* steht das gesamte Volumen der Bankkredite an die „Nicht-Banken". Man sieht bei dieser vereinfachten Darstellung deutlich die Korrespondenz von Geld und Kredit.

Zum Verständnis des Geldangebotsprozesses müssen wir noch eine zweite wichtige Bilanz betrachten: die Bilanz der Notenbank (*Tabelle 26.2*). Auch diese vereinfachen wir erheblich, indem wir wiederum vor allem von Auslandsbeziehungen absehen.

Aktiva	Passiva	
Kredite an Geschäftsbanken	Banknoten	Geldbasis
	Reserven der Geschäftsbanken	
Sonstige Aktiva	Sonstige Passiva	

Tabelle 26.2: Bilanz der Zentralbank (vereinfacht)

Auf der *Aktivseite* findet man die Kredite der Notenbank an die Geschäftsbanken. Auf der Passivseite stehen die Banknoten[5], die vor allem von den „Nicht-Banken" gehalten werden, und die Notenbankguthaben der Geschäftsbanken. Die Summe aus beiden Aggregaten bezeichnet man als Zentralbankgeld oder als *Geldbasis*. Diese Größe ist der wichtigste Input-Faktor für die Kreditvergabe der Geschäftsbanken, da hierbei stets ein Bedarf an Bargeld oder an Guthaben bei der Notenbank besteht.

Der „Output" des Geldschöpfungs- oder Kreditschöpfungsprozesses sind stets Zahlungsmittel im Sinne der Geldmenge M1. Es liegt daher nahe, den Zusammenhang zwischen der Input- und der Output-Größe formal zu beschreiben. Dies geschieht mithilfe des *„Geldschöpfungsmultiplikators"*, einer Darstellung, die allein auf Definitionsgleichungen basiert:

Die Geldbasis (B) ist definiert als die Summe aus Bargeld (C) und den Reserven der Geschäftsbanken (R):

$$B = C + R \tag{26.3}$$

Die Geldmenge (M) setzt sich zusammen aus dem Bargeld und den Sichteinlagen (D):

$$M = C + D \tag{26.4}$$

5 In der Notenbank-Bilanz werden nur die Banknoten auf der Passivseite verbucht. Die Münzen werden als Verbindlichkeit der Staaten gebucht.

Man definiert nun einen Bargeldhaltungskoeffizienten (c), der die Relation der Bargeldbestände zu den Depositen beschreibt:

$$(26.5)\qquad c = \frac{C}{D}$$

Außerdem sei der Reservesatz für die Mindestreserveverbindlichkeiten der Banken gleich r. Es gilt also:

$$(26.6)\qquad r = \frac{R}{D}$$

Damit lässt sich die *Geldbasisgleichung 26.3* wie folgt umformulieren:

$$(26.7)\qquad B = cD + rD$$

Für die *Geldmengengleichung 26.4* ergibt sich:

$$(26.8)\qquad M = cD + D$$

Der Multiplikator (m) beschreibt das Verhältnis der Geldmenge zu dem dafür erforderlichen Bestand an Geldbasis:

$$(26.9)\qquad \frac{M}{B} = m$$

Setzt man dementsprechend die *Gleichungen 26.7* und *26.8* zueinander ins Verhältnis, erhält man den *Geldschöpfungsmultiplikator*:

$$(26.10)\qquad m = \frac{1+c}{c+r}$$

Wir sehen daran, dass es in einer Volkswirtschaft ein festes Verhältnis gibt zwischen

- der Kreditvergabe des gesamten Bankensystems, die bei dieser vereinfachten Darstellung mit einer Ausweitung der Geldmenge identisch ist, und
- einem Bedarf des Bankensystems an *Geldbasis*, der nur von der Zentralbank in Form von Krediten an die Banken befriedigt werden kann.

Dieser Bedarf wird determiniert durch den Reservesatz, den die EZB im Rahmen ihrer *Mindestreservebestimmungen* festlegt, sowie durch die Bargeldhaltung der Nicht-Banken, die durch die Zahlungstechnologie sowie durch die Bedeutung anonymer Transaktionen (Schwarzarbeit, Drogenhandel) bestimmt wird.

Im Euroraum lag der Multiplikator für die Geldmenge M1 Mitte 2019 bei einem Wert von 2,7. Der Multiplikator für die Geldmenge M3 belief sich auf einen Wert von 3,9. Die Entwicklung der Geldmenge M1 und der Geldbasis zeigt, dass sich der Multiplikator in den Anfangsjahren der Währungsunion relativ stabil entwickelte. Dies änderte sich mit der Finanzkrise und der Eurokrise. Der deutliche Rückgang des Multiplikators spiegelt die umfangreichen Anleihekäufe der EZB. Dadurch wurden sehr viel mehr Reserven geschaffen als es zur Erfüllung der Mindestreserve erforderlich war („Überschussreserven"). Auch das nach der Finanzkrise gesunkene wechselseitige Vertrauen der Banken spielt hierbei eine Rolle. Banken halten Liquidität lieber durch Überschussreserven bei der Notenbank als sie über einen Interbank-Kredit an eine andere Bank zu verleihen, bei dem sie mit einem Ausfallrisiko rechnen müssen.

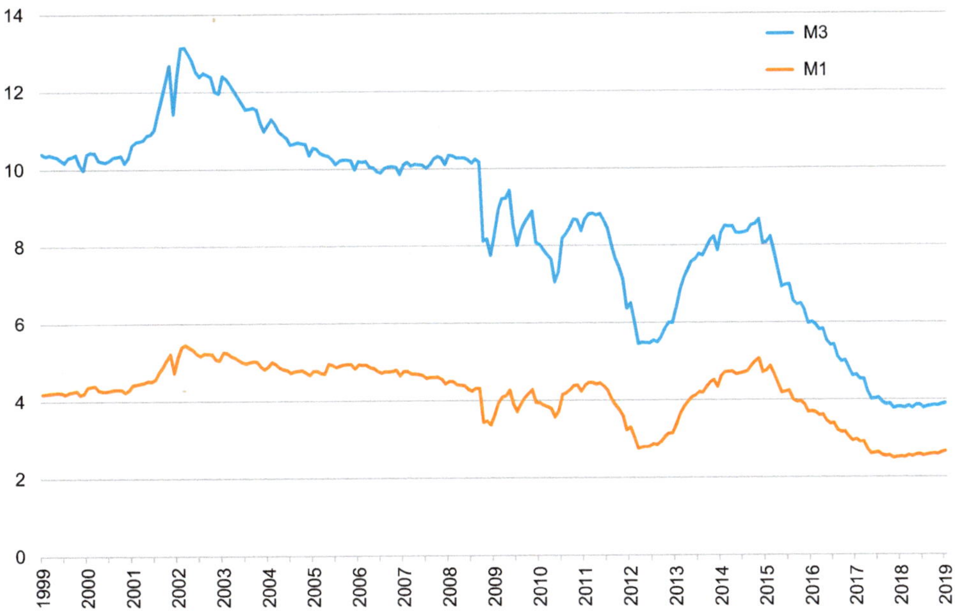

Abbildung 26.2: Geldschöpfungsmultiplikatoren für M1 und M3 (1999–2019)
Quelle: EZB, Statistical Data Warehouse.

Der aus reinen Identitätsgleichungen hergeleitete Multiplikator beschreibt somit einen wichtigen Zusammenhang zwischen der Kredit-/Geldschöpfung des Bankensystems und dem damit verbundenen Bedarf an Zentralbankgeld. Er macht deutlich, dass die autonomen Kreditschöpfungsmöglichkeiten des Bankensystems grundsätzlich durch die Notenbank kontrolliert werden können, da sie das Angebot an Zentralbankgeld im Prinzip perfekt steuern kann. Wie das genau geht, wird im *Abschnitt 26.6* beschrieben.

Box 26.3 **Basel III: Eigenkapital als Grenze der autonomen Kreditschöpfung des Bankensystems**

Das Bankensystem wird in seiner autonomen Kredit- und Geldschöpfung nicht nur durch den Bedarf an Reserven beschränkt. Eine wichtige Rolle spielen bankaufsichtsrechtliche Vorschriften (Basel III), die die Banken zwingen, Eigenkapital für riskante Positionen in ihrer Bilanz vorzuhalten. Wenn eine Bank mehr Kredite vergibt, benötigt sie neben zusätzlichem Zentralbankgeld auch mehr Eigenkapital. Die geforderten Eigenkapitalquoten werden von Experten der Bank für Internationalen Zahlungsausgleich (BIS) in Basel festgelegt. Um das Bankensystem gegenüber zukünftigen Krisen resistenter zu machen, einigte man sich bereits vor der globalen Wirtschafts- und Bankenkrise auf höhere Eigenkapitalquoten.

Zudem sollen die Banken bei einer erneuten krisenhaften Situation weniger auf staatliche Stützungsprogramme und Liquiditätshilfen angewiesen sein, damit die sozialen Kosten einer Bankenkrise deutlich gemindert werden. Seit 2019 müssen Banken auf ihre risikogewichteten Aktiva 8,0 % Eigenkapital halten (4,5 % hartes Eigenkapital, 1,5 % zusätzliches Kernkapital und 2,0 % Ergänzungskapital), wobei unter gewissen Umständen noch bis zu 5 % zusätzliches Eigenkapital (2,5 % Kapitalerhaltungspuffer und 2,5 % antizyklische Kapitalpuffer) von der Bankenregulierung gefordert werden kann. Im Vergleich zu seinen Vorgängerversionen Basel I und II wurde die dritte Version der Basel-Richtlinien sowohl qualitativ als auch quantitativ deutlich verschärft. Sie stellt mit ihren Liquiditätsanforderungen und der sogenannten „Leverage-Ratio", d.h. einer Regel, die ein festes Verhältnis des Eigenkapitals zur gesamten Bilanzsumme vorgibt, eine weitere Grenze der autonomen Kreditschöpfung des Bankensystems dar.

Die sogenannte Tier-1-Kapitalquote misst den Anteil des Kern-Eigenkapitals an den risikogewichteten Aktiva. Diese hat sich seit der Krise enorm verbessert. Ende des 2. Quartals 2018 lag sie mit rund 14 % doppelt so hoch wie im Jahr 2007 (de Guindos 2018).

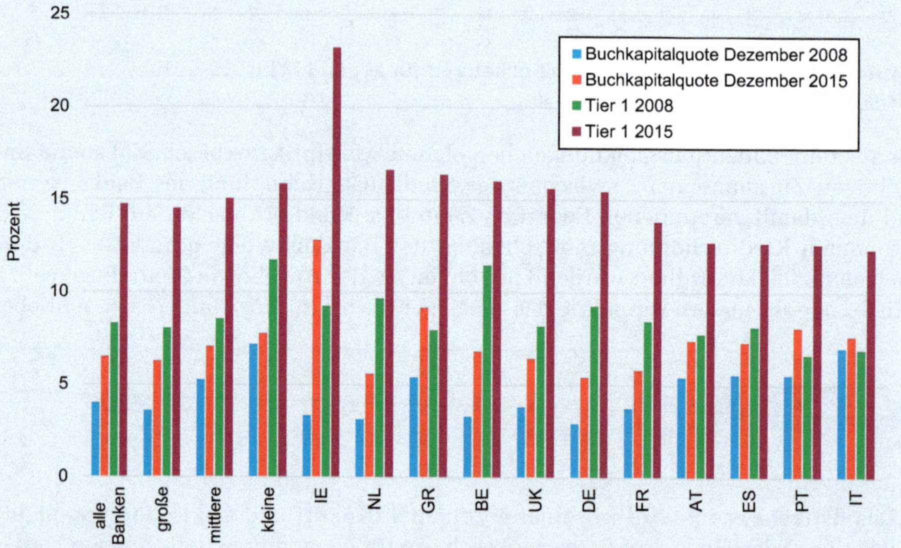

Abbildung 26.3: Kapitalquoten von Banken in ausgewählten Mitgliedsstaaten der Europäischen Union.
Quelle: Sachverständigenrat, Jahresgutachten 2016/2017.

26.4.2 Der falsch verstandene Geldschöpfungsmultiplikator

In vielen Lehrbüchern wird der Multiplikator jedoch nicht nur als ein mechanistischer Zusammenhang zwischen Geldbasis und Geldmenge präsentiert, sondern darüber hinaus als eine *eigenständige Theorie des Geldangebots*.[6]

Es wird dabei unterstellt, dass die Bank A einen Zufluss an Zentralbankgeld erhält, beispielsweise dadurch, dass ein Kunde eine Bareinzahlung in Höhe von 1.000 Euro vornimmt. Bei einer Mindestreserveverpflichtung von 1 verbleiben der Bank nun 999 Euro, die die Bank unmittelbar für einen neuen Kredit einsetzen kann. Der Kreditnehmer hebt 10 % in bar ab und nimmt mit dem Rest eine Überweisung auf Bank B vor. Dort erhöht sich das Giroguthaben eines Kunden um 899,10 Euro. Die B-Bank muss dafür 1 % Mindestreserve halten, es bleiben ihr also 890,11 Euro an Zentralbankgeld, die sie nun ihrerseits für eine zusätzliche Kreditvergabe einsetzen kann. Ihr Kreditnehmer hebt wiederum 10 % in bar ab, nimmt mit den verbleibenden 801,10 Euro eine Überweisung auf die Bank C vor usw.

Dieser Theorie zufolge kommt es also bei einem einmaligen Zufluss von Zentralbankgeld zu einer Kreditexpansion des Bankensystems, die entsprechend der Multiplikatorformel ein Vielfaches des Zuflusses ausmacht. Doch trotz ihrer Beliebtheit in Lehrbüchern ist diese Theorie ökonomisch völlig unsinnig. Ihr Grunddefekt besteht darin, dass sie bei den Banken eine latente Bereitschaft zur Kreditvergabe unterstellt, die nur deshalb nicht realisiert wird, weil es an Zentralbankgeld mangelt. Sie geht also im Prinzip von einem *Ungleichgewicht auf dem Kreditmarkt* aus. Es wird also unterstellt, dass bei einem gegebenen Zinsniveau immer ein Überschuss der Nachfrage nach Krediten über das Angebot an Krediten besteht.

Ein gutes Anschauungsbeispiel für die Effekte einer höheren Geldbasis auf die Kreditvergabe der Banken bieten die Entwicklungen im Euroraum (▶*Abbildung 26.1*) in der Phase nach dem Ausbruch der Finanzkrise. Der sehr starke Anstieg der Zentralbankguthaben der Banken hat sich nicht in einer entsprechenden Ausweitung der Kreditvergabe und damit auch nicht der Geldmenge niedergeschlagen. Der Geldschöpfungsmultiplikator ist somit zwar wichtig, um den Bedarf an Geldbasis zu beschreiben, die mit einer Kreditausweitung des Bankensystems einhergeht, aber völlig ungeeignet als eine Theorie zur Erklärung der Kreditvergabe von Banken. Dies wäre auch völlig überraschend, da zur Herleitung des Multiplikators lediglich Definitionsgleichungen verwendet werden, aber keinerlei Verhaltensfunktionen. Zudem bleiben die Leitzinsen der Notenbanken ebenso unberücksichtigt wie die Zinsen am Kreditmarkt.

6 Siehe dazu beispielsweise Blanchard und Illing (2014, S. 138): „Diese Ableitung des Geldschöpfungsmultiplikators ermöglicht es uns, den Anstieg des Geldangebots als Ergebnis sukzessiver Kreditgewährung zu interpretieren, die durch den Wertpapierkauf der EZB im Rahmen einer Offenmarktoperation angestoßen wurde.“ In der 7. Auflage dieses Lehrbuchs (2017) ist der Geldschöpfungsmultiplikator ersatzlos entfallen. Das macht das Verständnis des Geldschöpfungsprozesses nicht einfacher.

26.5 Preistheoretisches Modell des Kreditmarkts

Zum Verständnis der Prozesse auf den Finanzmärkten benötigt man daher ein Modell, das über die starre Mechanik des Geldschöpfungsmultiplikators hinausgeht. Es muss auf der Gewinnmaximierung der Banken basieren und es muss erklären können, wie sich Veränderungen von Leitzinsen, die im Mittelpunkt der Geldpolitik aller Notenbanken stehen, auf die Kreditvergabe der Banken und damit auf das Kreditvolumen und die Kreditzinsen auswirken.

Dazu gehen wir von einer vereinfachten Bilanz einer Bank aus, bei der auf der Aktivseite nur die Kredite an Nichtbanken (*K*) und die Reserven bei der Zentralbank (*R*) stehen. Auf der Passivseite findet man die Einlagen der Nichtbanken (*D*) und die Refinanzierungskredite von der Zentralbank (*RF*).

Aktiva	**Passiva**
Kredite an Nichtbanken (*K*) Reserven bei der Notenbank (*R*)	Einlagen von Nichtbanken (*D*) Refinanzierungskredite von der Zentralbank (*RF*)

Tabelle 26.3: Vereinfachte Bilanz einer Geschäftsbank

Daraus lässt sich die Gewinnfunktion einer Geschäftsbank ableiten. Der Gewinn der Bank (*G*) ergibt sich dann wie folgt:

$$(26.11) \quad G = K \cdot i^K + R \cdot i^R - D \cdot i^D - RF \cdot i^R - V.$$

Der Gewinn bestimmt sich aus den Zinserlösen aus dem Kreditgeschäft, die sich aus dem Kreditvolumen (*K*) und dem Zins für Kredite (i^K) errechnen. Außerdem erzielt die Bank Einnahmen aus den bei der Notenbank gehaltenen Reserven (*R*), die mit dem Refinanzierungszins der Notenbank (i^R) verzinst werden. Die Aufwendungen der Bank resultieren aus den Zinsen (i^D) für die bei ihr gehaltenen Einlagen und den Zinsen (i^R) für die von der Notenbank gewährten Refinanzierungskredite (*RF*). Außerdem muss die Bank davon ausgehen, dass ihr aus dem Kreditgeschäft Verluste (*V*) entstehen, weil einzelne Kreditnehmer insolvent werden. Es wird unterstellt, dass die erwarteten Verluste von der Höhe des Kreditgeschäfts, der Risikoeinschätzung der Bank (β) und der allgemeinen konjunkturellen Lage (*Y*) abhängen:

$$(26.12) \quad V = (\beta \cdot K^2)/Y$$

Dabei wird angenommen, dass die Verlustrisiken überproportional mit der Ausweitung des Kreditvolumens zunehmen.

Zur Vereinfachung wird unterstellt, dass die Einlagenzinsen (i^D) den Refinanzierungszinsen (i^R) bei der Notenbank entsprechen.

Aus der Bilanzgleichung der Bank ergibt sich für die Einlagen (*D*):

$$(26.13) \quad D = K + R - RF.$$

Setzt man das in die Gewinnfunktion ein und unterstellt man $i^D = i^R$, so lässt sich diese wie folgt umformulieren:

$$G = K \cdot i^K + R \cdot i^R - (K + R - RF)\, i^R - RF \cdot i^R - (b \cdot K^2)/Y$$

$$(26.14) \quad G = K\,(i^K - i^R) - (b \cdot K^2)/Y$$

Das optimale Kreditvolumen, das dem Kreditangebot einer individuellen Bank entspricht, ergibt sich dann wie folgt:

$$\partial G / \partial K = i^K - i^R - (2\beta \cdot K)/Y = 0$$

(26.15) $K^{\text{opt}} = (i^K - i^R) \,/\, 2\beta \cdot Y$

Das Kreditangebot wird also bestimmt von der Zinsmarge, d.h. der Differenz zwischen dem Kreditzins und dem Refinanzierungszins, der Verlusteinschätzung der Bank sowie der allgemeinen Konjunkturlage (Y).

Zur Vereinfachung wird angenommen, dass das aggregierte Kreditangebot aller Banken identisch ist mit dem Kreditangebot der individuellen Bank. Das Kreditangebot kann grafisch als Gerade mit positiver Steigung in einem i^K/K-Diagramm abgebildet werden.

Für die Kreditnachfrage der Unternehmen und Privatpersonen, die hier einfach als „Nichtbanken" zusammengefasst werden, wird unterstellt, dass es mit einem steigenden Kreditzins zu einem Rückgang der nachgefragten Menge kommt.

Damit kann man den *Kreditmarkt* wie folgt abbilden:

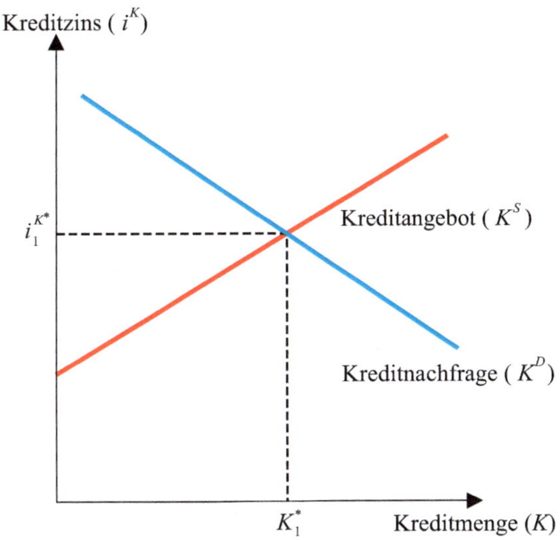

Abbildung 26.4: Der Kreditmarkt, hergeleitet aus dem preistheoretischen Geldangebotsmodell

Aufgrund der vereinfachenden Annahme, dass das Kreditangebot identisch mit dem *Geldangebot* ist und die Kreditnachfrage der *Geldnachfrage* entspricht, könnte man diesen Markt auch als „Geldmarkt" im Sinne eines Marktes für die Geldmenge M1 bezeichnen. Dies kann jedoch zur Verwirrung führen, da in der Bankenterminologie unter dem „Geldmarkt" der Markt der Zentralbank verstanden wird, auf dem überwiegend Banken als Anbieter wie Nachfrager aktiv sind.

Im Gleichgewicht ergeben sich auf dem Kreditmarkt die gleichgewichtige Kreditmenge (K_1^*) und ein markträumender Kreditzins (i_1^{K*}).

Wie kann nun die Notenbank mit ihren zinspolitischen Instrumenten auf diesen Markt Einfluss nehmen? Dazu benötigen wir zunächst die Multiplikatorgleichung. Sie gibt an, wie viel Geldbasis (B) für die gleichgewichtige Kreditmenge/Geldmenge benötigt wird. Grafisch kann man diese Zusammenhänge in einem Vier-Quadranten-Diagramm abbilden (▸*Abbildung 26.5*). Die *Multiplikatorrelation* wird als Gerade im II. Quadranten dargestellt.

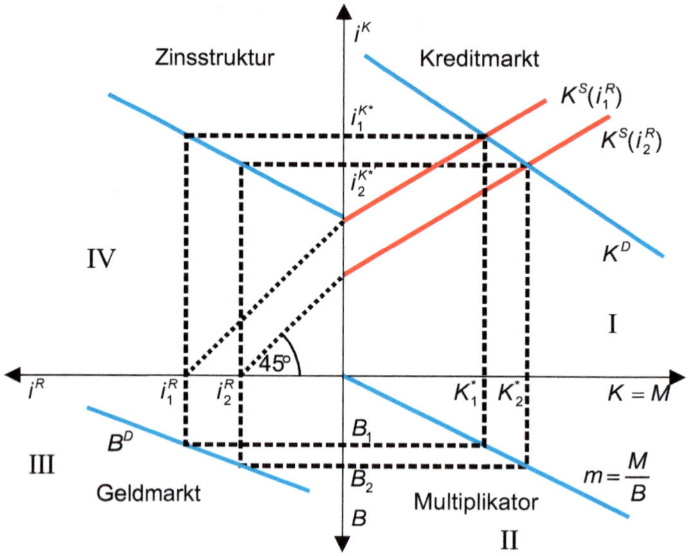

Abbildung 26.5: Effekt einer Zinssenkung im preistheoretischen Geldangebotsmodell

Die *Aktionsmöglichkeiten der Notenbank* werden im III. Quadranten präsentiert. Er hat als eine Achse die Geldbasis und als zweite Achse den Refinanzierungszins der Notenbank.

Nun unterstellt man, dass die Notenbank den Refinanzierungszins senkt (von i_1^R auf i_2^R). Aus der Herleitung der Kreditnachfrage weiß man, dass ein niedrigerer Refinanzierungszins das Kreditangebot ausweitet, die Kreditangebotskurve verschiebt sich also nach unten. Es kommt zu einer höheren gleichgewichtigen Kreditmenge (K_2^*) und einem niedrigeren markträumenden Kreditzins (i_2^{K*}). Über die Multiplikatorrelation kann man dann die entsprechende Geldbasis (B_2) ermitteln. Verbindet man die beiden Punkte im Notenbank-Quadranten erhält man die Nachfrage des Bankensystems nach Geldbasis, die negativ vom Refinanzierungszins abhängt.

Der Notenbank-Quadrant kann so auch als der *Markt für Geldbasis* bezeichnet werden. Das Angebot muss nicht explizit hergeleitet werden, da die Notenbank als Monopolist agiert. Die Nachfrage der Banken nach Geldbasis ist für sie eine Preis-Absatz-Funktion, auf der sie sich – gemäß ihrer geldpolitischen Intentionen – die optimale Kombination aus i^R und B wählen können.

Mit diesem vergleichsweise einfachen Modell kann man die Kontrolle des Geldschöpfungsprozesses/Kreditschöpfungsprozesses durch die Notenbank recht gut abbilden. Es wird deutlich, dass Veränderungen der Leitzinsen unmittelbar die Kreditangebotskurve verschieben und damit die volkswirtschaftliche Geldmenge/Kreditmenge indirekt steuern können.

Auch die *Fehlentwicklungen, die zur Finanzkrise geführt haben*, können so modelliert werden. In den Jahren 2000 bis 2007 war eine immer größere Risikofreude der Banken zu beobachten. Diese kann im Modell als ein Rückgang von β abgebildet werden. Das führt zu einer Drehung der Kreditangebotskurve nach unten (▶*Abbildung 26.6*). Es kommt so bei einem unveränderten Refinanzierungszins zu sinkenden Kreditzinsen und einer Ausweitung der Geldmenge.

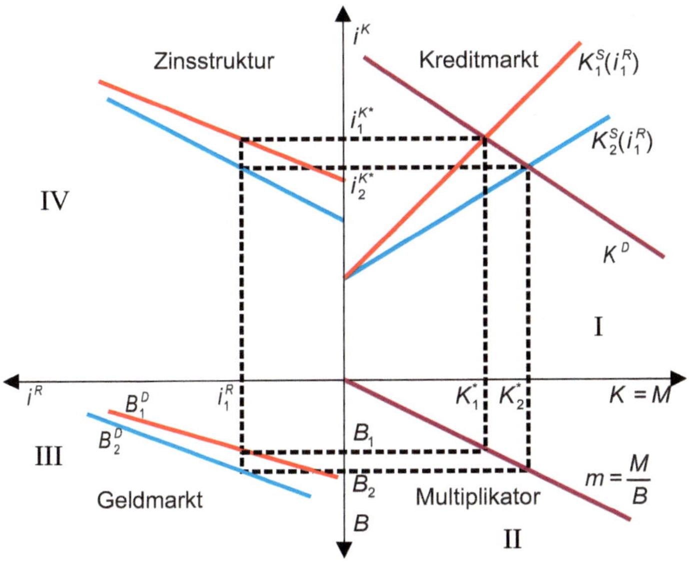

Abbildung 26.6: Eine gestiegene Risikoneigung der Banken erhöht das Kreditangebot.

Empirisch (siehe ▶*Abbildung 26.7*) zeigt sich, dass die Zinsen für Bankkredite und der von der EZB gesteuerte Geldmarktsatz bis zum Ausbruch der Finanzkrise einen relativ stabilen Zusammenhang aufgewiesen haben. Dies hat sich danach insoweit geändert als es in einigen Mitgliedsländern des Euroraums zu einer deutlichen Abweichung nach oben gekommen ist. Diese spiegelt vor allem die erhöhten Risiken bei der Kreditvergabe und Probleme der Banken durch notleidende Kredite wider.

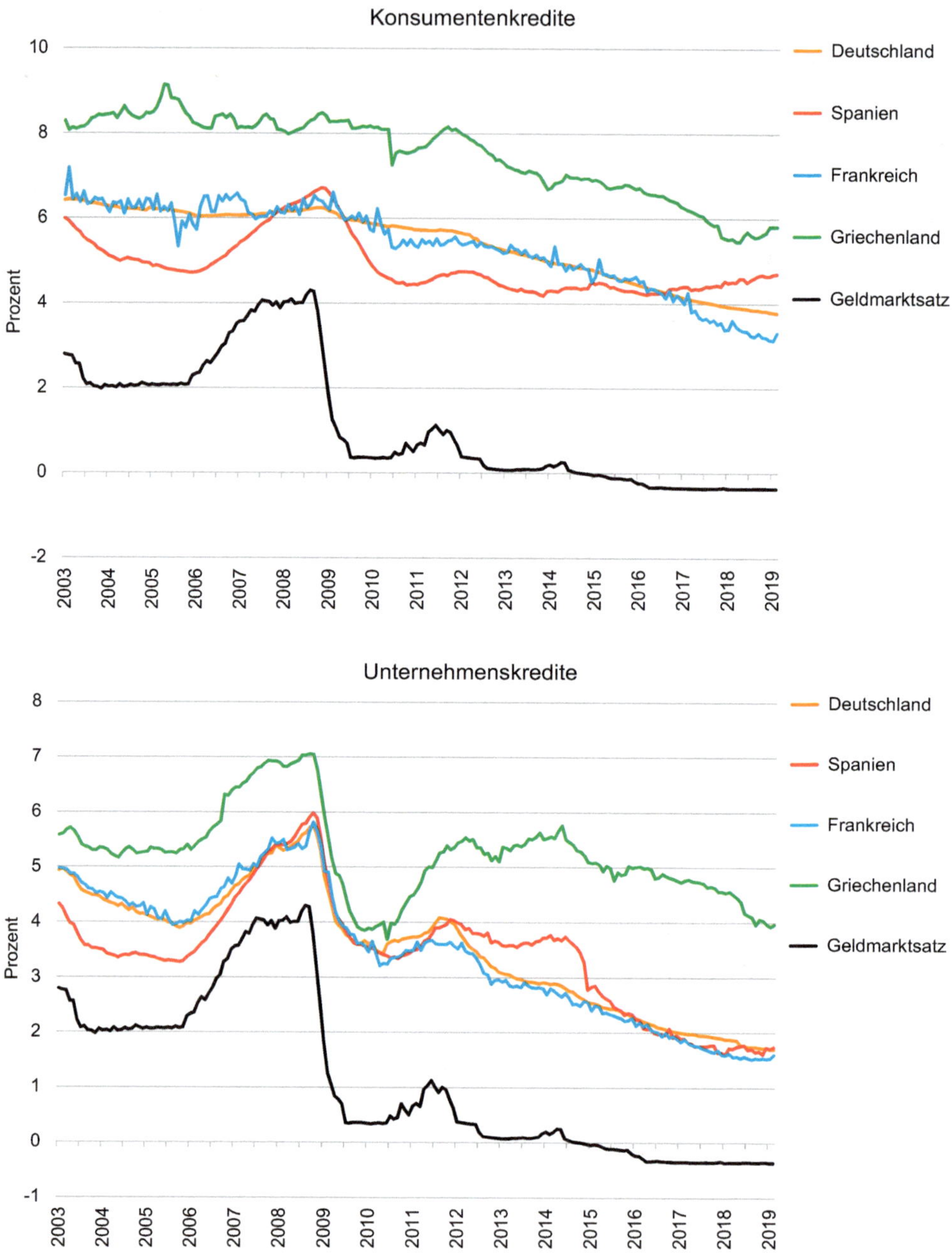

Abbildung 26.7: Geldmarktsatz, Zinssatz für Konsumentenkredite (über fünf Jahre, oben) und Unternehmenskredite (an Nichtfinanzunternehmen über einem und bis zu fünf Jahren, unten) in Deutschland, Spanien, Frankreich und Griechenland (2003–2019)
Quelle: EZB, Statistical Data Warehouse.

26.6 Wie die Notenbank die Zinsen am Geldmarkt steuert („konventionelle Geldpolitik")

Als monopolistischer Anbieter von Geldbasis kann die Notenbank auf der Nachfragekurve der Banken nach Geldbasis eine bestimmte Kombination aus Refinanzierungszins und Geldbasis wählen und damit, wie im preistheoretischen Modell gezeigt, den Kreditmarkt und die Kreditentwicklung in einer Volkswirtschaft steuern. Wie die Notenbank das mit ihren geldpolitischen Instrumenten konkret umsetzt, soll in diesem Abschnitt ausführlicher gezeigt werden. Dazu werden die Instrumente beschrieben, die die EZB bis zum Ausbruch der Finanzkrise verwendete („*konventionelle Geldpolitik*"), und dann in *Abschnitt 26.7* die seither zusätzlich ergriffenen geldpolitischen Maßnahmen („*unkonventionelle Geldpolitik*").

26.6.1 Transaktionen, die zu einer Veränderung der Geldbasis führen

Banken sind für ihre Kreditvergabe grundsätzlich auf die Bereitstellung von *Zentralbankgeld* durch die EZB angewiesen. Aus diesem Grund stellt die Kontrolle über die *Geldbasis* den wichtigsten Hebel für die gesamtwirtschaftliche Steuerung durch die Geldpolitik dar. Dazu wird der Notenbank in allen modernen Geldverfassungen ein *Monopol* über die Emission von Banknoten verliehen. Für die EZB ist hierfür Artikel 128 des Vertrags über die Arbeitsweise der Europäischen Union (AEUV) maßgeblich:

„Die EZB hat das ausschließliche Recht, die Ausgabe von Banknoten innerhalb der Gemeinschaft zu genehmigen. Die EZB und die nationalen Zentralbanken sind zur Ausgabe von Banknoten berechtigt. Die von der EZB und den nationalen Zentralbanken ausgegebenen Banknoten sind die einzigen Banknoten, die in der Gemeinschaft als gesetzliches Zahlungsmittel gelten."

Wir haben bereits erwähnt, dass eine Geschäftsbank nur dann von der Notenbank Banknoten erhält, wenn sie über ein entsprechendes Notenbankguthaben verfügt. Sehen wir uns jetzt näher an, wie sich eine Geschäftsbank ein solches Notenbankguthaben verschaffen kann. In der Regel geht das ganz ähnlich wie bei der Kreditvergabe der Bank A an Herrn Müller. Die Notenbank erklärt sich bereit, einen Kredit, der dann auch als *Refinanzierungskredit* bezeichnet wird, an eine Geschäftsbank zu vergeben, und räumt ihr dafür ein entsprechendes Guthaben ein. In den meisten Fällen entsteht die Geldbasis also durch Kredite der Notenbank an die Geschäftsbanken.

Die wichtigen *geldpolitischen Instrumente der EZB*, das *Hauptrefinanzierungs- und das längerfristige Refinanzierungsgeschäft*, sind daher nichts anderes als (durch Wertpapiere gesicherte) Kredite der Notenbank an die Geschäftsbanken.

Die makroökonomische Kontrolle durch eine Notenbank beruht also auf folgenden Zusammenhängen:

- Wenn die Banken zusätzliche Kredite vergeben möchten, benötigen sie eine zusätzliche Geldbasis.
- Die Notenbank ist der einzige Anbieter von Geldbasis.
- Sie stellt die Geldbasis durch Refinanzierungskredite an die Geschäftsbanken bereit.

- Durch die Konditionen, zu denen sie Refinanzierungskredite vergibt, kann sie indirekt die Kreditvergabe der Banken an die Nichtbanken steuern.

Es ist offensichtlich, dass die geldpolitische Steuerung erschwert wird, wenn die Notenbank die Ausweitung der *Geldbasis* nicht mehr voll unter ihrer Kontrolle hat. Dazu ist es hilfreich, eine etwas ausführlichere Notenbankbilanz anzusehen, die um Notenbankkredite an den Staat und die Währungsreserven erweitert ist (▶*Tabelle 26.4*).

Aktiva	**Passiva**
Währungsreserven	Bargeld
Kredite an den Staat	Reserven der Geschäftsbanken
Kredite an Geschäftsbanken Anleihen	
Sonstige Aktiva	Sonstige Passiva

Tabelle 26.4: Bilanz der Zentralbank (etwas weniger vereinfacht)

Man kann diese Bilanz in Gleichungsform darstellen und erhält dann:

(26.16) Geldbasis = Währungsreserven + Kredite Staat + Kredite Geschäftsbanken + Anleihen + sonstige Aktiva − sonstige Passiva

Diese Gleichung lässt sich umschreiben für die ersten Differenzen:

Δ Geldbasis = Δ Währungsreserven + Δ Kredite Staat + Δ Kredite Geschäftsbanken + Δ Anleihen + Δ sonstige Aktiva − Δ sonstige Passiva

Man sieht dabei, dass *Zentralbankgeld* geschaffen wird,

- wenn die Notenbank von den Geschäftsbanken Devisen ankauft, wodurch die Währungsreserven steigen,
- wenn die Notenbank dem Staat unmittelbar einen Kredit gibt,
- wenn die Notenbank die Refinanzierungskredite an die Geschäftsbanken ausweitet,
- wenn die Notenbank von den Geschäftsbanken Staatsanleihen oder aber Anleihen privater Emittenten ankauft.

Eine Kontrolle der Notenbank über die Geldbasis wäre nur schwer möglich, wenn sich der Staat direkt von der Notenbank finanzieren lassen könnte. Nehmen wir an, eine Regierung benötigt eine Milliarde Euro. Könnte sie diesen Betrag als direkten Notenbankkredit erhalten, würde sie über Notenbankguthaben in dieser Höhe verfügen. Sobald sie damit Zahlungen an Geschäftsbanken vornimmt, steigen deren Notenbankguthaben und die *Geldbasis* erhöht sich. Da alle großen *Inflationen* über diesen Weg entstanden sind, schreibt Artikel 123 Abs. 1 AEUV ein klares Verbot einer *direkten* Staatsfinanzierung durch die EZB vor:

„Überziehungs- oder andere Kreditfazilitäten bei der Europäischen Zentralbank oder den Zentralbanken der Mitgliedstaaten (im Folgenden als „nationale Zentralbanken" bezeichnet) für Organe, Einrichtungen oder sonstige Stellen der Union, Zentralregierungen, regionale oder lokale Gebietskörperschaften oder andere öffentlich-rechtliche

Körperschaften, sonstige Einrichtungen des öffentlichen Rechts oder öffentliche Unternehmen der Mitgliedstaaten sind ebenso verboten wie der unmittelbare Erwerb von Schuldtiteln von diesen durch die Europäische Zentralbank oder die nationalen Zentralbanken.“

Dieser Artikel verdeutlicht zugleich die Problematik von Anleihekäufen durch die EZB. Grundsätzlich sind diese mit dem Vertrag vereinbar, wenn die EZB von Banken Anleihen kauft. Verboten ist nur der „unmittelbare Erwerb von Schuldtiteln“, nicht aber Käufe am sogenannten Sekundärmarkt. Aus geldpolitischer Sicht ist dabei entscheidend, dass die EZB jederzeit frei entscheiden kann, in welcher Höhe sie Anleihen ankauft, so dass die Kontrolle über die Geldbasis jederzeit gewährleistet ist. Dabei ist zu berücksichtigen, dass es einer Notenbank grundsätzlich möglich ist, die durch Anleihekäufe geschaffene Geldbasis zu sterilisieren, indem sie beispielsweise ihre Refinanzierungskredite an das Bankensystem in gleicher Höhe reduziert oder eigene Anleihen emittiert.

Eine zweite offene Flanke bei der Bereitstellung von Geldbasis ist die *Außenwirtschaft*. Geschäftsbanken können in einer offenen Volkswirtschaft auch dadurch in den Besitz von Geldbasis kommen, indem sie der Notenbank kurzfristige Forderungen gegenüber einer ausländischen Bank („Devisen“) verkaufen und sich den Gegenwert auf ihrem Konto bei der Notenbank gutschreiben lassen. Dieser Einflusskanal ist dann problematisch, wenn eine Notenbank gezwungen ist, in größerem Umfang Devisen anzukaufen. Dies war vor allem in den 1960er- und frühen 1970er-Jahren ein Problem. In dieser Zeit wiesen die meisten Notenbanken im Rahmen des Festkursabkommens von Bretton Woods einen festen Wechselkurs zum US-Dollar auf (*Abschnitt 28.3.2*), den sie häufig durch massive Dollar-Ankäufe verteidigen mussten. Eine zielgerechte Kontrolle der Geldbasis war so nicht mehr möglich, wodurch es vor allem in den Jahren 1974/75 weltweit zu hohen Inflationsraten kam.

Für viele Ökonomen besteht daher das aus geldpolitischer Sicht ideale Währungsregime in einem System *flexibler Wechselkurse*, bei dem die Notenbank überhaupt nicht in das freie Spiel des Devisenmarkts eingreift. Da sie dann weder Devisen ankaufen noch verkaufen würde, ergäben sich so keine außenwirtschaftlichen Störeffekte für die *Geldbasis*. Die Probleme diskutieren wir in *Kapitel 29* ausführlich.

26.6.2 Wie die Notenbank die Zinsen für die Refinanzierung der Geschäftsbanken steuert

Im Mittelpunkt der geldpolitischen Steuerung aller Notenbanken stehen die Zinsen für die kurzfristige Refinanzierung der Banken. Diese kann entweder direkt durch die Notenbank oder aber durch kurzfristige Kredite von anderen Banken am so genannten Geldmarkt erfolgen. Das preistheoretische Modell verdeutlicht, dass es der Notenbank damit möglich ist, die Kreditzinsen und die Kreditmenge zu steuern.

In der Regel sind Notenbanken bestrebt, mit ihren geldpolitischen Instrumenten den Zinssatz für Tagesgeld am Geldmarkt auf einem bestimmten Niveau zu halten und dabei größere Fluktuationen um den Zielwert zu vermeiden.

Bis zum Ausbruch der Finanzkrise im Sommer 2007 war das sogenannte *Hauptrefinanzierungsinstrument* das wichtigste geldpolitische Instrument der EZB (▶*Abbildung 26.8*).

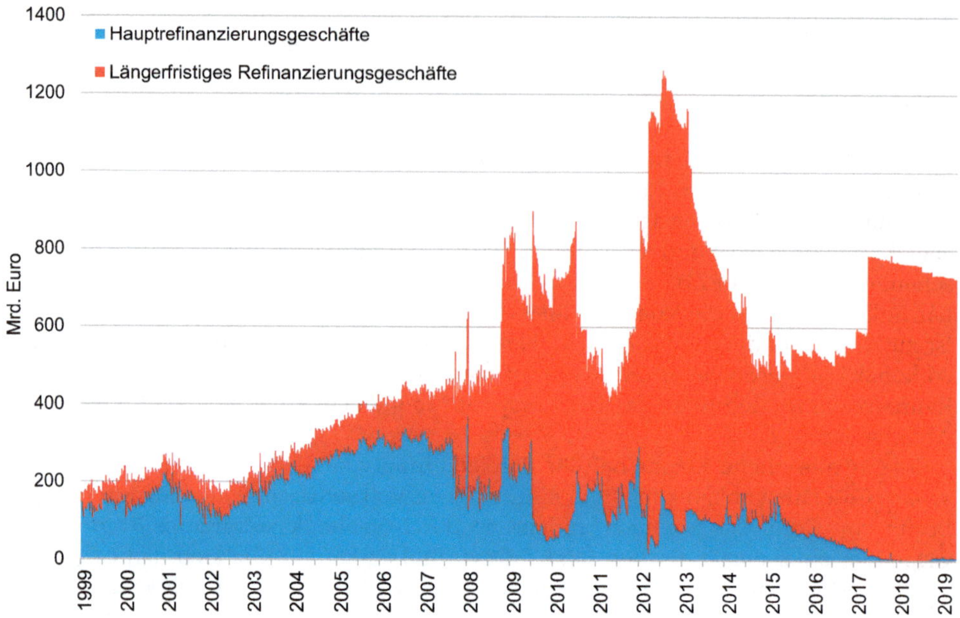

Abbildung 26.8: Refinanzierungsgeschäfte der EZB (1999–2019)
Quelle: EZB, Statistical Data Warehouse.

Der Zinssatz für das Hauptrefinanzierungsgeschäft fungierte bis dahin als Leitzins der EZB. Dabei handelt es sich im Grunde um einen Refinanzierungskredit mit einer Laufzeit von einer Woche. Die Banken müssen der EZB dafür einen entsprechenden Bestand an Wertpapieren als Sicherheit überlassen. Dieses Geschäft wird einmal wöchentlich angeboten und kann in zwei unterschiedlichen Formen durchgeführt werden:

- Beim *Mengentender* legt die EZB den Refinanzierungszinssatz von vornherein fest. Die Banken nennen der EZB die von ihnen gewünschte Menge an Refinanzierungskrediten. Nachdem die EZB alle Gebote kennt, bestimmt sie die von ihr bereitgestellte Menge. Liegt das Angebot der EZB niedriger als die von den Banken insgesamt nachgefragte Kreditmenge, findet eine Zuteilung („Repartierung") statt. Der Zuteilungssatz ergibt sich aus der Relation der insgesamt von den Banken nachgefragten Menge zu der von der EZB tatsächlich bereitgestellten Menge. Seit Ausbruch der Finanzkrise wird immer der gesamte von den Banken nachgefragte Betrag zugeteilt („Vollzuteilung").
- Beim *Zinstender* gibt die EZB den Banken nur einen Mindestbietungssatz bekannt. Sie müssen der EZB daher ein Gebot über die von ihnen nachgefragte Menge und den Zinssatz, den sie zu zahlen bereit sind, angeben. Die EZB addiert nun alle Gebote auf und erhält auf diese Weise eine Nachfragekurve nach einwöchigen Refinanzierungskrediten. Jetzt kann sie sich für einen Punkt auf dieser Kurve entscheiden. Da die EZB eine Politik der Zinssteuerung verfolgt, muss sie in der Regel den Banken die zu dem von ihr angestrebten Refinanzierungszinssatz passende Geldbasis bereitstellen.

In der Praxis ist daher der Unterschied zwischen diesen beiden Varianten des *Hauptrefinanzierungsinstruments* nicht sehr groß. Die EZB hat in den ersten 18 Monaten ihrer Geldpolitik fast ausschließlich den *Mengentender* gewählt. Aufgrund einer im Zeitablauf immer stärker werdenden Diskrepanz zwischen der Summe der individuellen Gebote und dem tatsächlichen Bedarf der Banken an Geldbasis hat sie sich dann ab Juni 2001 für das Instrument des *Zinstenders* entschieden. Wie ▶*Abbildung 26.9* verdeutlicht, wird den Banken in der Regel durch einen Mindestbietungssatz ziemlich klar signalisiert, welchen Zinssatz die EZB anstrebt. Der *gewichtete Durchschnittssatz*, der den Durchschnitt der Gebote widerspiegelt, liegt meistens nur wenig über dem Mindestbietungssatz. Dies gilt noch verstärkt für den *marginalen Zuteilungssatz*, d.h. den Satz, der mindestens geboten werden musste, um bei der Zuteilung noch berücksichtigt zu werden.

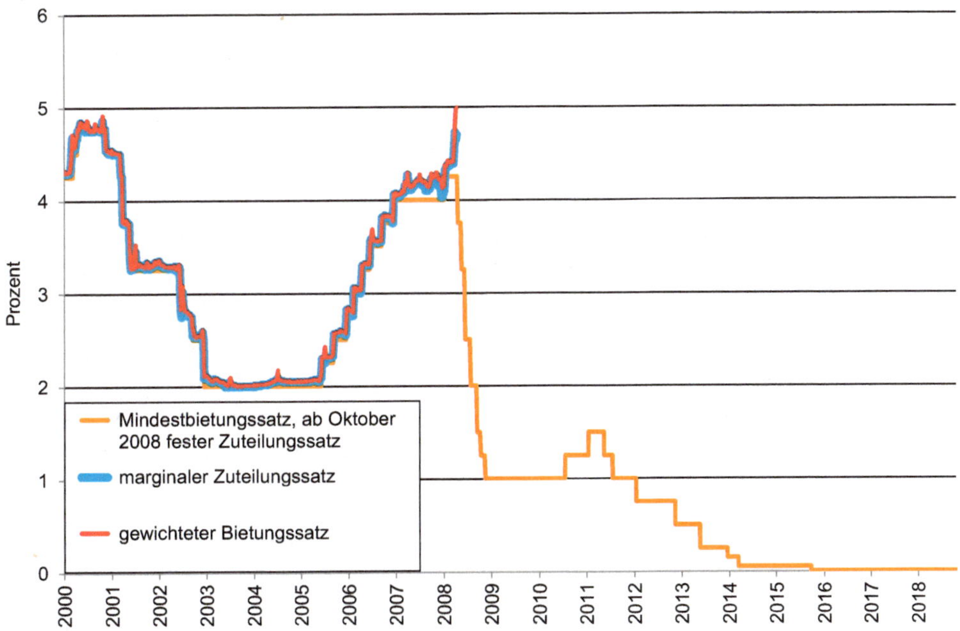

Abbildung 26.9: Mindestbietungssatz, Zuteilungssatz, fester Zuteilungssatz, marginaler Zuteilungssatz und gewichteter Durchschnittssatz im Hauptrefinanzierungsgeschäft der EZB
Quelle: Zeitreihendatenbank der EZB.

Nach der Lehman-Insolvenz im September 2008 ging die EZB dazu über, ihre Refinanzierungskredite wieder zu einem festen Zinssatz zu vergeben. Dabei verzichtet sie auf jegliche quantitative Beschränkung. Zudem wurde die Fristigkeit der Kredite deutlich ausgeweitet, sodass die längerfristigen Refinanzierungsgeschäfte mit einer Laufzeit von bis zu 4 Jahren ein wesentlich höheres größeres Gewicht erhielten als das Hauptrefinanzierungsgeschäft, das zuletzt kaum noch eine Rolle spielte (*Abbildung 26.8*). Die gesamten Refinanzierungskredite der EZB verdeutlichen die anhaltend hohe Liquiditätsbereitstellung der EZB.

Da die EZB an einer sehr direkten Kontrolle der kurzfristigen Zinssätze interessiert ist, benötigt sie neben diesen beiden Instrumenten noch eine Reihe weiterer Instrumente. Aufgrund unvorhersehbarer, kurzfristiger Schwankungen in der Bargeldnachfrage und bei den Bankeinlagen kann es aber immer wieder vorkommen, dass die Banken zwischen den Zuteilungsterminen für die Haupt- und die längerfristigen Refinanzierungsgeschäfte einen kurzfristigen, zusätzlichen Bedarf an Zentralbankgeld haben. Ohne weitere Kreditfazilitäten könnten die kurzfristigen Zinsen dann unerwünschte Ausschläge nach oben aufweisen, was sich nicht mit dem von der EZB verfolgten Konzept einer Zinssteuerung vereinbaren ließe.

Um dies zu vermeiden, bietet die EZB den Banken vor allem das Instrument der *Spitzenrefinanzierungsfazilität* an. Es handelt sich dabei um eine Art Überziehungskredit mit einer Laufzeit von einem Tag, den die Banken jederzeit in Anspruch nehmen und auch wieder zurückzahlen können. Der Zinssatz hierfür liegt über dem Satz für das *Hauptrefinanzierungsinstrument*, sodass die Banken hierauf nur bei einem echten Liquiditätsengpass zurückgreifen werden. Anders als bei den Wertpapierpensionsgeschäften bestehen für diese Fazilität keinerlei quantitative Begrenzungen. Allerdings bedeutet die Inanspruchnahme dieser Fazilität durch eine Bank einen so großen Reputationsverlust, dass es selbst in ausgeprägten Krisenphasen bisher kaum zu einer Inanspruchnahme der Spitzenrefinanzierungsfazilität gekommen ist.

Neben diesen beiden für die Geldpolitik zentralen Refinanzierungsmöglichkeiten verfügt die EZB auch noch über eine Reihe sehr kurzfristiger Instrumente, die es ihr erlauben, den Banken auch zwischen den wöchentlichen Zuteilungsterminen der Hauptrefinanzierungsgeschäfte Liquidität bereitzustellen.

Ein Instrument, das erst durch die Finanzkrise an Bedeutung gewonnen hat, ist die *Einlagenfazilität*. Sie ermöglicht es den Banken, Zentralbankguthaben, die nicht für die Mindestreserve benötigt werden, verzinslich anzulegen. Der Zinssatz für diese Fazilität liegt unter dem Zinssatz der Hauptrefinanzierungsfazilität. Dadurch wird verhindert, dass es im Fall einer kurzfristig zu hohen Liquidität im Bankensystem zu einem Tagesgeldsatz kommt, der sich zu weit vom Leitzins der EZB entfernt. Allerdings ist die Einlagenfazilität – aufgrund der stabilisierenden Rolle der Mindestreserve, die im Folgenden beschrieben wird – bis zur Finanzkrise nur selten genutzt worden.

Da es nach der Lehman-Insolvenz zu einer großen Verunsicherung zwischen den Banken gekommen war, sind viele Institute dazu übergegangen, überschüssige Liquidität nicht mehr an andere Banken zu verleihen, sondern sie direkt bei der EZB zu halten. Dementsprechend ist es zu hohen Einlagen in der Einlagenfazilität gekommen (▶*Abbildung 26.10*); direkt nach der Lehman-Insolvenz beliefen sich diese auf über 200 Mrd. Euro. Im Juli 2012, dem Höhepunkt der Eurokrise, wurde von den Banken sogar ein Betrag von rund 770 Mrd. Euro bei der EZB „geparkt". Diese sehr hohe Überschussliquidität ist darauf zurückzuführen, dass in der Phase um die Jahreswende 2011/12 eine sehr hohe Unsicherheit vieler Banken über ihre Refinanzierungsmöglichkeiten am Interbankenmarkt entstanden ist. Deshalb haben sie das Angebot der EZB vom 8. Dezember 2011, für drei Jahre unbegrenzt Refinanzierungskredite zu bekommen („Dicke Berta"), reichlich genutzt und die zunächst nicht benötigte Liquidität in der Einlagenfazilität gehalten. Mit den umfangreichen Anleihekäufen der EZB in der Phase von 2015 bis 2018 ist das Volumen der in der Einlagefazilität „geparkten" Reserven wieder stark angestiegen.

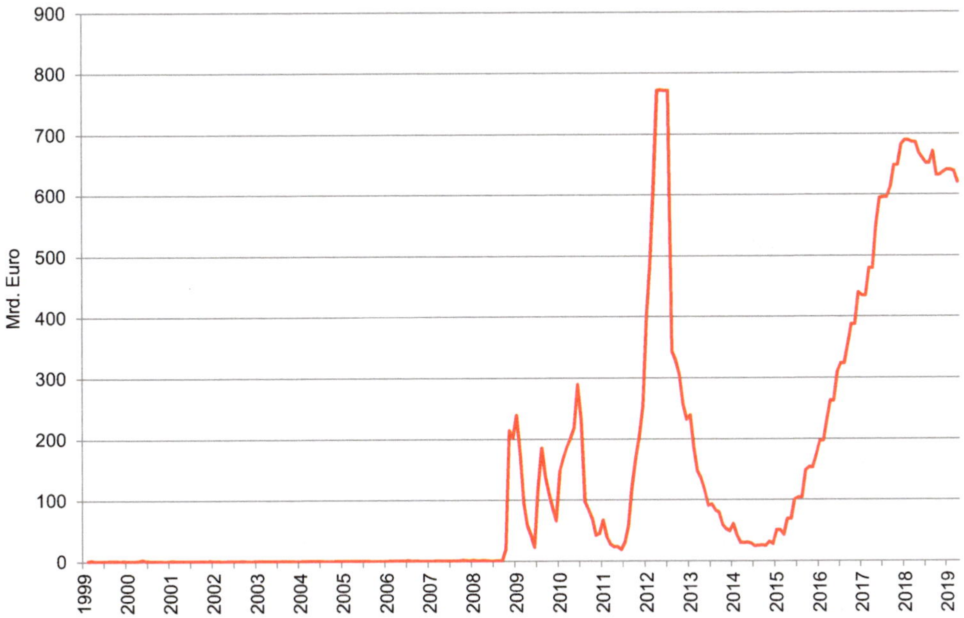

Abbildung 26.10: Entwicklung der Einlagenfazilität (1999–2019)
Quelle: EZB, Statistical Data Warehouse.

26.6.3 Die Mindestreserve als Stabilisator des Geldmarktes

Bis zur Finanzkrise kam der *Mindestreserve* eine gewisse Bedeutung als Stabilisator für den Geldmarktsatz zu. Das in diesem Kapitel schon angesprochene Instrument verpflichtet die Banken, für die sogenannten mindestreservepflichtigen Verbindlichkeiten einen Betrag in Höhe von 1 % als Guthaben bei der EZB zu halten.

Zu den mindestreservepflichtigen Verbindlichkeiten, auf welche derzeit die Mindestreserve erhoben wird, zählen täglich fällige Einlagen, Einlagen mit vereinbarter Kündigungsfrist oder vereinbarter Laufzeit von bis zu zwei Jahren sowie Bankschuldverschreibungen mit einer Ursprungslaufzeit von zwei Jahren.

Die Banken müssen die Mindestreserve immer mit einer zeitlichen Verzögerung halten. So musste beispielsweise die Mindestreserve für die reservepflichtigen Verbindlichkeiten vom Oktober 2019 in der sogenannten Erfüllungsperiode vom 18. Dezember 2019 bis zum 28. Januar 2020 gehalten werden.

Die *Stabilisierungsfunktion* der Mindestreserve ergibt sich daraus, dass eine Bank ihr Mindestreserveguthaben *nur im Durchschnitt der Erfüllungsperiode* halten muss. Wenn also eine Bank kurzfristig ein im Vergleich zu ihrer Mindestreservepflicht zu hohes Notenbank-Guthaben aufweist, ist das für sie noch kein Grund, deshalb am Geldmarkt aktiv zu werden. Sie kann das dadurch ausgleichen, dass sie in den Folgetagen ein entsprechend geringeres Guthaben hält. Ohne diesen Ausgleichsmechanismus wären die Banken in der Phase bis zur Finanzkrise bestrebt gewesen, zu jedem Zeitpunkt ein zu hohes Guthaben bei der Notenbank zu vermeiden, da Überschussreserven im Gegensatz zu den für die Mindestreserve erforderlichen Guthaben unverzinslich sind. Mit der generellen Überschussliquidität im Euroraum hat die Mindestreserve diese Funktion weitgehend eingebüßt.

26.6.4 „Korridorsystem" versus „Bodensystem"

Durch ihre direkte Kontrolle über die Zinsen am Geldmarkt verfügt eine Notenbank über einen sehr kraftvollen Hebel. Er ist die entscheidende Voraussetzung dafür, dass es der Geldpolitik überhaupt möglich ist, eine gesamtwirtschaftliche Verantwortung für das Ziel der Geldwertstabilität zu übernehmen.

Bei der EZB hat sich dabei ein fundamentaler Wechsel ergeben. *Bis zur Finanzkrise* lag der kurzfristige Geldmarktsatz (EONIA: European Overnight Interest Average) relativ eng in der Nähe des Zinssatzes für das Hauptrefinanzierungsgeschäftes, der als Leitzins fungierte. Er bewegte sich dabei innerhalb eines Korridors mit dem Zinssatz der Spitzenrefinanzierungsfazilität als Obergrenze und dem Zinssatz für die Einlagenfazilität als Untergrenze. Man bezeichnet das als ein „Korridorsystem"

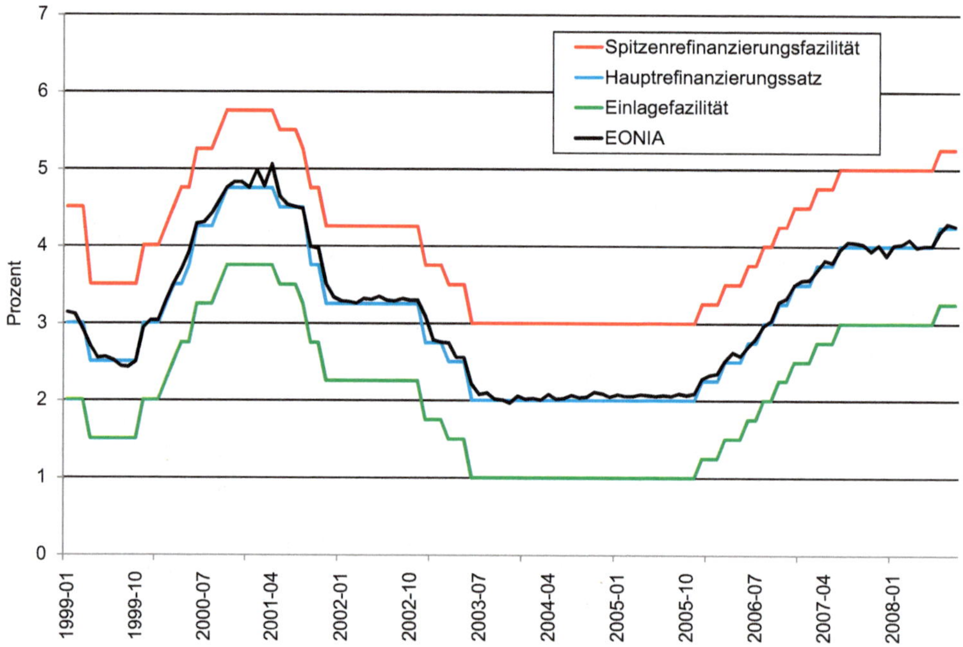

Abbildung 26.11: Zinskorridor im europäischen Währungsraum (1999–2008)
Quelle: Deutsche Bundesbank.

Seitdem liegt der kurzfristige Geldmarktsatz nahe am Zinssatz für die Einlagenfazilität, der die Rolle des Leitzinssatzes übernommen hat (▸*Abbildung 26.11* und ▸*Abbildung 26.12*). Gleichzeitig ist der Abstand zwischen dem Satz für die Spitzenrefinanzierungsfazilität und für die Einlagenfazilität deutlich verringert worden. Man spricht dabei von einem „*Boden-System*" („Floor System").

Mit der Kontrolle über den Geldmarktzins hat die Notenbank einen sehr direkten Einfluss auf den Kreditschöpfungsprozess der Banken. Wie schon erwähnt muss eine Bank bei jeder Kreditvergabe damit rechnen, dass sie für den gesamten Kreditbetrag zusätzliche Geldbasis benötigt, die sie entweder von der Notenbank oder einer anderen Bank leihen muss. Für jeden Kredit an einen Kunden entstehen somit Zinskosten in Höhe der Zinssätze für Notenbankkredite oder für Kredite am *Geldmarkt*.

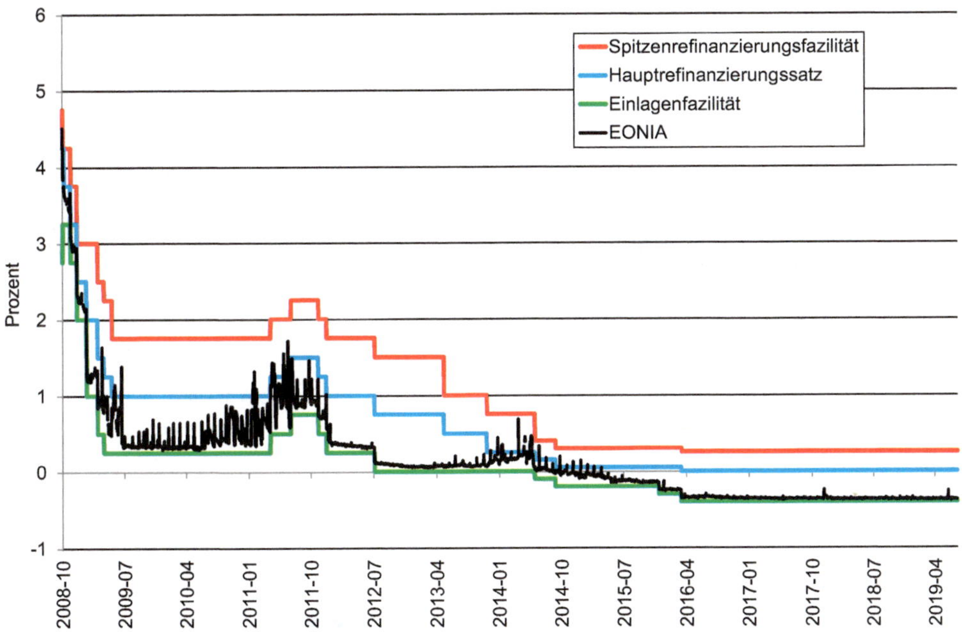

Abbildung 26.12: Zinskorridor im europäischen Währungsraum (2008–2019)
Quelle: Deutsche Bundesbank.

26.7 Unkonventionelle Geldpolitik

Seit dem Ausbruch der Finanzkrise hat sich die Geldpolitik der großen Notenbank erheblich geändert. Dies zeigt sich unmittelbar, wenn man die Entwicklung der Notenbankenbilanzen betrachtet. Generell lässt sich eine starke Ausweitung der Bilanzen erkennen. Besonders ausgeprägt war dies im Fall der Bank of Japan (BoJ). Vor der Krise belief sich ihre Bilanzsumme auf einen Wert von rund 20 % des Bruttoinlandsprodukts, mittlerweile sind es fast 100 %. Bei der EZB hat sich die Bilanzsumme relativ zum Bruttoinlandsprodukt der Euroländer von 12 % auf fast 40 % erhöht (▶*Abbildung 26.13*).

Die *massiven Bilanzverlängerungen* sind bei der Federal Reserve (Fed), bei der Bank of England und der Bank of Japan in erster Linie auf *umfangreiche Anleihekäufe* zurückzuführen. Bei der EZB ist der Anleihebestand zunächst wenig gestiegen. Im Rahmen ihres „Securities Market Programme" hat sie in der Zeit von Mai 2010 bis Februar 2012 Anleihen vor allem der Problemländer des Euroraums erworben. Danach ist ein deutlicher Anstieg der Refinanzierungskredite an das Bankensystem im Rahmen der langfristigen Refinanzierungsgeschäfte zu erkennen. Nachdem sich diese wieder zurückgebildet hatten, setzten 2015 umfangreiche Anleihekäufe der EZB ein. Sie wurden erst Ende 2018 beendet. Auf den ersten Blick fällt dabei auf, dass sich die EZB im Vergleich zu den anderen großen Notenbanken zu einem umfangreicheren Ankauf von Anleihen durchringen konnte.

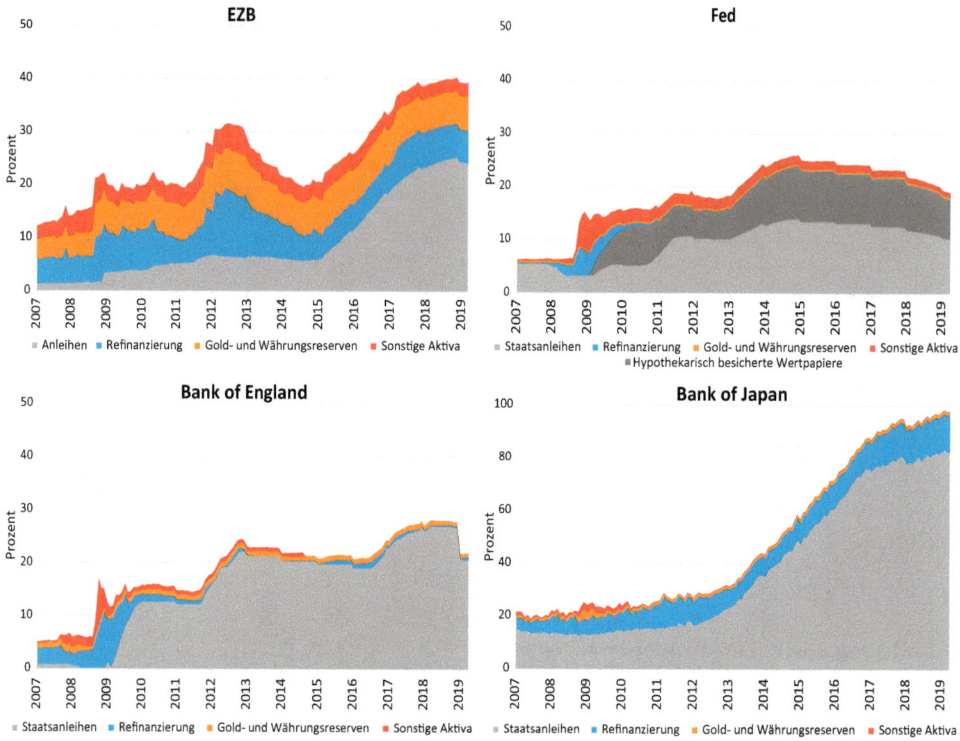

Abbildung 26.13: Struktur der Aktiva verschiedener Zentralbanken in Relation zum BIP
Quelle: EZB.

26.7.1 Unkonventionelle Geldpolitik: Quantitative Easing, LTROs und Forward Guidance

Auslöser für die unkonventionelle Geldpolitik war für die Tatsache, dass wichtige Notenbanken nach dem Auftreten der Finanzkrise und der davon ausgelösten Großen Rezession mit ihren konventionellen Instrumenten an die sogenannte *Nullzinsgrenze (Zero-Lower-Bound)* gestoßen waren. Diese ergibt sich daraus, dass es für Notenbanken kaum möglich ist, die Geldmarktzinsen signifikant in den negativen Bereich zu bewegen. Negative Zinsen schaffen für Banken, Unternehmen und private Haushalte einen Anreiz, sich ihre Geldbestände als Bargeld auszahlen zu lassen. Da die Bargeldhaltung mit Kosten verbunden ist, besteht für Notenbanken ein gewisser Spielraum für negative Zinsen: –0,5 % bei der EZB (Einlagenfazilität), –0,75 bei der Schweizerischen Nationalbank.

Die unkonventionelle Geldpolitik zielt im Kern darauf ab, in einer Situation der Nullzinsgrenze die *längerfristigen Zinsen* weiter abzusenken. In der Regel besteht ein deutlicher Zusammenhang zwischen den kurzfristigen und den langfristigen Zinsen aufgrund der Zinserwartungen der Marktteilnehmer (▸*Abbildung 26.14*). Er ergibt sich daraus, dass ein Investor, der beispielsweise einen Geldbetrag für einen Zeitraum von 5 Jahren anlegen möchte, dafür beispielsweise eine fünfjährige Anleihe erwerben kann. Er kann aber auch den Betrag über den gesamten Zeitraum auf einem Tagesgeldkonto halten. Wenn er sich fragt, welche Alternative besser ist, wird die ihm bekannte Rendite der fünfjährigen Anleihe mit den von ihm erwarteten kurzfristigen Zinsen für die kommenden fünf Jahre vergleichen. Im Gleichgewicht sollten beide Anlageformen eine ähnliche Rendite erzielen, wenn man einmal von der größeren Liquidität der kurzfristigen Anlage und der Unsicherheit über die zukünftigen Kurzfristzinsen absieht. Da sich viele Anleger so verhalten, spiegeln sich in den längerfristigen Zinsen die Erwartungen über die künftigen kurzfristigen Zinsen. Man bezeichnet dies als die *Erwartungstheorie der Zinsstruktur*, also des Verhältnisses von langfristigen zu kurzfristigen Zinsen.

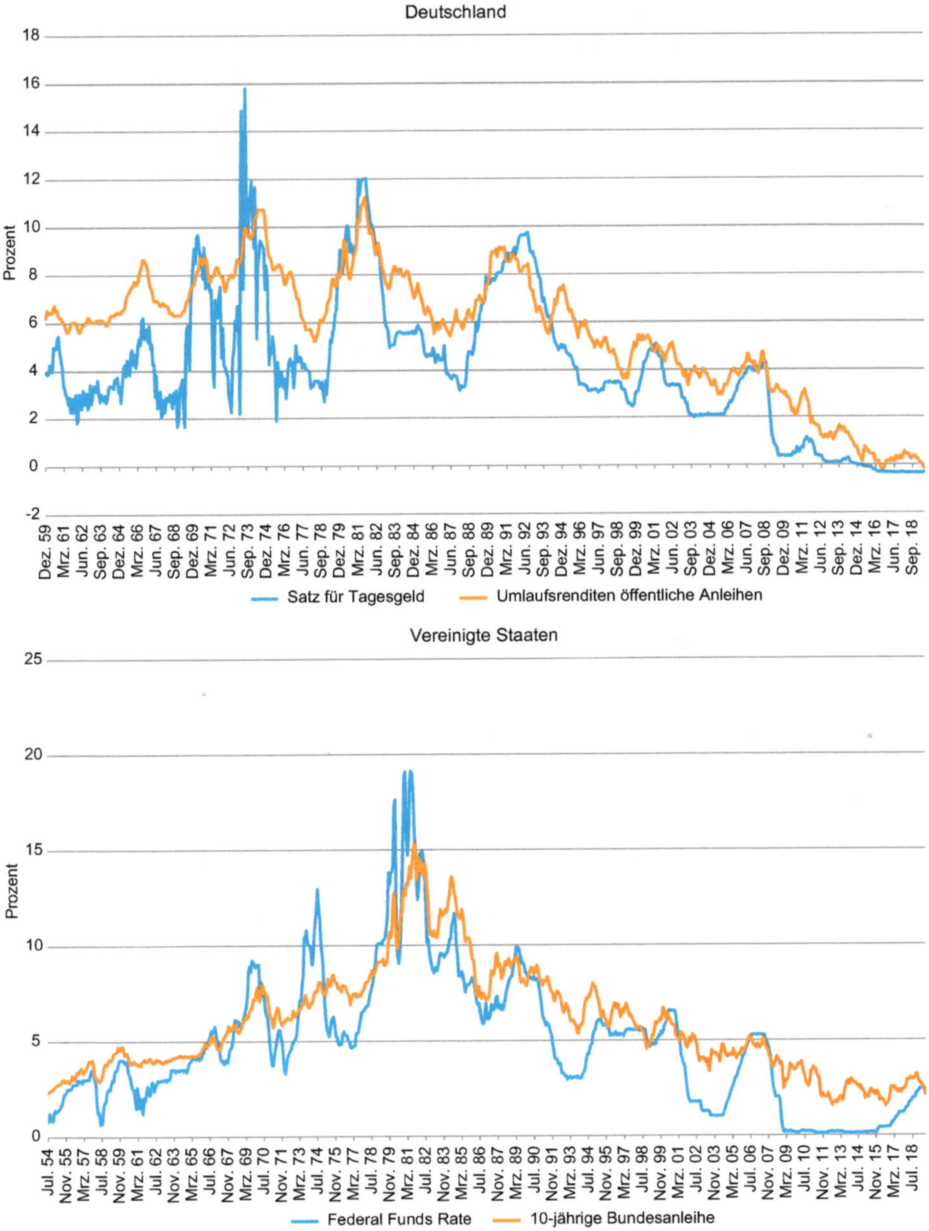

Abbildung 26.14: Kurz- und langfristige Zinsen in Deutschland und in den Vereinigten Staaten
Quelle: Deutsche Bundesbank.

Die Instrumente der unkonventionellen Geldpolitik zielen darauf ab, die langfristigen Zinsen und damit insbesondere die Zinsen für Unternehmenskredite und Hypotheken direkt oder indirekt zu beeinflussen.

Notenbanken wirken direkt auf die langfristigen Zinsen ein, wenn sie im großen Stil Anleihen auf den Kapitalmärkten ankaufen. Man spricht hierbei von der *„quantitativen Lockerung"* (*„Quantitiative Easing"*). Wie die ▸*Abbildung 26.13* verdeutlicht, begannen die US-amerikanische, die englische und die japanische Notenbank unmittelbar nach dem Eintreten der Finanzkrise, umfangreiche Anleihekäufe vorzunehmen. Die EZB konnte sich dazu erst Jahre später durchringen. Wenn Notenbanken Anleihen ankaufen, steigen deren Kurse und ihre Rendite geht zurück. Dies ergib sich daraus, dass die Zinszahlung einer Anleihe prozentual zum Nennwert bestimmt ist. Steigt der Kurs über den Nennwert geht die Rendite zurück, da sie als Zinszahlung relativ zum Börsenkurs ermittelt wird.

In Deutschland wurde die EZB wegen der Anleihekäufe teilweise stark kritisiert. Dabei wurde jedoch übersehen, dass auch die Bundesbank in der Vergangenheit immer wieder in größerem Stil Anleihen im Rahmen von Offenmarktgeschäften erworben hatte (Issing, 1993, S. 91).

Eine indirektere Form der Beeinflussung der langfristigen Zinsen besteht in der sogenannten *„forward guidance"*. Notenbanken verpflichten sich damit gegenüber den Marktteilnehmern für eine bestimmte Frist einen bestimmten Kurs der kurzfristigen Zinsen zu verfolgen. Ein Beispiel hierfür ist die Ankündigung von Mario Draghi anlässlich der Pressekonferenz vom 6. Juni 2019:

"(...) we decided to keep the key ECB interest rates unchanged. We now expect them to remain at their present levels at least through the first half of 2020, and in any case for as long as necessary to ensure the continued sustained convergence of inflation to levels that are below, but close to, 2% over the medium term."

Aus der Logik der Erwartungstheorie der Zinsstruktur führt die Erwartung unveränderter kurzfristiger Zinsen für eine Frist von mindestens einem Jahr dazu, dass auch die Erwartungen für die längerfristigen Zinsen zumindest unverändert bleiben oder sogar vielleicht etwas sinken. Diese wäre der Fall, wenn die Marktteilnehmer zuvor mit steigenden Kurzfristzinsen gerechnet hätten.

Während auch andere Notenbanken mit dem Instrument der „Forward Guidance" arbeiten, sind die *gezielten langfristigen Refinanzierungsgeschäfte* (GLRG; „Targeted Long-term Repurchase Operations", TLTRO) eine Spezialität der EZB. Dabei handelt es sich um Refinanzierungskredite der EZB an die Banken mit einer Laufzeit von bis zu vier Jahren. Die Zinsen, die die Banken der EZB dafür bezahlen müssen, sind umso niedriger, je länger sie ihr Kreditgeschäft ausweiten. Im günstigsten Fall liegen sie nur um 10 Basispunkte über dem Zinssatz für die Einlagenfazilität. Dieses Instrument sichert den Banken die Refinanzierung für mittelfristige Kredite. Es reduziert damit die Risiken aus der Fristentransformation und erhöht somit die Bereitschaft der Kreditinstitute, ihr Kreditgeschäft auszuweiten. Dies führt tendenziell zu niedrigeren Kreditzinsen.

Schlagwörter

- Einlagenfazilität (S. 528)
- Geldangebot (S. 517)
- Geldbasis (S. 510)
- Geldmarkt (S. 510)
- Geldnachfrage (S. 519)
- Geldschöpfungsmultiplikator (S. 512)
- Hauptrefinanzierungsinstrument (S. 525)
- Liquiditätsproblem (S. 509)
- Mengentender (S. 526)
- Mindestreserven (S. 512)
- Notenemissionsmonopol (S. 508)
- Spitzenrefinanzierungsfazilität (S. 528)
- Tagesgeld (S. 525)
- Zentralbankgeld (S. 509)
- Zinstender (S. 526)

Aufgaben

Musterlösungen zu den hier gestellten Aufgaben finden Sie im MyLab | Grundzüge der VWL.

1. Geldschöpfungsprozess

a) In A-Land gibt es nur eine einzige Bank, die A-Bank. Sie möchte einem Großkunden einen Kredit über eine Million A-Taler vergeben. Der Reservesatz in A-Land liegt bei 12 %. Der Bargeldhaltungskoeffizient, bezogen auf die Einlagen, liegt bei 10 %. Wie hoch ist die zusätzliche Nachfrage der A-Bank nach Zentralbankgeld?

b) Nun gibt es neben der A-Bank noch sehr viele andere Banken in A-Land. Wie hoch ist dann der zu erwartende zusätzliche Zentralbankgeldbedarf der A-Bank?

c) Im Fall b) führt die Notenbank einen wöchentlichen Mengentender durch. Die Bank C hat dabei eine Menge von 12 Millionen A-Talern geboten. Die Summe der Gebote aller Banken liegt bei 300 Millionen Talern. Die Notenbank will insgesamt 100 Millionen zusätzliches Zentralbankgeld zur Verfügung stellen. Welche Menge wird die C-Bank erhalten?

d) Die D-Bank braucht dringend zusätzliches Zentralbankgeld. Die A-Bank bietet ihr am Geldmarkt Tagesgeld zu 5 % an. Wie hoch muss der Zinssatz der Spitzenrefinanzierungsfazilität liegen, damit das Geschäft mit der A-Bank für die D-Bank noch attraktiv ist?

2. Preistheoretisches Geldangebotsmodell

Die Notenbank des neu gegründeten Währungsverbundes „Neuro" möchte die Effekte ihrer Zinspolitik auf die Kreditentwicklung näher betrachten. Dazu befragt sie ihre 36 Banken nach ihren Ausfallrisiken, die diese durchschnittlich auf 2,5 % der ausgegebenen Kredite taxieren. Eine Umfrage unter den Kreditnehmern ergab zudem folgende Kreditnachfrage: $K^D = 1.000 - 10.000 \cdot i^K$

Das Einkommen der Währungsunion beläuft sich auf 125 Neuro, wobei die Zentralbank ein Zinsniveau von 5 % als angemessen ansieht.

a) Berechnen Sie das Gleichgewicht am Kreditmarkt (Kreditmenge und Kreditzins)!

b) Neben dem Zinshebel verfügt die Notenbank auch noch über das Mittel der Geldbasissteuerung. Schätzungen der Notenbank ergeben einen Bargeldhaltungskoeffizienten von 0,16, der Reservesatz der jungen Währungszone liegt bei 0,04. Berechnen Sie den Geldmengenmultiplikator und interpretieren Sie ihn!

c) Forderungen nach einer stärkeren Bremsung der heimischen Wirtschaft beantwortet die Notenbank mit einer Zinserhöhung auf 8 %. Zeigen Sie grafisch und analytisch den Effekt auf den Kreditmarkt!

d) Nach einer großen Phase der Kreditexpansion wurden zahlreiche Kredite an nicht zahlungskräftige Kunden vergeben, was eine Anpassung der Ausfallrisiken auf 17,5 % zur Folge hat. Berechnen Sie den Effekt auf die Kreditvergabe unter Zuhilfenahme der Situation aus a) und zeigen Sie grafisch eine mögliche Reaktion der Zentralbank auf diesen Schock. *(Hinweis: Eine Darstellung des Kreditquadranten ist völlig ausreichend!)*

e) Sorgen über die Stabilität des Finanzsystems erhöhen den Bargeldhaltungskoeffizienten auf 0,26. Berechnen Sie den nun gültigen Multiplikator!

3. Vor der Euro-Einführung hatten in Deutschland viele Menschen die Befürchtung, dass es dadurch zu hohen Inflationsraten kommen würde. Eine Hauptursache hierfür wurde in hohen Staatsdefiziten – vor allem der südeuropäischen Länder – gesehen.

a) Zeigen Sie anhand eines einfachen Modells, wie es durch hohe Staatsausgaben zur Inflation kommen kann.

b) Zeigen Sie auch, wieso diese Inflationsursache für die Länder des Euroraums ausgeschlossen werden kann.

4. In vielen Lehrbüchern wird davon ausgegangen, dass eine Bank einen unerwarteten Zufluss von Zentralbankgeld zum Anlass für eine Kreditgewährung an einen Kunden nimmt. Welche anderen Möglichkeiten stehen ihr in einer solchen Situation zur Verfügung?

5. Im Prinzip könnte die EZB Zentralbankgeld auch über eine reine Versteigerung an die Banken abgeben. Sie müsste dazu beim Zinstender auf einen Mindestbietungssatz verzichten und vorab die Menge an Zentralbankgeld bestimmen, die sie auf diese Weise zuteilen möchte. Was könnte der Grund dafür sein, dass die EZB bisher auf ein solches Vorgehen verzichtet hat?

LERNZIELE

- Das Finanzsystem tendiert immer wieder zu *krisenhaften Entwicklungen*, die mit Bankzusammenbrüchen und erheblichen gesamtwirtschaftlichen Verwerfungen verbunden sind. Häufig gehen solche Prozesse mit gravierenden Fehlentwicklungen am Immobilienmarkt einher.
- Die *globale Finanzkrise*, die im Sommer 2007 ausgebrochen ist, hatte ihre Ursache in den Vereinigten Staaten. Zu niedrige Leitzinsen der US-amerikanischen Notenbank und eine zu hohe Risikoneigung der Banken führten zu einer starken Ausweitung von Hypothekenkrediten und einem Immobilienboom. Durch die Technik der Verbriefung und der Strukturierung konnten die US-Immobilienkredite weltweit transferiert werden. Dazu trugen auch viel zu günstige Bewertungen solcher Anlagen durch die Rating-Agenturen bei.
- Die *Eurokrise*, die sich im Jahr 2010 erstmals manifestierte, hat teilweise ähnliche Ursachen wie die globale Finanzkrise. Vor allem in Irland und Spanien kam es zu einer ungezügelten Kreditexpansion, die zu einer gewaltigen Immobilienblase führte. In Griechenland stellte sich zudem das Problem einer nahezu unkontrollierten Staatsverschuldung. Durch die Bankenrettung stiegen die Staatsschulden auch in Spanien und Irland massiv an. Ein zusätzliches Problem der Währungsunion war das Auseinanderlaufen der Lohnstückkosten der Mitgliedsstaaten in den Jahren 1999 bis 2008. Die krisenhafte Zuspitzung im Sommer 2012 ist auf das spezifische Insolvenzproblem der Mitgliedsstaaten einer Währungsunion zurückzuführen, das so für andere große Volkswirtschaften nicht gegeben ist. Die von Mario Draghi im Juli 2012 angekündigte Bereitschaft, notfalls unbegrenzt Staatsanleihen anzukaufen, hat diese Problematik anhaltend entschärft.
- Die US-amerikanische, die englische und die japanische Notenbank haben in der Krise sehr schnell reagiert. Demgegenüber kam die *Reaktion der EZB sehr verzögert und zu schwach* dosiert, was die Situation im Euroraum bis zum Jahr 2012 noch erschwert hat.

Finanzsystem III: Die globale Finanzkrise und Eurokrise

27

ÜBERBLICK

In der Wirtschaftsgeschichte ist es immer wieder zu größeren Krisen auf den Finanzmärkten gekommen.[1] In der jüngeren Vergangenheit haben die im Jahr 2007 ausgebrochene *globale Finanzkrise* und die sich daran anschließende *Eurokrise* eine große öffentliche Beachtung gefunden. Nach dem Konkurs der US-Investmentbank Lehman Brothers am 15. September 2008 war es nur durch ungewöhnlich umfangreiche staatliche Rettungsprogramme möglich gewesen, einen Zusammenbruch des globalen Finanzsystems zu vermeiden. Die im Frühjahr 2010 mit einem Vertrauensverlust in griechische Anleihen einsetzende *Eurokrise* konnte erst mit der Ankündigung im Prinzip unbegrenzter Anleihekäufe durch die EZB am 26. Juli 2012 gestoppt werden. In diesem Kapitel sollen die wichtigsten *Ursachen dieser Krisen* herausgearbeitet werden. Dabei soll insbesondere verdeutlicht werden, warum der Euroraum erheblich größere Schwierigkeiten hatte, mit der Finanzkrise zurechtzukommen, als andere Währungsräume.

Grundsätzlich ist im vorangegangenen Kapitel deutlich geworden, dass das Bankensystem in der Lage ist, eigenständig in großem Stil Kredite und damit auch Geldbestände im Sinne der Geldmenge M1 zu schaffen. Insbesondere ist es dabei – anders als in vielen theoretischen Modellen unterstellt (*Kapitel 25*) – nicht auf das aktuell geleistete Sparen in der Volkswirtschaft angewiesen. Es ist deshalb Aufgabe der Notenbanken, aber auch der Bankenaufsicht, dafür zu sorgen, dass dieses *Potenzial zu einer autonomen Kreditschöpfung* nicht zu gravierenden Fehlentwicklungen in einer Volkswirtschaft führt. Die Finanzkrise und die damit eng verflochtene Eurokrise sind ein Zeichen dafür, dass die staatliche Kontrolle des Finanzsystems in der Vergangenheit erhebliche Schwächen aufgewiesen hat.

27.1 Ursachen der globalen Finanzkrise

27.1.1 Ursache Nr. 1: Zu niedrige Zinsen in den Vereinigten Staaten und in den Mitgliedsländern der Euro-Währungsunion

Das preistheoretische Geldangebotsmodell verdeutlicht, dass der Refinanzierungszins einer Notenbank den wichtigsten Hebel zur Steuerung der Kreditzinsen und der Kreditentwicklung darstellt. Weder die US-amerikanische Notenbank noch ihr europäisches Pendant haben rückblickend die gefährliche Dynamik, die sich im Finanzsystem aufgebaut hatte, frühzeitig erkannt.

So hielt der damalige Präsident der US-Notenbank, Alan Greenspan, in den Jahren 2003 und 2004 den Leitzins auf dem sehr niedrigen Niveau von nur 1 %, obwohl die US-Wirtschaft sich in einer vergleichsweise guten Verfassung befand. Er hat dabei eine wichtige Daumenregel zur Beurteilung der Zinspolitik von Notenbanken missachtet. Die sogenannte *Taylor-Regel* (*Kapitel 23*) versucht einen der Konjunkturlage angemessenen Notenbankzins zu ermitteln. Die einfache Taylor-Regel zur Ermittlung eines angemessenen Leitzinssatzes einer Notenbank lautet wie folgt:

$$(27.1)\ i = r + \pi + 0{,}5(\pi - \pi_0) + 0{,}5y$$

1 Siehe dazu beispielsweise Kindleberger (1978) und Reinhart und Rogoff (2009).

Der Taylor-Zins (i) errechnet sich als die Summe aus

- einem neutralen Realzins (r), der in der Regel gleich 2 gesetzt wird,
- der laufenden Inflationsrate (π),
- der Inflationslücke, die als die Differenz aus der aktuellen Inflationsrate und dem Inflationsziel der Notenbank (π_0) errechnet wird; für das Inflationsziel wird ein Wert von 2 % angenommen,
- der relativen Output-Lücke, d.h. der Differenz zwischen dem Bruttoinlandsprodukt und dem Produktionspotenzial (siehe *Kapitel 15*).

Die Output-Lücke und die Inflationslücke werden jeweils mit 0,5 gewichtet.
John Taylor entdeckte diese Regel, als er die Zinspolitik der US-amerikanischen Notenbank in den Jahren 1987 bis 1992 analysierte. In den Folgejahren stellte sich heraus, dass diese Regel einer optimalen Zinspolitik recht nahekommt.

Vergleicht man die tatsächlichen Notenbankzinsen in den Vereinigten Staaten mit den anhand einer *Taylor-Regel* errechneten Normwerten, kann man deutlich erkennen, dass die Leitzinsen in den Jahren 2003 bis 2005 viel zu niedrig waren (►*Abbildung 27.1*).

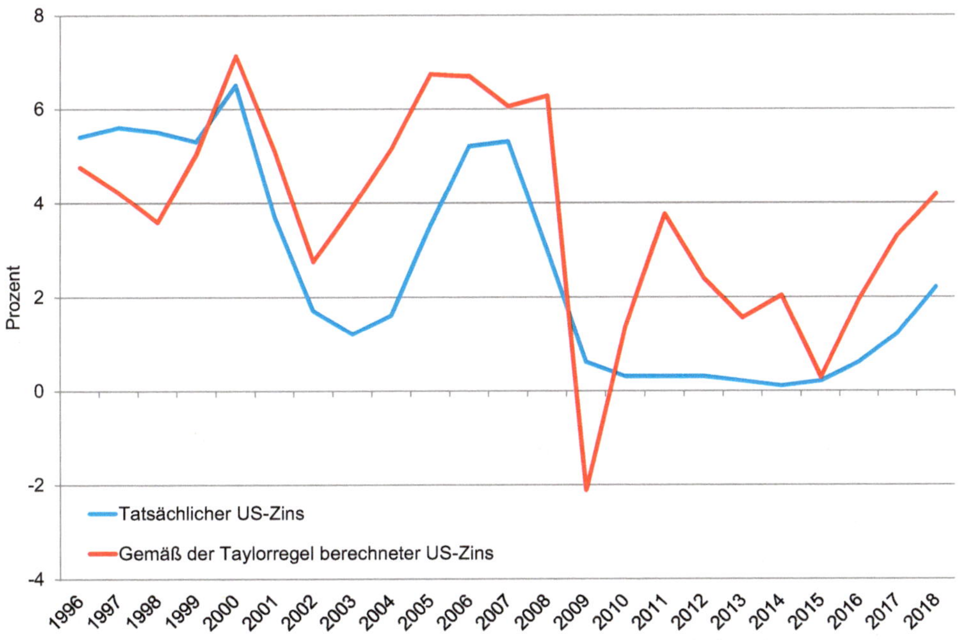

Abbildung 27.1: Kurzfristige Zinssätze in den Vereinigten Staaten und Taylor-Zins
Quelle: Eigene Berechnung auf Basis der Daten der OECD und der OECD Economic Outlook 105 Database.

Wie in *Abschnitt 20.2* dargestellt wird, ist es für Unternehmen bei niedrigen Zinsen attraktiv, den Verschuldungsgrad zu erhöhen, um damit über den *„Leverage-Effekt"* die Eigenkapitalrendite „hochzuhebeln". Hiervon haben vor allem die US-amerikanischen Investmentbanken Gebrauch gemacht. Es war ihnen im Jahr 2004 gelungen, eine Vorschrift zu Fall zu bringen, die sie zu einer festen Relation zwischen Eigenkapital und Bilanzsumme gezwungen hatte. In der Folge erhöhten sie ihren Verschulungsgrad massiv.[2] Es ist so gesehen nicht überraschend, dass von den fünf großen Investmentbanken nur zwei die Krise überlebten.

In der Phase vor der Krise waren nicht nur in den Vereinigten Staaten die Zinsen zu niedrig. Eine deutliche Abweichung der tatsächlichen Zinsen vom Taylor-Zins ist auch im Euroraum zu beobachten. Die damals schon für den Durchschnitt des Währungsraums zu niedrigen Zinsen waren besonders problematisch für Irland und südliche Mitgliedsländer der Europäischen Währungsunion (▶*Abbildung 27.2*). In diesen Ländern entwickelte sich eine sehr starke Kreditexpansion, die zu einer – wie sich leider erst im Nachhinein herausstellte – gefährlichen Überhitzung des Immobilienmarktes führte. Erst sehr spät, am 6. Dezember 2005, fing die EZB damit an, die zinspolitischen Zügel wieder allmählich zu straffen.

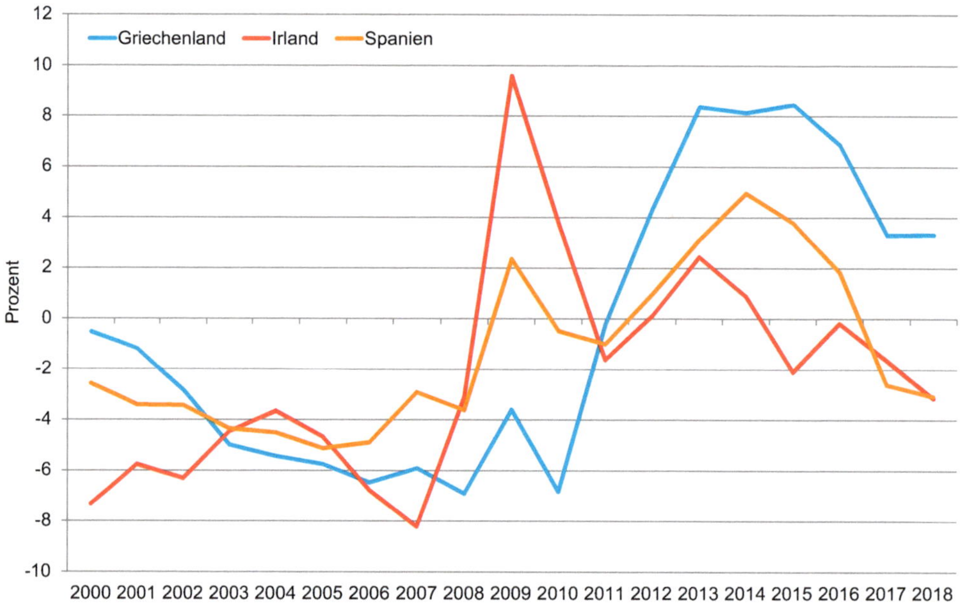

Abbildung 27.2: Abweichung der tatsächlichen kurzfristigen Zinsen vom Taylor-Zins
Quelle: Eigene Berechnung auf Basis der Daten der OECD und der OECD Economic Outlook 105 Database.

Eine Erklärung für die im Rückblick eindeutig zu expansive Zinspolitik dürfte darin zu sehen sein, dass die EZB sich in ihrer Geldpolitik *eindimensional am Ziel der Preisstabilität* orientiert. Bei einem solchen „*inflation targeting*" besteht die Gefahr, Fehlentwicklungen im Finanzsystem zu übersehen. In der Phase des Kreditbooms der Jahre 2002 bis 2007 entsprachen nicht nur die laufende Preisentwicklung, sondern auch die kurz- und mittelfristigen Inflationsprognosen dem Inflationsziel der EZB, so dass sie von daher keinen Anlass sah, die zinspolitischen Zügel rechtzeitiger und energischer zu straffen.

2 Shin und Adrian (2008).

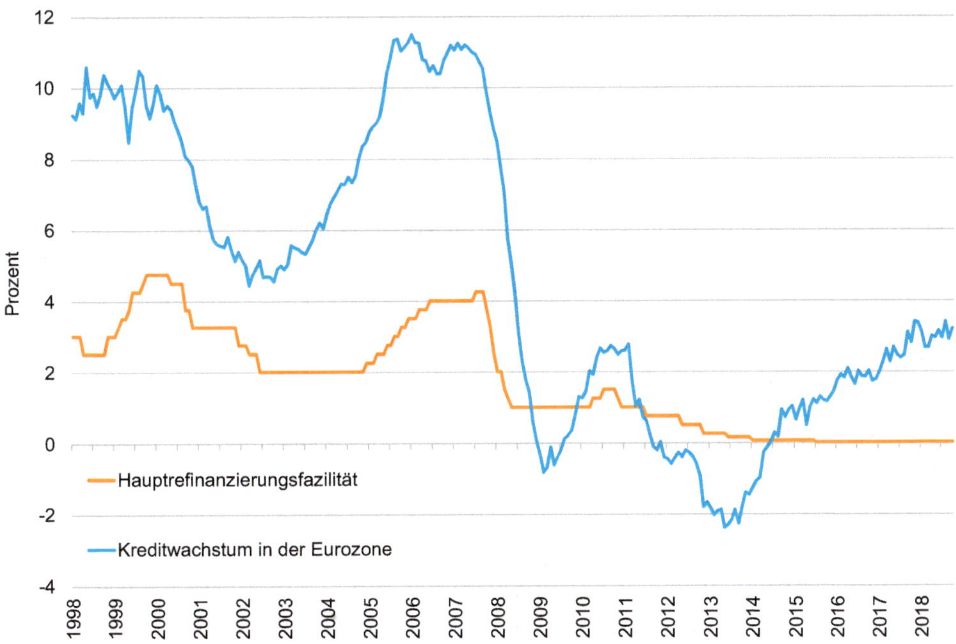

Abbildung 27.3: Kreditexpansion im Euroraum und Zins für Hauptrefinanzierungsgeschäfte
Quelle: EZB, Statistical Data Warehouse und Bundesbank.

27.1.2 Ursache Nr. 2: Bauboom finanziert durch verbriefte und strukturierte Kredite

In den Vereinigten Staaten wie in einigen Mitgliedsländern des Euroraums lösten die niedrigen Zinsen einen ausgeprägten Bauboom aus. Wie in *Abschnitt 30.3* dargestellt wird, besteht bei Vermögensmärkten immer das Problem einer Blasenbildung, wobei dieses im Baubereich noch dadurch verstärkt wird, dass die durch Neubauten geschaffene Ausweitung des Angebots erst mit einer Verzögerung von mehreren Jahren am Markt angeboten wird. Die Rückmeldung durch das Preissystem erfolgt also erst mit einer erheblichen zeitlichen Verspätung (siehe dazu *Box 30.2: Der Schweinezyklus „Cobweb-Theorem", Kapitel 30*). Diese selbstverstärkenden Effekte von steigenden Immobilienpreisen sind vor allem in den Ländern sehr hoch, in denen die meisten Menschen in eigenen Wohnungen oder Häusern wohnen. So liegt die Wohneigentümerquote in Spanien und Irland bei rund 80 %, in den USA bei 65 %, während es in Deutschland nur 45 % sind. Immobilieneigentümer fühlen sich bei steigenden Immobilienpreisen reicher und sind daher auch eher bereit, ihren Konsum auszuweiten.

In den Vereinigten Staaten ging der Bauboom in den Jahren 2002 bis 2007 mit einer deutlichen *Herabsetzung der Kreditstandards* einher. Um immer neue Käuferschichten für Immobilien zu erreichen, waren die Banken bereit, Hypotheken auch an Haushalte mit einem vergleichsweise geringen Einkommen und einer oft schlechten Kredithistorie zu vergeben („*subprime-Kredite*"). Dies wurde auch politisch unterstützt. Eine wichtige Rolle spielten dabei Lockvogel-Zinsen, bei denen in den beiden ersten Jahren der Laufzeit nur sehr geringe monatliche Zahlungen geleistet werden mussten, in den Folgejahren dafür aber umso höhere („*adjustable rate mortgages*").

Im Rückblick fragt man sich, wieso Banken ihre Kreditnehmer nicht besser unter die Lupe genommen haben. Hier ist in den Jahren bis zum Ausbruch der Finanzkrise ein weltweit *sinkendes Risikobewusstsein der Banken* zu beobachten. Im preistheoretischen Modell (*Kapitel 26*) wird das durch den Koeffizienten β beschrieben. Die globale Ausprägung zeigt sich daran, dass es in dieser Phase nicht nur in den USA und im Euroraum zu massiven Fehlentwicklungen gekommen ist, sondern auch in Ländern wie Island, Estland und Lettland. Das Problem besteht dabei darin, dass die Entscheidungsträger bei Banken, ähnlich wie die Käufer von Immobilien, in einer langen Phase steigender Immobilienpreise einfach den Trend fortschreiben. Sie überschätzen daher wie ihre Kreditnehmer die Preise von Immobilien und verfügen dann über unzureichende Sicherheiten für die von ihnen vergebenen Kredite.

Eine zweite Erklärung für die exzessive Kreditvergabe – vor allem in den Vereinigten Staaten – ist die damals stark verbreitete *Verbriefung von Krediten*. Durch die Verbriefung werden Kredite handelbar. Eine Bank kann somit einen Immobilienkredit, von dessen Qualität sie nicht überzeugt ist, weiterverkaufen, insbesondere an ausländische Investoren. Sie hat dann immer noch durch Provisionen von der Kreditvergabe profitiert. Man bezeichnet das damals in den Vereinigten Staaten sehr beliebte Geschäftsmodell als „originate to distribute".

Konkret funktioniert die Verbriefung in etwa wie folgt. Man fasst eine größere Anzahl von Krediten in einem Pool (Zweckgesellschaft) zusammen. An diesem können sich Investoren mit handelbaren Titeln beteiligen. Dazu erfolgt meist eine *Strukturierung*, indem Beteiligungstitel mit einer unterschiedlichen Haftung geschaffen werden. Es werden zum einen Tranchen geschaffen, die ein sehr hohes Risiko tragen, da sie als Erste für Verluste aus dem Portfolio aufkommen müssen. Zum anderen werden Tranchen mit einem vergleichsweise geringen Risiko geschaffen, die erst dann von Verlusten erfasst werden, wenn diese höher sind als der Beteiligungswert der riskanten Tranchen. Auf diese Weise konnte aus einem Pool von „subprime Krediten" ein hoher Prozentsatz scheinbar sehr sicherer Tranchen geschaffen werden: Bei einer unterstellten Ausfallwahrscheinlichkeit von 5 % genügte es, eine risikotragende Tranche in Höhe von 5 % des Pools zu schaffen, sodass die restlichen 95 % als völlig sicher angesehen wurden. In der Praxis wurden jedoch nicht nur zwei, sondern bis zu sieben oder acht Tranchen mit unterschiedlicher Risikobeteiligung geschaffen. Die Tranche mit dem höchsten Risiko wird als „equity tranche" bezeichnet, die Tranche mit dem geringsten Risiko als „super senior tranche".

Im Prozess der Strukturierung kam den *Rating-Agenturen* eine zentrale Rolle zu. Sie berieten zum einen die Banken, wie man die Strukturierung am besten gestaltet, und dann bewerteten sie die nach ihrem Rezept geschaffenen Titel. Im Rückblick stellt sich heraus, dass die Bewertungen viel zu gut ausgefallen waren. Dies liegt vor allem daran, dass die Zeiträume, die für die Berechnungen zugrunde gelegt worden waren, viel zu kurz waren und außerdem nicht der Tatsache Rechnung getragen wurde, dass im Zeitverlauf Hypotheken an immer schlechtere Kreditnehmer vergeben wurden. Die aus der Vergangenheit abgeleiteten Ausfallwahrscheinlichkeiten waren also viel zu gering, sodass auch die scheinbar sicheren Tranchen mit erheblichen Verlusten konfrontiert wurden.

Durch die Verbriefung und die Strukturierung konnten die – in der Regel mit der besten Rating-Stufe AAA bewerteten – US-Immobilienkredite in die Portfolios von Banken in aller Welt wandern, nicht zuletzt deutscher Banken. Damit wurden Institute wie die Industriekreditbank (IKB), die Landesbanken, die Hypo Real Estate und die Commerzbank in den Strudel der Immobilienkrise gezogen, obwohl in Deutschland keinerlei Probleme am Immobilienmarkt bestanden.

Mit dem Auslaufen des Immobilienbooms und dem sich anschließenden Preisverfall wurden den Investoren die unsoliden Finanzierungskonstruktionen schlagartig bewusst. Für die strukturierten Produkte fanden sich keine Abnehmer mehr und ihre Preise verfielen. Noch Jahre nach Ausbruch der Krise saßen Banken und aus Banken ausgelagerte „bad banks" auf Beständen solcher mittlerweile als „toxisch" bezeichneten Aktiva.

27.1.3 Ursache Nr. 3: Globale Vertrauenskrise durch die Lehman-Pleite

Die seit Ende Juli 2007 schwelende Finanzkrise geriet im September 2008 zu einem Flächenbrand, von dem auch Institute erfasst wurden, die nur indirekt mit der Finanzierung US-amerikanischer Immobilien befasst waren. Die Entscheidung der US-Behörden, die *Investment-Bank Lehman Brothers* am 15. September 2008 in den Konkurs gehen zu lassen, führte zu einer weltweiten Vertrauenskrise in das Finanzsystem. Bis zu diesem Zeitpunkt hatte die allgemeine Auffassung bestanden, dass die nationalen Regierungen stets für die Verbindlichkeiten ihrer Banken voll einstehen würden. Durch die Lehman-Pleite wurde deutlich, dass man sich auf eine solche implizite Versicherung nicht verlassen kann. Somit kam das Kreditgeschäft zwischen Banken weitgehend zum Erliegen. Davon wurden vor allem jene Institute erfasst, die über keine eigenen privaten Einleger verfügten und deshalb auf eine Refinanzierung durch andere Institute angewiesen waren. Ein besonders prominentes Beispiel ist die Hypo Real Estate, die nach umfangreichen staatlichen Stützungsmaßnahmen als einzige deutsche Bank im Frühjahr 2009 schließlich verstaatlicht wurde.

Ohne massive staatliche Unterstützungsmaßnahmen in allen wichtigen Volkswirtschaften wäre es im September 2008 zu einem völligen Zusammenbruch des globalen Finanzsystems gekommen. Eine ungebremste Vertrauenskrise in das gesamte Finanzsystem hätte bei den Banken zu einem massiven Abzug von kurzfristigen Mitteln geführt. Aufgrund der *Fristentransformation* (siehe *Abschnitt 26.3*) wären die Finanzinstitute jedoch nur in sehr begrenztem Umfang in der Lage gewesen, ihre Einleger in vollem Umfang auszuzahlen. Dies hätte die Vertrauenskrise noch weiter verschärft und zur Zahlungsunfähigkeit der meisten Banken geführt. Besonders gefährlich ist dabei die starke wechselseitige *Vernetzung zwischen Banken*. Noch immer weisen die deutschen Banken auf ihrer Aktivseite Forderungen gegenüber anderen Banken auf, die rund ein Drittel ihrer Bilanzsumme ausmachen. Die Insolvenz einer einzelnen Bank bedeutet dann, dass alle Forderungen, die andere Banken ihr gegenüber halten, bis auf Weiteres eingefroren werden. Dies wirkt sich wiederum nachteilig auf die Solvenz dieser Banken aus. Dieser Dominoeffekt ist umso gefährlicher als die Banken traditionell eine sehr geringe Eigenkapitalausstattung aufweisen. Noch heute liegt die Eigenkapitalquote der größten europäischen Banken bei nur etwa mehr 5 %.[3] Vergleichsweise geringe Verluste können so sehr schnell ein existenzgefährdendes Ausmaß annehmen.

Um eine solche Kernschmelze zu vermeiden, wurden im September und Oktober 2008 weltweit umfangreiche *staatliche Hilfsprogramme* eingeleitet. Sie enthielten wie zum Beispiel das deutsche *Finanzmarktstabilisierungsgesetz*

- staatliche Garantien für Banken, die an den Märkten neue Mittel aufnehmen mussten,

3 European Banking Study (2019), Weathering the perfect storm, Internet: https://www.zeb.de/europeanbankingstudy

- staatliche Eigenkapitalhilfen, um Banken, die in der Krise große Verluste erlitten hatten, wieder solvent zu machen,
- sowie Verfahren für die Übernahme von Wertpapieren zweifelhafter Qualität durch den Staat.

Zudem sorgten die Notenbanken mit einer starken Ausweitung ihrer Kredite an das Bankensystem – als *„Lender of last resort"* – dafür, dass die Institute jederzeit in der Lage waren, ihren Auszahlungsverpflichtungen nachzukommen. Insgesamt ist es Notenbanken und Regierungen damit relativ schnell gelungen, das Vertrauen in das Bankensystem wieder zu stabilisieren.

27.2 Eurokrise: Das Problem multipler Gleichgewichte

Während sich die Situation auf den globalen Finanzmärkten im Jahr 2009 allmählich wieder beruhigte, entwickelte sich im Euroraum ein Jahr später eine massive Vertrauenskrise, die zeitweilig sogar die Existenz der Währungsunion bedrohte.

27.2.1 Drei Ursachen der Krise

In der öffentlichen Diskussion wird die Eurokrise häufig als eine „Staatsschuldenkrise" angesehen. Dies gilt ohne Zweifel für *Griechenland.* Hier waren im vergangenen Jahrzehnt stets hohe Defizite aufgetreten, die in der Regel im Nachhinein noch nach oben korrigiert werden mussten. So kam es in Griechenland trotz einer bis zum Jahr 2007 sehr dynamischen wirtschaftlichen Entwicklung zu einem Anstieg der ohnehin hohen Schuldenstandsquote (Staatsverschuldung im Verhältnis zum nominalen Bruttoinlandsprodukt) (▶*Abbildung 27.4*).

Auch *Portugal* war es in den 2000er-Jahren nie gelungen, die Neuverschuldung unter die 3-%-Grenze des Vertrags von Maastricht zu bringen, so dass die Schuldenstandsquote, die allerdings weitaus geringer war als in Griechenland, kontinuierlich anstieg.

Ganz anders war die Situation in *Irland* und *Spanien.* Beide Länder zeichneten sich vor Ausbruch der Krise durch eine sehr solide Fiskalpolitik aus. Im Jahr 2007 wies Spanien sogar einen Haushaltsüberschuss in Höhe von 2 % des Bruttoinlandsprodukts auf, in Irland zeigte der öffentliche Haushalt eine „schwarze Null". Die Schuldenstandsquote lag in Irland bei 29,1 % und in Spanien bei 42,5 % und damit deutlich unter der 60-%-Grenze, die im Vertrag von Maastricht für den öffentlichen Schuldenstand festgelegt wurde.

Vor allem für diese beiden Länder, aber auch für Griechenland und Portugal war das fundamentale Problem eine *exzessive private Verschuldung.* Sie ist ähnlich wie in den Vereinigten Staaten, in Großbritannien oder Island auf ein mangelndes Risikobewusstsein der Banken zurückzuführen. Im Rückblick zeigen sich für das Jahr 2007 für diese Länder aber auch für die später in den Euro eingetretenen Staaten wie Estland und Zypern sehr hohe negative *private Finanzierungssalden* in Relation zu ihrer Wirtschaftsleistung.

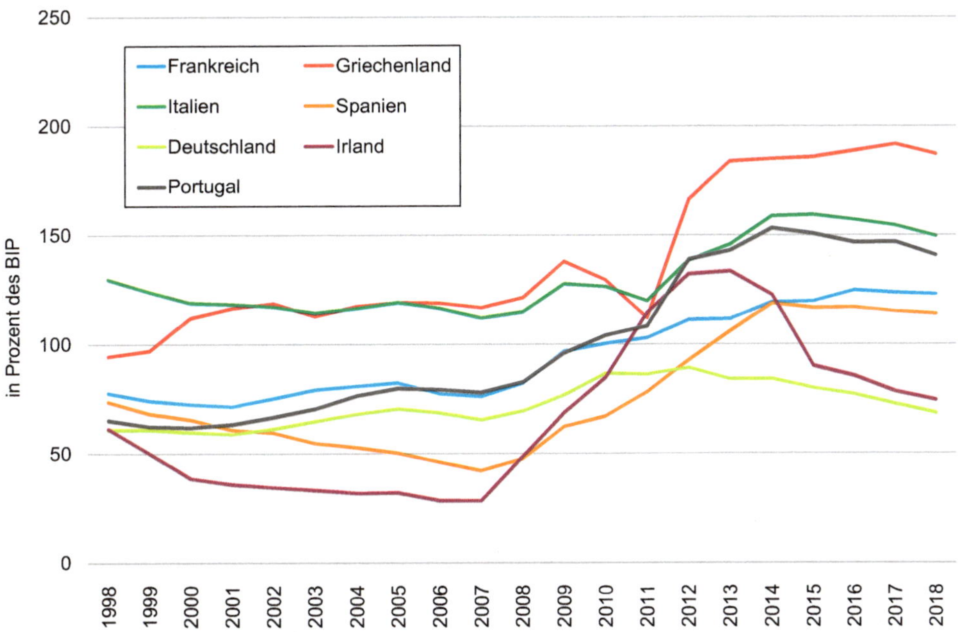

Abbildung 27.4: Schuldenstandsquoten in Mitgliedsstaaten des Euroraums
Quelle: OECD Economic Outlook 105 Database.

Der private Finanzierungssaldo wird errechnet als Differenz zwischen dem Leistungsbilanzsaldo, der mit der gesamten Netto-Geldvermögensbildung einer Volkswirtschaft identisch ist, und dem Budgetsaldo, der der Netto-Geldvermögensbildung des öffentlichen Sektors entspricht (*Kapitel 16*). Die Differenz ergibt somit die Netto-Geldvermögensbildung des privaten Sektors (Unternehmen und private Haushalte) einer Volkswirtschaft.

Mit dem Ausbruch der Finanzkrise im Jahr 2007 gerieten die Banken des Euroraums ebenso unter Druck wie die Institute in den Vereinigten Staaten oder in Großbritannien. Zur Stabilisierung des Finanzsystems sahen sich die Staaten gezwungen, für die Banken mit Garantien einzustehen, wodurch die öffentliche Verschuldung deutlich nach oben schnellte. Eine solche Entwicklung war jedoch nicht auf die Mitgliedsländer des Euroraums beschränkt. Auch in Japan, in Großbritannien und in den Vereinigten Staaten erhöhte sich die staatliche Verschuldung in der Phase von 2007 bis 2018 erheblich.

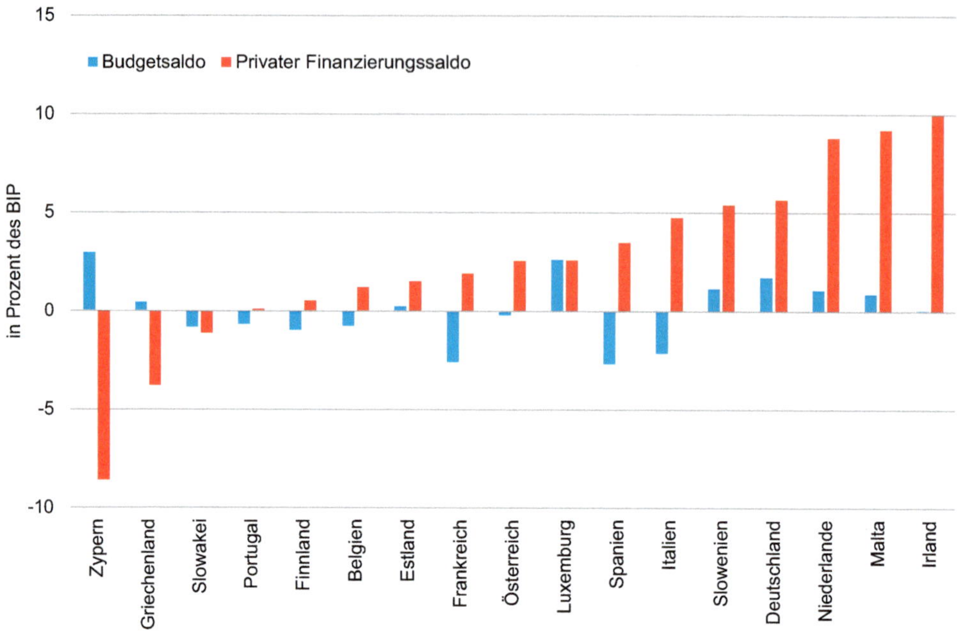

Abbildung 27.5: Private und öffentliche Finanzierungssalden der heutigen Mitgliedsstaaten der Währungsunion im Jahr 2018
Quelle: World Economic Outlook Database, IWF.

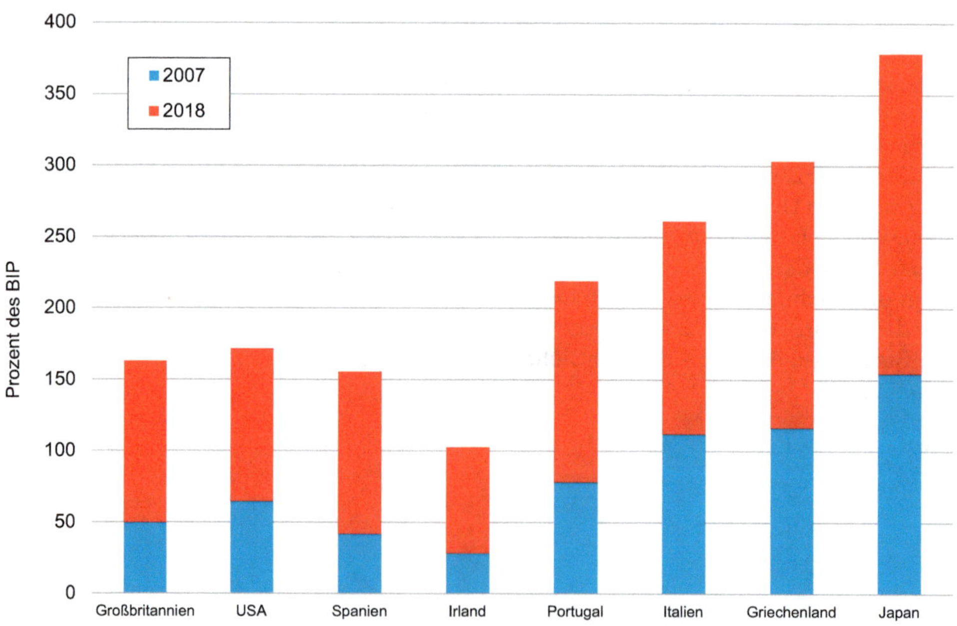

Abbildung 27.6: Entwicklung der öffentlichen Schuldenstandsquoten zwischen 2007 und 2018 in ausgewählten Ländern
Quelle: OECD Economic Outlook 105 Database.

Neben Problemen bei der privaten und öffentlichen Verschuldung ist die Eurokrise auch auf *Divergenzen bei der Entwicklung der Lohnstückkosten* (▶*Abbildung 27.7*) zurückzuführen. In Deutschland waren die Lohnstückkosten in den Anfangsjahren der Währungsunion sogar leicht rückläufig. Mit einer Politik der Lohnmoderation versuchte die deutsche Wirtschaft, ihre ohnehin starke Stellung auf den Weltmärkten noch zusätzlich zu festigen. Umgekehrt kam es in Irland, Spanien und Griechenland zu Lohnerhöhungen, die deutlich über den Produktivitätsfortschritt plus dem Inflationsziel der EZB hinausgingen. Für die Währungsunion wäre ein Anstieg der Lohnstückkosten ideal, der in etwa dem Inflationsziel der EZB von „unter, aber nahe bei 2 %" entspricht. Dies ergibt sich daraus, dass die Lohnstückkosten die wichtigste Determinante der Inflationsrate sind.

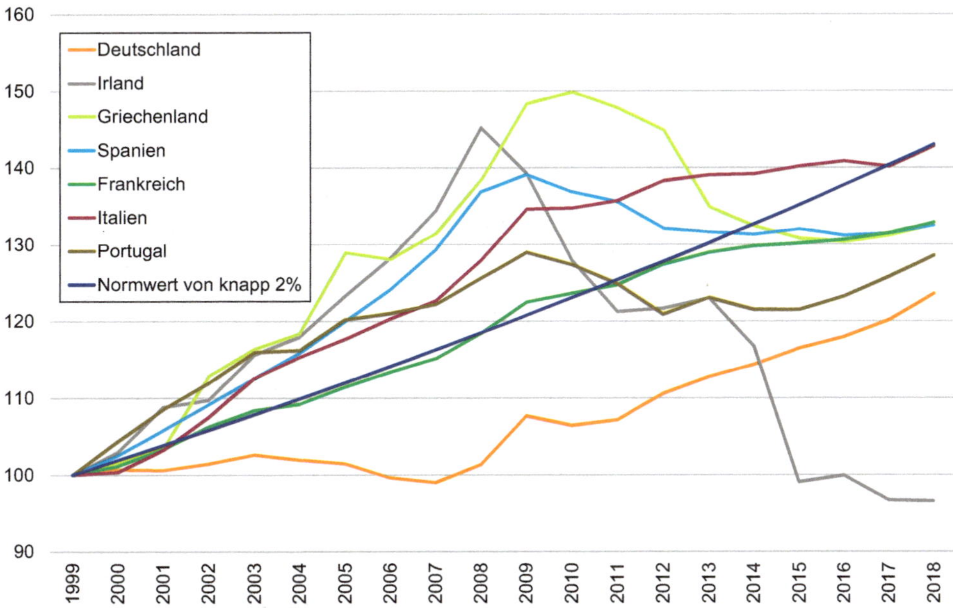

Abbildung 27.7: Lohnstückkosten (Arbeitnehmerentgelt je Arbeitnehmer im Verhältnis zum normalen BIP) in der Währungsunion (1999 = 100)
Quelle: AMECO-Database, Europäische Kommission.

Durch diese über Jahre hinweg andauernde Fehlentwicklung büßten Länder mit einer ohnehin ungünstigen Wettbewerbsposition immer mehr an preislicher Wettbewerbsfähigkeit ein. Demgegenüber verbesserte sich die Position der sehr leistungsfähigen deutschen Wirtschaft durch die Lohnzurückhaltung noch zusätzlich. Dadurch entstanden hohe Leistungsbilanzdefizite in den Peripherieländern, während Deutschland in der zweiten Hälfte des vergangenen Jahrzehnts einen sehr hohen Überschuss aufbaute. Erst mit dem Ausbruch der Krise wurde dieses Problem stärker beachtet.

27.2.2 Euroländer stoßen an Verschuldungsgrenzen

Während die Vereinigten Staaten und das Vereinigte Königreich ihre durch die Bankenrettung stark steigende öffentliche Verschuldung problemlos finanzieren konnten, gerieten im Laufe des Jahres 2010 Griechenland und Portugal und dann im Jahr 2011 auch Irland an die Grenzen ihrer Verschuldungsfähigkeit. Die Investoren waren nur noch mit sehr hohen Risikoaufschlägen bereit, Anleihen dieser Länder zu erwerben. Da dies die Verschuldungsproblematik noch weiter verschärft hätte, entschlossen sich die übrigen Mitgliedsländer dazu, im Rahmen von *Rettungsprogrammen* zusammen mit dem Internationalen Währungsfonds eine begrenzte gemeinschaftliche Haftung für die Krisenländer einzugehen (*Box 27.1*).

Box 27.1 Rettungsprogramme

Die europäischen Finanzhilfen zur Beilegung der Eurokrise stammen aus vier Quellen:

- Bilaterale Hilfen aus dem ersten Griechenland-Hilfspaket: Hieraus wurden 53 Mrd. Euro ausgezahlt (aus diesem Instrument wird es keine weiteren Zahlungen geben).
- Europäische Finanzstabilisierungsfazilität EFSF (der 17 Euro-Staaten): Hieraus wurden Finanzhilfen für Griechenland (2. Rettungsprogramm), Irland und Portugal von insgesamt rund 203 Mrd. Euro zugesagt (auch aus der EFSF wird es keine weiteren Zusagen geben).
- Europäischer Finanzstabilisierungsmechanismus EFSM (der 27 EU Staaten): Hieraus wurden Finanzhilfen für Irland und Portugal von rund 49 Mrd. Euro zugesagt (auch aus dem EFSM wird es keine weiteren Zusagen geben).
- Europäischer Stabilitätsmechanismus ESM (der 17 Euro-Staaten): Hieraus wurden Finanzhilfen von bis zu 100 Mrd. Euro für Spanien und 9 Mrd. Euro für Zypern zugesagt (insgesamt beträgt das maximal mögliche Kreditvergabevolumen des ESM 500 Mrd. Euro).

Durch die Rettungsprogramme waren die betreffenden Länder nicht mehr gezwungen, sich am Kapitalmarkt zu refinanzieren. Die erforderlichen Mittel wurden von der *Europäischen Finanzstabilisierungsfazilität* (EFSF) aufgenommen. Für Anleihen dieser Fazilität haften die Mitgliedsländer anteilig. So beträgt der deutsche Haftungsanteil beim EFSF und auch bei deren Nachfolgeeinrichtung, dem ESM, rund 27 %. Die tatsächliche Haftung kann allerdings höher ausfallen, wenn andere Mitgliedsländer nicht mehr zur Haftung in der Lage sind.

Im Jahr 2012 wurden auch *Italien* und *Spanien* vom Vertrauensverlust der Investoren erfasst, so dass die Zinsen für Anleihen dieser Länder immer größere Risikoaufschläge gegenüber der als sicher eingeschätzten Bundesanleihe aufwiesen. Die Situation konnte erst dadurch stabilisiert werden, dass sich der Präsident der EZB, Mario Draghi, am 26. Juli 2012 dazu bereiterklärte, alles zu tun, was zur Stabilisierung des Euro erforderlich sei.

Konkret formulierte die EZB dazu ein Programm, das prinzipiell einen unbegrenzten Ankauf von Staatsanleihen vorsieht (*Outright Monetary Transactions* (OMT)). Es ist allerdings daran geknüpft, dass ein Land um ein Stabilisierungsprogramm beim Europäischen Stabilitätsmechanismus nachsucht. Ein solches Programm sieht vor, dass ein Land makroökonomische Anpassungsmaßnahmen (in der Regel handelt es sich dabei um Ausgabenkürzungen im öffentlichen Bereich oder um Deregulierungsmaßnahmen auf dem Arbeitsmarkt) beschließt. Bisher ist das OMT noch nicht eingesetzt worden. Das deutsche Bundesverfassungsgericht hat erhebliche Bedenken geäußert, ob das OMT mit den Europäischen Verträgen vereinbar sei, da es möglicherweise die Grenze zur Staatsfinanzierung überschreite, die der EZB verboten ist (siehe *Kapitel 26*).

Bei alledem bleibt die grundsätzliche Frage, wieso einzelne Mitgliedsländer des Euroraums so stark das Vertrauen der Marktteilnehmer verlieren konnten, während Länder wie die Vereinigten Staaten, das Vereinigte Königreich und Japan problemlos eine ebenfalls sehr hohe öffentliche Verschuldung zu sehr niedrigen Zinsen finanziert bekamen. Dies führt zu einem fundamentalen Problem, das sich aus der Mitgliedschaft in der Währungsunion ergibt. In der Regel ist es hoch entwickelten Volkswirtschaften möglich, sich in ihrer eigenen Währung auf den Kapitalmärkten zu verschulden. Das hat den großen Vorteil, dass im Notfall die eigene Notenbank einspringen kann und fällige Anleihen durch die Notenpresse finanziert. Durch die Mitgliedschaft in der Währungsunion ändert sich das fundamental. Die Verschuldung, die zuvor in nationaler Währung denominiert war, lautet jetzt auf Euro. Die nationale Notenbank ist nicht mehr in der Lage, diese Währung bereitzustellen. Damit ergibt sich für ein Mitgliedsland in der Währungsunion ein *Insolvenzproblem*, das in dieser Weise für vergleichbar hoch entwickelte Volkswirtschaften nicht gegeben ist. Dies ist anders in Schwellenländern, die häufig keine Anleihen in der Landeswährung emittieren. Aufgrund der Risiken, die mit einer Kreditaufnahme in einer Fremdwährung verbunden sind, spricht man dabei auch von der „*original sin*“.

Das Insolvenzrisiko der Mitgliedsländer des Euroraums ist von den Investoren auf den Finanzmärkten in den ersten zehn Jahren der Währungsunion entweder nicht erkannt oder aber für nicht relevant eingeschätzt worden. Deshalb waren in dieser Phase selbst für griechische Anleihen keine nennenswerten Risikoprämien zu erkennen. Dies änderte sich fundamental im Jahr 2010 mit dem Ausbruch der Griechenland-Krise. Gleichsam offiziell verkündet wurde das Risiko eines Ausfalls bei Staatsanleihen bei einem Treffen von Angela Merkel mit dem damaligen französischen Präsidenten Nicolas Sarkozy am 18. Oktober 2010 in Deauville. Erstmals wurde dabei explizit die Beteiligung des privaten Sektors im Krisenfall gefordert.[4]

27.2.3 Gute und schlechte Gleichgewichte

Das den Marktteilnehmern zunehmend bewusstwerdende Insolvenzrisiko führte in der Phase vom Herbst 2010 bis Juli 2012 zu einem *Teufelskreis.* Indem Investoren beispielsweise italienische Anleihen abstießen, sanken deren Kurse und die Renditen stiegen. Wenn ein Staat neue Anleihen emittieren will, muss er somit höhere Zinsen bezahlen. Bei höheren Zinsen ist es aber für ein Land mit einer sehr hohen Schuldenstandsquote noch schwieriger, die Tragfähigkeit seiner öffentlichen Finanzen zu gewährleisten. Das führt noch mehr Investoren dazu, sich von italienischen Anleihen

4 Konkret wird in der gemeinsamen Erklärung Folgendes gefordert: „Die Einrichtung eines auf Dauer angelegten und robusten Rahmens, um in Zukunft ein geordnetes Krisenmanagement zu ermöglichen, der die nötigen Vorkehrungen für eine angemessene Beteiligung privater Gläubiger vorsieht und es den Mitgliedsstaaten erlaubt, geeignete, koordinierte Maßnahmen zu ergreifen, um die finanzielle Stabilität der Euro-Zone als Ganzes zu gewährleisten.“

zu trennen, wodurch deren Renditen noch weiter ansteigen. Dabei kommen dann auch noch die Rating-Agenturen mit ins Spiel, die aufgrund der gestiegenen Zinsen höhere Risiken eines Zahlungsausfalls sehen.[5] Der „downgrade“ eines Landes durch die Rating-Agenturen verschärft den Vertrauensverlust zusätzlich.

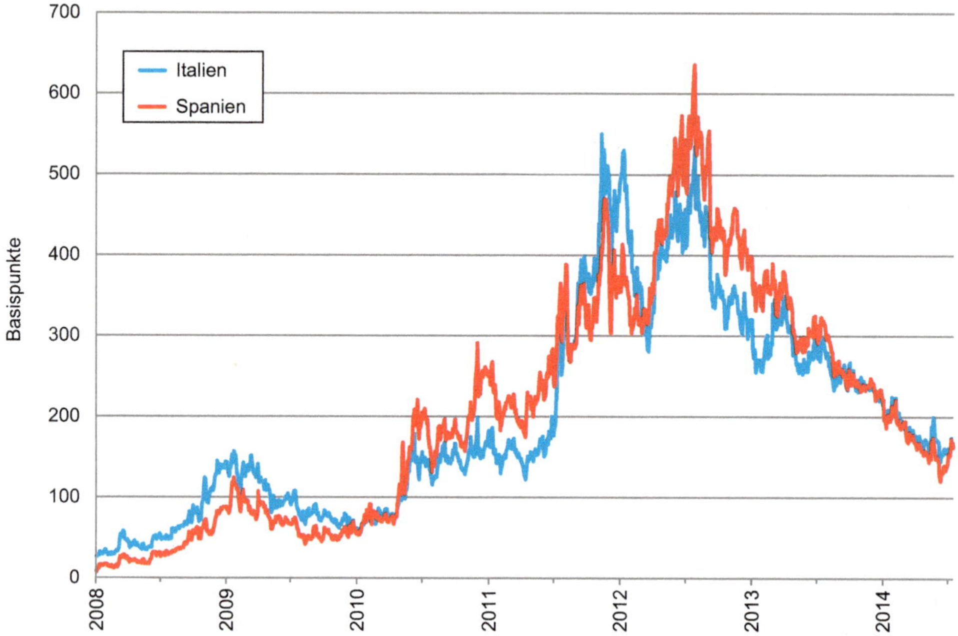

Abbildung 27.8: Zinsaufschläge für italienische und spanische Staatsanleihen gegenüber der Bundesanleihe (zehnjährige Laufzeit)
Quelle: Sachverständigenrat zur Begutachtung der gesamtwirtschaftlichen Entwicklung.

Die sich selbst verstärkende Vertrauenskrise konnte erst gestoppt werden, als Mario Draghi am 26. Juli 2012 in einer Rede in London eine eindeutige Erklärung abgab, alles zu tun, was zur Rettung des Euro erforderlich sei.[6]

Die Europäische Zentralbank präsentierte dann am 6. September 2012 die Einzelheiten des sogenannten *OMT*-Programms („outright monetary transactions“). Seither hat sich die Lage auf den europäischen Finanzmärkten spürbar entspannt, die Zinsdifferenzen gegenüber der Bundesanleihe sind wieder auf ein sehr niedriges Niveau zurückgegangen. Griechenland, Portugal und Irland sind wieder in der Lage, neue Anleihen auf den Kapitalmärkten zu emittieren.

5 Moody's begründete seinen „downgrade“ Italiens vom 13. Juli 2012 wie folgt: "Italy is more likely to experience a further sharp increase in its funding costs or the loss of market access than at the time of our rating action five months ago due to increasingly fragile market confidence, contagion risk emanating from Greece and Spain and signs of an eroding non-domestic investor base."

6 "And so we view this, and I do not think we are unbiased observers, we think the euro is irreversible. And it's not an empty word now, because I preceded saying exactly what actions have been made, are being made to make it irreversible. But there is another message I want to tell you. Within our mandate, the ECB is ready to do whatever it takes to preserve the euro. And believe me, it will be enough." (*https://www.ecb.europa.eu/press/key/date/2012/html/sp120726.en.html*)

Theoretisch lässt sich diese Problematik mit dem Phänomen *multipler Gleichgewichte* erklären. Es lässt sich an dem bereits in *Kapitel 1* beschriebenen Beispiel einer Theateraufführung beschreiben. Eine gute Gleichgewichtslösung besteht darin, dass alle sitzen. Kommt es nun dazu, dass einzelne Besucher aufstehen, um besser sehen zu können, springt das System in ein zweites schlechtes Gleichgewicht, bei dem alle stehen, was unangenehm ist und trotzdem die Sicht nicht verbessert. Im Fall der Eurokrise hat sich im Jahr 2012 eine Entwicklung zu einem schlechten Gleichgewicht etabliert. Die Flucht der Investoren hätte zur Insolvenz einzelner Länder und zum Zusammenbruch der Währungsunion führen können. Mario Draghi ist es mit seiner Ankündigung gelungen, eine Tendenz zum guten Gleichgewicht zu etablieren. Mit den deutlich gesunkenen Zinsen war es jetzt für Italien kein Problem, seine Staatsverschuldung dauerhaft zu finanzieren.

27.2.4 Massive Sparpolitik führt zu makroökonomischer Krise

Für die Mitgliedsländer des Euroraums, die das Vertrauen der Märkte verloren hatten, war die Inanspruchnahme der Rettungsprogramme mit strikten Sparprogrammen verbunden. Diese wurden von der sogenannten Troika (Experten des Internationalen Währungsfonds, der EZB und der Europäischen Kommission) formuliert. Die Sparpolitik, die in einem Umfeld mit einer ohnehin labilen makroökonomischen Verfassung implementiert wurde und daher mit hohen Fiskalmultiplikatoren verbunden war (*Kapitel 19*) löste in den betreffenden Ländern einen teilweise gravierenden Einbruch in der Wirtschaftstätigkeit aus. Ausweislich des um konjunkturelle und einmalige Effekte bereinigten Haushaltssaldos hat kein Land so massive Sparmaßnahmen ergriffen wie Griechenland (▸*Abbildung 27.9*). Demgegenüber haben sich Japan, die Vereinigten Staaten und das Vereinigte Königreich kaum veranlasst gesehen, stärkere Konsolidierungsanstrengungen zu unternehmen. Im Ergebnis hat die Austeritätspolitik in den Krisenländern des Euroraums zu einem massiven Anstieg der Arbeitslosigkeit geführt. In den Ländern mit einer weniger restriktiven Fiskalpolitik war der Beschäftigungseinbruch deutlich schwächer.

Mit der Entspannung auf den Kapitalmärken wurde von den Krisenländern der Druck genommen, eine überzogene Austeritätspolitik zu verfolgen. Ausweislich des um konjunkturelle Effekte bereinigten Haushaltssaldos (*Abbildung 27.9*) hat es seit 2014 keine weiteren Sparmaßnahmen gegeben. Zusammen mit der expansiven Geldpolitik der EZB ist es im gesamten Euroraum zu einer Wiederbelebung der Wirtschaftstätigkeit und einem deutlichen Rückgang der Arbeitslosigkeit gekommen.

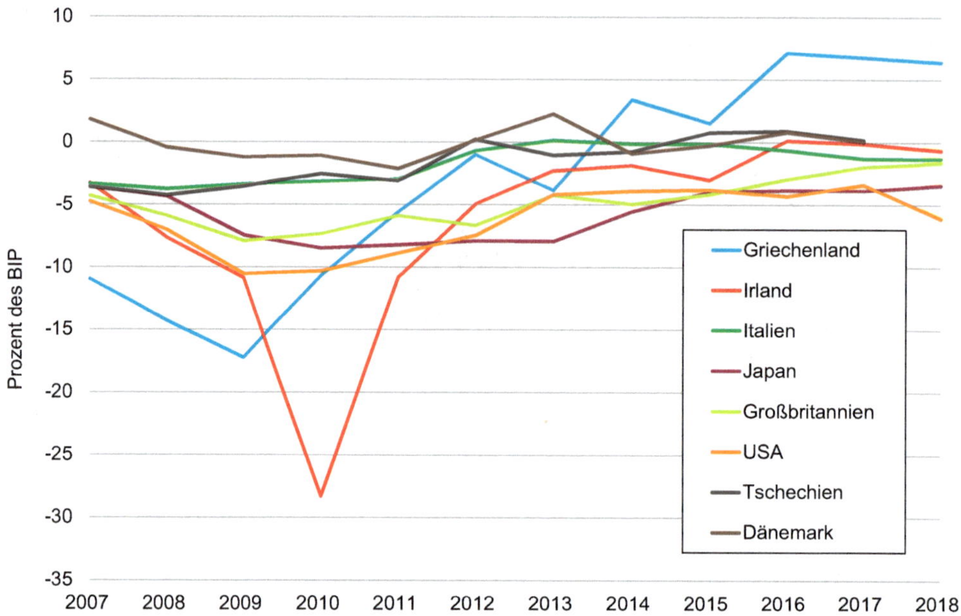

Abbildung 27.9: Fiskalsaldo ausgewählter Länder, bereinigt von einmaligen und konjunkturellen Effekten
Quelle: OECD Economic Outlook 105 Database.

27.2.5 Die dreifache Krise

Insgesamt hatte sich in den Jahren 2008 bis 2013 im Euroraum eine dreifache Krise herausgebildet (▸*Abbildung 27.10*). Als Auslöser wirkte vor allem die sehr hohe private Verschuldung, die zu einer Bankenkrise führte. Die Notwendigkeit, die Banken zu stabilisieren, erhöhte die Staatsverschuldung schlagartig. Durch das für ein Mitgliedsland des Euroraums gegebene Konkursrisiko waren die Möglichkeiten der Staaten, der Krise durch hohe Defizite zu begegnen, begrenzt. Durch die Rettungsprogramme der Troika waren sie vielmehr verpflichtet, drastische Sparmaßnahmen zu ergreifen und diese auch dann noch beizubehalten, als ihre Länder in die Rezession gerieten. Aus der Banken- und der Staatsschuldenkrise wurde so eine gravierende makroökonomische Krise.

Dabei bestanden selbstverstärkende *Rückkopplungseffekte*. Die Vertrauenskrise in Staatsanleihen hatte negative Effekte auf die Banken, die in großem Stil solche Aktiva hielten. Die ungünstige konjunkturelle Lage verschlechterte die Finanzierungssituation von Unternehmen und Privaten Haushalten, was sich negativ auf die Kreditqualität auswirkte. Außerdem führte die Rezession zu höheren Staatsdefiziten, da sie mit Einnahmenausfällen des Staates und höheren Sozialausgaben (Arbeitslosenversicherung) verbunden ist.

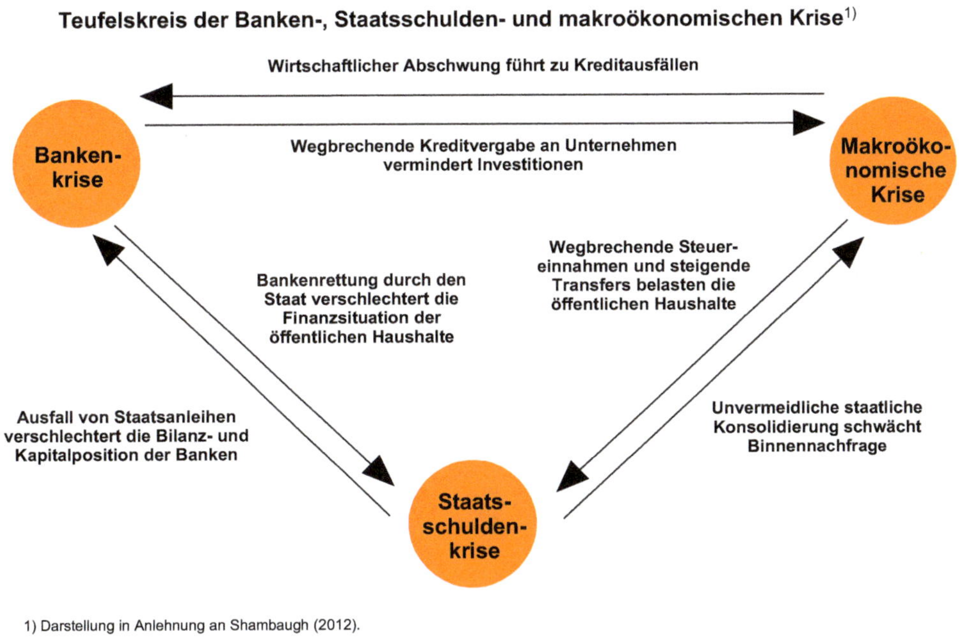

Abbildung 27.10: Teufelskreis aus Banken-, Staatschulden- und makroökonomischer Krise
Quelle: Sachverständigenrat Sondergutachten vom 5. Juli 2012.

Dieser Teufelskreis konnte erst durch die Ankündigung der OMT-Programme gestoppt werden. Eine wichtige Rolle spielte dabei auch, dass die Europäische Kommission seit 2013 den Ländern deutlich mehr Zeit zum Erreichen der Defizitziele eingeräumt hat (*Abbildung 27.9*).

27.3 Geldpolitik der EZB in der Phase der Finanz- und Eurokrise

Trotz deutlicher Gemeinsamkeiten hat sich die EZB in der Phase nach der Finanzkrise anders verhalten als die drei anderen großen Notenbanken. So hat sie in ihrer Zinspolitik sehr viel später reagiert als die US-amerikanische Notenbank oder Bank of England (siehe ▸*Abbildung 27.11*). Während diese Notenbanken unmittelbar nach den ersten Anzeichen der Krise, die Ende Juli 2007 zu erkennen gewesen waren, ihre Leitzinsen senkten, hat die EZB noch im Juli 2008 den Satz für das Hauptrefinanzierungsgeschäft von 4,00 % auf 4,25 % erhöht. Nach dem Eintreten der Lehman-Insolvenz am 15. September 2008 dauerte es einen ganzen Monat, bis die EZB überhaupt zinspolitisch reagierte. Sie ließ es sogar zu, dass der Zuteilungssatz für das Hauptrefinanzierungsgeschäft bis zum 15. Oktober auf 4,99 % anstieg und somit die Refinanzierung für die Banken in der Krise massiv verteuerte. Ein weiterer gravierender Fehler war die zweimalige Anhebung der Leitzinsen in der ersten Hälfte des Jahres 2011, einer Phase, in der der Euroraum mit einer massiven Konjunkturkrise und Vertrauenskrise konfrontiert war.

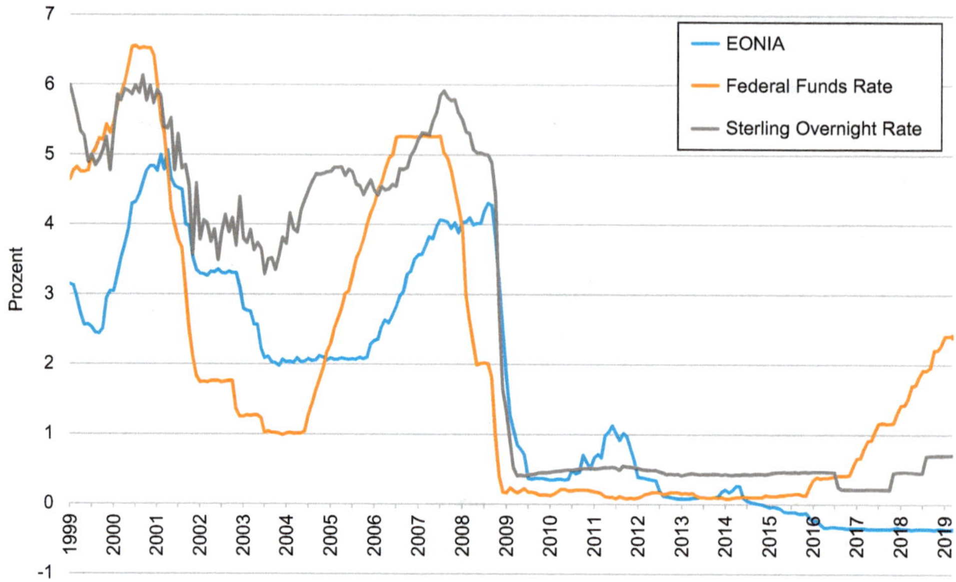

Abbildung 27.11: Verlauf der Tagesgeldzinsen in der Eurozone (EONIA), den USA (Federal Funds Rate) und Großbritannien (Sterling Overnight Rate).
Quellen: EZB, Statistical Data Warehouse, Federal Reserve Bank of St. Louis (FRED) und Bank of England.

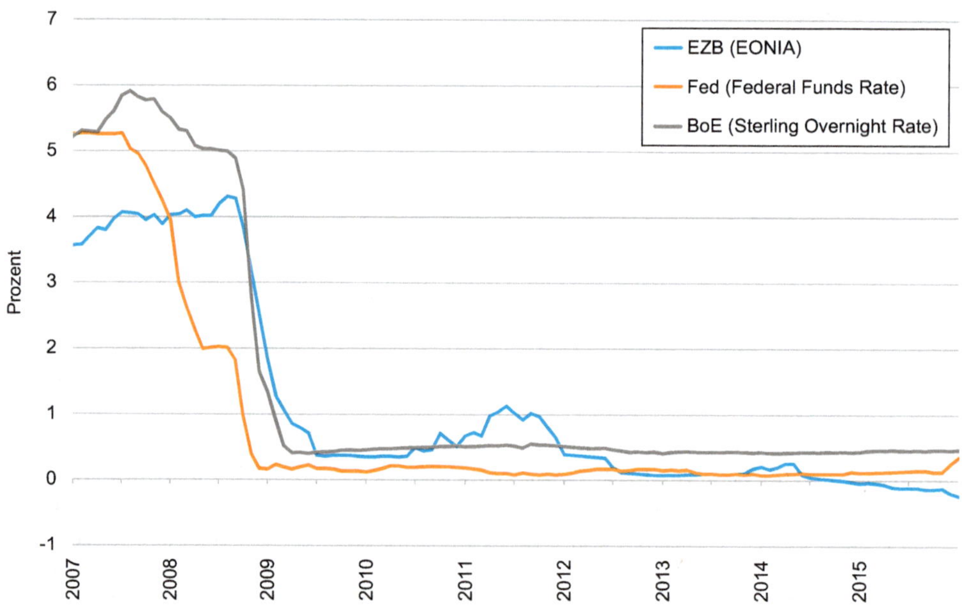

Abbildung 27.12: Zinspolitik in der Krise: Verlauf der Tagesgeldzinsen in der Eurozone, den USA und Großbritannien (2007–2015).
Quelle: EZB, Statistical Data Warehouse, Federal Reserve Bank of St. Louis (FRED) und Bank of England.

Im Rahmen der unkonventionellen Maßnahmen hat die EZB zwar ebenfalls eine deutliche Bilanzverlängerung vorgenommen, diese war jedoch – im Gegensatz zu den anderen großen Notenbanken – zunächst in vergleichsweise geringem Umfang auf Anleihekäufe (▶*Abbildung 26.13*) zurückzuführen. Im Vordergrund stand vielmehr eine starke Ausweitung der Refinanzierungskredite für Banken. Diese ist vor allem auf zwei umfangreiche langfristige Refinanzierungsgeschäfte vom 22. Dezember 2011 und vom 1. März 2012 zurückzuführen, bei denen den Banken für drei Jahre ein Betrag von jeweils rund 500 Mrd. Euro zugeteilt wurde. Diese mit dem Schlagwort der „*Dicken Bertha*" belegten Transaktionen hatten eine zweifache Wirkung. Zum einen sicherten sie die mittelfristige Refinanzierung von Banken. Dies war vor allem für Banken in den Peripherieländern von Bedeutung, die sich in dieser Phase einem Abzug von Geldern durch Investoren aus anderen Ländern gegenübersahen. Zum anderen ermöglichte die Bereitstellung von mittelfristig verfügbaren, aber niedrig verzinslichen Refinanzierungsmitteln den Banken eine stärkere Fristentransformation. Die Banken in Spanien und Italien nutzten dies vor allem zum Ankauf von Staatsanleihen. Das hatte einen positiven Effekt auf die Kurve von Staatsanleihen, zugleich erhöhte dies allerdings die ohnehin problematische Verflechtung zwischen den Banken und dem Staat eines Landes.

Im Juni 2014 führte die EZB als weitere unkonventionelle Maßnahme Negativzinsen für die Einlagefazilität ein. Der Zinssatz für das Hauptrefinanzierungsgeschäft blieb jedoch weiterhin leicht über der Nullzinsgrenze.

Eine wirklich breit angelegtes „Quantitative Easing" durch umfangreiche Anleihekäufe erfolgte erst im Jahr 2015, also fast sieben Jahre nach der Lehman-Insolvenz. Dieses Programm wurde Ende 2018 eingestellt. Angesichts der sich abschwächenden konjunkturellen Entwicklung kündigte die EZB im September 2019 eine Wiederaufnahme der Anleihekäufe an.

Schlagwörter

- Adjustable rate mortgages (S. 543)
- Dicke Bertha (S. 557)
- Finanzmarktstabilisierungsgesetz (S. 545)
- Fristentransformation (S. 545)
- Inflation targeting (S. 542)
- Lender of last resort (S. 546)
- Leverage-Effekt (S. 541)
- Lohnstückkosten (S. 549)
- Multiples Gleichgewicht (S. 553)
- Outright Monetary Transactions (S. 550)
- Private Finanzierungssalden (S. 546)
- Quantitative easing (S. 557)
- Rating-Agenturen (S. 544)
- Rettungsprogramm (S. 550)
- Staatliche Hilfsprogramme (S. 545)
- Strukturierung (S. 544)
- Subprime-Kredite (S. 543)
- Taylor-Regel (S. 541)

Aufgaben

Musterlösungen zu den hier gestellten Aufgaben finden Sie im MyLab | Grundzüge der VWL.

1. Taylor-Regel und deren praktische Anwendung auf die Geldpolitik
   a) Mit welcher Regel hätte die EZB erkennen können, dass ihre Leitzinsen in den Jahren 2004–2006 zu niedrig waren? Berechnen Sie, wie hoch der Leitzins mit den Daten für 2005 (▶*Tabelle 27.1*) hätte sein müssen. und vergleichen Sie Ihr Ergebnis mit dem tatsächlichen EZB-Zins von 2,20 %!

Variable	
Inflationsrate	2,20 %
Leistungsbilanzsaldo	0,40 %
Outputlücke	0,30 %
Langfristiger Realzins	2,80 %
Lohnsteigerungen	2,10 %

Tabelle 27.1: Zentrale volkswirtschaftliche Größen für das Jahr 2005

2. Die Entlohnung des Managers der „Machviel" AG hängt in großem Maße von der Eigenkapitalrendite der Firma ab, sodass dieser eine möglichst hohe Eigenkapitalrendite anstrebt. Das Unternehmen erzielt im Jahr 2018 eine Gesamtkapitalrendite von 6 %. Nun überlegt sich der Manager, wie er durch geschickte Kapitalmaßnahmen die Eigenkapitalrendite erhöhen kann.
   a) Berechnen Sie die Eigenkapitalrendite, wenn 2018 auf dem Markt eine Fremdkapitalrendite von 4 % herrscht, für einen finanziellen Hebel von 5, 10 und 15!
   b) Wie kann der Manager diesen Hebel steigern?
   c) Nun hebt die Notenbank aufgrund der sich verbessernden Konjunkturaussichten den Zins an, wodurch der Fremdkapitalzins auf 5 % steigt. Zeigen Sie das Problem der „Machviel" AG bei steigenden Zinsen und berechnen Sie den kritischen Zins, ab dem die Eigenkapitalrendite negativ wird.
3. Beschreiben Sie den Teufelskreis aus Banken-, Staatsschulden- und makroökonomischer Krise!

LERNZIELE

- Die *Digitalisierung* wird das Geldwesen grundlegend verändern. Durch elektronische Zahlungssysteme wird die Bedeutung des Bargelds deutlich zurückgehen. Kryptowährungen treten in Wettbewerb mit staatlichen Währungen. Nichtbanken könnten die Möglichkeit erhalten, ein Konto bei der Notenbank zu eröffnen. Kreditketten, die bisher über Banken laufen, können über Internetplattformen abgewickelt werden.
- In einer *Welt ohne Bargeld* könnten Notenbanken mehr als bisher negative Zinsen durchsetzen. Es könnte zudem zu keinen Bank-Runs mehr kommen. Aufgrund der hohen Präferenz der meisten Bürger für Bargeld wird sich selbst bei einer fortschreitenden Digitalisierung des Zahlungsverkehrs nicht dazu kommen, dass das Bargeld abgeschafft wird.
- Mit Kryptowährungen, wie beispielsweise Bitcoin, kommt es zum Wettbewerb zwischen privaten Währungen mit den etablierten staatlichen Währungen. Dies entspricht dem *Konzept des Währungswettbewerbs*, das von August von Hayek im Jahr 1976 entwickelt wurde. Aufgrund der hohen Volatilität der bisher geschaffenen Kryptowährungen ist es allerdings wenig wahrscheinlich, dass es ihnen gelingen wird, die etablierten Währungen aus dem Markt zu drängen.
- *Notenbankguthaben für jedermann* hätten große Entwicklungspotentiale, weil sich dabei im Gegensatz zu Bankeinlagen um nominal absolut sichere Anlagen handeln würde. Damit würden sich jedoch grundlegende Veränderungen im Bankensystem ergeben, wenn die Geschäftsbanken ihre traditionelle Einlagenbasis verlieren würden.
- Bei *Bitcoin* und der von Facebook geplanten Währung *Libra* stellt sich das grundlegende Problem, dass die Emittenten hierfür keinerlei Einlösungsversprechen abgeben. Anders als bei Bitcoin will Facebook durch die Regulierung des Umlaufs von Libra dafür sorgen, dass deren Kurs gegenüber einem Währungskorb bestehend aus etablierten Währungen konstant bleibt. Für die Inhaber von Libra bedeutet das jedoch, dass sie einem Wechselkursrisiko ausgesetzt sind, dem sie bei Guthaben in der eigenen Währung nicht unterliegen. Zudem erscheint es für ein *effizientes internationales Zahlungssystem* nicht erforderlich, dass die Beteiligten eine internationale Währung halten.

Digitalisierung des Geldes und die Zukunft der Geldpolitik

28

ÜBERBLICK

Die Digitalisierung ist dabei, viele Bereiche der Wirtschaft grundlegend zu verändern. Dies gilt insbesondere für das Finanzsystem. Hier sind schon jetzt Prozesse zu beobachten, die zu erheblichen Umwälzungen führen dürften und damit auch die Theorie und Praxis der Geldpolitik verändern könnten:

- die Substitution von Bargeld durch elektronisches Geld;
- die Substitution traditioneller Bankeinlagen und Banknoten durch Kryptowährungen;
- die Substitution von Bankeinlagen durch Zentralbankeinlagen für jedermann („Central bank digital currencies");
- die Substitution von Bankkrediten durch „Peer-to-Peer-Kredite", also direkte Kreditbeziehungen ohne Einschaltung von Banken, auf der Basis digitaler Plattformen.

Ausführlicher sollen dabei die Mechanismen der Schaffung von Krypto-Geld (oder Krypto-Tokens) anhand eines einfachen Beispiels aufgezeigt werden. Zudem soll geprüft werden, ob die von Facebook geplante neue Weltwährung „Libra" tatsächlich so stabil sein wird, wie das von ihren Schöpfern behauptet wird.

28.1 Substitutionsprozesse durch die Digitalisierung des Finanzwesens

28.1.1 Substitution von Bargeld durch elektronisches Geld

Ein Bereich, in dem die Digitalisierung bereits deutliche Fortschritte gemacht hat, ist die Substitution von Bargeld als Zahlungsmittel durch elektronische Zahlungssysteme wie Kreditkarten oder Smartphones. Da beim elektronischen Bezahlen immer ein Girokonto für den Ausgleich erforderlich ist, kann man das als eine Substitution von Bargeld durch Bankeinlagen ansehen, die schon immer eine digitale Form von Geld darstellten.

Bisher ist dieser Prozess nicht disruptiv, sondern allmählich verlaufen. In den Mitgliedsstaaten des Euro-Währungsgebiets ist der Bargeldanteil an der Geldmenge M1 von 1980 bis 2019 von 23% auf 14% gesunken. In den Vereinigten Staaten ist diese Entwicklung erst seit einigen Jahren in der Statistik zu erkennen. Der bis dahin noch steigende Bargeldanteil dürfte die Verwendung der US-Banknoten als Parallelwährung in Ländern mit einem instabilen Geldwesen ebenso reflektieren wie die Verwendung von Bargeld im Drogenhandel oder bei der Schwarzarbeit. Man sieht dabei auch, dass es mit der Bargeldeinführung des Euro Anfang 2002 zu einer Stärkung des Dollar als internationale Parallelwährung gekommen ist.

Eine neuere Studie der EZB[1] zeigt, dass immer noch 79% aller Transaktionen mit Bargeld abgewickelt wurden. Das entspricht 54% des Gesamtwerts aller Zahlungen. Doch hier kann es sehr schnell zu größeren Veränderungen kommen. Wie die Studie zeigt, liegen 81% aller Zahlungen an Kassenterminals im Euroraum unter 25 Euro. Gleichzeitig werden immer mehr Zahlungskarten und Kassenterminals mit kontaktloser Technologie (*Near Field Communication, NFC*) für Zahlungen unterhalb dieser Schwelle aktiviert. Es kann hier also durchaus zu raschen Verhaltensänderungen kommen.

1 Esselink und Hernández (2017)

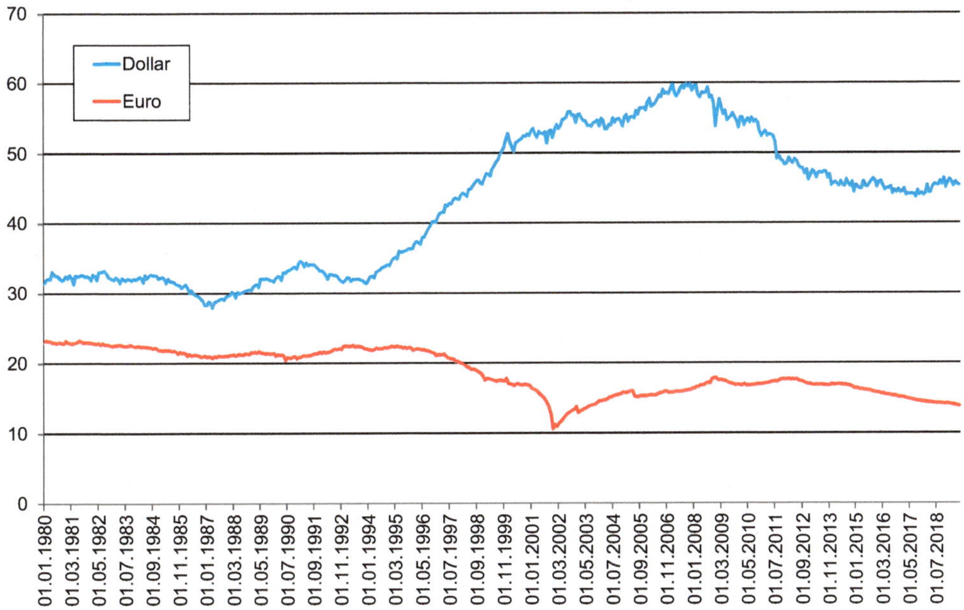

Abbildung 28.1: Anteil des Bargeldbestands in der Geldmenge M1 (in %)
Quelle: ECB Statistical Data Warehouse und Federal Reserve Bank of St. Louis.

Was würde eine völlig bargeldlose Wirtschaft für die Geldpolitik bedeuten? Erstens würde die bereits erwähnte *Nullzinsgrenze* für die Notenbank entfallen. Dies würde den Handlungsspielraum der Zentralbank in tiefen Rezessionen, vor allem in einem deflationären Umfeld, vergrößern. Zweitens würde das Risiko eines allgemeinen Bank-Run (*Kapitel 26*) beseitigt, da die Einleger ihre Einlagen nur zwischen den Banken wechseln, aber nicht vollständig aus dem Bankensystem abziehen könnten. Dies würde die Notwendigkeit verringern, dass die Zentralbank als Kreditgeber der letzten Instanz („Lender of last resort") tätig werden muss. Andererseits könnte man argumentieren, dass die „Marktdisziplin" für das Bankensystem geschwächt wird, wenn Sparer ihre Bankeinlagen nicht mehr in Bargeld tauschen können.

Für solche fundamentalen Veränderungen würde es jedoch nicht ausreichen, wenn der Bargeldgebrauch im Zahlungsverkehr allmählich gegen null tendierte. Es wäre vielmehr erforderlich, dass Bargeld vollständig abgeschafft wird. Solange die Konvertierbarkeit von Bankguthaben in Bargeld rechtlich möglich ist, würde die Verwendung von Bargeld sehr schnell wieder zunehmen, wenn die Zinssätze erheblich in den negativen Bereich gesenkt würden oder wenn die Stabilität des gesamten Bankensystems gefährdet wäre.

Im Zahlungsverkehr dürfte die Digitalisierung allein also nicht zu einem qualitativen geldpolitischen Wandel führen. Ein schwindender Einsatz von Bargeld bei täglichen Zahlungen könnte zwar die politische Entscheidung erleichtern, Bargeld ganz aufzugeben. Eine vollständig bargeldlose Eurozone ist jedoch in Anbetracht der großen Beliebtheit von Bargeld, insbesondere in Deutschland, auf absehbare Zeit sehr unwahrscheinlich.

28.1.2 Substitution der traditionellen Geldbasis und Geldmenge durch Kryptowährungen

Eine zweite Herausforderung für die traditionellen Konzepte von Geld sowie für die Geldpolitik sind Kryptowährungen wie Bitcoin oder die von Facebook geplante private Weltwährung Libra. Sie können als die Verwirklichung von Friedrich A. Hayeks (1976) Traum von der "Entnationalisierung des Geldes" angesehen werden. Er dachte dabei nicht an digitales Geld und Plattformen, sondern an Privatbanken, die Banknoten ausgeben und Girokonten eröffnen, die auf eine private Währungseinheit lauten. Eine Kurzbiografie dieses berühmten Wissenschaftlers finden Sie am Ende des Kapitels. Für eine Diskussion dieser Thematik ist eine Taxonomie nützlich, die es ermöglicht, Geldarten anhand von vier Kriterien zu klassifizieren:

- privater Emittent vs. öffentlicher Emittent;
- konvertierbares vs. nicht konvertierbares Geld;
- physisches vs. elektronisches Geld;
- Geld, das im Peer-to-Peer-Verfahren übertragen wird (Bargeld oder digitales Geld, das in einem Distributed Ledger, also auf einem verteilten Hauptbuch erfasst wird), und Geld, das in einem Buchungssystem mit einer zentralen Buchhaltungsagentur übertragen wird.

Grafisch kann eine solche Taxonomie durch eine Geldblume dargestellt werden (▶*Abbildung 28.2*). Die Idee dafür geht zurück auf eine Studie von Bech und Garratt (2017).[2]

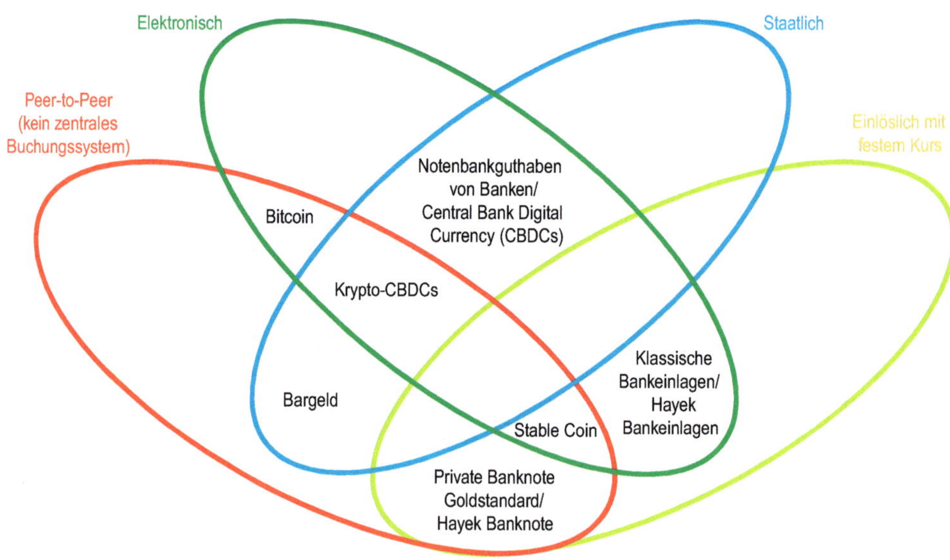

Abbildung 28.2: Geldblume

2 Anstelle des Kriteriums „Konvertierbarkeit gegenüber Nichtkonvertierbarkeit" verwendet die Bank für Internationalen Zahlungsausgleich jedoch das Kriterium „Beschränkte gegenüber allgemeiner Zugänglichkeit". Die anderen drei Kriterien sind gleich.

Ein zentrales Kriterium zur Unterscheidung verschiedener Formen von „Geld" ist die Frage, ob der Emittent gegenüber dem Inhaber des von ihm emittierten Geldes ein Einlösungsversprechen abgibt. Bei einer *traditionellen Bankeinlage* ist das offensichtlich. Wer einen 100-Euro-Schein auf sein Girokonto einzahlt, hat gegenüber der Bank einen rechtlich verbindlichen Anspruch, jederzeit diesen Betrag wieder in bar ausbezahlt zu bekommen. Demgegenüber hat der Inhaber einer solchen *Banknote* gegenüber dem Emittenten, der Europäischen Zentralbank, keinerlei Einlösungsanspruch. Deshalb spricht man hierbei von „definitivem Papiergeld" oder auch „Fiat Money". Das war anders in der Zeit des Goldstandards, wo beispielsweise der Inhaber einer Banknote der Reichsbank bis zum Ausbruch des Ersten Weltkriegs einen verbindlichen Anspruch auf eine bestimmte Menge Gold hatte. Bei den wichtigsten Kryptowährungen, wie *Bitcoin*, besteht kein Einlösungsanspruch gegenüber dem Emittenten. Bei Bitcoin ist der Schöpfer dieser Währung nicht einmal öffentlich bekannt.[3] Demgegenüber besteht bei den sogenannten *Stable Coins* ein fester Einlösungsanspruch gegenüber dem Emittenten.

Sind Kryptowährungen eine ernsthafte Herausforderung für Bargeld, traditionelle Banken oder Zentralbankreserven? Aufgrund des fehlenden Einlösungsversprechens haben sie keinen inneren Wert. Während dies auch für Bargeld und Zentralbankeinlagen gilt, hat das von Zentralbanken ausgegebene Geld den enormen Vorteil, ein *gesetzliches Zahlungsmittel* zu sein. Ein Gläubiger muss also dieses Geld zur Tilgung seiner Forderung annehmen. Zudem kann man damit jederzeit seine Steuern bezahlen. Dies ist ein wichtiger Schutz gegen die vollständige Implosion des Werts eines Geldes ohne inneren Wert. Ein wichtiger zusätzlicher Mechanismus zur Stabilisierung des Werts der staatlichen Währungen ist das gesetzliche Mandat der EZB und anderer Zentralbanken zur Wahrung der Preisstabilität. Seit der Jahrtausendwende ist das allen großen Notenbanken sehr gut gelungen (*Kapitel 15.2.3*).

Während ein einzelner Emittent einer Kryptowährung versuchen kann, eine Wertgarantie zu etablieren, indem er wie Bitcoin eine Obergrenze für die Ausgabe seiner Währung festlegt, impliziert die Logik des Währungswettbewerbs, dass es keine Begrenzung für die Anzahl der Emittenten gibt. Somit gibt es auch keine Begrenzung der Gesamtmenge des Gesamtbestands an Kryptowährungen. Das Halten einer Kryptowährung birgt immer das völlig unvorhersehbare Risiko eines Totalverlusts. Hinzu kommen die ausgeprägte Volatilität und die hohen Transaktionskosten der Kryptowährungen. In *Abschnitt 28.2* wird Bitcoin noch ausführlicher beschrieben.

Insgesamt haben Kryptowährungen weder das Potenzial, die etablierten nationalen Gelder zu ersetzen, noch haben sie einen relevanten Einfluss auf die Geldpolitik. Soweit sie zur Umgehung von Geldwäschereigesetzen eingesetzt werden, sind angemessene gesetzliche Beschränkungen erforderlich.

Diesem Schwachpunkt von Kryptowährungen kann man dadurch begegnen, dass man private Währungen mit einem Einlösungsversprechen in eine traditionelle Währung oder einen aus traditionellen Währungen bestehenden Währungskorb abgibt. Man spricht dann von *Stable Coins*. Ob die von Facebook geplante *private Weltwährung Libra* diesem Anspruch gerecht wird, soll in *Abschnitt 28.3* diskutiert werden.

3 Er ist lediglich unter dem Pseudonym Satoshi Nakamoto bekannt, unter dem er oder sie im Oktober 2008 das Bitcoin-White-Paper und im Januar 2009 die erste Version der Referenzimplementierung Bitcoin Core veröffentlichte.

28.1.3 Substitution von Bargeld und traditionellen Girokonten durch „Notenbankguthaben für jedermann“ (Central Bank Digital Currencies)

Das Aufkommen von Kryptowährungen und die verringerte Nachfrage nach Bargeld, insbesondere in Ländern wie Schweden, wird von vielen Zentralbanken intensiv beobachtet und diskutiert. Eine wichtige Frage ist, ob es sinnvoll ist, Zentralbankguthaben, die bisher nur von Banken gehalten werden dürfen, für die allgemeine Öffentlichkeit zugänglich zu machen. Man spricht dabei von Central Bank Digital Currency (CBDC). Ein relativ weit entwickeltes Konzept ist die von der schwedischen Zentralbank entwickelte E-Krona[4] (Sveriges Riksbank, 2018).

Digitales Zentralbankgeld für jedermann könnte ein *Ersatz für Bargeld* werden, insbesondere wenn der Wert lokal auf einer App oder einer Karte gespeichert wird (*wertbasierte Lösung*). Gleichzeitig könnte es ein *Ersatz für herkömmliche Bankeinlagen* werden, wenn der Saldo auf Konten in einer zentralen Datenbank gespeichert wird (*kontogestützte Lösung*). Die Einführung von digitalem Zentralbankgeld für Nichtbanken würde dabei nicht zwingend ein Verbuchungssystem erfordern, das auf einem *verteilten Hauptbuch* („distributed ledger“) basiert.

Einlagen bei der Zentralbank könnten zu einer sehr attraktiven Investition werden, da sie einen *nominal absolut sicheren Vermögenswert* darstellen. Diese Eigenschaft dürfte vor allem von privaten Haushalten und Unternehmen mit Bankeinlagen von mehr als 100.000 Euro geschätzt werden. Aufgrund der europäischen Abwicklungsrichtlinie vom 15. Mai 2014 (Bank Recovery and Resolution Directive, BRRD) sind solche Anleger bei einer Bankpleite dem Risiko eines Vermögensverlusts („Bail-in“) ausgesetzt. Dieses könnten sie durch das Halten von Zentralbankeinlagen vermeiden. Natürlich hängt die Attraktivität solcher Einlagen von ihrem Zinssatz im Verhältnis zum Zinssatz der Bankeinlagen ab.

Unter der Annahme, dass alle Bürgerinnen und Bürger ein Bankkonto bei der Zentralbank haben, würde sich im Krisenfall das Risiko eines *Bank-Runs* (*Kapitel 26*) für Geschäftsbanken erhöhen. Ein digitaler Bank-Run, das heißt das Überweisen vom Geschäftsbanken-Konto auf das Notenbank-Konto, wäre technisch sehr viel leichter zu bewerkstelligen als das Abheben großer Bargeldbestände.

Notenbankguthaben für jedermann würden allerdings auch den Handlungsspielraum der Notenbank vergrößern. Es wäre nicht nur einfacher, negative Zinssätze durchzusetzen, es wäre auch technisch möglich, das Instrument des sogenannten *Helikoptergelds* einzusetzen. In der Situation einer schwerwiegenden Rezession könnte die Zentralbank dem Konto eines jeden Bürgers einfach einen bestimmten Betrag gutschreiben und so die Konsumnachfrage ankurbeln.

Wenn Notenbankguthaben für jedermann auf eine große Nachfrage stoßen würden, hätte das weitreichende Auswirkungen auf die Rolle der Banken und deren Beziehung zur Zentralbank. Die Banken könnten weiterhin autonom Kredite vergeben, wie das in *Kapitel 26* beschrieben wurde. Das Bankensystem bräuchte dann aber immer zu 100% eine entsprechende Refinanzierung von der Zentralbank, da die Kredite auf die Zentralbankeinlage des Kreditnehmers ausgezahlt werden müssen. Entscheidend ist dabei, ob die Notenbank bereit ist, alle Bankkredite uneingeschränkt als Sicherheit für die

---

4 Siehe auch: *https://www.riksbank.se/globalassets/media/rapporter/e-krona/2018/the-riksbanks-e-krona-project-report-2.pdf*

Refinanzierung der Banken zu akzeptieren. Die Banken könnten zudem versuchen, eine längerfristige Refinanzierung von Nichtbanken aus ihren Zentralbankeinlagen zu gewinnen.

Eine extreme Form universeller Reserven stellt das sogenannte *Vollgeld-System* dar. Hier sind herkömmliche Bankeinlagen generell nicht mehr zulässig. Eine ausführlichere Analyse dieses Systems, das durch die Abschaffung der autonomen Kreditschöpfungsmöglichkeiten von Banken eine größere Stabilität des Finanzsystems anstrebt, findet man bei Bofinger und Haas (2018).

Central Bank Digital Currency könnte weitreichende Auswirkungen für die derzeit auf Bankkonten basierenden Zahlungssysteme haben. Die Rolle der traditionellen Banken könnte hier durch „elektronische Banken" übernommen werden, die ihre gesamten Einlagen durch Guthaben bei der Notenbank absichern (Adrian und Mancini-Griffoli, 2019). Ein Beispiel hierfür ist der chinesische Zahlungsdienstleister Alipay, der die bei ihm gehaltenen Einlagen vollständig durch Guthaben bei der chinesischen Notenbank absichert.

28.1.4 Substitution von traditionellen Bankkrediten durch „Peer-to-Peer-Lending"

Eine weitere Innovation, die durch die Digitalisierung im Finanzsystem ermöglicht wird, ist die Substitution traditioneller Bankkredite durch *Peer-to-Peer-Kredite*. China ist in diesem Bereich führend und zeigt die Risiken und regulatorischen Herausforderungen auf, die mit diesem Instrument verbunden sind.

Peer-to-Peer-Kredite haben konzeptionell viele Ähnlichkeiten mit Kapitalmarktkrediten, da sie anstelle von Bankkrediten eine direkte Beziehung zwischen Kreditgebern und Kreditnehmern herstellen. Man kann sagen, dass Peer-to-Peer-Kredite einen „Kapitalmarkt für kleine Kreditnehmer" schaffen. Die Digitalisierung hat das Potenzial, den Anwendungsbereich dieser Finanzierungsform zu erweitern, insbesondere wenn sie auf etablierten Internetplattformen basiert.

- Peer-to-Peer-Plattformen können mithilfe von Informationen aus Kredit-Scores, sozialen Netzwerken oder Plattformen wie Amazon das Screening und die delegierte Überwachung durchführen. Dies ist die Kernfunktion von Banken in einem Umfeld mit *asymmetrischen Informationen* (*Kapitel 25*).
- Durch die Aufteilung der Anlagen auf eine große Gruppe von Kreditnehmern kann die Peer-to-Peer-Kreditvergabe auch die von Banken gebotene traditionelle *Risikostreuung* bieten (*Kapitel 25*).

Da Peer-to-Peer-Kredite keine risikobehafteten Vermittler benötigen, haben sie den Vorteil, dass sie weniger reguliert werden müssen als herkömmliche Bankkredite. Dies betrifft vor allem Kapitalanforderungen und Liquiditätsanforderungen. Bislang stecken Peer-to-Peer-Kredite noch in den Kinderschuhen. Sie könnten jedoch zu einer ähnlichen Herausforderung für das traditionelle Bankgeschäft werden wie Uber für das traditionelle Taxigeschäft.

Für die Zentralbank könnte eine „Uberisierung" des Bankwesens einen geringeren Einfluss auf Finanzprozesse und auch auf reale Prozesse bedeuten. Peer-to-Peer-Kredite ermöglichen es wie Kapitalmärkte, die vorhandenen Geldbestände für zusätzliche Kredite zu mobilisieren.

Solange jedoch Bankeinlagen der Hauptinput für diese Finanzierungsform bleiben, wird die Zentralbank mit ihrer Zinspolitik auch die Peer-to-Peer-Kreditvergabe beeinflussen können. Die Entscheidung eines Anlegers, Geld, das sich auf einem Bankkonto befindet, für Peer-to-Peer-Kredite zu verwenden, hängt von dem Zinssatz ab, den er für eine solche Einzahlung erhält. Durch die Kontrolle des Geldmarktzinssatzes kann die Zentralbank die Zinssätze für solche Einlagen indirekt bestimmen.

28.1.5 Die Digitalisierung des Geldes untergräbt nicht die Macht der Zentralbanken

Die Digitalisierung des Geldes kann die traditionellen Strukturen des Finanzsystems verändern. Sie kann die Rolle von Banken und Zentralbanken neu definieren. Die Digitalisierung an sich untergräbt jedoch nicht die Kontrolle der Zentralbanken über das Finanzsystem. Massive Regimewechsel (Abschaffung von Bargeld, universelle Notenbankreserven) sind möglich. Sie würden jedoch eine politische Entscheidung erfordern und die Rolle der Zentralbanken nicht schwächen, sondern stärken.

Banken könnten durch neue Vermittlungsformen, vor allem durch Peer-to-Peer-Kredite, massiv herausgefordert werden. Die Entscheidung der Zentralbanken, Zentralbankkonten für jedermann anzubieten, würde die Funktion der Banken grundlegend verändern, vor allem durch die Einschränkung ihrer Fähigkeit, selbstständig Kredite aufzunehmen. Darüber hinaus könnte dies auch die Bedeutung der Banken für die Erbringung von Zahlungsdiensten verringern.

Bei den Kryptowährungen ist derzeit nicht zu erkennen, dass sie einen Regimewechsel für das Finanzsystem bedeuten. Sie können eine Anziehungskraft für risikobegeisterte Anleger haben. Aufgrund des fehlenden Einlösungsversprechens und der nicht begrenzten Anzahl von Emittenten werden sie jedoch kaum in der Lage sein, die Wertstabilität zu erreichen, die erforderlich wäre, um die dominierende Rolle nationaler Währungen und traditioneller Bankeinlagen zu gefährden. Dies gilt auch für die von Facebook geplante private Weltwährung Libra (*siehe Kapitel 28.7*).

28.2 Wie schafft man eine private Kryptowährung?

Die Idee, dass private Währungen Vorteile gegenüber dem staatlichen Monopol zur Emission von Banknoten haben könnten, ist nicht neu. Schon vor mehr als 40 Jahren hat der Nobelpreisträger Friedrich von Hayek eine Schrift veröffentlicht, in der er die „Entnationalisierung des Geldes" forderte (Friedrich von Hayek, 1977). Seiner Ansicht nach missbrauchten die Staaten ihr Monopol zur Notenemission, um damit hohe Inflationsraten zu erzeugen.

Die Entwicklung von Bitcoin und anderen Kryptowährungen zeigt, dass für eine solche private Emission von Geld tatsächlich ein Markt besteht. Doch es ist fraglich, ob ein System mit Privatwährungen tatsächlich ein stabiles Geldwesen schaffen kann, wie es Hayek vorschwebte.

Die Grundprinzipien der privaten Geldproduktion mit einer Kryptowährung wie Bitcoin sollen an einem einfachen Beispiel verdeutlicht werden: Herr Müller beschließt, sich am Währungswettbewerb zu beteiligen. Er lässt eine Million Scheine drucken, auf denen „100 Valuecoin" steht. Auf der Rückseite wird ausdrücklich darauf hingewiesen, dass der Inhaber eines solchen Scheins keinerlei rechtlichen Anspruch gegenüber Herrn Müller hat.

Jetzt kann Herr Müller versuchen, seine Scheine gegen Euro zu verkaufen. Er fängt mit einem Kurs von 1:1 an. Aber warum sollte irgendjemand auf die Idee kommen, 100 Euro für ein Stück Papier auszugeben, das keinen eigenen Wert hat und nichts verspricht? Herr Müller verweist auf das Beispiel von Bitcoin, bei dem ebenfalls die Menge begrenzt ist. Die Obergrenze beträgt 21 Millionen Bitcoin, die allerdings erst im Jahr 2030 erreicht sein soll. Im Vergleich dazu gibt es bei den staatlichen Währungen keinerlei Obergrenze. Der Valuecoin könnte somit den Vorteil haben, dass er wie der Bitcoin gegenüber dem staatlichen Geld an Wert gewinnt. Bald könnten also 100 Valuecoin sehr viel mehr wert sein als 100 Euro.

Nun würde man sich allerdings fragen, wieso ausgerechnet Herr Müller das Privileg haben soll, Geld aus dem Nichts zu schaffen. Auch hier orientiert er sich am Modell des Bitcoins. Er beschließt, nicht einfach alle Scheine selbst in Umlauf zu bringen. Zudem etabliert er einen Mechanismus, der dafür sorgt, dass die Valuecoin-Geldmenge nur allmählich zunehmen kann. Dazu organisiert er einmal in der Woche mit guten Freunden einen Würfelabend.

Immer wenn ein Teilnehmer mit vier Würfeln gleichzeitig eine Eins würfelt, erhält er 100 Scheine. Um zu verhindern, dass die Scheine zu schnell in den Umlauf kommen, wird im Lauf der Zeit die Anzahl der Scheine reduziert, die man für erfolgreiches Würfeln erhält. Nach dem ersten Jahr gibt es nur noch 50 Scheine für einen richtigen Wurf, danach reduziert sich die Anzahl der Scheine weiter. Da die Zahl der Teilnehmer an den Würfelrunden schwankt, wird außerdem der Schwierigkeitsgrad erhöht, wenn besonders viele anwesend sind. Es werden nicht mehr vier, sondern fünf Würfel verwendet, die alle gleichzeitig eine Eins aufweisen müssen.

Da im Lauf der Zeit voraussichtlich immer mehr Interessenten zu den Würfelabenden erscheinen werden, sorgt auch dieser Mechanismus dafür, dass es schwieriger wird, sich neue Valuecoin zu verschaffen.

Alles in allem kommt es dazu, dass der Vorteil, wertlose Scheine gegen staatliches Geld eintauschen zu können, nicht allein bei Herrn Müller bleibt. Vielmehr wird er den Teilnehmern der Würfelabende zuteil, die sich die Valuecoin-Scheine durch anstrengendes Würfeln erarbeiten müssen. Das deckt sich mit dem Modell des Bitcoins, bei dem „Miner" komplexe Rechenaufgaben lösen müssen, wofür große Computerleistungen und enormer Energieverbrauch erforderlich sind. Da man am Anfang schneller zu den Scheinen kommt, werden diejenigen begünstigt, die von Anfang an dabei sind. Dies kommt beim Valuecoin natürlich vor allem Herrn Müller als Initiator des Ganzen zugute.

Wie man auf der Internetseite *www.blockchain.com*[5] nachlesen kann, ist bei Bitcoin der *Schwierigkeitsgrad des Mining* von einem Faktor 1 auf zuletzt 9 Trillionen gestiegen.

An den bisher beschriebenen Mechanismen ändert sich nichts Grundsätzliches, wenn Herr Müller seine Geldemission nicht mehr traditionell über gedruckte Scheine, sondern digital über Konten vornimmt. Er errichtet dazu ein zentrales Abrechnungssystem, bei dem alle Inhaber von Valuecoin ein Konto führen. Für einen erfolgreichen Wurf erhalten sie dann keine Scheine, vielmehr wird ihnen der „erwürfelte" Betrag auf ihrem Konto in Herrn Müllers Verrechnungssystem gutgeschrieben. Außenstehende können den Würflern Valuecoin mit Euro abkaufen und dann auch ein Konto

5 Siehe unter: *www.blockchain.com/explorer?currency=BTC&stat=difficulty*

eröffnen. Damit ist das private Geldsystem perfekt, zwischen den Kontoinhabern können Überweisungen stattfinden.

Was Herrn Müllers Valuecoin noch vom Bitcoin unterscheidet, ist das von ihm geführte *zentrale Abrechnungssystem.* Bitcoin verwendet stattdessen ein dezentrales System, den *distributed ledger.* Wenn Herr Maier beim zentralen Abrechnungssystem 100 Valuecoin an Frau Schmidt überweist, werden nur deren beide Konten angesprochen. Sonst kann niemand diese Transaktion einsehen. Stellt Herr Müller sein Währungssystem auf einen „distributed ledger" um, dann können dagegen alle Teilnehmer die Transaktion zwischen Herrn Maier und Frau Schmidt einsehen. Aber das ist nicht alles. Sie können zudem erkennen, dass Herr Maier die 100 Valuecoin von Herrn Müller bekommen hat, der sich diese einst bei einem Würfelabend erarbeitet hat. So lässt sich im Prinzip für jede Währungseinheit die Geschichte aller damit durchgeführten Transaktionen feststellen.

Für die Teilnehmer ist das jedoch mehr Fluch als Segen. Zwar sorgt eine Verschlüsselung, der *public key,* im Prinzip dafür, dass die Anonymität der Beteiligten an einer Transaktion nach außen gewährleistet bleibt. Aber wer den public key eines Teilnehmers kennt, kann dessen sämtliche Transaktionen nachverfolgen.[6] Das ist so ähnlich, wie wenn man als Kunde einer Sparkasse mit der Kenntnis der Kontonummer eines anderen Kunden Einblick in alle seine Kontobewegungen erhalten könnte. Und den public key eines Bitcoin-Teilnehmers kann man schon dadurch erlangen, dass man von ihm eine Bitcoin-Überweisung erhält.

Die Komplexität des Abrechnungssystems und des Geldschöpfungsprozesses hat für den Schöpfer des Systems den großen Vorteil, dass der grundlegende Mechanismus des Ganzen in den Hintergrund gedrängt wird. Herrn Müller ist es gelungen, für seine wertlosen Scheine und – in der digitalen Version – seine buchstäblich aus dem Nichts geschaffenen Valuecoin-Guthaben Abnehmer zu finden, die bereit sind, dafür staatliches Geld auszugeben. Die Valuecoin haben keinerlei inneren Wert. Aber solange das niemandem auffällt, können sie enorm im Kurs steigen. Wie beim Märchen von „Des Kaisers neue Kleider" bedarf es nur eines kleinen Anlasses, dass das Ganze auffliegt.

Zwar gibt es auch für staatliche Banknoten kein Einlösungsversprechen durch die Notenbanken. Doch sie haben gegenüber den privaten Währungen den entscheidenden Vorzug, dass sie – wie erwähnt – als „gesetzliches Zahlungsmittel" von Verkäufern nicht abgelehnt werden dürfen und dass man damit jederzeit seine Steuern bezahlen kann.

Aber was ist mit dem Vorteil der festen Obergrenze für die Emission von Valuecoin und Bitcoin? Da das Modell des Währungswettbewerbs vom Prinzip her eine Vielzahl privater Währungen vorsieht, ist dem *gesamten Umlauf* der von allen Kryptowährungen emittierten Geldmengen letztlich keine Grenze gesetzt. Und anders als bei den staatlich emittierten Währungen ist auch nicht garantiert, dass dieser kollektive Emissionsprozess insgesamt einer gesamtwirtschaftlichen Rationalität folgt.

So gesehen dürfte ein Geldsystem mit nationalen Währungen, die unter einem staatlichen Monopol emittiert werden, am Ende stabiler sein als ein System des Währungswettbewerbs mit einer Vielzahl von Währungen, hinter denen private Akteure stehen. Und was den Datenschutz und das Bankgeheimnis angeht, erweist sich der „distributed ledger", der nichts vergisst und zumindest für Profis alles transparent macht, als höchst fragwürdig.

6 Siehe auch: *https://blockchain.info/de*

28.3 Stable Coins und Facebooks geplante Weltwährung „Libra"

Ein großer Nachteil der (uneinlöslichen) Kryptowährungen sind ihre starken Wertschwankungen. Wenn eine private Währung im Wettbewerb mit traditionellen staatlichen Währungen und dem Euro erfolgreich sein soll, muss sie eine hohe Wertstabilität aufweisen. Bei Hayek (1977) ist nachzulesen:

„Folgendes scheint mir ziemlich klar zu sein:

a) Ein Geld, von dem allgemein erwartet wird, dass seine Kaufkraft annähernd konstant bleibt, würde ständig nachgefragt, solange es den Leuten freistünde, es zu benutzen;

b) bei einer derartig anhaltenden Nachfrage – abhängig von der erfolgreichen Aufrechterhaltung eines konstanten Geldwertes – könnte man darauf vertrauen, dass die Emissionsbanken sich viel mehr Mühe gäben, dies zu erreichen, als ein Monopolist es täte, der mit der Entwertung seines Geldes kein Risiko eingeht;

c) die emittierende Institution könnte dieses Ergebnis erzielen durch Regelung der angebotenen Menge ihres Geldes; und

d) eine solche Regulierung der Menge jedes Umlaufsmittels setzte die beste aller praktikablen Methoden ein, um die Menge von Tauschmitteln für alle denkbaren Zwecke zu regulieren."

Die Entwickler der Libra scheinen Hayek gelesen zu haben. Sie versprechen jedenfalls, den Wert ihrer neuen Währung in Bezug auf einen Währungskorb zu stabilisieren. Zu diesem Zweck wollen sie Reserven in Form von Bankeinlagen und kurzfristigen Staatsanleihen halten, die passend zu diesem Währungskorb ausgewählt werden. Diese Reserven entstehen dadurch, dass die Investoren mit ihren auf traditionelle Währungen lautenden Bankguthaben Libra kaufen.

Dementsprechend vergleichen die Libra-Entwickler ihr Modell mit der Institution des *Currency Board*, eine Art von Zentralbank, wie es sie beispielsweise zwischen 1991 and 2002 in Argentinien gab und noch heute in Bulgarien gibt. Eine solche Institution unterscheidet sich von einer normalen Zentralbank dadurch, dass die Geldbasis, d.h. das von ihr emittierte Bargeld und die Reserven der Geschäftsbanken, im Prinzip vollständig durch liquide Anlagen in Fremdwährungen gedeckt sind.

Problematisch bei der Libra ist allerdings, dass sie nicht als staatliche, sondern als überstaatliche Währung geplant ist. Ihre Stabilität hängt daher nicht von einer einzelnen Währung ab, sondern von einem *Währungskorb*. In dieser Hinsicht kann die Libra mit einer Korbwährung wie dem Sonderziehungsrecht (SZR) des Internationalen Währungsfonds verglichen werden. Das SZR wird durch feste Beträge von Währungen definiert, die in der Spalte (1) aufgeführt sind (▶ *Tabelle 28.1*). Den Wert des SZR beispielsweise gegenüber dem US-Dollar ermittelt man, indem man für die absoluten Beträge jeweils ihren Dollarwert (Spalte 3) errechnet. Man multipliziert dafür diese Beträge mit dem aktuellen Dollarkurs der betreffenden Währung (Spalte 3). Das Gewicht einer Währung am Korb errechnet man, indem man ihren Dollarwert durch den Dollarwert des gesamten Korbs dividiert (Spalte 4). Da sich der Dollarkurs der Korbwährungen fortlaufend verändert, sind auch ihre Korbgewichte variabel.

Währung	Feste Beträge der nationalen Währungen	Wechselkurs zum US-Dollar	Wert in US-Dollar	Gewicht der Korbkomponenten
	(1)	(2)	(3) = (1) x (2)	(4) = (3) in % des Korbwerts
US-Dollar	0,58252	1,00	0,58	41,91
Euro	0,38671	1,14	0,44	31,61
Chinesischer Yuan	1,0174	0,15	0,15	10,64
Japanischer Yen	11,900	0,01	0,11	8,01
Pfund Sterling	0,085946	1,27	0,11	7,83
Wert des Korbs in US-Dollar			1,39	

Tabelle 28.1: Währungskorb des Sonderziehungsrechts

Geht man einmal davon aus, dass für die Libra eine mit dem SZR vergleichbare Korbstruktur gewählt wird, wird unmittelbar deutlich, dass ihre Wertstabilität für nationale Investoren auf diese Weise nicht gewährleistet werden kann. Kauft etwa ein deutscher Haushalt für einen bestimmten Eurobetrag Libra gegen Euro, hält er (nach Abzug des rund 32-prozentigen Euro-Anteils am Libra-Währungskorb) de facto ausländische Währungen im Umfang von etwa 68% des eingesetzten Betrags. Angesichts der immer wieder erheblichen Schwankungen zwischen den großen Reservewährungen würde der Haushalt damit ein *erhebliches Wechselkursrisiko* eingehen.

Damit unterscheiden sich Guthaben in Libra grundlegend von traditionellen Bankguthaben: Die Libra ist eine höchst spekulative Anlage. Je kleiner der Anteil der nationalen Währung am Währungskorb der Libra ist, desto ausgeprägter wird dieser Effekt. Bei einem SZR-Korbanteil des Yen von rund 8%, würde ein japanischer Investor beim Kauf von Libra für 92% dieses Investments ausländische Anlagen bekommen. Zudem behält sich die Libra-Ausgabestelle das Recht vor, im Fall einer Wirtschaftskrise in einem Land, dessen Währung im Korb enthalten ist, die Zusammensetzung des Korbs zu ändern –, was das Wechselkursrisiko noch verstärkt.

Aber die Wechselkurse sind nicht das einzige Risiko, dem die neue Währung ausgesetzt ist. Zusätzlich ist bis jetzt völlig unklar, was bei einem *Vertrauensverlust der Anleger* in die Libra geschieht. Unter normalen Umständen sollte der Wechselkurs der Libra gegenüber den etablierten Währungen in etwa dem Buchwert der Reserven entsprechen. Die Entwickler der Libra glauben deshalb, eine Flucht aus der neuen Währung („Run") ausschließen zu können. Eine derartige Krise kann aber nur dann wirksam gestoppt werden, wenn alle Investoren darauf vertrauen können, dass sie ihre Libra-Guthaben ohne Wertverlust in die im Korb enthaltenen Währungen umtauschen können.

Dies setzt voraus, dass die Libra-Gesellschaft den Wechselkurs der Libra gegenüber dem Währungskorb durch Interventionen am Devisenmarkt (also dem Kauf von Libra gegen den Verkauf in Reserven) konstant halten kann. Die Reservedeckung soll allerdings nur teilweise aus – jederzeit liquiden – Sichteinlagen bei Banken bestehen. Ein großer Anteil der Reserven soll in Staatsanleihen investiert werden. In einer „Run"-Situation müssten diese Anleihen also sehr schnell in großem Umfang verkauft werden. Dies würde ihre Kurse nach unten treiben. Je stärker nun die Libra verbreitet ist und je größer der Anteil der Anleihen an der Reserve ist, desto höher wären dementsprechend die Verluste, denen die Investoren bei einer Massenflucht ausgesetzt wären. Und dieses Liquiditätsrisiko könnte – zumindest zeitweise – zu einer starken Abwertung der Libra gegenüber dem Buchwert der Reserve führen.

Das Liquiditätsrisiko ist dabei noch zusätzlich dadurch erhöht, dass bei der Libra – im Gegensatz zu den staatlichen Währungen – niemand dazu verpflichtet ist, sie als Zahlungsmittel zu akzeptieren: Sie ist eben kein gesetzliches Zahlungsmittel. Geschäfte können sich also jederzeit weigern, Libra-Zahlungen zu akzeptieren, was eine Vertrauenskrise noch verstärken würde.

Noch bedeutsamer ist allerdings, dass von den Entwicklern der Libra überhaupt keine rechtlich verbindliche Verpflichtung vorgesehen ist, die Libra wieder in die etablierten Währungen zurückzutauschen. Dies unterscheidet sich grundlegend von Hayeks Vorschlag:

"... I would announce the issue of non-interest bearing certificates or notes, and the readiness to open current cheque accounts, in terms of a unit with a distinct registered trade name such as 'ducat'. The only legal obligation I would assume would be to redeem these notes and deposits on demand with, at the option of the holder, either 5 Swiss francs or 5 D-marks or 2 dollars per ducat."

Im Fall einer Vertrauenskrise ist es völlig unklar, ob die notwendigen Interventionen tatsächlich durchgeführt würden. Das von den Libra-Entwicklern erstellte „Whitepaper"[7] und die dazu veröffentlichten Dokumente zur Libra-Reserve[8] erklären ausdrücklich, zwischen den Nutzern und der Reserve dürfe kein direkter Kontakt bestehen. Größere Transaktionen zwischen der Libra und den staatlichen Währungen sollen nur „Zwischenhändler" tätigen können, die von der Ausgabestelle dazu befugt sind.

Zwischen einer traditionellen Bankeinlage und einem Guthaben in Libra besteht somit ein grundlegender Unterschied: Für eine Bankeinlage von 100 Euro besteht die rechtlich bindende Verpflichtung, dass sie in Banknoten im Wert von eben diesen 100 Euro zurückgezahlt werden muss. Dagegen ist ein Guthaben in Libra lediglich ein nicht bindendes Versprechen, den Libra-Wechselkurs in etwa auf den Buchwert der Reserven zu stabilisieren. Eine Libra-Anlage unterliegt daher, verglichen mit einem traditionellen Bankguthaben, einem Rückzahlungsrisiko.

Und selbst wenn die Nachfrage nach der Libra sehr hoch wäre, besteht für ihre Besitzer kein angemessenes Gewinnpotenzial, das diese drei Risiken angemessen ausgleichen könnte. Der Ausgabemechanismus der Währung impliziert, dass ihr Angebot völlig elastisch ist. Bei einer wachsenden Nachfrage werden unbegrenzt neue Libras ausgegeben. Dies ist ein grundlegender Unterschied zum Bitcoin: Auch bei ihm gibt es keine Verpflichtung zur Rücknahme. Aber sein Angebot ist aufgrund des komplexen „Schürfvorgangs", durch den seine Transaktionen verifiziert werden, kurzfristig fast völlig unelastisch. Also sind bei steigender Nachfrage große Preissprünge (und damit Spekulationsgewinne) möglich.

7 Siehe unter: *https://libra.org/de-DE/white-paper/*
8 Siehe unter: *https://libra.org/de-DE/white-paper/#the-libra-currency-and-reserve*

Das grundlegende Problem bei Libra-Guthaben besteht somit darin, dass sie weder Schuldscheine sind, die einem bindenden Rückzahlungsversprechen unterliegen, noch Eigenkapital, das mit Ansprüchen auf Gewinnausschüttung und Mitsprache verbunden ist. Für die Organisatoren des Systems ist dies natürlich der entscheidende Vorteil. Ihnen wird gegen eine Art von Spielgeld Liquidität in Form von traditionellen Bankguthaben zur Verfügung gestellt. Diese können sie – wie ein gigantischer Geldmarktfonds – profitabel einsetzen, ohne die Inhaber von Libra am Gewinn beteiligen zu müssen. Und im Verlustfall muss Facebook kein Insolvenzverfahren befürchten.

Für das Unternehmen und seine Partner stellt Libra also ein gigantisches Bereicherungsprogramm dar – auf Kosten derjenigen Investoren, die nicht verstehen, welche Mechanismen diesem System zugrunde liegen. Die beste Antwort auf Facebooks Vorstoß ist daher, die Öffentlichkeit möglichst umfassend über die Wechselkurs-, Liquiditäts- und Rückzahlungsrisiken der Libra aufzuklären.

Zudem beruht Libra auf einer *grundlegenden Fehlannahme*. Seine Entwickler scheinen zu glauben, dass man für einen effizienten internationalen Zahlungsverkehr *eine internationale Währung* benötigt. Das mag in einer Bargeldwelt so sein. Im Zeitalter der Digitalisierung kommt es jedoch nicht auf eine gemeinsame Währung, sondern vielmehr auf ein gemeinsames Zahlungsverkehrsnetz an. Schon heute kann man mit Kreditkarten oder PayPal weltweit in allen Ländern einkaufen gehen, ohne dabei deren Währungen als Transaktionskasse zu halten. Ein Konto in der heimischen Währung reicht völlig aus, über das dann die in diese Währungen umgerechneten Einkäufe abgebucht werden.

Wenn diese Transaktionen teilweise noch vergleichsweise teuer sind, bedarf es mehr Wettbewerb durch neue Anbieter von Zahlungssystemen, ohne dass dazu eine globale Währung erforderlich ist.

Der radikale Gentleman

1899–1992

Friedrich August von Hayek wurde am 8. Mai 1899 in Wien geboren, wo er in einer Familie mit großer akademischer Tradition aufwuchs. Er starb am 23. Februar 1992. Hayeks wissenschaftliche Laufbahn war von Höhen und Tiefen geprägt. Während der 1950er- und 1960er-Jahre waren seine Theorien weit vom Zeitgeist entfernt, und dementsprechend fanden sie nur wenig Beachtung. Dies änderte sich mit der Verleihung des Nobelpreises im Jahr 1974 und der zunehmenden neoliberalen Orientierung in der Wirtschaftspolitik zahlreicher Länder.

Hayeks wissenschaftliches Werk ist geprägt von der Auseinandersetzung mit dem Sozialismus und der keynesianischen Konzeption der Globalsteuerung. Wie kein anderer hat Hayek die enorm effiziente Informationsverarbeitung durch Märkte herausgearbeitet, die in diesem Buch in den *Kapiteln 5* bis *7* dargestellt wird. Wettbewerb ist für ihn ein wichtiges „Entdeckungsverfahren". Dies gilt auch für gesellschaftliche Institutionen, die für Hayek das Resultat menschlicher Aktionen, nicht aber eines menschlichen Designs darstellen. Der Versuch, die Wirtschaft zentral zu steuern, stelle eine „Anmaßung von Wissen" dar, da es unmöglich sei, die lokal und persönlich weit verstreuten und ständig sich wandelnden Informationen der individuellen Akteure zentral zu erfassen. Für Hayek führt die zentrale Planwirtschaft zwangsläufig in die Despotie. Hayeks Skepsis gegenüber staatlichen Eingriffen erstreckt sich auch auf die Makroökonomie, womit er zwangsläufig zu einem Gegenspieler von Keynes wurde. Wie radikal Hayek hier dachte, wurde deutlich durch seinen Vorschlag einer „Entnationalisierung des Geldes", d.h. einer Abschaffung der staatlichen Zentralbank, um eine wettbewerbliche Geldemission durch private Banken zu ermöglichen.

Zitat

Dass in die Organisation einer Marktwirtschaft viel mehr Wissen von Tatsachen eingeht, als irgendein einzelner Mensch oder selbst irgendeine Organisation wissen kann, ist der entscheidende Grund, weshalb die Marktwirtschaft mehr leistet als irgendeine andere Wirtschaftsform (Freiburger Studien, Tübingen, 1968, S. 11)

Ausbildung und Beruf

1918–1921 Studium an der Universität Wien
1921 Dr. jur., Universität Wien
1923 Dr. rer. pol., Universität Wien, 1929 Habilitation
1927–1931 Direktor, Österreichisches Institut für Konjunkturforschung
1931–1950 Professor an der London School of Economics and Political Science
1950–1962 Professor an der University of Chicago
1962–1968 Professor an der Universität Freiburg

Werke

1929 Geldtheorie und Konjunkturtheorie, Wien (München, 1976)
1944 The Road to Serfdom, London und Chicago (Bonn, 1991)
1960 Die Verfassung der Freiheit (Tübingen, 1977)
1976 Entnationalisierung des Geldes (Tübingen, 1976)

Schlagwörter

- Bitcoin (S. 568)
- Central Bank Digital Currency (S. 566)
- Digitalisierung (S. 562)
- Distributed Ledger (S. 567)
- Helikoptergeld (S. 566)
- Kryptowährungen (S. 568)
- Libra (S. 571)
- Mining (S. 569)
- Peer-to-Peer-Lending (S. 567)
- Stable Coin (S. 565)
- Vollgeld (S. 567)
- Währungswettbewerb (S. 570)

Aufgaben

Musterlösungen zu den hier gestellten Aufgaben finden Sie im MyLab | Grundzüge der VWL.

1. Anna erzählt Tim, dass sie verschiedene Kryptowährungen besitzt und diese stellenweise sogar für realwirtschaftliche Transaktionen nutzen kann. Der Vorteil liegt für sie klar auf der Hand: Allein durch die Kursentwicklung profitiert Anna schon von den Kryptowährungen und wenn sie etwas kaufen möchte, das nicht mit Kryptowährungen zu erwerben ist, kann sie immer noch eine Überweisung auf ihr traditionelles Bankkonto machen. Außerdem ist sie überzeugt, dass sich Kryptowährungen zukünftig sowieso als Zahlungsmittel durchsetzen werden. Tim wird unsicher, ob es angesichts der niedrigen Zinsen, die er von seiner Bank erhält, nicht sinnvoll wäre, Geld von seinem Girokonto in Kryptowährungen zu investieren.
   a) Diskutieren Sie die grundlegenden Unterschiede zwischen Kryptowährungen wie Bitcoin und Sichtguthaben bei einer Geschäftsbank.
   b) Was würden Sie Tim raten?
   c) Ändert sich Ihre Einschätzung aus b), wenn Tim überlegt, anstelle von Kryptowährungen Stablecoins zu verwenden?
2. Ordnen Sie Facebooks Libra-Währung in die Taxonomie der „Geldblume" (*Abbildung 28.2*) ein.
3. Diskutieren Sie die Vor- und Nachteile einer Abschaffung von Bargeld.

LERNZIELE

- In einer offenen Volkswirtschaft ist die makroökonomische Entwicklung eines Landes eng mit der des Auslands verknüpft. Dies gilt insbesondere für kleinere Volkswirtschaften, die in der Regel sehr intensive Außenhandelsbeziehungen mit dem Rest der Welt aufweisen. Die deutsche Volkswirtschaft hat seit den 1990er-Jahren eine besonders deutliche Zunahme ihres Offenheitsgrades erfahren.
- Die inländische Konjunkturentwicklung wird durch den *internationalen Konjunkturverbund* sehr stark von der Nachfragesituation im Ausland bestimmt. Die Exporte haben dabei einen ähnlich starken makroökonomischen Effekt wie die inländischen Investitionen.
- Durch den *internationalen Preiszusammenhang* kommt es zu einer Verknüpfung zwischen der inländischen Preisentwicklung und der Inflationsrate im Ausland. Bei festen Wechselkursen kann sich ein Land mit hoher Inflation an ein Land mit Geldwertstabilität anhängen und so eine niedrige Inflationsrate importieren. Bei flexiblen Kursen sollte – der Theorie nach – die Wechselkursentwicklung die Unterschiede in den Inflationsraten ausgleichen. In der Realität ist dies jedoch allenfalls auf sehr lange Frist zu beobachten.
- Der *internationale Zinszusammenhang* sollte im Prinzip dazu führen, dass die Zinsdifferenzen zwischen zwei Ländern der erwarteten Veränderung des Wechselkurses zwischen ihren Währungen entsprechen. Bei festen Wechselkursen ist dieser Zusammenhang oft sehr stark ausgeprägt. Bei flexiblen Wechselkursen sind die Schwankungen der Kurse am Devisenmarkt um ein Vielfaches höher als die Zinsdifferenzen und der Zusammenhang weist oft das entgegengesetzte Vorzeichen auf.
- Für die Währungspolitik eines Landes gibt es zwei diametrale Optionen: Ein Land kann sich dafür entscheiden, seinen Wechselkurs am Devisenmarkt frei schwanken zu lassen. Ein solches Regime *„flexibler Wechselkurse"* eröffnet zinspolitische Autonomie, es besteht jedoch das Risiko, dass es durch erratische Wechselkursbewegungen zu erheblichen Problemen für die Wettbewerbsfähigkeit eines Landes kommt. Bei *festen Kursen* fehlt die zinspolitische Autonomie, dafür sind die Störungen durch den Wechselkurs geringer. Beide Alternativen sind also nicht ohne Probleme. Deshalb verfolgen heute zahlreiche Notenbanken die Zwischenlösung des *„managed floating"*.
- Die in diesem Kapitel dargestellten Zusammenhänge auf der Nachfrageseite können Sie mit dem Modell *„Makro Kapitel 29"* im begleitenden **MyLab** | Grundzüge der VWL nachspielen. Allerdings handelt es sich dabei um eine extrem vereinfachte Beschreibung der Interdependenzen in einer offenen Volkswirtschaft.

Wirtschaftspolitik in der offenen Volkswirtschaft

29

ÜBERBLICK

29.1 Einleitung

Das Schlagwort *„Globalisierung"* macht einen wichtigen Sachverhalt deutlich: Es gibt heute immer weniger Märkte, die nur noch auf ein einzelnes Land begrenzt sind. Die internationale Verflechtung ist bei den *Geld- und Kapitalmärkten* besonders ausgeprägt, da dort die Transaktionskosten sehr gering sind. Mit einem einzigen Telefonanruf oder Tastendruck kann ein Devisenhändler 50 Millionen US-Dollar von Frankfurt nach New York transferieren. Aber auch für die *Güter- und Dienstleistungsmärkte* spielen die Landesgrenzen heute oft keine Rolle mehr. Zölle und andere Handelshemmnisse wurden in den vergangenen Jahrzehnten drastisch reduziert, per Internet kann man vom Schreibtisch aus weltweit „shoppen" gehen. Allerdings ist es seit dem Amtsantritt von Donald Trump im Januar 2017 wieder zu einem wachsenden Protektionismus in der Form von Zöllen gekommen. Zudem ist das Vereinigte Königreich mit dem Brexit aus dem EU-Binnenmarkt ausgeschieden. Am stärksten segmentiert sind die Arbeitsmärkte, da es in den meisten Ländern Beschränkungen für die Zuwanderung von Arbeitnehmern gibt. Innerhalb der Europäischen Union sind diese jedoch weitgehend beseitigt worden. Sprachliche und kulturelle Unterschiede stellen hierbei zusätzliche Barrieren für die Mobilität dar. Allerdings weist eines der elegantesten Theoreme der Außenhandelstheorie – das Modell von *Heckscher und Ohlin* – nach, dass es für die Arbeitsmärkte letztlich egal ist, ob Menschen über die Grenzen hinweg wandern oder aber Produkte, in denen die Arbeitskraft von Menschen steckt.[1] Die in vielen hoch entwickelten Ländern zu beobachtenden Beschäftigungsprobleme von Geringqualifizierten haben also auch damit zu tun, dass sehr viele Güter importiert werden, die in Niedriglohnländern von Menschen mit relativ geringer Ausbildung erstellt wurden.

Mit dem Außenhandelsmodell von Ricardo haben wir in *Kapitel 3* bereits eine sehr wichtige theoretische Grundlage für das Verständnis der außenwirtschaftlichen Verflechtungen kennengelernt. Seine zentrale Aussage lautet, dass Arbeitsteilung grundsätzlich immer möglich und für alle Beteiligten vorteilhaft ist, wenn *komparative Kostenunterschiede* bei der Güterproduktion bestehen. Es wurde dabei auch deutlich, dass absolute Kostenunterschiede, d.h. Divergenzen in den Produktivitätsniveaus von Ländern, kein Hindernis für den Güteraustausch darstellen, sofern sich dies in entsprechenden Lohnunterschieden niederschlägt. Neben diesem von David Ricardo entwickelten Basis-Theorem und dem Modell von Heckscher und Ohlin gibt es noch eine Reihe anderer wichtiger Modelle für den Außenhandel, die in der Volkswirtschaftslehre im Teilgebiet *der realen Außenwirtschaftstheorie* diskutiert werden. Kennzeichnend hierfür ist eine rein *mikroökonomische* Ausrichtung.

Es bestehen auch in der *Makroökonomie* vielfältige Wechselwirkungen zwischen der nationalen Wirtschaftspolitik und den Entwicklungen im Rest der Welt. Um den Einstieg in die Welt der Makroökonomie nicht unnötig zu komplizieren, haben wir in diesem Buch bisher vom Ausland ganz abgesehen. Für große Wirtschaftsräume wie die Vereinigten Staaten und Euroland bietet diese eingeschränkte Modellwelt einer *„geschlossenen Volkswirtschaft"* eine einigermaßen zweckmäßige Abbildung der Rea-

1 Siehe dazu die Beschreibung dieses Theorems im Lehrbuch von Rose und Sauernheimer (2006).

lität. Doch für ein Land wie Deutschland und natürlich erst recht für noch sehr viele kleinere *„offene Volkswirtschaften“*, wie zum Beispiel die Niederlande oder Österreich, kommt man nicht umhin, sich mit den Wirkungskanälen zu befassen, die die wirtschaftlichen Prozesse über die Landesgrenzen hinaus übertragen. Dabei geht es vor allem um drei zentrale Zusammenhänge:

- *Internationaler Nachfrageverbund:* In einer offenen Volkswirtschaft hängt die gesamtwirtschaftliche Nachfrage wesentlich von den Exporten ab. Diese werden wiederum davon bestimmt, wie sich die Wirtschaftslage im Ausland entwickelt. Gleichzeitig wird ein Teil des inländischen Einkommens für ausländische Güter ausgegeben (Importe) und steht so nicht für die Nachfrage im Inland zur Verfügung.
- *Internationaler Preisverbund:* Bei freiem Warenverkehr werden die Güter in dem Land gekauft, wo sie am billigsten sind. Damit sind die Anbieter im Inland gezwungen, sich an den Preisen ihrer ausländischen Konkurrenten zu orientieren. In einer offenen Volkswirtschaft wird damit auch die Inflationsrate wesentlich von der Veränderung des Geldwerts im Ausland bestimmt.
- *Internationaler Zinsverbund:* Bei freiem Kapitalverkehr sind die Anleger bestrebt, ihr Geld dort anzulegen, wo die Erträge am höchsten sind. Für die Notenbank eines kleinen Landes kann das bedeuten, dass sie nicht mehr in der Lage ist, eine eigenständige Zinspolitik zu verfolgen.

Leider sind die makroökonomischen Interdependenzen in offenen Volkswirtschaften recht komplex. Wir werden uns in dieser Einführung deshalb auf die wichtigsten Grundzusammenhänge konzentrieren.

29.2 Der internationale Nachfrageverbund

In einer offenen Volkswirtschaft wird die gesamtwirtschaftliche Nachfrage nicht mehr allein von den inländischen Nachfragekomponenten bestimmt. Zum Konsum, den Staatsausgaben und den Investitionen treten jetzt auch die *Exporte*, d.h. die inländischen Güter, die von Ausländern nachgefragt werden. Gleichzeitig entfallen nun Teile des im Inland erzielten Einkommens auf Güter, die im Ausland produziert werden, und stehen damit – als *Importe* – für die Inlandsnachfrage nicht zur Verfügung. In einer offenen Volkswirtschaft wirkt sich also die Entwicklung der Weltkonjunktur positiv oder negativ auf die gesamtwirtschaftliche Nachfrage und somit auch auf Inflation und Beschäftigung aus. Dies gilt auch für eine relativ große, aber immer stärker exportorientierte Volkswirtschaft wie Deutschland. Die Exportquote, d.h. der Anteil der Exporte am *Bruttoinlandsprodukt*, ist von 25,7 % im Jahr 1991 auf 47,0 % im Jahr 2018 angestiegen. Die Importquote erhöhte sich von 26,1 % (1991) auf 40,2 % (2018). Beides verdeutlicht die stark gestiegene weltwirtschaftliche Verflechtung der deutschen Volkswirtschaft (▶*Abbildung 29.1*).

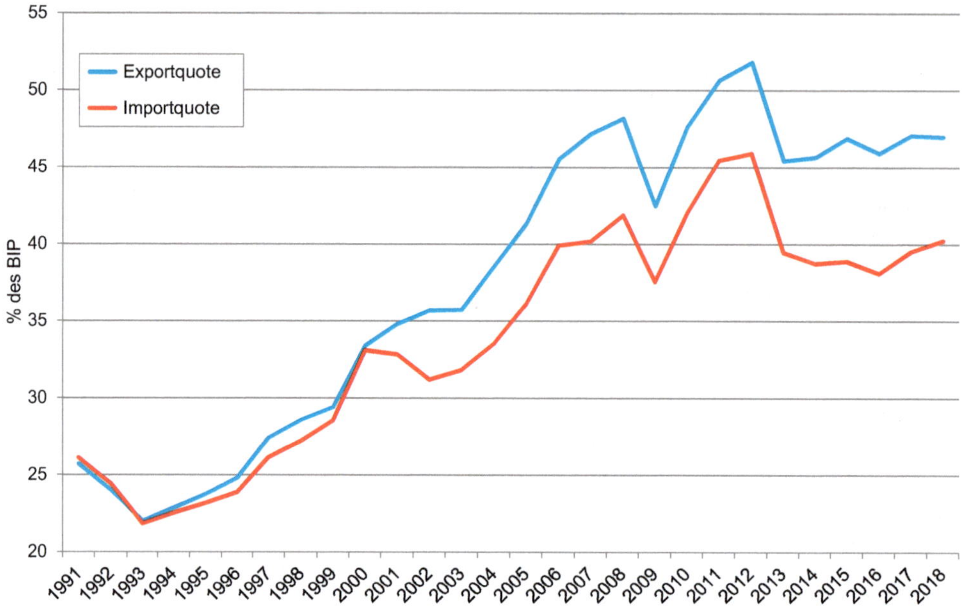

Abbildung 29.1: Steigende weltwirtschaftliche Verflechtung der deutschen Volkswirtschaft; Exporte und Importe in % des Bruttoinlandsprodukts
Quelle: Zeitreihendatenbank des Sachverständigenrates.

▶*Abbildung 29.2* zeigt, wie stark die deutsche Volkswirtschaft von den positiven, aber auch negativen Wachstumsimpulsen aus dem Ausland beeinflusst wird. Die roten Balken bilden den *Wachstumsbeitrag des Außenhandels* zum Bruttoinlandsprodukt ab, die blauen den Beitrag der inländischen Nachfragekomponenten. Man kann daran drei unterschiedliche Phasen seit Anfang der 1990er-Jahre erkennen. Die 1990er-Jahre waren durch eine kräftige Binnennachfrage gekennzeichnet. Hierbei spielten die deutsche Einheit und die damit verbundenen öffentlichen und privaten Investitionen eine wichtige Rolle.

Im darauffolgenden Jahrzehnt machten sich zunächst die Effekte der deutschen „Lohnmoderation" bemerkbar. Die Binnennachfrage trat von 2001 bis 2005 nahezu auf der Stelle. Dafür kamen größere Wachstumsimpulse aus dem Ausland. Nach dem massiven Einbruch im Jahr 2009, der überwiegend außenwirtschaftlich bedingt war, sind seither wieder deutlich stärkere binnenwirtschaftliche Impulse erkennbar, die nicht zuletzt durch eine Abkehr von der Lohnmoderation bedingt waren.

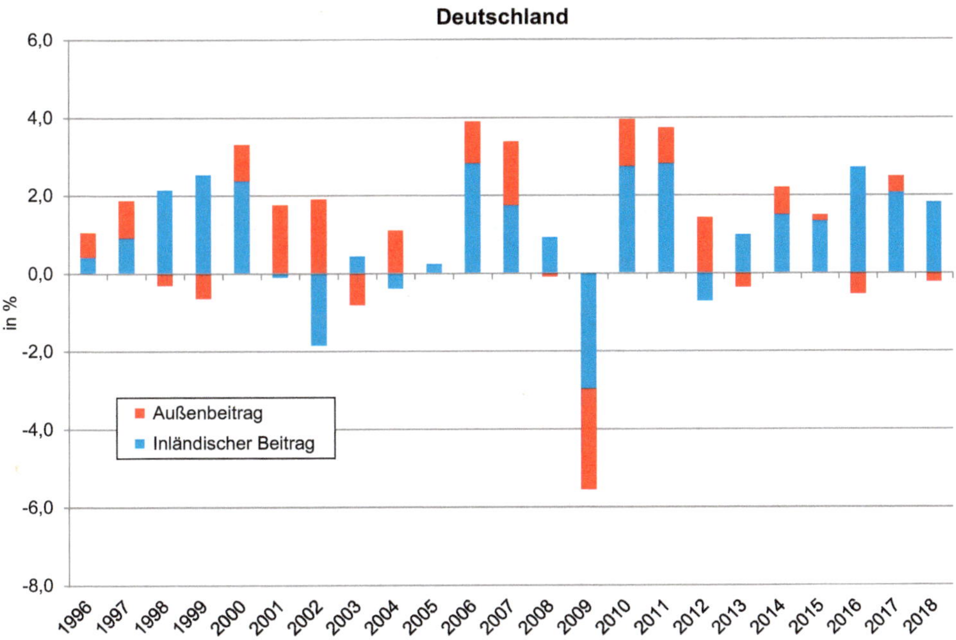

Abbildung 29.2: Wachstumsbeiträge der Inlandsnachfrage und des Außenbeitrags am Bruttoinlandsprodukt Deutschlands in Prozentpunkten
Quelle: OECD Economic Outlook 104 Database.

Um dieses Buch nicht mit Gleichungen zu überfrachten, verbannen wir diese in die *Box 29.1* und beschränken uns hier auf eine intuitive Herleitung der Zusammenhänge. Mit dem Modell „*Makro Kapitel 29*" können Sie diese dann leicht anhand der Zahlenbeispiele überprüfen.

Die *Importe* werden in einfachen makroökonomischen Modellen im Prinzip ähnlich behandelt wie Steuern: Sie vermindern die im Inland wirksame Nachfrage. Es wird dabei unterstellt, dass es eine stabile Relation zwischen dem inländischen Einkommen und den Importen gibt, die durch die *marginale Importneigung* (m) beschrieben wird.

$$M = m \cdot Y \quad (29.1)$$

Die *Exporte* werden von ihren Wirkungen auf die gesamtwirtschaftliche Nachfrage genauso behandelt wie der autonome Konsum, die Staatsausgaben oder die autonomen Investitionen. Man unterstellt also, dass die Exporte unabhängig von der wirtschaftlichen Entwicklung des Inlands sind. Sie werden jedoch vom Volkseinkommen des Auslands bestimmt. Da die Exporte des Inlands nichts anderes sind als die Importe des Auslands, kann man sie ebenfalls in einem festen Verhältnis zum Einkommen des Auslands darstellen.

$$X = m^F \cdot Y^F \quad (29.2)$$

Während die Exporte also einen stimulierenden Effekt auf die gesamtwirtschaftliche Nachfrage ausüben, bedeuten Importe einen Entzug von inländischer Kaufkraft.

▸*Abbildung 29.3* das aus dem Modell E im MyLab abgeleitet wurde, zeigt, dass man bei Exporten von zwei Einheiten und einer marginalen Importneigung von 0,25 % wiederum einen Realzins von 2 % benötigt, um Vollbeschäftigung zu erreichen. Wir haben die Zahlenwerte so gewählt, dass die stimulierenden Effekte, die vom Export auf die gesamtwirtschaftliche Nachfrage ausgehen, gerade durch die Entzugseffekte ausgeglichen werden, die sich durch die Importe ergeben. Der Saldo der Handelsbilanz ist also gleich null.

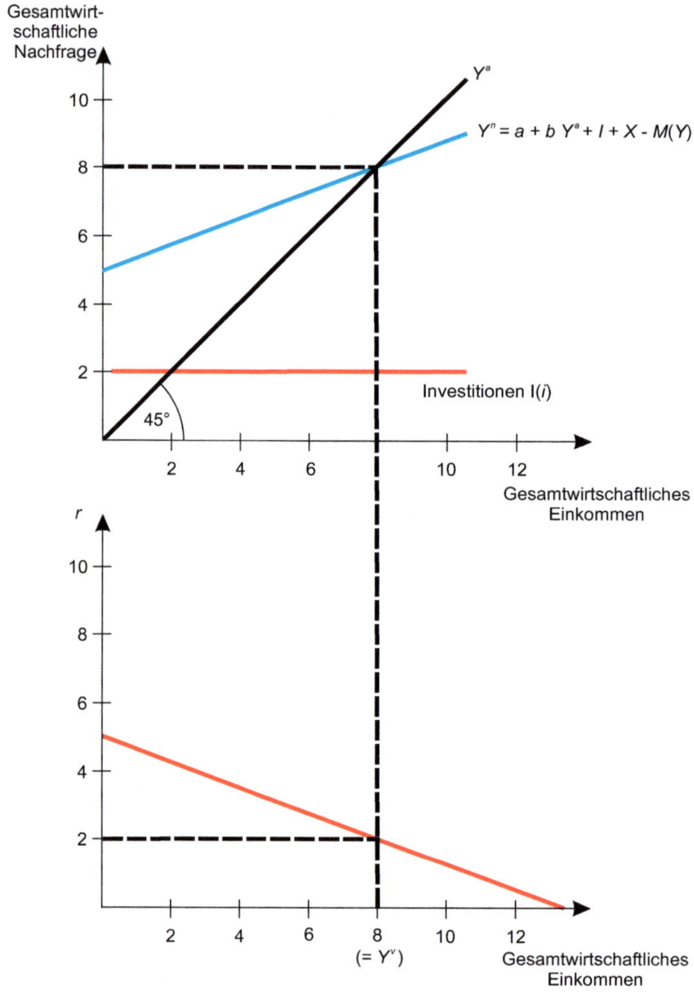

Abbildung 29.3: Vollbeschäftigung in der offenen Volkswirtschaft

An ▸*Abbildung 29.4* können wir ablesen, wie sich ein Einbruch der Weltkonjunktur auf die inländische Wirtschaft auswirkt. Bei einer Halbierung des ausländischen Einkommens gehen die Exporte des Inlands von zwei Einheiten auf eine Einheit zurück. Die gesamtwirtschaftliche Nachfrage verschiebt sich – ähnlich wie bei einem inländischen Nachfrageschock – nach unten. Das Gleichgewichtseinkommen beträgt jetzt nur noch 6 2/3 Einheiten und liegt damit unter dem Vollbeschäftigungsniveau.

Für eine offene Volkswirtschaft wirken sich *Schwankungen der Weltkonjunktur* also positiv oder negativ auf das Gleichgewichtseinkommen aus und stellen daher eine eigenständige Ursache für Inflation oder Arbeitslosigkeit dar, die gegebenenfalls durch eine antizyklische Geld- oder Fiskalpolitik des Inlands kompensiert werden muss. In dem hier dargestellten Beispiel wäre eine Senkung des Realzinses um einen halben Prozentpunkt auf 1,5 % erforderlich, um über eine Ausweitung der zinsabhängigen Investitionen wieder das Vollbeschäftigungseinkommen zu erreichen. Allerdings haben wir dabei zur Vereinfachung unterstellt, dass die Zinspolitik in gleicher Weise agieren kann wie in der geschlossenen Volkswirtschaft, was jedoch nicht immer der Fall ist.

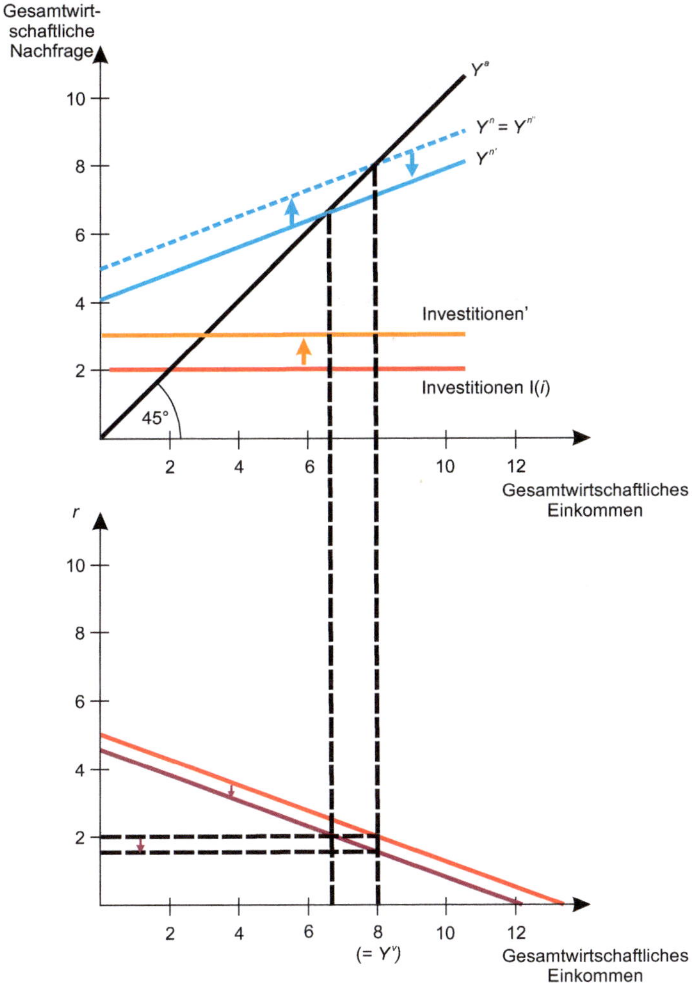

Abbildung 29.4: Geldpolitische Reaktion in der offenen Volkswirtschaft

Box 29.1 Gleichungssystem für die offene Volkswirtschaft

In der offenen Volkswirtschaft wird die gesamtwirtschaftliche Nachfrage wie folgt bestimmt:

$$(29.3) \qquad Y^n = a + b \cdot Y + G + I - n \cdot r + X - M$$

Es werden also von der im vorhergehenden Kapitel: „Makroökonomie wie sie schon die Großväter lehrten" verwendeten Grundgleichung die Exporte hinzuaddiert und die Importe abgezogen. Für die Importe wird angenommen, dass sie über die marginale Importneigung (m) in einem festen Verhältnis zum inländischen Einkommen stehen:

$$(29.4) \qquad M = m \cdot Y$$

Für die Exporte, die aus der Sicht des Auslands dessen Importe darstellen, gilt entsprechend:

$$(29.5) \qquad X = m^F \cdot Y^F$$

Sie stehen also in einem proportionalen Verhältnis zum ausländischen Einkommen (Y^F). Die gesamtwirtschaftliche Nachfrage lautet dann:

$$(29.6) \qquad Y^n = a + b \cdot Y + G + I - n \cdot r + m^F \cdot Y^F - m \cdot Y$$

Im Gleichgewicht, d.h. für $Y^n = Y^a = Y$ ergibt sich dann:

$$(29.7) \qquad Y = \frac{1}{(1-b+m)}[a + G + I - n \cdot r + m^F \cdot Y^F]$$

Der Multiplikator wird nun also auch von der marginalen Importquote bestimmt, die gegenläufig zur Konsumneigung wirkt. Das ausländische Einkommen (Y^F) stellt eine zusätzliche autonome Nachfragekomponente dar, die nach Maßgabe des Multiplikators zu Schwankungen des inländischen Gleichgewichtseinkommens führt.

29.3 Der internationale Preisverbund (Kaufkraftparitätentheorie)

29.3.1 Gesetz der Preisunterschiedslosigkeit

Ein weiteres wichtiges Bindeglied zwischen der inländischen und ausländischen Wirtschaftsentwicklung ist der internationale Preiszusammenhang. Er beruht auf dem grundlegenden Prinzip der *„Arbitrage"*. Darunter versteht man, dass Wirtschaftssubjekte („Arbitrageure") bei regionalen Preisdifferenzen für ein identisches, handelbares Gut einen starken Anreiz haben, dieses am Ort mit dem niedrigeren Preis anzukaufen und am Ort mit dem höheren Preis zu verkaufen. Dadurch kommt es zu einer Angleichung der Preise. Arbitrage führt also im Prinzip dazu, dass handelbare Güter – unter Berücksichtigung der Transportkosten – überall zu einem einheitlichen Preis angeboten werden. Man spricht dann auch vom *„law of one price"* (*Gesetz der Preisunterschiedslosigkeit*).

Im internationalen Rahmen setzt der Arbitrage-Mechanismus voraus, dass ein freier Warenaustausch überhaupt möglich ist. Zölle oder nichttarifäre Handelshemmnisse (z.B. Importquoten oder unterschiedliche Normen) können also dazu führen, dass es zu Abweichungen vom „law of one price" kommt. Bei voller Gültigkeit dieses Gesetzes gilt für den Preis eines handelbaren Gutes i (p_i):

$$p_i = \frac{1}{S} p_i^F \tag{29.8}$$

Nehmen wir an, eine Hose kostet in den Vereinigten Staaten 120 US-Dollar. Bei voller Gültigkeit des Gesetzes der Preisunterschiedslosigkeit und einem Dollar-Kurs des Euro von 1,20 US-Dollar je Euro müsste die Hose in Deutschland 100 Euro kosten.

Box 29.2 Der Big-Mac-Index

Ein beliebter – wissenschaftlich aber eher fragwürdiger – Test für das Gesetz der *Preisunterschiedslosigkeit* ist der Big-Mac-Index. Er vergleicht die Preise eines Big Mac in unterschiedlichen Ländern, wobei die Preise in nationaler Währung durch die Umrechnung zum aktuellen Dollar-Kurs vergleichbar gemacht werden. ▶*Abbildung 29.5* zeigt, dass es für den in US-Dollar errechneten Preis eines Big Mac eine Preisspanne von 1,75 US-Dollar (Indien) bis 6,62 US-Dollar (Schweiz) gibt. Diese Abweichungen vom „law of one price" sind aber nicht überraschend, da der Big Mac ein nicht handelbares Gut ist. Ein hungriger Schweizer kann sich also nicht einfach seinen Big Mac aus Mumbai bringen lassen. Deshalb wird der Preis eines Big Mac überwiegend von den lokalen Löhnen und Mieten bestimmt, die in Schwellenländern sehr viel niedriger sind als in Industrieländern.

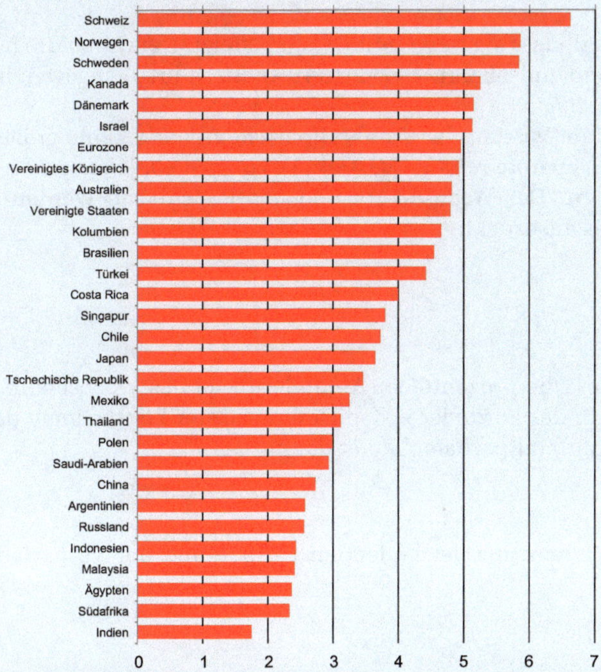

Abbildung 29.5: Big-Mac-Index – Preis eines Big Mac in nationaler Währung zum aktuellen Kurs in US-Dollar umgerechnet (Stand Januar 2019)
Quelle: www.economist.com.

29.3.2 Kaufkraftparitätentheorie: Unterschiede in den Inflationsraten bestimmen den Wechselkurs

Dieser auf den Preisen von einzelnen Gütern beruhende Zusammenhang des „law of one price“ wird nun häufig auch auf die Preisniveaus ganzer Volkswirtschaften übertragen. Man spricht dann von der „*Kaufkraftparitätentheorie*“. In ihrer *absoluten Version* lautet diese wie folgt:

$$P = \frac{1}{S} P^F \qquad (29.9)$$

Das inländische Preisniveau entspricht dem ausländischen Preisniveau (P^F) dividiert durch den Wechselkurs (S). Dabei wird der Wechselkurs in der sogenannten *Mengennotiz* angegeben, d.h., er beschreibt, wie viele Einheiten der fremden Währung man benötigt, um eine Einheit der heimischen Währung zu kaufen. Konkret lautet der Wechselkurs für den Euro:

$$S = X\left(\frac{\$}{€}\right) \qquad (29.10)$$

Häufig wird der Wechselkurs auch in der sogenannten *Preisnotiz* (S^P) dargestellt. In diesem Fall gibt er an, was eine Einheit der fremden Währung in Einheiten der heimischen Währung kostet:

$$S^P = X\left(\frac{€}{\$}\right) \qquad (29.11)$$

Die *Mengennotiz* hat den Vorteil, dass sie recht intuitiv ist: *S steigt*, wenn sich die heimische Währung *aufwertet* und umgekehrt. Bei der *Preisnotiz* führt demgegenüber eine *Abwertung* dazu, dass S^P *steigt*.

In der Regel spielt die absolute Version der Kaufkraftparitätentheorie keine größere Rolle. Entscheidend ist die sogenannte *relative Version*. Dazu wird *Gleichung 29.9* in Veränderungsraten transformiert. Der Wechselkurs und das Preisniveau werden in ihrem natürlichen Logarithmus ausdrückt:

$$\ln(S) = s \qquad (29.12)$$

$$\ln(P) = p \qquad (29.13)$$

Diese Darstellung ermöglicht es, die prozentualen Veränderungen des Wechselkurses und des Preisniveaus einfach in der Form der ersten Differenz ihrer Logarithmen darzustellen. Die Gleichung für Kaufkraftparitäten lautet dann:

$$s = p^F - p \qquad (29.14)$$

Bildet man dazu die erste Differenz aus der laufenden Periode und der Vorperiode, ergibt sich:

$$s_t - s_{t-1} = p_t^F - p_{t-1}^F - (p_t - p_{t-1})$$

Die prozentuale Veränderung des Preisniveaus ($p_t - p_{t-1}$) ist dabei identisch mit der Inflationsrate (π). Man erhält dann:

(29.15) $\Delta s = \Delta p^F - \Delta p = \pi^F - \pi$

Diese Gleichung beschreibt die relative Version der *Kaufkraftparitätentheorie:* Veränderungen des Wechselkurses werden von den Unterschieden in den nationalen Inflationsraten bestimmt. Ein Land, das eine niedrigere Inflationsrate als das Ausland aufweist, müsste demnach eine Aufwertung seiner Währung erfahren.

29.3.3 Währungspolitische Handlungsoptionen in einer offenen Volkswirtschaft

Mit den *Gleichungen 29.14* und *29.15* kann man die wichtigsten währungspolitischen Handlungsoptionen eines Landes beschreiben.

- Eine Notenbank kann sich dafür entscheiden, ihren Wechselkurs gegenüber der Währung eines anderen Landes stabil zu halten ($\Delta s = 0$). Man bezeichnet das als ein Regime *fester Wechselkurse.* In der Regel binden sich kleinere Länder an die Währung eines sehr großen Landes (US-Dollar) oder eines ganzen Währungsraums (Euro). Das Beispiel der Festkursbindung des chinesischen Yuan an den US-Dollar in den Jahren 1995 bis 2005 zeigt, dass sich auch große Länder für diese Strategie entscheiden können.
- Eine Notenbank kann den Wechselkurs ihrer Währung völlig dem freien Spiel von Angebot und Nachfrage am Devisenmarkt überlassen (*flexible Wechselkurse*). Beispiele hierfür sind die Vereinigten Staaten, die Europäische Zentralbank, Großbritannien und Japan (sieht man einmal von einigen Phasen mit starken Devisenmarktinterventionen der Bank von Japan ab).
- Neben diesen beiden Ecklösungen gibt es zahlreiche Zwischenformen der Wechselkurspolitik, die u.a. mit dem Begriff des *„Managed Floating"* umschrieben werden. Ein wichtiges Beispiel für eine Politik des Managed Floating ist die Währungspolitik Chinas seit dem Jahr 2005. Nach Aufgabe der Festkursbindung hat die Chinesische Notenbank den Wechselkurs ihrer Währung weiterhin durch Interventionen direkt gesteuert. Den Unterschied zwischen einer Strategie frei-flexibler Kurse, wie sie beispielsweise von der EZB verfolgt wird, und einer Politik des Managed Floating zeigt sich in der Entwicklung der Währungsreserven. Die Währungsreserven Chinas sind bis zum Jahr 2014 stark angestiegen, während die Währungsreserven der EZB auf einem sehr niedrigen Niveau nahezu konstant geblieben sind (▶*Abbildung 29.6*). In vielen Schwellenländern war für das vergangene Jahrzehnt eine ähnliche Entwicklung wie in China zu beobachten. Darin spiegelt sich das Bestreben dieser Länder, eine zu starke Aufwertung ihrer Währungen gegenüber dem US-Dollar zu vermeiden, da sich dies nachteilig auf ihre Wettbewerbsfähigkeit auswirken würde. Zugleich bietet ein hoher Bestand an Währungsreserven eine Absicherung gegen die Unwägbarkeiten der internationalen Finanzmärkte.

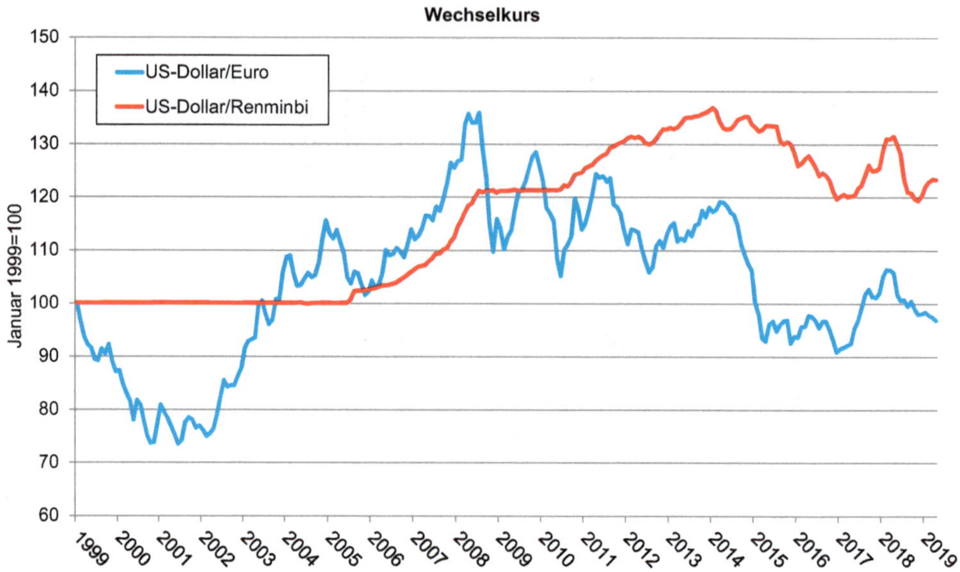

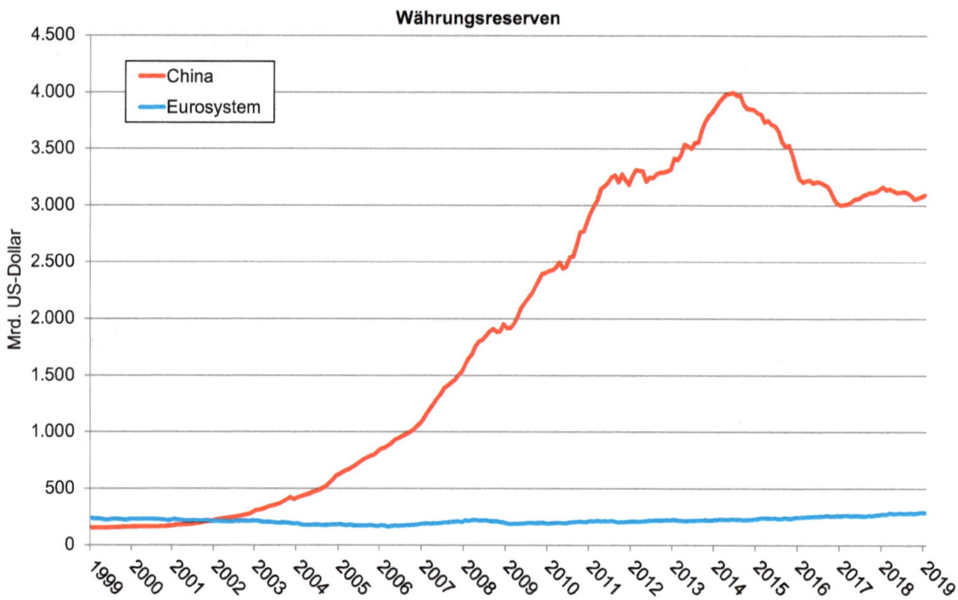

Abbildung 29.6: Wechselkursentwicklung sowie Währungsreserven Chinas und des Eurosystems
Quelle: Deutsche Bundesbank und IMF, International Financial Statistics.

Das Währungsregime spielt eine wichtige Rolle dafür, wie die Inflationsrate in einem Land bestimmt wird. Bei *festen Kursen* ist Δs gleich null. Die inländische Inflationsrate sollte dann der des Auslands entsprechen. Ein kleines Land, das sich an eine der großen Weltwährungen bindet, kann auf diese Weise die niedrige Inflationsrate des Ankerlands (Vereinigte Staaten oder Euroland) importieren. Man spricht hierbei auch vom *„direkten internationalen Preiszusammenhang"*. Die nationale Inflationsrate wird also sehr stark vom Wechselkurs bestimmt. Bei *flexiblen Kursen* sollte die Kausalität genau umgekehrt sein. Ein Land entscheidet sich autonom für die nationale Inflationsrate. Der flexible Wechselkurs sollte dann ganz automatisch für einen Ausgleich zwischen den unterschiedlichen nationalen Geldentwertungsraten sorgen. Leider hat die Erfahrung der letzten 40 Jahre gezeigt, dass flexible Wechselkurse auf kurze und mittlere Sicht in der Regel nicht von den Unterschieden in den Inflationsraten bestimmt werden. Die *Kaufkraftparitätentheorie* gilt also nur für die lange Frist, wobei dann oft nicht mehr geklärt werden kann, ob tatsächlich die Wechselkurse von den Inflationsraten bestimmt wurden oder ob es umgekehrt durch starke Wechselkursausschläge zu entsprechenden Veränderungen in den nationalen Preisniveaus gekommen ist.

Dabei stellt sich das grundsätzliche Problem, dass flexible Wechselkurse generell keine systematischen Zusammenhänge zu fundamentalen makroökonomischen Größen (Inflationsrate, Wirtschaftswachstum, Leistungsbilanzsalden, Zinsdifferenzen) aufweisen. Es ist also sehr schwer zu prognostizieren, wie sich Unterschiede in solche makroökonomischen Größen, beispielsweise zwischen den Vereinigten Staaten und dem Euroraum auf den Wechselkurs zwischen dem Euro und dem US-Dollar auswirken. Man spricht deshalb auch vom *„disconnect puzzle"*, d.h. dem Rätsel, wieso keine stabile Zusammenhänge zwischen makroökonomischen Fundamentalfaktoren und Wechselkursentwicklungen zu erkennen sind.[2] Eine zentrale Ursache hierfür ist der sehr starke Einfluss der Spekulation (siehe *Kapitel 2*) auf den Devisenmarkt.

29.3.4 Kaufkraftparitätentheorie und internationale Wettbewerbsfähigkeit

Auf kurze und mittlere Sicht sind immer wieder große Abweichungen der Wechselkurse von der *Kaufkraftparitätentheorie* zu beobachten. Diese haben einen direkten Einfluss auf die preisliche Wettbewerbsfähigkeit von Volkswirtschaften. Wenn zwei Länder die gleiche Inflationsrate aufweisen und dabei – entgegen der Kaufkraftparitätentheorie – die Währung des Landes A aufwertet, verschlechtert sich dessen Wettbewerbsfähigkeit. Seine Produkte verteuern sich dadurch gegenüber den Produkten von B-Land.

Ein wichtiger Indikator für die *internationale Wettbewerbsfähigkeit* eines Landes ist der *„reale Wechselkurs"* (Q):

$$(29.16) \qquad Q = \frac{P \cdot S}{P^F}$$

Diese Größe wird errechnet, indem man das inländische Preisniveau mit dem Wechselkurs multipliziert und dann durch das ausländische Preisniveau dividiert. In der Regel verwendet man nicht die absolute, sondern die relative Version, die in Veränderungsraten ausgedrückt wird. Dazu wird 29.16 in Logarithmen transformiert mit $\ln(Q) = q$. Man erhält dann:

$$(29.17) \qquad \Delta q = \pi + \Delta s - \pi^F$$

2 Siehe dazu Obstfeld und Rogoff (2000).

Bei Gültigkeit der Kaufkraftparitätentheorie (*Gleichung 29.14* bzw. *29.15*) in absoluter und relativer Form würde man in *Gleichung 29.16* immer einen Wert von eins und in *Gleichung 29.17* immer einen Wert von null erhalten. In der Realität ist dies jedoch häufig nicht der Fall. Es kommt nicht nur bei flexiblen, sondern auch bei festen Wechselkursen immer wieder zu teilweise gravierenden Abweichungen von der Kaufkraftparitätentheorie.

Einen Anstieg von Q bzw. einen Wert von $\Delta q > 0$ bezeichnet man als *reale Aufwertung*. Die preisliche Wettbewerbsfähigkeit eines Landes hat sich verschlechtert: Wenn bei unverändertem nominalen Wechselkurs und konstanten ausländischen Preisen die Preise im Inland steigen, wird es für die inländischen Unternehmer schwieriger, ihre Produkte auf den Weltmärkten abzusetzen. Natürlich kann dieser Effekt auch dann eintreten, wenn die Preise im Inland und Ausland konstant bleiben, jedoch S steigt. Die reale Aufwertung wird dann durch eine *nominale Aufwertung* der inländischen Währung herbeigeführt. Für den Fall einer realen *Abwertung* gelten die hier beschriebenen Zusammenhänge mit entgegengesetztem Vorzeichen.

Man kann diese Zusammenhänge an einem einfachen Beispiel verdeutlichen: Ein Mercedes der C-Klasse kostet in Deutschland rund 60.000 Euro. Der Wechselkurs zum US-Dollar sei 1,10 US-Dollar für einen Euro. Daraus ergibt sich dann in den Vereinigten Staaten ein Preis von 66.000 US-Dollar. Bei diesen Preisen sei es für die Daimler AG in beiden Ländern möglich, einen guten Absatz zu erzielen. Nun findet eine nominale *Aufwertung* des Euro auf 1,30 US-Dollar für einen Euro statt, die mit einer entsprechenden realen Aufwertung einhergeht. Für Daimler bedeutet dies eine Verschlechterung der preislichen Wettbewerbsfähigkeit:

- Das Unternehmen kann in den USA entweder den alten Dollar-Preis beibehalten, was einem Euro-Preis von 50.769 Euro entspricht, womit es pro Fahrzeug einen Verlust von 9.231 Euro hinnehmen muss.
- Oder es entscheidet sich dafür, den Absatzpreis in den Vereinigten Staaten auf 78.000 US-Dollar zu erhöhen, dies reduziert jedoch die Absatzmöglichkeiten gegenüber den amerikanischen Konkurrenten, deren Preise unverändert geblieben sind.

Im Fall einer nominellen wie auch realen *Abwertung* des Euro geschieht das Gegenteil. Der Dollar-Preis kann reduziert werden, womit mehr Automobile abgesetzt werden können, oder die Gewinnmargen des Unternehmens steigen bei einem unveränderten Dollar-Preis.

In der Praxis versuchen viele Unternehmen, die Auswirkungen von Wechselkursschwankungen auf die Preise und damit die Marktanteile in den einzelnen nationalen Märkten zu verhindern. Man bezeichnet diese Strategie als *„pricing-to-market"* (Krugman, 1989). In diesem Fall führt eine nominelle Aufwertung (Abwertung) dazu, dass sich die Gewinnmargen der Unternehmen verschlechtern (verbessern). Eine solche Preisdifferenzierung ist allerdings nur möglich, wenn die Transportkosten entsprechend hoch sind und außerdem durch unterschiedliche nationale Anforderungen (z.B. an die Beleuchtung eines Kfz) eine Güterarbitrage zusätzlich erschwert wird.

In der Regel werden realen Wechselkurse nicht nur für eine bilaterale Währungsrelation, d.h. zum Beispiel das Verhältnis des Euro zum US-Dollar, sondern für die wichtigsten Handelspartner eines Landes errechnet. Dazu werden die bilateralen Veränderungen mit den Handelsanteilen gewichtet. Man spricht dann von *effektiven Wechselkursen.*

In den letzten 25 Jahren ist es bei einigen Währungen teilweise zu starken Schwankungen des auf diese Weise berechneten realen Wechselkurses gekommen (▶*Abbildung 29.7*).

- Besonders große Ausschläge sind bei *Japan* in den 1990er-Jahren zu erkennen. In dieser Phase hatte die japanische Regierung den Wechselkurs völlig dem Devisenmarkt überlassen, was zu einer extremen Überbewertung des Yen führte. In der Phase von April 1990 bis April 1995 wertete sich der Yen von 158,4 Yen pro US-Dollar auf 83,7 Yen pro US-Dollar auf, was nahezu einer Verdopplung des Außenwerts entsprach und wesentlich zur deflationären Entwicklung Japans in dieser Dekade beitrug. In der Folgezeit hat Japan mit teilweise sehr umfangreichen Interventionen gegen eine weitere Aufwertung des Yen angekämpft. Seit der Großen Rezession ist es erneut zu ausgeprägten Schwankungen beim Yen gekommen.
- Das *Pfund Sterling* nahm bis zum September 1992 am Europäischen Währungssystem teil, einem Festkurssystem zwischen den wichtigsten europäischen Währungen, das Ende 1998 in die *Europäische Währungsunion* überging. Nach einer massiven spekulativen Attacke durch den Spekulanten George Soros schied das Pfund aus diesem System aus und wurde seither weitgehend dem Devisenmarkt überlassen. Das führte zunächst zu einer massiven Abwertung des Pfunds. Es erholte sich bis zum Ausbruch der Finanzkrise merklich, um dann im Zuge der Finanzkrise stark abzustürzen. Nach einer zwischenzeitlichen Erholung hat die Brexit-Abstimmung zu einer deutlichen Abwertung der britischen Währung geführt.
- Der Wechselkurs der *chinesischen Währung*, des Renminbis, spiegelt vor allem administrative Maßnahmen wider. Im Jahr 1994 werteten die Behörden den Renminbi stark ab, um sich so Wettbewerbsvorteile im internationalen Handel zu verschaffen. Im Zuge der Asienkrise des Jahres 1997 werteten viele asiatische Währungen gegenüber dem US-Dollar ab, während der Renminbi stabil gehalten wurde. Da der reale Wechselkurs als gewogener Durchschnitt gegenüber den wichtigsten Handelspartnern eines Landes errechnet wird, kam es so zu einer realen Aufwertung der chinesischen Währung. Die Aufwertung in den Jahren 2005 bis 2014 spiegelt die vergleichsweise hohe Inflation in China wider, da der nominale Wechselkurs sich recht stabil entwickelte (unterer Teil von *Abbildung 29.7*).
- Der reale Wechselkurs *Deutschlands* zeigt in der ersten Hälfte der 1990er-Jahre den Effekt der massiven Abwertungen europäischer Währungen gegenüber der D-Mark im Zuge der Krisen im damaligen Europäischen Währungssystems (EWS) in den Jahren 1992/93 sowie die schwache Entwicklung des US-Dollar. Mit dem Eintritt in die Währungsunion hielten sich die Schwankungen in vergleichsweise engen Grenzen. Mit der Teilnahme an der Europäischen Währungsunion ergaben sich absolut stabile Austauschbeziehungen zu den wichtigen Handelspartnern. Die verbleibenden Schwankungen sind vor allem auf das Auf und Ab in der Beziehung von Euro und US-Dollar zurückzuführen.
- Der reale Wechselkurs des *US-Dollar* ist geprägt von einer deutlichen Aufwertung bis zum Jahr 2002. Darin schlägt sich zum einen nieder, dass in dieser Phase viele Schwellenländer in gravierende Währungskrisen geraten waren (Asienkrise im Jahr 1997, Mexiko in den Jahren 1994/95, Brasilien in den Jahren 1998/99, Argentinien in den Jahren 2001/02) und dass der Euro in seinen Anfangsjahren zunächst erheblich an Wert gegenüber dem US-Dollar verloren hat.

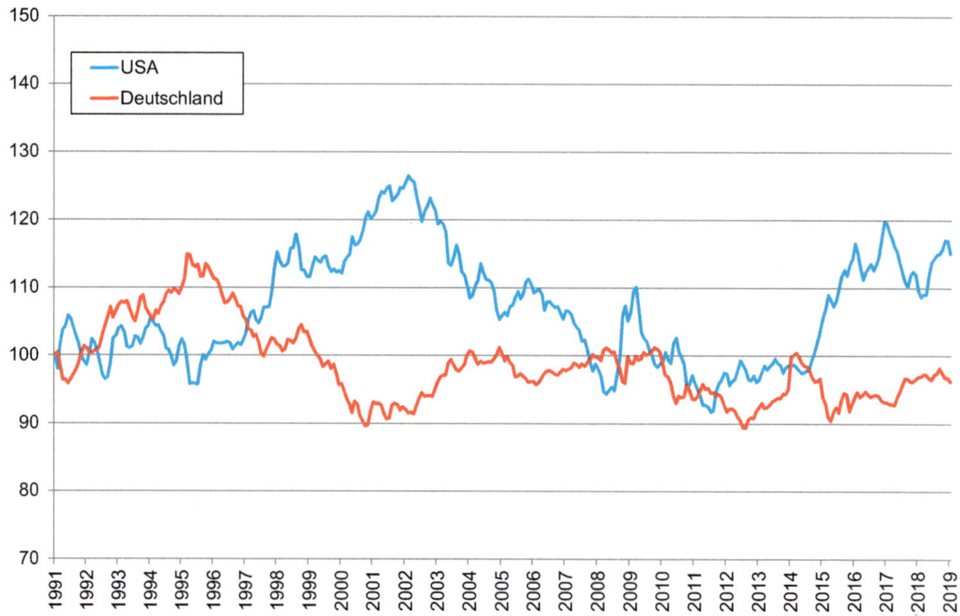

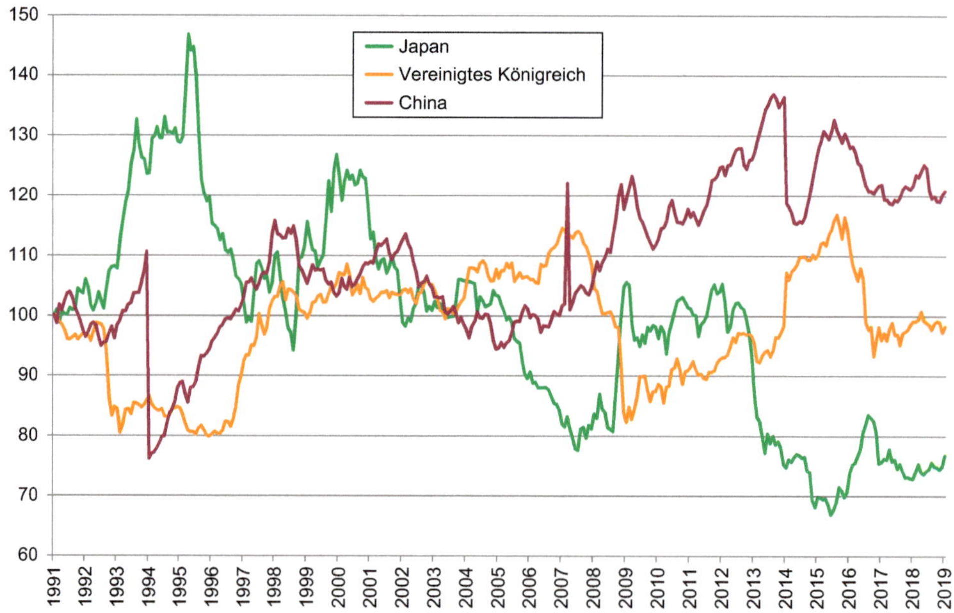

Abbildung 29.7: Reale effektive Wechselkurse auf Basis der Verbraucherpreise
Quelle: IMF, International Financial Statistics.

29.4 Der internationale Zinsverbund (Zinsparitätentheorie)

Ein dritter wichtiger Transmissionskanal zwischen der inländischen Wirtschaft und dem Rest der Welt ergibt sich daraus, dass es heute kaum noch Beschränkungen für die internationalen Finanzströme gibt. Die Anleger können also kurzfristiges und langfristiges Kapital frei von einem Land in das andere transferieren. Sie sind dabei bestrebt, einen möglichst hohen Ertrag zu erzielen. Für das Entscheidungskalkül solcher Investoren beschreibt die sogenannte ungedeckte *Zinsparitätentheorie* (Uncovered Interest Parity; UIP) eine einfache Gleichgewichtsbedingung. Sie gibt an, unter welchen Bedingungen ein Investor, der einen Betrag von z.B. einer Million Euro für ein Jahr anlegen möchte, indifferent ist zwischen einer Anlage in Euro und beispielsweise einer Anlage in US-Dollar. Dazu müssen vor allem zwei Größen berücksichtigt werden:[3]

- der Zinssatz für eine einjährige Euro-Anlage und eine entsprechende US-Dollar-Anlage,
- die für die nächsten zwölf Monate erwartete Veränderung des Dollar-Euro-Wechselkurses.

Bei einem Zinsvorsprung des Euro von z.B. zwei Prozentpunkten gegenüber dem US-Dollar müsste ein Anleger also eine Aufwertung des US-Dollar von 2 % pro Jahr erwarten, um zwischen einer Anlage in Euro und US-Dollar indifferent zu sein. Nach der Logik der UIP müsste bei einer höheren Aufwertungserwartung für den US-Dollar, z.B. 3 %, so lange Kapital aus dem Euroraum in die USA fließen, bis es bei höheren Euro-Zinsen und gesunkenen Dollar-Zinsen zu einer Zinsdifferenz von 3 Prozentpunkten kommt. Denkbar wäre auch, dass die Zinsen unverändert bleiben, dass der Kapitalabfluss aus Euroland aber *unmittelbar* zu einer Aufwertung des US-Dollar um 1 % führt, sodass dann *für ein Jahr* nur noch eine Aufwertung um 2 % erwartet wird. In allgemeiner Form lautet die Gleichgewichtsbedingung der UIP wie folgt:

$$\frac{S^e - S}{S} = i^F - i \qquad (29.18)$$

Die für die inländische Währung erwartete Wechselkursänderung (S^e ist der für einen bestimmten Zeitpunkt in der Zukunft erwartete Wechselkurs) entspricht im Gleichgewicht also genau der Differenz zwischen dem Auslandszins (i^F) und dem Inlandszins (i). Wie schon erwähnt, gilt diese Bedingung nur, wenn keine Kapitalverkehrsbeschränkungen zwischen dem Inland und dem Ausland bestehen.

In logarithmischer Schreibweise können wir dies etwas einfacher darstellen, wobei wir $\ln(S)$ durch s ersetzen:

$$\Delta s^e = i^F - i \qquad (29.19)$$

Wiederum kann man hieran einen wichtigen Unterschied zwischen festen und flexiblen Wechselkursen erkennen. Gehen die Investoren davon aus, dass der Wechselkurs unverändert bleiben wird, ist $\Delta s^e = 0$. Die inländischen Zinsen sollten dann mit

3 Es wird unterstellt, dass die Euro- und die Dollar-Anlage absolut sicher sind, sodass ein Bonitätsrisiko vernachlässigt werden kann.

denen des Auslands identisch sein. Bei flexiblen Wechselkursen kann Δs^e größer oder kleiner als Null sein, sodass es zu Unterschieden zwischen dem inländischen und dem ausländischen Zinsniveau kommen kann.

Auf den ersten Blick könnte man den internationalen Zinszusammenhang auch als eine *Arbitrage-Beziehung* interpretieren, da es auf diese Weise zu einem Ausgleich der Renditen unterschiedlicher Währungen kommt. Allerdings muss man dabei berücksichtigen, dass die erwartete Wechselkursänderung bei festen und vor allem auch bei flexiblen Wechselkursen eine oft (sehr) unsichere Größe ist. So weiß bei *flexiblen Kursen* niemand genau, ob der Dollar-Kurs des Euro in einem Jahr bei 1,50 US-Dollar je Euro oder aber bei 0,90 US-Dollar je Euro liegen wird. Aufgrund dieser hohen Unsicherheit über den zukünftigen Wechselkurs ist der Zinsverbund vor allem zwischen den großen Weltwährungen (US-Dollar, Euro, Yen) häufig nicht erkennbar. ▸*Abbildung 29.8* bildet die monatlichen Änderungen des Euro-Dollar-Kurses und die *monatliche* Zinsdifferenz zwischen kurzfristigen Euro- und Dollar-Anlagen ab. Dabei wurde der Zinssatz, der üblicherweise auf Jahresrate angegeben wird, auf Monatsrate umgerechnet: Die Jahresraten der Zinsdifferenz weisen in der Regel eine Größenordnung von einem bis zwei Prozentpunkten auf, sodass die Monatsraten kaum mehr als 0,2 Prozentpunkte betragen. Bei den starken prozentualen Schwankungen des Wechselkurses von Monat zu Monat („Volatilität") ist deshalb ein Zinsvorsprung des Euro von z.B. zwei oder drei Prozentpunkten pro Jahr für sich genommen noch kein Grund dafür, dass ein risikoscheuer amerikanischer Investor einen größeren Betrag in dieser Währung anlegt, selbst wenn sein Erwartungswert für Δs^e gleich null ist.

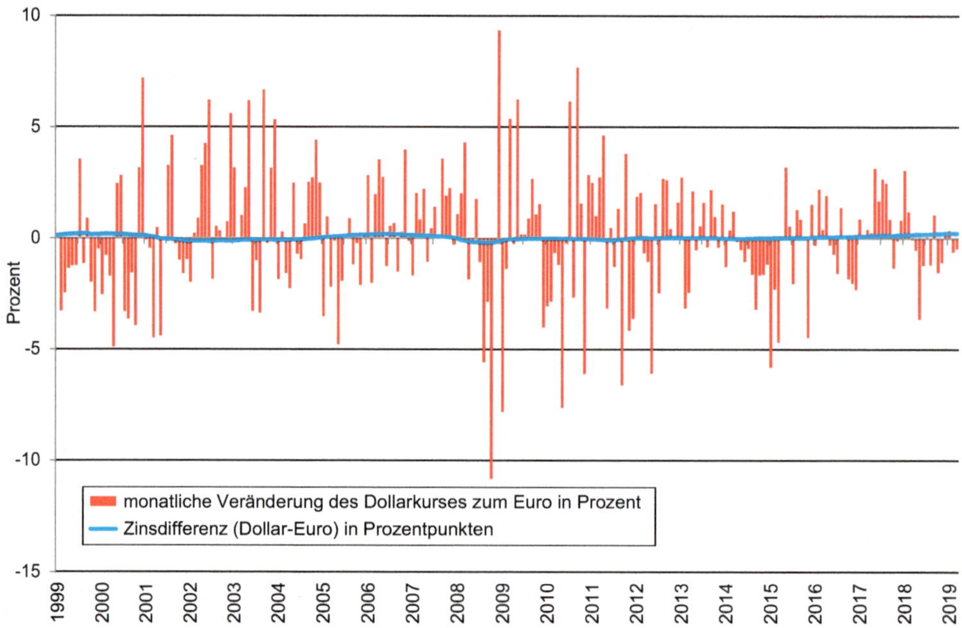

Abbildung 29.8: Zinsdifferenz (Geldmarktsätze auf Monatsbasis) und Wechselkursentwicklung des Euro-Dollar-Kurses gegenüber dem Vormonat
Quelle: IMF, International Financial Statistics.

Der Zinszusammenhang kann demgegenüber recht eng ausfallen, wenn es um die Beziehung zwischen einer kleineren Währung zu einer großen Währung geht (z.B. der Dänischen Krone zum Euro) *und* wenn dabei von der Notenbank ein fester Wechselkurs zur großen Währung angestrebt wird. ▶*Abbildung 29.9* verdeutlicht, wie stark dieser Zusammenhang zwischen den Zinssätzen im Verhältnis zwischen der Dänenkrone und dem Euro ist. Da die dänische Notenbank als geldpolitische Strategie einen festen Wechselkurs zum Euro verfolgt, bei dem die monatlichen Schwankungen in sehr engen Grenzen gehalten werden, muss sie sich in ihrer Zinspolitik ganz eng an die Zinsen des Euro halten. Sobald für die Dänenkrone deutlich höhere oder niedrigere Zinsen als für den Euro gelten würden, käme es zu massiven Kapitalzuflüssen bzw. -abflüssen.

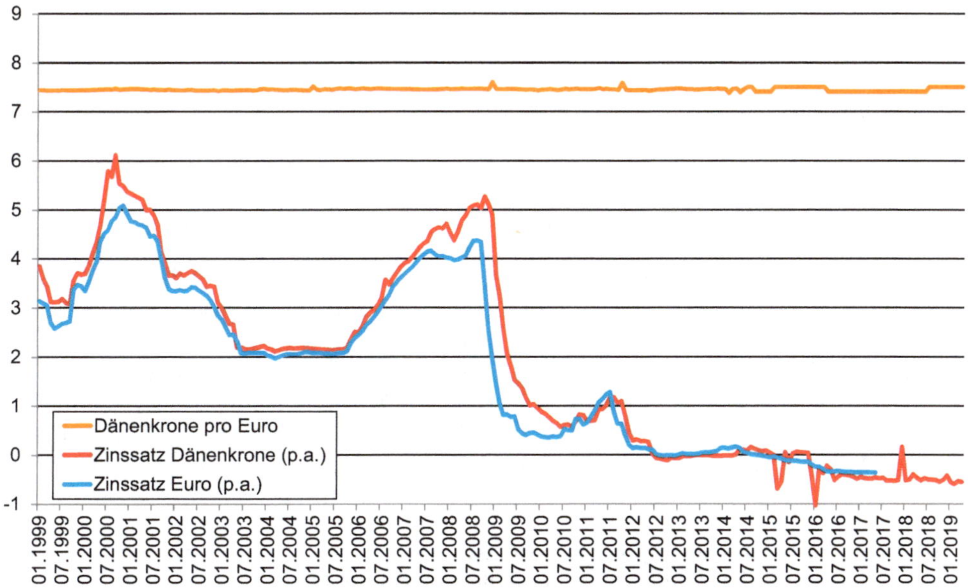

Abbildung 29.9: Zinsdifferenz und Wechselkursentwicklung am Beispiel des Euro-Dänenkrone-Kurses
Quelle: IMF, International Financial Statistics.

29.5 Makroökonomische Politik in der offenen Volkswirtschaft

Durch diese außenwirtschaftlichen Transmissionskanäle kann es zu einer erheblichen Einschränkung der wirtschaftspolitischen Handlungsspielräume eines Landes kommen. Man unterscheidet dabei zwischen der Situation eines *großen Landes oder Wirtschaftsraums* (USA, Euroland, Japan) und der eines *kleinen Landes* (z.B. Dänemark, Polen, Korea). Bei großen Ländern ist der Anteil des Außenhandels am Bruttoinlandsprodukt relativ gering, sodass sich Entwicklungen in anderen Volkswirtschaften nur sehr abgeschwächt auf die inländische Konjunktur auswirken. In kleinen Volkswirtschaften kommt demgegenüber der Exportentwicklung eine zentrale Rolle zu, sodass sie sehr stark durch den internationalen Preis- und Nachfrageverbund beeinflusst werden. In solchen Volkswirtschaften werden zudem die Finanzmärkte durch den internationalen Zinsverbund weitgehend bestimmt. Kleine Länder zeichnen sich also durch einen großen *Offenheitsgrad* ihrer Güter- und Finanzmärkte aus. In der Regel misst man den Offenheitsgrad der Gütermärkte, indem man den Durchschnitt aus den Importen und den Exporten eines Landes in Relation zu dem nominalen Bruttoinlandsprodukt setzt (▸*Abbildung 29.10*). Man erkennt dabei, dass Deutschland relativ zu seiner Größe einen hohen Offenheitsgrad aufweist, was auf die hohe internationale Wettbewerbsfähigkeit der deutschen Industrie und die starke Exportorientierung der deutschen Wirtschaft zurückzuführen ist.

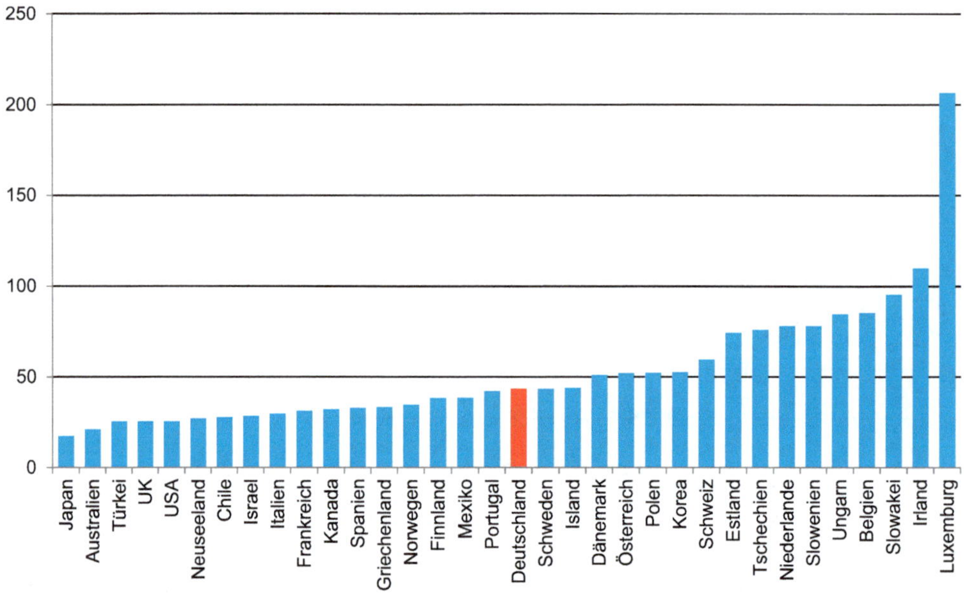

Abbildung 29.10: Offenheitsgrad ausgewählter Länder im Jahr 2017 (Durchschnitt aus Exporten und Importen in Relation zum nominalen Bruttoinlandsprodukt)
Quelle: Weltbank.

Bei den *großen Ländern* kann man vereinfachend davon ausgehen, dass sich ihre Situation nicht allzu sehr von der einer „geschlossenen Volkswirtschaft" unterscheidet, wie wir sie in den vorhergehenden Kapiteln beschrieben haben. Die Notenbanken setzen also ihre Zinsen primär unter binnenwirtschaftlichen Gesichtspunkten, ohne dabei auf die außenwirtschaftlichen Rückwirkungen besondere Rücksicht zu nehmen. Dies wird vor allem dadurch erleichtert, dass zwischen den Währungen dieser Länder *flexible Wechselkurse* vorherrschen. Bei einem solchen Wechselkursregime überlassen die Notenbanken die Wechselkursbildung dem Markt, was mit starken kurzfristigen Schwankungen verbunden sein kann.

Häufig ist dabei ein der UIP entgegenlaufender Zusammenhang zwischen Zinsdifferenz und Wechselkursentwicklung zu beobachten. Man spricht hier vom „forward discount bias". Es lässt sich vor allem damit zu erklären, dass kurzfristig orientierte Investoren häufig Währungen mit relativ hohen Zinsen bevorzugen und sich dafür Mittel in Währungen mit einem sehr niedrigen Zinssatz leihen. Man bezeichnet diese Strategie als „*Carry-Trade*". Sie basiert auf der Annahme, dass sich die Wechselkursentwicklung über den beabsichtigten Anlagehorizont entgegen oder unabhängig von der UIP entwickelt. Wenn sich viele Investoren an diese Strategie halten, kommt es im Sinne einer sich selbst erfüllenden Vorhersage dazu, dass die Nachfrage nach höherverzinslichen Währungen steigt und sie gegenüber Währungen mit niedrigeren Zinsen aufwerten.[4]

Wenn man die makroökonomischen Zusammenhänge in den großen Währungsräumen analysieren möchte, fährt man vergleichsweise gut mit den in den vorhergehenden Kapiteln beschriebenen Wirkungsmechanismen, die für eine geschlossene Volkswirtschaft hergeleitet wurden.

Für *kleinere Länder* ist die makroökonomische Politik erheblich komplexer als in der Modellwelt einer geschlossenen Volkswirtschaft. Als ein „kleines Land" bezeichnet man ein Land, das mit seiner makroökonomischen Politik weder das Zinsniveau noch das Preisniveau im Rest der Welt beeinflussen kann und das außerdem einen hohen Offenheitsgrad aufweist.

29.6 Das Mundell-Fleming-Modell

Diese Zusammenhänge kann man mit einem in den 1960er-Jahren entwickelten Modell diskutieren, das das *IS-LM-Modell* für die Verhältnisse einer kleinen offenen Volkswirtschaft erweitert. Es wird nach seinen Autoren, dem Nobelpreisträger Robert Mundell und dem damals beim Internationalen Währungsfonds tätigen Ökonomen Marcus Fleming, benannt und bietet eine übersichtliche Darstellung dieser Zusammenhänge.[5]

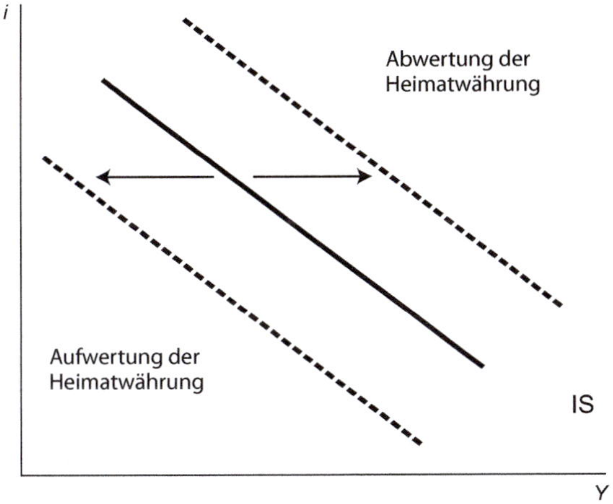

Abbildung 29.11: Effekte einer Auf- bzw. Abwertung auf die IS-Kurve

Das Modell untersucht die Wirksamkeit der Geld- und der Fiskalpolitik bei festen und flexiblen Wechselkursen. Es geht dabei vereinfachend davon aus, dass die **LM-Kurve** in der offenen Volkswirtschaft nicht anders zu behandeln ist als in der geschlossenen. Es wird also unterstellt, dass die inländische Geldmenge nur von Inländern gehalten

4 Siehe dazu Froot und Thaler (1990).

5 Eine auf dem neu-keynesianischen Modell basierende, aber immer noch relativ einfache Darstellung findet man bei Bofinger et al. (2009).

wird und die ausländische nur von Ausländern. Für die **IS-Kurve** unterstellt das Modell, dass sie in der offenen Volkswirtschaft zusätzlich vom Wechselkurs beeinflusst wird. Dabei führt eine Aufwertung der heimischen Währung dazu, dass sich die IS-Kurve nach links verschiebt. Durch die Aufwertung verteuern sich inländische Produkte gegenüber ausländischen Produkten. Die die Nachfrage nach inländischen Produkten geht zurück. Bei Abwertung verschiebt sich die IS-Kurve nach rechts (▶*Abbildung 29.11*).

Das Mundell-Fleming Modell ergänzt das IS-LM um eine **ZZ-Kurve**. Diese beschreibt das außenwirtschaftliche Gleichgewicht in einer sehr vereinfachten Form. Unter der Annahme vollständiger Kapitalmobilität wird angenommen, dass das inländische Zinsniveau stets dem Zinsniveau einer sehr großen Volkswirtschaft, also etwa dem der Vereinigten Staaten entsprechen muss. Die ZZ-Kurve verläuft also als Horizontale. Im Schnittpunkt von ZZ-Kurve, LM-Kurve und IS-Kurve besteht ein simultanes (internes und externes) Gleichgewicht auf

- dem Gütermarkt (IS-Kurve)
- dem nationalen Geld- und Finanzmarkt (LM-Kurve)
- sowie auf dem internationalen Kapitalmarkt (ZZ-Kurve)

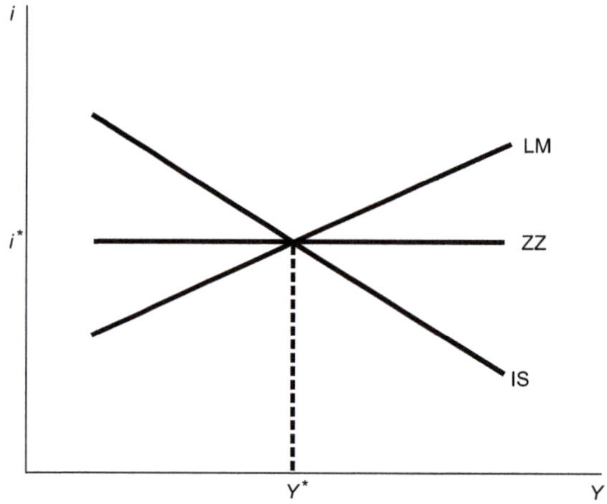

Abbildung 29.12: Das Gleichgewicht im Mundell-Fleming Modell

Auf den ersten Blick ist dabei überraschend, dass die horizontale ZZ-Kurve gleichermaßen für feste und flexible Kurse unterstellt wird. Dazu muss man wissen, dass im IS-LM-Modell immer Gleichgewichtskonstellationen mit einem konstanten Preisniveau verglichen werden. In jeder dieser Konstellationen ist deshalb bei vollständiger Kapitalmobilität auch der Wechselkurs konstant. Dass man mit diesem Modell trotzdem flexible Kurse untersuchen kann, liegt an der sogenannten **komparativ-statischen Analyse.** Sie vergleicht solche Gleichgewichtszustände, ohne dabei den Sprung von dem einen zum anderen Gleichgewicht zu analysieren.

29.6.1 Die Welt fester Wechselkurse

Beginnen wir mit dem Arrangement *fester Wechselkurse*. Ein Musterbeispiel hierfür ist Dänemark, das sich – wie bereits erwähnt – als kleines Land für einen festen Wechselkurs für seine Währung gegenüber dem Euro entschieden hat.[6]

Welche Möglichkeiten besitzt ein solches Land für eine eigenständige Geldpolitik? Im Modellrahmen von Mundell und Fleming lässt sich das anhand von ▸*Abbildung 29.13* beschreiben. Wenn die Notenbank ausgehend von einer Gleichgewichtssituation (Punkt A) eine expansive Geldpolitik betreibt, ergibt das im IS/LM-Modell eine Rechtsverschiebung der LM-Kurve (Punkt B). In diesem Punkt ist das inländische Zinsniveau niedriger als das ausländische Zinsniveau. Es besteht also kein außenwirtschaftliches Gleichgewicht. Es kommt zu einem Kapitalabfluss ins Ausland, was eine Abwertungstendenz für die inländische Währung bedeutet. In einem Regime fester Wechselkurse muss die Notenbank jetzt aktiv werden und am Devisenmarkt intervenieren. Sie muss die inländische Währung ankaufen und dafür Währungsreserven verkaufen. Der Ankauf der inländischen Währung reduziert die heimische Geldbasis. Man spricht hierbei auch von einer **unsterilisierten Devisenmarkt-Intervention**. In der Multiplikator-Logik des IS/LM-Modells (*Kapitel 24.4*) resultiert daraus ein Rückgang der Geldmenge. Dadurch verschiebt sich die LM-Kurve wieder in die Ausgangsposition (Punkt A) zurück. Die Geldpolitik ist bei festen Kursen wirkungslos.

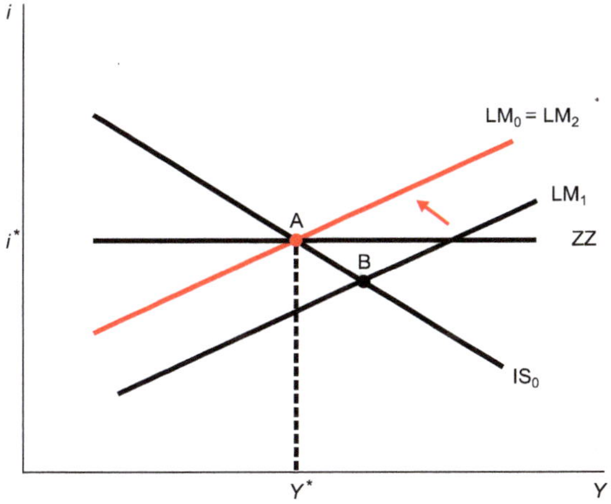

Abbildung 29.13: Expansive Geldpolitik und feste Wechselkurse

Wie sind die Effekte der **Fiskalpolitik** bei festen Kursen zu beurteilen? Eine expansive Fiskalpolitik wird in diesem Modell mit einer Rechtsverschiebung der IS-Kurve abgebildet (vgl. ▸*Abbildung 29.14*). Es kommt zu einem neuen internen Gleichgewicht in

---

6 Die Dänen konnten sich im Jahr 1992 nicht dazu durchringen, an der Europäischen Währungsunion teilzunehmen. Gleichzeitig sind sie jedoch seit jeher bestrebt, einen festen Kurs ihrer Währung zur D-Mark bzw. seit dem Jahr 1999 zum Euro zu halten. Dänemark hat im Rahmen des Europäischen Wechselkurssystems II einen Mittelkurs zum Euro von 7,46038 Dänische Kronen für einen Euro festgelegt. Die Obergrenze liegt bei 7,62824 Euro, die Untergrenze bei 7,29252 Euro. Durch die Ober- und Untergrenze ergibt sich ein Band von ±2,25 % um den Mittelkurs.

Punkt B. Hier besteht wiederum kein externes Gleichgewicht. Der inländische Zins liegt jetzt über dem Weltmarkzins. Dies löst Kapitalzuflüsse aus, die zu einem Aufwertungsdruck auf die inländische Währung führen. Wiederum muss die Notenbank in einem Festkurssystem mit Devisenmarkt-Interventionen aktiv werden. Jetzt muss sie ausländische Währungen ankaufen und damit die inländische Geldbasis ausweiten. Die Ausweitung der Geldbasis ergibt sich dadurch, dass sie die Fremdwährung von inländischen Banken ankauft und ihnen den Gegenwert auf ihrem Notenbankkonto gutschreibt. Die höhere Geldbasis führt über den Multiplikator zu einer Ausweitung der Geldmenge. Die LM-Kurve verschiebt sich nach rechts, bis in Punkt C ein neues internes und externes Gleichgewicht erreicht wird. Fazit: Bei festen Kursen ist die Fiskalpolitik wirksam. Ihre Effekte sind aufgrund der Devisenmarkt-Interventionen noch stärker als in der geschlossenen Volkswirtschaft.

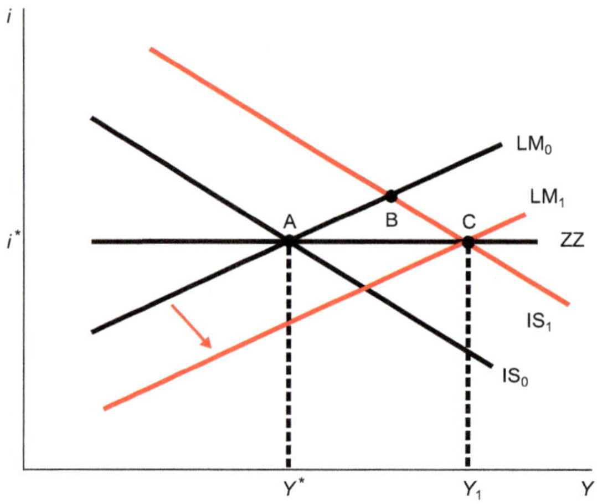

Abbildung 29.14: Expansive Fiskalpolitik und feste Wechselkurse

Diese in den meisten Lehrbüchern verwendete Darstellung leidet allerdings unter der merkwürdigen Annahme, dass in einer Gleichgewichtssituation eine expansive Geld- oder Fiskalpolitik betrieben wird. Realitätsnäher ist es deshalb, in diesem Modellrahmen einen Nachfrageschock zu untersuchen und zu prüfen, was sich daraus für die Geld- und Fiskalpolitik ergibt. Ein **negativer Nachfrageschock** verschiebt die IS-Kurve in ▸*Abbildung 29.15* nach links (Punkt B). Da der inländische Zins unter dem Weltmarktzins liegt besteht kein externes Gleichgewicht. Es kommt zu Kapitalabflüssen und einem Abwertungsdruck auf die inländische Währung. Die Notenbank muss intervenieren (Verkauf von Währungsreserven und Ankauf der eigenen Währung). Die Geldbasis und die Geldmenge gehen zurück. Die LM-Kurve verschiebt sich nach links und es wird ein neues internes und externes Gleichgewicht in Punkt C erreicht. Man sieht daran also, dass in einem System fester Wechselkurse die Effekte eines Nachfrageschocks **verstärkt** werden. Dies ist damit zu erklären, dass der Stabilisierungsmechanismus der Zinsen in einem solchen Regime ausgeschaltet wird.

Für die **Notenbank** ist dabei nicht möglich die Störung zu kompensieren. Der Versuch, durch eine Ausweitung der Geldmenge und eine davon ausgelöste Zinssenkung aus dem Punkt C herauszukommen, würde sofort Kapitalabflüsse hervorrufen und damit erneut zu Devisenverkäufen und einem Rückgang der Geldmenge führen.

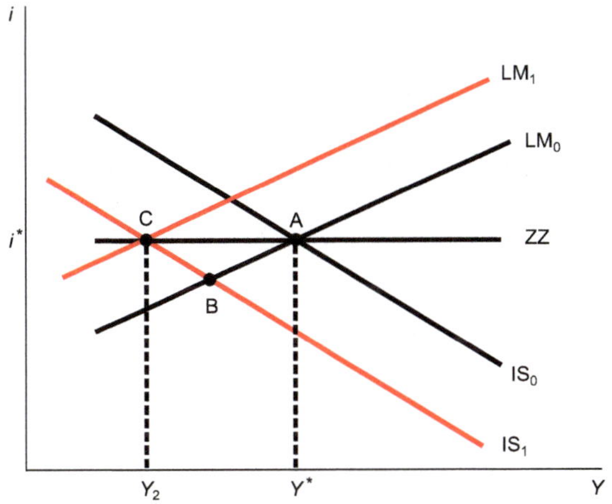

Abbildung 29.15: Negativer Nachfrageschock bei festen Wechselkursen

Allerdings ist es in einer solchen Situation im Prinzip möglich, mit einer **expansiven Fiskalpolitik** die Verschiebung der IS-Kurve rückgängig zu machen, so dass Punkt A wieder erreicht werden kann. In der Realität ist das nicht immer ganz so einfach, insbesondere dann, wenn ein Land bereits eine hohe öffentliche Verschuldung aufweist. Eine expansive Fiskalpolitik kann dann in einem Festkurssystem zu einer Vertrauenskrise in die heimische Währung führen. Die Notenbank muss dann die inländischen Zinsen über das ausländische Zinsniveau anheben, um einen Kapitalabfluss zu verhindern.

Die mangelnde zinspolitische Autonomie ist das entscheidende Defizit eines Systems fester Wechselkurse. Das Beispiel Dänemark zeigt allerdings, dass ein Land auch ohne eine eigenständige Zinspolitik gute makroökonomische Ergebnisse erzielen kann. Dies setzt voraus, dass die Notenbank im „Ankerwährungsland" (in diesem Fall: die EZB) eine Zinspolitik betreibt, die auch für die wirtschaftspolitische Situation in Dänemark angemessen ist. Dies ist vor allem dann der Fall, wenn Dänemark in gleicher Weise von Angebots- und Nachfrageschocks betroffen wird wie das Euroland und wenn die *Kaufkraftparitätentheorie* dafür sorgt, dass die dänische Inflationsrate weitgehend dem Preisauftrieb im Euroland entspricht. *Feste Wechselkurse* sind also vor allem für Länder mit sehr ähnlichen wirtschaftlichen Strukturen zu empfehlen. Wir werden das auch noch am Beispiel der *Währungspolitik* Österreichs erörtern.

Die hier beschriebenen Verhältnisse gelten im Prinzip auch für die Mitgliedsländer der *Europäischen Währungsunion.* Für jedes einzelne Land wird das inländische Zinsniveau durch die einheitliche Geldpolitik der Europäischen Zentralbank bestimmt. Für ein kleines Mitgliedsland kommt es bei einem nationalen Nachfrageschock zu keinem Rückgang des Zinsniveaus und eine eigenständige Zinsreaktion ist ebenfalls nicht möglich. Bei einem großen Land wie Deutschland, dem ein Gewicht von knapp 30 % an der Wirtschaftskraft des Euroraums zukommt, ist immerhin eine partielle Zinsreaktion gegeben. Ein Nachfrageeinbruch der deutschen Wirtschaft bedeutet dann auch eine nennenswerte Störung für den Euroraum, auf die die Europäische Zentralbank zinspolitisch reagieren muss.[7]

7 Siehe dazu ausführlich Bofinger und Mayer (2007).

29.6.2 Die Welt flexibler Wechselkurse

Die Einschränkung des geldpolitischen Handlungsspielraums bei festen Wechselkursen ist der Grund dafür, dass sich viele Länder für flexiblere Lösungen entschieden haben. Unter einem *Regime frei-flexibler Wechselkurse* verzichtet ein Land ganz darauf, den Wechselkurs zu steuern. Die Kursbildung am Devisenmarkt wird also ganz den privaten Akteuren überlassen; dementsprechend kann es nicht dazu kommen, dass die Notenbank zum Ankauf oder Verkauf von Devisen verpflichtet wird.

Box 29.3 Beispiel Schweiz

Allerdings kann ein Land auch mit flexiblen Kursen an die Grenzen der geldpolitischen Handlungsmöglichkeiten stoßen. Ein Beispiel hierfür ist die Schweiz mit einem über viele Jahre hinweg flexiblen Wechselkurs des Franken. In diesem Jahrzehnt kam es dabei jedoch zu einer so starken Aufwertung dieser Währung, dass die preisliche Wettbewerbsfähigkeit gefährdet wurde. Deshalb entschied sich die Schweizerische Nationalbank am 6. September 2011, eine Untergrenze für den Euro-Kurs des Franken von 1,20 Franken je Euro festzulegen. Angesichts sehr starker Interventionsvolumina beschloss die SNB am 15. Januar 2015, diese Grenze wieder aufzugeben. Gleichwohl musste die SNB weiterhin mit sehr hohen Beträgen am Devisenmarkt intervenieren, um eine weitere Aufwertung des Franken zu verhindern (▸*Abbildung 29.16*). Durch den Druck der Devisenmärkte wird die SNB also gezwungen, sich wie in einem Festkurssystem zu verhalten.

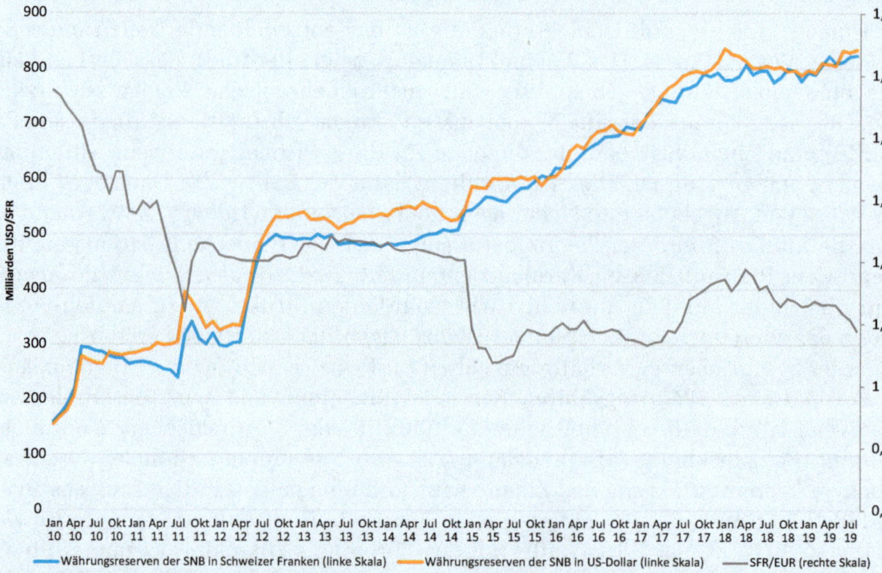

Abbildung 29.16: Schweizer Franken-Euro Kurs und Währungsreserven der Schweizerischen Nationalbank
Quelle: Schweizerische Nationalbank.

Beispiele hierfür sind Großbritannien, Neuseeland, Polen und Schweden.[8] Gegenüber einem System fester Kurse haben diese Länder den Vorteil, dass sie von der starren Restriktion eines vorgegebenen ausländischen Zinsniveaus befreit sind. In allen der vier genannten Länder wird die Geldpolitik im konzeptionellen Rahmen eines *„inflation targeting"* betrieben. Damit kann die Notenbank mit ihrer Zinspolitik also gezielt auf nationale Angebots- und Nachfrageschocks reagieren.

Für ein System *flexibler Kurse* lassen sich nun ebenfalls die Effekte der Geld- und Fiskalpolitik untersuchen. Eine **expansive Geldpolitik** führt wiederum zu einer Rechtsverschiebung der LM-Kurve zu Punkt B, wie in ▸*Abbildung 29.17* dargestellt. Das inländische Zinsniveau liegt unter dem Weltzinsniveau. Das führt zu einer Abwertung der heimischen Währung. Im Regime flexibler Wechselkurse lässt die Notenbank die Abwertung zu. Durch die Abwertung verbessert sich die preisliche Wettbewerbsfähigkeit des Inlandes und die Nachfrage nach Gütern des Inlands steigt. Die IS-Kurve verschiebt sich nach rechts. In Punkt C wird ein neues internes und externes Gleichgewicht erreicht. Bei flexiblen Kursen werden also die Effekte einer expansiven Geldpolitik durch die davon ausgelöste Abwertung der heimischen Währung verstärkt.

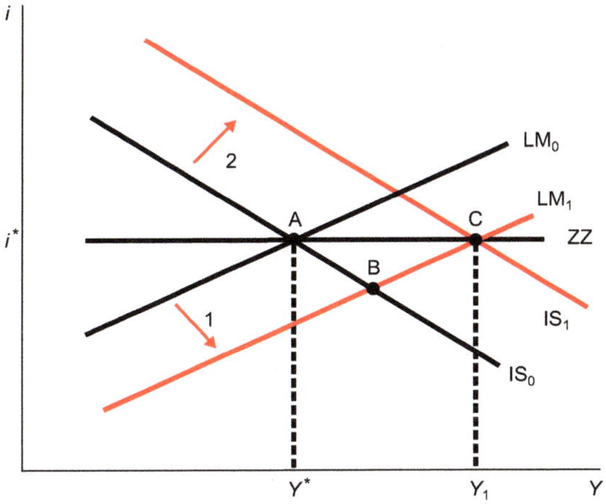

Abbildung 29.17: Expansive Geldpolitik und flexible Wechselkurse

Eine expansive Fiskalpolitik führt in einem Regime flexibler Kurse dazu, dass sich die IS-Kurve nach rechts verschiebt (Punkt B). Hier ist nun der inländische Zins höher als der ausländische. Es kommt zu einer Aufwertung der heimischen Währung. Diese verschiebt die IS-Kurve wieder in die Ausgangsposition zurück (Punkt A). Bei flexiblen Kursen ist die Fiskalpolitik also unwirksam (▸*Abbildung 29.18*).

8 In Anbetracht der ungewöhnlich starken Aufwertung des Franken im Jahr 2011 hat sich die Schweizerische Nationalbank am 6. September 2011 dafür entschieden, eine Kursobergrenze von 1,20 Franken für einen Euro festzulegen. Zur Verteidigung dieser Grenze musste sie im hohen Umfang am Devisenmarkt intervenieren. Am 15. Januar 2015 hat sie diese Grenze aufgegeben. Gleichwohl musste die SNB weiterhin mit hohen Beträgen am Devisenmarkt intervenieren, um eine weitere Aufwertung des Franken zu verhindern.

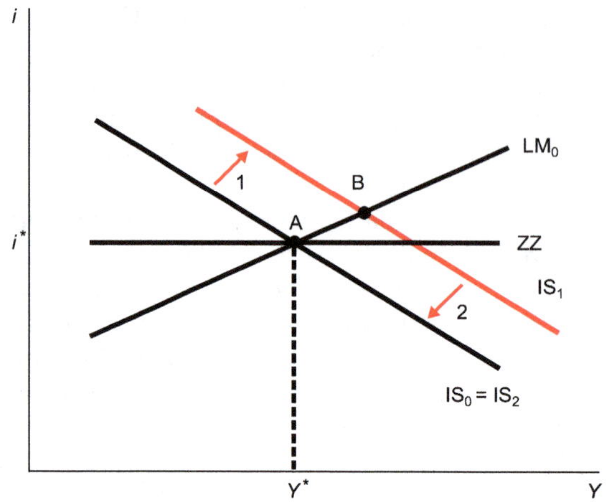

Abbildung 29.18: Expansive Fiskalpolitik und flexible Wechselkurse

Dieses eher überraschende Ergebnis ist darauf zurückzuführen, dass das IS/LM-Modell eine **Politik der Geldmengensteuerung** unterstellt. Die Notenbank hält also die Geldbasis konstant. Geht man demgegenüber davon aus, dass die Notenbank das Zinsniveau konstant hält, entfällt der Aufwertungseffekt und die Fiskalpolitik ist auch bei flexiblen Kursen wirksam. Da alle Notenbanken eine **Politik der Zinssteuerung** betreiben ist letzteres die realitätsnähere Beschreibung der fiskalpolitischen Effekte bei flexiblen Kursen.

Interessant ist auch hier, wie sich ein **negativer Nachfrageschock** auf die inländische Wirtschaftsentwicklung auswirkt (▶*Abbildung 29.19*). Wiederum besteht der Primärimpuls darin, dass sich die IS-Kurve von IS_0 nach IS_1 verschiebt, sodass Punkt B erreicht wird.

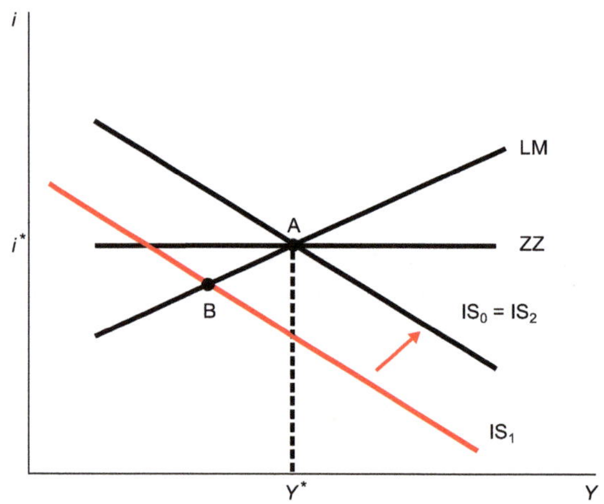

Abbildung 29.19: Negativer Nachfrageschock bei flexiblen Wechselkursen

Das inländische Zinsniveau ist zu niedrig im Vergleich zum Weltzinsniveau i^F, was zu Kapitalabflüssen führt. Es kommt zu einer Abwertung der heimischen Währung und die inländische Wettbewerbsfähigkeit verbessert sich. Das wirkt sich positiv auf Nachfrage nach Inlandsgütern aus. Die IS-Kurve verschiebt sich nach rechts, bis wieder die

Ausgangssituation in Punkt A erreicht wird. Damit würde es durch den flexiblen Wechselkurs ganz automatisch zu einem Ausgleich von Nachfrageschocks kommen.

Die Ergebnisse der beiden Modellwelten werden in der ▶ *Tabelle 29.1* zusammengefasst:

	Nachfrageschock	**Geldpolitik**	**Fiskalpolitik**
Feste Kurse	wird verstärkt	unwirksam	wirksam
Flexible Kurse	wird voll ausgeglichen	wirksam	unwirksam

Tabelle 29.1: Zusammenfassung der Ergebnisse im Mundell-Fleming-Modell

In der Praxis ist von der hier modelltheoretisch beschriebenen Ausgleichsfunktion flexibler Wechselkurse jedoch wenig zu spüren. Dies liegt - wie bereits erwähnt - vor allem daran, dass der Einfluss von Zinsdifferenzen auf die internationalen Kapitalströme in der Realität nicht sehr stabil ist. Deshalb kommt es bei flexiblen Wechselkursen immer wieder zu Auf- oder Abwertungen, die in keiner systematischen Beziehung zu makroökonomischen Fundamentalfaktoren stehen. Dies ist besonders für kleinere Volkswirtschaften mit einem hohen Anteil des Außenhandels am Bruttoinlandsprodukt problematisch.

Aufgrund der bei flexiblen Wechselkursen immer wieder auftretenden Wechselkursschocks gibt es heute zahlreiche Länder, die zwar offiziell die Strategie der flexiblen Kurse wieder verfolgen, jedoch gleichzeitig durch teilweise massive Interventionen versuchen, die Kursausschläge zu glätten oder sogar ein Kursniveau anzusteuern, das für die heimische Exportwirtschaft besonders vorteilhaft ist. Man spricht hierbei auch von der *„fear of floating"* (Calvo und Reinhart, 2000). Ein besonders prägnantes Beispiel für eine solche Politik des *„managed floating"* bietet die Schweiz (siehe Kasten oben). Aber wie schon am Beispiel Chinas verdeutlicht wurde, sind auch große Länder nicht immer bereit, ihren Wechselkurs uneingeschränkt den Launen des Devisenmarktes zu überlassen.

Schlagwörter

- Arbitrage (S. 586)
- Gesetz der Preisunterschiedslosigkeit (S. 586)
- Internationale Wettbewerbsfähigkeit (S. 591)
- Internationaler Nachfrageverbund (S. 581)
- Internationaler Preisverbund (S. 581)
- Internationaler Zinsverbund (S. 581)
- Kaufkraftparitätentheorie (S. 586)
- Managed Floating (S. 589)
- Mengennotiz (S. 588)
- Mundell-Fleming-Modell (S. 599)
- Preisnotiz (S. 588)
- pricing-to-market (S. 592)

Aufgaben

Musterlösungen zu den hier gestellten Aufgaben finden Sie im MyLab | Grundzüge der VWL.

1. Die Niederlande sind bis zum Eintritt in die Währungsunion sehr gut mit dem festen Wechselkurs des Gulden gegenüber der D-Mark gefahren.
   a) Erklären Sie, wieso diese Strategie sinnvoller gewesen ist als eine Politik flexibler Wechselkurse.
   b) Hat sich die Situation der Niederlande durch den Eintritt in die Europäische Währungsunion verbessert?
2. Füllen Sie den folgenden Lückentext aus:

   Die Notenbank von A-Land hat seit fünf Jahren einen festen Wechselkurs ihrer Währung zum US-Dollar. In der *Preisnotiz* beläuft sich der Kurs auf vier A-Taler für einen US-Dollar. In der Mengennotiz lautet der Kurs ... In der Zeit davor war der Wechselkurs zum US-Dollar flexibel. Dies hatte den Vorteil, dass die Notenbank von A-Land ... Allerdings war es dabei immer wieder zu einer realen Aufwertung des A-Talers gekommen, weil der Wechselkurs sich stärker aufgewertet hatte als dies ... entsprochen hätte. Die Unternehmen in A-Land hatten darauf wie üblich mit der Strategie des ... reagiert, um ... Als Ergebnis dieser Strategie kam es bei den Unternehmen in A-Land – ähnlich wie es in den 1990er-Jahren in ... zu beobachten war – zu ... Seit dem Übergang zu einem festen Kurs gegenüber dem US-Dollar ist die Notenbank in A-Land jedoch auch nicht sehr glücklich. Dies liegt daran, dass die Wirtschaftsstruktur von A-Land und die Wirtschaftsstruktur der USA ... Problematisch ist dabei auch, dass die Fiskalpolitik in A-Land wegen hoher Zinsausgaben ... Damit gibt es bei Nachfrageschocks, die nur A-Land betreffen, keinen Spielraum für ... Der Rat der Wirtschaftsweisen von A-Land empfiehlt der Notenbank daher zur währungspolitischen Strategie des ... überzugehen. Diese hat den Vorteil, dass zu starke ... verhindert werden können, ohne dass dabei die ... verloren geht.

LERNZIELE

- Die wirtschaftliche Entwicklung kann man in kurz- bis mittelfristige und langfristige Entwicklungen unterteilen. Für die langfristigen Fluktuationen des Wachstums sind vor allem dauerhafte Veränderungen bei den politischen, institutionellen und technologischen Rahmenbedingungen verantwortlich.
- Kurzfristig wird die wirtschaftliche Entwicklung von positiven und negativen Selbstverstärkungseffekten getrieben. Diese gehen vor allem von den Vermögensmärkten und der Prozyklik des Finanzsystems aus. Daneben gibt es stabilisierende Mechanismen, wie beispielsweise die Entwicklung des Ölpreises.
- Die Selbstverstärkung wird durch *extrapolative Erwartungen* in der Preisentwicklung ausgelöst, wodurch sich *spekulative Blasen* bilden und sich Preise vom fundamentalen Niveau entfernen. Reagieren Preise nur sehr langsam auf veränderte Marktgegebenheiten, so spricht man vom sogenannten *„Schweinezyklus"*. Diese kann man speziell am Immobilienmarkt beobachten.
- Besonders stark schwanken in Deutschland die Investitionen und die Exporte, während sich die privaten Konsumausgaben und die Konsumausgaben des Staates stabil entwickeln. Ein theoretisches Konzept, um die starken Schwankungen bei den Investitionen und dem Export zu erklären, ist das *Modell des Akzelerators.* Hierbei führen moderate Schwankungen in der Gesamtnachfrage zu überproportionalen Schwankungen der Exporte bzw. der Investitionen.

Wie es zu Schwankungen des Wirtschaftsprozesses kommt

30

30.1 Überblick

Wenn man die Zuwachsraten des *Bruttoinlandsprodukts* in Deutschland oder anderen hoch entwickelten Volkswirtschaften über einen längeren Zeitraum betrachtet, erkennt man, dass die wirtschaftliche Entwicklung alles andere als stetig verläuft. Auf längere Phasen mit positivem Wachstum kommt es immer wieder zu stärkeren Einbrüchen, die jedoch meist nur von kurzfristiger Natur sind; nach Berechnungen des Internationalen Währungsfonds dauert eine typische Rezession ein Jahr, eine Aufschwungphase hält rund fünf Jahre an. Sehr vereinfacht lässt sich ein solches typisches Konjunkturmuster wie folgt abbilden (▶*Abbildung 30.1*):

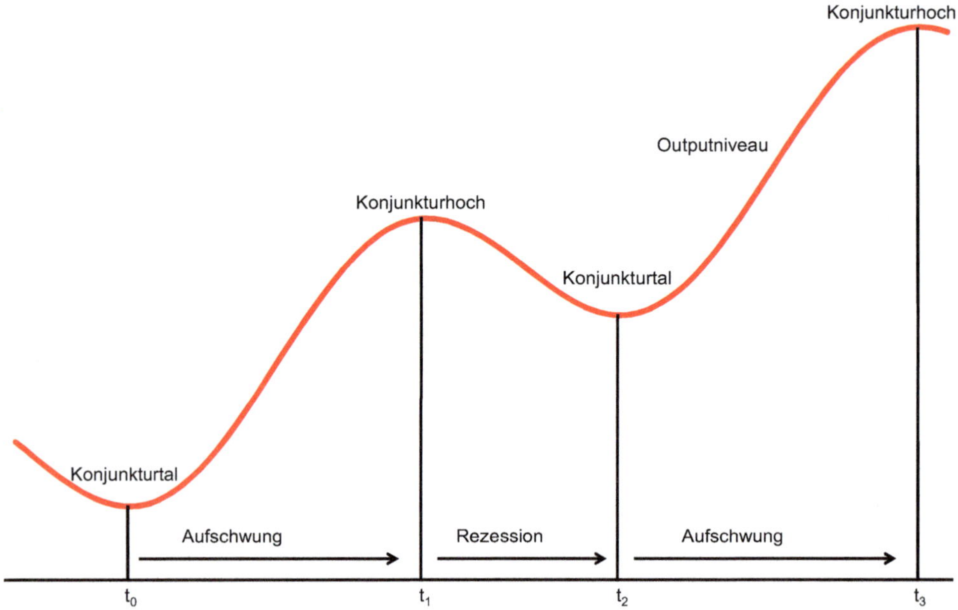

Abbildung 30.1: Stilisierter Verlauf des Konjunkturzyklus
Quelle: IMF, World Economic Outlook, April 2009, S. 10.

Neben den kurz- bis mittelfristigen Schwankungen sind auch längerfristige Trends der Wirtschaftsentwicklung zu beobachten. So hat sich das Wirtschaftswachstum in Deutschland seit der Nachkriegszeit von Jahrzehnt zu Jahrzehnt merklich abgeschwächt (▶*Abbildung 30.2*).

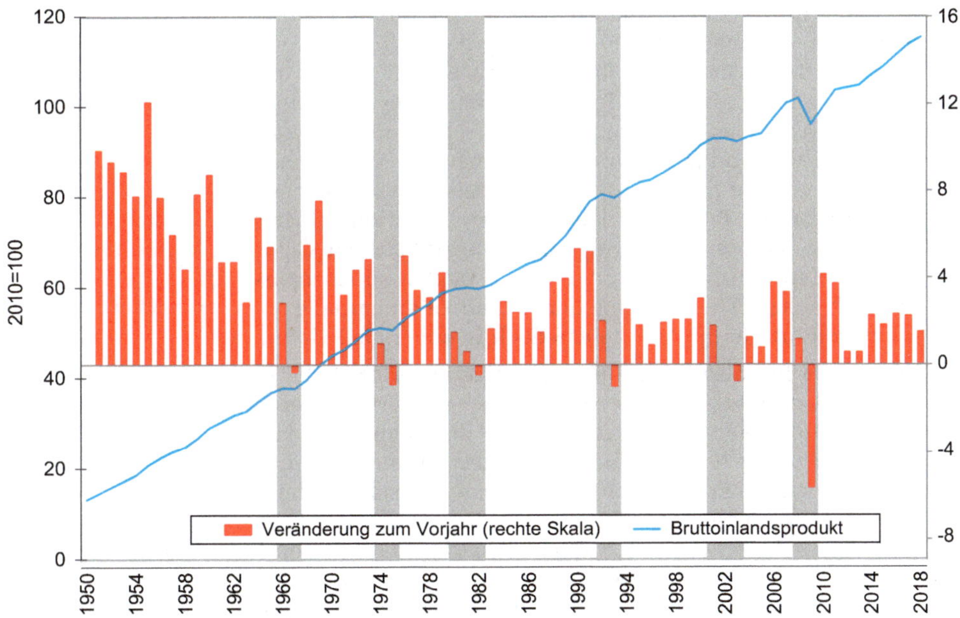

Abbildung 30.2: Zuwachsraten des realen Bruttoinlandsprodukts in Deutschland
Quelle: Statistisches Bundesamt.

30.2 Determinanten längerfristiger wirtschaftlicher Entwicklungen

Im Auf und Ab der wirtschaftlichen Entwicklung spiegeln sich zum einen grundlegende und in der Regel dauerhafte Veränderungen in den politischen, institutionellen und technologischen Rahmenbedingungen, die man auch als „*Regime-Wechsel*" bezeichnen kann:

- Ein für die deutsche Wirtschaft besonders einschneidendes *politisches Ereignis* war die *Währungsreform* des Jahres 1948 und die Einführung der Sozialen Marktwirtschaft, die in den 1950er-Jahren zu einem überraschend starken Wirtschaftswachstum („*Wirtschaftswunder*") führte. Eine große Umwälzung ergab sich auch durch die *deutsche Einheit* im Jahr 1990. Die damit verbundenen Infrastrukturinvestitionen und ein durch massive Steuervergünstigungen ausgelöster Bauboom lösten Anfang der 1990er-Jahre zunächst einen großen Nachfrageschub in Deutschland aus. Die dadurch geschaffenen Überkapazitäten im Wohnungsbau führten dann jedoch über Jahre hinweg zu einer eher verhaltenen Wirtschaftsentwicklung. Sehr weitreichende ökonomische Konsequenzen gingen auch vom *Zusammenbruch der kommunistischen Planwirtschaft* in Osteuropa und der früheren Sowjetunion sowie von der weitgehenden wirtschaftlichen Liberalisierung in China aus. Dadurch kam es – ebenfalls zu Beginn der 1990er-Jahre – in kurzer Zeit zu einer enormen Vergrößerung des Einflussbereichs der Marktwirtschaft. Das erlaubte eine sehr viel intensivere weltwirtschaftliche Arbeitsteilung und erhöhte zugleich den Wettbewerb auf den nationalen Märkten. Beides führt dazu, dass die Produktivität zunahm, wodurch das Wachstum verstärkt wurde und der Wohlstand – wie bereits von Adam Smith erkannt wurde – stieg.

- Zu den grundlegenden Änderungen des *institutionellen Rahmens* lassen sich die Schaffung und mehrfache Erweiterung der *Europäischen Union* vor allem in der zweiten Hälfte des letzten Jahrhunderts zählen. Durch die Beseitigung von Handelshemmnissen, insbesondere von Zöllen, aber auch nichttarifären Hindernissen für den Warenaustausch ergaben sich ebenfalls bessere Möglichkeiten für die Arbeitsteilung und zugleich mehr Wettbewerb. Weitreichende Auswirkungen gingen auch von der Einführung der Europäischen *Währungsunion* im Jahr 1999 aus, wodurch in den Teilnehmerländern anstelle nationaler Zins- und Währungspolitiken eine gemeinsame Währung und eine einheitliche Geldpolitik durch die Europäische Zentralbank traten. Vor allem in den südeuropäischen Ländern hat der dadurch ausgelöste Rückgang der Zinsen zu einem lang anhaltenden Immobilien-Boom geführt, der im Jahr 2008 jedoch in eine tiefe Krise mündete.
- Erhebliche Impulse für die längerfristige wirtschaftliche Dynamik gehen schließlich von *technologischen Veränderungen* aus. Grundlegende Innovationen wie die Dampfmaschine (18. Jahrhundert), die Eisenbahn (19. Jahrhundert), die Elektrotechnik (Anfang 20. Jahrhundert) und das Automobil (Mitte 20. Jahrhundert) werden als wichtige Erklärung für langfristige wirtschaftliche Wellenbewegungen herangezogen, die von Joseph Schumpeter (1961) in seinem monumentalen Werk über wirtschaftliche Zyklen nach dem russischen Ökonomen Nikolai Dmitrijewitsch Kondratjew (1892–1938) als *Kondratjew-Zyklen* bezeichnet werden. In der jüngeren Vergangenheit hatte vor allem die starke Verbreitung des Internets von Mitte der 1990er-Jahre an für eine Beschleunigung des weltweiten Wachstums gesorgt. Es hat neue Wachstumsfelder erschlossen, die Produktivität vieler Tätigkeiten wesentlich erhöht und zudem die Möglichkeiten der globalen Arbeitsteilung erheblich verbessert. Die ungewöhnlich lange Aufschwungsphase in den 1990er-Jahren dürfte wesentlich auf diese technologische Innovation zurückzuführen sein. Seit dem Beginn der 2000er-Jahre ist der Anstieg der Produktivität allerdings trotz einer zunehmenden Digitalisierung wirtschaftlicher Prozesse weltweit zurückgegangen. Vertreter der Theorie der *„Real Business Cycles“* gehen davon aus, dass wirtschaftliche Schwankungen ausschließlich auf technologische Ursachen zurückgeführt werden könnten (*Box 30.1*).

Box 30.1 Real Business Cycles

In der Theorie der *„Real Business Cycles“* (RBC), die auf Arbeiten von Kydland und Prescott (1982) sowie von Long und Plosser (1983) zurückgeht, werden wirtschaftliche Schwankungen vor allem auf *technologische Änderungen* zurückgeführt. Neue Technologien erhöhen die Produktivität und damit auch das Arbeitsangebot der Arbeitnehmer. In *Abbildung 10.1* kommt es zu einer Verschiebung der Arbeitsnachfrage nach oben, wodurch auch der Reallohn und die Beschäftigung steigen. Anhänger dieser Theorie gehen davon aus, dass von der Geldpolitik keine Wirkungen ausgehen, da ihre möglichen Effekte von rationalen Wirtschaftssubjekten perfekt antizipiert werden könnten. Aufgrund der Annahme rationaler Erwartungen werden auch andere Ursachen für wirtschaftliche Schwankungen in diesem Theoriegebäude außer Acht gelassen. Zudem gehen die Modelle in der Regel von einer Robinson-Crusoe-Welt aus, in der alle wirtschaftlichen Entscheidungen von einem *repräsentativen Akteur* getroffen werden.

In solchen Modellen können die für Konjunkturschwankungen verantwortlichen Koordinationsprobleme zwischen den Sparplänen der privaten Haushalte und den davon unabhängig gebildeten Investitionsplänen der Unternehmen ebenso wenig auftreten wie das Phänomen einer keynesianischen, d.h. unfreiwilligen, Arbeitslosigkeit bei flexiblen Löhnen (*Kapitel 18*). Ein weiteres zentrales Problem der RBC-Theorie besteht darin, dass sich starke wirtschaftliche Einbrüche wie zum Beispiel die Finanz- und Wirtschaftskrise der Jahre 2008/09 oder die *Große Depression* zu Beginn der 1930er-Jahre nur schwer mit technologischen Schocks erklären lassen und dass zentrale Parameter in den Modellen nicht im Einklang mit der Realität stehen (Summers, 1986).

30.3 Determinanten kurz- und mittelfristiger wirtschaftlicher Entwicklungen

Die wirtschaftliche Entwicklung wird jedoch nicht nur von solchen grundlegenden Veränderungen in den technologischen, politischen und institutionellen Rahmenbedingungen bestimmt. Sie zeichnet sich zugleich durch eine ausgeprägte *Eigendynamik auf kurze und mittlere Sicht* aus, die auf der einen Seite von *Selbstverstärkungseffekten,* auf der anderen Seite aber auch von *Selbststabilisierungsmechanismen* gekennzeichnet ist. Beides sind wesentliche Determinanten des Konjunkturzyklus, der sich aus dem Zusammenspiel längerfristig wirksamer Regimewechsel mit der Eigendynamik des marktwirtschaftlichen Prozesses ergibt.

30.3.1 Selbstverstärkungsmechanismen des Konjunkturzyklus

Ein besonders wichtiger Verstärker wirtschaftlicher Prozesse sind die *Vermögensmärkte*, vor allem der Immobilien- und der Aktienmarkt. In der Regel gehen Aufschwungsphasen mit steigenden Immobilienpreisen und Aktienkursen einher, im Abschwung sind Kursverluste und Preisrückgänge zu beobachten. Für die Vereinigten Staaten kann man diesen Zusammenhang für die letzten 50 Jahre recht deutlich erkennen (▶*Abbildung 30.3*). Die Schwankungen der mit dem Verbraucherpreisindex *deflationierten Hauspreise* und des Dow-Jones-Aktienindex decken sich weitgehend mit dem *Konjunkturzyklus*.

Die schraffierten Phasen in *Abbildung 30.3* sind Perioden, in denen nach offizieller Definition des *National Bureau of Economic Research* (NBER) eine Rezession bestanden hatte. Das NBER definiert eine Rezession als einen Zeitraum mit einem signifikanten Rückgang der Wirtschaftstätigkeit, der mehrere Monate hinweg andauert und normalerweise im realen Bruttoinlandsprodukt, in den Realeinkommen, der Beschäftigung, der Industrieproduktion und den Groß- und Einzelhandelsumsätzen sichtbar ist. Eine Rezession beginnt, wenn die Wirtschaftsentwicklung einen Höhepunkt erreicht, und endet, wenn sie an ihren Tiefpunkt angelangt.

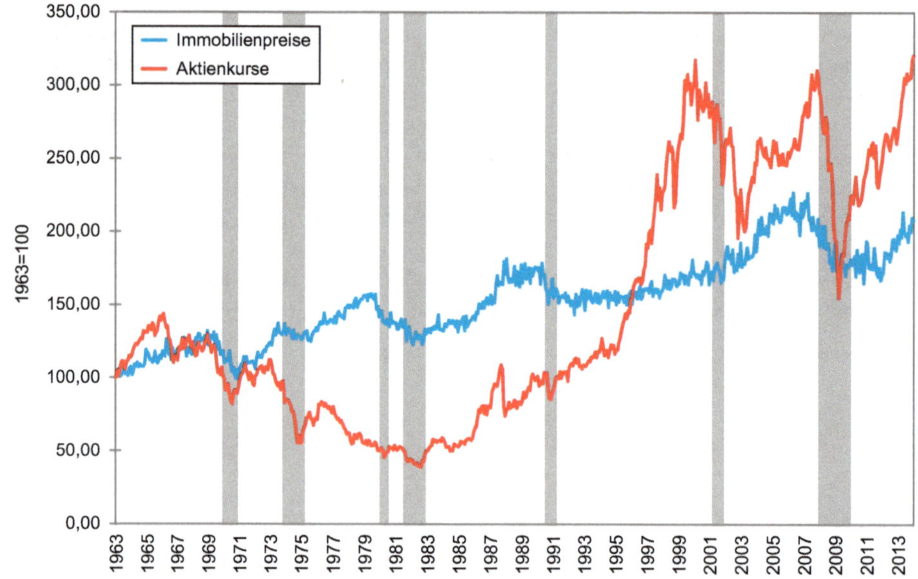

Abbildung 30.3: Preisbereinigte Entwicklung der Hauspreise und der Aktienkurse in den USA (Dow-Jones-Index). Januar 1963 = 100. Schattierte Bereiche sind offizielle Rezessionsphasen. *Quelle: US Census Bureau, Federal Reserve Bank of St. Louis (FRED).*

Wie beim NBER werden auch vom Sachverständigenrat zur Begutachtung der gesamtwirtschaftlichen Entwicklung „Hoch- und Tiefpunkte im Rahmen eines mehrdimensionalen und expertenbasierten Ansatzes identifiziert. Dabei führt der Sachverständigenrat auf Basis von mehreren zentralen makroökonomischen Indikatoren eine Expertenbeurteilung der gesamtwirtschaftlichen Lage für alle Quartale und Monate seit 1950 durch. Es wird im Einzelfall abgewogen, ob eine vorübergehende Auf- oder Abwärtsbewegung in der Gesamtschau eine eigene Expansions- oder Rezessionsphase begründet und wann diese anfing und endete."[1] Mit diesem Vorgehen identifiziert der Sachverständigenrat für den Zeitraum von 1950 bis 2017 insgesamt sechs Rezessionsphasen für die deutsche Wirtschaft (siehe auch *Abbildung 30.2*).

Im *Aufschwung* ergibt sich der selbst verstärkende Effekt höherer Vermögenspreise daraus, dass dadurch das Vermögen der privaten Haushalte steigt. Dies erhöht die *Konsumneigung*, da eine geringere laufende Ersparnis erforderlich ist, um ein angestrebtes Vermögensniveau zu erreichen. Ein Beispiel hierfür sind die US-amerikanischen privaten Haushalte, die in den Jahren von 1990 bis zum Ausbruch der Krise des Jahres 2008 durch steigende Aktienkurse und Immobilienpreise einen starken Vermögenszuwachs erfahren hatten und dementsprechend ihre Sparquote zeitweise auf nahe null reduzierten. Die höhere Verbrauchsnachfrage steigert das Bruttoinlandsprodukt, wodurch sich die Ertragslage der Unternehmen verbessert, sodass die Aktienkurse weiter ansteigen.

Ein wesentliches Element der Selbstverstärkung ergibt sich aus der Tatsache, dass steigende Preise auf Vermögensmärkten häufig die Nachfrage nach Aktien oder Immobilien zusätzlich anheizen. Solche Entwicklungen resultieren daraus, dass Investoren

1 Siehe Sachverständigenrat (2017), Jahresgutachten 2017/18, Kasten 7.

häufig von der Erwartung ausgehen, ein aktuell bestehender Preisanstieg werde auch in der Zukunft anhalten (*extrapolative Erwartungen*). Dieser Effekt wird verstärkt, wenn steigende Vermögenspreise dazu führen, dass zusätzliche spekulative Anleger auf einem Markt aktiv werden (*Herdenverhalten*). Auf Vermögensmärkten kommt es daher immer wieder zu spekulativen Blasen, die dadurch gekennzeichnet sind, dass sich die Preise von Vermögensgegenständen weit von ihrem fundamentalen Wert entfernen, der beispielsweise durch die damit mittel- und langfristig erzielbaren Erträge (Unternehmensgewinne, Mieteinnahmen) bestimmt ist. Dabei ist allerdings immer zu berücksichtigen, dass es in der Wirtschaftswissenschaft keinen objektiven Wertbegriff gibt (*Kapitel 2*), was es in der Praxis häufig sehr schwer macht, eine *spekulative Blase* eindeutig und vor allem rechtzeitig zu identifizieren.

Der *Immobilienmarkt* ist auch aus einem weiteren Grund immer wieder eine Ursache für konjunkturelle Instabilität. In einer Phase mit allgemeinen Preissteigerungserwartungen wird neues Bauland erschlossen und es werden umfangreiche Wohnprojekte in Gang gesetzt. Bis daraus fertige Häuser und Wohnungen entstehen, die von privaten Haushalten erworben werden, können mehrere Jahre vergehen. Aufgrund dieser Zeitverzögerung dauert es dann einige Zeit, bis sich das zusätzliche Angebot auf dem Markt manifestieren kann und dann zu entsprechenden Rückwirkungen auf die Preise führt. Diese verspätet einsetzende Rückmeldung durch den Preismechanismus ist ganz allgemein eine Ursache für zumindest temporär destabilisierende Prozesse bei Gütern, deren Herstellung mit einem größeren Zeitbedarf verbunden ist. Man spricht hierbei auch von einem *Schweinezyklus,* da solche Marktschwankungen in Deutschland theoretisch erstmals an der Entwicklung der Preise von Schlachtschweinen erklärt worden sind (siehe *Box 30.2*).

Box 30.2 Der Schweinezyklus

Eine wichtige Ursache für zyklische Schwankungen von Mengen und Preisen auf Märkten ist der sogenannte *Schweinezyklus.* Hierbei handelt es sich um ein Modell zur Erklärung von Preisschwankungen, das von dem Ökonomen *Artur Hanau (1902–1985)* bei der Analyse der Preise von Schweinefleisch im Jahr 1927 entwickelt wurde. Die Grundstruktur des Modells lässt sich einfach anhand der für die in *Kapitel 8* gewählten Zahlenbeispiele erklären, wobei jedoch eine Zeitverzögerung von einer Periode zwischen der Bestimmung des Preises und der davon ausgelösten Angebotsreaktion eingeführt und zugleich unterstellt wird, dass das Angebot kurzfristig völlig unelastisch ist. Die Angebots- und die Nachfragefunktionen beschreiben jetzt den Markt für ein landwirtschaftliches Produkt, zum Beispiel Hafer.

Die mit einer Zeitverzögerung von einer Periode ausgestattete Angebotsfunktion lautet:

$$x_t = 4.000 p_{t-1} - 4.000$$

Die Nachfragefunktion lautet:

$$x_t = -8.000 p_t + 40.000$$

Wir gehen davon aus, dass es in der ersten Periode aufgrund einer Missernte zu einem sehr geringen Angebot von 4.500 Tonnen Hafer kommt. Setzt man diesen Wert in die Nachfragefunktion ein, erhält man einen markträumenden Preis von 4,50 Euro. Für die nächste Periode gehen die Anbieter vom Preis der ersten Periode aus und stellen eine Menge von 14.000 Tonnen zur Verfügung. In der Periode 2 ergibt dieses kurzfristig starre Angebot in die Nachfragefunktion eingesetzt einen Preis von 3,25 Euro. Für die dritte Periode bieten die Bauern dann eine Menge von 9.000 Tonnen an. Jetzt steigt der Preis auf 3,875 Euro. Der Prozess erreicht nach acht Perioden den Gleichgewichtspreis von 3,71875 Euro und die Gleichgewichtsmenge von 10.718,75 Tonnen (▶*Tabelle 30.1*).

Periode	x_t	p_t
0	10.000	3,66
1	4.000	4,50
2	14.000	3,25
3	9.000	3,875
4	11.500	3,5625
5	10.250	3,71875
6	10.875	3,640625
7	10.562,5	3,6796875
8	10.718,75	3,66015625

Tabelle 30.1: Entwicklung eines stabilen Cobweb-Zyklus

Wenn man diese Bewegungen in einem Angebots-/Nachfrage-Diagramm (▶*Abbildung 30.4*) abbildet, erhält man das Muster eines Spinnennetzes, deshalb spricht man auch vom Cobweb-Theorem.

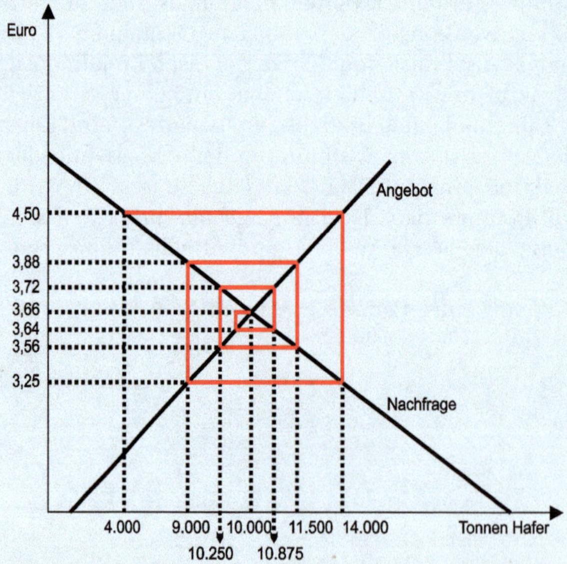

Abbildung 30.4: Grafische Darstellung eines stabilen Cobweb-Zyklus

In dem hier dargestellten Beispiel hat die exogene Störung dazu geführt, dass es zu einem stabilen Prozess in Richtung des Gleichgewichtspreises gekommen ist. Durch eine Veränderung der Parameter lässt sich jedoch auch ein destabilisierender Prozess modellieren.
Wir ändern dazu die Nachfragefunktion wie folgt:

$$x_t = -3.850p_t + 40.000.$$

Bei der identischen Ausgangsstörung kommt es jetzt zu einem explodierenden Prozess (▶*Tabelle 30.2*), bei dem sich kein stabiles Gleichgewicht mehr herausbildet.

Periode	x_t	p_t
1	4.000,00	9,35
2	33.402,60	1,71
3	2.854,44	9,65
4	24.592,79	1,40
5	1.617,89	9,97
6	35.877,52	1,07
7	283,09	10,32
8	37.264,32	0,71

Tabelle 30.2: Entwicklung eines instabilen Cobweb-Zyklus

Entscheidend für die Stabilitätseigenschaften eines Cobweb-Prozesses sind die Steigungen der Angebots- und der Nachfragefunktion, d.h. die *Elastizität* von Angebot und Nachfrage. Wenn die Nachfragefunktion flacher verläuft als die Angebotsfunktion, ergeben sich stabilisierende Prozesse, im umgekehrten Fall treten destabilisierende Verläufe auf. Bei einer identischen Steigung beider Kurven kommt es zu konstanten Schwankungen.

Wie realistisch sind solche Entwicklungen? Im Kern beruhen sie darauf, dass eine Zeitverzögerung besteht zwischen der Entscheidung, ein bestimmtes Angebot zu erstellen, und dem Zeitpunkt, an dem das Angebot auf den Markt gelangt. Zusätzlich setzen solche Prozesse voraus, dass die Anbieter *extrapolative Erwartungen* an den Tag legen, d.h. sie gehen bei ihrer Produktionsentscheidung stets davon aus, dass der Preis in der laufenden Periode auch der Preis in der nächsten Periode sein wird.

Wenn man sich die Immobilienpreise in den Vereinigten Staaten ansieht, kann man zumindest die Grundstrukturen eines Cobweb-Prozesses erkennen. Der inflationsbereinigte Preis für ein Wohnhaus weist über die Zeit hinweg relativ stabile Schwankungen um seinen Trendwert auf (▶*Abbildung 30.5*). Das Phänomen des *Schweinezyklus* kann man übrigens auch bei der Wahl von Studiengängen beobachten. So hat beispielsweise die schlechte Arbeitsmarktsituation von Ingenieuren Mitte der 1990er-Jahre dazu geführt, dass die Studentenzahlen deutlich zurückgingen. Im darauf folgenden Jahrzehnt wurde dann allenthalben ein Mangel an Ingenieuren beklagt.

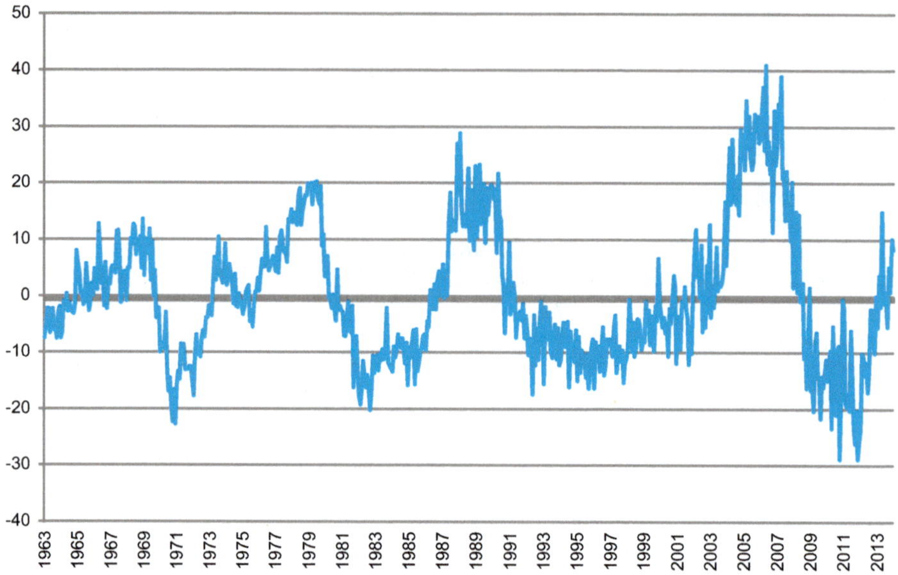

Abbildung 30.5: Trendbereinigte reale Entwicklung der US-amerikanischen Immobilienpreise
Quelle: US Census Bureau.

Zur Selbstverstärkung von Aufschwungphasen trägt auch das *Finanzsystem* bei. So sind die Banken durch die *aufsichtsrechtlichen Bestimmungen* gehalten, Eigenkapital als Risikopuffer für mögliche Verluste zu halten. Nach den Vorschriften von Basel III werden die Eigenkapitalanforderungen davon abhängig gemacht, wie hoch die *risikogewichteten Aktiva* einer Bank sind. Konkret muss eine Bank Eigenkapital in Höhe von 8 % der risikogewichteten Aktiva halten. In längeren Aufschwungsphasen kommt es meist nur zu geringen Kreditausfällen, sodass die Risiken als vergleichsweise gering eingeschätzt werden. Dementsprechend benötigt eine Bank somit für ein gegebenes Kreditportfolio ein geringeres Eigenkapital, sodass sie einen Spielraum für eine zusätzliche Kreditvergabe erhält. Dieses prozyklische Element der bankaufsichtsrechtlichen Bestimmungen wird als eine der zentralen Ursachen für die Finanzkrise der Jahre 2007/08 angesehen. Dementsprechend gehen die Reformbemühungen dahin, Regeln zu entwickeln, die die *Prozyklizität des Finanzsystems* reduzieren.[2]

Aber auch unabhängig von solchen rechtlichen Bestimmungen kommt es in Aufschwungphasen dazu, dass die Risiken von den Kreditgebern tendenziell zu gering eingeschätzt werden. Dies ermöglicht Prozesse, wie sie von *Hyman Minsky* (1919–1996) beschrieben worden sind. Er unterstellt dabei drei Typen von Schuldnern:

- „Vorsichtige Schuldner" (Hedge Borrowers) können laufende Zahlungen für die Zinsen und die Tilgung eines von ihnen aufgenommenen Kredits vornehmen.
- „Spekulative Schuldner" (Speculative Borrowers) können zwar die Zinszahlungen auf den Kredit leisten, aber sie sind nicht mehr in der Lage, eine laufende Tilgung vorzunehmen.
- „Ponzi-Schuldner" (Ponzi Borrowers) können nicht einmal die laufenden Zinszahlungen voll bedienen, ihr Schuldenstand nimmt also permanent zu.

2 Siehe dazu das Gutachten des Sachverständigenrates 2008/09 Tz. 266 ff. und Tz. 285 ff.

Im Zuge eines durch Immobilienpreise getriebenen Aufschwungs gehen die Banken zunächst dazu über, Kredite auch an spekulative Schuldner zu vergeben, die über ein allenfalls geringes Eigenkapital verfügen. Während des Immobilienbooms der 2000er-Jahre kam es in den Vereinigten Staaten häufig auch zur Kreditvergabe an Ponzi-Schuldner. Bei den sogenannten „adjustable rate mortgages" war es für die Kreditnehmer in der Anfangsphase möglich, laufende Zahlungen zu leisten, die geringer waren als die auf die Hypothek zu zahlenden Zinsen.

Die im Aufschwung zunehmenden Verschuldungsspielräume der Kreditnehmer führen deshalb häufig dazu, dass von spekulativen Prozessen auf Immobilien- und Aktienmärkten eine besonders große Instabilität ausgeht. In den Worten von *Irving Fisher* (1933, S. 341):

„(...) over-investment and over-speculation are often important; but they would have far less serious results were they not conducted with borrowed money. That is, over-indebtedness may lend importance to over-investment and speculation. The same is true to over-confidence. I fancy that over-confidence seldom does any great harm except when, as, and if, it beguiles victims into debt. "

30.3.2 Stabilisierungsprozesse

Neben den Prozessen, die einen Aufschwung verstärken, sind zugleich stabilisierende Mechanismen am Werk, die dazu beitragen, dass die konjunkturellen Prozesse nicht außer Kontrolle geraten. Der wichtigste Selbstregulierungsmechanismus einer Marktwirtschaft ist das Preissystem. Eine über längere Zeit hinweg sehr starke Nachfrage führt zu Kapazitätsengpässen und damit zu höheren Güterpreisen. Über den zunehmenden Arbeitskräftebedarf der Unternehmen können die *Gewerkschaften* auch steigende Löhne durchsetzen.

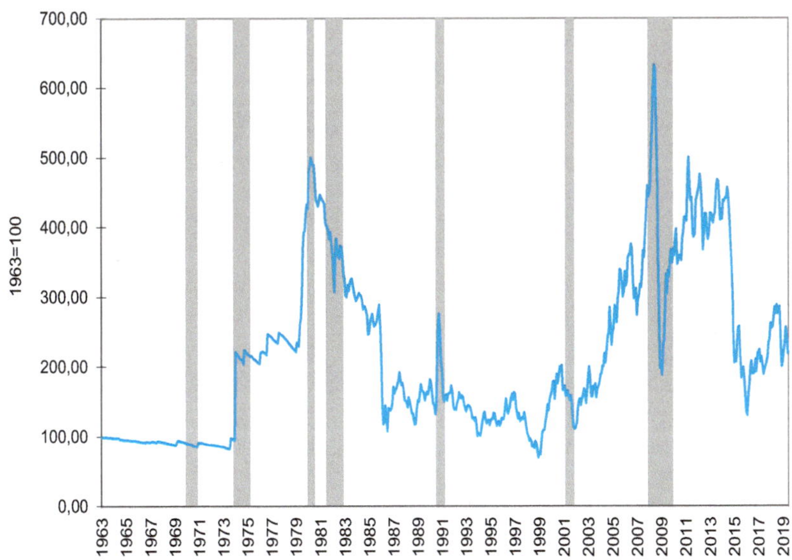

Abbildung 30.6: Realer Ölpreis (West Texas Intermediate deflationiert mit dem US-Verbraucherpreis-Index, Januar 1963 = 100). Schraffierte Flächen entsprechen den offiziellen Rezessionsphasen in den Vereinigten Staaten.
Quelle: Federal Reserve Bank of St. Louis (FRED).

Im Zuge eines Konjunkturaufschwungs kommt es häufig auch zu einem massiven Preisauftrieb bei Rohstoffen. Besonders starke Auswirkungen gehen dabei vom Ölpreis aus, der sich immer wieder in kurzer Zeit sehr stark verteuern kann; man spricht dann von *„Ölpreisschocks“* (▶*Abbildung 30.6*).

Grundsätzlich geht von steigenden Preisen ein dämpfender Einfluss auf die Nachfrage und damit auf die wirtschaftliche Aktivität aus. Allerdings kann es bei einer sehr guten konjunkturellen Lage dazu kommen, dass eine höhere Inflationsrate zu einem Anstieg der Löhne führt, sodass dieser korrigierende Effekt unterbleibt oder allenfalls recht schwache Wirkungen entfaltet. Bei einer solchen *„Lohn-Preis-Spirale“* treten normalerweise die Notenbanken auf den Plan, die mit einer *restriktiven Geldpolitik* dafür sorgen, dass die Inflationsentwicklung nicht außer Kontrolle gerät. Dies lässt sich an der Zinspolitik der Deutschen Bundesbank in den Jahren 1960 bis Ende 1998 und danach an der der Europäischen Zentralbank ablesen. Sobald sich die Inflationsrate deutlich erhöhte, wurden von der Notenbank die Leitzinsen noch stärker angehoben, sodass es zu einem Anstieg des Realzinses kam (*Taylor-Prinzip*, siehe *Abschnitt 24.4*). In der Regel erreicht dann der Aufschwung seinen Höhepunkt. Die restriktive Geldpolitik dämpft nicht nur die Investitionstätigkeit, sie übt auch negative Effekte auf den Aktien- und Immobilienmarkt aus, da viele spekulative Engagements auf Kredit durchgeführt werden. Somit kommt es zum Platzen der spekulativen Blasen.

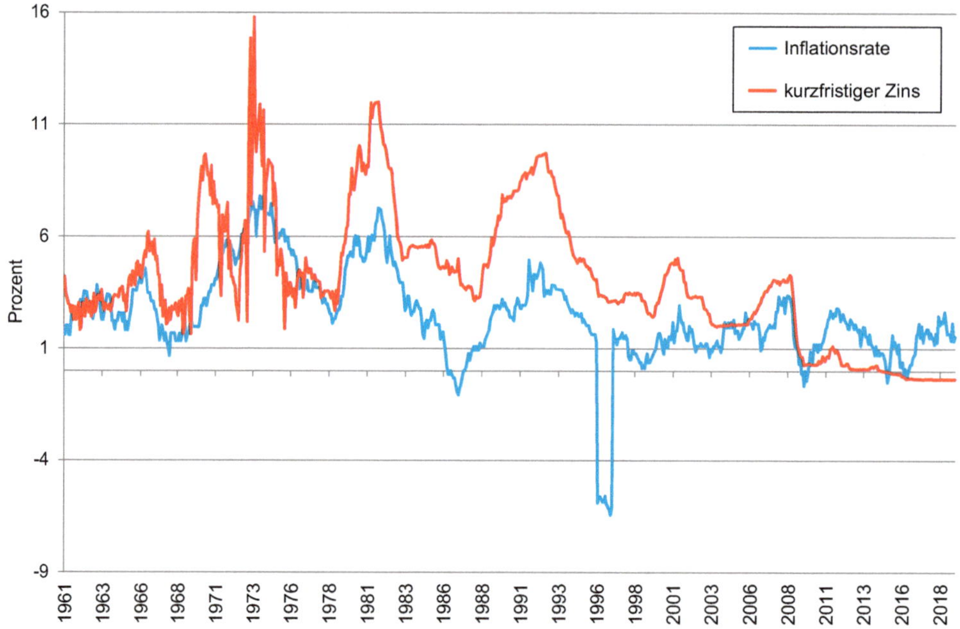

Abbildung 30.7: Kurzfristige Zinsen (Tagesgeld in Frankfurt, bis April 2012) bzw. EOINIA (ab Mai 2012) und Inflationsrate (bis Ende 1998 für Deutschland, ab Januar 1999 für den Euroraum) *Quelle: Deutsche Bundesbank.*

30.3.3 Selbstverstärkungseffekte

In der Regel sind die konjunkturellen Abschwünge weitaus kürzer als die Aufschwünge. Dies ist in erster Linie darauf zurückzuführen, dass sowohl die Notenbanken als auch die Regierungen bestrebt sind, eine *Rezession* durch Zinssenkungen und eine antizyklische Fiskalpolitik möglichst rasch zu bekämpfen.

Wie die *Große Depression* zu Beginn der 1930er-Jahre verdeutlicht, kann es jedoch auch zu länger anhaltenden Abwärtsentwicklungen der Wirtschaft kommen. In der jüngeren Vergangenheit ist die japanische Wirtschaft von Mitte der 1990er-Jahre an in eine anhaltende Schwächephase geraten, die durch ein sehr geringes Wirtschaftswachstum, einen zeitweisen Rückgang des Preisniveaus (*Deflation*), hohe Staatsdefizite und eine stark steigende Staatsverschuldung gekennzeichnet war.

Eine Deflation ist vor allem dann gefährlich, wenn sie auf eine Aufschwungsphase mit einer sehr hohen Verschuldung des privaten Sektors folgt. In einem solchen, von Irving Fisher als *„Debt Deflation"* bezeichneten Prozess steigt die Verschuldung preisbereinigt immer weiter an, obwohl sich die Schuldner darum bemühen, ihre Verbindlichkeiten abzubauen. Die steigende Schuldenlast verschärft die wirtschaftliche Lage von Unternehmen und hat damit zugleich negative Auswirkungen auf die Stabilität des Bankensystems. Dadurch wird die Abwärtsspirale zusätzlich verstärkt.

Problematisch an einer Deflation ist zudem die Tatsache, dass die Handlungsmöglichkeiten der Notenbank bei einem nominalen Zinssatz von null an ihre Grenzen stoßen *(„zero bound")*. Wenn dann das Preisniveau weiter verfällt, ergibt sich für die Wirtschaft ein positiver Realzins in Höhe der Deflationsrate, wodurch die Abwärtsbewegung ebenfalls verschärft wird.

Aufgrund der mit einer Deflation verbundenen Gefahren sind die Notenbanken weltweit bemüht, rechtzeitige, expansive Maßnahmen einzuleiten, um solche Prozesse zu vermeiden. Die heute im Rückblick als eindeutig zu expansiv zu beurteilende Geldpolitik der US-amerikanischen Notenbank in den Jahren 2003 und 2004 wurde damals nicht zuletzt mit den Risiken einer deflationären Entwicklung in den Vereinigten Staaten begründet.[3]

30.4 Konjunkturschwankungen in Deutschland

Die Konjunkturzyklen in Deutschland zeichnen sich wie in den meisten anderen Ländern durch besonders große Schwankungen der Ausrüstungsinvestitionen aus. Starke Ausschläge zeigen sich auch bei den Exporten. Demgegenüber entwickeln sich die privaten Konsumausgaben und der Staatsverbrauch vergleichsweise stabil (▸*Abbildung 30.8*).

3 Siehe dazu beispielsweise Ahearne et al. (2002).

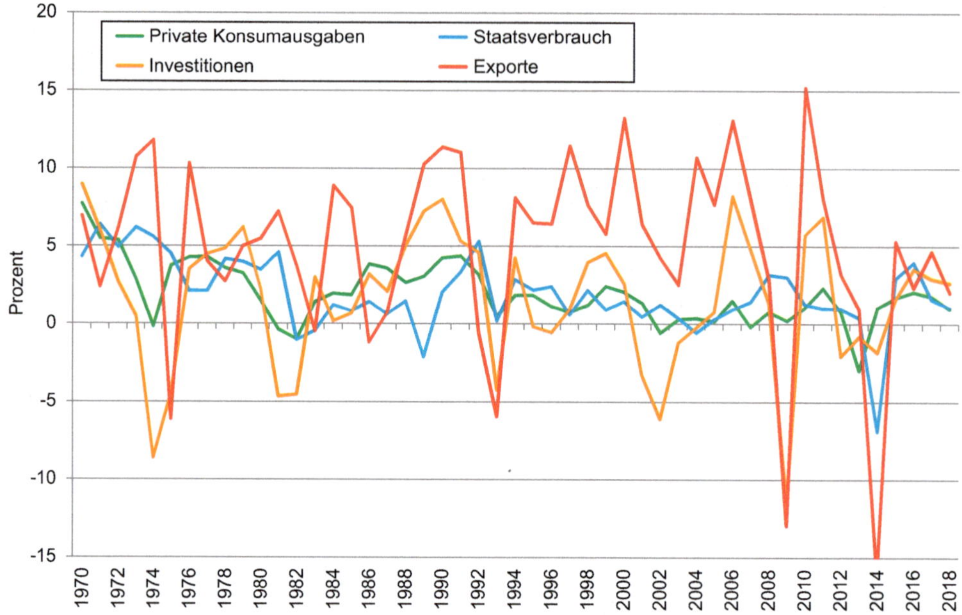

Abbildung 30.8: Zuwachsraten der Verwendungskomponenten des realen Bruttoinlandsprodukts in Deutschland
Quelle: Deutsche Bundesbank.

Die sehr ausgeprägten Schwankungen bei den *Investitionen* des Unternehmenssektors lassen sich vor allem mit dem Modell des *Akzelerators* erklären. Es besagt, dass Veränderungen in der Zuwachsrate der Gesamtnachfrage zu überproportionalen Ausschlägen bei der Investitionsnachfrage führen. Dies lässt sich anhand eines einfachen Zahlenbeispiels erläutern.

Wir nehmen an, dass zur Erstellung des Bruttoinlandsprodukts ein Kapitalstock in Höhe von 10 % des Bruttoinlandsprodukts benötigt wird. Außerdem unterliegt dieser einer jährlichen Abschreibung von 10 %. Wenn das *Bruttoinlandsprodukt* jährlich um 3 % wächst, muss der Kapitalstock um 3 % zunehmen und desgleichen die dazu erforderlichen Investitionen. Nun steige in einem Jahr die Zuwachsrate des Bruttoinlandsprodukts auf 4 %. Dazu muss der Kapitalstock ebenfalls um 4 % steigen. Die dazu notwendigen Investitionen müssen jedoch um 11,5 % ausgeweitet werden, um die zusätzliche Ausweitung des Kapitalstocks zu ermöglichen. In der Folgeperiode geht die Zuwachsrate des Bruttoinlandsprodukts wieder auf 3 % zurück und die Investitionen wachsen in absoluten Größen in etwa wieder wie vor dem Schock. Die Zuwachsrate der Investitionen wird in dieser Periode jedoch negativ.

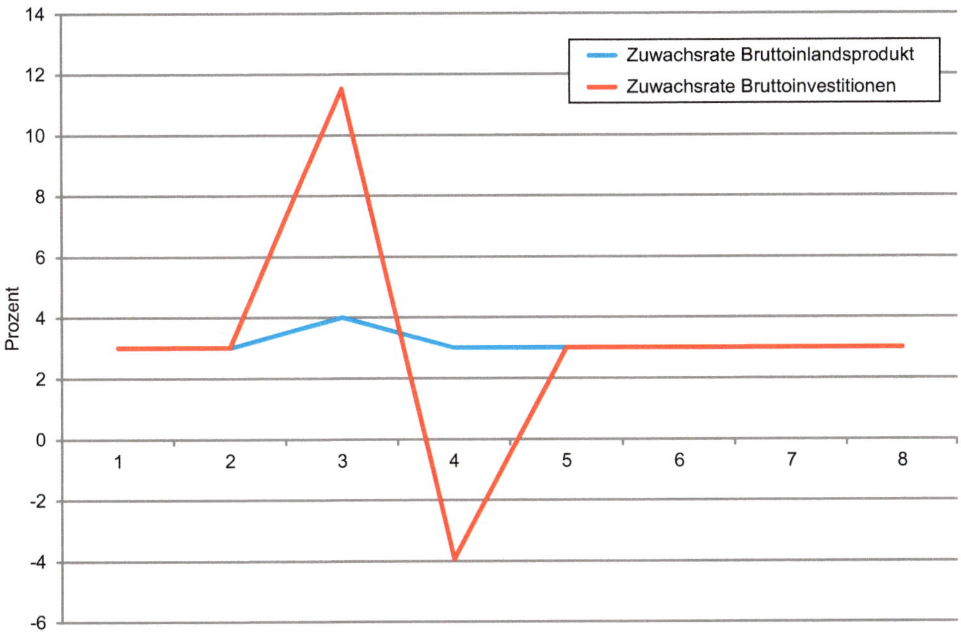

Abbildung 30.9: Stilisierte Akzeleratorwirkung der Entwicklung des Bruttoinlandsprodukts auf die Investitionen

Kennzeichnend für die deutsche Konjunkturentwicklung ist zudem die große Bedeutung der *Exporte*, die ähnlich große Schwankungen wie die Investitionen aufwiesen. Dies ist wesentlich darauf zurückzuführen, dass Investitionsgütern mit 45 % im Jahr 2018 ein sehr hoher Anteil an den deutschen Ausfuhren zukommt. Weitere 31 % entfallen auf Vorleistungsgüter und nur 18 % auf Konsumgüter. Somit macht sich die Dynamik des Akzelerators auch bei der internationalen Nachfrage nach deutschen Gütern deutlich bemerkbar.

Box 30.3 Akzeleratormodell

Für das *Bruttoinlandsprodukt* (BIP_t) wird ein Kapitalstock (K_t) benötigt, wobei der Anteil des Kapitalstocks am BIP konstant bleibt ($K_t = k \cdot BIP_t$). Der Kapitalstock kann durch Investitionen erweitert werden. Die Nettoinvestitionen I_t^N ergeben sich damit aus der Differenz des Kapitalstocks der Periode t und $t-1$:

$$I_t^N = K_t - K_{t-1} = k\left(BIP_t - BIP_{t-1}\right) \quad (30.1)$$

Pro Jahr nutzt sich ein Anteil δ des Kapitalstocks ab, weshalb sich der Kapitalstock um diesen Anteil verringert und demnach abgeschrieben werden muss ($D_t = \delta \cdot K_t$). Bei den Bruttoinvestitionen berücksichtigt man neben den Nettoinvestitionen I_t^N noch die Abschreibungen:

$$I_t^B = D_t + I_t^N = (1+\delta)\,k \cdot BIP_t - k \cdot BIP_{t-1} \quad (30.2)$$

Die BIP-Wachstumsrate ist weiterhin definiert als

$$(30.3)\qquad w_{BIP} = \frac{BIP_t - BIP_{t-1}}{BIP_{t-1}}.$$

Die Bruttoinvestitionen wachsen mit der Rate von

$$(30.4)\qquad w_{I^B} = \frac{I_t^B - I_{t-1}^B}{I_{t-1}^B}.$$

Somit können wir die Wachstumsrate der Bruttoinvestitionen als Funktion der BIP-Wachstumsrate ausdrücken, indem wir *Gleichung 30.4* mit *30.2* substituieren und das BIP mit *Gleichung 30.3* ersetzen:

$$(30.5)\qquad w_{I^B} = \frac{(1+\delta)w_{BIP,t}\left(1+w_{BIP,t-1}\right)-w_{BIP,t-1}}{w_{BIP,t-1}(1+\delta)+\delta}$$

Schlagwörter

- Akzeleratormodell (S. 625)
- Debt Deflation (S. 623)
- extrapolative Erwartungen (S. 617)
- Herdenverhalten (S. 617)
- Kondratjew-Zyklen (S. 614)
- Lohn-Preis-Spirale (S. 622)
- Ölpreisschock (S. 622)
- Prozyklizität des Finanzsystems (S. 620)
- spekulative Blase (S. 617)
- Zero bound (S. 623)

Aufgaben

Musterlösungen zu den hier gestellten Aufgaben finden Sie im MyLab | Grundzüge der VWL.

1. Bauer Joseph baut auf seinen Feldern Mais an. Da der Mais eine Periode benötigt, um geerntet zu werden, kann Bauer Joseph mit seinem Maisangebot nur verzögert auf die veränderten Marktbedingungen reagieren. Er errechnet sein Angebot und erhält folgende Funktion für eine Tonne Mais:

$$x_t = 2p_{t-1} - 10 \qquad \text{(Angebot)}$$

Joseph beauftragt eine Marktforschungsgruppe, die die Marktnachfrage für Mais ermitteln soll. Von den Marktforschern erhält er folgendes Ergebnis:

$$x_t = 70 - 3p_t \qquad \text{(Nachfrage)}$$

a) Berechnen Sie das Marktgleichgewicht, wenn kein Schock vorliegt ($p_{t-1} = p_t$).

b) Nun bricht aufgrund einer Missernte das Angebot um sieben Einheiten ein. Berechnen Sie den Entwicklungspfad, den der Maispreis und die Maismenge nehmen:

Periode	$\mathbf{x_t}$	$\mathbf{p_t}$
0		
1		
2		
3		
4		
5		
6		
7		
8		

Durch den Einsatz eines innovativen Maisernters kann Joseph seinen Mais billiger produzieren, was sich auf seine Angebotsfunktion auswirkt:

$$x_t = 5p_{t-1} - 10 \qquad \text{(Angebot)}$$

c) Berechnen Sie das Marktgleichgewicht, wenn kein Schock vorliegt ($p_{t-1} = p_t$).

d) Ein mildes Frühjahr sorgt für optimale Wachstumsbedingungen, wodurch Bauer Joseph seine Ernte um eine Einheit steigern kann. Berechnen Sie wieder die Entwicklung des Maispreises und der Maismenge! Beurteilen Sie die Stabilität des Prozesses!

Periode	x_t	p_t
0		
1		
2		
3		
4		
5		
6		
7		
8		

2. Familie Müller hat einiges gespart und kann deshalb 60 % des Kaufpreises ihres neuen Eigenheims aus eigenen Mitteln finanzieren. Familie Maier hat nichts gespart, aber da Herr und Frau Maier gute Jobs haben, fällt es ihnen nicht schwer, die für die Zinsen anfallenden Zahlungen aus ihrem laufenden Einkommen zu bestreiten. Familie Schmidt wollte sich auch den Traum vom Eigenheim erfüllen, aber ihr laufendes Einkommen ist geringer als die laufenden Zinszahlungen.
   a) Welche Erwartungen müssen die Familien Schmidt und Müller haben, wenn sie unter solchen Bedingungen eine Immobilie erwerben?
   b) Wie kann es durch solche Schuldner zu einer negativen Selbstverstärkung eines Abschwungs kommen?
3. Die amerikanische Notenbank schätzt die Gefahren einer *Deflation* traditionell höher ein als die Gefahren einer Inflation.
   a) Worin bestehen die negativen Wirkungen einer *Deflation*?
   b) Wie kann man diese Einschätzung der US-Notenbank begründen?
4. Nehmen Sie an, die Potenzialwachstumsrate betrage 1½ Prozent.

	1. Quartal 2020	2. Quartal 2020	3. Quartal 2020	4. Quartal 2020
Relative Output-Lücke	1,5	0,4	0,25	1,25

In welchem Quartal ist nach der Definition des Sachverständigenrats die Rezession eingetreten?

LERNZIELE

- In den vorhergehenden Kapiteln wurde der Wirtschaftsprozess aus einer kurz- bis mittelfristigen Perspektive betrachtet. Dies ermöglichte es, die Problematik konjunktureller Schwankungen und die damit verbundenen Auswirkungen auf die Beschäftigung und den Geldwert herauszuarbeiten.
- Für den Wohlstand eines Landes ist es jedoch nicht nur wichtig, wie hoch die Inflation und die Arbeitslosigkeit sind, es kommt vor allem darauf an, wie hoch das Wirtschaftswachstum *längerfristig* ausfällt.
- Empirisch zeigt sich eine unterschiedliche *Wachstumsdynamik in der Welt*. Seit den 1990er-Jahren konnten die Länder in Ostasien beeindruckende Wachstumserfolge erzielen, in den hoch entwickelten Ländern fiel das Wachstum deutlich geringer aus, vor allem seit dem Ausbruch der Finanzkrise. In Subsahara-Afrika sind einige Nationen nicht von der Stelle gekommen.
- Die Volkswirtschaftslehre untersucht diese Prozesse in der sogenannten *Wachstumstheorie*. Da es sich hierbei um sehr komplexe Zusammenhänge handelt, werden wir uns in dieser Einführung auf sehr elementare Mechanismen beschränken.
- Der Ausgangspunkt für eine Analyse des Wachstums ist der einfache Zusammenhang, dass Wirtschaftswachstum sich aus dem Zusammenwirken von *Arbeitsvolumen* und *Arbeitsproduktivität* ergibt. Wenn man Wachstum als Wachstum pro Kopf betrachtet, kann man sich ganz auf die Determinanten der Arbeitsproduktivität konzentrieren.
- Eine wichtige Ursache für Veränderungen der Arbeitsproduktivität sind *Investitionen*, durch die der Kapitalstock eines Landes erhöht wird. Sie erlauben es, dass pro Arbeitsstunde ein höherer Output produziert werden kann. Allerdings stellt sich dabei das Problem, dass es bei einer *abnehmenden Grenzproduktivität* des eingesetzten Kapitals über die Zeit hinweg zu einer Angleichung der Wachstumsraten weltweit kommen müsste. Eine solche Entwicklung ist jedoch empirisch nicht zu beobachten.
- Diese Beobachtung führte zur *„neuen Wachstumstheorie"*. Sie betont die Rolle des technischen Fortschritts und des *Humankapitals*, d.h. der Qualität der eingesetzten Arbeitskräfte. Durch diese Faktoren kann es dazu kommen, dass das *Gesetz des abnehmenden Grenzertrags* einer zusätzlichen Kapitalbildung dauerhaft außer Kraft gesetzt wird.
- Schließlich spielt auch das *Sozialkapital* eine wichtige Rolle. Es umfasst die formellen und informellen Spielregeln einer Gesellschaft. Die Erfahrung mit der Wirtschaftstransformation in Osteuropa und den Ländern der früheren Sowjetunion haben gezeigt, dass es lange Zeit dauern kann, bis sich die Menschen an die Spielregeln der Marktwirtschaft gewöhnen.

Wirtschaftswachstum und Wohlstand

31

ÜBERBLICK

31.1 Überblick

In den vorhergehenden Kapiteln wurde der Wirtschaftsprozess aus einer *kurz- bis mittelfristigen* Perspektive betrachtet. Es ging dabei vor allem um die Frage, ob und inwieweit es durch eine staatliche Stabilisierungspolitik möglich ist, Inflation und Arbeitslosigkeit zu vermeiden. Bei der Beschreibung des Stabilitäts- und Wachstumsgesetzes in *Kapitel 15* wurde jedoch schon deutlich, dass es neben diesen Zielen auch darauf ankommt, dass eine Wirtschaft mittel- und längerfristig ein „angemessenes Wachstum" des realen Bruttoinlandsprodukts aufweist.

Eine wichtige Rechtfertigung für Wirtschaftswachstum ist darin zu sehen, dass man so am einfachsten die wirtschaftliche Situation von Menschen mit geringem Einkommen verbessern kann. In einer stagnierenden Wirtschaft wäre das nur möglich, wenn man von den Wohlhabenderen zusätzliche Steuern fordert, die – wie in *Kapitel 12* gezeigt – stets mit negativen Wohlfahrtseffekten für die Gesellschaft insgesamt verbunden sind. In der Tat sind seit Ende der 1990er Jahre gleichzeitig ein starkes weltwirtschaftliches Wachstum und ein deutlicher Rückgang der in Armut lebenden Menschen zu beobachten. (*Abbildung 31.1*)

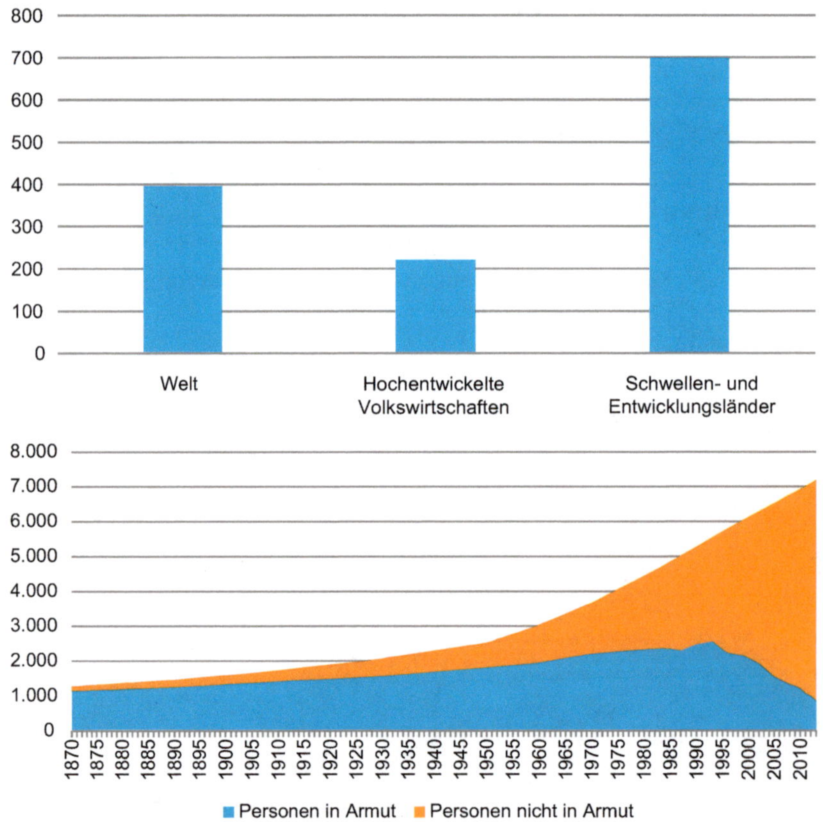

Abbildung 31.1: Anstieg des realen BIP zwischen 1990 und 2018 in Prozent, sowie Veränderung der Weltbevölkerung in Millionen Personen
Quelle: IMF World Economic Database und Sachverständigenrat zur Begutachtung der gesamtwirtschaftlichen Entwicklung.

Ohnehin ist ein marktwirtschaftliches System ohne Wirtschaftswachstum nur schwer vorstellbar. Solange es Unternehmer gibt, die hohe Einkommen erzielen wollen, werden sie bestrebt sein, produktiver zu arbeiten und zugleich neue – und damit in der Regel auch bessere – Produkte und Dienstleistungen anzubieten, die ihnen zumindest temporär eine monopolähnliche Stellung verleihen und es ihnen damit ermöglichen, hohe *Produzentenrenten* abzuschöpfen (*Kapitel 8*).

Box 31.1 Dynamik von exponentiellem Wachstum

Die Dynamik von Wachstumsprozessen wird von den meisten Menschen unterschätzt. Als einfache Faustregel kann man sich folgende Formel merken:

(31.1) Verdopplung einer Größe über einen Zeitraum von x Jahren = 70/jährliche Wachstumsrate in %

Somit kommt es also schon bei einer jährlichen Wachstumsrate des Bruttoinlandsprodukts von 2 % dazu, dass sich der Wohlstand in nur 35 Jahren verdoppelt. Man kann diese Formel auch umgekehrt verwenden. Sie gibt dann an, wie hoch die Wachstumsrate sein muss, wenn man eine Größe in einem vorgegebenen Zeitraum verdoppeln möchte.

Würde man also ein Wirtschaftswachstum von 2 % als „angemessen" betrachten, wäre das gleichbedeutend damit, dass wir in 35 Jahren über doppelt so viele Güter und Dienstleistungen verfügen wollen wie heute. Ob wir damit auch doppelt so glücklich wären, ist allerdings fraglich.[1] Zudem sind die damit verbundenen Umweltbelastungen zu berücksichtigen.

In diesem und im vergangenen Jahrzehnt ist es in nahezu allen Ländern der Welt zu einem *Anstieg der Wirtschaftsleistung* gekommen. In der Welt insgesamt belief sich das Wachstum des Bruttoinlandsprodukts im Zeitraum von 2000 bis 2017 auf durchschnittlich 2,8 % pro Jahr (▸*Tabelle 31.1*). Dabei sind deutliche Unterschiede zu erkennen. Besonders dynamisch entwickelte sich die Region Ostasien und Pazifik mit einer Zuwachsrate von 4,6 %; China erreichte sogar einen Wert von 9,7 %. Eine weit überdurchschnittliche Zunahme der wirtschaftlichen Aktivität ist auch in Südasien (6,5 %) zu beobachten. Vergleichsweise schwach entwickelten sich die Volkswirtschaften mit einem hohen Einkommen (1,6 %). Hier macht sich das vergleichsweise schwache Wachstum in den Jahren nach der „Großen Rezession" bemerkbar.[2] Während die Vereinigten Staaten noch ein durchschnittliches jährliches Wachstum von 1,7 erzielen konnte, war die Wirtschaftsleistung in Italien und Griechenland sogar

1 Richard Easterlin (1974) hat herausgefunden, dass innerhalb eines Landes die Menschen mit einem höheren Einkommen auch glücklicher sind. Aber bei internationalen Vergleichen zeigt sich, dass das Glücksniveau eines Landes nicht von seinem Bruttoinlandsprodukt per Kopf beeinflusst wird, wenn man einmal von ganz armen Ländern absieht. Auch für die Vereinigten Staaten war trotz eines steigenden Volkseinkommens für die Jahre 1946 bis 1970 kein positiver Trend beim Glücksempfinden zu erkennen. Siehe dazu aber auch Jochen Weimann: Geld macht doch glücklich: Wo die ökonomische Glücksforschung irrt, 2012.

2 Manche Ökonomen, insbesondere Larry Summers (2016) sprechen dabei sogar von einer „säkularen Stagnation", was durch die Daten jedoch nicht gestützt wird.

rückläufig. Deutschland konnte immerhin ein Wachstum von 1,2 % pro Jahr erreichen. Aus den Daten der Weltbank kann man schließlich auch ablesen, dass von den über 200 aufgelisteten Ländern nur sehr wenige, sehr kleine Länder einen Rückgang der Wirtschaftsleistung hinnehmen mussten.

Insgesamt gesehen besteht kein Zweifel, dass die zunehmende Globalisierung für fast alle Länder zu einem Anstieg des Wohlstands geführt hat, zumindest insoweit dieser durch das Bruttoinlandsprodukt abgebildet werden kann (siehe dazu *Box 31.2*). So ist der wachsende materielle Wohlstand mit massiven Umweltschäden (*Vgl. Abbildung CO_2-Emissionen in Kapitel 12*) erkauft worden, die in der Berechnung des Bruttoinlandsprodukts nur sehr bedingt erfasst werden.

Ländergruppe/Land	**Wachstumsrate**
Welt	2,8
Ostasien und Pazifik	4,6
darunter: China	9,7
Europa und Zentralasien	1,6
Lateinamerika und Karibik	3,0
Mittlerer Osten und Nordafrika	4,0
Südasien	6,5
Afrika südlich der Sahara	4,9
Länder mit hohen Einkommen	1,6
darunter:	
Deutschland	1,2
Frankreich	1,1
Griechenland	–0,9
Italien	–0,1
Japan	0,7
Portugal	0,1
Spanien	1,1
Vereinigtes Königreich	1,5
Vereinigte Staaten	1,7

Tabelle 31.1: Durchschnittliche jährliche Wachstumsrate des Bruttoinlandsprodukts von 2000 bis 2017
Quelle: World Bank, World Development Indicators 2019.

Box 31.2 **Als Wohlstandsindikator ist das Bruttoinlandsprodukt mit Vorsicht zu verwenden**

Bei einem internationalen ebenso wie bei einem intertemporalen Vergleich des Bruttoinlandsprodukts pro Kopf als Wohlstandsindikator muss man sich eine Reihe gravierender Probleme bewusst sein:

- Wie in *Kapitel 16* deutlich wurde, werden im *Bruttoinlandsprodukt* nur Transaktionen berücksichtigt, die über den *Markt* abgewickelt werden. Wenn Sie z.B. in Ihrem Garten Tomaten pflanzen und diese dann konsumieren, wird dies nicht im Bruttoinlandsprodukt aufgeführt. Auch die Arbeit von Hausmännern oder -frauen bleibt unberücksichtigt. Wenn eine Managerin ihren Putzmann heiratet und er dann umsonst für sie arbeitet, sinkt das Bruttoinlandsprodukt. Je ärmer Länder sind, desto weniger Dienstleistungen werden über den Markt bezogen und desto mehr Agrarprodukte werden selbst erstellt. Insoweit ist der materielle Wohlstand höher, als es durch die BIP-Daten zum Ausdruck kommt.
- Eine weitere Verzerrung beruht darauf, dass im Bruttoinlandsprodukt auch Leistungen als Konsum betrachtet werden, die eigentlich eine *Vorleistung* darstellen. Dies gilt insbesondere für die Mobilitätskosten einer hoch entwickelten Volkswirtschaft. Wenn die Menschen in Großstädten lange Strecken mit dem Pkw zurücklegen, um zur Arbeit zu kommen, werden das Benzin und der Kauf des Fahrzeugs zu 100 % als Konsum gewertet, obwohl sie überwiegend als ein Input zu betrachten sind. Das Gleiche gilt für die Reparaturaufwendungen bei Unfällen.
- Bei der Verwendung des Bruttoinlandsprodukts bei internationalen Vergleichen des Wohlstands von Nationen ist zudem zu berücksichtigen, dass die *Arbeitszeit*, die zur Erstellung des Bruttoinlandsprodukts notwendig ist, nicht berücksichtigt wird. So lag im Jahr 2018 nach Angaben des IWF das Volkseinkommen pro Kopf mit 62.606 US-Dollar in den Vereinigten Staaten deutlich über dem deutschen Niveau von 52.559 US-Dollar. Die durchschnittliche Arbeitszeit war dort nach Angaben der OECD mit jährlich 1.786 Stunden pro Arbeitnehmer um rund 31 % höher als bei uns (1.362 Stunden), womit der Abstand im Pro-Kopf-Einkommen von 19 % deutlich relativiert wird.
- Das reale Bruttoinlandsprodukt kann nur die Transaktionen angemessen erfassen, die in irgendeiner Weise dem Staat gemeldet werden. Bei der *Schwarzarbeit* ist dies nur sehr schwer der Fall, obwohl die statistischen Ämter bemüht sind, auch die Schwarzarbeit im Bruttoinlandsprodukt umfassender zu erfassen.
- Schließlich werden der *Umweltverbrauch und damit verbundenen ökologischen Folgekosten* im BIP nur sehr unzureichend berücksichtigt. Wie in *Kapitel 14* dargestellt, liegt dies ebenfalls daran, dass es dafür in vielen Ländern noch keine oder zumindest keine alle Emittenten umfassenden Preise gibt. Dieser Faktor ist vor allem bei den beeindruckenden Wachstumsraten der Länder in Ostasien in Rechnung zu stellen, die sehr häufig mit einer enormen Umweltbelastung erkauft wurden.

- Völlig unberücksichtigt bleibt bei der Verwendung des Bruttoinlandsprodukts als Indikator für den Wohlstand von Volkswirtschaften wie das Einkommen innerhalb eines Landes verteilt wird. Zur *Problematik der Ungleichheit* mehr in *Kapitel 12*.
- Eine sehr umfassende Kritik am Bruttoinlandsprodukt als Wohlfahrtsmaßstab findet man in einer viel beachteten Studie von Stiglitz et al. (2009). Der Sachverständigenrat zur Begutachtung der gesamtwirtschaftlichen Entwicklung (2010) hat sich mit dieser Problematik in einer Expertise befasst, die gemeinsam mit dem französischen Sachverständigenrat erstellt wurde.

31.2 Determinanten von Wirtschaftswachstum: Arbeitsvolumen und Arbeitsproduktivität

Wie kann man nun erklären, dass es China in den Jahren seit 1990 gelungen ist, seinen Wohlstand um den Faktor 12 zu erhöhen, während es in einigen europäischen und afrikanische Länder kaum von der Stelle gekommen sind? Dieser interessanten Fragestellung widmet sich in der Volkswirtschaftslehre die sogenannte *Wachstumstheorie*. Im Rahmen dieser Einführung können die grundlegenden Zusammenhänge dieser sehr komplexen Theoriensätze nur in groben Zügen dargestellt werden.

Einen guten Ausgangspunkt findet man wieder einmal bei Adam Smith, der sich in seinem Hauptwerk ganz explizit mit der Frage „der Natur und der Ursachen des Wohlstands der Nationen“ auseinandergesetzt hat. Etwas frei übersetzt schreibt er dazu:

„Das Bruttoinlandsprodukt, das aus dem Boden und der Arbeit einer jeden Nation erwirtschaftet wird, kann in seinem Wert nur gesteigert werden, wenn man entweder die Anzahl der Erwerbstätigen erhöht oder aber die Produktivität der bisher Beschäftigten.“[3]

Diese Sichtweise deckt sich mit dem Modell des Arbeitsmarktes, das in *Kapitel 10* dargestellt wurde und mit der Herleitung *des langfristigen gesamtwirtschaftlichen Angebots* in *Kapitel 17*. Für die kurzfristige Betrachtungsweise haben wir dabei jedoch unterstellt, dass es zu keinen Änderungen in der Produktionstechnologie und der Qualität der Arbeitnehmer (beides schlägt sich in der Produktionsfunktion nieder) und beim Kapitalstock (Maschinen, Gebäude, Infrastruktur) kommt. Mit diesen beiden Aspekten wollen wir uns nun ausführlicher auseinandersetzen.

Den von Adam Smith angesprochenen Zusammenhang kann man mit folgender Gleichung abbilden:

(31.2) *ZF reales BIP = ZF Erwerbstätige × ZF Arbeitsproduktivität je Erwerbstätigem*

3 Adam Smith (1974, S. 283).

Der Zuwachsfaktor (*ZF*) des realen Bruttoinlandsprodukts gibt an, mit welchem Faktor das Bruttoinlandsprodukt von heute multipliziert werden muss, um das Bruttoinlandsprodukt von morgen zu erhalten. Bei einer Wachstumsrate von z.B. 2 % beträgt der Zuwachsfaktor 1,02. Die Gleichung zeigt, dass ein solcher Zuwachsfaktor entweder durch eine entsprechende Ausweitung der Erwerbstätigenzahl oder eine höhere Arbeitsproduktivität oder eine Kombination aus beiden Größen erreicht werden kann. Da es für den Wohlstand eines Landes vor allem auf den Wohlstand *pro Kopf* ankommt, kann man die Gleichung auch wie folgt umformen:

(31.3) *ZF reales BIP je Erwerbstätigen = ZF Arbeitsproduktivität je Erwerbstätigem*

Es wird damit deutlich, dass es für das Wirtschaftswachstum in erster Linie auf die *Entwicklung der Arbeitsproduktivität* ankommt. Diese Größe kann man mit der aus *Kapitel 18* bereits bekannten gesamtwirtschaftlichen Produktionsfunktion etwas näher verdeutlichen. Danach hängt das reale BIP davon ab, welche Produktionsfaktoren in einer Volkswirtschaft vorhanden sind und mit welcher Produktionstechnologie dort produziert wird. Für eine umfassendere Betrachtung ist es sinnvoll, nun auch weitere Input-Faktoren zu berücksichtigen:

- die natürlichen Ressourcen, d.h. die Qualität des Bodens, die klimatischen Bedingungen, die geografischen Verhältnisse, wie z.B. der Zugang zum Meer;
- das *Humankapital*, d.h. die Ausbildung der Arbeitskräfte;
- das *Sozialkapital*, d.h. die Qualität der Institutionen eines Landes, des zwischenmenschlichen Zusammenlebens allgemein und die Leistungsbereitschaft („Fleiß").

Wir erhalten dann folgende *Produktionsfunktion*:

(31.4) *Y = f (Anzahl der Erwerbstätigen, Kapital, natürliche Ressourcen, Humankapital, Sozialkapital)*

Die *Arbeitsproduktivität* stellt dabei das Verhältnis der insgesamt hergestellten Güter und Dienstleistungen zu dem eingesetzten Arbeitsvolumen dar:

(31.5) *Arbeitsproduktivität* je Erwerbstätigem = *Y/Anzahl der Erwerbstätigen*

31.3 Was bestimmt die Arbeitsproduktivität?

Von welchen Faktoren wird nun die Arbeitsproduktivität bestimmt? Zur Vereinfachung soll im Folgenden von den natürlichen Ressourcen abstrahiert werden, obwohl diese für die wirtschaftliche Situation eines Landes durchaus von Bedeutung sind. Wir konzentrieren uns auf die Determinanten, die leichter zu verändern sind als das Klima, d.h.

- den Kapitalstock,
- den technischen Fortschritt,
- das Humankapital und
- das Sozialkapital.

31.3.1 Der Einfluss des Kapitalbestands auf das Wachstum

Die gesamtwirtschaftliche Produktionsfunktion verdeutlicht, dass das reale BIP, das im Zähler der *Arbeitsproduktivität* steht, neben der eingesetzten Arbeitsmenge auch vom verfügbaren Kapitalstock und den natürlichen Ressourcen abhängt. Bei konstanten natürlichen Ressourcen kann der Output dadurch vermehrt werden, dass in einer Volkswirtschaft mehr *Kapital*, d.h. also z.B. mehr Maschinen, verfügbar ist. So kann man in einem Entwicklungsland den Wohlstand dadurch erhöhen, dass man neben Menschen zusätzlich Maschinen in der Landwirtschaft einsetzt. In den Industrieländern ist es in den vergangenen Jahrzehnten durch den Einsatz von Computern und die Digitalisierung zu einer deutlichen Steigerung der Arbeitsproduktivität im Bereich des Dienstleistungssektors gekommen.

Wenn der Wohlstand allein auf dem Einsatz von mehr und mehr Maschinen beruhen würde, müsste es allerdings mit der Zeit dazu kommen, dass die Wachstums*raten* immer mehr zurückgehen und irgendwann sogar gegen null tendieren würden (siehe dazu ausführlicher die *Box 31.3*). Dies kann man recht einfach am Beispiel der Landwirtschaft verdeutlichen. Die allererste Maschine, die von einem Bauern eingesetzt wird, bringt ihm einen großen Produktivitätsschub, bei der zweiten ist der Anstieg des Outputs immer noch sehr hoch, aber schon etwas geringer. Die zehnte Maschine hilft ihm möglicherweise überhaupt nicht mehr weiter. Es gilt hier also das Gesetz vom *abnehmenden Grenzertrag*, das wir in *Kapitel 5* bereits kennengelernt haben. Wenn das Wirtschaftswachstum also allein auf einem Mehreinsatz von Maschinen beruhen würde, müsste es weltweit zu einer Angleichung des Wohlstands kommen:

- Die ärmeren Länder würden bei einer noch relativ hohen Grenzproduktivität ein überdurchschnittliches Wachstum erzielen.
- In den reicheren Ländern würde die Wachstumsdynamik bei nur noch geringer Grenzproduktivität sehr schwach ausfallen.

Das eher schwache Wachstum in den Ländern mit hohen Einkommen und die sehr dynamische Entwicklung in den ostasiatischen Ländern, insbesondere in China zeigen, dass es solche Angleichungsprozesse gibt. Hier hat eine hohe Kapitalbildung zu sehr hohen Veränderungsraten des realen BIP geführt: In dieser Ländergruppe Ostasien lag der Anteil der Kapitalbildung am Bruttoinlandsprodukt im Jahr 2017 mit 41 % weitaus höher als in den Ländern mit hohem Einkommen (22%). In China betrug dieser Anteil sogar 44 %.[4]

Für ein Entwicklungsland ist es daher sehr wichtig, dass es über ein gutes *Investitionsklima* verfügt, womit es zu ausländischen Direktinvestitionen und inländischen Investitionen kommt.

4 World Bank Data

Box 31.3 Warum man mit höheren Investitionen das Wachstum zwar kurzfristig, nicht aber dauerhaft erhöhen kann

Es ist offensichtlich, dass eine Volkswirtschaft ein höheres *Bruttoinlandsprodukt* erzielen kann, wenn es gelingt, das Investitionsvolumen zu erhöhen. Aber ist es damit auch möglich, eine dauerhaft höhere Wachstumsrate zu erzielen? Diese Frage lässt sich anhand eines Modells diskutieren, das von Robert Solow (1956) in den 1950er-Jahren entwickelt wurde. Man bezeichnet es auch als *neuklassisches Grundmodell* der Wachstumstheorie.

Der Ausgangspunktwert hierfür ist eine Cobb-Douglas-Produktionsfunktion:

$$Y = A \cdot K^{\alpha} \cdot N^{1-\alpha} \tag{31.6}$$

Schreibt man diese auf eine Pro-Kopf-Basis um, indem man den Output durch die Anzahl der Arbeitskräfte (N) dividiert, erhält man:

$$\frac{Y}{N} = \frac{A \cdot K^{\alpha} \cdot N^{1-\alpha}}{N} = \frac{A \cdot K^{\alpha} \cdot N^{1-\alpha}}{N^{\alpha} \cdot N^{1-\alpha}} = A \cdot \left(\frac{K}{N}\right)^{\alpha} \cdot \left(\frac{N}{N}\right)^{1-\alpha} = A \cdot \left(\frac{K}{N}\right)^{\alpha} \tag{31.7}$$

Wir wollen diesen Zusammenhang anhand eines Zahlenbeispiels näher untersuchen. Für $A = 10$, $\alpha = 2/3$, $N = 1.000$ und $K = 1.000.000$ erhält man folgende Produktionsfunktion:

$$\frac{Y}{N} = 10[1.000]^{2/3} \tag{31.8}$$

Der Pro-Kopf-Output beläuft sich also auf 1.000.

Wir gehen davon aus, dass die Sparquote 10 % des Einkommens beträgt. In diesem güterwirtschaftlichen Modell wird unterstellt, dass das Sparen identisch mit den Brutto-Investitionen ist (*Kapitel 25*). Die Abschreibungen belaufen sich auf 10 % des Kapitalstocks. Bei einem Einkommen pro Kopf von 1.000 betragen die Bruttoinvestitionen pro Kopf also 100 und die Abschreibungen auf den Kapitalstock sind ebenfalls 100. Für die Veränderung des Kapitalstocks gilt der folgende Zusammenhang:

$$K_1 = K_0 + \textit{Bruttoinvestitionen} - \textit{Abschreibungen} \tag{31.9}$$

Die Differenz zwischen den Bruttoinvestitionen und den Abschreibungen bezeichnet man als Nettoinvestitionen. Es gilt also:

$$K_1 = K_0 + \textit{Nettoinvestitionen} \tag{31.10}$$

In der hier beschriebenen Ausgangskonstellation sind die Nettoinvestitionen gleich null, d.h. der Kapitalstock bleibt konstant und damit verändert sich auch das Pro-Kopf-Einkommen nicht.

Nun nehme die Sparneigung (und damit auch die Investitionsneigung) auf 20 % zu. Im ersten Jahr erhöhen sich die Pro-Kopf-Investitionen auf 200, während die Abschreibungen noch bei 100 liegen. Der Kapitalstock pro Kopf nimmt also von 1.000 auf 1.100 zu. Dies erhöht auch das Einkommen, aber wegen der Wurzelfunktion nimmt es etwas weniger zu, konkret auf 1.065. In der zweiten Periode steigt der Kapitalstock immer noch an, aber da die Abschreibungen sich nun auch erhöhen (um 10 % auf 110) und die vom Einkommen abhängigen Investitionen nicht ganz so stark zunehmen (um 6,5 % auf 213), schwächt sich der Anstieg des Kapitalstocks ab. Dieser Prozess setzt sich so lange fort, bis die Abschreibungen wieder so hoch sind wie die Brutto-Investitionen (▶*Abbildung 31.2*). Bei Netto-Investitionen von Null stagniert dann der Kapitalstock.

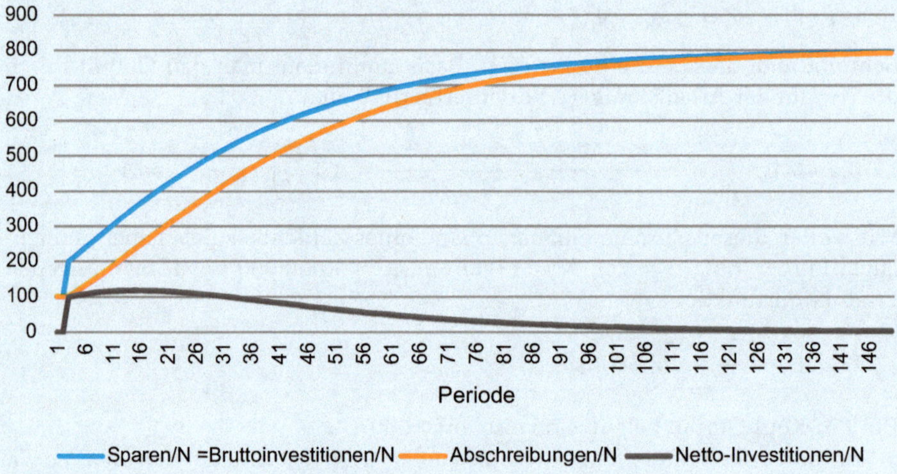

Abbildung 31.2: Entwicklung der Abschreibungen und der Investitionen bei einem Anstieg der Sparquote von 10 % auf 20 %

Sobald dieser Punkt erreicht ist, kommen der Anstieg des Kapitalstocks und damit auch der des Volkseinkommens zum Stillstand. Eine höhere Investitionsquote kann also das Volkseinkommen dauerhaft erhöhen. Das Wirtschaftswachstum nimmt in diesem Anpassungsprozess aber nur temporär und nicht dauerhaft zu (▶*Abbildung 31.3*). Dieses Ergebnis hängt entscheidend von der Annahme ab, dass der Mehreinsatz von Kapital bei einer unveränderten Arbeitsmenge mit **abnehmenden Grenzerträgen** verbunden ist. Den in diesem Zahlenbeispiel nach etwas mehr als 100 Perioden erreichten neuen Gleichgewichtszustand bezeichnet man auch als „steady state".

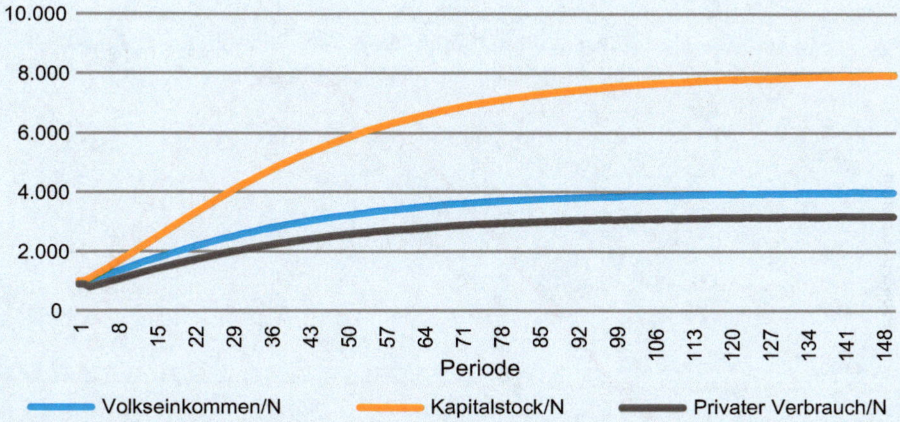

Abbildung 31.3: Anstieg des Einkommens pro Kopf und des Kapitalstocks pro Kopf bei einem Anstieg der Investitionsquote auf 20 %

Interessant ist nun die Frage, wie viel die Menschen in einer solchen Modellwelt investieren sollen, wenn sie möglichst viel konsumieren wollen. Es ist unmittelbar einleuchtend, dass der Verzicht auf Bruttoinvestitionen aufgrund des Wertverzehrs der Anlagen zu einer Verminderung des Kapitalstocks und damit des Einkommens führt. Umgekehrt hat eine Volkswirtschaft, die immer das gesamte Einkommen spart einen Konsum von null. Sie baut damit zwar einen großen Kapitalstock auf, da dieser mit entsprechend hohen Abschreibungen einhergeht, muss aber ständig sehr viel investiert werden, ohne dass für den Konsum etwas übrigbleibt. Das Optimum muss also zwischen diesen Extremen liegen. Mit einer Excel-Datei kann man sich für dieses Modell leicht die Werte für den Konsum bei unterschiedlichen Sparquoten errechnen. Die ▸*Abbildung 31.4* zeigt, wie hoch der Konsum nach 100 Perioden ausfällt, wenn Sparquoten zwischen null und eins unterstellt werden. Man erkennt für das hier verwendete Zahlenbeispiel, dass im langfristigen Gleichgewicht der höchste Konsum bei einer Sparquote von 0,7 erreicht werden kann. Man bezeichnet diese Rate auch als *„goldene Regel der Kapitalakkumulation“*.

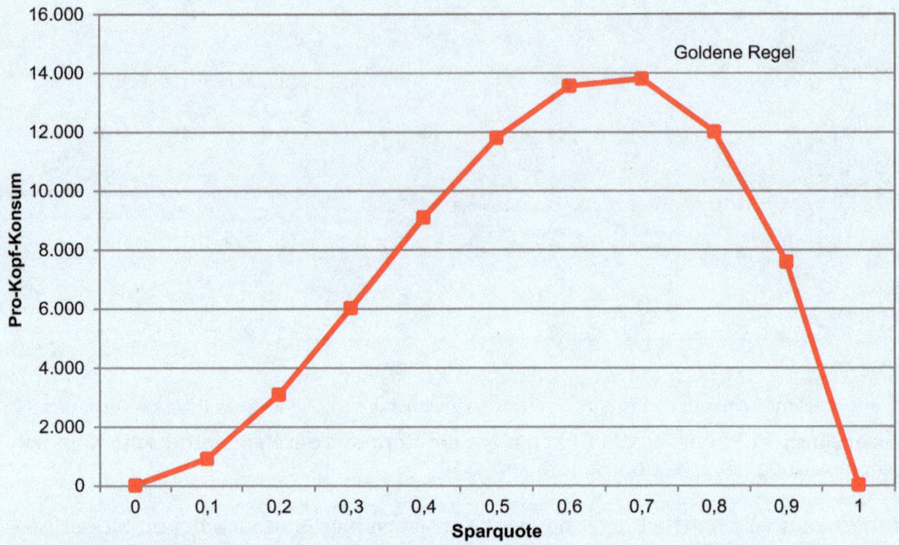

Abbildung 31.4: Konsum im langfristigen Gleichgewicht bei unterschiedlichen Sparquoten und die goldene Regel der Kapitalakkumulation.

31.3.2 Wie werden die Investitionen finanziert?

In den meisten Darstellungen dieser Zusammenhänge wird unterstellt, dass die Investitionen durch das Sparen der privaten Haushalte finanziert werden.[5] Daraus könnte man den Schluss ziehen, dass ein Land ein höheres Bruttoinlandsprodukt erzielen kann, wenn sich die Konsumenten dafür entscheiden, weniger auszugeben. Diese Sichtweise ergibt sich aus dem güterwirtschaftlichen Modell der Makroökonomie, das wir in *Kapitel 25* diskutiert haben. Im geldwirtschaftlichen Modell ist es jedoch genau umgekehrt: Eine höhere Sparneigung der Privaten Haushalte reduziert das Volkseinkommen. Wie lässt sich dieser Widerspruch auflösen?

Hierfür ist es hilfreich, die Phase des deutschen Wirtschaftswunders, also die 1950er-Jahre einmal genauer zu betrachten. Mit jahresdurchschnittlich 7,5 % war das Wirtschaftswachstum in dieser Phase außerordentlich hoch. Die Bruttoinvestitionen beliefen sich dabei durchweg auf rund ein Fünftel des Bruttoinlandsprodukts. Die Ersparnis der privaten Haushalte belief sich im Durchschnitt der 1950er jedoch auf lediglich 4 % des Bruttoinlandsprodukts. Nach den Entbehrungen der Kriegs- und Nachkriegsjahre bestand in der Bevölkerung ein großer Nachholbedarf beim Konsum („Fresswelle“). Wie ist die Diskrepanz dann zu erklären? Dazu muss man sich der Tatsache bewusst sein, dass „Sparen“ einen Anstieg des Reinvermögens bedeutet (Kapitel 16) und dass neben den privaten Haushalten auch die Unternehmen und der Staat sparen können. Das Sparen der Unternehmen ist daher nichts anderes als ihr Gewinn abzüglich der geleisteten Ausschüttungen. Die Investitionen des Wirtschaftswunders

5 So Acemoglou et al. (2016, S. 542) bei der Beschreibung des Solow-Modells: „The third building block of the Solow model is saving by households“.

(1950-1960) wurden daher durchschnittlich zu fast 70 % aus den einbehaltenen Gewinnen der Unternehmen finanziert (▶*Abbildung 31.5*). Rund 44 % kamen aus Bankkrediten. Dass sich die beiden Finanzierungsquellen zu mehr als 100 % addieren, resultiert daraus, dass es bereits auch Unternehmen gab, die Finanzierungsüberschüsse erzielten. Wie bei der Diskussion des güterwirtschaftlichen Modells beschrieben, ist das Sparen der Haushalte keine Quelle für Investitionen. Dies zeigt sich schon an der Größenordnung. Die Ersparnis der Haushalte belief sich im Durchschnitt auf lediglich ein Fünftel der Unternehmensinvestitionen in der Phase 1950 bis 1960.

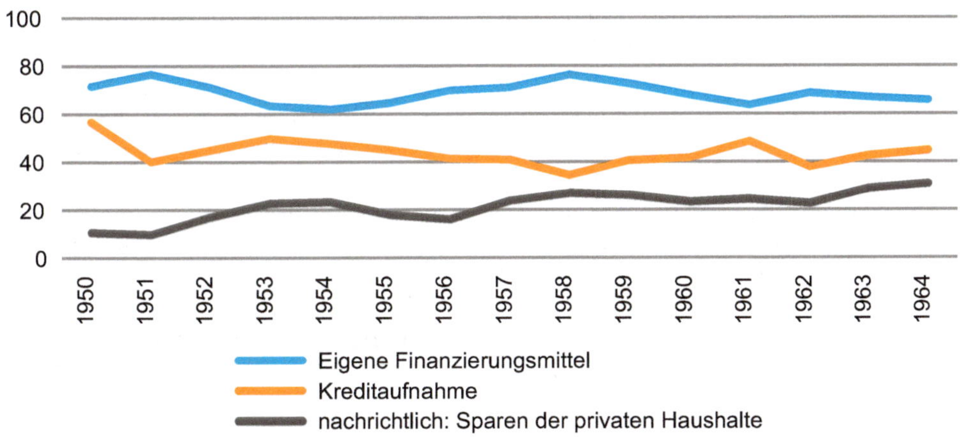

Abbildung 31.5: Finanzierung des deutschen Wirtschaftswunders.
Quelle: Deutsche Bundesbank (1976). Deutsches Geld- und Bankwesen in Zahlen 1876–1975.

Das geringe Sparen der privaten Haushalte war dabei nicht nachteilig, sondern sogar vorteilhaft für die Investitionstätigkeit der Unternehmen. Dieser Zusammenhang wird von der sogenannten Unternehmergewinn-Gleichung verdeutlicht. Danach kann man den Unternehmergewinn (Q_U) vereinfacht mit dem Anstieg des Reinvermögens des Unternehmens (ΔRV_U) gleichsetzen. Der Anstieg des Reinvermögens entspricht dem Anstieg des Sachvermögens (also den Investitionen) und der Veränderung des Netto-Geldvermögens. Es gilt also:

$$Q_U = \Delta RV_U = I + \Delta GV_U \tag{1}$$

Für die Veränderung des Netto-Geldvermögens eines Sektors gilt, dass es genau der gegenläufigen Veränderung des Netto-Geldvermögens aller übrigen Sektoren (GVNU) entsprechen muss. Es gilt also

$$\Delta GV_U = -\Delta GV_{NU} \tag{2}$$

Die übrigen Sektoren sind der Staat, die privaten Haushalte und das Ausland. Gleichung (1) kann also wie folgt formuliert werden:

$$Q_U = \Delta RV_U = I - \Delta GV_{NU} = I - \left(\Delta GV_{Private\ Haushalte} + \Delta GV_{Staat} + \Delta GV_{Ausland}\right)$$

Die Gewinne der Unternehmen werden also negativ beeinflusst,

- wenn die privaten Haushalte Geldvermögen bilden, indem sie weniger ausgeben für Güter, die von den Unternehmen produziert werden, als das, was sie für ihre Tätigkeit von den Unternehmen als Lohn einnehmen („sparen"),
- wenn der Staat einen Haushaltsüberschuss erzielt,
- wenn das Ausland einen Leistungsbilanzüberschuss aufweist, weil Ausländer bei uns weniger für unsere Exportgüter ausgeben, als wir bei ihnen für Importgüter ausgeben.

Zum Verständnis der Finanzierung von Wachstumsprozessen ist also wichtig, die Unterscheidung zwischen dem Sparen der Unternehmen und dem der Privaten Haushalte zu treffen.

- Das *Sparen von Unternehmen* bedeutet eine Finanzierung aus einbehaltenen Gewinnen. Ein höheres „Sparen" ist daher gleichbedeutend mit höheren Gewinnen, die positiv für die Investitionstätigkeit sind.
- Ein höheres *Sparen der privaten Haushalte* bedeutet geringere Einnahmen der Unternehmen und damit geringere Gewinne, was sich nachteilig auf die Investitionstätigkeit auswirkt.

Dabei ist das Sparen der Unternehmen keine Größe, die ex ante geplant werden kann. Es ist vielmehr ein Residuum, dass sich aus dem Wirtschaftsprozess ergibt.

31.3.3 Technischer Fortschritt und Humankapital

Während man die Wachstumsraten vieler Entwicklungsländer recht gut mit der Entwicklung ihres Kapitalstocks erklären kann, stellt sich bei Ländern mit einem hohen Wohlstandsniveau das bereits erwähnte Problem, dass bei ihnen dann mittelfristig nur noch eine sehr geringe wirtschaftliche Dynamik zu beobachten sein dürfte. Wie kann man nun erklären, dass es beispielsweise in den Vereinigten Staaten in den vergangenen Jahrzehnten möglich gewesen ist, das *Gesetz vom abnehmenden Grenzertrag* außer Kraft zu setzen? Hierfür verweist die *neue Wachstumstheorie* auf zwei wichtige Faktoren: den *technischen Fortschritt* und die Bedeutung des *Humankapitals*.

Technischer Fortschritt wirkt sich in der Produktionsfunktion dadurch aus, dass es bei unveränderten Einsatzmengen von Arbeit und Kapital zu einem höheren Output kommt. Dies ist darauf zurückzuführen, dass bei der Kapitalbildung über die Zeit hinweg nicht die gleichen Maschinen gekauft werden. Es werden vielmehr in der Regel ständig bessere oder völlig neue Produkte eingesetzt, die über eine modernere Technologie verfügen als ihre Vorgänger. Durch kontinuierliche Produktinnovationen, die wie oben erwähnt, eine wichtige Voraussetzung für hohe Unternehmensgewinne darstellen, kann es also dazu kommen, dass das Wachstum, das von einer zusätzlichen Maschine ausgeht, über die Zeit hinweg konstant bleibt. Eine solche Entwicklung setzt voraus, dass sowohl auf der Ebene der Unternehmen als auch der Volkswirtschaft insgesamt hohe Anstrengungen im Bereich von Forschung und Entwicklung unternommen werden. Im Zahlenbeispiel von *Box 2* kann man das dadurch abbilden, dass man die Konstante A von 10 auf 15 setzt.

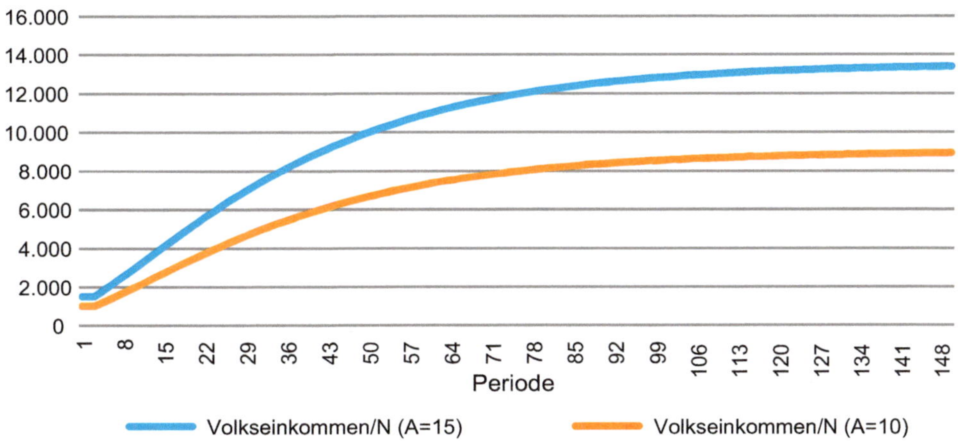

Abbildung 31.6: Volkseinkommen bei unterschiedlicher Technologie

Das Konzept des *Humankapitals* bietet eine zweite wichtige Erweiterung des einfachen Modells der gesamtwirtschaftlichen *Produktionsfunktion*. So wie wir diese bisher verwendet haben, unterstellt sie, dass es sich bei dem Produktionsfaktor Arbeit um eine homogene Größe handelt: Jede Arbeitsstunde, die von einem Erwerbstätigen in der Volkswirtschaft erbracht wird, führt also stets zu einem identischen Produktionsergebnis. Für die ökonomischen Zusammenhänge, die wir bisher beschrieben haben, war dieses einfache Modell durchaus zweckmäßig. Bei der Erklärung von Wirtschaftswachstum stößt es jedoch an seine Grenzen. Um das Phänomen nicht abnehmender Grenzerträge im Wachstumsprozess in den Griff zu bekommen, hat man daher neben dem Produktionsfaktor Arbeit auch noch den des Humankapitals entwickelt. Während die Arbeitskraft so etwas wie die Hardware darstellt, handelt es sich beim Humankapital gleichsam um die Software, über die ein Mensch verfügt.

Bei der Analyse längerfristiger Wachstumsprozesse ist es offensichtlich, dass Länder mit steigendem Wohlstand nicht nur über eine bessere Ausstattung mit Maschinen oder Infrastruktur verfügen, sondern zugleich auch eine deutliche Verbesserung des allgemeinen Bildungsstands erfahren. Die deutschen Erwerbstätigen des Jahres 2014 sind von ihrer Qualifikation kaum noch vergleichbar mit ihren Urgroßeltern. Die Weltbank veröffentlicht einen Indikator, der die *Qualität des Humankapitals* abbildet. Er umfasst folgende Teilindikatoren:

- Überlebenswahrscheinlichkeit bis zum 5. Lebensjahr
- Erwartete Schuljahre als quantitativer Indikator für Bildung
- Harmonisierte Testergebnisse als qualitativer Indikator für Bildung
- Lernangepasster Schuljahresanteil von Kindern unter 5 Jahren
- Überlebensrate bei Erwachsenen ohne Behinderung

Bei den rund 150 Ländern, die in dieser Statistik erfasst werden, liegt Deutschland an elfter Stelle. An der Spitze stehen Singapur, Korea, Japan und Honkong. Die Vereinigten Staaten schaffen es lediglich auf den Rangplatz 24.

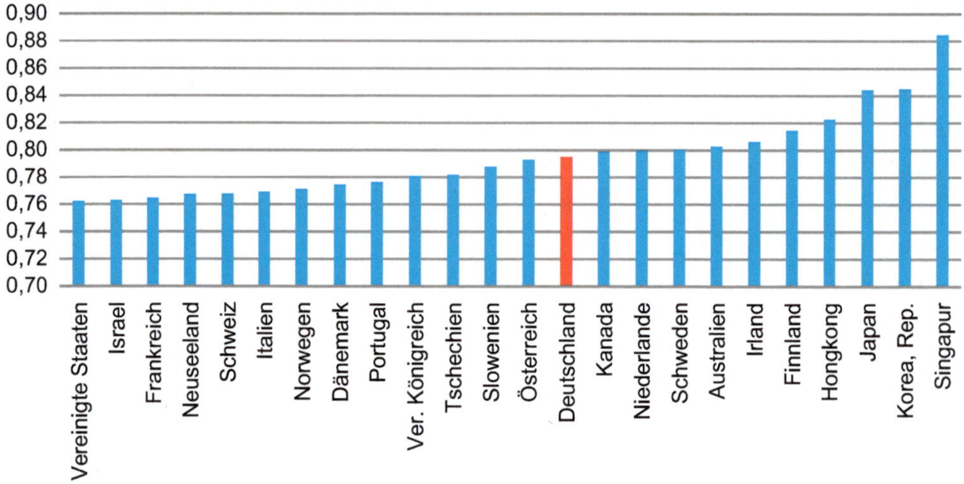

Abbildung 31.7: Humankapital-Index der Weltbank.
Quelle: World Bank, The Human Capital Project 2018.

Das Ausbleiben sinkender Grenzerträge des Kapitaleinsatzes kann man also damit erklären, dass der zunehmende Kapitalstock von immer qualifizierteren Arbeitskräften genutzt wird. Zugleich kommt es in einer Volkswirtschaft mit einem steigenden Humankapital dazu, dass die Landwirtschaft und die Industrie immer mehr in den Hintergrund treten und von Dienstleistungen verdrängt werden, die einen vergleichsweise geringen Kapitaleinsatz voraussetzen. ▸*Abbildung 31.7* verdeutlicht, wie stark dieser Strukturwandel in Deutschland ausgefallen ist. Und natürlich hat ein hoher Humankapitalbestand auch den Effekt, dass in einem Land mehr Produkt- und Prozessinnovationen stattfinden, sodass damit auch mehr technischer Fortschritt möglich ist.

Eine Studie von Diebolt und Hippe (2019) bietet einen guten Überblick über zahlreiche Analysen, die durchweg den hohen Einfluss des Humankapitals für Innovationen und Wirtschaftswachstum aufzeigen. In der historischen Arbeit von Diebolt und Hippe wird deutlich, dass das Humankapital der Vergangenheit (gemessen durch die Alphabetisierung der Bevölkerung) den wichtigsten Erklärungsfaktor für aktuelle Innovationen (gemessen durch die Anzahl der Patentanmeldungen) und das aktuelle Wirtschaftswachstum pro Kopf darstellt.

Für den Staat stellt sich die Aufgabe, durch die Bereitstellung des öffentlichen Gutes „Ausbildung" für eine hohe Qualifikation seiner Erwerbstätigen zu sorgen. Man spricht dabei auch von Investitionen in das Humankapital. Dazu zählen auch die staatlich finanzierte *Grundlagenforschung* an Universitäten und öffentlich finanzierten Forschungseinrichtungen. Hier geht man davon aus, dass solche Investitionen den Charakter eines öffentlichen Gutes aufweisen, da sie in der Regel nur äußerst unsichere Ertragsaussichten aufweisen.

Daneben findet Forschung und Entwicklung auch in den Unternehmen selbst statt. Im Vordergrund steht hier eine anwendungsorientierte Forschung, die den Unternehmen einen entsprechenden Deckungsbeitrag verspricht. Durch ein *Patentrecht* wird zudem dafür gesorgt, dass der Innovator über eine hinreichend lange Zeit Monopolgewinne erzielen kann, die ihm einen Ausgleich für intensive Forschungsaktivitäten bieten.

31.3.4 Das Sozialkapital: Institutionen und die „Spielregeln der Marktwirtschaft"

Erst relativ spät wurde von der Ökonomie entdeckt, dass es nicht nur die Menschen und deren Ausbildung, die Maschinen und die natürlichen Ressourcen sind, von denen der Wohlstand einer Volkswirtschaft abhängt. Eine wichtige Rolle spielt dabei auch der institutionelle Rahmen, durch den die geschriebenen und ungeschriebenen Spielregeln des Wirtschaftsprozesses definiert werden. Es war vor allem der Nobelpreisträger Douglas C. North, der die Bedeutung der *„Institutionen"* für den Wohlstand einer Volkswirtschaft herausarbeitete. Dazu zählen zum einen die *„formellen Institutionen"*, die als Verfassungen, Gesetze und Verordnungen schriftlich fixiert wurden. Es gehören dazu aber auch die *„informellen Institutionen"*, die sich in den ungeschriebenen Verhaltensnormen und Konventionen einer Gesellschaft niederschlagen. Eine große Bedeutung kommt dabei auch den Mechanismen zu, mit denen die Durchsetzung dieser Regeln gewährleistet wird. Es ist die wichtige Erkenntnis von North, dass die so definierten Institutionen für die gesamten Anreizstrukturen einer Gesellschaft entscheidend sind.

Der positive oder negative Einfluss von Institutionen auf das Wirtschaftswachstum lässt sich naturgemäß relativ schwer quantifizieren. Ein interessantes Beispiel hierfür bietet der Prozess der Wirtschaftstransformation in Osteuropa und den Ländern der ehemaligen Sowjetunion. Wie in *Abbildung 4.3* gezeigt, kam es dabei in den 1990er-Jahren zu einem für die meisten Ökonomen unerwartet tiefen Einbruch der Wirtschaftstätigkeit. Im Rückblick kann man diese Entwicklung zumindest teilweise auf erhebliche Defizite im institutionellen Rahmen zurückführen. Dabei fehlte es nicht so sehr an den formellen Regeln. Diese wurden in der Regel relativ problemlos von anderen Ländern kopiert. Das Hauptproblem waren die informellen Institutionen. Da die Menschen in diesen Ländern seit Jahrzehnten über keinerlei Kontakt mit einer Marktwirtschaft verfügt hatten, fehlte es ihnen an der Kenntnis der Spielregeln eines solchen Systems. So gab es z.B. keine Richter und Rechtsanwälte, die in der Lage gewesen wären, die neuen Gesetze und Bestimmungen in der Rechtspraxis auch sinnvoll anzuwenden. Schwer umzusetzen war auch die einfache Regel, dass man eine Rechnung zu begleichen hat, wenn sie fällig ist. Im alten sozialistischen System zahlten die Unternehmen keine Steuern und sie erhielten die Vorprodukte einfach zugeteilt. So kam es dann in den 1990er-Jahren in allen Nachfolgestaaten der Sowjetunion zu einem großen Schuldenberg: Die Unternehmen saßen auf vielen unbezahlten Rechnungen, der Staat erzielte kaum Steuereinnahmen und die Rentner und Arbeiter mussten oft monatelang auf Renten und Löhne warten. Viele Transaktionen wurden daher nur noch in Form des Tauschhandels abgewickelt und die Banken weigerten sich, Kredite zu vergeben. Dass es in dieser Phase nur wenig wirtschaftliches Wachstum gab, ist nicht überraschend.

Ausdruck eines unvorteilhaften institutionellen Rahmens ist auch die in vielen Entwicklungs- und Schwellenländern weitverbreitete *Korruption*. Dieses Krankheitsbild schreckt vor allem ausländische Investoren ab und nimmt damit einem zurückgebliebenen Land die Möglichkeit, Wachstum durch ausländische Direktinvestitionen zu schaffen. Dabei hat man es mit einem Teufelskreis zu tun, da die Korruption in armen Ländern besonders ausgeprägt ist: Der Staat kann seinen Beamten und Angestellten nur sehr geringe Löhne bezahlen, sodass sie oft auf Bestechungsgelder angewiesen sind.

Zu den „Spielregeln“ einer Gesellschaft zählen schließlich auch deren ethische Normen, die zu einem wesentlichen Teil von der Religion bestimmt werden. Für den Soziologen Max Weber (1864–1920) waren die ethischen Normen der Protestanten sehr viel förderlicher für das Wirtschaftswachstum als die der Katholiken. In seinem Buch „Die Protestantische Ethik und der Geist des Kapitalismus“ versuchte er darzulegen, dass sich die asketischere Geisteshaltung der Protestanten vorteilhaft auf die wirtschaftliche Entwicklung (nicht jedoch auf die Lebensqualität!) auswirke. Er charakterisierte das höchste Gut dieser *Protestantischen Ethik* wie folgt:

„Der Erwerb von Geld und immer mehr Geld, unter strengster Vermeidung alles unbefangenen Genießens, so gänzlich aller eudämonistischen oder gar hedonistischen Gesichtspunkte entkleidet, so rein als Selbstzweck gedacht, dass es als etwas gegenüber dem ‚Glück‘ oder dem ‚Nutzen‘ des einzelnen Individuums jedenfalls gänzlich Transzendentes und schlechthin Irrationales erscheint. Der Mensch ist auf das Erwerben als Zweck seines Lebens, nicht mehr das Erwerben auf den Menschen als Mittel zum Zweck der Befriedigung seiner materiellen Lebensbedürfnisse bezogen. Diese für das unbefangene Empfinden schlechthin sinnlose Umkehrung des, wie wir sagen würden, ‚natürlichen‘ Sachverhalts ist nun ganz offenbar ebenso unbedingt ein Leitmotiv des Kapitalismus, wie sie dem von seinem Hauche nicht berührten Menschen fremd ist.“ (Weber, 1920, S. 35).

Als besonders charakteristisch für den Geist der Protestantischen Ethik hält Max Weber die in der *Box 31.4* dargestellten Ratschläge von Benjamin Franklin. Wir wissen nicht, ob Sie damit reich und/oder glücklich werden, aber vielleicht können Sie uns in zehn oder zwanzig Jahren eine kurze Nachricht geben, inwieweit diese Tipps auch heute noch hilfreich sind.

Box 31.4

Die Ratschläge von Benjamin Franklin (1706–1790) für einen jungen Kaufmann und für Menschen, die reich werden möchten[6]

„Bedenke, dass die Zeit Geld ist; wer täglich zehn Schillinge durch seine Arbeit erwerben könnte und den halben Tag spazieren geht, oder auf seinem Zimmer faulenzt, der darf, auch wenn er nur sechs Pence für sein Vergnügen ausgibt, nicht dies allein berechnen, er hat neben dem noch fünf Schillinge ausgegeben oder vielmehr weggeworfen.
Bedenke, dass Kredit Geld ist. Lässt jemand sein Geld, nachdem es zahlbar ist, bei mir stehen, so schenkt er mir die Interessen, oder so viel als ich während dieser Zeit damit anfangen kann. Dies beläuft sich auf eine beträchtliche Summe, wenn ein Mann guten und großen Kredit hat und guten Gebrauch davon macht.

Bedenke, dass Geld von einer zeugungskräftigen und fruchtbaren Natur ist. Geld kann Geld erzeugen, und die Sprösslinge können noch mehr erzeugen und so fort.

6 „Advice to a young tradesman“ 1748 und „Necessary hints to those that would be rich“ 1736; zitiert nach Max Weber (1920), S. 31 ff.

Fünf Schillinge umgeschlagen sind sechs, wieder umgetrieben sieben Schilling drei Pence und so fort bis es hundert Pfund Sterling sind. Je mehr davon vorhanden ist, desto mehr erzeugt das Geld beim Umschlag, sodass der Nutzen schneller und immer schneller steigt. Wer ein Mutterschwein tötet, vernichtet dessen ganze Nachkommenschaft bis ins tausendste Glied. Wer ein Fünfschillingstück umbringt, mordet (!) alles, was damit hätte produziert werden können: ganze Kolonnen von Pfunden Sterling. Bedenke, dass – nach dem Sprichwort – ein guter Zahler der Herr von jedermanns Beutel ist. Wer dafür bekannt ist, pünktlich zur versprochenen Zeit zu zahlen, der kann zu jeder Zeit alles Geld entlehnen, was seine Freunde gerade nicht brauchen.

Dies ist bisweilen von großem Nutzen. Neben Fleiß und Mäßigkeit trägt nichts so sehr dazu bei, einen jungen Mann in der Welt vorwärts zu bringen, als Pünktlichkeit und Gerechtigkeit bei allen seinen Geschäften. Deshalb behalte niemals erborgtes Geld eine Stunde länger als du versprachst, damit nicht der Ärger darüber deines Freundes Börse dir auf immer verschließe.

Die unbedeutendsten Handlungen, die den Kredit eines Mannes beeinflussen, müssen von ihm beachtet werden. Der Schlag deines Hammers, den dein Gläubiger um 5 Uhr morgens oder um 8 Uhr abends vernimmt, stellt ihn auf sechs Monate zufrieden; sieht er dich aber am Billardtisch oder hört er deine Stimme im Wirtshause, wenn du bei der Arbeit sein solltest, so lässt er dich am nächsten Morgen um die Zahlung mahnen, und fordert sein Geld, bevor du es zur Verfügung hast. Außerdem zeigt dies, dass du ein Gedächtnis für deine Schulden hast, es lässt dich als einen ebenso sorgfältigen wie ehrlichen Mann erscheinen, und das vermehrt deinen Kredit.

Hüte dich, dass du alles, was du besitzest, für dein Eigentum hältst und demgemäß lebst. In diese Täuschung geraten viele Leute, die Kredit haben. Um dies zu verhüten, halte eine genaue Rechnung über deine Ausgaben und dein Einkommen. Machst du dir die Mühe, einmal auf die Einzelheiten zu achten, so hat das folgende gute Wirkung: Du entdeckst, was für wunderbare kleine Ausgaben zu großen Summen anschwellen und du wirst bemerken, was hätte gespart werden können und was in Zukunft gespart werden kann ...

Für 6 £ jährlich kannst du den Gebrauch von 100 £ haben, vorausgesetzt, dass du ein Mann von bekannter Klugheit und Ehrlichkeit bist. War täglich einen Groschen nutzlos ausgibt, gibt an 6 £ jährlich nutzlos aus, und das ist der Preis für den Gebrauch von 100 £. Wer täglich einen Teil seiner Zeit zum Werte eines Groschen verschwendet (und das mögen nur ein paar Minuten sein), verliert, einen Tag in den andern gerechnet, das Vorrecht 100 £ jährlich zu gebrauchen. Wer nutzlos Zeit im Wert von 5 Schillingen vergeudet, verliert 5 Schillinge und könnte ebenso gut 5 Schillinge ins Meer werfen. Wer 5 Schillinge verliert, verliert nicht nur die Summe, sondern alles, was damit bei Verwendung im Gewerbe hätte verdient werden können, – was, wenn ein junger Mann ein höheres Alter erreicht, zu einer ganz bedeutenden Summe aufläuft."

Die große Bedeutung der „Kultur im Sinne innerer Wertvorstellungen und Verhaltensnormen" für das Wirtschaftswachstum wird auch von dem Wirtschaftshistoriker David Landes (1999, S. 517) betont:

„Wenn wir aus der Geschichte der wirtschaftlichen Entwicklung etwas lernen, dann dies: Kultur macht den entscheidenden Unterschied. (Hier hat Max Weber recht.) Man denke an den Unternehmensgeist expatriierter Minderheiten – der Chinesen in Ost- und Südasien, der Inder in Ostafrika, der Libanesen in Westafrika, der Juden und Kalvinisten überall in Europa und so weiter."

Sehr aufschlussreich ist die ▶*Abbildung 31.8,* das einen gewissen Eindruck vom *Sozialkapital* in verschiedenen Ländern gibt. Die Zahlen basieren auf Umfragen, in denen die Menschen gefragt wurden: „Kann man den meisten Menschen vertrauen?" Es zeigt sich dabei, dass das Vertrauen in den skandinavischen Ländern, aber auch in China sehr stark ausgeprägt ist, während die Menschen in südlicheren Ländern ihren Mitbürgern gegenüber eher skeptisch eingestellt sind. Es soll an dieser Stelle offengelassen werden, ob dies auch etwas mit der Religionszugehörigkeit zu tun hat.

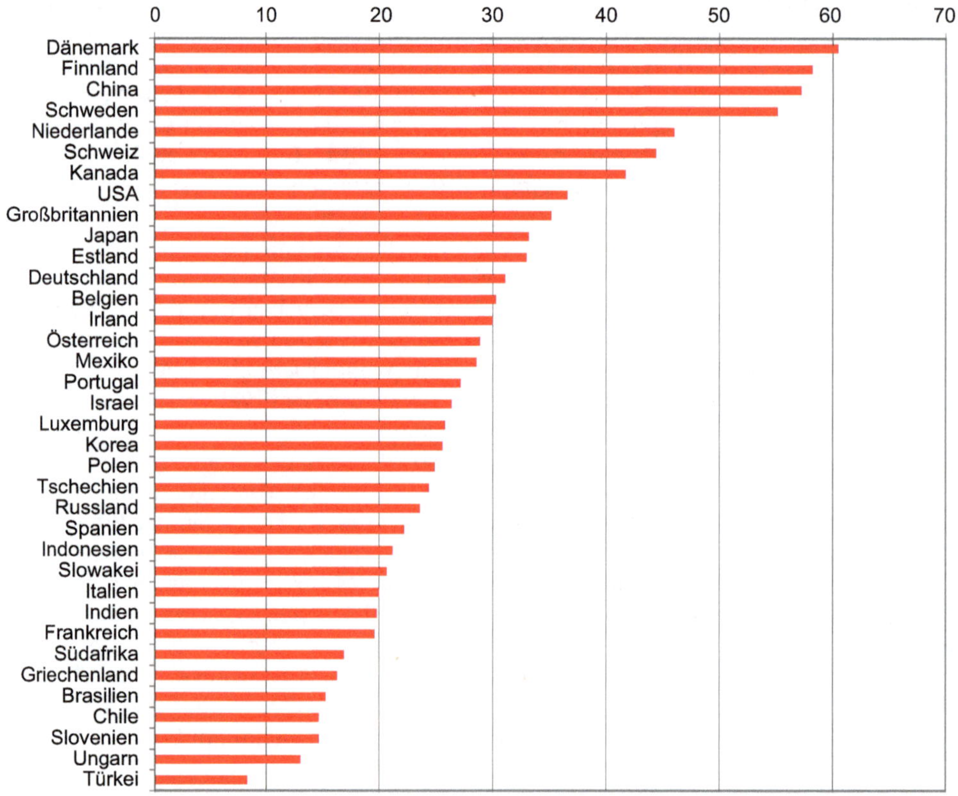

Abbildung 31.8: „Kann man den meisten Menschen vertrauen" (Stand: 2010).
Quelle: OECD.

31.4 Industriepolitik: Der Staat als Dirigent wirtschaftlicher Entwicklung[7]

Nach der Theorie des Wirtschaftswachstums, wie wir sie hier dargestellt haben und wie sie in den meisten Lehrbüchern präsentiert wird, muss ein Land einfach mehr und mehr Kapital akkumulieren, für eine bessere Ausbildung der Arbeitnehmer sorgen und zudem durch Grundlagenforschung die notwendigen technologischen Innovationen erzeugen. Durch politische Stabilität muss zudem ein gutes Klima für ausländische Direktinvestitionen geschaffen werden. Alles andere richtet dann schon die unsichtbare Hand des Marktes.

In diesem Narrativ fehlt jedoch ein ganz wichtiges Element: die *Rolle des Staates*. Länder wie Japan, Südkorea oder China sind Beispiele dafür, wie es Ländern gelungen ist, sich in relativ kurzer Zeit von überwiegend agrarisch orientierten Volkswirtschaften zu international erfolgreichen Industrienationen zu wandeln. Ausschlaggebend für dieses „*Asian Miracle*" (Cherif und Hasanov, 2019) waren ambitionierte, staatlich orchestrierte Entwicklungsstrategien, die vor allem darauf abzielten, technologisch hochwertige Industrien zu etablieren. Man spricht deshalb auch von „*Industriepolitik*".

31.4.1 Komparative Kostenvorteile sind nicht naturgegeben

In *Kapitel 3* wurde das *Prinzip der komparativen Kosten* dargestellt, um die Vorteile der internationalen Arbeitsteilung herauszuarbeiten. Für David Ricardo, der dieses Prinzip am Beispiel des Handels von Tuch und Wein zwischen Portugal und England entdeckt hat, waren die komparativen Kostenvorteile etwas Naturgegebenes. Das Klima etwa spielt für den Weinanbau eine entscheidende Rolle. Eine wichtige Nebenbedingung dieses Ansatzes besteht dabei darin, dass die Löhne im Land mit den absoluten Kostennachteilen niedriger sein müssen als im Land mit den absoluten Kostenvorteilen. Die Lohnrelationen müssen den Produktivitätsunterschieden entsprechen, die die absoluten Kostenvorteile ausmachen. Ein Entwicklungsland mit absoluten Kostennachteilen kann dann zwar erfolgreich an der internationalen Arbeitsteilung partizipieren, aber nur, wenn es bereit ist, entsprechend niedrige Löhne und damit verbunden einen bescheidenen Lebensstandard zu akzeptieren.

Bei der Industriepolitik geht es darum, durch Zölle und gezielte Investitionen staatseigener Unternehmen oder staatlich geförderter privater Unternehmen das technologische Niveau eines Landes anzuheben, um damit neue absolute und komparative Kostenvorteile zu schaffen. So setzten sich die erfolgreichen asiatischen Länder das ehrgeizige Ziel, möglichst schnell das Entwicklungsniveau der fortgeschrittenen Volkswirtschaften zu erreichen. Beispielsweise wurde in Südkorea in den siebziger Jahren zunächst eine Stahlindustrie aufgebaut, dann kamen der Schiffbau und die Automobilindustrie und später die Halbleiterindustrie. Beim Schaffen neuer komparativer Vorteile darf man jedoch die gegebenen komparativen Vorteile nicht außer Acht lassen. Korea verfügte beispielsweise über eine erfolgreiche Textil- und Schuhindustrie, die in der Entwicklungsphase für Exporterlöse sorgten.

7 Die Ausführungen in diesem Abschnitt übernehmen größere Teile aus der Studie der UNECA, der United Nations Economic Commission for Africa (2016). Quelle: Economic Commission for Africa (2016), Transformative Industrial Policies, *https://www.uneca.org/sites/default/files/PublicationFiles/tipa-full_report_en_web.pdf*

So gesehen ist die Theorie der komparativen Vorteile wie ein *Kompass*.[8] Sie zeigt einem Land, wo es steht, sie lässt aber offen, in welche Richtung der Entwicklungsprozess gehen soll.[9] Wie Cherif und Hasonov (2019) berichten, verfügte Japan in den 1950er und 1960er Jahren kaum über Erfahrungen in der Automobilindustrie. Es fehlte an natürlichen Ressourcen wie Gummi für Reifen oder Öl als Brennstoff. Zudem war das Straßennetz wenig entwickelt. Die Hauptexportprodukte Koreas in den 1960er Jahren waren Reis, Seide, Perücken aus Menschenhaar und Wolfram. China ist heute Weltmarktführer bei Solarpanelen und Batteriezellen, ohne dass es dafür über spezifische komparative Vorteile verfügt hätte (Gang, 2015).

Wie die Studie der UNECA verdeutlicht, ergibt sich die zentrale Rolle der Industrie als Treiber wirtschaftlicher Entwicklung daraus, dass hier sehr viel größere Produktivitätsfortschritte erzielt werden können als im Agrar- oder Dienstleistungssektor. Dabei kann sich eine Diffusion der in der Industrie erzielten technischen Fortschritte in die anderen Sektoren ergeben. So verwenden beispielsweise große Einzelhandelsketten Lagerhaltungskonzepte, die im industriellen Bereich entwickelt wurden.

31.4.2 Externalitäten im Entwicklungsprozess

In *Kapitel 4* wurde gezeigt, dass das Modell der Wirtschaftssteuerung durch den Staat (Planwirtschaft) Ende der 1980er-Jahre definitiv gescheitert ist. Industriepolitik ist deshalb auch keine staatliche Detailsteuerung der Wirtschaftsprozesse, bei der der Markt weitgehend ausgeschaltet wird. Es geht vielmehr darum, durch den Staat einen Rahmen zu schaffen, in dem sich Marktprozesse besser entfalten können.

Diese Idee wird von der Theorie der *„infant industry"* vertreten. Sie geht zurück auf den ersten US-Finanzminister Alexander Hamilton (1791). Er argumentierte, dass ein aufstrebendes Land seine noch jungen Industrien wie ein Kind schützen müsse, bis sie groß genug sind, um sich aus eigener Kraft auf den Weltmärkten zu behaupten. Ökonomisch steht dahinter die Vorstellung, dass durch den Schutz vor ausländischer Konkurrenz für die heimischen jungen Unternehmen ein ausreichend großer Markt geschaffen wird, um Lerneffekte und damit einhergehende Skaleneffekte zu erzielen.

Industriepolitik ist aber nicht ein Konzept nur für Entwicklungs- und Schwellenländer. Marianna Mazzucato (2014) beschreibt detailliert, wie die einzelnen Komponenten, die die Funktionalität eines Smartphone ausmachen (Microchip, Internet, Micro Hard Drive, DRAM Cache, Siri, GPS, zellulare Technologie, Signalkompression, Touch Screen) von US-amerikanischen staatlichen Forschungseinrichtungen entwickelt worden sind.[10] In Europa ist der Airbus das Resultat einer erfolgreichen europäischen Industriepolitik, die es sich zum Ziel gesetzt hatte, die Dominanz von Boeing zu brechen.

8 So die Studie der UNECA (2016).

9 Wenig hilfreich für die Erklärung wirtschaftlicher Entwicklungsprozesse ist auch die in diesem Buch nicht diskutierte Außenhandelstheorie von Heckscher und Ohlin. Bei dieser Theorie wird unterstellt, dass es für alle Länder gleichermaßen zugängliche Technologien gibt. Alle Länder weisen also denselben Entwicklungsstand auf. Außenhandel resultiert dabei allein aus unterschiedlichen relativen Faktorausstattungen (Kapitel und Arbeit) und dadurch bestimmten Unterschieden in den relativen Faktorpreisen bei Gütern, deren Herstellung diese Faktoren unterschiedlich intensiv erfordert.

10 Hierzu zählt insbesondere die Defense Advanced Research Projects Agency (DARPA), eine Behörde des US-Verteidigungsministeriums.

Wie lässt sich der Erfolg von Industriepolitik mit der in diesem Buch betonten Überlegenheit des Marktes als Koordinationsmechanismus für eine arbeitsteilige Wirtschaft vereinbaren? Der Ausgangspunkt hierfür ist die Allokationsfunktion des Staates, die bereits in *Kapitel 14* angesprochen wurde. Sie basiert darauf, dass es positive und negative externe Effekte gibt, die ohne staatliche Intervention dazu führen würde, dass von einem Gut zu wenig produziert beziehungsweise zu viel konsumiert wird. Bei der Industriepolitik geht es um die *positiven externen Effekte*.

Sie ergeben sich bei neuen Technologien daraus, dass die Lerneffekte und Entwicklungsfortschritte, die zu sinkenden Kosten führen, nicht ausreichend über Patente geschützt werden können. So müssen Arbeitnehmer entsprechend ausgebildet werden, ohne dass sie daran gehindert werden können, ihre so erworbenen Fähigkeiten bei anderen Unternehmen einzusetzen.

Bei der Entwicklung neuer Schlüsseltechnologien wie der Elektromobilität oder der Wasserstofftechnologie bestehen die Externalitäten auch darin, dass dabei gleichsam aus dem Stand ein *ganzes Ökosystem* geschaffen werden muss. Es bedarf dazu eines flächendeckenden Systems von Ladestationen, leistungsfähiger Batteriezellen sowie der dafür erforderlichen Rohstoffe (Lithium, Kobalt). Zudem muss das Energieversorgungsnetz hierfür angepasst werden.

Wenn es darum geht, ganz neue Technologie zu entwickeln stellt sich auch das Problem, dass die *Unsicherheit*[11] über die Erfolgsaussichten so groß ist, dass einzelne private Unternehmen damit überfordert sind. Es können dann Investitionen unterbleiben, obwohl sie möglicherweise große volkswirtschaftliche Erträge bringen.[12] John Maynard Keynes (1926) hat das wie folgt formuliert: Es gehe den Staat nicht darum, Dinge zu tun, die die Privaten bereits tun und diese dann etwas besser oder schlechter zu tun. Vielmehr gehe es darum, die Dinge zu tun, die von den Privaten gegenwärtig überhaupt nicht getan werden. Aufgrund seiner ökonomischen Masse kann der Staat erheblich größere Verluste tragen als ein einzelnes Unternehmen. Man spricht dabei auch davon, dass der Staat die „tiefsten Taschen" habe.

Neben diesen traditionellen Argumenten für eine staatliche Industrie- und Innovationspolitik müssen aus strategischer Sicht auch *industriepolitische Aktivitäten wichtiger Konkurrenten* berücksichtigt werden. Kaum ein Land verfolgt so konsequent und mit so großem Einsatz eine umfassende industrie- und innovationspolitische Strategie wie China. Mit dem im Mai 2015 beschlossenen „Made in China 2025" strebt dieses Land eine dominante Stellung auf den Weltmärkten für Hochtechnologie-Produkte an, mit den expliziten Zielen der „self-sufficiency" und der „indigenous innovation" (Wübbeke et al., 2016). Mit einem hohen Industrieanteil und der zugleich großen Bedeutung von Hochtechnologie-Industrie zählt Deutschland zu den Ländern, die von dieser Strategie in besonderer Weise betroffen sind.

---

11 „Unsicherheit" wird hier in Anlehnung an Knight (1921) als eine Situation verstanden, in der es keine aus der Vergangenheit ableitbaren Wahrscheinlichkeitsverteilungen („Risiko") gibt.

12 Ein konkretes Beispiel hierfür ist die Entscheidung der Robert Bosch GmbH im Februar 2018, die Entwicklung einer eigenen Produktion von Batteriezellen für die Elektromobilität einzustellen. Diese wurde explizit mit hohen Fixkosten und hohen Risiken begründet: Es bleibe mit Blick auf die dynamischen und nur schwer vorhersehbaren externen Marktfaktoren offen, ob und wann sich diese Investition für Bosch rechnen würde. Eine solch risikobehaftete Investition sei damit im Gesamtinteresse des Unternehmens nicht vertretbar. https://www.bosch-presse.de/pressportal/de/de/batteriezellen-bosch-setzt-auf-zukauf-statt-eigenfertigung-146944.html (Bosch, 2018).

31.4.3 „Picking winners"?

Die zentrale Herausforderung bei der Industriepolitik besteht darin, ob es dem Staat tatsächlich möglich ist, zukunftsfähige Technologien zu identifizieren und diese dann auch wirkungsvoll zu fördern. Für die meisten deutschen Ökonomen ist das höchst fraglich. So stellte die Mehrheit des Sachverständigenrates im Jahresgutachten 2018/19 (Tz. 158) fest:

„Es ist unwahrscheinlich, dass die Politik hinreichend über verlässliches Wissen und genaue Kenntnis der künftigen technologischen Entwicklungen oder Nachfrageänderungen verfügt, um dieses Vorgehen zu einer sinnvollen langfristigen Strategie zu machen. Geht es ihr um nachhaltigen Fortschritt, so sollte sie viel eher auf das dezentrale Wissen und die individuellen Handlungen verschiedener Akteure der Volkswirtschaft vertrauen. Der Staat sollte vielmehr eine gute Infrastruktur bereit- und einen funktionierenden Wettbewerb sicherstellen, dabei jedoch auf die gezielte Unterstützung ausgewählter Technologien oder Unternehmen weitgehend verzichten."

Die erfolgreichen Entwicklungsstrategien der asiatischen Länder zeigen jedoch, dass es dem Staat durchaus möglich ist, gezielt Technologien zu fördern, die sich als zukunftsfähig erweisen. In den vergangenen Jahren ist es insbesondere China gelungen, sich eine führende Position bei der Solarindustrie, bei der Produktion von Batteriezellen und allgemein bei der Elektromobilität zu verschaffen.

Der Moralist

1723–1790

Der schottische Nationalökonom und Philosoph **Adam Smith** wurde am 5.6.1723 in Kirkcaldy geboren und starb am 17.7.1790 in Edinburgh. Auch heute sind viele Erkenntnisse dieses Begründers der klassischen Nationalökonomie noch aktuell.
Smith begann seine wissenschaftliche Laufbahn als Moralphilosoph und schrieb 1759 sein erstes Hauptwerk „Theorie der ethischen Gefühle". Zur Nationalökonomie kam er wohl u.a. durch eine Reise nach Frankreich im Jahr 1765, die ihm Kontakte mit Quesnay und der Physiokratie ermöglichten. Sein zentrales ökonomisches Werk ist der „Wohlstand der Nationen", das 1776 publiziert wurde und einen überwältigenden Erfolg hatte. Smith entwickelte darin ein umfassendes System der liberalen Wirtschaftslehre, das die theoretische Grundlage für den beginnenden Prozess der Industrialisierung bildete.

Für Smith ist die Quelle des nationalen Reichtums nicht der Geldvorrat (Merkantilismus) oder die landwirtschaftliche Produktion (Physiokratie), sondern die geleistete Arbeit des Volkes. Deren Produktivität werde durch Arbeitsteilung gesteigert, die wiederum von der Größe des Marktes abhänge. Smith war deshalb ein Anhänger des Freihandels. Eine Voraussetzung der Arbeitsteilung seien funktionsfähige Märkte, die möglichst wenig durch Staatseingriffe gestört werden sollten. Die treibende Kraft aller wirtschaftlichen Vorgänge sei der Eigennutz, der im Marktprozess zu gesamtwirtschaftlichen positiven Resultaten umgelenkt wird. Für Smith lässt sich die Marktwirtschaft also auch moralisch rechtfertigen.

Zitat

„Niemand hat je erlebt, dass ein Hund mit einem anderen einen Knochen redlich und mit Bedacht gegen einen anderen ausgetauscht hätte."
(Wohlstand der Nationen, S. 16).

Ausbildung und Beruf

1730–1737 Lateinschule in Kirkcaldy
1737–1740 Studium an der Universität Glasgow (Latein, Griechisch, Mathematik und Moralphilosophie)
1746 „Bachelor of Arts"
1750 Professor für Logik in Glasgow
1752 Professor für Moralphilosophie in Glasgow

Werke

1759 Theorie der ethischen Gefühle (deutsch: Hamburg 1977)
1776 Der Wohlstand der Nationen (deutsch: München 1988)

Schlagwörter

- Humankapital (S. 637)
- Institutionen (S. 647)
- Kultur (S. 650)
- neue Wachstumstheorie (S. 644)
- Protestantische Ethik (S. 648)
- Sozialkapital (S. 650)
- Technischer Fortschritt (S. 644)

Aufgaben

Musterlösungen zu den hier gestellten Aufgaben finden Sie im MyLab | Grundzüge der VWL.

1. In Deutschland ist das Wirtschaftswachstum in den letzten Jahrzehnten immer mehr zurückgegangen. Der Kapitalbestand hat sich in dieser Zeit aber durchweg erhöht. Worauf könnte das schwache Wachstum in Deutschland zurückgeführt werden?
2. In A-Land ist die Arbeitszeit je Beschäftigten um 3 % gestiegen. Die Anzahl der Beschäftigten hat aber um 4 % abgenommen. Gleichzeitig hat die Arbeitsproduktivität um 5 % zugenommen. Wie hoch ist das Wirtschaftswachstum ausgefallen?
3. In B-Land ist das Wirtschaftswachstum in den letzten zehn Jahren höher gewesen als in C-Land. Jetzt stehen Forscher vor dem überraschenden Ergebnis, dass sich die Bewohner von C-Land trotzdem sehr viel besser fühlen als vor zehn Jahren, während dies bei den Menschen in B-Land nicht der Fall ist. Wie kann man diesen Befund erklären?

LERNZIELE

- Die Volkswirtschaftslehre hat durch die Finanzkrise erheblich an Reputation verloren.
- Gleichwohl verfügt die Volkswirtschaftslehre über sehr starke Theorien zur Erklärung und Lösung zentraler wirtschaftlicher Probleme. Dies gilt für die Globalisierung und ihre Auswirkungen auf die Einkommensverteilung ebenso, wie für die mit dem Wachstum der Weltwirtschaft einhergehenden Umweltprobleme. Der Lösungsansatz einer Bepreisung von CO2-Emissionen wurde von Athur C. Pigou bereits vor einhundert Jahren gefordert. Die rasche Überwindung der Großen Rezession ist darauf zurückzuführen, dass weltweit eine keynesianische Politik wie aus dem Lehrbuch betrieben wurde.
- Schwachpunkte der Volkswirtschaftslehre liegen in einem teilweise überzogenen Vertrauen in Marktprozesse und der Verwendung einfacher mikroökonomischer Modelle zur Erklärung gesamtwirtschaftlicher Probleme. Zudem wird bei der Modellierung des Finanzsystems noch immer sehr stark auf eine güterwirtschaftliche Modellierung gesetzt, die nichts mit der Realität gemein hat.
- Ein großer Schwachpunkt vieler ökonomischer Modelle ist die Annahme einer perfekten Rationalität und vollkommener Information der Entscheidungsträger. Hier ist jedoch seit Längerem ein Umdenken zu beobachten.

Ausblick: Braucht die Wirtschaftswissenschaft neue Paradigmen?

32

ÜBERBLICK

32.1 Vertrauensverlust durch die Finanzkrise

Die Finanzkrise des Jahres 2008 hatte die Wirtschaftswissenschaft nahezu völlig unvorbereitet getroffen. Führende Ökonomen, wie beispielsweise Ben Bernanke (2004), hatten in den Jahren davor sogar eine „große Moderation" ausgemacht, also ein Ende der konjunkturellen Krisen aufgrund verbesserter geldpolitischer Steuerungsmechanismen. So gesehen ist es kein Wunder, dass die von der Lehman-Insolvenz ausgelösten Erschütterungen dem Ansehen der Nationalökonomie erheblich geschadet haben. Und es ist dabei auch nicht überraschend, dass seither immer mehr das gesamte Theoriegebäude der Volkswirtschaftslehre in Frage gestellt wird und die Rufe nach neuen Paradigmen immer lauter werden.

Unter einem Paradigma kann man dabei vereinfacht eine bestimmte wissenschaftliche Sichtweise der Welt verstehen. Ein gutes Beispiel hierfür sind das geldwirtschaftliche und das güterwirtschaftliche Weltbild zur Abbildung des Finanzsystems (*Kapitel 25*). Die Astronomie war lange Zeit vom ptolemäischen Weltbild geprägt, bis dieses dann vom kopernikanischen ersetzt wurde.

In der Tat ist es wichtig, dass sich eine Wissenschaft immer wieder kritisch fragt, ob sie die Welt mit ihren Paradigmen noch erklären und Lösungen für die bevorstehenden Probleme bieten kann. Gleichzeitig sollte man jedoch vermeiden, das Kind sozusagen mit dem Bade auszuschütten. Wie in diesem Buch in den einzelnen Kapiteln gezeigt wurde, ist die Volkswirtschaftslehre durchaus in der Lage, die großen Herausforderungen der Globalisierung und des Klimawandels mit ihren vorhandenen Paradigmen zu analysieren und auf dieser Basis zugleich wirtschaftspolitische Handlungsanweisungen zu bieten.

Wenn es in der Vergangenheit zu Fehleinschätzungen wirtschaftlicher Prozesse gekommen ist, liegt das vor allem daran, dass gesamtwirtschaftliche Phänomene mittels mikroökonomischer Paradigmen oder aber mittels zu vereinfachter mikroökonomischer Ansätze analysiert wurden. Problematisch ist zudem ein überzogenes, ideologisch geprägtes Vertrauen in Marktprozesse. In der Makroökonomie stellt sich zudem das Problem, dass – wie in *Kapitel 25* verdeutlicht wurde – das Finanzsystem nach wie vor mit dem rein güterwirtschaftlich geprägten Modell der (Neo-)Klassik präsentiert wird. Doch dieses Problem ist von Ökonomen wie Keynes (1936), Schumpeter (1954) und Minsky (1986) schon seit Langem identifiziert worden.

Dies gilt auch für den Vorwurf, die Volkswirtschaftslehre verwende mit dem „homo oeconomicus" ein ungemessenes Menschenbild. Jede Modellierung bringt, wie eine Landkarte, eine erhebliche Abstrahierung von der Realität mit sich. Für Kaufentscheidungen dürfte sich die Annahme eines eigennützigen Verhaltens durchaus als zweckmäßig erweisen. Und bei Anbietern, die längerfristige Geschäftsbeziehungen anstreben, liegt ein reziprokes Verhalten durchaus im Eigeninteresse. Problematisch wird die Modellierung des „homo oeconomicus" erst dann, wenn man sie im Sinne der Theorie „rationaler Erwartungen" für langfristige Entscheidungen oder aber über rein ökonomische Entscheidungsprozesse hinaus zur Erklärung menschlichen Verhaltens heranzieht.

Insgesamt betrachtet besteht das Problem der Volkswirtschaftslehre nicht darin, dass es ihr an wirkmächtigen Paradigmen fehlt. Es geht vielmehr darum, dass durch die (Neo-)Klassik die Paradigmen in den Hintergrund gedrängt worden sind, die die Aggregationsprobleme der Makroökonomie, die Bedeutung des Finanzsystems und die Probleme der Unsicherheit bei Entscheidungsprozessen betonen.

32.2 Die traditionelle Ökonomie bietet wichtige Antworten auf globale Herausforderungen

In der Regel kommt es zu neuen Paradigmen, wenn die „herrschende Wissenschaft" nicht mehr in der Lage ist, wichtige Prozesse zu erklären. Thomas Kuhn (1962) spricht hierbei von „Rätseln" oder „Anomalien". Wenn man neue Paradigmen für die Volkswirtschaftslehre fordert, muss man somit aufzeigen, dass die herkömmlichen Paradigmen nicht in der Lage sind, die großen ökonomischen Probleme der Zeit angemessen abzubilden, und dafür auch keine befriedigenden Antworten bieten können. Beispielhaft sollen hier zunächst drei zentrale Themenfelder diskutiert werden:

- Globalisierung und die damit verbundene Einkommensungleichheit
- Klimawandel
- Konjunkturstabilisierung zur Vermeidung von Arbeitslosigkeit

32.2.1 Auswirkungen der Globalisierung

Die von der Globalisierung und dem damit einhergehenden technischen Fortschritt ausgelösten Effekte stehen seit Langem im Zentrum der traditionellen volkswirtschaftlichen Theorien. Wie in den *Kapiteln 3 und 4* dargestellt wurde, erkannten Ende des 18. und Anfang des 19. Jahrhunderts Adam Smith (1776) beziehungsweise David Ricardo (1817), dass die durch die Globalisierung ermöglichte Intensivierung der *Arbeitsteilung* und die damit verbundene *Spezialisierung* nach dem Prinzip der komparativen Kosten den "Wohlstand der Nationen" erheblich steigern würden. Die Erfahrungen mit der seit den 1990er-Jahren besonders stark voranschreitenden Globalisierung decken sich uneingeschränkt mit diesen theoretischen Modellgebäuden. In fast allen Ländern hat sich die Wirtschaftsleistung eindrucksvoll erhöht. Die Anzahl der in absoluter Armut lebenden Menschen ist dramatisch gesunken.

Bereits in der ersten Hälfte des 20. Jahrhunderts erkannten dann bedeutende Ökonomen – Eli Heckscher (1919), Bertil Ohlin (1933) und Paul Samuelson (1948) –, dass die Früchte der Globalisierung innerhalb der einzelnen Länder nicht gleichmäßig verteilt würden. In den hoch entwickelten Volkswirtschaften würden die Eigentümer von Kapital und die qualifizierten Arbeitskräfte bevorzugt, während sich die Situation für Geringqualifizierte relativ verschlechtern würde. Auch diese theoretischen Überlegungen wurden weitgehend durch die Realität bestätigt. Der Anteil der Arbeitnehmer am Volkseinkommen („Lohnquote") ist in den vergangenen Jahrzehnten in fast allen Ländern zurückgegangen und der Anteil der einkommensstarken Haushalte am Nationaleinkommen ist insbesondere in den USA stark gestiegen.

Gleichzeitig haben andere renommierte Ökonomen – John Hicks (1935) und Nicolas Kaldor (1939) – gezeigt, dass die Gewinner solcher Prozesse in der Lage sind, die Verlierer zu *kompensieren*, so dass Letztere zumindest nicht schlechter gestellt werden. Aufgrund des internationalen Steuerwettbewerbs einer wissenschaftlich verbrämten Ideologie, wonach niedrige Steuern zu mehr Wohlstand führen, haben die Staaten diese Kompensationsfunktion allerdings nur unzureichend erfüllen können.

Dabei sind die negativen Auswirkungen des *Steuerwettbewerbs* auf die Höhe der Staatseinnahmen in der ökonomischen Literatur seit Langem bekannt. Der Steuerwettbewerb innerhalb und zwischen den Jurisdiktionen wurde von marktliberalen Ökonomen wie James Buchanan (1975) als das Mittel der Wahl zur Verringerung des Einflusses des Staates (*Zähmung des "Leviathan")* angesehen.[1]

Der weltweite Rückgang der Steuersätze für Spitzenverdiener und Unternehmensgewinne bestätigt diese Einschätzung.

Insgesamt betrachtet werden also die wichtigsten positiven und negativen Auswirkungen der Globalisierung ebenso wie die Lösungsansätze zur Vermeidung ihrer negativen Folgen in der traditionellen Volkswirtschaftslehre umfassend abgebildet. Die Notwendigkeit eines neuen Paradigmas ist hier nicht zu erkennen.

32.2.2 Lösung der Umweltprobleme

Wie in *Kapitel 14* beschrieben wurde, zählen zu den gravierenden negativen Effekten der Globalisierung neben der zunehmenden Einkommensungleichheit die massiven Umweltschäden und der damit einhergehende Klimawandel.
Auch diese Problematik wurde schon früh von Ökonomen erkannt und in einem konsistenten theoretischen Rahmen analysiert. Vor fast hundert Jahren entwickelte Arthur C. Pigou das Konzept der negativen externen Effekte.

"Some have argued that no State action is needed. But the system has performed as well as it has because of State action: Nonetheless, there are still imperfections. [...] it might happen [...] that costs are thrown upon people not directly concerned, through, say, uncompensated damage done to surrounding woods by sparks from railway engines. All such effects must be included—some of them will be positive, others negative elements—in reckoning up the social net product of the marginal increment of any volume of resources turned into any use or place." (Pigou, 1932)

Negative externe Effekte liegen dann vor, wenn die sozialen Produktionskosten eines Guts, zu denen die Kosten für die Umwelt zählen, die privaten Kosten übersteigen können. In diesem Fall ergibt sich eine zu hohe Produktion des Produkts mit nachteiligen Wohlfahrtseffekten. Pigou hat dafür die Lösung einer Steuer auf ein solches Gut vorgeschlagen, die nach dem Unterschied zwischen den sozialen und den privaten Kosten bemessen werden sollte.

Wie ein am 16. Januar 2019 im Wallstreet Journal publiziertes Manifest führender US-Ökonomen verdeutlicht, gibt es heute wohl kaum einen Lösungsansatz für ein ökonomisches Problem, der unter Ökonomen so unstrittig ist wie die Pigou-Steuer (Akerlof et al., 2019). In der Regel wird hierfür eine Steuer in Höhe von rund 40 US-Dollar vorgeschlagen. In dem Vorschlag der US-Ökonomen ist vorgesehen, dass die Einnahmen aus der Steuer in Form von Transfers wieder an die privaten Haushalte zurückgegeben werden sollen. Somit kann der Einkommenseffekt weitgehend kompensiert werden, während sich der Substitutionseffekt voll entfalten kann. In Deutschland haben sich im Jahr 2019 neben dem Sachverständigenrat zur Begutachtung der gesamtwirtschaftlichen Entwicklung auch das Deutsche Institut für Wirt-

---

1 Feld et al. (2010) beschreiben dieses Phänomen in einer Studie für die Schweiz wie folgt: „According to the Leviathan-Model, fiscal federalism is seen as a binding constraint on a revenue-maximizing government. The competitive pressure of fiscal federalism is supposed to reduce public sector size as compared to unitary states. (...) revenue decentralization favors a smaller size of government revenue and shifts government revenue from taxes to user charges."

schaftsforschung und das Institut für Makroökonomie und Konjunkturforschung für eine CO_2-Bepreisung ausgesprochen.[2]

Somit ergibt sich auch aus der großen Herausforderung des Klimawandels keine offensichtliche Notwendigkeit eines grundlegend neuen ökonomischen Paradigmas.

32.2.3 Überwindung der Großen Rezession und Euro-Krise

In der ersten Hälfte der 2000er-Jahre machte sich in der Ökonomie die Vorstellung breit, dass es vor allem aufgrund der besseren geldpolitischen Steuerungsmöglichkeiten zu einem Ende der großen konjunkturellen Schwankungen gekommen sei. Ben Bernanke (2004) formulierte dies wie folgt:

"The Great Moderation, the substantial decline in macroeconomic volatility over the past twenty years, is a striking economic development. [...] I have argued today that improved monetary policy has likely made an important contribution not only to the reduced volatility of inflation (which is not particularly controversial) but to the reduced volatility of output as well."

Aber als dann die „Große Rezession" einsetzte, war diese Verirrung kein Hindernis für die Wirtschaftspolitik, auf diesen Schock mit den traditionellen Instrumenten der keynesianischen Geld- und Fiskalpolitik zu reagieren. Indem sich alle großen Staaten geradezu lehrbuchhaft verhielten, konnte eine Weltwirtschaftskrise wie in den frühen 1930er-Jahren verhindert werden. Die Weltwirtschaft kehrte im Jahr 2010 erstaunlich schnell wieder auf einen stabilen Expansionspfad zurück.

Eine große Ausnahme bildete dabei die *Eurozone*, die nach einer deutlichen Belebung im Jahr 2010 in den Jahren 2011 bis 2013 erneut in eine Rezession gerutscht ist. Aber auch dies deckt sich vollständig mit dem keynesianischen Paradigma. Die Europäische Zentralbank hatte im Vergleich zu den anderen großen Notenbanken ohnehin relativ spät und relativ schwach auf den globalen Konjunktureinbruch reagiert. Schlimmer noch: Sie hat dann – im völligen Widerspruch zum Lehrbuchwissen – bereits in der ersten Jahreshälfte 2011, also mitten in der Krise, die Zinsen wieder erhöht. Gleichzeitig wurde unter dem Eindruck der Verunsicherung der Kapitalanleger, die durch die Situation in Griechenland ausgelöst worden war, in den Problemländern des Euroraums eine Sparpolitik beschlossen, die in Anbetracht des noch längst nicht ausgestandenen Wirtschaftseinbruchs von 2009 völlig kontraindiziert war.

Auch die weitere Entwicklung im Euroraum deckt sich mit dem einfachen keynesianischen Paradigma. Mit der überzeugenden Ansage von Mario Draghi im Juli 2012, den Euro um jeden Preis zu retten ("whatever it takes"), wurde der Konsolidierungsdruck von den Krisenländern genommen. Zusammen mit der dann endlich durchgängig expansiven Geldpolitik konnte die Eurozone die Rezession überwinden und seither einen stabilen Wachstumspfad verfolgen. Eine Ausnahme bildet Griechenland, das unter dem anhaltenden Druck extern vorgegebener Anpassungsprogramme die Sparmaßnahmen erst sehr spät beenden konnte.

Ein weiteres Paradebeispiel für die Wirkmächtigkeit keynesianischer Makroökonomie ist *China*. Wie kein anderes Land hat es mit einer starken Ankurbelung der Bin-

2 Siehe Sachverständigenrat zur Begutachtung der gesamtwirtschaftlichen Entwicklung (2019), Deutsches Institut für Wirtschaftsforschung (2019) und Institut für Makroökonomie und Konjunkturforschung (2019).

nennachfrage auf die „Große Rezession" reagiert. Dabei blieb es nicht bei einer kurzfristigen Reaktion auf den globalen Wachstumseinbruch. Es war vielmehr ein Strategiewechsel von einem bisher überwiegend exportorientierten zu einem investitionsgetriebenen Wachstum. Im Einklang mit den theoretischen Modellen nicht nur von John Maynard Keynes, sondern auch von Joseph Schumpeter und Hyman Minsky, nutzte die Volksrepublik dabei das Finanzsystem als Wachstumsmotor. Die Nachfragepolitik wurde durch eine ungewöhnlich starke Kreditausweitung im privaten wie im staatlichen Bereich finanziert. Während die Risiken für Chinas finanzielle Stabilität offensichtlich sind, besteht kein Zweifel, dass es China immerhin über rund zehn Jahre gelungen ist, ein sehr hohes Wachstum in einem deutlich weniger dynamischen globalen Umfeld zu generieren.

Insgesamt lässt sich also für die globalen makroökonomischen Prozesse festhalten, dass sie grundsätzlich recht gut durch das traditionelle keynesianische Lehrbuchmodell beschrieben werden können und dass dieses Paradigma dabei zugleich wirkungsvolle Therapieansätze bieten kann. Auch bei diesem Feld der Ökonomie ist also nicht zu erkennen, dass es grundlegend neuer Paradigmen bedarf.

32.3 Wo liegen die zentralen Probleme der Ökonomie?

Auch wenn die traditionelle Ökonomie durchaus in der Lage ist, auf zentrale wirtschaftspolitische Herausforderungen relevante Antworten zu bieten, heißt das natürlich nicht, dass sie zugleich nicht erhebliche Defizite aufweist. Diese sind vor allem auf drei Faktoren zurückzuführen:

- eine ausgeprägte Dominanz eines schlichten mikroökonomischen Denkens,
- ein tiefes Vertrauen in die Fähigkeiten des Marktes oder umgekehrt eine ideologisch geprägte Aversion gegen den Staat,
- ein güterwirtschaftliches Paradigma des Finanzsystems, bei dem Geld, Banken und reine Finanztransaktionen bestenfalls eine Nebenrolle spielen.

Zur Behebung dieser Defizite bedarf es jedoch keiner neuen Paradigmen. Vielmehr findet man schon seit Jahrzehnten differenzierte Sichtweisen, mit denen die hier genannten Defizite behoben werden können.

32.3.1 Dominanz eines schlichten mikroökonomischen Denkens

Das gravierendste Defizit der herrschenden Nationalökonomie besteht darin, dass das schlichte Marktparadigma, wie es in der ersten Einführungsstunde der Volkswirtschaftslehre präsentiert wird, völlig unkritisch auf gesamtwirtschaftliche Zusammenhänge angewendet wird.

AS/AD-Modell: Analytische Darstellung der Makroökonomie als Kartoffelmarkt

Das zeigt sich vielleicht am deutlichsten bei dem in der makroökonomischen Lehre nach wie vor sehr beliebten *AS/AD-Modell.* Wie in *Kapitel 17.1* dargestellt wurde, erweckt es den Eindruck, dass sich das mikroökonomische Modell für den Kartoffelmarkt ohne nennenswerte Modifikation auf die Gesamtwirtschaft übertragen lässt.

Aus der Angebotskurve für und der Nachfragekurve nach Kartoffeln werden die gesamtwirtschaftliche Angebots- und Nachfragekurve. Der Kartoffelpreis wird durch das gesamtwirtschaftliche Preisniveau ersetzt und die Kartoffelmenge durch den gesamtwirtschaftlichen Output. Dabei wird dann völlig übersehen, dass die sogenannte gesamtwirtschaftliche Nachfragekurve aus der IS-Kurve abgeleitet wird, die ja bereits die Gleichgewichte am Gütermarkt bei unterschiedlichen Zinsniveaus abbildet. Und es stört sich auch niemand daran, dass die gesamtwirtschaftliche Angebotskurve bereits mit der 45°-Linie im Einkommen/Ausgaben-Modul des Modells abgebildet worden ist.

Arbeitslosigkeit als mikroökonomisches Problem

Zur rein mikroökonomischen Sichtweise gesamtwirtschaftlicher Phänomene gehört auch, dass das Phänomen der konjunkturbedingten Arbeitslosigkeit in nahezu allen führenden Lehrbüchern nicht analytisch behandelt wird. Wie in *Kapitel 18* gezeigt wurde, lässt sich dies relativ einfach durch ein Rationierungsmodell darstellen. Das Negieren der unfreiwilligen Arbeitslosigkeit findet seine Fortsetzung in den DSGE-Modellen, in denen für makroökonomische Ungleichgewichte kein Raum vorgesehen ist.

Wirtschaftspolitisch hat dieses Denken in Deutschland die Debatte über die Arbeitslosigkeit und den Mindestlohn über viele Jahre hinweg beherrscht. Ende der 1990er- und in der ersten Hälfte der 2000er-Jahre war es die theoretische Basis für die Politik der Lohnmoderation. Aufgrund der schlichten mikroökonomischen Diagnose, dass Arbeitslosigkeit in erster Linie auf zu hohe Löhne zurückzuführen ist, bleiben die Reallöhne über Jahre hinweg konstant. Dies führte in Deutschland zu einer fünfjährigen Stagnation der Wirtschaftsleistung (1. Quartal 2001 bis 4. Quartal 2005), die so in keiner anderen hochentwickelten Volkswirtschaft zu beobachten war. Dabei war es dann auch nicht erstaunlich, dass die Arbeitslosigkeit deutlich anstieg. Mit der Politik der Lohnmoderation wurde zugleich ein gravierendes und im Nachhinein schwer zu heilendes Ungleichgewicht innerhalb des Euroraums geschaffen (Bofinger, 2015).

Ein ähnlich schlichtes mikroökonomisches Denken war die Grundlage für die Einführung von Hartz-IV, also dem Zusammenlegen von Sozialhilfe und Arbeitslosenhilfe. Der Ausgangspunkt hierfür ist die Vorstellung, dass Arbeitslosigkeit, sofern sie nicht auf zu hohe Löhne zurückzuführen ist, immer freiwillig ist. In einer solchen Denkwelt müssen zu hohe Lohnersatzleistungen als eine wichtige Ursache von Arbeitslosigkeit angesehen werden. Im Rückblick ist es schon erstaunlich, wie man im Jahr 2005 mit rund 5 Millionen Arbeitslosen und lediglich rund 250.000 offenen Stellen ernsthaft zu einer solchen Diagnose kommen konnte. Aber auch heute gibt es Ökonomen, die die hohe Unterbeschäftigung dieser Jahre primär mit der freiwilligen Entscheidung von Beschäftigten erklären, ihren Job aufzugeben, weil sie die Leistungen aus der Arbeitslosenhilfe attraktiver fanden (Hartung et al. 2018).[3]

3 Eine solche Entscheidung mag allerdings in den 1990er-Jahren eine Rolle gespielt haben. Hier war es aufgrund der außerordentlich attraktiven Frühverrentungsmöglichkeiten attraktiv, bewusst in die Arbeitslosigkeit zu gehen, weil dies eine Brücke in die Frühverrentung ermöglichte. Dies dürfte die hohe „separation rate" in dieser Phase erklären, die bei Hartung et al. (2018) eine zentrale Rolle spielt.

Mindestlohn aus einer zu einfachen mikroökonomischen Perspektive

Ein zu einfaches mikroökonomisches Denken dominierte auch die deutsche Diskussion über die Einführung eines Mindestlohns. In der Tat kommt es im einfachsten Lehrbuchmodell durch einen Mindestlohn, der über dem Gleichgewichtslohn liegt, zwangsläufig zu Arbeitslosigkeit. Aber es wird dabei vergessen, dass dieses Modell auf beiden Marktseiten vollständigen Wettbewerb und damit ein Verhandeln auf Augenhöhe zwischen Arbeitgeber und Arbeitnehmer voraussetzt.

Wenn man jedoch wie in *Kapitel 10* gezeigt unterstellt, dass der Arbeitgeber über eine *Monopson-Stellung* verfügt, lässt sich analytisch leicht zeigen, dass ein wirksamer Mindestlohn mit einer höheren Beschäftigung einhergehen kann. Alternativ kann man ein Arbeitsmarktmodell verwenden, bei dem der Einkommenseffekt den Substitutionseffekt beim Arbeitsangebot überkompensiert. Dies führt zu einer zumindest bereichsweise negativen Steigung des Arbeitsangebots. Auch bei dieser Modellierung hat ein Mindestlohn keine negativen Effekte auf die Beschäftigung.

Die außerordentlich positive Beschäftigungsentwicklung und der anhaltende Rückgang der Arbeitslosigkeit seit der Einführung des Mindestlohns Anfang Januar 2015 sprechen dafür, dass die zu simple mikroökonomische Modellierung des Mindestlohns, von der sich die meisten Ökonomen hatten leiten lassen, nicht adäquat war. Aber sie sprechen nicht dafür, dass ein grundlegend neues theoretisches Paradigma für den Arbeitsmarkt erforderlich sein könnte.

32.3.2 Überzogene Marktliebe

Zu den gravierenden Defiziten der ökonomischen Debatte vor allem in Deutschland gehört das tiefe Vertrauen führender Ökonomen in die stabilisierenden und zugleich innovativen Kräfte des Markts. Es wurde selbst durch die Finanzkrise nicht wesentlich beeinträchtigt, da man diese einfach auf eine unzureichende staatliche Regulierung zurückführte[4], ohne sich dabei zu fragen, ob es nicht primär in der so oft beschworenen Eigenverantwortung der Marktakteure gelegen hätte, bestimmte Geschäfte grundsätzlich zu meiden oder zumindest aus Eigeninteresse angemessen zu prüfen.

Schwarze Null als „Rettungsanker"[5]

Das spiegelbildlich zur Marktliebe ausgeprägte Misstrauen in demokratische Prozesse und die Fähigkeit und Bereitschaft von Politikern, verantwortungsbewusst zu handeln, zeigen sich in der Debatte über die Staatsverschuldung. Über Jahre hinweg haben führende deutsche Ökonomen das Dogma der „Schwarzen Null" unterstützt, ohne dass es dafür eine theoretische Grundlage gegeben hat. Bekanntlich ist es nach der weithin etablierten *„Goldenen Regel"* der Finanzwissenschaft durchaus angemessen, wenn ein Staat seine Investitionen mit einer Kreditaufnahme auf dem Kapitalmarkt finanziert. Diese Regel wurde vom Sachverständigenrat in einer Expertise aus dem Jahr 2007 („Staatsverschuldung wirksam begrenzen") explizit anerkannt, wobei er die Defizitfinanzierung nur in Höhe der Netto-Investitionen befürwortete. Zugleich

4 Feld et al. (2016).

5 Dieser Ausdruck wurde von Christoph Schmidt geprägt (Schäfers, 2019).

hat er damals festgestellt, dass ein generelles Verbot der Staatsverschuldung ebenso unsinnig sei wie eine entsprechende Regel für Unternehmen.

Gleichwohl wird von führenden deutschen Ökonomen kompromisslos an der Schwarzen Null festgehalten. So hat sich die Mehrheit des Sachverständigenrates im vergangenen Jahresgutachten erneut für eine Ausgabenregel ausgesprochen, die sicherstellen soll, dass der Haushalt über den Konjunkturzyklus hinweg nahezu ausgeglichen ist (Sachverständigenrat zur Begutachtung der gesamtwirtschaftlichen Entwicklung, 2018).

Das Festhalten an der Schwarzen Null bringt eine enorme Einschränkung für die Zukunftsinvestitionen in Deutschland mit sich. Dies lässt sich anhand einer einfachen Berechnung verdeutlichen. Dazu kann man vereinfachend davon ausgehen, dass das jetzige Niveau der Staatverschuldung relativ zur Wirtschaftsleistung von knapp 60 % angemessen ist. Unterstellt sei außerdem ein mittelfristiges Wachstum des nominalen Bruttoinlandsprodukts von 3 %. Unter diesen Annahmen ließe sich die Schuldenstandsquote mit einem jährlichen Defizit von 1,8 % relativ zur Wirtschaftsleistung konstant halten. Dies entspräche einem Betrag von derzeit rund 60 Mrd. Euro, der in Deutschland für Zukunftsinvestitionen zusätzlich verfügbar wäre, wenn man von der Schwarzen Null auf eine Regel übergehen würde, die die Staatsverschuldung nicht absolut, sondern relativ zur Wirtschaftsleistung konstant hielte.

Wiederum ist hierbei nicht ein überkommenes Paradigma das Problem. Vielmehr geht es darum, dass Ökonomen theoretisch gut begründete ökonomische Zusammenhänge nicht berücksichtigen, weil sie ein tiefsitzendes Misstrauen gegenüber demokratischen Prozessen hegen, die sie unter dem Schlagwort des „Deficit bias" präsentieren.

Marktliebe statt Industriepolitik

Das überzogene Vertrauen deutscher Ökonomen in die Vorteilhaftigkeit von Marktprozessen zeigt sich aktuell nicht nur im Festhalten an der Schwarzen Null, sondern zugleich in der äußerst skeptischen Haltung gegenüber einer staatlichen Industriepolitik. Die Diskussion hierüber wurde ausgelöst durch die äußerst ambitionierte und zugleich sehr umfassende chinesische industriepolitische Agenda, für die bis vor kurzem das Label „Made in China 2025" verwendet wurde.

Erstaunlicherweise setzen sich die führenden deutschen Ökonomen überhaupt weder mit den Argumenten für eine Industrie- und Innovationspolitik auseinander[6] noch analysieren sie im Detail, wie in China konkret Industriepolitik betrieben wird und warum diese bisher so erfolgreich gewesen ist. In besonders prägnanter Form findet sich die Sichtweise bei Dohse et al. (2019):

„Der Staat ist dem Markt als Koordinationsmechanismus zur Identifikation von Konsumentenpräferenzen unterlegen, und es spricht wenig dafür, dass staatliche Akteure den Märkten im Hinblick auf die Identifikation von Schlüsseltechnologien überlegen sind."

6 Siehe dazu Bofinger (2019).

Wiederum ist dies jedoch kein Anlass für neue Paradigmen. Wie in *Kapitel 31* gezeigt wurde, gehört das „infant industry"-Argument schon seit Langem zum traditionellen Lehrbuchwissen. UNECA (2016) stellt sogar fest:

„(...) the theory of infant industry promotion is the economic theory that has done the most to change the world."

32.3.3 Dominanz des güterwirtschaftlichen Modells in der Makroökonomie

Selbst das offensichtliche Scheitern der Ökonomen in der Finanzkrise ist kein Grund für ein völlig neues Paradigma. Vielmehr ist es Ausdruck einer güterwirtschaftlichen Theorie des Finanzsystems, die Keynes (1933) und Schumpeter (1954) schon früh kritisiert haben.

"Most treatises on the principles of economics are concerned mainly, if not entirely, with a real-exchange economy; and – which is more peculiar- the same thing is also true of most treatises on the theory of money. (...) The theory which I desiderate would deal, in contradistinction to this, with an economy in which money plays a part of its own and affects motives and decisions and is, in short, one of the operative factors in the situation, so that the course of events cannot be predicted, either in the long period or in the short, without a knowledge of the behaviour of money between the first state and the last. And it is this which we ought to mean when we speak of a monetary economy. (...) Everyone would, of course agree that it is in a monetary economy in my sense of the term that we actually live. (...) . The idea that it is comparatively easy to adapt the hypothetical conclusions of a real wage economics to the real world of monetary economics is a mistake." (Keynes, 1933).

Wie in *Kapitel 25* gezeigt wurde, besteht das Grundproblem „einer güterwirtschaftlichen Modellierung des Finanzsystems ("real-exchange economy") darin, dass es mit einem Paradigma des Finanzsystems arbeitet, bei dem nicht Geld, sondern ein Allzweck-Gut (beispielsweise Weizen) gehandelt wird. Da Banken in einer solchen Körnerwelt das Standardgut nicht selbst produzieren können, werden sie in diesem Modell auf eine rein passive Vermittlerrolle zwischen Sparern und Investoren reduziert. Gleichzeitig gibt es keine eigenständigen Finanztransaktionen, d.h. Transaktionen, die unabhängig von Konsum-/Sparentscheidungen und Investitionsentscheidungen getroffen werden.

In einer Modellwelt mit Geld ist das jedoch völlig anders. Das Bankensystem ist hier in der Lage, im Prinzip unbegrenzt Kredite zu vergeben und damit Geld zu schaffen, mit dem dann im großen Stil investiert und fehlinvestiert werden kann (Bofinger 2015, Bofinger und Ries 2017). Genau das ist in Ländern wie Irland und Spanien in den Jahren 2000 bis 2007 geschehen, aber wegen der Dominanz des Körnermodells völlig übersehen worden. Dass Banken grundsätzlich in der Lage sind, gleichsam aus dem Nichts Geld zu schaffen, ist dabei keine neue Erkenntnis (Werner, 2014). Sie ist aber durch die Dominanz des neoklassischen Denkens zeitweise sehr stark in den Hintergrund gedrängt worden, so dass sie beispielsweise durch die Bank of England (Jakab und Kumhof, 2015) und die Deutsche Bundesbank (2017) wieder in ein breiteres Bewusstsein der Öffentlichkeit gebracht werden musste.

Hier gibt es in der Ökonomie noch viel zu tun, da in den meisten Modellen (Wachstumstheorie, Theorie des Finanzsystems, Internationale Makroökonomie) und Lehrbüchern und damit auch in den Köpfen der meisten Ökonomen noch immer das güterwirtschaftliche Denken vorherrscht. Die Finanzkrise hat hieran leider nur wenig geändert. Was jetzt benötigt wird, ist aber kein völlig neues Paradigma des Finanzsystems, sondern vielmehr eine Rückbesinnung auf ein monetäres Paradigma im Sinne von Keynes, Schumpeter und Minsky.

32.4 Ist der Mensch ein „Homo oeconomicus"?

Bei der Kritik an der Ökonomie geht es häufig darum, ob sie mit dem „homo oeconomicus" und dem dabei unterstellten Egoismus der Akteure nicht von einem völlig falschen Menschenbild ausgeht. So stellen Fehr und Gächter (2000, S. 159) beispielsweise fest:

" (...) many people deviate from purely self-interested behavior in a reciprocal manner. Reciprocity means that in response to friendly actions, people are frequently much nicer and much more cooperative than predicted by the self-interest model; conversely, in response to hostile actions they are frequently much more nasty and even brutal."

Bereits in *Kapitel 1* wurde erwähnt, dass ein Antagonismus zwischen Eigeninteresse und Reziprozität keinesfalls zwingend ist. Dies hat bereits Adam Smith (1776) für das *Verhalten von Anbietern* erkannt:

"It is not from the benevolence of the butcher, the brewer, or the baker that we expect our dinner, but from their regard to their own self-interest. We address ourselves not to their humanity but to their self-love, and never talk to them of our own necessities, but of their advantages."

Ein an seinem Eigeninteresse orientierter, langfristig denkender Metzger wird sich also durchaus freundlich und kooperativ gegenüber seinem Kunden verhalten, da er nur so damit rechnen kann, dass dieser wieder bei ihm einkaufen wird. Dieses Verhalten kennzeichnet alle wiederholten Geschäftsbeziehungen. Dabei ist es dann kaum noch möglich, zwischen Eigeninteresse des Anbieters und reziprokem Verhalten zu unterscheiden.

Auf der *Nachfrageseite* ist demgegenüber sehr viel stärker mit einem nicht reziproken Verhalten zu rechnen. Wer eine Flugreise bucht, sucht in der Regel das günstigste Angebot und macht sich dabei selten Gedanken über die Bezahlung der Angestellten der Fluggesellschaft oder deren Finanzlage, die möglicherweise zu Entlassungen führen könnte. Hier ist also das Paradigma des „homo oeconomicus" durchaus geeignet, das Verhalten von Menschen zu beschreiben. Das bedeutet jedoch nicht, dass damit der Anspruch erhoben wird, das Verhalten eines Menschen in allen Kontexten umfassend zu beschreiben. Wie bei jedem Modell geht es dabei darum, zu abstrahieren und sich auf jene Merkmale zu konzentrieren, die für eine bestimmte Entscheidungssituation relevant sind. Der „homo oeconomicus" ist ein gutes Modell für das Konsumverhalten von Menschen. Problematisch wird es erst dann, wenn Ökonomen glauben, mit diesem Modell das Verhalten von Menschen generell zu erklären, also beispielsweise die Beziehungen in einer Familie, die Rassendiskriminierung oder die Kriminalität.

Grenzen des „homo oeconomicus" zeigen sich zudem, wenn man damit nicht nur einfache Kaufentscheidungen erklären will, sondern auch längerfristige Investitions- und Finanzierungsentscheidungen. Anders als in den gängigen makroökonomischen Modellen werden Akteure hier in der Regel mit Unsicherheit im Sinne von Keynes und Knight konfrontiert. Es fehlt also eine Wahrscheinlichkeitsverteilung für die in der Zukunft möglichen Umweltzustände. Zudem gibt es in einer sich ständig wandelnden Welt kein langfristig stabiles Modell, das die Akteure ihren Entscheidungen zugrunde legen könnten. Modelle mit „rationalen Erwartungen" werden somit zu Recht kritisiert. Doch auch hier bedarf es nicht unbedingt neuer Paradigmen. Die Kritik an der Rationalität der Annahmen des neoklassischen Modells gehört mittlerweile zum Standardrepertoire der Volkswirtschaftslehre. Immerhin sind fünf Nobelpreise für Ökonomie an Wissenschaftler vergeben worden, die hier grundlegende Arbeiten geschrieben haben: Simon, Akerlof, Kahneman, Shiller und Thaler.

32.5 Zusammenfassung

Die Überprüfung bestehender und die Suche nach neuen Paradigmen gehören zu den Kernaufgaben von Wissenschaftlern. Wie Thomas Kuhn herausgearbeitet hat, sind die Triebfeder hierfür in der Regel „Anomalien", also Phänomene, die mit bestehenden Paradigmen nicht mehr erklärt werden können und sich dabei als „Rätsel" erweisen.

Es ist das Anliegen dieses Buchs, den Leserinnen und Lesern ein breites Spektrum an bewährten Erklärungsansätzen für die fundamentalen Herausforderungen der Wirtschaft zu vermitteln. Zugleich sollte dabei deutlich werden, dass die Volkswirtschaftslehre dafür auch praktikable Lösungsansätze anbieten kann. Wenn diese, wie beispielsweise eine adäquate Bepreisung von CO_2, von der Politik nicht umgesetzt werden, ist das der Ökonomie als Wissenschaft nicht anzulasten.

Wenn die Volkswirtschaftslehre in den vergangenen Jahren erheblich an Reputation eingebüßt hat, dürfte das vor allem damit zusammenhängen, dass Volkswirte häufig die Neigung haben, schlichte mikroökonomische Modelle auf gesamtwirtschaftliche Zusammenhänge zu übertragen, oder aber – wie im Fall des Mindestlohns – übersehen, dass es bei manchen Fragestellungen komplexerer mikroökonomischer Modelle bedarf, die aber durchaus verfügbar gewesen wären. Damit zusammenhängend besteht das Problem, dass Ökonomen gerade in Deutschland ein überzogenes Vertrauen in Marktprozesse aufweisen. Dies führt insbesondere zu einer grundsätzlichen Ablehnung der staatlichen Verschuldung, selbst wenn diese investiv eingesetzt werden soll.

Das heißt nicht, dass es sich nicht lohnt, nach neuen Paradigmen zu suchen. Aber man sollte sich dabei von eindeutigen Anomalien leiten lassen und somit vermeiden, dass man das Kind mit dem Bade ausschüttet.

Literatur

Acemoglu, D., Laibson, D., und List, J. (2016), Economics, Global Edition, Pearson Education Limited, 2016.

Adrian, T. und Mancini-Griffoli, T. (2019), The Rise of Digital Money, FinTech Notes No. 19/001, International Monetary Fund, July 2019.

Ahearne, A., Gagnon, J., Haltmaier, J. und Kamin, S. (2002), Preventing Deflation: Lessons from Japan's Experience in the 1990s, International Finance Discussion Papers, No. 729.

Amihud, Y. (2002), Illiquidity and stock returns: cross-section and time-series effects, *Journal of Financial Markets*, Vol. 5, S. 31–56.

Bach, S. (2013), Kirchhof oder Hollande: Wie hoch soll der Spitzensteuersatz in Deutschland sein? *Vierteljahrshefte zur Wirtschaftsforschung*, DIW Berlin, Vol. 82, S. 77–99.

Bagehot, W. (1873), *Lombard Street: A description of the Money Market*, Library of Economics and Liberty, Internet:
http://www.econlib.org/library/Bagehot/bagLom.html

Barro, R. und Gordon, D. (1983), A Positive Theory on Monetary Policy in a Natural Rate Model, *Journal of Political Economy*, Vol. 91, S. 589–610.

Baum, A., Poplawski-Ribeiro, M. und Weber, A. (2012), Fiscal multipliers and the state of the economy, *IMF Working Papers*, No. 12/286.

Baumol, William J. (1952), "The Transactions Demand for Cash: An Inventory Theoretic Approach", *Quarterly Journal of Economics,* 66 (4): 545–556.

Bech, M. L. und Garratt, R. (2017), Central bank cryptocurrencies, BIS Quarterly Review, September 2017.

Belman, D. und Wolfson, P. (2014), *What Does the Minimum Wage Do?, Books from Upjohn Press*, Upjohn Institute for Employment Research.

Berg, A. und Ostry, J. (2011), Inequality and Unsustainable Growth: Two Sides of the Same Coin? *IMF Staff Discussion Note SDN/11/08.*

Bernanke, B. (2004), The great moderation, speech at Eastern Economic Association (EEA), 20. Februar 2004 in Washington, DC, Internet: *www.federalreserve.gov/boarddocs/speeches/2004/20040220/default.htm#f1.*

Bernanke, B., Gertler, M. und Gilchrist, S. (1996), The financial accelerator and flight to quality, *Review of Economics and Statistics*, Vol. 78, S. 1–15.

Blanchard, O. und Illing, G. (2017), *Makroökonomie*, 7. Auflage, München, Pearson.

Bofinger, P. (2001), *Monetary Policy*, Oxford, Oxford University Press.

Bofinger, P. (2002), The Stability and Growth Pact Neglects the Policy Mix between Fiscal and Monetary Policy, *Intereconomics*, Vol. 38, No. 1, Januar/Februar 2003, S. 4–7.

Bofinger, P. (2004), *Wir sind besser, als wir glauben*, München, Pearson Studium.

Bofinger, P. (2007), „Wir erleben das Ende eines langen und starken globalen Aufschwungs", Interview mit der Welt vom 17. August 2007, Internet: *http://www.welt.de/welt_print/article1112566/Wir_erleben_das_Ende_eines_langen_und_starken_globalen_Aufschwungs.html*

Bofinger, P. (2009), *Ist der Markt noch zu retten?*, Berlin, Econ-Verlag.

Bofinger, P. (2013), Förderung fluktuierender erneuerbarer Energien: Gibt es einen dritten Weg? Gutachten im Rahmen des Projekts „Stromsystem – Eckpfeiler eines zukünftigen Regenerativwirtschaftsgesetzes" im Auftrag der Baden-Württemberg Stiftung GmbH, Internet: *http://www.izes.de/cms/upload/pdf/EEG_2.0_Anlage_A_zum_Endbericht_Gutachten_Bofinger.pdf*

Bofinger, P. (2013a), Minderheitsvotum zum Mindestlohn, Jahresgutachten des Sachverständigenrates zur Begutachtung der gesamtwirtschaftlichen Entwicklung 2013/14, Gegen eine rückwärtsgewandte Wirtschaftspolitik, S. 289–292.

Bofinger, P. (2015), German wage moderation and the EZ crisis, VOX, CEPR's Policy Portal, 30.

Bofiner, P. (2019), Paradigmenwechsel in der deutschen Wirtschaftspolitik, Wirtschaftsdienst, Jahrgang 99 (2), S. 87–105.

Bofinger, P. und Haas, T. (2018), A simple microeconomic model for the analysis of Vollgeld, Würzburg Economic Papers, No. 99.

Bofinger, P. und Ries, M. (2017), Excess saving and low interest rates: Theory and empirical evidence, CEPR Discussion Paper No. DP12111, Centre for Economic Policy Research, June 2017.

Bofinger, P. und Hülsewig, O. (2003), Theorie des Geldangebots, *wisu*, No. 32, S. 368–374.

Bofinger, P. und Mayer, E. (2007), Monetary and Fiscal Policy Interaction in the Euro Area with Different Assumptions on the Phillips Curve, *Open Economies Review*, Vol. 18, S. 291–305.

Bofinger, P., Mayer, E. und Wollmershäuser, T. (2002), The BMW Model: Simple Macroeconomics for Closed and Open Economies – a Requiem for the IS/LM-AS/AD and the Mundell-Fleming model, *Würzburg Economic Papers*, No. 35.

Bofinger, P., Mayer, E. und Wollmershäuser, T. (2006), The BMW Model: A New Framework for Teaching Monetary Economics, *The Journal of Economic Education*, Vol. 37, S. 98–117.

Bofinger, P., Mayer, E. und Wollmershäuser, T. (2009), Teaching New Keynesian Open Economy Macroeconomics at the Intermediate Level, *The Journal of Economic Education*, Vol. 40, No. 1, S. 80–102.

Bosch, G., Weinkopf, C. und Kalina T. (2009), Mindestlöhne in Deutschland, Expertise im Auftrag der Friedrich-Ebert-Stiftung, Internet: *http://library.fes.de/pdf-files/wiso/06866.pdf*

Bosch, G. und Weinkopf, C. (2012), Wirkungen der Mindestlohnregelungen in acht Branchen, Expertisen im Auftrag der Friedrich Ebert Stiftung, Internet: *http://library.fes.de/pdf-files/wiso/09465-20130117.pdf*

Bosch, G. und Weinkopf, C. (2014), Zur Einführung des gesetzlichen Mindestlohns von 8,50 ? in Deutschland. *Arbeitspapiere der Hans-Böckler-Stiftung*, No. 304, Internet: *http://www.boeckler.de/pdf/p_arbp_304.pdf*

Boulding, K. (1973), Ökonomie als eine Moralwissenschaft, in: *Seminar: Politische Ökonomie*, Hrsg.: Harald Vogt, Frankfurt 1973, Suhrkamp, S. 103–125.

Buchanan, J. M. (1975), The limits of liberty: Between anarchy and Leviathan (No. 714), University of Chicago Press.

Bundesministerium der Finanzen (2013), Die europäische Strategie zur Bewältigung der Schuldenkrise in der Eurozone, Internet: *http://www.bundesfinanzministerium.de/Content/DE/Standardartikel/Themen/Europa/Stabilisierung_des_Euro/2013-08-30-deutscher-beitrag-zur-bewaeltigung-der-schuldenkrise.html*

Calvo, G. und Reinhart C. (2000), Fear of Floating, *NBER Working Paper*, No. 7993.

Cherif, R. und Hasanov, F. (2019), The Return of the Policy That Shall Not Be Named: Principles of Industrial Policy, IMF Working Paper WP/19/74.

Christiano, L., Eichenbaum, M. und Rebelo, S. (2011), When Is the government spending multiplier large?, *Journal of Political Economy*, Vol. 119, No. 1, S. 78–121.
Clarida, R., Galí, J. und Gertler, M. (1999), The Science of Monetary Policy: A New Keynesian Perspective, *Journal of Economic Literature*, S. 1661–1707.
Clower, R. (1965), *The Keynesian Counter-Revolution: A Theoretical Appraisal*, in: Hahn, F. and Brechling, F. (ed.), The Theory of Interest Rates, S. 103-125, London: Macmillan.
Coase, R. (1937), The Nature of the Firm, *Economica*, Vol. 4, S. 386–405.
Coase, R. (1960), The Problem of Social Cost, Journal of Law and Economics, Vol. 3, S. 1–44.
Department for Business, Innovation and Skills (2013), Interim Government Evidence for the Low Pay Commission's 2014 Report, Internet: *https://www.gov.uk/government/uploads/system/uploads/attachment_data/file/250104/bis-13-P157-nmw-interim-gov-evidence-lpc-2014-report-REVISED-2.pdf*
Deutsche Bundesbank (1976), *Währung und Wirtschaft in Deutschland, 1876-1975*, Verlag F. Knapp.
Deutsche Bundesbank (2017), Die Rolle von Banken, Nichtbanken und Zentralbank im Geldschöpfungsprozess, Monatsbericht, April 2017, Frankfurt am Main, Internet: *https://www.bundesbank.de/Redaktion/DE/Downloads/Veroeffentlichungen/Monatsberichte/2017/2017_04_monatsbericht.html.*
Deutsches Institut für Wirtschaftsforschung (2019), Für eine sozialverträgliche CO2-Bepreisung, Internet: *https://www.diw.de/documents/publikationen/73/diw_01.c.635193.de/diwkompakt_2019-138.pdf.*
Diamond, D. und Dybvig, P. (1983), Bank Runs, Deposit Insurance, and Liquidity, *The Journal of Political Economy*, Vol. 91, No. 3, S. 401–419.
Diamond, D. (1984), Financial Intermediation and Delegated Monitoring, *The Review of Economic Studies*, Vol. 51, No. 3, S. 393–414.
Diamond, D. (1996), Financial Intermediation as Delegated Monitoring: A Simple Example, *Economic Quarterly – Federal Reserve Bank of Richmond*, Vol. 82, No. 3.
Diebolt, C. und Hippe, R. (2019), The long-run impact of human capital on innovation and economic development in the regions of Europe, Applied Economics 51:5, 542–583.
Dohse, D., Felbermayr, G., Görg, H., Kooths, S., Lechthaler, W. und Trebesch, C. (2019), Zeit für eine neue Industriepolitik? Positionspapier des Kieler Instituts für Weltwirtschaft (IfW) zum Entwurf einer Nationalen Industriestrategie 2030, No. 122, Kiel Policy Brief.
Douglas, C., Cobb, W., und Paul, H. (1928), A Theory of Production, *The American Economic Review*, Vol. 18, No. 1, S. 139–165.
Easterlin, R. (1974), Does Economic Growth Improve the Human Lot?, in: *Nations and Households in Economic Growth, Essays in Honor of Moses Abramovitz,* David, P. und Reder, M., New York: Academic Press.
Eichengreen, B. und O'Rourke, K. (2010), A tale of two depressions: What do the new data tell us, February 2010 update, VOX, Internet: *http://www.voxeu.org/index.php?q=node/3421*
Erhard, L. (1964), *Wohlstand für alle,* 8. Auflage, Berlin: Econ-Verlag.
Erhard, L. und Müller-Armack, A. (1972), *Soziale Marktwirtschaft – Ordnung der Zukunft*, Manifest 1972, Berlin.
Esselink, H. und Hernández, L. (2017), The use of cash by households in the euro area, ECB Occasional Paper, No. 201.
Eucken, W. (1952), *Grundsätze der Wirtschaftspolitik*, 6. Auflage, 1990, Mohr (Siebeck), Tübingen.

Europäische Zentralbank (2004), Die Geldpolitik der EZB, Internet: *https://www.ecb.europa.eu/pub/pdf/other/geldpolitik2004de.pdf*

Europäische Zentralbank (2008), *Die Durchführung der Geldpolitik im Euro-Währungsgebiet,* Allgemeine Regelungen für die Geldpolitischen Instrumente und Verfahren des Eurosystems.

Europäische Zentralbank (2013a), *Die Geldpolitik der EZB*, Internet: *http://www.ecb.europa.eu/mopo/html/index.en.html*

Europäische Zentralbank (2013b), Introductory statement to the press conference, Frankfurt, 4 July 2013, Internet: *http://www.ecb.europa.eu/press/pressconf/2013/html/is130704.en.html*

Federal Reserve Bank of St. Louis (May/June 2010), *Review*, Vol. 92, No. 3, S. 177–183.

Fehr, E. und Gächter, S. (2000), Fairness and retaliation: The economics of reciprocity, Journal of economic perspectives, 14(3), 159–181.

Feld, L. P., Kirchgässner, G. und Schaltegger, C. A. (2010), Decentralized taxation and the size of government: Evidence from Swiss state and local governments, Southern Economic Journal, 77(1), S. 27–48.

Feld, L. P., Fuest, C., Haucap, J., Schweitzer, H., Wieland, V. und Wigger, B. U. (2016), Das entgrenzte Mandat der EZB: Das OMT-Urteil des EuGH und seine Folgen, No. 61, Kronberger Kreis-Studien, Stiftung Marktwirtschaft.

Fisher, I. (1933), The debt-deflation theory of great depressions, *Econometrica,* Vol. 1, No. 4, October 1933, S. 337–357.

Fitzenberger, B. und Franz, W. (2000), Der Flächentarifvertrag: Eine kritische Würdigung aus ökonomischer Sicht, erschienen in: *Ökonomische Analyse von Verträgen, Schriftenreihe des wirtschaftswissenschaftlichen Seminars Ottobeuren.*

Freixas, X. und Rochet, J.-C. (2008), *Microeconomics of Banking*, MIT Press.

Friedman, M. (1953), *Essays in Positive Economics*, Chicago: University of Chicago Press.

Friedman, M. (2002), Remarks at White House Ceremony in his Honor. *Cato Institute Policy Report,* Vol. 11, No. 4, Washington DC.

Froot, K. und Thaler, R. (1990), Anomalies: Foreign Exchange, *The Journal of Economic Perspectives,* Vol. 4, No. 3, S. 179–192.

Gang, C. (2015), China's Solar PV manufacturing and subsidies from the perspective of state capitalism, The Copenhagen Journal of Asian Studies 33 (1), S. 90–106.

Garber, P. (2001), *Famous First Bubbles*, The Fundamentals of Early Manias, MIT Press.

Gawel, E., Strunz, S. und Lehmann, P. (2013), A public choice view on the climate and energy policy mix in the EU, How do the Emissions Trading Scheme and support for renewable energies interact, *UFZ Discussion Papers*, No. 5/2013, Internet: *https://www.ufz.de/export/data/global/46496_5%202013%20Gawel_et%20al_Public%20Choice %20View_gesamt.pdf*

Gigerenzer, G. und Todd, P. (2000), *Simple Heuristics that Make Us Smart*, Oxford, University Press.

Gigerenzer, G. und Goldstein, D. G. (2011), The Recognition Heuristic: A Decade of Research, *Judgement and Decision Making*, Vol. 6, No. 1, S. 100–121.

Gossen, H. (1854), Entwicklung der Gesetze des menschlichen Verkehrs und der daraus fließenden Regeln für menschliches Verhalten, Reprint Braunschweig 1854, Liberac, Amsterdam, 1967.

Gros, D. und Steinherr, A. (2004), *Economic Transition in Central and Eastern Europe*, Cambridge, Cambridge University Press.

De Guindos, L. (2018), Euro area banking sector – current challenges, speech at the Annual General Meeting of the Foreign Bankers' Association, Amsterdam, 15. November 2018, Internet: *https://www.ecb.europa.eu/press/key/date/2018/html/ecb.sp18111 5_1.en.html*
Hamilton, A. (1791), Final Version of the Report on the Subject of Manufactures, Philadelphia, 5. Dezember 1791, Internet: *https://founders.archives.gov/documents/Hamilton/01-10-02-0001-0007*
Hanau, A. (1928), Die Prognose der Schweinepreise, *Vierteljahresheft zur Konjunkturforschung*, Institut für Konjunkturforschung, Berlin: Reimar Hobbing Verlag.
Hartung, B., Jung, P. und Kuhn M. (2018), What Hides Behind the German Labor Market Miracle? Unemployment Insurance Reforms and Labor Market Dynamics, IZA Discussion Paper 12001, IZA Institute of Labor Economics, Bonn.
Hasbrouck, J. und Schwartz, R. (1988), Liquidity and execution costs in equity markets, *The Journal of Portfolio Management*, Vol. 14, S. 10–16.
Hayek, F. (1946), *Die Verwertung des Wissens in der Gesellschaft*, abgedruckt in: F. A. Hayek: Individualismus und wirtschaftliche Ordnung, 1976.
Hayek, F. (1977), Entnationalisierung des Geldes: Eine Analyse der Theorie und Praxis konkurrierender Umlaufsmittel, Tübingen, Mohr-Siebeck.
Heckscher, E. F. (1919), The effect of foreign trade on the distribution of income, Ekonomisk tidskrift, 1919, S. 1–32.
Helm, D. (2010), Government failure, rent seeking and capture: the design of climate change policy. *Oxford Review of Economic Policy*, Vol. 26, No. 2. S. 182–196.
Hicks, J. (1935), The Theory of Monopoly, *Econometrica*, Vol. 3, S. 1–20.
Hirschman, A. (1974), *Abwanderung und Widerspruch*, Tübingen, 1974.
IMF (2006), Global Financial Stability Report, Chapter II,
Internet: *http://www.imf.org/External/Pubs/FT/GFSR/2006/01/pdf/chp2.pdf*
IMF (2009), Crisis and Recovery, *World Economic Outlook April 2009*, Internet: *http://www.imf.org/external/pubs/ft/weo/2009/01/pdf/text.pdf*
IMF (2010), Strategies for Fiscal Consolidation in the Post-Crisis World, Internet: *http://www.imf.org/external/np/pp/eng/2010/020410a.pdf*
Institut für Makroökonomie und Konjunkturforschung (2019), Wirtschaftliche Instrumente für eine klima- und sozialverträgliche CO2-Bepreisung, Internet: *https://www.boeckler.de/pdf/p_imk_bmu_gutachten_co2.pdf*
Issing, O. (1993), Einführung in die Geldpolitik, 5. Auflage, WiSo Kurzlehrbücher.
Jakab, Z. und Kumhof, M. (2015), Banks are not intermediaries of loanable funds-and why this matters, Bank of England, Working Paper No. 529.
Joebges, H., Schmalzbauer, A. und Zwiener, R. (2009), Der Preis für den Exportweltmeister Deutschland: Reallohnrückgang und geringes Wirtschaftswachstum, IMK Studies 4/2009.
Kaldor, N. (1939), Welfare propositions of economics and interpersonal comparisons of utility, The Economic Journal, S. 549–552.
Keynes, J. M. (1926), The End of Laissez-faire, The Collected Writings of John Maynard Keynes, Vol. IX, S. 272–294.
Keynes, J. M. (1936), *The General Theory of Employment, Interest and Money*, The Collected Writings of John Maynard Keynes, Vol. VII, Reprint 1973, London and Basingstoke: Macmillan.
Kindleberger, C. (1978), *Manias, Panics, and Crashes. A History of Financial Crises*, New York: Basic Books.
Klein, N. (2001), *No Logo*, München: Riemann Verlag.
Knight, F. (1921), Risk, Uncertainty, and Profit, Hougthon Mifflin, Boston.

Krugman, P., Obstfeld, M. und Melitz, M. (2011), *Internationale Wirtschaft*, Theorie und Politik der Außenwirtschaft, 9. aktualisierte Auflage, München: Pearson Studium.

Kuhn, T. S. (1962), The structure of scientific revolutions, University of Chicago Press, Chicago.

Kydland, F. und Prescott, E. (1982), Time to Build and Aggregate Fluctuations, *Econometrica*, Vol. 50, No. 6, S. 1345–1370.

Landes, D. (1999), *The Wealth and Poverty of Nations: Why Some Are So Rich and Some So Poor*, New York: W W Norton & Co.

Lautenbach, W. (1952), *Zins, Kredit und Produktion*, Herausgegeben von Wolfgang Stützel, Tübingen, Mohr (Siebeck).

Leibenstein, H. (1966), Allocative Efficiency vs. „X-efficiency", *American Economic Review*, Vol. 56, No. 3, S. 392–415.

Long, J. Jr. und Plosser, C. (1983), Real Business Cycles, *Journal of Political Economy*, Vol. 91, No. 1, S. 39–69.

Mankiw, G. (2010), Questions about Fiscal Policy: Implications from the Financial Crisis of 2008-2009, *The Federal Reserve Bank of St. Louis Review.*

Mankiw, G. (2017), *Makroökonomik*, 6. Auflage, Stuttgart.

Mankiw, G. und Taylor, M. (2018), *Grundzüge der Volkswirtschaftslehre*, 7. Auflage, Stuttgart: Schäffer-Poeschel.

Manning, A. (2012), Minimum Wage: Maximum Impact, Resolution Foundation, Internet: *http://www.resolutionfoundation.org/publications/minimum-wage-maximum-impact/*

Marx, K. (1972), *Das Kapital, Kritik der politischen Ökonomie*, Band 23, Berlin: Dietz Verlag.

Mazzucato, M. (2014), Das Kapital des Staates: Eine andere Geschichte von Innovation und Wachstum, Kunstmann-Verlag, August 2014.

Mierzejewski, A. (2005), *Ludwig Erhard*, München: Siedler Verlag.

Milgrom, P. und Roberts, J. (1992), *Economics, Organization, and Management*, Prentice Hall International.

Minsky, H. P. (1986), Stabilizing an unstable economy, Hyman P. Minsky Archive, Paper No. 144.

Nordhaus, W. (1975), The political business cycle, *Review of Economic Studies*, No. 42, S. 169–190.

Obstfeld, M. und Rogoff, K. (2000), The Six Major Puzzles in International Macroeconomics: Is There a Common Cause?, *NBER Working Paper*, No. 7777, Internet: *http://www.nber.org/papers/w7777*

Ohlin, B. (1933), Interregional and international trade, Harvard University Press, Cambridge.

Ostry, J., Berg, A. und Tsangarides, C. (2014), Redistribution, Inequality and Growth, IMF Staff Discussion Note, No. 14/02.

Phillips, A.-W. (1958), The relation between unemployment and the Rate of change of money wage rates in the United Kingdom, 1861–1957, 1. economica 25(100), S. 283–299.

Pigou, A. C. (1932), The effect of reparations on the ratio of international interchange, The Economic Journal, 42(168), S. 532–543.

Prasch, R. (2000), Reassessing the Labour Supply Curve, *Journal of Economic Issues*, No. 3, September 2000.

Reinhart, C. und Rogoff, K. (2009), *This Time is Different, Eight Centuries of Financial Folly*, Princeton University Press.

Ricardo, D. (1817), *The Principles of Political Economy and Taxation*, Kitchener (Ontario): Batoche Books.

Richter, R. und Furubotn, E. (1999), *Neue Institutionenökonomik, Eine Einführung und kritische Würdigung*, 2. Auflage, Tübingen: Mohr-Siebeck.
Roeper, H. (1978), *Die D-Mark – Vom Besatzungskind zum Weltstar – eine deutsche Wirtschaftsgeschichte der Gegenwart*, Frankfurt am Main: Societäts-Verlag.
Rose, K. und Sauernheimer, K. (2006), *Theorie der Außenwirtschaft*, 14. Auflage, München: Vahlen.
Sachverständigenrat zur Begutachtung der gesamtwirtschaftlichen Entwicklung (2004), Erfolge im Ausland – Herausforderungen im Inland, *Jahresgutachten 2004/05.*
Sachverständigenrat zur Begutachtung der gesamtwirtschaftlichen Entwicklung (2005), Die Chance nutzen – Reformen mutig voranbringen, *Jahresgutachten 2005/06.*
Sachverständigenrat zur Begutachtung der gesamtwirtschaftlichen Entwicklung (2007), Das Erreichte nicht verspielen, *Jahresgutachten 2007/08.*
Sachverständigenrat zur Begutachtung der gesamtwirtschaftlichen Entwicklung (2008), Die Finanzkrise meistern – Wachstumskräfte stärken, *Jahresgutachten 2008/09.*
Sachverständigenrat zur Begutachtung der gesamtwirtschaftlichen Entwicklung (2009), Die Zukunft nicht aufs Spiel setzen, *Jahresgutachten 2009/10.*
Sachverständigenrat zur Begutachtung der gesamtwirtschaftlichen Entwicklung (2010), Chancen für einen stabilen Aufschwung, *Jahresgutachten 2010/11.*
Sachverständigenrat zur Begutachtung der gesamtwirtschaftlichen Entwicklung (2010), Wirtschaftsleistung, Lebensqualität und Nachhaltigkeit: Ein umfassendes Indikatorensystem, *Expertise im Auftrag des Deutsch-Französischen Ministerrates.*
Sachverständigenrat zur Begutachtung der Entwicklung im Gesundheitswesen (2005), Koordination und Qualität im Gesundheitswesen, *Gutachten 2005*, Kurzfassung.
Sachverständigenrat zur Begutachtung der gesamtwirtschaftlichen Entwicklung (2012), Stabile Architektur für Europa – Handlungsbedarf im Inland, *Jahresgutachten 2012/13.*
Sachverständigenrat zur Begutachtung der gesamtwirtschaftlichen Entwicklung (2013), Gegen eine rückwärtsgewandte Wirtschaftspolitik, Jahresgutachten 2013/14.
Sachverständigenrat zur Begutachtung der gesamtwirtschaftlichen Entwicklung (2015), Zukunftsfähigkeit in den Mittelpunkt, Jahresgutachten 2015/16.
Sachverständigenrat zur Begutachtung der gesamtwirtschaftlichen Entwicklung (2018), Vor wichtigen wirtschaftspolitischen Weichenstellungen, Jahresgutachten 2018/19.
Sachverständigenrat zur Begutachtung der gesamtwirtschaftlichen Entwicklung (2019), Sondergutachten „Aufbruch zu einer neuen Klimapolitik". https://www.sachverstaendigenrat-wirtschaft.de/sondergutachten-2019.html
Samuelson, P. A. (1948), International trade and the equalisation of factor prices, The Economic Journal, 58(230), S. 163-184.
Siebert, H. (1992), *Einführung in die Volkswirtschaftslehre*, 11. Auflage, Stuttgart: Verlag W. Kohlhammer, 1992.
Schmitt, J. (2013), Why does the minimum wage have no discernible effect on employment, Center for Economic and Policy Research.
Schumpeter, J. (1961), *Konjunkturzyklen. Eine theoretische, historische und statistische Analyse des kapitalistischen Prozesses*, Göttingen: Vandenhoeck & Ruprecht, 1961.
Shambaugh, J. C. (2012), The euro's three crises, Brookings papers on economic activity, 2012(1), 157.
Shiller, R. (2000), *Irrationaler Überschwang*, Frankfurt am Main: Campus Verlag.
Shin, H. und Adrian, T. (2008), Liquidity and Leverage, *Federal Reserve Bank of New York Staff Reports,* No. 328.
Sinn, H. (2005), *Ist Deutschland noch zu retten?*, 3. Auflage, Berlin: Ullstein.
Sinn, H. (2009), *Kasino-Kapitalismus*, Berlin: Econ-Verlag.

Sinn, G. und Sinn, H. (1993), *Kaltstart*, Volkswirtschaftliche Aspekte der deutschen Vereinigung, München: dtv.
Smith, A. (1974), *Der Wohlstand der Nationen*, übersetzt von Horst Recktenwald, München: dtv.
Solow, R. (1956), A Contribution to the Theory of Economic Growth, *Quarterly Journal of Economics*, Vol. 70, S. 65–94.
Stockhammer, E. (2012), Rising Inequality as a Root Cause of the Present Crisis, Working Paper Series No. 282, Political Economic Research Institute, University of Massachusetts, Amherst.
Stiglitz, J. E., Sen, A. und Fitoussi, J.-P. (2009), Report by the Commission on the Measurement of Economic Performance and Social Progress, Internet: *http://www.stiglitz-sen-fitoussi.fr/documents/rapport_anglais.pdf*
Stützel, W. (1958), *Volkswirtschaftliche Saldenmechanik*, 2. Auflage, Tübingen, 1978.
Stützel, W. (1974), Artikel „Wert und Preis", in: *Handwörterbuch der Betriebswirtschaft*, 4. Aufl., Stuttgart, S. 4404–4425.
Summers, L. (1986), Some Skeptical Observations on Real Business Cycle Theory, *Federal Reserve Bank of Minneapolis Quarterly Review 10 (Fall)*, S. 23–27, Internet: *http://www.minneapolisfed.org/research/QR/QR1043.pdf*
Summers, L. (2016), The Age of Secular Stagnation: What It Is and What to Do About It, February 15, 2016, Foreign Affairs.
Svensson, L. (1999), Inflation Targeting as a Monetary Policy Rule, *Journal of Monetary Economics,* Vol. 43, S. 607–654.
Svensson, L. und Woodford, M. (2003), Implementing Optimal Policy through Inflation-Forecast Targeting, *NBER Working Paper, No. 9747.*
Taylor, J. (1993), Discretion versus Policy Rules in Practice, *Carnegie-Rochester Conference Series on Public Policy*, 39, S. 195–214.
Thaler, R. (1993), *The Winner's Curse: Paradoxes and Anomalies of Economic Life*, Princeton University Press paperback, 1993.
Thaler, R. (2000), From Homo Economicus to Homo Sapiens, *Journal of Economic Perspectives*, Vol. 14, S. 133–141.
Tiebout, C. (1956), A Pure Theory of Local Public Expenditures, *Journal of Political Economy*, Vol. 64, S. 416–424.
Tobin, J. (1956), The Interest Elasticity of the Transactions Demand for Cash, *Review of Economics and Statistics,* Vol. 38 (3), 241–247.
United Nations Conference on Trade and Development (2013), Trade and development report. Adjusting to the changing dynamics of the world economy, New York, Genf. Internet: *http://unctad.org/en/PublicationsLibrary/tdr2013_en.pdf.*
Veblen, T. (1986), *Die Theorie der feinen Leute*, Frankfurt am Main: Fischer Taschenbuch Verlag.
Von Nell-Breuning, O. (1990), *Gerechtigkeit und Freiheit. Grundzüge katholischer Soziallehre*, 2. Auflage, München: Olzog Verlag.
Weber, M. (1920), *Die Protestantische Ethik und der Geist des Kapitalismus*, abgedruckt in Gesammelte Aufsätze zur Religionssoziologie, Tübingen.
Werner, R. A. (2014), Can banks individually create money out of nothing? – The theories and the empirical evidence, International Review of Financial Analysis, 36, S. 1–19.
Woodford, M. (2010), Financial Intermediation and Macroeconomic Analysis, *Journal of Economic Perspectives*, Vol. 24, No. 4, S. 21–44.
Wübbeke, J., Meissner, M., Zenglein, M. J., Ives, J., und Conrad, B. (2016), Made in China 2025: The making of a high-tech superpower and consequences for industrial countries, Mercator Institute for China Studies, 17, 2017–09.

Glossarium

Absolute Einkommenshypothese Theorie des Konsumverhaltens, die davon ausgeht, dass der Konsum vom Einkommen der laufenden Periode bestimmt wird. Gegensatz zur *permanente Einkommenshypothese.*

Absolute Kostenvorteile Bei der Produktion eines Gutes besitzt ein Anbieter/Produzent eine höhere Produktivität als ein anderer. Siehe auch *komparative Kostenvorteile.*

Äquivalenzprinzip Prinzip, wonach die Bürger für staatliche Leistungen in dem Maße belastet werden, in dem sie diese in Anspruch nehmen. In der Regel findet jedoch das Prinzip der Leistungsfähigkeit Anwendung. Das Äquivalenzprinzip spielt bei der Reform der sozialen Sicherungssysteme eine wichtige Rolle.

Agent Akteur, der im Auftrag eines anderen („*Prinzipal*") für diesen tätig wird.

Akzelerator Beschreibt das Aufschaukeln wirtschaftlicher Prozesse. So führt zum Beispiel ein Anstieg des BIPs zu einem überproportionalen Ansteigen der Investitionen.

Allokationsfunktion Eine der drei Hauptaufgaben eines Staates in der Marktwirtschaft. Sie besteht u.a. in der *Umweltpolitik*, der *Wettbewerbspolitik* und der sozialen Sicherung.

Angebot Funktionale Beziehung zwischen der angebotenen Menge eines Gutes und dem dafür zu erzielenden Preis. Grafische Darstellung in der Form einer *Angebotskurve.*

Angebotene Menge Die von einem Anbieter zu einem vorgegebenen Preis bereitgestellte Menge.

Angebotskurve siehe *Angebot.*

Angebotsschock Verschiebung des gesamtwirtschaftlichen Angebots. Die Ursache sind Veränderungen in den Preisen der Produktionsfaktoren wie der Rohstoffe oder der Arbeitskraft – also der Löhne.

Antizyklische Fiskalpolitik Versuch des Staates, Schwankungen in der gesamtwirtschaftlichen Nachfrage durch Veränderung der Staatsausgaben oder der Steuersätze auszugleichen. Gegensatz *prozyklische* Fiskalpolitik.

Arbeitgeberverbände Zusammenschluss von Arbeitgebern, insbesondere um als *Tarifvertragspartei* mit den Gewerkschaften *Flächentarifverträge* auszuhandeln.

Arbeitsangebot Funktionale Beziehung der von den Arbeitnehmern angebotenen Menge an Beschäftigung und dem dafür erzielbaren Reallohn.

Arbeitslosenquote Relation zwischen der Anzahl der als arbeitslos Gemeldeten und der Anzahl der zivilen Erwerbspersonen.

Arbeitslosenversicherung Zwangsweise Versicherung für alle sozialversicherungspflichtig beschäftige Arbeitnehmer, die im Fall der Arbeitslosigkeit für eine befristete Zeit einen bestimmten Prozentsatz des Nettolohns ersetzt.

Arbeitsnachfrage Funktionale Beziehung zwischen der von den Arbeitgebern nachgefragten Menge an Beschäftigung und dem dafür zu zahlenden Reallohn.

Arbeitsproduktivität Relation zwischen dem Output eines Arbeitnehmers und der dafür eingesetzten Arbeitszeit.

Arbitrage Ausgleich von räumlichen Unterschieden in den Preisen identischer Güter. Siehe auch *Gesetz der Preisunterschiedslosigkeit.*

Armut Menschen werden als „arm“ eingestuft, wenn sie über ein Einkommen verfügen, das weniger als 60 % des Durchschnittseinkommens beträgt.

AS/AD-Modell Modellrahmen, bestehend aus einer gesamtwirtschaftlichen Angebotskurve (AS-Kurve) und einer gesamtwirtschaftlichen Nachfragekurve (AD-Kurve), der das IS/LM-Modell erweitert, es um die Angebotsseite der Ökonomie ergänzt und somit auch Veränderungen des Preisniveaus erklärt. In diesem Modellrahmen können makroökonomische Schocks diskutiert werden.

Assignment Rollenzuweisung in der Makroökonomie bei unterschiedlichen Zielen und Akteuren.

Asymmetrische Information Abweichung von der Standardannahme der vollständigen Information. Bei zwei Vertragspartnern verfügt einer der beiden über einen besseren Informationsstand als der andere.

Außenwirtschaftliches Gleichgewicht Nie genau definiertes Ziel im Rahmen des *Stabilitäts- und Wachstumsgesetzes*, heute ohne wirtschaftspolitische Bedeutung.

Ausschlussprinzip Prinzip, das besagt, dass nicht zahlende Nachfrager daran gehindert werden können, ein Gut zu konsumieren. Ist es erfüllt kann sich auf dem Markt ein Preis für das Gut bilden.

Automatische Stabilisatoren Makroökonomische Mechanismen, insbesondere durch Steuersystem und Arbeitslosenversicherung, die dafür sorgen, dass sich Nachfrageschocks nur abgeschwächt auf das Gleichgewichtseinkommen auswirken.

Barro-Gordon-Modell Modellierung eines Spiels zwischen der Notenbank und den privaten Akteuren, bei dem es aufgrund der Zielfunktion der Notenbank tendenziell zu inflationären Prozessen kommt. Eine besondere Rolle in diesem Spiel kommt den rationalen Erwartungen der privaten Akteure zu. Siehe auch rationale Erwartungen.

Barwert Summe der auf einen Zeitpunkt abgezinsten Werte einer in die Zukunft reichenden Zahlungsreihe.

Behavioural Economics Neue Forschungsrichtung, bei der sich Ökonomen und Psychologen gemeinsam um die Erklärung der Determinanten menschlichen Urteilens und Entscheidens bemühen.

Beitragsbemessungsgrenze Höchster Bruttolohnbetrag, von dem Beiträge in die Sozialversicherungen erhoben werden.

Bestandsgröße Bezeichnung für eine Größe, die zeitpunktbezogen ausgedrückt wird (z.B. Kapitalstock). Die B. kann sich im Laufe der Zeit durch den Zu- oder Abgang einer *Stromgröße* verändern.

Bilanzkanal Mechanismus, über den die Zinspolitik einer Notenbank auf den Unternehmenssektor übertragen wird. Siehe auch *Leverage-Effekt.*

Bitcoin Erste breit genutzte *Kryptowährung*, basierend auf dem System eines *Distributed Ledger.* Neue Coins werden durch die Rechenleistung der sogenannten *Miner* geschaffen. Der oder die Entwickler bzw. Entwicklerinnen sind bis heute unbekannt.

Bruttoinlandsprodukt (BIP) Wertmaßstab für die gesamte wirtschaftliche Leistung einer Volkswirtschaft in einem bestimmten Zeitraum.

Bruttonationaleinkommen Wert aller von Inländern erwirtschafteten Einkommen in einem bestimmten Zeitraum, unabhängig davon ob diese im In- oder Ausland erzielt wurden.

Bruttowertschöpfung Produktionswert abzüglich dem Wert der Vorleistungen, die in die Produktion eingeflossen sind.

Budgetrestriktion Vorgegebenes Einkommen, das die Konsummöglichkeiten eines Haushalts beschränkt.

Central Bank Digital Currency Bislang hypothetisches Konstrukt von digitalem Zentralbankgeld, vergleichbar mit elektronischem Bargeld.

Ceteris paribus Methodische Annahme der „Konstanz aller übrigen Faktoren", die in der Mikroökonomie vor allem bei der Herleitung der Nachfrage- und Angebotskurven eine wichtige Rolle spielt.

Coase-Theorem Theoretischer Ansatz, mit dem gezeigt werden soll, dass es auch ohne staatliche Eingriffe zu einer *Internalisierung externer Effekte* kommen kann.

Cournot'scher Punkt Gewinn-optimale Kombination von Preis und Menge für einen *Monopolisten.*

Credit Default Swap (CDS) Kreditausfallversicherung, die das Risiko einer Zahlungsunfähigkeit des Kreditnehmers absichern soll. CDS werden auch ohne den Zweck einer Absicherung gehandelt.

Deflation Allgemeiner Verfall der Preise für Waren und Dienstleistungen. Gegenteil von *Inflation* (Geldentwertung). In einer Phase der Deflation steigt der Geldwert, da für eine Geldeinheit mehr Güter gekauft werden können. Weil der Verfall von Güter- und Sachvermögenspreisen zu einer Überschuldung von Unternehmen, Bauherren und Banken führen kann, besteht bei einer Deflation die Gefahr einer tiefen Wirtschaftskrise. Siehe *Große Depression.*

Deflationäre Lücke Situation, in der das am Gütermarkt bestehende Gleichgewicht zu gering ist, um das *Vollbeschäftigungseinkommen* zu realisieren.

Derivat Finanzprodukt, dessen Entwicklung an Aktien-, Rohstoffpreise oder spezielle Indices gebunden ist, ohne dass eine tatsächliche Transaktion des zugrunde liegenden Basiswertes stattfindet.

Devisenbilanz Aufzeichnung aller Kapitalverkehrstransaktionen, bei denen die Notenbank beteiligt ist. Siehe auch *Zahlungsbilanz.*

Diagnoseunsicherheit Schwierigkeit etwa der Notenbank, die aktuelle gesamtwirtschaftliche Situation angemessen zu diagnostizieren.

Digitalisierung Ersetzen von analogen Formaten und Mechanismen durch digitale Formen, beispielsweise die Verdrängung des Bargelds durch elektronische Zahlungsweisen.

Distributed Ledger Dezentrales, also verteiltes Buchungssystem. Es existiert keine übergeordnete Buchungsinstanz, stattdessen einigen sich die Nutzer des Systems auf eine Form der gegenseitigen Überprüfung. Beispiele finden sich bei vielen *Kryptowährungen* wie etwa *Bitcoin.*

Distributionsfunktion Eine der drei zentralen Aufgaben des Staates in der Marktwirtschaft. Sie besteht darin, die sich am Markt ergebende Einkommensverteilung so zu verändern, dass auch Leistungsschwächeren ein erträglicher Lebensstandard ermöglicht wird.

Duopol Marktform, bei der zwei identische Anbieter existieren.

Durchschnittskosten Relation aus den gesamten Kosten und der damit produzierten Stückzahl eines Gutes (auch Stückkosten).

Durchschnittssteuersatz Steuersatz, welcher im Durchschnitt auf das zu versteuernde Einkommen zu zahlen ist. Relation aus Steuerlast und zu versteuerndem Einkommen.

Eckrente Gesetzliche Altersrente, die ein Versicherter nach 45 Arbeitsjahren erhalten würde, wenn er stets das Durchschnittseinkommen verdient und somit 45 Entgeltpunkte erzielt hätte.

Effektive Arbeitsnachfrage Die von den Unternehmen entfaltete Nachfrage nach Arbeit, wenn gleichzeitig eine *Rationierung* am Gütermarkt besteht. Siehe auch *notionale Arbeitsnachfrage.*

Eigentumsrechte Rechtliche Definition und Durchsetzung der Rechte z.B. an Gütern oder Grund und Boden, die nur durch den Staat gewährleistet werden kann.

Einkommenseffekt Die Veränderung des Preises eines Gutes wirkt für den Konsumenten teilweise wie eine Veränderung seines Einkommens. Am Arbeitsmarkt besteht der Einkommenseffekt einer Lohnerhöhung darin, dass der Arbeitnehmer weniger Arbeit nachfragt. Siehe auch *Substitutionseffekt.*

Einkommensteuer Steuer, die auf das laufende Einkommen eines Akteurs erhoben wird.

Einlagenfazilität Möglichkeit für die Banken, kurzfristig nicht benötigte *Zentralbankguthaben* verzinslich bei der *Europäischen Zentralbank* anzulegen.

Endogene Größe Größe, deren Wert im Rahmen eines *Modells* mathematisch errechnet wird. Siehe auch *exogene Größe.*

Entstehungsrechnung Methode im Rahmen der VGR zur Berechnung des Bruttoinlandsprodukts, die von der Angebotsseite der Volkswirtschaft, also von dem Blickwinkel der Produzenten, ausgeht.

Ersparnis Differenz zwischen dem laufenden Einkommen und dem Konsum eines Wirtschaftssubjekts. Die Ersparnis erhöht dann das *Geldvermögen.* Teilweise versteht man unter Ersparnis auch die Veränderung des *Reinvermögens* eines Wirtschaftssubjekts.

Ertragsgebirge Grafische dreidimensionale Abbildung einer *Nutzenfunktion.*

Europäische Währungsunion Seit 1999 bestehender Zusammenschluss von zurzeit 19 Mitgliedsländern der Europäischen Union zu einem gemeinsamen Währungsraum mit einer einheitlichen Währung, dem Euro.

Europäische Zentralbank Institution, die für die Geld- und Währungspolitik in den Mitgliedsländern der *Europäischen Währungsunion* zuständig ist. Sitz der EZB ist Frankfurt am Main.

Europäischer Agrarmarkt Im EG-Vertrag festgelegtes Regelwerk zum Schutz und zur Einkommenssicherung der Bauern in der Europäischen Union.

Exogene Größe Größe, deren Wert für ein *Modell* von außen vorgegeben wird. Siehe auch *endogene Größe.*

Extrapolative Erwartungen Form der Erwartungsbildung, bei der angenommen wird, dass der Wert einer Größe in der Zukunft identisch ist mit dem aktuellen Wert.

EZB-Rat Oberstes Entscheidungsgremium der *Europäischen Zentralbank*, das insbesondere die Zinspolitik in der Eurozone festlegt.

Feste Wechselkurse Währungssystem, bei dem die Notenbank den Wechselkurs der Landeswährung gegenüber der Währung eines größeren Landes stabil hält. Gegensatz *flexible Wechselkurse.*

Financial accelerator Verstärkung der Zinseffekte der Geldpolitik über den *Bilanzkanal.*

Fisher-Gleichung Von Irving Fisher (siehe Kurzbiografie in *Kapitel 22*) entwickelter Zusammenhang, der den Nominalzins beschreibt als Summe aus der erwarteten Inflationsrate und dem *Realzins.*

Fiskalpolitik wirtschaftspolitisch motivierte Beeinflussung von Steuern und Staatsausgaben durch den Staat (Fiskus). Je nach Ausgestaltung in Abhängigkeit von der *Konjunktur* spricht man von *antizyklischer Fiskalpolitik* oder *prozyklischer Fiskalpolitik.*

Fixe Durchschnittskosten Relation der Fixkosten zu der gesamten Stückzahl eines damit produzierten Gutes.

Fixe Kosten Kosten, die zumindest kurzfristig nicht von der Ausbringungsmenge eines Gutes abhängig sind. Bei einer längerfristigen Betrachtung gibt es nur *variable Kosten.*

Flexible Wechselkurse Währungssystem, bei dem die Wechselkurse durch das freie Spiel von Angebot und Nachfrage am Devisenmarkt bestimmt werden. Gegensatz *feste Wechselkurse.*

Formelle Institutionen Alle durch Gesetze und Verfassungen festgelegten Institutionen eines Landes. Siehe auch *informelle Institutionen.*

Fristentransformation Wichtige Funktion des Bankensystems. Dabei werden kurzfristige Einlagen zu langfristigen Krediten transformiert.

Geld In einer Gesellschaft allgemein anerkanntes Tausch- und Zahlungsmittel. Die traditionelle, an den Geldfunktionen ansetzende Definition wählt die *Tauschmittelfunktion* als begriffsbestimmendes Merkmal. Dieser Definition entspricht die *Geldmenge* M1. Weiter gefasste Geldmengenabgrenzungen wie M2 und M3 erfassen neben den perfekten Zahlungsmitteln auch solche Aktiva, die zwar nicht unmittelbar zu Zahlungszwecken geeignet, aber kurzfristig verfügbar und somit relativ leicht in Zahlungsmittel eingetauscht werden können.

Geldangebot Mechanismus, der den Zusammenhang zwischen den von der Notenbank gesteuerten Größen (Geldmarktzinsen und Geldbasis) und der von den Geschäftsbanken bereitgestellten Menge an Krediten sowie den dafür zu zahlenden Zinsen beschreibt. Das Geldangebot entspricht in einfachen Modellen dem Kreditangebot.

Geldbasis Summe aus Bargeld und den Notenbankguthaben der Geschäftsbanken (auch Zentralbankgeldmenge).

Geldfunktionen Aufgaben des Geldes in einer Volkswirtschaft (Transaktions- und *Tauschmittelfunktion*, *Wertspeicherfunktion*, Funktion der *Rechnungseinheit*).

Geldmarkt Markt, an dem Banken und die Notenbank kurzfristige (ein Tag bis 12 Monate) Notenbankguthaben (*Zentralbankgeld*) handeln.

Geldmenge Summe aus Bargeld und bestimmten Guthaben der Nichtbanken bei den Geschäftsbanken. Die Geldmenge M1 setzt sich zusammen aus dem Bargeld und den Sichteinlagen der Nichtbanken. Die Geldmenge M3, die bei der Geldpolitik der EZB im Vordergrund steht, umfasst Bargeld, Sichteinlagen, Termineinlagen mit einer Befristung bis zu zwei Jahren, Spareinlagen mit dreimonatiger Kündigungsfrist, Anteile an Geldmarktfonds, Repoverbindlichkeiten, Geldmarktpapiere und Bankschuldverschreibungen mit einer Laufzeit bis zu zwei Jahren.

Geldnachfrage Erklärt aus welchen Gründen Akteure bereit sind, ihr Vermögen in unverzinslichen oder niedrig verzinslichen Geldbeständen zu halten.

Geldpolitik Sammelbegriff für die Maßnahmen, die eine Zentralbank zur wirtschaftspolitischen Steuerung einsetzt.

Geldpolitische Reaktionsfunktion Beschreibt den Zusammenhang zwischen dem Instrument der Notenbank und den Variablen, auf die die Notenbank mit ihrem Instrument reagiert.

Geldschöpfungsmultiplikator Beschreibt den Zusammenhang zwischen der Geldmenge in einer Volkswirtschaft und der dazu erforderlichen Menge an Geldbasis.

Geldüberhang Durch Preisfixierungen und exzessive Staatsfinanzierung bei der Notenbank entstehender Überhang der Geldbestände über das Niveau der Geldmenge, das zur Finanzierung der Transaktionen bei den gegebenen Preisen benötigt würde.

Geldvermögen Differenz zwischen den Geldforderungen und den Geldschulden eines Wirtschaftssubjekts. Die Bundesbank definiert diese Größe als „Netto-Geldvermögen".

Gemeinschaftliche Steuern Steuern, die dem Bund und den Ländern gemeinsam zustehen.

Generationenvertrag Ungeschriebener Vertrag im Rahmen des *Umlagesystems* einer *Rentenversicherung*. Er besteht darin, dass die in der Gegenwart aktive Generation die zu diesem Zeitpunkt vorhandenen Rentner über ihre Beitragszahlungen finanziert, wofür sie dann selbst in der Zukunft durch die dann Aktiven unterstützt wird.

Geschlossene Volkswirtschaft Bezeichnung für eine (theoretische) Volkswirtschaft, die keinerlei Wirtschaftsbeziehungen mit anderen Volkswirtschaften unterhält. Gegenstück *offene Volkswirtschaft*.

Gesetz der Preisunterschiedslosigkeit Für einheitliche Güter ergeben sich durch die *Arbitrage* identische Preise. Unterschiede sind nur noch für Transportkosten oder Zölle möglich.

Gesetz der steigenden Grenzkosten In der Mikroökonomie häufig verwendete Annahme, wonach sich für jede zusätzlich produzierte Einheit eines Gutes steigende zusätzliche Kosten ergeben.

Gesetz des abnehmenden Grenznutzens siehe *Gossen'sches Gesetz*.

Gesetz gegen Wettbewerbsbeschränkungen Regelwerk, das *Kartelle* und *Monopole* in Deutschland verhindern soll.

Gewerkschaften Zusammenschluss von Arbeitnehmern zur Verbesserung ihrer Marktmacht auf dem Arbeitsmarkt.

Gleichgewicht Situation, in der die unabhängig voneinander gebildeten Pläne von Anbietern und Nachfragern zueinander passen („ex ante Kompatibilität“).

Gossen'sches Gesetz, Erstes Der zusätzliche Nutzen, den ein Akteur aus einem Gut erzielt, nimmt mit jeder zusätzlichen Einheit des Gutes ab (auch Gesetz vom abnehmenden Grenznutzen).

Grenzerlös Mit einer zusätzlich verkauften Einheit eines Gutes erzielbarer Umsatz.

Grenzleistungsfähigkeit des Kapitals Mit einer zusätzlichen Einheit von Kapital erzielbarer Ertrag.

Grenzkosten Kosten, die mit der Ausbringung einer zusätzlichen Einheit eines Produktes verbunden sind.

Grenzrate der Substitution Bei einem gegebenen Nutzenniveau erforderliche zusätzliche Menge eines Gutes A, wenn der Konsument auf eine Einheit des Gutes B verzichten soll.

Grenzrate der technischen Substitution Bei einer gegebenen Output-Menge erforderliche zusätzliche Einsatzmenge eines Inputfaktors A, wenn der Einsatz des Inputfaktors B um eine Einheit reduziert wird.

Grenzsteuersatz Steuersatz, mit welchem der ausgehend von der aktuellen Steuerbemessungsgrundlage nächste verdiente und damit zu versteuernde Euro belastet wird.

Große Depression Zeit von 1929 bis 1933, die weltweit durch einen enormen Nachfrageeinbruch, hohe Arbeitslosigkeit und stark sinkende Preise (*Deflation*) gekennzeichnet war.

Hauptrefinanzierungsinstrument Wichtigster Kreditmechanismus, über den die Geschäftsbanken von der Europäischen Zentralbank Zentralbankgeld erhalten. Die Laufzeit beträgt eine Woche.

Heckscher-Ohlin-Modell Kompliziertes Modell der Außenhandelstheorie, das die Außenhandelsströme für eine Welt mit zwei Produktionsfaktoren (Arbeit und Kapital) bei unterschiedlichen Faktorausstattungen der Länder, jedoch bei identischen Produktionsfunktionen erklärt.

Helikoptergeld Besondere Form der Ausweitung der Geldmenge durch direkte Ausgabe von Zentralbankgeld an den Staat oder Bürger. Ziel ist ein Anstieg der Nachfrage, eine Belebung der Wirtschaft und/oder das Erreichen eines bestimmten Inflationsziels. Die Umsetzung würde durch *Central Bank Digital Currencies* erleichtert.

Heuristik Einfache Regel, die dazu dient, die Komplexität einer Entscheidungssituation zu reduzieren.

Höchstpreis Aus sozialpolitischer Absicht vom Staat festgelegte Preisobergrenze für ein bestimmtes Gut.

Humankapital Ausbildung und Leistungsbereitschaft der Arbeitnehmer eines Landes. Stellt eine wichtige Determinante des Wirtschaftswachstums dar.

Hyperinflation Situation mit sehr hohen Inflationsraten. Üblicherweise wird eine H. diagnostiziert, wenn die monatliche Inflationsrate über 50 % liegt.

Indifferenzkurve Abbildung einer *Nutzenfunktion* in der Form der Höhenlinien eines *Nutzengebirges*.

Indirekte Steuer Steuer auf ein Gut oder eine Dienstleistung, die entweder als Mengensteuer oder als Wertsteuer festgelegt wird.

Inflation Über mehrere Perioden anhaltender Anstieg des Preisniveaus. Kennzeichnend für eine Inflation sind Preissteigerungen in fast allen Güterkategorien und ein daraus folgender, allgemeiner Kaufkraftverlust des Geldes. Preisveränderungen bei lediglich einzelnen Gütern bedeuten dagegen keine Inflation. Zur Messung der Inflation werden ausgewählte Preisindizes herangezogen. Unter ihnen ist der Verbraucherpreisindex der bekannteste.

Inflation Targeting Geldpolitische Strategie, bei der die Notenbank sich verpflichtet, Geldwertstabilität zu gewährleisten, indem sie fortlaufend eine Inflationsprognose mit ihrem Inflationsziel vergleicht. Inflation Targeting spielt heute als geldpolitische Strategie eine dominante Rolle.

Inflatorische Lücke Situation, in der die Gleichgewichtsmenge am Gütermarkt über dem *Vollbeschäftigungs-Output* liegt.

Informelle Institutionen Kulturelle Normen, die das Verhalten der Menschen bestimmen. Siehe auch formelle Institutionen.

Insider-Outsider-Problem Situation, die dadurch gekennzeichnet ist, dass eine Teilgruppe von einer Maßnahme profitiert, während sich der Rest dadurch verschlechtert.

Institutionen Summe der geschriebenen und ungeschriebenen Regeln, die das Verhalten der Menschen in einem Land bestimmen. Siehe auch *formelle* und *informelle Institutionen*.

Internalisierung Maßnahme, die dazu beiträgt, dass sich die privaten Erträge oder Kosten an die sozialen Erträge bzw. Kosten angleichen.

Internationale Wettbewerbsfähigkeit Schwer definierbares, aber sehr wichtiges Konzept. Die Wettbewerbsfähigkeit eines Landes wird vor allem vom Wechselkurs und dem Preisniveau bestimmt. Für Letzteres sind die Lohnkosten von großer Bedeutung.

Internationaler Nachfragezusammenhang In einer kleineren offenen Volkswirtschaft wird die gesamtwirtschaftliche Nachfrage stark durch die Exporte und damit durch die konjunkturelle Entwicklung im Rest der Welt bestimmt (auch internationaler Konjunkturzusammenhang).

Internationaler Preiszusammenhang auf dem *Gesetz der Preisunterschiedslosigkeit* basierender Zusammenhang zwischen den Preisniveaus von Volkswirtschaften, der bei festen Wechselkursen stark ausgeprägt sein kann (siehe auch *Kaufkraftparitätentheorie*).

Internationaler Währungsfonds (IWF) Die Entstehung des 1945 gegründeten Internationalen Währungsfonds (International Monetary Fund, IMF) geht auf die ein Jahr zuvor in Bretton Woods abgehaltene Währungs- und Finanzkonferenz der Vereinten Nationen zurück. Damit verbunden war die Errichtung einer neuen, auf festen Wechselkursen beruhenden Weltwährungsordnung. Diese brach um das Jahr 1973 zusammen. Seither fungiert der IWF vor allem als Beratungsinstitution für Länder mit gravierenden makroökonomischen Problemen. Er kann dafür auch sehr umfangreiche Kredite zur Verfügung stellen.

Internationaler Zinszusammenhang Gleichgewichtsbedingung für den internationalen Kapitalverkehr, wonach die Zinsdifferenz zwischen zwei Währungen durch die erwartete Wechselkursveränderung ausgeglichen wird.

Interner Zinsfuß Zinssatz, bei dem der *Kapitalwert* einer Zahlungsreihe gleich null ist.

Intertemporale Budgetbeschränkung Heutige und zukünftige Konsummöglichkeiten des Haushalts.

Intra-industrieller Handel Handel zwischen Industrieländern (mit vergleichbarer Faktorausstattung und Technologie), der vor allem durch die Spezialisierung auf bestimmte Produktvarianten und historisch gewachsene Standortvorteile bestimmt ist.

Investitionsfalle Situation, in der die Investitionsnachfrage nicht mehr auf Zinsänderungen reagiert.

Investitionsfunktion Funktionaler Zusammenhang zwischen dem Investitionsvolumen und dem Zinssatz für Kredite bei Banken.

IS/LM-Modell Modellrahmen, der ausgehend von einem simultanen Gleichgewicht auf dem Güter- und dem Geldmarkt die Wirkung von einer auf Geldmengensteuerung basierenden *Geldpolitik* sowie von *Fiskalpolitik* analysiert. Das Modell gilt inzwischen als überholt.

Isokosten-Linie Geometrischer Ort aller Kombinationen von zwei Inputfaktoren, die mit gleichen Kosten verbunden sind.

Jahresrate Monatliche oder vierteljährliche Veränderung von saisonbereinigten Daten auf den Zeitraum eines gesamten Jahres hochgerechnet.

Kapitalbilanz Teilbilanz der *Zahlungsbilanz*, in der alle grenzüberschreitenden Finanztransaktionen erfasst werden.

Kapitaldeckung System der Alterssicherung, das darauf basiert, dass die Aktiven sich einen Kapitalstock ansparen, den sie im Alter für ihre Versorgung verwenden. Gegensatz *Umlagesystem*.

Kardinaler Nutzenbegriff Messung des Nutzens in absoluten Größen, in der Mikroökonomie gilt ein *ordinaler Nutzenbegriff*.

Kartell Zusammenschluss von Anbietern mit dem Ziel, sich über einen höheren Preis eine höhere *Produzentenrente* anzueignen.

Käufermarkt Für Marktwirtschaften typische Konstellation, in der der Verkäufer den Käufer umwirbt. Gegensatz *Verkäufermarkt*.

Kaufkraftparitätentheorie Zusammenhang zwischen dem inländischen und dem ausländischen Preisniveau, wobei Letzteres mit dem Wechselkurs multipliziert wird.

Kaufkrafttheorie der Löhne Geht davon aus, dass Lohnerhöhungen die Beschäftigung erhöhen, weil über den höheren Konsum die gesamtwirtschaftliche Nachfrage steigt.

Keynesianische Arbeitslosigkeit Arbeitslosigkeit, die durch einen Mangel an gesamtwirtschaftlicher Nachfrage hervorgerufen wird. Die Bezeichnung geht auf John Maynard Keynes (siehe Kurzbiografie in *Kapitel 2*) zurück. Gegenstück *Klassische Arbeitslosigkeit*.

Klassische Arbeitslosigkeit Arbeitslosigkeit die durch überhöhte Löhne hervorgerufen wird. Gegenstück *Keynesianische Arbeitslosigkeit*.

Koalitionsfreiheit Im Grundgesetz (Art. 9 Abs. 3) verankertes Grundrecht, Vereinigungen von Arbeitgebern oder Arbeitnehmern zu bilden. Ein wesentlicher Bestandteil der K. ist das Recht, Tarifverträge abzuschließen und Arbeitskämpfe zu führen.

Kollusion Verbotene Absprachen von Unternehmen im Rahmen eines *Kartells*.

Komplementäre Güter Güter, deren Konsum nur Nutzen stiftet, wenn sie gemeinsam konsumiert werden.

Komparativ-statische Analyse Betrachtung von zwei Zuständen zu unterschiedlichen Zeitpunkten, wobei die Anpassung vom ursprünglichen Gleichgewicht ins neue Gleichgewicht nicht berücksichtigt wird.

Komparative Kostenvorteile Wichtiges Konzept in der Außenhandelstheorie. Komparative Vorteile bezeichnen die mit der Erstellung eines Gutes verbundenen Opportunitätskosten, d.h. den Verzicht auf Einheiten eines Gutes B, wenn eine zusätzliche Einheit eines Gutes A hergestellt werden soll.

Konjunktur Zyklische Auf- und Abwärtsbewegungen der Wirtschaftstätigkeit um das langfristige Trendwachstum herum. Als Bezugsgröße für die Konjunkturanalyse dient das reale *Bruttoinlandsprodukt* (BIP). Einen vollständigen Bewegungsablauf von Aufschwung über Abschwung bis zum nächsten Aufschwung nennt man einen Konjunkturzyklus.

Konkurrenzparadoxon Die individuelle (oder einzelwirtschaftliche) Rationalität deckt sich nicht mit der kollektiven (oder gesamtwirtschaftlichen) Rationalität.

Konstituierende Prinzipien Vom deutschen Ökonomen Walter Eucken als konstitutiv für eine Marktwirtschaft angesehene Prinzipien.

Konsumentenrente Vorteil, den ein Konsument aus dem Kauf eines Gutes erzielt, da der von ihm gezahlte Preis unter seiner Wertschätzung des Gutes liegt.

Konsumentensouveränität Grundprinzip der Marktwirtschaft, wonach das Güterangebot durch die Präferenzen der Verbraucher gesteuert wird.

Konsumfunktion Funktionaler Zusammenhang zwischen dem Konsum eines Haushalts und seinem Einkommen. Gegensatz *Sparfunktion*.

Kostenfunktion Funktionaler Zusammenhang zwischen den Kosten für die Erstellung eines Gutes und der produzierten Stückzahl.

Kryptowährungen Digitale Zahlungsmittel, die auf kryptografischer Verschlüsselung beruhen. Viele Kryptowährungen sind dezentral organisiert, etwa mithilfe eines *Distributed Ledger*. Einzelne Währungseinheiten können ausgeschüttet, durch Bereitstellung von Rechenleistung oder Speicherplatz durch *Miner* geschaffen oder auf Kryptobörsen gehandelt werden.

Kurs-Gewinn-Verhältnis Relation zwischen dem Aktienkurs und den Gewinnen eines Unternehmens. Entspricht dem Kehrwert der Gewinnrendite und ist eine wichtige Orientierungsgröße für die Bewertung von Aktien.

Kurzfristige Angebotsfunktion Bereich der kurzfristigen Grenzkostenkurve, der über den kurzfristigen variablen Kosten liegt.

Langfristige Angebotsfunktion Entspricht der langfristigen Grenzkostenkurve.

Laspeyres-Index Index zur Ermittlung der Preisentwicklung eines Warenkorbs der auf einem festen Wägungsschema für ein bestimmtes Basisjahr basiert.

Leistungsbilanz Teilbereich der *Zahlungsbilanz*, in dem die grenzüberschreitenden Leistungstransaktionen eines Landes erfasst werden.

Leistungstransaktionen Transaktionen, die das *Geldvermögen* eines Wirtschaftssubjekts verändern.

Lender of last resort Wichtige Funktion der Notenbank in Krisenzeiten, die dafür sorgt, dass bei einem „bank run" die Auszahlungswünsche der Bankkunden gewährleistet werden können.

Leverage-Effekt Wenn die Fremdkapitalrendite unter der Gesamtkapitalrendite liegt, kann die Eigenkapitalrendite durch die Aufnahme zusätzlichen Fremdkapitals „hochgehebelt" werden.

Libra Digitale Währung, die von der Libra Association, einem Zusammenschluss mehrerer Konzerne unter Führung von Facebook, ausgegeben werden soll. Im Gegensatz zu den meisten *Kryptowährungen* wird Libra zentral organisiert, anders als bei *Central Bank Digital Currencies* würde es sich bei Libra nicht um ein gesetzliches Zahlungsmittel handeln.

Liquiditätsfalle Situation, in der es der Notenbank nicht möglich ist, die Zinsen durch die Erhöhung der Geldmenge weiter zu senken.

Liquiditätspräferenz Theorie der L. untersucht Motive der Geldhaltung. Die Theorie geht auf John Maynard Keynes (siehe Kurzbiografie in *Kapitel 2*) zurück. Siehe auch Transaktionskasse, Spekulationskasse und Vorsichtskasse.

Liquiditätsproblem Unfähigkeit eines Akteurs, Verpflichtungen in einem Medium zu erfüllen, das er selbst nicht schaffen kann.

Lobbies Interessengruppen, die durch unterschiedliche Formen der Einflussnahme politische Entscheidungsprozesse zu ihren Gunsten zu beeinflussen versuchen.

Logarithmische Darstellung Grafische Abbildungsform, die dazu führt, dass Größen, die mit konstanter Wachstumsrate zunehmen, in linearer Form dargestellt werden.

Luxusgüter Güter, deren nachgefragte Menge steigt, wenn ihr Preis zunimmt. Siehe auch *Veblen-Güter*.

Magisches Viereck Zielkatalog des *Stabilitäts- und Wachstumsgesetzes* (stetiges und angemessenes Wirtschaftswachstum, hoher Beschäftigungsstand, stabiles Preisniveau, außenwirtschaftliches Gleichgewicht).

Makroökonomie Bereich der Volkswirtschaftslehre, in dem der Wirtschaftsprozess in aggregierter Form analysiert wird.

Makroökonomische Rollenverteilung Zuordnung bestimmter makroökonomischer Ziele auf einzelne Akteure der Wirtschaftspolitik.

Makroökonomischer Geldmarkt Markt für die Geldmenge M1, auf dem auf der einen Seite Banken und auf der anderen Seite Unternehmen, der Staat und private Haushalte teilnehmen. Der Markt ist identisch mit dem Kreditmarkt.

Managed Floating Währungspolitische Zwischenlösung zwischen absolut festen und frei-flexiblen Wechselkursen, bei der die Notenbank den Wechselkurs auf einem Zielpfad steuert.

Marginale Konsumneigung Beschreibt die Veränderung des Konsums bei einer Zunahme des Einkommens.

Markt Transaktions- und Informationskosten sparendes Arrangement, das zu einem *Gleichgewicht* der Pläne von Anbietern und Nachfragern führt.

Marktbeherrschende Stellung Im Gesetz gegen Wettbewerbsbeschränkungen festgelegte Höhe des Marktanteils, von dem ab Unternehmenszusammenschlüsse untersagt werden.

Markträumender Preis Preis, der sich bei einem *Gleichgewicht* auf einem *Markt* einstellt und bei dem die angebotene Menge vollständig von den Nachfragern abgenommen wird.

Mehrwertsteuer Eine Steuer, die ein Verkäufer von Waren oder Dienstleistungen von seinen Kunden verlangt und an die Finanzbehörden abführt. Zudem ist die Mehrwertsteuer eine auf mehreren Stufen der Wertschöpfung erhobene indirekte Steuer, die es Anbietern erlaubt, die von ihnen für Inputs gezahlte Mehrwertsteuer als Vorsteuer von der Mehrwertsteuer auf die von ihnen verkauften Produkte abziehen zu können.

Mengennotiz Form eines Preises, bei der angegeben wird, wie viele Einheiten eines Gutes man für eine Einheit der Währung erhält (z.B. 0,4 kg Kartoffeln für einen Euro). Bei Währungen wird diese Darstellung für den Euro verwendet (z.B. 1,15 Dollar für einen Euro). Gegensatz *Preisnotiz*.

Mengentender Variante des *Hauptrefinanzierungsgeschäfts* der EZB, bei der Banken den Zins bereits kennen und deshalb nur noch die Menge nennen müssen, die sie von der EZB beziehen möchten. Liegen die Gebote über der von der EZB angebotenen Menge, muss eine *Repartierung* vorgenommen werden.

Mindestlohn-Arbeitslosigkeit siehe *klassische Arbeitslosigkeit.*

Mindestpreis Form der Sozialpolitik, bei der einem Anbieter ein bestimmtes Mindesteinkommen gewährt werden soll, indem der Staat einen Mindestpreis für seine Produkte vorgibt. Da es dabei häufig zu einem Angebotsüberschuss kommt, muss der Staat bereit sein, diesen aufzukaufen. Das Instrument des M. findet heute in der Agrarpolitk der Europäischen Union Anwendung.

Mindestreserve Geldpolitisches Instrument, das die Banken verpflichtet, Guthaben bei der Notenbank zu halten, deren Umfang bestimmt wird vom Mindestreservesatz (derzeit 1 %) und dem Volumen bestimmter Einlagen.

Minimalkosten-Kombination Optimale Kombination von Inputfaktoren zur Erstellung eines vorgegebenen Output-Niveaus.

Mining Prozess der Generierung und Verteilung von einzelnen Einheiten von *Kryptowährungen.* Oft wird durch das Mining auch die Verarbeitung und Bestätigung von Transaktionen gewährleistet. Durch das Setzen einer kostspieligen Hürde, wie etwa dem Verbrauch von Strom für Rechenleistung, soll das *Geldmengenwachstum* gesteuert und dem Missbrauch des Systems vorgebeugt werden.

Modell Stark vereinfachte Abbildung der Realität in grafischer, mathematischer oder verbaler Form.

Modellunsicherheit Schwierigkeit der Notenbank, ein angemessenes Modell für die Analyse makroökonomischer Prozesse zu finden.

Modifizierte Phillips-Kurve Abbildung des Zusammenhangs zwischen Arbeitslosigkeit und Inflationsrate.

Monetarismus In den 1970er Jahren populär gewordene Theorierichtung der Volkswirtschaftslehre, die in einer konstanten Zuwachsrate der Geldmenge die wichtigste Voraussetzung für die Erreichung der gesamtwirtschaftlichen Ziele sieht.

Monopol Marktform, bei der es nur einen Anbieter gibt.

Monopolistische Konkurrenz Marktsituation, in der sich mehrere Unternehmen durch Produktdifferenzierung oder durch eine starke Marke von ihren Konkurrenten absetzen und so eine monopolähnliche Stellung erreichen.

Monopson Marktform, bei der es nur einen Nachfrager gibt.

Moral Hazard Durch ökonomische Fehlanreize gefördertes moralisch fragwürdiges Verhalten Einzelner welches Risiken für Dritte erhöht. Siehe auch *Rationalitätenfalle*.

Multiplikator In der Makroökonomie anzutreffender Mechanismus, bei dem die Veränderung einer Größe zu einer meist deutlich größeren Veränderung einer anderen Größe führt.

Mundell-Fleming-Modell In der Makroökonomie sehr populäres Modell zur Beschreibung der geld- und fiskalpolitischen Optionen in einer offenen Volkswirtschaft bei festen und flexiblen Kursen.

Nachfrage Funktionale Beziehung zwischen der *nachgefragten Menge* eines Gutes und dessen Preis.

Nachfragekurve Grafische Abbildung der *Nachfrage*.

Nachfrageschock Verschiebung der gesamtwirtschaftlichen Nachfrage durch Veränderungen im privaten Konsum, im Staatskonsum, der Exporte, der Importe oder der Investitionen.

Nachgefragte Menge Menge an Gütern und Dienstleistungen, die von den Konsumenten bei einem vorgegebenen Marktpreis nachgefragt wird.

Natürliche Ressourcen Durch die Natur vorgegebene Bedingungen des Wirtschaftens (Bodenschätze, Klima, Oberfläche und Zugang zu Meeren), die für den Wohlstand eines Landes von großer Bedeutung sind.

Negative externe Effekte Die sozialen Kosten eines Gutes sind höher als die privaten Kosten.

Neu-keynesianische Makroökonomie Mikroökonomisch fundierte Weiterentwicklung der auf John Maynard Keynes (siehe Kurzbiografie in *Kapitel 2*) zurückgehenden Theorie, wonach die Notenbank und der Staat durch eine Steuerung der gesamtwirtschaftlichen Nachfrage die Ökonomie stabilisieren können. Neu-keynesianische Ansätze spielen vor allem in angelsächsischen Ländern eine wichtige Rolle in der Wirtschaftspolitik.

Neue Institutionenökonomie In den 1980er Jahren entstandene Forschungsrichtung, die sich vor allem mit den Anreizproblemen langfristiger Verträge befasst.

Neue Wachstumstheorie Theorieansatz, der die Rolle des Humankapitals für das Wirtschaftswachstum betont.

Nicht-Ausschließbarkeit Eigenschaft eines Gutes, bei der nicht zahlende Konsumenten nicht vom Konsum ausgeschlossen werden können.

Nicht-rivalisierender Konsum Der Konsum eines Gutes durch zusätzliche Konsumenten führt zu keinen zusätzlichen Kosten.

Nominalzinsfalle Untergrenze für die Zinspolitik einer Notenbank, die darin besteht, dass der Zins nicht negativ sein kann.

Notenemissionsmonopol Beschränkung des Rechts zur Ausgabe von Bargeld auf eine staatliche Zentralbank.

Notionale Arbeitsnachfrage Nachfrage der Unternehmen nach Beschäftigung in einer Situation ohne Rationierung am Arbeitsmarkt. Siehe *effektive Arbeitsnachfrage*.

Nullzinsgrenzesiehe Nominalzinsfalle.

Nutzenfunktion Funktionaler Zusammenhang zwischen dem Nutzen eines Konsumenten und den von ihm konsumierten Gütern.

Nutzengebirge Grafische dreidimensionale Abbildung einer *Nutzenfunktion*.

Öffentliches Gut Gut, das einen Preis von null hat, da nicht-zahlende Konsumenten nicht ausgeschlossen werden können. Siehe *externe Effekte*.

Offene Volkswirtschaft Bezeichnung für eine Volkswirtschaft, die die mit anderen Volkswirtschaften uneingeschränkt Beziehungen unterhält. Gegenstück *geschlossene Volkswirtschaft*.

Oligopol Marktform, bei der das Angebot von einer geringen Anzahl an Unternehmen bereitgestellt wird.

Opportunismus Verhalten eines Vertragspartners, der Lücken eines langfristigen Vertragswerks zu seinen Gunsten ausnutzt. Siehe *Neue Institutionenökonomie*.

Opportunitätskosten Kostenbegriff der Volkswirtschaftslehre, der sich auf die Kosten der nächstbesten Alternative bezieht.

Optimale Geldpolitik Beschreibt die bestmögliche Reaktion der Geldpolitik auf Schocks unter der (nicht ganz realistischen) Annahme, dass die Notenbank über perfekte Informationen verfügt.

Orderbuch Aufzeichnung aller Kauf- und Verkaufsaufträge für eine bestimmte Aktie.

Ordinaler Nutzenbegriff In der Volkswirtschaftslehre verwendetes Nutzenkonzept, bei dem nur die Rangfolge der Alternativen bestimmt wird.

Output-Lücke Differenz zwischen dem *Produktionspotenzial* und dem Gleichgewichts-Output.

Pareto-Kriterium Optimalitätskonzept der Mikroökonomie. Eine Situation ist paretooptimal oder pareto-effizient, wenn alle Tauschmöglichkeiten soweit ausgenutzt worden sind, dass eine Verbesserung eines Akteurs nur noch zu Lasten eines anderen erreicht werden kann.

Peak Spitzenwert des realen Bruttoinlandsprodukts im Verlauf eines Konjunkturzyklus. Gegensatz *Trough*.

Peer-to-Peer-Lending Eine neue Form des Kreditgeschäfts, bei der Kreditnehmer und Kreditgeber direkt in Kontakt stehen, meist über entsprechende Online-Plattformen. Im Gegensatz zum traditionellen Banksystem liegt der Kreditvergabeprozess somit in den Händen von Privatpersonen.

Permanente Einkommenshypothese Der Konsum eines Wirtschaftssubjekts wird nicht vom Einkommen der laufenden Periode, sondern von seinen Erwartungen über sein Lebenszeiteinkommen bestimmt. Gegensatz *absolute Einkommenshypothese*.

Phillips-Kurve Abbildung des Zusammenhangs zwischen der Arbeitslosigkeit und der Nominallohnentwicklung oder der Inflationsrate.

Pigou-Steuer Nach dem Ökonomen Arthur Pigou (siehe Kurzbiografie in *Kapitel 14*) benannte Steuer, die dazu führt, dass ein Produzent die sozialen Kosten der Produktion eines Gutes berücksichtigt. Siehe auch *Internalisierung*.

Planwirtschaft Ende der 1980er-Jahre weltweit gescheitertes System der Organisation einer arbeitsteiligen Wirtschaft, bei dem weitgehend auf den Marktmechanismus verzichtet wurde.

Politische Ökonomie Teilbereich der Volkswirtschaftslehre, der davon ausgeht, dass sich politische Entscheidungsträger nicht am Gemeinwohl, sondern an ihrem persönlichen Nutzen orientieren.

Polypol Marktform, bei der ein Gut von vielen Anbietern bereitgestellt wird. Das P. ist durch vollkommenen Wettbewerb gekennzeichnet.

Positive externe Effekte Bei der Bereitstellung eines Gutes entstehen über die privaten Erträge hinaus auch noch Erträge für die Gesellschaft.

Präferenzverhüllung Verhalten von Konsumenten, die darauf spekulieren, dass ein Gut mit positiven externen Effekten („*öffentliches Gut*“) von einem anderen Konsumenten erworben wird.

Preis-Absatz-Funktion Nachfragefunktion, der sich ein *Monopolist* gegenüber sieht. Der für ihn dabei optimale Punkt ist der „*Cournot'sche Punkt*“.

Preisdifferenzierung Ein identisches Gut wird zu unterschiedlichen Preisen angeboten, um den Konsumenten einen Teil ihrer *Konsumentenrente* abzunehmen.

Preisdiskriminierung Siehe *Preisdifferenzierung*.

Preiselastizität der Nachfrage Konzept, das die prozentuale Veränderung der nachgefragten Menge in Relation zur prozentualen Veränderung des Preises angibt.

Preisindex für die Lebenshaltung Maß für die durchschnittliche Preisentwicklung der von privaten Haushalten nachgefragten Güter und Dienstleistungen. Der Verbraucherpreisindex basiert in Deutschland auf einem *Laspeyres-Index* und wird zur Messung der allgemeinen Preisniveauentwicklung verwendet. Bei seiner Ermittlung geht man von der Verbraucherpreisstatistik und einem typischen Ausgabeverhalten der Haushalte (Warenkorb) aus. Das Statistische Amt der Europäischen Gemeinschaft (Eurostat) errechnet für die EWU einen harmonisierten Verbraucherpreisindex (HVPI), der der EZB als Maßstab für die Geldwertentwicklung in Euroland dient.

Preisniveau Allgemeiner Ausdruck für den Durchschnittsstand aller Preise für Waren und Dienstleistungen einer Volkswirtschaft zu einem bestimmten Zeitpunkt. Seine Veränderung wird mit Hilfe von Preisindizes gemessen.

Preisnotiz Allgemein übliche Form eines Preises, bei der angegeben wird, wie viele Geldeinheiten man für eine Einheit eines Gutes bezahlen muss. In Lehrbüchern wird diese Darstellung für Währungen verwendet, d.h. es wird angegeben, wie viele Einheiten der heimischen Währung man für eine Einheit der Fremdwährung zu zahlen hat (z.B. 0,89 Euro für einen Dollar). Gegensatz *Mengennotiz*.

Pricing-to-market Verhalten international agierender Unternehmen, das davon bestimmt wird, dass die Preise auf den nationalen Märkten konstant gehalten werden, auch wenn stärkere Wechselkursschwankungen auftreten.

Principal-Agent-Problem Wenn ein *Prinzipal* seine Transaktionen durch einen Agenten ausführen läßt, läuft er aufgrund der *asymmetrischen Informationsverteilung* Gefahr, dass seine Interessen vom Agenten nur unvollständig wahrgenommen werden.

Prinzipal Akteur, der einen *Agenten* beauftragt, wirtschaftliche Transaktionen für ihn durchzuführen.

Produktdifferenzierung Modifizierung der Eigenschaften eines an sich homogenen Produktes, wodurch es den Anbietern möglich wird, *Preisdifferenzierung* zu betreiben.

Produktionsfunktion Funktionaler Zusammenhang zwischen der Output-Menge eines Gutes und den dafür benötigten Inputs.

Produktionsisoquanten Zweidimensionale Abbildung einer Produktionsfunktion als Höhenlinie eines *Ertragsgebirges*.

Produktionspotenzial Bei Vollbeschäftigung aller Produktionsfaktoren erzielbarer Output. Das P. wird häufig aus den längerfristigen Trendwerten des realen *Bruttoinlandsprodukts* ermittelt. Auch *Vollbeschäftigungseinkommen*.

Produzentenrente Differenz zwischen dem Marktpreis, den ein Produzent erhält und den Grenzkosten, die für die Erstellung eines Gutes erforderlich sind.

Prohibitivpreis Preis, der so hoch ist, dass kein Konsument mehr bereit ist, ein Gut nachzufragen.

Property rights Siehe *Eigentumsrechte*.

Protestantische Ethik Durch die protestantische Religion geprägtes Wertesystem, das sich nach Max Weber besonders vorteilhaft auf das Wirtschaftswachstum auswirkt.

Prozyklische Fiskalpolitik Wirtschaftspolitik, die in Rezessionen die Steuern erhöht bzw. die Staatsausgaben senkt und im Boom Steuern senkt bzw. Staatsausgaben ausweitet. Gegenteil *Antizyklische Fiskalpolitik*.

Quantitätstheorie Erklärung des Preisniveaus mit der Geldmenge, die von einer konstanten Umlaufgeschwindigkeit des Geldes (= Bruttoinlandsprodukt/Geldmenge) und einem konstanten gesamtwirtschaftlichen Angebot ausgeht.

Rationale Erwartungen Wirtschaftliche Akteure bilden ihre Erwartungen rational auf der Grundlage ökonomischer Modelle. Ihre Erwartungen entsprechen somit den Vorhersagen eines Modells.

Rationalitätenfalle Siehe *Konkurrenzparadoxon*.

Rationierung Situation des Ungleichgewichts auf einem Markt, die dadurch gekennzeichnet ist, dass für die angebotene oder die nachfragte Menge eine von außen vorgegebene Obergrenze besteht.

Real Business Cycles Schwankungen in der Wirtschaftstätigkeit die aufgrund von technologischen Änderungen ausgelöst werden.

Realer Wechselkurs Messkonzept für die *internationale Wettbewerbsfähigkeit* eines Landes, das das heimische Preisniveau mit dem Preisniveau des Auslands und dem Wechselkurs vergleicht.

Realzins Um die erwartete Inflationsrate bereinigter (Nomimal-)Zins.

Rechnungseinheit Funktion des *Geldes*, die darin besteht, dass die Preise aller Güter in Einheiten der Landeswährung ausgedrückt werden.

Reinvermögen Summe aus *Geldvermögen* und Sachvermögen.

Rentenversicherung In der Regel vom Staat organisiertes Versicherungssystem, durch das nicht mehr erwerbsfähige Personen ein Einkommen erhalten. Siehe auch *Generationenvertrag*.

Rent-Seeking Verhalten von *Lobbies*, das darin besteht, durch Zahlungen an Politiker Entscheidungen zu ihren Gunsten zu erwirken.

Repartierung Zuteilungsverfahren, das erforderlich ist, wenn bei einem bestimmten Preis die nachgefragte Menge über der angebotenen Menge liegt. Bei der R. erhalten die Nachfrager nur einen Prozentsatz der von ihnen nachgefragten Menge. Dieser wird errechnet aus der Relation der gesamten nachgefragten Menge zur angebotenen Menge.

Repräsentativer Akteur Modellfigur in der Volkswirtschaftslehre. Es wird dabei davon ausgegangen, dass der R. über Eigenschaften verfügt, die für die Akteure in der Volkswirtschaft insgesamt typisch sind.

Reservationspreis Maximaler Preis, den ein Konsument bereit ist für ein Gut zu zahlen bzw. minimaler Preis für den ein Anbieter bereit ist ein Gut zu verkaufen.

Rezession Phase, in der das reale *Bruttoinlandsprodukt* über zwei und mehr Perioden zurückgegangen ist.

Sachvermögen Summe aller Kapitalgüter einer Volkswirtschaft.

Saisonbereinigung Statistisches Verfahren, durch das die Entwicklung einer Zeitreihe von jahreszeitlichen Einflüssen bereinigt wird.

Sättigungsmenge Menge eines Gutes, die bei einem Preis von null nachgefragt wird („Freibier").

Say's Law Gesetz, wonach sich das gesamtwirtschaftliche Angebot immer eine ausreichende Nachfrage verschafft.

Schweinezyklus Erklärt zyklische Schwankungen von Preisen und Mengen auf Märkten.

Skalenerträge Zusammenhang zwischen der Ausweitung der Input-Faktoren und der Ausweitung des Outputs. Konstante Skalenerträge liegen vor, wenn z.B. eine Verdopplung aller Inputs zu einer Verdopplung des Outputs führt.

Solidarprinzip Organisationsprinzip der Gesetzlichen Krankenkassen, wonach die wirtschaftlich stärkeren Mitglieder einen Beitrag für die Versorgung der wirtschaftlich schwächeren leisten.

Soziale Marktwirtschaft In der Vergangenheit sehr erfolgreiches Grundprinzip der Wirtschaftsordnung in Deutschland, bei dem die Produktionsprozesse durch den Markt gesteuert werden, der Staat jedoch durch die Distributions- und Allokationspolitik eine umfassende soziale Absicherung gewährleistet.

Sozialkapital In einer Volkswirtschaft vorhandene formelle und informelle Institutionen, die sich vorteilhaft auf das Wirtschaftswachstum auswirken.

Sozialpolitik Maßnahmen im Rahmen der *Allokationsfunktion* und *Distributionsfunktion* des Staates.

Sparfunktion Funktionale Beziehung zwischen der Ersparnis und dem Einkommen eines Haushalts. Die S. stellt das Gegenstück zur *Konsumfunktion* dar.

Sparparadoxon Form eines *Konkurrenzparadoxons*, bei dem das Bestreben eines jeden Einzelnen, durch geringere Ausgaben sein Geldvermögen zu erhöhen, in der Gesamtheit nicht gelingt, weil verminderte Ausgaben eines Akteurs die Einnahmen eines anderen reduzieren.

Spekulation Kauf eines Objekts mit dem einzigen Ziel, es nach einiger Zeit mit Gewinn weiter zu verkaufen.

Spekulationskasse Beschreibt in der Theorie der Liquiditätspräferenz den Teil der Nachfrage nach Geld, den das Individuum aufgrund des Wertspeichermotivs hält. Die Spekulationskasse setzt sich im einfachsten Fall aus unverzinslichem Geld und Staatsanleihen mit unendlicher Laufzeit zusammen.

Spekulative Blase Sehr starker Anstieg der Preise insbesondere von Aktien oder Immobilien durch *Spekulation*, der nicht mehr mit fundamentalen Faktoren begründet werden kann.

Spezialisierung Grundprinzip der Arbeitsteilung zwischen Menschen, Regionen oder Ländern, das zu starken Produktivitätsgewinnen führt.

Spitzenrefinanzierungsfazilität Kurzfristige Kreditlinie der EZB, die nach dem Prinzip eines Girokontos funktioniert. Die Banken können sich so für einen Tag zu einem festen Zinssatz Zentralbankgeld beschaffen. Da der Zins für die S. über dem Satz für das *Hauptrefinanzierungsinstrument* liegt, wird die S. nur selten in Anspruch genommen.

Staatsquote Relation der Staatsausgaben zum Bruttoinlandsprodukt.

Stabilisierungsfunktion Eine der drei Hauptaufgaben des Staates in einer Marktwirtschaft. Die S. besteht darin, dass der Staat durch eine *antizyklische Fiskalpolitik* eine Glättung der gesamtwirtschaftlichen Nachfrageschwankungen herbeiführt.

Stabilitäts- und Wachstumsgesetz Gesetz aus dem Jahr 1967, das die makroökonomischen Ziele definiert. Es verpflichtet Bund und Länder zu einer *antizyklischen Fiskalpolitik*.

Stabilitäts- und Wachstumspakt Vereinbarung zwischen den Regierungen der EU-Länder aus dem Jahr 1997. Der Pakt gibt eine Obergrenze für die Neuverschuldung der nationalen öffentlichen Haushalte in Höhe von 3 % des Bruttoinlandsprodukts vor und definiert Sanktionen für den Fall der Übertretung.

Stabilitätsprogramm Bestandteil des *Stabilitäts- und Wachstumspakts*. Jedes EU-Land ist verpflichtet, ein Stabilitätsprogramm vorzulegen, in dem ein mittelfristiger Pfad für die Erreichung eines ausgeglichenen Haushalts dargestellt wird, um die Erfüllung des Stabilitäts- und Wachstumspaktes zu gewährleisten.

Stable Coin Digitale Währung, die versucht, Wechselkursschwankungen zu minimieren und für weitgehende Wertstabilität zu sorgen. Bekanntestes Beispiel ist *Libra*, es gibt allerdings auch *Kryptowährungen*, die durch Koppelung an den US-Dollar oder den Preis für Rohöl Wertschwankungen gering zu halten.

Stackelberg-Modell Beschreibung einer Marktsituation, in der zwei Unternehmen existieren, wobei das eine Unternehmen dominiert. Das Modell geht auf den deutschen Ökonomen Heinrich Freiherr von Stackelberg (1905–1946) zurück.

Stromgröße Bezeichnung für eine Größe, die zeitraumbezogen gemessen wird (z.B. Netto-Investitionen). Gegenstück *Bestandsgröße*.

Strukturierung Wird bei der Verbriefung vorgenommen. Kredite der gleichen Risikoklasse werden zu einer Tranche gebündelt und damit handelbar gemacht.

Strukturelles Defizit Um konjunkturelle Schwankungen bereinigtes Haushaltsdefizit. Diese Größe ist ein wichtiger Indikator für die konjunkturpolitische Ausrichtung der Fiskalpolitik.

Subsidiaritätsprinzip Prinzip wonach der Staat nur dann in den Markt eingreifen soll, wenn die Privaten aus eigener Kraft nicht in der Lage oder bereit sind bestimmte Leistungen zu erbringen.

Substitutionseffekt Wenn der Preis eines Gutes steigt, nimmt in der Regel die davon nachgefragte Menge ab, dafür steigt die nachgefragte Menge eines *substitutiven Gutes*. Siehe auch *Einkommenseffekt*.

Substitutive Güter Güter, die zumindest teilweise vergleichbare Produkteigenschaften aufweisen.

System von Bretton Woods Internationales Festkurssystem, das in den Jahren von 1946 bis 1973 die internationalen Währungsbeziehungen auf der Basis des US-Dollar regulierte. Die für dieses System zuständige Institution war der *Internationale Währungsfonds*, der auch heute noch eine wichtige Rolle in der makroökonomischen Politik vieler Länder wahrnimmt.

Tagesgeld Geld, das für einen Tag angelegt wird.

Tarifvertrag Vereinbarung zwischen Gewerkschaften und Arbeitgeberverbänden, in der die Entlohnung und andere wichtige Elemente von Arbeitsverträgen geregelt werden.

Tarifvertragsparteien Personen bzw. Personengruppen, die Tarifverträge abschließen, in denen Löhne, Gehälter und die Arbeitsbedingungen der Arbeitnehmer festgelegt werden. Zu den Tarifvertragsparteien zählen die *Gewerkschaften* und *Arbeitgeberverbände*, aber auch einzelne Arbeitgeber.

Tauschmittelfunktion Eine der drei Hauptfunktionen des *Geldes* in einer Marktwirtschaft. Die Z. erlaubt es den Menschen, Güter zu erwerben, ohne dafür selbst Güter anbieten zu müssen.

Taylor-Regel Einfache Handlungsanweisung an die Notenbank auf der Grundlage eines neutralen Realzinssatzes unter Berücksichtigung der Output-Lücke und der Abweichung der Inflationsrate von ihrem Zielwert. Die Bezeichnung geht auf den amerikanischen Ökonomen John B. Taylor zurück.

Termingeschäft Ermöglicht den Verkauf/Kauf eines Gutes auf Termin, wobei der Preis bereits zu Beginn der Vereinbarung fixiert wird.

Terms of trade Maß für das Austauschverhältnis von Gütern zwischen zwei Ländern. Die Terms of Trade verschlechtern sich, wenn die Preise der Importgüter schneller steigen als die der Exportgüter oder wenn die inländische Währung abwertet.

Tit for Tat Modell aus der Spieltheorie, das die Reaktion von Individuen unter der Annahme prognostiziert, dass jeder Spieler weiß, dass er in der nächsten Runde nach dem Motto „wie du mir, so ich dir" sanktioniert wird, wenn er seinen Gegenspieler schädigt.

Transaktionskasse Beschreibt in der Theorie der Liquiditätspräferenz denjenigen Teil der Geldnachfrage eines Individuums, der notwendig ist, um die Nachfrage nach Gütern zu befriedigen.

Transformationskurve Abbildung aller effizienten Output-Kombinationen, die mit einem gegebenen Bestand an Input-Faktoren hergestellt werden können.

Transmissionsprozess Beschreibt den komplexen und indirekten Zusammenhang zwischen den geldpolitischen Instrumenten einer Notenbank und ihren makroökonomischen Endzielen, insbesondere dem Preisniveau.

Trittbrettfahrer-Verhalten Bei Vorliegen positiver *externer Effekte* kann man als Trittbrettfahrer darauf hoffen, dass das *öffentliche Gut* von einem anderen Konsumenten erworben oder von einem Anbieter kostenlos bereitgestellt wird.

Trough Tiefpunkt eines Konjunkturzyklus. Gegenteil *Peak*.

Türsteher-Verfahren Zuteilungsverfahren, das immer dann zur Anwendung kommt, wenn der Marktmechanismus teilweise oder ganz außer Kraft gesetzt ist. Beim T. werden die Güter nach einem selbstgewählten Kriterium zugeteilt.

Übermäßiges Defizit Artikel 104 des EG-Vertrags definiert ein übermäßiges Defizit, wobei ein Referenzwert von 3 % in Relation zum nominalen Bruttoinlandsprodukt herangezogen wird.

Um-Erwartungen-erweiterte Phillips-Kurve Funktionaler Zusammenhang, der die Inflationsrate mit der Arbeitslosigkeit und den Inflationserwartungen der Marktteilnehmer erklärt.

Umlagesystem Konstitutiv für die Gesetzliche Rentenversicherung. Beim U. werden die Beiträge der jeweils aktiven Generation zur Finanzierung der laufenden Rentenzahlungen verwendet. Siehe auch *Generationenvertrag*. Gegensatz *Kapitaldeckung*.

Umweltpolitik Teilbereich der Allokationspolitik. Ziel der U. ist es, mittels einer *Internalisierung externer Effekte* die Umweltverschmutzung zu reduzieren.

Unsichtbare Hand Von Adam Smith (siehe Kurzbiografie in *Kapitel 31*) entwickelter Begriff, der die ebenso effizienten wie unbemerkten Steuerungsfunktionen eines Marktmechanismus beschreibt.

Unvollständige Verträge Im Rahmen der *Neuen Institutionenökonomik* entwickelter Begriff, der die Tatsache beschreibt, dass sich beim Abschluss von längerfristigen Verträgen nicht alle später auftretenden Eventualitäten berücksichtigen lassen.

Variable Durchschnittskosten Relation der variablen Kosten zur Stückzahl des produzierten Gutes.

Variable Kosten Kosten, die von der Ausbringungsmenge abhängig sind. Bei einer längerfristigen Betrachtungsweise gibt es nur variable und keine fixen Kosten.

Veblen-Güter Bei diesen Gütern führt ein Preisanstieg dazu, dass die nachgefragte Menge steigt.

Verbriefung Zusammenfassen von Krediten zu einer Zweckgesellschaft, um Kredite handelbar zu machen.

Verkäufermarkt Bei diesem vor allem in Planwirtschaften oder beim Vorliegen von *Höchstpreisen* eintretenden Zustand erlangen die Verkäufer eine Machtposition über die Käufer, da in der Regel ein Nachfrageüberschuss besteht. Gegensatz *Käufermarkt*.

Versicherung Institutioneller Mechanismus zur Risikotransformation, der auf dem Prinzip der Diversifikation von Risiken beruht.

Versicherungspflichtgrenze Arbeitseinkommen in der Gesetzlichen Krankenversicherung, bis zu dem sozialversicherungspflichtigen Arbeitnehmer maximal verpflichtet sind, sich mit Beitragszahlungen an diesem System zu beteiligen.

Versunkene Kosten Aufwendungen, die in der Vergangenheit gemacht wurden, werden in der Volkswirtschaftslehre als nicht entscheidungsrelevant angesehen.

Verteilungsrechnung Berechnungsform der Volkswirtschaftlichen Gesamtrechnungen, die dazu dient, die Aufteilung des Volkseinkommens auf Arbeitnehmereinkommen und auf die Einkommen aus Unternehmertätigkeit und Vermögen zu ermitteln.

Vertrag von Maastricht Vereinbarung zwischen den EU-Mitgliedsstaaten aus dem Jahr 1992, in dem die rechtlichen Grundlagen für die *Europäische Währungsunion* festgelegt worden waren. Die Vereinbarungen des Vertrags sind in den EG-Vertrag eingearbeitet worden.

Vertragsspezifische Investitionen Durch derartige Investitionen kann einer der beiden Partner eines langfristigen Vertrags in eine strategisch ungünstige Position kommen, die ihn dem *Opportunismus* des anderen Partners aussetzt. Siehe *Neue Institutionenökonomie*.

Verwendungsrechnung Eine der drei Berechnungsformen der Volkswirtschaftlichen Gesamtrechnungen, die das *Bruttoinlandsprodukt* über die Komponenten der gesamtwirtschaftlichen Nachfrage ermittelt.

Vollbeschäftigungsangebot siehe *Produktionspotenzial.*

Vollgeld Theoretisches Währungsmodell, bei dem keine Geldschöpfung durch das Finanzsystem betrieben wird. Alle Zahlungsmittel würden somit unmittelbar von der Zentralbank geschaffen, *Bank-Runs* wären keine Gefahr mehr, da die Auszahlung die Geldbestände der Banken zu jeder Zeit vollständig gedeckt wären. Eine Möglichkeit der Umsetzung bestünde durch *Central Bank Digital Currencies.*

Vollkommener Wettbewerb Marktsituation, in der ein identisches Produkt von vielen Anbietern angeboten wird. Die Unternehmen haben keinen Preissetzungsspielraum, sondern nehmen den Marktpreis als gegeben hin.

Vorsichtskasse Beschreibt in der Theorie der Liquiditätspräferenz denjenigen Teil der Geldnachfrage eines Individuums, der über die Transaktionskasse hinaus für unvorhersehbare Ereignisse gehalten wird.

Währungsreform Übergang auf eine neue Währung, der in der Regel mit einer deutlichen Reduktion der Geldbestände verbunden ist, um einen bestehenden *Geldüberhang* abzubauen.

Währungswettbewerb Theorie von F.A. von Hayek, bei der private Emittenten von Zahlungsmitteln gegenseitig in Wettbewerb treten, wodurch nur besonders wertstabile Währungen bestehen bleiben. Das staatliche Währungsmonopol wäre somit abgeschafft. Grundlegend für die Konzeption von *Kryptowährungen.*

Wirtschaftswunder Besonders dynamische Phase der west-deutschen Wirtschaftsentwicklung nach der *Währungsreform* des Jahres 1948.

Wert Subjektive Größe, die sich aus dem Nutzen ergibt, den die Konsumenten einem Gut entgegenbringen. Für die Produzenten resultiert der Wert eines Gutes vor allem aus den Grenzkosten, die mit seiner Herstellung verbunden sind.

Wertspeicherfunktion Eine der drei Hauptfunktionen des Geldes. Die W. ermöglicht es Menschen, ihre Ersparnisse über die Zeit hinweg zu transferieren.

Wettbewerbspolitik Teilbereich der Allokationspolitik. Ziel der W. ist es, *Kartelle* und eine *marktbeherrschende Stellung* einzelner Unternehmen zu verhindern.

Windhund-Verfahren Zuteilungsverfahren, das immer dann zur Anwendung kommt, wenn der Marktmechanismus teilweise oder ganz außer Kraft gesetzt ist. Beim W. werden die Güter nach der Reihenfolge des Eintreffens der Nachfrager zugeteilt.

Wirkungsverzögerungen Vor allem in der Geldpolitik diskutiertes Problem, wonach zwischen den zinspolitischen Entscheidungen einer Notenbank und deren Effekten auf den Output und das Preisniveau mehrere Quartale vergehen.

Wohlfahrt In der Volkswirtschaftslehre wird dieser Ausdruck häufig verwendet, um den Nutzen abzubilden, der sich für die Gesellschaft insgesamt oder für einzelne Gruppen aus bestimmten Maßnahmen ergibt.

Wohlmeinender Diktator Modellfigur in der Volkswirtschaftslehre, bei der unterstellt wird, dass sich Politiker bei ihren Entscheidungen ausschließlich an der sozialen Wohlfahrt orientieren.

Zahlungsbilanz Aufzeichnung aller grenzüberschreitenden Transaktionen eines Landes. Bei der Z. handelt es sich trotz ihres Namens nicht um eine Bestands-, sondern um eine Stromrechnung.

Zeitpräferenzrate Steigung der Indifferenzkurve, die die Substitution von Gegenwarts- und Zukunftskonsum abbildet. Bei einer hohen Zeitpräferenzrate ist der Haushalt nur bereit auf Gegenwartskonsum zu verzichten, wenn diesem Verzicht ein entsprechend hoher Zukunftskonsum entgegensteht.

Zentralbankgeldmenge Siehe *Geldbasis*.

Zinstender Übliche Form des *Hauptrefinanzierungsgeschäfts* der *Europäischen Zentralbank*. Beim Z. gibt die Notenbank den Banken einen Mindestbietungssatz an, den sie für die Bereitstellung von Zentralbankgeld fordert. Die Zuteilung erfolgt dann nach den dafür abgegebenen Geboten.

Bildnachweis

Kapitel 1: fotolia.com/© Kess16; Kapitel 2: fotolia.com/© peterschreiber.media; Kapitel 3: nikos38. Shutterstock; Kapitel 4: xieyuliang. Shutterstock, Ronald Coase profile photo in 2003 / © University of Chicago Law School Kapitel 5: Naki Kouyioumtzis. Pearson Education Ltd; Kapitel 6: Stokkete. Shutterstock; Kapitel 7: fotolia.com/© master1305; Kapitel 8: Carolyn Franks. 123rf.com; Kapitel 9: Jaromír Chalabala. 123rf.com; Kapitel 10: fotolia.com/© bluedesign; Kapitel 11: fotolia.com/© Polarpx; Kapitel 12: Rattiya Thongdumhyu. Shutterstock; Kapitel 13: fotolia.com/© New Africa; Kapitel 14: Danil Roudenko. 123rf.com; Kapitel 15: Be Good. Shutterstock; Kapitel 16: fotolia.com/© Aris Suwanmalee; Kapitel 17: Aleksandr Simonov. Shutterstock; Kapitel 18: alexwhite. Shutterstock; Kapitel 19: fotolia.com/© macgyverhh; Kapitel 20: fotolia.com/© Zerbor; Kapitel 21: fotolia.com/© pure-life-pictures; Kapitel 22: jokerpro. Shutterstock; Kapitel 23: 123rf.com/© dolgachov; Kapitel 24: 123rf.com/ © Eunika Sopotnicka; Kapitel 25: fotolia.com/© virojt; Kapitel 26: ITTIGallery. Shutterstock; Kapitel 27: JMiks. Shutterstock; Kapitel 28: 123rf.com/© Monsit Jangariyawong; Kapitel 29: Aun Photographer. Shutterstock; Kapitel 30: S Reynolds. Shutterstock; Kapitel 31: 123rf.com/© lightwise; Kapitel 32: 123rf.com/© Hyejin Kang;

Stichwortverzeichnis

G

H

I

J

K

L

M

N

O

P

Q

R

S

T

U

V

W

Z